Súmulas do STF, STJ, TSE, STM e TNU

Organizadas por Disciplinas, Temas, Subtemas e Anotadas + Questões

Daniel Messias da Trindade

Súmulas do STF, STJ, TSE, STM e TNU

Organizadas por Disciplinas, Temas, Subtemas e Anotadas + Questões

2019

EDITORA JusPODIVM
www.editorajuspodivm.com.br

EDITORA
*Jus*PODIVM
www.editorajuspodivm.com.br

Rua Território Rio Branco, 87 – Pituba – CEP: 41830-530 – Salvador – Bahia
Tel: (71) 3045.9051
• Contato: https://www.editorajuspodivm.com.br/sac

Diagramação: Marcelo S. Brandão *(santibrando@gmail.com)*

Capa: Ana Caquetti

ISBN: 978-85-442-2828-9

Dedico esta obra aos grandes amores da minha vida:

Lilian, minha amada esposa.

Olivia, minha amada filha.

Secov oma (tei).

APRESENTAÇÃO

É com imensa alegria que disponibilizamos a 1ª edição da obra ***Súmulas do STF, STJ, TSE, STM e TNU organizadas por disciplinas, temas, subtemas e anotadas + questões***.

Além da organização por disciplinas, temas e subtemas, inserimos – nos enunciados das súmulas mais cobradas nos concursos públicos – notas com dicas, precedentes judiciais e dispositivos legais relacionados.

Todas as súmulas desta obra foram destacadas pelo autor, em negrito, nas palavras-chave ou frases mais importantes, levando em conta uma análise de aproximadamente 5.000 questões de concursos dos últimos anos.

Por fim, selecionamos inúmeras questões de concursos públicos, que exigiram dos candidatos o conhecimento do conteúdo previsto nos enunciados das súmulas que você encontrará aqui.

Com a certeza de que concluímos um trabalho inédito e especial para os(as) nossos(as) queridos(as) amigos(as) leitores(as), desejamos a todos um excelente estudo.

Contem sempre conosco.

INSTRUÇÕES GERAIS:

- Todas as súmulas estão marcadas em negrito nas "palavras-chave" e frases mais importantes;
- As súmulas estão organizadas por ordem decrescente, ou seja, da mais recente para a mais antiga;
- Foram elencadas em primeiro lugar as súmulas do STF, depois, as do STJ, e as do TNU;
- Nas súmulas eleitorais o padrão foi seguido, de forma que primeiro foram elencados as súmulas do STF (quando existam) e, depois, as do TSE.
- Nas súmulas militares o padrão foi novamente adotado, na medida em que alocadas, em primeiro lugar, as súmulas do STF, seguidas dos enunciados editados pelo STJ, STM e TNU.

DISPOSIÇÃO DO MATERIAL:

- Enunciado da súmula com indicação do tribunal;
- Status (válida, cancelada ou superada);
- Nota do autor (nos enunciados mais importantes);
- Precedentes judiciais relacionados (nos enunciados mais importantes);
- Dispositivos relacionados (nos enunciados mais importantes)

SUMÁRIO

DIREITO CONSTITUCIONAL **93**

1. DIREITOS E DEVERES INDIVIDUAIS E COLETIVOS 93
   1.1. Direito à imagem 93
   Súmula 403-STJ 93
   1.2. Ato jurídico perfeito 93
   Súmula vinculante 1-STF 93
   1.3. Irretroatividade da lei penal 94
   Súmula 654-STF 94
   1.4. Princípio da individualização da pena 94
   Súmula 444-STJ 94
   1.5. Identificação criminal 95
   Súmula 568-STF 95
   1.6. Prisão administrativa 96
   Súmula 280-STJ 96
   1.7. Prisão civil do depositário infiel 96
   Súmula vinculante 25-STF 96
   Súmula 619-STF 97
   Súmula 419-STJ 98
   Súmula 304-STJ 98
   1.8. Ações constitucionais 99
   1.8.1. Habeas corpus 99
   Súmula 695-STF 99
   Súmula 694-STF 100
   Súmula 693-STF 100
   Súmula 692-STF 101
   Súmula 691-STF 101

Súmula 690-STF 102
Súmula 395-STF 102
1.8.2. Mandado de segurança 103
Súmula 632-STF 103
Súmula 631-STF 103
Súmula 626-STF 104
Súmula 625-STF 105
Súmula 624-STF 105
Súmula 623-STF 105
Súmula 622-STF 106
Súmula 597-STF 106
Súmula 512-STF 107
Súmula 511-STF 107
Súmula 510-STF 107
Súmula 506-STF 107
Súmula 474-STF 107
Súmula 430-STF 108
Súmula 429-STF 108
Súmula 405-STF 108
Súmula 392-STF 108
Súmula 330-STF 109
Súmula 304-STF 109
Súmula 299-STF 110
Súmula 294-STF 110
Súmula 272-STF 110
Súmula 271-STF 110
Súmula 270-STF 111
Súmula 269-STF 112
Súmula 268-STF 112
Súmula 267-STF 113
Súmula 266-STF 113
Súmula 248-STF 114

Súmula 101-STF 115
Súmula 628-STJ 115
Súmula 460-STJ 115
Súmula 376-STJ 115
Súmula 333-STJ 116
Súmula 217-STJ 116
Súmula 213-STJ 116
Súmula 212-STJ 117
Súmula 202-STJ 117
Súmula 177-STJ 117
Súmula 169-STJ 118
Súmula 105-STJ 118
Súmula 41-STJ 118
1.8.3. Mandado de segurança coletivo 119
Súmula 630-STF 119
Súmula 629-STF 119
1.8.4 Habeas data 119
Súmula 2-STJ 119
1.8.5. Ação popular 120
Súmula 365-STF 120
Súmula 101-STF 121
1.9. Questões relacionadas 121
2. DIREITOS POLÍTICOS 128
Súmula vinculante 18-STF 128
2.1. Questões relacionadas 128
3. COMPETÊNCIAS LEGISLATIVAS 130
Súmula vinculante 46-STF 130
Súmula vinculante 39-STF 130
Súmula vinculante 38-STF 131
Súmula vinculante 2-STF 131
Súmula 722-STF 131

Súmula 647-STF 132
Súmula 645-STF 132
Súmula 419-STF 133
Súmula 19-STJ 133
3.1. Questões relacionadas 134

4. PODER LEGISLATIVO 136
Súmula 397-STF 136
Súmula 245-STF 137
Súmula 4-STF 137
Súmula 3-STF 138
4.1. Questões relacionadas 138

5. PROCESSO LEGISLATIVO 139
5.1. Medida provisória 139
Súmula vinculante 54-STF 139
Súmula 651-STF 140
5.2. Sanção ou veto 140
Súmula 5-STF 140
5.3. Questões relacionadas 141

6. TRIBUNAL DE CONTAS 143
Súmula vinculante 3-STF 143
Súmula 653-STF 143
Súmula 347-STF 144
Súmula 42-STF 144
Súmula 7-STF 144
Súmula 6-STF 144
6.1. Questões relacionadas 145

7. PODER JUDICIÁRIO 147
Súmula 731-STF 147
Súmula 649-STF 147
Súmula 628-STF 147
Súmula 627-STF 147

Súmula 478-STF 148
Súmula 46-STF 148
Súmula 41-STF 148
Súmula 40-STF 148
7.1. Questões relacionadas 148

8. CONTROLE DE CONSTITUCIONALIDADE 149
Súmula vinculante 10-STF 149
Súmula 642-STF 150
Súmula 614-STF 150
Súmula 360-STF 151
8.1. Questões relacionadas 151

9. MINISTÉRIO PÚBLICO 153
Súmula 701-STF 153
Súmula 643-STF 153
Súmula 321-STF 154
Súmula 43-STF 154
Súmula 601-STJ 154
Súmula 594-STJ 155
Súmula 470-STJ 156
Súmula 329-STJ 156
Súmula 234-STJ 157
Súmula 226-STJ 157
Súmula 189-STJ 157
Súmula 116-STJ 157
Súmula 99-STJ 157
9.1. Questões relacionadas 158

10. DEFENSORIA PÚBLICA 160
Súmula 421-STJ 160
10.1. Questões relacionadas 161

11. ORDEM ECONÔMICA E FINANCEIRA 162
Súmula vinculante 49-STF 162

Súmula 646-STF 162
11.1. Questões relacionadas 163

12. ATO DAS DISPOSIÇÕES CONSTITUCIONAIS TRANSITÓRIAS 164
Súmula 496-STF 164

DIREITO ADMINISTRATIVO 165

1. PRINCÍPIOS DA ADMINISTRAÇÃO PÚBLICA 165
1.1. Princípio da autotutela 165
Súmula vinculante 3-STF 165
Súmula 473-STF 165
Súmula 346-STF 165
Súmula 6-STF 165
Súmula 611-STJ 166
1.2. Questões relacionadas 166

2. PODERES DA ADMINISTRAÇÃO PÚBLICA 170
2.1. Poder disciplinar 170
Súmula 19-STF 170
Súmula 18-STF 170
Súmula 635-STJ 170
2.2. Poder de polícia 171
Súmula vinculante 49-STF 171
Súmula vinculante 38-STF 171
Súmula 646-STF 172
Súmula 419-STF 173
Súmula 397-STF 173
Súmula 467-STJ 174
Súmula 312-STJ 175
Súmula 157-STJ 175
Súmula 19-STJ 175
Súmula 18-TSE 175
2.3. Questões relacionadas 176

3. ORGANIZAÇÃO DA ADMINISTRAÇÃO PÚBLICA 178
Súmula 33-STF 178
Súmula 25-STF 178
Súmula 8-STF 179
Súmula 525-STJ 179
Súmula 59-TNU 179
3.1. Questões relacionadas 180

4. CONSELHOS PROFISSIONAIS 181
Súmula 561-STJ 181
Súmula 413-STJ 181
Súmula 275-STJ 181
Súmula 120-STJ 181
Súmula 79-STJ 181
4.1. Questões relacionadas 182

5. ATOS ADMINISTRATIVOS 182
Súmula vinculante 3-STF 182
Súmula 473-STF 182
Súmula 346-STF 182
Súmula 6-STF 183
Súmula 611-STJ 183
5.1. Questões relacionadas 183

6. AGENTES PÚBLICOS 184
6.1. Sistema remuneratório dos agentes públicos 184
Súmula vinculante 55-STF 184
Súmula vinculante 51-STF 185
Súmula vinculante 42-STF 185
Súmula vinculante 37-STF 185
Súmula vinculante 34-STF 185
Súmula vinculante 20-STF 186
Súmula vinculante 16-STF 186
Súmula vinculante 15-STF 186

Súmula vinculante 4-STF 186
Súmula 682-STF 187
Súmula 681-STF 187
Súmula 680-STF 187
Súmula 672-STF 188
Súmula 671-STF 188
Súmula 408-STF 188
Súmula 378-STJ 188
Súmula 358-STF 188
Súmula 339-STF 189
Súmula 321-STF 189
Súmula 43-STF 189
Súmula 30-STF 189
Súmula 29-STF 190
Súmula 27-STF 190
Súmula 26-STF 190
Súmula 13-STF 190
Súmula 39-TNU 190
Súmula 23-TNU 191
6.2. Aposentadoria e pensão 191
Súmula vinculante 34-STF 191
Súmula vinculante 33-STF 192
Súmula vinculante 3-STF 192
Súmula 726-STF 192
Súmula 567-STF 194
Súmula 359-STF 194
Súmula 38-STF 194
Súmula 36-STF 195
Súmula 32-STF 195
Súmula 31-STF 195
Súmula 6-STF 195
Súmula 69-TNU 195

Súmula 66-TNU 195
Súmula 20-TNU 196
6.3. Afastamento do cargo para o exercício de mandato eletivo 196
Súmula 34-STF 196
6.4. Estabilidade 196
Súmula 384-STF 196
Súmula 50-STF 197
Súmula 24-STF 197
Súmula 22-STF 197
Súmula 21-STF 197
Súmula 20-STF 197
6.5. Vitaliciedade 198
Súmula 12-STF 198
Súmula 11-STF 198
6.6. Provimento e investidura 198
Súmula 566-STF 198
Súmula 358-STF 198
Súmula 47-STF 199
Súmula 44-STF 199
Súmula 39-STF 199
Súmula 48-STF 199
Súmula 11-STF 199
6.7. Vedação ao nepotismo 200
Súmula vinculante 13-STF 200
6.8. Concurso público 201
Súmula vinculante 44-STF 201
Súmula vinculante 43-STF 201
Súmula 686-STF 202
Súmula 685-STF 202
Súmula 684-STF 203
Súmula 683-STF 203

Súmula 373-STF ... 203
Súmula 17-STF ... 203
Súmula 16-STF ... 203
Súmula 15-STF ... 203
Súmula 552-STJ ... 204
Súmula 466-STJ ... 204
Súmula 377-STJ ... 204
Súmula 266-STJ ... 204
Súmula 14-STF ... 206
6.9. Questões relacionadas ... 206

7. PRESCRIÇÃO ADMINISTRATIVA ... 218
Súmula 443-STF ... 218
Súmula 383-STF ... 218
Súmula 85-STJ ... 218
Súmula 39-STJ ... 218
7.1. Questões relacionadas ... 219

8. PROCESSO ADMINISTRATIVO ... 221
8.1. Disposições gerais ... 221
Súmula vinculante 21-STF ... 221
Súmula 633-STJ ... 221
Súmula 510-STJ ... 222
Súmula 434-STJ ... 222
Súmula 373-STJ ... 222
Súmula 312-STJ ... 222
8.2. Processo administrativo disciplinar ... 223
Súmula vinculante 5-STF ... 223
Súmula 19-STF ... 223
Súmula 18-STF ... 223
Súmula 635-STJ ... 223
Súmula 611-STJ ... 224
Súmula 592-STJ ... 224
Súmula 591-STJ ... 224

Súmula 343-STJ 224
8.3. Questões relacionadas 225
9. BENS PÚBLICOS 229
Súmula 650-STF 229
Súmula 480-STF 229
Súmula 479-STF 230
Súmula 477-STF 230
Súmula 103-STJ 231
Súmula 496-STJ 231
Súmula 619-STJ 231
9.1. Questões relacionadas 231
10. INTERVENÇÃO DO ESTADO NA PROPRIEDADE PRIVADA 234
10.1. Desapropriação 234
Súmula 652-STF 234
Súmula 618-STF 235
Súmula 617-STF 235
Súmula 561-STF 235
Súmula 476-STF 235
Súmula 475-STF 235
Súmula 416-STF 236
Súmula 378-STF 236
Súmula 345-STF 236
Súmula 218-STF 236
Súmula 164-STF 236
Súmula 157-STF 236
Súmula 23-STF 236
Súmula 408-STJ 237
Súmula 354-STJ 237
Súmula 141-STJ 237
Súmula 131-STJ 237
Súmula 119-STJ 237
Súmula 114-STJ 238

Súmula 113-STJ 238
Súmula 102-STJ 238
Súmula 70-STJ 239
Súmula 69-STJ 239
Súmula 67-STJ 239
Súmula 56-STJ 239
Súmula 12-STJ 240
10.2. Questões relacionadas 240

11. IMPROBIDADE ADMINISTRATIVA 243
Súmula 634-STJ 243

12. OUTROS TEMAS 244
Súmula 362-STF 244
Súmula 186-STF 244
Súmula 58-STF 244

DIREITO CIVIL 245

1. PESSOAS 245
1.1. Direitos da personalidade 245
Súmula 403-STJ 245
1.2. Pessoas jurídicas 245
Súmula 227-STJ 245
1.3. Domicílio 246
1.3.1. Domicílio por eleição ou convencional 246
Súmula 335-STF 246
1.4. Questões relacionadas 246

2. NEGÓCIO JURÍDICO 248
2.1. Fraude contra credores 248
Súmula 195-STJ 248
2.2. Questões relacionadas 249

3. PRESCRIÇÃO E DECADÊNCIA 250
Súmula 445-STF 250

Súmula 154-STF 250
Súmula 153-STF 252
Súmula 150-STF 252
Súmula 547-STJ 253
Súmula 194-STJ 253
Súmula 106-STJ 254
Súmula 39-STJ 254
3.1. Questões relacionadas 255
4. OBRIGAÇÕES 257
4.1. Disposições gerais 257
Súmula 159-STF 257
Súmula 298-STJ 258
Súmula 294-STJ 258
Súmula 245-STJ 258
4.2. Inadimplemento das obrigações 259
4.2.1. Mora 259
Súmula 380-STJ 259
4.2.2. Juros e correção monetária 259
Súmula vinculante 7-STF 259
Súmula 648-STF 259
Súmula 596-STF 259
Súmula 255-STF 260
Súmula 254-STF 260
Súmula 163-STF 260
Súmula 121-STF 260
Súmula 541-STJ 261
Súmula 539-STJ 261
Súmula 530-STJ 261
Súmula 472-STJ 262
Súmula 382-STJ 262
Súmula 379-STJ 262
Súmula 296-STJ 262

Súmula 283-STJ ... 262
Súmula 30-STJ ... 262
4.3. Contratos em geral ... 263
4.3.1. Contrato preliminar: compromisso de compra e venda ... 263
Súmula 621-STF ... 263
Súmula 413-STF ... 263
Súmula 412-STF ... 263
Súmula 168-STF ... 263
Súmula 167-STF ... 264
Súmula 166-STF ... 264
Súmula 239-STJ ... 264
Súmula 84-STJ ... 264
Súmula 76-STJ ... 265
4.4. Contratos em espécie ... 265
4.4.1. Compra e venda ... 265
Súmula 494-STF ... 265
Súmula 489-STF ... 265
Súmula 165-STF ... 265
Súmula 152-STF ... 265
4.4.2. Locação ... 266
Súmula 488-STF ... 266
Súmula 486-STF ... 267
Súmula 485-STF ... 267
Súmula 484-STF ... 267
Súmula 483-STF ... 267
Súmula 482-STF ... 267
Súmula 481-STF ... 268
Súmula 449-STF ... 268
Súmula 446-STF ... 268
Súmula 444-STF ... 268
Súmula 442-STF ... 269

Súmula 411-STF ... 269
Súmula 410-STF ... 269
Súmula 409-STF ... 270
Súmula 370-STF ... 270
Súmula 376-STF ... 270
Súmula 375-STF ... 270
Súmula 374-STF ... 270
Súmula 370-STF ... 271
Súmula 357-STF ... 271
Súmula 181-STF ... 271
Súmula 180-STF ... 272
Súmula 179-STF ... 272
Súmula 178-STF ... 272
Súmula 177-STF ... 272
Súmula 176-STF ... 272
Súmula 175-STF ... 272
Súmula 174-STF ... 273
Súmula 173-STF ... 273
Súmula 172-STF ... 273
Súmula 171-STF ... 273
Súmula 158-STF ... 273
Súmula 123-STF ... 273
Súmula 109-STF ... 273
Súmula 80-STF ... 274
Súmula 65-STF ... 274
Súmula 335-STJ ... 275
Súmula 268-STJ ... 275
Súmula 214-STJ ... 275
Súmula 80-STJ ... 275
4.4.3. Transporte ... 275
Súmula 187-STF ... 275
Súmula 161-STF ... 276

Súmula 151-STF 276
Súmula 35-STF 276
Súmula 145-STJ 276
Súmula 109-STJ 276
4.4.4. Seguro 277
Súmula 188-STF 277
Súmula 105-STF 277
Súmula 632-STJ 278
Súmula 620-STJ 278
Súmula 616-STJ 278
Súmula 610-STJ 278
Súmula 537-STJ 278
Súmula 529-STJ 279
Súmula 465-STJ 279
Súmula 402-STJ 280
Súmula 278-STJ 280
Súmula 229-STJ 280
Súmula 101-STJ 280
Súmula 61-STJ 280
4.4.5. Seguro obrigatório (DPVAT) 281
Súmula 580-STJ 281
Súmula 573-STJ 281
Súmula 544-STJ 281
Súmula 540-STJ 282
Súmula 474-STJ 282
Súmula 470-STJ 282
Súmula 426-STJ 283
Súmula 405-STJ 283
Súmula 278-STJ 283
Súmula 257-STJ 283
Súmula 246-STJ 284

4.4.6. Fiança 284
Súmula 549-STJ 284
Súmula 332-STJ 284
Súmula 268-STJ 285
Súmula 214-STJ 285
4.4.7. Alienação fiduciária 285
Súmula 564-STJ 285
Súmula 384-STJ 286
Súmula 369-STJ 286
Súmula 293-STJ 286
Súmula 284-STJ 286
Súmula 263-STJ 287
Súmula 245-STJ 287
Súmula 138-STJ 287
Súmula 92-STJ 287
Súmula 72-STJ 288
Súmula 28-STJ 288
4.4.8. Consórcio 288
Súmula 538-STJ 288
Súmula 35-STJ 288
4.4.9. Arrendamento rural 288
Súmula 275-STF 288
Súmula 185-STF 288
Súmula 184-STF 289
Súmula 183-STF 289
Súmula 182-STF 289
4.5. Questões relacionadas 289

5. RESPONSABILIDADE CIVIL 307
Súmula 562-STF 307
Súmula 493-STF 307
Súmula 492-STF 307
Súmula 491-STF 308

Súmula 490-STF 308
Súmula 341-STF 308
Súmula 261-STF 309
Súmula 28-STF 309
Súmula 624-STJ 309
Súmula 403-STJ 310
Súmula 388-STJ 311
Súmula 387-STJ 311
Súmula 385-STJ 311
Súmula 370-STJ 311
Súmula 362-STJ 312
Súmula 313-STJ 312
Súmula 281-STJ 312
Súmula 246-STJ 312
Súmula 227-STJ 313
Súmula 221-STJ 313
Súmula 186-STJ 313
Súmula 132-STJ 314
Súmula 54-STJ 314
Súmula 43-STJ 314
Súmula 31-STJ 314
5.1. Questões relacionadas 314

6. DIREITO DAS COISAS 317
6.1. Posse 317
Súmula 487-STF 317
6.2. Propriedade 318
6.2.1. Usucapião 318
Súmula 391-STF 318
Súmula 340-STF 318
Súmula 263-STF 319
Súmula 237-STF 319

Súmula 193-STJ 319
Súmula 11-STJ 319
6.2.2. Direitos de vizinhança 320
Súmula 414-STF 320
Súmula 120-STF 320
6.2.3. Condomínio 321
Súmula 478-STJ 321
Súmula 260-STJ 321
6.3. Servidões 321
Súmula 415-STF 321
6.4. Hipoteca 322
Súmula 308-STJ 322
6.5. Enfiteuse 322
Súmula 170-STF 322
Súmula 169-STF 322
Súmula 122-STF 322
6.6. Questões relacionadas 323
7. DIREITO DE FAMÍLIA 327
7.1. Casamento 327
7.1.1. Dissolução da sociedade e do vínculo conjugal pelo divórcio 327
Súmula 305-STF 327
Súmula 197-STJ 329
7.2. Relações de parentesco 330
7.2.1. Investigação de paternidade 330
Súmula 149-STF 330
Súmula 301-STJ 331
Súmula 277-STJ 331
Súmula 1-STJ 331
7.3. Regime de bens entre os cônjuges 332
7.3.1. Separação legal ou obrigatória 332
Súmula 377-STF 332

7.4. Alimentos 333
Súmula 379-STF 333
Súmula 226-STF 333
Súmula 621-STJ 333
Súmula 596-STJ 333
Súmula 358-STJ 334
Súmula 336-STJ 334
Súmula 309-STJ 334
Súmula 1-STJ 334
7.5. União estável 334
Súmula 382-STF 334
Súmula 380-STF 335
7.6. Questões relacionadas 336
8. DIREITO DAS SUCESSÕES 340
8.1. Sucessão testamentária 340
Súmula 447-STF 340
Súmula 49-STF 340
8.2. Inventário e partilha 340
Súmula 542-STF 340
8.3. Questões relacionadas 341
9. BEM DE FAMÍLIA 342
Súmula 549-STJ 342
Súmula 486-STJ 342
Súmula 449-STJ 343
Súmula 364-STJ 343
Súmula 205-STJ 343
9.1. Questões relacionadas 344
10. DIREITOS AUTORAIS 347
Súmula 386-STF 347
Súmula 261-STJ 347
Súmula 228-STJ 347

Súmula 63-STJ 347
10.1. Questões relacionadas 347

DIREITO DO CONSUMIDOR **349**

1. APLICABILIDADE DO CDC 349
Súmula 608-STJ 349
Súmula 602-STJ 349
Súmula 563-STJ 350
Súmula 321-STJ 350
Súmula 297-STJ 351
1.1. Questões relacionadas 352

2. RESPONSABILIDADE CIVIL NAS RELAÇÕES DE CONSUMO 353
Súmula 595-STJ 353
Súmula 130 STJ 353
Súmula 28-STF 354
2.1. Questões relacionadas 354

3. PROTEÇÃO CONTRATUAL 356
Súmula 609-STJ 356
Súmula 597-STJ 357
Súmula 543-STJ 358
Súmula 477-STJ 358
Súmula 381-STJ 359
Súmula 322-STJ 359
Súmula 302-STJ 360
Súmula 286-STJ 360
Súmula 285-STJ 361
3.1. Questões relacionadas 361

4. PRÁTICAS ABUSIVAS 366
Súmula 532-STJ 366
4.1. Questões relacionadas 367

5. BANCO DE DADOS E CADASTROS DE CONSUMIDORES 368
Súmula 572-STJ 368
Súmula 550-STJ 369
Súmula 548-STJ 369
Súmula 404-STJ 370
Súmula 385-STJ 370
Súmula 359-STJ 371
Súmula 323-STJ 371
5.1. Questões relacionadas 371
6. SERVIÇOS PÚBLICOS 375
Súmula 412-STJ 375
Súmula 407-STJ 376
Súmula 357-STJ 377
Súmula 356-STJ 377
6.1. Questões relacionadas 377
7. DEFESA DO CONSUMIDOR EM JUÍZO 379
Súmula 643-STF 379
Súmula 470-STJ 380
Súmula 601-STJ 381
Súmula 470-STJ 382
7.1. Questões relacionadas 383

DIREITO EMPRESARIAL 387

1. ESTABELECIMENTO EMPRESARIAL 387
Súmula 451-STJ 387
1.1. Questões relacionadas 388
2. INSTITUTOS COMPLEMENTARES DO DIREITO EMPRESARIAL 389
2.1. Escrituração e livros empresariais 389
Súmula 439-STF 389
Súmula 390-STF 389
Súmula 260-STF 389

2.2. Questões relacionadas 389

3. DIREITO SOCIETÁRIO 390
Súmula 265-STF 390
Súmula 551-STJ 390
Súmula 389-STJ 391
3.1. Questões relacionadas 391

4. TÍTULOS DE CRÉDITO 391
4.1. Teoria geral dos títulos de crédito 391
Súmula 387-STF 391
Súmula 60-STJ 392
4.2. Atos cambiais 392
4.2.1. Aval 392
Súmula 600-STF 392
Súmula 189-STF 392
Súmula 26-STJ 392
4.2.2. Endosso 392
Súmula 475-STJ 392
Súmula 476-STJ 392
4.2.3. Protesto 393
Súmula 475-STJ 393
Súmula 476-STJ 393
4.2.4. Questões relacionadas 393
4.3. Titulos de crédito em espécie 395
4.3.1. Cheque 395
Súmula 600-STF 395
Súmula 531-STJ 395
Súmula 503-STJ 395
Súmula 388-STJ 396
Súmula 370-STJ 396
Súmula 299-STJ 396

4.3.2. Nota promissória 396
Súmula 504-STJ 396
Súmula 258-STJ 396
4.3.3. Duplicata 396
Súmula 248-STJ 396
4.3.4. Cédulas de crédito 396
Súmula 93-STJ 396
Súmula 16-STJ 397
4.3.5. Questões relacionadas 397
4.4. Prescrição 399
Súmula 299-STJ 399
4.4.1. Questões relacionadas 399
5. CONTRATOS EMPRESARIAIS 400
5.1. Alienação fiduciária em garantia 400
Súmula 564-STJ 400
Súmula 384-STJ 401
Súmula 369-STJ 401
Súmula 293-STJ 401
Súmula 284-STJ 401
Súmula 263-STJ 402
Súmula 245-STJ 402
Súmula 138-STJ 402
Súmula 92-STJ 402
Súmula 72-STJ 403
Súmula 28-STJ 403
5.2. Contratos bancários 403
5.2.1. Disposições gerais 403
Súmula 596-STF 403
Súmula 566-STJ 403
Súmula 565-STJ 404
Súmula 530-STJ 404
Súmula 479-STJ 404

Súmula 477-STJ 404
Súmula 381-STJ 404
Súmula 379-STJ 405
Súmula 286-STJ 405
Súmula 285-STJ 405
5.2.2. Conta corrente 405
Súmula 322-STJ 405
Súmula 259-STJ 405
Súmula 247-STJ 405
5.2.3. Abertura de crédito 406
Súmula 322-STJ 406
Súmula 300-STJ 406
Súmula 258-STJ 406
Súmula 247-STJ 406
Súmula 233-STJ 406
5.2.4. Mútuo bancário 406
Súmula 603-STJ 406
5.2.5. Cartão de crédito 407
Súmula 532-STJ 407
Súmula 283-STJ 407
5.2.6. Participação financeira 407
Súmula 371-STJ 407
5.3. Questões relacionadas 408
6. DIREITO FALIMENTAR E RECUPERACIONAL 412
6.1. Disposições gerais 412
Súmula 25-STJ 412
6.2. Recuperação judicial 412
Súmula 495-STF 412
Súmula 190-STF 412
Súmula 581-STJ 413
Súmula 480-STJ 413
Súmula 264-STJ 413

Súmula 250-STJ 413
Súmula 133-STJ 413
Súmula 36-STJ 413
Súmula 8-STJ 413
6.3. Falência 414
Súmula 565-STF 414
Súmula 495-STF 414
Súmula 417-STF 414
Súmula 193-STF 414
Súmula 192-STF 415
Súmula 191-STF 415
Súmula 361-STJ 415
Súmula 307-STJ 415
Súmula 305-STJ 415
Súmula 248-STJ 416
Súmula 219-STJ 416
Súmula 88-STJ 417
Súmula 36-STJ 417
Súmula 29-STJ 417
6.4. Questões relacionadas 417
7. PROPRIEDADE INDUSTRIAL 420
7.1. Marca 420
Súmula 143-STJ 420
Súmula 142-STJ 420
7.2. Questões relacionadas 420
8. SISTEMA FINANCEIRO DE HABITAÇÃO 421
Súmula 586-STJ 421
Súmula 454-STJ 421
Súmula 450-STJ 421
Súmula 422-STJ 422
Súmula 413-STJ 422
Súmula 327-STJ 422

Súmula 308-STJ 422
Súmula 199-STJ 422
Súmula 31-STJ 422
8.1. Questões relacionadas 423

9. SISTEMA FINANCEIRO NACIONAL 424
Súmula 725-STF 424
Súmula 472-STJ 424
Súmula 382-STJ 425
Súmula 296-STJ 425
Súmula 295-STJ 425
Súmula 294-STJ 425
Súmula 288-STJ 425
Súmula 287-STJ 426
Súmula 283-STJ 426
Súmula 271-STJ 426
Súmula 181-STJ 426
Súmula 179-STJ 426
Súmula 176-STJ 426
Súmula 79-STJ 426
Súmula 30-STJ 427
Súmula 23-STJ 427
Súmula 19-STJ 427
Súmula 28-TNU 427
9.1. Questões relacionadas 428

DIREITO PROCESSUAL CIVIL 431

1. COMPETÊNCIA 431
1.1. Competência territorial 431
Súmula 206-STJ 431
Súmula 33-STJ 431
Súmula 1-STJ 431
1.2. Competência pelo foro da situação da coisa 431

Súmula 363-STF 431
Súmula 376-STJ 432
Súmula 238-STJ 432
Súmula 11-STJ 432
1.3. Competência da justiça federal 432
Súmula 689-STF 432
Súmula 557-STF 432
Súmula 556-STF 432
Súmula 518-STF 433
Súmula 517-STF 433
Súmula 508-STF 433
Súmula 504-STF 433
Súmula 501-STF 433
Súmula 251-STF 433
Súmula 250-STF 433
Súmula 218-STF 434
Súmula 570-STJ 434
Súmula 365-STJ 434
Súmula 349-STJ 434
Súmula 324-STJ 434
Súmula 254-STJ 434
Súmula 173-STJ 435
Súmula 150-STJ 435
Súmula 66-STJ 435
Súmula 42-STJ 435
Súmula 32-STJ 436
1.4. Competência da justiça estadual 436
Súmula vinculante 27-STF 436
Súmula 516-STF 436
Súmula 553-STJ 436
Súmula 506-STJ 437
Súmula 505-STJ 437

Súmula 363-STJ 437
Súmula 270-STJ 437
Súmula 254-STJ 437
Súmula 230-STJ 437
Súmula 224-STJ 438
Súmula 222-STJ 438
Súmula 218-STJ 438
Súmula 161-STJ 438
Súmula 150-STJ 438
Súmula 137-STJ 439
Súmula 82-STJ 439
Súmula 55-STJ 439
Súmula 34-STJ 439
Súmula 15-STJ 439
Súmula 4-STJ 440
1.5. Competência da justiça eleitoral 440
Súmula 374-STJ 440
Súmula 368-STJ 440
1.6. Conflito de competência 440
Súmula 428-STJ 440
Súmula 348-STJ 440
Súmula 236-STJ 441
Súmula 59-STJ 441
Súmula 22-STJ 441
Súmula 3-STJ 441
1.7. Conexão 441
Súmula 235-STJ 441
1.8. Cumulação de pedidos 442
Súmula 170-STJ 442
1.9. Questões relacionadas 442

2. JUSTIÇA GRATUITA 454
Súmula 481-STJ 454

2.1. Questões relacionadas ... 454

3. IMPEDIMENTOS ... 455

Súmula 72-STF ... 455

3.1. Questões relacionadas ... 456

4. FAZENDA PÚBLICA EM JUÍZO ... 456

Súmula 644-STF ... 456

Súmula 483-STJ ... 456

Súmula 178-STJ ... 456

Súmula 116-STJ ... 457

Súmula 61-TNU ... 457

4.1. Questões relacionadas ... 457

5. COMUNICAÇÃO DOS ATOS PROCESSUAIS ... 459

5.1. Citação e intimação ... 459

Súmula 310-STF ... 459

Súmula 429-STJ ... 459

Súmula 106-STJ ... 459

5.2. Questões relacionadas ... 459

6. VALOR DA CAUSA ... 461

Súmula 502-STF ... 461

Súmula 449-STF ... 461

6.1. Questões relacionadas ... 461

7. TUTELA PROVISÓRIA ... 461

Súmula 729-STF ... 461

Súmula 51-TNU ... 461

7.1. Questões relacionadas ... 462

8. AÇÃO DECLARATÓRIA ... 463

Súmula 181-STJ ... 463

8.1. Questões relacionadas ... 463

9. RECONVENÇÃO ... 464

Súmula 258-STF ... 464

9.1. Questões relacionadas ... 465

10. PROVAS ... 466

10.1. Prova documental ... 466

Súmula 259-STF ... 466

10.2. Questões relacionadas ... 466

11. REVELIA ... 467

Súmula 231-STF ... 467

11.1. Questões relacionadas ... 467

12. ABANDONO DA CAUSA PELO AUTOR ... 468

Súmula 216-STF ... 468

Súmula 240-STJ ... 468

12.1. Questões relacionadas ... 469

13. DESPACHO SANEADOR ... 469

Súmula 424-STF ... 469

13.1 Questões relacionadas ... 470

14. HONORÁRIOS ADVOCATÍCIOS E DESPESAS PROCESSUAIS ... 470

Súmula vinculante 47-STF ... 470

Súmula 616-STF ... 471

Súmula 509-STF ... 471

Súmula 472-STF ... 471

Súmula 450-STF ... 472

Súmula 257-STF ... 472

Súmula 256-STF ... 472

Súmula 488-STJ ... 472

Súmula 462-STJ ... 472

Súmula 453-STJ ... 472

Súmula 345-STJ ... 473

Súmula 326-STJ ... 474

Súmula 306-STJ ... 474

Súmula 232-STJ ... 474

Súmula 201-STJ ... 474

Súmula 14-STJ 475
14.1. Questões relacionadas 475
15. AÇÃO MONITÓRIA 478
Súmula 531-STJ 478
Súmula 504-STJ 479
Súmula 503-STJ 479
Súmula 384-STJ 479
Súmula 339-STJ 479
Súmula 299-STJ 479
Súmula 292-STJ 479
Súmula 282-STJ 480
Súmula 247-STJ 480
15.1. Questões relacionadas 480
16. LIQUIDAÇÃO DA SENTENÇA 485
Súmula 344-STJ 485
Súmula 318-STJ 485
16.1. Questões relacionadas 486
17. PROCESSO DE EXECUÇÃO 487
Súmula 228-STF 487
Súmula 519-STJ 488
Súmula 517-STJ 488
Súmula 478-STJ 488
Súmula 451-STJ 488
Súmula 417-STJ 488
Súmula 375-STJ 488
Súmula 328-STJ 489
Súmula 319-STJ 489
Súmula 317-STJ 489
Súmula 300-STJ 489
Súmula 268-STJ 490
Súmula 258-STJ 490

Súmula 247-STJ 490
Súmula 233-STJ 490
Súmula 196-STJ 490
Súmula 46-STJ 490
Súmula 27-STJ 490
17.1. Questões relacionadas 491

18. EXECUÇÃO CONTRA A FAZENDA PÚBLICA 498
Súmula 487-STJ 498
Súmula 279-STJ 499
18.1. Questões relacionadas 499

19. EMBARGOS DE TERCEIRO 501
Súmula 303-STJ 501
Súmula 195-STJ 501
Súmula 134-STJ 502
Súmula 84-STJ 502
19.1. Questões relacionadas 502

20. MULTA COMINATÓRIA 504
Súmula 410-STJ 504
20.1. Questões relacionadas 504

21. PROCESSO CAUTELAR 505
Súmula 482-STJ 505
Súmula 372-STJ 505
21.1. Questões relacionadas 506

22. AÇÃO RESCISÓRIA 507
Súmula 515-STF 507
Súmula 514-STF 507
Súmula 343-STF 507
Súmula 264-STF 508
Súmula 252-STF 508
Súmula 249-STF 508
Súmula 401-STJ 508

Súmula 175-STJ 509
22.1. Questões relacionadas 509

23. RECURSOS 510
23.1. Recurso em geral 510
Súmula 641-STF 510
Súmula 428-STF 511
Súmula 425-STF 511
Súmula 320-STF 512
Súmula 568-STJ 512
Súmula 484-STJ 512
Súmula 117-STJ 513
Súmula 99-STJ 513
23.2. Apelação 514
Súmula 331-STJ 514
23.3. Agravo de instrumento 514
Súmula 727-STF 514
Súmula 639-STF 514
Súmula 288-STF 514
Súmula 223-STJ 514
Súmula 118-STJ 515
23.4. Agravo interno 515
Súmula 182-STJ 515
23.5. Agravo nos autos do processo 515
Súmula 427-STF 515
Súmula 426-STF 515
Súmula 342-STF 516
Súmula 242-STF 516
Súmula 211-STF 516
23.6. Embargos de declaração 516
Súmula 317-STF 516
Súmula 579-STJ 516
Súmula 418-STJ 517

Súmula 98-STJ 517

23.7. Recurso ordinário 517

Súmula 319-STF 517

23.8. Recurso especial 518

Súmula 400-STF 518

Súmula 399-STF 519

Súmula 389-STF 519

Súmula 369-STF 519

Súmula 291-STF 519

Súmula 286-STF 520

Súmula 518-STJ 520

Súmula 418-STJ 520

Súmula 320-STJ 521

Súmula 256-STJ 521

Súmula 216-STJ 521

Súmula 211-STJ 522

Súmula 207-STJ 522

Súmula 203-STJ 522

Súmula 187-STJ 522

Súmula 126-STJ 523

Súmula 123-STJ 523

Súmula 115-STJ 523

Súmula 86-STJ 523

Súmula 83-STJ 524

Súmula 13-STJ 524

Súmula 7-STJ 524

Súmula 5-STJ 524

23.9. Recurso extraordinário 524

Súmula 735-STF 524

Súmula 733-STF 524

Súmula 728-STF 525

Súmula 640-STF 525

Súmula 638-STF 525
Súmula 637-STF 525
Súmula 636-STF 525
Súmula 635-STF 525
Súmula 634-STF 526
Súmula 528-STF 526
Súmula 527-STF 526
Súmula 513-STF 527
Súmula 505-STF 527
Súmula 456-STF 527
Súmula 454-STF 527
Súmula 432-STF 527
Súmula 356-STF 527
Súmula 322-STF 528
Súmula 292-STF 528
Súmula 289-STF 528
Súmula 287-STF 528
Súmula 285-STF 529
Súmula 284-STF 529
Súmula 283-STF 529
Súmula 282-STF 529
Súmula 281-STF 529
Súmula 280-STF 529
Súmula 279-STF 529
Súmula 98-STJ 530
23.10. Embargos de divergência 530
Súmula 599-STF 530
Súmula 598-STF 530
Súmula 353-STF 530
Súmula 300-STF 531
Súmula 290-STF 531
Súmula 273-STF 532

Súmula 253-STF ... 532
Súmula 247-STF ... 533
Súmula 233-STF ... 533
Súmula 420-STJ ... 533
Súmula 316-STJ ... 533
Súmula 315-STJ ... 533
Súmula 168-STJ ... 533
Súmula 158-STJ ... 533
23.11. Embargos infringentes ... 534
Súmula 455-STF ... 534
Súmula 368-STF ... 534
Súmula 354-STF ... 534
Súmula 296-STF ... 534
Súmula 295-STF ... 534
Súmula 294-STF ... 534
Súmula 293-STF ... 535
Súmula 390-STJ ... 535
Súmula 255-STJ ... 535
Súmula 169-STJ ... 535
Súmula 88-STJ ... 535
23.12. Questões relacionadas ... 535

24. UNIFORMIZAÇÃO DA JURISPRUDÊNCIA ... 542
Súmula 86-TNU ... 542
Súmula 43-TNU ... 542
Súmula 42-TNU ... 542
Súmula 7-TNU ... 543

25. REEXAME NECESSÁRIO ... 543
Súmula 620-STF ... 543
Súmula 423-STF ... 543
Súmula 390-STJ ... 543
Súmula 490-STJ ... 543
Súmula 325-STJ ... 544

Súmula 253-STJ 544
Súmula 45-STJ 545
25.1. Questões relacionadas 545

26. MANDADO DE SEGURANÇA 547
Súmula 632-STF 547
Súmula 631-STF 548
Súmula 630-STF 548
Súmula 629-STF 549
Súmula 626-STF 549
Súmula 625-STF 550
Súmula 624-STF 550
Súmula 623-STF 551
Súmula 622-STF 551
Súmula 597-STF 551
Súmula 512-STF 552
Súmula 511-STF 552
Súmula 510-STF 552
Súmula 506-STF 552
Súmula 474-STF 553
Súmula 430-STF 553
Súmula 429-STF 553
Súmula 405-STF 553
Súmula 392-STF 554
Súmula 330-STF 554
Súmula 304-STF 554
Súmula 299-STF 555
Súmula 294-STF 555
Súmula 272-STF 555
Súmula 271-STF 555
Súmula 270-STF 556
Súmula 269-STF 557
Súmula 268-STF 557

Súmula 267-STF ... 558
Súmula 266-STF ... 558
Súmula 248-STF ... 559
Súmula 101-STF ... 560
Súmula 628-STJ ... 560
Súmula 460-STJ ... 560
Súmula 376-STJ ... 560
Súmula 333-STJ ... 561
Súmula 217-STJ ... 561
Súmula 213-STJ ... 561
Súmula 212-STJ ... 562
Súmula 202-STJ ... 562
Súmula 177-STJ ... 562
Súmula 169-STJ ... 563
Súmula 105-STJ ... 563
Súmula 41-STJ ... 563
26.1. Questões relacionadas ... 564

27. RECLAMAÇÃO ... 565
Súmula 734-STF ... 565
Súmula 368-STF ... 565
27.1. Questões relacionadas ... 566

28. ARBITRAGEM ... 566
Súmula 485-STJ ... 566
28.1. Questões relacionadas ... 566

29. JUIZADOS ESPECIAIS ... 567
Súmula 376-STJ ... 567
Súmula 17-TNU ... 567
29.1. Questões relacionadas ... 567

30. PRECATÓRIOS ... 569
Súmula vinculante 17-STF ... 569
Súmula 733-STF ... 569

Súmula 655-STF ... 570
Súmula 311-STJ ... 570
Súmula 144-STJ ... 571
30.1. Questões relacionadas ... 572

31. OUTROS TEMAS ... 575
Súmula 500-STF ... 575

TUTELA DOS DIREITOS DIFUSOS E COLETIVOS ... 577

1. MANDADO DE SEGURANÇA COLETIVO ... 577
Súmula 630-STF ... 577
Súmula 629-STF ... 577
1.1. Questões relacionadas ... 578

2. AÇÃO POPULAR ... 579
Súmula 365-STF ... 579
Súmula 101-STF ... 579
2.1. Questões relacionadas ... 580

3. AÇÃO CIVIL PÚBLICA ... 581
Súmula 643-STF ... 581
Súmula 601-STJ ... 582
Súmula 489-STJ ... 583
Súmula 470-STJ ... 583
Súmula 329-STJ ... 585
Súmula 183-STJ ... 585
3.1. Questões relacionadas ... 586

ESTATUTO DA CRIANÇA E DO ADOLESCENTE ... 589

1. DIREITOS FUNDAMENTAIS ... 589
Súmula 594-STJ ... 589
1.1. Questões relacionadas ... 590

2. APURAÇÃO DOS ATOS INFRACIONAIS E MEDIDAS SOCIOEDUCATIVAS 590
Súmula 605-STJ 590
Súmula 492-STJ 591
Súmula 338-STJ 592
Súmula 342-STJ 593
Súmula 265-STJ 594
Súmula 108-STJ 594
2.1. Questões relacionadas 595
3. COMPETÊNCIA PARA AS AÇÕES CONEXAS DE INTERESSE DE CRIANÇAS E ADOLESCENTES 597
Súmula 383-STJ 597
3.1. Questões relacionadas 597

DIREITOS DAS PESSOAS COM DEFICIÊNCIA 599

1. CONCURSO PÚBLICO 599
Súmula 552-STJ 599
Súmula 377-STJ 600
2. QUESTÕES RELACIONADAS 600

DIREITO AMBIENTAL 603

1. RESPONSABILIDADE CIVIL AMBIENTAL 603
Súmula 629-STJ 603
Súmula 623-STJ 604
Súmula 618-STJ 604
Súmula 613-STJ 605
2. RESPONSABILIDADE ADMINISTRATIVA AMBIENTAL 606
Súmula 467-STJ 606
3. RESPONSABILIDADE PENAL AMBIENTAL 607
Súmula 91-STJ 607
4. QUESTÕES RELACIONADAS 607

DIREITO PENAL **611**

1. PARTE GERAL 611
   1.1. Direito penal no tempo 611
   Súmula 611-STF 611
   1.1.1. Questões relacionadas 611
   1.2. CRIME IMPOSSÍVEL (TENTATIVA INIDÔNEA OU INADEQUADA) 613
   Súmula 145-STF 613
   Súmula 567-STJ 613
   1.2.1. Questões relacionadas 614
   1.3. Princípio da insignificância 617
   Súmula 606-STJ 617
   Súmula 599-STJ 617
   1.3.1. Questões relacionadas 618
   1.4. Concurso de crimes 619
   1.4.1. Crime continuado 619
   Súmula 711-STF 619
   Súmula 605-STF 620
   Súmula 497-STF 620
   1.4.2. Questões relacionadas 621
   1.5. Aplicação da pena 623
   Súmula 636-STJ 623
   Súmula 631-STJ 625
   Súmula 630-STJ 626
   Súmula 545-STJ 626
   Súmula 444-STJ 626
   Súmula 241-STJ 627
   Súmula 231-STJ 627
   Súmula 171-STJ 627
   1.5.1. Questões relacionadas 628
   1.6. Fixação do regime de cumprimento de pena 634
   Súmula 719-STF 634

Súmula 718-STF ... 634
Súmula 440-STJ ... 634
Súmula 269-STJ ... 634
1.6.1. Questões relacionadas ... 634
1.7. Pena de multa ... 638
Súmula 521-STJ ... 638
1.7.1. Questões relacionadas ... 639
1.8. Medida de segurança ... 640
Súmula 525-STF ... 640
Súmula 520-STF ... 640
Súmula 422-STF ... 640
Súmula 527-STJ ... 641
1.8.1. Questões relacionadas ... 642
1.9. Suspensão condicional da pena (sursis) ... 644
Súmula 499-STF ... 644
1.9.1. Questões relacionadas ... 645
1.10. Livramento condicional ... 646
Súmula 715-STF ... 646
Súmula 617-STJ ... 646
Súmula 441-STJ ... 647
1.10.1. Questões relacionadas ... 647
1.11. Prescrição ... 651
Súmula 607-STF ... 651
Súmula 604-STF ... 651
Súmula 592-STF ... 651
Súmula 497-STF ... 652
Súmula 147-STF ... 652
Súmula 146-STF ... 652
Súmula 438-STJ ... 652
Súmula 220-STJ ... 653
Súmula 191-STJ ... 653
1.11.1. Questões relacionadas ... 654

1.12. Perdão judicial 658
Súmula 18-STJ 658
1.12.1. Questões relacionadas 658
2. PARTE ESPECIAL 660
2.1. Crimes contra a pessoa 660
2.1.1. Crimes contra a vida 660
Súmula 605-STF 660
Súmula 497-STF 661
2.1.2. Crimes contra a honra 661
Súmula 714-STF 661
Súmula 396-STF 661
2.1.3. Questões relacionadas 661
2.2. Crimes contra o patrimônio 664
2.2.1. Furto 664
Súmula 567-STJ 664
Súmula 511-STJ 664
Súmula 442-STJ 665
2.2.2. Roubo 665
Súmula 610-STF 665
Súmula 582-STJ 665
Súmula 443-STJ 665
Súmula 174-STJ 665
2.2.3. Extorsão 666
Súmula 96-STJ 666
2.2.4. Estelionato 666
Súmula 246-STF 666
Súmula 554-STF 667
Súmula 17-STJ 667
Súmula 24-STJ 667
Súmula 73-STJ 668
Súmula 521-STF 668

Súmula 244-STJ 668
Súmula 48-STJ 669
2.2.5. Questões relacionadas 669
2.3. Crimes contra a propriedade imaterial 679
2.3.1. Violação de direito autoral 679
Súmula 574-STJ 679
Súmula 502-STJ 680
2.3.2. Questões relacionadas 680
2.4. Crimes contra a dignidade sexual 683
2.4.1. Estupro 683
Súmula 608-STF 683
Súmula 593-STJ 684
2.4.2. Questões relacionadas 684
2.5. Crimes contra a fé pública 686
2.5.1. Uso de documento falso 686
Súmula 546-STJ 686
2.5.2. Falsa identidade 686
Súmula 522-STJ 686
2.5.3. Questões relacionadas 687
2.6. Crimes contra a administração pública 689
2.6.1. Crimes contra a administração pública em geral 689
Súmula 599-STJ 689
2.6.2. Contrabando e descaminho 689
Súmula 560-STF 689
Súmula 151-STJ 690
2.6.3. Questões relacionadas 690

3. LEGISLAÇÃO PENAL ESPECIAL 691
3.1. Lei das contravenções penais (Decreto-lei 3.688/41) 691
Súmula 720-STF 691
Súmula 51-STJ 692
3.1.1. Questões relacionadas 692

3.2. Crimes de responsabilidade dos prefeitos (Decreto-lei 201/67) 694
Súmula 703-STF 694
Súmula 301-STF 696
Súmula 164-STJ 696
3.2.1. Questões relacionadas 698
3.3. Crimes contra a segurança nacional (Lei 7.170/83) 699
Súmula 558-STF 699
3.4. Crimes do ECA (Lei nº 8.069/90) 700
Súmula 500-STJ 700
3.4.1. Questões relacionadas 700
3.5. Crimes contra a ordem tributária (Lei nº 8.137/90) 702
Súmula vinculante 24-STF 702
Súmula 609-STF 704
3.5.1. Questões relacionadas 704
3.6. Código de trânsito brasileiro (Lei nº 9.503/97) 705
Súmula 720-STF 705
Súmula 575-STJ 706
3.6.1. Questões relacionadas 706
3.7. Estatuto do desarmamento (Lei nº 10.826/03) 708
Súmula 513-STJ 708
3.7.1. Questões relacionadas 709
3.8. Lei Maria da Penha (Lei nº 11.340/06) 710
Súmula 600-STJ 710
Súmula 588-STJ 710
Súmula 542-STJ 711
Súmula 536-STJ 712
3.8.1. Questões relacionadas 712
3.9. Lei de drogas (Lei nº 11.343/06) 715
Súmula 630-STJ 715
Súmula 607-STJ 715
Súmula 587-STJ 716

Súmula 512-STJ 716
Súmula 501-STJ 718
3.9.1. Questões relacionadas 718
3.10. Lei de telecomunicações (Lei nº 9.472/97) 722
Súmula 606-STJ 722
3.10.1. Questões relacionadas 723

DIREITO PROCESSUAL PENAL 725

1. INVESTIGAÇÃO CRIMINAL E INQUÉRITO POLICIAL 725
Súmula vinculante 14-STF 725
Súmula 568-STF 726
Súmula 524-STF 726
Súmula 234-STJ 727
1.1. Questões relacionadas 727

2. AÇÃO PENAL 730
Súmula 714-STF 730
Súmula 607-STF 730
Súmula 601-STF 731
Súmula 594-STF 731
Súmula 396-STF 731
Súmula 388-STF 732
Súmula 542-STJ 732
Súmula 234-STJ 732
2.1. Questões relacionadas 732

3. COMPETÊNCIA 735
3.1. Competência da justiça federal 735
Súmula vinculante 36-STF 735
Súmula 528-STJ 735
Súmula 208-STJ 735
Súmula 200-STJ 736
Súmula 165-STJ 736

Súmula 147-STJ 736
Súmula 122-STJ 737
Súmula 91-STJ 737
3.1.1. Questões relacionadas 738
3.2. Competência da justiça estadual 740
Súmula 522-STF 740
Súmula 498-STF 741
Súmula 546-STJ 741
Súmula 209-STJ 741
Súmula 172-STJ 741
Súmula 140-STJ 742
Súmula 107-STJ 743
Súmula 104-STJ 743
Súmula 62-STJ 743
Súmula 42-STJ 744
Súmula 38-STJ 744
3.2.1. Questões relacionadas 745
3.3. Competência da justiça militar 750
Súmula vinculante 36-STF 750
Súmula 452-STF 750
Súmula 172-STJ 750
Súmula 90-STJ 751
Súmula 78-STJ 752
Súmula 75-STJ 752
Súmula 53-STJ 752
Súmula 47-STJ 752
Súmula 6-STJ 753
3.3.1. Questões relacionadas 753
3.4. Foro por prerrogativa de função 754
Súmula vinculante 45-STF 754
Súmula 721-STF 754
Súmula 704-STF 755

Súmula 702-STF 755
Súmula 451-STF 755
Súmula 398-STF 756
Súmula 394-STF 756
3.4.1. Questões relacionadas 756
3.5. Conflito de competência 759
Súmula 555-STF 759
Súmula 428-STJ 759
Súmula 348-STJ 759
Súmula 59-STJ 760
Súmula 22-STJ 760
Súmula 3-STJ 760
3.5.1. Questões relacionadas 760
4. PROVAS 762
Súmula 361-STF 762
Súmula 74-STJ 762
4.1. Questões relacionadas 763
5. ASSISTENTE DE ACUSAÇÃO 763
Súmula 448-STF 763
Súmula 210-STF 764
Súmula 208-STF 764
5.1. Questões relacionadas 765
6. PRISÃO 767
6.1. Prisão em flagrante 767
Súmula 145-STF 767
Súmula 81-STJ 767
6.1.1. Questões relacionadas 768
6.2. Prisão preventiva 769
Súmula 64-STJ 769
Súmula 52-STJ 769
Súmula 21-STJ 769

6.2.1. Questões relacionadas 770
6.3. Prisão decorrente da sentença condenatória recorrível 771
Súmula 347-STJ 771
Súmula 9-STJ 771
6.3.1. Questões relacionadas 772
6.4. Uso de algemas 773
Súmula vinculante 11-STF 773
6.4.1. Questões relacionadas 774

7. LIBERDADE PROVISÓRIA 775
Súmula 697-STF 775
7.1. Questões relacionadas 775

8. CITAÇÕES E INTIMAÇÕES 776
8.1. Citação por edital e suspensão do processo e do prazo prescricional 776
Súmula 366-STF 776
Súmula 351-STF 777
Súmula 455-STJ 777
Súmula 415-STJ 777
8.1.1. Questões relacionadas 777
8.2. Carta precatória 779
Súmula 155-STF 779
Súmula 273-STJ 780
8.2.1. Questões relacionadas 780
8.3. Contagem dos prazos 781
Súmula 710-STF 781
8.3.1. Questões relacionadas 782

9. SENTENÇA PENAL 782
9.1. Mutatio libelli 782
Súmula 453-STF 782
9.2. Questões relacionadas 783

10. PROCEDIMENTO 784

10.1. Tribunal do júri 784
Súmula vinculante 45-STF 784
Súmula 713-STF 784
Súmula 712-STF 785
Súmula 603-STF 785
Súmula 206-STF 786
Súmula 162-STF 786
Súmula 156-STF 786
10.1.1. Questões relacionadas 786
10.2. Crimes funcionais 790
Súmula 330-STJ 790
10.2.1. Questões relacionadas 790

11. NULIDADES 791
Súmula 707-STF 791
Súmula 706-STF 792
Súmula 564-STF 792
Súmula 523-STF 792
Súmula 431-STF 793
Súmula 361-STF 793
Súmula 160-STF 793
11.1. Questões relacionadas 794

12. RECURSOS 797
12.1. Disposições gerais 797
Súmula 431-STF 797
Súmula 160-STF 797
Súmula 604-STJ 798
12.1.1. Questões relacionadas 798
12.2. Recurso em sentido estrito 800
Súmula 709-STF 800
12.2.1. Questões relacionadas 800

12.3. Apelação ... 801

Súmula 705-STF ... 801

Súmula 699-STF ... 801

Súmula 526-STF ... 801

Súmula 347-STJ ... 802

Súmula 267-STJ ... 802

12.3.1. Questões relacionadas ... 802

12.4. Embargos infringentes e de nulidade ... 803

Súmula 355-STF ... 803

12.4.1. Questões relacionadas ... 804

12.5. Recurso extraordinário ... 805

Súmula 602-STF ... 805

12.5.1. Questões relacionadas ... 805

13. REEXAME NECESSÁRIO ("RECURSO" DE OFÍCIO) ... 806

Súmula 160-STF ... 806

13.1. Questões relacionadas ... 807

14. HABEAS CORPUS ... 808

Súmula 695-STF ... 808

Súmula 694-STF ... 808

Súmula 693-STF ... 809

Súmula 692-STF ... 809

Súmula 691-STF ... 809

Súmula 690-STF ... 810

Súmula 431-STF ... 810

Súmula 395-STF ... 810

14.1. Questões relacionadas ... 810

15. MANDADO DE SEGURANÇA NO PROCESSO PENAL ... 813

Súmula 701-STF ... 813

Súmula 604-STJ ... 814

15.1. Questões relacionadas ... 814

16. REVISÃO CRIMINAL 815
Súmula 393-STF 815
16.1. Questões relacionadas 815

17. JUIZADOS ESPECIAIS CRIMINAIS 816
17.1. Suspensão condicional do processo 816
Súmula 723-STF 816
Súmula 696-STF 817
Súmula 337-STJ 817
Súmula 243-STJ 818
17.1.1. Questões relacionadas 818
17.2. Transação penal 821
Súmula vinculante 35-STF 821
17.2.1. Questões relacionadas 822

18. EXECUÇÃO PENAL 823
18.1. Competência do juízo das execuções penais 823
Súmula 611-STF 823
Súmula 192-STJ 824
18.1.1. Questões relacionadas 824
18.2. Progressão de regime 825
Súmula vinculante 56-STF 825
Súmula vinculante 26-STF 826
Súmula 717-STF 826
Súmula 716-STF 826
Súmula 715-STF 827
Súmula 698-STF 827
Súmula 493-STJ 827
Súmula 491-STJ 828
Súmula 471-STJ 828
Súmula 439-STJ 828
18.2.1. Questões relacionadas 828

18.3. Remição 834
Súmula 562-STJ 834
Súmula 341-STJ 834
18.3.1. Questões relacionadas 835
18.4. Falta disciplinar 835
Súmula vinculante 9-STF 835
Súmula 534-STJ 836
Súmula 533-STJ 836
Súmula 526-STJ 836
Súmula 441-STJ 837
18.4.1. Questões relacionadas 837
18.5. Livramento condicional 840
Súmula 715-STF 840
Súmula 617-STJ 840
Súmula 441-STJ 840
18.5.1. Questões relacionadas 841
18.6. Autorização de saída 843
18.6.1. Saída temporária 843
Súmula 520-STJ 843
Súmula 40-STJ 843
18.6.2. Questões relacionadas 843
18.7. Indulto e comutação de pena 844
Súmula 535-STJ 844
18.7.1. Questões relacionadas 845
18.8. Agravo em execução 846
Súmula 700-STF 846
18.8.1. Questões relacionadas 846

DIREITO TRIBUTÁRIO 849

1. LIMITAÇÕES CONSTITUCIONAIS AO PODER DE TRIBUTAR 849
1.1. Princípios tributários 849
Súmula vinculante 50-STF 849

Súmula 669-STF 849
Súmula 67-STF 850
Súmula 66-STF 850
1.2. Imunidades tributárias 850
1.2.1. Imunidade recíproca 850
Súmula 468-STF 850
Súmula 336-STF 851
Súmula 76-STF 851
Súmula 74-STF 851
Súmula 73-STF 851
Súmula 75-STF 852
1.2.2. Imunidade dos partidos políticos, sindicatos de trabalhadores e entidades educacionais e assistenciais sem fins lucrativos 852
Súmula vinculante 52-STF 852
Súmula 730-STF 853
Súmula 724-STF 853
Súmula 612-STJ 854
Súmula 352-STJ 854
1.2.3. Imunidade cultural 855
Súmula 657-STF 855
Súmula 591-STF 855
1.3. Questões relacionadas 855
2. COMPETÊNCIA TRIBUTÁRIA 861
Súmula 503-STF 861
Súmula 69-STF 861
2.1. Questões relacionadas 862
3. SANÇÕES POLÍTICAS 864
Súmula 547-STF 864
Súmula 323-STF 864
Súmula 127-STJ 865
Súmula 70-STF 865

3.1. Questões relacionadas 865

4. ESPÉCIES DE TRIBUTOS 867

4.1. Impostos de competência da União 867

4.1.1. Imposto de importação 867

Súmula 582-STF 867

Súmula 535-STF 867

Súmula 534-STF 867

Súmula 469-STF 867

Súmula 244-STF 868

Súmula 89-STF 868

Súmula 85-STF 868

Súmula 84-STF 868

Súmula 83-STF 868

Súmula 100-STJ 868

4.1.2. Imposto de renda 868

Súmula 587-STF 868

Súmula 586-STF 869

Súmula 585-STF 869

Súmula 584-STF 869

Súmula 94-STF 870

Súmula 93-STF 870

Súmula 627-STJ 870

Súmula 598-STJ 870

Súmula 590-STJ 870

Súmula 556-STJ 871

Súmula 498-STJ 871

Súmula 463-STJ 871

Súmula 447-STJ 871

Súmula 386-STJ 871

Súmula 262-STJ 872

Súmula 215-STJ 872

Súmula 184-STJ 872

Súmula 125-STJ 872
Súmula 136-STJ 872
4.1.3. IPI 872
Súmula 591-STF 872
Súmula 495-STJ 872
Súmula 494-STJ 873
Súmula 411-STJ 873
4.1.4. IOF 873
Súmula 664-STF 873
Súmula 185-STJ 874
4.1.5. ITR 874
Súmula 139-STJ 874
4.1.6. Questões relacionadas 874
4.2. Impostos de competência dos estados e do Distrito Federal 879
4.2.1. ITCMD 879
Súmula 590-STF 879
Súmula 435-STF 879
Súmula 331-STF 879
Súmula 113-STF 879
Súmula 115-STF 880
Súmula 114-STF 880
Súmula 113-STF 880
Súmula 112-STF 880
4.2.2. ICMS 880
Súmula vinculante 48-STF 880
Súmula vinculante 32-STF 880
Súmula 662-STF 880
Súmula 661-STF 881
Súmula 660-STF 881
Súmula 615-STF 881
Súmula 579-STF 881

Súmula 578-STF 881
Súmula 577-STF 882
Súmula 576-STF 882
Súmula 572-STF 882
Súmula 570-STF 882
Súmula 571-STF 882
Súmula 569-STF 882
Súmula 577-STF 882
Súmula 574-STF 883
Súmula 573-STF 883
Súmula 536-STF 883
Súmula 509-STJ 883
Súmula 457-STJ 884
Súmula 433-STJ 884
Súmula 432-STJ 884
Súmula 431-STJ 884
Súmula 395-STJ 884
Súmula 391-STJ 885
Súmula 350-STJ 885
Súmula 334-STJ 885
Súmula 237-STJ 885
Súmula 198-STJ 885
Súmula 166-STJ 885
Súmula 163-STJ 886
Súmula 155-STJ 886
Súmula 152-STJ 886
Súmula 135-STJ 886
Súmula 129-STJ 886
Súmula 95-STJ, ... 886
Súmula 87-STJ 887
Súmula 94-STJ 887
Súmula 71-STJ 887

Súmula 68-STJ 887
Súmula 49-STJ 887
4.2.3. IPVA 887
Súmula 585-STJ 887
4.2.4. Questões relacionadas 888
4.3. Impostos de competência dos municípios 897
4.3.1. IPTU 897
Súmula vinculante 52-STF 897
Súmula 668-STF 898
Súmula 589-STF 899
Súmula 583-STF 899
Súmula 539-STF 899
Súmula 626-STJ 900
Súmula 614-STJ 900
Súmula 399-STJ 901
Súmula 397-STJ 901
Súmula 160-STJ 901
4.3.2. ITBI 901
Súmula 656-STF 901
Súmula 470-STF 902
Súmula 110-STF 902
Súmula 75-STF 902
4.3.3. ISS 902
Súmula vinculante 31-STF 902
Súmula 663-STF 902
Súmula 588-STF 903
Súmula 524-STJ 903
Súmula 424-STJ 903
Súmula 274-STJ 903
Súmula 167-STJ 903
Súmula 156-STJ 904
Súmula 138-STJ 904

4.3.4. Questões relacionadas 904
4.4. TAXAS 911
Súmula vinculante 41-STF 911
Súmula vinculante 29-STF 911
Súmula vinculante 19-STF 912
Súmula vinculante 12-STF 912
Súmula 670-STF 912
Súmula 667-STF 913
Súmula 665-STF 913
Súmula 595-STF 913
Súmula 551-STF 914
Súmula 550-STF 914
Súmula 549-STF 914
Súmula 545-STF 914
Súmula 438-STF 914
Súmula 437-STF 915
Súmula 348-STF 915
Súmula 324-STF 915
Súmula 309-STF 915
Súmula 308-STF 915
Súmula 306-STF 915
Súmula 302-STF 915
Súmula 274-STF 916
Súmula 144-STF 916
Súmula 141-STF 916
Súmula 140-STF 916
Súmula 138-STF 916
Súmula 137-STF 916
Súmula 136-STF 916
Súmula 135-STF 916
Súmula 134-STF 917
Súmula 133-STF 917

Súmula 132-STF 917
Súmula 131-STF 917
Súmula 130-STF 917
Súmula 129-STF 917
Súmula 128-STF 917
Súmula 127-STF 918
Súmula 126-STF 918
Súmula 82-STF 918
Súmula 157-STJ 918
Súmula 124-STJ 919
4.4.1. Questões relacionadas 919
4.5. CONTRIBUIÇÕES 923
Súmula vinculante 40-STF 923
Súmula 732-STF 924
Súmula 666-STF 924
Súmula 659-STF 924
Súmula 658-STF 924
Súmula 584-STJ 925
Súmula 516-STJ 925
Súmula 508-STJ 925
Súmula 499-STJ 926
Súmula 468-STJ 926
Súmula 458-STJ 926
Súmula 423-STJ 926
Súmula 396-STJ 926
Súmula 351-STJ 926
Súmula 276-STJ 926
Súmula 77-STJ 927
Súmula 84-TNU 927
4.5.1. Questões relacionadas 927
4.6. Empréstimos compulsórios 929
Súmula 418-STF 929

4.6.1. Questões relacionadas 930

5. OBRIGAÇÃO TRIBUTÁRIA 931

5.1. Responsabilidade tributária 931

Súmula 554-STJ 931

Súmula 435-STJ 931

Súmula 430-STJ 932

5.2. Denúncia espontânea 932

Súmula 360-STJ 932

5.3. Questões relacionadas 932

6. CRÉDITO TRIBUTÁRIO 935

6.1. Constituição do crédito tributário 935

Súmula 622-STJ 935

Súmula 555-STJ 936

Súmula 436-STJ 936

6.2. Suspensão do crédito tributário 936

6.2.1. Depósito do montante integral 936

Súmula vinculante 28-STF 936

Súmula 112-STJ 937

6.3. Extinção do crédito tributário 937

6.3.1. Compensação 937

Súmula 625-STJ 937

Súmula 464-STJ 937

Súmula 461-STJ 938

Súmula 460-STJ 938

Súmula 213-STJ 938

Súmula 212-STJ 938

6.3.2. Prescrição e decadência 939

Súmula vinculante 8-STF 939

Súmula 622-STJ 939

Súmula 467-STJ 939

Súmula 106-STJ 939

6.4. Exclusão do crédito tributário 940
6.4.1. Isenção 940
Súmula 581-STF 940
Súmula 471-STF 940
Súmula 544-STF 940
Súmula 543-STF 940
Súmula 436-STF 940
Súmula 91-STF 940
Súmula 81-STF 941
Súmula 79-STF 941
Súmula 78-STF 941
Súmula 77-STF 941
6.5. Garantias e privilégios dos créditos tributários 941
6.5.1. Preferências 941
Súmula 563-STF 941
6.6. Questões relacionadas 942
7. REPETIÇÃO DO INDÉBITO TRIBUTÁRIO 948
Súmula 546-STF 948
Súmula 239-STF 948
Súmula 625-STJ 948
Súmula 523-STJ 949
Súmula 188-STJ 949
Súmula 162-STJ 949
Súmula 71-STF 949
Súmula 35-TNU 949
7.1. Questões relacionadas 949
8. ADMINISTRAÇÃO TRIBUTÁRIA 951
8.1. Fiscalização 951
Súmula 439-STF 951
8.2. Certidões negativas 952
Súmula 446-STJ 952
8.3. Questões relacionadas 952

9. EXECUÇÃO FISCAL 953
9.1. Competência 953
Súmula 515-STJ 953
Súmula 349-STJ 954
Súmula 66-STJ 954
Súmula 58-STJ 954
9.2. Ministério Público 954
Súmula 189-STJ 954
9.3. Prazos processuais 954
Súmula 507-STF 954
9.4. Despesas processuais e honorários advocatícios 954
Súmula 519-STF 954
Súmula 400-STJ 955
Súmula 190-STJ 955
9.5. Autuação e redirecionamento da execução fiscal 955
Súmula 435-STJ 955
Súmula 430-STJ 956
Súmula 251-STJ 956
Súmula 139-STJ 956
9.6. Petição inicial 956
Súmula 559-STJ 956
Súmula 558-STJ 957
9.7. Despacho inicial 957
Súmula 409-STJ 957
9.8. Citação 958
Súmula 414-STJ 958
9.9. Penhora 958
Súmula 560-STJ 958
Súmula 497-STJ 958
Súmula 406-STJ 959
Súmula 314-STJ 959

9.10. Leilão 959
Súmula 128-STJ 959
Súmula 121-STJ 960
9.11. Embargos 960
Súmula 394-STJ 960
Súmula 153-STJ 960
9.12. Exceção de pré-executividade 960
Súmula 393-STJ 960
9.13. Substituição da Certidão de Dívida Ativa (CDA) 960
Súmula 392-STJ 960
9.14. Recursos 961
Súmula 278-STF 961
Súmula 277-STF 961
Súmula 276-STF 961
9.15. Arquivamento e extinção das ações de pequeno valor 961
Súmula 583-STJ 961
Súmula 452-STJ 962
9.16. Questões relacionadas 962

10. OUTROS TEMAS 971
10.1. Programa de recuperação fiscal (REFIS) 971
Súmula 437-STJ 971
Súmula 355-STJ 972
10.2. Simples nacional 972
Súmula 448-STJ 972
Súmula 425-STJ 972
10.3. Acordo geral de tarifas e comércio (GATT) 972
Súmula 575-STF 972
Súmula 71-STJ 972
Súmula 20-STJ 972
10.4. Liberação alfandegária 973
Súmula 262-STF 973
Súmula 50-STJ 973

10.5. Benefício relativo ao regime de "drawback" 973
Súmula 569-STJ 973
10.6. Legislação aduaneira 973
Súmula 559-STF 973
Súmula 553-STF 973
Súmula 404-STF 973
Súmula 88-STF 974
10.7. Questões relacionadas 974
11. DEMAIS SÚMULAS SUPERADAS 976
Súmula 541-STF 976
Súmula 540-STF 976
Súmula 548-STF 976
Súmula 538-STF 976
Súmula 537-STF 976
Súmula 533-STF 976
Súmula 532-STF 977
Súmula 350-STF 977
Súmula 334-STF 977
Súmula 333-STF 977
Súmula 332-STF 977
Súmula 329-STF 977
Súmula 328-STF 977
Súmula 326-STF 978
Súmula 318-STF 978
Súmula 303-STF 978
Súmula 148-STF 978
Súmula 143-STF 978
Súmula 142-STF 978
Súmula 139-STF 978
Súmula 125-STF 979
Súmula 124-STF 979
Súmula 119-STF 979

Súmula 118-STF ... 979
Súmula 117-STF ... 979
Súmula 116-STF ... 979
Súmula 111-STF ... 979
Súmula 108-STF ... 980
Súmula 107-STF ... 980
Súmula 106-STF ... 980
Súmula 104-STF ... 980
Súmula 103-STF ... 980
Súmula 102-STF ... 980
Súmula 100-STF ... 980
Súmula 99-STF ... 981
Súmula 98-STF ... 981
Súmula 97-STF ... 981
Súmula 96-STF ... 981
Súmula 95-STF ... 981
Súmula 92-STF ... 981
Súmula 90-STF ... 981
Súmula 87-STF ... 982
Súmula 86-STF ... 982
Súmula 68-STF ... 982

DIREITO PREVIDENCIÁRIO ... 983

1. INSTITUTOS DE CLASSE ... 983
Súmula 465-STF ... 983

2. CUSTEIO DA SEGURIDADE SOCIAL ... 983
2.1. Salário de contribuição ... 983
Súmula 456-STJ ... 983
Súmula 310-STJ ... 983
Súmula 83-TNU ... 983
Súmula 67-TNU ... 984
Súmula 60-TNU ... 984

Súmula 38-TNU 984
Súmula 19-TNU 984
Súmula 1-TNU 985
2.2. CONTRIBUIÇÃO PREVIDENCIÁRIA 985
Súmula 688-STF 985
Súmula 530-STF 985
Súmula 467-STF 985
Súmula 466-STF 986
Súmula 241-STF 986
Súmula 207-STF 986
2.3. Questões relacionadas 986
3. BENEFÍCIOS PREVIDENCIÁRIOS 988
3.1. Aspectos gerais 988
Súmula 21-TNU 988
Súmula 2-TNU 988
3.2. Aposentadorias 989
3.2.1. Aposentadoria por tempo de contribuição 989
Súmula 272-STJ 989
Súmula 41-TNU 989
Súmula 30-TNU 989
3.2.2. Aposentadoria especial 989
Súmula 44-STJ 989
Súmula 87-TNU 989
Súmula 85-TNU 989
Súmula 82-TNU 990
Súmula 71-TNU 990
Súmula 70-TNU 990
Súmula 68-TNU 990
Súmula 66-TNU 991
Súmula 62-TNU 991
Súmula 50-TNU 991
Súmula 49-TNU 991

Súmula 33-TNU ... 991
Súmula 32-TNU ... 991
Súmula 26-TNU ... 992
Súmula 16-TNU ... 992
Súmula 9-TNU ... 992
3.2.3. Aposentadoria por idade urbana ... 992
Súmula 44-TNU ... 992
3.2.4. Dupla aposentadoria ... 992
Súmula 372-STF ... 992
Súmula 371-STF ... 993
Súmula 243-STF ... 993
Súmula 37-STF ... 993
3.2.5. Questões relacionadas ... 993
3.3. Benefícios por incapacidade laboral ... 995
3.3.1. Aposentadoria por invalidez ... 995
Súmula 576-STJ ... 995
Súmula 557-STJ ... 995
Súmula 73-TNU ... 996
Súmula 72-TNU ... 996
Súmula 65-TNU ... 996
Súmula 57-TNU ... 997
Súmula 53-TNU ... 997
Súmula 47-TNU ... 997
Súmula 36-TNU ... 997
3.3.2. Auxílio-acidente ... 997
Súmula 507-STJ ... 997
Súmula 159-STJ ... 998
Súmula 146-STJ ... 998
Súmula 65-TNU ... 998
3.3.3. Auxílio-doença ... 998
Súmula 73-TNU ... 998
Súmula 65-TNU ... 998

Súmula 57-TNU 999
Súmula 53-TNU 999
3.3.4. Questões relacionadas 999
3.4. Benefícios de proteção à família e à maternidade 1001
3.4.1. Pensão por morte 1001
Súmula 613-STF 1001
Súmula 416-STJ 1001
Súmula 340-STJ 1001
Súmula 336-STJ 1001
Súmula 63-TNU 1002
Súmula 52-TNU 1002
Súmula 37-TNU 1002
Súmula 36-TNU 1002
Súmula 15-TNU 1002
Súmula 4-TNU 1002
3.4.2. Salário-maternidade 1003
Súmula 45-TNU 1003
3.4.3. Questões relacionadas 1003
3.5. Benefício da prestação continuada 1006
Súmula 687-STF 1006
Súmula 80-TNU 1006
Súmula 48-TNU 1007
Súmula 29-TNU 1008
Súmula 25-TNU 1009
Súmula 11-TNU 1009
Súmula 8-TNU 1010
Súmula 3-TNU 1010
3.5.1. Questões relacionadas 1010
4. TEMPO DE CONTRIBUIÇÃO PARA FINS PREVIDENCIÁRIOS 1011
4.1. Aspectos gerais 1011
Súmula 75-TNU 1011
Súmula 69-TNU 1011

Súmula 66-TNU 1011
Súmula 55-TNU 1012
Súmula 31-TNU 1012
Súmula 18-TNU 1012
4.2. Prova do tempo de contribuição de atividade rurícola 1012
Súmula 577-STJ 1012
Súmula 149-STJ 1012
Súmula 76-TNU 1012
Súmula 54-TNU 1013
Súmula 46-TNU 1013
Súmula 34-TNU 1013
Súmula 24-TNU 1013
Súmula 14-TNU 1014
Súmula 10-TNU 1014
Súmula 6-TNU 1014
Súmula 5-TNU 1014
4.3. Questões relacionadas 1014

5. PROCESSO PREVIDENCIÁRIO 1016
Súmula 242-STJ 1016
Súmula 204-STJ 1017
Súmula 178-STJ 1017
Súmula 175-STJ 1017
Súmula 111-STJ 1017
Súmula 110-STJ 1017
Súmula 81-TNU 1017
Súmula 79-TNU 1018
Súmula 78-TNU 1018
Súmula 77-TNU 1018
Súmula 74-TNU 1019
Súmula 64-TNU 1019
Súmula 22-TNU 1019

5.1. Questões relacionadas 1019

6. DÉBITOS PREVIDENCIÁRIOS 1020

Súmula 148-STJ 1020

Súmula 65-STJ 1020

7. PREVIDÊNCIA PRIVADA 1020

Súmula 427-STJ 1020

Súmula 291-STJ 1021

Súmula 290-STJ 1021

Súmula 289-STJ 1021

7.1. Questões relacionadas 1021

DIREITO DO TRABALHO 1023

1. CARTEIRA DE TRABALHO E PREVIDÊNCIA SOCIAL 1023

Súmula 225-STF 1023

1.1. Questões relacionadas 1023

2. ACIDENTE DE TRABALHO 1024

Súmula 529-STF 1024

Súmula 464-STF 1024

Súmula 434-STF 1024

Súmula 337-STF 1024

Súmula 314-STF 1024

Súmula 311-STF 1025

Súmula 240-STF 1025

Súmula 238-STF 1025

Súmula 236-STF 1025

Súmula 232-STF 1025

Súmula 230-STF 1025

Súmula 198-STF 1025

Súmula 35-STF 1026

2.1. Questões relacionadas 1026

3. ATIVIDADES INSALUBRES OU PERIGOSAS 1027
Súmula 460-STF 1027
Súmula 307-STF 1027
Súmula 212-STF 1027
Súmula 194-STF 1028
3.1. Questões relacionadas 1028

4. TRABALHO NOTURNO 1028
Súmula 402-STF 1028
Súmula 313-STF 1029
Súmula 214-STF 1029
Súmula 213-STF 1029
4.1. Questões relacionadas 1029

5. DURAÇÃO DO TRABALHO 1032
Súmula 675-STF 1032
5.1. Questões relacionadas 1033

6. REPOUSO SEMANAL REMUNERADO 1033
Súmula 462-STF 1033
Súmula 201-STF 1033

7. ESTABILIDADE 1034
Súmula 221-STF 1034
Súmula 195-STF 1034
7.1. Questões relacionadas 1034

8. HABITUALIDADE 1036
Súmula 459-STF 1036
Súmula 209-STF 1036

9. SALÁRIO 1037
Súmula vinculante 4-STF 1037
Súmula 531-STF 1037
Súmula 461-STF 1037
Súmula 207-STF 1037

Súmula 205-STF 1037
Súmula 204-STF 1037
Súmula 202-STF 1037
Súmula 199-STF 1038
Súmula 203-STF 1038
9.1. Questões relacionadas 1038

10. INDENIZAÇÃO DEVIDA AO EMPREGADO 1041
Súmula 529-STF 1041
Súmula 463-STF 1041
Súmula 229-STF 1041
Súmula 227-STF 1041
Súmula 224-STF 1041
Súmula 220-STF 1042
Súmula 219-STF 1042
Súmula 217-STF 1042
Súmula 200-STF 1042
10.1. Questões relacionadas 1042

11. ORGANIZAÇÕES SINDICAIS 1043
Súmula 677-STF 1043
Súmula 197-STF 1044
11.1. Questões relacionadas 1044

12. FALTA GRAVE 1045
Súmula 403-STF 1045
Súmula 316-STF 1045
Súmula 215-STF 1045
12.1. Questões relacionadas 1045

13. PRESCRIÇÃO 1047
Súmula 349-STF 1047
Súmula 327-STF 1047
13.1. Questões relacionadas 1048

14. TRABALHADOR RURAL 1050
Súmula 612-STF 1050
Súmula 196-STF 1050

15. SETOR ARTÍSTICO 1050
Súmula 312-STF 1050

16. SERVIDORES PÚBLICOS 1050
Súmula vinculante 37-STF 1050
Súmula 679-STF 1051
Súmula 678-STF 1051
16.1. Questões relacionadas 1051

17. SEGURO-DESEMPREGO 1054
Súmula 27-TNU 1054
17.1. Questões relacionadas 1054

18. FUNDO DE GARANTIA POR TEMPO DE SERVIÇO – FGTS 1055
Súmula vinculante 1-STF 1055
Súmula 593-STF 1055
Súmula 578-STJ 1055
Súmula 571-STJ 1055
Súmula 514-STJ 1055
Súmula 466-STJ 1055
Súmula 459-STJ 1056
Súmula 445-STJ 1056
Súmula 398-STJ 1056
Súmula 353-STJ 1056
Súmula 252-STJ 1056
Súmula 249-STJ 1056
Súmula 210-STJ 1057
Súmula 154-STJ 1057
Súmula 82-STJ 1057
Súmula 56-TNU 1058
Súmula 40-TNU 1058

Súmula 12-TNU ... 1058
18.1. Questões relacionadas ... 1058

DIREITO PROCESSUAL DO TRABALHO ... 1061

1. PRINCÍPIOS DO PROCESSO DO TRABALHO ... 1061
1.1. IDENTIDADE FÍSICA DO JUIZ ... 1061
Súmula 222-STF ... 1061
2. COMPETÊNCIA ... 1061
Súmula vinculante 53-STF ... 1061
Súmula vinculante 23-STF ... 1061
Súmula vinculante 22-STF ... 1062
Súmula 736-STF ... 1062
Súmula 501-STF ... 1062
Súmula 433-STF ... 1062
Súmula 235-STF ... 1063
Súmula 367-STJ ... 1063
Súmula 236-STJ ... 1063
Súmula 225-STJ ... 1063
Súmula 180-STJ ... 1063
Súmula 97-STJ ... 1064
Súmula 57-STJ ... 1064
Súmula 15-STJ ... 1064
Súmula 10-STJ ... 1064
2.1. Questões relacionadas ... 1065
3. AÇÃO ACIDENTÁRIA ... 1070
Súmula 552-STF ... 1070
Súmula 89-STJ ... 1070
4. HONORÁRIOS ADVOCATÍCIOS ... 1071
Súmula 633-STF ... 1071
Súmula 234-STF ... 1071
4.1. Questões relacionadas ... 1071

5. ISENÇÃO DE CUSTAS 1071

Súmula 223-STF 1071

6. EXECUÇÃO TRABALHISTA 1072

Súmula 458-STF 1072

7. RECURSOS 1072

Súmula 505-STF 1072

Súmula 457-STF 1072

Súmula 401-STF 1072

Súmula 315-STF 1072

Súmula 226-STJ 1073

7.1. Questões relacionadas 1073

8. AÇÃO RESCISÓRIA 1076

Súmula 338-STF 1076

8.1. Questões relacionadas 1076

DIREITO ELEITORAL 1079

1. JUSTIÇA ELEITORAL 1079

Súmula 68-TSE 1079

Súmula 34-TSE 1079

Súmula 33-TSE 1079

1.1. Questões relacionadas 1079

2. CONTAS DE CAMPANHA ELEITORAL 1080

Súmula 57-TSE 1080

Súmula 42-TSE 1081

Súmula 21-TSE 1081

Súmula 16-TSE 1081

Súmula 1-TSE 1081

2.1. Questões relacionadas 1082

3. CRIMES ELEITORAIS E PROCESSO PENAL ELEITORAL 1082

Súmula 62-TSE 1082

Súmula 61-TSE 1083

Súmula 60-TSE 1083
Súmula 59-TSE 1084
Súmula 58-TSE 1085
3.1. Questões relacionadas 1085

4. DESINCOMPATIBILIZAÇÃO E AFASTAMENTOS 1087
Súmula 54-TSE 1087
4.1. Questões relacionadas 1087

5. DIPLOMAÇÃO 1087
Súmula 66-TSE 1087
Súmula 40-TSE 1088
5.1. Questões relacionadas 1088

6. FILIAÇÃO PARTIDÁRIA 1089
Súmula 67-TSE 1089
Súmula 20-TSE 1089
Súmula 14-TSE 1090
Súmula 2-TSE 1090
6.1. Questões relacionadas 1090

7. INELEGIBILIDADES E CONDIÇÕES DE ELEGIBILIDADE 1093
Súmula vinculante 18-STF 1093
Súmula 70-TSE 1093
Súmula 69-TSE 1094
Súmula 64-TSE 1094
Súmula 61-TSE 1095
Súmula 60-TSE 1095
Súmula 59-TSE 1096
Súmula 47-TSE 1097
Súmula 43-TSE 1097
Súmula 41-TSE 1098
Súmula 36-TSE 1098
Súmula 19-TSE 1098
Súmula 15-TSE 1099

Súmula 13-TSE ... 1099
Súmula 12-TSE ... 1100
Súmula 9-TSE ... 1100
Súmula 8-TSE ... 1100
Súmula 7-TSE ... 1100
Súmula 6-TSE ... 1100
Súmula 5-TSE ... 1101
7.1. Questões relacionadas ... 1101

8. PROPAGANDA ELEITORAL ... 1108
Súmula 48-TSE ... 1108
Súmula 17-TSE ... 1108
8.1. Questões relacionadas ... 1108

9. REGISTRO DE CANDIDATO ... 1109
Súmula 55-TSE ... 1109
Súmula 53-TSE ... 1109
Súmula 52-TSE ... 1109
Súmula 51-TSE ... 1109
Súmula 49-TSE ... 1109
Súmula 45-TSE ... 1110
Súmula 39-TSE ... 1110
Súmula 38-TSE ... 1110
Súmula 37-TSE ... 1110
Súmula 11-TSE ... 1110
Súmula 10-TSE ... 1111
Súmula 4-TSE ... 1111
Súmula 3-TSE ... 1111
9.1. Questões relacionadas ... 1111

10. MULTA ELEITORAL ... 1115
Súmula 63-TSE ... 1115
Súmula 56-TSE ... 1115
Súmula 50-TSE ... 1115

Súmula 18-TSE 1116
10.1. Questões relacionadas 1117

11. AÇÕES ELEITORAIS 1117
Súmula 46-TSE 1117
Súmula 44-TSE 1118
11.1. Questões relacionadas 1118

12. RECURSOS 1119
12.1. Recursos em geral 1119
Súmula 65-TSE 1119
12.2. Recurso ordinário 1119
Súmula 64-TSE 1119
Súmula 36-TSE 1119
12.3. Recurso especial eleitoral 1120
Súmula 72-TSE 1120
Súmula 71-TSE 1120
Súmula 32-TSE 1120
Súmula 31-TSE 1120
Súmula 30-TSE 1120
Súmula 29-TSE 1121
Súmula 28-TSE 1121
Súmula 27-TSE 1121
Súmula 26-TSE 1121
Súmula 25-TSE 1121
Súmula 24-TSE 1122
12.4. Recurso extraordinário 1122
Súmula 728-STF 1122
12.5. Questões relacionadas 1122

13. RECLAMAÇÃO 1125
Súmula 35-TSE 1125
13.1. Questões relacionadas 1125

14. MANDADO DE SEGURANÇA EM MATÉRIA ELEITORAL 1126
Súmula 23-TSE 1126
Súmula 22-TSE 1126
14.1. Questões relacionadas 1126

DIREITO INTERNACIONAL 1129

1. DIREITO INTERNACIONAL PÚBLICO 1129
1.1. Condição jurídica do estrangeiro 1129
1.1.1. Expulsão 1129
Súmula 1-STF 1129
1.1.2. Extradição 1129
Súmula 692-STF 1129
Súmula 421-STF 1130
Súmula 367-STF 1130
Súmula 2-STF 1130
1.1.3. Outras súmulas superadas sobre a condição jurídica do estrangeiro 1130
Súmula 406-STF 1130
Súmula 64-STF 1131
Súmula 63-STF 1131
Súmula 62-STF 1131
Súmula 61-STF 1131
Súmula 60-STF 1131
Súmula 59-STF 1131
1.1.4. Questões relacionadas 1131
1.2. Comércio internacional 1133
Súmula 575-STF 1133
Súmula 130-STF 1133
Súmula 88-STF 1133
Súmula 124-STJ 1133
Súmula 71-STJ 1134
Súmula 20-STJ 1134

1.3. Questões relacionadas 1134

2. DIREITO INTERNACIONAL PRIVADO 1135

2.1. Homologação de sentença estrangeira 1135

Súmula 420-STF 1135

Súmula 381-STF 1135

2.2. Questões relacionadas 1135

DIREITO FINANCEIRO 1137

1. RECEITA PÚBLICA 1137

Súmula 578-STF 1137

Súmula 545-STF 1137

Súmula 66-STF 1137

Súmula 452-STJ 1137

Súmula 447-STJ 1137

1.1. Questões relacionadas 1138

2. DESPESAS PÚBLICAS 1138

2.1. Precatórios 1138

Súmula vinculante 17-STF 1138

Súmula 733-STF 1139

Súmula 655-STF 1139

Súmula 311-STJ 1140

Súmula 144-STJ 1141

2.2. Princípio da intranscendência subjetivas das sanções 1141

Súmula 615-STJ 1141

2.3. Questões relacionadas 1142

3. CONTROLE DA ATIVIDADE FINANCEIRA DO ESTADO 1144

3.1. Tribunal de contas 1144

Súmula vinculante 3-STF 1144

Súmula 653-STF 1144

Súmula 347-STF 1145

Súmula 42-STF 1145

Súmula 7-STF ... 1145
Súmula 6-STF ... 1145
3.2. Questões relacionadas ... 1146

DIREITO MILITAR ... 1149

1. DIREITO CONSTITUCIONAL MILITAR ... 1149
Súmula 674-STF ... 1149
Súmula 673-STF ... 1149
Súmula 9-STF ... 1150
1.1. Questões relacionadas ... 1150

2. DIREITO ADMINISTRATIVO MILITAR ... 1151
Súmula vinculante 6-STF ... 1151
Súmula 441-STF ... 1151
Súmula 407-STF ... 1151
Súmula 385-STF ... 1151
Súmula 57-STF ... 1152
Súmula 56-STF ... 1152
Súmula 55-STF ... 1152
Súmula 54-STF ... 1152
Súmula 53-STF ... 1152
Súmula 51-STF ... 1152
Súmula 45-STF ... 1152
Súmula 10-STF ... 1153
Súmula 346-STJ ... 1153
Súmula 58-TNU ... 1153
Súmula 13-TNU ... 1153
2.1. Questões relacionadas ... 1153

3. DIREITO PENAL MILITAR ... 1154
Súmula 298-STF ... 1154
Súmula 297-STF ... 1154
Súmula 16-STM ... 1155

Súmula 14-STM 1155
Súmula 7-STM 1155
Súmula 6-STM 1156
Súmula 4-STM 1156
Súmula 3-STM 1157
Súmula 1-STM 1157
3.1. Questões relacionadas 1158

4. DIREITO PROCESSUAL PENAL MILITAR 1158
Súmula 364-STF 1158
Súmula 52-STF 1158
Súmula 172-STJ 1158
Súmula 90-STJ 1160
Súmula 78-STJ 1160
Súmula 75-STJ 1160
Súmula 53-STJ 1160
Súmula 47-STJ 1161
Súmula 6-STJ 1161
Súmula 15-STM 1161
Súmula 13-STM 1162
Súmula 12-STM 1162
Súmula 11-STM 1163
Súmula 10-STM 1163
Súmula 9-STM 1164
Súmula 8-STM 1164
Súmula 5-STM 1164
Súmula 2-STM 1165
4.1. Questões relacionadas 1165

DIREITO CONSTITUCIONAL

1. DIREITOS E DEVERES INDIVIDUAIS E COLETIVOS

1.1. Direito à imagem

Súmula 403-STJ

Independe de prova do prejuízo a indenização pela publicação não autorizada da imagem de pessoa com fins econômicos ou comerciais.

- **Status:** Válida.

- **Dispositivos relacionados:**

> "CF, Art. 5º (...)
>
> V – é assegurado o direito de resposta, proporcional ao agravo, além da indenização por dano material, moral ou à imagem;
>
> X – são invioláveis a intimidade, a vida privada, a honra e a imagem das pessoas, assegurado o direito a indenização pelo dano material ou moral decorrente de sua violação;
>
> XXVIII – são assegurados, nos termos da lei:
>
> *a)* a proteção às participações individuais em obras coletivas e à reprodução da imagem e voz humanas, inclusive nas atividades desportivas;"

1.2. Ato jurídico perfeito

Súmula vinculante 1-STF

Ofende a garantia constitucional do ato jurídico perfeito a decisão que, sem ponderar as circunstâncias do caso concreto, desconsidera a validez e a eficácia de acordo constante do termo de adesão instituído pela Lei Complementar nº 110/2001.

• **Status:** Válida.

• **Dispositivos relacionados:**

"CF, Art. 5º (...)

XXXVI – a lei não prejudicará o direito adquirido, o ato jurídico perfeito e a coisa julgada;"

1.3. Irretroatividade da lei penal

Súmula 654-STF

A garantia da irretroatividade da lei, prevista no art. 5º, XXXVI, da Constituição da República, **não é invocável pela entidade estatal que a tenha editado**.

• **Status:** Válida.

• **Dispositivos relacionados:**

"CF, Art. 5º (...)

XXXVI – a lei não prejudicará o direito adquirido, o ato jurídico perfeito e a coisa julgada;"

1.4. Princípio da individualização da pena

Súmula 444-STJ

É vedada a utilização de inquéritos policiais e ações penais em curso para agravar a pena-base.

• **Status:** Válida.

• **Dispositivos relacionados:**

"CF, Art. 5º (...)

XLVI – a lei regulará a individualização da pena e adotará, entre outras, as seguintes:

a) privação ou restrição da liberdade;

b) perda de bens;

c) multa;

d) prestação social alternativa;

e) suspensão ou interdição de direitos;"

(...)

LVII – ninguém será considerado culpado até o trânsito em julgado de sentença penal condenatória;"

1.5. Identificação criminal

Súmula 568-STF

~~A identificação criminal não constitui constrangimento ilegal, ainda que o indiciado já tenha sido identificado civilmente.~~

- **Status:** Superada pela Constituição Federal de 1988.
- **Nota do autor:** As "hipóteses previstas em lei" a que o dispositivo constitucional faz referência é a Lei nº 12.037/2009 (Lei da Identificação Criminal).

- **Dispositivos relacionados:**

"CF, Art. 5º (...)

LVIII – o civilmente identificado não será submetido a identificação criminal, salvo nas hipóteses previstas em lei;"

"Lei 12.037/09, Art. 1º O civilmente identificado não será submetido a identificação criminal, salvo nos casos previstos nesta Lei."

"Lei 12.037/09, Art. 3º Embora apresentado documento de identificação, poderá ocorrer identificação criminal quando:

I – o documento apresentar rasura ou tiver indício de falsificação;

II – o documento apresentado for insuficiente para identificar cabalmente o indiciado;

III – o indiciado portar documentos de identidade distintos, com informações conflitantes entre si;

IV – a identificação criminal for essencial às investigações policiais, segundo despacho da autoridade judiciária competente, que decidirá de ofício ou mediante representação da autoridade policial, do Ministério Público ou da defesa;

V – constar de registros policiais o uso de outros nomes ou diferentes qualificações;

VI – o estado de conservação ou a distância temporal ou da localidade da expedição do documento apresentado impossibilite a completa identificação dos caracteres essenciais.

Parágrafo único. As cópias dos documentos apresentados deverão ser juntadas aos autos do inquérito, ou outra forma de investigação, ainda que consideradas insuficientes para identificar o indiciado."

1.6. Prisão administrativa

Súmula 280-STJ

O art. 35 do Decreto-lei nº 7.661, de 1945, que estabelece a prisão administrativa, **foi revogado pelos incisos LXI e LXVII do art. 5º da Constituição Federal de 1988.**

- **Status:** Válida.

- **Dispositivos relacionados:**

"CF, Art. 5º (...)

LXI – ninguém será preso senão em flagrante delito ou por ordem escrita e fundamentada de autoridade judiciária competente, salvo nos casos de transgressão militar ou crime propriamente militar, definidos em lei;

LXVII – não haverá prisão civil por dívida, salvo a do responsável pelo inadimplemento voluntário e inescusável de obrigação alimentícia e a do depositário infiel;"

1.7. Prisão civil do depositário infiel

Súmula vinculante 25-STF

É ilícita a prisão civil de depositário infiel, **qualquer que seja a modalidade do depósito.**

- **Status:** Válida.

- **Nota do autor:** Segundo o STF, a legislação infraconstitucional que estabelecia a prisão do depositário infiel não é mais admitida, por ser inconvencional, ofendendo o Pacto de São José da Costa Rica (art. 7º, item 7). Vale lembrar que o Pacto de São José da Costa Rica (Convenção Americana de Direitos Humanos) foi incorporado ao ordenamento jurídico pátrio pelo Decreto nº 978/1992.

• **Dispositivos relacionados:**

"CF, Art. 5º (...)

LXI – ninguém será preso senão em flagrante delito ou por ordem escrita e fundamentada de autoridade judiciária competente, salvo nos casos de transgressão militar ou crime propriamente militar, definidos em lei;

LXVII – não haverá prisão civil por dívida, salvo a do responsável pelo inadimplemento voluntário e inescusável de obrigação alimentícia e a do depositário infiel;"

"Decreto 678/1992, Art. 7º (...)

7. Ninguém deve ser detido por dívidas. Este princípio não limita os mandados de autoridade judiciária competente expedidos em virtude de inadimplemento de obrigação alimentar."

Súmula 619-STF

~~A prisão do depositário judicial pode ser decretada no próprio processo em que se constituiu o encargo, independentemente da propositura de ação de depósito.~~

• **Status:** Cancelada.

• **Nota do autor:** Segundo o STF, a legislação infraconstitucional que estabelecia a prisão do depositário infiel não é mais admitida, por ser inconvencional, ofendendo o Pacto de São José da Costa Rica (art. 7º, item 7). Vale lembrar que o Pacto de São José da Costa Rica (Convenção Americana de Direitos Humanos) foi incorporada ao ordenamento jurídico pátrio pelo Decreto nº 978/1992.

• **Precedentes relacionados:**

"Súmula vinculante 25 do STF. É ilícita a prisão civil de depositário infiel, qualquer que seja a modalidade do depósito."

• **Dispositivos relacionados:**

"CF, Art. 5º (...)

LXI – ninguém será preso senão em flagrante delito ou por ordem escrita e fundamentada de autoridade judiciária competente, salvo nos casos de transgressão militar ou crime propriamente militar, definidos em lei;

LXVII – não haverá prisão civil por dívida, salvo a do responsável pelo inadimplemento voluntário e inescusável de obrigação alimentícia e a do depositário infiel;"

"Decreto 678/1992, Art. 7º (...)

7. Ninguém deve ser detido por dívidas. Este princípio não limita os mandados de autoridade judiciária competente expedidos em virtude de inadimplemento de obrigação alimentar."

Súmula 419-STJ

Descabe a prisão civil do depositário infiel.

• **Status:** Válida.

• **Nota do autor:** Segundo o STF, a legislação infraconstitucional que estabelecia a prisão do depositário infiel não é mais admitida, por ser inconvencional, ofendendo o Pacto de São José da Costa Rica (art. 7º, item 7). Vale lembrar que o Pacto de São José da Costa Rica (Convenção Americana de Direitos Humanos) foi incorporado ao ordenamento jurídico pátrio pelo Decreto nº 978/1992.

• **Precedentes relacionados:**

"Súmula vinculante 25 do STF. É ilícita a prisão civil de depositário infiel, qualquer que seja a modalidade do depósito."

• **Dispositivos relacionados:**

"CF, Art. 5º (...)

LXI – ninguém será preso senão em flagrante delito ou por ordem escrita e fundamentada de autoridade judiciária competente, salvo nos casos de transgressão militar ou crime propriamente militar, definidos em lei;

LXVII – não haverá prisão civil por dívida, salvo a do responsável pelo inadimplemento voluntário e inescusável de obrigação alimentícia e a do depositário infiel;"

"Decreto 678/1992, Art. 7º (...)

7. Ninguém deve ser detido por dívidas. Este princípio não limita os mandados de autoridade judiciária competente expedidos em virtude de inadimplemento de obrigação alimentar."

Súmula 304-STJ

~~É ilegal a decretação da prisão civil daquele que não assume expressamente o encargo de depositário judicial.~~

- **Status:** Superada.

- **Nota do autor:** Segundo o STF, a legislação infraconstitucional que estabelecia a prisão do depositário infiel não é mais admitida, por ser inconvencional, ofendendo o Pacto de São José da Costa Rica (art. 7º, item 7). Vale lembrar que o Pacto de São José da Costa Rica (Convenção Americana de Direitos Humanos) foi incorporado ao ordenamento jurídico pátrio pelo Decreto nº 978/1992.

- **Precedentes relacionados:**

"Súmula vinculante 25 do STF. É ilícita a prisão civil de depositário infiel, qualquer que seja a modalidade do depósito."

- **Dispositivos relacionados:**

"CF, Art. 5º (...)

LXI – ninguém será preso senão em flagrante delito ou por ordem escrita e fundamentada de autoridade judiciária competente, salvo nos casos de transgressão militar ou crime propriamente militar, definidos em lei;

LXVII – não haverá prisão civil por dívida, salvo a do responsável pelo inadimplemento voluntário e inescusável de obrigação alimentícia e a do depositário infiel;"

"Decreto 678/1992, Art. 7º (...)

7. Ninguém deve ser detido por dívidas. Este princípio não limita os mandados de autoridade judiciária competente expedidos em virtude de inadimplemento de obrigação alimentar."

1.8. Ações constitucionais

1.8.1. Habeas corpus

Súmula 695-STF

Não cabe *habeas corpus* quando já extinta a pena privativa de liberdade.

- **Status:** Válida.

- **Dispositivos relacionados:**

"CF, Art. 5º (...)

LXVIII – conceder-se-á *habeas corpus* sempre que alguém sofrer ou se achar ameaçado de sofrer violência ou coação em sua liberdade de locomoção, por ilegalidade ou abuso de poder;"

"CPP, Art. 647. Dar-se-á *habeas corpus* sempre que alguém sofrer ou se achar na iminência de sofrer violência ou coação ilegal na sua liberdade de ir e vir, salvo nos casos de punição disciplinar."

Súmula 694-STF

Não cabe *habeas corpus* contra a imposição da pena de exclusão de militar ou de perda de patente ou de função pública.

- **Status:** Válida.

- **Dispositivos relacionados:**

"CF, Art. 5º (...)

LXVIII – conceder-se-á *habeas corpus* sempre que alguém sofrer ou se achar ameaçado de sofrer violência ou coação em sua liberdade de locomoção, por ilegalidade ou abuso de poder;"

"CPP, Art. 647. Dar-se-á *habeas corpus* sempre que alguém sofrer ou se achar na iminência de sofrer violência ou coação ilegal na sua liberdade de ir e vir, salvo nos casos de punição disciplinar."

Súmula 693-STF

Não cabe *habeas corpus* contra decisão condenatória a pena de multa, ou relativo a processo em curso por infração penal a que a pena pecuniária seja a única cominada.

- **Status:** Válida.

- **Dispositivos relacionados:**

"CF, Art. 5º (...)

LXVIII – conceder-se-á *habeas corpus* sempre que alguém sofrer ou se achar ameaçado de sofrer violência ou coação em sua liberdade de locomoção, por ilegalidade ou abuso de poder;"

"CPP, Art. 647. Dar-se-á *habeas corpus* sempre que alguém sofrer ou se achar na iminência de sofrer violência ou coação ilegal na sua liberdade de ir e vir, salvo nos casos de punição disciplinar."

Súmula 692-STF

Não se conhece de *habeas corpus* contra omissão de relator de extradição, **se fundado em fato ou direito estrangeiro cuja prova não constava dos autos, nem foi ele provocado a respeito.**

- **Status:** Válida.

- **Dispositivos relacionados:**

> "CF, Art. 5º (...)
>
> LXVIII – conceder-se-á *habeas corpus* sempre que alguém sofrer ou se achar ameaçado de sofrer violência ou coação em sua liberdade de locomoção, por ilegalidade ou abuso de poder;"

Súmula 691-STF

Não compete ao Supremo Tribunal Federal conhecer de *habeas corpus* impetrado contra decisão do Relator que, em *habeas corpus* requerido a Tribunal Superior, indefere a liminar.

- **Status:** Válida.

- **Nota do autor:** A jurisprudência do STF é firme no sentido da impossibilidade de o Supremo dar seguimento ao habeas corpus impetrado contra decisão do relator que, em habeas corpus requerido a Tribunal Superior, indefere a liminar, nos termos da Súmula 691-STF. No entanto, excepcionalmente, o Supremo admite o afastamento da súmula 691 quando houver teratologia, flagrante ilegalidade ou abuso de poder que possam ser constatados *ictu oculi* (aquilo que é percebido pelos olhos).

- **Precedentes relacionados:**

> "A jurisprudência pacífica desta Suprema Corte, consolidada pela Súmula 691, é no sentido da impossibilidade de o Supremo Tribunal Federal dar seguimento ao writ impetrado contra decisão do relator que, em habeas corpus requerido a Tribunal Superior, indefere a liminar. II – Essa orientação somente pode ser superada em caso de teratologia, flagrante ilegalidade ou abuso de poder que possam ser constatados ictu oculi, o que não se verifica no caso sob exame; (...)." (STF, 2ª Turma, HC 143476-RJ. Rel. orig. Min. Gilmar Mendes, Rel. p/ o ac. Min. Ricardo Lewandowski, julgado em 6/6/2017) (Informativo n. 868).

• **Dispositivos relacionados:**

> "CF, Art. 5º (...)
> LXVIII – conceder-se-á *habeas corpus* sempre que alguém sofrer ou se achar ameaçado de sofrer violência ou coação em sua liberdade de locomoção, por ilegalidade ou abuso de poder;"

Súmula 690-STF

~~Compete originariamente ao STF o julgamento de *habeas corpus* contra decisão de turma recursal de juizados especiais criminais.~~

• **Status:** Superada.

• **Nota do autor:** A competência para julgar *habeas corpus* contra ato de Turma Recursal dos Juizados Especiais é do Tribunal de Justiça ou do Tribunal Regional Federal.

• **Dispositivos relacionados:**

> "CF, Art. 5º (...)
> LXVIII – conceder-se-á *habeas corpus* sempre que alguém sofrer ou se achar ameaçado de sofrer violência ou coação em sua liberdade de locomoção, por ilegalidade ou abuso de poder;"

Súmula 395-STF

Não se conhece de recurso de *habeas corpus* cujo objeto seja resolver sobre o ônus das custas, por não estar mais em causa a liberdade de locomoção.

• **Status:** Válida.

• **Dispositivos relacionados:**

> "CF, Art. 5º (...)
> LXVIII – conceder-se-á *habeas corpus* sempre que alguém sofrer ou se achar ameaçado de sofrer violência ou coação em sua liberdade de locomoção, por ilegalidade ou abuso de poder;"

"CPP, Art. 647. Dar-se-á *habeas corpus* sempre que alguém sofrer ou se achar na iminência de sofrer violência ou coação ilegal na sua liberdade de ir e vir, salvo nos casos de punição disciplinar."

1.8.2. Mandado de segurança

Súmula 632-STF

É constitucional lei que fixa o prazo de decadência para a impetração de mandado de segurança.

- **Status:** Válida.
- **Nota do autor:** A Lei nº 12.016/2009 prevê que o prazo decadencial do mandado de segurança é de 120 dias.

- **Dispositivos relacionados:**

"LMS, Art. 23. O direito de requerer mandado de segurança extinguir-se-á decorridos 120 (cento e vinte) dias, contados da ciência, pelo interessado, do ato impugnado."

Súmula 631-STF

Extingue-se o processo de mandado de segurança se o impetrante não promove, no prazo assinado, a citação do litisconsorte passivo **necessário**.

- **Status:** Válida.
- **Nota do autor:** O dispositivo legal acima faz referência ao antigo CPC (1973). Atualmente, o tema é tratado pelo art. 115 do novo CPC (2015), que deve ser aplicado ao mandado de segurança, por forma do art. 24 da Lei 12.016/2009 (Lei do Mandado de Segurança – LMS).

- **Dispositivos relacionados:**

"CPC/15, Art. 115. A sentença de mérito, quando proferida sem a integração do contraditório, será:

I – nula, se a decisão deveria ser uniforme em relação a todos que deveriam ter integrado o processo;

II – ineficaz, nos outros casos, apenas para os que não foram citados.

Parágrafo único. **Nos casos de litisconsórcio passivo necessário, o juiz determinará ao autor que requeira a citação de todos que devam ser litisconsortes, dentro do prazo que assinar, sob pena de extinção do processo**."

"LMS, Art. 24. Aplicam-se ao mandado de segurança os arts. 46 a 49 da Lei nº 5.869, de 11 de janeiro de 1973 – Código de Processo Civil."

Súmula 626-STF

A suspensão da liminar em mandado de segurança, salvo determinação em contrário da decisão que a deferir, **vigorará até o trânsito em julgado da decisão definitiva de concessão da segurança ou, havendo recurso, até a sua manutenção pelo Supremo Tribunal Federal, desde que o objeto da liminar deferida coincida, total ou parcialmente, com o da impetração.**

- **Status:** Válida.

- **Dispositivos relacionados:**

"**Lei 8.437/92, Art. 4º** Compete ao presidente do tribunal, ao qual couber o conhecimento do respectivo recurso, suspender, em despacho fundamentado, a execução da liminar nas ações movidas contra o Poder Público ou seus agentes, a requerimento do Ministério Público ou da pessoa jurídica de direito público interessada, em caso de manifesto interesse público ou de flagrante ilegitimidade, e para evitar grave lesão à ordem, à saúde, à segurança e à economia públicas."

"Lei 8.038/90, Art. 25. (...).

§ 3º A suspensão de segurança vigorará enquanto pender o recurso, ficando sem efeito, se a decisão concessiva for mantida pelo Superior Tribunal de Justiça ou transitar em julgado."

"RISTF, Art. 297. (...)

§ 3º A suspensão de segurança vigorará enquanto pender o recurso, ficando sem efeito, se a decisão concessiva for mantida pelo Supremo Tribunal Federal ou transitar em julgado."

"RISTJ, Art. 271. (...).

§ 3º A suspensão vigorará enquanto pender o recurso, ficando sem efeito se a decisão concessiva for mantida pelo Superior Tribunal de Justiça ou transitar em julgado."

Súmula 625-STF

Controvérsia sobre matéria de direito **não impede** concessão de mandado de segurança.

- **Status:** Válida.
- **Nota do autor:** Cuidado para não confundir: a) controvérsia sobre matéria de direito **não impede** concessão de mandado de segurança; b) controvérsia sobre matéria de fato **impede** concessão de mandado de segurança. Isso porque não há dilação probatória em sede de mandado de segurança.

- **Dispositivos relacionados:**

"CF, Art. 5º (...)

LXIX – conceder-se-á mandado de segurança para proteger direito líquido e certo, não amparado por *habeas corpus* ou *habeas data*, quando o responsável pela ilegalidade ou abuso de poder for autoridade pública ou agente de pessoa jurídica no exercício de atribuições do Poder Público;"

"LMS, Art. 1º Conceder-se-á mandado de segurança para proteger direito líquido e certo, não amparado por *habeas corpus* ou *habeas data*, sempre que, ilegalmente ou com abuso de poder, qualquer pessoa física ou jurídica sofrer violação ou houver justo receio de sofrê-la por parte de autoridade, seja de que categoria for e sejam quais forem as funções que exerça."

Súmula 624-STF

Não compete ao Supremo Tribunal Federal conhecer originariamente de mandado de segurança contra atos de outros tribunais.

- **Status:** Válida.
- **Nota do autor:** O mandado de segurança contra ato do STJ é julgado pelo próprio STJ.

Súmula 623-STF

Não gera, por si só, a competência originária do STF para conhecer do mandado de segurança, com base no art. 102, I, "n", da Constituição, dirigir-se o pedido contra deliberação administrativa do tribunal de origem, da qual haja participado a maioria ou a totalidade de seus membros.

- **Status:** Válida.

• **Dispositivos relacionados:**

"CF, Art. 102. Compete ao Supremo Tribunal Federal, precipuamente, a guarda da Constituição, cabendo-lhe:

I – processar e julgar, originariamente:

n) a ação em que todos os membros da magistratura sejam direta ou indiretamente interessados, e aquela em que mais da metade dos membros do tribunal de origem estejam impedidos ou sejam direta ou indiretamente interessados;"

Súmula 622-STF

~~Não cabe agravo regimental contra decisão do relator que concede ou indefere liminar em mandado de segurança.~~

• **Status:** Superada.

• **Nota do autor:** Cabe agravo contra decisão do relator que concede ou indefere liminar em mandado de segurança.

• **Dispositivos relacionados:**

"LMS, Art. 16 (...).

Parágrafo único. Da decisão do relator que conceder ou denegar a medida liminar caberá agravo ao órgão competente do tribunal que integre."

Súmula 597-STF

~~Não cabem embargos infringentes de acórdão que, em mandado de segurança decidiu, por maioria de votos, a apelação.~~

• **Status:** Superada pelo CPC/2015, que extinguiu os embargos infringentes.

• **Nota do autor:** De qualquer modo, vale lembrar que a Lei nº 12.016/2009 também inadmitia os embargos infringentes no mandado de segurança.

• **Dispositivos relacionados:**

"LMS, Art. 25. Não cabem, no processo de mandado de segurança, a interposição de embargos infringentes e a condenação ao pagamento dos honorários advocatícios, sem prejuízo da aplicação de sanções no caso de litigância de má-fé."

Súmula 512-STF

Não cabe condenação em honorários de advogado na ação de mandado de segurança.

- **Status:** Válida.

- **Dispositivos relacionados:**

"Art. 25. Não cabem, no processo de mandado de segurança, a interposição de embargos infringentes e a condenação ao pagamento dos honorários advocatícios, sem prejuízo da aplicação de sanções no caso de litigância de má-fé."

Súmula 511-STF

~~Compete à Justiça Federal, em ambas as instâncias, processar e julgar as causas entre autarquias federais e entidades públicas locais, inclusive mandados de segurança, ressalvada a ação fiscal, nos termos da Constituição Federal de 1967, art. 119, § 3º.~~

- **Status:** Superada.

Súmula 510-STF

Praticado o ato por autoridade, no exercício de competência delegada, **contra ela** cabe o mandado de segurança ou a medida judicial.

- **Status:** Válida.

Súmula 506-STF

~~O agravo a que se refere o art. 4º da Lei nº 4.348/64, cabe, somente, do despacho do Presidente do Supremo Tribunal Federal que defere a suspensão da liminar, em mandado de segurança; não do que a denega.~~

- **Status:** Cancelada pelo Pleno do STF no SS 1945/AL, DJU 01/08/2003.

Súmula 474-STF

Não há direito líquido e certo, amparado pelo mandado de segurança, quando se escuda em lei cujos efeitos foram anulados por outra, declarada constitucional pelo Supremo Tribunal Federal.

- **Status:** Válida.

Súmula 430-STF

Pedido de reconsideração na via administrativa **não** interrompe o prazo para o mandado de segurança.

- **Status:** Válida.

Súmula 429-STF

A existência de recurso administrativo com efeito suspensivo **não** impede o uso do mandado de segurança **contra omissão da autoridade.**

- **Status:** Válida.
- **Dispositivos relacionados:**

"CF, Art. 5º (...)

LXIX – conceder-se-á mandado de segurança para proteger direito líquido e certo, não amparado por *habeas corpus* ou *habeas data*, quando o responsável pela ilegalidade ou abuso de poder for autoridade pública ou agente de pessoa jurídica no exercício de atribuições do Poder Público;"

"LMS, Art. 1º Conceder-se-á mandado de segurança para proteger direito líquido e certo, não amparado por *habeas corpus* ou *habeas data*, sempre que, ilegalmente ou com abuso de poder, qualquer pessoa física ou jurídica sofrer violação ou houver justo receio de sofrê-la por parte de autoridade, seja de que categoria for e sejam quais forem as funções que exerça."

"LMS, Art. 5º Não se concederá mandado de segurança quando se tratar de ato do qual caiba recurso administrativo com efeito suspensivo, independentemente de caução."

Súmula 405-STF

Denegado o mandado de segurança pela sentença, ou no julgamento do agravo, dela interposto, **fica sem efeito a liminar concedida**, **retroagindo os efeitos da decisão contrária.**

- **Status:** Válida.

Súmula 392-STF

O prazo para recorrer de acórdão concessivo de segurança **conta-se da publicação oficial de suas conclusões**, e não da anterior ciência à autoridade para cumprimento da decisão.

• **Status:** Válida.

Súmula 330-STF

O Supremo Tribunal Federal **não** é competente para conhecer de mandado de segurança contra atos dos tribunais de justiça dos estados.

• **Status:** Válida.

• **Nota do autor:** Perceba que se aplica a mesma lógica da Súmula 624 do STF. Assim, o mandado de segurança contra ato do TJ é julgado pelo próprio TJ.

Súmula 304-STF

Decisão denegatória de mandado de segurança, não fazendo coisa julgada contra o impetrante, não impede o uso da ação própria.

• **Status:** Válida.

• **Nota do autor:** Caso a sentença ou o acórdão denegue o mandado de segurança, **decidindo o mérito**, haverá coisa julgada, o que impedirá que o requerente pleiteie novamente em ação própria. Nesse sentido: STJ, AgRg no REsp 1.198.803/DF, julgado em 06/10/2011.

• **Precedentes relacionados:**

"A sentença denegatória do mandado de segurança apreciou o mérito da ação, julgando extinto o processo com resolução do mérito, nos termos do art. 269, I, do CPC, ao entender 'inequívoca a legitimação passiva do sócio-gerente pela responsabilidade da obrigação tributária por substituição, na dicção do artigo 135, *caput*, do Código Tributário Nacional, não tendo a impetrante demonstrado que não houve infração à lei durante o período em que era sócia com poderes de gerência'. Discutido o mérito da ação pela via mandamental, operou-se a coisa julgada." (STJ, 1ª Turma, AgRg no REsp 1.198.803/DF, Rel. Min. Arnaldo Esteves Lima, julgado em 06/10/2011)

• **Dispositivos relacionados:**

"LMS, Art. 19. A sentença ou o acórdão que denegar mandado de segurança, sem decidir o mérito, não impedirá que o requerente, por ação própria, pleiteie os seus direitos e os respectivos efeitos patrimoniais."

Súmula 299-STF

O recurso ordinário e o extraordinário interpostos no mesmo processo de mandado de segurança, ou de *habeas corpus*, serão julgados conjuntamente pelo Tribunal Pleno.

- **Status:** Válida.

Súmula 294-STF

~~São inadmissíveis embargos infringentes contra decisão do STF em mandado de segurança.~~

- **Status:** Superada pelo CPC/2015, que extinguiu os embargos infringentes.

Súmula 272-STF

Não se admite como ordinário recurso extraordinário de decisão denegatória de mandado de segurança.

- **Status:** Válida.

- **Nota do autor:** Da denegação de mandado de segurança por um tribunal superior (STJ, TST, TSE, STM) cabe **recurso ordinário constitucional** – ROC (art. 102, II, "a"; da CF), e não recurso extraordinário. Se o recorrente interpuser recurso extraordinário isso configura erro grosseiro, o que não permitirá a aplicação do princípio da fungibilidade recursal.

- **Dispositivos relacionados:**

> "CF, Art. 102. Compete ao Supremo Tribunal Federal, precipuamente, a guarda da Constituição, cabendo-lhe:
>
> II – julgar, em recurso ordinário:
>
> *a)* o *habeas corpus*, o mandado de segurança, o *habeas data* e o mandado de injunção decididos em única instância pelos Tribunais Superiores, se denegatória a decisão;"

Súmula 271-STF

Concessão de mandado de segurança não produz efeitos patrimoniais em relação a período pretérito, os quais devem ser reclamados administrativamente ou pela via judicial própria.

- **Status:** Válida.

• **Nota do autor:** No julgamento do EREsp 1.164.514/AM, em 2015, o STJ entendeu de forma contrária, afastando a aplicação dessa súmula. Aliás, esse entendimento do STJ contraria inclusive o art. 14, § 4º da Lei do Mandado de Segurança.

• **Precedentes relacionados:**

"Em mandado de segurança impetrado contra redução do valor de vantagem integrante de proventos ou de remuneração de servidor público, os efeitos financeiros da concessão da ordem retroagem à data do ato impugnado. (...) o STJ firmou a orientação de que, nas hipóteses em que o servidor público deixa de auferir seus vencimentos ou parte deles em razão de ato ilegal ou abusivo do Poder Público, os efeitos financeiros da concessão de ordem mandamental devem retroagir à data do ato impugnado, violador do direito líquido e certo do impetrante. Isso porque os efeitos patrimoniais são mera consequência da anulação do ato impugnado que reduz o valor de vantagem nos proventos ou remuneração do impetrante (...)". (STJ, Corte Especial, EREsp 1.164.514-AM, Rel. Min. Napoleão Nunes Maia Filho, julgado em 16/12/2015, DJe 25/2/2016; Informativo n. 578)

• **Dispositivos relacionados:**

"LMS, Art. 14 (...)

§ 4º O pagamento de vencimentos e vantagens pecuniárias assegurados em sentença concessiva de mandado de segurança a servidor público da administração direta ou autárquica federal estadual e municipal somente será efetuado relativamente às prestações que se vencerem a contar da data do ajuizamento da inicial."

Súmula 270-STF

Não cabe mandado de segurança para impugnar enquadramento da Lei nº 3.780, de 12 de julho de 1960, que envolva exame de prova ou de situação funcional complexa.

• **Status:** Válida.

• **Nota do autor:** Em outras palavras, não cabe mandado de segurança para impugnar enquadramento legal que envolva exame de prova ou situação funcional complexa. Isso porque não há dilação probatória em sede de mandado de segurança. Além disso, vale lembrar, que a lógica da súmula 270 do STF pode ser aplicada não só para a Lei 3.780/1960, mas para outros casos também.

• **Dispositivos relacionados:**

"CF, Art. 5º (...)

LXIX – conceder-se-á mandado de segurança para proteger direito líquido e certo, não amparado por *habeas corpus* ou *habeas data*, quando o responsável pela ilegalidade ou abuso de poder for autoridade pública ou agente de pessoa jurídica no exercício de atribuições do Poder Público;"

"LMS, Art. 1º Conceder-se-á mandado de segurança para proteger direito líquido e certo, não amparado por *habeas corpus* ou *habeas data*, sempre que, ilegalmente ou com abuso de poder, qualquer pessoa física ou jurídica sofrer violação ou houver justo receio de sofrê-la por parte de autoridade, seja de que categoria for e sejam quais forem as funções que exerça."

Súmula 269-STF

O mandado de segurança **não** é substitutivo de ação de cobrança.

• **Status:** Válida.

Súmula 268-STF

Não cabe mandado de segurança contra decisão judicial com trânsito em julgado.

• **Status:** Válida.

• **Precedentes relacionados:**

"O mandado de segurança contra decisão judicial deve ser impetrado, via de regra, antes do trânsito em julgado da decisão impugnada, sob pena de utilização da ação mandamental como ação rescisória, a teor do que dispõe a Súmula n. 268/STF. No caso concreto, a despeito de a parte, na ação de execução, insurgir-se contra o ato de designação da praça para alienação do bem imóvel, as razões do mandado de segurança refletem o desígnio de reforma da decisão proferida no processo de conhecimento do qual se originou o título executivo, fato que recomenda seja aplicada a Súmula n. 268/STF." (STJ, 4ª Turma, AgRg no RMS 33.595/SP, Rel. Min. Antonio Carlos Ferreira, julgado em 13/08/2013).

• **Dispositivos relacionados:**

"LMS, Art. 5º **Não** se concederá mandado de segurança quando se tratar:

I – de ato do qual caiba recurso administrativo com efeito suspensivo, independentemente de caução;

II – de decisão judicial da qual caiba recurso com efeito suspensivo;

III – **de decisão judicial transitada em julgado**."

Súmula 267-STF

Não cabe mandado de segurança contra ato judicial passível de recurso ou correição.

- **Status:** Válida.
- **Nota do autor:** Há exceção. Segundo o STJ, cabe mandado de segurança contra ato judicial passível de recurso quando se verificar, no caso concreto, uma situação teratológica, abusiva, que possa gerar dano irreparável e desde que o recurso previsto não tenha ou não possa obter efeito suspensivo.

- **Precedentes relacionados:**

"Segundo orientação do Superior Tribunal de Justiça, em situações teratológicas, abusivas, que possam gerar dano irreparável, o recurso previsto não tenha ou não possa obter efeito suspensivo, admite-se que a parte se utilize do mandado de segurança contra ato judicial." (STJ, Corte Especial, AgRg no MS 18.995/DF, Rel. Min. Arnaldo Esteves Lima, julgado em 16/09/2013, DJe 23/09/2013)

- **Dispositivos relacionados:**

"LMS, Art. 5º Não se concederá mandado de segurança quando se tratar:

I – de ato do qual caiba recurso administrativo com efeito suspensivo, independentemente de caução;

II – **de decisão judicial da qual caiba recurso com efeito suspensivo**;

III – de decisão judicial transitada em julgado."

Súmula 266-STF

Não cabe mandado de segurança contra lei em tese.

- **Status:** Válida.

• **Nota do autor:** Não cabe mandado de segurança contra lei em tese, porque o instrumento processual adequado para isso são as ações do controle de constitucionalidade. **Obs.:** Tanto o STF como o STJ entendem cabível o mandado de segurança contra lei de efeitos concretos.

• **Precedentes relacionados:**

"É cabível o mandado de segurança impetrado contra os efeitos concretos de ato normativos." (STJ, 2ª Turma, AgRg no REsp 1.309.578/AM, Rel. Min. Mauro Campbell Marques, julgado em 18/11/2014)

"Se o ato normativo consubstancia ato administrativo, assim de efeitos concretos, cabe contra ele o mandado de segurança." (STF, 2ª Turma, RMS 24266/DF, Rel. Min. Carlos Velloso, julgado em 07/10/2003)

• **Dispositivos relacionados:**

"CF, Art. 5º (...)

LXIX – conceder-se-á mandado de segurança para proteger direito líquido e certo, não amparado por *habeas corpus* ou *habeas data*, quando o responsável pela ilegalidade ou abuso de poder for autoridade pública ou agente de pessoa jurídica no exercício de atribuições do Poder Público;"

"LMS, Art. 1º Conceder-se-á mandado de segurança para proteger direito líquido e certo, não amparado por *habeas corpus* ou *habeas data*, sempre que, ilegalmente ou com abuso de poder, qualquer pessoa física ou jurídica sofrer violação ou houver justo receio de sofrê-la por parte de autoridade, seja de que categoria for e sejam quais forem as funções que exerça."

Súmula 248-STF

É competente, originariamente, o Supremo Tribunal Federal, para mandado de segurança contra ato do Tribunal de Contas da União.

• **Status:** Válida.

• **Dispositivos relacionados:**

"CF, Art. 102. Compete ao Supremo Tribunal Federal, precipuamente, a guarda da Constituição, cabendo-lhe:

I – processar e julgar, originariamente:

d) o *habeas corpus*, sendo paciente qualquer das pessoas referidas nas alíneas anteriores; o mandado de segurança e o ***habeas data*** contra atos do Presidente da República, das Mesas da Câmara dos Deputados e do Senado Federal, do Tribunal de Contas da União, do Procurador-Geral da República e do próprio Supremo Tribunal Federal;"

Súmula 101-STF

O mandado de segurança **não** substitui a ação popular.

• **Status:** Válida.

Súmula 628-STJ

A teoria da encampação é aplicada no mandado de segurança quando presentes, **cumulativamente**, os seguintes requisitos: a) **existência de vínculo hierárquico entre a autoridade que prestou informações e a que ordenou a prática do ato impugnado**; b) **manifestação a respeito do mérito nas informações prestadas**; e c) **ausência de modificação de competência estabelecida na Constituição Federal**.

• **Status:** Válida.

Súmula 460-STJ

É incabível o mandado de segurança para convalidar a compensação tributária realizada pelo contribuinte.

• **Status:** Válida.

• **Nota do autor:** Não cabe mandado de segurança para convalidar a compensação tributária, considerando que para a convalidação da compensação tributária exige-se dilação probatória, o que não se admite no MS.

Súmula 376-STJ

Compete à turma recursal processar e julgar o mandado de segurança contra ato de juizado especial.

• **Status:** Válida.

• **Nota do autor:** Mandado de segurança contra ato da Turma Recursal é julgado pela própria Turma Recursal. Cuidado para não confundir: a) **mandado de segurança contra ato da Turma Recursal:** competência da própria Turma Recursal; b) ***habeas corpus* contra ato da Turma Recursal:** competência do Tribunal de Justiça ou do TRF respectivo.

Súmula 333-STJ

Cabe mandado de segurança contra ato praticado em licitação promovida por sociedade de economia mista ou empresa pública.

• **Status:** Válida.

• **Nota do autor:** A expressão "atos" trazida pela súmula se refere aos "atos administrativos", e não aos "atos de gestão". Com relação aos "atos de gestão" não cabe mandado de segurança, conforme o dispositivo legal acima transcrito.

• **Dispositivos relacionados:**

"LMS, Art. 1º. (...)

§ 2º Não cabe mandado de segurança contra os atos de gestão comercial praticados pelos administradores de empresas públicas, de sociedade de economia mista e de concessionárias de serviço público."

Súmula 217-STJ

~~Não cabe agravo de decisão que indefere o pedido de suspensão da execução da liminar, ou da sentença em mandado de segurança.~~

• **Status:** Cancelada pelo STJ no julgamento do AgRg SS 1.204/AM, DJU 10/11/2003.

• **Nota do autor:** Cabe agravo, no prazo de 5 dias, da decisão que concede ou nega a suspensão.

• **Dispositivos relacionados:**

"Lei 8.437/1992, Art. 4º (...)

§ 3º Do despacho que conceder ou negar a suspensão, caberá agravo, no prazo de cinco dias, que será levado a julgamento na sessão seguinte a sua interposição."

Súmula 213-STJ

O mandado de segurança **constitui** ação adequada para a declaração do direito à compensação tributária.

• **Status:** Válida.

Súmula 212-STJ

A compensação de créditos tributários **não pode ser deferida em ação cautelar ou por medida liminar cautelar ou antecipatória.**

- **Status:** Válida.

- **Dispositivos relacionados:**

> "LMS, Art. 7º (...)
>
> § 2º **Não será concedida medida liminar que tenha por objeto a compensação de créditos tributários**, a entrega de mercadorias e bens provenientes do exterior, a reclassificação ou equiparação de servidores públicos e a concessão de aumento ou a extensão de vantagens ou pagamento de qualquer natureza."

Súmula 202-STJ

A impetração de segurança por terceiro, contra ato judicial, **não** se condiciona à interposição de recurso.

- **Status:** Válida.

- **Nota do autor:** De acordo com o STJ, essa súmula não se aplica caso o impetrante já tenha ciência do processo e postulado no feito. Confira o julgado abaixo.

- **Precedentes relacionados:**

> "**Afasta-se a incidência da Súmula n. 202/STJ na hipótese em que a impetrante tenha tido ciência do processo e já postulado no feito, inclusive requerendo a reconsideração da decisão impugnada no *writ*.** É entendimento do STJ que o enunciado da Súmula n. 202 socorre tão somente aquele que não teve condições de tomar ciência da decisão que lhe prejudicou, ficando impossibilitado de se utilizar do recurso cabível. 4. Incabível o mandado de segurança quando não evidenciado o caráter abusivo ou teratológico do ato judicial impugnado." (STJ, 3ª Turma, RMS 42.593/RJ, Rel. Min. João Otávio de Noronha, julgado em 08/10/2013).

Súmula 177-STJ

O Superior Tribunal de Justiça é incompetente para processar e julgar, originariamente, mandado de segurança contra ato de órgão colegiado presidido por Ministro de Estado.

• **Status:** Válida.

Súmula 169-STJ

~~São inadmissíveis embargos infringentes no processo de mandado de segurança.~~

• **Status:** Superada pelo CPC/2015, que extinguiu os embargos infringentes.

• **Nota do autor:** De qualquer modo, vale lembrar que a Lei 12.016/2009 também inadmitia os embargos infringentes no mandado de segurança.

• **Dispositivos relacionados:**

"LMS, Art. 25. Não cabem, no processo de mandado de segurança, a interposição de embargos infringentes e a condenação ao pagamento dos honorários advocatícios, sem prejuízo da aplicação de sanções no caso de litigância de má-fé."

Súmula 105-STJ

Na ação de mandado de segurança não se admite condenação em honorários advocatícios.

• **Status:** Válida.

• **Dispositivos relacionados:**

"Art. 25. Não cabem, no processo de mandado de segurança, a interposição de embargos infringentes e a condenação ao pagamento dos honorários advocatícios, sem prejuízo da aplicação de sanções no caso de litigância de má-fé."

Súmula 41-STJ

O Superior Tribunal de Justiça **não** tem competência para processar e julgar, originariamente, mandado de segurança contra ato de outros tribunais ou dos respectivos órgãos.

• **Status:** Válida.

• **Nota do autor:** Vale lembrar que o mandado de segurança contra ato do TJ é julgado pelo próprio TJ.

1.8.3. Mandado de segurança coletivo

Súmula 630-STF

A entidade de classe tem legitimação para o mandado de segurança ainda quando a pretensão veiculada interesse apenas a uma parte da respectiva categoria.

- **Status:** Válida.
- **Dispositivos relacionados:**

"LMS, Art. 21. (...).

Parágrafo único. Os direitos protegidos pelo mandado de segurança coletivo podem ser:

I – coletivos, assim entendidos, para efeito desta Lei, os transindividuais, de natureza indivisível, de que seja titular grupo ou categoria de pessoas ligadas entre si ou com a parte contrária por uma relação jurídica básica;

II – individuais homogêneos, assim entendidos, para efeito desta Lei, os decorrentes de origem comum e da atividade ou situação específica da totalidade ou de parte dos associados ou membros do impetrante."

Súmula 629-STF

A impetração de mandado de segurança coletivo por entidade de classe em favor dos associados **independe da autorização destes**.

- **Status:** Válida.
- **Dispositivos relacionados:**

"LMS, Art. 21. O mandado de segurança coletivo pode ser impetrado por partido político com representação no Congresso Nacional, na defesa de seus interesses legítimos relativos a seus integrantes ou à finalidade partidária, ou por organização sindical, entidade de classe ou associação legalmente constituída e em funcionamento há, pelo menos, 1 (um) ano, em defesa de direitos líquidos e certos da totalidade, ou de parte, dos seus membros ou associados, na forma dos seus estatutos e desde que pertinentes às suas finalidades, dispensada, para tanto, autorização especial."

1.8.4 Habeas data

Súmula 2-STJ

Não cabe o *habeas data* (CF, art. 5º, LXXII, letra "a") se não houve recusa de informações por parte da autoridade administrativa.

• **Status:** Válida.

• **Dispositivos relacionados:**

"CF, Art. 5º (...)

LXXII – conceder-se-á *habeas data*:

a) para assegurar o conhecimento de informações relativas à pessoa do impetrante, constantes de registros ou bancos de dados de entidades governamentais ou de caráter público;

b) para a retificação de dados, quando não se prefira fazê-lo por processo sigiloso, judicial ou administrativo;"

"Lei 9.507/97, Art. 1º (Vetado).

Parágrafo único. Considera-se de caráter público todo registro ou banco de dados contendo informações que sejam ou que possam ser transmitidas a terceiros ou que não sejam de uso privativo do órgão ou entidade produtora ou depositária das informações."

1.8.5. Ação popular

Súmula 365-STF

Pessoa jurídica **não** tem legitimidade para propor ação popular.

• **Status:** Válida.

• **Nota do autor:** Apenas o cidadão em sentido estrito, ou seja, somente o eleitor pode propor a ação popular.

• **Dispositivos relacionados:**

"CF, Art. 5º (...)

LXXIII – qualquer cidadão é parte legítima para propor ação popular que vise a anular ato lesivo ao patrimônio público ou de entidade de que o Estado participe, à moralidade administrativa, ao meio ambiente e ao patrimônio histórico e cultural, ficando o autor, salvo comprovada má-fé, isento de custas judiciais e do ônus da sucumbência;"

"Lei 4.717/65, Art. 1º Qualquer cidadão será parte legítima para pleitear a anulação ou a declaração de nulidade de atos lesivos ao patrimônio da União, do Distrito Federal, dos Estados, dos Municípios, de entidades autárquicas, de sociedades de economia mista (Constituição, art. 141, § 38), de sociedades mútuas de seguro nas quais a União represente os segurados ausentes, de empresas públicas, de serviços sociais autônomos, de instituições ou fundações para cuja criação ou custeio o tesouro público haja concorrido ou concorra com mais de cinquenta por cento do patrimônio ou da receita ânua, de empresas incorporadas ao patrimônio da União, do Distrito Federal, dos Estados e dos Municípios, e de quaisquer pessoas jurídicas ou entidades subvencionadas pelos cofres públicos."

Súmula 101-STF

O mandado de segurança não substitui a ação popular.

- **Status:** Válida.

- **Dispositivos relacionados:**

"CF, Art. 5º (...)

LXXIII – qualquer cidadão é parte legítima para propor ação popular que vise a anular ato lesivo ao patrimônio público ou de entidade de que o Estado participe, à moralidade administrativa, ao meio ambiente e ao patrimônio histórico e cultural, ficando o autor, salvo comprovada má-fé, isento de custas judiciais e do ônus da sucumbência;"

"Lei 4.717/65, Art. 1º Qualquer cidadão será parte legítima para pleitear a anulação ou a declaração de nulidade de atos lesivos ao patrimônio da União, do Distrito Federal, dos Estados, dos Municípios, de entidades autárquicas, de sociedades de economia mista (Constituição, art. 141, § 38), de sociedades mútuas de seguro nas quais a União represente os segurados ausentes, de empresas públicas, de serviços sociais autônomos, de instituições ou fundações para cuja criação ou custeio o tesouro público haja concorrido ou concorra com mais de cinquenta por cento do patrimônio ou da receita ânua, de empresas incorporadas ao patrimônio da União, do Distrito Federal, dos Estados e dos Municípios, e de quaisquer pessoas jurídicas ou entidades subvencionadas pelos cofres públicos."

1.9. Questões relacionadas

(MPE-PR – Promotor de Justiça substituto – MPE-PR/2019) Considerando o entendimento sumulado dos Tribunais Superiores, analise as assertivas abaixo e assinale a alternativa

I – Fixada a pena-base no mínimo legal, é vedado o estabelecimento de regime prisional mais gravoso do que o cabível em razão da sanção imposta, com base apenas na gravidade abstrata do delito.

II – O aumento na terceira fase de aplicação da pena no crime de roubo circunstanciado exige fundamentação concreta, não sendo suficiente para a sua exasperação a mera indicação do número de majorantes.

III – É vedada a utilização de inquéritos policiais e ações penais em curso para agravar a pena-base.

IV – É admissível a adoção do regime prisional semiaberto aos reincidentes condenados a pena igual ou inferior a quatro anos se favoráveis as circunstâncias judiciais.

a) Todas as alternativas estão corretas.

b) Apenas as alternativas I e II estão corretas.

c) Apenas a alternativa II está incorreta.

d) Apenas as alternativas III e IV estão corretas.

e) Apenas a alternativa IV está incorreta.

Resposta correta: letra "a".

(Cespe – Analista Judiciário – MPU/2018) De acordo com o Superior Tribunal de Justiça, após o fim do contrato firmado para uso de imagens com fins publicitários, o uso das mesmas imagens para os mesmos fins caracteriza dano moral se não tiver havido nova autorização.

Resposta: certo.

(Vunesp – Procurador – UNICAMP/2018) Acerca dos danos morais, considerando a Jurisprudência do STJ, é correto afirmar:

a) da anotação irregular em cadastro de proteção ao crédito, não cabe indenização por dano moral, quando preexistente legítima inscrição, ressalvado o direito ao cancelamento.

b) a simples devolução indevida de cheque caracteriza dano moral, mas não a apresentação antecipada de cheque pré-datado, tendo em vista o cheque ser uma ordem de pagamento à vista.

c) são cumuláveis as indenizações por dano material e dano moral oriundos do mesmo fato, mas não são cumuláveis as indenizações de dano estético e dano moral.

d) a pessoa jurídica não pode sofrer dano moral, tendo em vista não ser titular dos direitos inerentes à personalidade, exclusivos das pessoas naturais.

e) depende de prova do prejuízo a indenização pela publicação não autorizada de imagem de pessoa, mesmo com fins econômicos ou comerciais.

Resposta: letra "a".

(FCC – Analista Judiciário – Área Judiciária – Oficial de Justiça Avaliador Federal – TRT – 15ª Região SP/2018) A Constituição Federal VEDA, como regra geral, a prisão civil por dívida,

a) proibindo, expressamente, a prisão do depositário infiel, qualquer que seja a natureza do depósito, ainda que permita a prisão civil do responsável pelo inadimplemento voluntário e inescusável de obrigação alimentícia.

b) ressalvando, expressamente, a prisão civil do responsável pelo inadimplemento voluntário e inescusável de obrigação alimentícia e a do depositário infiel, mas o Supremo Tribunal Federal firmou tese jurídica, em sede de julgamento de recurso extraordinário com repercussão geral reconhecida, no sentido de que todos os pactos internacionais em matéria de direitos humanos internalizados pelo País, inclusive os que proíbem a prisão civil por dívida, ingressam no direito brasileiro com hierarquia de norma constitucional e, por isso, a hipótese de prisão do depositário infiel é inaplicável segundo o direito vigente.

c) ressalvando, expressamente, a prisão do responsável pelo inadimplemento voluntário e inescusável de obrigação alimentícia e a do depositário infiel, mas, de outro lado, o Supremo Tribunal Federal editou súmula vinculante segundo a qual é ilícita a prisão civil do depositário infiel, qualquer que seja a modalidade do depósito.

d) ressalvando, expressamente, a prisão do responsável pelo inadimplemento voluntário e inescusável de obrigação alimentícia e a do depositário infiel, mas a jurisprudência vigente do Supremo Tribunal Federal entende que os pactos internacionais em matéria de direitos humanos internalizados pelo País, inclusive os que proíbem a prisão civil por dívida, ingressam no direito brasileiro com hierarquia de norma constitucional e, por isso, todas as hipóteses de prisão civil previstas na Constituição Federal são inaplicáveis segundo o direito vigente.

e) ressalvando, expressamente, a prisão do responsável pelo inadimplemento voluntário e inescusável de obrigação alimentícia e a do depositário infiel, mas, segundo jurisprudência vigente do Supremo Tribunal Federal, é vedada a prisão civil do depositário infiel apenas quando o depósito for fruto de ordem judicial.

Resposta correta: letra "c".

(FCC – Analista Judiciário – Área Administrativa – TRT – 2ª Região SP/2018) Considere que tratado internacional que veda a prisão civil do depositário infiel seja aprovado em cada Casa do Congresso Nacional, em dois turnos, por três quintos dos votos dos respectivos membros. À luz das disposições da Constituição Federal, trata-se de tratado

a) incompatível com o direito brasileiro, uma vez que não poderia vedar a prisão civil do depositário infiel, já que prevista na Constituição Federal.

b) incompatível com o direito brasileiro, apenas porque teria sido aprovado através de procedimento não previsto no texto constitucional, embora no mérito não haja óbice à vedação de prisão civil do depositário infiel.

c) compatível com o direito brasileiro no que toca ao procedimento adotado para a sua aprovação, mas incompatível ao vedar a prisão civil do depositário infiel, já que prevista na Constituição Federal.

d) incompatível com o direito brasileiro no que toca ao procedimento de aprovação, mas compatível ao vedar a prisão civil do depositário infiel, por se tratar de norma de direito fundamental mais protetiva do que aquela acolhida no texto da Constituição Federal.

e) compatível com a Constituição Federal no que toca ao procedimento adotado para a sua aprovação, ademais de não haver óbice material à vedação da prisão civil do depositário infiel, sendo referido tratado equivalente à emenda constitucional.

Resposta correta: letra "e".

(Vunesp – Procurador – Fapesp/2018) Considerando as súmulas do Superior Tribunal de Justiça, assinale a alternativa correta.

a) É cabível o habeas data independentemente de ter havido recusa de informações por parte da autoridade administrativa.

b) Não cabe a interposição de mandado de segurança contra ato de juizado especial.

c) Cabe mandado de segurança contra ato praticado em licitação promovida por sociedade de economia mista ou empresa pública.

d) Os atos do Presidente do Tribunal que disponham sobre processamento e pagamento de precatório tem caráter jurisdicional.

e) A fixação do horário bancário para atendimento ao público é da competência dos Estados.

Resposta correta: letra "c".

(MPE-MS – Promotor de Justiça Substituto – MPE-MS/2018) Tratando-se de ação popular, é correto afirmar que:

a) A ação popular pode ser utilizada para anular atos normativos genéricos.

b) O mandado de segurança é instrumento hábil e pode ser usado como sucedâneo de ação popular.

c) A pessoa jurídica de direito público é legitimada para propor ação popular.

d) A improcedência da ação popular, ausente comprovação de má-fé do autor, impede condenação ao ônus da sucumbência, porém não o isenta do pagamento das custas judiciais.

e) É imprescindível a comprovação do binômio ilegalidade-lesividade como pressuposto elementar para a procedência da Ação Popular.

Resposta correta: letra "e".

(Vunesp – Defensor Público Substituto – DPE-RO/2017) A respeito da identificação criminal do civilmente identificado, assinale a alternativa correta.

a) É obrigatório mencionar a identificação criminal do indiciado em atestados de antecedentes ou em informações não destinadas ao juízo criminal, antes do trânsito em julgado da sentença condenatória.

b) Em sendo processado criminalmente, o civilmente identificado será sempre submetido à identificação criminal.

c) A identificação do perfil genético será armazenada em banco de dados, sem reserva de sigilo.

d) No caso de absolvição, é facultado ao réu, após o trânsito em julgado da sentença, requerer a retirada da identificação fotográfica do processo, desde que apresente provas de sua identificação civil.

e) É facultada na identificação criminal a realização do processo datiloscópico.

Resposta correta: letra "d".

(Vunesp – Defensor Público Substituto – DPE-RO/2017) Assinale a alternativa que corretamente discorre sobre o conteúdo de Súmula Vinculante do Supremo Tribunal Federal.

a) É direito do defensor, no interesse do representado, ter acesso amplo aos elementos de prova, documentados ou não, em procedimento investigatório, se disserem respeito ao exercício do direito de defesa.

b) Basta previsão no edital para que se possa sujeitar a exame psicotécnico a habilitação de candidato a cargo público.

c) É constitucional a exigência de depósito ou arrolamento prévios de dinheiro ou bens para admissibilidade de recurso administrativo.

d) É ilícita a prisão civil de depositário infiel, qualquer que seja a modalidade do depósito.

e) A cobrança de taxa de matrícula nas universidades públicas não viola o disposto no art. 206, IV, da Constituição Federal.

Resposta correta: letra "d".

(Cespe – Defensor Público – DPE-AC/2017) É cabível *habeas corpus*:

a) contra decisão que condene, unicamente, a pena pecuniária.

b) contra decisão que tenha indeferido liminar em outro habeas corpus.

c) caso se busque o reconhecimento da decadência.

d) quando já extinta a pena privativa de liberdade.

e) contra decisão ofensiva à legislação federal nos fundamentos da condenação criminal com pena privativa de liberdade.

Resposta correta: letra "c".

(Vunesp – Procurador Municipal – Prefeitura de Sertãozinho – SP/2016) A respeito dos direitos e garantias fundamentais, é correto afirmar que:

a) é livre a manifestação do pensamento, garantido o anonimato.

b) as associações só poderão ser compulsoriamente dissolvidas ou ter suas atividades suspensas por decisão judicial, exigindo-se, em ambos os casos, o trânsito em julgado.

c) é ilícita a prisão civil de depositário infiel, qualquer que seja a modalidade do depósito.

d) a partir do início da vigência da Emenda Constitucional nº 45/04, todos os tratados internacionais relativos a direitos humanos são incorporados no direito brasileiro com hierarquia de emenda constitucional.

e) a lei considerará crimes inafiançáveis e imprescritíveis a prática da tortura, o tráfico ilícito de entorpecentes e drogas afins, o terrorismo e os definidos como crimes hediondos, por eles respondendo os mandantes, os executores e os que, podendo evitá-los, se omitirem.

Resposta correta: letra "c".

(FCC – Procurador Jurídico de Campinas – SP/2016) Determinado município editou lei estendendo um dado benefício a servidores inativos, incluindo os que, no dia em que se iniciou a vigência da lei, já se encontrassem nessa condição. Posteriormente, a Procuradoria do Município contestou a constitucionalidade da lei, afirmando que esta feriria a garantia da irretroatividade. De acordo com Súmula do Supremo Tribunal Federal,

a) em caso de conflito de leis no tempo, aplica-se ao servidor público a lei mais benéfica.

b) o efeito retroativo é expressamente proibido pela Lei de Introdução às Normas do Direito Brasileiro.

c) a garantia da irretroatividade da lei não é invocável pela entidade estatal que a tenha editado.

d) a garantia da irretroatividade cede às normas de ordem pública.

e) o efeito retroativo apenas é admitido em matéria de meio ambiente.

Alternativa correta: letra "c".

(TRF 4ª Região – Juiz Federal Substituto – TRF 4ª Região/2016) Dadas as assertivas abaixo, assinale a alternativa correta.

I. Para fins de mandado de segurança, considerar-se-á federal a autoridade coatora se as consequências de ordem patrimonial do ato contra o qual se requer o mandado houverem de ser suportadas pela União ou por entidade por ela controlada, mesmo que se trate de sociedade de economia mista.

II. O pedido de mandado de segurança poderá ser renovado dentro do prazo decadencial, salvo se a decisão denegatória houver apreciado o mérito.

III. O mandado de segurança coletivo não induz litispendência para as ações individuais, mas os efeitos da coisa julgada não beneficiarão o impetrante a título individual se não requerer a desistência de seu mandado de segurança no prazo de 30 (trinta) dias a contar da ciência comprovada da impetração da segurança coletiva.

IV. Segundo a orientação do Supremo Tribunal Federal, a previsão estatutária genérica para representação dos associados em juízo é suficiente para que a associação impetre mandado de segurança coletivo, prescindindo de autorização específica.

a) Estão corretas apenas as assertivas I e II.

b) Estão corretas apenas as assertivas II e IV.

c) Estão corretas apenas as assertivas I, II e III.

d) Estão corretas apenas as assertivas II, III e IV.

e) Estão corretas todas as assertivas.

Resposta correta: letra "e".

(FGV – Analista Judiciário – Escrivão Judicial – TJ-PI/2015) O art. 5º, LXI, da Constituição da República Federativa do Brasil, dispõe que "ninguém será preso senão em flagrante delito ou por ordem escrita e fundamentada de autoridade judiciária competente, salvo nos casos de transgressão militar ou crime propriamente militar, definidos em lei". À luz dos referenciais de aplicabilidade e eficácia, é correto afirmar que, a partir desse enunciado linguístico, se obtém uma norma constitucional:

a) programática;

b) de eficácia plena e aplicabilidade imediata;

c) de eficácia contida e aplicabilidade imediata;

d) preceptiva;

e) de eficácia limitada e aplicabilidade imediata.

Resposta correta: letra "c".

(IDECAN – Administrador – AGU/2014) Considerando o dispositivo constitucional previsto no art. 5º, inciso XXXVI ("a lei não prejudicará o direito adquirido, o ato jurídico perfeito e a coisa julgada"), assinale, dentre as opções a seguir, a que NÃO possui relação direta com a temática do princípio apresentado anteriormente.

a) Decisão que declara indevida a cobrança do imposto em determinado exercício não faz coisa julgada em relação aos posteriores. (Súmula 239, do STF)

b) A garantia da irretroatividade da lei, prevista no art. 5º, XXXVI, da CRFB, não é invocável pela entidade estatal que a tenha editado. (Súmula 654, do STF)

c) A impetração de mandado de segurança coletivo por entidade de classe em favor dos associados independe da autorização destes. (Súmula 629, do STF)

d) Arquivado o inquérito policial, por despacho do juiz, a requerimento do Promotor de Justiça, não pode a ação penal ser iniciada, sem novas provas. (Súmula 524, do STF)

e) Não cabe ação rescisória por ofensa a literal disposição de lei, quando a decisão rescindenda se tiver baseado em texto legal de interpretação controvertida nos tribunais. (Súmula 343, do STF)

Alternativa correta: letra "c".

(FCC – Promotor de Justiça – MPE-PE/2014) NÃO constitui entendimento sumulado do Supremo Tribunal Federal acerca do *habeas corpus* o seguinte enunciado:

a) Não cabe *habeas corpus* quando já extinta a pena privativa de liberdade.

b) Não compete ao Supremo Tribunal Federal conhecer de *habeas corpus* impetrado contra decisão do Relator que, em *habeas corpus* requerido a tribunal superior, indefere a liminar.

c) Não cabe *habeas corpus* contra decisão condenatória a pena de multa, ou relativo a processo em curso por infração penal a que a pena pecuniária seja a única cominada.

d) É nulo o julgamento de recurso criminal na segunda instância sem prévia intimação ou publicação da pauta, inclusive em *habeas corpus*.

e) O assistente do Ministério Público não pode recorrer extraordinariamente de decisão concessiva de *habeas corpus*.

Resposta correta: letra "d".

2. DIREITOS POLÍTICOS

Súmula vinculante 18-STF

A dissolução da sociedade ou do vínculo conjugal, no curso do mandato, **não afasta a inelegibilidade prevista no § 7º do artigo 14 da Constituição Federal.**

- **Status:** Válida.

- **Nota do autor:** O art. 14, § 7º, da CF, prevê a chamada inelegibilidade reflexa ou indireta. A súmula vinculante 18 não se aplica para os casos em que a extinção do vínculo conjugal ocorreu pela morte de um dos cônjuges.

- **Precedentes relacionados:**

"Constitucional e eleitoral. Morte de prefeito no curso do mandato, mais de um ano antes do término. Inelegibilidade do cônjuge supérstite. CF, art. 14, § 7º. Inocorrência. 1. O que orientou a edição da Súmula Vinculante 18 e os recentes precedentes do STF foi a preocupação de inibir que a dissolução fraudulenta ou simulada de sociedade conjugal seja utilizada como mecanismo de burla à norma da inelegibilidade reflexa prevista no § 7º do art. 14 da Constituição. Portanto, não atrai a aplicação do entendimento constante da referida súmula a extinção do vínculo conjugal pela morte de um dos cônjuges. 2. Recurso extraordinário a que se dá provimento." (STF, Plenário, RE 758.461/PB, Rel. Min. Teori Zavascki, julgado em 22/5/2014 sob o rito da repercussão geral) (Informativo n. 747).

- **Dispositivos relacionados:**

"CF, Art. 14 (...)

§ 7º São inelegíveis, no território de jurisdição do titular, o cônjuge e os parentes consanguíneos ou afins, **até o segundo grau** ou por adoção, do Presidente da República, de Governador de Estado ou Território, do Distrito Federal, de Prefeito ou de quem os haja substituído dentro dos seis meses anteriores ao pleito, salvo se já titular de mandato eletivo e candidato à reeleição."

2.1. Questões relacionadas

(Fundatec – Delegado de Polícia – PC-RS/2018) Os direitos políticos ou cívicos semelham às prerrogativas e aos deveres inerentes à cidadania e compreendem o direito de participar direta ou indiretamente do governo, da organização e do funcionamento do Estado.

Conforme prescreve a Constituição Federal, os direitos políticos disciplinam as diversas formas de o cidadão se manifestar, dentre as quais pode-se citar a soberania popular, que se concretiza pelo sufrágio universal, pelo voto direto e secreto e por demais instrumentos. Sobre os direitos políticos, assinale a alternativa INCORRETA.

a) A soberania popular será exercida pelo sufrágio universal e pelo voto direto e secreto, com valor igual para todos, e, nos termos da lei, mediante: I – plebiscito; II – referendo; III – iniciativa popular.

b) A cláusula tutelar inscrita no Art. 14, caput, da Constituição tem por destinatário específico e exclusivo o eleitor comum, no exercício das prerrogativas inerentes ao status activae civitatis. Essa norma de garantia não se aplica, todavia, ao membro do Poder Legislativo nos procedimentos de votação parlamentar, em cujo âmbito predomina, como regra, o postulado da deliberação ostensiva ou aberta.

c) A dissolução da sociedade ou do vínculo conjugal, no curso do mandato, não afasta a inelegibilidade prevista no § 7º do Art. 14 da CF/1988. No entanto, não atrai a aplicação do entendimento constante do referido ditame a extinção do vínculo conjugal pela morte de um dos cônjuges.

d) A cidadania é o status de nacional acrescido dos direitos políticos, isto é, de poder participar do processo governamental, tanto de forma ativa quanto passiva. É cidadania ativa aquela que age em eleger seus governantes, e passiva aquela em que também se pode ser escolhido.

e) Da suspensão de direitos políticos – efeito da condenação criminal transitada em julgado –, resulta, por si mesma, a perda do mandato eletivo ou do cargo do agente político, inclusive no caso de parlamentar, – à exceção dos membros do poder legislativo, por exemplo.

Resposta correta: letra "e".

(TRF 4ª Região – Juiz Federal Substituto – TRF 4ª Região/2016) Assinale a alternativa INCORRETA.

a) O cidadão que exerce dois mandatos consecutivos como Prefeito de determinado Município fica inelegível para o cargo de mesma natureza em qualquer outro Município da Federação, para o período subsequente.

b) Para concorrerem a outros cargos, o Presidente da República, o Governador de Estado, o Governador do Distrito Federal e os Prefeitos devem renunciar aos respectivos mandatos até 6 (seis) meses antes dos pleitos respectivos.

c) A vedação ao nepotismo não exige a edição de lei formal para coibi-lo, na medida em que tal proibição decorre diretamente dos princípios constitucionais contidos no art. 37, caput da Constituição Federal.

d) A dissolução da sociedade ou do vínculo conjugal, no curso do mandato, não afasta a inelegibilidade do ex-cônjuge.

e) O plebiscito e o referendo são formas de consulta popular, sendo determinados, exclusivamente, pelo Congresso Nacional, visando à manifestação do povo sobre determinado tema específico já aprovado em lei, a qual só entrará em vigor se for ratificada pela vontade majoritária dos eleitores.

Resposta correta: letra "e".

3. COMPETÊNCIAS LEGISLATIVAS

Súmula vinculante 46-STF

A definição dos crimes de responsabilidade e o estabelecimento das respectivas normas de processo e julgamento **são da competência legislativa privativa da União**.

• **Status:** Válida.

• **Nota do autor:** Essa competência legislativa é da União. Crimes de responsabilidade, também chamados de "crimes de impedimento" ou crimes de *impeachment*", são infrações político-administrativa praticadas por determinados agentes públicos. Ex: os crimes de responsabilidade do Presidente da República estão previstos no art. 85 da CF e na Lei 1.079/50 (Lei dos Crimes de Responsabilidade ou Lei do *Impeachment*).

• **Dispositivos relacionados:**

> "CF, Art. 22. Compete privativamente à União legislar sobre: (...) I – direito civil, comercial, penal, processual, eleitoral, agrário, marítimo, aeronáutico, espacial e do trabalho;"

Súmula vinculante 39-STF

Compete privativamente à União legislar sobre vencimentos dos membros das polícias civil e militar e do corpo de bombeiros militar do Distrito Federal.

• **Status:** Válida.

• **Dispositivos relacionados:**

> "CF, Art. 32. (...)
>
> § 4º Lei federal disporá sobre a utilização, pelo Governo do Distrito Federal, das polícias civil e militar e do corpo de bombeiros militar."

Súmula vinculante 38-STF

É competente o **Município** para fixar o horário de funcionamento de estabelecimento comercial.

- **Status:** Válida.
- **Nota do autor:** Cuidado para não confundir: a) é competente o **Município** para fixar o horário de funcionamento de estabelecimento comercial; b) é competente a **União** para fixar o horário de funcionamento dos bancos (súmula 19 do STJ).

- **Precedentes relacionados:**

> "Súmula 19-STJ. A fixação do horário bancário, para atendimento ao público, é da competência da União."

- **Dispositivos relacionados:**

> "CF, Art. 30. Compete aos Municípios:
> I – legislar sobre assuntos de interesse local;"

Súmula vinculante 2-STF

É inconstitucional a lei ou ato normativo estadual ou distrital que disponha sobre sistemas de consórcios e sorteios, inclusive bingos e loterias.

- **Status:** Válida.
- **Nota do autor:** Essa competência legislativa é da União.

- **Dispositivos relacionados.**

> "CF, Art. 22. Compete privativamente à União legislar sobre:
> XX – sistemas de consórcios e sorteios;"

Súmula 722-STF

São da competência legislativa da União a definição dos crimes de responsabilidade e o estabelecimento das respectivas normas de processo e julgamento.

- **Status:** Válida, mas substituída pela súmula vinculante 46 do STF.
- **Precedentes relacionados:**

"Súmula vinculante 46-STF. A definição dos crimes de responsabilidade e o estabelecimento das respectivas normas de processo e julgamento são da competência legislativa privativa da União."

- **Dispositivos relacionados:**

"Art. 22. Compete privativamente à União legislar sobre:

I – direito civil, comercial, penal, processual, eleitoral, agrário, marítimo, aeronáutico, espacial e do trabalho;"

Súmula 647-STF

Compete privativamente à **União** legislar sobre vencimentos dos membros das polícias civil e militar do Distrito Federal.

- **Status:** Válida, mas substituída pela súmula vinculante 39 do STF.
- **Precedentes relacionados:**

"Súmula vinculante 39-STF. Compete privativamente à União legislar sobre vencimentos dos membros das polícias civil e militar e do corpo de bombeiros militar do Distrito Federal."

- **Dispositivos relacionados:**

"CF, Art. 32. (...)

§ 4º Lei federal disporá sobre a utilização, pelo Governo do Distrito Federal, das polícias civil e militar e do corpo de bombeiros militar."

Súmula 645-STF

É competente o **Município** para fixar o horário de funcionamento de estabelecimento comercial.

• **Status:** Válida, mas substituída pela súmula vinculante 38 do STF.

• **Precedentes relacionados:**

"Súmula vinculante 38-STF. É competente o Município para fixar o horário de funcionamento de estabelecimento comercial."

• **Dispositivos relacionados:**

"CF, Art. 30. Compete aos Municípios:
I – legislar sobre assuntos de interesse local;"

Súmula 419-STF

Os municípios tem competência para regular o horário do comércio local, desde que não infrinjam leis ~~estaduais ou~~ federais válidas.

• **Status:** Válida, mas apenas na parte que não está riscada.

• **Dispositivos relacionados:**

"CF, Art. 30. Compete aos Municípios:
I – legislar sobre assuntos de interesse local;
II – suplementar a legislação federal e a estadual no que couber;"

Súmula 19-STJ

A **fixação do horário bancário**, para atendimento ao público, é da competência da **União**.

• **Status:** Válida.

• **Nota do autor:** Cuidado para não confundir: a) é competente o **Município** para fixar o horário de funcionamento de estabelecimento comercial (Súmula vinculante 38-STF); b) é competente a **União** para fixar o horário de funcionamento dos bancos.

• **Precedentes relacionados:**

"Súmula vinculante 38-STF. É competente o Município para fixar o horário de funcionamento de estabelecimento comercial."

3.1. Questões relacionadas

(FCC – Procurador do Estado – PGE-TO/2018) Determinado Município editou lei para fixar o horário de funcionamento de estabelecimentos comerciais de venda de bebidas alcoólicas de modo incompatível com o horário de funcionamento estabelecido por lei do respectivo Estado. De acordo com a Constituição Federal e considerando a jurisprudência do Supremo Tribunal Federal – STF, a referida lei municipal

a) ateve-se aos limites constitucionais de sua competência legislativa, muito embora a lei estadual deva ser regularmente aplicada aos estabelecimentos comerciais situados em Municípios que não têm disciplina legislativa sobre a matéria.

b) invadiu competência dos Estados, podendo ser objeto de arguição de descumprimento de preceito fundamental perante o STF por violação do princípio federativo.

c) invadiu competência dos Estados, podendo ter sua constitucionalidade discutida apenas em sede de controle difuso e incidental de constitucionalidade, já que a aferição da compatibilidade da lei municipal com a ordem jurídica constitucional demanda o exame do ato normativo estadual infraconstitucional.

d) ateve-se aos limites constitucionais de sua competência legislativa, sendo inconstitucional a lei estadual, que poderá ser objeto de ação direta de inconstitucionalidade perante o STF, mas não poderá ser objeto de reclamação constitucional, ainda que a lei estadual tenha contrariado súmula vinculante editada na matéria.

e) ateve-se aos limites constitucionais de sua competência legislativa, sendo inconstitucional a lei estadual, que poderá ser objeto de ação direta de inconstitucionalidade perante o STF, bem como de reclamação constitucional, visto que a lei estadual contrariou súmula vinculante editada na matéria.

Resposta correta: letra "d".

(MPE-BA – Promotor de Justiça – MPE-BA/2018) Acerca da repartição de competências legislativas fixada pela Constituição Federal e interpretada pelo Supremo Tribunal Federal, assinale a alternativa incorreta:

a) É competente o município para fixar o horário de funcionamento de estabelecimento comercial.

b) É inconstitucional, por invasão da competência da União, lei estadual que disponha sobre a criação e funcionamento de um órgão regulador dos serviços de telecomunicações.

c) Não usurpa a competência da União para legislar sobre normas gerais de educação, lei estadual que fixa número máximo de alunos por salas de aula de escolas públicas ou particulares, situadas no respectivo Estado-membro.

d) É constitucional lei estadual que proíba a comercialização, no respectivo Estado-membro, de produtos importados que não tenham sido submetidos à análise de resíduos químicos de agrotóxicos.

e) Os municípios não possuem competência legislativa para instituir obrigação dirigida aos estabelecimentos bancários, no sentido de que estes instalem equipamentos de segurança em imóveis destinados ao atendimento do público, para segurança das pessoas.

Resposta correta: letra "e".

(Cespe – Defensor Público – DPE-AL/2017) Considerando-se as normas constitucionais e a jurisprudência do STF, compete:

a) aos municípios legislar sobre o horário de funcionamento de estabelecimentos que comercializam bebidas alcoólicas.

b) ao Distrito Federal organizar e manter a polícia civil distrital.

c) aos estados legislar sobre normas de processo e julgamento dos crimes de responsabilidade praticados por governadores.

d) privativamente aos estados-membros promover políticas públicas voltadas à saúde e à assistência pública das pessoas com deficiência.

e) ao Distrito Federal legislar de forma concorrente sobre sistemas de sorteios, como bingos e loterias.

Resposta correta: letra "a".

(FAPEMS – Delegado de Polícia – PC-MS/2017) Sobre a organização do Estado e o Federalismo, assinale a alternativa correta.

a) A definição dos crimes de responsabilidade e o estabelecimento das respectivas normas de processo e julgamento são da competência legislativa concorrente da União, Estados e Distrito Federal. Portanto, é possível legislação estadual sobre crime de responsabilidade.

b) Segundo o STF é inconstitucional lei estadual que disponha sobre bloqueadores de sinal de celular em presídio, pois tal legislação invade a competência da União para legislar sobre telecomunicações.

c) Segundo o STF, é competente o Município para fixar o horário de funcionamento de estabelecimento comercial, em virtude disso não ofende o princípio da livre concorrência lei municipal que impede a instalação de estabelecimentos comerciais do mesmo ramo em determinada área.

d) A repartição vertical de competências é a técnica na qual dois ou mais entes vão atuar conjunta ou concorrentemente para uma mesma matéria (tema). A repartição vertical surge na Constituição Alemã de Weimar de 1919. No Brasil, aparece pela primeira vez na Constituição da República de 1988.

e) Compete à União, aos Estados e ao Distrito Federal legislar concorrentemente sobre custas forenses, registros públicos, educação, cultura, ciência e tecnologia, bem como sobre organização, garantias, direitos e deveres das polícias civis.

Resposta correta: letra "b".

(FCC – Delegado de Polícia – PC-AP/2017) A Constituição de determinado Estado, ao dispor sobre prerrogativas do Governador, dispõe que

– a Assembleia Legislativa é o órgão competente para processar e julgar o Governador pela prática de crimes de responsabilidade, que deverão ser definidos em lei estadual.

– lei estadual disciplinará as normas de processo e julgamento do Governador por prática de crime de responsabilidade.

– o Tribunal do Júri é competente para julgar o Governador nos crimes dolosos contra a vida.

À luz da Constituição Federal e da jurisprudência do Supremo Tribunal Federal, a Constituição Estadual mencionada CONTRARIA a Constituição Federal ao atribuir

I. à lei estadual a definição dos crimes de responsabilidade do Governador.

II. à lei estadual a definição das normas de processo e julgamento do Governador por prática de crime de responsabilidade.

III. ao Tribunal do Júri a competência para julgar o Governador pela prática de crimes dolosos contra a vida.

Está correto o que se afirma em

a) I, II e III.

b) III, apenas.

c) II e III, apenas.

d) I e II, apenas.

e) I e III, apenas.

Resposta correta: letra "a".

4. PODER LEGISLATIVO

Súmula 397-STF

O poder de polícia da Câmara dos Deputados e do Senado Federal, em caso de crime cometido nas suas dependências, **compreende**, consoante o regimento, **a prisão em flagrante do acusado e a realização do inquérito.**

• **Status:** Válida.

• **Nota do autor:** Para melhor elucidar a situação, no caso de crime praticado dentro do Senado Federal, a atribuição para a lavratura do auto de prisão em flagrante e a realização do inquérito policial cabe à Polícia Legislativa Federal (Polícia da Câmara dos Deputados e do Senado Federal). Essa atribuição, portanto, não cabe à Polícia Federal. O fundamento constitucional para a criação das Polícias Legislativas está contido no art. 51, IV (Polícia da Câmara dos Deputados) e no art. 52, XIII (Polícia do Senado Federal) da Constituição Federal.

• **Dispositivos relacionados:**

"Art. 51. Compete privativamente à Câmara dos Deputados:

IV – dispor sobre sua organização, funcionamento, **polícia**, criação, transformação ou extinção dos cargos, empregos e funções de seus serviços, e a iniciativa de lei para fixação da respectiva remuneração, observados os parâmetros estabelecidos na lei de diretrizes orçamentárias;"

"Art. 52. Compete privativamente ao Senado Federal:

XIII – dispor sobre sua organização, funcionamento, **polícia**, criação, transformação ou extinção dos cargos, empregos e funções de seus serviços, e a iniciativa de lei para fixação da respectiva remuneração, observados os parâmetros estabelecidos na lei de diretrizes orçamentárias;"

Súmula 245-STF

A imunidade parlamentar **não** se estende ao corréu sem essa prerrogativa.

• **Status:** Válida.

• **Nota do autor:** Essa súmula não se aplica para a imunidade material, também chamada de real, substantiva, imunidade ou indenidade, mas apenas para a imunidade formal. Vale lembrar que a imunidade material está prevista no art. 53, *caput*, da CF. Já a imunidade formal está prevista no § 1º (foro por prerrogativa de função) e no § 2º (imunidade prisional) do art. 53º da CF.

• **Dispositivos relacionados:**

"Art. 53. Os Deputados e Senadores são invioláveis, civil e penalmente, por quaisquer de suas opiniões, palavras e votos.

§ 1º Os Deputados e Senadores, desde a expedição do diploma, serão submetidos a julgamento perante o Supremo Tribunal Federal.

§ 2º Desde a expedição do diploma, os membros do Congresso Nacional não poderão ser presos, salvo em flagrante de crime inafiançável. Nesse caso, os autos serão remetidos dentro de vinte e quatro horas à Casa respectiva, para que, pelo voto da maioria de seus membros, resolva sobre a prisão."

Súmula 4-STF

~~Não perde a imunidade parlamentar o Congressista nomeado Ministro de Estado.~~

• **Status:** Cancelada.

• **Nota do autor:** Atualmente, o entendimento é o seguinte: **Perde sim** a imunidade parlamentar do Congressista nomeado Ministro de Estado.

Súmula 3-STF

~~A imunidade concedida a deputados estaduais é restrita à Justiça do Estado.~~

• **Status:** Superada.

• **Nota do autor:** Atualmente, o entendimento é o seguinte: A imunidade concedida a deputados estaduais não se restringe à Justiça do Estado, desde que afeta ao exercício de suas funções como parlamentar. Vale lembrar que as mesmas regras sobre imunidades aplicadas aos parlamentares federais são também aplicadas para os deputados estaduais. Isso está previsto no § 1º do art. 27 da CF.

• **Dispositivos relacionados:**

> "CF, Art. 27. (...)
>
> § 1º Será de quatro anos o mandato dos Deputados Estaduais, **aplicando-se-lhes as regras desta Constituição sobre** sistema eleitoral, **inviolabilidade, imunidades**, remuneração, perda de mandato, licença, impedimentos e incorporação às Forças Armadas."

4.1. Questões relacionadas

(MPE-BA – Promotor de Justiça – MPE-BA/2018) Em relação ao inquérito policial e considerando a legislação pertinente, a doutrina e a jurisprudência, é correto afirmar que:

a) os vícios existentes no inquérito policial acarretam nulidade na ação penal subsequente.

b) se trata de procedimento escrito, inquisitivo informativo e indispensável.

c) o Promotor de Justiça que atua na fase de investigação está impedido ou suspeito para oferecimento da denúncia.

d) nas hipóteses de ação penal pública condicionada ou incondicionada, a autoridade policial deverá instaurar, de ofício, o inquérito, sem que seja necessária a provocação.

e) o poder de polícia da Câmara dos Deputados e do Senado Federal, em caso de crime cometido nas suas dependências, compreende a prisão em flagrante do agente e a instauração do inquérito policial.

Resposta correta: letra "e".

(Vunesp – Delegado de Polícia – PC-BA/2018) De acordo com a jurisprudência sumulada do Supremo Tribunal Federal,

a) a imunidade parlamentar estende-se ao corréu sem essa prerrogativa (Súmula 245).

b) para requerer revisão criminal, o condenado deve recolher-se à prisão (Súmula 393).

c) só é lícito o uso de algemas em casos de resistência e de fundado receio de fuga ou perigo à integridade física própria ou alheia, por parte do preso ou terceiros, sem, contudo, necessidade de a autoridade policial justificar a utilização por escrito (Súmula Vinculante 11).

d) é direito do defensor, no interesse do representado, ter acesso amplo aos elementos de prova que, já documentados em procedimento investigatório realizado por órgão com competência de polícia judiciária, digam respeito ao exercício do direito de defesa (Súmula Vinculante 14).

e) a homologação da transação penal prevista no art. 76 da Lei no 9.099/95 faz coisa julgada material e, descumpridas suas cláusulas, retorna-se à situação anterior, possibilitando ao Ministério Público a continuidade da persecução penal (Súmula Vinculante 35).

Resposta correta: letra "d".

5. PROCESSO LEGISLATIVO

5.1. Medida provisória

Súmula vinculante 54-STF

A medida provisória não apreciada pelo Congresso Nacional podia, **até a Emenda Constitucional 32/2001**, ser reeditada dentro do seu prazo de eficácia de trinta dias, mantidos os efeitos de lei desde a primeira edição.

• **Status:** Válida.

• **Nota do autor:** Vale lembrar que a **relevância** e a **urgência** são os fundamentos constitucionais para a edição das Medidas Provisórias. Vale lembrar, também, que os limites materiais das Medidas Provisórias estão previstos no § 1º da CF.

• **Dispositivos relacionados:**

"CF, Art. 62. Art. 62. Em caso de **relevância e urgência**, o **Presidente da República** poderá adotar medidas provisórias, com **força de lei**, devendo submetê-las de imediato ao **Congresso Nacional**.

§ 1º É **vedada** a edição de medidas provisórias sobre matéria:

I – relativa a:

a) nacionalidade, cidadania, direitos políticos, partidos políticos e direito eleitoral;

b) direito penal, processual penal e processual civil;

c) organização do Poder Judiciário e do Ministério Público, a carreira e a garantia de seus membros;

d) planos plurianuais, diretrizes orçamentárias, orçamento e créditos adicionais e suplementares, ressalvado o previsto no art. 167, § 3º;

II – que vise a detenção ou sequestro de bens, de poupança popular ou qualquer outro ativo financeiro;

III – reservada a lei complementar;

IV – já disciplinada em projeto de lei aprovado pelo Congresso Nacional e pendente de sanção ou veto do Presidente da República."

§ 3º As medidas provisórias, ressalvado o disposto nos §§ 11 e 12, **perderão eficácia, desde a edição, se não forem convertidas em lei no prazo de sessenta dias, prorrogável, nos termos do § 7º, uma vez por igual período**, devendo o Congresso Nacional disciplinar, por decreto legislativo, as relações jurídicas delas decorrentes.

Súmula 651-STF

A medida provisória não apreciada pelo Congresso Nacional podia, até a EC 32/2001, ser reeditada dentro do seu prazo de eficácia de trinta dias, mantidos os efeitos de lei desde a primeira edição.

- **Status:** Válida, mas substituída pela súmula vinculante 54 do STF.

- **Precedentes relacionados:**

"Súmula vinculante 54-STF. A medida provisória não apreciada pelo Congresso Nacional podia, até a Emenda Constitucional 32/2001, ser reeditada dentro do seu prazo de eficácia de trinta dias, mantidos os efeitos de lei desde a primeira edição."

5.2. Sanção ou veto

Súmula 5-STF

A sanção do projeto supre a falta de iniciativa do Poder Executivo.

- **Status:** superada pelo STF na Adin 1197, julgada em 15/05/2017.

- **Nota do autor:** Tendo em vista a superação do entendimento, a leitura que deve ser feita é a de que a sanção do Presidente da República ao projeto de lei com vício de iniciativa NÃO supre a falta de iniciativa do Poder Executivo, tendo em vista tratar-se de inconstitucionalidade formal subjetiva.

- **Precedente relacionado:**

> "O desrespeito à prerrogativa de iniciar o processo de positivação formal do Direito, gerado pela usurpação do poder sujeito à cláusula de reversa, traduz vício jurídico de gravidade inquestionável, cuja ocorrência reflete típica hipótese de inconstitucionalidade formal, apta a infirmar, de modo irremissível, a própria integridade jurídica do ato legislativo eventualmente editado. Dentro desse contexto – em que se ressalta a imperatividade da vontade subordinante do poder constituinte –, nem mesmo a aquiescência do Chefe do Executivo mediante sanção ao projeto de lei, ainda quando dele seja a prerrogativa usurpada, tem o condão de sanar esse defeito jurídico radical. Por isso mesmo, a tese da convalidação das leis resultantes do procedimento inconstitucional de usurpação – ainda que admitida por esta Corte sob a égide da Constituição de 1946 (Súmula 5) – não mais prevalece, repudiada que foi seja em face do magistério da doutrina (...), seja, ainda, em razão da jurisprudência dos Tribunais, inclusive a desta Corte (...)." (STF, Plenário, ADI 1197, Rel. Min. Celso de Mello, julgado em 18/5/2017).

5.3. Questões relacionadas

(MPE-BA – Promotor de Justiça – MPE-BA/2018) Sobre o processo legislativo normatizado pela Constituição Federal e a correlata jurisprudência firmada pelo Supremo Tribunal Federal, responda:

I – Nos projetos legislativos de iniciativa exclusiva do Presidente da República, não serão admitidas emendas parlamentares que acarretem aumento da despesa prevista, a não ser que haja nestas, indicação da fonte dos recursos necessários.

II – Viola a Constituição Federal emenda constitucional que insira na Constituição estadual dispositivo fixando a revisão automática da remuneração de servidores públicos estaduais, à luz da iniciativa legislativa privativa do chefe do Poder Executivo.

III – Se a medida provisória não for apreciada em até quarenta e cinco dias contados de sua publicação, entrará em regime de urgência, subsequentemente, em cada uma das Casas do Congresso Nacional, ficando sobrestadas, até que se ultime a votação, todas as deliberações legislativas da Casa em que estiver tramitando, inclusive propostas de emenda à Constituição, projetos de lei complementar, de decreto legislativo e de resolução.

IV – As medidas provisórias perderão eficácia desde a sua edição, se não forem convertidas em lei no prazo de sessenta dias, prorrogável uma vez por igual período, devendo o Congresso Nacional disciplinar, por decreto legislativo, as relações jurídicas delas decorrentes.

Estão certos apenas os itens:

a) I e II.

b) I e III.

c) II e III.

d) II e IV.

e) III e IV.

Resposta correta: letra "d".

(FCC – Defensor Público – DPE-PR/2017) Acerca da participação do Poder Executivo no Processo Legislativo,

a) a medida provisória tem prazo de vigência de sessenta dias, contado da data de sua publicação, o qual pode ser prorrogado automaticamente por igual período caso sua votação não tenha sido finalizada nas duas casas legislativas. Superado o prazo de prorrogação sem a conversão da medida provisória em lei, as relações jurídicas dela decorrentes serão disciplinadas por decreto legislativo editado pelo Congresso Nacional.

b) o Congresso Nacional pode exercer dois tipos de controle da delegação legislativa: previamente à edição da lei, quando haverá aprovação após análise de emendas parlamentares; e posteriormente, quando poderá sustar a lei se o Presidente da República exorbitar os limites da delegação.

c) as emendas parlamentares, que são proposições apresentadas como acessórios a projetos e propostas, devem ser apresentadas na fase constitutiva do processo legislativo, havendo retorno para a outra Casa quando ocorrer alteração substancial no projeto de lei, devendo-se respeitar, apenas, a pertinência temática quando se tratar de projetos de iniciativa do Poder Executivo.

d) segundo a jurisprudência recente do Supremo Tribunal Federal, o processo legislativo de lei de iniciativa exclusiva do Presidente da República, inaugurado pelo Congresso Nacional, poderá ser aproveitado, caso haja sanção.

e) a promulgação é o ato pelo qual se atesta a existência da lei. O Chefe do Poder Executivo, por meio da promulgação, ordena a aplicação e o cumprimento da lei, exceto nos casos onde houve rejeição do veto, quando a promulgação é tácita pelo Congresso Nacional.

Resposta correta: letra "a".

(Vunesp – Juiz de Direito Substituto – TJM-SP/2016) Considere o seguinte caso hipotético. Assembleia Legislativa de determinado Estado da Federação aprova projeto de lei, de iniciativa parlamentar, que estabelece o regime jurídico dos servidores públicos daquela unidade federativa. O Governador do Estado sanciona o projeto, que entra em vigor. Tendo em vista as previsões da Constituição Federal que disciplinam o processo legislativo e a jurisprudência do Supremo Tribunal Federal, é correto afirmar que a lei resultante é

a) constitucional, pois por aplicação do princípio da simetria, a iniciativa do processo legislativo estadual é sempre concorrente, sendo concedida a qualquer membro ou comissão da Assembleia Legislativa, ao Governador Estadual e aos cidadãos.

b) inconstitucional, por vício formal, já que a matéria é de iniciativa privativa do Governador do Estado, não sendo a sanção do Chefe do Poder Executivo suficiente para afastar tal vício.

c) constitucional, pois o regime jurídico de servidores públicos estaduais é matéria de iniciativa concorrente do Chefe do Poder Legislativo e do Chefe do Poder Executivo Estaduais.

d) constitucional, pois embora haja vício formal de iniciativa, já que o projeto de lei seria do Chefe do Poder Executivo Estadual, a sanção é suficiente para sanar esse defeito jurídico.

e) inconstitucional, pois o regime jurídico dos servidores públicos é uma regulamentação do direito civil e do trabalho, matérias essas de competência privativa da União.

Resposta correta: letra "b".

6. TRIBUNAL DE CONTAS

Súmula vinculante 3-STF

Nos processos perante o Tribunal de Contas da União asseguram-se o contraditório e a ampla defesa quando da decisão puder resultar anulação ou revogação de ato administrativo que beneficie o interessado, **excetuada a apreciação da legalidade do ato de concessão inicial de aposentadoria, reforma e pensão.**

- **Status:** Válida.

Súmula 653-STF

No Tribunal de Contas Estadual, composto por **sete** Conselheiros, **quatro devem ser escolhidos pela Assembléia Legislativa e três pelo Chefe do Poder Executivo estadual**, cabendo a este indicar **um dentre auditores** e **outro dentre membros do Ministério Público**, e **um terceiro a sua livre escolha.**

- **Status:** Válida.

- **Nota do autor:** Cuidado para não confundir: a) o Tribunal de Contas da União conta com nove Ministros; b) os Tribunais de Contas dos Estados contam com sete Conselheiros.

- **Dispositivos relacionados:**

> "CF, Art. 73. O Tribunal de Contas da União, integrado por **nove Ministros**, tem sede no Distrito Federal, quadro próprio de pessoal e jurisdição em todo o território nacional, exercendo, no que couber, as atribuições previstas no art. 96."

Súmula 347-STF

O Tribunal de Contas, no exercício de suas atribuições, **pode** apreciar a constitucionalidade das leis e dos atos do poder público.

• **Status:** Válida.

Súmula 42-STF

~~É legítima a equiparação de juízes do Tribunal de Contas, em direitos e garantias, aos membros do Poder Judiciário.~~

• **Status:** Superada.

• **Dispositivos relacionados:**

"CF, Art. 73. (...)

§ 3º Os Ministros do Tribunal de Contas da União terão as mesmas garantias, prerrogativas, impedimentos, vencimentos e vantagens dos Ministros do Superior Tribunal de Justiça, aplicando-se-lhes, quanto à aposentadoria e pensão, as normas constantes do art. 40. (Redação dada pela Emenda Constitucional nº 20, de 1998)"

Súmula 7-STF

~~Sem prejuízo de recurso para o Congresso, não é exequível o contrato administrativo a que o Tribunal de Contas houver negado registro.~~

• **Status:** Superada.

Súmula 6-STF

A revogação ou anulação, pelo Poder Executivo, de aposentadoria, ou qualquer outro ato aprovado pelo Tribunal de Contas, **não produz efeitos antes de aprovada por aquele tribunal**, ressalvada a competência revisora do Judiciário.

• **Status:** Válida.

• **Precedentes relacionados:**

"(...) a anulação unilateral pela Administração sem o conhecimento do Tribunal de Contas está em desacordo com a Súmula 6 do STF" (STF, 1ª Turma, AI 805.165 AgR, Min Luiz Fux, julgado em 06/12/2011).

6.1. Questões relacionadas

(FEPESE – Procurador do Estado – PGE-SC/2018) No que diz respeito ao Tribunal de Contas do Estado, observada a Constituição Estadual, é correto afirmar:

a) O Tribunal de Contas do Estado será integrado por nove Conselheiros, sendo que todos serão indicados pela Assembleia Legislativa.

b) O Tribunal de Contas do Estado será integrado por sete Conselheiros, sendo que todos serão indicados pelo Governador do Estado.

c) O Tribunal de Contas do Estado será integrado por sete Conselheiros, sendo que quatro serão indicados pela Assembleia Legislativa e três pelo Governador do Estado.

d) O Tribunal de Contas do Estado será integrado por nove Conselheiros, sendo que quatro serão indicados pela Assembleia Legislativa e cinco pelo Governador do Estado.

e) Os Conselheiros do Tribunal de Contas serão nomeados dentre os brasileiros que tenham mais de vinte e um anos de idade, idoneidade moral, reputação ilibada e notórios conhecimentos jurídicos, contábeis, econômicos e financeiros ou de administração pública.

Resposta correta: letra "c".

(MPE-PR – Promotor Substituto – MPE-PR/2017) Assinale a alternativa incorreta:

a) O direito de defesa é assegurado pela Constituição da República como pretensão à tutela jurídica, e nele estão contidos os direitos de informação (que obriga o órgão julgador a informar à parte contrária os atos praticados no processo e sobre os elementos dele constantes), de manifestação (que assegura ao defendente a possibilidade de manifestar-se oralmente ou por escrito sobre os elementos fáticos e jurídicos constantes do processo) e de ver seus argumentos considerados (que se resume no dever de o julgador deles tomar conhecimento).

b) O Supremo Tribunal Federal entende que a realização do direito de defesa por parte do advogado, dativo ou não, envolve a apresentação de trabalho idôneo para a finalidade, devendo ser considerada nula a defesa que não arroste os elementos básicos da acusação.

c) Nos processos perante o Tribunal de Contas da União asseguram-se o contraditório e a ampla defesa quando da decisão puder resultar anulação ou revogação de ato administrativo que beneficie o interessado, excetuada a apreciação da legalidade do ato de concessão inicial de aposentadoria, reforma e pensão.

d) A falta de defesa técnica por advogado no processo administrativo disciplinar não ofende a Constituição.

e) É inconstitucional a exigência de depósito ou arrolamento prévios de dinheiro ou bens para admissibilidade de recurso administrativo.

Resposta correta: letra "a".

(Vunesp – Promotor de Justiça – MPE-SP/2017) Assinale a alternativa correta.

a) A autoridade competente para a prática de um ato administrativo tem sempre, em razão de seu poder hierárquico, a possibilidade de delegação e avocação

b) Nos atos discricionários, o Poder Judiciário não pode, em hipótese alguma, apreciar o mérito do ato, assim considerada a análise da conveniência ou oportunidade.

c) O ato administrativo, praticado por autoridade incompetente, investido irregularmente no cargo, não produz qualquer efeito.

d) A revogação dos atos administrativos é sempre possível, não havendo limites para tanto, uma vez que cabe à Administração apreciar as razões de oportunidade e conveniência.

e) No caso de ato vinculado, praticado por autoridade incompetente, a convalidação é obrigatória pela autoridade competente se estiverem presentes os requisitos para a prática do ato.

Resposta correta: letra "e".

(MPT – Procurador do Trabalho – MPT/2015) Examine o conteúdo das seguintes assertivas referentes às Súmulas Vinculantes do STF:

1) Nos processos perante o Tribunal de Contas da União asseguram-se o contraditório e a ampla defesa quando da decisão puder resultar anulação ou revogação do ato administrativo que beneficie o interessado, excetuada a apreciação da legalidade do ato de concessão inicial de aposentadoria, reforma e pensão.

2) A norma do art. 192, § 3º, da Constituição, revogada pela Emenda Constitucional n. 40/2003, que limitava a taxa de juros reais a 12% ao ano, tinha sua aplicação condicionada à edição de lei ordinária.

3) A Justiça do Trabalho é competente para processar e julgar ação possessória ajuizada em decorrência do exercício do direito de greve pelos trabalhadores da iniciativa privada.

4) É direito do defensor, no interesse do representado, ter acesso amplo aos elementos de prova que, já documentados em procedimento investigatório realizado por órgão com competência de polícia judiciária, digam respeito ao exercício do direito de defesa.

Marque a resposta CORRETA:

a) as assertivas 1, 2 e 4 estão corretas;

b) as assertivas 2, 3 e 4 estão corretas;

c) as assertivas 1, 3 e 4 estão corretas;

d) todas as assertivas estão corretas.

e) Não respondida.

Resposta correta: letra "c".

7. PODER JUDICIÁRIO

Súmula 731-STF

Para fim de competência originária do Supremo Tribunal Federal, **é de interesse geral da magistratura** a questão de **saber se, em face da LOMAN, os juízes têm direito à licença-prêmio.**

- **Status:** Válida.
- **Nota do autor:** Vale lembrar que a competência originária para processar e julgar as causas em que há interesse direito ou indireto de todos os membros da magistratura é do STF, nos termos do art. 102, I, "n", da CF.
- **Dispositivos relacionados:**

> "CF, Art. 102. Compete ao Supremo Tribunal Federal, precipuamente, a guarda da Constituição, cabendo-lhe:
>
> I – processar e julgar, originariamente:
>
> *n)* a ação em que todos os membros da magistratura sejam direta ou indiretamente interessados, e aquela em que mais da metade dos membros do tribunal de origem estejam impedidos ou sejam direta ou indiretamente interessados;"

Súmula 649-STF

É inconstitucional a criação, por Constituição Estadual, de órgão de controle administrativo do Poder Judiciário do qual participem representantes de outros Poderes ou entidades.

- **Status:** Válida.
- **Nota do autor:** Em outras palavras, é inconstitucional, por violação do princípio da separação de poderes, a criação de Conselho Estadual de Justiça, com participação de representantes de outros Poderes ou entidades.

Súmula 628-STF

Integrante de lista de candidatos a determinada vaga da composição de tribunal **é** parte legítima para impugnar a validade da nomeação de concorrente.

- **Status:** Válida.

Súmula 627-STF

No mandado de segurança contra a nomeação de magistrado da competência do Presidente da República, **este é considerado autoridade coatora**, ainda que o fundamento da impetração seja nulidade ocorrida em fase anterior do procedimento.

• **Status:** Válida.

• **Nota do autor:** Em outras palavras, a autoridade coatora, nesse caso, será o Presidente da República, ainda que o fundamento da impetração do mandado de segurança seja nulidade ocorrida em fase anterior do procedimento de nomeação.

Súmula 478-STF

~~O provimento em cargos de Juízes substitutos do Trabalho, deve ser feito independentemente de lista tríplice, na ordem de classificação dos candidatos.~~

• **Status:** Superada.

Súmula 46-STF

Desmembramento de serventia de justiça **não** viola o princípio de vitaliciedade do serventuário.

• **Status:** Válida.

Súmula 41-STF

~~Juízes preparadores ou substitutos não têm direito aos vencimentos da atividade fora dos períodos de exercício.~~

• **Status:** Superada.

Súmula 40-STF

A elevação da entrância da comarca **não promove automaticamente o juiz, mas não interrompe o exercício de suas funções na mesma comarca.**

• **Status:** Válida.

7.1. Questões relacionadas

(DPE-AC – Defensor Público – DPE-AC/2017) Assinale a opção que, segundo o entendimento do STF, representa respeito à independência dos Três Poderes.

a) Proibição, por lei municipal, de cobrança de tarifa de assinatura básica no que concerne aos serviços de água e gás.

b) Decisão judicial que se imiscui nos critérios utilizados na convocação de sessão extraordinária em câmara de vereadores.

c) Criação, por constituição estadual, de órgão de controle administrativo do Poder Judiciário do qual participem representantes de outros poderes ou entidades.

d) Imposição pelo Poder Judiciário à administração pública de obrigação de fazer, visando à execução de obras emergenciais em estabelecimentos prisionais.

e) Criação de lei estadual que confere à Assembleia Legislativa a atribuição de demitir dirigentes de agência reguladora.

Resposta correta: letra "d".

(FCC – Defensor Público – DPE-SP/2015) O Supremo Tribunal Federal sumulou entendimento segundo o qual

a) a ausência de defesa técnica por profissional habilitado no processo administrativo causa a nulidade absoluta do feito, por ferimento à Constituição Federal de 1988.

b) o funcionário público em estágio probatório poderá ser demitido ou exonerado, a depender do caso, mediante procedimento administrativo abreviado, garantida a ampla defesa.

c) somente por lei poderá ser exigido, para habilitação do candidato a cargo público, o exame psicotécnico.

d) a Constituição Estadual poderá criar órgão de controle administrativo do Poder Judiciário do qual participem representantes de outros poderes e entidades.

e) o titular do cargo de Defensor Público está dispensado de apresentar procuração para atuar em juízo.

Resposta correta: letra "c".

8. CONTROLE DE CONSTITUCIONALIDADE

Súmula vinculante 10-STF

Viola a cláusula de reserva de plenário (CF, art. 97) a decisão de órgão fracionário de tribunal que, embora não declare expressamente a inconstitucionalidade de lei ou ato normativo do Poder Público, afasta a sua incidência no todo ou em parte.

- **Status:** Válida.
- **Nota do autor:** Órgão fracionário de tribunal são as Turmas, Câmaras e Seções. O parágrafo único do art. 949 do CPC/2015 é exceção à regra da cláusula de reserva de plenário (*full bench*), no controle difuso de constitucionalidade.

- **Dispositivos relacionados:**

> "CF, Art. 97. Somente pelo voto da maioria absoluta de seus membros ou dos membros do respectivo órgão especial poderão os tribunais declarar a inconstitucionalidade de lei ou ato normativo do Poder Público."

"CPC/15, Art. 949. (...)

Parágrafo único. Os órgãos fracionários dos tribunais não submeterão ao plenário ou ao órgão especial a arguição de inconstitucionalidade quando já houver pronunciamento destes ou do plenário do Supremo Tribunal Federal sobre a questão."

Súmula 642-STF

Não cabe ação direta de inconstitucionalidade de lei do Distrito Federal derivada da sua competência legislativa **municipal**.

• **Status:** Válida.

• **Nota do autor:** Cuidado para não confundir: a) não cabe ação direta de inconstitucionalidade de lei distrital (Lei do DF) derivada da sua competência legislativa **municipal**; b) cabe ação direta de inconstitucionalidade de lei distrital (Lei do DF) derivada da sua competência legislativa estadual.

• **Dispositivos relacionados:**

"Art. 102. Compete ao Supremo Tribunal Federal, precipuamente, a guarda da Constituição, cabendo-lhe:

I – processar e julgar, originariamente:

a) a ação direta de inconstitucionalidade de lei ou ato normativo federal ou estadual e a ação declaratória de constitucionalidade de lei ou ato normativo federal;"

Súmula 614-STF

Somente o Procurador-Geral da Justiça tem legitimidade para propor ação direta interventiva por inconstitucionalidade de lei Municipal.

• **Status:** Válida.

• **Dispositivos relacionados:**

"CF, Art. 35. O Estado não intervirá em seus Municípios, nem a União nos Municípios localizados em Território Federal, exceto quando:

I – deixar de ser paga, sem motivo de força maior, por dois anos consecutivos, a dívida fundada;

II – não forem prestadas contas devidas, na forma da lei;

III – não tiver sido aplicado o mínimo exigido da receita municipal na manutenção e desenvolvimento do ensino e nas ações e serviços públicos de saúde; (Redação dada pela Emenda Constitucional nº 29, de 2000)

IV – o Tribunal de Justiça der provimento a representação para assegurar a observância de princípios indicados na Constituição Estadual, ou para prover a execução de lei, de ordem ou de decisão judicial."

Súmula 360-STF

~~Não há prazo de decadência para a representação de inconstitucionalidade, prevista no art. 8º, parágrafo único, da Constituição Federal.~~

- **Status:** Superada, pois a súmula se refere à Constituição de 1946.

- **Nota do autor:** De qualquer modo, vale lembrar que não há prazo decadencial ou prescricional para a propositura das ações do controle concentrado de constitucionalidade, ou seja, não há prazo para a propositura de ADI, ADECON e ADPF.

- **Precedentes relacionados:**

"Ação direta de inconstitucionalidade e prazo decadencial. O ajuizamento da ação direta de inconstitucionalidade não está sujeito a observância de qualquer prazo de natureza prescricional ou de caráter decadencial, eis que atos inconstitucionais jamais se convalidam pelo mero decurso do tempo. Súmula 360." (STF, Plenário, ADI 1.247-MC, Rel. Min. Celso de Mello, julgamento em 17/8/1995)

8.1. Questões relacionadas

(MPT – Procurador do Trabalho – MPT/2017) Sobre o controle de constitucionalidade analise as proposições abaixo:

I – Em sede de Ação Direta de Inconstitucionalidade por Omissão, perante o Supremo Tribunal Federal, é cabível medida cautelar, a qual poderá consistir na suspensão da aplicação da lei ou do ato normativo questionado, no caso de omissão parcial, bem como na suspensão de processos judiciais ou de procedimentos administrativos, ou ainda em outra providência a ser fixada pelo Tribunal.

II – Viola a cláusula de reserva de plenário a decisão de órgão fracionário de Tribunal que, embora não declare expressamente a inconstitucionalidade de lei ou ato normativo do Poder Público, afasta a sua incidência, no todo ou em parte.

III – Os Tribunais de Justiça não têm competência para exercer controle abstrato de constitucionalidade de leis municipais, se o parâmetro normativo for normas da Constituição da República. Nesta situação, a ação específica é de competência originária do Supremo Tribunal Federal.

Assinale a alternativa CORRETA:

a) Todas as assertivas estão incorretas.

b) Apenas as assertivas I e II estão corretas.

c) Apenas as assertivas II e III estão corretas.

d) Apenas a assertiva III está correta;

e) Não respondida.

Resposta correta: letra "b".

(MPDFT – Promotor de Justiça – MPDFT/2015) O controle de constitucionalidade no âmbito do Tribunal de Justiça do Distrito Federal e Territórios:

a) prevê ação direta de inconstitucionalidade, mas não ação declaratória de constitucionalidade.

b) deve observância ao modelo da Constituição da República nos termos em que incorporado às normas sobre organização e competência do Tribunal constantes da Lei Orgânica do Distrito Federal.

c) exclui a ação direta de inconstitucionalidade por omissão.

d) admite seja impugnada, em ação direta de inconstitucionalidade, legislação distrital relativa ao imposto sobre propriedade predial e territorial urbana em face da Lei Orgânica do Distrito Federal, sem prejuízo de recurso extraordinário ao Supremo Tribunal Federal.

e) não prevê reclamação das ações direta de inconstitucionalidade e declaratória de constitucionalidade.

Resposta correta: letra "d".

(MPT – Procurador do Trabalho – MPT/2015) Analise as seguintes assertivas sobre o Ministério Público na Constituição da República:

1) O Presidente da República possui legitimação concorrente com o Procurador-Geral da República para propor projeto de lei sobre a organização do Ministério Público da União, mas, por força da autonomia administrativa constitucionalmente garantida ao órgão, é privativa do Procurador-Geral da República a iniciativa de lei para a criação de cargos de membros e servidores no âmbito do MPU.

2) Conforme previsão constitucional, o Procurador-Geral da República é nomeado pelo Presidente da República dentre integrantes da carreira, maiores de trinta e cinco anos, após aprovação de seu nome pela maioria absoluta dos membros do Senado Federal, para mandato de dois anos, permitida a recondução.

3) É atribuição constitucional do Procurador-Geral da República, na qualidade de chefe do Ministério Público da União, nomear o Procurador-Geral do Ministério Público do Distrito Federal e Territórios, dentre integrantes da carreira que figurem em lista tríplice formada pelos membros do respectivo ramo.

4) No âmbito federal, o Procurador-Geral da República possui legitimação concorrente para o ajuizamento de ação direta de inconstitucionalidade, mas é exclusiva sua legitimação para propor a ação direta de inconstitucionalidade interventiva.

Marque a alternativa CORRETA:

a) todas as assertivas são corretas;

b) apenas a assertiva 3 é incorreta;

c) apenas as assertivas 1 e 4 são corretas;

d) todas as assertivas são incorretas.

e) Não respondida.

Resposta correta: letra "b".

9. MINISTÉRIO PÚBLICO

Súmula 701-STF

No mandado de segurança impetrado pelo Ministério Público contra decisão proferida em processo penal, **é obrigatória a citação do réu como litisconsorte passivo**.

- **Status:** Válida.
- **Nota do autor:** Trata-se de litisconsórcio passivo necessário.

Súmula 643-STF

O Ministério Público **tem** legitimidade para promover ação civil pública cujo fundamento seja a ilegalidade de reajuste de mensalidades escolares.

- **Status:** Válida.

- **Dispositivos relacionados:**

"CF, Art. 127. O Ministério Público é instituição permanente, essencial à função jurisdicional do Estado, incumbindo-lhe a defesa da ordem jurídica, do regime democrático e dos interesses sociais e individuais indisponíveis."

"CF, Art. 129. São funções institucionais do Ministério Público:

III – promover o inquérito civil e a ação civil pública, para a proteção do patrimônio público e social, do meio ambiente e de outros interesses difusos e coletivos;"

"Lei 7.347/85, Art. 1º Regem-se pelas disposições desta Lei, sem prejuízo da ação popular, as ações de responsabilidade por danos morais e patrimoniais causados:

I – ao meio-ambiente;

II – ao consumidor;

III – a bens e direitos de valor artístico, estético, histórico, turístico e paisagístico;

IV – a qualquer outro interesse difuso ou coletivo;

V – por infração da ordem econômica;

VI – à ordem urbanística;

VII – à honra e à dignidade de grupos raciais, étnicos ou religiosos;

VIII – ao patrimônio público e social."

Súmula 321-STF

~~A Constituição Estadual pode estabelecer a irredutibilidade dos vencimentos do Ministério Público.~~

- **Status:** Revogada na Reclamação 1.428/RO.

Súmula 43-STF

~~Não contraria a Constituição Federal, o art. 61 da Constituição de São Paulo, que equiparou os vencimentos do Ministério Público aos da magistratura.~~

- **Status:** Superada.

Súmula 601-STJ

O Ministério Público **tem** legitimidade ativa para atuar na defesa de direitos **difusos**, **coletivos** e **individuais homogêneos dos consumidores, ainda que decorrentes da prestação de serviço público.**

- **Status:** Válida.

- **Dispositivos relacionados:**

"CF, Art. 127. O Ministério Público é instituição permanente, essencial à função jurisdicional do Estado, incumbindo-lhe a defesa da ordem jurídica, do regime democrático e dos interesses sociais e individuais indisponíveis."

"CF, Art. 129. São funções institucionais do Ministério Público:

III – promover o inquérito civil e a ação civil pública, para a proteção do patrimônio público e social, do meio ambiente e de outros interesses difusos e coletivos;"

"Lei 7.347/85, Art. 1º Regem-se pelas disposições desta Lei, sem prejuízo da ação popular, as ações de responsabilidade por danos morais e patrimoniais causados:

I – ao meio-ambiente;

II – ao consumidor;

III – a bens e direitos de valor artístico, estético, histórico, turístico e paisagístico;

IV – a qualquer outro interesse difuso ou coletivo;

V – por infração da ordem econômica;

VI – à ordem urbanística;

VII – à honra e à dignidade de grupos raciais, étnicos ou religiosos;

VIII – ao patrimônio público e social."

"CDC, Art. 81. A defesa dos interesses e direitos dos consumidores e das vítimas poderá ser exercida em juízo individualmente, ou a título coletivo.

Parágrafo único. A defesa coletiva será exercida quando se tratar de:

I – interesses ou direitos difusos, assim entendidos, para efeitos deste código, os transindividuais, de natureza indivisível, de que sejam titulares pessoas indeterminadas e ligadas por circunstâncias de fato;

II – interesses ou direitos coletivos, assim entendidos, para efeitos deste código, os transindividuais, de natureza indivisível de que seja titular grupo, categoria ou classe de pessoas ligadas entre si ou com a parte contrária por uma relação jurídica base;

III – interesses ou direitos individuais homogêneos, assim entendidos os decorrentes de origem comum."

"CDC, Art. 82. Para os fins do art. 81, parágrafo único, são legitimados concorrentemente:

I – o Ministério Público;"

"CDC, Art. 91. Os legitimados de que trata o art. 82 poderão propor, em nome próprio e no interesse das vítimas ou seus sucessores, ação civil coletiva de responsabilidade pelos danos individualmente sofridos, de acordo com o disposto nos artigos seguintes."

Súmula 594-STJ

O Ministério Público **tem** legitimidade ativa para ajuizar ação de alimentos em proveito de criança ou adolescente, **independentemente** do exercício do poder familiar dos pais, ou do fato de o menor se encontrar nas situações de risco descritas no art. 98 do ECA, ou de quaisquer outros questionamentos acerca da existência ou eficiência da Defensoria Pública na comarca.

• **Status:** Válida.

Súmula 470-STJ

~~O Ministério Público não tem legitimidade para pleitear, em ação civil pública, a indenização decorrente do DPVAT em benefício do segurado.~~

• **Status:** Cancelada. A 2ª Seção do STJ, em sessão de 27 de maio de 2015, ao julgar o REsp 858.056-GO, determinou o cancelamento da Súmula n. 470-STJ.

• **Nota do autor:** Atualmente, o entendimento tanto do STF quanto do STJ é no sentido de que o Ministério Público **tem** legitimidade para ajuizar ação civil pública em defesa dos direitos individuais homogêneos dos beneficiários do seguro DPVAT.

• **Precedentes relacionados:**

"O Ministério Público **tem** legitimidade para ajuizar ação civil pública em defesa dos **direitos individuais homogêneos** dos beneficiários do seguro DPVAT. Isso porque o STF, ao julgar o RE 631.111-GO (Tribunal Pleno, DJe 30/10/2014), submetido ao rito do art. 543-B do CPC, **firmou o entendimento de que Órgão Ministerial tem legitimidade para ajuizar ação civil pública em defesa dos direitos individuais homogêneos dos beneficiários do seguro DPVAT, dado o interesse social qualificado presente na tutela jurisdicional das vítimas de acidente de trânsito beneficiárias pelo DPVAT, bem como as relevantes funções institucionais do MP**. Consequentemente, é imperioso o cancelamento da súmula 470 do STJ, a qual veicula entendimento superado por orientação jurisprudencial do STF firmada em recurso extraordinário submetido ao rito do art. 543-B do CPC (sistemática da repercussão geral)." (STJ, 2ª Seção, REsp 858.056-GO, Rel. Min. Marco Buzzi, julgado em 27/5/2015, DJe 5/6/2015. Info 563)

Súmula 329-STJ

O Ministério Público **tem** legitimidade para propor ação civil pública em defesa do patrimônio público.

• **Status:** Válida.

• **Dispositivos relacionados**

"Lei 7.347/85, Art. 1º Regem-se pelas disposições desta Lei, sem prejuízo da ação popular, as ações de responsabilidade por danos morais e patrimoniais causados:

(...)

VIII – ao patrimônio público e social. (Incluído pela Lei nº 13.004, de 2014)"

Súmula 234-STJ

A participação de membro do Ministério Público na fase investigatória criminal **não acarreta** o seu impedimento ou suspeição para o oferecimento da denúncia.

- **Status:** Válida.

Súmula 226-STJ

Ministério Público **tem** legitimidade para recorrer na ação de acidente do trabalho, ainda que o segurado esteja assistido por advogado.

- **Status:** Válida.

Súmula 189-STJ

É desnecessária a intervenção do Ministério Público nas execuções fiscais.

- **Status:** Válida.
- **Dispositivos relacionados**

> "CPC/15, Art. 98 (...).
>
> Parágrafo único. A participação da Fazenda Pública **não configura, por si só, hipótese de intervenção do Ministério Público**."

Súmula 116-STJ

A Fazenda Pública e o Ministério Público **têm prazo em dobro para interpor Agravo Regimental no Superior Tribunal de Justiça.**

- **Status:** Válida.

Súmula 99-STJ

O Ministério Público **tem** legitimidade para recorrer no processo em que oficiou como fiscal da lei, ainda que não haja recurso da parte.

- **Status:** Válida.
- **Nota do autor:** Vale lembrar que o CPC/2015 substituiu a expressão "fiscal da lei" por "fiscal da ordem jurídica".

- **Dispositivos relacionados**

> "CPC/15, Art. 996. O recurso pode ser interposto pela parte vencida, pelo terceiro prejudicado e pelo Ministério Público, como parte ou como fiscal da ordem jurídica."

9.1. Questões relacionadas

(MPE-PR – Promotor de Justiça – MPE-PR/2019) Analise as assertivas abaixo e assinale a alternativa incorreta:

a) Nos contratos bancários é vedado ao julgador conhecer, de ofício, da abusividade das cláusulas.

b) O Código de Defesa do Consumidor é aplicável aos empreendimentos habitacionais promovidos pelas sociedades cooperativas.

c) O Código de Defesa do Consumidor é aplicável às entidades abertas de previdência complementar, não incidindo nos contratos previdenciários celebrados com entidades fechadas.

d) Cabe ao mantenedor do Cadastro de Proteção ao Crédito a notificação do devedor antes de proceder à inscrição.

e) O Ministério Público tem legitimidade ativa para atuar na defesa de direitos difusos coletivos e individuais homogêneos dos consumidores, exceto os decorrentes da prestação de serviço público.

Resposta correta: letra "e".

(Vunesp – Juiz de Direito – TJ-RS/2018) Assinale a alternativa correta de acordo com o entendimento sumulado do Superior Tribunal de Justiça.

a) A competência para processar e julgar as ações conexas de interesse de menor é, em princípio, do foro da sede da entidade ou do órgão responsável pela adoção das medidas de proteção ao menor.

b) A confissão do adolescente no procedimento para aplicação de medida socioeducativa permite a desistência de outras provas e aplicação de medida mais adequada ao princípio da reeducação e da proteção integral.

c) É dispensável a oitiva do menor infrator antes de decretar-se a regressão da medida socioeducativa.

d) A configuração do crime do art. 244-B do ECA depende da prova da efetiva corrupção do menor, por se tratar de delito formal.

e) O Ministério Público tem legitimidade ativa para ajuizar ação de alimentos em proveito de criança ou adolescente independentemente do exercício do poder familiar dos pais, ou do fato de o menor se encontrar nas situações de risco descritas no art. 98 do Estatuto da Criança e do Adolescente, ou de quaisquer outros questionamentos acerca da existência ou eficiência da Defensoria Pública na comarca.

Resposta correta: letra "e".

(Vunesp – Juiz de Direito – TJ-RS/2018) Assinale a alternativa correta.

a) O procedimento comum será ordinário, sumário ou especial.

b) Os processos que apuram a prática de crime hediondo terão prioridade de tramitação em todas as instâncias apenas se houver réu preso.

c) O juiz terá o prazo de 5 dias para proferir a sentença caso conceda às partes prazo para a apresentação de memoriais.

d) No mandado de segurança impetrado pelo Ministério Público contra decisão proferida em processo penal, é facultativa a citação do réu como litisconsorte passivo.

e) Não cabe habeas corpus contra decisão condenatória a pena de multa, ainda que seja patente o constrangimento ilegal causado.

Resposta correta: letra "d".

(MPE-BA – Promotor de Justiça – MPE-BA/2018) Quanto ao regime jurídico (lato sensu) do Ministério Público, marque a alternativa incorreta:

a) É desnecessária a intervenção do Ministério Público nas execuções fiscais.

b) O Ministério Público não tem legitimidade para pleitear, em ação civil pública, a indenização decorrente do DPVAT (seguro de danos pessoais causados por veículos automotores de vias terrestres) em benefício do segurado.

e) A participação de membro do Ministério Público na fase investigatória criminal não acarreta o seu impedimento ou suspeição para o oferecimento da denúncia.

d) O Ministério Público tem legitimidade para promover ação civil pública cujo fundamento seja a ilegalidade de reajuste de mensalidades escolares.

e) O Ministério Público tem legitimidade para recorrer na ação de acidente do trabalho, ainda que o segurado esteja assistido por advogado.

Resposta correta: letra "b".

(MPE-BA – Promotor de Justiça – MPE-BA/2018) Após análise das assertivas abaixo, assinale a alternativa correta:

I – A participação de membro do Ministério Público na fase investigatória criminal não acarreta o seu impedimento ou suspeição para o oferecimento da denúncia;

II – Considera-se impedido o juiz, cujo cônjuge ou parente consanguíneo ou afim, em linha reta ou colateral até o terceiro grau, inclusive, tenha atuado como defensor ou advogado, órgão do Ministério Público, autoridade policial, auxiliar da justiça ou perito;

III – Não se aplicam ao assistente de acusação os impedimentos previstos em lei para o juiz e para o órgão do Ministério Público.

a) Somente as assertivas II e III estão corretas.

b) Somente as assertivas I e II estão corretas.

c) Somente as assertivas I e III estão corretas.

d) Todas as assertivas estão corretas.

e) Todas as assertivas são falsas.

Resposta correta: letra "b".

(Vunesp – Defensor Público – DPE-RO/2017) Quanto à legitimidade ativa para a propositura de ações coletivas, considerando também as súmulas dos Tribunais Superiores, assinale a alternativa correta.

a) É concorrente e disjuntiva a legitimação para a propositura de ações civis públicas ou coletivas em defesa de interesses difusos, coletivos e individuais homogêneos disponíveis.

b) O Ministério Público não tem legitimidade para promover ação civil pública, buscando indenização decorrente do DPVAT em benefício do segurado.

c) A Defensoria Pública do Estado de Rondônia tem legitimidade para a propositura de ação popular, desde que autorizado pelo Conselho Superior da Defensoria Pública.

d) Para ter legitimidade para mandado de segurança coletivo, entidades de classe, sindicatos e associações devem estar constituídas há pelo menos um ano, sendo desnecessário que exista a pertinência entre o objeto da impetração e as finalidades do impetrante.

e) Prevê a Lei do Mandado de Segurança que o Ministério Público e a Defensoria Pública são legitimados para propor mandado de segurança coletivo.

Resposta correta: letra "a".

(MPE-SP – Promotor de Justiça – MPE-SP/2015) Quanto à legitimidade para recorrer, assinale a alternativa que contém afirmação falsa:

a) O Ministério Público poderá apelar das decisões tomadas em ação de investigação de paternidade, na qual atua como custos legis, mas sempre na defesa do menor investigado.

b) O Ministério Público tem legitimidade para recorrer no processo em que oficiou como fiscal da lei, ainda que não haja recurso da parte.

c) O Ministério Público não detém legitimidade para recorrer contra decisão em que se discutem alimentos quando o alimentando houver alcançado a maioridade civil.

d) Cessada a causa de intervenção do Ministério Público no processo civil, cessa por consequência a sua legitimidade recursal.

e) O Ministério Público, no processo em que atua como custos legis, tem legitimidade para interpor recurso adesivo.

Resposta correta: letra "a".

10. DEFENSORIA PÚBLICA

Súmula 421-STJ

Os honorários advocatícios **não** são devidos à Defensoria Pública quando ela atua contra a pessoa jurídica de direito público à qual pertença.

- **Status:** Válida.

• **Nota do autor:** O STF discorda desse entendimento. De acordo com o STF, após a edição da Emenda Constitucional 80/2014, os entes federativos podem ser condenados a pagar honorários advocatícios nas demandas ajuizadas pela Defensoria Pública. Esse entendimento de justifica, sobretudo, considerando a autonomia funcional, administrativa e orçamentária da Defensoria Pública, trazida pela Emenda Constitucional 45/2004.

• **Precedentes relacionados:**

"(...) 6. Honorários em favor da Defensoria Pública da União. Mesmo ente público. Condenação. Possibilidade após EC 80/2014.". (STF, Plenário, AR 1937 AgR, Rel. Min. Gilmar Mendes, julgado em 30/06/2017)

• **Dispositivos relacionados:**

"Art. 134. A Defensoria Pública é instituição permanente, essencial à função jurisdicional do Estado, incumbindo-lhe, como expressão e instrumento do regime democrático, fundamentalmente, a orientação jurídica, a promoção dos direitos humanos e a defesa, em todos os graus, judicial e extrajudicial, dos direitos individuais e coletivos, de forma integral e gratuita, aos necessitados, na forma do inciso LXXIV do art. 5º desta Constituição Federal. (Redação dada pela Emenda Constitucional nº 80, de 2014)

(...)

§ 2º Às Defensorias Públicas Estaduais são asseguradas autonomia funcional e administrativa e a iniciativa de sua proposta orçamentária dentro dos limites estabelecidos na lei de diretrizes orçamentárias e subordinação ao disposto no art. 99, § 2º . (Incluído pela Emenda Constitucional nº 45, de 2004)"

10.1. Questões relacionadas

(Cespe – Defensor Público – CPU/2017) No que se refere às atribuições institucionais da DP, à assistência jurídica gratuita e à gratuidade da justiça, julgue o item seguinte.

De acordo com o entendimento do STJ, apesar de ser função institucional do órgão, a função de curador especial é hipótese de atuação atípica, desvinculada da comprovação de pobreza pelo beneficiário, razão por que a DP faz jus a honorários advocatícios pelo seu exercício.

Resposta: errado.

11. ORDEM ECONÔMICA E FINANCEIRA

Súmula vinculante 49-STF

Ofende o princípio da livre concorrência lei municipal que impede a instalação de estabelecimentos comerciais do mesmo ramo em determinada área.

- **Status:** Válida.
- **Nota do autor:** Vale lembrar que a livre concorrência é princípio regente da ordem econômica nacional, nos termos do art. 170, IV, da CF.
- **Dispositivos relacionados:**

"CF, Art. 170. A ordem econômica, fundada na valorização do trabalho humano e na livre iniciativa, tem por fim assegurar a todos existência digna, conforme os ditames da justiça social, **observados os seguintes princípios**:

I – soberania nacional;

II – propriedade privada;

III – função social da propriedade;

IV – **livre concorrência**;

V – defesa do consumidor;

VI – defesa do meio ambiente, inclusive mediante tratamento diferenciado conforme o impacto ambiental dos produtos e serviços e de seus processos de elaboração e prestação;

VII – redução das desigualdades regionais e sociais;

VIII – busca do pleno emprego;

IX – tratamento favorecido para as empresas de pequeno porte, constituídas sob as leis brasileiras e que tenham sua sede e administração no País.

Parágrafo único. É assegurado a todos o livre exercício de qualquer atividade econômica, independentemente de autorização de órgãos públicos, salvo nos casos previstos em lei."

Súmula 646-STF

Ofende o princípio da livre concorrência lei municipal que impede a instalação de estabelecimentos comerciais do mesmo ramo em determinada área.

- **Status:** Válida, mas substituída pela súmula vinculante 49 do STF.

- **Precedentes relacionados:**

"Súmula vinculante 49-STF. Ofende o princípio da livre concorrência lei municipal que impede a instalação de estabelecimentos comerciais do mesmo ramo em determinada área."

- **Dispositivos relacionados:**

"CF, Art. 170. A ordem econômica, fundada na valorização do trabalho humano e na livre iniciativa, tem por fim assegurar a todos existência digna, conforme os ditames da justiça social, **observados os seguintes princípios**:

I – soberania nacional;

II – propriedade privada;

III – função social da propriedade;

IV – **livre concorrência**;

V – defesa do consumidor;

VI – defesa do meio ambiente, inclusive mediante tratamento diferenciado conforme o impacto ambiental dos produtos e serviços e de seus processos de elaboração e prestação;

VII – redução das desigualdades regionais e sociais;

VIII – busca do pleno emprego;

IX – tratamento favorecido para as empresas de pequeno porte, constituídas sob as leis brasileiras e que tenham sua sede e administração no País.

Parágrafo único. É assegurado a todos o livre exercício de qualquer atividade econômica, independentemente de autorização de órgãos públicos, salvo nos casos previstos em lei."

11.1. Questões relacionadas

(Vunesp – Procurador Jurídico – Câmara de Campo Limpo Paulista – SP/2018) A respeito das Súmulas dos Tribunais Superiores, assinale a alternativa correta.

a) É lícita a prisão civil de depositário infiel, qualquer que seja a modalidade do depósito.

b) A Justiça Estadual é competente para processar e julgar ação possessória ajuizada em decorrência do exercício do direito de greve pelos trabalhadores da iniciativa privada.

c) É constitucional a exigência de depósito ou arrolamento prévios de dinheiro ou bens para admissibilidade de recurso administrativo.

d) É constitucional a lei ou ato normativo estadual ou distrital que disponha sobre sistemas de consórcios e sorteios, inclusive bingos e loterias.

e) Ofende o princípio da livre concorrência lei municipal que impede a instalação de estabelecimentos comerciais do mesmo ramo em determinada área.

Resposta correta: letra "e".

(FAPEMS – Delegado de Polícia – PC-MS/2017) Sobre a organização do Estado e o Federalismo, assinale a alternativa correta.

a) A definição dos crimes de responsabilidade e o estabelecimento das respectivas normas de processo e julgamento são da competência legislativa concorrente da União, Estados e Distrito Federal. Portanto, é possível legislação estadual sobre crime de responsabilidade.

b) Segundo o STF é inconstitucional lei estadual que disponha sobre bloqueadores de sinal de celular em presídio, pois tal legislação invade a competência da União para legislar sobre telecomunicações.

c) Segundo o STF, é competente o Município para fixar o horário de funcionamento de estabelecimento comercial, em virtude disso não ofende o princípio da livre concorrência lei municipal que impede a instalação de estabelecimentos comerciais do mesmo ramo em determinada área.

d) A repartição vertical de competências é a técnica na qual dois ou mais entes vão atuar conjunta ou concorrentemente para uma mesma matéria (tema). A repartição vertical surge na Constituição Alemã de Weimar de 1919. No Brasil, aparece pela primeira vez na Constituição da República de 1988.

e) Compete à União, aos Estados e ao Distrito Federal legislar concorrentemente sobre custas forenses, registros públicos, educação, cultura, ciência e tecnologia, bem como sobre organização, garantias, direitos e deveres das polícias civis.

Resposta correta: letra "b".

12. ATO DAS DISPOSIÇÕES CONSTITUCIONAIS TRANSITÓRIAS

Súmula 496-STF

São válidos, porque salvaguardados pelas disposições constitucionais transitórias da Constituição Federal de 1967, os Decretos-leis expedidos entre 24 de janeiro e 15 de março de 1967.

- **Status:** Válida.

Súmula 440-STF

~~Os benefícios da legislação federal de serviços de guerra não são exigíveis dos Estados, sem que a lei estadual assim disponha.~~

- **Status:** Superada.

DIREITO ADMINISTRATIVO

1. PRINCÍPIOS DA ADMINISTRAÇÃO PÚBLICA

1.1. Princípio da autotutela

Súmula vinculante 3-STF

Nos processos perante o Tribunal de Contas da União **asseguram-se o contraditório e a ampla defesa quando da decisão puder resultar anulação ou revogação de ato administrativo que beneficie o interessado, excetuada a apreciação da legalidade do ato de concessão inicial de aposentadoria, reforma e pensão.**

- **Status:** Válida.

Súmula 473-STF

A administração pode **anular seus próprios atos, quando eivados de vícios que os tornam ilegais**, porque deles não se originam direitos; ou **revogá-los, por motivo de conveniência ou oportunidade**, respeitados os direitos adquiridos, e ressalvada, em todos os casos, a apreciação judicial.

- **Status:** Válida.

Súmula 346-STF

A administração pública pode declarar a nulidade dos seus próprios atos.

- **Status:** Válida.

Súmula 6-STF

A revogação ou anulação, pelo Poder Executivo, de aposentadoria, ou qualquer outro ato aprovado pelo Tribunal de Contas, **não produz efeitos antes de aprovada por aquele tribunal**, ressalvada a competência revisora do Judiciário.

- **Status:** Válida.

- **Precedentes relacionados:**

> "(...) a anulação unilateral pela Administração sem o conhecimento do Tribunal de Contas está em desacordo com a Súmula 6 do STF" (STF, 1ª Turma, AI 805.165 AgR, Min Luiz Fux, julgado em 06/12/2011).

Súmula 611-STJ

Desde que devidamente motivada e com amparo em investigação ou sindicância, é permitida a instauração de processo administrativo disciplinar com base em denúncia anônima, em face do **poder-dever de autotutela** imposto à Administração.

- **Status:** Válida.

1.2. Questões relacionadas

(UEG – Delegado de Polícia Civil – PC-GO/2018) A lei estadual 10.460 veda, em qualquer caso, o anonimato. Em consonância com a jurisprudência sumulada do Superior Tribunal de Justiça, a respeito do processo administrativo disciplinar, verifica-se o seguinte:

a) é terminantemente vedada a instauração de processo administrativo disciplinar em razão de denúncia anônima.

b) em razão do poder-dever de autotutela imposto à Administração Pública, esta deve revogar eventual ato administrativo de instauração de processo administrativo disciplinar iniciado por denúncia acéfala.

c) em razão do poder-dever de autotutela imposto à Administração Pública, esta deve anular eventual ato administrativo de instauração de processo administrativo disciplinar iniciado por denúncia acéfala.

d) é vedada a instauração de processo administrativo disciplinar pela autoridade competente sem provocação ou denúncia prévia.

e) desde que devidamente motivada e com amparo em investigação ou sindicância, é permitida a instauração de processo administrativo disciplinar com base em denúncia anônima, em face do poder-dever de autotutela imposto à Administração.

Resposta correta: letra "e".

(FUNDATEC – Delegado de Polícia Civil – PC-RS/2018) O artigo 37 da Constituição Federal de 1988 lista os princípios inerentes à Administração Pública, que são: legalidade, impessoalidade, moralidade, publicidade e eficiência. A incumbência desses princípios é dar unidade e coerência ao Direito Administrativo do Estado, controlando as atividades administrativas de todos os entes que integram a federação brasileira. Tendo por base essa ideia inicial, assinale a alternativa correta.

a) A administração não pode anular seus próprios atos, quando eivados de vícios que os tornem ilegais.

b) Não viola o princípio da presunção de inocência a exclusão de certame público de candidato que responda a inquérito policial ou ação penal sem trânsito em julgado da sentença condenatória.

c) Segundo Hely Lopes Meirelles, o princípio da impessoalidade, referido na CF/1988 (Art. 37, caput), nada mais é que o clássico princípio da finalidade, o qual impõe ao administrador público que só pratique o ato para atingir o objetivo indicado expressa ou virtualmente pela norma de direito, de forma impessoal.

d) Segundo o jurista Alexandre de Moraes, o princípio da moralidade é o que impõe à administração pública direta e indireta e a seus agentes a persecução do bem comum, por meio do exercício de suas competências de forma imparcial, neutra, transparente, participativa, eficaz, sem burocracia e sempre em busca da qualidade, primando pela adoção dos critérios legais e morais necessários para melhor utilização possível dos recursos públicos, de maneira a evitarem-se desperdícios e garantir-se maior rentabilidade social.

e) Os atos administrativos não são passíveis de controle de mérito, bem como de legalidade pelo Poder Judiciário.

Resposta correta: letra "c".

(IBADE – Delegado de Polícia Civil – PC-AC/2017) Quanto ao Controle da Administração Pública, é correto afirmar:

a) Quanto aos sistemas de controle da Administração Pública, o ordenamento brasileiro filiou-se ao sistema francês ou de dualidade de jurisdição, na medida em que vários órgãos colegiados administrativos possuem a função atípica de julgamento de recursos administrativos.

b) A Administração pode anular seus próprios atos, quando eivados de vícios que os tornam ilegais, porque deles não se originam direitos; ou revogá-los, por motivo de conveniência ou oportunidade, respeitados os direitos adquiridos, e ressalvada, em todos os casos, a apreciação judicial.

c) Por inexistir hierarquia entre a administração direta e a administração indireta, veda-se o controle administrativo desta por aquela. Neste norte de ideias, caso a administração direta discorde da atuação da administração indireta, o caso controvertido deve ser judicializado.

d) Como regra, para que um ato da Administração Pública seja controlado pelo Poder Judiciário, deve o interessado esgotar a via administrativa percorrendo todas as suas instâncias.

e) Os Tribunais de Contas dos Estados integram o Poder Judiciário estadual e exercem controle externo da Administração Pública.

Resposta correta: letra "b".

(TRT 4ª Região – Juiz do Trabalho – TRT 4ª Região/2016) Considere as assertivas abaixo sobre vícios dos atos administrativos.

I – A Administração pode anular seus próprios atos, quando eivados de vícios que os tornam ilegais, ainda que deles se originem direitos; ou revogá-los, por motivo de conveniência ou oportunidade, respeitados os direitos adquiridos, e ressalvada, nas hipóteses previstas em lei, a apreciação judicial.

II – A Administração não pode deixar que um ato ilegal prevaleça, ainda que sua manutenção seja menos prejudicial ao interesse público do que sua anulação, independentemente de dolo do agente, prejuízo ao Erário ou a direito de terceiros.

III – Segundo a teoria dos motivos determinantes, a validade do ato vincula-se aos motivos indicados como seu fundamento, sob pena de, se inexistentes ou falsos, o ato ser nulo.

Quais são corretas?

a) Apenas I

b) Apenas II

c) Apenas III

d) Apenas I e III

e) I, II e III

Resposta correta: letra "c".

(IBEG – Procurador Previdenciário – IPREV/2017) Ainda sobre o direito financeiro, analise as assertivas e assinale a opção correta.

I – Nos processos perante o Tribunal de Contas da União asseguram-se o contraditório e a ampla defesa quando da decisão puder resultar anulação ou revogação de ato administrativo que beneficie o interessado, excetuada a apreciação da legalidade do ato de concessão inicial de aposentadoria, reforma e pensão, pois antes dessa apreciação pelo Tribunal, não há que se falar em direito adquirido à aposentadoria, pois o ato concessório do benefício ainda não se consolidou;

II – A inércia do Tribunal de Contas, por mais de cinco anos, a contar da aposentadoria, consolidou afirmativamente a expectativa do ex-servidor quanto ao recebimento de verba de caráter alimentar. Assim, transcorrido em branco o interregno quinquenal, a contar da aposentadoria, é de se convocar os particulares para participarem do processo de seu interesse, a fim de desfrutar das garantias constitucionais do contraditório e da ampla defesa;

III – É atribuição constitucional do tribunal de contas apreciar, para fins de registro, a legalidade dos atos de admissão de pessoal, a qualquer título, na administração direta e indireta, incluídas as nomeações para cargos de provimento em comissão;

a) somente a alternativa I está correta.

b) somente as alternativas I e II estão corretas.

c) somente as alternativas II e III estão corretas.

d) somente as alternativas I e III estão corretas.

e) todas as alternativas estão erradas.

Resposta correta: letra "b".

(FCC – Juiz do Trabalho – TRT 23ª Região/2015) A respeito do poder de autotutela da Administração pública, o Supremo Tribunal Federal já pacificou, por meio da Súmula 473 que "a Administração pública pode anular seus próprios atos, quando eivados de vícios que os tornem ilegais, porque deles não se originam direitos, ou revogá-los, por motivo de conveniência ou oportunidade, respeitados os direitos adquiridos e ressalvada, em todos os casos, a apreciação judicial", o que, no que se refere ao Poder Executivo e Tribunais de Contas,

a) enseja a anulação dos atos concessórios de aposentadoria, independentemente da data da edição e da boa-fé do administrado beneficiado, sendo vedado o ressarcimento dos proventos recebidos.

b) significa que a revisão dos atos de concessão de aposentadoria somente pode se dar após o registro nos Tribunais de Contas, quando se aperfeiçoa o ato administrativo complexo, pois antes disso não se pode considerar deferida a aposentadoria.

c) significa a necessidade de submissão dos atos de concessão de aposentadoria ao Tribunal de Contas, mas a revisão dos referidos atos não envolve a participação daquela Corte de Contas, independentemente do prazo decorrido desde a emissão.

d) pode significar revisão dos atos de concessão de aposentadoria pela própria Administração pública quando tiver decorrido menos de cinco anos desde a edição daqueles e o Tribunal de Contas ainda não tiver procedido ao registro dos mesmos.

e) acarreta a transferência da competência da declaração de nulidade para o pleno do Tribunal de Contas, que cancelará o registro do ato e anulará a concessão da aposentadoria.

Resposta correta: letra "d".

(UFMT – Professor de Direito – IF-MT/2015) Em relação à possibilidade de a administração anular ou revogar seus próprios atos, marque V para as afirmativas verdadeiras e F para as falsas.

( ) **A administração não pode anular seus próprios atos, quando eivados de vícios que os tornem ilegais, porque deles se originam direitos.**

( ) **A administração pode revogar seus próprios atos por motivo de conveniência ou oportunidade, respeitados os direitos adquiridos.**

( ) **A administração pode anular seus próprios atos, quando eivados de vícios que os tornem ilegais, porque deles não se originam direitos.**

( ) **A administração pode revogar seus próprios atos por motivo de conveniência ou oportunidade, porque deles não se originam direitos adquiridos.**

Assinale a sequência correta.

a) F, V, F, V.

b) F, V, V, F.

c) V, F, F, F.

d) V, F, V, F.

Resposta correta: letra "b".

2. PODERES DA ADMINISTRAÇÃO PÚBLICA

2.1. Poder disciplinar

Súmula 19-STF

É inadmissível segunda punição de servidor público, baseada no mesmo processo em que se fundou a primeira.

- **Status:** Válida.

Súmula 18-STF

Pela falta residual, não compreendida na absolvição pelo juízo criminal, **é admissível** a punição administrativa do servidor público.

- **Status:** Válida.

Súmula 635-STJ

Os prazos prescricionais previstos no artigo 142 da Lei 8.112/90 iniciam-se na data em que a autoridade competente para abertura do procedimento administrativo tomar conhecimento do fato, interrompendo-se com o primeiro ato de instauração válido, sindicância de caráter punitivo ou processo disciplinar, e volta a fluir por inteiro após decorridos 140 dias desde a interrupção.

- **Status:** Aprovada em 12/06/2019.
- **Dispositivos relacionados:**

"Art. 142 da Lei 8.112/90, Art. 142. A ação disciplinar prescreverá:

I – em 5 (cinco) anos, quanto às infrações puníveis com demissão, cassação de aposentadoria ou disponibilidade e destituição de cargo em comissão;

II – em 2 (dois) anos, quanto à suspensão;

III – em 180 (cento e oitenta) dias, quanto à advertência.

§ 1º O prazo de prescrição começa a correr da data em que o fato se tornou conhecido.

§ 2º Os prazos de prescrição previstos na lei penal aplicam-se às infrações disciplinares capituladas também como crime.

§ 3º A abertura de sindicância ou a instauração de processo disciplinar interrompe a prescrição, até a decisão final proferida por autoridade competente.

§ 4º Interrompido o curso da prescrição, o prazo começará a correr a partir do dia em que cessar a interrupção."[1]

1. Em 12 de junho de 2019, a 1ª Seção do STJ aprovou a Súmula 635, tendo sido publicada em 18 de junho no Diário Eletrônico do STJ.

2.2. Poder de polícia

Súmula vinculante 49-STF

Ofende o princípio da livre concorrência lei municipal que impede a instalação de estabelecimentos comerciais do mesmo ramo em determinada área.

- **Status:** Válida.
- **Nota do autor:** Vale lembrar que a livre concorrência é princípio regente da ordem econômica nacional, nos termos do art. 170, IV, da CF.
- **Dispositivos relacionados:**

"CF, Art. 170. A ordem econômica, fundada na valorização do trabalho humano e na livre iniciativa, tem por fim assegurar a todos existência digna, conforme os ditames da justiça social, **observados os seguintes princípios**:

I – soberania nacional;

II – propriedade privada;

III – função social da propriedade;

IV – **livre concorrência**;

V – defesa do consumidor;

VI – defesa do meio ambiente, inclusive mediante tratamento diferenciado conforme o impacto ambiental dos produtos e serviços e de seus processos de elaboração e prestação;

VII – redução das desigualdades regionais e sociais;

VIII – busca do pleno emprego;

IX – tratamento favorecido para as empresas de pequeno porte, constituídas sob as leis brasileiras e que tenham sua sede e administração no País.

Parágrafo único. É assegurado a todos o livre exercício de qualquer atividade econômica, independentemente de autorização de órgãos públicos, salvo nos casos previstos em lei."

Súmula vinculante 38-STF

É competente o **Município** para fixar o horário de funcionamento de estabelecimento comercial.

- **Status:** Válida.
- **Nota do autor:** Cuidado para não confundir: a) é competente o **Município** para fixar o horário de funcionamento de estabelecimento comercial; b) é competente a **União** para fixar o horário de funcionamento dos bancos (súmula 19 do STJ).

- **Precedentes relacionados:**

> "Súmula 19-STJ. A fixação do horário bancário, para atendimento ao público, é da competência da União."

Súmula 646-STF

Ofende o princípio da livre concorrência lei municipal que impede a instalação de estabelecimentos comerciais do mesmo ramo em determinada área.

- **Status:** Válida, mas substituída pela súmula vinculante 49 do STF.

- **Precedentes relacionados:**

> "Súmula vinculante 49-STF. Ofende o princípio da livre concorrência lei municipal que impede a instalação de estabelecimentos comerciais do mesmo ramo em determinada área."

- **Dispositivos relacionados:**

> "CF, Art. 170. A ordem econômica, fundada na valorização do trabalho humano e na livre iniciativa, tem por fim assegurar a todos existência digna, conforme os ditames da justiça social, **observados os seguintes princípios**:
>
> I – soberania nacional;
>
> II – propriedade privada;
>
> III – função social da propriedade;
>
> IV – **livre concorrência**;
>
> V – defesa do consumidor;
>
> VI – defesa do meio ambiente, inclusive mediante tratamento diferenciado conforme o impacto ambiental dos produtos e serviços e de seus processos de elaboração e prestação;
>
> VII – redução das desigualdades regionais e sociais;
>
> VIII – busca do pleno emprego;
>
> IX – tratamento favorecido para as empresas de pequeno porte, constituídas sob as leis brasileiras e que tenham sua sede e administração no País.
>
> Parágrafo único. É assegurado a todos o livre exercício de qualquer atividade econômica, independentemente de autorização de órgãos públicos, salvo nos casos previstos em lei."

Súmula 419-STF

Os municípios tem competência para regular o horário do comércio local, desde que não infrinjam leis ~~estaduais ou~~ federais válidas.

- **Status:** Válida, mas apenas na parte que não está riscada.

- **Dispositivos relacionados:**

> "CF, Art. 30. Compete aos Municípios:
>
> I – legislar sobre assuntos de interesse local;
>
> II – suplementar a legislação federal e a estadual no que couber;"

Súmula 397-STF

O poder de polícia da Câmara dos Deputados e do Senado Federal, em caso de crime cometido nas suas dependências, **compreende**, consoante o regimento, **a prisão em flagrante do acusado e a realização do inquérito**.

- **Status:** Válida.
- **Nota do autor:** Para melhor elucidar a situação, no caso de crime praticado dentro do Senado Federal, a atribuição para a lavratura do auto de prisão em flagrante e a realização do inquérito policial cabe à Polícia Legislativa Federal (Polícia da Câmara dos Deputados e do Senado Federal). Essa atribuição, portanto, não cabe à Polícia Federal. O fundamento constitucional para a criação das Polícias Legislativas está contido no art. 51, IV (Polícia da Câmara dos Deputados) e no art. 52, XIII (Polícia do Senado Federal) da Constituição Federal.

- **Dispositivos relacionados:**

> "Art. 51. Compete privativamente à Câmara dos Deputados:
>
> IV – dispor sobre sua organização, funcionamento, **polícia**, criação, transformação ou extinção dos cargos, empregos e funções de seus serviços, e a iniciativa de lei para fixação da respectiva remuneração, observados os parâmetros estabelecidos na lei de diretrizes orçamentárias;"
>
> "Art. 52. Compete privativamente ao Senado Federal:
>
> XIII – dispor sobre sua organização, funcionamento, **polícia**, criação, transformação ou extinção dos cargos, empregos e funções de seus serviços, e a iniciativa de lei para fixação da respectiva remuneração, observados os parâmetros estabelecidos na lei de diretrizes orçamentárias;"

Súmula 467-STJ

Prescreve em **cinco anos**, contados do término do processo administrativo, a pretensão da Administração Pública de promover a execução da multa por infração ambiental.

- **Status:** Válida.
- **Dispositivos relacionados:**

"Lei 9.605/98, Art. 70. Considera-se infração administrativa ambiental toda ação ou omissão que viole as regras jurídicas de uso, gozo, promoção, proteção e recuperação do meio ambiente.

§ 1º São autoridades competentes para lavrar auto de infração ambiental e instaurar processo administrativo os funcionários de órgãos ambientais integrantes do Sistema Nacional de Meio Ambiente – SISNAMA, designados para as atividades de fiscalização, bem como os agentes das Capitanias dos Portos, do Ministério da Marinha."

"Lei 9.605/98, Art. 72. As infrações administrativas são punidas com as seguintes sanções, observado o disposto no art. 6º:

I – advertência;

II – multa simples;

III – multa diária;

IV – apreensão dos animais, produtos e subprodutos da fauna e flora, instrumentos, petrechos, equipamentos ou veículos de qualquer natureza utilizados na infração;

V – destruição ou inutilização do produto;

VI – suspensão de venda e fabricação do produto;

VII – embargo de obra ou atividade;

VIII – demolição de obra;

IX – suspensão parcial ou total de atividades;

X – (vetado);

XI – restritiva de direitos."

"Lei 9.605/98, Art. 73. Os valores arrecadados em pagamento de multas por infração ambiental serão revertidos ao Fundo Nacional do Meio Ambiente, criado pela Lei nº 7.797, de 10 de julho de 1989, Fundo Naval, criado pelo Decreto nº 20.923, de 8 de janeiro de 1932, fundos estaduais ou municipais de meio ambiente, ou correlatos, conforme dispuser o órgão arrecadador."

Súmula 312-STJ

No processo administrativo para imposição de multa de trânsito, são necessárias as notificações da autuação e da aplicação da pena decorrente da infração.

• **Status:** Válida.

Súmula 157-STJ

~~É ilegítima a cobrança de taxa, pelo município, na renovação de licença para localização de estabelecimento comercial ou industrial.~~

• **Status:** Cancelada.

• **Nota do autor:** É **legítima** a cobrança de taxa, pelo Município, na renovação de licença para localização de estabelecimento comercial ou industrial.

• **Precedentes relacionados:**

> "A 1ª Seção decidiu cancelar a Súmula n. 157, entendendo que, dentro de um contexto mais abrangente e sem limitações, é melhor seguir a orientação do STF, que admite a taxa de renovação anual de licença para localização, instalação e funcionamento de estabelecimentos comerciais e similares como legal, desde que haja órgão administrativo que execute o poder de polícia do município e que a base de cálculo não seja vedada, para no exame de cada lei de per si saber se a taxa cobrada deriva ou não do legal exercício do poder de polícia garantido constitucionalmente. No mérito, afastada a referida Súmula, a Seção, por maioria, negou provimento ao recurso." (STJ, 1ª Seção, REsp 261.571-SP, Rel. Min. Eliana Calmon, julgado em 24/4/2002; Informativo n. 131)

Súmula 19-STJ

A fixação do horário bancário, para atendimento ao público, é da competência da União.

• **Status:** Válida.

Súmula 18-TSE

Conquanto investido de poder de polícia, **não tem** legitimidade o juiz eleitoral para, de ofício, instaurar procedimento com a finalidade de impor multa pela veiculação de propaganda eleitoral em desacordo com a Lei nº 9.504/97.

• **Status:** Válida.

- **Dispositivos relacionados:**

> "Lei nº 9.504/97, Art. 41. A propaganda exercida nos termos da legislação eleitoral não poderá ser objeto de multa nem cerceada sob alegação do exercício do poder de polícia ou de violação de postura municipal, casos em que se deve proceder na forma prevista no art. 40. (Redação dada pela Lei nº 12.034, de 2009)
>
> § 1º O poder de polícia sobre a propaganda eleitoral será exercido pelos juízes eleitorais e pelos juízes designados pelos Tribunais Regionais Eleitorais. (Incluído pela Lei nº 12.034, de 2009)
>
> § 2º O poder de polícia se restringe às providências necessárias para inibir práticas ilegais, vedada a censura prévia sobre o teor dos programas a serem exibidos na televisão, no rádio ou na *internet*. (Incluído pela Lei nº 12.034, de 2009)"

2.3. Questões relacionadas

(Vunesp – Juiz de Direito – TJ-RS/2018) A Súmula Vinculante no 49 afirma que a lei municipal que impede a instalação de estabelecimentos comerciais do mesmo ramo em determinada área é

a) inconstitucional, porque compete privativamente à União legislar sobre atividades financeiras, econômicas e comerciais.

b) inconstitucional, porque viola o princípio da livre concorrência, previsto como princípio expresso da ordem econômica na Constituição Federal de 1988.

c) inconstitucional, porque um dos princípios da ordem econômica na Constituição Federal de 1988 é a redução das desigualdades regionais e sociais.

d) constitucional, porque os Municípios são competentes para legislar sobre assuntos de interesse local conforme prevê o texto da Carta da República.

e) constitucional, porque no âmbito da ordem econômica da Constituição Federal de 1988, a intervenção do Estado deve coibir o abuso do poder econômico.

Resposta correta: letra "b".

(MPE-BA – Promotor de Justiça – MPE-BA/2018) Em relação ao inquérito policial e considerando a legislação pertinente, a doutrina e a jurisprudência, é correto afirmar que

a) os vícios existentes no inquérito policial acarretam nulidade na ação penal subsequente.

b) se trata de procedimento escrito, inquisitivo informativo e indispensável.

c) o Promotor de Justiça que atua na fase de investigação está impedido ou suspeito para oferecimento da denúncia.

d) nas hipóteses de ação penal pública condicionada ou incondicionada, a autoridade policial deverá instaurar, de ofício, o inquérito, sem que seja necessária a provocação.

e) o poder de polícia da Câmara dos Deputados e do Senado Federal, em caso de crime cometido nas suas dependências, compreende a prisão em flagrante do agente e a instauração do inquérito policial.

Resposta correta: letra "e".

(Vunesp – Juiz de Direito – TJ-MT/2018) Assinale a alternativa correta sobre a Justiça Eleitoral.

a) É dispensável o esgotamento das instâncias ordinárias para a interposição de recurso especial eleitoral.

b) Conquanto investido de poder de polícia, não tem legitimidade o juiz eleitoral para, de ofício, instaurar procedimento com a finalidade de impor multa pela veiculação de propaganda eleitoral em desacordo com a Lei.

c) Se conhece de recurso especial eleitoral por dissídio jurisprudencial, mesmo que a decisão recorrida esteja em conformidade com a jurisprudência do Tribunal Superior Eleitoral.

d) Nas ações que visem à cassação de registro, diploma ou mandato, não cabe litisconsórcio passivo necessário entre o titular e o respectivo vice da chapa majoritária.

e) Nos processos de registro de candidatura, o Juiz Eleitoral não pode conhecer de ofício da existência de causas de inelegibilidade ou da ausência de condição de elegibilidade, mesmo que resguardados o contraditório e a ampla defesa.

Resposta correta: letra "b".

(IBFC – Juiz Federal – TRF 2ª Região/2018) Em matéria de prescrição da pretensão da Administração Pública em promover a execução de multa por infração administrativa no Direito Ambiental, assinale a alternativa correta:

a) o prazo é de cinco anos, a contar da notificação no processo administrativo.

b) o prazo é de três anos, iniciando-se do término do processo administrativo.

c) o prazo é de três anos, a contar da notificação no processo judicial.

d) o prazo é de três anos, contados da portaria de instauração do processo administrativo.

e) o prazo é de cinco anos, contados do encerramento do processo administrativo.

Resposta correta: letra "e".

(Cespe – Delegado de Polícia – PC-MT/2017) De acordo com o entendimento dos tribunais superiores, lei municipal que impedir a instalação de mais de um estabelecimento comercial do mesmo ramo em determinada área do município será considerada

a) inconstitucional, por ofender o princípio da livre concorrência.

b) inconstitucional, por ofender o princípio da busca do pleno emprego.

c) constitucional, por versar sobre assunto de interesse exclusivamente local.

d) constitucional, por não ofender o princípio da defesa do consumidor.

e) inconstitucional, por ofender o princípio da propriedade privada.

Resposta correta: letra "a".

(FUNDATEC – Procurador do Estado – PGE-RS/2015) Assinale a alternativa INCORRETA.

a) A absolvição do servidor público na esfera penal, por falta de provas, não impede a sua punição, em sede administrativa, pelos mesmos fatos.

b) A condenação do servidor público na esfera penal vincula a Administração Pública, quanto à autoria e à materialidade dos fatos, para fins de aplicação da sanção administrativa.

c) A absolvição do servidor público, por atipicidade do fato, não impede a sua punição, em sede administrativa, pelo mesmo fato.

d) A absolvição do servidor público, por estar provado que o réu não concorreu para a infração penal, não impede a sua punição, em sede administrativa, pelo mesmo fato.

e) Pela falta residual, não compreendida na sentença absolutória criminal, é admissível a punição administrativa do servidor público.

Resposta correta: letra "d".

(MPE-SC – Promotor de Justiça – MPE-SC/2014) Analise o enunciado da questão abaixo e assinale se ele é Certo ou Errado.

Está sumulado junto ao TSE que conquanto investido de poder de polícia, não tem legitimidade o juiz eleitoral para, de ofício, instaurar procedimento com a finalidade de impor multa pela veiculação de propaganda eleitoral em desacordo com a Lei n. 9.504/97.

Resposta: certo.

3. ORGANIZAÇÃO DA ADMINISTRAÇÃO PÚBLICA

Súmula 33-STF

~~A Lei 1.741, de 22/11/52, é aplicável às autarquias federais.~~

• **Status:** Superada.

Súmula 25-STF

~~A nomeação a termo não impede a livre demissão, pelo Presidente da República, de ocupante de cargo dirigente de autarquia.~~

• **Status:** Superada pela ADI 1949/RS, abaixo referenciada.

- **Precedentes relacionados:**

"Por ofensa ao princípio da separação de Poderes (CF, art. 2º), o Plenário julgou parcialmente procedente pedido formulado em ação direta para declarar a inconstitucionalidade do art. 8º da Lei 10.931/1997, do Estado do Rio Grande do Sul, em sua redação originária e na decorrente de alteração promovida pela Lei gaúcha 11.292/1998. O dispositivo impugnado prevê a destituição, no curso do mandato, de dirigentes da Agência Estadual de Regulação dos Serviços Públicos Delegados do Rio Grande do Sul – AGERGS por decisão exclusiva da assembleia legislativa. **O Tribunal aduziu que o legislador infraconstitucional não poderia criar ou ampliar os campos de intersecção entre os Poderes estatais constituídos, sem autorização constitucional, como no caso em que extirpa a possibilidade de qualquer participação do governador na destituição de dirigente de agência reguladora e transfere de maneira ilegítima, a totalidade da atribuição ao Poder Legislativo local**." (STF, Plenário, ADI 1949/RS, Rel. Min. Dias Toffoli, julgado em 17/09/2014; Informativo n. 759)

Súmula 8-STF

Diretor de sociedade de economia mista **pode** ser destituído no curso do mandato.

- **Status:** Válida.

Súmula 525-STJ

A Câmara de Vereadores **não possui personalidade jurídica, apenas personalidade judiciária**, somente podendo demandar em juízo para defender os seus direitos institucionais.

- **Status:** Válida.

- **Nota do autor:** Por ser um órgão, a Câmara de Vereadores não possui personalidade jurídica. No entanto, ela possui **personalidade judiciária**, podendo demandar e ser demandada em juízo para defender os seus direitos institucionais.

Súmula 59-TNU

A ausência de declaração do objeto postado **não impede** a condenação da ECT a indenizar danos decorrentes do extravio, desde que **o conteúdo da postagem seja demonstrado por outros meios de prova admitidos em direito**.

- **Status:** Válida.

3.1. Questões relacionadas

(FGV – Analista Judiciário – Área Judiciária – TJ-AL/2018) Os órgãos públicos são centros de competência especializada criados por lei, sem personalidade jurídica, com escopo de garantir maior eficiência no exercício de suas funções. Nesse sentido, de acordo com a doutrina de Direito Administrativo e a jurisprudência do Superior Tribunal de Justiça, uma Câmara Municipal:

a) apesar de não ter personalidade jurídica própria, goza de capacidade processual para demandar em juízo, defendendo seus direitos institucionais;

b) apesar de não ter personalidade jurídica autônoma, goza de capacidade processual para demandar em juízo sobre qualquer assunto que seu Presidente decidir discricionariamente;

c) ostenta personalidade jurídica de direito público, como integrante da Administração Direta, e possui capacidade processual para demandar em juízo na defesa de seus interesses;

d) ostenta personalidade jurídica de direito público, como integrante da Administração Indireta, e possui capacidade processual para demandar em juízo na defesa de seus interesses;

e) ostenta personalidade jurídica de direito público, como integrante da Administração Direta, e possui capacidade processual para demandar em juízo sobre qualquer assunto que seu Presidente decidir discricionariamente.

Resposta correta: letra "a".

(FUNDEP – Procurador do Município – Uberaba-MG/2016) Em relação ao direito de personalidade, assinale a alternativa INCORRETA.

a) A decretação da quebra implica extinção da personalidade jurídica do estabelecimento empresarial, vindo a ser sucedido pela massa falida em todos os seus direitos e obrigações.

b) A Câmara de Vereadores não possui personalidade jurídica, mas apenas personalidade judiciária, de modo que somente pode demandar em juízo para defender os seus direitos institucionais, entendidos esses como sendo os relacionados ao funcionamento, autonomia e independência do órgão.

c) O encerramento das atividades da sociedade ou sua dissolução, ainda que irregulares, não são causas, por si sós, para a desconsideração da personalidade jurídica a que se refere o art. 50 do CC.

d) A beneficiária legal de seguro DPVAT que teve a sua gestação interrompida em razão de acidente de trânsito tem direito ao recebimento da indenização prevista no art. 3º, I, da Lei Nº 6.194/1974, devida no caso de morte.

Resposta correta: letra "a".

(Cespe – Analista Judiciário – STF/2013) Julgue o item que se segue, relativos à organização da administração pública.

Segundo o entendimento do STJ, a câmara municipal não possui personalidade jurídica, mas apenas personalidade judiciária, de modo que somente pode demandar em juízo para defender os seus direitos institucionais, entendidos estes como sendo os relacionados ao funcionamento, à autonomia e à independência do órgão.

Resposta: certo.

4. CONSELHOS PROFISSIONAIS

Súmula 561-STJ

Os Conselhos Regionais de Farmácia **possuem** atribuição para fiscalizar e autuar as Farmácias e Drogarias quanto ao cumprimento da exigência de manter profissional legalmente habilitado (farmacêutico) durante todo o período de funcionamento dos respectivos estabelecimentos.

- **Status:** Válida.

Súmula 413-STJ

O farmacêutico **pode** acumular a responsabilidade técnica por uma Farmácia e uma Drogaria ou por duas Drogarias.

- **Status:** Válida.

Súmula 275-STJ

O auxiliar de farmácia **não pode** ser responsável técnico por Farmácia ou Drogaria.

- **Status:** Válida.

Súmula 120-STJ

O oficial de farmácia, inscrito no Conselho Regional de Farmácia, **pode** ser responsável técnico por Drogaria.

- **Status:** Válida.

Súmula 79-STJ

Os bancos comerciais não estão sujeitos ao registro nos Conselhos Regionais de Economia.

- **Status:** Válida.

4.1. Questões relacionadas

(IADES – Assistente Administrativo – CRF-TO/2019) No que tange à assistência e à responsabilidade técnicas previstas na Lei n° 5.991/1973, assinale a alternativa correta.

a) A presença do técnico responsável nas farmácias e drogarias deverá ocorrer, no mínimo, durante metade do horário de funcionamento do estabelecimento.

b) A farmácia e a drogaria terão, obrigatoriamente, a assistência de técnico responsável, inscrito no Conselho Regional de Farmácia, na forma da lei.

c) A responsabilidade técnica do estabelecimento não poderá ser comprovada por declaração de firma individual.

d) As farmácias e drogarias devem manter serviço de atendimento ao público para aplicação de injeções a cargo de técnico habilitado.

e) O posto de medicamentos, a unidade volante e o supermercado dependerão de assistência técnica e responsabilidade profissional.

Resposta correta: letra "b".

5. ATOS ADMINISTRATIVOS

Súmula vinculante 3-STF

Nos processos perante o Tribunal de Contas da União **asseguram-se o contraditório e a ampla defesa quando da decisão puder resultar anulação ou revogação de ato administrativo que beneficie o interessado, excetuada a apreciação da legalidade do ato de concessão inicial de aposentadoria, reforma e pensão**.

- **Status:** Válida.

Súmula 473-STF

A administração pode **anular seus próprios atos, quando eivados de vícios que os tornam ilegais**, porque deles não se originam direitos; ou **revogá-los, por motivo de conveniência ou oportunidade**, respeitados os direitos adquiridos, e ressalvada, em todos os casos, a apreciação judicial.

- **Status:** Válida.

Súmula 346-STF

A administração pública pode declarar a nulidade dos seus próprios atos.

- **Status:** Válida.

Súmula 6-STF

A revogação ou anulação, pelo Poder Executivo, de aposentadoria, ou qualquer outro ato aprovado pelo Tribunal de Contas, **não produz efeitos antes de aprovada por aquele tribunal**, ressalvada a competência revisora do Judiciário.

- **Status:** Válida.

- **Precedentes relacionados:**

"(...) a anulação unilateral pela Administração sem o conhecimento do Tribunal de Contas está em desacordo com a Súmula 6 do STF" (STF, 1ª Turma, AI 805.165 AgR, Min Luiz Fux, julgado em 06/12/2011).

Súmula 611-STJ

Desde que devidamente motivada e com amparo em investigação ou sindicância, é permitida a instauração de processo administrativo disciplinar com base em denúncia anônima, em face do **poder-dever de autotutela** imposto à Administração.

- **Status:** Válida.

5.1. Questões relacionadas

(FUNDATEC – Procurador Legislativo – AL-RS/2018) Segundo a atual jurisprudência do Superior Tribunal de Justiça e do Supremo Tribunal Federal, quanto ao processo administrativo disciplinar, é INCORRETO afirmar que:

a) A portaria de instauração do processo disciplinar prescinde de minuciosa descrição dos fatos imputados, sendo certo que a exposição pormenorizada dos acontecimentos se mostra necessária somente quando do indiciamento do servidor.

b) É possível a utilização de prova emprestada no processo administrativo disciplinar, devidamente autorizada na esfera criminal, desde que produzida com observância do contraditório e do devido processo legal.

c) É vedada a instauração de processo administrativo disciplinar com base em denúncia anônima em respeito ao princípio da formalidade dos atos administrativos.

d) Instaurado o competente processo administrativo disciplinar, fica superado o exame de eventuais irregularidades ocorridas durante a sindicância.

e) A validade do afastamento preventivo de servidor público está condicionada à sua motivação.

Resposta correta: letra "c".

(Cespe – Defensor Público Federal – DPU/2017) Considerando o entendimento do STJ acerca do procedimento administrativo, da responsabilidade funcional dos servidores públicos e da improbidade administrativa, julgue o seguinte item.

É possível a instauração de procedimento administrativo disciplinar com base em denúncia anônima.

Resposta: certo.

(Cespe – Procurador do Ministério Público – TCU/2015) Em 2007, o STF aprovou a Súmula Vinculante nº 3, com o seguinte teor: "Nos processos perante o TCU asseguram-se o contraditório e a ampla defesa quando da decisão puder resultar anulação ou revogação de ato administrativo que beneficie o interessado, excetuada a apreciação da legalidade do ato de concessão inicial de aposentadoria, reforma e pensão". Considerando os efeitos dessa súmula sobre a atividade do TCU, assinale a opção correta.

a) Caberá reclamação constitucional ao STF contra decisão do TCU que, sem a oitiva do interessado, apreciar, para fins de registro, a legalidade da concessão de aposentadoria, se dessa apreciação resultar a não confirmação do benefício.

b) Caso entendam que a apreciação da legalidade do ato de concessão inicial de aposentadoria, reforma e pensão também deva estar sujeita a contraditório e ampla defesa, tanto o procurador-geral do MP/TCU quanto o presidente do TCU poderão propor a revisão do enunciado da súmula em apreço por serem, por lei, legitimados para isso.

c) Ao exercer a iniciativa reservada para instaurar processo legislativo que pretenda alterar sua organização e seu funcionamento, o TCU estará constitucionalmente impedido de incluir no respectivo projeto cláusula modificativa de aspectos abordados na súmula em questão.

d) Ante reclamação constitucional contra decisão do TCU que tenha contrariado os termos da súmula em questão, o STF cassará a decisão reclamada e proclamará outra em seu lugar.

e) Caso entendam que a apreciação da legalidade do ato de concessão inicial de aposentadoria, reforma e pensão também deva estar sujeita a contraditório e ampla defesa, tanto o defensor público-geral da União quanto o Conselho Federal da Ordem dos Advogados do Brasil poderão propor a revisão do enunciado da súmula por serem, por lei, legitimados para isso.

Resposta correta: letra "e".

6. AGENTES PÚBLICOS

6.1. Sistema remuneratório dos agentes públicos

Súmula vinculante 55-STF

O direito ao auxílio-alimentação **não** se estende aos servidores inativos.

- **Status:** Válida.

Súmula vinculante 51-STF

O reajuste de 28,86%, concedido aos servidores militares pelas Leis 8.622/1993 e 8.627/1993, **estende-se** aos servidores civis do Poder Executivo, observadas as eventuais compensações decorrentes dos reajustes diferenciados concedidos pelos mesmos diplomas legais.

- **Status:** Válida.

Súmula vinculante 42-STF

É inconstitucional a vinculação do reajuste de vencimentos de servidores estaduais ou municipais a índices federais de correção monetária.

- **Status:** Válida.

- **Dispositivos relacionados:**

> "CF, Art. 37. (...)
>
> XIII – é vedada a vinculação ou equiparação de quaisquer espécies remuneratórias para o efeito de remuneração de pessoal do serviço público;"

Súmula vinculante 37-STF

Não cabe ao Poder Judiciário, **que não tem função legislativa**, aumentar vencimentos de servidores públicos sob fundamento de isonomia.

- **Status:** Válida.

- **Dispositivos relacionados:**

> "CF, Art. 37. (...)
>
> X – a remuneração dos servidores públicos e o subsídio de que trata o § 4º do art. 39 somente poderão ser fixados ou alterados por lei específica, observada a iniciativa privativa em cada caso, assegurada revisão geral anual, sempre na mesma data e sem distinção de índices;"

Súmula vinculante 34-STF

A Gratificação de Desempenho de Atividade de Seguridade Social e do Trabalho - GDASST, instituída pela Lei 10.483/2002, deve ser estendida aos inativos no valor correspondente a 60 (sessenta) pontos, desde o advento da Medida Provisória 198/2004, convertida na Lei 10.971/2004, quando tais inativos façam jus à paridade constitucional (EC 20/1998, 41/2003 e 47/2005).

- **Status:** Válida.
- **Nota do autor:** O princípio da paridade está previsto no art. 40, § 8º da CF.
- **Dispositivos relacionados:**

> "CF, Art. 40 (...).
>
> § 8º É assegurado o reajustamento dos benefícios para preservar-lhes, em caráter permanente, o valor real, conforme critérios estabelecidos em lei. (Redação dada pela Emenda Constitucional 41/2003)"

Súmula vinculante 20-STF

A Gratificação de Desempenho de Atividade Técnico-Administrativa – GDATA, instituída pela Lei nº 10.404/2002, deve ser deferida aos inativos nos valores correspondentes a 37,5 (trinta e sete vírgula cinco) pontos no período de fevereiro a maio de 2002 e, nos termos do artigo 5º, parágrafo único, da Lei nº 10.404/2002, no período de junho de 2002 até a conclusão dos efeitos do último ciclo de avaliação a que se refere o artigo 1º da Medida Provisória nº 198/2004, a partir da qual passa a ser de 60 (sessenta) pontos.

- **Status:** Válida.

Súmula vinculante 16-STF

Os arts. 7º, IV, e 39, § 3º (redação da EC 19/98), da Constituição, referem-se ao total da remuneração percebida pelo servidor.

- **Status:** Válida.

Súmula vinculante 15-STF

O cálculo de gratificações e outras vantagens não incide sobre o abono utilizado para se atingir o salário mínimo do servidor público.

- **Status:** Válida.

Súmula vinculante 4-STF

Salvo os casos previstos na Constituição, o salário mínimo **não** pode ser usado como indexador de base de cálculo de vantagem de servidor público ou de empregado, nem ser substituído por decisão judicial.

- **Status:** Válida.

• **Dispositivos relacionados:**

"CF, Art. 7º São direitos dos trabalhadores urbanos e rurais, além de outros que visem à melhoria de sua condição social:

(...)

IV – salário mínimo , fixado em lei, nacionalmente unificado, capaz de atender a suas necessidades vitais básicas e às de sua família com moradia, alimentação, educação, saúde, lazer, vestuário, higiene, transporte e previdência social, com reajustes periódicos que lhe preservem o poder aquisitivo, **sendo vedada sua vinculação para qualquer fim;**"

Súmula 682-STF

Não ofende a Constituição, a correção monetária no pagamento com atraso dos vencimentos de servidores públicos.

• **Status:** Válida.

• **Nota do autor:** Em outras palavras, é válida a correção monetária no pagamento com atraso dos vencimentos de servidores públicos.

Súmula 681-STF

É inconstitucional a vinculação do reajuste de vencimentos de servidores estaduais ou municipais a índices federais de correção monetária.

• **Status:** Válida, mas substituída pela súmula vinculante 42 do STF.

• **Precedentes relacionados:**

"Súmula vinculante 42-STF. É inconstitucional a vinculação do reajuste de vencimentos de servidores estaduais ou municipais a índices federais de correção monetária."

Súmula 680-STF

O direito ao auxílio-alimentação não se estende aos servidores inativos.

• **Status:** Válida, mas substituída pela súmula vinculante 55 do STF.

• **Precedentes relacionados:**

"Súmula vinculante 55-STF. O direito ao auxílio-alimentação não se estende aos servidores inativos."

Súmula 672-STF

O reajuste de 28,86%, concedido aos servidores militares pelas Leis 8.622/93 e 8.627/1993, estende-se aos servidores civis do Poder Executivo, observadas as eventuais compensações decorrentes dos reajustes diferenciados concedidos pelos mesmos diplomas legais.

- **Status:** Válida, mas substituída pela súmula vinculante 51 do STF.
- **Precedentes relacionados:**

> "Súmula vinculante 51-STF. O reajuste de 28,86%, concedido aos servidores militares pelas Leis 8.622/1993 e 8.627/1993, estende-se aos servidores civis do Poder Executivo, observadas as eventuais compensações decorrentes dos reajustes diferenciados concedidos pelos mesmos diplomas legais."

Súmula 671-STF

Os servidores públicos e os trabalhadores em geral têm direito, no que concerne à URP de abril/maio de 1988, apenas ao valor correspondente a 7/30 de 16,19% sobre os 102 vencimentos e salários pertinentes aos meses de abril e maio de 1988, não cumulativamente, devidamente corrigido até o efetivo pagamento.

- **Status:** Válida.

Súmula 408-STF

~~Os servidores fazendários não têm direito a percentagem pela arrecadação de receita federal destinada ao Banco Nacional de Desenvolvimento Econômico.~~

- **Status:** Superada.

Súmula 378-STJ

Reconhecido o desvio de função, **o servidor faz jus às diferenças salariais decorrentes**.

- **Status:** Válida.

Súmula 358-STF

~~O servidor público em disponibilidade tem direito aos vencimentos integrais do cargo.~~

- **Status:** Superada.

• **Nota do autor:** O servidor público em disponibilidade tem direito aos vencimentos proporcionais, e não integrais.

• **Dispositivos relacionados:**

"CF, Art. 41. (...)

§ 3º Extinto o cargo ou declarada a sua desnecessidade, o servidor estável ficará em disponibilidade, com remuneração **proporcional** ao tempo de serviço, até seu adequado aproveitamento em outro cargo."

Súmula 339-STF

Não cabe ao Poder Judiciário, que não tem função legislativa, aumentar vencimentos de servidores públicos sob fundamento de isonomia.

• **Status:** Válida, mas substituída pela súmula vinculante 37 do STF.

• **Precedentes relacionados:**

"Súmula vinculante 37-STF. Não cabe ao Poder Judiciário, que não tem função legislativa, aumentar vencimentos de servidores públicos sob fundamento de isonomia."

Súmula 321-STF

~~A Constituição Estadual pode estabelecer a irredutibilidade dos vencimentos do Ministério Público.~~

• **Status:** Revogada na Reclamação 1.428/RO.

Súmula 43-STF

~~Não contraria a Constituição Federal, o art. 61 da Constituição de São Paulo, que equiparou os vencimentos do Ministério Público aos da magistratura.~~

• **Status:** Superada.

Súmula 30-STF

~~Servidores de coletorias não têm direito à percentagem pela cobrança de contribuições destinadas à Petrobrás.~~

• **Status:** Superada.

Súmula 29-STF

~~Gratificação devida a servidores do "sistema fazendário" não se estende aos dos Tribunais de Contas.~~

- **Status:** Superada.

Súmula 27-STF

~~Os servidores públicos não têm vencimentos irredutíveis, prerrogativa dos membros do Poder Judiciário e dos que lhes são equiparados.~~

- **Status:** Válida.
- **Nota do autor:** Os servidores públicos têm sim vencimentos irredutíveis. Trata-se do princípio da irredutibilidade de vencimentos que está previsto no art. 37, XV, da CF.
- **Dispositivos relacionados:**

> "CF, Art. 37. (...).
>
> XV – **o subsídio e os vencimentos dos ocupantes de cargos e empregos públicos são irredutíveis**, ressalvado o disposto nos incisos XI e XIV deste artigo e nos arts. 39, § 4º, 150, II, 153, III, e 153, § 2º, I; (Redação dada pela Emenda Constitucional nº 19, de 1998)"

Súmula 26-STF

~~Os servidores do Instituto de Aposentadoria e Pensões dos Industriários não podem acumular a sua gratificação bienal com o adicional de tempo de serviço previsto no Estatuto dos Funcionários Civis da União.~~

- **Status:** Superada.

Súmula 13-STF

~~A equiparação de extranumerário a funcionário efetivo, determinada pela Lei 2.284, de 09/08/1954, não envolve reestruturação, não compreendendo, portanto, os vencimentos.~~

- **Status:** Superada.

Súmula 39-TNU

Nas ações contra a Fazenda Pública, que versem sobre pagamento de diferenças decorrentes de reajuste nos vencimentos de servidores públicos, ajuizadas após 24/08/2001, os juros de mora devem ser fixados em **6% (seis por cento) ao ano** (art. 1º-F da Lei nº 9.494/97).

- **Status:** Válida.

- **Dispositivos relacionados:**

> "Lei nº 9.494/97, Art. 1º-F. Nas condenações impostas à Fazenda Pública, independentemente de sua natureza e para fins de atualização monetária, remuneração do capital e compensação da mora, haverá a incidência uma única vez, até o efetivo pagamento, dos índices oficiais de remuneração básica e juros aplicados à caderneta de poupança. (Redação dada pela Lei nº 11.960, de 2009)"

Súmula 23-TNU

As substituições de cargos ou funções de direção ou chefia ou de cargo de natureza especial ocorridas a partir da vigência da Medida Provisória nº 1.522, de 11/10/1996, e até o advento da Lei nº 9.527, de 10/12/1997, quando **iguais ou inferiores a trinta dias, não geram** direito à remuneração correspondente ao cargo ou função substituída.

- **Status:** Válida.

6.2. Aposentadoria e pensão

Súmula vinculante 34-STF

A Gratificação de Desempenho de Atividade de Seguridade Social e do Trabalho - GDASST, instituída pela Lei 10.483/2002, deve ser estendida aos inativos no valor correspondente a 60 (sessenta) pontos, desde o advento da Medida Provisória 198/2004, convertida na Lei 10.971/2004, quando tais inativos façam jus à paridade constitucional (EC 20/1998, 41/2003 e 47/2005).

- **Status:** Válida.
- **Nota do autor:** O princípio da paridade está previsto no art. 40, § 8º da CF.

- **Dispositivos relacionados:**

> "CF, Art. 40 (...).
>
> § 8º É assegurado o reajustamento dos benefícios para preservar-lhes, em caráter permanente, o valor real, conforme critérios estabelecidos em lei. (Redação dada pela Emenda Constitucional 41/2003)"

Súmula vinculante 33-STF

Aplicam-se ao servidor público, no que couber, as regras do Regime Geral de Previdência Social (RGPS) sobre aposentadoria especial de que trata o artigo 40, parágrafo 4º, inciso III, da Constituição Federal, **até edição de lei complementar específica.**

- **Status:** Válida.
- **Nota do autor:** As regras da aposentadoria especial do RGPS, que deve ser aplicada até a edição de lei complementar, estão previstas no art. 51 da Lei nº 8.213/1991.
- **Dispositivos relacionados:**

> "CF, Art. 40 (...).
>
> § 4º É vedada a adoção de requisitos e critérios diferenciados para a concessão de aposentadoria aos abrangidos pelo regime de que trata este artigo, ressalvados, **nos termos definidos em leis complementares**, os casos de servidores:
>
> I – portadores de deficiência;
>
> II – que exerçam atividades de risco;
>
> III – cujas atividades sejam exercidas sob condições especiais que prejudiquem a saúde ou a integridade física."
>
> "Lei 8.213/91, Art. 51. A aposentadoria especial será devida, uma vez cumprida a carência exigida nesta Lei, ao segurado que tiver trabalhado sujeito a condições especiais que prejudiquem a saúde ou a integridade física, durante 15, 20 ou 25 anos, conforme dispuser a lei.
>
> § 1º A aposentadoria especial, observado o disposto no art. 33 desta Lei, consistirá numa renda mensal equivalente a 100% (cem por cento) do salário-de-benefício."

Súmula vinculante 3-STF

Nos processos perante o Tribunal de Contas da União **asseguram-se o contraditório e a ampla defesa quando da decisão puder resultar anulação ou revogação de ato administrativo que beneficie o interessado, excetuada a apreciação da legalidade do ato de concessão inicial de aposentadoria, reforma e pensão.**

- **Status:** Válida.

Súmula 726-STF

Para efeito de aposentadoria especial de professores, não se computa o tempo de serviço prestado fora da sala de aula.

- **Status:** Superada em parte.
- **Nota do autor:** a Lei nº 11.301/2006 alterou a Lei de Diretrizes e Bases da Educação (art. 67, § 2º da LDB), que passou a admitir, para fins de aposentadoria especial de professor, a possibilidade de ser considerado como magistério a atividade de direção de unidade escolar e coordenação e assessoramento pedagógico. Analisando essa alteração, o STF entendeu que a regra é constitucional. Assim, de acordo com o STF, os cargos de direção de unidade escolar, coordenação e assessoramento pedagógico, se forem exercidos por professores, esse tempo de serviço prestado fora da sala de aula pode ser contado para efeito de aposentadoria especial. Nesse sentido: STF, ADI 3772, julgado em 2008. Em outras palavras, para efeito de aposentadoria especial de professores, não se computa o tempo de serviço prestado fora da sala de aula, salvo a situação em que os professores desempenhem atividades de direção de unidade escolar, coordenação e assessoramento pedagógico.
- **Dispositivos relacionados:**

> "CF, Art. 40. Aos servidores titulares de cargos efetivos da União, dos Estados, do Distrito Federal e dos Municípios, incluídas suas autarquias e fundações, é assegurado regime de previdência de caráter contributivo e solidário, mediante contribuição do respectivo ente público, dos servidores ativos e inativos e dos pensionistas, observados critérios que preservem o equilíbrio financeiro e atuarial e o disposto neste artigo.
>
> § 1º Os servidores abrangidos pelo regime de previdência de que trata este artigo serão aposentados, calculados os seus proventos a partir dos valores fixados na forma dos §§ 3º e 17:
>
> III – voluntariamente, desde que cumprido tempo mínimo de dez anos de efetivo exercício no serviço público e cinco anos no cargo efetivo em que se dará a aposentadoria, observadas as seguintes condições:
>
> a) sessenta anos de idade e trinta e cinco de contribuição, se homem, e cinquenta e cinco anos de idade e trinta de contribuição, se mulher;
>
> § 5º Os requisitos de idade e de tempo de contribuição serão reduzidos em cinco anos, em relação ao disposto no § 1º, III, "a", para o professor que comprove exclusivamente tempo de efetivo exercício das funções de magistério na educação infantil e no ensino fundamental e médio."
>
> "CF, Art. 201. (...)
>
> § 7º É assegurada aposentadoria no regime geral de previdência social, nos termos da lei, obedecidas as seguintes condições:
>
> I – trinta e cinco anos de contribuição, se homem, e trinta anos de contribuição, se mulher;
>
> § 8º Os requisitos a que se refere o inciso I do parágrafo anterior serão reduzidos em cinco anos, para o professor que comprove exclusivamente tempo de efetivo exercício das funções de magistério na educação infantil e no ensino fundamental e médio."

"LDB, Art. 67 (...)

§ 2º Para os efeitos do disposto no § 5º do art. 40 e no § 8º do art. 201 da Constituição Federal, são consideradas funções de magistério as exercidas por professores e especialistas em educação no desempenho de atividades educativas, quando exercidas em estabelecimento de educação básica em seus diversos níveis e modalidades, incluídas, além do exercício da docência, as de direção de unidade escolar e as de coordenação e assessoramento pedagógico."

Súmula 567-STF

A Constituição, ao assegurar, no parágrafo 3º, do art. 102, a contagem integral do tempo de serviço público federal, estadual ou municipal para os efeitos de aposentadoria e disponibilidade **não proíbe a União, aos Estados e aos Municípios mandarem contar, mediante lei, para efeito diverso, tempo de serviço prestado a outra pessoa de direito público interno**.

- **Status:** Válida.
- **Nota do autor:** Onde se lê art. 102, § 3º, leia-se art. 40, § 9º da Constituição Federal de 1988.

- **Dispositivos relacionados:**

"CF, Art. 40. (...).

§ 9º O tempo de contribuição federal, estadual ou municipal será contado para efeito de aposentadoria e o tempo de serviço correspondente para efeito de disponibilidade."

Súmula 359-STF

Ressalvada a revisão prevista em lei, os proventos da inatividade regulam-se pela **lei vigente ao tempo em que o militar, ou o servidor civil, reuniu os requisitos necessários.**

- **Status:** Válida.

Súmula 38-STF

~~Reclassificação posterior à aposentadoria não aproveita ao servidor aposentado.~~

- **Status:** Superada.

Súmula 36-STF

Servidor vitalício **está** sujeito à aposentadoria compulsória, em razão da idade.

- **Status:** Válida.

Súmula 32-STF

~~Para aplicação da Lei 1.741, de 22/11/52, soma-se o tempo de serviço ininterrupto em cargo em comissão e em função gratificada.~~

- **Status:** Superada.

Súmula 31-STF

~~Para aplicação da Lei 1.741, de 22/11/52, soma-se o tempo de serviço ininterrupto em mais de um cargo em comissão.~~

- **Status:** Superada.

Súmula 6-STF

A revogação ou anulação, pelo Poder Executivo, de aposentadoria, ou qualquer outro ato aprovado pelo Tribunal de Contas, **não produz efeitos antes de aprovada por aquele tribunal**, ressalvada a competência revisora do Judiciário.

- **Status:** Válida.
- **Precedentes relacionados:**

> "(...) a anulação unilateral pela Administração sem o conhecimento do Tribunal de Contas está em desacordo com a Súmula 6 do STF" (STF, 1ª Turma, AI 805.165 AgR, Min Luiz Fux, julgado em 06/12/2011).

Súmula 69-TNU

O tempo de serviço prestado em empresa pública ou em sociedade de economia mista por servidor público federal **somente** pode ser contado para efeitos de **aposentadoria** e **disponibilidade**.

- **Status:** Válida.

Súmula 66-TNU

O servidor público ex-celetista que trabalhava sob condições especiais antes de migrar para o regime estatutário **tem** direito adquirido à conversão do tempo de atividade especial em tempo comum **com** o devido acréscimo legal, para efeito de contagem recíproca no regime previdenciário próprio dos servidores públicos.

- **Status:** Válida.

Súmula 20-TNU

A Lei nº 8.112, de 11 de dezembro de 1990, **não modificou** a situação do servidor celetista anteriormente aposentado pela Previdência Social Urbana.

- **Status:** Válida. Súmula aprovada em 07/10/2004.

6.3. Afastamento do cargo para o exercício de mandato eletivo

Súmula 34-STF

~~No Estado de São Paulo, funcionário eleito vereador fica licenciado por toda a duração do mandato.~~

- **Status:** Superada.

- **Dispositivos relacionados:**

"CF, Art. 38. Ao servidor público da administração direta, autárquica e fundacional, no exercício de mandato eletivo, aplicam-se as seguintes disposições:

I – tratando-se de mandato eletivo federal, estadual ou distrital, ficará afastado de seu cargo, emprego ou função;

II – investido no mandato de Prefeito, será afastado do cargo, emprego ou função, sendo-lhe facultado optar pela sua remuneração;

III – **investido no mandato de Vereador, havendo compatibilidade de horários, perceberá as vantagens de seu cargo, emprego ou função, sem prejuízo da remuneração do cargo eletivo, e, não havendo compatibilidade, será aplicada a norma do inciso anterior**;

IV – em qualquer caso que exija o afastamento para o exercício de mandato eletivo, **seu tempo de serviço será contado para todos os efeitos legais, exceto para promoção por merecimento**;

V – para efeito de benefício previdenciário, **no caso de afastamento, os valores serão determinados como se no exercício estivesse**."

6.4. Estabilidade

Súmula 384-STF

~~A demissão de extranumerário do serviço público federal, equiparado a funcionário de provimento efetivo para efeito de estabilidade, é da competência do Presidente da República.~~

- **Status:** Superada.

Súmula 50-STF

~~A lei pode estabelecer condições para a demissão de extranumerário.~~

- **Status:** Superada.

Súmula 24-STF

~~Funcionário interino substituto é livremente demissível, mesmo antes de cessar a causa da substituição.~~

- **Status:** Superada.

Súmula 22-STF

O estágio probatório **não** protege o funcionário contra a extinção do cargo.

- **Status:** Válida.

Súmula 21-STF

Funcionário em estágio probatório **não pode** ser exonerado nem demitido sem inquérito ou sem as formalidades legais de apuração de sua capacidade.

- **Status:** Válida.

Súmula 20-STF

É necessário processo administrativo, com ampla defesa, para demissão de funcionário admitido por concurso.

- **Status:** Válida.

- **Dispositivos relacionados:**

"CF, Art. 41. São estáveis após **três anos de efetivo exercício** os servidores nomeados para **cargo de provimento efetivo em virtude de concurso público**.

§ 1º O servidor público estável só perderá o cargo:

I – em virtude de **sentença judicial transitada em julgado**;

II – mediante **processo administrativo em que lhe seja assegurada ampla defesa**;

III – mediante **procedimento de avaliação periódica de desempenho, na forma de lei complementar, assegurada ampla defesa**."

6.5. Vitaliciedade

Súmula 12-STF

~~A vitaliciedade do professor catedrático não impede o desdobramento da cátedra.~~

• **Status:** Superada.

Súmula 11-STF

A vitaliciedade **não impede a extinção do cargo**, ficando o funcionário em **disponibilidade**~~, com todos os vencimentos~~.

• **Status:** Superada apenas na parte riscada.

• **Nota do autor:** Como visto acima, o servidor em disponibilidade tem direito aos vencimentos proporcionais, e não integrais.

• **Dispositivos relacionados:**

> "CF, Art. 41. (...)
>
> § 3º Extinto o cargo ou declarada a sua desnecessidade, o servidor estável ficará em disponibilidade, com remuneração proporcional ao tempo de serviço, até seu adequado aproveitamento em outro cargo."

6.6. Provimento e investidura

Súmula 566-STF

~~Enquanto pendente, o pedido de readaptação fundado em desvio funcional não gera direitos para o servidor, relativamente ao cargo pleiteado.~~

• **Status:** Superada.

Súmula 358-STF

~~O servidor público em disponibilidade tem direito aos vencimentos integrais do cargo.~~

• **Status:** Superada.

• **Nota do autor:** O servidor público em disponibilidade tem direito aos vencimentos proporcionais, e não integrais.

• **Dispositivos relacionados:**

"CF, Art. 41. (...)

§ 3º Extinto o cargo ou declarada a sua desnecessidade, o servidor estável ficará em disponibilidade, com remuneração **proporcional** ao tempo de serviço, até seu adequado aproveitamento em outro cargo."

Súmula 47-STF

Reitor de universidade **não** é livremente demissível pelo Presidente da República **durante o prazo de sua investidura.**

• **Status:** Válida.

Súmula 44-STF

~~O exercício do cargo pelo prazo determinado na Lei 1.341, de 30/01/51, art. 91, dá preferência para a nomeação interina de Procurador da República.~~

• **Status:** Superada.

Súmula 39-STF

À falta de lei, funcionário em disponibilidade **não pode** exigir, judicialmente, o seu aproveitamento, que fica subordinado ao critério de conveniência da administração.

• **Status:** Válida.

Súmula 48-STF

~~É legítimo o rodízio de docentes livres na substituição do professor catedrático.~~

• **Status:** Superada.

Súmula 11-STF

A vitaliciedade **não impede a extinção do cargo**, ficando o funcionário em **disponibilidade**~~, com todos os vencimentos~~.

• **Status:** Superada apenas na parte riscada.

• **Nota do autor:** Como visto acima, o servidor em disponibilidade tem direito aos vencimentos proporcionais, e não integrais.

• **Dispositivos relacionados:**

"CF, Art. 41. (...)

§ 3º Extinto o cargo ou declarada a sua desnecessidade, o servidor estável ficará em disponibilidade, com remuneração proporcional ao tempo de serviço, até seu adequado aproveitamento em outro cargo."

6.7. Vedação ao nepotismo

Súmula vinculante 13-STF

A nomeação de cônjuge, companheiro ou parente em linha reta, colateral ou por afinidade, **até o terceiro grau**, inclusive, da autoridade nomeante ou de servidor da mesma pessoa jurídica investido em cargo de direção, chefia ou assessoramento, para o exercício de cargo em comissão ou de confiança ou, ainda, de função gratificada na Administração Pública direta e indireta em qualquer dos poderes da União, dos Estados, do Distrito Federal e dos Municípios, **compreendido o ajuste mediante designações recíprocas, viola a Constituição Federal.**

• **Status:** Válida.

• **Nota do autor:** Vale a pena destacar as seguintes regras sobre o nepotismo:

a) A regra da vedação ao nepotismo prevista na súmula vinculante 13, em princípio, não alcança os cargos públicos de natureza política (ex: Ministro de Estado, Secretário Estadual, Secretário Municipal). No entanto, caracterizará nepotismo se ficar comprovado a falta de razoabilidade na nomeação por ausência de qualificação técnica ou inidoneidade moral do nomeado. Nesse sentido: STF, 1ª Turma, Rcl 28024 AgR, Rel. Min. Roberto Barroso, julgado em 29/05/2018.

b) A regra da vedação ao nepotismo não atinge os servidores de provimento efetivo (titulares de cargo efetivo). Nesse sentido: STF, Plenário. ADI 524/ES, Rel. orig. Min Sepúlveda Pertence, red. p/ o acórdão Min Ricardo Lewandowski, julgado em 2015 (Informativo n. 786).

c) A regra da vedação ao nepotismo não atinge o caso de a pessoa ter um parente no órgão, mas sem influência hierárquica sobre a nomeação. Nesse sentido: STF, 2ª Turma, Rcl 18.564/SP, Rel. orig. Min. Gilmar Mendes, Rel. para o acórdão Min. Dias Toffoli, julgado em 23/2/2016 (Informativo n. 815).

d) A lei estadual não pode criar exceções à regra da vedação ao nepotismo. Nesse sentido: STF, Plenário, ADI 3.745, Rel. Min. Dias Toffoli, julgado em 2013 (Informativo n. 706).

e) A vedação ao nepotismo compreende o ajuste mediante designações recíprocas. As designações recíprocas nada mais são que as trocas de parentes.

6.8. Concurso público

Súmula vinculante 44-STF

Só por lei se pode sujeitar a exame psicotécnico a habilitação de candidato a cargo público.

- **Status:** Válida.
- **Nota do autor:** Em outras palavras, é válida a exigência no concurso público de sujeição do candidato à exame psicotécnico, mas desde que haja previsão sobre isso na lei da carreira e previsão no edital. Além disso, para a validade da exigência do psicotécnico, é preciso que os critérios de julgamento sejam objetivos (e não subjetivos) e haja a possibilidade de recurso para o caso de reprovação nessa fase do certame. Há uma série de julgados nesse sentido.
- **Precedentes relacionados:**

> "(...) Exame psicotécnico. Previsão em lei em sentido material. Indispensabilidade. Critérios objetivos. Obrigatoriedade. 3. Jurisprudência pacificada na Corte. Repercussão Geral. Aplicabilidade. 4. Questão de ordem acolhida para reconhecer a repercussão geral, reafirmar a jurisprudência do Tribunal, negar provimento ao recurso e autorizar a adoção dos procedimentos relacionados à repercussão geral." (STF, Plenário, AI 758.533, Rel. Min. Gilmar Mendes, julgado em 2010).
>
> "O STJ firmou o entendimento de que a legalidade do exame psicotécnico em provas de concurso público está submetida a três pressupostos necessários: previsão legal, objetividade dos critérios adotados e possibilidade de revisão do resultado obtido pelo candidato." (STJ, 2ª Turma, AgRg no REsp 1404261-DF, Rel. Min. Mauro Campbell Marques, julgado em 2014).
>
> "Súmula 35-AGU: O exame psicotécnico a ser aplicado em concurso público deverá observar critérios objetivos, previstos no edital, e estará sujeito a recurso administrativo."

Súmula vinculante 43-STF

É inconstitucional toda modalidade de provimento que propicie ao servidor investir-se, sem prévia aprovação em concurso público destinado ao seu provimento, em cargo que não integra a carreira na qual anteriormente investido.

- **Status:** Válida.

• **Nota do autor:** O que essa súmula veda é a chamada ascensão por transposição (ascensão funcional) entre cargos de naturezas distintas, considerando que a Constituição prevê a obrigatoriedade de aprovação em concurso público.

• **Precedentes relacionados:**

"O Supremo Tribunal Federal fixou entendimento no sentido de banir o acesso ou ascensão, que constitui forma de provimento de cargo em carreira diversa daquela para a qual o servidor ingressou no serviço público." (STF, 2ª Turma, RE 602.795 AgR, Rel. Min. Eros Grau, julgado em 2010).

Súmula 686-STF

Só por lei se pode sujeitar a exame psicotécnico a habilitação de candidato a cargo público.

• **Status:** Válida, mas foi substituída pela súmula vinculante 44 do STF, com o mesmo entendimento.

• **Precedentes relacionados:**

"Súmula vinculante 44-STF. Só por lei se pode sujeitar a exame psicotécnico a habilitação de candidato a cargo público."

Súmula 685-STF

É inconstitucional toda modalidade de provimento que propicie ao servidor investir-se, sem prévia aprovação em concurso público destinado ao seu provimento, em cargo que não integra a carreira na qual anteriormente investido.

• **Status:** Válida, mas substituída pela súmula vinculante 43 do STF, que externaliza o mesmo entendimento.

• **Precedentes relacionados:**

"Súmula vinculante 43-STF. É inconstitucional toda modalidade de provimento que propicie ao servidor investir-se, sem prévia aprovação em concurso público destinado ao seu provimento, em cargo que não integra a carreira na qual anteriormente investido."

Súmula 684-STF

É inconstitucional o veto não motivado à participação de candidato a concurso público.

- **Status:** Válida.

- **Nota do autor:** Na verdade essa súmula não traz nenhuma novidade, considerando que todos os atos administrativos devem ser motivados. A motivação é importante inclusive para que haja a possibilidade de controle (inclusive judicial, no caso de ilegalidade) dos fundamentos utilizados para a eliminação do candidato à participação no concurso.

Súmula 683-STF

O limite de idade para a inscrição em concurso público, só se legitima em face do art. 7º, XXX, da Constituição, **quando possa ser justificado pela natureza das atribuições do cargo a ser preenchido**.

- **Status:** Válida.

Súmula 373-STF

~~Servidor nomeado após aprovação no curso de capacitação policial, instituído na Polícia do Distrito Federal, em 1941, preenche o requisito da nomeação por concurso a que se referem as Leis 705/49 e 1.639/52.~~

- **Status:** Superada.

Súmula 17-STF

A **nomeação de funcionário sem concurso** pode ser desfeita antes da posse.

- **Status:** Válida.

Súmula 16-STF

Funcionário nomeado por concurso **tem** direito à posse.

- **Status:** Válida.

Súmula 15-STF

Dentro do prazo de validade do concurso, o candidato aprovado **tem** o direito à nomeação, quando o cargo for preenchido sem observância da classificação.

- **Status:** Válida.

Súmula 552-STJ

O portador de surdez unilateral **não** se qualifica como pessoa com deficiência para o fim de disputar as vagas reservadas em concursos públicos.

- **Status:** Válida.
- **Nota do autor:** Cuidado para não confundir: a) portador de visão monocular: tem direito de concorrer às vagas reservadas aos deficientes (Súmula 377-STJ); b) portador de surdez unilateral: não tem direito de concorrer às vagas reservadas aos deficientes (súmula 522-STJ).

Súmula 466-STJ

O titular da conta vinculada ao FGTS tem o direito de sacar o saldo respectivo quando declarado nulo seu contrato de trabalho por ausência de prévia aprovação em concurso público.

- **Status:** Válida.

Súmula 377-STJ

O portador de visão monocular **tem** direito de concorrer, em concurso público, às vagas reservadas aos deficientes.

- **Status:** Válida.
- **Nota do autor:** Cuidado para não confundir: a) portador de visão monocular: tem direito de concorrer às vagas reservadas aos deficientes (Súmula 377-STJ); b) portador de surdez unilateral: não tem direito de concorrer às vagas reservadas aos deficientes (súmula 522-STJ).

No mesmo sentido é o entendimento da AGU. Confira:

> "Súmula 45-AGU: Os benefícios inerentes à Política Nacional para a Integração da Pessoa Portadora de Deficiência devem ser estendidos ao portador de visão monocular, que possui direito de concorrer, em concurso público, à vaga reservada aos deficientes."

Súmula 266-STJ

O diploma ou habilitação legal para o exercício do cargo **deve ser exigido na posse**, e não na inscrição para o concurso público.

- **Status:** Válida.

• **Nota do autor:** Os concursos da magistratura e do Ministério Público são exceções à esta regra prevista na Súmula 266-STJ. Para os concursos da Magistratura e membros do Ministério Público, os requisitos devem ser preenchidos pelo candidato até a **data da inscrição definitiva**, e não na posse (STF, Plenário, RE 655.265/DF, julgado em 13/4/2016).

• **Precedentes relacionados:**

"A exigência de comprovação, no momento da inscrição definitiva (e não na posse), do triênio de atividade jurídica privativa de bacharel em Direito como condição de ingresso nas carreiras da magistratura e do ministério público (arts. 93, I e 129, §3º, CRFB – na redação da Emenda Constitucional n. 45/2004) foi declarada constitucional pelo STF na ADI 3.460." (STF, Plenário, RE 655.265-DF, Rel. orig. Min. Luiz Fux, Rel. p/ o acórdão Min Edson Fachin, julgado em 13/4/2016, sob o rito da repercussão geral) (Informativo n. 821).

• **Dispositivos relacionados:**

"CF, Art. 37. (...)

I – os cargos, empregos e funções públicas são acessíveis aos brasileiros que preencham os requisitos estabelecidos em lei, assim como aos estrangeiros, na forma da lei;

II – a investidura em cargo ou emprego público depende de aprovação prévia em concurso público de provas ou de provas e títulos, de acordo com a natureza e a complexidade do cargo ou emprego, na forma prevista em lei, ressalvadas as nomeações para cargo em comissão declarado em lei de livre nomeação e exoneração;"

"Lei nº 8.112/1990, Art. 5º São requisitos básicos para investidura em cargo público:

I – a nacionalidade brasileira;

II – o gozo dos direitos políticos;

III – a quitação com as obrigações militares e eleitorais;

IV – o nível de escolaridade exigido para o exercício do cargo;

V – a idade mínima de dezoito anos;

VI – aptidão física e mental.

§ 1º As atribuições do cargo podem justificar a exigência de outros requisitos estabelecidos em lei.

§ 2º Às pessoas portadoras de deficiência é assegurado o direito de se inscrever em concurso público para provimento de cargo cujas atribuições sejam compatíveis com a deficiência de que são portadoras; para tais pessoas serão reservadas até 20% (vinte por cento) das vagas oferecidas no concurso.

§ 3º As universidades e instituições de pesquisa científica e tecnológica federais poderão prover seus cargos com professores, técnicos e cientistas estrangeiros, de acordo com as normas e os procedimentos desta Lei."

"Lei nº 8.112/1990, Art. 7º A investidura em cargo público ocorrerá com a posse."

"Lei nº 8.112/1990, Art. 13. A posse dar-se-á pela assinatura do respectivo termo, no qual deverão constar as atribuições, os deveres, as responsabilidades e os direitos inerentes ao cargo ocupado, que não poderão ser alterados unilateralmente, por qualquer das partes, ressalvados os atos de ofício previstos em lei.

§ 1º A posse ocorrerá no prazo de trinta dias contados da publicação do ato de provimento.

§ 2º Em se tratando de servidor, que esteja na data de publicação do ato de provimento, em licença prevista nos incisos I, III e V do art. 81, ou afastado nas hipóteses dos incisos I, IV, VI, VIII, alíneas *'a'*, *'b'*, *'d'*, *'e'* e *'f'*, IX e X do art. 102, o prazo será contado do término do impedimento.

§ 3º A posse poderá dar-se mediante procuração específica.

§ 4º Só haverá posse nos casos de provimento de cargo por nomeação.

§ 5º No ato da posse, o servidor apresentará declaração de bens e valores que constituem seu patrimônio e declaração quanto ao exercício ou não de outro cargo, emprego ou função pública.

§ 6º Será tornado sem efeito o ato de provimento se a posse não ocorrer no prazo previsto no § 1º deste artigo."

"Lei nº 8.112/1990, Art. 14. A posse em cargo público dependerá de prévia inspeção médica oficial.

Parágrafo único. Só poderá ser empossado aquele que for julgado apto física e mentalmente para o exercício do cargo."

Súmula 14-STF

~~Não é admissível, por ato administrativo, restringir, em razão da idade, inscrição em concurso para cargo público.~~

• **Status:** Cancelada.

6.9. Questões relacionadas

(MPE-PR – Promotor de Justiça – MPE-PR/2019) Assinale a alternativa correta:

a) O fornecimento de equipamento de proteção individual – EPI ao empregado afasta o direito ao benefício da aposentadoria especial, pois basta para a neutralização dos agentes agressivos.

b) A caracterização do tempo de serviço especial obedece a legislação vigente à época em que forem implementados os requisitos para a aposentadoria por tempo de contribuição.

c) Para efeito de aposentadoria especial de professores, não se computa o tempo de serviço prestado fora da sala de aula.

d) A prescrição do direito de rever ato de aposentadoria, para fins de inclusão de tempo de serviço insalubre, perigoso ou penoso, atinge as parcelas vencidas anteriormente ao quinquênio que antecedeu o ajuizamento da ação.

e) É possível, em virtude da desconfiguração da original condição de trabalho da ex-empregadora, a realização de laudo pericial em empresa do mesmo ramo de atividade, com o exame de local com características similares ao daquele laborado pelo obreiro, a fim de apurar a efetiva exposição do segurado aos agentes nocivos, para reconhecimento do direito à contagem de tempo especial de serviço.

Resposta correta: letra "e".

(Vunesp – Juiz de Direito – TJ-MT/2018) Caio, servidor público municipal aposentado, contratou Tício para que ajuizasse ação contra o Município, pleiteando o pagamento de auxílio-alimentação. O pedido foi julgado improcedente em sentença, confirmada pelo Tribunal Estadual. Sem requerer autorização de Caio, Tício deixou de apresentar recursos aos Tribunais Superiores, em razão da Súmula Vinculante do Supremo Tribunal Federal no 55, a qual consubstancia o entendimento de que "o direito ao auxílio-alimentação não se estende aos servidores inativos". É correto afirmar que Tício

a) deve ser condenado pela perda da chance decorrente de sua omissão em recorrer, tendo em vista que, mesmo improvável a vitória, Caio tinha o direito de requerer sua pretensão em juízo em última instância.

b) não pode ser condenado por não ter recorrido, tendo em vista o não acolhimento pelo ordenamento jurídico brasileiro da teoria da perda de uma chance.

c) não deve ser condenado, tendo em vista que a condenação pela perda de uma chance pressupõe a possibilidade de vitória na demanda, não existente no caso, em razão da súmula vinculante.

d) deve ser condenado pela perda da chance decorrente de sua omissão em recorrer, em valor equivalente à pretensão de Caio, podendo ser acrescida de lucros cessantes e danos morais.

e) deve ser condenado pela perda da chance decorrente de sua omissão em recorrer, em valor a ser apurado, não podendo ser equivalente à pretensão de Caio, tendo em vista que o que se indeniza é a perda da chance e não a pretensão perdida.

Resposta correta: letra "c".

(FGV – Oficial de Justiça e Avaliador – TJ-SC/2018) Em razão da constante desatualização dos vencimentos dos servidores públicos estaduais vinculados ao Poder Executivo, principalmente quando comparado com cargos similares da Administração Pública Federal, foi promulgada a Lei Estadual YY, que determinou o reajuste anual dos referidos vencimentos, de modo automático, no mesmo percentual aplicado aos cargos federais.

À luz da sistemática constitucional, a Lei Estadual YY é:

a) inconstitucional, pois não é possível vincular o reajuste dos servidores estaduais aos reajustes conferidos a cargos similares da Administração Pública Federal;

b) inconstitucional, pois a vinculação do reajuste dos servidores estaduais a índices federais de correção monetária deveria estar prevista na Constituição Estadual;

c) constitucional, desde que a União tenha autorizado o reajuste automático dos vencimentos dos servidores estaduais pelo índice federal de correção monetária;

d) constitucional, pois é possível a vinculação do reajuste dos servidores estaduais a índices federais de correção monetária;

e) constitucional, pois o correto seria vincular o reajuste dos servidores estaduais aos índices utilizados por outros Estados.

Resposta correta: letra "a".

(FGV – Oficial de Justiça Avaliador – TJ-AL/2018) Em matéria de remuneração de servidores públicos, a Constituição da República de 1988 e a jurisprudência do Supremo Tribunal Federal asseguram que:

a) os vencimentos dos cargos do Poder Legislativo e do Poder Judiciário devem ser iguais ou superiores aos pagos pelo Poder Executivo;

b) a vinculação ou equiparação de quaisquer espécies remuneratórias é permitida, para o efeito de remuneração de pessoal do serviço público;

c) os acréscimos pecuniários percebidos por servidor público serão computados e acumulados, para fins de concessão de acréscimos ulteriores;

d) não cabe ao Poder Legislativo interferir, de qualquer forma, na fixação ou alteração do subsídio de membros do Poder Judiciário, garantida a revisão geral anual;

e) não cabe ao Poder Judiciário, que não tem função legislativa, aumentar vencimentos de servidores públicos, sob o fundamento de isonomia.

Resposta correta: letra "e".

(FUNDEP – Auditor – Conselheiro Substituto – TCE-MG/2018) Assinale a alternativa que não é contemplada pela jurisprudência sumulada do Supremo Tribunal Federal em matéria de concurso público e acessibilidade a cargos públicos.

a) É inconstitucional toda modalidade de provimento que propicie ao servidor investir-se, sem prévia aprovação em concurso público destinado ao seu provimento, em cargo que não integra a carreira na qual anteriormente investido.

b) É inconstitucional o veto não motivado à participação de candidato a concurso público.

c) O diploma ou habilitação legal para o exercício do cargo deve ser exigido na posse e não na inscrição para o concurso público.

d) O limite de idade para a inscrição em concurso público só se legitima em face do Art. 7º, XXX, da Constituição, quando possa ser justificado pela natureza das atribuições do cargo a ser preenchido.

e) Só por lei se pode sujeitar a exame psicotécnico a habilitação de candidato a cargo público.

Resposta correta: letra "c".

(MPE-MS – Promotor de Justiça – MPE-MS/2018) Em atenção ao Direito das Pessoas com Deficiência, é correto afirmar:

a) Em caso de desistência ou abandono de ação civil pública para a defesa de direitos individuais homogêneos das pessoas com deficiência proposta pela Defensoria Pública, caberá obrigatoriamente ao Ministério Público assumir a titularidade da ação.

b) O Ministério Público intervirá obrigatoriamente nas ações civis públicas ou coletivas, e facultativamente nas individuais, em que se discutem interesses relacionados à deficiência das pessoas.

c) De acordo com o STJ, o portador de surdez unilateral não se qualifica como pessoa com deficiência para o fim de disputar vagas reservadas em concursos públicos.

d) Nos concursos públicos, o candidato com deficiência deverá apresentar laudo médico atestando a espécie e o grau de deficiência, comprovando a compatibilidade da deficiência com as atribuições do cargo pretendido até a conclusão do certame.

e) De acordo com a Lei 10.216/01, a internação psiquiátrica involuntária deverá, no prazo de 24 (vinte e quatro) horas, ser comunicada ao Ministério Público Estadual pelo responsável técnico do estabelecimento no qual tenha ocorrido, devendo esse mesmo procedimento ser adotado da respectiva alta.

Resposta correta: letra "c".

(FCC – Juiz do Trabalho – TST/2017) Na esteira das Súmulas Vinculantes do Supremo Tribunal Federal, é INCORRETO afirmar:

a) A competência da Justiça do Trabalho prevista no art. 114, VIII, da Constituição Federal alcança a execução de ofício das contribuições previdenciárias relativas ao objeto da condenação constante das sentenças que proferir e acordos por ela homologados.

b) Salvo nos casos previstos na Constituição, o salário mínimo não pode ser usado como indexador de base de cálculo de vantagem de servidor público ou de empregado, nem ser substituído por decisão judicial.

c) A Justiça do Trabalho é competente para processar e julgar ação possessória ajuizada em decorrência do exercício do direito de greve pelos trabalhadores da iniciativa privada.

d) É inconstitucional toda modalidade de provimento que propicie ao servidor investir-se, sem prévia aprovação em concurso público destinado ao seu provimento, em cargo que não integra a carreira na qual anteriormente investido.

e) Ofende o princípio da livre concorrência lei estadual que impede a instalação de estabelecimentos comerciais do mesmo ramo em determinada área.

Resposta correta: letra "e".

(Cespe – Procurador do Estado – PGE-SE/2017) De acordo com as súmulas vinculantes do STF, será constitucional lei estadual que disponha sobre o(a)

a) utilização de índice federal de correção monetária para reajustar vencimentos de servidores estaduais.

b) valor de depósito prévio para admissibilidade de recurso em ente público estadual.

c) vedação do pagamento de auxílio-alimentação aos servidores estaduais inativos.

d) estabelecimento de bingos e loterias no âmbito estadual.

e) horário de funcionamento de estabelecimento comercial.

Resposta correta: letra "c".

(Vunesp – Advogado – CRBio 1º Região/2017) Viola a Constituição Federal a nomeação de cônjuge, companheiro ou parente em linha reta, colateral ou por afinidade, até o terceiro grau, inclusive, da autoridade nomeante ou de servidor da mesma pessoa jurídica investido em cargo de direção, chefia ou assessoramento, para o exercício de cargo em comissão ou de confiança

a) ou, ainda, de função gratificada, exceto se for na Administração indireta.

b) ou, ainda, de cargo provido por concurso.

c) no âmbito da Administração pública direta e indireta em qualquer dos Poderes da União, dos Estados, do Distrito Federal e dos Municípios.

d) não se estendendo às designações recíprocas no âmbito do Poder Judiciário.

e) ainda que realizadas anteriormente ao início do vínculo familiar entre o agente público e o nomeado, designado ou contratado.

Resposta correta: letra "c".

(FUNRIO – Procurador do Município – Prefeitura de Trindade-GO/2016) O servidor em desvio de função, ao entrar com processo judicial, faz jus a certos direitos.

Segundo a jurisprudência do Superior Tribunal de Justiça, é garantido a esse servidor:

a) Recebimento apenas das diferenças remuneratórias, desde o início do desvio.

b) Recebimento apenas das diferenças remuneratórias, respeitado o prazo prescricional.

c) Provimento no cargo desempenhado, asseguradas as diferenças remuneratórias desde o início do desvio.

d) Provimento no cargo desempenhado, asseguradas as diferenças remuneratórias, respeitado o prazo prescricional.

e) Enquadramento no cargo desviado, mas não às eventuais diferenças remuneratórias, em razão dos princípios da legalidade e moralidade.

Resposta correta: letra "b".

(FUNCAB – Delegado de Polícia Civil – PC-PA/2016) Madalena estava estudando para o concurso público de fiscal de rendas há três anos, quando saiu o edital deste concurso para o preenchimento de dez vagas. Segundo informação do órgão tributário noticiado na mídia haveria quarenta cargos vagos para esta função. Realizada a prova objetiva, fase única deste certame, a candidata obteve a décima segunda colocação. Conforme o entendimento dos tribunais superiores, responda a opção em que o candidato terá direito subjetivo à nomeação.

a) Quando o candidato for aprovado para determinado cargo, mesmo fora do número de vagas previstas no edital, e houver cargos vagos além dos previstos no edital do certame.

b) Quando o candidato for aprovado dentro do número de vagas previsto no edital, não havendo exceção a esta regra, nem mesmo por fato superveniente, imprevisível e grave.

c) Quando surgirem novas vagas, ou for aberto novo concurso durante a validade do certame anterior, e ocorrer à preterição de candidatos aprovados fora das vagas de forma motivada por parte da administração.

d) Não há hipótese em que o candidato aprovado em concurso público tenha direito subjetivo à nomeação, já que a nomeação de aprovados em concurso público é dotada da discricionariedade administrativa, sendo a aprovação mera expectativa de direito à nomeação.

e) Quando houver preterição na nomeação por não observância da ordem de classificação.

Resposta correta: letra "e".

(Cespe – Defensor Público – DPE-PE/2015) Julgue o item que se segue, relativo aos servidores públicos.

As regras do regime geral da previdência social relativas à aposentadoria especial não são aplicáveis ao servidor público enquanto não houver lei complementar específica que assim o determine.

Resposta: errado.

(MPDFT – Promotor de Justiça – MPDFT/2015) O Supremo Tribunal Federal alterou o Verbete n. 359 da sua Súmula. Originalmente dizia: "Ressalvada a revisão prevista em lei, os proventos da inatividade regulam-se pela lei vigente ao tempo em que o militar, ou o servidor civil, reuniu os requisitos necessários, inclusive a apresentação do requerimento quando a inatividade for voluntária." A alteração suprimiu a parte final ("inclusive a apresentação do requerimento quando a inatividade foi voluntária"). Sobre o assunto, é correto afirmar que

a) as regras de transição (em si mais gravosas), de um regime de aposentadoria mais favorável para outro mais gravoso, são aplicáveis ao servidor que já cumprira os requisitos antes necessários.

b) o direito à aposentaria é potestativo, incorporando-se ao patrimônio do servidor quando cumpridos os requisitos necessários, ainda que não tenha solicitado a aposentadoria.

c) as regras supervenientes de aposentadoria, não obstante mais gravosas, são aplicáveis a todos os servidores ativos porque não há direito adquirido a regime jurídico.

d) a inexistência, quando da aposentadoria, de contribuição dos servidores inativos ao regime de previdência é fator impeditivo da aplicação da exação ao servidor já aposentado.

e) a modificação do entendimento jurisprudencial na espécie, como a ocorrida no caso, sujeita-se ao princípio da anterioridade mitigada de modo a não causar surpresa aos servidores atingidos.

Resposta correta: letra "b".

(FCC – Juiz de Direito – TJ-SC/2015) Considere as seguintes afirmações:

I. Só por lei se pode sujeitar a exame psicotécnico a habilitação de candidato a cargo público.

II. É inconstitucional a vinculação do reajuste de vencimentos de servidores estaduais ou municipais a índices federais de correção monetária.

III. É inconstitucional toda modalidade de provimento que propicie ao servidor investir-se, sem prévia aprovação em concurso público destinado ao seu provimento, em cargo que não integra a carreira na qual anteriormente investido.

Conforme jurisprudência do Supremo Tribunal Federal, está correto o que se afirma em

a) I e III, apenas.

b) III, apenas.

c) I, II e III.

d) I e II, apenas.

e) II e III, apenas.

Resposta correta: letra "c".

(FCC – Juiz do Trabalho – TRT 23ª Região/2015) Jurandir foi contratado pelo Município de Cuiabá para exercer a função de vigia noturno nos quadros da Administração pública municipal, sem se submeter a concurso público. Trabalhou por dois anos e meio, com jornada de 2ª a 6ª feira das 18 horas até às 6 horas do dia seguinte e também dois sábados e dois domingos por mês, no mesmo horário. Dispensado sem justa causa, pretende o recebimento de verbas rescisórias, de FGTS, de férias acrescidas da gratificação de 1/3, de 13º salários, das horas laboradas além da jornada normal, de adicional noturno e de indenização por danos morais em razão da ilicitude da contratação. Nesse contexto, Jurandir

a) não tem direito de receber qualquer verba trabalhista, tendo em vista a nulidade do contrato de trabalho decorrente da contratação sem a prévia aprovação em concurso público, nem tampouco a indenização por dano moral pretendida.

b) não tem direito de receber qualquer verba trabalhista, tendo em vista a nulidade do contrato de trabalho decorrente da contratação sem a prévia aprovação em concurso público, mas tem direito à indenização por dano moral pretendida.

c) tem direito ao recebimento dos direitos pretendidos, tendo em vista que o contrato de trabalho, por ter vigorado por mais de dois anos, tornou-se válido, não importando o fato de não ter havido prévia aprovação em concurso público.

d) tem direito ao recebimento apenas de FGTS, das férias vencidas, acrescidas da gratificação de 1/3, das horas laboradas além da jornada normal e do adicional noturno, tendo em vista que o contrato de trabalho é nulo em razão da contratação sem a prévia aprovação em concurso público.

e) tem direito de receber apenas o FGTS e todas as horas laboradas além da jornada normal, tendo em vista que o contrato de trabalho é nulo em razão da contratação sem a prévia aprovação em concurso público.

Resposta correta: letra "e".

(Cespe – Analista Judiciário – Área Administrativa – STJ/2015) Em relação aos agentes públicos, julgue o próximo item.

O diploma ou habilitação legal exigido para o exercício do cargo deve ser apresentado pelo candidato no ato de inscrição do concurso público pleiteado.

Resposta: errado.

(PGE-MS – Procurador do Estado – PGE-MS/2014) Seguem as assertivas abaixo para apreciação:

I – A fixação de vencimentos dos servidores públicos não pode ser objeto de convenção coletiva.

II – O diploma ou habilitação legal para o exercício do cargo deve ser exigido na posse e não na inscrição para o concurso público.

III – Só por lei se pode sujeitar a exame psicotécnico a habilitação de candidato a cargo público, entendendo-se constitucionais previsões feitas estritamente em edital, por constituir "ato normativo de segundo grau", conforme a doutrina.

IV – Do titular do cargo de procurador de autarquia não se exige a apresentação de instrumento de mandato para representá-la em juízo nas hipóteses em que a pessoa jurídica de direito público representada figurar no polo passivo, mas precisará de procuração quando a entidade representada for autora de demanda judicial.

a) Estão corretas apenas as assertivas I e II.

b) Estão corretas apenas as assertivas I, II e IV.

c) Estão incorretas apenas as assertivas I e IV.

d) Estão incorretas apenas as assertivas II e III.

e) Todas as assertivas estão corretas.

Resposta correta: letra "a".

(FCC – Auditor Fiscal da Receita Estadual – SEFAZ-RJ/2014) A Constituição Federal, com o texto dado pela EC 19/1998, assim dispõe:

"Art. 7º São direitos dos trabalhadores urbanos e rurais, além de outros que visem à melhoria de sua condição social: [...] IV – salário mínimo, fixado em lei, nacionalmente unificado, capaz de atender a suas necessidades vitais básicas e às de sua família com moradia, alimentação, educação, saúde, lazer, vestuário, higiene, transporte e previdência social, com reajustes periódicos que lhe preservem o poder aquisitivo, sendo vedada sua vinculação para qualquer fim; Art. 39. A União, os Estados, o Distrito Federal e os Municípios instituirão conselho de política de administração e remuneração de pessoal, integrado por servidores designados pelos respectivos Poderes [...]

§ 3º Aplica-se aos servidores ocupantes de cargo público o disposto no art. 7º , IV, VII, VIII, IX, XII, XIII, XV, XVI, XVII, XVIII, XIX, XX, XXII e XXX, podendo a lei estabelecer requisitos diferenciados de admissão quando a natureza do cargo o exigir."

Conforme entendimento sumulado do Supremo Tribunal Federal, os arts. 7º , IV, e 39, § 3º (redação da EC 19/1998), da Constituição referem-se

a) à remuneração percebida pelo servidor público, excluídas as indenizações. v

b) ao vencimento básico percebido pelo servidor público, descontada qualquer vantagem pecuniária pessoal.

c) ao total da remuneração percebida pelo servidor público.

d) ao vencimento básico percebido pelo servidor público, acrescido dos adicionais que já hajam se incorporado permanentemente.

e) à remuneração percebida pelo servidor público, excluídas as gratificações.

Resposta correta: letra "c".

(Cespe – Assistente Social – Suframa/2014) Julgue o item a seguir, acerca da organização político-administrativa do Estado, da administração pública e dos servidores públicos.

Mesmo durante o estágio probatório, o servidor público concursado não pode ser exonerado nem demitido sem inquérito ou sem as formalidades legais de apuração de sua capacidade.

Resposta: certo.

(IBFC – Titular de Serviços de Notas e de Registros – TJ-PR/2014) Assinale a alternativa correta:

a) Cabe ao Supremo Tribunal Federal o julgamento da ação direta de inconstitucionalidade de lei municipal em face da Constituição Federal.

b) Não é possível a declaração de normas constitucionais originárias como inconstitucionais.

c) Compete ao Supremo Tribunal Federal processar e julgar originariamente os mandados de segurança contra ato de Ministro de Estado.

d) O nepotismo, segundo o entendimento do Supremo Tribunal Federal é a nomeação de cônjuge, companheiro ou parente em linha reta, colateral ou por afinidade, até o quarto grau, inclusive, da autoridade nomeante ou de servidor da mesma pessoa jurídica investido em cargo de direção, chefa ou assessoramento, para o exercício de cargo em comissão ou de confiança, ou, ainda, de função gratificada.

Resposta correta: letra "b".

(MPE-GO – Promotor de Justiça – MPE-GO/2014) Em relação à proteção e garantias das pessoas com deficiência, assinale a alternativa correta:

a) Os parques de diversões, públicos e privados, devem adaptar, no mínimo, 10% (dez por cento) de cada brinquedo e equipamento e identificá-lo para possibilitar sua utilização por pessoas com deficiência ou com mobilidade reduzida, tanto quanto tecnicamente possível.

b) A deficiência física, na forma do Decreto nº 5.296 de 2004, consiste na alteração completa ou parcial de um ou mais segmentos do corpo humano, acarretando o comprometimento da função física, incluindo as deformidades estéticas.

c) O candidato portador de deficiência, em razão da necessária igualdade de condições, concorrerá a todas as vagas de concurso público, sendo reservado no mínimo o percentual de cinco por cento em face da classificação obtida, inclusive nos casos de provimento de cargo em comissão

d) De acordo com súmula do Superior Tribunal de Justiça, o portador de visão monocular tem direito de concorrer, em concurso público, às vagas reservadas aos deficientes.

Resposta correta: letra "d".

(TRT 14 Região – Juiz do Trabalho – TRT 14ª Região/2013) Assinale a opção correta:

a) Os juros de mora incidem sobre a importância da condenação já corrigida monetariamente.

b) Os juros de mora decorrentes do inadimplemento de obrigação de pagamento em dinheiro integram a base de cálculo do imposto de renda, dependendo da natureza jurídica da obrigação inadimplida.

c) A Fazenda Pública é beneficiária da limitação dos juros de mora, prevista no art. 1º-F da Lei nº 9.494, de 10.9.1997, ainda que condenada subsidiariamente pelas obrigações trabalhistas devidas pela empregadora principal.

d) É indevida a incidência de juros de mora em relação aos débitos trabalhistas de empresa em liquidação extrajudicial sucedida nos moldes dos arts. 10 e 448 da CLT. O sucessor responde pela obrigação do sucedido, beneficiando-se de eventual privilégio a este destinado.

e) Os débitos trabalhistas das entidades submetidas aos regimes de intervenção ou liquidação extrajudicial estão sujeitos a correção monetária desde o respectivo vencimento até seu efetivo pagamento, sem interrupção ou suspensão, incidindo, sobre tais débitos, juros de mora, nos termos legais (art. 39, §1º, da Lei 8.177/91).

Resposta correta: letra "a".

(UEG – Delegado de Polícia Civil – PC-GO/2013) A Súmula Vinculante n. 13 do Supremo Tribunal Federal, editada para combater a prática do nepotismo na administração pública direta e indireta em qualquer dos poderes da União, dos estados, do Distrito Federal e dos municípios, veda a nomeação para o exercício de cargo em comissão ou de confiança ou, ainda, de função gratificada,

a) de cônjuge ou parente em linha reta, colateral ou por afinidade, até o terceiro grau, inclusive, da autoridade nomeante ou de servidor da mesma pessoa jurídica investido em cargo em comissão de direção, chefia ou assessoramento.

b) de cônjuge, companheiro ou parente em linha reta, colateral ou por afinidade, até o terceiro grau, inclusive, da autoridade nomeante ou de servidor da mesma pessoa jurídica investido em cargo em comissão de direção, chefia ou assessoramento.

c) de cônjuge, companheiro ou parente em linha reta, colateral ou por afinidade, até o segundo grau, inclusive, da autoridade nomeante ou de servidor da mesma pessoa jurídica investido em cargo em comissão de direção, chefia ou assessoramento.

d) de cônjuge ou parente em linha reta, colateral ou por afinidade, até o segundo grau, inclusive, da autoridade nomeante ou de servidor da mesma pessoa jurídica investido em cargo em comissão de direção, chefia ou assessoramento.

Resposta correta: letra "b".

(PGE-GO – Procurador do Estado – PGE-GO/2013) A propósito de limite de idade para inscrever-se em concurso público, está CORRETA a seguinte proposição:

a) Fere, em qualquer caso, regra constitucional segundo a qual é proibido "critério de admissão por motivo de sexo, idade, cor ou estado civil" (art. 7º, XXX).

b) A proibição prevista no art. 7º, XXX, da Constituição Federal não se aplica aos servidores públicos.

c) Pode justificar-se pela natureza das atribuições do cargo a ser preenchido, conforme jurisprudência não sumulada do Supremo Tribunal Federal.

d) Pode justificar-se pela natureza das atribuições do cargo a ser preenchido, conforme súmula do Supremo Tribunal Federal.

e) Só se legitima para os servidores públicos militares.

Resposta correta: letra "d".

(Vunesp – Juiz de Direito – TJ-MG/2012) Com relação ao princípio da igualdade previsto no texto constitucional brasileiro, assinale a alternativa que apresenta informação incorreta.

a) Acentuam o princípio da igualdade os chamados direitos de "primeira geração".

b) De acordo com o STF, não ofende o princípio da igualdade a limitação de idade para a inscrição em concurso público, desde que se leve em conta a natureza das atribuições do cargo a ser preenchido.

c) O princípio da isonomia reveste-se de autoaplicabilidade e não é suscetível de regulamentação ou complementação normativa.

d) Segundo o STF, não cabe ao Poder Judiciário aumentar vencimentos de servidores públicos, mesmo que sob o fundamento do princípio da igualdade.

Resposta correta: letra "a".

(Vunesp – Defensor Público – DPE-MS/2012) "A nomeação de cônjuge, companheiro ou parente em linha reta, colateral ou por afinidade, até o terceiro grau, inclusive, da autoridade nomeante ou de servidor da mesma pessoa jurídica investido em cargo de direção, chefia ou assessora- mento, para o exercício de cargo em comissão ou de confiança ou, ainda, de função gratificada na administração pública direta e indireta em qualquer dos Poderes da União, dos Estados, do Distrito Federal e dos Municípios, compreendido o ajuste mediante designações recíprocas, viola a Constituição Federal". Este é o teor da Súmula Vinculante n.° 13, do Supremo Tribunal Federal, editada com base no entendimento de que não é necessária a edição de lei formal para que seja vedado o nepotismo, pois este decorre diretamente de princípios constitucionais, sobretudo do princípio da

a) impessoalidade.

b) eficiência.

c) publicidade.

d) moralidade.

Resposta correta: letra "d".

(PGE-PA – Procurador do Estado – PGE-PA/2011) Está em vigor Súmula do STF com o seguinte teor:

a) O auxílio-alimentação é extensível aos inativos.

b) O pagamento de vencimentos de servidor público com atraso sujeita-se à correção monetária e juros de mora.

c) A vitaliciedade não impede a extinção do cargo, ficando o funcionário em disponibilidade, com todos os vencimentos.

d) No processo de desapropriação, são devidos juros moratórios desde a imissão na posse.

e) Os honorários do advogado do expropriado não integram o valor da indenização.

Resposta correta: letra "c".

(TRT 16 Região – Juiz do Trabalho – TRT 16ª Região/2011) Ainda considerando a jurisprudência majoritária do Supremo Tribunal Federal, marque a alternativa INCORRETA:

a) É inconstitucional toda modalidade de provimento que propicie ao servidor investir-se, sem prévia aprovação em concurso público destinado ao seu provimento, em cargo que não integra a carreira na qual anteriormente investido.

b) É inconstitucional o veto não motivado à participação de candidato a concurso público.

c) Dentro do prazo de validade do concurso, o candidato aprovado tem direito à nomeação, quando o cargo for preenchido sem observância da classificação.

d) A fixação de vencimentos dos servidores públicos não pode ser objeto de convenção coletiva, salvo quando houver manifesta omissão do Poder Público em assegurar a revisão geral anual, prevista no art. 37, inc. X, da Constituição Federal.

e) O cálculo de gratificações e outras vantagens do servidor público não incide sobre o abono utilizado para se atingir o salário mínimo.

Resposta correta: letra "d".

7. PRESCRIÇÃO ADMINISTRATIVA

Súmula 443-STF

A prescrição das prestações anteriores ao período previsto em lei **não ocorre, quando não tiver sido negado, antes daquele prazo, o próprio direito reclamado, ou a situação jurídica de que ele resulta.**

- **Status:** Válida.

Súmula 383-STF

A **prescrição em favor da Fazenda Pública** recomeça a correr, **por dois anos e meio, a partir do ato interruptivo, mas não fica reduzida aquém de cinco anos, embora o titular do direito a interrompa durante a primeira metade do prazo.**

- **Status:** Válida.

Súmula 85-STJ

Nas relações jurídicas de trato sucessivo em que a Fazenda Pública figure como devedora, quando não tiver sido negado o próprio direito reclamado, **a prescrição atinge apenas as prestações vencidas antes do quinquênio anterior à propositura da ação.**

- **Status:** Válida.

Súmula 39-STJ

~~Prescreve em 20 (vinte) anos a ação para haver indenização, por responsabilidade civil, de sociedade de economia mista.~~

• **Status:** Superada.

• **Nota do autor:** Na verdade, prescreve em **3 anos** a ação para haver indenização, por responsabilidade civil, de sociedade de economia mista, com fundamento no art. 206, § 3º, V, do CC/02. Isso porque, segundo o STJ, o prazo de prescrição quinquenal previsto no Decreto 20.910/1932 não se aplica às pessoas jurídicas de direito privado integrantes da estrutura da Administração Pública indireta (sociedades de economia mista e empresas públicas). O prazo prescricional quinquenal previsto no Decreto 20.910/1932 se aplica somente às pessoas jurídicas de direito público, ou seja, União, Estados, Distrito Federal, Municípios, Autarquias e Fundações Públicas.

• **Dispositivos relacionados:**

> "CC, Art. 206 (...)
>
> § 3º Em 3 anos:
>
> V – a pretensão de reparação civil;"
>
> "Decreto 20.910/1932, Art. 1º As dívidas passivas da União, dos Estados e dos Municípios, bem assim todo e qualquer direito ou ação contra a Fazenda federal, estadual ou municipal, seja qual for a sua natureza, prescrevem em cinco anos contados da data do ato ou fato do qual se originarem."

7.1. Questões relacionadas

(Vunesp – Juiz Leigo – TJ-RJ/2018) Sobre a interrupção da prescrição, assinale a alternativa correta.

a) Apenas a parte que aproveita a prescrição pode interrompê-la.

b) A interrupção da prescrição por um dos credores solidários não aproveita aos outros; assim como a interrupção efetuada contra o devedor solidário envolve os demais e seus herdeiros.

c) A interrupção da prescrição, que somente poderá ocorrer uma vez, dar-se-á por qualquer ato inequívoco, desde que judicial, que importe reconhecimento do direito pelo devedor.

d) A prescrição em favor da Fazenda Pública recomeça a correr, por dois anos e meio, a partir do ato interruptivo, mas não fica reduzida aquém de cinco anos, embora o titular do direito a interrompa durante a primeira metade do prazo.

e) A interrupção da prescrição pode ocorrer mais de uma vez, desde que seja por ato judicial que constitua em mora o devedor.

Resposta correta: letra "d".

(FAUEL – Advogado – Prev São José-PR/2017) Sobre a atuação da Fazenda Pública em juízo, é CORRETO afirmar que:

a) não se admite a aplicabilidade de astreintes quando o devedor da obrigação de fazer ou não fazer for a Fazenda Pública.

b) exige-se do titular do cargo de procurador de autarquia a apresentação de instrumento de mandato para atuar em juízo.

c) não se admite que os honorários sucumbenciais devidos sejam pagos por meio de Requisição de Pequeno Valor e o principal por meio de precatório, na hipótese de condenação da Fazenda Pública.

d) a participação da Fazenda Pública configura, por si só, hipótese de intervenção do Ministério Público.

e) a prescrição em favor da Fazenda Pública recomeça a correr, por dois anos e meio, a partir do ato interruptivo, mas não fica reduzida aquém de cinco anos, embora o titular do direito a interrompa durante a primeira metade do prazo.

Resposta correta: letra "e".

(UEPA – Procurador do Estado – PGE-PA/2015) Quanto à responsabilização da Fazenda Pública por danos causados por seus agentes, é correto afirmar que:

I. Nos termos do art. 1-C, da Lei nº. 9494/1997, com a redação dada pela MP nº. 2.180/2001, o prazo prescricional para a propositura das ações de indenizações por danos causados por agentes de pessoas jurídicas de direito público e de pessoas jurídicas de direito privado prestadoras de serviços públicos é de três anos.

II. O termo inicial para a propositura da ação de indenização contra o Estado, conforme dispõe o art. 1 do Decreto n. 20.910/1932, é a data do ato ou fato que deu origem à ação de indenização.

III. O prazo prescricional de todo e qualquer direito ou ação contra a Fazenda Pública federal, estadual ou municipal, seja qual for a sua natureza, prescreve em cinco anos nos termos do Decreto n. 20.910/1932, com exceção das ações indenizatórias que de acordo com o Código Civil prescrevem em 3 (três) anos.

IV. A prescrição em favor da Fazenda Pública recomeça a correr por dois anos e meio, a partir do ato interruptivo, mas não fica reduzida aquém de cinco anos, embora o titular do direito a interrompa durante a primeira metade do prazo. Após análise das assertivas acima, conclui-se que:

a) Existe apenas 1 assertiva correta.

b) Existem apenas 2 assertivas corretas.

c) Existem apenas 3 assertivas corretas.

d) Todas estão corretas.

e) Todas estão incorretas.

Resposta correta: letra "b".

(Cespe – Juiz Federal – TRF 2ª Região/2013) Com relação a bens, negócios jurídicos e obrigações, e às regras de prescrição em favor da fazenda pública, assinale a opção correta à luz do Código Civil e da jurisprudência do STJ.

a) Nas relações de trato sucessivo em que a fazenda pública figure como devedora, quando não tiver sido negado o próprio direito reclamado, a prescrição atingirá apenas as prestações vencidas antes do quinquênio anterior à propositura da ação. Segundo o STJ, todavia, esse entendimento não é aplicável na hipótese de lei de efeitos concretos cuja vigência acarrete lesão ou modificação do status do suposto titular do direito, haja vista que, nesse caso, o prazo prescricional é contado da data da publicação da lei.

b) Há negócios jurídicos que se exteriorizam de maneira obscura e ambígua, sendo necessário interpretá-los a fim de se precisar a intenção neles consubstanciada. Nesse sentido, o Código Civil não proscreve a interpretação extensiva dos negócios jurídicos benéficos e da renúncia.

c) É anulável o negócio concluído pelo representante em conflito de interesses com o representado, se tal fato era ou devia ser do conhecimento de quem com aquele tratou. O prazo decadencial para se pleitear a anulação desse negócio é de um ano, contado de sua conclusão ou da cessação da incapacidade.

d) A fiança prestada sem autorização de um dos cônjuges implica a ineficácia parcial da garantia com relação ao cônjuge que a ela não anuiu.

e) Será considerada uma universalidade de fato a pluralidade de bens singulares que, pertinentes à mesma pessoa, tenham destinação unitária, não sendo possível, todavia, que os bens formadores dessa universalidade possam ser objeto de relações jurídicas próprias.

Resposta correta: letra "a".

8. PROCESSO ADMINISTRATIVO

8.1. Disposições gerais

Súmula vinculante 21-STF

É inconstitucional a exigência de depósito ou arrolamento prévios de dinheiro ou bens para admissibilidade de recurso administrativo.

- **Status:** Válida.

Súmula 633-STJ

A Lei 9.784/99, especialmente no que diz respeito ao prazo decadencial para revisão de atos administrativos no âmbito da administração pública federal, pode ser aplicada de forma subsidiária aos Estados e municípios se inexistente norma local e específica regulando a matéria.

- **Status:** Aprovada em 12/06/2019.
- **Dispositivos relacionados:**

> "Lei 9.784/1999, Art. 53. A Administração deve anular seus próprios atos, quando eivados de vício de legalidade, e pode revogá-los por motivo de conveniência ou oportunidade, respeitados os direitos adquiridos."
>
> "Lei 9.784/1999, Art. 54. O direito da Administração de anular os atos administrativos de que decorram efeitos favoráveis para os destinatários decai em cinco anos, contados da data em que foram praticados, salvo comprovada má-fé.
>
> § 1º No caso de efeitos patrimoniais contínuos, o prazo de decadência contar-se-á da percepção do primeiro pagamento.
>
> § 2º Considera-se exercício do direito de anular qualquer medida de autoridade administrativa que importe impugnação à validade do ato.
>
> "Lei 9.784/1999, Art. 55. Em decisão na qual se evidencie não acarretarem lesão ao interesse público nem prejuízo a terceiros, os atos que apresentarem defeitos sanáveis poderão ser convalidados pela própria Administração."[2]

Súmula 510-STJ

A liberação de veículo retido apenas por transporte irregular de passageiros **não está condicionada ao pagamento de multas e despesas.**

- **Status:** Válida.

Súmula 434-STJ

O pagamento da multa por infração de trânsito **não inibe a discussão judicial do débito**.

- **Status:** Válida.

Súmula 373-STJ

É **ilegítima** a exigência de depósito prévio para admissibilidade de recurso administrativo.

- **Status:** Válida.

Súmula 312-STJ

No processo administrativo para imposição de multa de trânsito, **são necessárias as notificações da autuação e da aplicação da pena decorrente da infração.**

2. Em 12 de junho de 2019, a 1ª Seção do STJ aprovou a Súmula 633, tendo sido publicada em 18 de junho no Diário Eletrônico do STJ.

- **Status:** Válida.

8.2. Processo administrativo disciplinar

Súmula vinculante 5-STF

A falta de defesa técnica por advogado no processo administrativo disciplinar **não** ofende a Constituição.

- **Status:** Válida.

Súmula 19-STF

É inadmissível segunda punição de servidor público, baseada no mesmo processo em que se fundou a primeira.

- **Status:** Válida.

Súmula 18-STF

Pela falta residual, não compreendida na absolvição pelo juízo criminal, **é admissível** a punição administrativa do servidor público.

- **Status:** Válida.

Súmula 635-STJ

Os prazos prescricionais previstos no artigo 142 da Lei 8.112/90 iniciam-se na data em que a autoridade competente para abertura do procedimento administrativo tomar conhecimento do fato, interrompendo-se com o primeiro ato de instauração válido, sindicância de caráter punitivo ou processo disciplinar, e volta a fluir por inteiro após decorridos 140 dias desde a interrupção.

- **Status:** Aprovada em 12/06/2019.

- **Dispositivos relacionados:**

"Art. 142 da Lei 8.112/90, Art. 142. A ação disciplinar prescreverá:

I – em 5 (cinco) anos, quanto às infrações puníveis com demissão, cassação de aposentadoria ou disponibilidade e destituição de cargo em comissão;

II – em 2 (dois) anos, quanto à suspensão;

III – em 180 (cento e oitenta) dias, quanto à advertência.

§ 1º O prazo de prescrição começa a correr da data em que o fato se tornou conhecido.

§ 2º Os prazos de prescrição previstos na lei penal aplicam-se às infrações disciplinares capituladas também como crime.

§ 3º A abertura de sindicância ou a instauração de processo disciplinar interrompe a prescrição, até a decisão final proferida por autoridade competente.

§ 4º Interrompido o curso da prescrição, o prazo começará a correr a partir do dia em que cessar a interrupção."[3]

Súmula 611-STJ

Desde que devidamente motivada e com amparo em investigação ou sindicância, é permitida a instauração de processo administrativo disciplinar com base em denúncia anônima, em face do **poder-dever de autotutela** imposto à Administração.

- **Status:** Válida.

Súmula 592-STJ

O excesso de prazo para a conclusão do processo administrativo disciplinar só causa nulidade **se houver demonstração de prejuízo à defesa.**

- **Status:** Válida.

Súmula 591-STJ

É permitida a prova emprestada no processo administrativo disciplinar, desde que **devidamente autorizada pelo juízo competente e respeitados o contraditório e a ampla defesa.**

- **Status:** Válida.

Súmula 343-STJ

~~É obrigatória a presença de advogado em todas as fases do processo administrativo disciplinar.~~

- **Status:** Superada pela súmula vinculante 5 do STF.

3. Em 12 de junho de 2019, a 1ª Seção do STJ aprovou a Súmula 635, tendo sido publicada em 18 de junho no Diário Eletrônico do STJ.

8.3. Questões relacionadas

(FGV – Analista Judiciário – Área Judiciária – TJ-AL/2018) Em matéria de responsabilidade administrativa por falta funcional de servidor público, de acordo com a jurisprudência do Supremo Tribunal Federal e do Superior Tribunal de Justiça:

a) o termo inicial do prazo prescricional em processo administrativo disciplinar começa a correr necessariamente da data do fato;

b) a falta de defesa técnica por advogado no processo administrativo disciplinar não ofende a Constituição da República de 1988;

c) a utilização de prova emprestada produzida no processo criminal para o processo administrativo disciplinar é vedada, em qualquer hipótese;

d) as instâncias administrativa e penal são independentes entre si, inclusive quando reconhecida a inexistência do fato ou a negativa de autoria na esfera criminal;

e) o excesso de prazo para conclusão do processo administrativo disciplinar gera sua nulidade automática, independentemente da demonstração do prejuízo para a defesa.

Resposta correta: letra "b".

(FGV – Analista Judiciário – Área Judiciária – TJ-AL/2018) Em matéria de responsabilidade administrativa por falta funcional de servidor público, de acordo com a jurisprudência do Supremo Tribunal Federal e do Superior Tribunal de Justiça:

a) o termo inicial do prazo prescricional em processo administrativo disciplinar começa a correr necessariamente da data do fato;

b) a falta de defesa técnica por advogado no processo administrativo disciplinar não ofende a Constituição da República de 1988;

c) a utilização de prova emprestada produzida no processo criminal para o processo administrativo disciplinar é vedada, em qualquer hipótese;

d) as instâncias administrativa e penal são independentes entre si, inclusive quando reconhecida a inexistência do fato ou a negativa de autoria na esfera criminal;

e) o excesso de prazo para conclusão do processo administrativo disciplinar gera sua nulidade automática, independentemente da demonstração do prejuízo para a defesa.

Resposta correta: letra "b".

(FMP – Procurador do Estado – PGE-AC/2017) Sobre o processo administrativo, considere as assertivas a seguir.

I – A falta de defesa técnica por advogado no processo administrativo disciplinar viola a Constituição Federal.

II – Aos litigantes, em processo administrativo, asseguram-se o contraditório e a ampla defesa, com os meios e os recursos a ela inerentes, demandando-se a presença de advogado para a elaboração de defesa técnica.

III – O processo administrativo, inclusive aquele que pode concluir pela pena de aposentadoria compulsória ou pela demissão do servidor público, é passível de revisão judicial.

IV – É assegurado ao servidor o direito de acompanhar o processo pessoalmente, arrolar e reinquirir testemunhas, produzir provas e contraprovas e formular quesitos, quando se tratar de prova pericial.

Estão CORRETAS apenas as assertivas:

a) I, II, III e IV.

b) I, II e III.

c) I, II e IV.

d) I, III e IV.

e) III e IV.

Resposta correta: letra "e".

(Cespe – Defensor Público – DPE-AC/2017) Em razão da prática de infração disciplinar tipificada como crime, foi instaurado procedimento administrativo disciplinar em desfavor de determinado servidor público, o qual já responde à ação penal relacionada aos mesmos fatos.

Acerca dessa situação hipotética, assinale a opção correta, de acordo com a jurisprudência dos tribunais superiores sobre o assunto.

a) A independência das esferas administrativa e criminal não permite que a efetivação de penalidade de demissão imposta em sede administrativa ocorra anteriormente ao trânsito em julgado da ação penal.

b) É aceita a utilização de prova emprestada no procedimento administrativo disciplinar em curso, desde que autorizada pelo juiz criminal e respeitados o contraditório e a ampla defesa.

c) A absolvição criminal fundada na inocorrência de crime impede a imposição de penalidade em sede do procedimento administrativo disciplinar.

d) A condenação criminal impõe a aplicação da penalidade administrativa em sede de procedimento disciplinar, independentemente da regularidade do procedimento administrativo instaurado.

e) A fim de serem evitadas decisões contraditórias nas instâncias administrativa e penal, impõe-se o sobrestamento do procedimento administrativo disciplinar até o julgamento final da ação penal em tramitação.

Resposta correta: letra "b".

(Vunesp – Titular de Serviços de Notas e de Registros – TJ-SP/2016) De acordo com a Súmula Vinculante n. 21 do Supremo Tribunal Federal, a exigência de depósito ou arrolamento prévios de dinheiro ou bens para admissibilidade de recurso administrativo é

a) inconstitucional.

b) constitucional.

c) vedada quando o devedor se encontra em comprovado estado de insolvência.

d) admitida nos casos de interesse da União.

Resposta correta: letra "a".

(Vunesp – Titular de Serviços de Notas e de Registros – TJ-SP/2016) De acordo com a Súmula Vinculante n. 5, do Supremo Tribunal Federal,

a) a falta de defesa técnica por advogado no processo administrativo disciplinar não ofende a Constituição apenas quando a pena aplicada foi a de advertência.

b) a falta de defesa técnica por advogado no processo administrativo disciplinar é causa de nulidade.

c) a falta de defesa técnica por advogado no processo administrativo disciplinar ofende a Constituição apenas quando a pena aplicada foi a de demissão.

d) a falta de defesa técnica por advogado no processo administrativo disciplinar não ofende a Constituição.

Resposta correta: letra "d".

(FCC – Juiz de Direito – TJ-AL/2015) Suponha uma lei estadual que considere obrigatória a presença de defesa técnica por advogado em processo administrativo disciplinar no âmbito do respectivo Estado, fornecendo, inclusive, meios para suprir essa defesa no caso de hipossuficiência do acusado. Considerando a jurisprudência do Supremo Tribunal Federal, inclusive a matéria sumulada, e tomando tão somente os elementos indicados nesta questão, essa lei seria considerada

a) constitucional, eis que a jurisprudência do Supremo Tribunal Federal não veda essa opção política ao legislador.

b) inconstitucional, por versar matéria de competência privativa da União, qual seja, especificamente, processo disciplinar.

c) inconstitucional, por considerar obrigatória a presença de advogado no processo administrativo disciplinar.

d) inconstitucional, por propiciar meios públicos para a defesa do servidor, ainda que hipossuficiente, em potencial litígio com o próprio poder público.

e) constitucional, por versar matéria de competência privativa expressa dos Estados-Membros, qual seja, processo administrativo em geral.

Resposta correta: letra "a".

(FCC – Juiz de Direito – TJ-SC/2015) A Súmula Vinculante n. 21 dispõe, em seu verbete, sobre a exigência de depósito ou arrolamento prévios de dinheiro ou bens como requisito de admissibilidade de recurso administrativo. Sua edição, em razão do efeito vinculante que emana do respectivo enunciado

a) não impõe vedação a que órgão do Poder Judiciário do Estado de Santa Catarina reconheça a constitucionalidade de diploma legal estadual que exija arrolamento prévio de bens como requisito de admissibilidade de recurso administrativo, desde que, no caso, a sentença contemple juízo fundado na inexistência de violação ao contraditório e à ampla defesa.

b) impõe vedação a que os Poderes Legislativos de Estados e Municípios aprovem novas leis que exijam depósito prévio em dinheiro como requisito de admissibilidade de recurso administrativo.

c) impõe que os órgãos do Poder Judiciário do Estado de Santa Catarina reconheçam, incidenter tantum, nos casos que lhe forem devidamente submetidos, a inconstitucionalidade de lei estadual que exija arrolamento prévio de bens como requisito de admissibilidade de recurso administrativo, ainda que o Supremo Tribunal Federal não tenha decidido sobre a constitucionalidade do referido diploma estadual.

d) impede que o Supremo Tribunal Federal, em sede de ação direta de inconstitucionalidade, declare a constitucionalidade de lei estadual que exija depósito prévio em dinheiro como requisito de admissibilidade de recurso administrativo.

e) não obsta que os órgãos do Poder Judiciário do Estado de Santa Catarina reconheçam, incidenter tantum, nos casos que lhe forem submetidos após a publicação do verbete, a constitucionalidade de lei estadual que exija arrolamento prévio de bens como requisito de admissibilidade de recurso administrativo, desde que o caso sobre o qual incidiria o diploma legal tenha ocorrido anteriormente à aprovação da Súmula Vinculante n° 21.

Resposta correta: letra "c".

(FEPESE – Analista Legislativo – Prefeitura de Balneário Camboriú-SC/2015) De acordo com as Súmulas do Superior Tribunal de Justiça em matéria administrativa:

1. O diploma ou a habilitação legal para o exercício do cargo deve ser exigido na posse e não na inscrição para o concurso público.

2. A liberação de veículo retido por transporte irregular de passageiros está condicionada ao prévio pagamento de multas e despesas.

3. Compete à legislação local dispor sobre a exigência de depósito prévio para admissibilidade de recurso administrativo.

Assinale a alternativa que indica todas as afirmativas corretas.

a) É correta apenas a afirmativa 1.

b) É correta apenas a afirmativa 2.

c) É correta apenas a afirmativa 3.

d) São corretas apenas as afirmativas 1 e 2.

e) São corretas apenas as afirmativas 2 e 3.

Resposta correta: letra "a".

(ESAF – Auditor Fiscal da Receita Federal – Receita Federal/2012) Determinado servidor público cometeu infrações disciplinares, violando os incisos I, II e III do art. 116, c/c o art. 117, incisos IX e XV, todos da Lei n. 8.112/90 e foi apenado com suspensão de setenta e cinco dias.

Entretanto, invocando pareceres da Advocacia-Geral da União que consideram compulsória a penalidade de demissão em casos como o acima narrado, foi declarado nulo o julgamento proferido no processo administrativo disciplinar em questão, considerando que o referido servidor cometeu falta funcional passível de demissão.

Após garantido o devido processo legal, com o contraditório e ampla defesa que lhes são inerentes, a autoridade julgadora emite portaria, demitindo o servidor público pelas infrações cometidas.

Tendo em mente a jurisprudência do STJ sobre a matéria, assinale a opção correta.

a) Em caso de dissonância entre a penalidade aplicada e a penalidade recomendada em lei ou orientação normativa interna, é possível o agravamento da penalidade imposta ao servidor ainda que após o encerramento do respectivo processo disciplinar, com julgamento pela autoridade competente.

b) O rejulgamento do processo administrativo disciplinar é possível não somente quando houver possibilidade de abrandamento da sanção, mas em alguns casos específicos de agravamento como o narrado no enunciado da questão.

c) Sempre que caracterizada uma das infrações disciplinares previstas no art.132 da Lei n. 8.112/90, torna-se compulsória a aplicação da pena de demissão.

d) É inadmissível segunda punição de servidor público, baseada no mesmo processo em que se fundou a primeira.

e) A anulação parcial do processo para a aplicação de orientação da Advocacia-Geral da União está correta e equipara-se a uma anulação por julgamento contrário à prova dos autos.

Resposta correta: letra "d".

9. BENS PÚBLICOS

Súmula 650-STF

Os incisos I e XI do art. 20 da Constituição Federal, **não alcançam terras de aldeamentos extintos, ainda que ocupadas por indígenas em passado remoto**.

- **Status:** Válida.

Súmula 480-STF

Pertencem ao domínio e administração da União, ~~nos termos dos artigos 4º, IV, e 186, da Constituição Federal de 1967~~, as terras ocupadas por silvícolas.

- **Status:** Válida, mas devemos ler o teor dessa súmula atualizando os artigos citados.

- **Nota do autor:** São bens da União as terras tradicionalmente ocupadas pelos índios.

- **Dispositivos relacionados:**

> "CF, Art. 20. São bens da União:
>
> XI – as terras tradicionalmente ocupadas pelos índios."

"CF, Art. 231. São reconhecidos aos índios sua organização social, costumes, línguas, crenças e tradições, e os direitos originários sobre as terras que tradicionalmente ocupam, competindo à União demarcá-las, proteger e fazer respeitar todos os seus bens.

§ 1º São terras tradicionalmente ocupadas pelos índios as por eles habitadas em caráter permanente, as utilizadas para suas atividades produtivas, as imprescindíveis à preservação dos recursos ambientais necessários a seu bem-estar e as necessárias a sua reprodução física e cultural, segundo seus usos, costumes e tradições."

Súmula 479-STF

As margens dos rios navegáveis **são domínio público, insuscetíveis de expropriação e, por isso mesmo, excluídas de indenização.**

- **Status:** Válida.

Súmula 477-STF

As concessões de terras devolutas situadas na faixa de fronteira, feitas pelos Estados, **autorizam, apenas, o uso**, permanecendo o domínio com a União, ainda que se mantenha inerte ou tolerante, em relação aos possuidores.

- **Status:** Válida.

- **Nota do autor:** São bens da União tão somente as terras devolutas **indispensáveis** à defesa das fronteiras, das fortificações e construções militares, das vias federais de comunicação e à preservação ambiental, definidas em lei (art. 20, II, da CF). Nos termos do art. 26, IV, da CF, são bens dos Estados as terras devolutas que não sejam da União (art. 20, II, da CF).

- **Dispositivos relacionados:**

"CF, Art. 20. São bens da União:

II – as terras devolutas indispensáveis à defesa das fronteiras, das fortificações e construções militares, das vias federais de comunicação e à preservação ambiental, definidas em lei;"

"CF, Art. 26. Incluem-se entre os bens dos Estados:

IV – as terras devolutas não compreendidas entre as da União."

Súmula 103-STJ

Incluem-se entre os imóveis funcionais que podem ser vendidos, os administrados pelas Forças Armadas e ocupados pelos servidores civis.

- **Status:** Válida.

Súmula 496-STJ

Os registros de propriedade particular de imóveis situados em terrenos de marinha **não são oponíveis à União.**

- **Status:** Válida.
- **Dispositivos relacionados:**

> "CF, Art. 20. São bens da União:
> VII – os terrenos de marinha e seus acrescidos;"

Súmula 619-STJ

A ocupação indevida de bem público **configura mera detenção, de natureza precária, insuscetível de retenção ou indenização por acessões e benfeitorias.**

- **Status:** Válida.

9.1. Questões relacionadas

(Cespe – Defensor Público – DPE-PE/2018) Com relação à disciplina dos bens públicos, assinale a opção correta.

a) À exceção dos bens dominiais não afetados a qualquer finalidade pública, os bens públicos são impenhoráveis.

b) A ocupação irregular de bem público não impede que o particular retenha o imóvel até que lhe seja paga indenização por acessões ou benfeitorias por ele realizadas, conforme entendimento do Superior Tribunal de Justiça.

c) Aos municípios pertencem as terras devolutas não compreendidas entre aquelas pertencentes à União.

d) As terras tradicionalmente reservadas aos índios são consideradas bens públicos de uso especial da União.

e) Bens de uso comum do povo, destinados à coletividade em geral, não podem, em nenhuma hipótese, ser privativamente utilizados por particulares.

Resposta correta: letra "d".

(FGV – Analista Judiciário – Área Judiciária – TJ-AL/2018) O Estado Alfa ingressou com ação judicial em face da União, postulando que fosse reconhecido que, entre os bens do Estado, figuravam as terras devolutas situadas em seu território, tidas como indispensáveis à defesa das fronteiras.

À luz da sistemática constitucional, o referido pedido deve ser julgado:

a) procedente, pois todas as terras devolutas pertencem aos Estados;

b) improcedente, pois todas as terras devolutas pertencem aos Municípios;

c) procedente, pois somente as terras devolutas situadas em ilhas pertencem à União;

d) improcedente, pois as terras devolutas indispensáveis à defesa das fronteiras pertencem à União;

e) procedente, pois somente as terras devolutas situadas em capitais pertencem à União e aos Municípios.

Resposta correta: letra "d".

(FAPEMS – Delegado de Polícia Civil – PC-MS/2017) Sobre a posse e a propriedade, sua classificação, formas de aquisição, efeitos e perda, assinale a alternativa a correta.

a) De acordo com a jurisprudência do Superior Tribunal de Justiça, a ocupação indevida de bem público não gera posse, mas mera detenção. Essa mesma jurisprudência estabelece que o Estado está obrigado a indenizar eventuais acessões e suportar o direito de retenção pelas benfeitorias f eventualmente realizadas.

b) O fâmulo da posse não pode fazer uso dos interditos possessórios, mas nada impede que ele utilize o desforço imediato para proteger o bem daquele que recebe ordens.

c) O proprietário pode ser privado da coisa, no caso de requisição por perigo público iminente. Tal privação enseja indenização ulterior, independentemente da existência de dano.

d) A usucapião especial urbana (pro misero) estará caracterizada somente se a área urbana construída corresponder a do terreno, ou seja, a duzentos e cinquenta metros quadrados.

e) De acordo com os civilistas, o direito de propriedade deve ser exercido em consonância com as suas finalidades econômicas e sociais e de modo que sejam preservados a flora, a fauna, as belezas naturais, o equilíbrio ecológico e o patrimônio histórico e artístico, bem como evitada a poluição do ar e das águas. A posse, de sua feita, é um poder de fato sobre a coisa cuja configuração não exige o elemento "função social".

Resposta correta: letra "b".

(TRF 4ª Região – Juiz Federal – TRF 4ª Região/2016) Assinale a alternativa INCORRETA.

a) Embora a Constituição Federal estabeleça que os recursos minerais, inclusive os do subsolo, sejam bens da União Federal, fica garantida, ao concessionário da lavra, a propriedade do produto de sua exploração.

b) Mesmo que os recursos naturais da plataforma continental e os recursos minerais sejam bens da União, a participação ou a compensação dos Estados, do Distrito Federal e dos Municípios, no resultado da exploração de petróleo, xisto betuminoso e gás natural compõem as receitas originárias destes últimos entes federativos.

c) As concessões de terras devolutas situadas na faixa de fronteira, feitas pelos Estados, autorizam apenas o uso, permanecendo o domínio com a União, ainda que se mantenha inerte ou tolerante em relação aos possuidores.

d) Todas as terras tradicionalmente ocupadas pelos índios são um bem público nacional. Elas são inalienáveis e indisponíveis. Entretanto, os índios têm a sua posse permanente, cabendo-lhes o usufruto exclusivo das riquezas do solo, dos rios e dos lagos nelas existentes.

e) A faixa de até 150 (cento e cinquenta) quilômetros de largura, ao longo das fronteiras terrestres, designada como faixa de fronteira, é considerada fundamental para defesa do território nacional e, por conseguinte, não é passível de ocupação ou utilização por particulares.

Resposta correta: letra "e".

(UEPA – Procurador do Estado – PGE-PA/2015) A respeito de demarcação de terras indígenas, julgue as afirmativas a seguir, segundo a jurisprudência do Supremo Tribunal Federal.

I. A data da promulgação da Constituição Federal é referencial do marco temporal para verificação da existência da comunidade indígena, bem como da efetiva e formal ocupação fundiária pelos índios e que não se perde onde, em 5 de outubro de 1988, a reocupação apenas não ocorreu por efeito de renitente esbulho por parte de não-índios.

II. Há compatibilidade entre o usufruto de terras indígenas e faixa de fronteira, o que permite a instalação de equipamentos públicos, tais como postos de vigilância, batalhões, companhias e agentes da Polícia Federal ou das Forças Armadas, sem precisar de licença de quem quer que seja para fazê-lo.

III. A configuração de terras tradicionalmente ocupadas pelos índios, nos termos do art. 231, § 1º, da Constituição Federal, já foi pacificada pelo Supremo Tribunal Federal, com a edição da Súmula 650, que dispõe: os incisos I e XI do art. 20 da Constituição Federal não alcançam terras de aldeamentos extintos, ainda que ocupadas por indígenas em passado remoto.

IV. Pode a União, para ampliação de terra indígena, efetuar a desapropriação de imóveis particulares, com o pagamento de justa e prévia indenização ao seu legítimo proprietário.

V. A ampliação de área indígena já demarcada será possível, sem necessidade de desapropriação, desde que comprovado que o espaço geográfico objeto da ampliação constituía terra tradicionalmente ocupada pelos índios quando da promulgação da Constituição Federal de 1988. A alternativa que contém todas as afirmativas corretas é:

a) I, II, III, IV e V

b) II, III e IV

c) III, IV e V

d) I, II e IV

e) I, II e V

Resposta correta: letra "a".

(Cespe – Analista Legislativo – Câmara dos Deputados/2014) A respeito de bens públicos, concessões e permissões, bem como sanções administrativas, julgue o item subsequente.

As terras tradicionalmente ocupadas pelos índios são bens da União, mas não são bens da União os aldeamentos extintos, ainda que ocupados por indígenas em passado remoto.

Resposta: certo.

(Cespe – Delegado de Polícia Federal – DPF/2013) Considerando o disposto na CF acerca na ordem social, julgue o item subsequente.

As terras tradicionalmente ocupadas pelos índios, incluídas no domínio constitucional da União Federal, são inalienáveis, indisponíveis e insuscetíveis de prescrição aquisitiva.

Resposta: certo.

10. INTERVENÇÃO DO ESTADO NA PROPRIEDADE PRIVADA

10.1. Desapropriação

Súmula 652-STF

Não contraria a Constituição, o art. 15, § 1º, do Decreto-Lei nº 3.365/41 (Lei da desapropriação por utilidade pública).

- **Status:** Válida.

- **Dispositivos relacionados:**

"CF, Art. 5º (...)

XXIV – a lei estabelecerá o procedimento para desapropriação por necessidade ou utilidade pública, ou por interesse social, mediante justa e prévia indenização em dinheiro, ressalvados os casos previstos nesta Constituição;"

"DL 3.365/41, Art. 15. Se o expropriante alegar urgência e depositar quantia arbitrada de conformidade com o art. 685 do Código de Processo Civil, o juiz mandará imiti-lo provisoriamente na posse dos bens.

§ 1º A imissão provisória poderá ser feita, independente da citação do réu, mediante o depósito:

a) do preço oferecido, se este for superior a 20 (vinte) vezes o valor locativo, caso o imóvel esteja sujeito ao imposto predial;

b) da quantia correspondente a 20 (vinte) vezes o valor locativo, estando o imóvel sujeito ao imposto predial e sendo menor o preço oferecido;

c) do valor cadastral do imóvel, para fins de lançamento do imposto territorial, urbano ou rural, caso o referido valor tenha sido atualizado no ano fiscal imediatamente anterior;

d) não tendo havido a atualização a que se refere o inciso *c*, o juiz fixará independente de avaliação, a importância do depósito, tendo em vista a época em que houver sido fixado originalmente o valor cadastral e a valorização ou desvalorização posterior do imóvel."

Súmula 618-STF

~~Na desapropriação, direta ou indireta, a taxa dos juros compensatórios é de 12% ao ano.~~

• **Status:** Superada com a decisão do STF tomada pelo Plenário, na ADI 2332/DF, Rel. Min. Roberto Barroso, julgado em 17/5/2018 (Informativo n. 902).

Súmula 617-STF

A base de cálculo dos honorários de advogado em desapropriação **é a diferença entre a oferta e a indenização**, corrigidas ambas monetariamente.

• **Status:** Válida.

Súmula 561-STF

Em desapropriação, **é devida a correção monetária até a data do efetivo pagamento da indenização, devendo proceder-se à atualização do cálculo, ainda que por mais de uma vez.**

• **Status:** Válida.

Súmula 476-STF

Desapropriadas as ações de uma sociedade, o poder desapropriante, imitido na posse, **pode exercer, desde logo, todos os direitos inerentes aos respectivos títulos.**

• **Status:** Válida.

Súmula 475-STF

A Lei 4.686, de 21/06/1965, **tem aplicação imediata aos processos em curso, inclusive em grau de recurso extraordinário.**

• **Status:** Válida.

Súmula 416-STF

Pela demora no pagamento do preço da desapropriação **não** cabe indenização complementar além dos juros.

- **Status:** Válida.

Súmula 378-STF

Na indenização por desapropriação **incluem-se honorários do advogado do expropriado**.

- **Status:** Válida.

Súmula 345-STF

~~Na chamada desapropriação indireta, os juros compensatórios são devidos a partir da perícia, desde que tenha atribuído valor atual ao imóvel.~~

- **Status:** Superada.

Súmula 218-STF

~~É competente o Juízo da Fazenda Nacional da capital do Estado, e não o da situação da coisa, para a desapropriação promovida por empresa de energia elétrica, se a União Federal intervém como assistente.~~

- **Status:** Superada.

Súmula 164-STF

No processo de desapropriação, **são devidos juros compensatórios desde a antecipada imissão de posse, ordenada pelo juiz, por motivo de urgência**.

- **Status:** Válida.

Súmula 157-STF

É necessária prévia autorização do Presidente da República para desapropriação, pelos Estados, de empresa de energia elétrica.

- **Status:** Válida.

Súmula 23-STF

Verificados os pressupostos legais para o licenciamento da obra, **não** o impede a declaração de utilidade pública para desapropriação do imóvel, mas o valor da obra **não** se incluirá na indenização, quando a desapropriação for efetivada.

• **Status:** Válida.

Súmula 408-STJ

~~Nas ações de desapropriação, os juros compensatórios incidentes após a Medida Provisória 1.577, de 11/06/1997, devem ser fixados em 6% ao ano até 13/09/2001 e, a partir de então, em 12% ao ano, na forma da Súmula 618 do STF.~~

• **Status:** Superada com a decisão do STF tomada pelo Plenário, na ADI 2332/DF, Rel. Min. Roberto Barroso, julgado em 17/5/2018 (Informativo n. 902).

Súmula 354-STJ

A invasão do imóvel **é causa de suspensão do processo expropriatório para fins de reforma agrária**.

• **Status:** Válida.

Súmula 141-STJ

Os honorários de advogado em desapropriação direta **são calculados sobre a diferença entre a indenização e a oferta**, corrigidas monetariamente.

• **Status:** Válida.

Súmula 131-STJ

Nas ações de desapropriação **incluem-se** no cálculo da verba advocatícia as parcelas relativas aos juros compensatórios e moratórios, devidamente corrigidas.

• **Status:** Válida.

Súmula 119-STJ

~~A ação de desapropriação indireta prescreve em vinte anos.~~

• **Status:** Superada.

• **Nota do autor:** A ação de desapropriação indireta prescreve em **10 (dez) anos**. A 2ª Turma do STJ decidiu que, após a entrada em vigor do Código Civil de 2002, é de dez anos o prazo de prescrição aplicável nas ações de desapropriação indireta. A Turma entendeu que incide nessas hipóteses o mesmo prazo previsto para o usucapião extraordinário por posse-trabalho, previsto no parágrafo único do artigo 1.238 do Código, observadas as regras de transição prevista no artigo 2.028 da Lei.

• **Precedentes relacionados:**

"Considerando que a desapropriação indireta pressupõe a realização de obras pelo poder público ou sua destinação em função da utilidade pública ou do interesse social, com fundamento no atual Código Civil, o prazo prescricional aplicável às desapropriações indiretas passou, portanto, a ser de dez anos." (STJ, 2ª Turma, REsp 1.300.442-SC, Rel. Min. Herman Benjamin, julgado em 18/6/2013. Informativo n. 523)

• **Dispositivos relacionados:**

"CC, Art. 1.238. Aquele que, por quinze anos, sem interrupção, nem oposição, possuir como seu um imóvel, adquire-lhe a propriedade, independentemente de título e boa-fé; podendo requerer ao juiz que assim o declare por sentença, a qual servirá de título para o registro no Cartório de Registro de Imóveis.

Parágrafo único. O prazo estabelecido neste artigo reduzir-se-á a dez anos se o possuidor houver estabelecido no imóvel a sua moradia habitual, ou nele realizado obras ou serviços de caráter produtivo."

"CC, Art. 2.028. Serão os da lei anterior os prazos, quando reduzidos por este Código, e se, na data de sua entrada em vigor, já houver transcorrido mais da metade do tempo estabelecido na lei revogada."

Súmula 114-STJ

Os juros compensatórios, **na desapropriação indireta**, incidem a partir da ocupação, calculados sobre o valor da indenização, corrigido monetariamente.

• **Status:** Válida.

Súmula 113-STJ

Os juros compensatórios, **na desapropriação direta**, incidem a partir da imissão na posse, calculados sobre o valor da indenização, corrigido monetariamente.

• **Status:** Válida.

Súmula 102-STJ

A incidência dos juros moratórios sobre os compensatórios, nas ações expropriatórias, **não constitui anatocismo vedado em lei.**

• **Status:** Válida.

Súmula 70-STJ

Os juros moratórios, na desapropriação direta ou indireta, contam-se desde o trânsito em julgado da sentença.

- **Status:** Superada, mas apenas em parte.
- **Nota do autor:** Cuidado para não confundir: a) **desapropriação proposta por pessoa jurídica de direito público (União, Estados, Distrito Federal, Municípios, Autarquias e Fundações Públicas):** os juros moratórios são contados a partir de 1º de janeiro do exercício financeiro seguinte àquele em que o pagamento deveria ser efetuado, com fundamento no art. 100 da CF; b) **desapropriação proposta por pessoa jurídica de direito privado (Empresas Públicas, Sociedades de Economia Mista e Concessionárias e Permissionárias de Serviços Públicos):** os juros moratórios são contados desde o trânsito em julgado da sentença, com fundamento na Súmula 70 do STJ.
- **Dispositivos relacionados:**

> "CF, Art. 100. Os pagamentos devidos pelas Fazendas Públicas Federal, Estaduais, Distrital e Municipais, em virtude de sentença judiciária, far-se-ão exclusivamente na ordem cronológica de apresentação dos precatórios e à conta dos créditos respectivos, proibida a designação de casos ou de pessoas nas dotações orçamentárias e nos créditos adicionais abertos para este fim."

Súmula 69-STJ

Na desapropriação direta, os juros compensatórios são devidos desde a antecipada imissão na posse e, **na desapropriação indireta, a partir da efetiva ocupação do imóvel.**

- **Status:** Válida.

Súmula 67-STJ

Na desapropriação, **cabe a atualização monetária, ainda que por mais de uma vez, independente do decurso de prazo superior a um ano entre o cálculo e o efetivo pagamento da indenização.**

- **Status:** Válida.

Súmula 56-STJ

Na desapropriação para instituir servidão administrativa **são** devidos os juros compensatórios pela limitação de uso da propriedade.

- **Status:** Válida.

Súmula 12-STJ

Em desapropriação, **são cumuláveis** juros compensatórios e moratórios.

- **Status:** Válida.

10.2. Questões relacionadas

(FCC – Procurador do Estado – PGE-AP/2018) Considere que, visando realizar obras de saneamento básico, o Estado do Amapá edita decreto no qual declara a utilidade pública, para fins de desapropriação, de imóvel residencial urbano habitado pelo respectivo proprietário, em favor da Companhia de Água e Esgoto do Amapá (CAESA). A referida empresa estatal ajuíza a ação de desapropriação e, na petição inicial, alega urgência e requer a imissão provisória no imóvel expropriando. Nesse caso,

a) não deve ser concedida a imissão provisória, visto que a urgência deveria ser previamente declarada no decreto de utilidade pública.

b) se houver impugnação pelo expropriado, haverá arbitramento de indenização provisória pelo juiz, que somente autorizará a imissão, se o expropriante complementar o depósito para que este atinja a metade do valor arbitrado.

c) não é possível imissão provisória, pois o direito à moradia se sobrepõe à conveniência da Administração Pública.

d) deve haver a citação do expropriado antes da decisão sobre a imissão provisória na posse.

e) a empresa estatal nunca terá competência para ajuizar ação de desapropriação, que deve ser proposta diretamente pelo ente que emitiu o decreto de utilidade pública.

Resposta correta: letra "b".

(TRF 2ª Região – Juiz Federal – TRF 2ª Região/2017) Sobre Desapropriação, marque a assertiva correta:

a) Decretada a utilidade pública do bem a ser expropriado, e desde que passado o prazo legal para o acordo administrativo, ficam as autoridades administrativas autorizadas a penetrar nos prédios compreendidos na declaração.

b) O decreto de utilidade pública marca o início do prazo de caducidade da ação de desapropriação indireta.

c) A declaração de utilidade pública marca o início do prazo prescricional da ação de desapropriação indireta.

d) O decreto de utilidade pública implica vedação de licenciamento de obra no bem objeto do ato expropriatório.

e) A expedição do Decreto de utilidade pública marca o início de prazo quinquenal findo o qual, não havendo acordo e não intentada a ação, o ato caducará.

Resposta correta: letra "e".

(MPE-GO – Promotor de Justiça – MPE-GO/2016) Tocante às limitações legais e constitucionais ao direito de propriedade, segundo a jurisprudência do Superior Tribunal de Justiça, é incorreto afirmar que:

a) A indenização pela cobertura vegetal, de forma destacada da terra nua, está condicionada à efetiva comprovação da exploração econômica lícita dos recursos vegetais.

b) Não enseja indenização ao proprietário do solo a desapropriação de jazidas de substâncias minerais (areia, pedregulho e 'rachão'), de emprego imediato na construção civil, sem concessão, autorização ou licenciamento para serem exploradas pelo expropriado.

c) Na desapropriação para instituir servidão administrativa são devidos os juros compensatórios pela limitação de uso da propriedade.

d) O desvio de finalidade que leva à retrocessão é o simples descumprimento dos objetivos que justificaram a desapropriação, sendo indiferente, para que o expropriado tenha direito à devolução do imóvel, que o Poder Público dê ao bem destinação que não atenda ao interesse público.

Resposta correta: letra "d".

(Vunesp – Procurador Jurídico – Prefeitura de Várzea Paulista – SP/2016) Considere a hipótese de um Procurador Jurídico ser convidado a dar parecer sobre a base de cálculo dos honorários de advogado em desapropriação. O Procurador Jurídico estaria correto se afirmasse que

a) a base de cálculo dos honorários de advogado em desapropriação é a diferença entre a oferta e a indenização, corrigidas ambas monetariamente, nos termos de Súmula do Supremo Tribunal Federal.

b) os honorários deveriam, nos termos do Código de Processo Civil, observar o percentual mínimo de dez e máximo de vinte por cento sobre o valor da indenização.

c) apesar de o assunto não estar disciplinado na legislação, o Superior Tribunal de Justiça sumulou a matéria no sentido de que a base de cálculo dos honorários seja o valor da indenização.

d) os honorários deveriam, nos termos do Código de Processo Civil, observar o percentual mínimo de oito e máximo de dez por cento sobre o valor da indenização.

e) os honorários deveriam, nos termos do Código de Processo Civil, observar o percentual mínimo de cinco e máximo de oito por cento sobre o valor da indenização.

Resposta correta: letra "a".

(Vunesp – Procurador Jurídico – Prefeitura de Alumínio – SP/2016) No que concerne à desapropriação, é correto afirmar que:

a) na desapropriação indireta, os juros compensatórios são devidos desde a antecipada imissão na posse, e na desapropriação direta, a partir da efetiva ocupação do imóvel.

b) a incidência dos juros moratórios sobre os compensatórios, nas ações expropriatórias, constitui anatocismo vedado em lei.

c) os juros compensatórios, na desapropriação indireta, incidem a partir da ocupação, calculados sobre o valor da indenização e não corrigidos monetariamente.

d) nas ações de desapropriação incluem-se no cálculo da verba advocatícia as parcelas relativas aos juros compensatórios e moratórios, devidamente corrigidas.

e) os honorários de advogado em desapropriação direta e indireta são calculados sobre a diferença entre a indenização e a oferta, corrigidas monetariamente.

Resposta correta: letra "d".

(FCC – Juiz de Direito – TJ-AL/2015) A Súmula 652 do Supremo Tribunal Federal tem o seguinte enunciado: Não contraria a Constituição o art. 15, § 1º, do Decreto-lei nº 3.365/1941 (Lei da Desapropriação por Utilidade Pública).

Já o citado art. 15, é assim redigido: Se o expropriante alegar urgência e depositar quantia arbitrada de conformidade com o art. 685 do Código de Processo Civil, o juiz mandará imiti-lo provisoriamente na posse dos bens.

E seu § 1º prevê que a imissão provisória poderá ser feita, independente da citação do réu, mediante o depósito de quantia fixado por certos critérios, que não necessariamente levam ao preço real do bem, eis que ainda não proferida sentença.

É argumento consistente com a polêmica que ocasionou o posicionamento do STF, ao final sumulado, o fato de a Constituição Federal

a) vedar que o poder público pague pelo bem antes da efetiva aquisição de sua propriedade.

b) determinar que o pagamento da indenização, em ação de desapropriação, dê-se pelo sistema de precatórios.

c) exigir que a ação de desapropriação submeta-se ao devido processo legal.

d) prever que, em regra, a desapropriação ocorra mediante justa e prévia indenização em dinheiro.

e) estabelecer que a imissão provisória na posse dê-se mediante processo administrativo.

Resposta correta: letra "d".

(Vunesp – Advogado – SAEG/2015) Com relação ao instituto da desapropriação, é correto afirmar que:

a) tredestinação é o direito que tem o expropriado de exigir de volta o seu imóvel caso o mesmo não tenha o destino para que se desapropriou.

b) os honorários de advogado em desapropriação direta não são calculados sobre a diferença entre a indenização e a oferta, corrigida monetariamente.

c) retrocessão ocorre quando há a destinação de um bem expropriado a finalidade diversa da que se planejou inicialmente.

d) pela demora no pagamento do preço da desapropriação não cabe indenização complementar além dos juros.

e) o ato de desapropriação não poderá ser anulado pelo Poder Judiciário em sede de mandado de segurança.

Resposta correta: letra "d".

(PGE-PA – Procurador do Estado – PGE-PA/2011) Analise as proposições abaixo e assinale a alternativa INCORRETA:

a) Na desapropriação por necessidade ou utilidade pública e interesse social, inclusive para fins de reforma agrária, havendo divergência entre o preço ofertado em juízo e o valor do bem, fixado na sentença, expressos em termos reais, incidirão juros compensatórios sobre o valor da diferença eventualmente apurada, a contar da imissão na posse, vedado o cálculo de juros composto.

b) Ao arbitrar a indenização devida, o juiz indicará na sentença os fatos que motivaram o seu convencimento e deverá atender, especialmente, à estimação dos bens para efeitos fiscais; ao preço de aquisição e interesse que deles aufere o proprietário; à sua situação, estado de conservação e segurança; ao valor venal dos da mesma espécie, nos últimos cinco anos, e à valorização ou depreciação de área remanescente, pertencente ao expropriado.

c) Os juros moratórios, na desapropriação direta ou indireta, contam-se desde o trânsito em julgado da sentença.

d) Existindo diferença entre a indenização arbitrada judicialmente e o valor ofertado pelo expropriante, haverá condenação em honorários advocatícios, de acordo com as regras estipuladas no Código de Processo Civil, que serão fixados entre meio e 15 por cento do valor da diferença.

e) Os concessionários de serviços públicos e os estabelecimentos de caráter público ou que exerçam funções delegadas de poder público poderão promover desapropriações mediante autorização expressa, constante de lei ou contrato.

Resposta correta: letra "d".

11. IMPROBIDADE ADMINISTRATIVA

Súmula 634-STJ

Ao particular aplica-se o mesmo regime prescricional previsto na lei de improbidade administrativa para os agentes públicos.

- **Status:** Aprovada em 12/06/2019.

- **Dispositivos relacionados:**

"Lei 8.429/1992, Art. 23. As ações destinadas a levar a efeitos as sanções previstas nesta lei podem ser propostas:

> I – até cinco anos após o término do exercício de mandato, de cargo em comissão ou de função de confiança;
>
> II – dentro do prazo prescricional previsto em lei específica para faltas disciplinares puníveis com demissão a bem do serviço público, nos casos de exercício de cargo efetivo ou emprego.
>
> III – até cinco anos da data da apresentação à administração pública da prestação de contas final pelas entidades referidas no parágrafo único do art. 1º desta Lei. (Incluído pela Lei 13.019/2014)"

• **Precedentes relacionados:**

> "Em relação ao terceiro que não detém a qualidade de agente público, incide também a norma do art. 23 da Lei 8.429/1992 para efeito de aferição do termo inicial do prazo prescricional." (STJ, 2ª Turma, REsp 1.156.519/RO, Rel. Min. Castro Meira, julgado em 18/06/2013)[4]

12. OUTROS TEMAS

Súmula 362-STF

~~A condição de ter o clube sede própria para a prática de jogo lícito não o obriga a ser proprietário do imóvel em que tem sede.~~

• **Status:** Superada.

Súmula 186-STF

~~Não infringe a lei a tolerância da quebra de 1% no transporte por estrada de ferro, prevista no regulamento de transportes.~~

• **Status:** Superada.

Súmula 58-STF

~~É válida a exigência de média superior a quatro para aprovação em estabelecimento de ensino superior, consoante o respectivo regimento.~~

• **Status:** Superada.

4. Em 12 de junho de 2019, a 1ª Seção do STJ aprovou a Súmula 634, tendo sido publicada em 18 de junho no Diário Eletrônico do STJ.

DIREITO CIVIL

1. PESSOAS

1.1. Direitos da personalidade

Súmula 403-STJ

Independe de prova do prejuízo a indenização pela publicação não autorizada da imagem de pessoa com fins econômicos ou comerciais.

- **Status:** Válida.

- **Dispositivos relacionados:**

> "CF, Art. 5º (...)
>
> V – é assegurado o direito de resposta, proporcional ao agravo, além da indenização por dano material, moral ou à imagem;
>
> X – são invioláveis a intimidade, a vida privada, a honra e a imagem das pessoas, assegurado o direito a indenização pelo dano material ou moral decorrente de sua violação;
>
> XXVIII – são assegurados, nos termos da lei:
>
> *a)* a proteção às participações individuais em obras coletivas e à reprodução da imagem e voz humanas, inclusive nas atividades desportivas;"

1.2. Pessoas jurídicas

Súmula 227-STJ

A pessoa jurídica **pode** sofrer dano moral.

- **Status:** Válida.

- **Precedentes relacionados:**

> "Pessoa jurídica pode sofrer dano moral, mas apenas na hipótese em que haja ferimento à sua honra objetiva, isto é, ao conceito de que goza no meio

social." (STJ, 2ª Turma, REsp 1.298.689-RS, Rel. Min. Castro Meira, julgado em 23/10/2012; Informativo n. 508).

• **Dispositivos relacionados:**

"CC, Art. 52. Aplica-se às pessoas jurídicas, no que couber, a proteção dos direitos da personalidade."

1.3. Domicílio

1.3.1. Domicílio por eleição ou convencional

Súmula 335-STF

É válida a cláusula de eleição do foro para os processos oriundos do contrato.

• **Status:** Válida.

• **Nota do autor:** Vale a pena lembrar de suas exceções: a) nos contratos de adesão, é válida a cláusula de eleição do foro para os processos oriundos do contrato, salvo se demonstrada a hipossuficiência ou a inviabilização do acesso ao Poder Judiciário no caso concreto. Nesse sentido: STJ, REsp 1.299.422/MA, julgado em 06/08/2013; b) Não se tratando de contrato de adesão e nem de contrato de relação de consumo, se não houver circunstância alguma de fato que possa inferir hipossuficiência intelectual ou econômica da parte, será válido o foro de eleição estabelecido no contrato. Nesse sentido: STJ, REsp 1.263.387/PR, julgado em 04/06/2013).

• **Dispositivos relacionados:**

"CC, Art. 78. Nos contratos escritos, poderão os contratantes especificar domicílio onde se exercitem e cumpram os direitos e obrigações deles resultantes."

1.4. Questões relacionadas

(FEPESE – Procurador do Estado – PGE-SC/2018) Segundo entendimentos sumulados do Superior Tribunal de Justiça em relação ao dano moral, assinale a alternativa correta.

a) A pessoa jurídica não é passível de dano moral.

b) Independe de prova do prejuízo a indenização pela publicação não autorizada de imagem de pessoa com fins econômicos ou comerciais.

c) São inacumuláveis as indenizações por dano material e dano moral oriundos do mesmo fato.

d) É indevida a cumulação das indenizações de dano estético e dano moral.

e) A simples devolução indevida de cheque não caracteriza dano moral.

Resposta correta: letra "b".

(FCC – Analista Jurídica – DPE-AM/2018) Quanto ao dano moral, considere:

I. A pessoa jurídica pode sofrer dano moral.

II. A correção monetária do valor da indenização do dano moral incide desde a data do evento danoso.

III. Não caracteriza dano moral a apresentação antecipada de cheque pré-datado.

IV. O contrato de seguro por danos pessoais compreende os danos morais, salvo cláusula expressa de exclusão.

Corresponde a entendimentos sumulados pelo Superior Tribunal de Justiça o que se afirma APENAS em:

a) II e III.

b) I e III.

c) I e IV.

d) II e IV.

e) I e II.

Resposta correta: letra "c".

(TRF 4ª Região – Juiz Federal – TRF 4ª Região/2016) Assinale a alternativa INCORRETA.

a) As instituições financeiras respondem objetivamente pelos danos gerados por fortuito interno relativo a fraudes e delitos praticados por terceiros no âmbito de operações bancárias.

b) No transporte desinteressado, de simples cortesia, o transportador só será civilmente responsável por danos causados ao transportado quando incorrer em dolo ou culpa grave.

c) Independe de prova do prejuízo a indenização pela publicação não autorizada de imagem de pessoa com fins econômicos ou comerciais.

d) A apresentação antecipada de cheque pré-datado não caracteriza dano moral, visto consistir o cheque em ordem de pagamento à vista.

e) As administradoras de consórcio têm liberdade para estabelecer a respectiva taxa de administração, ainda que fixada em percentual superior a dez por cento.

Resposta correta: letra "d".

(TRT 21ª Região – Juiz do Trabalho – TRT 21 Região/2015) Considerando a produção de provas, é correto afirmar, levando-se em conta o regramento sobre processo civil em uso e o entendimento jurisprudencial sobre o tema:

I – O revel, em processo cível, pode produzir provas, desde que compareça em tempo oportuno.

II – Segundo o entendimento do Superior Tribunal de Justiça, a prova exclusivamente testemunhal basta à comprovação da atividade rurícola, para efeito de obtenção de benefício previdenciário.

III – Depende de prova do prejuízo a indenização pela publicação não autorizada de imagem de pessoa com fins comerciais.

IV- Pode ser dispensada pelo juiz a produção das provas requeridas pela parte, cujo advogado não compareceu à audiência.

a) todas as assertivas estão corretas;

b) apenas as assertivas I, II e IV estão corretas;

c) apenas as assertivas I e IV estão corretas;

d) apenas as assertivas I, III e IV estão corretas;

e) apenas as assertivas II, III e IV estão corretas.

Resposta correta: letra "c".

(Cespe – Analista Jurídico – MPU/2013) Julgue os itens que se seguem, referentes à pessoa jurídica.

A pessoa jurídica pode sofrer dano moral nos casos de violação à sua honra subjetiva.

Resposta: errado.

2. NEGÓCIO JURÍDICO

2.1. Fraude contra credores

Súmula 195-STJ

Em embargos de terceiro **não** se anula ato jurídico, por fraude contra credores.

• **Status:** Válida.

• **Nota do autor:** Os embargos de terceiro não se prestam a anular ato jurídico por fraude contra credores. Isso porque há ação específica para essa finalidade, qual seja a ação pauliana ou revocatória.

• **Dispositivos relacionados:**

"CC, Art. 158. Os negócios de transmissão gratuita de bens ou remissão de dívida, se os praticar o devedor já insolvente, ou por eles reduzido à insolvência, ainda quando o ignore, poderão ser anulados pelos credores quirografários, como lesivos dos seus direitos.

§ 1º Igual direito assiste aos credores cuja garantia se tornar insuficiente.

§ 2º Só os credores que já o eram ao tempo daqueles atos podem pleitear a anulação deles."

"CC, Art. 159. Serão igualmente anuláveis os contratos onerosos do devedor insolvente, quando a insolvência for notória, ou houver motivo para ser conhecida do outro contratante."

2.2. Questões relacionadas

(FUNDATEC – Procurador Legislativo – AL-RS/2018) O Código Civil de 2002 reserva, quando versa sobre os Fatos Jurídicos, um especial sítio para o tratamento legislativo dos negócios jurídicos. Para que a manifestação de vontade emitida esteja de acordo com os preceitos de validade dos negócios jurídicos, se faz necessário o preenchimento de certos requisitos, que, se ausentes, podem gerar defeitos capazes de maculá-los. Em relação a esses defeitos dos negócios jurídicos, assinale a assertiva INCORRETA.

a) Entende-se por erro quando há uma falsa percepção da realidade criada pelo próprio declarante, configurando o pleno desconhecimento sobre as circunstâncias do negócio jurídico (de uma pessoa, um objeto ou um direito); e não prejudica a validade do negócio jurídico quando a pessoa, a quem a manifestação de vontade se dirige, se oferecer para executá-la na conformidade da vontade real do manifestante.

b) No dolo, há uma falsa percepção da realidade induzida dolosamente por uma das partes, ou por terceiro, com o fito de enganar alguém na celebração de negócio jurídico, buscando benefício próprio, configurando-se omissão dolosa quando ocorre o silêncio intencional de uma das partes a respeito de fato ou qualidade que a outra parte haja ignorado, provando-se que sem ela o negócio não se teria celebrado.

c) Para viciar o negócio jurídico, a coação há de ser relevante de modo que cause na vítima fundado temor de dano iminente e considerável a sua família ou aos seus bens, para que o coacto forçadamente pratique ato ou realize negócio jurídico contra sua vontade, levando-se em conta, na sua apreciação, a fim de aquilatar-se a gravidade e a intensidade da força coativa exercida sobre o coacto, os fatores sexo, idade, condição, saúde, temperamento e todas as demais circunstâncias que possam tornar mais ou menos vulnerável o coacto às ações do coator.

d) Configura-se o estado de perigo quando uma pessoa, sob premente necessidade, ou por inexperiência, se obriga a prestação manifestamente desproporcional ao valor da prestação oposta, considerado um defeito que torna anulável o negócio jurídico, não se decretando a anulação do negócio, se for oferecido suplemento suficiente, ou se a parte favorecida concordar com a redução do proveito.

e) A fraude contra credores se configura com a prática de atos jurídicos maliciosos pelo devedor, em estado de insolvência ou na iminência de assim tornar-se, que dispõe de maneira gratuita e onerosa o seu patrimônio com finalidade de prejudicar credores preexistentes, afastando a possibilidade de responder os seus bens por obrigações assumidas em momento antecedente à transmissão.

Resposta correta: letra "d".

(Consulplan – Analista Judiciário – TRS-RJ/2017) Os Embargos de Terceiros fazem parte do procedimento especial, previsto no Código de Processo Civil, sendo possível sua utilização por quem, não sendo parte no processo, sofre constrição ou sofre ameaça de constrição sobre bens que possua ou sobre os quais tenha direito incompatível com o ato constritivo. Sobre o ajuizamento dos embargos, assinale a alternativa INCORRETA.

a) Pode defender-se por meio de embargos aquele que pretende negar ter adquirido bem em fraude à execução.

b) O companheiro é terceiro legítimo para ajuizamento dos Embargos de Terceiros quando defende a posse de bens próprios.

c) É admissível a oposição de Embargos de Terceiros fundados em alegação de posse advinda do compromisso de compra e venda de imóveis, ainda que desprovido do registro.

d) Além da sentença que promova a anulação da penhora sobre o bem, é possível ainda em sede de Embargos de Terceiros a declaração de nulidade do ato jurídico que verse sobre fraude contra credores.

Resposta correta: letra "d".

3. PRESCRIÇÃO E DECADÊNCIA

Súmula 445-STF

~~A Lei nº 2.437/55, que reduz prazo prescricional, é aplicável às prescrições em curso na data de sua vigência (01/01/1956), salvo quanto aos processos então pendentes.~~

• **Status:** Superada.

Súmula 154-STF

Simples vistoria **não** interrompe a prescrição.

• **Status:** Válida.

• **Nota do autor:** Simples vistoria **não** interrompe a prescrição, porque não está elencada no art. 202 do CC/02.

- **Dispositivos relacionados:**

"CC, Art. 197. Não corre a prescrição:

I – entre os cônjuges, na constância da sociedade conjugal;

II – entre ascendentes e descendentes, durante o poder familiar;

III – entre tutelados ou curatelados e seus tutores ou curadores, durante a tutela ou curatela."

"CC, Art. 198. Também não corre a prescrição:

I – contra os incapazes de que trata o art. 3º;

II – contra os ausentes do País em serviço público da União, dos Estados ou dos Municípios;

III – contra os que se acharem servindo nas Forças Armadas, em tempo de guerra."

"CC, Art. 199. Não corre igualmente a prescrição:

I – pendendo condição suspensiva;

II – não estando vencido o prazo;

III – pendendo ação de evicção."

"CC, Art. 202. A interrupção da prescrição, que somente poderá ocorrer uma vez, dar-se-á:

I – por despacho do juiz, mesmo incompetente, que ordenar a citação, se o interessado a promover no prazo e na forma da lei processual;

II – por protesto, nas condições do inciso antecedente;

III – por protesto cambial;

IV – pela apresentação do título de crédito em juízo de inventário ou em concurso de credores;

V – por qualquer ato judicial que constitua em mora o devedor;

VI – por qualquer ato inequívoco, ainda que extrajudicial, que importe reconhecimento do direito pelo devedor.

Parágrafo único. A prescrição interrompida recomeça a correr da data do ato que a interrompeu, ou do último ato do processo para a interromper."

"CC, Art. 203. A prescrição pode ser interrompida por qualquer interessado."

"CC, Art. 204. A interrupção da prescrição por um credor não aproveita aos outros; semelhantemente, a interrupção operada contra o codevedor, ou seu herdeiro, não prejudica aos demais coobrigados.

§ 1º A interrupção por um dos credores solidários aproveita aos outros; assim como a interrupção efetuada contra o devedor solidário envolve os demais e seus herdeiros.

§ 2º A interrupção operada contra um dos herdeiros do devedor solidário não prejudica os outros herdeiros ou devedores, senão quando se trate de obrigações e direitos indivisíveis.

§ 3º A interrupção produzida contra o principal devedor prejudica o fiador."

Súmula 153-STF

~~Simples protesto cambiário não interrompe a prescrição.~~

- **Status:** Superada.
- **Nota do autor:** O protesto cambiário interrompe sim a prescrição.
- **Dispositivos relacionados:**

"CC, Art. 202. **A interrupção da prescrição, que somente poderá ocorrer uma vez, dar-se-á**:

I – por despacho do juiz, mesmo incompetente, que ordenar a citação, se o interessado a promover no prazo e na forma da lei processual;

II – por protesto, nas condições do inciso antecedente;

III – **por protesto cambial**;

IV – pela apresentação do título de crédito em juízo de inventário ou em concurso de credores;

V – por qualquer ato judicial que constitua em mora o devedor;

VI – por qualquer ato inequívoco, ainda que extrajudicial, que importe reconhecimento do direito pelo devedor.

Parágrafo único. A prescrição interrompida recomeça a correr da data do ato que a interrompeu, ou do último ato do processo para a interromper."

"CC, Art. 203. A prescrição pode ser interrompida por qualquer interessado."

"CC, Art. 204. A interrupção da prescrição por um credor não aproveita aos outros; semelhantemente, a interrupção operada contra o codevedor, ou seu herdeiro, não prejudica aos demais coobrigados.

§ 1º A interrupção por um dos credores solidários aproveita aos outros; assim como a interrupção efetuada contra o devedor solidário envolve os demais e seus herdeiros.

§ 2º A interrupção operada contra um dos herdeiros do devedor solidário não prejudica os outros herdeiros ou devedores, senão quando se trate de obrigações e direitos indivisíveis.

§ 3º A interrupção produzida contra o principal devedor prejudica o fiador."

Súmula 150-STF

Prescreve a execução no mesmo prazo de prescrição da ação.

- **Status:** Válida.
- **Nota do autor:** O termo "ação" está sendo utilizado como sinônimo de "pretensão". Vale lembrar, também, a regra do art. 190 do CC, que possui regra semelhante, mas para a exceção.

• **Dispositivos relacionados:**

> "CC. Art. 190. A exceção prescreve no mesmo prazo em que a pretensão."

Súmula 547-STJ

Nas ações em que se pleiteia o ressarcimento dos valores pagos a título de participação financeira do consumidor no custeio de construção de rede elétrica, o prazo prescricional, é de **20 anos na vigência do Código Civil de 1916**. **Na vigência do Código Civil de 2002, o prazo é de 5 anos, se houver previsão contratual de ressarcimento**, e de **3 anos, na ausência de cláusula nesse sentido**, observada a regra de transição disciplinada em seu art. 2.028.

• **Status:** Válida.

• **Dispositivos relacionados:**

> "CC, Art. 2.028. Serão os da lei anterior os prazos, quando reduzidos por este Código, e se, na data de sua entrada em vigor, já houver transcorrido mais da metade do tempo estabelecido na lei revogada."

Súmula 194-STJ

~~Prescreve em vinte anos a ação para obter, do construtor, indenização por defeitos da obra.~~

• **Status:** Superada.

• **Dispositivos relacionados:**

> "CC, Art. 610. O empreiteiro de uma obra pode contribuir para ela só com seu trabalho ou com ele e os materiais.
>
> § 1º A obrigação de fornecer os materiais não se presume; resulta da lei ou da vontade das partes.
>
> § 2º O contrato para elaboração de um projeto não implica a obrigação de executá-lo, ou de fiscalizar-lhe a execução."
>
> "CC, Art. 611. Quando o empreiteiro fornece os materiais, correm por sua conta os riscos até o momento da entrega da obra, a contento de quem a encomendou, se este não estiver em mora de receber. Mas se estiver, por sua conta correrão os riscos."

"CC, Art. 612. Se o empreiteiro só forneceu mão-de-obra, todos os riscos em que não tiver culpa correrão por conta do dono."

"CC, Art. 618. Nos contratos de empreitada de edifícios ou outras construções consideráveis, o empreiteiro de materiais e execução responderá, durante o prazo irredutível de **cinco anos**, pela solidez e segurança do trabalho, assim em razão dos materiais, como do solo.

Parágrafo único. Decairá do direito assegurado neste artigo o dono da obra que não propuser a ação contra o empreiteiro, nos cento e oitenta dias seguintes ao aparecimento do vício ou defeito."

Súmula 106-STJ

Proposta a ação no prazo fixado para o seu exercício, a demora na citação, por motivos inerentes ao mecanismo da justiça, **não** justifica o acolhimento da arguição de prescrição ou decadência.

- **Status:** Válida.
- **Nota do autor:** Desde que a ação seja proposta dentro do prazo, a demora na citação por culpa da própria Justiça, não enseja o acolhimento da arguição de prescrição ou decadência.
- **Dispositivos relacionados:**

"CPC/15, Art. 802. Na execução, o despacho que ordena a citação, desde que realizada em observância ao disposto no § 2º do art. 240, interrompe a prescrição, ainda que proferido por juízo incompetente.

Parágrafo único. A interrupção da prescrição retroagirá à data de propositura da ação."

Súmula 39-STJ

~~Prescreve em 20 anos a ação para haver indenização, por responsabilidade civil, de sociedade de economia mista.~~

- **Status:** Superada.
- **Nota do autor:** Na verdade, prescreve em **3 anos** a ação para haver indenização, por responsabilidade civil, de sociedade de economia mista, com fundamento no art. 206, § 3º, V, do CC/02. Isso porque, segundo o STJ, o prazo de prescrição quinquenal previsto no Decreto 20.910/1932 não se aplica às pessoas jurídicas de direito privado integrantes da estrutura da Administração Pública indireta

(sociedades de economia mista e empresas públicas). O prazo prescricional quinquenal previsto no Decreto 20.910/1932 se aplica somente às pessoas jurídicas de direito público, ou seja, União, Estados, Distrito Federal, Municípios, Autarquias e Fundações Públicas.

- **Dispositivos relacionados:**

> "CC, Art. 206 (...)
>
> § 3º Em 3 anos:
>
> V – a pretensão de reparação civil;"
>
> "Decreto 20.910/1932, Art. 1º As dívidas passivas da União, dos Estados e dos Municípios, bem assim todo e qualquer direito ou ação contra a Fazenda federal, estadual ou municipal, seja qual for a sua natureza, prescrevem em cinco anos contados da data do ato ou fato do qual se originarem."

3.1. Questões relacionadas

(FCC – Procurador Legislativo – Câmara Legislativa do DF/2018) Considere as afirmações a seguir.

I. A exceção prescreve no mesmo prazo em que a pretensão.

II. A renúncia da prescrição pode ser expressa ou tácita, e só valerá, sendo feita, sem prejuízo de terceiro, depois que a prescrição se consumar; tácita é a renúncia quando se presume de fatos do interessado, incompatíveis com a prescrição.

III. Os relativamente incapazes e as pessoas jurídicas têm ação contra os seus assistentes ou representantes legais, que derem causa à prescrição, ou não a alegarem oportunamente.

IV. Os prazos de prescrição podem ser alterados por acordo das partes, por serem disponíveis.

V. A prescrição iniciada contra uma pessoa deixa de correr contra seus sucessores.

Está correto o que se afirma APENAS em

a) I, II e III.

b) I, IV e V.

c) I, II, IV e V.

d) II, III e IV.

e) II, III, IV e V.

Resposta correta: letra "a".

(FCC – Juiz de Direito – TJ-AL/2015) Em comentário ao Código Civil de 1916, escreveu Carpenter (Manual do Código Civil Brasileiro. Paulo de Lacerda, v. IV. p. 208. Jacintho Ribeiro dos Santos Editor, 1919): *"Desde as considerações introductorias desta obra (ns. 1-19,* *acima) viemos sempre salientando que a prescripção extinctiva era um instituto peculiar às acções, a saber, que ella extinguia acções, e somente acções. E ainda há pouco (n. 59), voltámos ao assumpto e lhe dedicámos as últimas ponderações."* Dada essa orientação, claro se torna que, mesmo antes de o externarmos, já está patente o nosso modo de pensar acerca do assumpto, a saber – as excepções não estão sujeitas a prescrever: são imprescritíveis.

No Código Civil de 2002, a matéria foi resolvida de modo

a) diferente, porque pela prescrição extingue-se a pretensão e a exceção prescreve no mesmo prazo em que a pretensão.

b) parcialmente diferente, porque pela prescrição extingue-se a ação, extinguindo-se o direito pela decadência e no mesmo prazo da ação extingue-se a exceção.

c) idêntico, porque a prescrição extingue a ação, enquanto a decadência extingue o direito e as exceções são imprescritíveis.

d) idêntico, porque a prescrição extingue a ação, enquanto a decadência extingue o direito, e nada dispôs sobre a prescrição das exceções.

e) parcialmente diferente, porque pela prescrição extingue-se a pretensão e a exceção é imprescritível.

Resposta correta: letra "a".

(FCC – Juiz de Direito – TJ-PE/2015) A respeito da Prescrição e Decadência Tributárias, considere as assertivas a seguir:

I. Proposta a ação fiscal no prazo fixado para o seu exercício, a demora na citação, por motivos inerentes ao mecanismo da Justiça, não justifica o acolhimento da arguição de prescrição ou decadência.

II. Ainda que a execução fiscal tenha sido arquivada apenas em razão do pequeno valor do débito executado, sem baixa na distribuição, pode ser reconhecida a prescrição intercorrente se o processo ficar paralisado por mais de cinco anos.

III. O crédito público não se suspende em decorrência de sua inscrição em dívida ativa.

IV. A concessão de medida liminar em mandado de segurança suspende tanto a prescrição quanto a decadência do crédito tributário, impedindo a Fazenda Pública de realizar o lançamento do tributo, inscrevê-lo em Dívida Ativa e ajuizar Execução Fiscal visando sua cobrança.

Está correto o que se afirma APENAS em

a) I e III

b) II e IV.

c) II e III.

d) I e IV.

e) I e II.

Resposta correta: letra "e".

(UFMT – Promotor de Justiça – MPE-MT/2014) Sobre os preceitos constantes no Código Civil a respeito da prescrição e da decadência, analise as assertivas.

I – Simples protesto cambiário não interrompe a prescrição.

II – Enquanto a prescrição admite renúncia, admitindo-se sua caracterização tácita desde que consumada e não haja prejuízo a terceiro, a decadência, prevista em lei, é irrenunciável.

III – Embora haja previsão legal de que a prescrição possa ser alegada em qualquer grau de jurisdição, pela parte a quem aproveita, para que a parte possa alegar a prescrição nos tribunais superiores (STF e STJ), a matéria deve ter sido prequestionada nas instâncias ordinárias.

IV – Os prazos de decadência não podem ser alterados pelas partes, enquanto os prazos de prescrição podem ser alterados pelas partes.

V – Suspensa a prescrição em favor de um dos credores solidários, só aproveita aos outros se a obrigação for divisível.

Estão corretas as assertivas

a) I, II e IV, apenas.

b) III e IV, apenas.

c) I, III e V, apenas.

d) II e III, apenas.

e) IV e V, apenas.

Resposta correta: letra "d".

4. OBRIGAÇÕES

4.1. Disposições gerais

Súmula 159-STF

Cobrança excessiva, mas de boa-fé, não dá lugar às sanções do art. 1.531 do CC.

- **Status:** Válida.
- **Nota do autor:** A súmula faz referência ao CC/1916. Atualmente a regra do pagamento em dobro está encartada no art. 940 do CC/2002. De todo modo, o entendimento previsto nesse enunciado continua válido, devendo ser lido da seguinte forma: "Cobrança excessiva, mas de boa-fé, não dá lugar às sanções do art. 940 do CC/02".

- **Precedente relacionado:**

> "A aplicação da sanção civil do pagamento em dobro por cobrança judicial de dívida já adimplida (cominação encartada no artigo 1.531 do Código Civil de 1916, reproduzida no artigo 940 do Código Civil de 2002) pode ser postulada

pelo réu na própria defesa, independendo da propositura de ação autônoma ou do manejo de reconvenção, sendo imprescindível a demonstração de má-fé do credor. (...) Apesar do artigo 1.531 do Código Civil de 1916 não fazer menção à demonstração da má-fé do demandante, é certo que a jurisprudência desta Corte, na linha da exegese cristalizada na Súmula 159/STF, reclama a constatação da prática de conduta maliciosa ou reveladora do perfil de deslealdade do credor para fins de aplicação da sanção civil em debate. Tal orientação explica-se à luz da concepção subjetiva do abuso do direito adotada pelo Codex revogado." (STJ. 2ª Seção. REsp 1111270/PR, Rel. Min. Marco Buzzi, julgado em 25/11/2015) (recurso repetitivo) (Informativo n. 576).

- **Dispositivos relacionados:**

"CC, Art. 940. Aquele que demandar por dívida já paga, no todo ou em parte, sem ressalvar as quantias recebidas ou pedir mais do que for devido, ficará obrigado a pagar ao devedor, no primeiro caso, o dobro do que houver cobrado e, no segundo, o equivalente do que dele exigir, salvo se houver prescrição."

Súmula 298-STJ

O alongamento de dívida originada de crédito rural não constitui faculdade da instituição financeira, mas **direito do devedor** nos termos da lei.

- **Status:** Válida.

Súmula 294-STJ

Não é potestativa a cláusula contratual que prevê a comissão de permanência, **calculada pela taxa média de mercado apurada pelo Banco Central do Brasil, limitada à taxa do contrato.**

- **Status:** Válida.

Súmula 245-STJ

A notificação destinada a comprovar a mora nas dívidas garantidas por alienação fiduciária **dispensa a indicação do valor do débito.**

- **Status:** Válida.

4.2. Inadimplemento das obrigações

4.2.1. Mora

Súmula 380-STJ

A simples propositura da ação de revisão de contrato **não inibe a caracterização da mora do autor.**

- **Status:** Válida.

4.2.2. Juros e correção monetária

Súmula vinculante 7-STF

A norma do § 3º do artigo 192 da Constituição, revogada pela Emenda Constitucional nº 40/2003, que limitava a taxa de juros reais a 12% ao ano, **tinha sua aplicação condicionada à edição de lei complementar.**

- **Status:** Válida.
- **Nota do autor:** O § 3º do art. 192 da CF, que foi revogado pela EC 40/2003, estabelecia que as taxas de juros reais, nelas incluídas comissões e quaisquer outras remunerações direta ou indiretamente referidas à concessão de crédito, não poderiam ser superiores a 12% ao ano; a cobrança acima deste limite era considerada crime de usura, punida, "nos termos que a lei determinar".

Súmula 648-STF

A norma do § 3º do art. 192 da Constituição, revogada pela EC 40/2003, que limitava a taxa de juros reais a 12% ao ano, tinha sua aplicabilidade condicionada à edição de lei complementar.

- **Status:** Válida, mas substituída pela súmula vinculante 7 do STF.
- **Precedentes relacionados:**

> "Súmula vinculante 7-STF. A norma do § 3º do artigo 192 da Constituição, revogada pela Emenda Constitucional nº 40/2003, que limitava a taxa de juros reais a 12% ao ano, tinha sua aplicação condicionada à edição de lei complementar."

Súmula 596-STF

As disposições do Decreto 22.626 de 1933 **não** se aplicam às taxas de juros e aos outros encargos cobrados nas operações realizadas por instituições públicas ou privadas, que integram o Sistema Financeiro Nacional.

• **Status:** Válida.

Súmula 255-STF

~~Sendo ilíquida a obrigação, os juros moratórios, contra a Fazenda Pública, incluídas as autarquias, são contados do trânsito em julgado da sentença de liquidação.~~

• **Status:** Cancelada.

Súmula 254-STF

Incluem-se os juros moratórios na liquidação, **embora omisso o pedido inicial ou a condenação.**

• **Status:** Válida.

• **Nota do autor:** Em outras palavras, mesmo que não haja esse pedido na petição inicial ou não seja previsto na condenação, incluem-se os juros moratórios na liquidação.

Súmula 163-STF

~~Salvo contra a Fazenda Pública,~~ sendo a obrigação ilíquida, contam-se os juros moratórios desde a citação inicial para a ação.

• **Status:** Superada na parte riscada.

• **Nota do autor:** Mesmo contra a Fazenda Pública, sendo a obrigação ilíquida, contam-se os juros moratórios desde a citação inicial para a ação.

• **Dispositivos relacionados:**

> "CC, Art. 405. Contam-se os juros de mora desde a citação inicial."

Súmula 121-STF

É vedada a capitalização de juros, ainda que expressamente convencionada.

• **Status:** válida, mas deve ser feita uma ressalva.

• **Nota do autor:** A presente súmula é válida, mas não pode ser interpretada de forma absoluta. Isso porque admite-se a capitalização de juros quando for expressamente pactuada e desde que haja legislação específica que a autorize (CAVALCANTE, 2019).

- **Precedentes relacionados:**

"Nos contratos de mútuo bancário, celebrados após a edição da MP nº 1.963-17/00 (reeditada sob o nº 2.170-36/01), admite-se a capitalização mensal de juros, desde que expressamente pactuada." (STJ, 2ª Seção, REsp 1112879/PR, Rel. Min. Nancy Andrighi, julgado em 12/05/2010) (recurso repetitivo) (Informativo n. 434)

"A capitalização dos juros em periodicidade inferior à anual deve vir pactuada de forma expressa e clara. A previsão no contrato bancário de taxa de juros anual superior ao duodécuplo da mensal é suficiente para permitir a cobrança da taxa efetiva anual contratada." (STJ, 2ª Seção, REsp 973.827/RS, Rel. Min. Luis Felipe Salomão, Rel. p/ acórdão Min. Maria Isabel Gallotti, julgado em 08/08/2012) (recurso repetitivo) (Informativo n. 500).

Súmula 541-STJ

A previsão no contrato bancário de taxa de juros anual superior ao duodécuplo da mensal **é suficiente para permitir a cobrança da taxa efetiva anual contratada**.

- **Status:** Válida.
- **Nota do autor:** Desde que expressamente pactuada, as instituições financeiras podem fazer a capitalização de juros com periodicidade inferior a um ano.

Súmula 539-STJ

É permitida a capitalização de juros com periodicidade inferior à anual, **em contratos celebrados com instituições integrantes do Sistema Financeiro Nacional, a partir de 31/3/2000 (MP 1.963-17/2000, reeditada como MP 2.170-36/2001), desde que expressamente pactuada.**

- **Status:** Válida.
- **Nota do autor:** Em outras palavras, após 31/3/2000, desde que expressamente pactuada, as instituições financeiras podem fazer a capitalização de juros com periodicidade inferior a um ano.

Súmula 530-STJ

Nos contratos bancários, na impossibilidade de comprovar a taxa de juros efetivamente contratada – por ausência de pactuação ou pela falta de juntada do instrumento aos autos -, **aplica-se a taxa média de mercado, divulgada pelo Bacen, praticada nas operações da mesma espécie, SALVO se a taxa cobrada for mais vantajosa para o devedor**.

- **Status:** Válida.

Súmula 472-STJ

A cobrança de comissão de permanência – **cujo valor não pode ultrapassar a soma dos encargos remuneratórios e moratórios previstos no contrato – exclui** a exigibilidade dos juros remuneratórios, moratórios e da multa contratual.

- **Status:** Válida.

Súmula 382-STJ

A estipulação de **juros remuneratórios** superiores a 12% ao ano, por si só, **não** indica abusividade.

- **Status:** Válida.

Súmula 379-STJ

Nos **contratos bancários não regidos por legislação específica**, os **juros moratórios poderão ser fixados em até 1% ao mês.**

- **Status:** Válida.

Súmula 296-STJ

Os juros remuneratórios, **não cumuláveis com a comissão de permanência**, são devidos no período de inadimplência, à taxa média de mercado estipulada pelo Banco Central do Brasil, limitada ao percentual contratado.

- **Status:** Válida.

Súmula 283-STJ

As empresas administradoras de cartão de crédito **são** instituições financeiras e, por isso, os juros remuneratórios por elas cobrados **não** sofrem as limitações da Lei de Usura.

- **Status:** Válida.

Súmula 30-STJ

A comissão de permanência e a correção monetária **são inacumuláveis**.

- **Status:** Válida.

4.3. Contratos em geral

4.3.1. Contrato preliminar: compromisso de compra e venda

Súmula 621-STF

~~Não enseja embargos de terceiro à penhora a promessa de compra e venda não inscrita no registro de imóveis.~~

- **Status:** Superada.

- **Precedentes relacionados:**

"Súmula 84-STJ. É admissível a oposição de embargos de terceiro fundados em alegação de posse advinda do compromisso de compra e venda de imóvel, ainda que desprovido do registro."

Súmula 413-STF

O compromisso de compra e venda de imóveis, ainda que não loteados, **dá** direito a execução compulsória, quando reunidos os requisitos legais.

- **Status:** Válida.

Súmula 412-STF

No compromisso de compra e venda com cláusula de arrependimento, a devolução do sinal, por quem o deu, ou a sua restituição em dobro, por quem o recebeu, **exclui** indenização maior a título de perdas e danos, **salvo os juros moratórios e os encargos do processo.**

- **Status:** Válida.

- **Dispositivos relacionados:**

"CC, Art. 420. Se no contrato for estipulado o direito de arrependimento para qualquer das partes, as arras ou sinal terão função unicamente indenizatória. Neste caso, quem as deu perdê-las-á em benefício da outra parte; e quem as recebeu devolvê-las-á, mais o equivalente. Em ambos os casos não haverá direito a indenização suplementar."

Súmula 168-STF

Para os efeitos do Decreto-Lei nº 58, de 10/12/1937, **admite-se a inscrição imobiliária do compromisso de compra e venda no curso da ação.**

- **Status:** Válida.

Súmula 167-STF

Não se aplica o regime do Decreto-Lei nº 58, de 10/12/1937, ao compromisso de compra e venda não inscrito no registro imobiliário, **salvo se o promitente vendedor se obrigou a efetuar o registro**.

- **Status:** Válida.

Súmula 166-STF

É inadmissível o arrependimento no compromisso de compra e venda **sujeito ao regime do Decreto-Lei nº 58, de 10/12/1937**.

- **Status:** Válida.
- **Nota do autor:** O Decreto-Lei 58, de 10/12/1937 dispõe sobre o loteamento e a venda de terrenos para pagamento em prestações. Cuidado para não confundir com a regra do art. 1.417 do Código Civil de 2002.

- **Dispositivos relacionados:**

"DL 58/37, Art. 22. Os contratos, sem cláusula de arrependimento, de compromisso de compra e venda e cessão de direitos de imóveis não loteados, cujo preço tenha sido pago no ato de sua constituição ou deva sê-lo em uma, ou mais prestações, desde que, inscritos a qualquer tempo, atribuem aos compromissos direito real oponível a terceiros, e lhes conferem o direito de adjudicação compulsória nos termos dos artigos 16 desta lei, 640 e 641 do Código de Processo Civil."

"CC, Art. 1.417. Mediante promessa de compra e venda, em que se não pactuou arrependimento, celebrada por instrumento público ou particular, e registrada no Cartório de Registro de Imóveis, adquire o promitente comprador direito real à aquisição do imóvel."

Súmula 239-STJ

O direito à adjudicação compulsória **não** se condiciona ao registro do compromisso de compra e venda no Cartório de Imóveis.

- **Status:** Válida.

Súmula 84-STJ

É admissível a oposição de embargos de terceiro fundados em alegação de posse advinda do compromisso de compra e venda de imóvel, **ainda que desprovido do registro**.

- **Status:** Válida.

Súmula 76-STJ

A falta de registro do compromisso de compra e venda de imóvel **não dispensa a prévia interpelação para constituir em mora o devedor**.

• **Status:** Válida.

4.4. Contratos em espécie

4.4.1. Compra e venda

Súmula 494-STF

~~A ação para anular venda de ascendente a descendente, sem consentimento dos demais, prescreve em vinte anos, contados da data do ato, revogada a Súmula nº 2.~~

• **Status:** Superada pelo CC/2002.

• **Nota do autor:** Na verdade, a ação para anular venda de ascendente a descendente, sem consentimento dos demais, prescreve em dois anos, contados da data da conclusão do ato, com fundamento no art. 179 do CC/02.

• **Dispositivos relacionados:**

> "CC, Art. 179. Quando a lei dispuser que determinado ato é anulável, sem estabelecer prazo para pleitear-se a anulação, será este de dois anos, a contar da data da conclusão do ato."

Súmula 489-STF

A compra e venda de automóvel não prevalece contra terceiros, de boa-fé, **se o contrato não foi transcrito no registro de títulos e documentos**.

• **Status:** Válida.

Súmula 165-STF

~~A venda realizada diretamente pelo mandante ao mandatário não é atingida pela nulidade do art. 1.133, II, do Código Civil.~~

• **Status:** Superada.

Súmula 152-STF

~~A ação para anular venda de ascendente a descendente, sem consentimento dos demais, prescreve em quatro anos a contar da abertura da sucessão.~~

• **Status:** Cancelada pela Súmula 494-STF, que, por sua vez, foi superada pelo CC/2002.

• **Nota do autor:** Na verdade, a ação para anular venda de ascendente a descendente, sem consentimento dos demais, prescreve em dois anos, contados da data da conclusão do ato, com fundamento no art. 179 do CC/02.

• **Dispositivos relacionados:**

"CC, Art. 179. Quando a lei dispuser que determinado ato é anulável, sem estabelecer prazo para pleitear-se a anulação, será este de dois anos, a contar da data da conclusão do ato."

4.4.2. Locação

Súmula 488-STF

~~A preferência a que se refere o art. 9º da Lei 3.912, de 3/07/1961, constitui direito pessoal. Sua violação resolve-se em perdas e danos.~~

• **Status:** Superada.

• **Nota do autor:** A Lei nº 3.912/61 foi revogada.

• **Dispositivos relacionados:**

"Lei 8.245/1991, Art. 27. No caso de venda, promessa de venda, cessão ou promessa de cessão de direitos ou dação em pagamento, o locatário tem preferência para adquirir o imóvel locado, em igualdade de condições com terceiros, devendo o locador dar – lhe conhecimento do negócio mediante notificação judicial, extrajudicial ou outro meio de ciência inequívoca.

Parágrafo único. A comunicação deverá conter todas as condições do negócio e, em especial, o preço, a forma de pagamento, a existência de ônus reais, bem como o local e horário em que pode ser examinada a documentação pertinente."

"Lei 8.245/1991, Art. 33. O locatário preterido no seu direito de preferência poderá reclamar do alienante as perdas e danos ou, depositando o preço e demais despesas do ato de transferência, haver para si o imóvel locado, se o requerer no prazo de seis meses, a contar do registro do ato no cartório de imóveis, desde que o contrato de locação esteja averbado pelo menos trinta dias antes da alienação junto à matrícula do imóvel.

Parágrafo único. A averbação far-se-á à vista de qualquer das vias do contrato de locação desde que subscrito também por duas testemunhas."

Súmula 486-STF

Admite-se a retomada para sociedade da qual o locador, ou seu cônjuge, seja sócio, com participação predominante no capital social.

- **Status:** Válida.

Súmula 485-STF

~~Nas locações regidas pelo Decreto nº 24.150, de 20 de abril de 1934, a presunção de sinceridade do retomante é relativa, podendo ser ilidida pelo locatário.~~

- **Status:** Superada.

Súmula 484-STF

~~Pode, legitimamente, o proprietário pedir o prédio para a residência de filho, ainda que solteiro, de acordo com o art. 11, III, da Lei nº 4.494/64.~~

- **Status:** Superada.
- **Nota do autor:** A Lei nº 4.494/1964 foi revogada.

Súmula 483-STF

É dispensável a prova da necessidade, na retomada do prédio situado em localidade para onde o proprietário pretende transferir residência, **salvo se mantiver, também, a anterior, quando dita prova será exigida**.

- **Status:** Válida.

- **Dispositivos relacionados:**

> "Lei 8.245/1991, Art. 41. O seguro de fiança locatícia abrangerá a totalidade das obrigações do locatário."

Súmula 482-STF

~~O locatário, que não for sucessor ou cessionário do que o precedeu na locação, não pode somar os prazos concedidos a este, para pedir a renovação do contrato, nos termos do Decreto nº 24.150.~~

- **Status:** Superada.

- **Dispositivos relacionados:**

> "Lei 8.245/1991, Art. 51. (...)
>
> § 1º O direito assegurado neste artigo poderá ser exercido pelos cessionários ou sucessores da locação; no caso de sublocação total do imóvel, o direito a renovação somente poderá ser exercido pelo sublocatário."

Súmula 481-STF

~~Se a locação compreende, além do imóvel, fundo de comércio, com instalações e pertences, como no caso de teatros, cinemas e hotéis, não se aplicam ao retomante as restrições do art. 8º, e, parágrafo único, do Decreto nº. 24.150/34.~~

- **Status:** Superada.

Súmula 449-STF

O valor da causa, na consignatória de aluguel, **corresponde a uma anuidade.**

- **Status:** Válida.

- **Dispositivos relacionados:**

> "Lei 8.245/1991, Art. 58. Ressalvados os casos previstos no parágrafo único do art. 1º, nas ações de despejo, consignação em pagamento de aluguel e acessório da locação, revisionais de aluguel e renovatórias de locação, observar – se – á o seguinte: (...) III – o valor da causa corresponderá a doze meses de aluguel, ou, na hipótese do inciso II do art. 47, a três salários vigentes por ocasião do ajuizamento;"

Súmula 446-STF

~~Contrato de exploração de jazida ou pedreira não está sujeito ao Decreto 24.150/34.~~

- **Status:** Superada.

Súmula 444-STF

~~Na retomada para construção mais útil, de imóvel sujeito ao Decreto 24.150/34, a indenização se limita às despesas de mudança.~~

- **Status:** Superada.

Súmula 442-STF

A inscrição do contrato de locação no registro de imóveis, para a validade da cláusula de vigência contra o adquirente do imóvel, ou perante terceiros, **dispensa** a transcrição no registro de títulos e documentos.

- **Status:** Válida.

Súmula 411-STF

O locatário **autorizado a ceder a locação pode sublocar o imóvel.**

- **Status:** Válida.

Súmula 410-STF

Se o locador, utilizando prédio próprio para residência ou atividade comercial, pede o imóvel locado para uso próprio, diverso do que tem o por ele ocupado, **não** está obrigado a provar a necessidade, que se presume.

- **Status:** Válida.
- **Dispositivos relacionados:**

"Lei 8.245/1991, Art. 47. Quando ajustada verbalmente ou por escrito e como prazo inferior a trinta meses, findo o prazo estabelecido, a locação prorroga – se automaticamente, por prazo indeterminado, somente podendo ser retomado o imóvel:

I – Nos casos do art. 9º;

II – em decorrência de extinção do contrato de trabalho, se a ocupação do imóvel pelo locatário relacionada com o seu emprego;

III – se for pedido para uso próprio, de seu cônjuge ou companheiro, ou para uso residencial de ascendente ou descendente que não disponha, assim como seu cônjuge ou companheiro, de imóvel residencial próprio;

IV – se for pedido para demolição e edificação licenciada ou para a realização de obras aprovadas pelo Poder Público, que aumentem a área construída, em, no mínimo, vinte por cento ou, se o imóvel for destinado a exploração de hotel ou pensão, em cinquenta por cento;

V – se a vigência ininterrupta da locação ultrapassar cinco anos.

§ 1º Na hipótese do inciso III, a necessidade deverá ser judicialmente demonstrada, se:

a) O retomante, alegando necessidade de usar o imóvel, estiver ocupando, com a mesma finalidade, outro de sua propriedade situado nas mesma localidade ou, residindo ou utilizando imóvel alheio, já tiver retomado o imóvel anteriormente;

b) o ascendente ou descendente, beneficiário da retomada, residir em imóvel próprio.

§ 2º Nas hipóteses dos incisos III e IV, o retomante deverá comprovar ser proprietário, promissário comprador ou promissário cessionário, em caráter irrevogável, com imissão na posse do imóvel e título registrado junto à matrícula do mesmo."

Súmula 409-STF

Ao retomante, que tenha mais de um prédio alugado, **cabe optar entre eles, salvo abuso de direito**.

- **Status:** Válida.

Súmula 370-STF

~~Julgada improcedente a ação renovatória da locação, terá o locatário, para desocupar o imóvel, o prazo de seis meses, acrescido de tantos meses quantos forem os anos da ocupação, até o limite total de dezoito meses.~~

- **Status:** Superada.

Súmula 376-STF

~~Na renovação de locação, regida pelo Decreto 24.150/34, o prazo do novo contrato conta-se da transcrição da decisão exequenda no Registro de Títulos e Documentos; começa, porém, da terminação do contrato anterior, se esta tiver ocorrido antes do registro.~~

- **Status:** Superada.

Súmula 375-STF

~~Não renovada a locação regida pelo Decreto 24.150/34, aplica-se o direito comum e não a legislação especial do inquilinato.~~

- **Status:** Superada.

Súmula 374-STF

Na retomada para construção mais útil, **não** é necessário que a obra tenha sido ordenada pela autoridade pública.

- **Status:** Válida.

- **Dispositivos relacionados:**

"Lei 8.245/1991, Art. 52. O locador não estará obrigado a renovar o contrato se:

I – por determinação do Poder Público, tiver que realizar no imóvel obras que importarem na sua radical transformação; ou para fazer modificações de tal natureza que aumente o valor do negócio ou da propriedade;

II – o imóvel vier a ser utilizado por ele próprio ou para transferência de fundo de comércio existente há mais de um ano, sendo detentor da maioria do capital o locador, seu cônjuge, ascendente ou descendente.

§ 1º Na hipótese do inciso II, o imóvel não poderá ser destinado ao uso do mesmo ramo do locatário, salvo se a locação também envolvia o fundo de comércio, com as instalações e pertences.

§ 2º Nas locações de espaço em shopping centers, o locador não poderá recusar a renovação do contrato com fundamento no inciso II deste artigo.

§ 3º O locatário terá direito a indenização para ressarcimento dos prejuízos e dos lucros cessantes que tiver que arcar com mudança, perda do lugar e desvalorização do fundo de comércio, se a renovação não ocorrer em razão de proposta de terceiro, em melhores condições, ou se o locador, no prazo de três meses da entrega do imóvel, não der o destino alegado ou não iniciar as obras determinadas pelo Poder Público ou que declarou pretender realizar."

Súmula 370-STF

~~Julgada improcedente a ação renovatória da locação, terá o locatário, para desocupar o imóvel, o prazo de seis meses, acrescido de tantos meses quantos forem os anos da ocupação, até o limite total de dezoito meses.~~

- **Status:** Superada.

Súmula 357-STF

~~É lícita a convenção pela qual o locador renuncia, durante a vigência do contrato, à ação revisional do art. 31 do Decreto 24.150/1934.~~

- **Status:** Superada.

Súmula 181-STF

~~Na retomada, para construção mais útil de imóvel sujeito ao Decreto 24.150, de 20.4.34, é sempre devida indenização para despesas de mudança do locatário.~~

- **Status:** Superada.

Súmula 180-STF

~~Na ação revisional do art. 31 do Decreto nº 24.150, de 20/4/1934, o aluguel arbitrado vigora a partir do laudo pericial.~~

- **Status:** Superada.
- Nota do autor: o Decreto nº 24.150/34 foi revogado.

Súmula 179-STF

~~O aluguel arbitrado judicialmente, nos termos da Lei nº 3.085, de 29/12/56, art. 6º, vigora a partir da data do laudo pericial.~~

- **Status:** Superada.
- **Nota do autor:** A Lei nº 3.085/56 foi revogada.

Súmula 178-STF

~~Não excederá de cinco anos a renovação judicial de contrato de locação, fundada no Decreto 24.150, de 20/04/34.~~

- **Status:** Superada.
- **Nota do autor:** O Decreto nº 24.150/34 foi revogado.

Súmula 177-STF

~~O cessionário do promitente comprador, nas mesmas condições deste, pode retomar o imóvel locado.~~

- **Status:** Superada.

Súmula 176-STF

~~O promitente comprador, nas condições previstas na Lei nº 1.300, de 28/12/50, pode retomar o imóvel locado.~~

- **Status:** Superada.
- **Nota do autor:** A Lei 1.300/50 foi revogada.

Súmula 175-STF

~~Admite-se a retomada de imóvel alugado para uso de filho que vai contrair matrimônio.~~

- **Status:** Superada.

Súmula 174-STF

~~Para a retomada do imóvel alugado, não é necessária a comprovação dos requisitos legais na notificação prévia.~~

- **Status:** Superada.

Súmula 173-STF

~~Em caso de obstáculo judicial admite-se a purga da mora, pelo locatário, além do prazo legal.~~

- **Status:** Superada.

Súmula 172-STF

~~Não se admite, na locação em curso, de prazo determinado, o reajustamento de aluguel a que se refere a Lei 3.085, de 29.12.56.~~

- **Status:** Superada.
- **Nota do autor:** A Lei 3.058/56 foi revogada.

Súmula 171-STF

~~Não se admite, na locação em curso, de prazo determinado, a majoração de encargos a que se refere a Lei 3.844, de 15/12/60.~~

- **Status:** Superada.
- **Nota do autor:** A Lei 3.844/1960 foi revogada.

Súmula 158-STF

Salvo estipulação contratual averbada no registro imobiliário, não responde o adquirente pelas benfeitorias do locatário.

- **Status:** Válida.

Súmula 123-STF

~~Sendo a locação regida pelo Decreto 24.150, de 20/04/34, o locatário não tem direito à purgação da mora prevista na Lei 1.300, de 28/12/50.~~

- **Status:** Superada.
- **Nota do autor:** O Decreto 24.150/1934 foi revogado.

Súmula 109-STF

~~É devida a multa prevista no art. 15, § 6º, da Lei 1.300, de 28.12.50, ainda que a desocupação do imóvel tenha resultado da notificação e não haja sido proposta ação de despejo.~~

- **Status:** Superada.

Súmula 80-STF

~~Para a retomada de prédio situado fora do domicílio do locador exige-se a prova da necessidade.~~

- **Status:** Superada.
- **Dispositivos relacionados:**

> "Lei 8.245/1991, Art. 47. Quando ajustada verbalmente ou por escrito e como prazo inferior a trinta meses, findo o prazo estabelecido, a locação prorroga – se automaticamente, por prazo indeterminado, somente podendo ser retomado o imóvel:
>
> I – Nos casos do art. 9º;
>
> II – em decorrência de extinção do contrato de trabalho, se a ocupação do imóvel pelo locatário relacionada com o seu emprego;
>
> III – se for pedido para uso próprio, de seu cônjuge ou companheiro, ou para uso residencial de ascendente ou descendente que não disponha, assim como seu cônjuge ou companheiro, de imóvel residencial próprio;
>
> IV – se for pedido para demolição e edificação licenciada ou para a realização de obras aprovadas pelo Poder Público, que aumentem a área construída, em, no mínimo, vinte por cento ou, se o imóvel for destinado a exploração de hotel ou pensão, em cinquenta por cento;
>
> V – se a vigência ininterrupta da locação ultrapassar cinco anos.
>
> § 1º Na hipótese do inciso III, a necessidade deverá ser judicialmente demonstrada, se:
>
> a) O retomante, alegando necessidade de usar o imóvel, estiver ocupando, com a mesma finalidade, outro de sua propriedade situado nas mesma localidade ou, residindo ou utilizando imóvel alheio, já tiver retomado o imóvel anteriormente;
>
> b) o ascendente ou descendente, beneficiário da retomada, residir em imóvel próprio.
>
> § 2º Nas hipóteses dos incisos III e IV, o retomante deverá comprovar ser proprietário, promissário comprador ou promissário cessionário, em caráter irrevogável, com imissão na posse do imóvel e título registrado junto à matrícula do mesmo."

Súmula 65-STF

~~A cláusula de aluguel progressivo anterior à Lei 3.494, de 19/12/58, continua em vigor em caso de prorrogação legal ou convencional da locação.~~

- **Status:** Superada.
- **Nota do autor:** A Lei 3.494/58 foi revogada.

Súmula 335-STJ

Nos contratos de locação, **é válida** a cláusula de renúncia à indenização das benfeitorias e ao direito de retenção.

- **Status:** Válida.
- **Dispositivos relacionados:**

> "CC, Art. 578. Salvo disposição em contrário, o locatário goza do direito de retenção, no caso de benfeitorias necessárias, ou no de benfeitorias úteis, se estas houverem sido feitas com expresso consentimento do locador."
>
> "Lei 8.245/91, Art. 35. Salvo expressa disposição contratual em contrário, as benfeitorias necessárias introduzidas pelo locatário, ainda que não autorizadas pelo locador, bem como as úteis, desde que autorizadas, serão indenizáveis e permitem o exercício do direito de retenção."

Súmula 268-STJ

O fiador que não integrou a relação processual na ação de despejo **não** responde pela execução do julgado.

- **Status:** Válida.

Súmula 214-STJ

O fiador na locação **não responde por obrigações resultantes de aditamento ao qual não anuiu**.

- **Status:** Válida.

Súmula 80-STJ

~~Para a retomada de prédio situado fora do domicílio do locador exige-se a prova da necessidade.~~

- **Status:** Superada.

4.4.3. Transporte

Súmula 187-STF

A responsabilidade contratual do transportador, pelo acidente com o passageiro, **não** é elidida por culpa de terceiro, contra o qual tem ação regressiva.

- **Status:** Válida.
- **Dispositivos relacionados:**

> "CC, Art. 735. A responsabilidade contratual do transportador por acidente com o passageiro não é elidida por culpa de terceiro, contra o qual tem ação regressiva."

Súmula 161-STF

Em contrato de transporte, **é inoperante a cláusula de não indenizar**.

- **Status:** Válida.

Súmula 151-STF

Prescreve em **um ano** a ação do segurador sub-rogado para haver indenização por extravio ou perda de carga transportada por navio.

- **Status:** Válida.

Súmula 35-STF

~~Em caso de acidente do trabalho ou de transporte, a concubina tem direito de ser indenizada pela morte do amásio, se entre eles não havia impedimento para o matrimônio.~~

- **Status:** Superada pelo CC/02.
- **Nota do autor:** Na verdade, em caso de acidente do trabalho ou de transporte, a **companheira** tem direito de ser indenizada pela morte do companheiro, com quem convivia em união estável.

Súmula 145-STJ

No transporte desinteressado, de simples cortesia, o transportador só será civilmente responsável por danos causados ao transportado **quando incorrer em dolo ou culpa grave**.

- **Status:** Válida.

Súmula 109-STJ

O reconhecimento do direito a indenização, por falta de **mercadoria transportada via marítima, independe de vistoria**.

- **Status:** Válida.

4.4.4. Seguro

Súmula 188-STF

O segurador tem ação regressiva contra o causador do dano, pelo que efetivamente pagou, até ao limite previsto no contrato de seguro.

- **Status:** Válida.

- **Dispositivos relacionados:**

"CC, Art. 786. Paga a indenização, o segurador sub-roga-se, nos limites do valor respectivo, nos direitos e ações que competirem ao segurado contra o autor do dano.

§ 1º Salvo dolo, a sub-rogação não tem lugar se o dano foi causado pelo cônjuge do segurado, seus descendentes ou ascendentes, consanguíneos ou afins.

§ 2º É ineficaz qualquer ato do segurado que diminua ou extinga, em prejuízo do segurador, os direitos a que se refere este artigo."

Súmula 105-STF

~~Salvo se tiver havido premeditação, o suicídio do segurado, no período contratual de carência, não exime o segurador do pagamento do seguro.~~

- **Status:** Superada.

- **Nota do autor:** A regra, agora, é a seguinte: a) se o suicídio ocorre antes dos dois primeiros anos do contrato de seguro: o beneficiário não terá direito ao capital estipulado (indenização), mas terá direito de receber a reserva técnica já formada, ou seja, a quantia que o segurado pagou a título de prêmio para a seguradora; b) se o suicídio ocorreu após os dois primeiros anos do contrato de seguro: o beneficiário terá direito ao capital estipulado (indenização), mesmo que exista cláusula expressa em contrário.

- **Dispositivos relacionados:**

"CC, Art. 798. O beneficiário não tem direito ao capital estipulado quando o segurado se suicida nos primeiros dois anos de vigência inicial do contrato, ou da sua recondução depois de suspenso, observado o disposto no parágrafo único do artigo antecedente.

Parágrafo único. Ressalvada a hipótese prevista neste artigo, é nula a cláusula contratual que exclui o pagamento do capital por suicídio do segurado."

Súmula 632-STJ

Nos **contratos de seguro regidos pelo Código Civil** a correção monetária sobre indenização securitária incide **a partir da contratação até o efetivo pagamento.**

• **Status:** Válida (aprovada em 08/05/2019, DJe 13/05/2019).

• **Dispositivos relacionados:**

> "CC, Art. 757. Pelo contrato de seguro, o segurador se obriga, mediante o pagamento do prêmio, a garantir interesse legítimo do segurado, relativo a pessoa ou a coisa, contra riscos predeterminados.
>
> Parágrafo único. Somente pode ser parte, no contrato de seguro, como segurador, entidade para tal fim legalmente autorizada."

Súmula 620-STJ

A embriaguez do segurado **não exime a seguradora do pagamento da indenização prevista em contrato de seguro.**

• **Status:** Válida.

Súmula 616-STJ

A indenização securitária **é devida** quando ausente a comunicação prévia do segurado acerca do atraso no pagamento do prêmio, **por constituir requisito essencial para a suspensão ou resolução do contrato de seguro**.

• **Status:** Válida.

• **Nota do autor:** Constitui, portanto, requisito essencial para a suspensão ou resolução do contrato de seguro a comunicação prévia do segurada acerca do atraso no pagamento do prêmio.

Súmula 610-STJ

O suicídio **não** é coberto **nos dois primeiros anos de vigência do contrato** de seguro de vida, **ressalvado o direito do beneficiário à devolução do montante da reserva técnica formada**.

• **Status:** Válida.

Súmula 537-STJ

Em ação de reparação de danos, a seguradora denunciada, **se aceitar a denunciação ou contestar o pedido do autor, pode ser condenada, direta e solida-**

riamente junto com o segurado, ao pagamento da indenização devida à vítima, nos limites contratados na apólice.

- **Status:** Válida.
- **Dispositivos relacionados:**

> "CPC/15, Art. 125. É admissível a denunciação da lide, promovida por qualquer das partes:
>
> I – ao alienante imediato, no processo relativo à coisa cujo domínio foi transferido ao denunciante, a fim de que possa exercer os direitos que da evicção lhe resultam;
>
> II – àquele que estiver obrigado, por lei ou pelo contrato, a indenizar, em ação regressiva, o prejuízo de quem for vencido no processo.
>
> § 1º O direito regressivo será exercido por ação autônoma quando a denunciação da lide for indeferida, deixar de ser promovida ou não for permitida.
>
> § 2º Admite-se uma única denunciação sucessiva, promovida pelo denunciado, contra seu antecessor imediato na cadeia dominial ou quem seja responsável por indenizá-lo, não podendo o denunciado sucessivo promover nova denunciação, hipótese em que eventual direito de regresso será exercido por ação autônoma."

Súmula 529-STJ

No seguro de responsabilidade civil facultativo, **não cabe o ajuizamento de ação pelo terceiro prejudicado direta e exclusivamente em face da seguradora do apontado causador do dano.**

- **Status:** Válida.
- **Nota do autor:** Em outras palavras, o terceiro prejudicado não pode ajuizar, direta e exclusivamente, ação judicial em face da seguradora do causador do dano.

Súmula 465-STJ

Ressalvada a hipótese de efetivo agravamento do risco, a seguradora **não** se exime do dever de indenizar em razão da transferência do veículo sem a sua prévia comunicação.

- **Status:** Válida.
- **Nota do autor:** Em outras palavras, a seguradora não se exime do dever de indenizar em razão da transferência do veículo sem a sua prévia comunicação, salvo no caso de efetivo agravamento do risco.

Súmula 402-STJ

O contrato de seguro por danos pessoais **compreende** danos morais, salvo cláusula expressa de exclusão.

- **Status:** Válida.

Súmula 278-STJ

O termo inicial do prazo prescricional, na ação de indenização, é a **data em que o segurado teve ciência inequívoca da incapacidade laboral.**

- **Status:** Válida.

Súmula 229-STJ

O pedido do pagamento de indenização à seguradora **suspende o prazo de prescrição até que o segurado tenha ciência da decisão.**

- **Status:** Válida.

Súmula 101-STJ

A ação de indenização do segurado em grupo contra a seguradora prescreve em **um ano**.

- **Status:** Válida.

- **Dispositivos relacionados:**

"CC, Art. 206. Prescreve:

§ 1º Em um ano:

II – a pretensão do segurado contra o segurador, ou a deste contra aquele, contado o prazo:

a) para o segurado, no caso de seguro de responsabilidade civil, da data em que é citado para responder à ação de indenização proposta pelo terceiro prejudicado, ou da data que a este indeniza, com a anuência do segurador;

b) quanto aos demais seguros, da ciência do fato gerador da pretensão;"

Súmula 61-STJ

~~O seguro de vida cobre o suicídio não premeditado.~~

- **Status:** Superada.

• **Nota do autor:** A regra, agora, é a seguinte: a) se o suicídio ocorre antes dos dois primeiros anos do contrato de seguro: o beneficiário não terá direito ao capital estipulado (indenização), mas terá direito de receber a reserva técnica já formada, ou seja, a quantia que o segurado pagou a título de prêmio para a seguradora; b) se o suicídio ocorreu após os dois primeiros anos do contrato de seguro: o beneficiário terá direito ao capital estipulado (indenização), mesmo que exista cláusula expressa em contrário.

• **Dispositivos relacionados:**

"CC, Art. 798. O beneficiário não tem direito ao capital estipulado quando o segurado se suicida nos primeiros dois anos de vigência inicial do contrato, ou da sua recondução depois de suspenso, observado o disposto no parágrafo único do artigo antecedente.

Parágrafo único. Ressalvada a hipótese prevista neste artigo, é nula a cláusula contratual que exclui o pagamento do capital por suicídio do segurado."

4.4.5. Seguro obrigatório (DPVAT)

Súmula 580-STJ

A **correção monetária** nas indenizações do seguro DPVAT por morte ou invalidez, prevista no § 7º do art. 5º da Lei nº 6.194/1974, redação dada pela Lei nº 11.482/2007, **incide desde a data do evento danoso.**

• **Status:** Válida.

Súmula 573-STJ

Nas ações de indenização decorrentes de seguro DPVAT, a ciência inequívoca do caráter permanente da invalidez, para fins de contagem do prazo prescricional, depende de laudo médico, **exceto nos casos de invalidez permanente notória ou naqueles em que o conhecimento anterior resulte comprovado na fase de instrução.**

• **Status:** Válida.

Súmula 544-STJ

É válida a utilização de tabela do Conselho Nacional de Seguros Privados para estabelecer a proporcionalidade da indenização do seguro DPVAT ao grau de invalidez também na hipótese de sinistro anterior a 16/12/2008, data da entrada em vigor da Medida Provisória nº 451/2008.

• **Status:** Válida.

Súmula 540-STJ

Na ação de cobrança do seguro DPVAT, **constitui faculdade do autor escolher entre os foros do seu domicílio, do local do acidente ou ainda do domicílio do réu**.

• **Status:** Válida.

• **Nota do autor:** Em outras palavras, na ação de cobrança do DPVAT, o autor tem a faculdade de propor a ação no foro do seu domicílio, no foro do local do acidente, ou no foro do domicílio do réu.

Súmula 474-STJ

A indenização do seguro DPVAT, **em caso de invalidez parcial do beneficiário, será paga de forma proporcional ao grau da invalidez.**

• **Status:** Válida.

Súmula 470-STJ

~~O Ministério Público não tem legitimidade para pleitear, em ação civil pública, a indenização decorrente do DPVAT em benefício do segurado.~~

• **Status:** Cancelada.

• **Nota do autor:** A 2ª Seção do STJ, em sessão de 27 de maio de 2015, ao julgar o REsp 858.056-GO, determinou o cancelamento da Súmula n. 470-STJ. O Ministério Público **tem** legitimidade para ajuizar ação civil pública em defesa dos direitos individuais homogêneos dos beneficiários do seguro DPVAT. A seguir, o novo entendimento do STJ.

• **Precedentes relacionados:**

> "**O Ministério Público tem legitimidade para ajuizar ação civil pública em defesa dos direitos individuais homogêneos dos beneficiários do seguro DPVAT**. Isso porque o STF, ao julgar o RE 631.111-GO (Tribunal Pleno, DJe 30/10/2014), submetido ao rito do art. 543-B do CPC, **firmou o entendimento de que Órgão Ministerial tem legitimidade para ajuizar ação civil pública em defesa dos direitos individuais homogêneos dos beneficiários do seguro DPVAT, dado o interesse social qualificado presente na tutela jurisdicional das vítimas de acidente de trânsito beneficiárias pelo DPVAT, bem como as**

relevantes funções institucionais do MP. Consequentemente, é imperioso o cancelamento da súmula 470 do STJ, a qual veicula entendimento superado por orientação jurisprudencial do STF firmada em recurso extraordinário submetido ao rito do art. 543-B do CPC (sistemática da repercussão geral)." (STJ, 2ª Seção, REsp 858.056-GO, Rel. Min. Marco Buzzi, julgado em 27/5/2015, DJe 5/6/2015; Informativo n. 563)

Súmula 426-STJ

Os **juros de mora** na indenização do seguro DPVAT fluem **a partir da citação.**

- **Status:** Válida.
- **Dispositivos relacionados:**

"CC, Art. 405. Contam-se os juros de mora desde a citação inicial."

Súmula 405-STJ

A ação de cobrança do seguro obrigatório DPVAT prescreve em **três anos.**

- **Status:** Válida.
- **Dispositivos relacionados:**

"CC, Art. 206. Prescreve: (...) § 3º Em três anos: (...) IX – a pretensão do beneficiário contra o segurador, e a do terceiro prejudicado, no caso de seguro de responsabilidade civil obrigatório."

Súmula 278-STJ

O termo inicial do prazo prescricional, na ação de indenização, **é a data em que o segurado teve ciência inequívoca da incapacidade laboral.**

- **Status:** Válida.

Súmula 257-STJ

A falta de pagamento do prêmio do seguro obrigatório de Danos Pessoais Causados por Veículos Automotores de Vias Terrestres (DPVAT) **não é motivo para a recusa do pagamento da indenização.**

- **Status:** Válida.

Súmula 246-STJ

O valor do seguro obrigatório **deve** ser deduzido da indenização judicialmente fixada.

• **Status:** Válida.

• **Nota do autor:** Em outras palavras, o valor do DPVAT deve sim ser deduzido da indenização judicialmente fixada.

4.4.6. Fiança

Súmula 549-STJ

É válida a penhora de bem de família pertencente a fiador de contrato de locação.

• **Status:** Válida.

• **Dispositivos relacionados:**

> "Lei 8.009/90, Art. 3º A impenhorabilidade é oponível em qualquer processo de execução civil, fiscal, previdenciária, trabalhista ou de outra natureza, **salvo se movido**: VII – **por obrigação decorrente de fiança concedida em contrato de locação**."

Súmula 332-STJ

A fiança prestada sem autorização de um dos cônjuges **implica a ineficácia total da garantia**.

• **Status:** Válida.

• **Nota do autor:** A súmula e o art. 1.647 do CC fala em "cônjuges", pressupondo o casamento. Assim, a súmula e o dispositivo legal em comento não se aplicam para os companheiros na de união estável.

• **Precedentes relacionados:**

> "Ainda que a união estável esteja formalizada por meio de escritura pública, é válida a fiança prestada por um dos conviventes sem a autorização do outro. Isso porque o entendimento de que a "fiança prestada sem autorização de um dos cônjuges implica a ineficácia total da garantia" (Súmula 332 do STJ), conquanto seja aplicável ao casamento, não tem aplicabilidade em relação à

união estável." (STJ, 4ª Turma, REsp 1.299.866-DF, Rel. Min. Luis Felipe Salomão, julgado em 25/2/2014, Informativo n. 535)

- **Dispositivos relacionados:**

"CC, Art. 1.647. Ressalvado o disposto no art. 1.648, nenhum dos cônjuges pode, sem autorização do outro, exceto no regime da separação absoluta:

I – alienar ou gravar de ônus real os bens imóveis;

II – pleitear, como autor ou réu, acerca desses bens ou direitos;

III – prestar fiança ou aval;

IV – fazer doação, não sendo remuneratória, de bens comuns, ou dos que possam integrar futura meação.

Parágrafo único. São válidas as doações nupciais feitas aos filhos quando casarem ou estabelecerem economia separada."

Súmula 268-STJ

O fiador que não integrou a relação processual na ação de despejo **não** responde pela execução do julgado.

- **Status:** Válida.

Súmula 214-STJ

O fiador na locação **não responde por obrigações resultantes de aditamento ao qual não anuiu**.

- **Status:** Válida.

4.4.7. Alienação fiduciária

Súmula 564-STJ

No caso de reintegração de posse em arrendamento mercantil financeiro, quando a soma da importância antecipada a título de valor residual garantido (VRG) com o valor da venda do bem ultrapassar o total do VRG previsto contratualmente, **o arrendatário terá direito de receber a respectiva diferença, cabendo, porém, se estipulado no contrato, o prévio desconto de outras despesas ou encargos pactuados**.

- **Status:** Válida.

Súmula 384-STJ

Cabe ação monitória para haver saldo remanescente oriundo de venda extrajudicial de bem alienado fiduciariamente em garantia.

- **Status:** Válida.

Súmula 369-STJ

No contrato de arrendamento mercantil (*leasing*), ainda que haja cláusula resolutiva expressa, **é necessária** a notificação prévia do arrendatário para constituí-lo em mora.

- **Status:** Válida.

Súmula 293-STJ

A cobrança antecipada do valor residual garantido (VRG) **não descaracteriza** o contrato de arrendamento mercantil.

- **Status:** Válida.
- **Nota do autor:** Arrendamento mercantil é o contrato de "leasing".

Súmula 284-STJ

~~A purga da mora, nos contratos de alienação fiduciária, só é permitida quando já pagos pelo menos 40% do valor financiado.~~

- **Status:** Superada pela nova redação do art. 3º do Decreto-Lei 911/69 dada pela Lei 10.931/2004.

- **Precedentes relacionados:**

"Com a nova redação do art. 3º do Decreto-Lei nº 911/69 pela Lei n° 10.931/04, não há mais falar em purgação da mora, podendo o credor, nos termos do respectivo § 2º, 'pagar a **integralidade** da dívida pendente, segundo os valores apresentados pelo credor fiduciário na inicial, hipótese na qual o bem lhe será restituído livre do ônus'." (STJ, 3ª Turma, REsp 767.227/SP, Rel. Min. Carlos Alberto Menezes Direito, DJ 13/02/2006).

- **Dispositivos relacionados:**

"Decreto 911/69, Art. 3º O proprietário fiduciário ou credor poderá, desde que comprovada a mora, na forma estabelecida pelo § 2º do art. 2º, ou o inadimplemento, requerer contra o devedor ou terceiro a busca e apreensão do bem alienado fiduciariamente, a qual será concedida liminarmente, podendo ser apreciada em plantão judiciário.

§ 1º Cinco dias após executada a liminar mencionada no *caput*, consolidar-se-ão a propriedade e a posse plena e exclusiva do bem no patrimônio do credor fiduciário, cabendo às repartições competentes, quando for o caso, expedir novo certificado de registro de propriedade em nome do credor, ou de terceiro por ele indicado, livre do ônus da propriedade fiduciária.

§ 2º No prazo do § 1º, o devedor fiduciante poderá pagar a integralidade da dívida pendente, segundo os valores apresentados pelo credor fiduciário na inicial, hipótese na qual o bem lhe será restituído livre do ônus."

Súmula 263-STJ

~~A cobrança antecipada do valor residual (VRG) descaracteriza o contrato de arrendamento mercantil, transformando-o em compra e venda a prestação.~~

- **Status:** Cancelada.
- **Nota do autor:** Atualmente, vige o entendimento da Súmula 293 do STJ.

Súmula 245-STJ

A notificação destinada a comprovar a mora nas dívidas garantidas por alienação fiduciária **dispensa a indicação do valor do débito**.

- **Status:** Válida.

Súmula 138-STJ

O ISS **incide** na operação de **arrendamento mercantil de coisas móveis**.

- **Status:** Válida.

Súmula 92-STJ

A terceiro de boa-fé **não é oponível a alienação fiduciária não anotada no certificado de registro do veículo automotor**.

- **Status:** Válida.

- **Dispositivos relacionados:**

"CC, Art. 1.361. (...)

§ 1º Constitui-se a propriedade fiduciária com o registro do contrato, celebrado por instrumento público ou particular, que lhe serve de título, no Registro de

Títulos e Documentos do domicílio do devedor, ou, em se tratando de veículos, na repartição competente para o licenciamento, fazendo-se a anotação no certificado de registro."

Súmula 72-STJ

A comprovação da mora **é imprescindível** à busca e apreensão do bem alienado fiduciariamente.

- **Status:** Válida.

Súmula 28-STJ

O contrato de alienação fiduciária em garantia **pode** ter por objeto bem que já integrava o patrimônio do devedor.

- **Status:** Válida.

4.4.8. Consórcio

Súmula 538-STJ

As administradoras de consórcio **têm** liberdade para estabelecer a respectiva taxa de administração, **ainda que fixada em percentual superior a dez por cento**.

- **Status:** Válida.

Súmula 35-STJ

Incide correção monetária sobre as prestações pagas, quando de sua restituição, em virtude da retirada ou exclusão do participante de plano de consórcio.

- **Status:** Válida.

4.4.9. Arrendamento rural

Súmula 275-STF

~~Está sujeita a recurso *ex officio* sentença concessiva de reajustamento pecuário anterior à vigência da Lei 2.804, de 25/06/56.~~

- **Status:** Superada.

Súmula 185-STF

~~Em processo de reajustamento pecuário, não responde a União pelos honorários do advogado do credor ou do devedor.~~

- **Status:** Superada.

Súmula 184-STF

~~Não se incluem no reajustamento pecuário dívidas contraídas posteriormente a 19/12/46.~~

- **Status:** Superada.

Súmula 183-STF

~~Não se incluem no reajustamento pecuário dívidas estranhas à atividade agropecuária.~~

- **Status:** Superada.

Súmula 182-STF

~~Não impede o reajustamento do débito pecuário, nos termos da Lei 1.002, de 24.12.49, a falta de cancelamento da renúncia à moratória da Lei 209, de 02/01/1948.~~

- **Status:** Superada.

4.5. Questões relacionadas

(Iades – Procurador Legislativo – AL-GO/2019) Em relação à jurisprudência sumulada do Superior Tribunal de Justiça, no que se refere aos contratos, assinale a alternativa correta.

a) A indenização securitária é devida quando ausente a comunicação prévia do segurado acerca do atraso no pagamento do prêmio, por constituir requisito essencial para a suspensão ou resolução do contrato de seguro.

b) Quando não houver premeditação do segurado, o suicídio é coberto, ainda que tenha ocorrido nos dois primeiros anos de vigência do contrato de seguro de vida.

c) A penhora de bem de família pertencente a fiador de contrato de locação é inválida.

d) Na hipótese de resolução de contrato de promessa de compra e venda de imóvel submetido ao Código de Defesa do Consumidor, deve ocorrer a restituição integral das parcelas pagas pelo promitente comprador, ainda que este tenha dado causa ao desfazimento do negócio.

e) Os contratos de locação são submetidos prioritariamente ao Código de Defesa do Consumidor.

Resposta correta: letra "a".

(NC-UFPR – Titular de Serviços de Notas e de Registros – Provimento – TJ-PR/2019) Com relação ao entendimento sumulado dos Tribunais Superiores em matéria de Direito Registral e Notarial, identifique como verdadeiras (V) ou falsas (F) as seguintes afirmativas:

( ) Os registros de propriedade particular de imóveis situados em terrenos de marinha são oponíveis à União.

( ) A vaga de garagem que possui matrícula própria no registro de imóveis não constitui bem de família para efeito de penhora.

( ) O reconhecimento da fraude à execução depende do registro da penhora do bem alienado ou da prova de má-fé do terceiro adquirente.

( ) Salvo estipulação contratual averbada no registro imobiliário, responde o adquirente pelas benfeitorias do locatário.

Assinale a alternativa que apresenta a sequência correta, de cima para baixo.

a) V – V – F – F.

b) F – F – V – V.

c) V – F – F – V.

d) F – V – V – F.

e) V – V – F – V.

Resposta correta: letra "d".

(Iades – Procurador Legislativo – AL-GO/2019) Em relação ao direito contratual brasileiro, assinale a alternativa correta.

a) O empréstimo gratuito de bens infungíveis é denominado mútuo.

b) A doação pode ser revogada por ingratidão do donatário, ou por inexecução do encargo.

c) No contrato de empreitada, a obrigação do empreiteiro de fornecer os materiais é presumida.

d) O mandato não pode ser tácito.

e) No transporte de pessoas, a responsabilidade contratual do transportador por acidente com o passageiro é elidida pela demonstração de culpa de terceiro.

Resposta correta: letra "b".

(FCC – Procurador do Estado – PGE-AP/2018) Em relação à jurisprudência dominante dos Tribunais Superiores, em matéria processual,

a) é ineficaz a penhora de bem de família pertencente a fiador de contrato de locação residencial.

b) é sempre necessário ratificar o recurso especial interposto na pendência do julgamento dos embargos de declaração.

c) a recuperação judicial do devedor principal impede o prosseguimento das ações e execuções ajuizadas contra terceiros devedores solidários ou coobrigados.

d) em ação monitória fundada em cheque prescrito contra o emitente, é indispensável a menção ao negócio jurídico subjacente à emissão da cártula.

e) o relator, monocraticamente e no Superior Tribunal de Justiça, poderá dar ou negar provimento ao recurso quando houver entendimento dominante acerca do tema.

Resposta correta: letra "e".

(FCC – Procurador do Estado – PGE-AP/2018) Em relação à jurisprudência dominante dos Tribunais Superiores, em matéria processual,

a) é ineficaz a penhora de bem de família pertencente a fiador de contrato de locação residencial.

b) é sempre necessário ratificar o recurso especial interposto na pendência do julgamento dos embargos de declaração.

c) a recuperação judicial do devedor principal impede o prosseguimento das ações e execuções ajuizadas contra terceiros devedores solidários ou coobrigados.

d) em ação monitória fundada em cheque prescrito contra o emitente, é indispensável a menção ao negócio jurídico subjacente à emissão da cártula.

e) o relator, monocraticamente e no Superior Tribunal de Justiça, poderá dar ou negar provimento ao recurso quando houver entendimento dominante acerca do tema.

Resposta correta: letra "d".

(TRF 3ª Região – Juiz Federal – TRF 3ª Região/2008) Sobre o contrato de seguro, é INCORRETO afirmar:

a) Ele será nulo se estipulado para garantia de risco proveniente de ato doloso do segurado ou do beneficiário.

b) Se o segurado fizer declaração inexata ou omitir circunstância que possa influir na aceitação da proposta ou na taxa do prêmio, perderá o direito à garantia, mas nesse caso não ficará obrigado a pagar o prêmio vencido.

c) No seguro de vida, o suicídio não é coberto nos dois primeiros anos de vigência do contrato, ressalvado o direito do beneficiário à devolução do montante da reserva técnica formada.

d) Se o segurador expedir a apólice sabedor de que o risco que o contrato pretendia cobrir estava superado fica obrigado a pagar em dobro o prêmio estipulado.

Resposta correta: letra "b".

(FCC – Analista Legislativo – ALE-SE/2018) No contrato oneroso de transporte, a responsabilidade do transportador

a) é elidida se as partes estipularem cláusula excludente de responsabilidade.

b) não admite nenhuma excludente de responsabilidade.

c) não difere do transporte feito gratuitamente.

d) deixa de existir se houver prova de culpa de terceiro, não sendo afastada por motivo de força maior.

e) existe independentemente de prova de culpa do transportador, salvo se o fato decorrer de força maior.

Resposta correta: letra "e".

(FCC – Procurador do Estado – PGE-TO/2018) Em transporte gratuito de pessoa, a responsabilidade civil do transportador é regulada pela seguinte regra, extraída da lei e da jurisprudência:

a) No transporte desinteressado, de simples cortesia, o transportador só será civilmente responsável por danos causados ao transportado quando incorrer em dolo ou culpa grave.

b) O transportador não responde em nenhuma hipótese pelos danos causados à pessoa transportada, mas responde pelos danos causados à sua bagagem, salvo motivo de força maior ou fortuito interno.

c) Subordina-se às normas do contrato de transporte aquele realizado gratuitamente por amizade ou cortesia.

d) Não se considera gratuito o transporte apenas se o transportador receber remuneração em dinheiro, não desnaturando a gratuidade o recebimento de vantagem indireta, como o pagamento de pedágio e alimentação do transportador.

e) É vedado o transporte de menores desacompanhados dos pais ou responsáveis, sujeitando essa infração à responsabilidade objetiva do transportador.

Resposta correta: letra "a"

(Vunesp – Procurador – IPSM/2018) Relativamente ao contrato de seguro, assinale a alternativa correta, conforme entendimento da Jurisprudência do STJ e STF.

a) A seguradora se exime do dever de indenizar em razão da transferência do veículo sem a sua prévia comunicação, independentemente do agravamento efetivo do risco.

b) O contrato de seguro por danos pessoais não compreende os danos morais, salvo cláusula expressa de inclusão.

c) O seguro de vida não cobre o suicídio, premeditado ou não, salvo se demonstrado que o mesmo ocorreu em razão de doença mental superveniente.

d) No seguro de responsabilidade civil facultativo, não cabe o ajuizamento de ação pelo terceiro prejudicado direta e exclusivamente em face da seguradora do apontado causador do dano.

e) O segurador não tem ação regressiva contra o causador do dano; poderá, entretanto, ser assistente do segurado para reaver o que efetivamente pagou até o limite do valor previsto no contrato de seguro.

Resposta correta: letra "d".

(Cespe – Defensor Público – DPE-PE/2018) Com base na jurisprudência do STJ, assinale a opção correta, a respeito de locação de imóveis urbanos.

a) É impenhorável o bem de família pertencente a fiador em contrato de locação.

b) Em contrato de locação, as benfeitorias voluptuárias não são passíveis de indenização; finda a locação, essas benfeitorias podem ser levantadas pelo locatário, desde que a sua retirada não afete a estrutura nem a substância do imóvel.

c) Nos contratos de locação, a inclusão de cláusulas de renúncia à indenização das benfeitorias e de direito de retenção é ilegal.

d) Benfeitorias necessárias serão indenizáveis apenas se autorizadas pelo locador.

e) Se o locatário estiver em situação de vulnerabilidade, aplica-se o CDC ao contrato de locação.

Resposta correta: letra "b".

(NC-UFPR – Procurador Legislativo – Câmara de Quitandinha – PR/2018) Sobre o fiador, é correto afirmar:

a) O bem de família do fiador é impenhorável.

b) A obrigação do fiador passa aos herdeiros, mas a responsabilidade da fiança se limita ao tempo decorrido até a morte do fiador, e não pode ultrapassar as forças da herança.

c) O fiador, na locação, responde por obrigações resultantes de aditamento ao qual não anuiu.

d) A fiança prestada sem autorização de um dos cônjuges não implica a ineficácia total da garantia.

e) O fiador que não integrou a relação processual na ação de despejo responde pela execução do julgado.

Resposta correta: letra "b".

(Vunesp – Procurador do Estado – PGE-SP/2018) Quanto à proteção aos direitos do consumidor em contratos bancários, assinale a alternativa correta.

a) A estipulação de juros remuneratórios superiores a 12% ao ano, por si só, não indica exigência de vantagem econômica excessiva pela instituição financeira.

b) Os juros moratórios nos contratos bancários não regulados por legislação especial poderão ser pactuados livremente pelas partes, não caracterizando exigência de vantagem econômica excessiva.

c) Propositura de ação revisional de contrato bancário, a pretexto de conter cláusulas contratuais abusivas, suspende os efeitos da mora do devedor, por revelar exercício regular do direito básico do consumidor à facilitação da defesa dos seus direitos em juízo, inclusive com inversão do ônus da prova.

d) Pode o magistrado, de ofício, reconhecer a nulidade de cláusulas contratuais abusivas inseridas em contrato de mútuo bancário submetido ao seu exame.

e) Exigência de pagamento de comissão de permanência, calculada pela taxa média do mercado apurada pelo Banco Central do Brasil, limitada à taxa do contrato, caracteriza exigência de vantagem econômica excessiva.

Resposta correta: letra "a".

(Vunesp – Procurador Autárquico – PauliPrev – SP/2018) Dois moradores da cidade de Paulínia firmaram um contrato preliminar de compromisso de compra e venda de um imóvel situado no centro da cidade. Sobre esse tipo de contrato, assinale a alternativa correta.

a) Os contratos preliminares devem ter todos os requisitos essenciais do contrato a ser celebrado, inclusive quanto à forma.

b) Concluído o contrato preliminar, qualquer das partes tem o direito de exigir a celebração do contrato definitivo no prazo legal de trinta dias.

c) O direito à adjudicação compulsória não se condiciona ao registro do compromisso de compra e venda no cartório de imóveis

d) É vedada a inclusão de cláusula de arrependimento nos contratos preliminares.

e) Se o estipulante não der execução ao contrato preliminar, poderá a outra parte considerá-lo desfeito, não sendo possível o pedido de perdas e danos.

Resposta correta: letra "c".

(Vunesp – Procurador Legislativo – Câmara de Sumaré – SP/2017) Assinale a alternativa correta sobre a legitimidade ativa na ação civil pública.

a) Associação tem legitimidade ativa para defender os interesses dos associados que o eram ao tempo do ajuizamento da ação de conhecimento.

b) A Defensoria Pública somente tem legitimidade para defender os interesses individuais homogêneos dos que sejam carentes de recursos econômicos.

c) Havendo a dissolução da associação titular da ação, poderá haver a substituição do polo ativo por outra associação, que tenha interesses comuns a ambas.

d) O Ministério Público não tem legitimidade para pleitear, em ação civil pública, a indenização decorrente do DPVAT em benefício do segurado.

e) Somente associação de estudantes tem legitimidade para ajuizar ação civil pública com o objetivo de garantir o acesso a critérios de correção de provas de concurso público.

Resposta correta: letra "a".

(Cespe – Defensor Público – DPE-AL/2017) Julgue os itens a seguir, a respeito de ação indenizatória.

I. Em se tratando de ação anulatória de indébito cumulada com indenizatória, o juiz poderá indeferir a petição inicial por ausência de interesse processual se existirem outras inscrições negativas relativas ao demandante.

II. Na fixação do valor indenizatório correspondente a uma única prestação pecuniária, os juros moratórios fluem a partir da citação em caso de responsabilidade extracontratual.

III. Será nula a sentença que acolher o pedido indenizatório do demandante em face de instituição financeira caso o juiz sentenciante esteja promovendo ação contra a mesma instituição.

Assinale a opção correta.

a) Apenas o item I está certo.

b) Apenas o item II está certo.

c) Apenas o item III está certo.

d) Apenas os itens I e III estão certos.

e) Todos os itens estão certos.

Resposta correta: letra "c".

(Cespe – Defensor Público – DPE-AL/2017) De acordo com o que dispõe o CPC sobre os procedimentos especiais, é admissível a oposição de embargos de terceiro quando

a) tais embargos forem opostos no cumprimento de sentença ou no processo de execução antes da adjudicação, mas sempre depois da assinatura da respectiva carta.

b) pretender o oponente, no todo ou em parte, a coisa ou o direito sobre o que controvertem autor e réu.

c) tais embargos forem opostos em processo de conhecimento, desde que antes da audiência de instrução e julgamento.

d) for considerado executado o oponente indevidamente citado em processo de execução.

e) tais embargos forem fundados em alegação de posse advinda do compromisso de compra e venda de imóvel, ainda que desprovido de registro.

Resposta correta: letra "e".

(CETRO – Titular de Serviços de Notas e de Registros – TJ-RJ/2017) Com base na legislação civil e nos provimentos do Conselho Nacional de Justiça, assinale a alternativa que está de acordo com as regras de competência territorial do Serviço de Registro de Títulos e Documentos.

a) O registro de penhor de veículo deverá ser feito apenas no Cartório de Títulos e Documentos do domicílio do credor.

b) O registro de locação de coisas móveis, para fins de cláusula de vigência, deverá ser registrado no Cartório de Títulos e Documentos onde está situada a coisa locada.

c) A compra e venda com reserva de domínio deverá ser registrada no Cartório de Títulos e Documentos do domicílio do vendedor ou do comprador, a critério das partes contratantes.

d) A alienação fiduciária de bem móvel infungível deverá ser registrada apenas no Cartório de Títulos e Documentos do domicílio do credor fiduciário.

e) O registro facultativo para conservação ou eficácia do contrato de alienação fiduciária de veículo deverá ser registrado no domicílio das partes contratantes.

Resposta correta: letra "e".

(Vunesp – Titular de Serviços de Notas e de Registros – Provimento – TJ-SP/2016) No curso de cumprimento de sentença condenatória ao pagamento de quantia, o credor exequente requer a penhora de imóvel em relação ao qual o devedor é titular de direitos oriundos de compromisso particular de compra e venda não inscrito no Registro de Imóveis. A medida constritiva é

a) totalmente inviável, pois que não tendo havido registro do bem em nome do devedor, os direitos oriundos de compromisso particular de compra e venda não inscrito no Registro de Imóveis não são dotados de expressão econômica.

b) totalmente viável, porque independentemente da inscrição do compromisso no Registro de Imóveis, o devedor já é tido como titular da propriedade sobre o bem, sendo, portanto, penhorável o imóvel e passível de averbação da dita penhora na matrícula.

c) viável em parte, admitindo-se tão somente a penhora dos direitos do executado sobre o imóvel, e vedada a averbação da penhora no Registro de Imóveis, por afronta ao princípio da continuidade registrária, já que o bem formalmente é propriedade de terceiro.

d) viável, desde que o credor apresente junto ao Registro de Imóveis cópia do auto ou termo de penhora sobre o imóvel, caso em que a penhora será averbada na matrícula, para presunção absoluta de conhecimento de terceiros.

Resposta correta: letra "c".

(Vunesp – Procurador Jurídico – Prefeitura de Mogi das Cruzes – SP/2016) Quando a lei dispuser que determinado ato é anulável, sem estabelecer prazo para pleitear-se a anulação, será este de

a) dois anos, a contar da data da conclusão do ato.

b) cinco anos, a contar da data da conclusão do ato.

c) dez anos, a contar da data da conclusão do ato.

d) dois anos, a contar da data do conhecimento da causa de anulabilidade.

e) dez anos, a contar da data do conhecimento da causa de anulabilidade.

Resposta correta: letra "a".

(Consulplan – Titular de Serviços de Notas e de Registros – Remoção – TJ-MG/2016) A, solteiro, confere a B mandato para vender imóvel em seu nome. Passado um tempo, A veio a se casar, em regime de comunhão parcial de bens, tendo B ciência dos fatos. Quanto ao mandato no caso vertente, nos termos do Código Civil, é correto afirmar:

a) O casamento do mandante acarreta mudança de estado civil, que faz cessar o mandato, inabilitando o mandatário para o uso dos poderes outorgados.

b) Casando em regime de comunhão parcial de bens, os poderes serão mantidos. É dispensada a outorga do cônjuge para alienar os bens adquiridos antes do matrimônio.

c) O casamento do mandante acarreta mudança de estado civil, contudo, não cessa o mandato. Extinção do mandato se dá exclusivamente pela revogação, pela renúncia, pela morte ou interdição de uma das partes, pelo término do prazo ou pela conclusão do negócio.

d) Nada obsta a venda de imóvel por mandato outorgado anterior ao matrimônio de bens particulares. O casamento do mandante acarreta apenas mudança de estado civil, que não faz cessar o mandato. Podendo o mandatário alienar livremente o bem independente da outorga.

Resposta correta: letra "a".

(FCC – Defensor Público – DPE-ES/2016) Pedro Silva Comércio de Roupa – Empresa Individual de Responsabilidade Limitada – EIRELI alugou para moradia de seus empregados um imóvel próximo ao estabelecimento, pelo prazo de vinte e quatro meses, findo o qual o locador notificou a locatária de que não mais lhe interessava a locação, concedendo 30 dias para desocupação do imóvel. Ajuizou, depois de escoado esse prazo, ação de despejo. Nesse caso, a retomada do imóvel

a) não será possível, mediante ação de despejo, porque a EIRELI não é pessoa jurídica e, por isso, não pode celebrar contrato de locação para moradia de empregados.

b) é possível, a despeito da utilização do imóvel para fins de residência, não se exigindo prazo mínimo de contrato.

c) só será possível por motivo justificado, como a necessidade de reforma, porque não decorridos cinco anos do contrato.

d) não é possível, porque na locação residencial, para retomada por denúncia vazia, o contrato escrito deve ser celebrado pelo prazo mínimo de trinta meses.

e) apenas será possível, se o locador necessitar do prédio para uso próprio, de seu cônjuge, de descendente ou de ascendente.

Resposta correta: letra "b".

(TRF 3ª Região – Juiz Federal – TRF – 3ª Região/2016) Marque a alternativa correta, observando a jurisprudência dominante do Superior Tribunal de Justiça:

a) A simples propositura da ação de revisão de contrato inibe a caracterização da mora do autor.

b) Nas indenizações por ato ilícito, os juros compostos não são devidos por aquele que praticou o crime.

c) A evicção consiste na perda parcial ou integral da posse ou da propriedade do bem, via de regra, em virtude de decisão judicial que atribui o uso, a posse ou a propriedade a outrem, em decorrência de motivo jurídico anterior ao contrato de aquisição.

d) Os conceitos de onerosidade excessiva e de imprevisão são sinônimos, tendo o legislador civil deles feito uso de modo indistinto.

Resposta correta: letra "c".

(FUNDATEC – Procurador Municipal – Prefeitura de Porto Alegre – RS/2016) Sobre juros, é correto afirmar que:

a) Salvo regra sem sentido contrário, são sempre admitidos juros capitalizados no Direito brasileiro, desde que em período não superior a um mês.

b) Nos negócios jurídicos bancários ou financeiros, os juros compensatórios são limitados à taxa prevista no Art. 406 do Código Civil.

c) Os juros remuneratórios financeiros admitem capitalização, desde que haja disposição contratual autorizativa.

d) Somente no mútuo de natureza financeira é viável, no Direito brasileiro, a cobrança de juros remuneratórios.

e) No Direito brasileiro, não são lícitos juros capitalizados.

Resposta correta: letra "c".

(Cespe – Analista Judiciário – Área Judiciária – TRE-MT/2015) A respeito do direito de família, assinale a opção correta à luz da jurisprudência do STJ.

a) Se a união estável for formalizada por escritura pública, a fiança prestada por um dos conviventes sem a autorização do outro é inválida.

b) Em regra, não se mostra cabível a fixação, por tempo determinado, de pensão alimentícia para ex-cônjuge.

c) É incabível o pedido de alimentos decorrente do rompimento de união estável homoafetiva.

d) A invalidação da venda de imóvel comum fundada na falta de consentimento do companheiro dependerá da publicidade conferida à união estável ou da demonstração de má-fé do adquirente.

e) É suficiente para a caracterização da união estável o fato de um casal de namorados que moram juntos projetar constituir família no futuro.

Resposta correta: letra "d".

(FCC – Defensor Público – DPE-MA/2015) Negado pagamento de seguro DPVAT, vítima de acidente de trânsito ajuíza ação de cobrança contra seguradora. De acordo com súmula do Superior Tribunal de Justiça, a competência para julgamento desta ação

a) constitui faculdade do autor, que pode escolher apenas entre os foros de seu domicílio e do local do acidente.

b) é de natureza absoluta, devendo tramitar no foro do domicílio do autor.

c) constitui faculdade do autor, que pode escolher entre os foros de seu domicílio, do local do acidente ou ainda do domicílio do réu.

d) é de natureza absoluta, devendo tramitar no foro do local do acidente.

e) é de natureza relativa, mas, a menos que se prorrogue, deve tramitar no foro do domicílio do réu.

Resposta correta: letra "c".

(FCC – Defensor Público – DPE-MA/2015) Em razão de acidente de trânsito, Caio ajuizou ação contra Luiz, causador do dano, o qual denunciou à lide seguradora com quem mantém vínculo contratual. Esta, por sua vez, compareceu aos autos e contestou o pedido formulado por Caio. De acordo com súmula do Superior Tribunal de Justiça,

a) eventual condenação deverá recair somente contra Luiz, o qual terá direito de executar a seguradora, independentemente do que constar da apólice, desde que o faça em autos apartados.

b) a seguradora pode ser condenada, direta e solidariamente com Luiz, a pagar indenização a Caio, nos limites contratados na apólice.

c) apenas a seguradora pode ser condenada a pagar indenização a Caio, nos limites contratados na apólice.

d) eventual condenação deverá recair somente contra Luiz, o qual terá direito de executar a seguradora, nos mesmos autos, nos limites contratados na apólice.

e) a seguradora pode ser condenada, subsidiariamente, a pagar indenização a Caio, independentemente do que constar da apólice.

Resposta correta: letra "b".

(MPT – Procurador do Trabalho – MPT/2015) Examine o conteúdo das seguintes assertivas referentes às Súmulas Vinculantes do STF:

1) Nos processos perante o Tribunal de Contas da União asseguram-se o contraditório e a ampla defesa quando da decisão puder resultar anulação ou revogação do ato administrativo que beneficie o interessado, excetuada a apreciação da legalidade do ato de concessão inicial de aposentadoria, reforma e pensão.

2) A norma do art. 192, § 3º, da Constituição, revogada pela Emenda Constitucional n. 40/2003, que limitava a taxa de juros reais a 12% ao ano, tinha sua aplicação condicionada à edição de lei ordinária.

3) A Justiça do Trabalho é competente para processar e julgar ação possessória ajuizada em decorrência do exercício do direito de greve pelos trabalhadores da iniciativa privada.

4) É direito do defensor, no interesse do representado, ter acesso amplo aos elementos de prova que, já documentados em procedimento investigatório realizado por órgão com competência de polícia judiciária, digam respeito ao exercício do direito de defesa.

Marque a resposta CORRETA:

a) as assertivas 1, 2 e 4 estão corretas;

b) as assertivas 2, 3 e 4 estão corretas;

c) as assertivas 1, 3 e 4 estão corretas;

d) todas as assertivas estão corretas.

e) Não respondida.

Resposta correta: letra "c".

(Cespe – Defensor Público – DPE-RN/2015) Em relação aos contratos, assinale a opção correta.

a) Caso um indivíduo firme contrato de seguro com determinada instituição financeira, e não haja dia previamente ajustado pelas partes para o pagamento de prestação do prêmio, o contrato não será desfeito automaticamente com o descumprimento da prestação pelo segurado no termo pactuado. Para o desfazimento do contrato, será necessária a prévia constituição em mora do contratante pela seguradora, mediante interpelação.

b) O Código Civil adotou o critério subjetivo da premeditação para determinar a cobertura relativa ao suicídio do segurado. Desse modo, a seguradora não será obrigada a indenizar se houver prova cabal da premeditação do suicídio, mesmo após o decurso do período de carência de dois anos.

c) No contrato do seguro de acidentes pessoais, como garantia por morte acidental, a seguradora se obriga, em virtude de expressa disposição legal, a indenizar também o beneficiário no caso de morte do segurado por causa natural.

d) No contrato de seguro de automóvel, o reconhecimento da responsabilidade, a confissão da ação ou a transação retiram do segurado de boa-fé o direito à indenização e ao reembolso, pois são prejudiciais à seguradora, a menos que haja prévio e expresso consentimento desta.

e) Se, em caso de risco, o comodatário privilegiar a segurança de seus próprios bens, abandonando os bens do comodante, responderá pelo dano que venha a ser sofrido pelo comodante, exceto nas hipóteses de caso fortuito ou força maior.

Resposta correta: letra "a".

(FCC – Juiz do Trabalho – TRT 1ª Região/2015) No que se refere ao processo do trabalho, os juros de mora

I. incidem sobre a importância da condenação já corrigida monetariamente.

II. e a correção monetária incluem-se na liquidação, ainda que omisso o pedido inicial ou a condenação.

III. incidem na condenação por danos morais, desde a data da decisão de arbitramento ou de alteração de valor.

Está correto o que se afirma APENAS em

a) II.

b) I e II.

c) III.

d) II e III.

e) I e III.

Resposta correta: letra "b".

(Vunesp – Juiz de Direito – TJ-SP/2015) Em tema de abusividade contratual, é correto afirmar que

a) a nulidade de uma cláusula contratual abusiva não invalida o contrato, desde que não caracterizada a onerosidade excessiva.

b) é válida a obrigação cambial assumida por procurador do mutuário vinculado ao mutuante, no exclusivo interesse deste.

c) a estipulação de juros moratórios superiores a 12% ao ano, por si só, não indica abusividade.

d) se admite limitação temporal de internação hospitalar do segurado em contrato de plano de saúde.

Resposta correta: letra "a".

(Vunesp – Juiz de Direito – TJ-SP/2015) Nos contratos bancários,

a) o julgador pode conhecer de ofício a abusividade de cláusulas.

b) os juros moratórios sujeitam-se ao limite de 1% ao mês, caso não se trate de contratos bancários regidos por legislação específica.

c) os juros remuneratórios superiores a 12% ao ano presumem-se abusivos, cabendo à instituição financeira demonstrar sua adequação e razoabilidade.

d) a comissão de permanência pode ser cumulada com os juros remuneratórios contratados.

Resposta correta: letra "b".

(Cespe – Defensor Público – DPE-RN/2015) A respeito de títulos de crédito e de contratos bancários, assinale a opção correta.

a) Atualmente, ainda é válida a pactuação das tarifas de abertura de crédito e de emissão de carnê na cobrança por serviços bancários, segundo o entendimento do STJ.

b) Conforme entendimento do STJ, o ajuizamento isolado de ação revisional de contrato bancário é capaz de descaracterizar a mora do devedor.

c) A omissão de qualquer requisito legal que retire a validade do título de crédito implica também a invalidade do negócio jurídico que lhe deu origem.

d) O pagamento do título de crédito pode ser garantido por aval dado de forma parcial.

e) De acordo com o STJ, a estipulação de juros remuneratórios superiores a 12% ao ano, por si só, não indica abusividade.

Resposta correta: letra "e".

(Vunesp – Juiz de Direito – TJ-PA/2014) Assinale a alternativa correta.

a) O direito à adjudicação compulsória se condiciona ao registro do compromisso de compra e venda no cartório de imóveis.

b) A hipoteca firmada entre a construtora e o agente financeiro tem eficácia perante os adquirentes do imóvel.

c) Ainda que o negócio jurídico de compra e venda de imóvel não se concretize em razão do inadimplemento do comprador, é devida comissão de corretagem.

d) Não é possível a resilição do compromisso de compra e venda por iniciativa do promitente comprador por não ter mais as condições econômicas de suportar o pagamento das prestações.

e) O compromisso de compra e venda não é título hábil a fundamentar usucapião ordinária.

Resposta correta: letra "c".

(Cespe – Procurador do Estado – PGE-BA/2014) Com relação ao direito das obrigações, julgue os itens que se seguem.

De acordo com o entendimento do STJ, havendo cláusula de arrependimento em compromisso de compra e venda, a devolução do sinal, por quem o deu, ou a sua restituição em dobro, por quem o recebeu, exclui indenização maior a título de perdas e danos, salvo os juros moratórios e os encargos do processo.

Resposta: certo.

(Cespe – Analista Legislativo – Câmara dos Deputados/2014) No que se refere às disposições constitucionais acerca do Sistema Financeiro Nacional, julgue o próximo item.

Até a promulgação da Emenda Constitucional n.º 40, de 29/5/2003, a Constituição Federal de 1988 limitava os juros reais relativos à concessão de crédito a 12% ao ano, conceituando a cobrança acima desse limite como crime de usura, a ser regulamentado por lei complementar.

Resposta: certo.

(Cespe – Juiz de Direito – TJ-DFT/2014) Carlos ajuizou ação revisional contra o banco do qual é cliente, alegando a incidência das normas consumeristas e requerendo a declaração de nulidade das seguintes cláusulas presentes no contrato de empréstimo bancário firmado neste ano com a instituição financeira: juros remuneratórios acima de 12% ao ano; capitalização mensal dos juros; cumulação de comissão de permanência e de correção monetária no período de normalidade e de inadimplência; multa de 10% sobre o valor total da dívida, por atraso do pagamento. Também requereu a revisão de ofício, pelo magistrado, de outras cláusulas que considerava abusivas e a nulidade de cobrança de tarifa de abertura de crédito e de tarifa de emissão de carnê.

Em relação a essa situação hipotética, assinale a opção correta conforme o CDC e o entendimento pacificado do STJ.

a) Dada a previsão de norma legal e infralegal, o banco pode cobrar tarifa de abertura de crédito e de emissão de carnê, valores devidos pelo consumidor ao banco, que presta serviços administrativos alheios ao contrato de mútuo remunerado.

b) Em regra, é lícita a cláusula que estipula juros remuneratórios acima de 12% ao ano, pois os bancos não se sujeitam à limitação prevista na lei que trata da usura. Entretanto, o juiz poderá rever a taxa, desde que Carlos prove cabalmente que os juros cobrados o tenham colocado em desvantagem exagerada, como, por exemplo, pela aplicação de taxa muito acima da média de mercado.

c) Atualmente, a capitalização dos juros em periodicidade inferior a um ano é vedada nos contratos bancários, mesmo que pactuada de forma clara e expressa, assim considerada quando prevista a taxa de juros anual em percentual pelo menos doze vezes maior que a mensal.

d) A cláusula que prevê a cobrança da comissão de permanência calculada pela taxa média de mercado apurada pelo Banco Central do Brasil, de acordo com a espécie da operação, tendo como limite máximo o percentual contratado, é abusiva tanto para o período de adimplência quanto de inadimplência.

e) O banco está autorizado por lei a cobrar multa moratória de 10% sobre o valor total da dívida, dada a aplicação ao caso de norma do Código Civil, haja vista a ausência de norma específica no CDC

Resposta correta: letra "b".

(Vunesp – Advogado – DESENVOLVESP/2014) Em caso de alienação de bem móvel alugado, o adquirente

a) poderá notificar o locatário para devolução do bem em 90 (noventa) dias, se houver cláusula de vigência em caso de alienação.

b) estará obrigado a respeitar o contrato de locação, se houver cláusula de vigência em caso de alienação, independentemente de haver registro do contrato no cartório competente.

c) deverá respeitar o contrato de locação, havendo ou não cláusula de vigência em caso de alienação, na medida em que o locatário é parte estranha à compra e venda.

d) estará obrigado a respeitar o contrato de locação, se houver cláusula de vigência em caso de alienação, bem como registro no cartório competente.

e) poderá requerer a devolução do bem tão somente se o locatário foi previamente notificação acerca da compra e venda e não apresentou qualquer espécie de oposição.

Resposta correta: letra "d".

(Vunesp – Juiz de Direito – TJ-SP/2013) A jurisprudência do Superior Tribunal de Justiça, em relação ao contrato de arrendamento mercantil, tem, atualmente, como entendimento sumulado:

a) no contrato de arrendamento mercantil com cláusula resolutiva expressa, é desnecessária a notificação prévia do arrendatário para constituí-lo em mora.

b) a cobrança antecipada do valor residual garantido (VRG) não descaracteriza o contrato de arrendamento mercantil.

c) a cobrança antecipada do valor residual (VRG) descaracteriza o contrato de arrendamento mercantil, transformando-o em compra e venda à prestação.

d) a simples propositura de ação revisional do contrato de arrendamento mercantil inibe a caracterização da mora do autor.

Resposta correta: letra "b".

(BANPARÁ – Advogado – BANPARÁ/2013) Analise as assertivas e assinale a alternativa correta:

I – A fiança dar-se-á por escrito e admite interpretação extensiva.

II – As obrigações nulas não são suscetíveis de fiança, mesmo se a nulidade resultar apenas da incapacidade pessoal do devedor.

III – A compra e venda de automóvel não prevalece contra terceiros, de boa-fé, se o contrato não foi transcrito no Registro de Títulos e Documentos.

IV – O credor anticrético tem direito à reter em seu poder o bem, enquanto a dívida não for paga; extingue-se esse direito decorridos quinze anos da data de sua constituição.

a) Apenas I e IV estão corretas.

b) Apenas a II e III estão corretas.

c) Apenas uma alternativa está incorreta.

d) Apenas a III e IV estão corretas.

Resposta correta: letra "d".

(Vunesp – Juiz de Direito – TJ-MG/2012) Assinale a alternativa correta com relação ao contrato de arrendamento mercantil (leasing).

a) Deve o comprador suportar os prejuízos do furto do veículo, se não providenciou a contratação de seguro para garantir o bem arrendado.

b) No contrato de arrendamento mercantil (leasing), é dispensável a notificação prévia do arrendatário, para constituí-lo em mora, quando houver cláusula resolutiva expressa.

c) A cobrança antecipada do valor residual garantido (VRG) não descaracteriza o contrato de arrendamento mercantil, ressalvada a hipótese em que o arrendatário se compromete, por expresso, a pagar o seguro DPVAT quando obteve financiamento para aquisição de veículo.

d) Por força da Lei n.º 8.880/94, não é permitida a utilização da variação da cotação de moeda estrangeira (como o dólar) a título de correção monetária de contrato.

Resposta correta: letra "a".

(ESPP – Juiz do Trabalho – TRT 9ª Região/2012) Segundo a jurisprudência do Supremo Tribunal Federal:

a) É autoaplicável a norma contida no § 3° do artigo 192 da Constituição da República, que limita a taxa de juros reais a 12% ao ano, ressalvados os casos expressamente autorizados na lei, como nos contratos bancários.

b) A falta de defesa técnica por advogado no processo administrativo disciplinar ofende a Constituição.

c) É inconstitucional a exigência de depósito ou arrolamento prévios de dinheiro ou bens para admissibilidade de recurso administrativo.

d) Viola a cláusula de reserva de plenário (CF, artigo 97) a decisão de órgão fracionário de tribunal que declara a inconstitucionalidade de lei ou ato normativo do poder público, mas a decisão é legítima se apenas afasta sua incidência da norma, no todo ou em parte, sem declarar expressamente a ofensa à Constituição.

e) A gratuidade do ensino público em estabelecimentos oficiais, assegurada no art. 206, IV, da Constituição, não alcança a cobrança de taxa de matrícula.

Resposta correta: letra "c".

(Vunesp – Titular de Serviços de Notas e de Registros – Provimento – TJ-SP/2012) Considere as afirmações a seguir.

I. O contrato de alienação fiduciária em garantia pode ter por objeto bem que já integrava o patrimônio do devedor.

II. A comprovação da mora é imprescindível à busca e apreensão do bem alienado fiduciariamente.

III. A notificação destinada a comprovar a mora nas dívidas garantidas por alienação fiduciária dispensa a indicação do valor do débito.

De acordo com as Súmulas do Superior Tribunal de Justiça, estão corretas

a) I e II, apenas.

b) I e III, apenas.

c) II e III, apenas.

d) I, II e III.

Resposta correta: letra "d".

(Vunesp – Titular de Serviços de Notas e de Registros – Remoção – TJ-SP/2011) Segundo a jurisprudência do Superior Tribunal de Justiça, assinale a alternativa incorreta a respeito de alienação fiduciária.

a) O contrato de alienação fiduciária em garantia pode ter por objeto bem que já integrava o patrimônio do devedor.

b) A notificação destinada a comprovar a mora nas dívidas garantidas por alienação fiduciária deve necessariamente indicar o valor do débito.

c) Cabe ação monitória para haver saldo remanescente oriundo de venda extrajudicial de bem alienado fiduciariamente em garantia.

d) Na falência do devedor alienante, fica assegurado ao credor fiduciário o direito de pedir a restituição do bem alienado fiduciariamente.

Resposta correta: letra "b".

(TJ-DFT – Juiz de Direito – TJ-DFT/2011) Diz a lei civil que "aquele que demandar por dívida já paga, no todo ou em parte, sem ressalvar as quantias recebidas ou pedir mais do que for devido, ficará obrigado a pagar ao devedor, no primeiro caso, o dobro do que houver cobrado e, no segundo, o equivalente do que dele exigir, salvo se houver prescrição". Dentro deste contexto, considere as proposições abaixo e assinale a correta:

a) A aplicação de penalidade do pagamento do dobro da quantia cobrada indevidamente pode ser requerida por toda e qualquer via processual, notadamente por meio de embargos à monitória;

b) Cobrança excessiva, mas de boa-fé, ainda assim confere direito à repetição em dobro, por conta da sanção imposta pelo preceptivo previsto no artigo 940 do atual Código Civil;

c) Mesmo ostentando fundamentos diferentes, o reconhecimento da litigância de má-fé em ação de cobrança importa aplicação automática da penalidade prevista no artigo 940 do CC/02;

d) A incidência da norma contida no artigo 940 do CC/02 pressupõe a cobrança judicial de dívida já paga, cabendo idêntica aplicação em cobrança de dívida forjada;

Resposta correta: letra "a".

(Vunesp – Titular de Serviços de Notas e de Registros – Remoção – TJ-SP/2011) Sobre Instituições Financeiras, é incorreto afirmar:

a) as empresas administradoras de cartão de crédito são instituições financeiras e, por isso, os juros remuneratórios por elas cobrados não sofrem as limitações da Lei de Usura.

b) nos contratos bancários posteriores ao Código de Defesa do Consumidor, incide a multa moratória de 2%, conforme entendimento fixado no Superior Tribunal de Justiça.

c) o Superior Tribunal de Justiça firmou entendimento de que a renegociação de contrato bancário impede a discussão sobre ilegalidades de contratos anteriores.

d) estão sujeitas à aplicação do Código de Defesa do Consumidor.

Resposta correta: letra "c".

(PGE-PA – Procurador do Estado – PGE-PA/2011) Sobre a fiança, assinale a alternativa CORRETA:

a) O fiador e principal pagador é vinculado a todas as obrigações locatícias, respondendo pelo cumprimento da sentença judicial na ação de despejo, mesmo que não tenha integrado a relação processual.

b) Assumindo a obrigação na condição de principal pagador, o fiador responde pelas obrigações locatícias até a efetiva entrega das chaves, estando obrigado a cumprir os deveres resultantes de aditamento ao qual não anuiu.

c) O fiador, obrigado como principal pagador, pode exigir que sejam primeiro executados os bens do devedor, desde que nomeie bens do afiançado livres e desembaraçados, quantos bastem para solver o débito.

d) Para validade da fiança, é indispensável que o fiador obrigue-se a responder pelo valor global da dívida, não sendo admitida a formalização de fiança limitada, parcial ou menor que a obrigação afiançada.

e) Poderá o fiador exonerar-se da fiança caso tenha assinado por prazo indeterminado, sempre que lhe convier, ficando obrigado por todos os efeitos da fiança, durante sessenta dias após a notificação do credor.

Resposta correta: letra "e".

5. RESPONSABILIDADE CIVIL

Súmula 562-STF

Na indenização de danos materiais decorrentes de ato ilícito **cabe** a atualização de seu valor, utilizando-se, para esse fim, dentre outros critérios, os índices de correção monetária.

- **Status:** Válida.

Súmula 493-STF

~~O valor da indenização, se consistente em prestações periódicas e sucessivas, compreenderá, para que se mantenha inalterável na sua fixação, parcelas compensatórias do imposto de renda, incidente sobre os juros do capital gravado ou caucionado, nos termos dos arts. 911 e 912 do Código de Processo Civil.~~

- **Status:** Superada pelo CPC/2015.

Súmula 492-STF

A empresa locadora de veículos **responde, civil e solidariamente com o locatário**, pelos danos por este causados a terceiro, no uso do carro locado.

- **Status:** Válida.

- **Nota do autor:** Aplica-se, aqui, a teoria do risco, adotada pelo parágrafo único (última parte) do art. 927 do Código Civil.

- **Dispositivos relacionados:**

> "CC, Art. 927. Aquele que, por ato ilícito (arts. 186 e 187), causar dano a outrem, fica obrigado a repará-lo.
>
> Parágrafo único. Haverá obrigação de reparar o dano, independentemente de culpa, nos casos especificados em lei, ou **quando a atividade normalmente desenvolvida pelo autor do dano implicar, por sua natureza, risco para os direitos de outrem**."

Súmula 491-STF

É indenizável o acidente que cause a morte de filho menor, ainda que não exerça trabalho remunerado.

- **Status:** Válida.

Súmula 490-STF

A pensão correspondente a indenização oriunda de responsabilidade civil ~~deve~~ ser calculada com base no salário-mínimo vigente ao tempo da sentença e ajustar-se-á às variações ulteriores.

- **Status:** Superada na parte grifada.
- **Nota do autor:** A pensão correspondente a indenização oriunda de responsabilidade civil **pode** ser calculada com base no salário-mínimo vigente ao tempo da sentença e ajustar-se-á às variações ulteriores. Trata-se, pois, de uma faculdade do juiz, e não de um dever.

- **Dispositivos relacionados:**

> "CPC/15, Art. 533. Quando a indenização por ato ilícito incluir prestação de alimentos, caberá ao executado, a requerimento do exequente, constituir capital cuja renda assegure o pagamento do valor mensal da pensão.
>
> § 4º A prestação alimentícia **poderá** ser fixada tomando por base o salário-mínimo."

Súmula 341-STF

~~É presumida a culpa do patrão ou comitente pelo ato culposo do empregado ou preposto.~~

- **Status:** Superada.
- **Nota do autor:** Com o CC de 2002 a situação passou a ser hipótese de responsabilidade civil objetiva. Trata-se da chamada responsabilidade por ato de terceiro, prevista no art. 932, III c.c. o art. 933 do CC/02.

- **Dispositivos relacionados:**

> "CC, Art. 932. São também responsáveis pela reparação civil:
>
> (...)
>
> III – o empregador ou comitente, por seus empregados, serviçais e prepostos, no exercício do trabalho que lhes competir, ou em razão dele;"

"CC, Art. 933. As pessoas indicadas nos incisos I a V do artigo antecedente, **ainda que não haja culpa de sua parte, responderão pelos atos praticados pelos terceiros ali referidos.**"

Súmula 261-STF

Para a ação de indenização, em caso de avaria, **é dispensável que a vistoria se faça judicialmente.**

- **Status:** Válida.

Súmula 28-STF

O estabelecimento bancário é responsável pelo pagamento de cheque falso, ressalvadas as hipóteses de culpa exclusiva ~~ou concorrente~~ do correntista.

- **Status:** Superada apenas na parte riscada.
- **Nota do autor:** Somente a culpa **exclusiva** do consumidor (no caso, o correntista) é que pode excluir/afastar a responsabilidade civil do fornecedor de serviços, nos termos do art. 14, § 3º, II, do CDC. A culpa concorrente apenas **atenua** a responsabilidade do fornecedor, mas não a exclui.
- **Dispositivos relacionados:**

"CDC, Art. 14. O fornecedor de serviços responde, independentemente da existência de culpa, pela reparação dos danos causados aos consumidores por defeitos relativos à prestação dos serviços, bem como por informações insuficientes ou inadequadas sobre sua fruição e riscos.

§ 3º O fornecedor de serviços só não será responsabilizado quando provar:

I – que, tendo prestado o serviço, o defeito inexiste;

II – a culpa exclusiva do consumidor ou de terceiro."

Súmula 624-STJ

É possível acumular a indenização do dano moral com a reparação econômica da Lei 10.559/2002 (Lei da Anistia Política).

- **Status:** Válida.
- **Dispositivos relacionados:**

"ADCT, Art. 8º É concedida anistia aos que, no período de 18 de setembro de 1946 até a data da promulgação da Constituição, foram atingidos, em decorrência de motivação exclusivamente política, por atos de exceção, institucionais ou complementares, aos que foram abrangidos pelo Decreto Legislativo nº 18, de 15 de dezembro de 1961, e aos atingidos pelo Decreto-Lei nº 864, de 12 de setembro de 1969, asseguradas as promoções, na inatividade, ao cargo, emprego, posto ou graduação a que teriam direito se estivessem em serviço ativo, obedecidos os prazos de permanência em atividade previstos nas leis e regulamentos vigentes, respeitadas as características e peculiaridades das carreiras dos servidores públicos civis e militares e observados os respectivos regimes jurídicos.

§ 1º O disposto neste artigo somente gerará efeitos financeiros a partir da promulgação da Constituição, vedada a remuneração de qualquer espécie em caráter retroativo.

§ 5º A anistia concedida nos termos deste artigo aplica-se aos servidores públicos civis e aos empregados em todos os níveis de governo ou em suas fundações, empresas públicas ou empresas mistas sob controle estatal, exceto nos Ministérios militares, que tenham sido punidos ou demitidos por atividades profissionais interrompidas em virtude de decisão de seus trabalhadores, bem como em decorrência do Decreto-Lei nº 1.632, de 4 de agosto de 1978, ou por motivos exclusivamente políticos, assegurada a readmissão dos que foram atingidos a partir de 1979, observado o disposto no § 1º."

"Lei 10.559/02, Art. 1º O Regime do Anistiado Político compreende os seguintes direitos:

I – declaração da condição de anistiado político;

II – reparação econômica, de caráter indenizatório, em prestação única ou em prestação mensal, permanente e continuada, asseguradas a readmissão ou a promoção na inatividade, nas condições estabelecidas no *caput* e nos §§ 1º e 5º do art. 8º do Ato das Disposições Constitucionais Transitórias;"

"Lei 10.559/02, Art. 3º A reparação econômica de que trata o inciso II do art. 1º desta Lei, nas condições estabelecidas no *caput* do art. 8º do Ato das Disposições Constitucionais Transitórias, correrá à conta do Tesouro Nacional.

§ 1º A reparação econômica em prestação única não é acumulável com a reparação econômica em prestação mensal, permanente e continuada.

§ 2º A reparação econômica, nas condições estabelecidas no *caput* do art. 8º do Ato das Disposições Constitucionais Transitórias, será concedida mediante portaria do Ministro de Estado da Justiça, após parecer favorável da Comissão de Anistia de que trata o art. 12 desta Lei."

Súmula 403-STJ

Independe de prova do prejuízo a indenização pela publicação não autorizada da imagem de pessoa com fins econômicos ou empresariais.

- **Status:** Válida.

Súmula 388-STJ

A simples devolução indevida de cheque caracteriza dano moral.

- **Status:** Válida.

Súmula 387-STJ

É lícita a cumulação das indenizações de dano estético e dano moral.

- **Status:** Válida.

Súmula 385-STJ

Da anotação irregular em cadastro de proteção ao crédito, **não cabe indenização por dano moral, quando preexistente legítima inscrição, ressalvado o direito ao cancelamento.**

- **Status:** Válida.
- **Questões relacionadas:**

(Vunesp–Procurador–UNICAMP/2018) Acerca dos danos morais, considerando a Jurisprudência do STJ, é correto afirmar:

A) da anotação irregular em cadastro de proteção ao crédito, não cabe indenização por dano moral, quando preexistente legítima inscrição, ressalvado o direito ao cancelamento.

B) a simples devolução indevida de cheque caracteriza dano moral, mas não a apresentação antecipada de cheque pré-datado, tendo em vista o cheque ser uma ordem de pagamento à vista.

C) são cumuláveis as indenizações por dano material e dano moral oriundos do mesmo fato, mas não são cumuláveis as indenizações de dano estético e dano moral.

D) a pessoa jurídica não pode sofrer dano moral, tendo em vista não ser titular dos direitos inerentes à personalidade, exclusivos das pessoas naturais.

E) depende de prova do prejuízo a indenização pela publicação não autorizada de imagem de pessoa, mesmo com fins econômicos ou comerciais.

Resposta: letra "a".

Súmula 370-STJ

Caracteriza dano moral a apresentação antecipada de cheque pré-datado.

- **Status:** Válida.

• **Nota do autor:** Tecnicamente, o correto é falar cheque "pós-datado" invés de cheque "pré-datado".

Súmula 362-STJ

A correção monetária do valor da indenização do dano moral incide desde a **data do arbitramento.**

• **Status:** Válida.

Súmula 313-STJ

Em ação de indenização, procedente o pedido, é necessária a constituição de capital ou caução fidejussória para a garantia de pagamento da pensão, independentemente da situação financeira do demandado.

• **Status:** Válida.

• **Nota do autor:** Apesar de válida, o entendimento dessa súmula deve ser feito em consonância com o art. 533 do CPC/2015. Isso porque, de acordo com o novo CPC, juiz pode dispensar a constituição de capital quando o demandado for uma pessoa jurídica de notória capacidade econômica.

• **Dispositivos relacionados:**

"CPC/15, Art. 533. Quando a indenização por ato ilícito incluir prestação de alimentos, caberá ao executado, a requerimento do exequente, constituir capital cuja renda assegure o pagamento do valor mensal da pensão.

§ 2º **O juiz poderá substituir a constituição do capital pela inclusão do exequente em folha de pagamento de pessoa jurídica de notória capacidade econômica** ou, a requerimento do executado, por fiança bancária ou garantia real, em valor a ser arbitrado de imediato pelo juiz."

Súmula 281-STJ

A indenização por dano moral não está sujeita à tarifação prevista na Lei de Imprensa.

• **Status:** Válida.

• **Nota do autor:** Vale lembrar que, de acordo com o STF, a Lei de Imprensa (Lei 5.250/67) não foi recepcionada pela Constituição Federal de 1988 (ADPF 130, julgada em 2009).

Súmula 246-STJ

O valor do seguro obrigatório deve ser deduzido da indenização judicialmente fixada.

- **Status:** Válida.

- **Nota do autor:** Em outras palavras, o valor do DPVAT deve sim ser deduzido da indenização judicialmente fixada.

Súmula 227-STJ

A pessoa jurídica **pode** sofrer dano moral.

- **Status:** Válida.

- **Precedentes relacionados:**

> "Pessoa jurídica pode sofrer dano moral, mas apenas na hipótese em que haja ferimento à sua honra objetiva, isto é, ao conceito de que goza no meio social." (STJ, 2ª Turma, REsp 1.298.689-RS, Rel. Min. Castro Meira, julgado em 23/10/2012; Informativo n. 508).

- **Dispositivos relacionados:**

> "CC, Art. 52. **Aplica-se** às pessoas jurídicas, **no que couber**, a proteção dos direitos da personalidade."

Súmula 221-STJ

São civilmente responsáveis pelo ressarcimento de dano, decorrente de publicação pela imprensa, **tanto o autor do escrito quanto o proprietário do veículo de divulgação**.

- **Status:** Válida.

- **Precedentes relacionados:**

> "O enunciado nº 221 da Súmula/STJ não se aplica exclusivamente à imprensa escrita, abrangendo também outros veículos de imprensa, como rádio e televisão." (STJ, 3ª Turma, REsp 1.138.138/SP, Rel. Min. Nancy Andrighi, julgado em 25/09/2012)

Súmula 186-STJ

~~Nas indenizações por ato ilícito, os juros compostos somente são devidos por aquele que praticou o crime.~~

- **Status:** Superada.

Súmula 132-STJ

A ausência de registro da transferência **não** implica a responsabilidade do antigo proprietário por dano resultante de acidente que envolva o veículo alienado.

- **Status:** Válida.

Súmula 54-STJ

Os juros moratórios fluem a partir do **evento danoso**, em caso de **responsabilidade extracontratual**.

- **Status:** Válida.
- **Dispositivos relacionados:**

> "CC, Art. 398. Nas obrigações provenientes de ato ilícito, considera-se o devedor em mora, desde que o praticou."

Súmula 43-STJ

Incide correção monetária sobre dívida por ato ilícito a partir da **data do efetivo prejuízo**.

- **Status:** Válida.

Súmula 31-STJ

São cumuláveis as indenizações por dano material e dano moral oriundos do mesmo fato.

- **Status:** Válida.

5.1. Questões relacionadas

(FCC – Fiscal de Defesa do Consumidor – Procon – MA/2017) Sobre a Súmula do Supremo Tribunal de Justiça – STJ, na seara do direito do consumidor e do dano estético, é correto afirmar:

a) O Superior Tribunal de Justiça não sumulou tal entendimento, sendo que a jurisprudência ainda se encontra bastante dividida sobre a temática.

b) É ilícita a cumulação das indenizações de dano estético e dano moral.

c) É lícita a cumulação das indenizações de dano estético e patrimonial.

d) É ilícita a cumulação das indenizações de dano estético e patrimonial.

e) É lícita a cumulação das indenizações de dano estético e dano moral

Resposta correta: letra "e".

(TRF 3ª Região – Juiz Federal – TRF 3ª Região/2016) Considerando a jurisprudência dominante no Superior Tribunal de Justiça, assinale a alternativa incorreta:

a) A correção monetária do valor da indenização do dano material incide desde a data do arbitramento.

b) São cumuláveis as pretensões ao dano moral, ao dano estético e ao dano material decorrentes do mesmo fato.

c) A simples devolução indevida de cheque caracteriza dano moral.

d) São civilmente responsáveis pelo ressarcimento de dano, decorrente de publicação pela imprensa, tanto o autor do escrito quanto o proprietário do veículo de divulgação.

Resposta correta: letra "a".

(PUC-PR – Procurador Municipal – Prefeitura de Maringá – PR/2015) A súmula 37 da jurisprudência do Superior Tribunal de Justiça enuncia que "são cumuláveis as indenizações por dano material e dano moral oriundas do mesmo fato". Qual modalidade de cumulação de pedidos essa súmula representa?

a) Cumulação própria simples.

b) Cumulação própria sucessiva.

c) Cumulação imprópria eventual.

d) Cumulação imprópria subsidiária.

e) Cumulação por prejudicialidade.

Resposta correta: letra "a".

(FAPEC – Promotor de Justiça – MPE-MS/2015) Tratando-se de indenização, é correto afirmar que:

a) A indenização é mensurada pela extensão do dano, inexistindo a possibilidade de sua redução pela via da equidade.

b) O acidente que cause morte de filho menor, caso este não exerça trabalho remunerado, não é indenizável.

c) A teoria da causalidade adequada é aplicável na fixação da indenização.

d) Não se cumulam as indenizações por dano moral e dano material oriundos do mesmo fato.

e) Não se deduz o valor do seguro obrigatório da indenização judicialmente fixada.

Resposta correta: letra "c".

(TRT 2ª Região – Juiz do Trabalho – TRT 2ª REGIÃO/2014) Em relação ao dano moral e material, observe as proposições abaixo e responda a alternativa que contenha proposituras corretas:

I. A responsabilidade por dano prevista no Código Civil aplica-se em matéria trabalhista, com apuração da responsabilidade contratual e extracontratual.

II. Responsabilidade subjetiva é a apurada conforme fatores específicos de atribuição, em função dos quais, quem provocou o dano deverá ser responsável por ele, ainda que não haja atuado dolosa ou culposamente.

III. O dano material compreende o dano emergente e o lucro cessante, constituído de vantagens que a vítima deixou de auferir durante certo período em virtude do dano.

IV. Não são cumuláveis as indenizações por dano material e por dano moral oriundos do mesmo fato.

V. Conforme entendimento sumular a Justiça do Trabalho é competente para dirimir controvérsias referentes à indenização por dano moral, quando decorrente da relação do trabalho.

Está correta a alternativa:

a) I, III e V.

b) II, III e IV.

c) I, IV e V

d) II, IV e V

e) II, IV e V

Resposta correta: letra "a".

(PUC-PR – Juiz de Direito – TJ-PR/2014) Sobre o DPVAT-Seguro Obrigatório de Danos Pessoais Causados por Veículos Automotores em Vias Terrestres é CORRETO afirmar:

a) São beneficiários exclusivos da indenização pelo sinistro os passageiros (ou parentes destes, se falecidos) do veículo acidentado.

b) A falta de pagamento do prêmio do DPVAT não é motivo para a recusa do pagamento da indenização.

c) A ação de cobrança do seguro obrigatório (DPVAT) prescreve em um ano.

d) O valor da indenização paga em razão do seguro obrigatório, em virtude da sua índole social, não pode ser deduzido da reparação fixada judicialmente.

Resposta correta: letra "b".

(Cespe – Titular de Serviços de Notas e de Registros – Remoção – TJ-SE/2014) De acordo com a LRP, assinale a opção correta a respeito do registro de títulos e documentos.

a) O instrumento de cessão de créditos deverá ser registrado no domicílio dos contratantes e, quando residam estes em circunscrições territoriais diversas, o registro deverá ser feito em todas elas.

b) O penhor industrial deverá ser objeto de transcrição no cartório de títulos e documentos.

c) O registro do contrato de alienação fiduciária de veículo automotor em cartório é requisito de validade desse negócio jurídico.

d) A ausência de registro de transferência implica a responsabilidade do antigo proprietário por dano resultante de acidente que envolva o veículo alienado.

e) A sub-rogação legal, assim como a convencional, sujeita-se ao registro no serviço de títulos e documentos para obter validade perante terceiros.

Resposta correta: letra "a".

(MPE-SP – Promotor de Justiça – MPE-SP/2013) Em tema de responsabilidade civil, assinale a assertiva INCORRETA.

a) A empresa locadora de veículos não responde civilmente pelos prejuízos causados pelo locatário a terceiros, no uso do carro locado.

b) São responsáveis pela reparação civil o empregador ou comitente, por conduta de seus empregados, serviçais e prepostos, no exercício do trabalho que lhes competir ou em razão dele.

c) São responsáveis pela reparação civil o tutor e o curador, pelos pupilos e curatelados que estiverem sob sua autoridade ou em sua companhia.

d) O dono, ou detentor, do animal ressarcirá o dano por este causado, se não provar culpa da vítima ou força maior.

e) São responsáveis pela reparação civil os pais, pelos atos de filhos menores que estiverem sob sua autoridade e em sua companhia.

Resposta correta: letra "a".

(FCC – Titular de Serviços de Notas e de Registros – Provimento – TJ-PE/2013) Em face do entendimento sumulado,

a) o direito de uso de linha telefônica não pode ser usucapido.

b) em embargos de terceiro não se anula ato jurídico por fraude contra credores.

c) o direito a adjudicação compulsória condiciona-se ao registro do compromisso de compra e venda no Cartório Imobiliário.

d) a ausência de registro de transferência implica a responsabilidade do antigo proprietário por dano resultante de acidente que envolva o veículo alienado.

e) é admissível o interdito proibitório para a proteção do direito autoral.

Resposta correta: letra "b".

6. DIREITO DAS COISAS

6.1. Posse

Súmula 487-STF

~~Será deferida a posse a quem, evidentemente, tiver o domínio, se com base neste for ela disputada.~~

- **Status:** Superada.

• **Dispositivos relacionados:**

> "CC, Art. 1.210. O possuidor tem direito a ser mantido na posse em caso de turbação, restituído no de esbulho, e segurado de violência iminente, se tiver justo receio de ser molestado.
>
> § 1º O possuidor turbado, ou esbulhado, poderá manter-se ou restituir-se por sua própria força, contanto que o faça logo; os atos de defesa, ou de desforço, não podem ir além do indispensável à manutenção, ou restituição da posse.
>
> § 2º Não obsta à manutenção ou reintegração na posse a alegação de propriedade, ou de outro direito sobre a coisa."

6.2. Propriedade

6.2.1. Usucapião

Súmula 391-STF

O confinante certo deve ser citado pessoalmente para a ação de usucapião.

• **Status:** Válida.

• **Nota do autor:** Quando a ação de usucapião tiver por objeto unidade autônoma de prédio em condomínio, a citação pessoal do confiante é dispensada. Essa regra está prevista no art. 246, § 3º do CPC/2015.

• **Dispositivos relacionados:**

> "CPC/15, Art. 246. (...)
>
> § 3º Na ação de usucapião de imóvel, os confinantes serão citados pessoalmente, exceto quando tiver por objeto unidade autônoma de prédio em condomínio, caso em que tal citação é dispensada."

Súmula 340-STF

Desde a vigência do Código Civil, **os bens dominicais, como os demais bens públicos, não podem ser adquiridos por usucapião.**

• **Status:** Válida.

• **Nota do autor:** Os bens públicos, qualquer que seja a sua espécie, não podem ser adquiridos por usucapião. Aliás, esta regra – que não comporta exceção – está prevista na Constituição Federal e no Código Civil de 2002.

- **Dispositivos relacionados:**

"CF, Art. 183. (...)

§ 3º Os imóveis públicos não serão adquiridos por usucapião.

"CF, Art. 191. (...)

Parágrafo único. Os imóveis públicos não serão adquiridos por usucapião."

"CC, Art. 102. Os bens públicos não estão sujeitos a usucapião."

Súmula 263-STF

~~O possuidor deve ser citado pessoalmente para a ação de usucapião.~~

- **Status:** Superada.

- **Dispositivos relacionados:**

"CPC/15, Art. 246. (...)

§ 3º Na ação de usucapião de imóvel, os confinantes serão citados pessoalmente, exceto quando tiver por objeto unidade autônoma de prédio em condomínio, caso em que tal citação é dispensada."

"CPC/15, Art. 259. Serão publicados editais:

I – na ação de usucapião de imóvel;

II – na ação de recuperação ou substituição de título ao portador;

III – em qualquer ação em que seja necessária, por determinação legal, a provocação, para participação no processo, de interessados incertos ou desconhecidos."

Súmula 237-STF

O usucapião **pode** ser arguido em defesa.

- **Status:** Válida.

Súmula 193-STJ

O direito de uso de linha telefônica **pode** ser adquirido por usucapião.

- **Status:** Válida.

Súmula 11-STJ

A presença da União ou de qualquer de seus entes, na ação de usucapião especial, **não afasta a competência do foro da situação do imóvel**.

• **Status:** Válida.

• **Dispositivos relacionados:**

"CPC/15, Art. 47. Para as ações fundadas em direito real sobre imóveis é competente o foro de situação da coisa.

§ 1º O autor pode optar pelo foro de domicílio do réu ou pelo foro de eleição se o litígio não recair sobre direito de propriedade, vizinhança, servidão, divisão e demarcação de terras e de nunciação de obra nova."

"CPC/15, Art. 51. É competente o foro de domicílio do réu para as causas em que seja autora a União.

Parágrafo único. Se a União for a demandada, a ação poderá ser proposta no foro de domicílio do autor, no de ocorrência do ato ou fato que originou a demanda, no de situação da coisa ou no Distrito Federal."

"Lei 6.015/73. Art. 216-A. Sem prejuízo da via jurisdicional, é admitido o pedido de reconhecimento extrajudicial de usucapião, que será processado diretamente perante o cartório do registro de imóveis da comarca em que estiver situado o imóvel usucapiendo, a requerimento do interessado, representado por advogado, instruído com: (...)

§ 10. Em caso de impugnação do pedido de reconhecimento extrajudicial de usucapião, apresentada por qualquer um dos titulares de direito reais e de outros direitos registrados ou averbados na matrícula do imóvel usucapiendo e na matrícula dos imóveis confinantes, por algum dos entes públicos ou por algum terceiro interessado, o oficial de registro de imóveis remeterá os autos ao juízo competente da comarca da situação do imóvel, cabendo ao requerente emendar a petição inicial para adequá-la ao procedimento comum."

6.2.2. Direitos de vizinhança

Súmula 414-STF

~~Não se distingue a visão direta da oblíqua na proibição de abrir janela, ou fazer terraço, eirado, ou varanda, a menos de metro e meio do prédio de outrem.~~

• **Status:** Superada.

Súmula 120-STF

Parede de tijolos de vidro translúcido **pode** ser levantada a menos de metro e meio do prédio vizinho, não importando servidão sobre ele.

• **Status:** Válida.

• **Dispositivos relacionados:**

"CC, Art. 1.301. É defeso abrir janelas, ou fazer eirado, terraço ou varanda, a menos de metro e meio do terreno vizinho."

6.2.3. Condomínio

Súmula 478-STJ

Na execução de crédito relativo a cotas condominiais, este tem preferência sobre o hipotecário.

• **Status:** Válida.

• **Nota do autor:** Em outras palavras, o crédito relativo a cotas condominiais tem preferência sobre o crédito hipotecário.

Súmula 260-STJ

A convenção de condomínio aprovada, **ainda que sem registro, é eficaz para regular as relações entre os condôminos.**

• **Status:** Válida.

6.3. Servidões

Súmula 415-STF

Servidão de trânsito não titulada, mas tornada permanente, sobretudo pela natureza das obras realizadas, considera- se aparente, conferindo direito a proteção possessória.

• **Status:** Válida.

• **Dispositivos relacionados:**

"CC, Art. 1.379. O exercício incontestado e contínuo de uma servidão aparente, por dez anos, nos termos do art. 1.242, autoriza o interessado a registrá-la em seu nome no Registro de Imóveis, valendo-lhe como título a sentença que julgar consumado a usucapião.

Parágrafo único. Se o possuidor não tiver título, o prazo da usucapião será de vinte anos."

6.4. Hipoteca

Súmula 308-STJ

A hipoteca firmada entre a construtora e o agente financeiro, anterior ou posterior à celebração da promessa de compra e venda, **não tem eficácia perante os adquirentes do imóvel.**

- **Status:** Válida.

6.5. Enfiteuse

Súmula 170-STF

É resgatável a enfiteuse instituída anteriormente à vigência do Código Civil.

- **Status:** Válida.
- **Dispositivos relacionados:**

> "CC, Art. 2.038. Fica proibida a constituição de enfiteuses e subenfiteuses, subordinando-se as existentes, até sua extinção, às disposições do Código Civil anterior, Lei n º 3.071, de 1 º de janeiro de 1916 , e leis posteriores."

Súmula 169-STF

Depende de sentença a aplicação da pena de comisso.

- **Status:** Válida.
- **Nota do autor:** Vale lembrar que o CC/02, no art. 2.038, proibiu a constituição de novas enfiteuses, subordinando-se as já existentes, até sua extinção, às disposições do CC/1916.
- **Dispositivos relacionados:**

> "CC, Art. 2.038. Fica proibida a constituição de enfiteuses e subenfiteuses, subordinando-se as existentes, até sua extinção, às disposições do Código Civil anterior, Lei n º 3.071, de 1 º de janeiro de 1916 , e leis posteriores."

Súmula 122-STF

O enfiteuta pode purgar a mora enquanto não decretado o comisso por sentença.

- **Status:** Válida.

- **Dispositivos relacionados:**

"CC, Art. 2.038. Fica proibida a constituição de enfiteuses e subenfiteuses, subordinando-se as existentes, até sua extinção, às disposições do Código Civil anterior, Lei n º 3.071, de 1 º de janeiro de 1916 , e leis posteriores."

6.6. Questões relacionadas

(Vunesp – Defensor Público – DPE-RO/2017) Quanto ao procedimento da ação de usucapião de bem imóvel, assinale a alternativa correta.

a) É ação de jurisdição voluntária, destinada a declarar a propriedade, cuja sentença terá efeito ex tunc.

b) Tratando-se de unidade autônoma situada em condomínio, a citação dos confinantes é dispensada.

c) Sendo cabível usucapião extrajudicial, não será possível a propositura de ação judicial.

d) O procedimento é especial e a sentença tem natureza constitutiva.

e) A citação dos confinantes poderá ser feita pessoalmente ou por edital, se o caso.

Resposta correta: letra "b".

(Vunesp – Procurador Legislativo – Câmara de Sumaré – SP/2017) Assinale a alternativa correta sobre a hipoteca.

a) Executada a garantia, se o produto não bastar para satisfação do crédito, fica o devedor exonerado do pagamento do remanescente.

b) Em caso de inadimplemento da obrigação pelo devedor, o credor hipotecário tem a prerrogativa de ter para si a propriedade do objeto da garantia.

c) A hipoteca firmada entre a construtora e o agente financeiro, anterior à celebração da promessa de compra e venda, não tem eficácia perante os adquirentes do imóvel.

d) O registro da hipoteca convencional valerá pelo prazo de 50 (cinquenta) anos, findo o qual só será mantido o número anterior se reconstituída por novo título e novo registro.

e) A alienação do imóvel hipotecado depende da expressa anuência do credor hipotecário.

Resposta correta: letra "c".

(FUNRIO – Procurador Municipal – Prefeitura de Trindade – GO/2016) Em relação aos efeitos e à perda da posse, é INCORRETA a seguinte afirmativa:

a) A posse, diante da funcionalização dos institutos jurídicos, deve exercer uma função social.

b) Ainda que o possuidor não tenha presenciado o esbulho, caso a coisa tenha sido tomada por terceiro, considera-se perdida a posse.

c) O possuidor tem direito de ser mantido na posse em caso de turbação, restituído no de esbulho, e segurado de violência iminente, se tiver justo receio de ser molestado.

d) Só se considera perdida a posse para quem não presenciou o esbulho, quando, tendo notícia dele, se abstém de retornar a coisa, ou, tentando recuperá-la, é violentamente repelido.

e) A posse direta, de pessoa que tem a coisa em seu poder, temporariamente, em virtude de direito pessoal, ou real, não anula a indireta, de quem aquela foi havida, podendo o possuidor direto defender a sua posse contra o indireto.

Resposta correta: letra "b".

(UFMT – Defensor Público – DPE-MT/2016) Sobre a competência no Código de Processo Civil (CPC/2015), assinale a afirmativa INCORRETA.

a) A ação possessória imobiliária será proposta no foro de situação da coisa, cujo juízo tem competência absoluta.

b) A incompetência, absoluta ou relativa, será alegada como questão preliminar de contestação.

c) O registro ou a distribuição da petição inicial torna prevento o juízo.

d) Antes da citação, a cláusula de eleição de foro, se abusiva, pode ser reputada ineficaz de ofício pelo juiz; após a citação, incumbe ao réu alegar a abusividade da cláusula de eleição de foro na contestação, sob pena de preclusão.

e) É competente o foro de domicílio da mulher, para a ação de divórcio, anulação de casamento e reconhecimento ou dissolução de união estável.

Resposta correta: letra "e".

(FCC – Juiz de Direito – TJ-AL/2015) No ano de 1963, o Supremo Tribunal Federal adotou, em sua Súmula, o seguinte enunciado, sob o n° 340: Desde a vigência do Código Civil, os bens dominicais, como os demais bens públicos, não podem ser adquiridos por usucapião.

Independentemente de eventual opinião doutrinária minoritária em sentido contrário, tal conclusão, atualmente,

a) mostra-se superada, eis que a Constituição Federal prevê a não sujeição à usucapião dos bens públicos imóveis, mas o Código Civil admite tal sujeição em relação aos bens públicos dominicais móveis ou semoventes.

b) mostra-se superada, eis que vigora novo Código Civil.

c) resta compatível com o direito vigente, eis que a Constituição Federal prevê a não sujeição à usucapião dos bens públicos imóveis, e o Código Civil prevê a mesma não sujeição quanto aos bens públicos em geral, sem excepcionar os dominicais.

d) mostra-se superada, eis que a Constituição Federal excepciona os bens dominicais da não sujeição à usucapião.

e) resta compatível com o direito vigente, eis que a Constituição Federal prevê a não sujeição à usucapião dos bens públicos em geral, superando, nesse ponto, disposição do Código Civil em sentido contrário.

Resposta correta: letra "c".

(Vunesp – Juiz de Direito – TJ-SP/2015) A respeito da escrituração mercantil, é incorreto afirmar que

a) quando preencherem os requisitos legais, os livros contábeis fazem prova a favor de seu titular, nos litígios entre empresários.

b) o exame de livros comerciais, em ação judicial envolvendo contratos mercantis, fica limitado aos lançamentos correspondentes às transações entre os litigantes.

c) os livros obrigatórios do empresário e da sociedade empresária devem ser autenticados na Junta Comercial.

d) as sociedades anônimas deverão manter registros permanentes, observando a legislação e os princípios de contabilidade geralmente aceitos e registrar suas mutações patrimoniais segundo o regime de caixa.

Resposta correta: letra "d".

(FAPEC – Juiz de Direito – MPE-MS/2015) Com relação a ação de usucapião, é correto afirmar que:

a) Visa constituir o domínio ao possuidor, mediante sentença a ser transcrita no Registro Imobiliário competente.

b) O Ministério Público é legitimado para propor ação de usucapião especial urbana como substituto extraordinário, quando se tratar de usucapião coletiva ou defesa de direitos que decorram de origem comum.

c) A declaração de utilidade pública, com a consequente imissão na posse do expropriante, impede que se desenvolva ação de usucapião entre particulares antes da efetivação da medida expropriatória.

d) Serão citados por edital terceiros interessados, incertos e desconhecidos, sendo que sua inércia não caracteriza revelia, sendo dispensável a nomeação do curador à lide.

e) Não cabe ação de usucapião para que se declare o domínio da servidão predial.

Resposta correta: letra "d".

(PGE-MS – Procurador do Estado – PGE-MS/2014) Leia os enunciados:

I – A dispensa de reexame necessário, quando o valor da condenação ou do direito controvertido for inferior a sessenta salários mínimos, não se aplica a sentenças ilíquidas.

II – É impenhorável o único imóvel residencial do devedor que esteja locado a terceiros, desde que a renda obtida com a locação seja revertida para a subsistência ou a moradia da sua família.

III – O Superior Tribunal de Justiça é competente para processar e julgar, originariamente, mandado de segurança contra ato de órgão colegiado presidido por Ministro de Estado.

IV – Faz jus ao benefício da justiça gratuita a pessoa jurídica com ou sem fins lucrativos que demonstrar sua impossibilidade de arcar com os encargos processuais.

V – Na execução de crédito relativo a cotas condominiais, este tem preferência sobre o hipotecário. Em termos de fidelidade dos enunciados das Súmulas do Superior Tribunal de Justiça, é exato dizer:

a) um enunciado está incorreto.

b) dois enunciados estão incorretos.

c) três enunciados estão incorretos.

d) quatro enunciados estão incorretos.

e) todos os enunciados estão incorretos.

Resposta correta: letra "a".

(IBFC – Titular de Serviços de Notas e de Registros – Remoção – TJ-PR/2014) Em relação aos efeitos da Posse, assinale a proposição incorreta:

a) O possuidor tem direito a ser mantido na posse em caso de turbação, restituído no caso de esbulho, e segurado de violência iminente, se tiver justo receio de ser molestado

b) Quando mais de uma pessoa se disser possuidora, manter-se-á provisoriamente a que tiver a coisa, se não estiver manifesto que a obteve de alguma das outras por modo vicioso.

c) O possuidor pode intentar a ação de esbulho, ou a de indenização, contra terceiro, que recebeu a coisa esbulhada sabendo que o era.

d) O possuidor de boa-fé responde pela perda ou deterioração da coisa, mesmo que não tenha dado causa.

Resposta correta: letra "d".

(UFMT – Promotor de Justiça – MPE-MT/2014) Com lastro no Estatuto da Cidade (Lei N.º 10.257/2001), analise as afirmativas sobre usucapião especial de imóvel urbano.

I – Na pendência da ação de usucapião especial urbano, ficarão sobrestadas quaisquer outras ações, petitórias ou possessórias, que venham a ser propostas relativamente ao imóvel usucapiendo.

II – As áreas urbanas com mais de duzentos e cinquenta metros quadrados, ocupadas por população de baixa renda para sua moradia, por no mínimo dez anos, ininterruptamente e sem oposição, onde não for possível identificar os terrenos ocupados por cada possuidor, são suscetíveis de serem usucapidas coletivamente, desde que os possuidores não sejam proprietários de outro imóvel urbano ou rural.

III – Na ação judicial de usucapião especial de imóvel urbano, o rito processual a ser observado é o sumário.

IV – O usucapião especial de imóvel urbano não poderá ser invocado como matéria de defesa, devendo os legitimados ajuizar a ação de usucapião especial urbano para obter o título correspondente para o registro no cartório de registro de imóveis.

V – Na ação de usucapião especial urbano, é obrigatória a intervenção do Ministério Público.

Estão corretas as afirmativas.

a) II, III e V.

b) II, III e IV.

c) I, III e V.

d) I, II e IV.

e) I, IV e V.

Resposta correta: letra "c".

(FCC – Titular de Serviços de Notas e de Registros – Provimento – TJ-PE/2013) Sobre a servidão é correto afirmar que

a) se de trânsito, não titulada, mas tornada permanente, sobretudo pela natureza das obras realizadas, considera-se aparente, conferindo direito à proteção possessória.

b) é constituída no prédio dominante, ao qual onera.

c) uma vez constituída, pode ser removida livremente, desde que por conta de quem pleitear a remoção.

d) pode ser ampliada para finalidade diversa da qual instituída, se houver justificativa idônea.

e) só fundamentadamente poderá o dono do prédio serviente embaraçar o legítimo exercício da servidão.

Resposta correta: letra "a".

7. DIREITO DE FAMÍLIA

7.1. Casamento

7.1.1. Dissolução da sociedade e do vínculo conjugal pelo divórcio

Súmula 305-STF

Acordo de desquite ratificado por ambos os cônjuges **não é retratável unilateralmente**.

• **Status:** Válida.

• **Nota do autor:** Por "desquite", entenda-se "separação, divórcio ou dissolução de união estável".

• **Dispositivos relacionados:**

"CF, Art. 226. A família, base da sociedade, tem especial proteção do Estado.

§ 6º O casamento civil pode ser dissolvido pelo divórcio."

"CC, Art. 1.571. A sociedade conjugal termina:

I – pela morte de um dos cônjuges;

II – pela nulidade ou anulação do casamento;

III – pela separação judicial;

IV – pelo divórcio.

§ 1º O casamento válido só se dissolve pela morte de um dos cônjuges ou pelo divórcio, aplicando-se a presunção estabelecida neste Código quanto ao ausente.

§ 2º Dissolvido o casamento pelo divórcio direto ou por conversão, o cônjuge poderá manter o nome de casado; salvo, no segundo caso, dispondo em contrário a sentença de separação judicial."

"CC, Art. 1.580. Decorrido um ano do trânsito em julgado da sentença que houver decretado a separação judicial, ou da decisão concessiva da medida cautelar de separação de corpos, qualquer das partes poderá requerer sua conversão em divórcio.

§ 1º A conversão em divórcio da separação judicial dos cônjuges será decretada por sentença, da qual não constará referência à causa que a determinou.

§ 2º O divórcio poderá ser requerido, por um ou por ambos os cônjuges, no caso de comprovada separação de fato por mais de dois anos."

"CPC/15, Art. 23. Compete à autoridade judiciária brasileira, com exclusão de qualquer outra:

III – em divórcio, separação judicial ou dissolução de união estável, proceder à partilha de bens situados no Brasil, ainda que o titular seja de nacionalidade estrangeira ou tenha domicílio fora do território nacional."

"CPC/15, Art. 733. O divórcio consensual, a separação consensual e a extinção consensual de união estável, não havendo nascituro ou filhos incapazes e observados os requisitos legais, poderão ser realizados por escritura pública, da qual constarão as disposições de que trata o art. 731.

§ 1º A escritura não depende de homologação judicial e constitui título hábil para qualquer ato de registro, bem como para levantamento de importância depositada em instituições financeiras.

§ 2º O tabelião somente lavrará a escritura se os interessados estiverem assistidos por advogado ou por defensor público, cuja qualificação e assinatura constarão do ato notarial."

Súmula 197-STJ

O divórcio direto **pode** ser concedido sem que haja prévia partilha dos bens.

- **Status:** Válida.
- **Dispositivos relacionados:**

"CF, Art. 226. A família, base da sociedade, tem especial proteção do Estado.

§ 6º O casamento civil pode ser dissolvido pelo divórcio."

"CC, Art. 1.571. A sociedade conjugal termina:

I – pela morte de um dos cônjuges;

II – pela nulidade ou anulação do casamento;

III – pela separação judicial;

IV – pelo divórcio.

§ 1º O casamento válido só se dissolve pela morte de um dos cônjuges ou pelo divórcio, aplicando-se a presunção estabelecida neste Código quanto ao ausente.

§ 2º Dissolvido o casamento pelo divórcio direto ou por conversão, o cônjuge poderá manter o nome de casado; salvo, no segundo caso, dispondo em contrário a sentença de separação judicial."

"CC, Art. 1.580. Decorrido um ano do trânsito em julgado da sentença que houver decretado a separação judicial, ou da decisão concessiva da medida cautelar de separação de corpos, qualquer das partes poderá requerer sua conversão em divórcio.

§ 1º A conversão em divórcio da separação judicial dos cônjuges será decretada por sentença, da qual não constará referência à causa que a determinou.

§ 2º O divórcio poderá ser requerido, por um ou por ambos os cônjuges, no caso de comprovada separação de fato por mais de dois anos."

"CC, Art. 1.581. O divórcio pode ser concedido sem que haja prévia partilha de bens."

"CPC/15, Art. 23. Compete à autoridade judiciária brasileira, com exclusão de qualquer outra:

III – em divórcio, separação judicial ou dissolução de união estável, proceder à partilha de bens situados no Brasil, ainda que o titular seja de nacionalidade estrangeira ou tenha domicílio fora do território nacional."

"CPC/15, Art. 733. O divórcio consensual, a separação consensual e a extinção consensual de união estável, não havendo nascituro ou filhos incapazes e observados os requisitos legais, poderão ser realizados por escritura pública, da qual constarão as disposições de que trata o art. 731.

> § 1º A escritura não depende de homologação judicial e constitui título hábil para qualquer ato de registro, bem como para levantamento de importância depositada em instituições financeiras.
>
> § 2º O tabelião somente lavrará a escritura se os interessados estiverem assistidos por advogado ou por defensor público, cuja qualificação e assinatura constarão do ato notarial."

7.2. Relações de parentesco

7.2.1. Investigação de paternidade

Súmula 149-STF

É imprescritível a ação de investigação de paternidade, mas não o é a de petição de herança.

- **Status:** Válida.

- **Nota do autor:** Cuidado para não confundir: a) **ação de investigação de paternidade:** é imprescritível, com fundamento no art. 27 do ECA; b) **ação de petição de herança:** é prescritível, com fundamento no art. 205 do CC, ou seja, aplica-se o prazo geral de prescrição de 10 anos. O que a súmula quer dizer é que a ação para o reconhecimento da verdade biológica (filiação), é imprescritível. Já para que a pessoa possa pleitear os direitos sucessórios decorrentes da filiação, a ação (ação de petição de herança) deve ser ajuizada dentro de um prazo prescricional (de 10 anos), sob pena de perda da pretensão. A ação negatória de paternidade é imprescritível também, nos termos do art. 1.601 do CC. A ação negatória de paternidade é aquela ajuizada pelo pai registral contra o filho.

- **Dispositivos relacionados:**

> "CC, Art. 205. A prescrição ocorre em 10 anos, quando a lei não lhe haja fixado prazo menor."
>
> "CC, Art. 1.601. Cabe ao marido o direito de contestar a paternidade dos filhos nascidos de sua mulher, sendo tal ação imprescritível.
>
> Parágrafo único. Contestada a filiação, os herdeiros do impugnante têm direito de prosseguir na ação."
>
> "ECA, Art. 27. O reconhecimento do estado de filiação é direito personalíssimo, indisponível e imprescritível, podendo ser exercitado contra os pais ou seus herdeiros, sem qualquer restrição, observado o segredo de Justiça."

Súmula 301-STJ

Em ação investigatória, a recusa do suposto pai a submeter-se ao exame de DNA induz presunção *juris tantum* de paternidade.

- **Status:** Válida.

- **Dispositivos relacionados:**

> "CC, Art. 231. Aquele que se nega a submeter-se a exame médico necessário não poderá aproveitar-se de sua recusa."
>
> "ECA, Art. 27. O reconhecimento do estado de filiação é direito personalíssimo, indisponível e imprescritível, podendo ser exercitado contra os pais ou seus herdeiros, sem qualquer restrição, observado o segredo de Justiça."

Súmula 277-STJ

Julgada procedente a investigação de paternidade, **os alimentos são devidos a partir da citação.**

- **Status:** Válida.

- **Dispositivos relacionados:**

> "ECA, Art. 27. O reconhecimento do estado de filiação é direito personalíssimo, indisponível e imprescritível, podendo ser exercitado contra os pais ou seus herdeiros, sem qualquer restrição, observado o segredo de Justiça."

Súmula 1-STJ

O **foro do domicílio ou da residência do alimentando** é o competente para a ação de investigação de paternidade, quando cumulada com a de alimentos.

- **Status:** Válida.

- **Nota do autor:** Cuidado para não confundir: a) **ação de investigação de paternidade cumulada com a de alimentos:** será proposta no foro do domicílio ou residência do alimentando, nos termos da Súmula 1 do STJ; b) **ações conexas de interesse do menor:** serão propostas, em regra, no foro do domicílio do detentor de sua guarda, nos termos da Súmula 383 do STJ.

- **Precedentes relacionados:**

"Súmula 383-STJ. A competência para processar e julgar as ações conexas de interesse do menor é, em princípio, do foro do domicílio do detentor de sua guarda."

7.3. Regime de bens entre os cônjuges

7.3.1. Separação legal ou obrigatória

Súmula 377-STF

No regime de separação legal de bens, **comunicam-se os adquiridos na constância do casamento.**

- **Status:** Válida.

- **Dispositivos relacionados:**

"CC, Art. 1.641. É obrigatório o regime da separação de bens no casamento:

I – das pessoas que o contraírem com inobservância das causas suspensivas da celebração do casamento;

II – da pessoa maior de setenta anos;

III – de todos os que dependerem, para casar, de suprimento judicial."

"CC, Art. 496. É anulável a venda de ascendente a descendente, salvo se os outros descendentes e o cônjuge do alienante expressamente houverem consentido.

Parágrafo único. Em ambos os casos, dispensa-se o consentimento do cônjuge se o regime de bens for o da separação obrigatória."

"CC, Art. 977. Faculta-se aos cônjuges contratar sociedade, entre si ou com terceiros, desde que não tenham casado no regime da comunhão universal de bens, ou no da separação obrigatória."

"CC, Art. 1.829. A sucessão legítima defere-se na ordem seguinte:

I – aos descendentes, em concorrência com o cônjuge sobrevivente, salvo se casado este com o falecido no regime da comunhão universal, ou no da separação obrigatória de bens (art. 1.640, parágrafo único); ou se, no regime da comunhão parcial, o autor da herança não houver deixado bens particulares;

II – aos ascendentes, em concorrência com o cônjuge;

III – ao cônjuge sobrevivente;

IV – aos colaterais."

7.4. Alimentos

Súmula 379-STF

No acordo de desquite **não se admite renúncia aos alimentos, que poderão ser pleiteados ulteriormente, verificados os pressupostos legais.**

- **Status:** Válida.
- **Nota do autor:** É válida a renúncia aos alimentos por ocasião do término do casamento ou da união estável, ou seja, admite-se a renúncia aos alimentos para o caso de cônjuges e companheiros.

Súmula 226-STF

Na ação de desquite, **os alimentos são devidos desde a inicial, e não da data da decisão que os concede.**

- **Status:** Válida.

Súmula 621-STJ

Os efeitos da sentença que reduz, majora ou exonera o alimentante do pagamento **retroage à data da citação, vedadas a compensação e a repetibilidade.**

- **Status:** Válida.
- **Nota do autor:** O entendimento preconizado nesta súmula não é recente havendo precedentes do STJ no mesmo sentido desde 2013, como se pode perceber logo abaixo.

- **Precedentes relacionados:**

> "Os efeitos da sentença proferida em ação de revisão de alimentos – seja em caso de redução, majoração ou exoneração – retroagem à data da citação (art. 13, § 2º, da Lei 5.478/1968), ressalvada a irrepetibilidade dos valores adimplidos e a impossibilidade de compensação do excesso pago com prestações vincendas." (STJ, 2ª Seção, EREsp 1.181.119-RJ. Rel. orig. Min. Luis Felipe Salomão, Rel. p/ o ac. Min. Maria Isabel Gallotti, julgado em 27/11/2013) (Informativo n. 543).

Súmula 596-STJ

A obrigação alimentar dos avós tem natureza **complementar e subsidiária**, somente se configurando no caso de impossibilidade **total ou parcial** de seu cumprimento pelos pais.

- **Status:** Válida.

Súmula 358-STJ

O cancelamento de pensão alimentícia de filho que atingiu a maioridade **está sujeito à decisão judicial, mediante contraditório, ainda que nos próprios autos**.

• **Status:** Válida.

• **Nota do autor:** Em outras palavras, não é automático o cancelamento de pensão alimentícia do filho que atingiu a maioridade. Esse cancelamento depende de decisão judicial, respeitado o contraditório, ainda que nos próprios autos.

Súmula 336-STJ

A mulher que renunciou aos alimentos na separação judicial **tem** direito à pensão previdenciária por morte do ex-marido, **comprovada a necessidade econômica superveniente**.

• **Status:** Válida.

Súmula 309-STJ

O débito alimentar que autoriza a prisão civil do alimentante **é o que compreende as três prestações anteriores ao ajuizamento da execução e as que se vencerem no curso do processo**.

• **Status:** Válida.

• **Dispositivos relacionados:**

> "CPC/15, Art. 528. (...)
>
> § 7º O débito alimentar que autoriza a prisão civil do alimentante é o que compreende até as três prestações anteriores ao ajuizamento da execução e as que se vencerem no curso do processo."

Súmula 1-STJ

O **foro do domicílio ou da residência do alimentando** é o competente para a ação de investigação de paternidade, quando cumulada com a de alimentos.

• **Status:** Válida.

7.5. União estável

Súmula 382-STF

A vida em comum sob o mesmo teto "more uxório", **não é indispensável à caracterização do concubinato**.

- **Status:** Válida.

- **Nota do autor:** Por "concubinato" entenda-se "união estável". Isso porque o concubinato passou a ser assim chamado pelo CC/02 como a situação em que duas pessoas se relacionam, sendo uma delas impedidas de casar.

- **Dispositivos relacionados:**

> "CF, Art. 226. A família, base da sociedade, tem especial proteção do Estado.
>
> § 3º Para efeito da proteção do Estado, é reconhecida a união estável entre o homem e a mulher como entidade familiar, devendo a lei facilitar sua conversão em casamento."
>
> "CC, Art. 1.727. As relações não eventuais entre o homem e a mulher, impedidos de casar, constituem concubinato."

Súmula 380-STF

~~Comprovada a existência de sociedade de fato entre os concubinos, é cabível a sua dissolução judicial, com a partilha do patrimônio adquirido pelo esforço comum.~~

- **Status:** Superada pela Lei 9.278/1996.

- **Nota do autor:** Com a edição da Lei 9.278/1996 houve foi introduzido no ordenamento jurídico, a presunção legal de esforço comum na aquisição do patrimônio dos conviventes. No entanto, essa presunção legal não é retroativa, segundo o STJ. Assim, os bens amealhados no período anterior à sua vigência devem ser divididos proporcionalmente ao esforço provado, direto ou indireto, de cada convivente, aplicando-se aqui a Súmula 380/STF. Já quanto aos bens amealhados no período posterior à sua vigência, aplica-se a regra da presunção legal de esforço comum, prevista no art. 5º da Lei em comento.

- **Precedentes relacionados:**

> "Ainda que o término do relacionamento e a dissolução da união estável tenham ocorrido durante a vigência da Lei 9.278/1996, não é possível aplicar à partilha do patrimônio formado antes da vigência da referida lei a presunção legal de que os bens adquiridos onerosamente foram fruto de esforço comum dos conviventes (art. 5º da Lei 9.278/1996), devendo-se observar o ordenamento jurídico vigente ao tempo da aquisição de cada bem a partilhar." (STJ, 2ª Seção, REsp 1124859-MG, Rel. orig. Min. Luis Felipe Salomão, Rel. p/ ac. Min. Maria Isabel Gallotti, julgado em 26/11/2014) (Informativo n. 556).

- **Dispositivos relacionados:**

> "Lei 9.278/96, Art. 5º Os bens móveis e imóveis adquiridos por um ou por ambos os conviventes, na constância da união estável e a título oneroso, são considerados fruto do trabalho e da colaboração comum, passando a pertencer a ambos, em condomínio e em partes iguais, salvo estipulação contrária em contrato escrito.
>
> § 1º Cessa a presunção do caput deste artigo se a aquisição patrimonial ocorrer com o produto de bens adquiridos anteriormente ao início da união.
>
> § 2º A administração do patrimônio comum dos conviventes compete a ambos, salvo estipulação contrária em contrato escrito."

7.6. Questões relacionadas

(Quadrix – Advogado I – CRA-PR/2019) No que tange ao direito de família, julgue o item a seguir.

O cancelamento de pensão alimentícia de filho que atingiu a maioridade está sujeito à decisão judicial, mediante contraditório, ainda que nos próprios autos.

Resposta: certo.

(Consulplan – Juiz de Direito – TJ-MG/2018) Quanto ao direito de família, analise as afirmativas a seguir.

I. A guarda compartilhada não exclui a fixação do regime de convivência e não implica ausência do pagamento de pensão alimentícia.

II. Qualquer descendente possui legitimidade, por direito próprio, para propor o reconhecimento do vínculo de parentesco em face dos avós ou de qualquer ascendente de grau superior, ainda que o pai não tenha iniciado a ação de prova da filiação em vida.

III. A obrigação alimentar dos avós tem natureza subsidiária, somente se configurando no caso de impossibilidade total de seu cumprimento pelos pais.

IV. O cancelamento do pagamento de pensão alimentícia a filho que atingiu a maioridade está sujeito à decisão judicial, mediante contraditório, ainda que nos próprios autos.

Estão corretas as afirmativas

a) I, II, III e IV.

b) I, II e III, apenas.

c) I, II e IV, apenas.

d) II, III e IV, apenas.

Resposta correta: letra "c".

(Cespe – Analista Judiciário – Oficial de Justiça Avaliador Federal – STJ/2018) À luz da legislação e da jurisprudência dos tribunais superiores, julgue o item a seguir, a respeito dos direitos da personalidade, do direito de família, dos direitos reais e da prescrição.

A obrigação dos avós de prestar alimentos aos netos possui natureza complementar e subsidiária, somente surgindo em caso de comprovação da impossibilidade total ou parcial dos dois genitores de proverem os alimentos de seus filhos.

Resposta: certo.

(FCC – Analista Jurídico de Defensoria – Ciências Jurídicas – DPE-AM/2018) A respeito da execução de alimentos, é correto afirmar:

a) O débito alimentar que autoriza a decretação da prisão civil do alimentante é o que compreende até as três prestações anteriores ao ajuizamento da execução e as que se vencerem no curso do processo.

b) O cumprimento integral da prisão civil exime o executado do pagamento das prestações que a ensejaram.

c) No cumprimento de sentença que condene ao pagamento de prestação alimentícia ou de decisão interlocutória que fixe alimentos, o juiz, de ofício ou a requerimento do exequente, mandará intimar o executado pessoalmente para, em cinco dias, pagar o débito, provar que o fez ou justificar a impossibilidade de efetuá-lo.

d) Se o executado for funcionário público, não poderá o juiz, em nenhuma hipótese, atender ao requerimento do exequente para que se realize o desconto em folha de pagamento da importância da prestação alimentícia.

e) Cabe a impetração de habeas corpus contra a decisão que decreta a prisão civil do devedor de alimentos por ausência de previsão legal de recurso para atacá-la.

Resposta correta: letra "a".

(FCC – Defensor Público – DPE-ES/2016) Eduardo, maior e capaz, com 19 anos de idade, comparece à Defensoria Pública informando que seu genitor, que está desempregado mas tem recursos financeiros, não realizou o pagamento das duas últimas parcelas da pensão alimentícia fixada em sentença. Diante desta situação, o defensor público deverá

a) orientar Eduardo sobre a impossibilidade de cobrar os alimentos após o atingimento da maioridade civil, pois a exoneração do devedor decorre de previsão legal expressa.

b) pedir o cumprimento da sentença, sob pena de prisão, uma vez que este débito autoriza a prisão civil do devedor de alimentos, sem prejuízo de outros meios coercitivos para o pagamento, tais como o protesto da sentença.

c) pedir o cumprimento da sentença, sob pena de penhora, uma vez que este débito não autoriza a prisão civil do devedor de alimentos.

d) orientar Eduardo para aguardar o próximo mês, uma vez que o pedido de prisão civil depende do inadimplemento das três prestações anteriores ao ajuizamento da execução.

e) pedir o cumprimento, sob pena de penhora, uma vez que, embora este débito autorize a prisão civil do devedor de alimentos, o desemprego do devedor justifica o inadimplemento.

Resposta correta: letra "b".

(FMP – Promotor de Justiça – MPE-RO/2017) Acerca das regras de competência dispostas no Código de Processo Civil, pode-se afirmar:

a) A ação fundada em direito sobre bens imóveis será proposta, em regra, no foro do domicílio do réu.

b) Sendo incerto ou desconhecido o domicílio do réu, ele poderá ser demandado onde for encontrado ou no foro de domicílio do autor.

c) Para a ação de divórcio, separação, anulação de casamento e reconhecimento ou dissolução de união estável, é competente o foro do domicílio do réu, mesmo que o autor seja o guardião de filho incapaz.

d) Para a ação de divórcio, separação, anulação de casamento e reconhecimento ou dissolução de união estável, é competente o foro do domicílio do réu, mesmo que seja o autor quem reside no último domicílio do casal.

e) É competente o foro de residência da mulher, para a ação de separação dos cônjuges e a conversão desta em divórcio e para a anulação de casamento.

Resposta correta: letra "b".

(FMP – Promotor de Justiça – MPE-RO/2017) De acordo com o Código Civil, no que concerne ao regime de bens entre os cônjuges, assinale a alternativa CORRETA.

a) É obrigatório o regime da separação de bens no casamento da pessoa maior de 60 anos.

b) É obrigatório o regime da separação de bens no casamento de todos os que dependerem, para casar, de suprimento judicial.

c) No regime de comunhão parcial, comunicam-se as pensões, meios-soldos, montepios e outras rendas semelhantes.

d) No regime de comunhão parcial, excluem-se da comunicação os bens adquiridos por fato eventual, com ou sem o concurso de trabalho ou despesa anterior.

e) No regime de comunhão parcial, excluem-se da comunicação as benfeitorias em bens particulares de cada cônjuge.

Resposta correta: letra "b".

(MPE-RS – Promotor de Justiça – MPE-RS/2016) Considere as seguintes afirmações quanto à obrigação alimentar.

I. A obrigação alimentar avoenga é facultativa.

II. A obrigação alimentar entre cônjuges/companheiros está lastreada no dever de mútua assistência, persistindo após a separação quando restar demonstrada a dependência econômica de um em relação ao outro, observado o binômio necessidade/possibilidade.

III. O cancelamento de pensão alimentícia de filho que atingiu a maioridade não precisa de decisão judicial.

Quais estão corretas?

a) Apenas II.

b) Apenas III.

c) Apenas I e II.

d) Apenas II e III.

e) I, II e III.

Resposta correta: letra "c".

(Cespe – Analista Judiciário – Oficial de Justiça Avaliador Federal – TJ-DFT/2015) Em relação ao direito de família e ao direito das sucessões, julgue o item a seguir.

No regime de separação legal de bens, comunicam-se aqueles bens adquiridos na constância do casamento.

Resposta: certo.

(Consulplan – Titular de Serviços de Notas e de Registros – Provimento – TJ-MG/2015) No regime de comunhão parcial de bens, comunicam-se os bens que sobrevierem ao casal, na constância do casamento, EXCETO:

a) Os bens adquiridos na constância do casamento por título oneroso, em nome de um dos cônjuges.

b) Os bens adquiridos por fato eventual.

c) Os bens adquiridos por doação, herança ou legado, em favor de apenas um dos cônjuges.

d) Os frutos dos bens particulares de cada cônjuge, percebidos na constância do casamento.

Resposta correta: letra "c".

(Vunesp – Analista de Promotoria – MPE-SP/2015) O cancelamento unilateral de pensão alimentícia de filho que atingiu a maioridade, sem que haja decisão judicial, viola, com maior intensidade, o(s) princípio(s)

a) do devido processo legal.

b) da isonomia.

c) da boa-fé e lealdade processual.

d) do contraditório e da ampla defesa.

e) da inafastabilidade do controle judicial.

Resposta correta: letra "d".

8. DIREITO DAS SUCESSÕES

8.1. Sucessão testamentária

Súmula 447-STF

~~É válida a disposição testamentária em favor de filho adulterino do testador com sua concubina.~~

• **Status:** Superada.

• **Dispositivos relacionados:**

"CF, Art. 227. (...)

§ 6º Os filhos, havidos ou não da relação do casamento, ou por adoção, terão os mesmos direitos e qualificações, proibidas quaisquer designações discriminatórias relativas à filiação."

"CC, Art. 1.596. Os filhos, havidos ou não da relação de casamento, ou por adoção, terão os mesmos direitos e qualificações, proibidas quaisquer designações discriminatórias relativas à filiação."

Súmula 49-STF

A cláusula de inalienabilidade **inclui** a incomunicabilidade dos bens.

• **Status:** Válida.

• **Dispositivos relacionados:**

"CC, Art. 1.911. A cláusula de inalienabilidade, imposta aos bens por ato de liberalidade, **implica impenhorabilidade e incomunicabilidade**."

8.2. Inventário e partilha

Súmula 542-STF

Não é inconstitucional a multa instituída pelo Estado-Membro, como sanção pelo retardamento do início ou da ultimação do inventário.

• **Status:** Válida.

• **Nota do autor:** Em outras palavras, é válido que o Estado-membro institua multa como sanção pelo atraso para o início ou para o término do inventário.

8.3. Questões relacionadas

(IESES – Titular de Serviços de Notas e de Registros – Provimento – TJ-PA/2016) A cláusula de inalienabilidade de bem imóvel:

a) Não pode ser retirada de comum acordo entre doador e donatário, mesmo quando estabelecida por escritura pública.

b) Impede que o imóvel seja legado em testamento.

c) Obsta que o imóvel seja locado.

d) Pode ter a sub-rogação autorizada judicialmente.

Resposta correta: letra "d".

(Serctam – Procurador Municipal – Prefeitura de Quixadá – Constituição Estadual/2016) Segundo o entendimento sumulado do Supremo Tribunal Federal, marque a opção correta:

a) não é inconstitucional a multa instituída pelo Estado-Membro, como sanção pelo retardamento do início ou da ultimação do inventário.

b) não é legítima a cobrança da COFINS, do PIS e do FINSOCIAL sobre as operações relativas a energia elétrica, serviços de telecomunicações, derivados de petróleo, combustíveis e minerais do País.

c) não é inconstitucional a exigência de depósito ou arrolamento prévios de dinheiro ou bens para admissibilidade de recurso administrativo.

d) a contribuição confederativa de que trata o art. 8º, IV, da Constituição, não é exigível dos filiados ao sindicato respectivo.

e) não é inconstitucional a lei municipal que tenha estabelecido, antes da Emenda Constitucional 29/2000, alíquotas progressivas para o IPTU, salvo se destinada a assegurar o cumprimento da função social da propriedade urbana.

Resposta correta: letra "a".

(PGR – Procurador da República – PGR/2015) Relativamente as restrições que pode sofrer a legítima:

a) O testador, segundo o Código Civil de 2002, não pode estabelecer cláusula de impenhorabilidade, incomunicabilidade e inalienabilidade.

b) Em relação a cláusula de inalienabilidade, não são ineficazes o penhor e a hipoteca, uma vez que não implicam na alienação do bem, mas apenas em garantia ao credor.

c) A cláusula da inalienabilidade implica necessariamente na incomunicabilidade, não se podendo presumi-la se não vier expressa em testamento.

d) Havendo justa causa, o testador pode estabelecer clausula de inalienabilidade se considerar que o herdeiro é um perdulário e que poderá dissipar seus bens.

Resposta correta: letra "c".

(FCC – Juiz de Direito – TJ-PI/2015) João doou a seus únicos filhos, Pedro e José, um imóvel rural de grande extensão, naturalmente divisível, mas impôs cláusula de indivisibilidade. Passados dois anos, João faleceu e, por testamento, impôs em outro imóvel rural de mesmas dimensões cláusula de inalienabilidade vitalícia, porque dentro de seu disponível, também determinando que ficasse indivisível. Cinco anos após a morte de João, Pedro e José se desentenderam e requereram, judicialmente, o levantamento da cláusula de indivisibilidade, bem como divisão do imóvel doado e do imóvel deixado por testamento, além da sub-rogação da cláusula de inalienabilidade em outros bens a serem adquiridos, em relação ao imóvel deixado por testamento. Reconhecendo a gravidade da discórdia, a conveniência da extinção do condomínio e, igualmente, a vantagem econômica da sub-rogação do vínculo de inalienabilidade, o juiz buscou na lei respaldo para julgar os pedidos, devendo concluir que

a) poderá acolher apenas os pedidos de divisão dos imóveis.

b) poderá acolher apenas os pedidos de divisão do imóvel doado e de sub-rogação da cláusula de inalienabilidade.

c) não poderá acolher nenhum deles dada a vitaliciedade das cláusulas impostas.

d) poderá acolher, apenas, o pedido de sub-rogação da cláusula de inalienabilidade.

e) poderá acolhê-los integralmente.

Resposta correta: letra "e".

9. BEM DE FAMÍLIA

Súmula 549-STJ

É válida a penhora de bem de família pertencente a fiador de contrato de locação.

- **Status:** Válida.

- **Dispositivos relacionados:**

"Lei 8.009/90, Art. 3º A impenhorabilidade é oponível em qualquer processo de execução civil, fiscal, previdenciária, trabalhista ou de outra natureza, **salvo se movido**: VII – **por obrigação decorrente de fiança concedida em contrato de locação**."

Súmula 486-STJ

É impenhorável o único imóvel residencial do devedor que esteja locado a terceiros, **desde que a renda obtida com a locação seja revertida para a subsistência ou a moradia da sua família.**

• **Status:** Válida.

• **Nota do autor:** Vale lembrar, também, que recente decisão do STJ ampliou a proteção também para o caso de único **imóvel comercial** do devedor que esteja alugado a terceiros, quando o valor do aluguel é destinado unicamente ao pagamento de locação residencial por sua entidade familiar

• **Precedentes relacionados:**

"**É impenhorável o único imóvel comercial do devedor quando o aluguel daquele está destinado unicamente ao pagamento de locação residencial por sua entidade familiar**. Inicialmente, registre-se que o STJ pacificou a orientação de que não descaracteriza automaticamente o instituto do bem de família, previsto na Lei n. 8.009/1990, a constatação de que o grupo familiar não reside no único imóvel de sua propriedade (AgRg no REsp 404.742-RS, 2ª Turma, DJe 19/12/2008; e AgRg no REsp 1.018.814-SP, Segunda Turma, DJe 28/11/2008). A 2ª Turma também possui entendimento de que o aluguel do único imóvel do casal não o desconfigura como bem de família (REsp 855.543-DF, Segunda Turma, DJ 3/10/2006). Ainda sobre o tema, há entendimento acerca da impossibilidade de penhora de dinheiro aplicado em poupança, por se verificar sua vinculação ao financiamento para aquisição de imóvel residencial (REsp 707.623-RS, 2ª Turma, DJe 24/9/2009)." (STJ, 2ª Turma, REsp 1.616.475-PE, Rel. Min. Herman Benjamin, julgado em 15/9/2016) (Informativo n. 591).

Súmula 449-STJ

A vaga de garagem que possui matrícula própria no registro de imóveis **não** constitui bem de família para efeito de penhora.

• **Status:** Válida.

• **Nota do autor:** Assim, mesmo que a vaga de garagem possua matrícula própria no Cartório de Registro de Imóveis, ainda assim ela será penhorável, considerando que não constitui bem de família.

Súmula 364-STJ

O conceito de impenhorabilidade de bem de família **abrange também o imóvel pertencente a pessoas solteiras, separadas e viúvas.**

• **Status:** Válida.

Súmula 205-STJ

A Lei nº 8.009/90 **aplica-se** à penhora realizada antes de sua vigência.

- **Status:** Válida.
- **Nota do autor:** O que a súmula quer dizer é que a Lei nº 8.009/1990, que trata do bem de família legal, também se aplica para as penhoras realizadas anteriormente à vigência da lei.

9.1. Questões relacionadas

(Cespe – Analista do Ministério Público – MPE-PI/2018) Acerca do direito de propriedade, julgue o item a seguir à luz das disposições da CF.

É admitida a penhora de bem de família pertencente a fiador de contrato de locação inadimplido, não havendo, nessa situação, violação ao direito social de moradia constitucionalmente assegurado.

Resposta: certo.

(Quadrix – Procurador Jurídico – CFO-DF/2017) Julgue o item subsecutivo com base em conhecimentos relativos ao direito civil.

Apesar das disposições legais sobre a impenhorabilidade do bem de família, o STJ enunciou que é válida a penhora de bem de família pertencente a fiador de contrato de locação.

Resposta: certo.

(FCC – Defensor Público – DPE-SC/2017) De acordo com o entendimento jurisprudencial consolidado em Súmula não revogada pelo Superior Tribunal de Justiça:

a) é impenhorável o único imóvel residencial do devedor que esteja locado a terceiros, desde que a renda obtida com a locação seja revertida para a subsistência ou a moradia da sua família.

b) para fins do art. 105, III, a, da Constituição Federal, é cabível recurso especial fundado em alegada violação de enunciado de súmula.

c) em ação monitória fundada em cheque prescrito ajuizada contra o emitente, é indispensável a menção ao negócio jurídico subjacente à emissão da cártula.

d) é inadmissível o recurso especial interposto antes da publicação do acórdão dos embargos de declaração, sem posterior ratificação.

e) é nula a penhora de bem de família pertencente a fiador de contrato de locação.

Resposta correta: letra "a".

(PUC-PR – Analista Judiciário – PUC-PR/2017) Acerca da impenhorabilidade do bem de família prevista na Lei 8.009/90, leia as assertivas abaixo e, depois, assinale a alternativa CORRETA.

I. A Lei nº 8.009/90 aplica-se aos casos em que a penhora do bem foi realizada antes de sua vigência.

II. Não se enquadra no conceito de impenhorabilidade de bem de família o imóvel pertencente a pessoas solteiras, separadas ou viúvas.

III. A impenhorabilidade do bem de família é oponível em qualquer processo de execução fiscal que envolva a cobrança de impostos, predial ou territorial, taxas ou contribuições devidas em função do imóvel familiar.

IV. É impenhorável o único imóvel residencial do devedor mesmo que esteja locado a terceiros, desde que a renda obtida com a locação seja revertida para a subsistência ou a moradia da sua família.

V. Tendo em vista a natureza autônoma da vaga de garagem com registro e matrícula própria, é possível sua penhora, ainda que esteja relacionada a bem de família.

a) Apenas as assertivas I, IV e V estão corretas.

b) Apenas as assertivas I, II e III estão corretas.

C)Apenas as assertivas II, III e V estão corretas.

d) Apenas as assertivas III, IV e V estão corretas.

e) Apenas as assertivas I, III e IV estão corretas.

Resposta correta: letra "a".

(Cespe – Juiz de Direito – TJ-DFT/2016) A respeito da locação dos imóveis urbanos da Lei n.º 8.245/1991, assinale a opção correta.

a) Conforme entendimento consolidado do STJ, o prazo de prorrogação da ação renovatória é igual ao do contrato de locação, sem limitação de interregno máximo.

b) É assente na jurisprudência do STJ que a cláusula de renúncia à indenização por benfeitorias viola a boa-fé objetiva e rende ensejo à nulidade.

c) Nas locações comerciais, exige-se a anuência do locador no trespasse empreendido pelo locatário, conforme jurisprudência prevalente do STJ.

d) Conforme entendimento do STF, a penhora de bem de família do fiador do contrato de locação viola o direito social à moradia.

e) A responsabilidade dos fiadores, no caso de prorrogação da locação por tempo indeterminado, depende de previsão contratual estabelecendo a manutenção da garantia até a entrega das chaves.

Resposta correta: letra "c".

(Vunesp – Juiz de Direito – TJ-SP/2013) No que concerne ao bem de família, assinale a resposta correta consoante a Lei nº 8.009 e a jurisprudência do STJ.

a) A vaga de garagem, ainda que possua matrícula própria no registro de imóveis, constitui bem de família para efeito de penhora.

b) O conceito de impenhorabilidade do bem de família abrange as benfeitorias de qualquer natureza, equipamentos, inclusive veículos de transporte, móveis que guarnecem a casa e obras de arte.

c) O conceito de impenhorabilidade do bem de família não abrange o imóvel pertencente a pessoas solteiras, viúvas e separadas.

d) É impenhorável o único imóvel residencial do devedor que esteja locado a terceiros, desde que a renda obtida com a locação seja revertida para a subsistência ou a moradia da sua família.

Resposta correta: letra "d".

(MPT – Procurador do Trabalho – MPT/2013) Consoante jurisprudência uniforme do STJ, em relação à caracterização do bem de família para fins de impenhorabilidade na execução, assinale a alternativa INCORRETA:

a) a Lei nº 8.009/90 não se aplica à penhora realizada antes da sua vigência.

b) é impenhorável o único imóvel residencial do devedor que esteja locado a terceiros, desde que a renda obtida com a locação seja revertida para a subsistência ou a moradia da sua família.

c) a vaga de garagem que possui matrícula própria no registro de imóveis não constitui bem de família para efeito de penhora.

d) o conceito de impenhorabilidade de bem de família abrange também o imóvel pertencente a pessoas solteiras, separadas e viúvas.

e) não respondida.

Resposta correta: letra "a".

(PGE-PA – Procurador do Estado – PGE-PA/2011) Acerca dos bens e seu regramento jurídico, assinale a alternativa INCORRETA:

a) Os bens de uso comum do povo e os de uso especial podem ser alienados, desde que haja desafetação e exista autorização legislativa para a venda.

b) A vaga de garagem que possui matrícula própria no registro de imóveis não constitui bem de família para efeito de penhora.

c) Para a classificação como bem de família, é indispensável que o imóvel pertença à determinada unidade familiar, de maneira que o conceito de impenhorabilidade não abrange imóvel pertencente a pessoas solteiras, separadas e viúvas.

d) Os materiais provisoriamente separados de um prédio, para nele se reempregarem, não perdem o caráter de imóveis.

e) Os bens naturalmente divisíveis podem tornar-se indivisíveis por determinação da lei ou por vontade das partes.

Resposta correta: letra "c".

10. DIREITOS AUTORAIS

Súmula 386-STF

~~Pela execução de obra musical por artistas remunerados é devido direito autoral, não exigível quando a orquestra for de amadores.~~

- **Status:** Superada.

Súmula 261-STJ

A cobrança de direitos autorais pela retransmissão radiofônica de músicas, em estabelecimentos hoteleiros, **deve ser feita conforme a taxa média de utilização do equipamento, apurada em liquidação.**

- **Status:** Válida.

Súmula 228-STJ

É **inadmissível** o interdito proibitório para a proteção do direito autoral.

- **Status:** Válida.

Súmula 63-STJ

São devidos direitos autorais pela retransmissão radiofônica de músicas em estabelecimentos comerciais.

- **Status:** Válida.

10.1. Questões relacionadas

(FCC – Titular de Serviços de Notas e de Registros – Provimento – TJ-PE/2013) Em face do entendimento sumulado,

a) o direito de uso de linha telefônica não pode ser usucapido.

b) em embargos de terceiro não se anula ato jurídico por fraude contra credores.

c) o direito a adjudicação compulsória condiciona-se ao registro do compromisso de compra e venda no Cartório Imobiliário.

d) a ausência de registro de transferência implica a responsabilidade do antigo proprietário por dano resultante de acidente que envolva o veículo alienado.

e) é admissível o interdito proibitório para a proteção do direito autoral.

Resposta correta: letra "b".

DIREITO DO CONSUMIDOR

1. APLICABILIDADE DO CDC

Súmula 608-STJ

Aplica-se o CDC aos contratos de plano de saúde, **salvo os administrados por entidades de autogestão.**

- **Status:** Válida.

- **Dispositivos relacionados:**

> "CDC, Art. 3º Fornecedor é toda pessoa física ou jurídica, pública ou privada, nacional ou estrangeira, bem como os entes despersonalizados, que desenvolvem atividade de produção, montagem, criação, construção, transformação, importação, exportação, distribuição ou comercialização de produtos ou prestação de serviços.
>
> § 1º Produto é qualquer bem, móvel ou imóvel, material ou imaterial.
>
> § 2º Serviço é qualquer atividade fornecida no mercado de consumo, mediante remuneração, inclusive as de natureza bancária, financeira, de crédito e securitária, salvo as decorrentes das relações de caráter trabalhista."

Súmula 602-STJ

O Código de Defesa do Consumidor **é aplicável** aos empreendimentos habitacionais promovidos pelas sociedades cooperativas.

- **Status:** Válida.

- **Dispositivos relacionados:**

> "CDC, Art. 3º Fornecedor é toda pessoa física ou jurídica, pública ou privada, nacional ou estrangeira, bem como os entes despersonalizados, que desenvolvem atividade de produção, montagem, criação, construção,

transformação, importação, exportação, distribuição ou comercialização de produtos ou prestação de serviços.

§ 1º Produto é qualquer bem, móvel ou imóvel, material ou imaterial.

§ 2º Serviço é qualquer atividade fornecida no mercado de consumo, mediante remuneração, inclusive as de natureza bancária, financeira, de crédito e securitária, salvo as decorrentes das relações de caráter trabalhista."

Súmula 563-STJ

O Código de Defesa do Consumidor é aplicável às entidades **abertas** de previdência complementar, não incidindo nos contratos previdenciários celebrados com entidades **fechadas**.

• **Status:** Válida.

• **Nota do autor:** Cuidado para não confundir: a) **entidades de previdência complementar abertas:** incide o CDC; b) **entidades de previdência complementar fechadas:** não incide o CDC.

• **Dispositivos relacionados:**

"CDC, Art. 3º Fornecedor é toda pessoa física ou jurídica, pública ou privada, nacional ou estrangeira, bem como os entes despersonalizados, que desenvolvem atividade de produção, montagem, criação, construção, transformação, importação, exportação, distribuição ou comercialização de produtos ou prestação de serviços.

§ 1º Produto é qualquer bem, móvel ou imóvel, material ou imaterial.

§ 2º Serviço é qualquer atividade fornecida no mercado de consumo, mediante remuneração, inclusive as de natureza bancária, financeira, de crédito e securitária, salvo as decorrentes das relações de caráter trabalhista."

Súmula 321-STJ

~~O Código de Defesa do Consumidor é aplicável à relação jurídica entre a entidade de previdência privada e seus participantes.~~

• **Status:** Cancelada.

• **Nota do autor:** Cuidado para não confundir: a) **entidades de previdência complementar abertas:** incide o CDC; b) **entidades de previdência complementar fechadas:** não incide o CDC.

- **Precedentes relacionados:**

"Súmula 563-STJ. O Código de Defesa do Consumidor é aplicável às entidades abertas de previdência complementar, não incidindo nos contratos previdenciários celebrados com entidades fechadas."

- **Dispositivos relacionados:**

"CDC, Art. 3º Fornecedor é toda pessoa física ou jurídica, pública ou privada, nacional ou estrangeira, bem como os entes despersonalizados, que desenvolvem atividade de produção, montagem, criação, construção, transformação, importação, exportação, distribuição ou comercialização de produtos ou prestação de serviços.

§ 1º Produto é qualquer bem, móvel ou imóvel, material ou imaterial.

§ 2º Serviço é qualquer atividade fornecida no mercado de consumo, mediante remuneração, inclusive as de natureza bancária, financeira, de crédito e securitária, salvo as decorrentes das relações de caráter trabalhista."

Súmula 297-STJ

O Código de Defesa do Consumidor **é aplicável às instituições financeiras**.

- **Status:** Válida.

- **Dispositivos relacionados:**

"CDC, Art. 3º Fornecedor é toda pessoa física ou jurídica, pública ou privada, nacional ou estrangeira, bem como os entes despersonalizados, que desenvolvem atividade de produção, montagem, criação, construção, transformação, importação, exportação, distribuição ou comercialização de produtos ou prestação de serviços.

§ 1º Produto é qualquer bem, móvel ou imóvel, material ou imaterial.

§ 2º Serviço é qualquer atividade fornecida no mercado de consumo, mediante remuneração, inclusive as de natureza bancária, financeira, de crédito e securitária, salvo as decorrentes das relações de caráter trabalhista."

1.1. Questões relacionadas

(FGV – Analista do Ministério Público – Área Jurídica – MPE-AL/2018) Com base na jurisprudência do Superior Tribunal de Justiça sobre o âmbito de incidência do Código de Defesa do Consumidor, assinale a afirmativa correta.

a) O CDC não se aplica aos contratos de plano de saúde administrados por entidades de autogestão.

b) O CDC não é aplicável aos empreendimentos habitacionais promovidos pelas sociedades cooperativas.

c) O CDC não é aplicável às entidades abertas de previdência complementar.

d) O CDC incide nos contratos previdenciários celebrados com entidades fechadas.

e) O CDC é aplicável aos contratos de plano de saúde, inclusive aos administrados por entidades de autogestão.

Resposta correta: letra "a".

(Vunesp – Juiz de Direito – TJ-MT/2018) Nos termos das súmulas do STJ, assinale a alternativa correta.

a) O CDC se aplica nos contratos previdenciários celebrados com entidades fechadas.

b) O CDC se aplica aos contratos de planos privados de assistência à saúde na modalidade de autogestão.

c) É considerada abusiva a cláusula contratual de plano que saúde que preveja algum prazo de carência para utilização dos serviços de assistência médica nas situações de emergência ou urgência.

d) O CDC se aplica aos empreendimentos habitacionais promovidos pelas sociedades cooperativas.

e) É possível ao julgador conhecer, de ofício, da abusividade das cláusulas nos contratos bancários.

Resposta correta: letra "d".

(Cespe – Analista Ministerial – Área Processual – MPE-PI/2018) Acerca dos direitos do consumidor e da falência e recuperação judicial, julgue o item que se segue.

De acordo com o STJ, aplica-se o Código de Defesa do Consumidor aos empreendimentos habitacionais promovidos por sociedades cooperativas, bem como aos contratos de plano de saúde, excetuados os planos administrados por entidades de autogestão.

Resposta: certo.

(IBFC – Juiz Federal – TRF 2ª Região/2018) Sob a ótica do ordenamento jurídico brasileiro e a jurisprudência do STJ, marque a opção correta:

a) O Código de Defesa do Consumidor não é aplicável às instituições financeiras.

b) O Código de Defesa do Consumidor não é aplicável à relação jurídica entre a entidade de previdência privada e seus participantes.

c) As instituições de ensino superior respondem subjetivamente pelos danos suportados pelo aluno/consumidor pela realização de curso não reconhecido pelo Ministério da Educação, sore o qual não lhe tenha sido dada prévia e adequada informação.

d) Aplica-se o Código de Defesa do Consumidor aos contratos de plano de saúde, salvo os administrados por entidades de autogestão.

e) O Código de Defesa do Consumidor é aplicável aos empreendimentos habitacionais, exceto os promovidos pelas sociedades cooperativas.

Resposta correta: letra "d".

(IBFC – Juiz Federal – TRF 2ª Região/2018) Sob a ótica do ordenamento jurídico brasileiro e a jurisprudência do STJ, marque a opção correta:

a) O Código de Defesa do Consumidor não é aplicável às instituições financeiras.

b) O Código de Defesa do Consumidor não é aplicável à relação jurídica entre a entidade de previdência privada e seus participantes.

c) As instituições de ensino superior respondem subjetivamente pelos danos suportados pelo aluno/consumidor pela realização de curso não reconhecido pelo Ministério da Educação, sore o qual não lhe tenha sido dada prévia e adequada informação.

d) Aplica-se o Código de Defesa do Consumidor aos contratos de plano de saúde, salvo os administrados por entidades de autogestão.

e) O Código de Defesa do Consumidor é aplicável aos empreendimentos habitacionais, exceto os promovidos pelas sociedades cooperativas.

Resposta correta: letra "d".

2. RESPONSABILIDADE CIVIL NAS RELAÇÕES DE CONSUMO

Súmula 595-STJ

As instituições de ensino superior **respondem objetivamente** pelos danos suportados pelo aluno/consumidor pela realização de curso não reconhecido pelo Ministério da Educação, **sobre o qual não lhe tenha sido dada prévia e adequada informação**.

- **Status:** Válida.

Súmula 130-STJ

A empresa **responde**, perante o cliente, pela reparação de dano ou furto de veículo, ocorridos em seu estacionamento.

- **Status:** Válida.

• **Dispositivos relacionados:**

> "CDC, Art. 14. O fornecedor de serviços responde, independentemente da existência de culpa, pela reparação dos danos causados aos consumidores por defeitos relativos à prestação dos serviços, bem como por informações insuficientes ou inadequadas sobre sua fruição e riscos."

Súmula 28-STF

O estabelecimento bancário **é responsável** pelo pagamento de cheque falso, ressalvadas as hipóteses de culpa exclusiva ~~ou concorrente~~ do correntista.

• **Status:** Superada apenas na parte riscada.

• **Nota do autor:** Somente a culpa **exclusiva** do consumidor (no caso, o correntista) é que pode excluir/afastar a responsabilidade civil do fornecedor de serviços, nos termos do art. 14, § 3º, II, do CDC. A culpa concorrente apenas **atenua** a responsabilidade do fornecedor, mas não a exclui.

• **Dispositivos relacionados:**

> "CDC, Art. 14. O fornecedor de serviços responde, independentemente da existência de culpa, pela reparação dos danos causados aos consumidores por defeitos relativos à prestação dos serviços, bem como por informações insuficientes ou inadequadas sobre sua fruição e riscos.
>
> § 3º O fornecedor de serviços só não será responsabilizado quando provar:
>
> I – que, tendo prestado o serviço, o defeito inexiste;
>
> II – a culpa exclusiva do consumidor ou de terceiro."

2.1. Questões relacionadas

(Vunesp – Juiz de Direito – TJ-MT/2018) Estipêndio da Silva queria galgar rapidamente posições em sua profissão e para tal finalidade se inscreveu em uma instituição de ensino superior, próxima da sua residência, que oferecia curso por mensalidade módica. Contudo, concluídos os estudos, Estipêndio soube que o curso ainda não era reconhecido pelo Ministério da Educação e, em razão disso, não poderia obter o diploma. Sentindo-se ludibriado pela situação, pretende ser reparado pelos gastos na realização do curso.

Diante dessa situação, assinale a alternativa correta, considerando também entendimento jurisprudencial sumulado sobre a questão.

a) A instituição de ensino responde objetivamente pelos danos suportados pelo aluno/consumidor, ainda que comprove que deu prévia e adequada informação a Estipêndio antes de ele efetivar a matrícula.

b) Se a instituição de ensino demonstrar que o não reconhecimento do curso no Ministério da Educação foi decorrente da burocracia governamental, não responderá pelos danos suportados por Estipêndio.

c) A questão retrata a hipótese de culpa concorrente, eis que caberia à instituição de ensino informar ao autor, assim como competia ao autor buscar informações sobre o curso antes da realização da matrícula.

d) A instituição de ensino responde objetivamente pelos danos sofridos pelo aluno/consumidor que realiza curso não reconhecido pelo Ministério da Educação, mas exime-se da responsabilidade se provar que o aluno foi prévia e adequadamente informado do fato.

e) A instituição de ensino deve reparar Estipêndio pelos danos suportados para a realização do curso, se restar comprovado que houve dolo ou culpa da instituição, por tratar-se de hipótese de responsabilidade subjetiva.

Resposta correta: letra "d".

(NC-UFPR – Advogado – Câmara de Quitandinha – PR/2018) Em relação ao Direito do Consumidor, é correto afirmar:

a) A constatação de defeito em veículo zero-quilômetro revela hipótese de vício do produto e impõe a responsabilização subsidiária da concessionária e do fabricante.

b) É dispensável o aviso de recebimento (AR) na carta de comunicação ao consumidor sobre a negativação de seu nome em banco de dados e cadastros.

c) A ausência de prévia comunicação ao consumidor da inscrição do seu nome em cadastros de proteção ao crédito, prevista no art. 43, § 2º, do Código de Defesa do Consumidor, não enseja o direito à compensação por danos morais.

d) Da anotação irregular em cadastro de proteção ao crédito, cabe indenização por dano moral, mesmo quando preexistente legítima inscrição.

e) A empresa não responde, perante o cliente, pela reparação de dano ou furto de veículo ocorridos em seu estacionamento.

Resposta correta: letra "b".

(NC-UFPR – Procurador Legislativo – Prefeitura de Curitiba – PR/2015) Sobre a responsabilidade civil nas relações de consumo, assinale a alternativa correta.

a) O estabelecimento bancário é responsável pelo pagamento de cheque falso, inclusive nas hipóteses de culpa exclusiva ou concorrente do correntista.

b) No caso de fornecimento de produtos in natura, será responsável perante o consumidor o fornecedor imediato, exceto quando identificado claramente seu produtor.

c) Culpa exclusiva de terceiro e culpa concorrente do consumidor são excludentes da responsabilidade civil previstas no Código de Defesa do Consumidor.

d) Nos contratos de transporte, é válida a cláusula de não indenizar.

e) É permitida a denunciação da lide nas ações que versem sobre a responsabilidade do comerciante pelo fato do produto.

Resposta correta: letra "b".

(Cespe – Juiz Federal – TRF 1ª Região/2011) A respeito dos títulos de crédito, assinale a opção correta.

a) A morte do responsável cambiário constitui modalidade de transferência anômala da obrigação, que, por não possuir caráter personalíssimo, é repassada aos herdeiros, mesmo que o óbito tenha ocorrido antes do vencimento do título.

b) O documento é suficiente para atestar a existência de crédito, não havendo nos títulos de crédito solidariedade entre os vários obrigados, mas uma unidade de prestação.

c) Cabe ação executiva contra o emitente e seus avalistas, ainda que não apresentado o cheque ao sacado no prazo legal, ou prescrita a ação cambiária.

d) Na prestação de serviços, a duplicata não aceita, mas protestada, é título hábil para instruir o pedido de falência, não sendo necessária a comprovação dos serviços.

e) O estabelecimento bancário não é responsável pelo pagamento de cheque falso, ressalvadas as hipóteses de culpa exclusiva ou concorrente do correntista.

Resposta correta: letra "a".

3. PROTEÇÃO CONTRATUAL

Súmula 609-STJ

A recusa de cobertura securitária, sob a alegação de doença preexistente, é **ilícita se não houve a exigência de exames médicos prévios à contratação ou a demonstração de má-fé do segurado.**

• **Status:** Válida.

• **Nota do autor:** Em outras palavras, a recusa de cobertura securitária, sob a alegação de doença preexistente, é ilícita se: a) se não houve a exigência de exames médicos prévios à contratação; ou b) se não houve a demonstração de má-fé do segurado.

• **Dispositivos relacionados:**

"Lei 9.656/98, Art. 1º Submetem-se às disposições desta Lei as pessoas jurídicas de direito privado que operam planos de assistência à saúde, sem prejuízo do cumprimento da legislação específica que rege a sua atividade, adotando-se, para fins de aplicação das normas aqui estabelecidas, as seguintes definições:

I – Plano Privado de Assistência à Saúde: prestação continuada de serviços ou cobertura de custos assistenciais a preço pré ou pós estabelecido, por prazo indeterminado, com a finalidade de garantir, sem limite financeiro, a assistência à saúde, pela faculdade de acesso e atendimento por profissionais ou serviços de saúde, livremente escolhidos, integrantes ou não de rede credenciada, contratada ou referenciada, visando a assistência médica, hospitalar e odontológica, a ser paga integral ou parcialmente às expensas da operadora contratada, mediante reembolso ou pagamento direto ao prestador, por conta e ordem do consumidor;"

"Lei 9.656/98, Art. 11. É vedada a exclusão de cobertura às doenças e lesões preexistentes à data de contratação dos produtos de que tratam o inciso I e o § 1º do art. 1º desta Lei após vinte e quatro meses de vigência do aludido instrumento contratual, cabendo à respectiva operadora o ônus da prova e da demonstração do conhecimento prévio do consumidor ou beneficiário.

Parágrafo único. É vedada a suspensão da assistência à saúde do consumidor ou beneficiário, titular ou dependente, até a prova de que trata o *caput*, na forma da regulamentação a ser editada pela ANS."

Súmula 597-STJ

A cláusula contratual de plano de saúde que prevê carência para utilização dos serviços de assistência médica nas situações de emergência ou de urgência é considerada abusiva **se ultrapassado o prazo máximo de 24 horas contado da data da contratação.**

- **Status:** Válida.
- **Dispositivos relacionados:**

"Lei 9.656/98, Art. 1º Submetem-se às disposições desta Lei as pessoas jurídicas de direito privado que operam planos de assistência à saúde, sem prejuízo do cumprimento da legislação específica que rege a sua atividade, adotando-se, para fins de aplicação das normas aqui estabelecidas, as seguintes definições:

I – Plano Privado de Assistência à Saúde: prestação continuada de serviços ou cobertura de custos assistenciais a preço pré ou pós estabelecido, por prazo indeterminado, com a finalidade de garantir, sem limite financeiro, a assistência à saúde, pela faculdade de acesso e atendimento por profissionais ou serviços de saúde, livremente escolhidos, integrantes ou não de rede credenciada, contratada ou referenciada, visando a assistência médica, hospitalar e odontológica, a ser paga integral ou parcialmente às expensas da operadora contratada, mediante reembolso ou pagamento direto ao prestador, por conta e ordem do consumidor;"

"Lei 9.656/98, Art. 12. São facultadas a oferta, a contratação e a vigência dos produtos de que tratam o inciso I e o § 1º do art. 1º desta Lei, nas segmentações previstas nos incisos I a IV deste artigo, respeitadas as respectivas amplitudes de cobertura definidas no plano-referência de que trata o art. 10, segundo as seguintes exigências mínimas:

V – quando fixar períodos de carência:

a) prazo máximo de trezentos dias para partos a termo;

b) prazo máximo de cento e oitenta dias para os demais casos;

c) **prazo máximo de vinte e quatro horas para a cobertura dos casos de urgência e emergência**;"

Súmula 543-STJ

Na hipótese de resolução de contrato de promessa de compra e venda de imóvel submetido ao Código de Defesa do Consumidor, deve ocorrer a **imediata** restituição das parcelas pagas pelo promitente comprador – **integralmente**, em caso de culpa exclusiva do **promitente vendedor/construtor**, ou **parcialmente**, caso tenha sido o **comprador** quem deu causa ao desfazimento.

- **Status:** Válida.
- **Nota do autor:** Em outras palavras, o STJ veda a cláusula de decaimento.
- **Dispositivos relacionados:**

"CDC, Art. 51. São nulas de pleno direito, entre outras, as cláusulas contratuais relativas ao fornecimento de produtos e serviços que:

II – subtraiam ao consumidor a opção de reembolso da quantia já paga, nos casos previstos neste Código;"

"CDC, Art. 53. Nos contratos de compra e venda de móveis ou imóveis mediante pagamento em prestações, bem como nas alienações fiduciárias em garantia, **consideram-se nulas de pleno direito os cláusulas que estabeleçam a perda total das prestações pagas em benefício do credor** que, em razão do inadimplemento, pleitear a resolução do contrato e a retomada do produto alienado."

Súmula 477-STJ

A decadência do art. 26 do CDC **não** é aplicável à prestação de contas para obter esclarecimentos sobre cobrança de taxas, tarifas e encargos bancários.

• **Status:** Válida.

• **Nota do autor:** A ação de prestação de contas é chamada, atualmente, pelo CPC/2015 de "ação de exigir contas" (art. 550 e ss. do CPC/2015).

• **Dispositivos relacionados:**

"CDC, Art. 26. O direito de reclamar pelos vícios aparentes ou de fácil constatação caduca em:

I – trinta dias, tratando-se de fornecimento de serviço e de produtos não duráveis;

II – noventa dias, tratando-se de fornecimento de serviço e de produtos duráveis.

§ 1º Inicia-se a contagem do prazo decadencial a partir da entrega efetiva do produto ou do término da execução dos serviços.

§ 2º Obstam a decadência:

I – a reclamação comprovadamente formulada pelo consumidor perante o fornecedor de produtos e serviços até a resposta negativa correspondente, que deve ser transmitida de forma inequívoca;

II – (Vetado);

III – a instauração de inquérito civil, até seu encerramento.

§ 3º Tratando-se de vício oculto, o prazo decadencial inicia-se no momento em que ficar evidenciado o defeito."

"CPC/15, Art. 550. Aquele que afirmar ser titular do direito de exigir contas requererá a citação do réu para que as preste ou ofereça contestação no prazo de 15 (quinze) dias."

Súmula 381-STJ

Nos contratos bancários, é vedado ao julgador conhecer, de ofício, da abusividade das cláusulas.

• **Status:** Válida.

• **Nota do autor:** Cuidado para não confundir: a) nos **contratos bancários**: é vedado ao julgador conhecer, de ofício, da abusividade das cláusulas; b) nos **demais contratos consumeristas**: não é vedado ao julgador conhecer, de ofício, da abusividade das cláusulas.

Súmula 322-STJ

Para a repetição de indébito, nos contratos de abertura de crédito em conta-corrente, **não** se exige a prova do erro.

• **Status:** Válida.

Súmula 302-STJ

É abusiva a cláusula contratual de plano de saúde que limita no tempo a internação hospitalar do segurado.

- **Status:** Válida.

- **Nota do autor:** De acordo com o STJ, a Súmula 302 somente se aplica no caso de internação hospitalar do segurado, não se aplicando no caso de internação ambulatorial do segurado. Assim, não é considerada abusiva a cláusula contratual de plano de saúde que garante a cobertura de urgência e de emergência limitada até as 12 (doze) primeiras horas do atendimento ambulatorial.

- **Precedentes relacionados:**

"O teor do enunciado n. 302 da Súmula do STJ, que dispõe ser abusiva a cláusula contratual de plano de saúde que limita no tempo a internação hospitalar do segurado, refere-se, expressamente, à segmentação hospitalar, e não à ambulatorial." (STJ, 3ª Turma, REsp 1.764.859-RS, Rel. Min. Marco Aurélio Bellizze, julgado em 06/11/2018, Informativo n. 637).

- **Dispositivos relacionados:**

"Lei 9.656/98, Art. 1º Submetem-se às disposições desta Lei as pessoas jurídicas de direito privado que operam planos de assistência à saúde, sem prejuízo do cumprimento da legislação específica que rege a sua atividade, adotando-se, para fins de aplicação das normas aqui estabelecidas, as seguintes definições:

I – Plano Privado de Assistência à Saúde: prestação continuada de serviços ou cobertura de custos assistenciais a preço pré ou pós estabelecido, por prazo indeterminado, com a finalidade de garantir, sem limite financeiro, a assistência à saúde, pela faculdade de acesso e atendimento por profissionais ou serviços de saúde, livremente escolhidos, integrantes ou não de rede credenciada, contratada ou referenciada, visando a assistência médica, hospitalar e odontológica, a ser paga integral ou parcialmente às expensas da operadora contratada, mediante reembolso ou pagamento direto ao prestador, por conta e ordem do consumidor;"

Súmula 286-STJ

A renegociação de contrato bancário ou a confissão da dívida **não impede** a possibilidade de discussão sobre eventuais ilegalidades dos contratos anteriores.

- **Status:** Válida.

Súmula 285-STJ

Nos contratos bancários **posteriores** ao Código de Defesa do Consumidor incide a multa moratória nele prevista.

- **Status:** Válida.

- **Dispositivos relacionados:**

"CDC, Art. 52. No fornecimento de produtos ou serviços que envolva outorga de crédito ou concessão de financiamento ao consumidor, o fornecedor deverá, entre outros requisitos, informá-lo prévia e adequadamente sobre:

I – preço do produto ou serviço em moeda corrente nacional;

II – montante dos juros de mora e da taxa efetiva anual de juros;

III – acréscimos legalmente previstos;

IV – número e periodicidade das prestações;

V – soma total a pagar, com e sem financiamento.

§ 1º **As multas de mora decorrentes do inadimplemento de obrigações no seu termo não poderão ser superiores a dois por cento do valor da prestação**.

§ 2º É assegurado ao consumidor a liquidação antecipada do débito, total ou parcialmente, mediante redução proporcional dos juros e demais acréscimos.

§ 3º (Vetado)."

3.1. Questões relacionadas

(Cespe – Juiz de Direito – TJ-PR/2019) Com base na jurisprudência do STJ, julgue os itens a seguir, a respeito de relações consumeristas.

I. A recusa de cobertura securitária sob a alegação de doença preexistente é considerada lícita se exigidos exames médicos previamente à contratação do seguro.

II. Nos contratos de assistência à saúde, é abusiva cláusula contratual que estipule qualquer prazo de carência para cobertura de casos de urgência e emergência.

III. As regras do Código de Defesa do Consumidor são aplicáveis aos contratos de empreendimentos habitacionais celebrados por sociedades cooperativas.

Assinale a opção correta.

a) Apenas o item I está certo.

b) Apenas o item II está certo.

c) Apenas os itens I e III estão certos.

d) Apenas os itens II e III estão certos.

Resposta correta: letra "c".

(FGV – Analista Legislativo – Processo Legislativo – AL-RO/2018) Com base na jurisprudência do Superior Tribunal de Justiça sobre planos de saúde, assinale a afirmativa correta.

a) A recusa de cobertura securitária, sob a alegação de doença preexistente, é ilícita se não houve a exigência de exames médicos prévios à contratação ou a demonstração de má-fé do segurado.

b) Aplica-se o Código de Defesa do Consumidor aos contratos de plano de saúde, inclusive os administrados por entidades de autogestão.

c) A cláusula contratual de plano de saúde que prevê carência para as situações de emergência ou de urgência não é considerada abusiva se estipular prazo de 48 horas, contado da data da contratação.

d) A cláusula contratual de plano de saúde, que limita no tempo a internação hospitalar do segurado, é válida.

e) A cláusula contratual de plano de saúde que limita o número de sessões de quimioterapia é válida, mas é abusiva a que limita o número de sessões de radioterapia.

Resposta correta: letra "a".

(Vunesp – Juiz Leigo – TJ-RJ/2018) Assinale a alternativa que traz o conteúdo correto de uma súmula do STF em matéria consumerista.

a) O Código de Defesa do Consumidor é aplicável aos empreendimentos habitacionais promovidos pelas sociedades cooperativas.

b) As instituições de ensino superior respondem objetivamente por danos suportados pelo aluno/consumidor na realização de curso não reconhecido pelo Ministério da Educação, sobre o qual não lhe tenha sido dada prévia e adequada informação.

c) O Ministério Público tem legitimidade ativa para atuar na defesa de direitos difusos, coletivos e individuais homogêneos dos consumidores, ainda que decorrentes da prestação de serviço público.

d) O Ministério Público tem legitimidade para promover ação civil pública cujo fundamento seja a ilegalidade de reajuste de mensalidades escolares.

e) A cláusula contratual de plano de saúde que prevê carência para utilização dos serviços de assistência médica nas emergências ou de urgência é considerada abusiva se ultrapassado o prazo máximo de 24 horas contado da data da contratação.

Resposta correta: letra "d".

(Vunesp – Juiz de Direito – TJ-RJ/2016) Carlos dos Santos mora em um apartamento alugado e pretendendo tornar-se proprietário de sua própria moradia, assinou um contrato de promessa de compra e venda com uma empresa construtora para aquisição de um apartamento. O contrato foi celebrado com cláusula contratual que determina a restituição dos valores devidos somente ao término da obra, ou de forma parcelada na hipótese de resolução de contrato de promessa de compra e venda do imóvel, por culpa de quaisquer contratantes.

A partir desses fatos, assinale a alternativa correta.

a) Se a resolução contratual for unilateral do promissário comprador, este terá direito à devolução das parcelas pagas, mas a devolução não precisa ser imediata, pois inexiste disposição expressa nesse sentido no Código de Defesa do Consumidor.

b) Se houver resolução do contrato de promessa de compra e venda do imóvel por vontade de ambas as partes, em conformidade com o avençado no contrato, a restituição dos valores devidos deve ocorrer de forma parcelada ou ao término da obra.

c) Se houver a resolução do contrato de promessa de compra e venda do imóvel em decorrência de vontade exclusiva do promitente vendedor, caberá a este a imediata restituição integral das parcelas pagas pelo promitente comprador em aplicação da legislação consumerista.

d) Esse contrato não se submete ao Código de Defesa do Consumidor, regendo-se integralmente pelas normas do Código Civil, devendo ser observado o princípio pacta sunt servanda.

e) Se houver resolução do contrato de promessa de compra e venda do imóvel por vontade unilateral e exclusiva do promissário comprador, em observação à legislação consumerista, Carlos dos Santos terá direito à restituição integral das parcelas pagas.

Resposta correta: letra "c".

(MPE-MS – Promotor de Justiça Substituto – MPE-MS/2018) De acordo com a jurisprudência do STJ, assinale a alternativa incorreta.

a) Na hipótese de resolução de contrato de promessa de compra e venda de imóvel submetido ao Código de Defesa do Consumidor, deve ocorrer a imediata restituição das parcelas pagas pelo promitente comprador, integralmente, em caso de culpa exclusiva do promitente vendedor/construtor, ou parcialmente, caso tenha sido o comprador quem deu causa ao desfazimento.

b) Não se aplica o Código de Defesa do Consumidor às relações entre operadoras de plano de saúde constituídas sob a modalidade de autogestão e seus filiados, por operar plano de assistência à saúde com exclusividade para um público determinado de beneficiários, mesmo que sem fins lucrativos.

c) É abusiva a cláusula do contrato de seguro-saúde (plano de saúde) que estabeleça limite de valor para o custeio de despesa com tratamento clínico, cirúrgico e de internação hospitalar.

d) O Ministério Público, no âmbito de ação consumerista, faz jus à inversão do ônus da prova, previsto no art. 6.º, inciso VIII, do CDC.

e) A cláusula contratual de plano de saúde que prevê carência para utilização de serviços de assistência médica nas situações de emergência ou de urgência é considerada abusiva se ultrapassado o prazo máximo de 48 (quarenta e oito) horas contados da data da contratação.

Resposta correta: letra "e".

(Vunesp – Juiz de Direito – TJ-MS/2015) Em relação aos contratos de consumo e eventuais lides deles decorrentes, assinale a alternativa correta.

a) A decadência do art. 26 do CDC é aplicável à prestação de contas para obter esclarecimentos sobre cobrança de taxas, tarifas e encargos bancários.

b) O mutuário do SFH pode ser compelido a contratar o seguro habitacional obrigatório com a instituição financeira mutuante ou com a seguradora por ela indicada.

c) A cobrança de comissão de permanência, cujo valor não pode ultrapassar a soma dos encargos remuneratórios e moratórios previstos no contrato, exclui a exigibilidade dos juros remuneratórios, moratórios e da multa contratual.

d) As instituições financeiras no âmbito de operações bancárias, respondem objetivamente pelos danos gerados por fortuito interno relativo a fraudes, e subjetivamente por delitos praticados por terceiros.

e) A Anatel é parte legítima nas demandas entre a concessionária e o usuário de telefonia, decorrentes de relação contratual.

Resposta correta: letra "c".

(MPE-PR – Promotor de Justiça – MPE-PR/2017) Aponte qual dos enunciados abaixo não se refere a Súmula do Superior Tribunal de Justiça, a respeito de direito do consumidor:

a) É dispensável o aviso de recebimento (AR) na carta de comunicação ao consumidor sobre a negativação de seu nome em bancos de dados e cadastros.

b) O fornecedor de serviços de internet tem o dever de fornecer e armazenar dados de identificação de usuários pelo prazo mínimo de 3 (três) anos, desde o cancelamento do serviço.

c) Cabe ao órgão mantenedor do Cadastro de Proteção ao Crédito a notificação do devedor antes de proceder à inscrição.

d) O Código de Defesa do Consumidor é aplicável às entidades abertas de previdência complementar, não incidindo nos contratos previdenciários celebrados com entidades fechadas.

e) Nos contratos bancários, é vedado ao julgador conhecer, de ofício, da abusividade das cláusulas.

Resposta correta: letra "b".

(Vunesp – Juiz de Direito – TJ-SP/2017) Vítima de acidente automobilístico, Joana fica hospitalizada durante 90 (noventa) dias. Joana é contratante individual de plano de assistência médica e hospitalar. A administradora do plano de saúde se recusa a cobrir a totalidade dos custos da internação, alegando que o contrato limita a obrigação a 30 (trinta) dias. Durante o período de hospitalização, Joana deixa de efetuar o pagamento das prestações mensais do plano de saúde. Após se recuperar, Joana propõe ação requerendo seja o plano de saúde condenado ao pagamento das despesas referentes a todo o período de internação. Por sua vez, a administradora do plano de saúde apresenta contestação e propõe reconvenção pleiteando a condenação de Joana ao pagamento das prestações em atraso, acrescido da multa contratual de 10% (dez por cento).

É correto afirmar que a ação de Joana deve ser julgada

a) improcedente, pois não há abusividade na cláusula contratual que limita o tempo de internação hospitalar; a reconvenção é procedente, pois o ilícito contratual foi praticado por Joana, que está obrigada ao pagamento das mensalidades do plano de saúde, com acréscimo da multa contratual de mora.

b) parcialmente procedente, devendo as partes dividirem equitativamente os custos da internação hospitalar que ultrapassaram o limite de 30 (trinta) dias, como forma de não gerar desequilíbrio contratual; a reconvenção é improcedente, pois ao plano de saúde não é lícito, enquanto não cumprir sua obrigação, exigir o cumprimento daquela atribuída a Joana.

c) procedente, pois a limitação temporal da internação hospitalar é admitida somente nos contratos coletivos de assistência médica; a reconvenção é improcedente, pois a conduta abusiva da administradora do plano de saúde exclui a obrigação de Joana efetuar o pagamento das mensalidades referentes ao período de hospitalização.

d) procedente, pois é abusiva a cláusula contratual que limita o tempo de internação hospitalar; a reconvenção é parcialmente procedente, pois Joana está obrigada ao pagamento das mensalidades do plano de saúde, mesmo diante da recusa de cobertura, mas a multa contratual não pode exceder 2% (dois por cento).

Resposta correta: letra "d".

(Cespe – Procurador do Ministério Público – TCU/2015) Com base na jurisprudência do STJ a respeito dos contratos, assinale a opção correta.

a) Na venda com reserva de domínio, a cláusula de reserva de domínio terá de ser estipulada por escrito e não dependerá de registro para valer contra terceiros.

b) A transação efetivada entre um dos devedores solidários e seu credor extingue a dívida em relação aos demais codevedores, mesmo que o credor não dê quitação de toda a dívida.

c) Caso o compromisso de compra e venda de imóvel não tenha sido levado a registro, a responsabilidade pelas despesas de condomínio recairá sobre o promissário vendedor.

d) A renegociação de contrato bancário ou a confissão de dívida, assim como a extinção contratual decorrente de quitação, não obstam a discussão sobre eventuais ilegalidades dos contratos anteriores.

e) Na alienação fiduciária de imóveis em garantia, o contrato se extingue por força da consolidação da propriedade em nome do credor fiduciário, e não pela alienação do bem em leilão público.

Resposta correta: letra "d".

(Cespe – Defensor Público – DPE-DF/2013) A respeito da tutela coletiva do consumidor e de seus direitos no âmbito dos contratos bancários, dos contratos de compra e venda de imóveis e dos consórcios, julgue os itens subsequentes.

Em se tratando de contratos de abertura de crédito em conta-corrente, não é necessária a prova do erro para que o consumidor obtenha judicialmente a repetição do indébito.

Resposta: certo.

(PGE-PA – Procurador do Estado – PGE-PA/2011) Analise as proposições abaixo e assinale alternativa INCORRETA:

a) Nos contratos bancários posteriores ao Código de Defesa do Consumidor incide a multa moratória nele prevista.

b) As cláusulas abusivas em sede de contratos bancários, por serem nulas de pleno direito, poderão ser decretadas de ofício pelo julgador.

c) É abusiva a cláusula contratual de plano de saúde que limita no tempo a internação hospitalar do segurado.

d) Aplica-se o Código de Defesa do Consumidor aos contratos de plano de saúde.

e) O Código de Defesa do Consumidor é aplicável à relação jurídica entre a entidade de previdência privada e seus participantes.

Resposta correta: letra "c".

4. PRÁTICAS ABUSIVAS

Súmula 532-STJ

Constitui prática comercial abusiva o envio de cartão de crédito sem prévia e expressa solicitação do consumidor, configurando-se ato ilícito indenizável e sujeito à aplicação de multa administrativa.

- **Status:** Válida.

- **Dispositivos relacionados:**

> "CDC, Art. 39. É vedado ao fornecedor de produtos ou serviços, dentre outras práticas abusivas:
>
> III – enviar ou entregar ao consumidor, sem solicitação prévia, qualquer produto, ou fornecer qualquer serviço;"
>
> Parágrafo único. Os serviços prestados e os produtos remetidos ou entregues ao consumidor, na hipótese prevista no inciso III, equiparam-se às amostras grátis, inexistindo obrigação de pagamento."

4.1. Questões relacionadas

(MPE-BA – Promotor de Justiça – MPE-BA/2018) É incorreto afirmar, quanto às relações consumeristas:

a) As instituições financeiras respondem objetivamente pelos danos gerados por fortuito interno relativo a fraudes e delitos praticados por terceiros no âmbito de operações bancárias.

b) Nos contratos bancários, é vedado ao julgador conhecer, de ofício, da abusividade das cláusulas.

c) Constitui prática comercial abusiva o envio de cartão de crédito sem prévia e expressa solicitação do consumidor, configurando-se ato ilícito indenizável e sujeito à aplicação de multa administrativa.

d) É legítima a cobrança da tarifa de água fixada de acordo com as categorias de usuários e as faixas de consumo.

e) O Código de Defesa do Consumidor é aplicável às entidades abertas de previdência complementar, incidindo, inclusive, nos contratos previdenciários celebrados com entidades fechadas.

Resposta correta: letra "e".

(TRF 4ª Região – Juiz Federal – TRF 4ª Região/2016) Dadas as assertivas abaixo, assinale a alternativa correta.

A propósito dos contratos empresariais:

I. Nos contratos de alienação fiduciária em garantia firmados na vigência da Lei nº 10.931/2004, compete ao devedor, no prazo de 5 (cinco) dias após a execução da liminar na ação de busca e apreensão, pagar a integralidade da dívida – entendida esta como os valores apresentados e comprovados pelo credor na inicial –, sob pena de consolidação da propriedade do bem móvel objeto de alienação fiduciária.

II. Nas ações de reintegração de posse motivadas por inadimplemento de arrendamento mercantil financeiro, quando o produto da soma do "valor residual garantido" quitado com o valor da venda do bem for maior que o total pactuado como "valor residual garantido" na contratação, será direito do arrendatário receber a diferença, cabendo, porém, se estipulado no contrato, o prévio desconto de outras despesas ou encargos contratuais.

III. A cobrança antecipada do "valor residual garantido" descaracteriza o contrato de arrendamento mercantil.

IV. Constitui prática comercial abusiva o envio de cartão de crédito sem prévia e expressa solicitação do consumidor, configurando-se ato ilícito indenizável e sujeito à aplicação de multa administrativa.

a) Estão corretas apenas as assertivas I, II e III.

b) Estão corretas apenas as assertivas I, II e IV.

c) Estão corretas apenas as assertivas I, III e IV.

d) Estão corretas apenas as assertivas II, III e IV.

e) Estão corretas todas as assertivas.

Resposta correta: letra "b".

5. BANCO DE DADOS E CADASTROS DE CONSUMIDORES

Súmula 572-STJ

O Banco do Brasil, na condição de gestor do Cadastro de Emitentes de Cheques sem Fundos (CCF), **não** tem a responsabilidade de notificar previamente o devedor acerca da sua inscrição no aludido cadastro, tampouco legitimidade passiva para as ações de reparação de danos fundadas na ausência de prévia comunicação.

- **Status:** Válida.

- **Dispositivos relacionados:**

"CDC, Art. 43. O consumidor, sem prejuízo do disposto no art. 86, terá acesso às informações existentes em cadastros, fichas, registros e dados pessoais e de consumo arquivados sobre ele, bem como sobre as suas respectivas fontes.

§ 1º Os cadastros e dados de consumidores devem ser objetivos, claros, verdadeiros e em linguagem de fácil compreensão, não podendo conter informações negativas referentes a período superior a cinco anos.

§ 2º A abertura de cadastro, ficha, registro e dados pessoais e de consumo deverá ser comunicada por escrito ao consumidor, quando não solicitada por ele.

§ 3º O consumidor, sempre que encontrar inexatidão nos seus dados e cadastros, poderá exigir sua imediata correção, devendo o arquivista, no prazo de cinco dias úteis, comunicar a alteração aos eventuais destinatários das informações incorretas.

§ 4º Os bancos de dados e cadastros relativos a consumidores, os serviços de proteção ao crédito e congêneres são considerados entidades de caráter público.

§ 5º Consumada a prescrição relativa à cobrança de débitos do consumidor, não serão fornecidas, pelos respectivos Sistemas de Proteção ao Crédito, quaisquer informações que possam impedir ou dificultar novo acesso ao crédito junto aos fornecedores.

§ 6º Todas as informações de que trata o *caput* deste artigo devem ser disponibilizadas em formatos acessíveis, inclusive para a pessoa com deficiência, mediante solicitação do consumidor."

Súmula 550-STJ

A utilização de escore de crédito, método estatístico de avaliação de risco, **que não constitui banco de dados, dispensa** o consentimento do consumidor, que terá o direito de solicitar esclarecimentos sobre as informações pessoais valoradas e as fontes dos dados considerados no respectivo cálculo.

- **Status:** Válida.

- **Dispositivos relacionados:**

"CDC, Art. 43. O consumidor, sem prejuízo do disposto no art. 86, terá acesso às informações existentes em cadastros, fichas, registros e dados pessoais e de consumo arquivados sobre ele, bem como sobre as suas respectivas fontes.

§ 1º Os cadastros e dados de consumidores devem ser objetivos, claros, verdadeiros e em linguagem de fácil compreensão, não podendo conter informações negativas referentes a período superior a cinco anos.

§ 2º A abertura de cadastro, ficha, registro e dados pessoais e de consumo deverá ser comunicada por escrito ao consumidor, quando não solicitada por ele.

§ 3º O consumidor, sempre que encontrar inexatidão nos seus dados e cadastros, poderá exigir sua imediata correção, devendo o arquivista, no prazo de cinco dias úteis, comunicar a alteração aos eventuais destinatários das informações incorretas.

§ 4º Os bancos de dados e cadastros relativos a consumidores, os serviços de proteção ao crédito e congêneres são considerados entidades de caráter público.

§ 5º Consumada a prescrição relativa à cobrança de débitos do consumidor, não serão fornecidas, pelos respectivos Sistemas de Proteção ao Crédito, quaisquer informações que possam impedir ou dificultar novo acesso ao crédito junto aos fornecedores.

§ 6º Todas as informações de que trata o *caput* deste artigo devem ser disponibilizadas em formatos acessíveis, inclusive para a pessoa com deficiência, mediante solicitação do consumidor."

"CDC, Art. 72. Impedir ou dificultar o acesso do consumidor às informações que sobre ele constem em cadastros, banco de dados, fichas e registros:

Pena – detenção de seis meses a um ano ou multa."

Súmula 548-STJ

Incumbe ao **credor** a exclusão do registro da dívida em nome do devedor no cadastro de inadimplentes no prazo de **cinco dias úteis**, a partir do integral e efetivo pagamento do débito.

- **Status:** Válida.

- **Dispositivos relacionados:**

"CDC, Art. 43. O consumidor, sem prejuízo do disposto no art. 86, terá acesso às informações existentes em cadastros, fichas, registros e dados pessoais e de consumo arquivados sobre ele, bem como sobre as suas respectivas fontes.

§ 1º Os cadastros e dados de consumidores devem ser objetivos, claros, verdadeiros e em linguagem de fácil compreensão, não podendo conter informações negativas referentes a período superior a cinco anos.

(...)

§ 3º O consumidor, sempre que encontrar inexatidão nos seus dados e cadastros, poderá exigir sua imediata correção, devendo o arquivista, no prazo de cinco dias úteis, comunicar a alteração aos eventuais destinatários das informações incorretas."

"CDC, Art. 73. Deixar de corrigir imediatamente informação sobre consumidor constante de cadastro, banco de dados, fichas ou registros que sabe ou deveria saber ser inexata:

Pena – Detenção de um a seis meses, ou multa."

Súmula 404-STJ

É **dispensável** o aviso de recebimento (AR) na carta de comunicação ao consumidor sobre a negativação de seu nome em bancos de dados e cadastros.

- **Status:** Válida.

- **Dispositivos relacionados:**

"CDC, Art. 43. O consumidor, sem prejuízo do disposto no art. 86, terá acesso às informações existentes em cadastros, fichas, registros e dados pessoais e de consumo arquivados sobre ele, bem como sobre as suas respectivas fontes."

Súmula 385-STJ

Da anotação irregular em cadastro de proteção ao crédito, **não cabe indenização por dano moral, quando preexistente legítima inscrição, ressalvado o direito ao cancelamento.**

- **Status:** Válida.

Súmula 359-STJ

Cabe **ao órgão mantenedor do cadastro de proteção ao crédito** a notificação do devedor **antes** de proceder à inscrição.

- **Status:** Válida.

Súmula 323-STJ

A inscrição do nome do devedor pode ser mantida nos serviços de proteção ao crédito por até o prazo máximo de **cinco anos, independentemente da prescrição da execução.**

- **Status:** Válida.

- **Dispositivos relacionados:**

"CDC, Art. 43. (...)

§ 1º Os cadastros e dados de consumidores devem ser objetivos, claros, verdadeiros e em linguagem de fácil compreensão, não podendo conter informações negativas referentes ao período superior a cinco anos."

5.1. Questões relacionadas

(Vunesp – Juiz de Direito – TJ-MT/2018) No que concerne ao banco de dados e cadastro de consumidores, considerando também o posicionamento sumulado do Superior Tribunal de Justiça, assinale a alternativa correta.

a) É indispensável que a carta de comunicação ao consumidor sobre a negativação de seu nome em banco de dados e cadastros seja expedido com aviso de recebimento (AR).

b) A inscrição do nome do devedor pode ser mantida nos serviços de proteção ao crédito pelo prazo máximo de cinco anos, exceto se a execução se tornar prescrita antes desta data.

c) No prazo de cinco dias úteis a partir do integral e efetivo pagamento do débito, o credor deverá promover a exclusão do registro da dívida em nome do devedor no cadastro de inadimplentes.

d) A utilização de escore de crédito, método estatístico de avaliação de risco que não constitui banco de dados, não dispensa o consentimento do consumidor, que deverá ser esclarecido sobre as informações valoradas e as fontes dos dados considerados nos cálculos.

e) O órgão mantenedor do Cadastro de Proteção ao Crédito deve notificar o devedor após proceder à inscrição no cadastro de inadimplentes.

Resposta correta: letra "c".

(Vunesp – Procurador do Município – Prefeitura de Sorocaba – SP/2018) Assinale a alternativa que traz a correta informação sobre o que preveem a legislação e as súmulas dos tribunais superiores acerca do banco de dados dos consumidores e da cobrança de dívidas, previstos na Lei n° 8.078/90.

a) Uma vez prescrita a dívida para execução, imediatamente deverá ser retirada pelo fornecedor a inscrição do nome do consumidor do cadastro de inadimplentes, sendo de 3 (três) anos o prazo máximo, em qualquer hipótese, para manutenção desse apontamento.

b) Os bancos de dados e cadastros relativos a consumidores, os serviços de proteção ao crédito e congêneres são considerados entidades de caráter privado.

c) Em todos os documentos de cobrança de débitos apresentados ao consumidor, deverão constar, obrigatoriamente, o nome, o endereço, o e-mail e site e o número de inscrição no Cadastro de Pessoas Físicas – CPF ou no Cadastro Nacional de Pessoa Jurídica – CNPJ do fornecedor do produto ou serviço correspondente.

d) A utilização de escore de crédito, método estatístico de avaliação de risco que não constitui banco de dados, exige o consentimento do consumidor, que terá o direito de solicitar esclarecimentos sobre as informações pessoais valoradas e as fontes dos dados considerados no respectivo cálculo.

e) É dispensável o aviso de recebimento (AR) na carta de comunicação ao consumidor sobre a negativação de seu nome em bancos de dados e cadastros.

Resposta correta: letra "e".

(FGV – Consultor Legislativo – Assessoramento Legislativo – AL-RO/2018) Com base no Código de Defesa do Consumidor e na jurisprudência do Superior Tribunal de Justiça sobre os bancos de dados e cadastros de consumidores, assinale a afirmativa correta.

a) O aviso de recebimento (AR) na carta de comunicação ao consumidor sobre a negativação de seu nome em bancos de dados e cadastros, é dispensável.

b) A anotação irregular em cadastro de proteção ao crédito cabe indenização por dano moral, mesmo quando preexistente legítima inscrição, ressalvado o direito ao cancelamento.

c) A inscrição do nome do devedor pode ser mantida nos serviços de proteção ao crédito até o prazo máximo de três anos, independentemente da prescrição da execução.

d) A exclusão do registro da dívida em nome do devedor no cadastro de inadimplentes no prazo de três dias úteis, a partir do integral e efetivo pagamento do débito, incumbe ao credor.

e) A utilização de escore de crédito, método estatístico de avaliação de risco que não constitui banco de dados, depende do consentimento do consumidor, que terá o direito de solicitar esclarecimentos sobre as informações pessoais valoradas e as fontes dos dados considerados no respectivo cálculo.

Resposta correta: letra "a".

(Vunesp – Procurador – UNICAMP/2018) Acerca dos danos morais, considerando a Jurisprudência do STJ, é correto afirmar:

a) da anotação irregular em cadastro de proteção ao crédito, não cabe indenização por dano moral, quando preexistente legítima inscrição, ressalvado o direito ao cancelamento.

b) a simples devolução indevida de cheque caracteriza dano moral, mas não a apresentação antecipada de cheque pré-datado, tendo em vista o cheque ser uma ordem de pagamento à vista.

c) são cumuláveis as indenizações por dano material e dano moral oriundos do mesmo fato, mas não são cumuláveis as indenizações de dano estético e dano moral.

d) a pessoa jurídica não pode sofrer dano moral, tendo em vista não ser titular dos direitos inerentes à personalidade, exclusivos das pessoas naturais.

e) depende de prova do prejuízo a indenização pela publicação não autorizada de imagem de pessoa, mesmo com fins econômicos ou comerciais.

Resposta correta: letra "a".

(MPE-BA – Promotor de Justiça – MPE-BA/2018) No que tange a proteção das relações de consumo, é incorreto afirmar, conforme entendimento prevalecente no âmbito do STJ:

a) Da anotação irregular em cadastro de proteção ao crédito, não cabe indenização por dano moral, quando preexistente legítima inscrição, ressalvado o direito ao cancelamento.

b) É dispensável o aviso de recebimento (AR) na carta de comunicação ao consumidor sobre a negativação de seu nome em banco de dados e cadastros.

c) Incumbe ao devedor a exclusão do registro da dívida em seu nome no cadastro de inadimplentes no prazo de cinco anos, a partir do momento em que efetiva o pagamento integral do débito.

d) O Código de Defesa do Consumidor é aplicável às instituições financeiras.

e) Aplica-se o Código de Defesa do Consumidor aos contratos de plano de saúde.

Resposta correta: letra "c".

(Vunesp – Juiz de Direito – TJ-SP/2018) De acordo com orientação atualmente fixada em súmula do Superior Tribunal de Justiça, a inscrição do nome do devedor pode ser mantida nos serviços de proteção ao crédito até o prazo máximo de

a) cinco anos, independentemente da prescrição da execução.

b) dez anos, independentemente da prescrição da execução.

c) três anos, independentemente da prescrição da execução.

d) cinco anos, salvo se maior for o prazo de prescrição da execução.

Resposta correta: letra "a".

(Cespe – Juiz de Direito – TJ-DFT/2016) De acordo com o entendimento adotado, de forma atual e prevalente, pelo STJ, assinale a opção correta.

a) A utilização dos dados extraídos dos registros do cartório de protesto, por órgão cadastral de proteção ao crédito, desde que se trate de reprodução fiel, atualizada, objetiva e clara, não gera o dever de reparar os danos causados ao consumidor, ainda que não tenha este sido previamente cientificado da inclusão de tais informações na base de dados do órgão de proteção.

b) Cabe ao órgão responsável pelo cadastro de proteção ao crédito, e não ao credor, a notificação do devedor, antes de proceder à inscrição desabonadora, exigindo-se, para o fiel atendimento da exigência legal, a prova de efetiva notificação do devedor, por meio de carta com aviso de recebimento.

c) Para a lícita utilização de escore de crédito, método estatístico de avaliação de risco que não constitui banco de dados, exige-se o consentimento do consumidor, que terá o direito de solicitar esclarecimentos sobre as informações pessoais valoradas e as fontes dos dados considerados no respectivo cálculo.

d) A inclusão do nome do consumidor em base de dados do órgão de proteção ao crédito, quando fundada em informação verdadeira, extraída do cartório de distribuição judicial, não tem o condão de ensejar a obrigação de reparar danos, desde que seja observado o dever de prévia notificação do devedor.

e) Verificada, ao tempo em que fora realizada, a legítima inscrição do nome do devedor em cadastro de proteção ao crédito, e, uma vez operado, em momento ulterior, o integral pagamento da dívida, cabe ao devedor interessado postular a exclusão do registro desabonador, posto que a negativação teve origem em ato realizado no exercício regular de um direito do credor.

Resposta correta: letra "a".

(MPE-SC – Promotor de Justiça – MPE-SC/2016) Cabe ao órgão mantenedor do Cadastro de Proteção ao Crédito notificar o devedor antes de proceder à inscrição, sendo indispensável o aviso de recebimento (AR) na carta de comunicação ao consumidor sobre a negativação de seu nome em bancos de dados e cadastros.

Resposta: errado.

(FCC – Juiz de Direito – TJ-PI/2015) Em razão de dificuldade financeira, Mike deixou de realizar o pagamento de compra na empresa Bravo, que, depois de notificar regularmente o consumidor, inscreveu-o em cadastro de proteção ao crédito. Posteriormente, a empresa Juliett também inscreveu Mike em cadastro de proteção ao crédito, mas de maneira irregular. Mike ajuizou ação indenizatória contra Juliett. Ato contínuo, Mike pagou a dívida que tinha com Bravo. Contudo, Bravo manteve Mike inscrito irregularmente em cadastro de proteção ao crédito. Por tal razão, Mike ajuizou outra ação, agora em face de Bravo. Tendo em vista os princípios que informam a responsabilidade do fornecedor, bem como súmula do Superior Tribunal de Justiça, Mike

a) tem direito de receber indenização por dano moral de Bravo, que o manteve inscrito indevidamente em cadastro de proteção ao crédito, mas não de Juliett, em razão da preexistência de legítima inscrição.

b) não tem direito de receber a indenização por dano moral, no caso de Bravo porque a manutenção indevida em cadastro de proteção ao crédito não é ilícita se a inscrição tiver ocorrido de maneira justificada, e no de Juliett em razão da preexistência de legítima inscrição.

c) tem direito de receber indenização por dano moral, mas não de Bravo ou de Juliett e sim do órgão mantenedor do cadastro de proteção ao crédito.

d) tem direito de receber indenização por dano moral de Bravo e de Juliett, porque constituem ilícitos indenizáveis tanto a inscrição como a manutenção indevida em cadastro de proteção ao crédito, sendo irrelevante a preexistência de legítima inscrição.

e) tem direito de receber indenização por dano moral de Juliett, porque é irrelevante a preexistência de legítima inscrição, mas não de Bravo, porque a manutenção indevida em cadastro de proteção ao crédito não é ilícita se a inscrição tiver ocorrido de maneira justificada.

Resposta correta: letra "a".

(PGE-PA – Procurador do Estado – PGE-PA/2011) Acerca dos bancos de dados e cadastro de consumidores, assinale a alternativa CORRETA:

a) A anotação irregular em cadastro de proteção ao crédito gera dano moral ao consumidor, ainda que ele detenha legítima inscrição preexistente.

b) Observado o prazo relativo à prescrição da execução do débito existente, poderá o consumidor permanecer inscrito em órgãos de proteção ao crédito por mais de cinco anos em razão de única anotação.

c) Cabe ao órgão mantenedor do Cadastro de Proteção ao Crédito a notificação do devedor antes de proceder à inscrição.

d) É dispensável o aviso de recebimento (AR) na carta de comunicação ao consumidor sobre a negativação de seu nome em bancos de dados e cadastros.

e) Os bancos de dados e cadastros relativos a consumidores, os serviços de proteção ao crédito e congêneres são considerados entidades de caráter privado.

Resposta correta: letra "d".

6. SERVIÇOS PÚBLICOS

Súmula 412-STJ

A ação de repetição de indébito de tarifas de água e esgoto **se sujeita ao prazo prescricional estabelecido no Código Civil**.

- **Status:** Válida.

- **Nota do autor:** Em outras palavras, o entendimento é o de que nas ações de repetição de indébito de tarifas de água e esgoto não se aplica o prazo prescricional de 5 anos previsto no CDC (art. 27), mas sim o prazo de prescrição previsto no Código Civil. O art. 177 do Código Civil de 1916 estabelecia o prazo geral de prescrição em 20 anos. Já o art. 205 do Código Civil de 2002 prevê o prazo geral de prescrição em 10 anos.

- **Dispositivos relacionados:**

"CDC, Art. 27. Prescreve em cinco anos a pretensão à reparação pelos danos causados por fato do produto ou do serviço, prevista na Seção II deste Capítulo, iniciando-se a contagem do prazo a partir do conhecimento do dano e de sua autoria.

Parágrafo único. (Vetado)."

"CC/02, Art. 205. A prescrição ocorre em dez anos, quando a lei não lhe haja fixado prazo menor."

Súmula 407-STJ

É legítima a cobrança da tarifa de água fixada de acordo com as categorias de usuários e as faixas de consumo.

- **Status:** Válida.
- **Dispositivos relacionados:**

"CDC, Art. 4º A Política Nacional das Relações de Consumo tem por objetivo o atendimento das necessidades dos consumidores, o respeito à sua dignidade, saúde e segurança, a proteção de seus interesses econômicos, a melhoria da sua qualidade de vida, bem como a transparência e harmonia das relações de consumo, atendidos os seguintes princípios:

VII – racionalização e melhoria dos serviços públicos;"

"CDC, Art. 6º São direitos básicos do consumidor:

X – a adequada e eficaz prestação dos serviços públicos em geral."

"Lei 9.433/97 (PNRH), Art. 1º A Política Nacional de Recursos Hídricos baseia-se nos seguintes fundamentos:

I – a água é um bem de domínio público;

II – a água é um recurso natural limitado, dotado de valor econômico;

"Lei 9.433/97 (PNRH), Art. 19. A cobrança pelo uso de recursos hídricos objetiva:

I – reconhecer a água como bem econômico e dar ao usuário uma indicação de seu real valor;

II – incentivar a racionalização do uso da água;

III – obter recursos financeiros para o financiamento dos programas e intervenções contemplados nos planos de recursos hídricos."

Súmula 357-STJ

~~A pedido do assinante, que responderá pelos custos, é obrigatória, a partir de 1º de janeiro de 2006, a discriminação de pulsos excedentes e ligações de telefone fixo para celular.~~

- **Status:** Cancelada.

- **Precedentes relacionados:**

"Diante da nova sistemática em que o fornecimento de fatura detalhada a cargo da concessionária é gratuito, sem ônus para o assinante, bastando que faça a solicitação uma única vez, revogou-se a Súmula 357 para reformulação de seu enunciado, adequando-a ao atual sistema (Lei n. 9.472/1997 c/c Dec. n. 4.733/2003 e Res. n. 450/2006 da Anatel)." (STJ, 1ª Seção, REsp 1.074.799-MG, Rel. Min. Francisco Falcão, julgado em 27/5/2009 sob o rito dos recursos repetitivos; Informativo n. 396).

Súmula 356-STJ

É legítima a cobrança da tarifa básica pelo uso dos serviços de telefonia fixa.

- **Status:** Válida.

- **Nota do autor:** Cuidado para não confundir: a) é legítima a cobrança de tarifa básica pelo uso dos serviços de telefonia fixa; b) não incide ICMS sobre o serviço de habilitação de telefone celular.

- **Precedentes relacionados:**

"Súmula 350-STJ. O ICMS não incide sobre o serviço de habilitação de telefone celular."

6.1. Questões relacionadas

(Vunesp – Procurador Municipal – Prefeitura de Bauru – SP/2018) Consoante o disposto nas Súmulas do Superior Tribunal de Justiça, é correto afirmar que:

a) a cobrança de tarifa de água de acordo com as categorias de usuários e as faixas de consumo é ilegítima, nos termos do artigo 39, inciso I, do Código de Defesa do Consumidor.

b) é lícita a cláusula contratual de plano de saúde que fixa em 48 horas a contar da data da contratação a carência para utilização de serviços de assistência médica em situações de emergência ou de urgência.

c) o simples envio de cartão de crédito sem prévia e expressa solicitação do consumidor não constitui prática comercial abusiva.

d) é dispensável o aviso de recebimento (AR) na carta de comunicação ao consumidor sobre a negativação de seu nome em bancos de dados e cadastros.

e) o Código de Defesa do Consumidor é aplicável às entidades abertas ou fechadas de previdência complementar.

Resposta correta: letra "d".

(PGR – Procurador da República – PGR/2017) Sobre a aplicação do Código de Defesa do Consumidor em relação aos serviços públicos, assinale a assertiva correta:

a) Segundo entendimento do STJ, não se pode considerar legítima a cobrança de tarifa básica pelo uso de serviços de telefonia fixa, pois não haveria equilíbrio econômico--financeiro entre o consumidor final e as empresas de telefonia.

b) A ação de repetição de indébito de tarifas de água e esgoto sujeitam-se ao prazo prescricional do Código de Defesa do Consumidor.

c) É legítima a cobrança de tarifa de água fixada de acordo com as categorias de usuários e as faixas de consumo.

d) É inaplicável o Código de Defesa do Consumidor em relação aos serviços públicos.

Resposta correta: letra "c".

(Cespe – Promotor de Justiça – MPE-RR/2017) À luz da jurisprudência do STJ e do entendimento doutrinário a respeito do tema, assinale a opção correta acerca das práticas comerciais.

a) O fornecedor é subsidiariamente responsável pelos atos praticados por seus prepostos.

b) A publicidade enganosa é aquela que ofende direitos básicos da sociedade, ainda que possa ser totalmente verdadeira.

c) A cobrança de tarifa básica pelo serviço de telefonia fixa configura a prática da venda casada.

d) O princípio da vinculação da oferta faz surgir uma obrigação pré-contratual do fornecedor do produto ou serviço.

Resposta correta: letra "d".

(Cespe – Defensor Público – DPE-AC/2017) Julgue os itens a seguir, acerca de práticas comerciais nas relações de consumo.

I. As práticas abusivas vedadas ao fornecedor de produtos ou serviços são dispostas, no CDC, de modo exemplificativo.

II. É vedado ao comerciante enviar ao consumidor qualquer produto sem que haja prévia solicitação.

III. A cobrança de tarifa básica pelo uso dos serviços de telefonia fixa caracteriza venda casada, sendo considerada ilegítima.

IV. Conforme o CDC, rejeitar cheque como forma de pagamento pela compra de um produto é prática abusiva.

Estão certos apenas os itens

a) I e II.

b) I e III.

c) II e III.

d) II e IV.

e) III e IV.

Resposta correta: letra "a".

7. DEFESA DO CONSUMIDOR EM JUÍZO

Súmula 643-STF

O Ministério Público **tem** legitimidade para promover ação civil pública cujo fundamento seja a ilegalidade de reajuste de mensalidades escolares.

- **Status:** Válida.
- **Dispositivos relacionados:**

"CF, Art. 127. O Ministério Público é instituição permanente, essencial à função jurisdicional do Estado, incumbindo-lhe a defesa da ordem jurídica, do regime democrático e dos interesses sociais e individuais indisponíveis."

"CF, Art. 129. São funções institucionais do Ministério Público:

III – promover o inquérito civil e a ação civil pública, para a proteção do patrimônio público e social, do meio ambiente e de outros interesses difusos e coletivos;"

"Lei 7.347/85, Art. 1º Regem-se pelas disposições desta Lei, sem prejuízo da ação popular, as ações de responsabilidade por danos morais e patrimoniais causados:

I – ao meio-ambiente;

II – ao consumidor;

III – a bens e direitos de valor artístico, estético, histórico, turístico e paisagístico;

IV – a qualquer outro interesse difuso ou coletivo;

V – por infração da ordem econômica;

VI – à ordem urbanística;

VII – à honra e à dignidade de grupos raciais, étnicos ou religiosos;

VIII – ao patrimônio público e social."

Súmula 470-STJ

O Ministério Público não tem legitimidade para pleitear, em ação civil pública, a indenização decorrente do DPVAT em benefício do segurado.

• **Status**: Cancelada pela 2ª Seção do STJ, em sessão de 27 de maio de 2015, ao julgar o REsp 858.056-GO.

• **Nota do autor:** O Ministério Público tem legitimidade para ajuizar ação civil pública em defesa dos direitos individuais homogêneos dos beneficiários do seguro DPVAT.

• **Precedentes relacionados:**

"O Ministério Público tem legitimidade para ajuizar ação civil pública em defesa dos direitos individuais homogêneos dos beneficiários do seguro DPVAT. Isso porque o STF, ao julgar o RE 631.111-GO (Tribunal Pleno, DJe 30/10/2014), submetido ao rito do art. 543-B do CPC, firmou o entendimento de que Órgão Ministerial tem legitimidade para ajuizar ação civil pública em defesa dos direitos individuais homogêneos dos beneficiários do seguro DPVAT, dado o interesse social qualificado presente na tutela jurisdicional das vítimas de acidente de trânsito beneficiárias pelo DPVAT, bem como as relevantes funções institucionais do MP. Consequentemente, é imperioso o cancelamento da súmula 470 do STJ, a qual veicula entendimento superado por orientação jurisprudencial do STF firmada em recurso extraordinário submetido ao rito do art. 543-B do CPC (sistemática da repercussão geral)." (STJ, 2ª Seção, REsp 858.056-GO, Rel. Min. Marco Buzzi, julgado em 27/5/2015, DJe 5/6/2015. Info 563)

• **Dispositivos relacionados:**

"CF, Art. 127. O Ministério Público é instituição permanente, essencial à função jurisdicional do Estado, incumbindo-lhe a defesa da ordem jurídica, do regime democrático e dos interesses sociais e individuais indisponíveis."

"CF, Art. 129. São funções institucionais do Ministério Público:

III – promover o inquérito civil e a ação civil pública, para a proteção do patrimônio público e social, do meio ambiente e de outros interesses difusos e coletivos;"

"Lei 7.347/85, Art. 1º Regem-se pelas disposições desta Lei, sem prejuízo da ação popular, as ações de responsabilidade por danos morais e patrimoniais causados:

I – ao meio-ambiente;

II – ao consumidor;

III – a bens e direitos de valor artístico, estético, histórico, turístico e paisagístico;

IV – a qualquer outro interesse difuso ou coletivo;

V – por infração da ordem econômica;

VI – à ordem urbanística;

VII – à honra e à dignidade de grupos raciais, étnicos ou religiosos;

VIII – ao patrimônio público e social."

Súmula 601-STJ

O Ministério Público **tem** legitimidade ativa para atuar na defesa de direitos **difusos, coletivos** e **individuais homogêneos dos consumidores, ainda que decorrentes da prestação de serviço público.**

- **Status:** Válida.

- **Dispositivos relacionados:**

"CF, Art. 127. O Ministério Público é instituição permanente, essencial à função jurisdicional do Estado, incumbindo-lhe a defesa da ordem jurídica, do regime democrático e dos interesses sociais e individuais indisponíveis."

"CF, Art. 129. São funções institucionais do Ministério Público:

III – promover o inquérito civil e a ação civil pública, para a proteção do patrimônio público e social, do meio ambiente e de outros interesses difusos e coletivos;"

"Lei 7.347/85, Art. 1º Regem-se pelas disposições desta Lei, sem prejuízo da ação popular, as ações de responsabilidade por danos morais e patrimoniais causados:

I – ao meio-ambiente;

II – ao consumidor;

III – a bens e direitos de valor artístico, estético, histórico, turístico e paisagístico;

IV – a qualquer outro interesse difuso ou coletivo;

V – por infração da ordem econômica;

VI – à ordem urbanística;

VII – à honra e à dignidade de grupos raciais, étnicos ou religiosos;

VIII – ao patrimônio público e social."

"CDC, Art. 81. A defesa dos interesses e direitos dos consumidores e das vítimas poderá ser exercida em juízo individualmente, ou a título coletivo.

Parágrafo único. A defesa coletiva será exercida quando se tratar de:

I – interesses ou direitos difusos, assim entendidos, para efeitos deste código, os transindividuais, de natureza indivisível, de que sejam titulares pessoas indeterminadas e ligadas por circunstâncias de fato;

II – interesses ou direitos coletivos, assim entendidos, para efeitos deste código, os transindividuais, de natureza indivisível de que seja titular grupo, categoria ou classe de pessoas ligadas entre si ou com a parte contrária por uma relação jurídica base;

III – interesses ou direitos individuais homogêneos, assim entendidos os decorrentes de origem comum."

"CDC, Art. 82. Para os fins do art. 81, parágrafo único, são legitimados concorrentemente:

I – o Ministério Público;"

"CDC, Art. 91. Os legitimados de que trata o art. 82 poderão propor, em nome próprio e no interesse das vítimas ou seus sucessores, ação civil coletiva de responsabilidade pelos danos individualmente sofridos, de acordo com o disposto nos artigos seguintes."

Súmula 470-STJ

~~O Ministério Público não tem legitimidade para pleitear, em ação civil pública, a indenização decorrente do DPVAT em benefício do segurado.~~

• **Status:** Cancelada pela 2ª Seção do STJ, em sessão de 27 de maio de 2015, ao julgar o REsp 858.056-GO.

• **Nota do autor:** O Ministério Público **tem** legitimidade para ajuizar ação civil pública em defesa dos direitos individuais homogêneos dos beneficiários do seguro DPVAT.

• **Precedentes relacionados:**

"O Ministério Público **tem** legitimidade para ajuizar ação civil pública em defesa dos **direitos individuais homogêneos** dos beneficiários do seguro DPVAT. Isso porque o STF, ao julgar o RE 631.111-GO (Tribunal Pleno, DJe 30/10/2014), submetido ao rito do art. 543-B do CPC, **firmou o entendimento de que Órgão Ministerial tem legitimidade para ajuizar ação civil pública em defesa dos direitos individuais homogêneos dos beneficiários do seguro DPVAT, dado o interesse social qualificado presente na tutela jurisdicional das vítimas de acidente de trânsito beneficiárias pelo DPVAT, bem como as relevantes funções institucionais do MP**. Consequentemente, é imperioso o cancelamento da súmula

470 do STJ, a qual veicula entendimento superado por orientação jurisprudencial do STF firmada em recurso extraordinário submetido ao rito do art. 543-B do CPC (sistemática da repercussão geral)." (STJ, 2ª Seção, REsp 858.056-GO, Rel. Min. Marco Buzzi, julgado em 27/5/2015, DJe 5/6/2015. Info 563)

- **Dispositivos relacionados:**

"CF, Art. 127. O Ministério Público é instituição permanente, essencial à função jurisdicional do Estado, incumbindo-lhe a defesa da ordem jurídica, do regime democrático e dos interesses sociais e individuais indisponíveis."

"CF, Art. 129. São funções institucionais do Ministério Público:

III – promover o inquérito civil e a ação civil pública, para a proteção do patrimônio público e social, do meio ambiente e de outros interesses difusos e coletivos;"

"Lei 7.347/85, Art. 1º Regem-se pelas disposições desta Lei, sem prejuízo da ação popular, as ações de responsabilidade por danos morais e patrimoniais causados:

I – ao meio-ambiente;

II – ao consumidor;

III – a bens e direitos de valor artístico, estético, histórico, turístico e paisagístico;

IV – a qualquer outro interesse difuso ou coletivo;

V – por infração da ordem econômica;

VI – à ordem urbanística;

VII – à honra e à dignidade de grupos raciais, étnicos ou religiosos;

VIII – ao patrimônio público e social."

7.1. Questões relacionadas

(MPE-PR – Promotor de Justiça – MPE-PR/2019) Analise as assertivas abaixo e assinale a alternativa incorreta:

a) Nos contratos bancários é vedado ao julgador conhecer, de ofício, da abusividade das cláusulas.

b) O Código de Defesa do Consumidor é aplicável aos empreendimentos habitacionais promovidos pelas sociedades cooperativas.

c) O Código de Defesa do Consumidor é aplicável às entidades abertas de previdência complementar, não incidindo nos contratos previdenciários celebrados com entidades fechadas.

d) Cabe ao mantenedor do Cadastro de Proteção ao Crédito a notificação do devedor antes de proceder à inscrição.

e) O Ministério Público tem legitimidade ativa para atuar na defesa de direitos difusos coletivos e individuais homogêneos dos consumidores, exceto os decorrentes da prestação de serviço público.

Resposta correta: letra "e".

(MPE-BA – Promotor de Justiça – MPE-BA/2018) Quanto ao regime jurídico (lato sensu) do Ministério Público, marque a alternativa incorreta:

a) É desnecessária a intervenção do Ministério Público nas execuções fiscais.

b) O Ministério Público não tem legitimidade para pleitear, em ação civil pública, a indenização decorrente do DPVAT (seguro de danos pessoais causados por veículos automotores de vias terrestres) em benefício do segurado.

c) A participação de membro do Ministério Público na fase investigatória criminal não acarreta o seu impedimento ou suspeição para o oferecimento da denúncia.

d) O Ministério Público tem legitimidade para promover ação civil pública cujo fundamento seja a ilegalidade de reajuste de mensalidades escolares.

e) O Ministério Público tem legitimidade para recorrer na ação de acidente do trabalho, ainda que o segurado esteja assistido por advogado.

Resposta correta: letra "b".

(NC-UFPR – Procurador Municipal – Prefeitura de Curitiba – PR/2015) Em relação ao tema do Direito do Consumidor, é INCORRETO afirmar:

a) O Ministério Público tem legitimidade para promover ação civil pública cujo fundamento seja a ilegalidade de reajuste de mensalidades escolares.

b) Nas ações coletivas de defesa dos interesses dos consumidores e das vítimas, o Ministério Público, se não ajuizar a ação, atuará sempre como fiscal da lei.

c) É nula de pleno direito a cláusula contratual que possibilita a renúncia do direito de indenização por benfeitorias necessárias.

d) É indispensável o aviso de recebimento (AR) na carta de comunicação ao consumidor sobre a negativação de seu nome em bancos de dados e cadastros.

e) É direito básico do consumidor a educação e a divulgação sobre o consumo adequado dos produtos e serviços, asseguradas a liberdade de escolha e a igualdade nas contratações.

Resposta correta: letra "a".

(Vunesp – Juiz de Direito – TJ-RJ/2013) Com relação às garantias dos administrados, é correto afirmar que

a) não cabe condenação em honorários de advogado na ação de mandado de segurança.

b) cabe habeas-corpus quando já extinta a pena privativa de liberdade.

c) o mandado de segurança substitui a ação popular.

d) o Ministério Público não tem legitimidade para promover ação civil pública cujo fundamento seja a ilegalidade de reajuste de mensalidades escolares.

Resposta correta: letra "a".

DIREITO EMPRESARIAL

1. ESTABELECIMENTO EMPRESARIAL

Súmula 451-STJ

É legítima a penhora da sede do estabelecimento comercial.

• **Status:** Válida.

• **Nota do autor:** Em primeiro lugar, vale lembra que o estabelecimento empresarial representa o conjunto de bens corpóreos (materiais) ou incorpóreos (imateriais) organizados pelo empresário para o desenvolvimento da empresa (atividade empresarial). Vale lembrar, ainda, que recentemente (15/9/2016), o STJ entendeu que a súmula 451 não se aplica no caso de único imóvel comercial do devedor. Confira abaixo o precedente judicial relacionado.

• **Precedente relacionado:**

"**É impenhorável o único imóvel comercial do devedor quando o aluguel daquele está destinado unicamente ao pagamento de locação residencial por sua entidade familiar**. Inicialmente, registre-se que o STJ pacificou a orientação de que não descaracteriza automaticamente o instituto do bem de família, previsto na Lei n. 8.009/1990, a constatação de que o grupo familiar não reside no único imóvel de sua propriedade (AgRg no REsp 404.742-RS, Segunda Turma, DJe 19/12/2008; e AgRg no REsp 1.018.814-SP, Segunda Turma, DJe 28/11/2008). A Segunda Turma também possui entendimento de que o aluguel do único imóvel do casal não o desconfigura como bem de família (REsp 855.543-DF, Segunda Turma, DJ 3/10/2006). Ainda sobre o tema, há entendimento acerca da impossibilidade de penhora de dinheiro aplicado em poupança, por se verificar sua vinculação ao financiamento para aquisição de imóvel residencial (REsp 707.623-RS, 2ª Turma, DJe 24/9/2009)." (STJ, 2ª Turma, REsp 1.616.475/PE, Rel. Min. Herman Benjamin, julgado em 15/9/2016) (Informativo n. 591)

- **Dispositivos relacionados:**

"CC, Art. 1.142. Considera-se estabelecimento todo complexo de bens organizado, para exercício da empresa, por empresário, ou por sociedade empresária."

"CC, Art. 1.143. Pode o estabelecimento ser objeto unitário de direitos e de negócios jurídicos, translativos ou constitutivos, que sejam compatíveis com a sua natureza."

1.1. Questões relacionadas

(Cespe – Juiz de Direito – PB/2015) No que se refere ao direito de empresa, assinale a opção correta.

a) Conforme entendimento dominante do STJ, a finalidade lucrativa não é requisito para que determinada atividade seja considerada empresária.

b) A pessoa legalmente impedida de exercer atividade empresarial não responde pelas obrigações contraídas.

c) O empresário individual não dependerá de outorga conjugal para alienar imóvel utilizado no exercício da empresa, desde que exista prévia autorização do cônjuge referente à destinação do imóvel ao patrimônio empresarial.

d) De acordo com entendimento sumulado pelo STJ, é vedada a penhora da sede do estabelecimento comercial.

e) A inscrição no registro público de empresas mercantis é obrigatória ao empresário cuja atividade rural constitua sua principal profissão.

Resposta correta: letra "c".

(FCC – Juiz de Direito – TJ-AL/2015) Relativamente ao estabelecimento empresarial, considere:

I. O contrato que tenha por objeto a alienação, o usufruto ou arrendamento do estabelecimento, só produzirá efeitos quanto a terceiros depois de averbado à margem da inscrição do empresário, ou da sociedade empresária, no Registro Público de Empresas Mercantis, e de publicado na Imprensa Oficial.

II. Se ao alienante não restarem bens suficientes para solver o seu passivo, a eficácia da alienação do estabelecimento depende do pagamento de todos os credores, ou do consentimento destes, somente de modo expresso, em trinta dias a partir de sua notificação.

III. O adquirente do estabelecimento responde pelo pagamento dos débitos anteriores à transferência, desde que regularmente contabilizados, continuando o devedor primitivo solidariamente obrigado pelo prazo de um ano, a partir, quanto aos créditos vencidos, da publicação, e, quanto aos outros, da data do vencimento.

IV. Não havendo autorização expressa, o alienante do estabelecimento não pode fazer concorrência ao adquirente, nos três anos subsequentes ao registro da transferência.

V. É legítima a penhora da sede do estabelecimento comercial.

Está correto o que se afirma APENAS em:

a) II, III e IV.

b) II, III, IV e V.

c) I, III e V.

d) I, II, IV e V.

e) I, III, IV e V.

Resposta correta: letra "c".

2. INSTITUTOS COMPLEMENTARES DO DIREITO EMPRESARIAL

2.1. Escrituração e livros empresariais

Súmula 439-STF

Estão sujeitos à fiscalização tributária ou previdenciária quaisquer livros comerciais, **limitado o exame aos pontos objeto da investigação.**

- **Status:** Válida.

Súmula 390-STF

A exibição judicial de livros comerciais **pode** ser requerida como medida preventiva.

- **Status:** Válida.

Súmula 260-STF

O exame de livros comerciais, em ação judicial, **fica limitado às transações entre os litigantes**.

- **Status:** Válida.

2.2. Questões relacionadas

(FAUEL – Procurador do Município – Prefeitura de Paranavaí – PR/2018) Assinale a alternativa INCORRETA, a respeito da administração tributária.

a) Sujeitam-se à fiscalização tributária as pessoas naturais ou jurídicas, contribuintes ou não, inclusive as que gozem de imunidade tributária ou de isenção de caráter pessoal.

b) É inadmissível a interdição de estabelecimento e a apreensão de mercadorias como meio coercitivo para cobrança de tributo.

c) A autoridade administrativa que proceder ou presidir a quaisquer diligências de fiscalização lavrará os termos necessários para que se documente o início do procedimento, na forma da legislação aplicável, que fixará prazo máximo para a conclusão daquelas.

d) A certidão negativa expedida com dolo ou fraude, que contenha erro contra a Fazenda Pública, responsabiliza pessoalmente o funcionário que a expedir, pelo crédito tributário e juros de mora acrescidos.

e) Estão sujeitos à fiscalização tributária ou previdenciária quaisquer livros comerciais, podendo ser examinados em sua integralidade, ainda que não diga respeito aos pontos objeto da investigação.

Resposta correta: letra "e".

(Vunesp – Juiz de Direito – TJ-SP/2015) A respeito da escrituração mercantil, é incorreto afirmar que

a) os livros obrigatórios do empresário e da sociedade empresária devem ser autenticados na Junta Comercial.

b) quando preencherem os requisitos legais, os livros contábeis fazem prova a favor de seu titular, nos litígios entre empresários.

c) as sociedades anônimas deverão manter registros permanentes, observando a legislação e os princípios de contabilidade geralmente aceitos e registrar suas mutações patrimoniais segundo o regime de caixa.

d) o exame de livros comerciais, em ação judicial envolvendo contratos mercantis, fica limitado aos lançamentos correspondentes às transações entre os litigantes.

Resposta correta: letra "c".

3. DIREITO SOCIETÁRIO

Súmula 265-STF

Na apuração de haveres, **não** prevalece o balanço não aprovado pelo sócio falecido ou que se retirou.

- **Status:** Válida.

Súmula 551-STJ

Nas demandas por complementação de ações de empresas de telefonia, admite-se a condenação ao pagamento de dividendos e juros sobre capital próprio, **independentemente de pedido expresso**. No entanto, **somente quando previstos no título executivo, poderão ser objeto de cumprimento de sentença**.

- **Status:** Válida.

Súmula 389-STJ

A comprovação do pagamento do "custo do serviço" referente ao fornecimento de certidão de assentamentos constantes dos livros da companhia **é requisito de procedibilidade da ação de exibição de documentos ajuizada em face da sociedade anônima**.

- **Status:** Válida.

3.1. Questões relacionadas

(Cespe – Juiz de Direito – TJDFT/2015) A respeito das sociedades anônimas, assinale a opção correta.

a) Na ação de exibição da certidão de assentamentos constantes nos livros da companhia, é dispensável a comprovação do pagamento do "custo de serviço" referente ao fornecimento desse documento.

b) O acionista de uma sociedade anônima que votar de forma abusiva com o fim de causar dano deverá responder pelos danos que vierem a ser causados, ainda que seu voto não tenha prevalecido.

c) Para que se aperfeiçoe a constituição de garantia real sobre ação nominal, é bastante a averbação da garantia nos livros da instituição financeira custodiante das ações.

d) Apesar de ser inadmissível a constituição de sociedade anônima unipessoal, considera-se uma exceção a essa regra a constituição de sociedade subsidiária integral por uma só pessoa natural.

e) Em obediência ao princípio da efetividade, uma sociedade anônima deve ter capital social determinado, invariável e único.

Resposta correta: letra "b".

4. TÍTULOS DE CRÉDITO

4.1. Teoria geral dos títulos de crédito

Súmula 387-STF

A cambial emitida ou aceita com omissões, ou em branco, **pode ser completada pelo credor de boa-fé antes da cobrança ou do protesto**.

- **Status:** Válida.

- **Dispositivos relacionados:**

> "CC, Art. 891. O título de crédito, incompleto ao tempo da emissão, deve ser preenchido de conformidade com os ajustes realizados."

Súmula 60-STJ

É nula a obrigação cambial assumida por procurador do mutuário vinculado ao mutuante, **no exclusivo interesse deste**.

- **Status:** Válida.

4.2. Atos cambiais

4.2.1. Aval

Súmula 600-STF

Cabe ação executiva contra o emitente e seus avalistas, ainda que não apresentado o cheque ao sacado no prazo legal, desde que não prescrita a ação cambiária.

- **Status:** Válida.

Súmula 189-STF

Avais em branco e superpostos consideram-se **simultâneos**, e não sucessivos.

- **Status:** Válida.

Súmula 26-STJ

O avalista do título de crédito vinculado a contrato de mútuo **também responde pelas obrigações pactuadas, quando no contrato figurar como devedor solidário**.

- **Status:** Válida.

4.2.2. Endosso

Súmula 475-STJ

Responde pelos danos decorrentes de protesto indevido o endossatário que recebe por endosso translativo, título de crédito contendo **vício formal extrínseco ou intrínseco, ficando ressalvado seu direito de regresso contra os endossantes e avalistas.**

- **Status:** Válida.

Súmula 476-STJ

O endossatário de título de crédito por endosso-mandato só responde por danos decorrentes de protesto indevido **se extrapolar os poderes de mandatário**.

- **Status:** Válida.

4.2.3. Protesto

Súmula 475-STJ

Responde pelos danos decorrentes de protesto indevido o endossatário que recebe por endosso translativo, título de crédito contendo **vício formal extrínseco ou intrínseco, ficando ressalvado seu direito de regresso contra os endossantes e avalistas.**

- **Status:** Válida.

Súmula 476-STJ

O endossatário de título de crédito por endosso-mandato só responde por danos decorrentes de protesto indevido **se extrapolar os poderes de mandatário.**

- **Status:** Válida.

4.2.4. Questões relacionadas

(Cespe – Juiz de Direito – TJ-PR/2019) No que se refere a títulos de crédito, assinale a opção correta, de acordo com a jurisprudência sumulada pelo STJ.

a) O fato de a obrigação cambial ser assumida pelo procurador do mutuário no exclusivo interesse do mutuante não torna tal obrigação nula.

b) A legislação referente às cédulas de crédito rural, comercial e industrial veda o pacto de capitalização de juros.

c) Em caso de endosso translativo, o endossatário que responder por dano decorrente de protesto indevido de título com vício formal tem direito de regresso contra endossantes e avalistas.

d) No caso de endosso-mandato, os danos decorrentes de protesto indevido e não previstos no mandato serão exclusivos do endossante.

Resposta correta: letra "c".

(Cespe – Juiz de Direito – TJ-Constituição Estadual/2018) Na hipótese de um cheque ser apresentado ao sacado fora do prazo legal de apresentação, ainda é cabível ação executiva contra

a) o emitente e seus avalistas, desde que haja protesto e seja observado o prazo prescricional.

b) os endossantes e seus avalistas, dentro do prazo prescricional, desde que haja protesto.

c) os endossantes e seus avalistas, independentemente de protesto, desde que observado o prazo prescricional.

d) o emitente e seus avalistas, desde que observado o prazo prescricional de seis meses para o seu ajuizamento, contados do término do prazo de apresentação.

e) o emitente e seus avalistas, desde que observado o prazo prescricional de dois anos para o seu ajuizamento, contados do término do prazo de apresentação.

Resposta correta: letra "d".

(TRF 3ª Região – Juiz Federal – TRF 3ª Região/2016) Marque a alternativa incorreta, observando-se a legislação e a jurisprudência dominante do Superior Tribunal de Justiça:

a) Nos contratos bancários, é vedado ao julgador conhecer, de ofício, da abusividade das cláusulas.

b) A nota promissória vinculada a contrato de abertura de crédito não goza de autonomia em razão da iliquidez do título que a originou.

c) O avalista do título de crédito vinculado a contrato de mutuo também responde pelas obrigações pactuadas, quando no contrato figurar como devedor solidário.

d) A companhia dissolvida perde automaticamente sua personalidade jurídica.

Resposta correta: letra "d".

(FCC – Juiz de Direito – TJ-AL/2015) No que se refere a protesto de títulos,

a) não responde pelos danos decorrentes de protesto indevido o endossatário que recebe, por endosso translativo, título de crédito contendo vício formal extrínseco ou intrínseco, cabendo ao suposto devedor exigir o valor reparatório diretamente dos endossantes.

b) aquele tirado por falta de aceite poderá ser efetuado antes ou após o vencimento da obrigação, desde que após o decurso do prazo legal para o ato de aceite.

c) será ele tirado exclusivamente por falta de pagamento ou de aceite.

d) o pagamento do título ou do documento de dívida apresentado para protesto será feito diretamente no tabelionato competente e não poderá ser recusado, se oferecido dentro do prazo legal, no tabelionato de protesto competente e no horário de funcionamento dos serviços.

e) após o vencimento da obrigação, o protesto poderá ser efetuado por falta de pagamento ou aceite, sendo defesa a lavratura e registro do protesto por motivo não previsto na lei cambial.

Resposta correta: letra "d".

(TRF 4ª Região – Juiz Federal – TRF 4ª Região/2014) Dadas as assertivas abaixo, assinale a alternativa correta.

I. O endossatário que recebe, por endosso translativo, título de crédito contendo vício formal, sendo inexistente a causa para conferir lastro à emissão de duplicata, responde pelos danos causados diante de protesto indevido, ressalvado seu direito de regresso contra os endossantes e avalistas.

II. Só responde por danos materiais e morais o endossatário que recebe título de crédito por endosso-mandato e o leva a protesto se extrapola os poderes de mandatário ou em razão de ato culposo próprio, como no caso de apontamento depois da ciência acerca do pagamento anterior ou da falta de higidez da cártula.

III. O prazo para ajuizamento de ação monitória em face do emitente de nota promissória sem força executiva é quinquenal, a contar do dia seguinte ao vencimento do título.

IV. O instrumento de confissão de dívida, ainda que originário de contrato de abertura de crédito, constitui título executivo extrajudicial.

a) Estão corretas apenas as assertivas I e II.

b) Estão corretas apenas as assertivas II e IV.

c) Estão corretas apenas as assertivas I, II e III.

d) Estão corretas apenas as assertivas I, III e IV.

e) Estão corretas todas as assertivas.

Resposta correta: letra "e".

4.3. Títulos de crédito em espécie

4.3.1. Cheque

Súmula 600-STF

Cabe ação executiva contra o emitente e seus avalistas, ainda que não apresentado o cheque ao sacado no prazo legal, desde que não prescrita a ação cambiária.

- **Status:** Válida.

Súmula 531-STJ

Em ação monitória fundada em cheque prescrito ajuizada contra o emitente, **é dispensável a menção ao negócio jurídico subjacente à emissão da cártula**.

- **Status:** Válida.

Súmula 503-STJ

O prazo para ajuizamento de ação monitória em face do emitente de cheque sem força executiva **é quinquenal, a contar do dia seguinte à data de emissão estampada na cártula**.

- **Status:** Válida.

Súmula 388-STJ

A simples devolução indevida de cheque caracteriza dano moral.

- **Status:** Válida.

Súmula 370-STJ

Caracteriza dano moral a apresentação antecipada de cheque pré-datado.

- **Status:** Válida.

Súmula 299-STJ

É admissível a ação monitória fundada em cheque prescrito.

- **Status:** Válida.

4.3.2. Nota promissória

Súmula 504-STJ

O prazo para ajuizamento de ação monitória em face do emitente de nota promissória sem força executiva **é quinquenal, a contar do dia seguinte ao vencimento do título.**

- **Status:** Válida.

Súmula 258-STJ

A **nota promissória vinculada a contrato de abertura de crédito** não goza de autonomia em razão da iliquidez do título que a originou.

- **Status:** Válida.

4.3.3. Duplicata

Súmula 248-STJ

Comprovada a prestação dos serviços, **a duplicata não aceita, mas protestada, é título hábil para instruir pedido de falência.**

- **Status:** Válida.

4.3.4. Cédulas de crédito

Súmula 93-STJ

A legislação sobre cédulas de crédito rural, comercial e industrial **admite o pacto de capitalização de juros.**

- **Status:** Válida.

Súmula 16-STJ

A legislação ordinária sobre crédito rural **não veda a incidência da correção monetária.**

- **Status:** Válida.

4.3.5. Questões relacionadas

(Cespe – Juiz de Direito – TJ-PR/2019) No que se refere a títulos de crédito, assinale a opção correta, de acordo com a jurisprudência sumulada pelo STJ.

a) O fato de a obrigação cambial ser assumida pelo procurador do mutuário no exclusivo interesse do mutuante não torna tal obrigação nula.

b) A legislação referente às cédulas de crédito rural, comercial e industrial veda o pacto de capitalização de juros.

c) Em caso de endosso translativo, o endossatário que responder por dano decorrente de protesto indevido de título com vício formal tem direito de regresso contra endossantes e avalistas.

d) No caso de endosso-mandato, os danos decorrentes de protesto indevido e não previstos no mandato serão exclusivos do endossante.

Resposta correta: letra "c".

(FCC – Defensor Público – DPE-MA/2018) De acordo com a jurisprudência consolidada do STJ a respeito do cheque:

a) não caracteriza dano moral a apresentação antecipada de cheque pré-datado

b) em ação monitória fundada em cheque prescrito ajuizada contra o emitente, é indispensável a menção ao negócio jurídico subjacente à emissão da cártula

c) a simples devolução indevida de cheque não caracteriza dano moral.

d) o prazo para ajuizamento de ação monitória em face do emitente de cheque sem força executiva é quinquenal, a contar do dia seguinte à data de emissão estampada na cártula.

e) é inadmissível a ação monitória fundada em cheque prescrito.

Resposta correta: letra "d".

(Consulplan – Titular de Serviços de Notas e de Registros – TJ-MG/2017) João Lima recebeu uma promissória do emitente e devedor Pedro Silva, que não foi paga, mas não a executou e nem a protestou. Passados 6 anos da data do vencimento do título, o credor entrou com uma ação monitória de cobrança, visando receber seu crédito. Pedro Silva, em embargos, alegou somente a tese de prescrição, sem maior detalhe ou especificação. João Lima, em resposta aos embargos, disse que não ocorreu prescrição, já que o prazo de cobrança somente teria iniciado após os 3 anos para a ação de execução, que se somariam aos anos subsequentes, ou seja, a prescrição seria em 8 anos, ou então em 10 anos, já que se trata de direito pessoal, sem prazo específico na lei para fins de prescrição. É correto afirmar que:

a) O prazo prescricional para ajuizamento de ação de cobrança ou monitória em face do emitente de nota promissória sem força executiva é de 8 anos, já que o credor tem antes o prazo de 3 anos para promover a execução do título, prazo que não é computado para dar início ao procedimento monitório ou de cobrança, portanto não prescrita a pretensão.

b) O prazo prescricional para ajuizamento de ação de cobrança ou monitória em face do emitente de nota promissória sem força executiva é quinquenal, a contar do dia seguinte ao vencimento do título, portanto prescrita a pretensão.

c) O prazo prescricional para ajuizamento de ação de cobrança ou monitória em face do emitente de nota promissória sem força executiva é de 10 anos (decenal), já que o Código Civil não fixou especificamente prazo menor, portanto não prescrita a pretensão.

d) O prazo prescricional para ajuizamento de ação monitória ou de cobrança em face do emitente de nota promissória sem força executiva é de 3 anos, já se discute a pretensão de ressarcimento de valor em pretensão que envolve enriquecimento sem causa, portanto prescrita a pretensão.

Resposta correta: letra "b".

(Consulplan – Titular de Serviços de Notas e de Registros – TJ-MG/2017) Acerca do protesto de duplicata, assinale a alternativa correta:

a) O fato de não ter sido exercida a faculdade de protestar o título, por falta de aceite ou de devolução, elide a possibilidade de protesto por falta de pagamento.

b) Comprovada a prestação dos serviços, a duplicata não aceita, mas protestada, é título hábil para instruir pedido de falência.

c) A duplicata é protestável por falta de pagamento, mas não por falta de aceite.

d) O portador que não tirar o protesto da duplicata, em forma regular e dentro do prazo de 30 (trinta) dias, manterá o direito de regresso contra os endossantes e respectivos avalistas.

Resposta correta: letra "b".

(PUC-PR – Procurador do Município – Prefeitura de Maringá – PR/2015) Sobre o regime jurídico dos títulos de crédito, considerando a jurisprudência sumulada do Superior Tribunal de Justiça, assinale a alternativa CORRETA:

a) Conta-se da data do protesto do título o prazo prescricional da pretensão da ação monitória fundada em cheque sem força executiva.

b) Não se admite ação monitória para cobrança de cheque cuja pretensão executiva está prescrita.

c) Em ação monitória fundada em cheque prescrito ajuizada contra o emitente, é dispensável a menção ao negócio jurídico subjacente à emissão da cártula.

d) É decenal o prazo para ajuizamento de ação monitória em face do emitente de nota promissória sem força executiva, a contar da data do protesto da cártula.

e) A simples apresentação antecipada de cheque pré-datado pelo beneficiário não pode acarretar a existência de dano moral, notadamente diante da autonomia e da abstração preponderantes nos títulos de crédito.

Resposta correta: letra "c".

(Fundep – Juiz de Direito – TJ-MG/2014) Com relação à nota promissória, analise as afirmativas, assinalando com V as verdadeiras e com F as falsas.

( ) **O prazo para ajuizamento de ação monitória em face do emitente de nota promissória sem força executiva é quinquenal, a contar do dia seguinte ao vencimento do título.**

( ) **A ação cambial contra o endossador e o avalista da nota promissória prescreve em trinta e seis meses contados do dia em que ação pode ser proposta.**

( ) **O devedor somente poderá opor ao portador da nota promissória exceção fundada em direito pessoal, na nulidade de sua obrigação e na falta de requisito necessário ao exercício da ação cambial.**

( ) **Sendo a nota promissória rural, emitida por uma cooperativa em favor de seus cooperados, um título de crédito de natureza causal, a respectiva execução se encontra vinculada à eficácia do negócio jurídico subjacente.**

Assinale a alternativa que apresenta sequência CORRETA.

a) F, V, V, F.

b) V, F, V, V.

c) V, V, F, F.

d) F, F, F, V.

Resposta correta: letra "b".

4.4. Prescrição

Súmula 299-STJ

É admissível a ação monitória fundada em cheque prescrito.

- **Status:** Válida.

4.4.1. Questões relacionadas

(Vunesp – Juiz de Direito – TJ-SP/2018) O prazo para a propositura de ação monitória de título de crédito prescrito é

a) direito imprescritível.

b) 10 anos.

c) 5 anos.

d) 3 anos.

(Vunesp – Procurador do Município – Câmara Municipal de Poá – SP/2016) Sobre a ação monitória, assinale a alternativa correta.

a) Não é admissível a ação monitória fundada em cheque prescrito.

b) Não cabe ação monitória contra a Fazenda Pública.

c) A reconvenção é cabível na ação monitória, após a conversão do procedimento em ordinário.

d) Não se admite a citação por edital em ação monitória.

e) É possível a conversão da ação de execução em ação monitória, de ofício ou a requerimento das partes, após ocorrida a citação.[

Resposta correta: letra "c".

(FUNRIO – Procurador do Município – Prefeitura de Trindade – GO/2016) Em relação à ação monitória, assinale a alternativa que apresenta uma proposição correta:

a) É admissível a ação monitória fundada em cheque prescrito.

b) A prova escrita hábil a instruir a ação monitória exige obrigatoriamente ter sido emitida pelo devedor ou nela constar sua assinatura.

c) A nota fiscal, desacompanhada da prova do recebimento da mercadoria ou da prestação do serviço, pode instruir a ação monitória.

d) É vedado ao credor, possuidor de título executivo extrajudicial, utilizar o processo de conhecimento ou a ação monitória para a cobrança.

e) Não é considerada como prova escrita apta à instrução da ação monitória todo e qualquer documento que sinalize o direito à cobrança e que seja hábil a convencer o juiz da pertinência da dívida, independentemente de modelo predefinido.

Resposta correta: letra "a".

5. CONTRATOS EMPRESARIAIS

5.1. Alienação fiduciária em garantia

Súmula 564-STJ

No caso de reintegração de posse em arrendamento mercantil financeiro, quando a soma da importância antecipada a título de valor residual garantido (VRG) com o valor da venda do bem ultrapassar o total do VRG previsto contratualmente, **o arrendatário terá direito de receber a respectiva diferença, caben-**

do, porém, se estipulado no contrato, o prévio desconto de outras despesas ou encargos pactuados.

- **Status:** Válida.

Súmula 384-STJ

Cabe ação monitória para haver saldo remanescente oriundo de venda extrajudicial de bem alienado fiduciariamente em garantia.

- **Status:** Válida.

Súmula 369-STJ

No contrato de arrendamento mercantil (*leasing*),ainda que haja cláusula resolutiva expressa, **é necessária** a notificação prévia do arrendatário para constituí-lo em mora.

- **Status:** Válida.

Súmula 293-STJ

A cobrança antecipada do valor residual garantido (VRG) **não descaracteriza** o contrato de arrendamento mercantil.

- **Status:** Válida.

Súmula 284-STJ

~~A purga da mora, nos contratos de alienação fiduciária, só é permitida quando já pagos pelo menos 40% do valor financiado.~~

- **Status:** Superada pela nova redação do art. 3° do Decreto-Lei 911/69 dada pela Lei 10.931/2004.

- **Precedentes relacionados:**

"Com a nova redação do art. 3º do Decreto-Lei nº 911/69 pela Lei n° 10.931/04, não há mais falar em purgação da mora, podendo o credor, nos termos do respectivo § 2º, 'pagar a **integralidade** da dívida pendente, segundo os valores apresentados pelo credor fiduciário na inicial, hipótese na qual o bem lhe será restituído livre do ônus'." (STJ, 3ª Turma, REsp 767.227/SP, Rel. Min. Carlos Alberto Menezes Direito, DJ 13/02/2006).

- **Dispositivos relacionados:**

"Decreto 911/69, Art. 3º O proprietário fiduciário ou credor poderá, desde que comprovada a mora, na forma estabelecida pelo § 2º do art. 2º, ou o inadimplemento, requerer contra o devedor ou terceiro a busca e apreensão do bem alienado fiduciariamente, a qual será concedida liminarmente, podendo ser apreciada em plantão judiciário.

§ 1º Cinco dias após executada a liminar mencionada no *caput*, consolidar-se-ão a propriedade e a posse plena e exclusiva do bem no patrimônio do credor fiduciário, cabendo às repartições competentes, quando for o caso, expedir novo certificado de registro de propriedade em nome do credor, ou de terceiro por ele indicado, livre do ônus da propriedade fiduciária.

§ 2º No prazo do § 1º, o devedor fiduciante poderá pagar a integralidade da dívida pendente, segundo os valores apresentados pelo credor fiduciário na inicial, hipótese na qual o bem lhe será restituído livre do ônus."

Súmula 263-STJ

~~A cobrança antecipada do valor residual (VRG) descaracteriza o contrato de arrendamento mercantil, transformando-o em compra e venda a prestação.~~

- **Status:** Cancelada.

- **Precedentes relacionados:**

"Súmula 293-STJ. A cobrança antecipada do valor residual garantido (VRG) não descaracteriza o contrato de arrendamento mercantil."

Súmula 245-STJ

A notificação destinada a comprovar a mora nas dívidas garantidas por alienação fiduciária **dispensa a indicação do valor do débito**.

- **Status:** Válida.

Súmula 138-STJ

O ISS **incide** na operação de **arrendamento mercantil de coisas móveis**.

- **Status:** Válida.

Súmula 92-STJ

À terceiro de boa-fé **não** é oponível a alienação fiduciária não anotada no certificado de registro do veículo automotor.

• **Status:** Válida.

• **Dispositivos relacionados:**

"CC, Art. 1.361. (...)

§ 1º Constitui-se a propriedade fiduciária com o registro do contrato, celebrado por instrumento público ou particular, que lhe serve de título, no Registro de Títulos e Documentos do domicílio do devedor, ou, em se tratando de veículos, na repartição competente para o licenciamento, fazendo-se a anotação no certificado de registro."

Súmula 72-STJ

A comprovação da mora **é imprescindível** à busca e apreensão do bem alienado fiduciariamente.

• **Status:** Válida.

Súmula 28-STJ

O contrato de alienação fiduciária em garantia **pode** ter por objeto bem que já integrava o patrimônio do devedor.

• **Status:** Válida.

5.2. Contratos bancários

5.2.1. Disposições gerais

Súmula 596-STF

As disposições do Decreto 22.626 de 1933 **não** se aplicam às taxas de juros e aos outros encargos cobrados nas operações realizadas por instituições públicas ou privadas, que integram o Sistema Financeiro Nacional.

• **Status:** Válida.

Súmula 566-STJ

Nos contratos bancários **posteriores** ao início da vigência da Resolução-CMN 3.518/2007, em 30/4/2008, **pode ser cobrada a Tarifa de Cadastro no início do relacionamento entre o consumidor e a instituição financeira.**

• **Status:** Válida.

• **Nota do autor:** Tarifa de Abertura de Crédito (TAC) não se confunde com Tarifa de Emissão de Carnê (TEC), nem com Tarifa de Cadastro (TC).

Súmula 565-STJ

A pactuação das tarifas de abertura de crédito (TAC) e de emissão de carnê (TEC), ou outra denominação para o mesmo fato gerador, **é válida apenas nos contratos bancários anteriores ao início da vigência da Resolução-CMN 3.518/2007, em 30/4/2008.**

• **Status:** Válida.

• **Nota do autor:** Tarifa de Abertura de Crédito (TAC) não se confunde com Tarifa de Emissão de Carnê (TEC), nem com Tarifa de Cadastro (TC).

Súmula 530-STJ

Nos contratos bancários, na impossibilidade de comprovar a taxa de juros efetivamente contratada – por ausência de pactuação ou pela falta de juntada do instrumento aos autos –, **aplica-se a taxa média de mercado, divulgada pelo Bacen, praticada nas operações da mesma espécie, salvo se a taxa cobrada for mais vantajosa para o devedor**.

• **Status:** Válida.

Súmula 479-STJ

As instituições financeiras **respondem objetivamente** pelos danos gerados por **fortuito interno** relativo a fraudes e delitos praticados por terceiros no âmbito de operações bancárias.

• **Status:** Válida.

Súmula 477-STJ

A decadência do art. 26 do CDC **não** é aplicável à prestação de contas para obter esclarecimentos sobre cobrança de taxas, tarifas e encargos bancários.

• **Status:** Válida.

• **Nota do autor:** A ação de prestação de contas é chamada, atualmente, pelo CPC/2015 de "ação de exigir contas" (art. 500 e ss. do CPC/2015).

Súmula 381-STJ

Nos **contratos bancários**, é **vedado** ao julgador conhecer, de ofício, da abusividade das cláusulas.

• **Status:** Válida.

Súmula 379-STJ

Nos **contratos bancários não regidos por legislação específica**, os **juros moratórios** poderão ser fixados em **até 1% ao mês**.

• **Status:** Válida.

Súmula 286-STJ

A renegociação de contrato bancário ou a confissão da dívida **não impede** a possibilidade de discussão sobre eventuais ilegalidades dos contratos anteriores.

• **Status:** Válida.

Súmula 285-STJ

Nos contratos bancários **posteriores** ao Código de Defesa do Consumidor **incide a multa moratória nele prevista.**

• **Status:** Válida.

5.2.2. Conta corrente

Súmula 322-STJ

Para a repetição de indébito, nos contratos de abertura de crédito em conta--corrente, **não** se exige a prova do erro.

• **Status:** Válida.

Súmula 259-STJ

A ação de prestação de contas **pode** ser proposta pelo titular de conta-corrente bancária.

• **Status:** Válida.

• **Nota do autor:** A ação de prestação de contas é chamada, atualmente, pelo CPC/2015 de "ação de exigir contas" (art. 500 e ss. do CPC/2015).

Súmula 247-STJ

O contrato de abertura de crédito em conta-corrente, acompanhado do demonstrativo de débito, **constitui documento hábil para o ajuizamento da ação monitória**.

• **Status:** Válida.

5.2.3. Abertura de crédito

Súmula 322-STJ

Para a repetição de indébito, nos contratos de abertura de crédito em conta-corrente, **não** se exige a prova do erro.

• **Status:** Válida.

Súmula 300-STJ

O **instrumento de confissão de dívida**, ainda que originário de contrato de abertura de crédito, **constitui título executivo extrajudicial**.

• **Status:** Válida.

Súmula 258-STJ

A nota promissória vinculada a contrato de abertura de crédito **não** goza de autonomia em razão da iliquidez do título que a originou.

• **Status:** Válida.

Súmula 247-STJ

O contrato de abertura de crédito em conta-corrente, acompanhado do demonstrativo de débito, **constitui documento hábil para o ajuizamento da ação monitória**.

• **Status:** Válida.

Súmula 233-STJ

O contrato de abertura de crédito, ainda que acompanhado de extrato da conta-corrente, **não** é título executivo.

• **Status:** Válida.

5.2.4. Mútuo bancário

Súmula 603-STJ

~~É vedado ao banco mutuante reter, em qualquer extensão, os salários, vencimentos e/ou proventos de correntista para adimplir o mútuo (comum) contraído, ainda que haja cláusula contratual autorizativa, excluído o empréstimo garantido por margem salarial consignável, com desconto em folha de pagamento, que possui regramento legal específico e admite a retenção de percentual.~~

• **Status:** Cancelada pela 2ª Seção pelo julgamento do REsp 1.555.722/SP (DJ 22/08/2018).

• **Precedentes relacionados:**

"É lícito o desconto em conta-corrente bancária comum, ainda que usada para recebimento de salário, das prestações de contrato de empréstimo bancário livremente pactuado, sem que o correntista, posteriormente, tenha revogado a ordem." (STJ, 2ª Seção, REsp 1.555.722/SP, Rel. Min. Lázaro Guimarães (Desembargador Convocado do TRF 5ª Região), por unanimidade, julgado em 22/08/2018; Informativo n. 634)

5.2.5. Cartão de crédito

Súmula 532-STJ

Constitui prática comercial abusiva o envio de cartão de crédito sem prévia e expressa solicitação do consumidor, configurando-se ato ilícito indenizável e sujeito à aplicação de multa administrativa.

• **Status:** Válida.

Súmula 283-STJ

As empresas administradoras de cartão de crédito **são instituições financeiras** e, por isso, os juros remuneratórios por elas cobrados **não sofrem as limitações da Lei de Usura**.

• **Status:** Válida.

5.2.6. Participação financeira

Súmula 371-STJ

Nos contratos de participação financeira para aquisição de linha telefônica, o valor patrimonial da ação (VPA) é apurado com base no balancete do mês da integralização.

• **Status:** Válida.

• **Precedentes relacionados:**

"O critério do balancete mensal, previsto na Súmula 371/STJ, é inaplicável aos contratos de participação financeira em empresa de telefonia celebrados na modalidade Planta Comunitária de Telefonia – PCT." (STJ, 3ª Turma, REsp 1.742.233/SP, Rel. Min. Paulo de Tarso Sanseverino, julgado em 02/10/2018, Informativo n. 634).

5.3. Questões relacionadas

(MPE-PR – Promotor de Justiça – MPE-PR/2019) Analise as assertivas abaixo e assinale a alternativa incorreta:

a) Nos contratos bancários é vedado ao julgador conhecer, de ofício, da abusividade das cláusulas.

b) O Código de Defesa do Consumidor é aplicável aos empreendimentos habitacionais promovidos pelas sociedades cooperativas.

c) O Código de Defesa do Consumidor é aplicável às entidades abertas de previdência complementar, não incidindo nos contratos previdenciários celebrados com entidades fechadas.

d) Cabe ao mantenedor do Cadastro de Proteção ao Crédito a notificação do devedor antes de proceder à inscrição.

e) O Ministério Público tem legitimidade ativa para atuar na defesa de direitos difusos coletivos e individuais homogêneos dos consumidores, exceto os decorrentes da prestação de serviço público.

Resposta correta: letra "e".

(Consulplan – Juiz de Direito – TJ-MG/2018) Com relação aos contratos bancários, é correto afirmar que

a) o arrendamento mercantil é a locação caracterizada pela faculdade conferida ao locatário de, ao seu término, optar pela compra do bem locado.

b) o contrato de abertura de crédito é contrato unilateral, pelo qual o banco põe determinada quantia de dinheiro à disposição do cliente, que pagará juros e encargos, independentemente de efetiva utilização dos recursos.

c) na modalidade de fomento mercantil denominada conventional factoring, a instituição financeira faturizadora assume a obrigação de prestar serviços de administração do crédito e de financiamento, sem oferecer o serviço de seguro.

d) o mútuo bancário é um contrato real, que se aperfeiçoa com a celebração do ajuste entre as partes, sendo possível cobrar do banco mutuante as obrigações contratuais convencionadas, antes da entrega do dinheiro ao cliente mutuário.

Resposta correta: letra "a".

(FCC – Defensor Público – DPE-MG/2018) Uma instituição bancária detém um contrato de abertura de crédito juntamente com os extratos e demonstrativos. Para a cobrança dos débitos apurados, o banco

a) poderá valer-se de ação executiva de título extrajudicial, desde que o contrato seja assinado com duas testemunhas.

b) poderá utilizar-se da ação monitória e, após a citação do devedor, caso não pague e não apresente embargos à monitória, é constituído de pleno direito o título executivo judicial.

c) deverá se valer de ação de cobrança, pelo rito comum.

d) poderá valer-se de ação executiva de título extrajudicial, ainda que o contrato não conte com duas testemunhas.

e) poderá utilizar-se da ação monitória e, após a citação do devedor, caso não pague e não apresente embargos à monitória, o processo segue pelo rito comum.

Resposta correta: letra "b".

(BANPARÁ – Advogado – BANPARÁ/2017) Tendo em vista o vigente entendimento dos Tribunais Superiores, marque a única resposta CORRETA:

a) É vedada a capitalização de juros com periodicidade inferior à anual em contratos celebrados com instituições integrantes do Sistema Financeiro Nacional a partir de 31/03/2000 (MP nº 1.963-17/2000, reeditada como MP nº 2.170-36/2001), desde que expressamente pactuada.

b) A fiança prestada em contrato sem autorização de um dos cônjuges casados no regime da comunhão parcial de bens, não implica a ineficácia total da garantia.

c) As disposições do Decreto nº 22.626/33 se aplicam às taxas de juros e aos outros encargos cobrados nas operações realizadas por instituições públicas ou privadas que integrem o Sistema Financeiro Nacional.

d) Nos contratos bancários, na impossibilidade de comprovar a taxa de juros efetivamente contratada – por ausência de pactuação ou pela falta de juntada do instrumento aos autos – aplica-se a taxa média de mercado, divulgada pelo Banco Central do Brasil, praticada nas operações da mesma espécie, salvo se a taxa cobrada for mais vantajosa para o devedor.

Resposta correta: letra "d".

(FAU – Advogado – E-Paraná Comunicação – PR/2017) Sobre as diversas espécies de execução no Código de Processo Civil e na jurisprudência do Superior Tribunal de Justiça, assinale a alternativa INCORRETA:

a) Ressalvado o caso de insolvência do devedor, em que tem lugar o concurso universal, realiza-se a execução no interesse do exequente que adquire, pela penhora, o direito de preferência sobre os bens penhorados.

b) Nas obrigações alternativas, quando a escolha couber ao devedor, esse será citado para exercer a opção e realizar a prestação dentro de 10 (dez) dias, se outro prazo não lhe foi determinado em lei ou em contrato.

c) Incumbe ao executado requerer a intimação do superficiário, enfiteuta ou concessionário, em caso de direito de superfície, enfiteuse, concessão de uso especial para fins de moradia ou concessão de direito real de uso, quando a penhora recair sobre imóvel submetido ao regime do direito de superfície, enfiteuse ou concessão.

d) No caso de reintegração de posse em arrendamento mercantil financeiro, quando a soma da importância antecipada a título de valor residual garantido (VRG) com o valor da venda do bem ultrapassar o total do VRG previsto contratualmente, o arrendatário terá direito de receber a respectiva diferença, cabendo, porém, se estipulado no contrato, o prévio desconto de outras despesas ou encargos pactuados.

e) O prazo para ajuizamento de ação monitória em face do emitente de nota promissória sem força executiva é quinquenal, a contar do dia seguinte ao vencimento do título e, em face do emitente de cheque sem força executiva é quinquenal, a contar do dia seguinte à data de emissão estampada na cártula.

Resposta correta: letra "c".

(TRF 4ª Região – Juiz Federal – TRF – 4ª Região/2016) Assinale a alternativa correta.

a) A proposta de contrato obriga o proponente se o contrário não resultar dos termos dela, da natureza do negócio ou das circunstâncias do caso, salvo, entre outras hipóteses, se, feita sem prazo a pessoa presente, não foi imediatamente aceita.

b) Aquele que tiver prometido fato de terceiro responderá por perdas e danos quando este não o executar, inclusive na hipótese de o terceiro ser cônjuge do promitente, dependendo da sua anuência o ato a ser praticado, e desde que, pelo regime do casamento, a indenização, de algum modo, venha a recair sobre os seus bens.

c) A cláusula resolutiva expressa opera de pleno direito; a tácita depende de prévia notificação à outra parte, a qual pode se dar via instrumento particular.

d) Na venda de coisa móvel, pode o vendedor reservar para si a propriedade até que o preço esteja integralmente pago. É o que se chama de contrato de leasing.

e) Nos contratos bancários, na impossibilidade de comprovar a taxa de juros efetivamente contratada – por ausência de pactuação ou pela falta de juntada do instrumento aos autos –, aplica-se a taxa média de mercado, divulgada pelo Banco Central, praticada nas operações da mesma espécie, mesmo se a taxa cobrada for mais vantajosa para o devedor.

Resposta correta: letra "a".

(FCC – Defensor Público – DPE-BA/2016) Sobre os títulos de crédito, analise as afirmações abaixo:

I. De acordo com o entendimento do Superior Tribunal de Justiça, a nota promissória vinculada a contrato de abertura de crédito não goza de autonomia em razão da iliquidez do título que a originou.

II. O cheque nominal, com ou sem a cláusula expressa "à ordem", é transmissível por via de endosso, enquanto o cheque nominal com cláusula "não à ordem" somente pode ser transmitido pela forma de cessão.

III. O título de crédito emitido sem o preenchimento de requisito de forma que lhe retire a validade, acarreta a invalidade do negócio jurídico que lhe deu origem.

IV. Ao contrário da nota promissória, a duplicata é um título causal e, em regra, não goza de abstração.

Está correto o que se afirma APENAS em

a) I, II e IV.

b) I, II e III.

c) I e II.

d) II e IV.

e) I e IV.

Resposta correta: letra "a".

(TRF 3ª Região – Juiz Federal – TRF 3ª Região/2016) Marque a alternativa incorreta, observando-se a legislação e a jurisprudência dominante do Superior Tribunal de Justiça:

a) Nos contratos bancários, é vedado ao julgador conhecer, de ofício, da abusividade das cláusulas.

b) A nota promissória vinculada a contrato de abertura de crédito não goza de autonomia em razão da iliquidez do título que a originou.

c) O avalista do título de crédito vinculado a contrato de mutuo também responde pelas obrigações pactuadas, quando no contrato figurar como devedor solidário.

d) A companhia dissolvida perde automaticamente sua personalidade jurídica.

Resposta correta: letra "d".

(FCC – Defensor Público – DPE-MA/2015) Em 10.06.2015, o Superior Tribunal de Justiça aprovou a Súmula n° 539, que assim dispõe: "É permitida a capitalização de juros com periodicidade inferior à anual em contratos celebrados com instituições integrantes do Sistema Financeiro Nacional a partir de 31/3/2000 (MP 1.963-17/00, reeditada como MP 2.170-36/01), desde que expressamente pactuada". Na mesma oportunidade, editou a Súmula n° 541, que assim dispõe: "A previsão no contrato bancário de taxa de juros anual superior ao duodécuplo da mensal é suficiente para permitir a cobrança da taxa efetiva anual contratada". Pelo entendimento sumulado do Superior Tribunal de Justiça, conclui-se que

a) o anatocismo é vedado aos não integrantes do Sistema Financeiro Nacional pela Lei de Usura (Decreto n° 22.626/33), que segue vigente mesmo após a edição da Medida Provisória 1.963 e reedição como MP 2.170, mas as instituições financeiras não têm qualquer restrição para a cobrança de juros capitalizados, qualquer que seja a periodicidade.

b) um contrato de financiamento bancário que não tenha cláusula expressa de capitalização mensal de juros e que preveja taxas pré-fixadas de juros de 2% ao mês e 26% ao ano atende à exigência de que a capitalização seja expressamente pactuada e, portanto, poderá ser exigida pela instituição financeira.

c) um contrato de financiamento bancário que não tenha cláusula expressa de capitalização mensal de juros, permite que a instituição financeira cobre somente taxa anual de juros equivalente a doze vezes a taxa de juros mensais, sob pena de configurar anatocismo.

d) a capitalização mensal de juros, que equivale aos juros compostos ou "juros sobre juros", passou a ser permitida em qualquer relação contratual, pois a MP 1.963-17/2000 revogou o Decreto n°22.626/33 (Lei de Usura).

e) a capitalização de juros é proibida aos particulares e àqueles que não sejam integrantes do Sistema Financeiro Nacional, ainda que a periodicidade seja anual e exista previsão expressa no contrato.

Resposta correta: letra "b".

6. DIREITO FALIMENTAR E RECUPERACIONAL

6.1. Disposições gerais

Súmula 25-STJ

Nas ações da Lei de Falências o prazo para a interposição de recurso conta-se **da intimação da parte.**

- **Status:** Válida.

6.2. Recuperação judicial

Súmula 495-STF

A restituição em dinheiro da coisa vendida a crédito, entregue nos quinze dias anteriores ao pedido de falência ou de concordata, cabe, quando, ainda que consumida ou transformada, não faça o devedor prova de haver sido alienada a terceiro.

- **Status:** Válida.
- **Nota do autor:** Por "concordata", leia-se "recuperação judicial".
- **Dispositivos relacionados:**

> "Lei 11.101/2005, Art. 85. O proprietário de bem arrecadado no processo de falência ou que se encontre em poder do devedor na data da decretação da falência poderá pedir sua restituição.
>
> Parágrafo único. Também pode ser pedida a restituição de coisa vendida a crédito e entregue ao devedor nos 15 (quinze) dias anteriores ao requerimento de sua falência, se ainda não alienada."

Súmula 190-STF

~~O não pagamento de título vencido há mais de 30 dias, sem protesto, não impede a concordata preventiva.~~

- **Status:** Superada.

Súmula 581-STJ

A recuperação judicial do devedor principal **não impede o prosseguimento das ações e execuções ajuizadas contra terceiros devedores solidários ou coobrigados em geral, por garantia cambial, real ou fidejussória.**

- **Status:** Válida.

Súmula 480-STJ

O juízo da recuperação judicial **não** é competente para decidir sobre a **constrição de bens não abrangidos pelo plano de recuperação da empresa.**

- **Status:** Válida.

Súmula 264-STJ

É irrecorrível o ato judicial que apenas manda processar a concordata preventiva.

- **Status:** Válida.
- **Nota do autor:** Por "concordata", leia-se "recuperação judicial".

Súmula 250-STJ

~~É legítima a cobrança de multa fiscal de empresa em regime de concordata.~~

- **Status:** Superada.

Súmula 133-STJ

A restituição da importância adiantada, a conta de contrato de câmbio, **independe** de ter sido a antecipação efetuada nos quinze dias anteriores ao requerimento da concordata.

- **Status:** Válida.

Súmula 36-STJ

A correção monetária **integra** o valor da restituição, em caso de adiantamento de câmbio, requerida em concordata ou falência.

- **Status:** Válida.
- **Nota do autor:** Por "concordata", leia-se "recuperação judicial".

Súmula 8-STJ

~~Aplica-se a correção monetária aos créditos habilitados em concordata preventiva, salvo durante o período compreendido entre as datas de vigência da Lei 7.274, de 10/12/84, e do Decreto-lei 2.283, de 27/02/86.~~

- **Status:** Superada.

6.3. Falência

Súmula 565-STF

~~A multa fiscal moratória constitui pena administrativa, não se incluindo no crédito habilitado em falência.~~

- **Status:** Superada.

- **Dispositivos relacionados:**

> "Lei 11.101/2005, Art. 83. A classificação dos créditos na falência obedece à seguinte ordem: (...) VII – as multas contratuais e as penas pecuniárias por infração das leis penais ou administrativas, inclusive as multas tributárias;"

Súmula 495-STF

A restituição em dinheiro da coisa vendida a crédito, entregue nos quinze dias anteriores ao pedido de falência ou de concordata, cabe, quando, ainda que consumida ou transformada, não faça o devedor prova de haver sido alienada a terceiro.

- **Status:** Válida.

- **Nota do autor:** Por "concordata", leia-se "recuperação judicial".

- **Dispositivos relacionados:**

> "Lei 11.101/2005, Art. 85. O proprietário de bem arrecadado no processo de falência ou que se encontre em poder do devedor na data da decretação da falência poderá pedir sua restituição.
>
> Parágrafo único. **Também pode ser pedida a restituição de coisa vendida a crédito e entregue ao devedor nos 15 (quinze) dias anteriores ao requerimento de sua falência, se ainda não alienada**."

Súmula 417-STF

Pode ser objeto de restituição, na falência, dinheiro em poder do falido, recebido em nome de outrem, ou do qual, por lei ou contrato, não tivesse ele a disponibilidade.

- **Status:** Válida.

Súmula 193-STF

Para a restituição prevista no art. 76, § 2º, da Lei de Falências, conta-se o prazo de 15 dias da entrega da coisa e não da sua remessa.

• **Status:** Válida.

• **Nota do autor:** Onde se lê art. 76, § 2º da antiga Lei de Falências (DL 7-661/45), leia-se art. 85, parágrafo único, da nova Lei de Falências (Lei 11.101/05).

• **Dispositivos relacionados:**

> "Lei 11.101/05, Art. 85. O proprietário de bem arrecadado no processo de falência ou que se encontre em poder do devedor na data da decretação da falência poderá pedir sua restituição.
>
> Parágrafo único. Também pode ser pedida a restituição de coisa vendida a crédito e entregue ao devedor nos 15 (quinze) dias anteriores ao requerimento de sua falência, se ainda não alienada."

Súmula 192-STF

~~Não se inclui no crédito habilitado em falência a multa fiscal com efeito de pena administrativa.~~

• **Status:** Superada.

Súmula 191-STF

~~Inclui-se no crédito habilitado em falência a multa fiscal simplesmente moratória.~~

• **Status:** Cancelada.

Súmula 361-STJ

A notificação do protesto, para requerimento de falência da empresa devedora, **exige** a identificação da pessoa que a recebeu.

• **Status:** Válida.

Súmula 307-STJ

A restituição de adiantamento de contrato de câmbio, na falência, **deve ser atendida antes de qualquer crédito**.

• **Status:** Válida.

Súmula 305-STJ

~~É descabida a prisão civil do depositário quando, decretada a falência da empresa, sobrevém a arrecadação do bem pelo síndico.~~

• **Status:** Superada pela súmula vinculante 26 do STF, que prevê ser ilícita a prisão civil do depositário infiel, qualquer que seja a modalidade de depósito.

• **Nota do autor:** Segundo o STF, a legislação infraconstitucional que estabelecia a prisão do depositário infiel não é mais admitida, por ser inconvencional, ofendendo o Pacto de São José da Costa Rica (art. 7º, item 7). Vale lembrar que o Pacto de São José da Costa Rica (Convenção Americana de Direitos Humanos) foi incorporada ao ordenamento jurídico pátrio pelo Decreto nº 978/1992.

• **Precedentes relacionados:**

"Súmula vinculante 25. É ilícita a prisão civil de depositário infiel, qualquer que seja a modalidade do depósito."

• **Dispositivos relacionados:**

"CF, Art. 5º (...)

LXI – ninguém será preso senão em flagrante delito ou por ordem escrita e fundamentada de autoridade judiciária competente, salvo nos casos de transgressão militar ou crime propriamente militar, definidos em lei;

LXVII – não haverá prisão civil por dívida, salvo a do responsável pelo inadimplemento voluntário e inescusável de obrigação alimentícia e a do depositário infiel;"

"Decreto 678/1992, Art. 7º (...)

7. Ninguém deve ser detido por dívidas. Este princípio não limita os mandados de autoridade judiciária competente expedidos em virtude de inadimplemento de obrigação alimentar."

Súmula 248-STJ

Comprovada a prestação dos serviços, **a duplicata não aceita, mas protestada, é título hábil para instruir pedido de falência**.

• **Status:** Válida.

Súmula 219-STJ

~~Os créditos decorrentes de serviços prestados à massa falida, inclusive a remuneração do síndico, gozam dos privilégios próprios dos trabalhistas.~~

• **Status:** Superada.

Súmula 88-STJ

~~São admissíveis embargos infringentes em processo falimentar.~~

- **Status:** Superada pelo CPC/15, que extinguiu os embargos infringentes.

Súmula 36-STJ

A correção monetária **integra** o valor da restituição, em caso de adiantamento de câmbio, requerida em concordata ou falência.

- **Status:** Válida.
- **Nota do autor:** Por "concordata", leia-se "recuperação judicial".

Súmula 29-STJ

No pagamento em juízo para elidir falência, **são devidos correção monetária, juros e honorários de advogado.**

- **Status:** Válida.

6.4. Questões relacionadas

(Cespe – Juiz de Direito – TJ-AM/2016) Considerando que determinado juiz tenha concedido a recuperação judicial a um devedor, após a aprovação do plano de recuperação em assembleia geral de credores, assinale a opção correta.

a) O juiz é competente para decidir sobre a constrição de bens do devedor, mesmo que não tenham sido abrangidos pelo plano de recuperação da empresa.

b) As execuções individuais ajuizadas contra o próprio devedor devem ser extintas, diante da novação resultante da concessão da recuperação judicial.

c) Um dos efeitos da referida decisão judicial é interromper a prescrição de todas as ações e execuções em face do devedor.

d) Se, decorridos mais de dois anos da referida decisão judicial, o devedor inadimplir obrigação prevista no plano, o juiz deverá convolar a recuperação em falência.

e) É correto afirmar que o devedor beneficiado pela decisão nunca faliu antes.

Resposta correta: letra "b".

(FCC – Procurador do Município – Prefeitura de Campinas-SP/2016) Empresa X firmou contrato de adiantamento de crédito com o Banco Y e emitiu, em garantia, títulos de crédito avalizados por seus sócios. Posteriormente, firmou com o Banco Y contrato de financiamento que foi afiançado por seus sócios, os quais se obrigaram solidariamente pelo pagamento do empréstimo, renunciando ao benefício de ordem. Inadimplidos ambos os negócios, o Banco Y ajuizou duas ações de execução contra os sócios da Empresa X, uma tendo como objeto o aval dos títulos de crédito, outra tendo como objeto a fiança prestada ao contrato de financiamento. Posteriormente, foi deferida a recuperação judicial da Empresa X. De acordo com jurisprudência consolidada do Superior Tribunal de Justiça, a recuperação judicial do devedor principal

a) impede o prosseguimento das execuções ajuizadas apenas contra os devedores solidários coobrigados por garantia fidejussória, as quais são extintas, em razão de novação, quando da aprovação do plano de recuperação judicial.

b) impede o prosseguimento das execuções ajuizadas apenas contra os devedores solidários coobrigados por garantia cambial, as quais são extintas, em razão de novação, quando da aprovação do plano de recuperação judicial.

c) não impede o prosseguimento nem induz a extinção das execuções ajuizadas contra os devedores solidários coobrigados por garantia cambial ou fidejussória.

d) impede o prosseguimento das execuções ajuizadas contra os devedores solidários coobrigados por garantia cambial ou fidejussória, as quais são extintas, em razão de novação, quando da aprovação do plano de recuperação judicial.

e) não impede, quando de seu deferimento, o prosseguimento das execuções ajuizadas contra os devedores solidários coobrigados por garantia cambial ou fidejussória, mas leva à extinção de tais ações, em razão de novação, quando da aprovação do plano de recuperação judicial.

Resposta correta: letra "c".

(TRF 4ª Região – Juiz Federal – TRF 4ª Região/2016) Assinale a alternativa correta. Acerca da recuperação judicial no direito brasileiro:

a) A recuperação judicial do devedor principal não impede o prosseguimento das execuções nem induz suspensão ou extinção de ações ajuizadas contra terceiros devedores solidários ou coobrigados em geral, por garantia cambial, real ou fidejussória.

b) A regra da soberania da assembleia geral de credores pode ser excepcionada por decisão judicial proferida liminarmente, para sua suspensão ou adiamento, em razão de pendência de discussão acerca da existência, da quantificação ou da classificação de créditos.

c) Microempresas e empresas de pequeno porte não podem apresentar plano de recuperação judicial, pois são sujeitas a regime jurídico especial e protetivo.

d) Microempresas e empresas de pequeno porte podem apresentar plano especial de recuperação judicial, o qual, entre outras condições, preverá pagamento em até 48 (quarenta e oito) parcelas mensais, iguais e sucessivas, as quais não poderão ser acrescidas de juros, tampouco conter proposta de abatimento do valor das dívidas.

e) Pode requerer recuperação judicial o devedor que, no momento do pedido, exerça regularmente suas atividades há mais de um ano e atenda aos demais requisitos legais.

Resposta correta: letra "a".

(Vunesp – Titular de Serviços de Notas e de Registros – TJ-SP/2016) Com relação ao protesto especial para fins falimentares, é correto afirmar que:

a) a intimação do protesto, para requerimento da falência da empresa devedora, exige a identificação da pessoa que a recebeu, não sendo suficiente sua entrega no endereço fornecido pelo apresentante do título ou documento de dívida.

b) é necessário para a formulação do pedido de falência.

c) a competência territorial é a do Tabelionato do lugar do pagamento, ainda que outro seja o local do principal estabelecimento do devedor.

d) pode ser lavrado independentemente do prévio cancelamento de um anterior protesto comum do mesmo título ou documento de dívida.

Resposta correta: letra "a".

(UEPA – Procurador do Estado – PGE-PA/2015) Sobre a falência e recuperação judicial, julgue as afirmativas abaixo e assinale a alternativa correta.

I. Os honorários de advogado resultantes de trabalhos prestados à massa falida, após o decreto de falência, são considerados créditos extraconcursais.

II. De acordo com a Segunda Seção do Superior Tribunal de Justiça, o juízo da recuperação judicial é universal e competente para decidir sobre a constrição de bens não abrangidos pelo plano de recuperação da empresa.

III. A recuperação judicial do devedor principal não impede o prosseguimento das execuções nem induz suspensão ou extinção de ações ajuizadas contra terceiros devedores solidários ou coobrigados em geral, por garantia cambial, real ou fidejussória.

IV. Em respeito à teoria da aparência, a notificação de protesto para fins falimentares não exige a identificação da pessoa que a recebeu.

A alternativa que contém todas as afirmativas corretas é:

a) III e IV.

b) II e IV.

c) II e III.

d) I e III.

e) I e IV.

Resposta correta: letra "d".

(Vunesp – Juiz de Direito – TJ-SP/2015) No período de seis meses, a contar do deferimento da recuperação judicial,

a) não são suspensas as execuções fiscais em face da recuperanda.

b) é permitido retirar do estabelecimento do devedor bens móveis sobre os quais o credor tenha propriedade fiduciária, mesmo que sejam eles essenciais à atividade empresarial do recuperando.

c) não tramitam as ações propostas contra a recuperanda que demandem quantias ilíquidas.

d) o juízo da recuperação judicial é competente para decidir sobre a constrição de todos os bens da recuperanda, mesmo que não abrangidos pelo plano de recuperação da empresa.

Resposta correta: letra "a".

7. PROPRIEDADE INDUSTRIAL

7.1. Marca

Súmula 143-STJ

Prescreve em 5 anos a **ação de perdas e danos pelo uso de marca comercial.**

- **Status:** Válida.

Súmula 142-STJ

~~Prescreve em vinte anos a ação para exigir a abstenção do uso de marca comercial.~~

- **Status:** Cancelada pelo AR 512/DF em 19/02/2001.

- **Nota do autor:** Segundo o STJ, prescreve em 10 anos (entre presentes) ou em 15 anos (entre ausentes), a ação para exigir abstenção do uso de marca ou nome comercial.

- **Precedente relacionado:**

> "A jurisprudência consolidada no STJ firmou-se no sentido de que é de 10 (dez) anos entre presentes e de 15 (quinze) entre ausentes o prazo prescricional para ações que discutam a abstenção do uso do nome ou da marca comercial." (STJ, 3ª Turma, AgRg no Ag 854.216/GO, Rel. Min. Ricardo Villas Bôas Cueva, julgado em 25/06/2013, DJe 05/08/2013)

7.2. Questões relacionadas

(Vunesp – Juiz de Direito – TJ-RJ/2016) No tocante às marcas, conforme disciplina em lei específica, é correto afirmar que:

a) o registro da marca vigorará pelo prazo de 15 anos, contados da data da concessão, prorrogável por dois períodos iguais e sucessivos.

b) ao seu titular ou depositante é assegurado, dentre outros, o direito de impedir que comerciantes ou distribuidores utilizem sinais distintivos que lhe são próprios, juntamente com a marca do produto, na sua promoção e comercialização.

c) se considera marca de produto ou serviço aquela usada para atestar a conformidade de um produto ou serviço com determinadas normas ou especificações técnicas, notadamente quanto à qualidade, natureza, material utilizado e metodologia empregada.

d) ao seu titular ou depositante é assegurado, dentre outros, o direito de ceder seu registro ou pedido de registro.

e) caducará o registro da marca, salvo justificado o desuso por seu titular, a requerimento de qualquer pessoa com legítimo interesse se, decorridos 10 anos de sua concessão, o uso da marca tiver sido interrompido por mais de 5 anos consecutivos.

Resposta correta: letra "d".

(NC-UFPR – Juiz de Direito – TJ-PR/2013) Assinale a alternativa correta:

a) A declaração da caducidade do registro da marca industrial opera efeitos ex nunc, de modo a proteger a cadeia de empresas cessionárias ou licenciadas que adquiriram direitos sobre a marca, antes daquela última, que não exerceu quaisquer dos poderes inerentes à propriedade da marca, acarretando sua extinção.

b) Não é possível o reconhecimento de concorrência desleal e desvio de clientela por conflito entre nome comercial e marca utilizada em produtos de empresas, que atuam no mesmo mercado e atividade, porque a Lei da Propriedade Industrial não protege o nome empresarial.

c) O foro competente para ajuizamento de ação de nulidade de registro de patente será da Justiça Federal ou Estadual, conforme o âmbito territorial do respectivo registro.

d) De acordo com a Lei da Propriedade Industrial, prescreve em três (03) anos a ação para reparação de dano causado ao direito de propriedade industrial.

Resposta correta: letra "a".

8. SISTEMA FINANCEIRO DE HABITAÇÃO

Súmula 586-STJ

A exigência de acordo entre o credor e o devedor na escolha do agente fiduciário **aplica-se, exclusivamente, aos contratos não vinculados ao Sistema Financeiro da Habitação - SFH.**

- **Status:** Válida.

Súmula 454-STJ

Pactuada a correção monetária nos contratos do Sistema Financeiro de Habitação pelo mesmo índice aplicável à caderneta de poupança, **incide a taxa referencial (TR) a partir da vigência da Lei nº 8.177/1991.**

- **Status:** Válida.

Súmula 450-STJ

Nos contratos vinculados ao Sistema Financeiro de Habitação, **a atualização do saldo devedor antecede sua amortização pelo pagamento da prestação.**

- **Status:** Válida.

Súmula 422-STJ

Os **juros remuneratórios** não estão limitados nos contratos vinculados ao Sistema Financeiro de Habitação.

- **Status:** Válida.

Súmula 413-STJ

O mutuário do SFH **não** pode ser compelido a contratar o seguro habitacional obrigatório com a instituição financeira mutuante ou com a seguradora por ela indicada.

- **Status:** Válida.

Súmula 327-STJ

Nas ações referentes ao Sistema Financeiro da Habitação, a Caixa Econômica Federal **tem** legitimidade como sucessora do Banco Nacional da Habitação.

- **Status:** Válida.

Súmula 308-STJ

A hipoteca firmada entre a construtora e o agente financeiro, anterior ou posterior à celebração da promessa de compra e venda, **não** tem eficácia perante os adquirentes do imóvel.

- **Status:** Válida.

Súmula 199-STJ

Na **execução hipotecária de crédito vinculado ao Sistema Financeiro de Habitação**, nos termos da Lei nº 5.741/71, **a petição inicial deve ser instruída com, pelo menos, dois avisos de cobrança**.

- **Status:** Válida.

Súmula 31-STJ

A aquisição, pelo segurado, de mais de um imóvel financiado pelo Sistema Financeiro da Habitação, situados na mesma localidade, **não exime a seguradora da obrigação de pagamento dos seguros.**

- **Status:** Válida.

8.1. Questões relacionadas

(TRF 3 Região – Juiz Federal – TRF 3ª Região/2018) Segundo entendimento do Superior Tribunal de Justiça a respeito dos contratos do Sistema Financeiro da Habitação, é CORRETO afirmar que:

a) As normas do Código de Defesa do Consumidor são aplicáveis a todos os contratos relacionados ao Sistema Financeiro da Habitação, independentemente da data de sua celebração.

b) Nos contratos de seguro habitacional obrigatório no âmbito do Sistema Financeiro da Habitação, as seguradoras não são responsáveis pelos vícios decorrentes da construção.

c) Não é admitida a cobrança do Coeficiente de Equivalência Salarial – CES – em contratos vinculados ao Sistema Financeiro da Habitação, ainda que exista expressa previsão contratual.

d) O mutuário do Sistema Financeiro da Habitação não pode ser compelido a contratar seguro habitacional obrigatório com a instituição financeira mutuante ou com a seguradora por ela indicada.

Resposta correta: letra "d".

(IBFC – Juiz Federal – TRF 2ª Região/2018) Com relação ao direito à moradia, em especial no âmbito do sistema financeiro de habitação, é correto afirmar que:

a) por se tratar se um direito individual e em razão de a política pública em questão não ser destinada às classes sociais menos favorecidas, o Ministério Público não tem legitimidade para propor ações coletivas sobre a matéria.

b) em casos de contratos firmados sem a cláusula que garanta à cobertura de eventual saldo devedor pelo FCVS, o mutuário tem direito à quitação do contrato ao final do prazo, independentemente da existência de saldo residual.

c) o imóvel vinculado ao sistema financeiro de habitação não pode ser objeto de usucapião.

d) nos chamados "contratos de gaveta", foi dispensada a anuência da instituição financeira mutuante, em razão da vulnerabilidade das partes cedentes/cessionárias envolvidas, garantindo-se a eles todos direitos, em face da instituição financeira.

e) a capitalização de juros é vedada, conforme Lei n. 11.977/2009. Nesse sentido o mutuante teve que recalcular de ofício o saldo devedor em todos os contratos posto que a capitalização de juros ocorria de forma automática.

Resposta correta: letra "c".

(Vunesp – Procurador Legislativo – Câmara de Mogi das Cruzes-SP/2017) Sobre a hipoteca, assinale a alternativa correta.

a) A hipoteca firmada entre a construtora e o agente financeiro, anterior à celebração da promessa de compra e venda, não tem eficácia perante o adquirente do imóvel.

b) É anulável a cláusula que proíbe ao proprietário alienar imóvel hipotecado.

c) O dono do imóvel hipotecado pode constituir outra hipoteca sobre ele, mediante novo título, apenas em favor de outro credor.

d) A hipoteca não abrange acessões ou benfeitorias feitas no imóvel.

e) Não pode ser objeto de hipoteca o direito real de uso.

Resposta correta: letra "a".

(TRF 4ª Região – Juiz Federal – TRF 4ª Região/2016) Dadas as assertivas abaixo, assinale a alternativa correta. De acordo com a jurisprudência do Superior Tribunal de Justiça, firmada em sede de Recursos Repetitivos:

I. Nos contratos de financiamento celebrados no âmbito do Sistema Financeiro da Habitação, sem cláusula de garantia de cobertura do Fundo de Compensação de Variações Salariais, o saldo devedor residual deverá ser suportado pelo mutuário.

II. No caso de cessão de direitos sobre imóvel financiado no âmbito do Sistema Financeiro da Habitação, é indispensável a anuência da instituição financeira, sob pena de o cessionário não adquirir legitimidade ativa para futura ação revisional das condições pactuadas.

III. Nos contratos vinculados ao Sistema Financeiro da Habitação, a atualização do saldo devedor antecede a sua amortização pelo pagamento da prestação.

IV. No âmbito do Sistema Financeiro da Habitação, é necessária a contratação do seguro habitacional com o próprio agente financeiro ou com seguradora por ele indicada.

a) Estão corretas apenas as assertivas I e III.

b) Estão corretas apenas as assertivas II e IV.

c) Estão corretas apenas as assertivas I, II e III.

d) Estão corretas apenas as assertivas I, II e IV.

e) Estão corretas todas as assertivas.

Resposta correta: letra "a".

9. SISTEMA FINANCEIRO NACIONAL

Súmula 725-STF

É constitucional o § 2º do art. 6º da Lei 8.024/90, resultante da conversão da MP 168/90, que fixou o BTN fiscal como índice de correção monetária aplicável aos depósitos bloqueados pelo Plano Collor I.

- **Status:** Válida.

Súmula 472-STJ

A cobrança de comissão de permanência – cujo valor não pode ultrapassar a soma dos encargos remuneratórios e moratórios previstos no contrato – exclui a exigibilidade dos juros remuneratórios, moratórios e da multa contratual.

• **Status:** Válida.

Súmula 382-STJ

A estipulação de **juros remuneratórios** superiores a 12% ao ano, por si só, **não** indica abusividade.

• **Status:** Válida.

Súmula 296-STJ

Os juros remuneratórios, **não cumuláveis com a comissão de permanência, são devidos no período de inadimplência, à taxa média de mercado estipulada pelo Banco Central do Brasil, limitada ao percentual contratado.**

• **Status:** Válida.

• **Precedentes relacionados:**

> "Súmula 30 do STJ. A comissão de permanência e a correção monetária são inacumuláveis."

Súmula 295-STJ

A Taxa Referencial (TR) **é indexador válido para contratos posteriores à Lei nº 8.177/91, desde que pactuada.**

• **Status:** Válida.

Súmula 294-STJ

Não é potestativa a cláusula contratual que prevê a comissão de permanência, calculada pela taxa média de mercado apurada pelo Banco Central do Brasil, limitada à taxa do contrato.

• **Status:** Válida.

Súmula 288-STJ

A Taxa de Juros de Longo Prazo (TJLP) **pode** ser utilizada como indexador de correção monetária nos contratos bancários.

• **Status:** Válida.

Súmula 287-STJ

A Taxa Básica Financeira (TBF) **não pode** ser utilizada como indexador de correção monetária nos contratos bancários.

- **Status:** Válida.

Súmula 283-STJ

As empresas administradoras de cartão de crédito **são** instituições financeiras e, por isso, os juros remuneratórios por elas cobrados **não** sofrem as limitações da Lei de Usura.

- **Status:** Válida.

Súmula 271-STJ

A correção monetária dos depósitos judiciais **independe** de ação específica contra o banco depositário.

- **Status:** Válida.

Súmula 181-STJ

É admissível ação declaratória, visando a obter certeza quanto à exata interpretação de cláusula contratual.

- **Status:** Válida.

Súmula 179-STJ

O estabelecimento de crédito que recebe dinheiro, em depósito judicial, **responde** pelo pagamento da correção monetária relativa aos valores recolhidos.

- **Status:** Válida.

Súmula 176-STJ

É nula a cláusula contratual que sujeita o devedor a taxa de juros divulgada pela ANBID/CETIP.

- **Status:** Válida.

Súmula 79-STJ

Os bancos comerciais **não** estão sujeitos ao registro nos Conselhos Regionais de Economia.

- **Status:** Válida.

Súmula 30-STJ

A comissão de permanência e a correção monetária são **inacumuláveis**.

• **Status:** Válida.

• **Precedentes relacionados:**

> "Súmula 296 do STJ. Os juros remuneratórios, não cumuláveis com a comissão de permanência, são devidos no período de inadimplência, à taxa média de mercado estipulada pelo Banco Central do Brasil, limitada ao percentual contratado."

Súmula 23-STJ

O Banco Central do Brasil **é** parte legítima nas ações fundadas na Resolução 1.154, de 1986.

• **Status:** Válida.

Súmula 19-STJ

A **fixação do horário bancário**, para atendimento ao público, é da competência da **União**.

• **Status:** Válida.

• **Nota do autor:** Cuidado para não confundir: a) é competente o **Município** para fixar o horário de funcionamento de estabelecimento comercial (Súmula vinculante 38-STF); b) é competente a **União** para fixar o horário de funcionamento dos bancos.

• **Precedentes relacionados:**

> "Súmula vinculante 38-STF. É competente o Município para fixar o horário de funcionamento de estabelecimento comercial."

Súmula 28-TNU

Encontra-se prescrita a pretensão de ressarcimento de perdas sofridas na atualização monetária da conta do Plano de Integração Social – PIS, em virtude de expurgos ocorridos por ocasião dos Planos Econômicos Verão e Collor I.

• **Status:** Válida.

9.1. Questões relacionadas

(Vunesp – Procurador do Estado – PGE-SP/2018) Quanto à proteção aos direitos do consumidor em contratos bancários, assinale a alternativa correta.

a) A estipulação de juros remuneratórios superiores a 12% ao ano, por si só, não indica exigência de vantagem econômica excessiva pela instituição financeira.

b) Os juros moratórios nos contratos bancários não regulados por legislação especial poderão ser pactuados livremente pelas partes, não caracterizando exigência de vantagem econômica excessiva.

c) Propositura de ação revisional de contrato bancário, a pretexto de conter cláusulas contratuais abusivas, suspende os efeitos da mora do devedor, por revelar exercício regular do direito básico do consumidor à facilitação da defesa dos seus direitos em juízo, inclusive com inversão do ônus da prova.

d) Pode o magistrado, de ofício, reconhecer a nulidade de cláusulas contratuais abusivas inseridas em contrato de mútuo bancário submetido ao seu exame.

e) Exigência de pagamento de comissão de permanência, calculada pela taxa média do mercado apurada pelo Banco Central do Brasil, limitada à taxa do contrato, caracteriza exigência de vantagem econômica excessiva.

Resposta correta: letra "a".

(FCC – Defensor Público – DPE-RS/2018) Aureliano procurou a Defensoria Pública para orientação jurídica acerca de um contrato de crédito pessoal à pessoa física, modalidade por adesão, que firmou com o Banco Cred-Mais. Sustentou que o pactuado lhe era excessivamente oneroso, razão pela qual não conseguia mais adimplir as prestações mensais do financiamento.

Com foco na proteção contratual ao consumidor e no entendimento preponderante do Superior Tribunal de Justiça, mostra-se possível a modificação judicial com o argumento da abusividade na cláusula que

a) estipula juros remuneratórios com taxa superior a um por cento ao mês, porém inferior à taxa média de mercado divulgada pelo Banco Central do Brasil, em relação ao mesmo período.

b) prevê taxa anual dos juros remuneratórios superior ao duodécuplo da taxa mensal contratada.

c) prevê cobrança de comissão de permanência, para o caso de inadimplência, de forma alternativa à multa de mora e aos juros, sendo o índice expressamente limitado ao somatório destes.

d) estipula o seguro prestamista no corpo do próprio contrato de empréstimo.

e) estipula os juros de mora, cumulativos aos juros remuneratórios, no patamar de um por cento ao mês.

Resposta correta: letra "d".

(Cespe – Juiz de Direito – TJ-DFT/2016) Assinale a opção correta relativa a juros, encargos moratórios e taxas dos contratos bancários.

a) A cobrança de taxa de cadastro só é permitida no primeiro contrato celebrado pelo consumidor com a instituição financeira, não podendo ser cobrada nos posteriores.

b) É abusiva a previsão de cobrança dos juros contratuais incidentes sobre o valor do Imposto Sobre Operações Financeiras (IOF), cujo pagamento tenha sido diluído nas parcelas do contrato bancário.

c) A capitalização de juros simples é proibida no caso da cédula de crédito bancário.

d) A comissão de permanência pode ser cobrada no período de adimplência do mutuante, desde que se limite à taxa de juros prevista no contrato ou à cobrada no momento do pagamento.

e) Em contrato bancário, é permitida a capitalização de juros, desde que nele conste, expressamente, cláusula que mencione tal possibilidade, sendo vedada, por violação ao dever de informação, a menção apenas matemática do fenômeno.

Resposta correta: letra "a".

(PGR – Procurador da República – PGR/2015) Com relação aos contratos bancários e a proteção do consumidor, a jurisprudência do Superior Tribunal de Justiça – STJ se consolidou no seguinte sentido:

a) A existência de cadastro de consumidores com base em notas (scoring), de acordo com a probabilidade de inadimplência de cada um, é ilegal e da ensejo a dano moral;

b) A cobrança da comissão de permanência exclui a exigibilidade dos juros remuneratórios, moratórios e da multa contratual e seu valor não pode ultrapassar a soma dos encargos remuneratórios e moratórios previstos no contrato;

c) As instituições financeiras não respondem objetivamente pelos danos gerados por especialistas em computação (hackers) que pratiquem fraudes e delitos no âmbito das operações bancárias;

d) A simples devolução indevida de cheque e considerada mero aborrecimento da vida civil/comercial e não caracteriza o dano moral indenizável.

Resposta correta: letra "b".

(Vunesp – Juiz de Direito – TJ-SP/2015) Em tema de abusividade contratual, é correto afirmar que

a) a nulidade de uma cláusula contratual abusiva não invalida o contrato, desde que não caracterizada a onerosidade excessiva.

b) é válida a obrigação cambial assumida por procurador do mutuário vinculado ao mutuante, no exclusivo interesse deste.

c) a estipulação de juros moratórios superiores a 12% ao ano, por si só, não indica abusividade.

d) se admite limitação temporal de internação hospitalar do segurado em contrato de plano de saúde.

Resposta correta: letra "a".

(Vunesp – Juiz de Direito – TJ-SP/2015) Nos contratos bancários,

a) o julgador pode conhecer de ofício a abusividade de cláusulas.

b) os juros moratórios sujeitam-se ao limite de 1% ao mês, caso não se trate de contratos bancários regidos por legislação específica.

c) os juros remuneratórios superiores a 12% ao ano presumem-se abusivos, cabendo à instituição financeira demonstrar sua adequação e razoabilidade.

d) a comissão de permanência pode ser cumulada com os juros remuneratórios contratados.

Resposta correta: letra "b".

(TJ – MG – Juiz de Direito – MG/2014) Assinale a alternativa INCORRETA.

a) A pessoa natural que constituir Empresa Individual de Responsabilidade Limitada – EIRELI, titular exclusiva do capital integralizado não inferior a cem vezes o salário mínimo, somente poderá figurar em uma única empresa dessa modalidade.

b) Com o trespasse do estabelecimento empresarial, o adquirente continua solidariamente obrigado, pelo prazo de um ano, pelo pagamento dos créditos vencidos e vincendos, desde que regularmente contabilizados.

c) Por exercer profissionalmente atividade econômica organizada para a produção ou circulação de bens ou de serviços, o empresário ou a sociedade empresária não se enquadram como os destinatários finais dos bens e serviços por eles adquiridos. Logo, as disposições do Código de Defesa do Consumidor (Lei n° 8.078/90) somente lhes são aplicáveis na qualidade de consumidores por equiparação.

d) Nos contratos bancários, a cobrança da comissão de permanência, cujo valor não pode ultrapassar a soma dos encargos remuneratórios e moratórios neles previstos, exclui a exigibilidade dos juros remuneratórios, moratórios e da multa contratual.

Resposta correta: letra "c".

DIREITO PROCESSUAL CIVIL

1. COMPETÊNCIA

1.1. Competência territorial

Súmula 206-STJ

A existência de vara privativa, instituída por lei estadual, **não altera** a competência territorial resultante das leis de processo.

- **Status:** Válida.

Súmula 33-STJ

A incompetência relativa **não pode** ser declarada de ofício.

- **Status:** Válida.
- **Nota do autor:** A cláusula de foro de eleição é uma exceção, nos termos do § 3º do art. 63 do CPC/2015.
- **Dispositivos relacionados:**

> "CPC/15, Art. 63. (...)
>
> § 3º Antes da citação, a cláusula de eleição de foro, se abusiva, pode ser reputada ineficaz de ofício pelo juiz, que determinará a remessa dos autos ao juízo do foro de domicílio do réu."

Súmula 1-STJ

O **foro do domicílio ou da residência do alimentando** é o competente para a ação de investigação de paternidade, quando cumulada com a de alimentos.

- **Status:** Válida.

1.2. Competência pelo foro da situação da coisa

Súmula 363-STF

A pessoa jurídica de direito privado **pode** ser demandada no domicílio da agência, ou estabelecimento, em que se praticou o ato.

- **Status:** Válida.

Súmula 376-STJ

Compete à turma recursal processar e julgar o mandado de segurança contra ato de juizado especial.

• **Status:** Válida.

Súmula 238-STJ

A avaliação da indenização devida ao proprietário do solo, em razão de alvará de pesquisa mineral, **é processada no Juízo Estadual da situação do imóvel**.

• **Status:** Válida.

Súmula 11-STJ

A presença da União ou de qualquer de seus entes, na ação de usucapião especial, não afasta a competência do foro da situação do imóvel.

• **Status:** Válida.

1.3. Competência da justiça federal

Súmula 689-STF

O segurado **pode** ajuizar ação contra a Instituição Previdenciária perante o juízo federal do seu domicílio **ou** nas varas federais da Capital do Estado-Membro.

• **Status:** Válida.

• **Nota do autor:** A Instituição Previdenciária a que o enunciado da súmula faz referência é o INSS, que é uma autarquia federal.

Súmula 557-STF

~~É competente a Justiça Federal para julgar as causas em que são partes a COBAL e a CIBRAZEM.~~

• **Status:** Superada.

Súmula 556-STF

É competente a Justiça Comum para julgar as causas em que é parte sociedade de economia mista.

• **Status:** Válida.

Súmula 518-STF

~~A intervenção da União, em feito já julgado pela segunda instância e pendente de embargos, não desloca o processo para o Tribunal Federal de Recursos.~~

• **Status:** Superada.

• **Nota do autor:** O Tribunal Federal de Recursos foi extinto com a promulgação da CF de 1988.

Súmula 517-STF

As sociedades de economia mista só têm foro na Justiça Federal, **quando a União intervém como assistente ou opoente.**

Súmula 508-STF

Compete à Justiça Estadual, em ambas as instâncias, processar e julgar as causas em que for parte o Banco do Brasil, S.A..

• **Status:** Válida.

• **Nota do autor:** O Banco do Brasil é uma sociedade de economia mista federal.

Súmula 504-STF

~~Compete à Justiça Federal, em ambas as instâncias, o processo e o julgamento das causas fundadas em contrato de seguro marítimo.~~

• **Status:** Superada.

Súmula 501-STF

Compete à Justiça Ordinária Estadual o processo e o julgamento, em ambas as instâncias, das causas de acidente do trabalho, ainda que promovidas contra a União, suas autarquias, empresas públicas ou sociedades de economia mista.

• **Status:** Válida.

Súmula 251-STF

~~Responde a Rede Ferroviária Federal S.A. perante o foro comum e não perante o juízo especial da Fazenda Nacional, a menos que a União intervenha na causa.~~

• **Status:** Superada.

Súmula 250-STF

~~A intervenção da União desloca o processo do juízo cível comum para o fazendário.~~

• **Status:** Superada.

Súmula 218-STF

~~É competente o Juízo da Fazenda Nacional da capital do Estado, e não o da situação da coisa, para a desapropriação promovida por empresa de energia elétrica, se a União Federal intervém como assistente.~~

- **Status:** Superada.

Súmula 570-STJ

Compete à Justiça Federal o processo e julgamento de demanda em que se discute a ausência de ou o obstáculo ao credenciamento de instituição particular de ensino superior no Ministério da Educação como condição de expedição de diploma de ensino a distância aos estudantes.

- **Status:** Válida.

Súmula 365-STJ

A intervenção da União como sucessora da Rede Ferroviária Federal S/ A (RFFSA) **desloca** a competência para a Justiça Federal, ainda que a sentença tenha sido proferida por Juízo estadual.

- **Status:** Válida.

Súmula 349-STJ

Compete à Justiça Federal ~~ou aos juízes com competência delegada~~ o julgamento das execuções fiscais de contribuições devidas pelo empregador ao FGTS.

- **Status:** Válida, mas apenas em parte. Isso porque após a Lei nº 13.043/2014, não mais se admite a competência delegada nas execuções fiscais propostas pela Fazenda Pública federal.

Súmula 324-STJ

Compete à Justiça Federal processar e julgar ações de que participa a Fundação Habitacional do Exército, equiparada à entidade autárquica federal, supervisionada pelo Ministério do Exército.

- **Status:** Válida.

Súmula 254-STJ

A decisão do Juízo Federal que exclui da relação processual ente federal **não** pode ser reexaminada no Juízo Estadual.

- **Status:** Válida.

- **Precedentes relacionados:**

> "Súmula 150 do STJ. Compete à Justiça Federal decidir sobre a existência de interesse jurídico, que justifique a presença, no processo, da União, suas autarquias ou empresas públicas."

Súmula 173-STJ

Compete à Justiça Federal processar e julgar o pedido de reintegração em cargo público federal, ainda que o servidor tenha sido dispensado antes da instituição do regime jurídico único.

- **Status:** Válida.

Súmula 150-STJ

Compete à Justiça Federal decidir sobre a existência de interesse jurídico que justifique a presença, no processo, da União, suas autarquias ou empresas públicas.

- **Status:** Válida.
- **Precedentes relacionados:**

> "Súmula 254 do STJ. A decisão do Juízo Federal que exclui da relação processual ente federal não pode ser reexaminada no Juízo Estadual."

Súmula 66-STJ

Compete à Justiça Federal processar e julgar execução fiscal promovida por Conselho de Fiscalização Profissional.

- **Status:** Válida.

Súmula 42-STJ

Compete à Justiça Comum Estadual processar e julgar as causas cíveis em que é parte sociedade de economia mista e os crimes praticados em seu detrimento.

- **Status:** Válida.

• **Dispositivos relacionados:**

> "CF, Art. 109. Aos juízes federais compete processar e julgar:
>
> I – as causas em que a União, entidade autárquica ou empresa pública federal forem interessadas na condição de autoras, rés, assistentes ou oponentes, exceto as de falência, as de acidentes de trabalho e as sujeitas à Justiça Eleitoral e à Justiça do Trabalho;"

Súmula 32-STJ

Compete à Justiça Federal processar justificações judiciais destinadas a instruir pedidos perante entidades que nela tem exclusividade de foro, ressalvada a aplicação do art. 15, II, da Lei nº 5.010/66.

• **Status:** Válida.

1.4. Competência da justiça estadual

Súmula vinculante 27-STF

Compete à Justiça Estadual julgar causas entre consumidor e concessionária de serviço público de telefonia, **quando a Anatel não seja litisconsorte passiva necessária, assistente nem opoente**.

• **Status:** Válida.

Súmula 516-STF

O Serviço Social da Indústria (SESI) está sujeito a jurisdição da **Justiça Estadual**.

• **Status:** Válida.

Súmula 553-STJ

Nos casos de empréstimo compulsório sobre o consumo de energia elétrica, **é competente a Justiça Estadual para o julgamento de demanda proposta exclusivamente contra a Eletrobrás**. Requerida a intervenção da União no feito após a prolação de sentença pelo juízo estadual, **os autos devem ser remetidos ao Tribunal Regional Federal competente para o julgamento da apelação se deferida a intervenção.**

• **Status:** Válida.

Súmula 506-STJ

A Anatel **não** é parte legítima nas demandas entre a concessionária e o usuário de telefonia, decorrentes de relação contratual.

- **Status:** Válida.

Súmula 505-STJ

A competência para processar e julgar as demandas que têm por objeto obrigações decorrentes dos contratos de planos de previdência privada firmados com a Fundação Rede Ferroviária de Seguridade Social – REFER é da **Justiça Estadual**.

- **Status:** Válida.

Súmula 363-STJ

Compete à Justiça Estadual processar e julgar a ação de cobrança ajuizada por profissional liberal contra cliente.

- **Status:** Válida.

Súmula 270-STJ

O protesto pela preferência de crédito, apresentado por ente federal em execução que tramita na Justiça Estadual, **não desloca** a competência para a Justiça Federal.

- **Status:** Válida.

Súmula 254-STJ

A decisão do Juízo Federal que exclui da relação processual ente federal **não** pode ser reexaminada no Juízo Estadual.

- **Status:** Válida.
- **Precedentes relacionados:**

"Súmula 150 do STJ. Compete à Justiça Federal decidir sobre a existência de interesse jurídico, que justifique a presença, no processo, da União, suas autarquias ou empresas públicas."

Súmula 230-STJ

~~Compete à Justiça Estadual processar e julgar ação movida por trabalhador avulso portuário, em que se impugna ato do órgão gestor de mão-de-obra de que resulte óbice ao exercício de sua profissão.~~

- **Status:** Cancelada.
- **Nota do autor:** Trata-se de competência da Justiça do Trabalho.

Súmula 224-STJ

Excluído do feito o ente federal, cuja presença levara o Juiz Estadual a declinar da competência, **deve o Juiz Federal restituir autos e não suscitar conflito.**

- **Status:** Válida.

Súmula 222-STJ

~~Compete à Justiça Comum processar e julgar as ações relativas à contribuição sindical prevista no art. 578 da CLT.~~

- **Status:** Superada.
- **Nota do autor:** Trata-se de competência absoluta da Justiça do Trabalho processar e julgar as ações de cobrança de Contribuição Sindical, prevista no art. 578 da CLT.
- **Dispositivos relacionados:**

"CLT, Art. 578. As contribuições devidas aos sindicatos pelos participantes das categorias econômicas ou profissionais ou das profissões liberais representadas pelas referidas entidades serão recolhidas, pagas e aplicadas na forma estabelecida neste Capítulo, sob a denominação de contribuição sindical, desde que prévia, voluntária, individual e expressamente autorizado pelo empregado. (Redação dada pela Medida Provisória nº 873, de 2019)"

Súmula 218-STJ

Compete à Justiça dos Estados processar e julgar ação de servidor estadual decorrente de direitos e vantagens estatutárias no exercício de cargo em comissão.

- **Status:** Válida.

Súmula 161-STJ

É da competência da Justiça Estadual autorizar o levantamento dos valores relativos ao PIS/PASEP e FGTS, em decorrência do falecimento do titular da conta.

- **Status:** Válida.

Súmula 150-STJ

Compete à Justiça Federal decidir sobre a existência de interesse jurídico que justifique a presença, no processo, da União, suas autarquias ou empresas públicas.

• **Status:** Válida.

• **Precedentes relacionados:**

"Súmula 254 do STJ. A decisão do Juízo Federal que exclui da relação processual ente federal não pode ser reexaminada no Juízo Estadual."

Súmula 137-STJ

Compete à Justiça Comum Estadual processar e julgar ação de servidor público municipal, pleiteando direitos relativos ao vínculo estatutário.

• **Status:** Válida.

Súmula 82-STJ

Compete à Justiça Federal, excluídas as reclamações trabalhistas, processar e julgar os feitos relativos à movimentação do FGTS.

• **Status:** Válida.

• **Nota do autor:** Não confundir com a regra da Súmula 161-STJ, que dispõe ser competência da Justiça Estadual autorizar o levantamento dos valores relativos ao PIS/PASEP e FGTS, em decorrência do falecimento do titular da conta.

Súmula 55-STJ

Tribunal Regional Federal **não** é competente para julgar recurso de decisão proferida por juiz estadual não investido de jurisdição federal.

• **Status:** Válida.

Súmula 34-STJ

Compete à Justiça Estadual processar e julgar causa relativa à mensalidade escolar, cobrada por estabelecimento particular de ensino.

• **Status:** Válida.

Súmula 15-STJ

Compete à Justiça Estadual processar e julgar os litígios decorrentes de acidente do trabalho.

• **Status:** Válida, mas apenas em parte. É que essa súmula tem aplicabilidade apenas nos casos em que a ação é proposta contra o INSS onde se pleiteia benefício decorrente de acidente de trabalho.

• **Precedentes relacionados:**

"Súmula vinculante 22-STF. A Justiça do Trabalho é competente para processar e julgar as ações de indenização por danos morais e patrimoniais decorrentes de acidente de trabalho propostas por empregado contra empregador, inclusive aquelas que ainda não possuíam sentença de mérito em primeiro grau quando da promulgação da Emenda Constitucional nº 45/04."

Súmula 4-STJ

~~Compete a Justiça Estadual julgar causa decorrente do processo eleitoral sindical.~~

• **Status:** Superada.

1.5. Competência da justiça eleitoral

Súmula 374-STJ

Compete à Justiça Eleitoral processar e julgar a ação para anular débito decorrente de multa eleitoral.

• **Status:** Válida.

Súmula 368-STJ

Compete à Justiça Comum Estadual processar e julgar os pedidos de retificação de dados cadastrais da Justiça Eleitoral.

• **Status:** Válida.

1.6. Conflito de competência

Súmula 428-STJ

Compete ao Tribunal Regional Federal decidir os conflitos de competência **entre juizado especial federal e juízo federal da mesma seção judiciária**.

• **Status:** Válida.

Súmula 348-STJ

~~Compete ao STJ decidir os conflitos de competência entre juizado especial federal e juízo federal, ainda que da mesma seção judiciária.~~

- **Status:** Cancelada.
- **Precedentes relacionados:**

> "Súmula 428-STJ. Compete ao Tribunal Regional Federal decidir os conflitos de competência entre juizado especial federal e juízo federal da mesma seção judiciária."

Súmula 236-STJ

Não compete ao Superior Tribunal de Justiça dirimir conflitos de competência entre juízes trabalhistas vinculados a Tribunais Regionais do Trabalho diversos.

- **Status:** Válida.
- **Nota do autor:** Na verdade compete ao TST dirimir conflitos de competência entre juízes trabalhistas vinculados a Tribunais Regionais do Trabalho diversos.

Súmula 59-STJ

Não há conflito de competência **se já existe sentença com trânsito em julgado, proferida por um dos juízos conflitantes**.

- **Status:** Válida.

Súmula 22-STJ

~~Não há conflito de competência entre o Tribunal de Justiça e Tribunal de Alçada do mesmo estado-membro.~~

- **Status:** Superada.
- **Nota do autor:** Os Tribunais de Alçada foram extintos pela EC nº 45/2004.

Súmula 3-STJ

Compete ao Tribunal Regional Federal dirimir conflito de competência verificado, na respectiva região, **entre juiz federal e juiz estadual investido de jurisdição federal**.

- **Status:** Válida.

1.7. Conexão

Súmula 235-STJ

A conexão **não** determina a reunião dos processos, se um deles já foi julgado.

- **Status:** Válida.

- **Dispositivos relacionados:**

"CPC/15, Art. 55. (...)

§ 1º Os processos de ações conexas serão reunidos para decisão conjunta, **salvo se um deles já houver sido sentenciado**."

1.8. Cumulação de pedidos

Súmula 170-STJ

Compete ao juízo onde primeiro for intentada a ação envolvendo acumulação de pedidos, trabalhista e estatutário, decidir nos limites da sua jurisdição, sem prejuízo do ajuizamento de nova causa, com o pedido remanescente, no juízo próprio.

- **Status:** Válida.

1.9. Questões relacionadas

(UEM – Advogado – UEM/2018) Marque a alternativa incorreta.

a) Inexiste direito à incorporação de vantagens decorrentes do exercício de cargo em comissão ou função de confiança na administração pública indireta.

b) As autarquias possuem autonomia administrativa, financeira e personalidade jurídica própria, distinta da entidade política à qual estão vinculadas, razão pela qual seus dirigentes têm legitimidade passiva para figurar como autoridades coatoras em Mandados de Segurança.

c) Compete à justiça federal decidir sobre a existência de interesse jurídico que justifique a presença, no processo, da União, suas autarquias ou empresas públicas.

d) Compete à Justiça ordinária estadual o processo e o julgamento, em ambas as instâncias, das causas de acidente do trabalho, ainda que promovidas contra a União, suas autarquias, empresas públicas ou sociedades de economia mista.

e) A abertura de novo concurso, enquanto vigente a validade do certame anterior, não confere direito líquido e certo a eventuais candidatos cuja classificação seja alcançada pela divulgação das novas vagas.

Resposta correta: letra "e".

(Cespe – Delegado de Polícia Civil – PC-MA/2018) De acordo com o CPC, a incompetência relativa

a) é vício que não pode ser superado por acordo entre as partes.

b) deve ser alegada mediante exceção de incompetência relativa.

c) não pode ser alegada pelo MP.

d) pode ser declarada de ofício pelo juiz.

e) será prorrogada se o réu não a alegar na contestação.

Resposta correta: letra "e".

(Vunesp – Delegado de Polícia Civil – PC-BA/2018) Havendo a incorporação de uma pessoa jurídica de direito privado por outra, os tributos e as multas devidos pela pessoa jurídica incorporada até o ato de incorporação são de responsabilidade

a) da pessoa jurídica que resultar da incorporação, por sucessão.

b) do alienante, por direito próprio.

c) dos sócios da sociedade incorporada, por transferência.

d) da pessoa jurídica incorporada, por direito próprio.

e) dos sócios da pessoa jurídica que resultar da incorporação, por transferência.

Resposta correta: letra "a".

(Vunesp – Procurador de Universidade Assistente – UNICAMP/2018) Assinale a alternativa que traz o conteúdo correto de uma das súmulas do STJ.

a) Compete ao Tribunal Regional Federal decidir os conflitos de competência entre juizado especial federal e juízo federal da mesma seção judiciária.

b) A competência para processar e julgar as demandas que têm por objeto obrigações decorrentes dos contratos de planos de previdência pública e privada firmados com a Fundação Rede Ferroviária de Seguridade Social – REFER é da Justiça Federal.

c) Nos casos de empréstimo compulsório sobre o consumo de energia elétrica, é competente a Justiça Federal para o julgamento de demanda proposta exclusivamente contra a Eletrobrás.

d) Compete à Justiça Estadual o processo e julgamento de demanda em que se discute a ausência de ou o obstáculo ao credenciamento de instituição particular de ensino superior no Ministério da Educação como condição de expedição de diploma de ensino a distância aos estudantes.

e) A avaliação da indenização devida ao proprietário do solo, em razão de alvará de pesquisa mineral, é processada no Juízo Federal da situação do imóvel.

Resposta correta: letra "a".

(FCC – Advogado – SABESP/2018) juízo estadual, verificando que certa ação de ressarcimento de danos é proposta em face de Mévio e da Caixa Econômica Federal, dá-se por incompetente e remete os autos ao juízo federal que, por sua vez, após ouvir as partes, exclui do processo a referida empresa pública e devolve os autos ao juízo estadual. Nessa situação, segundo dispõe o Código de Processo Civil de 2015, o juízo

a) estadual, se discordar da decisão do juízo federal, deverá a este reenviar os autos, expondo as razões do seu convencimento.

b) federal, após excluir a Caixa Econômica Federal do feito, deveria ter suscitado conflito negativo de competência.

c) estadual, se discordar da decisão do juízo federal, deverá suscitar conflito negativo de competência, no prazo preclusivo de 5 dias.

d) federal agiu acertadamente ao devolver os autos ao juízo estadual após excluir a Caixa Econômica Federal do feito, não se cogitando, no caso, de conflito de competência.

e) estadual, ao verificar que a relação processual envolvia a Caixa Econômica Federal, deveria desde logo, ter suscitado o conflito de competência perante o Tribunal competente, sobretudo se, de acordo com o seu pensamento, a Caixa Econômica Federal fosse, sim, parte legítima no feito.

Resposta correta: letra "d".

(Vunesp – Procurador Municipal – Prefeitura de São Bernardo do Campo – SP/2018) Com relação às Súmulas do Superior Tribunal de Justiça, assinale a alternativa que representa o entendimento sumulado por tal Corte.

a) É de competência da Justiça Federal autorizar o levantamento de valores relativos a PIS/PASEP e FGTS em decorrência de falecimento do titular da conta.

b) Compete à Justiça Estadual processar e julgar execução fiscal promovida por conselho de fiscalização profissional.

c) Para propositura de ação acidentária, é necessário o exaurimento da via administrativa.

d) É incabível ação monitória contra a Fazenda Pública.

e) Compete à Justiça Estadual processar e julgar litígios decorrentes de acidente de trabalho.

Resposta correta: letra "e".

(Cespe – Delegado de Polícia Civil – PC-MA/2018) Conforme a legislação penal e a jurisprudência do Superior Tribunal de Justiça, compete à justiça

a) federal processar e julgar os crimes de falsificação e uso de documento falso relativo a estabelecimento particular de ensino.

b) federal processar e julgar prefeito por desvio de verba transferida e incorporada ao patrimônio municipal.

c) comum estadual processar e julgar crime em que indígena figure como autor ou vítima.

d) federal processar e julgar contravenções praticadas em detrimento de bens, serviços ou interesse da União ou de suas entidades.

e) federal processar e julgar as causas cíveis em que seja parte sociedade de economia mista e os crimes praticados contra esse tipo de sociedade.

Resposta correta: letra "c".

(FCC – Analista Judiciário – Área Administrativa – TRF 5ª Região/2017) De acordo com a Constituição Federal, eventual ação de indenização movida por particular em virtude de acidente de trânsito ocorrido em Recife, envolvendo veículo de propriedade da União Federal, deve ser ajuizada perante juízes

a) federais, aos quais compete processar e julgar as causas em que a União for interessada na condição de autora, ré, assistente ou oponente, exceto as de falência, as de acidentes de trabalho e as sujeitas à Justiça Eleitoral e à Justiça do Trabalho.

b) estaduais, aos quais compete processar e julgar as causas em que a União for interessada na condição de autora, ré, assistente ou oponente, exceto as de falência, as de acidentes de trabalho e as sujeitas à Justiça Eleitoral e à Justiça do Trabalho.

c) federais, aos quais compete processar e julgar as causas em que a União for interessada na condição de autora, ré, assistente ou oponente, exceto, apenas, as sujeitas à Justiça Eleitoral e à Justiça do Trabalho.

d) estaduais, aos quais compete processar e julgar as causas em que a União for interessada na condição de autora, ré, assistente ou oponente, exceto, apenas, as sujeitas à Justiça Eleitoral e à Justiça do Trabalho.

e) federais, aos quais compete processar e julgar todas as causas em que a União for interessada na condição de autora, ré ou oponente.

Resposta correta: letra "a".

(Cespe – Juiz Federal – TRF 5ª Região/2017) Pedro celebrou com uma concessionária de serviço público contrato de prestação de serviço de telefonia fixa e deixou de efetuar o pagamento das faturas referentes ao serviço. Um ano depois, em decorrência de erro na instalação, o cabo de fibra óptica utilizado pela empresa na residência de Pedro pegou fogo, ferindo-o. Ele, então, ajuizou ação de indenização contra a concessionária e contra a Agência Nacional de Telecomunicações (ANATEL). Requereu, ainda, o reconhecimento da abusividade da cobrança de tarifa básica e o envio, pelas rés, das faturas discriminadas das ligações efetuadas. Em sua resposta, a concessionária de serviço público argumentou que não poderia atender ao requerido, pois havia suspendido, após o ajuizamento da ação, o serviço de telefonia em decorrência de inadimplência passada de Pedro. A ANATEL, por sua vez, alegou não possuir legitimidade passiva nesse tipo de demanda.

A respeito dessa situação hipotética, assinale a opção correta à luz da jurisprudência dos tribunais superiores.

a) O argumento oferecido pela concessionária é pertinente, pois, por sua inadimplência pretérita, Pedro estava legalmente sujeito à interrupção do serviço.

b) A alegação da ANATEL é impertinente, pois ela é parte legítima na demanda de Pedro, já que se trata de relação contratual entre usuário e concessionária de serviço público.

c) Competirá à justiça federal o julgamento da ação, já que a ANATEL é parte na demanda.

d) O pedido de Pedro quanto ao reconhecimento de inadmissibilidade de cobrança de tarifa básica é incabível.

e) A concessionária deverá fornecer a discriminação das ligações efetuadas, sendo facultado a ela o repasse do custo desse serviço a Pedro.

Resposta correta: letra "d".

(Consulplan – Analista Judiciário – Área Judiciária – TRF 2ª Região/2017) Sobre o tema Competência Penal da Justiça Federal, assinale a alternativa INCORRETA.

a) Compete à Justiça Federal processar e julgar crime de falso testemunho cometido no processo trabalhista.

b) Compete à Justiça Federal processar e julgar os crimes praticados em detrimento das sociedades de economia mista.

c) Compete à Justiça Federal processar e julgar os crimes praticados contra funcionário público federal, quando relacionados com o exercício da função.

d) Compete à Justiça Estadual Comum, na vigência da Constituição de 1988, o processo por contravenção penal, ainda que praticada em detrimento de bens, serviços ou interesse da União ou de suas entidades.

Resposta correta: letra "b".

(Vunesp – Advogado – Câmara de Barretos – SP/2017) É correto afirmar, com base nas Súmulas do Supremo Tribunal Federal e/ou do Superior Tribunal de Justiça, que

a) a lei aplicável à concessão de pensão previdenciária por morte é aquela vigente na data do óbito do segurado.

b) a mulher que renunciou aos alimentos na separação judicial não tem direito à pensão previdenciária por morte do ex-marido.

c) é inconstitucional a incidência da contribuição previdenciária sobre o décimo-terceiro salário.

d) é inconstitucional a inclusão de sócios e administradores de sociedades e titulares de firmas individuais como contribuintes obrigatórios da previdência social.

e) o segurado pode ajuizar eventual ação contra a instituição previdenciária somente perante as varas federais da Capital do Estado-Membro em que possua domicílio.

Resposta correta: letra "a".

(Cespe – Juiz Federal – TRF 5ª Região/2017) Com base na jurisprudência do Superior Tribunal de Justiça (STJ), julgue os seguintes itens, no que concerne à tutela provisória, à competência e ao cumprimento de sentença.

I. Mesmo após o comparecimento espontâneo do réu em juízo, é indispensável sua intimação formal para que se inicie o prazo para a impugnação na fase de cumprimento de sentença.

II. A justiça federal possui competência para julgar demanda proposta por estudante acerca de credenciamento de instituição privada de ensino superior junto ao Ministério da Educação, com vistas à expedição de diploma de ensino a distância ao autor.

III. Em demanda previdenciária, os valores recebidos por força de tutela provisória de urgência antecipada posteriormente revogada serão irrepetíveis, em razão da natureza alimentar e da boa-fé no seu recebimento.

Assinale a opção correta.

a) Nenhum item está certo.

b) Apenas o item I está certo.

c) Apenas o item II está certo.

d) Apenas o item III está certo.

e) Todos os itens estão certos.

Resposta correta: letra "c".

(TRF 2ª Região – Juiz Federal – TRF 2ª Região) Em sede de competência, é correto afirmar que:

a) A intervenção de ente federal, a título de amicus curiae, não desloca a competência para a Justiça Federal.

b) Argui-se, por meio de exceção, a incompetência relativa.

c) A intervenção da União, de suas autarquias e empresas públicas em concurso de credores ou de preferência desloca a competência para a Justiça Federal.

d) Compete ao Tribunal Regional Federal processar e julgar o mandado de segurança contra ato de Juizado Especial Federal.

e) Compete ao Superior Tribunal de Justiça decidir os conflitos de competência entre Juizado Especial Federal e Juízo Federal

Resposta correta: letra "a".

(TRT 4ª Região – Juiz do Trabalho – TRT 4ª Região/2016) Pretendendo distribuir a ação pelo rito sumaríssimo – na qual iria postular o pagamento de parcelas rescisórias e indenização de despesas pela lavagem de uniforme –, o advogado calculou o valor dos pedidos, conforme determina o art. 852-B, inc. I, da Consolidação das Leis do Trabalho, e constatou que sua pretensão superava 40 (quarenta) salários-mínimos. Assim, optou pelo ajuizamento de duas ações distintas, para que ambas permanecessem no rito sumaríssimo, postulando em uma delas as parcelas rescisórias e, em outra, a indenização de despesas pela lavagem de uniforme. Diante disso, o Juiz deve

a) determinar a reunião dos processos, em face da conexão, e a tramitação pelo rito ordinário, uma vez que, para o estabelecimento do rito, deve-se levar em conta a real pretensão da parte.

b) determinar a reunião dos processos, em face da conexão, e limitar o pedido em 40 (quarenta) salários-mínimos, uma vez que a opção da parte foi pelo rito sumaríssimo.

c) determinar a reunião dos processos, em face da conexão, e indeferir a inicial, uma vez que o valor da real pretensão é incompatível com o rito escolhido pelo autor.

d) determinar a reunião dos processos, em face da conexão, e dar prazo para que o autor escolha entre a tramitação pelo rito ordinário ou pelo rito sumaríssimo, com a limitação a 40 (quarenta) salários-mínimos, sob pena de indeferimento da petição inicial.

e) dar seguimento às ações normalmente, pois não há nenhuma ilegalidade.

Resposta correta: letra "e".

(TRT 2ª Região – Juiz do Trabalho – TRT 2ª Região/2016) Em relação à competência dos órgãos da Justiça do Trabalho, segundo a Constituição da República, a Consolidação das Leis do Trabalho, a atual jurisprudência do Supremo Tribunal Federal e do Superior Tribunal de Justiça e as Súmulas da Jurisprudência Uniforme do Tribunal Superior do Trabalho, analise as seguintes proposições:

I – Não se configura conflito de competência entre Tribunal Regional do Trabalho e Vara do Trabalho a ele vinculada.

II – Compete ao próprio Tribunal Regional do Trabalho dirimir o conflito de competência entre juízes trabalhistas vinculados ao mesmo Tribunal Regional do Trabalho; no entanto, tratando-se de conflito de competência entre juízes trabalhistas vinculados a Tribunais Regionais do Trabalho distintos, compete ao Superior Tribunal de Justiça dirimir o conflito de competência.

III – Na lide trabalhista, compete ao Tribunal Regional do Trabalho dirimir o conflito de competência entre juiz trabalhista e juiz estadual investido de jurisdição trabalhista na mesma Região.

IV – Na Justiça do Trabalho, a decisão interlocutória que acolhe exceção de incompetência territorial, com a remessa dos autos para outra Vara do Trabalho, vinculada ao mesmo Tribunal Regional do Trabalho a que se vincula o juízo excepcionado, enseja recurso imediato.

V – E competente o Tribunal Regional do Trabalho para julgar mandado de segurança contra ato de seu presidente em execução de sentença trabalhista.

Responda:

a) Somente as proposições I, II e III estão corretas.

b) Somente as proposições I, III e V estão corretas

c) Somente as proposições II,III e IV estão corretas.

d) Somente as proposições II,III e V estão corretas.

e) Todas as proposições estão corretas.

Resposta correta: letra "b".

(TRF 4ª Região – Juiz Federal – TRF 4ª Região/2016) Dadas as assertivas abaixo, assinale a alternativa correta.

Acerca dos Juizados Especiais Federais:

I. Compete ao Tribunal Regional Federal decidir os conflitos de competência entre juizado especial federal e juízo federal da mesma seção judiciária.

II. Compete à turma recursal processar e julgar o mandado de segurança contra ato de juizado especial, substitutivo de recurso.

III. O princípio da reserva de plenário não se aplica no âmbito dos juizados de pequenas causas e dos juizados especiais em geral.

a) Estão corretas apenas as assertivas I e II.

b) Estão corretas apenas as assertivas II e III.

c) Estão corretas todas as assertivas.

d) Está incorreta apenas a assertiva II.

e) Estão incorretas apenas as assertivas II e III.

Resposta correta: letra "c".

(FCM – Procurador Municipal – Prefeitura de Barbacena – MG/2016) À Justiça do Trabalho, NÃO compete processar e julgar

a) as ações de indenização por dano moral ou patrimonial, decorrentes da relação de trabalho.

b) os mandados de segurança, habeas corpus e habeas data, quando o ato questionado envolver matéria sujeita à sua jurisdição.

c) as ações relativas às penalidades administrativas impostas aos empregadores pelos órgãos de fiscalização das relações de trabalho.

d) as ações que abarquem servidores públicos estatutários da administração direta e indireta da União, dos Estados, do Distrito Federal e dos Municípios.

Resposta correta: letra "d".

(Cespe – Técnico Judiciário – Administrativa – TRE-RS/2015) No tocante ao Poder Judiciário, assinale a opção correta.

a) Compete à justiça comum estadual processar e julgar os pedidos de retificação de dados cadastrais da justiça eleitoral.

b) Salvo quando contrariarem a CF ou súmulas do STF, vinculantes ou não, as decisões proferidas pelo Tribunal Superior Eleitoral são irrecorríveis.

c) As sessões de julgamento administrativas dos tribunais serão realizadas em caráter fechado ao público, podendo estar presentes apenas as partes e seus patronos.

d) Desembargador de tribunal regional eleitoral que cometer crime comum ou de responsabilidade será processado e julgado originalmente pelo STF.

e) São órgãos da justiça eleitoral o Tribunal Superior Eleitoral, os tribunais regionais eleitorais e os juízes eleitorais, sendo estes nomeados após aprovação em concurso específico para o respectivo cargo.

Resposta correta: letra "a".

(Vunesp – Juiz de Direito – TJ-MS/2015) Nas Comarcas que não sejam sede de Vara da Justiça Federal, é competente para processar e julgar ação civil pública, objetivando a proteção ao meio ambiente em que a União figure no processo,

a) o juiz federal da Seção Judiciária Federal que tenha jurisdição sobre a área territorial onde ocorreu o dano.

b) o juiz estadual da Comarca.

c) o juiz federal designado pelo Tribunal Regional Federal.

d) o juízo em que ocorreu o dano, mas não havendo juízo federal instalado, ao Tribunal Regional Federal.

e) o juiz federal mais próximo, ainda que referente à Justiça do Trabalho.

Resposta correta: letra "a".

(Vunesp – Procurador Legislativo – Câmara Municipal de Itatiba – SP/2015) Excluído do feito o ente federal, cuja presença levara juiz estadual a declinar da competência, deve o juiz federal

a) julgar o feito no mesmo momento da exclusão.

b) suscitar conflito de competência.

c) extinguir a ação por falta de competência.

d) suspender o feito.

e) restituir os autos ao juiz estadual.

Resposta correta: letra "e".

(FCC – Juiz de Direito – TJ-SC/2015) Nos termos da Súmula Vinculante 27, do Supremo Tribunal Federal, "Compete à Justiça estadual julgar causas entre consumidor e concessionária de serviço público de telefonia, quando a ANATEL não seja litisconsorte passiva necessária, assistente, nem opoente".

Está contida no posicionamento do Tribunal a compreensão de que

a) a agência reguladora posiciona-se juridicamente em relação ao usuário do serviço público como fornecedora do serviço.

b) a concessionária de serviço público mantém com a agência reguladora uma relação jurídica caracterizada como de consumo.

c) é facultativa, a critério da agência reguladora, a sua inserção como parte na relação jurídica caracterizada como de consumo, tendo por objeto o serviço público regulado.

d) serviço público não pode ser considerado objeto de relação de consumo, estando sujeito ao regime exorbitante característico das relações jurídicas de direito administrativo.

e) há relação jurídica caracterizada como de consumo entre o usuário e a concessionária de serviço público.

Resposta correta: letra "e".

(TRT 3ª Região – Analista Judiciário – Área Judiciária – TRT 3ª Região/2015) Em razão da greve de determinada categoria de servidores públicos estaduais, titulares de cargos públicos efetivos e em comissão, vinculados à Administração direta por relação jurídico-estatutária, o Estado deixou de pagar aos servidores faltosos os dias não trabalhados. Os servidores prejudicados pretendem ajuizar ação para que o Estado seja obrigado a pagar-lhes os dias não trabalhados, sob o argumento de que o direito de greve foi exercido regularmente. Considerando a Constituição Federal e a jurisprudência do Supremo Tribunal Federal, a Justiça do Trabalho

a) é competente para julgar as ações, uma vez que lhe cabe processar e julgar as causas oriundas da relação de trabalho, abrangidos os entes de direito público externo e da Administração pública direta e indireta da União, dos Estados, do Distrito Federal e dos Municípios.

b) é competente para julgar as ações, uma vez que lhe cabe processar e julgar as causas que envolvam o exercício do direito de greve, inclusive quando se trata de greve de servidores públicos estatutários titulares de cargos públicos.

c) não é competente para julgar as ações, uma vez que não lhe cabe processar e julgar as causas entre o Poder Público e servidores a ele vinculados por relação jurídico-estatutária.

d) é competente para julgar as ações propostas pelos titulares de cargos públicos em comissão, mas as ações dos titulares de cargos públicos efetivos deverão ser propostas na Justiça Comum.

e) é competente para julgar as ações, uma vez que à Justiça Comum competiria apenas julgar as ações voltadas à garantia do exercício do direito de greve pelos servidores públicos, mas não as ações de cobrança de remuneração.

Resposta correta: letra "c".

(FCC – Juiz de Direito – TJ-SC/2015) Analise os enunciados seguintes, relativos à competência interna:

I. A ação fundada em direito pessoal e a ação fundada em direito real sobre bens móveis serão propostas, em regra, no foro do domicílio do autor.

II. Quando o réu não tiver domicílio nem residência no Brasil, a ação será proposta no foro do domicílio do autor; se este também residir fora do Brasil, a ação será proposta em qualquer foro.

III. Nas ações fundadas em direito real sobre imóveis é competente o foro da situação da coisa. Pode o autor, entretanto, optar pelo foro do domicílio ou de eleição, não recaindo o litígio sobre direito de propriedade, vizinhança, servidão, posse, divisão e demarcação de terras e nunciação de obra nova.

IV. O foro do domicílio do autor da herança, no Brasil, é o competente para o inventário, a partilha, a arrecadação, o cumprimento de disposições de última vontade e todas as ações em que o espólio for réu, salvo se o óbito houver ocorrido no estrangeiro.

É correto o que se afirma APENAS em

a) I, II e IV.

b) I, III e IV.

c) II e III.

d) II, III e IV.

e) I e III.

Resposta correta: letra "c".

(Vunesp – Advogado – SAEG/2015) Assinale a alternativa correta com relação aos servidores públicos.

a) O Supremo Tribunal Federal sumulou o seguinte entendimento: funcionário nomeado por concurso tem direito à posse.

b) A Constituição Federal estabelece que a lei assegurará aos servidores da Administração Direta isonomia de vencimentos para cargos de atribuições iguais ou assemelhados do mesmo Poder.

c) O Superior Tribunal de Justiça sumulou o seguinte entendimento: compete à Justiça do Trabalho processar e julgar ação de servidor público municipal, pleiteando direitos relativos ao vínculo estatutário.

d) A Constituição Federal estabelece que os proventos de aposentadoria, por ocasião da sua concessão, serão calculados com base na remuneração do servidor no cargo efetivo em que se der a aposentadoria e, na forma da lei, corresponderão à totalidade da remuneração.

e) O Supremo Tribunal Federal sumulou o seguinte entendimento: o direito ao auxílio-alimentação se estende aos servidores inativos.

Resposta correta: letra "a".

(Cespe – Procurador do Estado – PGE-BA/2014) No que se refere ao Poder Judiciário, julgue os itens seguintes, considerando que STJ se refere ao Superior Tribunal de Justiça.

Compete ao STJ processar e julgar, originariamente, o conflito de competência instaurado entre juiz federal e juiz do trabalho.

Resposta: certo.

(Cespe – Analista Legislativo – Câmara dos Deputados/2014) Julgue o item a seguir, relativo a acidente do trabalho.

De acordo com jurisprudência do Superior Tribunal de Justiça, compete à justiça estadual processar e julgar os litígios decorrentes de acidente do trabalho.

Resposta: errado.

(ESAF – Auditor Fiscal da Receita Federal – Receita Federal/2014) O Comandante da Marinha praticou ato administrativo, no âmbito de sua competência, que ensejou irresignação por parte de alguns destinatários do ato. Um deles, cidadão comum, sem qualquer prerrogativa de foro especial, resolveu impetrar mandado de segurança que foi negado pelo órgão judiciário competente para julgar o referido mandado. Simultaneamente esse mesmo cidadão, autor do mandado de segurança, foi objeto de outra decisão judicial que lhe foi desfavorável, em outra ação, proposta por organismo internacional. Ele resolveu recorrer.

Considerando o enunciado, assinale a opção correta, atendo-se à competência dos juízes e tribunais estabelecida na Constituição Federal.

a) Compete ao Tribunal Regional Federal julgar o mandado de segurança. A competência para julgar o recurso contra a decisão favorável ao organismo internacional é do Supremo Tribunal Federal.

b) Compete a juiz federal julgar o mandado de segurança. A competência para julgar o recurso contra a decisão favorável ao organismo internacional é do Supremo Tribunal Federal.

c) Compete ao Superior Tribunal de Justiça julgar o mandado de segurança. A competência para julgar o recurso contra a decisão favorável ao organismo internacional é também do Superior Tribunal de Justiça.

d) Compete ao Superior Tribunal Militar julgar o mandado de segurança. A competência para julgar o recurso contra a decisão favorável ao organismo internacional é do Tribunal Regional Federal.

e) Compete a juiz federal julgar o mandado de segurança. A competência para julgar o recurso contra a decisão favorável ao organismo internacional é do Superior Tribunal Militar.

Resposta correta: letra "c".

(MPE-MS – Promotor de Justiça – MPE-MS/2013) Considere as seguintes proposições:

I. A competência para processar e julgar as ações conexas de interesse de menor é, em princípio, do foro do domicílio do detentor de sua guarda.

II. Compete à justiça estadual julgar causas entre o consumidor e concessionária de serviço público de telefonia, ainda que a Anatel – Agência Nacional de Telecomunicações seja assistente.

III. A presença da União ou de qualquer de seus entes, na ação de usucapião especial, não afasta a competência do foro da situação do imóvel.

IV. Na ação de investigação de paternidade cumulada com alimentos é competente o juízo do foro do domicílio ou da residência do alimentando.

São incorretas:

a) Somente a proposição II.

b) Somente as proposições II e III.

c) Somente as proposições I e IV.

d) Somente as proposições III e IV.

e) Somente as proposições I e II.

Resposta correta: letra "a".

(PGR – Procurador da República – PGR/2012) Conforme a jurisprudência prevalente no STJ, assinale a alternativa falsa:

a) Não é cabível a suspensão condicional do processo na desclassificação do crime e na procedência parcial da pretensão punitiva:

b) Intimada a defesa da expedição de carta precatória, torna-se desnecessária a intimação da data da audiência no juízo deprecado:

c) A conexão não determina a reunião dos processos se um deles já foi julgado;

d) Excluído do feito o ente federal, cuja presença levara o Juiz Estadual a declinar da competência, deve o Juiz Federal restituir os autos e não suscitar conflito.

Resposta correta: letra "a".

(MPE-MT – Promotor de Justiça – MPE-MT/2012) Consoante entendimento do Superior Tribunal de Justiça, analise as assertivas abaixo.

I – A existência de vara privativa, instituída por lei estadual, altera a competência territorial resultante das leis de processo.

II – A conexão não determina a reunião dos processos, se um deles já foi julgado.

III – Intimada a defesa da expedição da carta precatória, torna-se desnecessária intimação da data da audiência no juízo deprecado.

IV – Cabem embargos de divergência no âmbito do agravo de instrumento que não admite recurso especial.

V – Cabem embargos de divergência contra acórdão que, em agravo regimental, decide recurso especial.

Está correto o que se afirma em:

a) I, II e III, apenas.

b) II e III, apenas.

c) II, III, IV e V, apenas.

d) IV e V, apenas.

e) II, III e V, apenas.

Resposta correta: letra "e".

2. JUSTIÇA GRATUITA

Súmula 481-STJ

Faz jus ao benefício da justiça gratuita a pessoa jurídica com ou sem fins lucrativos que demonstrar sua impossibilidade de arcar com os encargos processuais.

- **Status:** Válida.

2.1. Questões relacionadas

(Cespe – Defensor Público – DPE-PE/2018) A respeito da gratuidade da justiça para brasileiros e estrangeiros residentes no Brasil, assinale a opção correta.

a) Alegada a insuficiência de recursos por pessoa jurídica ou natural, presume-se verdadeira a declaração para fins de concessão da gratuidade de justiça.

b) A gratuidade de justiça abrange o pagamento das multas processuais impostas contra o seu beneficiário, que pode ser pessoa natural ou jurídica, nesse último caso, se não tiver havido desconsideração da personalidade jurídica.

c) A gratuidade de justiça afasta a responsabilidade de pagamento dos honorários advocatícios decorrentes da sucumbência do seu beneficiário.

d) Como decorre de direito pessoal, a gratuidade de justiça se estende aos sucessores do beneficiário.

e) A decisão a respeito das custas processuais de agravo de instrumento interposto contra o indeferimento da gratuidade de justiça deve ser tomada preliminarmente ao julgamento do mérito recursal.

Resposta correta: letra "e".

(Consulplan – Analista Judiciário – Área Judiciária – TRF 2ª Região/2017) Dentre as diversas alterações promovidas pelo Novo Código de Processo Civil de 2015 (Lei Federal nº 13.105), merece destaque a regulamentação do benefício da gratuidade de justiça. Sobre o tema proposto, analise as afirmativas a seguir.

I. A gratuidade de justiça poderá ser concedida à pessoa natural ou jurídica, nacional ou estrangeira, que comprove insuficiência de recursos para pagar as custas, as despesas processuais e os honorários advocatícios, na forma da lei.

II. A depender do caso concreto, o juiz poderá conceder ao requerente o parcelamento das despesas processuais que o beneficiário tiver que antecipar no curso do procedimento.

III. A concessão da gratuidade de justiça afasta a responsabilidade do beneficiário pelas despesas processuais e pelos honorários advocatícios decorrentes de sua sucumbência.
Estão corretas as afirmativas

a) I, II e III.

b) I e II, apenas.

c) I e III, apenas.

d) II e III, apenas.

Resposta correta: letra "b".

3. IMPEDIMENTOS

Súmula 72-STF

No julgamento de questão constitucional, vinculada a decisão do Tribunal Superior Eleitoral, **não estão impedidos** os ministros do STF que ali tenham funcionado no mesmo processo, ou no processo originário.

- **Status:** Válida.

3.1. Questões relacionadas

(PGR – Procurador da República – PGR/2013) Quanto ao impedimento, entende o STF:

a) O Presidente do Tribunal Superior Eleitoral, que prestou informações no processo de controle concentrado de constitucionalidade, relativamente a atos ou resoluções contestados, está impedido de participar de seu julgamento.

b) os Ministros do STF que participaram, como integrantes do TSE, da formulação e edição de atos ou resoluções contestados, quanto à sua validade jurídica, em sede de fiscalização concentrada de constitucionalidade, estão impedidos de participar do seu julgamento.

c) Os institutos do impedimento e da suspeição restringem-se ao plano dos processos subjetivos, que discutem situações individuais e interesses concretos, não se estendendo nem se aplicando, ordinariamente, ao processo de fiscalização concentrada de constitucionalidade.

d) O Presidente do TSE, que prestou informações no processo de controle concentrado de constitucionalidade, está impedido de participar do seu julgamento, bem como os Ministros que participaram, como integrantes daquela Corte, da formulação dos atos contestados.

Resposta correta: letra "c".

4. FAZENDA PÚBLICA EM JUÍZO

Súmula 644-STF

Ao titular do cargo de procurador de autarquia **não** se exige a apresentação de instrumento de mandato para apresentá-la em juízo.

• **Status:** Válida.

Súmula 483-STJ

O INSS **não** está obrigado a efetuar depósito prévio do preparo por gozar das prerrogativas e privilégios da Fazenda Pública.

• **Status:** Válida.

Súmula 178-STJ

O INSS **não** goza de isenção do pagamento de custas e emolumentos, nas ações acidentárias e de benefícios, propostas na Justiça Estadual.

• **Status:** Válida.

• **Nota do autor:** Cuidado para não confundir: a) o INSS não goza de isenção do pagamento de custas e emolumentos, nas ações acidentárias e de benefícios,

propostas na Justiça Estadual; b) no entanto, o INSS goza de isenção do pagamento de custas e emolumentos quando demanda ou é demandado nas ações propostas na Justiça Federal.

Súmula 116-STJ

A Fazenda Pública e o Ministério Público têm prazo em dobro para interpor agravo regimental no STJ.

• **Status:** Válida.

• **Nota do autor:** Hoje, no âmbito do Superior Tribunal de Justiça, a expressão "agravo regimental" é utilizada para os processos penais. Já a expressão "agravo interno" é utilizada para os processos cíveis.

Súmula 61-TNU

~~As alterações promovidas pela Lei nº 11.960/2009 têm aplicação imediata na regulação dos juros de mora em condenações contra a Fazenda Pública, inclusive em matéria previdenciária, independentemente da data do ajuizamento da ação ou do trânsito em julgado.~~

• **Status:** Cancelada em 11/10/2013, DOU 11/10/2013, pg. 104. A Turma Nacional de Uniformização, na 8ª sessão ordinária de 9 de outubro de 2013, aprovou, por unanimidade, o cancelamento da súmula nº 61. Precedente: 0003060-22.2006.4.03.6314, de Relatoria do Juiz Federal João Batista Lazzari.

4.1. Questões relacionadas

(Vunesp – Delegado de Polícia Civil – PC-SP/2018) Os princípios administrativos podem ser utilizados para fins de controle de constitucionalidade dos atos administrativos pelo Poder Judiciário, sendo o que se observa na alternativa a seguir:

a) a nomeação de cônjuge da autoridade nomeante para o exercício de cargo em comissão ou de confiança na Administração Pública do Estado viola a Constituição Federal.

b) o ato administrativo eivado de ilegalidade deverá ser revogado pelo administrador público, em obediência ao princípio administrativo da discricionariedade.

c) ao titular do cargo de procurador de autarquia exige-se a apresentação de instrumento de mandato para representá-la em juízo.

d) não é possível a autotutela sobre os atos administrativos após a sua impugnação no Poder Judiciário.

e) o princípio da pessoalidade é corolário da isonomia e da legalidade, sendo centrais à ação administrativa.

Resposta correta: letra "a".

(FUNDATEC – Procurador Municipal – Prefeitura de Porto Alegre – RS/2016) Diante das disposições previstas na Lei de Execução Fiscal (Lei nº 6.830/80), assinale a alternativa correta.

a) Nas ações de execução fiscal, a falta de indicação do CPF e/ou RG ou CNPJ da parte executada é causa de indeferimento da petição inicial.

b) A Dívida Ativa regularmente inscrita e objeto de execução fiscal goza da presunção absoluta de certeza e liquidez.

c) Na execução fiscal, para garantia do juízo, o executado poderá efetuar depósito em dinheiro, mas não poderá oferecer fiança bancária ou seguro-garantia já que estes não produzem os mesmos efeitos da penhora.

d) A Fazenda Pública não está sujeita ao pagamento de custas e emolumentos e a prática dos atos judiciais de seu interesse independerá de preparo ou de prévio depósito.

e) Nos embargos à execução fiscal, o executado deverá alegar toda a matéria útil à defesa na inicial, inclusive apresentando reconvenção e preliminares de incompetência, suspeição e impedimento.

Resposta correta: letra "d".

(FCC – Procurador Autárquico – MANAUSPREV/2015) No tocante às súmulas concernentes ao direito processual, é INCORRETO afirmar:

a) O contribuinte pode optar por receber, por meio de precatório ou por compensação, o indébito tributário certificado por sentença declaratória transitada em julgado.

b) Os créditos das autarquias federais preferem aos créditos da Fazenda estadual, coexistindo ou não penhoras sobre o mesmo bem.

c) Viola cláusula de reserva de plenário a decisão de órgão fracionário de Tribunal que, embora não declare expressamente a inconstitucionalidade de lei ou ato normativo do poder público, afasta sua incidência, no todo ou em parte.

d) A ação de cobrança de diferenças de valores de complementação de aposentadoria prescreve em cinco anos contados da data do pagamento.

e) O INSS não está obrigado a efetuar depósito prévio do preparo por gozar das prerrogativas e privilégios da Fazenda Pública.

Resposta correta: letra "b".

(PGE-MS – Procurador do Estado – PGE-MS/2014) Seguem as assertivas abaixo para apreciação:

I – A fixação de vencimentos dos servidores públicos não pode ser objeto de convenção coletiva.

II – O diploma ou habilitação legal para o exercício do cargo deve ser exigido na posse e não na inscrição para o concurso público.

III – Só por lei se pode sujeitar a exame psicotécnico a habilitação de candidato a cargo público, entendendo-se constitucionais previsões feitas estritamente em edital, por constituir "ato normativo de segundo grau", conforme a doutrina.

IV – Do titular do cargo de procurador de autarquia não se exige a apresentação de instrumento de mandato para representá-la em juízo nas hipóteses em que a pessoa jurídica de direito público representada figurar no polo passivo, mas precisará de procuração quando a entidade representada for autora de demanda judicial.

a) Estão corretas apenas as assertivas I e II.

b) Estão corretas apenas as assertivas I, II e IV.

c) Estão incorretas apenas as assertivas I e IV.

d) Estão incorretas apenas as assertivas II e III.

e) Todas as assertivas estão corretas.

Resposta correta: letra "a".

5. COMUNICAÇÃO DOS ATOS PROCESSUAIS

5.1. Citação e intimação

Súmula 310-STF

Quando a intimação tiver lugar na sexta-feira, ou a publicação com efeito de intimação for feita nesse dia, **o prazo judicial terá início na segunda-feira imediata**, salvo se não houver expediente, caso em que começará no primeiro dia útil que se seguir.

- **Status:** Válida.

Súmula 429-STJ

A citação postal, quando autorizada por lei, exige o aviso de recebimento.

- **Status:** Válida.

Súmula 106-STJ

Proposta a ação no prazo fixado para o seu exercício, a demora na citação, por motivos inerentes ao mecanismo da justiça, **não** justifica o acolhimento da arguição de prescrição ou decadência.

- **Status:** Válida.

- **Nota do autor:** Desde que a ação seja proposta dentro do prazo, a demora na citação por culpa da própria Justiça, não enseja o acolhimento da arguição de prescrição ou decadência.

5.2. Questões relacionadas

(TRT 20ª Região – Analista Judiciário – Área Judiciária – TRT 20ª Região/2016) Considerando que o processo pode ser entendido como uma sequência ordenada de atos que devem seguir procedimentos e prazos previstos em lei, no Processo Judiciário do Trabalho, segundo normas contidas na Consolidação das Leis do Trabalho e entendimentos sumulados do Tribunal Superior do Trabalho,

a) intimada ou notificada a parte no sábado, o início do prazo se dará no primeiro dia útil imediato e, a contagem, no subsequente, e os prazos que se vencerem em sábado, domingo ou feriado, terminarão no primeiro dia útil seguinte.

b) em qualquer situação a penhora poderá realizar-se em domingo ou dia de feriado, não havendo necessidade de urgência ou determinação legal expressa.

c) quando a intimação tiver lugar na sexta-feira, ou a publicação com efeito de intimação for feita nesse dia, o prazo judicial será contado, a partir deste dia porque se trata de dia útil forense.

d) presume-se recebida a notificação vinte e quatro horas depois de sua postagem; o seu não recebimento ou a entrega após o decurso desse prazo constitui ônus de prova do destinatário.

e) o prazo decadencial para ajuizamento de ação rescisória quando expira em feriado, final de semana ou em dia em que não houver expediente forense, não se prorroga até o primeiro dia útil, imediatamente subsequente.

Resposta correta: letra "a".

(FCC – Juiz de Direito – TJ-PE/2015) A respeito da Prescrição e Decadência Tributárias, considere as assertivas a seguir:

I. Proposta a ação fiscal no prazo fixado para o seu exercício, a demora na citação, por motivos inerentes ao mecanismo da Justiça, não justifica o acolhimento da arguição de prescrição ou decadência.

II. Ainda que a execução fiscal tenha sido arquivada apenas em razão do pequeno valor do débito executado, sem baixa na distribuição, pode ser reconhecida a prescrição intercorrente se o processo ficar paralisado por mais de cinco anos.

III. O crédito público não se suspende em decorrência de sua inscrição em dívida ativa.

IV. A concessão de medida liminar em mandado de segurança suspende tanto a prescrição quanto a decadência do crédito tributário, impedindo a Fazenda Pública de realizar o lançamento do tributo, inscrevê-lo em Dívida Ativa e ajuizar Execução Fiscal visando sua cobrança.

Está correto o que se afirma APENAS em

a) I e III

b) II e IV.

c) II e III.

d) I e IV.

e) I e II.

Resposta correta: letra "e".

6. VALOR DA CAUSA

Súmula 502-STF

~~Na aplicação do art. 839 do CPC, com a redação da Lei nº 4.290/63, a relação valor da causa e salário mínimo vigente na Capital do Estado, ou do Território, para o efeito de alçada, deve ser considerada na data do ajuizamento do pedido.~~

- **Status:** Superada.

Súmula 449-STF

O valor da causa na consignatória de aluguel, **corresponde a uma anuidade**.

- **Status:** Válida.

6.1. Questões relacionadas

(Vunesp – Defensor Público – DPE-RO/2017) O valor da causa poderá ser impugnado

a) como preliminar de contestação.

b) por meio de exceção.

c) por meio de incidente processual.

d) com recurso.

e) a qualquer tempo, por se tratar de requisito essencial da petição inicial.

Resposta correta: letra "a".

7. TUTELA PROVISÓRIA

Súmula 729-STF

A decisão ADC 4 **não** se aplica à antecipação de tutela em causa de natureza previdenciária.

- **Status:** Válida.

Súmula 51-TNU

~~Os valores recebidos por força de antecipação dos efeitos de tutela, posteriormente revogada em demanda previdenciária, são irrepetíveis em razão da natureza alimentar e da boa-fé no seu recebimento.~~

- **Status:** Cancelada em 30/08/2017, DJe 20/09/2017, pg 2.

7.1. Questões relacionadas

(FUNRIO – Procurador Legislativo – AL-RR/2018) De acordo com o Código de Processo Civil, as tutelas jurisdicionais provisórias serão concedidas pelo magistrado, utilizando o juízo de cognição sumária, e serão de duas espécies: de urgência e de evidência.

Portanto, pode-se afirmar que a tutela

a) cautelar requerida em juízo, em caráter antecedente, seguirá em processo autônomo.

b) de urgência será concedida quando houver elementos que evidenciem o perigo de dano ou o risco ao resultado útil do processo.

c) da evidência será concedida, independentemente da demonstração de perigo de dano ou de risco ao resultado útil do processo, quando ficar caracterizado o abuso do direito de defesa.

d) da evidência será concedida quando houver a demonstração de perigo de dano ou de risco ao resultado útil do processo, quando se tratar de pedido reipersecutório fundado em prova documental adequada do contrato de depósito.

Resposta correta: letra "c".

(FCC – Analista Judiciário – Oficial de Justiça Avaliador Federal – TRT 24ª Região/2017) Miguel ajuizou ação de cobrança contra a empresa X, conseguindo demonstrar sua pretensão exclusivamente pela prova documental anexada com a inicial, cuja matéria é objeto de súmula vinculante editada pelo Supremo Tribunal Federal. Neste caso, à luz do Código de Processo Civil, o juiz,

a) liminarmente, desde que o autor demonstre o perigo de dano ou o risco ao resultado útil do processo, poderá conceder a tutela da evidência.

b) poderá conceder a tutela de evidência, após ouvir obrigatoriamente a parte contrária, independentemente da demonstração de perigo de dano ou de risco ao resultado útil ao processo.

c) liminarmente, independentemente da demonstração de perigo de dano ou de risco ao resultado útil ao processo, poderá conceder a tutela da evidência.

d) poderá conceder a tutela de evidência, após ouvir obrigatoriamente a parte contrária, desde que o autor demonstre o perigo de dano ou o risco ao resultado útil do processo.

e) poderá conceder a tutela de urgência, após ouvir obrigatoriamente a parte contrária, desde que o autor comprove a probabilidade do direito e o perigo de dano ou o risco ao resultado útil do processo.

Resposta correta: letra "c".

(FCC – Procurador do Estado – SEGEP-MA/2016) A tutela provisória pode fundamentar-se em urgência ou evidência, sendo que

a) requerida a tutela antecipada em caráter antecedente e sendo a urgência contemporânea à propositura da ação, se concedida a tutela antecipada, o autor deverá aditar a petição inicial, com a complementação de sua argumentação, a juntada de novos documentos e a confirmação do pedido de tutela final, em quinze dias ou em outro prazo maior que o juiz fixar.

b) a tutela cautelar de urgência não pode ser efetivada mediante arresto, sequestro ou arrolamento de bens, porque sujeitos a procedimento cautelar específico.

c) a tutela de evidência será concedida, se demonstrado perigo de dano ou de risco ao resultado útil do processo, quando ficar caracterizado o abuso do direito de defesa ou o manifesto propósito protelatório da parte ou se as alegações de fato puderem ser comprovadas apenas documentalmente e houver tese firmada em julgamento de casos repetitivos ou em súmula vinculante.

d) a petição inicial da ação que visa à prestação de tutela cautelar em caráter antecedente indicará a lide e seu fundamento, a exposição sumária do direito que se objetiva assegurar e o perigo de dano ou o risco ao resultado útil do processo, mas será a petição inicial indeferida se o pedido tiver natureza antecipatória.

e) efetivada a tutela cautelar, o pedido principal terá de ser formulado pelo autor no prazo de trinta dias, em autos apensos e mediante o pagamento de novas custas processuais.

Resposta correta: letra "a".

8. AÇÃO DECLARATÓRIA

Súmula 181-STJ

É admissível ação declaratória, visando a obter certeza quanto à exata interpretação de cláusula contratual.

- **Status:** Válida.

8.1. Questões relacionadas

(FCC – Procurador Legislativo – Câmara Legislativa do Distrito Federal/2018) Em relação à função jurisdicional, é correto afirmar:

a) Ninguém poderá pleitear direito alheio em nome próprio, em nenhuma hipótese.

b) A possibilidade jurídica da ação é uma das condições preliminares a serem observadas no atual CPC por ocasião da prestação jurisdicional, até mesmo de ofício.

c) É admissível a ação meramente declaratória, salvo se houver ocorrido a violação do direito.

d) A ação proposta perante tribunal estrangeiro não induz litispendência e não obsta a que a autoridade judiciária brasileira conheça da mesma causa e das que lhe são conexas, ressalvadas as disposições em contrário de tratados internacionais e acordos bilaterais em vigor no Brasil.

e) Compete à autoridade judiciária brasileira, em qualquer hipótese, o processamento e o julgamento da ação quando houver cláusula de eleição de foro exclusivo estrangeiro em contrato internacional, por sua ineficácia.

Resposta correta: letra "d".

(TRF 5ª Região – Analista Judiciário – Oficial de Justiça Avaliador Federal – TRF 5ª Região/2017) Atenção: Considere o novo Código de Processo Civil para responder a questão. Acerca da jurisdição e da ação,

a) carece de interesse o autor da ação que se limita a pleitear a declaração da autenticidade de documento.

b) é permitido pleitear direito alheio em nome próprio, independentemente de autorização normativa, desde que demonstrado interesse.

c) é inadmissível a ação meramente declaratória caso tenha ocorrido a violação do direito.

d) o interesse do autor pode se limitar à declaração do modo de ser de uma relação jurídica.

e) havendo substituição processual, ao substituído não será admitido intervir como assistente litisconsorcial.

Resposta correta: letra "d".

(Consulplan – Titular de Serviços de Notas e de Registros – Provimento – TJ-MG/2016) Quanto ao exercício da função jurisdicional pelo Estado-Juiz e no que se refere à jurisdição e ação, é INCORRETO afirmar:

a) Para postular em juízo é necessário ter interesse e legitimidade.

b) Ninguém poderá pleitear direito alheio em nome próprio, salvo quando autorizado pelo ordenamento jurídico; em havendo substituição processual, o substituído será excluído do feito, não lhe cabendo intervir como assistente litisconsorcial.

c) O interesse do autor pode limitar-se à declaração da existência, da inexistência ou do modo de ser de uma relação jurídica, da autenticidade ou da falsidade de documento.

d) É admissível a ação meramente declaratória, ainda que tenha ocorrido a violação do direito.

Resposta correta: letra "b".

9. RECONVENÇÃO

Súmula 258-STF

É admissível reconvenção em ação declaratória.

- **Status:** Válida.

9.1. Questões relacionadas

(FEPESE – Procurador do Estado – PGE-SC/2018) Assinale a alternativa correta.

a) A reconvenção deverá ser apresentada na contestação e a pretensão nela deduzida deverá ser conexa com a demanda principal ou com o fundamento da defesa.

b) Na reconvenção é vedada a proposição contra autor e terceiro não participante da demanda principal.

c) Em caso de desistência ou causa extintiva que impeça o exame do mérito da demanda principal, não há possibilidade de prosseguimento da reconvenção, merecendo ela também a solução de extinção.

d) A reconvenção somente será admissível em caso de apresentação de contestação, sendo vedado ao réu apresentá-la sozinha.

e) Não são devidos honorários advocatícios na reconvenção, apenas na ação principal.

Resposta correta: letra "a".

(FCC – Procurador do Estado – SEGEP-MA/2016) Considere as assertivas a seguir sobre a reconvenção.

I. Na contestação, é lícito ao réu propor reconvenção para manifestar pretensão própria, conexa com a ação principal ou com o fundamento da defesa.

II. O réu não pode propor reconvenção se não oferecer contestação.

III. A desistência da ação ou a ocorrência de causa extintiva que impeça o exame de seu mérito obsta o prosseguimento da reconvenção.

IV. A reconvenção pode ser proposta contra o autor e terceiro ou pelo réu em litisconsórcio com terceiro.

V. Se o autor for substituto processual, o reconvinte deverá afirmar ser titular de direito em face do substituído, e a reconvenção deverá ser proposta em face do autor, também na qualidade de substituto processual.

É correto o que se afirma APENAS em

a) III, IV e V.

b) II, IV e V.

c) I, II e III.

d) I, IV e V.

e) II, III e IV.

Resposta correta: letra "d".

(IBFC – Advogado – EBSERH/2016) Assinale a alternativa correta sobre a reconvenção após analisar os itens a seguir e considerar as normas da Lei Federal nº 13.105, de 16/03/2015 (Novo Código de Processo Civil).

a) Na contestação, é lícito ao réu propor reconvenção para manifestar pretensão própria, conexa com a ação principal ou com o fundamento da defesa, vedado tal ato na ação monitória

b) A propositura da reconvenção depende do oferecimento de contestação

c) A reconvenção não pode ser proposta pelo réu em litisconsórcio com terceiro

d) Se o autor for substituto processual, o reconvinte deverá afirmar ser titular de direito, em face do substituído e, a reconvenção deverá ser proposta em face do autor, também na qualidade de substituto processual

e) O reconvinte não poderá formular pedido genérico

Resposta correta: letra "d".

(FAFIPA – Procurador Legislativo – Câmara de Cambará – PR/2016) Na contestação, é lícito ao réu propor reconvenção para manifestar pretensão própria, conexa com a ação principal ou com o fundamento da defesa. Acerca da reconvenção, assinale a alternativa CORRETA.

a) Proposta a reconvenção, o autor será intimado, na pessoa de seu advogado, para apresentar resposta no prazo de 10 (dez) dias.

b) A reconvenção pode ser proposta contra o autor e seu litisconsorte, sendo vedada contra terceiro.

c) O réu pode propor reconvenção independentemente de oferecer contestação.

d) A desistência da ação ou a ocorrência de causa extintiva que impeça o exame de seu mérito obsta ao prosseguimento do processo quanto à reconvenção.

Resposta correta: letra "c".

10. PROVAS

10.1. Prova documental

Súmula 259-STF

Para produzir efeito em juízo **não** é necessária a inscrição, no registro público, de documentos de procedência estrangeira, **autenticados por via consular**.

- **Status:** Válida.

10.2. Questões relacionadas

(FCC – Analista do CNMP – CNMP/2015) Em relação à produção de prova documental em língua estrangeira, é correto afirmar:

a) Só poderá ser juntado aos autos documento redigido em vernáculo.

b) Cópia de obra jurídica ou parecer jurídico em língua estrangeira também está sujeito a tradução.

c) Para produzir efeito em juízo não é necessária a inscrição, no registro público, de documentos de procedência estrangeira, autenticados por via consular.

d) Poderá ser juntado aos autos documento estrangeiro vertido para o vernáculo por qualquer meio, inclusive eletrônico.

e) O juiz poderá dispensar a tradução para o vernáculo, quando tiver proficiência na língua estrangeira em que redigido o documento.

Resposta correta: letra "c".

11. REVELIA

Súmula 231-STF

O revel, em processo civil, **pode** produzir provas, **desde que compareça em tempo oportuno**.

- **Status:** Válida.
- **Dispositivos relacionados:**

> "CPC/15, Art. 346. Os prazos contra o revel que não tenha patrono nos autos fluirão da data de publicação do ato decisório no órgão oficial.
>
> Parágrafo único. **O revel poderá intervir no processo em qualquer fase, recebendo-o no estado em que se encontrar**."

11.1. Questões relacionadas

(Vunesp – Procurador Legislativo – Câmara de Itaquaquecetuba – SP/2018) Quanto à produção de provas, assinale a alternativa correta, de acordo com o Código de Processo Civil.

a) A confissão judicial faz prova contra o confitente e seu teor se estende aos litisconsortes.

b) Depois de apresentado o rol, não poderá haver substituição de testemunhas.

c) A ata notarial atesta a existência de um fato e é lavrada pelo tabelião.

d) Em caso de laudo pericial insatisfatório, o juiz pode determinar a realização de segunda perícia, a qual substituirá a primeira.

e) Ao réu revel é defeso produzir provas no processo.

Resposta correta: letra "c".

(Vunesp – Procurador Legislativo – Câmara de Barretos – SP/2017) Se o réu não contestar a ação, será considerado revel e presumir-se-ão verdadeiras as alegações de fato formuladas pelo autor. A revelia, porém, não produz o efeito mencionado, quando

a) o réu ingressar no feito, posteriormente, alegando perempção.

b) o litígio versar sobre direitos não patrimoniais disponíveis.

c) a petição inicial contiver pedidos cumulados, sendo um deles genérico.

d) as alegações de fato formuladas pelo autor forem inverossímeis e estiverem em contradição com prova constante dos autos.

e) a petição inicial não estiver acompanhada de instrumento que a lei considere indispensável à prova do ato.

Resposta correta: letra "e".

12. ABANDONO DA CAUSA PELO AUTOR

Súmula 216-STF

Para decretação da absolvição de instância pela paralisação do processo por mais de 30 (trinta) dias, **é necessário que o autor, previamente intimado, não promova o andamento da causa.**

- **Status:** Válida.
- **Nota do autor:** Absolvição da instância significa extinção do processo sem resolução do mérito. Essa expressão era utilizada pelo CPC de 1939. Para que haja a extinção do processo por abandono da causa, exige-se, ainda, que o réu tenha requerido expressamente essa providência. Essa regra está prevista na Súmula 240 do STJ.
- **Dispositivos relacionados:**

> "CPC, Art. 485. (...)
>
> § 1º Nas hipóteses descritas nos incisos II e III, a parte será intimada pessoalmente para suprir a falta no prazo de 5 (cinco) dias."

Súmula 240-STJ

A extinção do processo, por abandono da causa pelo autor, **depende de requerimento do réu.**

- **Status:** Válida.
- **Dispositivos relacionados:**

> "CPC/15, Art. 485. (...)
>
> § 6º Oferecida a contestação, a extinção do processo por abandono da causa pelo autor depende de requerimento do réu."

12.1. Questões relacionadas

(Quadrix – Advogado – CONTER/2017) Com relação à formação, suspensão e extinção do processo, assinale a alternativa correta.

a) Considera-se proposta a ação quando a petição inicial for despachada pelo Juiz, com determinação de citação do Réu.

b) Segundo a jurisprudência do Superior Tribunal de Justiça, a extinção do processo, por abandono da causa pelo autor, depende de requerimento do réu.

c) Durante a suspensão do processo o Juiz pode determinar a realização de atos urgentes a fim de evitar dano irreparável, mesmo nos casos de arguição de impedimento e de suspeição.

d) O atual Código de Processo Civil admite suspensão do processo pela convenção das partes, desde que observe o prazo máximo de 1 (um) ano.

e) O processo será extinto sem resolução de mérito quando o juiz decidir, de ofício ou a requerimento, sobre a ocorrência de decadência ou prescrição.

Resposta correta: letra "b".

(TRF 2ª Região – Juiz Federal – TRF 2ª Região/2017) Analise as assertivas e, ao final, assinale a opção correta:

I – A extinção do processo, sem resolução do mérito, por 3 (três) vezes, obsta a que o autor intente de novo a ação;

II – O autor pode desistir do mandado de segurança antes de proferida a sentença, independentemente do consentimento do réu;

III – Mesmo já contestado o feito, e independentemente de ouvir o réu, o juiz pode extinguir o processo por abandono da causa, desde que intime o autor, pessoalmente, para suprir a falta e este não o faça.

a) Apenas as assertivas I e II estão corretas.

b) Apenas as assertivas II e III estão corretas.

c) Apenas a assertiva Ii está correta.

d) Apenas as assertivas I e III estão corretas.

e) Todas as assertivas estão corretas.

Resposta correta: letra "c".

13. DESPACHO SANEADOR

Súmula 424-STF

Transita em julgado o despacho saneador de que não houve recurso, excluídas as questões deixadas, explícita ou implicitamente, para a sentença.

- **Status:** Válida.

- **Nota do autor:** A Súmula 424 do STF não se aplica nos casos previstos no art. 485, § 3º do CPC/2015. Isso porque, nesses casos, não ocorre preclusão.

13.1 Questões relacionadas

(IBFC – Analista Judiciário – Função Judiciária – IBFC/2017) No despacho saneador o juiz poderá realizar os seguintes atos, exceto:

a) Definir a distribuição do ônus probatório

b) Designar audiência de instrução

c) Resolver questões processuais pendentes

d) Delimitar as questões de direito controversas

e) Avaliar o mérito, mesmo nos casos complexos, isso nas hipóteses em que entender viável com vistas ao princípio da celeridade processual.

Resposta correta: letra "e".

(Vunesp – Procurador Legislativo – Câmara de Altinópolis – SP/2017) O juiz poderá conhecer de ofício algumas matérias que levam à extinção do processo sem resolução do mérito, enquanto não ocorrer o trânsito em julgado, podendo agir dessa forma quando

a) verificar a ausência de pressupostos de constituição e de desenvolvimento válido e regular do processo.

b) indeferir a petição inicial.

c) o processo ficar parado durante mais de 1 (um) ano por negligência das partes.

d) não promover os atos e as diligências que lhe incumbir, e o autor abandonar a causa por mais de 30 (trinta) dias.

e) acolher a alegação de existência de convenção de arbitragem ou quando o juízo arbitral reconhecer sua competência.

Resposta correta: letra "a".

14. HONORÁRIOS ADVOCATÍCIOS E DESPESAS PROCESSUAIS

Súmula vinculante 47-STF

Os honorários advocatícios incluídos na condenação ou destacados do montante principal devido ao credor, **consubstanciam verba de natureza alimentar**, cuja satisfação ocorrerá com a expedição de precatória ou requisição de pequeno valor, **observada ordem especial restrita aos créditos dessa natureza.**

- **Status:** Válida.

Súmula 616-STF

É permitida a cumulação da multa contratual com os honorários de advogado, após o advento do Código de Processo Civil vigente.

- **Status:** Válida.
- **Nota do autor:** O Código a que se faz referência é o CPC de 1973. No entanto, mesmo com a vigência do CPC/2015, o entendimento da Súmula 616 do STF continua válido.

Súmula 509-STF

~~A Lei nº 4.632/65, que alterou o art. 64 do Código de Processo Civil, aplica-se aos processos em andamento, nas instâncias ordinárias.~~

- **Status:** Superada.

Súmula 472-STF

~~A condenação do autor em honorários de advogado, com fundamento no art. 64 do CPC, depende de reconvenção.~~

- **Status:** Superada com o novo CPC.
- **Dispositivos relacionados:**

"CPC/15, Art. 338. Alegando o réu, na contestação, ser parte ilegítima ou não ser o responsável pelo prejuízo invocado, o juiz facultará ao autor, em 15 (quinze) dias, a alteração da petição inicial para substituição do réu.

Parágrafo único. Realizada a substituição, o autor reembolsará as despesas e pagará os honorários ao procurador do réu excluído, que serão fixados entre três e cinco por cento do valor da causa ou, sendo este irrisório, nos termos do art. 85, § 8º."

"CPC/15, Art. 339. Quando alegar sua ilegitimidade, incumbe ao réu indicar o sujeito passivo da relação jurídica discutida sempre que tiver conhecimento, sob pena de arcar com as despesas processuais e de indenizar o autor pelos prejuízos decorrentes da falta de indicação.

§ 1º O autor, ao aceitar a indicação, procederá, no prazo de 15 (quinze) dias, à alteração da petição inicial para a substituição do réu, observando-se, ainda, o parágrafo único do art. 338.

§ 2º No prazo de 15 (quinze) dias, o autor pode optar por alterar a petição inicial para incluir, como litisconsorte passivo, o sujeito indicado pelo réu."

Súmula 450-STF

São devidos honorários de advogado sempre que vencedor o beneficiário de justiça gratuita.

- **Status:** Válida.

Súmula 257-STF

São cabíveis honorários de advogado na ação regressiva do segurador contra o causador do dano.

- **Status:** Válida.

Súmula 256-STF

~~É dispensável pedido expresso para condenação do réu em honorários, com fundamento nos arts. 63 ou 64 do Código de Processo Civil.~~

- **Status:** Superada.
- **Nota do autor:** A condenação em honorários advocatícios é uma imposição que decorre da própria lei. Assim, a condenação em honorários advocatícios é devida independentemente de pedido expresso da parte.

Súmula 488-STJ

O § 2º do art. 6º da Lei nº 9.469/97, que obriga a repartição dos honorários advocatícios, é inaplicável a acordos ou transações celebrados em data anterior à sua vigência.

- **Status:** Válida.

Súmula 462-STJ

Nas ações em que representa o Fundo de Garantia do Tempo de Serviço (FGTS), a Caixa Econômica Federal (CEF) **não** está isenta de reembolsar as custas pela parte vencedora.

- **Status:** Válida.

Súmula 453-STJ

~~Os honorários sucumbenciais, quando omitidos em decisão transitada em julgado, não podem ser cobrados em execução ou em ação própria.~~

- **Status:** Superada pelo novo CPC.

• **Nota do autor:** O novo CPC admite expressamente que, se a decisão for omissa quanto aos honorários, mesmo assim será possível a cobrança através de ação autônoma.

• **Dispositivos relacionados:**

"Art. 85 (...)

§ 18. Caso a decisão transitada em julgado seja omissa quanto ao direito aos honorários ou ao seu valor, é cabível ação autônoma para sua definição e cobrança."

Súmula 345-STJ

São devidos honorários advocatícios pela Fazenda Pública nas execuções individuais de sentença proferida em ações coletivas, ainda que não embargadas.

• **Status:** Válida.

• **Nota do autor:** De acordo com o STJ, o art. 85, § 7º do CPC/15 não afastou a regra prevista na Súmula 345 do STJ.

• **Precedentes relacionados:**

"Para o fim preconizado no art. 1.039 do CPC/2015, firma-se a seguinte tese: "O art. 85, § 7º, do CPC/2015 não afasta a aplicação do entendimento consolidado na Súmula 345 do STJ, de modo que são devidos honorários advocatícios nos procedimentos individuais de cumprimento de sentença decorrente de ação coletiva, ainda que não impugnados e promovidos em litisconsórcio." (STJ, Corte Especial, REsp 1648238/RS, Rel. Min. Gurgel de Faria, julgado em 20/06/2018) (recurso repetitivo) (Informativo n. 628)

• **Dispositivos relacionados:**

"CPC/15, Art. 85. (...)

§ 7º Não serão devidos honorários no cumprimento de sentença contra a Fazenda Pública que enseje expedição de precatório, desde que não tenha sido impugnada."

Súmula 326-STJ

Na ação de indenização por dano moral, a condenação em montante inferior ao postulado na inicial **não** implica sucumbência recíproca.

- **Status:** Válida.

Súmula 306-STJ

~~Os honorários advocatícios devem ser compensados quando houver sucumbência recíproca, assegurado o direito autônomo do advogado à execução do saldo sem excluir a legitimidade da própria parte.~~

- **Status:** Superada pelo advento do CPC/2015.

- **Dispositivos relacionados:**

> "CPC/15, Art. 85. (...)
>
> § 14 Os honorários constituem direito do advogado e têm natureza alimentar, com os mesmos privilégios dos créditos oriundos da legislação do trabalho, sendo **vedado** a compensação em caso de sucumbência parcial."

Súmula 232-STJ

A Fazenda Pública, quando parte no processo, **fica** sujeita à exigência do depósito prévio dos honorários do perito.

- **Status:** Válida.

Súmula 201-STJ

Os honorários advocatícios **não** podem ser fixados em salários-mínimos.

- **Status:** Válida.

- **Dispositivos relacionados:**

> "CF, Art. 7º São direitos dos trabalhadores urbanos e rurais, além de outros que visem à melhoria de sua condição social: (...) IV – salário mínimo , fixado em lei, nacionalmente unificado, capaz de atender a suas necessidades vitais básicas e às de sua família com moradia, alimentação, educação, saúde, lazer, vestuário, higiene, transporte e previdência social, com reajustes periódicos que lhe preservem o poder aquisitivo, **sendo vedada sua vinculação para qualquer fim**;"

> "CPC/15, Art. 85. (...).
>
> § 3º Nas causas em que a Fazenda Pública for parte, a fixação dos honorários observará os critérios estabelecidos nos incisos I a IV do § 2º e os seguintes percentuais:
>
> I – mínimo de dez e máximo de vinte por cento sobre o valor da condenação ou do proveito econômico obtido até 200 (duzentos) salários-mínimos;
>
> II – mínimo de oito e máximo de dez por cento sobre o valor da condenação ou do proveito econômico obtido acima de 200 (duzentos) salários-mínimos até 2.000 (dois mil) salários-mínimos;
>
> III – mínimo de cinco e máximo de oito por cento sobre o valor da condenação ou do proveito econômico obtido acima de 2.000 (dois mil) salários-mínimos até 20.000 (vinte mil) salários-mínimos;
>
> IV – mínimo de três e máximo de cinco por cento sobre o valor da condenação ou do proveito econômico obtido acima de 20.000 (vinte mil) salários-mínimos até 100.000 (cem mil) salários-mínimos;
>
> V – mínimo de um e máximo de três por cento sobre o valor da condenação ou do proveito econômico obtido acima de 100.000 (cem mil) salários-mínimos."

Súmula 14-STJ

Arbitrados os honorários advocatícios em percentual sobre o valor da causa, **a correção monetária incide a partir do respectivo ajuizamento.**

- **Status:** Válida.

14.1. Questões relacionadas

(UEM – Advogado – UEM/2018) Marque a alternativa incorreta.

a) A retirada dos autos de prova considerada ilícita não exclui, necessariamente, as demais peças processuais que a ela façam referência.

b) Os honorários advocatícios incluídos na condenação ou destacados do montante principal devido ao credor consubstanciam verba de natureza alimentar cuja satisfação ocorrerá com a expedição de precatório ou requisição de pequeno valor, observada ordem especial restrita aos créditos dessa natureza.

c) Não é possível valer-se de embargos de declaração para obter, em caráter consultivo, esclarecimentos de dúvidas pelo Poder Judiciário.

d) É possível a criação, pela interpretação de causas, de impedimento e suspeição.

e) A conciliação, a mediação e outros métodos de solução consensual de conflitos deverão ser estimulados por juízes, advogados, defensores públicos e membros do Ministério Público, inclusive no curso do processo judicial.

Resposta correta: letra "d".

(FCC – Analista Judiciário – Área Judiciária – TRT – 6ª Região/2018) No tocante aos honorários de sucumbência no processo do trabalho, de acordo com as inovações da Lei n° 13.467/2017, que alteraram a CLT

a) serão devidos ao advogado da parte que tenha sucumbido na menor parte dos pedidos constantes da ação.

b) não são devidos ao beneficiário da justiça gratuita e nem na reconvenção.

c) são devidos também nas ações contra a Fazenda Pública e nas ações em que a parte estiver assistida ou substituída pelo sindicato de sua categoria.

d) serão fixados entre o mínimo de 5% e o máximo de 20% sobre o valor da condenação ou sobre o valor atualizado da causa.

e) serão fixados pelo juízo de acordo com o grau de zelo do profissional, a natureza e a importância da causa, o trabalho realizado pelo advogado e o tempo exigido para o seu serviço, sendo irrelevante o lugar da prestação do serviço.

Resposta correta: letra "c".

(Vunesp – Juiz de Direito – TJ-SP/2018) Sobre honorários advocatícios, afigura-se INCORRETO afirmar:

a) eles serão proporcionalmente distribuídos e compensados entre os litigantes se cada qual for parcialmente vencido.

b) na majoração em grau de recurso, o limite máximo deverá computar apenas o valor dos honorários e não aqueles decorrentes de multas e de outras sanções processuais.

c) a verba será devida no cumprimento de sentença contra a Fazenda Pública que enseje a expedição de precatório, se tiver sido ofertada impugnação.

d) não são devidos em processo de mandado de segurança, ainda que haja má-fé da parte.

Resposta correta: letra "a".

(TRT 11ª Região – Analista Judiciário – Área Judiciária – TRT – 11ª Região/2017) A respeito dos honorários advocatícios, é correto afirmar que

a) os honorários advocatícios não podem exceder 5% do valor da condenação, nas causas em que a Fazenda Pública for parte.

b) os honorários fixados na sentença não podem ser cumulados com os honorários arbitrados na fase recursal.

c) não são devidos honorários no cumprimento de sentença contra a Fazenda Pública que enseje a expedição de precatório, desde que não tenha sido impugnada.

d) não são devidos honorários advocatícios no cumprimento provisório de sentença.

e) não são devidos honorários advocatícios nos casos de perda de objeto.

Resposta correta: letra "c".

(Vunesp – Procurador Municipal – Prefeitura de São José dos Campos – SP/2017) Em ação anulatória de débito fiscal, promovida sem o depósito prévio do valor integral, o juízo, uma vez ouvida a Fazenda Pública, determina ao contribuinte autor que promova o depósito no prazo de 5 dias. A respeito dessa situação hipotética, assinale a alternativa correta.

a) Caso o contribuinte não satisfaça a determinação do juízo, o feito deve ser extinto sem julgamento do mérito.

b) O contribuinte deve cumprir a determinação do juízo, sob pena do processo ser extinto com solução do mérito por falta de condição da ação.

c) O contribuinte deve cumprir a determinação do juízo, sob pena do processo ser extinto com resolução do mérito diante da ausência de pressuposto processual específico para esse tipo de ação.

d) A exigência de depósito prévio é inconstitucional como requisito de admissibilidade de ação judicial na qual se pretende discutir a exigibilidade do crédito tributário.

e) A determinação do juízo é de ser cumprida no prazo assinalado, sob pena do arquivamento do feito até que seja satisfeito o pressuposto específico.

Resposta correta: letra "d".

(FCC – Analista Judiciário – Área Judiciária – TRT 11ª Região/2017) A respeito dos honorários advocatícios, é correto afirmar que

a) os honorários advocatícios não podem exceder 5% do valor da condenação, nas causas em que a Fazenda Pública for parte.

b) os honorários fixados na sentença não podem ser cumulados com os honorários arbitrados na fase recursal.

c) não são devidos honorários no cumprimento de sentença contra a Fazenda Pública que enseje a expedição de precatório, desde que não tenha sido impugnada.

d) não são devidos honorários advocatícios no cumprimento provisório de sentença.

e) não são devidos honorários advocatícios nos casos de perda de objeto.

Resposta correta: letra "c".

(Cespe – Defensor Público – DPE-AC/2017) De acordo com a jurisprudência do STF acerca dos honorários advocatícios decorrentes da atuação da DP, assinale a opção correta.

a) A inexistência de condenação anterior em honorários advocatícios em favor da DP não obsta a fixação de honorários recursais.

b) A DP não poderá receber honorários advocatícios caso ajuíze e vença ação contra o mesmo ente estatal ao qual esteja vinculada.

c) Caso a DP proponha uma ação, de qualquer natureza, e seja vencedora, deverão ser fixados em favor dela honorários advocatícios, em decorrência de sua autonomia institucional.

d) A atuação de DP como curador especial não impede a condenação da parte vencida em honorários advocatícios em favor da DP.

e) Por expressa determinação constitucional, é vedado ao DP, a qualquer título e sob qualquer pretexto, o recebimento de honorários.

Resposta correta: letra "d".

(FUNRIO – Procurador Municipal – Prefeitura de Itupeva – SP/2016) Os honorários advocatícios tiveram a sua disciplina modificada pelo Código de Processo Civil de 2015. Como regra geral a sua fixação em sentença obedecerá o:

a) mínimo de cinco por cento do valor da condenação

b) máximo de trinta por cento do valor da causa

c) valor fixado aleatoriamente pelo magistrado nas causas sem conteúdo econômico

d) mínimo de cinco por cento do valor da causa

e) mínimo de dez e máximo de vinte por cento do valor da condenação

Resposta correta: letra "e".

(FCC – Juiz de Direito – TJ-PI/2015) Está de acordo com o entendimento sumular do Superior Tribunal de Justiça:

a) São devidos honorários advocatícios no cumprimento de sentença, desde que haja impugnação, após escoado prazo para pagamento voluntário, que se inicia após a intimação do advogado da parte contrária.

b) É obrigatória ao juiz a reunião de execuções fiscais contra o mesmo devedor.

c) Em ação monitória fundada em cheque prescrito ajuizada contra o emitente, é indispensável a menção ao negócio jurídico subjacente à emissão da cártula.

d) No seguro de responsabilidade civil facultativo, é cabível o ajuizamento de ação pelo terceiro prejudicado, direta e exclusivamente em face da seguradora do apontado causador do dano.

e) Na hipótese de rejeição da impugnação ao cumprimento de sentença, não são cabíveis honorários advocatícios.

Resposta correta: letra "e".

15. AÇÃO MONITÓRIA

Súmula 531-STJ

Em ação monitória fundada em cheque prescrito ajuizada contra o emitente, **é dispensável** a menção ao negócio jurídico subjacente à emissão da cártula.

- **Status:** Válida.

Súmula 504-STJ

O prazo para ajuizamento de ação monitória em face do emitente de nota promissória sem força executiva **é quinquenal, a contar do dia seguinte ao vencimento do título.**

- **Status:** Válida.

Súmula 503-STJ

O prazo para ajuizamento de ação monitória em face do emitente de cheque sem força executiva é quinquenal, **a contar do dia seguinte à data de emissão estampada na cártula.**

- **Status:** Válida.

Súmula 384-STJ

Cabe ação monitória para haver saldo remanescente oriundo de venda extrajudicial de bem alienado fiduciariamente em garantia.

- **Status:** Válida.

Súmula 339-STJ

É cabível ação monitória contra a Fazenda Pública.

- **Status:** Válida.

- **Dispositivos relacionados:**

> "CPC/15, Art. 700. (...)
> § 6º É admissível ação monitória em face da Fazenda Pública."

Súmula 299-STJ

É admissível a ação monitória fundada em cheque prescrito.

- **Status:** Válida.

Súmula 292-STJ

A reconvenção é cabível na ação monitória, após a conversão do procedimento em ordinário.

- **Status:** Válida.

- **Dispositivos relacionados:**

> "CPC/15, Art. 702. (...).
> § 6º Na ação monitória admite-se a reconvenção, sendo vedado o oferecimento de reconvenção à reconvenção."

Súmula 282-STJ

Cabe a citação por edital em ação monitória.

- **Status:** Válida.

- **Dispositivos relacionados:**

> "CPC/15, Art. 100. (...).
> § 7º Na ação monitória, admite-se citação por qualquer dos meios permitidos para o procedimento comum."

Súmula 247-STJ

O contrato de abertura de crédito em conta-corrente, acompanhado do demonstrativo de débito, **constitui documento hábil para o ajuizamento da ação monitória**.

- **Status:** Válida.

15.1. Questões relacionadas

(FCC – Advogado – AFAP/2019) Em relação à ação monitoria, considere:

I. A ação monitória pode ser proposta por aquele que afirmar, com base em prova escrita sem eficácia de título executivo, ter direito de exigir do devedor capaz o pagamento de valor em dinheiro ou o adimplemento de obrigação de fazer ou de não fazer, exclusivamente.

II. É admissível ação monitória em face da Fazenda Pública.

III. Havendo dúvida quanto à idoneidade de prova documental apresentada pelo autor, o juiz intimá-lo-á para, querendo, emendar a petição inicial, adaptando-a ao procedimento comum.

IV. Desde que previamente seguro o juízo, o réu poderá opor, nos próprios autos, no prazo de quinze dias, embargos à ação monitória.

V. Quando o réu alegar que o autor pleiteia quantia superior à devida, cumprir-lhe-á declarar de imediato o valor que entende correto, apresentando demonstrativo discriminado e atualizado da dívida; não apontado o valor correto ou não apresentado o demonstrativo, os embargos serão liminarmente rejeitados, se esse for o seu único fundamento, e, se houver outro fundamento, os embargos serão processados, mas o juiz deixará de examinar a alegação de excesso.

Está correto o que se afirma APENAS em

a) I, IV e V.

b) I, II, IV e V.

c) II , III e V.

d) II , III , IV e V.

e) I, II e III .

Resposta correta: letra "c".

(FCC – Defensor Público – DPE-MA/2018) De acordo com a jurisprudência consolidada do STJ a respeito do cheque:

a) não caracteriza dano moral a apresentação antecipada de cheque pré-datado

b) em ação monitória fundada em cheque prescrito ajuizada contra o emitente, é indispensável a menção ao negócio jurídico subjacente à emissão da cártula

c) a simples devolução indevida de cheque não caracteriza dano moral.

d) o prazo para ajuizamento de ação monitória em face do emitente de cheque sem força executiva é quinquenal, a contar do dia seguinte à data de emissão estampada na cártula.

e) é inadmissível a ação monitória fundada em cheque prescrito.

Resposta correta: letra "d".

(FEPESE – Procurador Municipal – Prefeitura de Rio das Antas – SC/2018) Sobre a ação monitória, assinale a alternativa correta.

a) Na ação monitória não se admite a reconvenção.

b) Não é admissível a ação monitória em face da Fazenda Pública.

c) A ação monitória pode ser proposta por aquele que afirmar, sem base em prova escrita, ter direito de exigir obrigação do devedor.

d) O réu poderá opor, nos próprios autos, mediante prévia segurança do juízo, embargos à ação monitória.

e) Na ação monitória, admite-se citação por qualquer dos meios permitidos para o procedimento comum.

Resposta correta: letra "e".

(FCC – Procurador do Estado – PGE-AP/2018) Em relação à jurisprudência dominante dos Tribunais Superiores, em matéria processual,

a) é ineficaz a penhora de bem de família pertencente a fiador de contrato de locação residencial.

b) é sempre necessário ratificar o recurso especial interposto na pendência do julgamento dos embargos de declaração.

c) a recuperação judicial do devedor principal impede o prosseguimento das ações e execuções ajuizadas contra terceiros devedores solidários ou coobrigados.

d) em ação monitória fundada em cheque prescrito contra o emitente, é indispensável a menção ao negócio jurídico subjacente à emissão da cártula.

e) o relator, monocraticamente e no Superior Tribunal de Justiça, poderá dar ou negar provimento ao recurso quando houver entendimento dominante acerca do tema.

Resposta correta: letra "e".

(FCC – Auditor-Fiscal da Receita Estadual – SEFAZ-SC/2018) No tocante à execução contra a Fazenda Pública, é correto afirmar:

a) A Fazenda Pública será intimada para opor embargos em trinta dias.

b) Não é cabível ação monitória contra a Fazenda Pública.

c) É cabível execução por título extrajudicial contra a Fazenda Pública

d) Não opostos embargos, expedir-se-á precatório em favor do exequente, para pagamento imediato, qualquer que seja o valor exigido judicialmente por ele, haja vista o regime jurídico especial previsto em favor do ente fazendário.

e) Ao embargar, a Fazenda Pública só poderá alegar questões preliminares prejudiciais e, no mérito, pagamento ou compensação creditícia.

Resposta correta: letra "c".

(CESGRANRIO – Advogado Júnior – Transpetro/2018) L, paciente de M, celebrou com ela contrato de prestação de serviços médicos, ficando ajustado que o pagamento seria realizado de forma fracionada, por meio da emissão de cheques pré-datados, em quantias a serem depositadas ao longo de quatro meses. Ocorre que, no decorrer do período, L perdeu o emprego, o que a deixou sem condições de honrar o pagamento da última parcela. Ultrapassado o prazo convencionado, o derradeiro cheque apresentado por M retornou por insuficiência de fundos, fato que levou L a figurar como inadimplente no serviço de proteção ao crédito. Após três meses, L conseguiu um novo emprego. Visando a sanar a dívida pendente, ela buscou estabelecer contato com M, sem sucesso, pois esta se havia mudado para destino incerto.

Considerando a situação apresentada, que ação judicial é cabível com a finalidade de saldar a dívida de L?

a) Ação Monitória

b) Ação de depósito

c) Ação de repetição de indébito

d) Ação de consignação em pagamento

e) Ação de execução de título extrajudicial

Resposta correta: letra "d".

(FCC – Defensor Público – DPE-SC/2017) De acordo com o entendimento jurisprudencial consolidado em Súmula não revogada pelo Superior Tribunal de Justiça:

a) é impenhorável o único imóvel residencial do devedor que esteja locado a terceiros, desde que a renda obtida com a locação seja revertida para a subsistência ou a moradia da sua família.

b) para fins do art. 105, III, a, da Constituição Federal, é cabível recurso especial fundado em alegada violação de enunciado de súmula.

c) em ação monitória fundada em cheque prescrito ajuizada contra o emitente, é indispensável a menção ao negócio jurídico subjacente à emissão da cártula.

d) é inadmissível o recurso especial interposto antes da publicação do acórdão dos embargos de declaração, sem posterior ratificação.

e) é nula a penhora de bem de família pertencente a fiador de contrato de locação.

Resposta correta: letra "d".

(Vunesp – Juiz de Direito – TJ-SP/2017) Ação judicial proposta com fundamento em nota promissória vencida e não paga deverá ser

a) admitida, se proposta ação monitória até o decurso de cinco anos do vencimento do título.

b) admitida, caso seja proposta ação de execução no prazo de até cinco anos do dia seguinte ao do seu vencimento do título.

c) admitida, qualquer que seja a ação proposta, aplicando-se ao caso o prazo da prescrição ordinária.

d) extinta, pela prescrição, se proposta ação monitória após três anos do vencimento do título.

Resposta correta: letra "a".

(TRF 3ª Região – Juiz Federal – TRF 3ª Região/2016) Assinale a alternativa incorreta.

a) Segundo entendimento consolidado pelo STJ admite-se a possibilidade de ajuizamento de ação de prestação de contas relativa a contrato de conta-corrente bancária, contrato de financiamento e contrato de mútuo.

b) A penhora pode ser substituída por fiança bancária ou seguro garantia judicial, em valor não inferior ao débito constante da inicial mais 30% (trinta por cento).

c) Nos termos do CPC, os embargos de terceiro podem ser opostos a qualquer tempo no processo de conhecimento enquanto não transitada em julgado a sentença, e, no processo de execução, até 5 (cinco) dias depois da arrematação, adjudicação ou remição, mas sempre antes da assinatura da respectiva carta. Contudo, caso o terceiro não tenha conhecimento da execução, o prazo somente tem início a partir da efetiva turbação da posse que se dá com a imissão do arrematante na posse do bem.

d) Em ação monitória fundada em cheque prescrito, ajuizada em face do emitente, é dispensável menção ao negócio jurídico subjacente à emissão da cártula. Nesse caso, o prazo para ajuizamento da ação é quinquenal, tendo por termo "a quo" o dia seguinte à data de emissão estampada na cártula, sendo cabível, nesse caso, a reconvenção.

Resposta correta: letra "a".

(Cespe – Procurador do Estado – PGE-AM/2016) Com relação aos procedimentos especiais e ao processo de execução no âmbito do processo civil, julgue o próximo item.

É cabível, segundo o STJ, o ajuizamento de ação monitória contra a fazenda pública, com o objetivo de receber nota promissória prescrita, emitida por ente público e vencida há quatro anos.

Resposta: certo.

(FUNCAB – Delegado de Polícia Civil – PC-PA/2016) No tocante a crédito oriundo de cheque, o termo inicial para a incidência de correção monetária e o dies a quo para a contagem de juros de mora são:

a) respectivamente, a data da primeira apresentação e a data da citação na ação de cobrança.

b) respectivamente, a data de emissão estampada na cártula e a data da citação na ação de cobrança.

c) a data da primeira apresentação.

d) respectivamente, a data de emissão estampada na cártula e a data da primeira apresentação à instituição financeira sacada ou câmara de compensação.

e) a data de emissão estampada na cártula.

Resposta correta: letra "d".

(FCC – Defensor Público – DPE-MA/2015) O cheque prescrito

a) é apto a embasar ação monitória, a qual não admite reconvenção em nenhuma de suas fases.

b) é apto a embasar ação monitória, que somente poderá ser embargada se houver prévia garantia do juízo.

c) não é apto a embasar ação monitória, devendo ser objeto de ação prevista em legislação específica.

d) é apto a embasar ação monitória, dispensando-se que se mencione, na inicial, o negócio jurídico subjacente à emissão da cártula, quando a demanda tiver sido ajuizada contra o próprio emitente, a quem é dado, em embargos monitórios, buscar provar fatos impeditivos, modificativos ou extintivos.

e) é apto a embasar ação monitória, desde que o autor comprove, com a inicial, a licitude do negócio jurídico subjacente à emissão da cártula.

Resposta correta: letra "d".

(PUC-PR – Procurador Municipal – Prefeitura de Maringá – PR/2015) Sobre o regime jurídico dos títulos de crédito, considerando a jurisprudência sumulada do Superior Tribunal de Justiça, assinale a alternativa CORRETA:

a) Conta-se da data do protesto do título o prazo prescricional da pretensão da ação monitória fundada em cheque sem força executiva.

b) Não se admite ação monitória para cobrança de cheque cuja pretensão executiva está prescrita.

c) Em ação monitória fundada em cheque prescrito ajuizada contra o emitente, é dispensável a menção ao negócio jurídico subjacente à emissão da cártula.

d) É decenal o prazo para ajuizamento de ação monitória em face do emitente de nota promissória sem força executiva, a contar da data do protesto da cártula.

e) A simples apresentação antecipada de cheque pré-datado pelo beneficiário não pode acarretar a existência de dano moral, notadamente diante da autonomia e da abstração preponderantes nos títulos de crédito.

Resposta correta: letra "c".

16. LIQUIDAÇÃO DA SENTENÇA

Súmula 344-STJ

A liquidação por forma diversa da estabelecida na sentença **não** ofende a coisa julgada.

- **Status:** Válida.

Súmula 318-STJ

Formulado pedido certo e determinado, somente o autor tem interesse recursal em arguir o vício da sentença ilíquida.

- **Status:** Válida.

16.1. Questões relacionadas

(UPENET/IUAPE – Advogado – UPE/2019) Sobre a liquidação de sentença no processo do trabalho, assinale a alternativa INCORRETA.

a) A liquidação abrangerá, também, os cálculos das contribuições previdenciárias devidas.

b) Constitui exemplo de liquidação por artigos no Processo do Trabalho a sentença proferida em sede de Ação Civil Pública em que esta condena a pagar dano moral coletivo, mas não fixa o valor.

c) É possível a liquidação de forma diversa da estabelecida, e essa ação não ofende a coisa julgada.

d) A Lei 13.467/17 estabeleceu a regra de que a atualização dos créditos decorrentes de condenação judicial feita pela Taxa Referencial (TR), divulgada pelo Banco Central do Brasil, só é possível para os processos ajuizados antes de 11.11.2017.

e) Nos termos do Art. 14, da IN n. 41/2018 do TST, a regra inscrita no art. 879, § 2º, da CLT, quanto ao dever de o juiz conceder prazo comum de oito dias para impugnação fundamentada da conta de liquidação, não se aplica à liquidação de julgado iniciada antes de 11 de novembro de 2017.

Resposta correta: letra "d".

(IESES – Titular de Serviços de Notas e de Registros – Remoção – TJ-AM/2018) Quando a sentença condenar ao pagamento de quantia ilíquida, proceder-se-á à sua liquidação, a requerimento do credor ou do devedor. Acerca da liquidação de sentença é correto afirmar:

I. A liquidação de sentença se dará por arbitramento, quando determinado pela sentença, convencionado pelas partes ou exigido pela natureza do objeto da liquidação.

II. Quando na sentença houver uma parte líquida e outra ilíquida, ao credor é lícito promover simultaneamente a execução daquela e, em autos apartados, a liquidação desta.

III. Na liquidação é permitido rediscutir a lide ou modificar a sentença que a julgou.

IV. É vetado promover a liquidação na pendência de recurso.

A sequência correta é:

a) Apenas as assertivas I e II estão corretas.

b) As assertivas I, II, III e IV estão corretas.

c) Apenas a assertiva IV está incorreta.

d) Apenas as assertivas II e IV estão incorretas.

Resposta correta: letra "a".

(Vunesp – Procurador – FAPESP/2018) O pedido formulado na petição inicial deve ser certo e determinado, cabendo anotar que

a) são considerados pedidos implícitos os juros legais, a correção monetária e a multa.

b) a interpretação do pedido considerará o princípio dos sistemas de vasos comunicantes da postulação.

c) na ação que tiver por objeto cumprimento de obrigação em prestações conjuntivas, essas serão consideradas incluídas no pedido, independentemente de declaração expressa do autor.

d) é lícito formular mais de um pedido em ordem subsidiária, a fim de que o juiz conheça do posterior, quando não acolher o anterior.

e) é possível formular pedido genérico nas ações reflexivas, se o autor não puder individuar os bens demandados.

Resposta correta: letra "d".

(Vunesp – Juiz de Direito – TJ-SP/2018) Quando a sentença contiver condenação ilíquida ao pagamento de quantia,

a) será inviável ao credor promover o cumprimento de sentença, ainda que parte da decisão seja líquida.

b) terá lugar liquidação por cálculo, caso o credor não apresente o demonstrativo do débito atualizado.

c) terá lugar o arbitramento, se assim exigir a natureza do objeto da liquidação.

d) a decisão será inválida porque a condenação deve ser sempre líquida, ainda que o pedido do autor seja genérico.

Resposta correta: letra "a".

(FCC – Juiz de Direito – TJ-AL/2015) No tocante à sentença,

a) a fundamentação é desejável, mas sua falta é suprida se não houver prejuízo à parte sucumbente.

b) formulado pedido certo e determinado, somente o autor tem interesse recursal em arguir o vício da sentença ilíquida.

c) em regra, esta pode ser genérica, já que será liquidada oportunamente.

d) deve ela ser certa, salvo quando decida relação jurídica condicional.

e) é sempre possível a decisão proferida em forma concisa.

Resposta correta: letra "b".

17. PROCESSO DE EXECUÇÃO

Súmula 228-STF

~~Não é provisória a execução na pendência de recurso extraordinário, ou de agravo destinado a fazê-lo admitir.~~

- **Status:** Superada.

Súmula 519-STJ

Na hipótese de rejeição da impugnação ao cumprimento de sentença, **não** são cabíveis honorários advocatícios.

- **Status:** Válida.

Súmula 517-STJ

São devidos honorários advocatícios no cumprimento de sentença, **haja ou não impugnação, depois de escoado o prazo para pagamento voluntário, que se inicia após a intimação do advogado da parte executada.**

- **Status:** Válida.

Súmula 478-STJ

Na execução de crédito relativo a cotas condominiais, este **tem** preferência sobre o hipotecário.

- **Status:** Válida.

Súmula 451-STJ

É legítima a penhora da sede do estabelecimento comercial.

- **Status:** Válida.

Súmula 417-STJ

Na execução civil, a penhora de dinheiro na ordem de nomeação de bens **não** tem caráter absoluto.

- **Status:** Válida.

- **Dispositivos relacionados:**

> "CPC/15, Art. 835. (...)
>
> § 1º É prioritária a penhora em dinheiro, podendo o juiz, nas demais hipóteses, alterar a ordem prevista no *caput* de acordo com as circunstâncias do caso concreto."

Súmula 375-STJ

O reconhecimento da fraude à execução **depende do registro da penhora do bem alienado ou da prova de má-fé do terceiro adquirente.**

- **Status:** Válida.

- **Nota do autor:** Essa súmula não se aplica para as execuções fiscais de créditos tributários. Isso porque aplica-se a regra do art. 185 do CTN, que não exige prova da má-fé do terceiro adquirente. Assim, para o reconhecimento da fraude à execução basta que o devedor tenha alienado ou onerado seus bens após a inscrição do débito tributário na dívida ativa, ficando sem bens para pagar a Fazenda.

- **Dispositivos relacionados:**

> "CTN, Art. 185. Presume-se fraudulenta a alienação ou oneração de bens ou rendas, ou seu começo, por sujeito passivo em débito para com a Fazenda Pública, por crédito tributário regularmente inscrito como dívida ativa.(Redação dada pela LC 118/2005)
>
> Parágrafo único. O disposto neste artigo não se aplica na hipótese de terem sido reservados, pelo devedor, bens ou rendas suficientes ao total pagamento da dívida inscrita. (Redação dada pela LC 118/2005)"

Súmula 328-STJ

Na execução contra instituição financeira, é penhorável o numerário disponível, excluídas as reservas bancárias mantidas no Banco Central.

- **Status:** Válida.

Súmula 319-STJ

O encargo de depositário de bens penhorados **pode** ser expressamente recusado.

- **Status:** Válida.

Súmula 317-STJ

~~É definitiva a execução de título extrajudicial, ainda que pendente apelação contra sentença que julgue improcedentes os embargos.~~

- **Status:** Superada.

Súmula 300-STJ

O instrumento de confissão de dívida, ainda que originário de contrato de abertura de crédito, **constitui título executivo extrajudicial**.

- **Status:** Válida.

Súmula 268-STJ

O fiador que não integrou a relação processual na ação de despejo **não** responde pela execução do julgado.

- **Status:** Válida.

Súmula 258-STJ

A nota promissória vinculada a contrato de abertura de crédito **não** goza de autonomia em razão da iliquidez do título que a originou.

- **Status:** Válida.

Súmula 247-STJ

O contrato de abertura de crédito em conta-corrente, acompanhado do demonstrativo de débito, **constitui documento hábil para o ajuizamento da ação monitória**.

- **Status:** Válida.

Súmula 233-STJ

O contrato de abertura de crédito, ainda que acompanhado de extrato da conta-corrente, **não** é título executivo.

- **Status:** Válida.

Súmula 196-STJ

Ao executado que, citado por edital ou por hora certa, permanecer revel, **será nomeado curador especial, com legitimidade para apresentação de embargos**.

- **Status:** Válida.

Súmula 46-STJ

Na execução por carta, **os embargos do devedor serão decididos no juízo deprecante**, **salvo** se versarem unicamente vícios ou defeitos da penhora, avaliação ou alienação dos bens.

- **Status:** Válida.

Súmula 27-STJ

Pode a execução fundar-se em mais de um título extrajudicial relativos ao mesmo negócio.

- **Status:** Válida.

17.1. Questões relacionadas

(UPENET/IAUPE – Advogado – UPE/2019) Em relação aos honorários e às despesas processuais previstos no Código de Processo Civil, assinale a alternativa INCORRETA.

a) Os advogados públicos perceberão honorários de sucumbência nos termos da lei.

b) São devidos honorários advocatícios no cumprimento provisório de sentença.

c) Não são devidos honorários no cumprimento de sentença contra a Fazenda Pública que enseje a expedição de precatório, desde que não tenha sido impugnada.

d) Quando os honorários forem fixados em quantia certa, os juros moratórios incidirão a partir da data da citação da parte sucumbente.

e) São devidos honorários advocatícios no caso de perda de objeto.

Resposta correta: letra "d".

(FEPESE – Procurador do Estado – PGE-SC/2018) Em relação ao cumprimento de sentença que reconhece a exigibilidade de obrigação de pagar quantia, é correto afirmar:

a) Para que se inicie o cumprimento de sentença, há necessidade de requerimento do credor.

b) Ocorrendo o pagamento integral e voluntário no prazo de 15 dias após a intimação do requerimento do credor, o valor dos honorários advocatícios será reduzido pela metade.

c) Em caso de sentença impugnada por recurso sem efeito suspensivo, o cumprimento provisório de sentença ocorrerá exatamente da mesma forma que o definitivo.

d) O prazo para apresentação da impugnação ao cumprimento de sentença decorrente de obrigação de pagar quantia fluirá em conjunto com o prazo para pagamento voluntário da obrigação.

e) Na impugnação, o devedor poderá, dentre outras matérias, opor qualquer causa modificativa ou extintiva da obrigação, ainda que anterior à decisão que reconheceu a obrigação em discussão.

Resposta correta: letra "a".

(NC-UFPR – Procurador Legislativo – Câmara de Quitandinha – PR/2018) Sobre o fiador, é correto afirmar:

a) O bem de família do fiador é impenhorável.

b) A obrigação do fiador passa aos herdeiros, mas a responsabilidade da fiança se limita ao tempo decorrido até a morte do fiador, e não pode ultrapassar as forças da herança.

c) O fiador, na locação, responde por obrigações resultantes de aditamento ao qual não anuiu.

d) A fiança prestada sem autorização de um dos cônjuges não implica a ineficácia total da garantia.

e) O fiador que não integrou a relação processual na ação de despejo responde pela execução do julgado.

Resposta correta: letra "b".

(Vunesp – Juiz de Direito – TJ-RS/2018) O executado por título executivo extrajudicial, independentemente de penhora, depósito ou caução, poderá se opor à execução por meio de embargos, cujo prazo será contado, no caso de execuções por carta, da juntada

a) na carta, da certificação da citação, quando versarem unicamente sobre vícios ou defeitos da penhora, da avaliação ou da alienação dos bens.

b) do último comprovante de citação, quando houver mais de um executado.

c) do último comprovante de citação, que será contado em dobro no caso de litisconsortes com advogados diversos.

d) das respectivas citações, no caso de companheiros, sem contrato de união estável.

e) nos autos de origem, quando versarem sobre a nulidade da citação na ação de obrigação de pagar.

Resposta correta: letra "a".

(Cespe – Juiz de Direito – TJ-PR/2017) Pedro alugou um imóvel pertencente a Maria. Os fiadores, João e Mateus, não renunciaram ao benefício de ordem nem optaram expressamente pelo benefício da divisão. Diante da ausência de pagamento de Pedro, Maria ajuizou ação de despejo cumulada com cobrança de alugueres vencidos e vincendos. Julgado procedente o pedido, na fase de execução do julgado, ante a ausência de bens de Pedro e João, foi penhorado imóvel de Mateus, o qual argumentou que o bem era destinado à sua residência com os filhos menores. Considerando essa situação hipotética à luz da legislação aplicável ao caso e da jurisprudência do STJ, assinale a opção correta

a) É reconhecido benefício de ordem em favor de João, ainda que Pedro seja insolvente.

b) Um dos pressupostos para o conhecimento de ações semelhantes à impetrada por Maria é a demonstração de atraso de, no mínimo, três meses no pagamento do aluguel.

c) Mateus poderia alegar o benefício da divisão e exigir de João a parte que lhe cabe no pagamento.

d) A penhora realizada sobre o bem de família de Mateus foi legítima.

Resposta correta: letra "d".

(Cespe – Procurador Municipal – Prefeitura de Fortaleza – Constituição Estadual/2017) No que se refere ao cumprimento de sentença e ao processo de execução, julgue o item subsequente.

De acordo com o STJ, embora seja possível a penhora de precatório judicial, essa forma de pagamento não se iguala ao dinheiro, sendo, portanto, legítima a recusa da fazenda pública à garantia por meio de precatório em execução fiscal se, na nomeação de bens à penhora, o executado tiver preterido a ordem legal.

Resposta: certo.

(Vunesp – Juiz de Direito – TJ-SP/2017) O reconhecimento da nulidade de um contrato determina

a) a inexigibilidade do título pelo novo titular do crédito por endosso.

b) a autonomia da nota promissória como título executivo em favor do credor original.

c) a validade do título em favor de qualquer portador.

d) a inexigibilidade das notas promissórias a ele vinculadas, caso estejam na posse do credor original.

Resposta correta: letra "d".

(Cespe – Juiz de Direito – TJ-AM/2016) Acerca dos procedimentos especiais, assinale a opção correta.

a) Nos procedimentos de jurisdição voluntária, havendo interesse de incapaz, a intervenção do MP será obrigatória, competindo-lhe assegurar que o julgador observe os critérios de legalidade estrita na condução do processo, bem como no julgamento final.

b) Dada a natureza dúplice da ação de prestação de contas, o julgador pode reconhecer, na sentença, saldo em favor do réu, ainda que ele não o tenha postulado.

c) A curatela de interditos está prevista no CPC como procedimento especial de jurisdição contenciosa, no qual a intervenção do MP, como autor do pedido ou como fiscal da lei, é obrigatória.

d) Ajuizada ação possessória, o réu não poderá fundar sua defesa invocando a condição de proprietário do bem, mas poderá manejar ação própria de reconhecimento de domínio, independentemente do julgamento da possessória.

e) Promovida ação monitória fundada em contrato de abertura de crédito em conta-corrente e acompanhada de extrato demonstrativo do débito, caso adote o entendimento pacificado no STJ sobre a matéria, o julgador irá extingui-la por falta de interesse em agir, já que, na hipótese, o contrato mencionado constitui título executivo extrajudicial, passível de imediata execução.

Resposta correta: letra "b".

(UFMT – Defensor Público – DPE-MT/2016) Sobre o curador especial, assinale a afirmativa INCORRETA.

a) Nas ações em que réu preso for revel, caberá à Defensoria Pública exercer o múnus de curador especial, enquanto não for constituído advogado.

b) Nos casos em que o réu revel foi citado por edital ou com hora certa, caberá à Defensoria Pública exercer o múnus de curador especial, enquanto não for constituído advogado.

c) É necessária a intervenção da Defensoria Pública como curadora especial do menor na ação de destituição de poder familiar ajuizada pelo Ministério Público.

d) O Defensor Público não faz jus ao recebimento de honorários pelo múnus de curador especial, por estar no exercício das suas funções institucionais, para o que já é remunerado mediante o subsídio em parcela única.

e) O juiz nomeará curador especial ao incapaz, se concorrer na partilha com o seu representante, desde que exista colisão de interesses.

Resposta correta: letra "c".

(FCC – Procurador Municipal – Prefeitura de Campinas – SP/2016) Em relação à capacidade processual, é correto afirmar:

a) Verificada a incapacidade processual ou a irregularidade da representação da parte, o juiz extinguirá o processo na primeira hipótese e suspendê-lo-á na hipótese de irregularidade.

b) O juiz nomeará curador especial ao réu preso revel, bem como ao réu revel citado por edital ou com hora certa, enquanto não for constituído advogado.

c) Ambos os cônjuges serão necessariamente citados para a ação que verse sobre direto real, mobiliário ou imobiliário.

d) A falta de consentimento de um cônjuge a outro, para ajuizamento de demandas, quando necessário mas não suprido pelo juiz, caracteriza mera irregularidade processual.

e) A sociedade ou associação sem personalidade jurídica pode opor a irregularidade de sua constituição quando demandada, por não possuir capacidade postulatória.

Resposta correta: letra "b".

(Cespe – Procurador do Estado – PGE-AM/2016) Acerca de tutela provisória, cumprimento de sentença e processos nos tribunais, julgue o item a seguir.

Situação hipotética: Proposta pelo estado do Amazonas ação de rescisão contratual cumulada com perdas e danos contra uma empreiteira, o juízo acolheu o pedido e fixou honorários sucumbenciais. Depois de transitada em julgado a decisão e liquidada a sentença, a requerimento do ente autor, a referida empreiteira foi intimada para o cumprimento voluntário da obrigação, não tendo, contudo, cumprido tal obrigação e tampouco apresentado impugnação à medida. Assertiva: Nesse caso, devem ser fixados novos honorários advocatícios referentes à fase de cumprimento de sentença.

Resposta: certo.

(FCC – Analista Judiciário – Área Judiciária – TRT 23ª Região/2016) Acerca do cumprimento da sentença, considere:

I. O início do cumprimento de sentença e a expedição de mandado de penhora e avaliação devem ocorrer de ofício ou a requerimento da parte.

II. Em regra, a avaliação dos bens penhorados deve ocorrer por Perito da confiança do Juiz.

III. Em caso de acolhimento da impugnação ao cumprimento de sentença, ainda que parcial, serão arbitrados honorários em benefício do executado.

IV. Escoado o prazo para pagamento voluntário, que se inicia após a intimação pessoal da parte executada, são devidos honorários advocatícios, no cumprimento de sentença, apenas se tiver havido impugnação.

De acordo com o Código de Processo Civil e com jurisprudência consolidada do Superior Tribunal de Justiça, está correto o que consta APENAS em

a) II e IV.

b) III e IV.

c) III.

d) I e III.

e) I e II.

Resposta correta: letra "c".

(FCC – Juiz de Direito – TJ-AL/2015) Relativamente ao estabelecimento empresarial, considere:

I. O contrato que tenha por objeto a alienação, o usufruto ou arrendamento do estabelecimento, só produzirá efeitos quanto a terceiros depois de averbado à margem da inscrição do empresário, ou da sociedade empresária, no Registro Público de Empresas Mercantis, e de publicado na Imprensa Oficial.

II. Se ao alienante não restarem bens suficientes para solver o seu passivo, a eficácia da alienação do estabelecimento depende do pagamento de todos os credores, ou do consentimento destes, somente de modo expresso, em trinta dias a partir de sua notificação.

III. O adquirente do estabelecimento responde pelo pagamento dos débitos anteriores à transferência, desde que regularmente contabilizados, continuando o devedor primitivo solidariamente obrigado pelo prazo de um ano, a partir, quanto aos créditos vencidos, da publicação, e, quanto aos outros, da data do vencimento.

IV. Não havendo autorização expressa, o alienante do estabelecimento não pode fazer concorrência ao adquirente, nos três anos subsequentes ao registro da transferência.

V. É legítima a penhora da sede do estabelecimento comercial.

Está correto o que se afirma APENAS em

a) II, III e IV.

b) II, III, IV e V.

c) I, III e V.

d) I, II, IV e V.

e) I, III, IV e V.

Resposta correta: letra "c".

(FCC – Juiz do Trabalho – TRT 23ª Região/2015) Considera-se em fraude de execução

a) a alienação de bens quando, ao tempo da alienação, corria contra o devedor demanda capaz de reduzi-lo à insolvência e, conforme jurisprudência consolidada do Superior Tribunal de Justiça, o reconhecimento da fraude à execução independe de registro da penhora do bem alienado ou da prova de má-fé do terceiro adquirente, porque esse requisito é exigível somente para configuração de fraude contra credores.

b) a alienação de bens imóveis, quando, por sua ocasião, não se apresentar certidão negativa de demanda em curso contra o alienante, independentemente do risco de sua insolvência.

c) a alienação de bens apenas quando, ao tempo da alienação, corria contra o devedor execução capaz de reduzi-lo à insolvência, mas conforme jurisprudência consolidada do Superior Tribunal de Justiça, o reconhecimento da fraude à execução depende do registro da penhora do bem alienado ou de prova de má-fé do terceiro adquirente.

d) a alienação de bens quando, ao tempo da alienação, corria contra o devedor demanda capaz de reduzi-lo à insolvência, mas, conforme jurisprudência consolidada do Superior Tribunal de Justiça, o reconhecimento da fraude à execução depende do registro da penhora do bem alienado ou de prova de má-fé do terceiro adquirente.

e) somente a alienação de bens sobre os quais pender ação fundada em direito real.

Resposta correta: letra "d".

(MPE-SP – Promotor de Justiça – MPE-SP/2015) Assinale a alternativa que contém afirmação incorreta, no que respeita à penhora.

a) O registro da penhora faz prova quanto à fraude de qualquer transação posterior.

b) O reconhecimento da fraude à execução depende do registro da penhora do bem alienado ou da prova de má-fé do terceiro adquirente.

c) O registro da penhora não é requisito para caracterização da fraude à execução.

d) A alienação do bem penhorado em fraude à execução é nula de pleno direito.

e) Ausente o registro da penhora que sofre o bem alienado, deve ser presumida a boa-fé do terceiro que o adquire, salvo se demonstrado o contrário pelo credor-exequente.

Resposta correta: letra "d".

(Vunesp – Juiz de Direito – TJ-SP/2015) No que se refere à execução de título extrajudicial, a jurisprudência do Superior Tribunal de Justiça é no sentido de que

a) o instrumento de confissão de dívida originária de contrato de abertura de crédito em conta corrente não constitui título executivo.

b) o contrato de abertura de crédito em conta corrente é título executivo quando acompanhado do respectivo extrato.

c) a nota promissória vinculada a contrato de abertura de crédito em conta corrente não goza de autonomia.

d) o contrato de abertura de crédito em conta corrente é título executivo.

Resposta correta: letra "c".

(ESAF – Procurador da Fazenda Nacional – PGFN/2015) Assinale a opção correta.

a) Por configurar uma universalidade de fato, o estabelecimento empresarial pode ser objeto unitário de direitos e de negócios jurídicos, translativos ou constitutivos, que sejam compatíveis com a sua natureza.

b) O adquirente do estabelecimento empresarial responde pelo pagamento dos débitos anteriores à transferência, desde que regularmente contabilizados, ficando o devedor primitivo subsidiariamente responsável pelo pagamento das dívidas pelo prazo de 1 (um) ano, contado da data da publicação da alienação, quanto aos créditos vencidos; ou da data do vencimento, quanto aos créditos vincendos.

c) Com exceção das dívidas de natureza trabalhista e fiscal, a aquisição de estabelecimento empresarial em alienação judicial promovida em processo de falência ou de recuperação judicial exime a responsabilidade do adquirente pelas obrigações anteriores.

d) A transferência do estabelecimento empresarial importa a sub-rogação do adquirente nos contratos negociados anteriormente pelo alienante, podendo os terceiros rescindir apenas aqueles contratos que têm caráter pessoal.

e) De acordo com a atual jurisprudência do Superior Tribunal de Justiça (STJ), considerado o princípio da preservação da empresa, não é legítima a penhora da sede do estabelecimento empresarial.

Resposta correta: letra "a".

(Cespe – Juiz de Direito – PB/2015) No que se refere ao direito de empresa, assinale a opção correta.

a) Conforme entendimento dominante do STJ, a finalidade lucrativa não é requisito para que determinada atividade seja considerada empresária.

b) A pessoa legalmente impedida de exercer atividade empresarial não responde pelas obrigações contraídas.

c) O empresário individual não dependerá de outorga conjugal para alienar imóvel utilizado no exercício da empresa, desde que exista prévia autorização do cônjuge referente à destinação do imóvel ao patrimônio empresarial.

d) De acordo com entendimento sumulado pelo STJ, é vedada a penhora da sede do estabelecimento comercial.

e) A inscrição no registro público de empresas mercantis é obrigatória ao empresário cuja atividade rural constitua sua principal profissão.

Resposta correta: letra "c".

(Cespe – Juiz de Direito – TJ-MA/2013) Com base no entendimento sumulado do STJ, assinale a opção correta.

a) Embora a cobrança de comissão de permanência exclua a exigibilidade dos juros remuneratórios, moratórios e da multa contratual, o valor da referida comissão, quando estabelecidos tais encargos, é limitado pelo somatório dos juros moratórios e remuneratórios.

b) Os juros de mora na indenização do seguro DPVAT fluem a partir da promulgação da sentença.

c) É penhorável o único imóvel residencial do devedor mesmo que o bem esteja locado a terceiros e a renda obtida com a locação seja revertida para a subsistência ou a moradia da família do devedor.

d) Na execução de crédito relativo a cotas condominiais, este não tem preferência sobre o crédito hipotecário.

Resposta correta: letra "a".

18. EXECUÇÃO CONTRA A FAZENDA PÚBLICA

Súmula 487-STJ

O parágrafo único do art. 741 do CPC não se aplica às sentenças transitadas em julgado em data anterior à da sua vigência.

• **Status:** Válida, mas deve ser relida diante do que dispõe o novo CPC.

• **Nota do autor:** Onde se lê o parágrafo único do art. 741 do CPC (1973) leia-se § 5º do art. 535 do CPC/2015.

• **Dispositivos relacionados:**

"CPC, Art. 535. A Fazenda Pública será intimada na pessoa de seu representante judicial, por carga, remessa ou meio eletrônico, para, querendo, no prazo de 30 (trinta) dias e nos próprios autos, impugnar a execução, podendo arguir:

I – falta ou nulidade da citação se, na fase de conhecimento, o processo correu à revelia;

II – ilegitimidade de parte;

III – inexequibilidade do título ou inexigibilidade da obrigação;

IV – excesso de execução ou cumulação indevida de execuções;

V – incompetência absoluta ou relativa do juízo da execução;

VI – qualquer causa modificativa ou extintiva da obrigação, como pagamento, novação, compensação, transação ou prescrição, desde que supervenientes ao trânsito em julgado da sentença."

Súmula 279-STJ

É **cabível** execução por título extrajudicial contra a Fazenda Pública.

- **Status:** Válida.

18.1. Questões relacionadas

(UPENET/IAUPE – Advogado – UPE/2019) Assinale a alternativa INCORRETA, tendo em conta o disposto no Código de Processo Civil.

a) Não há conexão entre a execução de título extrajudicial e a ação de conhecimento relativa ao mesmo ato jurídico.

b) A execução fiscal será proposta no foro de domicílio do réu, no de sua residência ou no do lugar onde for encontrado.

c) Na execução fundada em título extrajudicial, a Fazenda Pública será citada para opor embargos em 30 (trinta) dias.

d) A sentença arbitral é título executivo judicial.

e) A certidão de dívida ativa da Fazenda Pública da União, correspondente aos créditos inscritos na forma da lei, é título executivo extrajudicial.

Resposta correta: letra "a".

(FGV – Procurador Legislativo – ALERJ/2017) Determinada empresa propõe execução de título extrajudicial em face da Fazenda Pública estadual, afirmando-se credora da quantia representada no contrato de fornecimento de produtos, exibindo a prova de sua entrega.

Nesse caso, é correto afirmar que:

a) não é cabível a via processual eleita, porquanto a Constituição Federal exige que a execução contra a Fazenda Pública seja precedida de decisão judicial transitada em julgado;

b) a execução não pode estar aparelhada com contrato que preveja obrigações sinalagmáticas, pois a exigibilidade do crédito exequendo depende da prova do cumprimento da obrigação correspondente, o que exige atividade de conhecimento;

c) o credor que dispõe de título executivo extrajudicial não pode se valer da ação de conhecimento para cobrança do crédito, por falta de interesse, vez que já tem o título que lhe permite requerer diretamente a atividade jurisdicional executiva;

d) uma vez oferecidos os embargos à execução pela Fazenda Pública e julgados improcedentes pelo Juízo de origem, já será possível dar início à expedição de precatório ou do ofício requisitório, tendo em vista que o recurso cabível contra a sentença não tem efeito suspensivo;

e) tendo a Fazenda Pública alegado a nulidade do título executivo nos embargos à execução, fica a parte exequente impedida de desistir unilateralmente da execução, não obstante manifeste expressamente a sua concordância com o pagamento de todas as verbas de sucumbência.

Resposta correta: letra "e".

(FCC – Procurador do Estado – SEGEP-MA/2016) No cumprimento de sentença que reconheça a exigibilidade de obrigação de pagar quantia certa pela Fazenda Pública, ela será

a) intimada na pessoa de seu representante judicial, por meio eletrônico, por Oficial de Justiça, ou por carta, para no prazo de quinze dias deduzir impugnação ao cálculo apresentando pelo credor, podendo alegar qualquer matéria útil à sua defesa.

b) intimada na pessoa de seu representante judicial, por carga, remessa ou meio eletrônico, para, querendo, no prazo de trinta dias e nos próprios autos impugnar a execução, podendo alegar inexequibilidade do título ou inexigibilidade da obrigação.

c) intimada na pessoa de seu representante judicial para opor embargos, no prazo de trinta dias, que serão autuados em apenso, podendo alegar apenas excesso de execução.

d) citada na pessoa de seu representante judicial para opor embargos, no prazo de trinta dias, nos próprios autos, podendo alegar excesso de execução ou qualquer causa modificativa ou extintiva da obrigação, superveniente ao trânsito em julgado.

e) citada na pessoa de seu representante judicial, por meio eletrônico ou por carta, para impugnar o cálculo apresentado pelo credor, nos mesmos autos, e, após a homologação da conta de liquidação, iniciar-se-á a execução, com abertura de prazo para embargos.

Resposta correta: letra "b".

(FCC – Analista – PGE-MT/2016) No cumprimento de sentença que impõe à Fazenda dever de pagar quantia certa,

a) não impugnada a execução, penhorar-se-ão tantos bens quantos bastem à satisfação do débito.

b) esta será intimada, na pessoa de seu representante judicial, a impugnar a execução no prazo de 30 dias e nos próprios autos, não se lhe aplicando a multa pelo não cumprimento espontâneo da obrigação.

c) poderá a Fazenda arguir inexigibilidade da obrigação, que se dá, entre outras hipóteses, no caso de título fundado em norma declarada inconstitucional pelo Supremo Tribunal Federal, ainda que a declaração tenha ocorrido depois do trânsito em julgado da sentença exequenda.

d) esta será intimada, na pessoa de seu representante judicial, a pagar o débito em 15 dias, acrescido de multa de 10% sobre o valor do débito, além de honorários advocatícios.

e) esta será intimada, na pessoa de seu representante judicial, a pagar o débito em 10 dias, acrescido de multa de 15% sobre o valor do débito, além de honorários advocatícios.

Resposta correta: letra "b".

(INTEGRI – Assistente Jurídico – Câmara de Suzano – SP/2016) As assertivas abaixo estão relacionadas ao procedimento de cumprimento de sentença:

I – No cumprimento de sentença que impuser à Fazenda Pública o dever de pagar quantia certa, o exequente apresentará demonstrativo discriminado e atualizado do crédito contendo, entre outros requisitos, o termo inicial e o termo final dos juros e da correção monetária utilizados.

II – A Fazenda Pública será intimada na pessoa de seu representante judicial, por carga, remessa ou meio eletrônico, para, querendo, no prazo de 15 (quinze) dias e nos próprios autos, impugnar a execução.

III – Quando se alegar que o exequente, em excesso de execução, pleiteia quantia superior a resultante do título, cumprirá à executada, Fazenda Pública, declarar de imediato o valor que entende correto, sob pena de não conhecimento da arguição.

IV – Não impugnada a execução ou rejeitadas as arguições da executada Fazenda Pública, por ordem do juiz, dirigida à autoridade na pessoa de quem o ente público foi citado para o processo, o pagamento de obrigação de pequeno valor será realizado no prazo de 2 (dois) meses contado da entrega da requisição, mediante depósito na agência de banco oficial mais próxima da residência do exequente.

a) somente as assertivas I, II e III estão corretas.

b) somente as assertivas I, III e IV estão corretas.

c) somente as assertivas II, III e IV estão corretas.

d) somente as assertivas I, II e IV estão corretas.

Resposta correta: letra "b".

19. EMBARGOS DE TERCEIRO

Súmula 303-STJ

Em embargos de terceiro, **quem deu causa à constrição indevida** deve arcar com os honorários advocatícios.

- **Status:** Válida.

Súmula 195-STJ

Em embargos de terceiro **não** se anula ato jurídico, por fraude contra credores.

- **Status:** Válida.

- **Nota do autor:** Os embargos de terceiro não se prestam a anular ato jurídico por fraude contra credores. Isso porque há ação específica para essa finalidade, qual seja a ação pauliana ou revocatória.

Súmula 134-STJ

Embora intimado da penhora em imóvel do casal, **o cônjuge do executado pode opor embargos de terceiro para defesa de sua meação.**

- **Status:** Válida.

Súmula 84-STJ

É admissível a oposição de embargos de terceiro fundados em alegação de posse advinda do compromisso de compra e venda de imóvel, **ainda que desprovido do registro.**

- **Status:** Válida.

- **Precedentes relacionados:**

"O celebrante de promessa de compra e venda tem legitimidade para proteger a posse contra penhora incidente sobre o imóvel objeto do negócio jurídico, ainda que desprovido de registro, desde que afastadas a má-fé e a hipótese de fraude à execução." (STJ, 3ª Turma, AgRg no AREsp 172.704/DF, Rel. Min. João Otávio de Noronha, julgado em 19/11/2013).

19.1. Questões relacionadas

(TRT 2ª Região – Analista Judiciário – Oficial de Justiça Avaliador Federal – TRT 2ª Região/2018) O Banco "X" ajuizou na comarca de São Paulo, Capital, ação de cobrança contra o correntista Afonso, julgada procedente por sentença transitada em julgado. Iniciada a fase de cumprimento de sentença, Afonso não cumpre espontaneamente a sentença condenatória. A penhora on-line é infrutífera. O Banco "X", então, descobre a existência de um imóvel comercial na cidade e comarca de Ribeirão Preto, requerendo a sua penhora. O Magistrado da Capital, onde o feito tramita, determina, então, a expedição de carta precatória à comarca de Ribeirão Preto para penhora do imóvel comercial em questão, de propriedade do devedor, e a sua respectiva avaliação. Os atos são devidamente cumpridos pelo juízo deprecado. O Banco exequente "X", apresenta requerimento de adjudicação do bem imóvel comercial penhorado. O executado é intimado para se manifestar sobre o requerimento e, em seguida, a adjudicação é deferida pelo Magistrado. Stela, esposa do executado Afonso, pretende resguardar sua meação no imóvel comercial objeto de adjudicação e, para tanto, deverá oferecer embargos de terceiro perante o juízo

a) deprecado, onde foi realizada a constrição, no prazo de 5 dias depois da adjudicação.

b) deprecante, no prazo de 5 dias depois da adjudicação.

c) deprecante, no prazo de 15 dias depois da adjudicação.

d) deprecado, onde foi realizada a constrição, no prazo de 15 dias depois da adjudicação.

e) deprecante, no prazo de 10 dias depois da adjudicação.

Resposta correta: letra "b".

(Consulplan – Analista Judiciário – Área Administrativa – TRE-RJ/2017) Os Embargos de Terceiros fazem parte do procedimento especial, previsto no Código de Processo Civil, sendo possível sua utilização por quem, não sendo parte no processo, sofre constrição ou sofre ameaça de constrição sobre bens que possua ou sobre os quais tenha direito incompatível com o ato constritivo. Sobre o ajuizamento dos embargos, assinale a alternativa INCORRETA.

a) Pode defender-se por meio de embargos aquele que pretende negar ter adquirido bem em fraude à execução.

b) O companheiro é terceiro legítimo para ajuizamento dos Embargos de Terceiros quando defende a posse de bens próprios.

c) É admissível a oposição de Embargos de Terceiros fundados em alegação de posse advinda do compromisso de compra e venda de imóveis, ainda que desprovido do registro.

d) Além da sentença que promova a anulação da penhora sobre o bem, é possível ainda em sede de Embargos de Terceiros a declaração de nulidade do ato jurídico que verse sobre fraude contra credores.

Resposta correta: letra "d".

(IDECAN – Procurador Legislativo – Câmara de Aracruz – ES/2016) Sobre o tema "honorários advocatícios", assinale a afirmativa INCORRETA.

a) Nos casos de perda do objeto, os honorários serão devidos por quem deu causa ao processo.

b) Quando os honorários forem fixados em quantia certa, os juros moratórios incidirão a partir da data do trânsito em julgado da decisão.

c) Serão devidos honorários no cumprimento de sentença contra a Fazenda Pública que enseje expedição de precatório, mesmo que não tenha sido impugnada.

d) São devidos honorários advocatícios na reconvenção, no cumprimento de sentença, provisório ou definitivo, na execução, resistida ou não, e nos recursos interpostos, cumulativamente.

Resposta correta: letra "c".

(Cespe – Juiz Federal – TRF 5ª Região/2015) Assinale a opção correta acerca dos procedimentos especiais no processo civil.

a) A sentença de procedência em ação de usucapião tem natureza constitutiva de propriedade sobre o bem e se aperfeiçoa com o registro junto à matrícula do imóvel.

b) O STJ entende ser admissível a oposição de embargos de terceiros fundados em alegação de posse advinda do compromisso de compra e venda de imóvel, ainda que sem registro.

c) De acordo com entendimento sumulado do STJ, não é cabível ação monitória contra a fazenda pública.

d) Segundo entendimento do STJ, nas ações de consignação em pagamento, não é possível a discussão da validade das cláusulas dos contratos a que se referem

e) Nas ações possessórias em que for juntada aos autos prova incontroversa de domínio do bem discutido, o juiz deve julgar o pedido do autor com base na propriedade do bem.

Resposta correta: letra "b".

20. MULTA COMINATÓRIA

Súmula 410-STJ

A prévia intimação processual do devedor **constitui** condição necessária para a cobrança de multa pelo descumprimento da obrigação de fazer ou não fazer.

• **Status:** Válida.

20.1. Questões relacionadas

(MPE-RS – Promotor de Justiça – MPE-RS/2017) Assinale a alternativa INCORRETA sobre o tema da execução, segundo disposto no Código de Processo Civil.

a) Considera-se atentatória à dignidade da justiça a conduta comissiva ou omissiva do executado que, intimado, não indica ao juiz quais são e onde estão os bens sujeitos à penhora e os respectivos valores, nem exibe prova de sua propriedade e, se for o caso, certidão negativa de ônus.

b) A execução pode ser promovida contra o responsável titular do bem vinculado por garantia real ao pagamento do débito.

c) Se a execução tiver por objeto obrigação de que seja sujeito passivo o proprietário de terreno submetido ao regime do direito de superfície, ou o superficiário, responderá pela dívida, exclusivamente, o direito real do qual é titular o executado, recaindo a penhora ou outros atos de constrição exclusivamente sobre o terreno, no primeiro caso, ou sobre a construção ou a plantação, no segundo caso.

d) Na execução de obrigação de fazer ou de não fazer fundada em título extrajudicial, ao despachar a inicial, o juiz fixará multa por período de atraso no cumprimento da obrigação e a data a partir da qual será devida.

e) A cobrança de multas ou de indenizações decorrentes de litigância de má-fé ou de prática de ato atentatório à dignidade da justiça será promovida em autos apartados.

Resposta correta: letra "d".

21. PROCESSO CAUTELAR

Súmula 482-STJ

A falta de ajuizamento da ação principal no prazo do art. 806 do CPC acarreta a perda da eficácia da liminar deferida e a extinção do processo cautelar.

- **Status:** Válida, mas deve ser relida diante do novo CPC (arts. 308 e 309).

- **Dispositivos relacionados:**

> "CPC/15, Art. 308. Efetivada a tutela cautelar, o pedido principal terá de ser formulado pelo autor no prazo de trinta dias, caso em que será apresentado nos mesmos autos em que deduzido o pedido de tutela cautelar, não dependendo do adiantamento de novas custas processuais."
>
> "CPC/15, Art. 309. Cessa a eficácia da tutela concedida em caráter antecedente, se: I – o autor não deduzir o pedido principal no prazo legal."

Súmula 372-STJ

~~Na ação de exibição de documentos, não cabe a aplicação de multa cominatória.~~

- **Status:** Superada pelo CPC/2015.

- **Nota do autor:** O novo CPC admite a fixação de multa cominatória na ação de exibição de documento.

- **Dispositivos relacionados:**

> "CPC/15, Art. 400 (...).
>
> Parágrafo único. Sendo necessário, o juiz pode adotar medidas indutivas, coercitivas, mandamentais ou sub-rogatórias para que o documento seja exibido."
>
> "CPC/15, Art. 403 (...).
>
> Parágrafo único. Se o terceiro descumprir a ordem, o juiz expedirá mandado de apreensão, requisitando, se necessário, força policial, sem prejuízo da responsabilidade por crime de desobediência, pagamento de multa e outras medidas indutivas, coercitivas, mandamentais ou sub-rogatórias necessárias para assegurar a efetivação da decisão."

21.1. Questões relacionadas

(FCC – Defensor Público – DPE-AP/2018) Em relação ao procedimento da tutela cautelar requerida em caráter antecedente,

a) o indeferimento da tutela cautelar não obsta a que a parte formule o pedido principal, nem influi em seu julgamento, qualquer que seja o motivo do indeferimento.

b) o réu será citado para, no prazo de quinze dias, contestar o pedido e indicar as provas a serem produzidas; se não contestar, presumir-se-ão os fatos alegados pelo autor como ocorridos.

c) cessada a eficácia da tutela cautelar, poderá a parte renovar o pedido, mesmo sob igual fundamento, pois na hipótese não haverá a formação de coisa julgada.

d) efetivada a tutela cautelar, o pedido principal terá de ser formulado pelo autor no prazo de trinta dias, caso em que será apresentado nos mesmos autos em que deduzido o pedido de tutela cautelar, não dependendo do adiantamento de novas custas processuais.

e) o pedido de tutela cautelar é autônomo, motivo pelo qual o pedido principal deve ser sempre formulado separadamente.

Resposta correta: letra "d".

(FCC – Procurador do Estado – PGE-TO/2018) Em relação aos poderes, deveres e à responsabilidade do juiz, é correto afirmar:

a) Quando houver lacuna ou obscuridade no ordenamento jurídico, caberá ao juiz remeter as partes ao juízo arbitral, de ofício ou a requerimento da parte.

b) Não é possível ao juiz diminuir ou dilatar os prazos processuais, que são peremptórios.

c) Cabe ao juiz determinar todas as medidas indutivas, coercitivas, mandamentais ou sub-rogatórias necessárias para assegurar o cumprimento de ordem judicial, inclusive nas ações que tenham por objeto prestação pecuniária.

d) O julgamento por equidade, no atual ordenamento processual civil, tornou-se regra geral, em busca da melhor realização da justiça.

e) Mesmo quando a lei exigir iniciativa das partes, deverá o juiz conhecer de quaisquer questões, ainda que não suscitadas por elas, em razão do princípio publicístico do processo.

Resposta correta: letra "c".

(MPE-RS – Promotor de Justiça – MPE-RS/2016) Assinale com V (verdadeiro) ou com F (falso) as seguintes afirmações sobre o tema da tutela provisória, segundo o disposto no Código do Processo Civil.

( ) A tutela provisória será requerida ao juízo da causa e, quando antecedente, ao juízo competente para conhecer do pedido principal.

( ) Nos casos em que a urgência for contemporânea à propositura da ação, a petição inicial pode limitar-se ao requerimento da tutela antecipada e à indicação do pedido de tutela final, com a exposição da lide, do direito que se busca realizar e do perigo de dano ou do risco ao resultado útil do processo.

( ) Efetivada a tutela cautelar requerida em caráter antecedente, o pedido principal terá de ser formulado pelo autor no prazo de 15 (quinze) dias, caso em que será apresentado nos mesmos autos em que deduzido o pedido de tutela cautelar, não dependendo do adiantamento de novas custas processuais.

( ) Cessa a eficácia da tutela cautelar concedida em caráter antecedente, se o juiz julgar procedente o pedido principal formulado pelo autor ou extinguir o processo sem resolução de mérito. A sequência correta de preenchimento dos parênteses, de cima para baixo, é

a) V – V – F – F.

b) F – V – F – V.

c) V – V – V – F.

d) F – F – V – V.

e) V – F – V – F.

Resposta correta: letra "a".

22. AÇÃO RESCISÓRIA

Súmula 515-STF

A competência para a ação rescisória **não** é do STF, quando a questão federal, apreciada no recurso extraordinário ou no agravo de instrumento, seja diversa da que foi suscitada no pedido rescisório.

- **Status:** Válida.

Súmula 514-STF

Admite-se ação rescisória contra sentença transitada em julgado, ainda que contra ela não se tenham esgotado todos os recursos.

- **Status:** Válida.

Súmula 343-STF

~~**Não cabe** ação rescisória por ofensa a literal dispositivo de lei, quando a decisão rescindenda se tiver baseado em texto legal de interpretação controvertida nos tribunais.~~

- **Status:** Superada, com o advento do novo CPC.

- **Dispositivos relacionados:**

> "CPC/15, Art. 966. A decisão de mérito, transitada em julgado, pode ser rescindida quando: (...) V – violar manifestamente norma jurídica;"

§ 12. Para efeito do disposto no inciso III do § 1º deste artigo, considera-se também inexigível a obrigação reconhecida em título executivo judicial fundado em lei ou ato normativo considerado inconstitucional pelo Supremo Tribunal Federal, ou fundado em aplicação ou interpretação da lei ou do ato normativo tido pelo Supremo Tribunal Federal como incompatível com a Constituição Federal, em controle de constitucionalidade concentrado ou difuso.

"CPC/15, Art. 525. (...).

§ 15. Se a decisão referida no § 12 for proferida após o trânsito em julgado da decisão exequenda, caberá ação rescisória, cujo prazo será contado do trânsito em julgado da decisão proferida pelo Supremo Tribunal Federal."

Súmula 264-STF

Verifica-se a prescrição intercorrente pela paralisação da ação rescisória por mais de cinco anos.

- **Status:** Válida.

Súmula 252-STF

Na ação rescisória, **não** estão impedidos juízes que participaram do julgamento rescindendo.

- **Status:** Válida.

Súmula 249-STF

É competente o **STF** para a ação rescisória **quando, embora não tendo conhecido do recurso extraordinário, ou havendo negado provimento ao agravo, tiver apreciado a questão federal controvertida**.

- **Status:** Válida.
- **Nota do autor:** Onde se lê "não tendo conhecido" leia-se "não tendo provido".

Súmula 401-STJ

O prazo decadencial da ação rescisória **só se inicia quando não for cabível qualquer recurso do último pronunciamento judicial.**

- **Status:** Válida.

- **Dispositivos relacionados:**

"CPC, Art. 975. O direito à rescisão se extingue em 2 anos contados do trânsito em julgado da última decisão proferida no processo."

Súmula 175-STJ

Descabe o depósito prévio nas ações rescisórias propostas pelo INSS.

- **Status:** Válida.

22.1. Questões relacionadas

(FAUEL – Advogado – AGEPAR/2018) Acerca da ação rescisória, de acordo com o Código de Processo Civil, assinale a alternativa correta.

a) A decisão de mérito, transitada em julgado, pode ser rescindida quando a decisão rescindenda admitir fato inexistente ou quando considerar inexistente fato efetivamente ocorrido, desde que o fato represente ponto controvertido sobre o qual o juiz deveria ter se pronunciado.

b) Se o fundamento da ação for prova nova, o termo inicial do prazo decadencial será a data de sua descoberta, observado o prazo máximo de 5 (cinco) anos, contado do trânsito em julgado da última decisão proferida no processo.

c) O direito à rescisão se extingue em 3 (três) anos contados do trânsito em julgado da última decisão proferida no processo.

d) Decisões interlocutórias de mérito, transitadas em julgado, não podem ser rescindidas.

Resposta correta: letra "b".

(Vunesp – Procurador Legislativo – Câmara de Cotia – SP/2017) A decisão de mérito, transitada em julgado, pode ser rescindida quando

a) for proferida por juiz impedido ou por juízo relativamente incompetente.

b) resultar de dolo ou coação da parte vencida em detrimento da parte vencedora.

c) violar manifestamente norma jurídica.

d) ofender a coisa julgada de sentença homologatória.

e) houver a preclusão, por força maior, do recurso correspondente.

Resposta correta: letra "a".

(CETREDE – Procurador Municipal – Prefeitura de Itapipoca – Constituição Estadual/2016) Acerca da ação rescisória prevista do Código de Processo Civil marque a opção CORRETA.

a) Para o ajuizamento da ação rescisória, o município deverá depositar a importância de 5% (cinco por cento) sobre o valor da causa, a título de multa, caso a ação seja, por unanimidade de votos, declarada inadmissível, ou improcedente.

b) O ajuizamento da ação rescisória impede o cumprimento da sentença ou acórdão rescindendo, ressalvada a concessão, caso imprescindíveis e sob os pressupostos previstos em lei, de medidas de natureza cautelar ou antecipatória de tutela.

c) O direito de ajuizar ação rescisória extingue-se em 3 (três) anos, contados do trânsito em julgado da decisão.

d) O prazo decadencial da ação rescisória só se inicia quando não for cabível qualquer recurso do último pronunciamento judicial.

e) Concluída a instrução, será aberta vista, sucessivamente, ao autor e ao réu, pelo prazo de 15 (quinze) dias, para razões finais.

Resposta correta: letra "d".

(FCC – Procurador do Estado – SEGEP-MA/2016) A ação rescisória se presta a rescindir

a) somente a sentença de mérito como um todo, não podendo ter por objeto apenas um de seus capítulos.

b) os atos homologatórios praticados no curso de execução, mas não os atos de disposição de direitos praticados pelas partes, ainda que homologados pelo juiz antes da prolação de sentença.

c) apenas sentença de mérito transitada em julgado.

d) qualquer decisão que violar manifestamente norma jurídica.

e) decisão transitada em julgado que, embora não seja de mérito, impeça nova propositura da demanda ou admissibilidade de recurso correspondente.

Resposta correta: letra "e".

23. RECURSOS

23.1. Recurso em geral

Súmula 641-STF

Não se conta em dobro o prazo para recorrer, quando só um dos litisconsortes haja sucumbido.

• **Status:** Válida.

• **Nota do autor:** Essa súmula continua válida com o novo CPC. Aliás, recentemente, o STJ decidiu exatamente isso.

• **Precedentes relacionados:**

"**É inaplicável a contagem do prazo recursal em dobro quando apenas um dos litisconsortes com procuradores distintos sucumbe em processo com autos físicos na vigência do CPC/2015**. (...) A razão da norma que amplia o prazo comum diz respeito à paridade de armas no processo, considerando a inevitável dificuldade de acesso aos autos físicos para o pleno exercício do direito de defesa, ante o interesse comum de litisconsortes com diferentes procuradores, de escritórios de advocacia distintos, recorrerem da decisão que, em alguma medida, lhes é desfavorável. **O fundamento para a excepcional contagem diferenciada do prazo no novo código segue a inteligência da Súmula n. 641/STF e a jurisprudência sedimentada sobre a matéria no código revogado**. Nessa linha, a doutrina assinala que "para que exista direito ao prazo em dobro, há que se observarem dois requisitos cumulativos: existência de litisconsórcio e de prazo comum para os litisconsortes praticarem o ato processual. Se, por qualquer razão, não há prazo comum, mas exclusivo para apenas um dos litisconsortes, não há que se cogitar de prazo em dobro. Dessa forma, a razão da norma permanece idêntica, a de garantir acesso aos autos oportunizando a obtenção da tutela recursal que lhe pareça mais favorável. Tanto é assim que o CPC/2015 dispõe não se computar prazo diferenciado quando os autos do processo forem eletrônicos, permitindo aos litigantes amplo e irrestrito acesso aos autos. Daí porque se não houver sucumbência do litisconsorte, igualmente, não há se falar em prazo em dobro para recorrer. **Assim, a inteligência da Súmula n. 641/STF resta preservada em relação aos recursos interpostos sob a vigência do CPC/2015**." (STJ, 3ª Turma, REsp 1.709.562-RS, Rel. Min. Nancy Andrighi, julgado em 16/10/2018, Informativo n. 636)

- **Dispositivos relacionados:**

"CPC/15, Art. 229. Os litisconsortes que tiverem diferentes procuradores, de escritórios de advocacia distintos, terão prazos contados em dobro para todas as suas manifestações, em qualquer juízo ou tribunal, independentemente de requerimento.

§ 1º Cessa a contagem do prazo em dobro se, havendo apenas dois réus, é oferecida defesa por apenas um deles.

§ 2º Não se aplica o disposto no caput aos processos em autos eletrônicos."

Súmula 428-STF

Não fica prejudicada a apelação entregue em cartório no prazo legal, embora despachada tardiamente.

- **Status:** Válida.

- **Nota do autor:** Ainda que a súmula mencione apenas o "apelação" essa regra vale para qualquer recurso.

Súmula 425-STF

O agravo despachado no prazo legal **não** fica prejudicado pela demora da juntada, por culpa do cartório; nem o agravo entregue em cartório no prazo legal, embora despachado tardiamente.

• **Status:** Válida.

• **Nota do autor:** Ainda que a súmula mencione apenas o "agravo" essa regra vale para qualquer recurso.

Súmula 320-STF

A apelação despachada pelo juiz no prazo legal **não** fica prejudicada pela demora da juntada, por culpa do cartório.

• **Status:** Válida.

• **Nota do autor:** Ainda que a súmula mencione apenas o "apelação" essa regra vale para qualquer recurso.

Súmula 568-STJ

O relator, monocraticamente e no Superior Tribunal de Justiça, **poderá** dar ou negar provimento ao recurso, **quando houver entendimento dominante acerca do tema**.

• **Status:** Válida.

Súmula 484-STJ

Admite-se que o preparo seja efetuado no primeiro dia útil subsequente, quando a interposição do recurso ocorrer após o encerramento do expediente bancário.

• **Status:** Válida.

• **Dispositivos relacionados:**

"CPC/2015, Art. 1.007. No ato de interposição do recurso, o recorrente comprovará, quando exigido pela legislação pertinente, o respectivo preparo, inclusive porte de remessa e de retorno, sob pena de deserção.

§ 1º São dispensados de preparo, inclusive porte de remessa e de retorno, os recursos interpostos pelo Ministério Público, pela União, pelo Distrito Federal, pelos Estados, pelos Municípios, e respectivas autarquias, e pelos que gozam de isenção legal.

§ 2º A insuficiência no valor do preparo, inclusive porte de remessa e de retorno, implicará deserção se o recorrente, intimado na pessoa de seu advogado, não vier a supri-lo no prazo de cinco dias.

§ 3º É dispensado o recolhimento do porte de remessa e de retorno no processo em autos eletrônicos.

§ 4º O recorrente que não comprovar, no ato de interposição do recurso, o recolhimento do preparo, inclusive porte de remessa e de retorno, será intimado, na pessoa de seu advogado, para realizar o recolhimento em dobro, sob pena de deserção.

§ 5º É vedada a complementação se houver insuficiência parcial do preparo, inclusive porte de remessa e de retorno, no recolhimento realizado na forma do § 4o.

§ 6º Provando o recorrente justo impedimento, o relator relevará a pena de deserção, por decisão irrecorrível, fixando-lhe prazo de cinco dias para efetuar o preparo.

§ 7º O equívoco no preenchimento da guia de custas não implicará a aplicação da pena de deserção, cabendo ao relator, na hipótese de dúvida quanto ao recolhimento, intimar o recorrente para sanar o vício no prazo de cinco dias."

Súmula 117-STJ

A inobservância do prazo de 48 horas, entre a publicação de pauta e o julgamento sem a presença das partes, **acarreta** nulidade.

- **Status:** Válida, no entanto, o prazo mudou.
- **Nota do autor:** O novo CPC ampliou esse prazo de 48 horas para 5 dias.

- **Dispositivos relacionados:**

"CPC/2015, Art. 935. Entre a data de publicação da pauta e a da sessão de julgamento decorrerá, pelo menos, o prazo de 5 (cinco) dias, incluindo-se em nova pauta os processos que não tenham sido julgados, salvo aqueles cujo julgamento tiver sido expressamente adiado para a primeira sessão seguinte."

Súmula 99-STJ

O Ministério Público **tem** legitimidade para recorrer no processo em que oficiou como fiscal da lei, ainda que não haja recurso da parte.

- **Status:** Válida.

- **Nota do autor:** Com o novo CPC a expressão "fiscal da lei" foi substituída por "fiscal da ordem jurídica".

- **Dispositivos relacionados:**

"CPC/2015, Art. 996. O recurso pode ser interposto pela parte vencida, pelo terceiro prejudicado e pelo Ministério Público, como parte ou como fiscal da ordem jurídica."

23.2. Apelação

Súmula 331-STJ

A apelação interposta contra sentença que julga embargos à arrematação tem efeito meramente **devolutivo.**

• **Status:** Válida.

23.3. Agravo de instrumento

Súmula 727-STF

Não pode o magistrado deixar de encaminhar ao Supremo Tribunal Federal o agravo de instrumento interposto da decisão que não admite recurso extraordinário, **ainda que referente a causa instaurada no âmbito dos juizados especiais.**

• **Status:** Válida.

Súmula 639-STF

~~Aplica-se a Súmula 288 quando não constarem do traslado do agravo de instrumento as cópias das peças necessárias à verificação da tempestividade do recurso extraordinário não admitido pela decisão agravada.~~

• **Status:** Superada.

Súmula 288-STF

~~Nega-se provimento a agravo para subida de recurso extraordinário, quando faltar no traslado o despacho agravado, a decisão recorrida, a petição de recurso extraordinário ou qualquer peça essencial à compreensão da controvérsia.~~

• **Status:** Superada.

Súmula 223-STJ

A certidão de intimação do acórdão recorrido constitui peça obrigatória do instrumento de agravo.

• **Status:** Válida.

• **Nota do autor:** Com o novo CPC (art. 1.017, I), a certidão de intimação pode ser substituída por qualquer outro documento oficial que comprove a tempestividade.

Súmula 118-STJ

O **agravo de instrumento** é o recurso cabível da decisão que homologa a atualização do cálculo da liquidação.

- **Status:** Válida.

23.4. Agravo interno

Súmula 182-STJ

É inviável o agravo do art. 545 do CPC que deixa de atacar especificamente os fundamentos da decisão agravada.

- **Status:** Válida.

- **Nota do autor:** Agora a matéria está disciplinada no art. 1.021 do CPC/2015, não mais no art. 545 que estava previsto no antigo CPC.

- **Dispositivos relacionados:**

> "CPC/15, Art. 932. Incumbe ao relator:
>
> III – não conhecer de recurso inadmissível, prejudicado ou que não tenha impugnado especificamente os fundamentos da decisão recorrida;"

23.5. Agravo nos autos do processo

Súmula 427-STF

~~A falta de petição de interposição não prejudica o agravo no auto do processo tomado por termo.~~

- **Status:** Cancelada.

- **Nota do autor:** O agravo nos autos do processo era previsto no CPC de 1939 e deixaram de existir ainda com o CPC de 1973. O CPC de 2015 também não prevê essa espécie recursal.

Súmula 426-STF

~~A falta do termo específico não prejudica o agravo no auto do processo, quando oportuna a interposição por petição ou no termo da audiência.~~

- **Status:** Superada.

• **Nota do autor:** Essa súmula está superada, porque o agravo nos autos do processo era previsto no CPC de 1939 e deixaram de existir ainda com o CPC de 1973. O CPC de 2015 também não prevê essa espécie recursal.

Súmula 342-STF

~~Cabe agravo no auto do processo, e não agravo de petição, do despacho que não admite a reconvenção.~~

• **Status:** Superada.

• **Nota do autor:** Essa súmula está superada, porque o agravo nos autos do processo era previsto no CPC de 1939 e deixaram de existir ainda com o CPC de 1973. O CPC de 2015 também não prevê essa espécie recursal.

Súmula 242-STF

~~O agravo no auto do processo deve ser apreciado, no julgamento da apelação, ainda que o agravante não tenha apelado.~~

• **Status:** Superada.

• **Nota do autor:** Essa súmula está superada, porque o agravo nos autos do processo era previsto no CPC de 1939 e deixaram de existir ainda com o CPC de 1973. O CPC de 2015 também não prevê essa espécie recursal.

Súmula 211-STF

~~Contra a decisão proferida sobre o agravo no auto do processo, por ocasião do julgamento da apelação, não se admitem embargos infringentes ou de nulidade.~~

• **Status:** Superada.

• **Nota do autor:** Essa súmula está superada, porque o agravo nos autos do processo era previsto no CPC de 1939 e deixaram de existir ainda com o CPC de 1973. O CPC de 2015 também não prevê essa espécie recursal.

23.6. Embargos de declaração

Súmula 317-STF

São improcedentes os embargos declaratórios, quando não pedida a declaração do julgado anterior, em que se verificou a omissão.

• **Status:** Válida.

Súmula 579-STJ

Não é necessário ratificar o recurso especial interposto na pendência do julgamento dos embargos de declaração, quando inalterado o julgamento anterior.

• **Status:** Válida.

Súmula 418-STJ

~~É inadmissível o recurso especial interposto antes da publicação do acórdão dos embargos de declaração, sem posterior ratificação~~

• **Status:** Cancelada.

• **Dispositivos relacionados:**

> "CC, Art. 1.024 (...)
>
> § 5º Se os embargos de declaração forem rejeitados ou não alterarem a conclusão do julgamento anterior, o recurso interposto pela outra parte antes da publicação do julgamento dos embargos de declaração **será processado e julgado independentemente de ratificação**."

Súmula 98-STJ

Embargos de declaração, manifestados com notório propósito de prequestionamento, **não** tem caráter protelatório.

• **Status:** Válida.

• **Nota do autor:** Considera-se que há caráter protelatório se a parte opuser os embargos de declaração contra um acordão que esteja de acordo com Súmula do STF e do STJ, ou de acordo com precedente decorrente do julgamento pelo rito dos recursos repetitivos ou repercussão geral.

• **Precedentes relacionados:**

> "Para os efeitos do art. 543-C do Código de Processo Civil, fixa-se a seguinte tese: 'Caracterizam-se como protelatórios os embargos de declaração que visam rediscutir matéria já apreciada e decidida pela Corte de origem em conformidade com súmula do STJ ou STF ou, ainda, precedente julgado pelo rito dos artigos 543-C e 543-B, do CPC.'" (STJ, 2ª Seção, REsp 1.410.839/SC, Rel. Min. Sidnei Beneti, julgado em 14/5/2014, sob o rito dos recursos repetitivos) (Informativo n. 541).

23.7. Recurso ordinário

Súmula 319-STF

O prazo do recurso ordinário para o Supremo Tribunal Federal, em *habeas corpus* ou mandado de segurança, é de 5 dias.

• **Status:** Superada, em parte.

• **Nota do autor:** Cuidado para não confundir: a) o prazo do recurso ordinário para o STF, em *habeas corpus*, é de 5 dias (corridos), nos termos do art. 310 do RISTF; b) o prazo do recurso ordinário para o STF, em mandado de segurança, é 15 dias (úteis), nos termos do art. 1.003, § 5º, do CPC/2015.

• **Dispositivos relacionados:**

> "RISTF, Art. 310. O recurso ordinário para o Tribunal, das decisões denegatórias de *habeas corpus*, será interposto no prazo de cinco dias, nos próprios autos em que se houver proferido a decisão recorrida, com as razões do pedido de reforma."
>
> "CPC/15, Art. 1.003. O prazo para interposição de recurso conta-se da data em que os advogados, a sociedade de advogados, a Advocacia Pública, a Defensoria Pública ou o Ministério Público são intimados da decisão.
>
> § 5º Excetuados os embargos de declaração, o prazo para interpor os recursos e para responder-lhes é de 15 (quinze) dias."

23.8. Recurso especial

Súmula 400-STF

Decisão que deu razoável interpretação à lei, ainda que não seja a melhor, **não autoriza** recurso extraordinário pela letra "a" do art. 101, III, da CF.

• **Status:** Válida.

• **Nota do autor:** Onde se lê "recurso extraordinário" leia-se, atualmente, "recurso especial". Isso porque essa súmula é anterior à Constituição Federal de 1988. Vale lembrar, ainda, que a súmula 400 do STF não se aplica no caso de temas constitucionais.

• **Precedentes relacionados:**

> "Temas de índole constitucional não se expõem, em função da própria natureza de que se revestem, a incidência do enunciado 400 da Súmula do Supremo Tribunal Federal. Essa formulação sumular não tem qualquer pertinência e aplicabilidade às causas que veiculem, perante o Supremo Tribunal Federal, em sede recursal extraordinária, questões de direito constitucional positivo. Em uma palavra: em matéria constitucional não há que cogitar de interpretação razoável. A exegese de preceito inscrito na Constituição da República, muito mais do que simplesmente razoável, há de ser juridicamente correta." (AI 145.680 AgR, julgado em 13/04/1993).

Súmula 399-STF

Não cabe recurso extraordinário, por violação de lei federal, **quando a ofensa alegada for a Regimento de Tribunal**.

- **Status:** Válida.
- **Nota do autor:** Onde se lê "recurso extraordinário" leia-se, atualmente, "recurso especial". Isso porque essa súmula é anterior à Constituição Federal de 1988.

Súmula 389-STF

Salvo limite legal, a fixação de honorários de advogado, em complemento da condenação, depende das circunstâncias da causa, **não** dando lugar a recurso extraordinário.

- **Status:** Válida.
- **Nota do autor:** Onde se lê "recurso extraordinário" leia-se, atualmente, "recurso especial". Isso porque essa súmula é anterior à Constituição Federal de 1988. É pacífico o entendimento no STJ de que não cabe recurso extraordinário para discutir a revisão de honorários advocatícios, salvo quando estes são fixados em valores irrisórios ou exorbitantes. Nesse sentido: STJ, AgRg no AREsp 365.889/RS, julgado em 22/10/2013.

Súmula 369-STF

~~Julgados do mesmo Tribunal **não** servem para fundamentar o recurso extraordinário por divergência jurisprudencial.~~

- **Status:** Superada.
- **Precedentes relacionados:**

> "Súmula 13-STJ. A divergência entre julgados do mesmo tribunal não enseja recurso especial."

Súmula 291-STF

~~No recurso extraordinário pela letra "d", do art. 101, III, da Constituição, a prova do dissídio jurisprudencial far-se-á por certidão, ou mediante indicação do Diário da Justiça ou de repertório de jurisprudência autorizado, com a transcrição do trecho que configure a divergência, mencionadas as circunstâncias que identifiquem ou assemelhem os casos confrontados.~~

- **Status:** Superada.

• **Nota do autor:** Essa competência passou a ser do STJ, em julgamento de recurso especial.

• **Dispositivos relacionados:**

> "CPC/15, Art. 1.029 (...)
>
> § 1º Quando o recurso fundar-se em dissídio jurisprudencial, o recorrente fará a prova da divergência com a certidão, cópia ou citação do repositório de jurisprudência, oficial ou credenciado, inclusive em mídia eletrônica, em que houver sido publicado o acórdão divergente, ou ainda com a reprodução de julgado disponível na rede mundial de computadores, com indicação da respectiva fonte, devendo-se, em qualquer caso, mencionar as circunstâncias que identifiquem ou assemelhem os casos confrontados."

Súmula 286-STF

~~Não se conhece do recurso extraordinário fundado em divergência jurisprudencial, quando a orientação do Plenário do Supremo Tribunal Federal já se firmou no mesmo sentido da decisão recorrida.~~

• **Status:** Superada.

• **Precedentes relacionados:**

> "Súmula 83-STJ. Não se conhece do recurso especial pela divergência, quando a orientação do tribunal se firmou no mesmo sentido da decisão recorrida."

Súmula 518-STJ

Para fins do art. 105, III, "a", da Constituição Federal, **não é cabível recurso especial fundado em alegada violação de enunciado de súmula**.

• **Status:** Válida.

Súmula 418-STJ

~~É inadmissível o recurso especial interposto antes da publicação do acórdão dos embargos de declaração, sem posterior ratificação.~~

• **Status:** Superada pelo CPC/2015.

- **Precedentes relacionados:**

"Súmula 579 do STJ. Não é necessário ratificar o recurso especial interposto na pendência do julgamento dos embargos de declaração, quando inalterado o resultado anterior."

- **Dispositivos relacionados:**

"CPC/15, Art. 1.024. (...)

§ 5º Se os embargos de declaração forem rejeitados ou não alterarem a conclusão do julgamento anterior, o recurso interposto pela outra parte antes da publicação do julgamento dos embargos de declaração será processado e julgado independentemente de ratificação."

Súmula 320-STJ

~~A questão federal somente ventilada no voto vencido não atende ao requisito do prequestionamento.~~

- **Status:** Superada pelo CPC/2015.

- **Dispositivos relacionados:**

"CPC/15, Art. 941 (...)

§ 3º O voto vencido será necessariamente declarado **e considerado parte integrante do acórdão para todos os fins legais, inclusive de pré-questionamento**."

Súmula 256-STJ

~~O sistema de "protocolo integrado" não se aplica aos recursos dirigidos ao STJ.~~

- **Status:** Cancelada.

Súmula 216-STJ

~~A tempestividade de recurso interposto no STJ é aferida pelo registro no protocolo da Secretaria, e não pela data da entrega na agência do correio.~~

• **Status:** Superada pelo CPC/2015.

• **Dispositivos relacionados:**

> "CPC/15, Art. 1.003. (...).
>
> § 4º Para aferição da tempestividade do recurso remetido pelo correio, será considerada como data de interposição a **data de postagem**."

Súmula 211-STJ

Inadmissível recurso especial quanto à questão que, a despeito da oposição de embargos declaratórios, não foi apreciada pelo Tribunal "a quo".

• **Status:** Válida.

Súmula 207-STJ

~~É inadmissível recurso especial, quando cabíveis embargos infringentes contra o acordão proferido no tribunal de origem.~~

• **Status:** Superada pelo CPC/2015.

• **Nota do autor:** O novo CPC extinguiu os embargos infringentes.

Súmula 203-STJ

Não cabe recurso especial contra decisão proferida por órgão de segundo grau dos Juizados Especiais.

• **Status:** Válida.

• **Nota do autor:** Cuidado para não confundir: a) não cabe recurso especial contra decisão proferida pelas Turmas Recursais dos Juizados Especiais; b) no entanto, cabe recurso extraordinário contra decisão proferida pelas Turmas Recursais dos Juizados Especiais.

Súmula 187-STJ

~~É deserto o recurso interposto para o STJ, quando o recorrente não recolhe, na origem, a importância das despesas de remessa e retorno dos autos.~~

• **Status:** Superada pelo CPC/2015.

• **Nota do autor:** No plano da primazia de mérito e do modelo colaborativo de processo, a Súmula 187 do STJ está ultrapassada, diante do art. 1.007, § 2º do CPC/2015.

• **Dispositivos relacionados:**

"CPC/15, Art. 1.007. (...)

§ 2º A insuficiência no valor do preparo, inclusive porte de remessa e de retorno, implicará deserção se o recorrente, intimado na pessoa de seu advogado, não vier o supri-lo no prazo de cinco dias."

Súmula 126-STJ

É inadmissível recurso especial, quando o acórdão recorrido assenta em fundamentos, constitucional e infraconstitucional, qualquer deles suficiente, por si só, para mantê-lo, e a parte vencida não manifesta recurso extraordinário.

• **Status:** Válida.

Súmula 123-STJ

A decisão que admite, ou não, o recurso especial **deve ser fundamentada, com o exame dos seus pressupostos gerais e constitucionais.**

• **Status:** Válida.

Súmula 115-STJ

~~Na instância especial é inexistente recurso interposto por advogado sem procuração nos autos.~~

• **Status:** Superada pelo CPC/2015.

• **Nota do autor:** No plano da primazia de mérito e do modelo colaborativo de processo, a Súmula 115 do STJ está ultrapassada, diante do 932, parágrafo único, do CPC/2015.

• **Dispositivos relacionados:**

"CPC/15, Art. 932. (...).

Parágrafo único. Antes de considerar inadmissível o recurso, o relator concederá o prazo de cinco dias ao recorrente para que seja sanado vício ou complementada a documentação exigível."

Súmula 86-STJ

Cabe recurso especial contra acórdão proferido no julgamento de agravo de instrumento.

• **Status:** Válida.

Súmula 83-STJ

Não se conhece do recurso especial pela divergência, quando a orientação do tribunal se firmou no mesmo sentido da decisão recorrida.

• **Status:** Válida.

Súmula 13-STJ

A divergência entre julgados do mesmo tribunal **não** enseja recurso especial.

• **Status:** Válida.

Súmula 7-STJ

A pretensão de simples reexame de prova **não** enseja recurso especial.

• **Status:** Válida.

Súmula 5-STJ

A simples interpretação de cláusula contratual **não** enseja recurso especial.

• **Status:** Válida.

23.9. Recurso extraordinário

Súmula 735-STF

Não cabe recurso extraordinário contra acórdão que defere medida liminar.

• **Status:** Válida.

• **Nota do autor:** Vale lembrar que para também não cabe recurso especial contra acórdão que defere ou indefere medida liminar ou antecipação de tutela, considerando a precariedade da decisão, que pode ser modificada a qualquer tempo, devendo ser confirmada ou revogada quando da prolação da sentença de mérito. Nesse sentido: STJ, AgRg no AREsp 340420/SP, julgado em 23/08/2013.

Súmula 733-STF

Não cabe recurso extraordinário contra decisão proferida no processamento de precatórios.

• Válida.

Súmula 728-STF

É de **3 dias** o prazo para a interposição de recurso extraordinário contra decisão do TSE, contado, quando for o caso, a partir da publicação do acórdão, na própria sessão de julgamento, nos termos do art. 12 da Lei 6.055/74, que não foi revogado pela Lei 8.950/94.

- **Status:** Válida.

Súmula 640-STF

É cabível recurso extraordinário contra decisão proferida por juiz de primeiro grau nas causas de alçada, ou por turma recursal de juizado especial cível e criminal.

- **Status:** Válida.

Súmula 638-STF

A controvérsia sobre a incidência, ou não, de correção monetária em operações de crédito rural é de natureza infraconstitucional, não viabilizando recurso extraordinário.

- **Status:** Válida.

Súmula 637-STF

Não cabe recurso extraordinário contra acórdão de Tribunal de Justiça que defere pedido de intervenção estadual em Município.

- **Status:** Válida.

Súmula 636-STF

Não cabe recurso extraordinário por contrariedade ao princípio constitucional da legalidade, quando a sua verificação pressuponha rever a interpretação dada a normas infraconstitucionais pela decisão recorrida.

- **Status:** Válida.
- **Nota do autor:** É que somente cabe recurso extraordinário se a ofensa à Constituição Federal for direta (imediata). Não cabe recurso extraordinário se a ofensa à Constituição Federal for indireta (reflexa).

Súmula 635-STF

Cabe ao Presidente do Tribunal de origem decidir o pedido de medida cautelar em recurso extraordinário, ainda pendente do seu juízo de admissibilidade.

- **Status:** Válida.

Súmula 634-STF

Não compete ao Supremo Tribunal Federal conceder medida cautelar para dar efeito suspensivo a recurso extraordinário que ainda não foi objeto de juízo de admissibilidade na origem.

- **Status:** Válida.

- **Dispositivos relacionados:**

> "CPC/15, Art. 1.029. (...).
>
> § 5º O pedido de concessão de efeito suspensivo a recurso extraordinário ou a recurso especial poderá ser formulado por requerimento dirigido:
>
> I – ao tribunal superior respectivo, no período compreendido entre a publicação da decisão de admissão do recurso e sua distribuição, ficando o relator designado para seu exame prevento para julgá-lo; (Redação dada pela Lei nº 13.256, de 2016)
>
> II – ao relator, se já distribuído o recurso;
>
> III – ao presidente ou ao vice-presidente do tribunal recorrido, no período compreendido entre a interposição do recurso e a publicação da decisão de admissão do recurso, assim como no caso de o recurso ter sido sobrestado, nos termos do art. 1.037. (Redação dada pela Lei nº 13.256, de 2016)"

Súmula 528-STF

Se a decisão contiver partes autônomas, a admissão parcial, pelo Presidente do tribunal "a quo", de recurso extraordinário que, sobre qualquer delas se manifestar, não limitará a apreciação de todas pelo Supremo Tribunal Federal, independentemente de interposição de agravo de instrumento.

- **Status:** Válida.
- **Nota do autor:** A súmula 528 do STF também se aplica, por analogia, ao recurso especial.

Súmula 527-STF

~~Após a vigência do Ato Institucional nº 6, que deu nova redação ao art. 114, III, da Constituição Federal de 1967, não cabe recurso extraordinário das decisões do juiz singular.~~

- **Status:** Superada.

Súmula 513-STF

A decisão que enseja a interposição de recurso ordinário ou extraordinário **não é a do Plenário, que resolve o incidente de inconstitucionalidade, mas a do órgão (câmaras, grupos ou turmas) que completa o julgamento do feito.**

- Válida.

Súmula 505-STF

Salvo quando contrariarem a Constituição, não cabe recurso para o Supremo Tribunal Federal, de quaisquer decisões da Justiça do Trabalho, inclusive dos presidentes de seus tribunais.

- **Status:** Válida.

Súmula 456-STF

O Supremo Tribunal Federal, conhecendo do recurso extraordinário, **julgará** a causa, aplicando o direito à espécie.

- **Status:** Válida.

Súmula 454-STF

Simples interpretação de cláusulas contratuais **não** dá lugar a recurso extraordinário.

- **Status:** Válida.

Súmula 432-STF

~~Não cabe recurso extraordinário, com fundamento no art. 101, III, "d", da Constituição Federal, quando a divergência alegada for entre decisões da Justiça do Trabalho.~~

- **Status:** Superada.

Súmula 356-STF

O ponto omisso da decisão, sobre o qual não foram opostos embargos declaratórios, **não pode ser objeto de recurso extraordinário**, por faltar o requisito do prequestionamento.

- **Status:** Válida.

- **Nota do autor:** Onde se lê "questão federal" leia-se "questão constitucional". Isso porque essa súmula é anterior à Constituição Federal de 1988.

Súmula 322-STF

Não terá seguimento pedido ou recurso dirigido ao Supremo Tribunal Federal, quando **manifestamente incabível**, ou **apresentando fora do prazo**, ou quando **for evidente a incompetência do tribunal**.

- **Status:** Válida.

Súmula 292-STF

Interposto o recurso extraordinário por mais de um dos fundamentos indicados no art. 101, III, da Constituição, a admissão apenas por um deles não prejudica o seu conhecimento por qualquer dos outros.

- **Status:** Válida.
- **Nota do autor:** Em razão da similitude, o entendimento dessa súmula também pode ser aplicado para o recurso especial.

Súmula 289-STF

O provimento do agravo, por uma das turmas do Supremo Tribunal Federal, ainda que sem ressalva, **não** prejudica a questão do cabimento do recurso extraordinário.

- **Status:** Válida.
- **Dispositivos relacionados:**

> "RISTF, Art. 316. O provimento de agravo de instrumento, ou a determinação do Relator para que subam os autos, não prejudica o exame e o julgamento, no momento oportuno, do cabimento do recurso denegado.
>
> § 1º O provimento será registrado na ata e certificado nos autos, juntando-se ulteriormente a transcrição do áudio.
>
> § 2º O provimento do agravo de instrumento e a determinação do Relator para que suba o recurso serão comunicadas ao tribunal de origem pelo Presidente do Tribunal para processamento do recurso.
>
> § 3º Se os autos principais tiverem subido em virtude de recurso da parte contrária, serão devolvidos à origem para processamento do recurso admitido."

Súmula 287-STF

Nega-se provimento do agravo, quando a deficiência na sua fundamentação, ou na do recurso extraordinário, não permitir a exata compreensão da controvérsia.

- **Status:** Válida.

Súmula 285-STF

~~Não sendo razoável a arguição de inconstitucionalidade, não se conhece do recurso extraordinário, fundado na letra "c" do art. 101, III, da Constituição Federal.~~

- **Status:** Superada.

Súmula 284-STF

É inadmissível o recurso extraordinário, quando a deficiência na sua fundamentação não permitir a exata compreensão da controvérsia.

- **Status:** Válida.

Súmula 283-STF

É inadmissível o recurso extraordinário, quando a decisão recorrida assenta em mais de um fundamento suficiente e o recurso não abrange todos eles.

- **Status:** Válida.
- Essa súmula também se aplica, por analogia, para o recurso especial.

Súmula 282-STF

É inadmissível o recurso extraordinário, quando não ventilada, na decisão recorrida, a questão federal suscitada.

- **Status:** Válida.

Súmula 281-STF

É inadmissível o recurso extraordinário, quando couber, na justiça de origem, recurso ordinário da decisão impugnada.

- **Status:** Válida.

Súmula 280-STF

Por ofensa a direito local não cabe recurso extraordinário.

- **Status:** Válida.

Súmula 279-STF

Para simples reexame de prova **não** cabe recurso extraordinário.

- **Status:** Válida.

• **Precedentes relacionados:**

"Súmula 7-STJ. A pretensão de simples reexame de prova não enseja recurso especial."

Súmula 98-STJ

Embargos de declaração manifestados com notório propósito de prequestionamento, não tem caráter protelatório.

• **Status:** Válida.

• **Nota do autor:** Como visto anteriormente, os embargos de declaração opostos com o objetivo de fazer o prequestionamento não têm caráter protelatório.

23.10. Embargos de divergência

Súmula 599-STF

~~São incabíveis embargos de divergência de decisão de turma, em agravo regimental.~~

• **Status:** Cancelada.

Súmula 598-STF

Nos embargos de divergência **não** servem como padrão de discordância os mesmos paradigmas invocados para demonstrá-la, mas repelidos como não dissidentes no julgamento do recurso extraordinário.

• **Status:** Válida.

Súmula 353-STF

~~São incabíveis os embargos da Lei 623/1949, com fundamento em divergência entre decisões da mesma Turma do Supremo Tribunal Federal.~~

• **Status:** Superada pelo CPC/2015.

• **Nota do autor:** Segundo o Enunciado n. 232 do Fórum Permanente de Processualistas Civis: "(art. 1.043, § 3º) Fica superado o enunciado 353 da súmula do STF após a entrada em vigor do CPC ('São incabíveis os embargos da Lei 623, de 19.02.49, com fundamento em divergência entre decisões da mesma turma do Supremo Tribunal Federal')."

• **Dispositivos relacionados:**

"CPC/2015, Art. 1.043. (...)

§ 3º **Cabem embargos de divergência quando o acórdão paradigma for da mesma turma que proferiu a decisão embargada, desde que sua composição tenha sofrido alteração em mais da metade de seus membros.**"

Súmula 300-STF

São incabíveis os embargos da Lei 623/1949, contra provimento de agravo para subida de recurso extraordinário.

• **Status:** Válida, mas deve ser relida diante do que estabelece o novo CPC sobre os embargos de divergência.

Súmula 290-STF

Nos embargos da Lei 623/1949, a prova de divergência far-se-á por certidão, ou mediante indicação do Diário da Justiça ou de repertório de jurisprudência autorizado, que a tenha publicado, com a transcrição do trecho que configure a divergência, mencionadas as circunstâncias que identifiquem ou assemelhem os casos confrontados.

• **Status:** Válida, mas deve ser relida diante do que estabelece o novo CPC sobre os embargos de divergência.

• **Dispositivos relacionados:**

"CPC/15, Art. 1.029. (...)

§ 1º Quando o recurso fundar-se em dissídio jurisprudencial, o recorrente fará a prova da divergência com a certidão, cópia ou citação do repositório de jurisprudência, oficial ou credenciado, inclusive em mídia eletrônica, em que houver sido publicado o acórdão divergente, ou ainda com a reprodução de julgado disponível na rede mundial de computadores, com indicação da respectiva fonte, devendo-se, em qualquer caso, mencionar as circunstâncias que identifiquem ou assemelhem os casos confrontados."

"RISTF, Art. 331. A divergência será comprovada mediante certidão, cópia autenticada ou pela citação do repositório de jurisprudência, oficial ou credenciado, inclusive em mídia eletrônica, em que tiver sido publicada a decisão divergente, ou ainda pela reprodução de julgado disponível na internet, com indicação da respectiva fonte, mencionando, em qualquer caso, as circunstâncias que identifiquem ou assemelhem os casos confrontados."

"RISTJ, Art. 255. O recurso especial será interposto na forma e no prazo estabelecido na legislação processual vigente e recebido no efeito devolutivo, salvo quando interposto do julgamento de mérito do incidente de resolução de demandas repetitivas, hipótese em que terá efeito suspensivo.

§ 1º Quando o recurso fundar-se em dissídio jurisprudencial, o recorrente fará a prova da divergência com a certidão, cópia ou citação do repositório de jurisprudência, oficial ou credenciado, inclusive em mídia eletrônica, em que houver sido publicado o acórdão divergente, ou ainda com a reprodução de julgado disponível na internet, com indicação da respectiva fonte, devendo-se, em qualquer caso, mencionar as circunstâncias que identifiquem ou assemelhem os casos confrontados.

"RISTJ, Art. 266. Cabem embargos de divergência contra acórdão de Órgão Fracionário que, em recurso especial, divergir do julgamento atual de qualquer outro Órgão Jurisdicional deste Tribunal, sendo:

I – os acórdãos, embargado e paradigma, de mérito;

II – um acórdão de mérito e outro que não tenha conhecido do recurso, embora tenha apreciado a controvérsia.

§ 1º Poderão ser confrontadas teses jurídicas contidas em julgamentos de recursos e de ações de competência originária.

§ 2º A divergência que autoriza a interposição de embargos de divergência pode verificar-se na aplicação do direito material ou do direito processual.

§ 3º Cabem embargos de divergência quando o acórdão paradigma for do mesmo Órgão Fracionário que proferiu a decisão embargada, desde que sua composição tenha sofrido alteração em mais da metade de seus membros.

§ 4º O recorrente provará a divergência com certidão, cópia ou citação de repositório oficial ou credenciado de jurisprudência, inclusive em mídia eletrônica, em que foi publicado o acórdão divergente, ou com a reprodução de julgado disponível na internet, indicando a respectiva fonte, e mencionará as circunstâncias que identificam ou assemelham os casos confrontados."

Súmula 273-STF

~~Nos embargos da Lei 623/1949, a divergência sobre questão prejudicial ou preliminar, suscitada após a interposição do recurso extraordinário, ou do agravo, somente será acolhida se o acórdão-padrão for anterior à decisão embargada.~~

- **Status:** Superada.

Súmula 253-STF

~~Nos embargos da Lei 623/49, no Supremo Tribunal Federal, a divergência somente será acolhida, se tiver sido indicada na petição de recurso extraordinário.~~

- **Status:** Superada.

Súmula 247-STF

O Relator não admitirá os embargos da Lei 623/1949, nem deles conhecerá o Supremo Tribunal Federal, quando houver jurisprudência firme do Plenário no mesmo sentido da decisão embargada.

- **Status:** Válida, mas deve ser relida diante do que estabelece o novo CPC sobre os embargos de divergência.

Súmula 233-STF

~~Salvo em caso de divergência qualificada (Lei 623/1949), não cabe recurso de embargos contra decisão que nega provimento a agravo ou não conhece de recurso extraordinário, ainda que por maioria de votos.~~

- **Status:** Superada.

Súmula 420-STJ

Incabível, em embargos de divergência, discutir o valor de indenização por danos morais.

- **Status:** Válida.

Súmula 316-STJ

Cabem embargos de divergência contra acórdão que, em agravo regimental, decide recurso especial.

- **Status:** Válida.

Súmula 315-STJ

~~Não cabem embargos de divergência no âmbito do agravo de instrumento que não admite recurso especial.~~

- **Status:** Superada pelo CPC 2015.

Súmula 168-STJ

Não cabem embargos de divergência, quando a jurisprudência do tribunal se firmou no mesmo sentido do acórdão embargado.

- **Status:** Válida.

Súmula 158-STJ

Não se presta a justificar embargos de divergência, o dissídio com acórdão de turma ou seção que não mais tenha competência para a matéria neles versada.

- **Status:** Válida.

23.11. Embargos infringentes

Súmula 455-STF

Da decisão que se seguir ao julgamento de constitucionalidade pelo Tribunal Pleno, são inadmissíveis embargos infringentes quanto a matéria constitucional.

• **Status:** Válida apenas para o processo penal.

• **Nota do autor:** O novo CPC extinguiu os embargos infringentes. No entanto, essa súmula ainda pode ser aplicada no processo penal.

Súmula 368-STF

Não há embargos infringentes no processo de reclamação.

• **Status:** Válida apenas para o processo penal.

• **Nota do autor:** O novo CPC extinguiu os embargos infringentes. No entanto, essa súmula ainda pode ser aplicada no processo penal.

Súmula 354-STF

~~Em caso de embargos infringentes parciais, é definitiva a parte da decisão embargada em que não houve divergência na votação.~~

• **Status:** Superada pelo CPC 2015.

• **Nota do autor:** O novo CPC extinguiu os embargos infringentes.

Súmula 296-STF

~~São inadmissíveis embargos infringentes sobre matéria não ventilada, pela Turma, no julgamento do recurso extraordinário.~~

• **Status:** Superada pelo CPC 2015.

• **Nota do autor:** O novo CPC extinguiu os embargos infringentes.

Súmula 295-STF

~~São inadmissíveis embargos infringentes contra decisão unânime do STF em ação rescisória.~~

• **Status:** Superada pelo CPC 2015.

• **Nota do autor:** O novo CPC extinguiu os embargos infringentes.

Súmula 294-STF

~~São inadmissíveis embargos infringentes contra decisão do STF em mandado de segurança.~~

- **Status:** Superada pelo CPC 2015.
- **Nota do autor:** O novo CPC extinguiu os embargos infringentes.

Súmula 293-STF

São inadmissíveis embargos infringentes contra decisão em matéria constitucional submetida ao plenário dos tribunais.

- **Status:** Válida apenas para o processo penal.
- **Nota do autor:** O novo CPC extinguiu os embargos infringentes. No entanto, essa súmula ainda pode ser aplicada no processo penal.

Súmula 390-STJ

~~Nas decisões por maioria, em reexame necessário, não se admitem embargos infringentes.~~

- **Status:** Superada pelo CPC/2015.
- **Nota do autor:** O novo CPC extinguiu os embargos infringentes.

Súmula 255-STJ

~~Cabem embargos infringentes contra acórdão, proferido por maioria, em agravo retido, quando se tratar de matéria de mérito.~~

- **Status:** Superada pelo CPC/2015.
- **Nota do autor:** O novo CPC extinguiu os embargos infringentes.

Súmula 169-STJ

~~São inadmissíveis embargos infringentes no processo de mandado de segurança.~~

- **Status:** Superada pelo CPC 2015.
- **Nota do autor:** O novo CPC extinguiu os embargos infringentes.

Súmula 88-STJ

~~São admissíveis embargos infringentes em processo falimentar.~~

- **Status:** Superada pelo CPC/2015.
- **Nota do autor:** O novo CPC extinguiu os embargos infringentes.

23.12. Questões relacionadas

(MPE-PR – Promotor de Justiça – MPE-PR/2019) Sobre os recursos em espécie, assinale a alternativa incorreta, nos termos do Código de Processo Civil de 2015:

a) A decisão que julga antecipadamente parcela do mérito é recorrível por apelação.

b) O recurso pode ser interposto pela parte vencida, pelo terceiro prejudicado e pelo Ministério Público, como parte ou como fiscal da ordem jurídica.

c) O capítulo da sentença que confirma, concede ou revoga a tutela provisória é impugnável na apelação.

d) Se os embargos de declaração forem rejeitados ou não alterarem a conclusão do julgamento anterior, o recurso interposto pela outra parte antes da publicação do julgamento dos embargos de declaração será processado e julgado independentemente de ratificação.

e) É vedado ao relator limitar-se à reprodução dos fundamentos da decisão agravada para julgar improcedente o agravo interno.

Resposta correta: letra "a".

(Vunesp – Procurador Municipal – Prefeitura de Sorocaba – SP/2018) Assinale a alternativa que contempla corretamente o texto de uma súmula do Supremo Tribunal Federal.

a) Não cabe recurso extraordinário contra decisão proferida no processamento de precatórios.

b) A competência do Tribunal de Justiça para julgar prefeitos restringe-se aos crimes de competência da Justiça comum estadual; nos demais casos, a competência originária caberá ao juiz de primeira instância.

c) A extinção do mandato do prefeito impede a instauração de processo pela prática dos crimes previstos no art. 1° do Dl. 201/67.

d) Não pode o magistrado deixar de encaminhar ao Supremo Tribunal Federal o agravo de instrumento interposto da decisão que não admite recurso extraordinário, exceto na causa instaurada no âmbito dos juizados especiais.

e) É cabível recurso extraordinário contra acórdão de Tribunal de Justiça que defere pedido de intervenção estadual em Município.

Resposta correta: letra "a".

(FUNDATEC – Delegado de Polícia Civil – PC-RS/2018) Os direitos fundamentais despontaram para a assegurar às pessoas a possibilidade de ter uma vida digna, livre e igualitária. Os direitos e garantias fundamentais estão disponíveis na CF/1988 do artigo 5º ao 17º dispostos em direitos e garantias individuais, civis, políticos, sociais, econômicos, culturais, difusos e coletivos. Os direitos e deveres individuais e coletivos são encontrados nas constituições de quase todos os países democráticos. O constitucionalismo moderno indica que esses direitos sejam ponto de partida na ordem jurídica. Isso posto, assinale a alternativa INCORRETA em relação aos citados direitos e deveres.

a) Só por lei se pode sujeitar a exame psicotécnico a habilitação de candidato a cargo público.

b) A decisão que determina o arquivamento de inquérito policial, a pedido do Ministério Público e determinada por juiz competente, que reconhece que o fato apurado está coberto por excludente de ilicitude, não afasta a ocorrência de crime quando surgirem novas provas, suficientes para justificar o desarquivamento do inquérito.

c) Cabe recurso extraordinário por contrariedade ao princípio constitucional da legalidade, quando a sua verificação pressuponha rever a interpretação dada a normas infraconstitucionais pela decisão recorrida.

d) A utilização de gravação de conversa telefônica feita por terceiro com a autorização de um dos interlocutores sem o conhecimento do outro quando há, para essa utilização, excludente da antijuridicidade. Afastada a ilicitude de tal conduta – a de, por legítima defesa, fazer gravar e divulgar conversa telefônica ainda que não haja o conhecimento do terceiro que está praticando crime –, é ela, por via de consequência, lícita e, também consequentemente, essa gravação não pode ser tida como prova ilícita, para invocar-se o Art. 5º, LVI, da Constituição com fundamento em que houve violação da intimidade.

e) A CF autoriza a prisão em flagrante como exceção à inviolabilidade domiciliar, prescindindo de mandado judicial.

Resposta correta: letra "c".

(Vunesp – Procurador Autárquico – PauliPrev – SP/2018) Assinale a alternativa correta, de acordo com as súmulas do Supremo Tribunal Federal e do Superior Tribunal de Justiça.

a) Não compete ao Supremo Tribunal Federal conceder medida cautelar para dar efeito suspensivo a recurso extraordinário que ainda não foi processado no juízo de origem.

b) Inadmissível o recurso especial interposto antes da publicação do acórdão dos embargos de declaração, sem posterior ratificação.

c) Cabe recurso extraordinário contra decisão proferida no processamento de precatórios.

d) O Ministério Público não tem legitimidade para pleitear, em ação civil pública, a indenização decorrente no DPVAT em benefício do segurado.

e) Não cabe recurso extraordinário contra acórdão que defere medida liminar.

Resposta correta: letra "e".

(Vunesp – Procurador Municipal – Prefeitura de Sorocaba – SP/2018) Assinale a alternativa que contempla corretamente o texto de uma súmula do Supremo Tribunal Federal.

a) Não cabe recurso extraordinário contra decisão proferida no processamento de precatórios.

b) A competência do Tribunal de Justiça para julgar prefeitos restringe-se aos crimes de competência da Justiça comum estadual; nos demais casos, a competência originária caberá ao juiz de primeira instância.

c) A extinção do mandato do prefeito impede a instauração de processo pela prática dos crimes previstos no art. 1º do DL 201/67.

d) Não pode o magistrado deixar de encaminhar ao Supremo Tribunal Federal o agravo de instrumento interposto da decisão que não admite recurso extraordinário, exceto na causa instaurada no âmbito dos juizados especiais.

e) É cabível recurso extraordinário contra acórdão de Tribunal de Justiça que defere pedido de intervenção estadual em Município.

Resposta correta: letra "a".

(IBFC – Advogado – EBSERH/2017) Assinale a alternativa correta sobre o agravo de instrumento após analisar os itens a seguir e considerar as normas da Lei Federal nº 13.105, de 16/03/2015 (Novo Código de Processo Civil).

a) A petição de agravo de instrumento será instruída facultativamente, com cópias da petição inicial, da contestação, da petição que ensejou a decisão agravada, da própria decisão agravada, da certidão da respectiva intimação ou outro documento oficial que comprove a tempestividade, das procurações outorgadas aos advogados do agravante e do agravado e com outras peças que o agravante reputar úteis ou com declaração de inexistência de qualquer desses documentos, feita pelo advogado do agravante, sob pena de sua responsabilidade pessoal

b) A petição de agravo de instrumento será instruída obrigatoriamente, com cópias da petição inicial, da contestação, da petição que ensejou a decisão agravada, da própria decisão agravada e das procurações outorgadas aos advogados do agravante e do agravado ou com declaração de inexistência de qualquer desses documentos, feita pessoalmente pelo agravante, sob pena de sua responsabilidade pessoal e facultativamente, com outras peças que o agravante reputar úteis

c) A petição de agravo de instrumento será instruída obrigatoriamente, com cópias da petição inicial, da contestação, da petição que ensejou a decisão agravada, da própria decisão agravada, da certidão da respectiva intimação ou outro documento oficial que comprove a tempestividade e das procurações outorgadas aos advogados do agravante e do agravado ou com declaração de inexistência de qualquer desses documentos, feita pelo advogado do agravante, sob pena de sua responsabilidade pessoal e facultativamente, com outras peças que o agravante reputar úteis

d) A petição de agravo de instrumento será instruída obrigatoriamente, com cópias da petição inicial, da contestação, da decisão agravada, da certidão da respectiva intimação ou outro documento oficial que comprove a tempestividade e das procurações outorgadas aos advogados do agravante e do agravado ou com declaração de inexistência de qualquer desses documentos, feita pelo advogado do agravante, sob pena de sua responsabilidade pessoal e facultativamente, com outras peças que o agravante reputar úteis

e) A petição de agravo de instrumento será instruída obrigatoriamente, com cópias da petição inicial, da contestação, da decisão agravada, da certidão da respectiva intimação ou outro documento oficial que comprove a tempestividade e das procurações outorgadas aos advogados do agravante e do agravado ou com declaração de inexistência de qualquer desses documentos, feita pessoalmente pelo agravante, sob pena de sua responsabilidade pessoal e facultativamente, com outras peças que o agravante reputar úteis

Resposta correta: letra "c".

(Cespe – Procurador Municipal – Prefeitura de Fortaleza – Constituição Estadual/2017) No que concerne aos meios de impugnação das decisões judiciais, julgue o item a seguir, de acordo com o CPC e com a jurisprudência dos tribunais superiores.

A certidão de concessão de vistas dos autos ao ente público é elemento suficiente para a demonstração da tempestividade do agravo de instrumento e se equipara à certidão de intimação da decisão agravada para essa finalidade.

Resposta: certo.

(FMP – Promotor de Justiça – MPE-RO/2017) Em conformidade com o Código de Processo Civil, é CORRETO afirmar que:

a) as questões resolvidas na fase de conhecimento, se a decisão a seu respeito não comportar agravo de instrumento, devem ser objeto de protesto, sob pena de preclusão.

b) o Código de Processo Civil de 2015, diferentemente da codificação anterior, não estabeleceu previsão de interposição de apelação adesiva.

c) não terá efeito suspensivo a apelação interposta em face de sentença que confirma, concede ou revoga tutela provisória.

d) as cópias que obrigatoriamente deverão instruir o agravo de instrumento são as da decisão agravada, da certidão da respectiva intimação ou de outro documento oficial que comprove a tempestividade e das procurações outorgadas aos advogados do agravante e do agravado.

e) o agravo será interposto diretamente no tribunal competente para julgá-lo, podendo ser postado no correio, sob registro, com aviso de recebimento, não podendo ser protocolado na própria comarca ou seção judiciária se não for a sede do tribunal.

Resposta correta: letra "c".

(Vunesp – Assistente Jurídico e Procurador Jurídico – Prefeitura de Andradina – SP/2017) Dr. Regis é procurador do Município de Andradina. Numa ação em que representa os interesses da Prefeitura, interpôs Embargos de Declaração contra acórdão de segundo grau que manteve a decisão de primeira instância in totum condenando parcialmente o Poder Público Municipal a pagar determinada quantia a um munícipe, e que, segundo o procurador, não teria ficado claro se tal condenação seria por danos materiais ou morais. A parte contrária não embargou, mas fez Recurso Especial, para discutir a parte que sucumbiu, antes da decisão dos embargos ser proferida. Os embargos não foram providos, mantendo-se exatamente a decisão anterior. De acordo com o entendimento do Novo CPC, assinale a alternativa correta a respeito desse Recurso Especial, já proposto pelo munícipe.

a) Só deverá ser analisado se o recorrente ratificar sua interposição.

b) Deverá ser refeito, concedendo novo prazo para apresentação das razões.

c) Não será conhecido, pois foi interposto antes de se esgotar todos os recursos anteriores.

d) Não será conhecido, por ser intempestivo, uma vez que foi interposto antes do início do prazo para sua apresentação.

e) Não é necessário ratificar o recurso especial interposto na pendência do julgamento dos embargos de declaração, quando inalterado o resultado anterior.

Resposta correta: letra "e".

(Cespe – Procurador Municipal – Prefeitura de Fortaleza – Constituição Estadual/2017) No que concerne aos meios de impugnação das decisões judiciais, julgue o item a seguir, de acordo com o CPC e com a jurisprudência dos tribunais superiores.

Ainda que, em exame de embargos declaratórios, seja mantido o resultado do julgamento anterior, o recorrente deverá ratificar recurso especial que tenha sido interposto antes do julgamento dos embargos.

Resposta: Errado.

(Nosso Rumo – Advogado – MGS/2017) No que tange à nova sistemática dos recursos na legislação processual civil, é correto afirmar que

a) os recursos não impedem a eficácia da decisão, ainda que haja decisão judicial ou disposição legal em sentido diverso.

b) a renúncia ao direito de recorrer depende da aceitação da outra parte, desde que ocorra até o momento da intimação para apresentação de resposta ao recurso.

c) o prazo para interposição de recurso conta-se da data em que os advogados, a sociedade de advogados, a Advocacia Pública, a Defensoria Pública ou o Ministério Público são intimados da decisão.

d) o recurso adesivo fica subordinado ao recurso independente, sendo admissível somente na apelação e no recurso especial.

Resposta correta: letra "c".

(FGV – Analista Portuário – CODEBA/2016) A Constituição de determinado Estado dispôs sobre a competência originária do Tribunal de Justiça para processar e julgar os mandados de segurança impetrados contra atos de certas autoridades. Em um caso concreto, o Tribunal de Justiça julgou improcedente o pedido formulado em sede de mandado de segurança.

À luz da sistemática instituída pela Constituição da República Federativa do Brasil, é correto afirmar que o acórdão proferido pelo Tribunal de Justiça, no exercício dessa competência originária, é suscetível de ser impugnado via

a) recurso extraordinário endereçado ao Supremo Tribunal Federal.

b) recurso ordinário endereçado ao Supremo Tribunal Federal.

c) recurso especial endereçado ao Superior Tribunal de Justiça.

d) recurso ordinário endereçado ao Superior Tribunal de Justiça.

e) mandado de segurança a ser impetrado perante o Supremo Tribunal Federal.

Resposta correta: letra "d".

(IBFC – Advogado – EBSERH/2016) Considere as disposições do código de processo civil e assinale a alternativa correta sobre os efeitos do recurso de apelação.

a) A apelação será sempre recebida no efeito suspensivo.

b) A apelação interposta da sentença que homologar a divisão ou a demarcação será recebida no efeito suspensivo.

c) A apelação interposta da sentença que rejeitar liminarmente embargos à execução não será recebida no efeito suspensivo.

d) A apelação interposta da sentença que julgar procedente o pedido de instituição de arbitragem será recebida no efeito suspensivo.

e) A apelação interposta da sentença que não confirmar a antecipação dos efeitos da tutela não será recebida no efeito devolutivo.

Resposta correta: letra "c".

(Vunesp – Juiz de Direito – TJ-MS/2015) Nos pedidos de registro de candidatos a eleições municipais, o Juiz Eleitoral apresentará a sentença em cartório

a) (7) sete dias após a conclusão dos autos, passando a correr da publicação no Diário Oficial da União o prazo de (24) vinte e quatro horas para interposição de recurso para o Tribunal Regional Eleitoral.

b) (3) três dias após a conclusão dos autos, passando a correr deste momento o prazo de (3) três dias para interposição de recurso para o Tribunal Regional Eleitoral.

c) (7) sete dias após a conclusão dos autos, passando a correr da publicação no Diário Oficial da União o prazo de (7) sete dias para interposição de recurso para o Tribunal Superior Eleitoral.

d) (3) três dias após a conclusão dos autos, passando a correr deste momento o prazo de (7) sete dias para interposição de recurso para o Tribunal Regional Eleitoral.

e) (7) sete dias após a conclusão dos autos, passando a correr da publicação no Diário Oficial da União o prazo de (2) dois dias para interposição de recurso para o Tribunal Superior Eleitoral.

Resposta correta: letra "b".

(FMP – Defensor Público – DPE-PA/2015) Assinale a alternativa INCORRETA.

a) Há precedente do Superior Tribunal de Justiça reconhecendo a possibilidade de atribuição de efeito translativo ao recurso especial.

b) É cabível recurso extraordinário de decisão proferida por Turma Recursal de Juizado Especial Cível, mas não o é o recurso especial.

c) A decisão recorrida que julgar válida lei local contestada em face de lei federal é passível, preenchidos os demais pressupostos, de recurso especial.

d) O recurso especial é incabível para valoração de prova, mas é cabível para controle da adequada aplicação das normas de direito probatório.

e) A decisão que resolve a respeito da repercussão geral é irrecorrível.

Resposta correta: letra "c".

(PGR – Procurador da República – PGR/2015) O Ministério Público Eleitoral propôs ação de investigação judicial eleitoral em que imputou prática de abuso de poder econômico a candidato a deputado federal, nas eleições de 2014. Julgado improcedente o pedido formulado na inicial,

a) caberá recurso especial para o Tribunal Superior Eleitoral, porque não houve cassação do registro ou do diploma; negado seguimento ao recurso, caberá agravo para o Tribunal Superior Eleitoral;

b) Cabe recurso ordinário, mas o presidente do tribunal de origem deverá exercer o juízo de admissibilidade, caso em que, negado seguimento ao recurso, caberá agravo para o Tribunal Superior Eleitoral;

c) Cabe recurso ordinário, mas o presidente do tribunal de origem deverá encaminhar diretamente o recurso ao Tribunal Superior Eleitoral, sem exercer juízo de admissibilidade;

d) nenhuma das respostas anteriores.

Resposta correta: letra "c".

24. UNIFORMIZAÇÃO DA JURISPRUDÊNCIA

Súmula 86-TNU

Não cabe incidente de uniformização que tenha como objeto principal **questão controvertida de natureza constitucional que ainda não tenha sido definida pelo Supremo Tribunal Federal em sua jurisprudência dominante**.

- **Status:** Válida.

Súmula 43-TNU

Não cabe incidente de uniformização que verse sobre matéria processual.

- **Status:** Válida.

Súmula 42-TNU

Não se conhece de incidente de uniformização que implique **reexame de matéria de fato**.

- **Status:** Válida.

Súmula 7-TNU

Descabe incidente de uniformização versando sobre honorários advocatícios por se tratar de **questão de direito processual**.

- **Status:** Válida. Súmula aprovada em 25/09/2003.

25. REEXAME NECESSÁRIO

Súmula 620-STF

~~A sentença proferida contra Autarquias não está sujeita a reexame necessário, salvo quando sucumbente em execução de dívida ativa.~~

- **Status:** Superada pelo CPC/2015.

- **Dispositivos relacionados:**

> "CPC/15, Art. 496. Está sujeita ao duplo grau de jurisdição, não produzindo efeito senão depois de confirmada pelo tribunal, a sentença:
>
> I – proferida contra a União, os Estados, o Distrito Federal, os Municípios **e suas respectivas autarquias** e fundações de direito público;
>
> II – que julgar procedentes, no todo ou em parte, os embargos à execução fiscal."

Súmula 423-STF

Não transita em julgado a sentença por haver omitido o recurso *ex officio*, que se considera interposto *ex lege*.

- **Status:** Válida.

Súmula 390-STJ

~~Nas decisões por maioria, em reexame necessário, não se admitem embargos infringentes.~~

- **Status:** Superada pelo CPC/2015.
- **Nota do autor:** O novo CPC extinguiu os embargos infringentes.

Súmula 490-STJ

A dispensa de reexame necessário, quando o valor da condenação ou do direito controvertido, for inferior a ~~60 salários-mínimos~~, **não se aplica a sentenças ilíquidas**.

• **Status:** Válida, mas deve ser relida diante do que dispõe o novo CPC.

• **Nota do autor:** O valor de 60 salários-mínimos foi alterado pelo novo CPC. Agora os valores estão previstos no art. 496, § 3º do CPC/2015.

• **Dispositivos relacionados:**

> "CPC/15, Art. 496. (...)
>
> § 3º Não se aplica o disposto neste artigo quando a condenação ou o proveito econômico obtido na causa for de valor certo e líquido inferior a:
>
> I – 1000 (mil) salários-mínimos para a União e as respectivas autarquias e fundações de direito público;
>
> II – 500 (quinhentos) salários-mínimos para os Estados, o Distrito Federal, as respectivas autarquias e fundações de direito público e os Municípios que constituam capitais dos Estados;
>
> III – 100 (cem) salários-mínimos para todos os demais Municípios e respectivas autarquias e fundações de direito público."

Súmula 325-STJ

A remessa oficial devolve ao Tribunal o reexame de **todas** as parcelas da condenação suportadas pela Fazenda Pública, **inclusive dos honorários de advogado**.

• **Status:** Válida.

Súmula 253-STJ

O art. 557 do CPC, que autoriza o relator a decidir o recurso, **alcança o reexame necessário.**

• **Status:** Válida.

• **Nota do autor:** Onde se está escrito art. 557 do CPC/1973, leia-se art. 932, III e IV, do CPC/2015.

• **Dispositivos relacionados:**

> "CPC/15, Art. 932. Incumbe ao relator:
>
> III – não conhecer de recurso inadmissível, prejudicado ou que não tenha impugnado especificamente os fundamentos da decisão recorrida;
>
> IV – negar provimento a recurso que for contrário a:
>
> a) súmula do Supremo Tribunal Federal, do Superior Tribunal de Justiça ou do próprio tribunal;

b) acórdão proferido pelo Supremo Tribunal Federal ou pelo Superior Tribunal de Justiça em julgamento de recursos repetitivos;

c) entendimento firmado em incidente de resolução de demandas repetitivas ou de assunção de competência;

V – depois de facultada a apresentação de contrarrazões, dar provimento ao recurso se a decisão recorrida for contrária a:

a) súmula do Supremo Tribunal Federal, do Superior Tribunal de Justiça ou do próprio tribunal;

b) acórdão proferido pelo Supremo Tribunal Federal ou pelo Superior Tribunal de Justiça em julgamento de recursos repetitivos;

c) entendimento firmado em incidente de resolução de demandas repetitivas ou de assunção de competência;

VI – decidir o incidente de desconsideração da personalidade jurídica, quando este for instaurado originariamente perante o tribunal;

VII – determinar a intimação do Ministério Público, quando for o caso;

VIII – exercer outras atribuições estabelecidas no regimento interno do tribunal.

Parágrafo único. Antes de considerar inadmissível o recurso, o relator concederá o prazo de 5 (cinco) dias ao recorrente para que seja sanado vício ou complementada a documentação exigível."

Súmula 45-STJ

No reexame necessário, **é defeso**, ao tribunal, agravar a condenação imposta à Fazenda Pública.

- **Status:** Válida.

25.1. Questões relacionadas

(Cespe – Analista Judiciário – Área Judiciária – STM/2018) À luz do Código de Processo Civil e da doutrina pertinente, julgue o item a seguir, acerca dos recursos extraordinário e especial.

Situação hipotética: Determinado tribunal de justiça prolatou um acórdão que possui dois capítulos distintos, um, com fundamento constitucional, e outro, com fundamento infraconstitucional referente à aplicação de lei federal. Assertiva: Nessa situação, se a parte vencida interpuser apenas recurso especial, o Superior Tribunal de Justiça deverá considerá-lo inadmissível, porque a decisão recorrida estaria assentada em fundamentos de mais de uma natureza.

Resposta: errado.

(Vunesp – Procurador Legislativo – Câmara de Cotia – SP/2017) Está sujeita ao duplo grau de jurisdição, não produzindo efeito senão depois de confirmada pelo tribunal:

a) decisão que concede a antecipação da tutela proferida contra a União, os Estados, o Distrito Federal, os Municípios e as respectivas autarquias e fundações de direito público.

b) sentença que julgar procedentes, no todo ou em parte, os embargos à execução de instituições financeiras de natureza jurídica de empresa pública.

c) sentença proferida contra a União, os Estados, o Distrito Federal, os Municípios e as respectivas autarquias e fundações de direito público, quando não for possível precisar, desde logo, o valor da condenação.

d) sentença cujo valor da condenação, do proveito, do benefício ou da vantagem econômica em discussão for de valor certo e líquido inferior a 100 (cem) salários-mínimos para todos os municípios e respectivas autarquias e fundações de direito público.

e) sentença, ainda que fundada em entendimento coincidente com orientação vinculante firmada no âmbito administrativo do próprio ente público, consolidada em manifestação, parecer ou súmula administrativa.

Resposta correta: letra "c".

(FCC – Analista – DPE-RS/2017) Não está sujeita ao duplo grau de jurisdição e, portanto, poderá produzir efeito imediatamente sem a necessidade de confirmação pelo tribunal, a sentença

a) condenatória proferida contra o Estado do Rio Grande do Sul de valor certo e líquido de 1.000 salários mínimos.

b) fundada em entendimento firmado em incidente de resolução de demandas repetitivas ou de assunção de competência.

c) condenatória proferida contra autarquia estadual de valor líquido e certo de 700 salários mínimos.

d) condenatória proferida contra a União de valor certo e líquido de 1.500 salários mínimos.

e) condenatória proferida contra o Município de Porto Alegre de valor certo e líquido de 700 salários mínimos.

Resposta correta: letra "b".

(FCC – Procurador do Estado – SEGEP-MA/2016) NÃO está sujeita à remessa necessária a sentença proferida contra o Estado

a) quando a condenação ou o proveito econômico obtido na causa for de valor certo e líquido inferior a mil salários mínimos.

b) se também não houver apelação do vencido.

c) se ele for revel.

d) fundada em entendimento coincidente com orientação vinculante firmada no âmbito administrativo do próprio ente público, consolidada em manifestação, parecer ou súmula administrativa.

e) que julgar parcialmente procedentes os embargos à execução fiscal, qualquer que seja o valor da dívida.

Resposta correta: letra "d".

(TRT 4ª Região – Juiz do Trabalho – TRT 4ª Região/2016) Considere as assertivas abaixo sobre remessa necessária.

I – Não se aplica a remessa necessária quando a sentença estiver fundada em entendimento firmado em incidente de resolução de demandas repetitivas ou de assunção de competência.

II – Aplica-se a remessa necessária mesmo que a sentença esteja fundada em entendimento coincidente com orientação vinculante firmada no âmbito administrativo do próprio ente público, consolidada em manifestação, parecer ou súmula administrativa.

III – Não se aplica a remessa necessária para a confirmação de sentença proferida contra fundações de direito público estaduais quando a condenação ou o proveito econômico obtido na causa for inferior a 500 (quinhentos) **salários-mínimos.**

Quais são corretas?

a) Apenas I.

b) Apenas II.

c) Apenas III.

d) Apenas I e III.

e) I, II e III.

Resposta correta: letra "d".

26. MANDADO DE SEGURANÇA

Súmula 632-STF

É constitucional lei que fixa o prazo de decadência para a impetração de mandado de segurança.

- **Status:** Válida.
- **Nota do autor:** A Lei nº 12.016/2009 prevê que o prazo decadencial do mandado de segurança é de 120 dias.
- **Dispositivos relacionados:**

> "LMS, Art. 23. O direito de requerer mandado de segurança extinguir-se-á decorridos 120 (cento e vinte) dias, contados da ciência, pelo interessado, do ato impugnado."

Súmula 631-STF

Extingue-se o processo de mandado de segurança se o impetrante não promove, no prazo assinado, a citação do litisconsorte passivo **necessário.**

- **Status:** Válida.
- **Nota do autor:** O dispositivo legal acima faz referência ao antigo CPC (1973). Atualmente, o tema é tratado pelo art. 115 do novo CPC (2015), que deve ser aplicado ao mandado de segurança, por forma do art. 24 da Lei 12.016/2009 (Lei do Mandado de Segurança - LMS).
- **Dispositivos relacionados:**

"CPC/15, Art. 115. A sentença de mérito, quando proferida sem a integração do contraditório, será:

I – nula, se a decisão deveria ser uniforme em relação a todos que deveriam ter integrado o processo;

II – ineficaz, nos outros casos, apenas para os que não foram citados.

Parágrafo único. **Nos casos de litisconsórcio passivo necessário, o juiz determinará ao autor que requeira a citação de todos que devam ser litisconsortes, dentro do prazo que assinar, sob pena de extinção do processo**."

"LMS, Art. 24. Aplicam-se ao mandado de segurança os arts. 46 a 49 da Lei nº 5.869, de 11 de janeiro de 1973 – Código de Processo Civil."

Súmula 630-STF

A entidade de classe tem legitimação para o mandado de segurança ainda quando a pretensão veiculada interesse apenas a uma parte da respectiva categoria.

- **Status:** Válida.
- **Dispositivos relacionados:**

"LMS, Art. 21. (...).

Parágrafo único. Os direitos protegidos pelo mandado de segurança coletivo podem ser:

I – coletivos, assim entendidos, para efeito desta Lei, os transindividuais, de natureza indivisível, de que seja titular grupo ou categoria de pessoas ligadas entre si ou com a parte contrária por uma relação jurídica básica;

II – individuais homogêneos, assim entendidos, para efeito desta Lei, os decorrentes de origem comum e da atividade ou situação específica da totalidade ou de parte dos associados ou membros do impetrante."

Súmula 629-STF

A impetração de mandado de segurança coletivo por entidade de classe em favor dos associados **independe da autorização destes.**

- **Status:** Válida.
- **Dispositivos relacionados:**

"LMS, Art. 21. O mandado de segurança coletivo pode ser impetrado por partido político com representação no Congresso Nacional, na defesa de seus interesses legítimos relativos a seus integrantes ou à finalidade partidária, ou por organização sindical, entidade de classe ou associação legalmente constituída e em funcionamento há, pelo menos, 1 (um) ano, em defesa de direitos líquidos e certos da totalidade, ou de parte, dos seus membros ou associados, na forma dos seus estatutos e desde que pertinentes às suas finalidades, dispensada, para tanto, autorização especial."

Súmula 626-STF

A suspensão da liminar em mandado de segurança, salvo determinação em contrário da decisão que a deferir, **vigorará até o trânsito em julgado da decisão definitiva de concessão da segurança ou, havendo recurso, até a sua manutenção pelo Supremo Tribunal Federal, desde que o objeto da liminar deferida coincida, total ou parcialmente, com o da impetração.**

- **Status:** Válida.
- **Dispositivos relacionados:**

"Lei 8.437/92, Art. 4º Compete ao presidente do tribunal, ao qual couber o conhecimento do respectivo recurso, suspender, em despacho fundamentado, a execução da liminar nas ações movidas contra o Poder Público ou seus agentes, a requerimento do Ministério Público ou da pessoa jurídica de direito público interessada, em caso de manifesto interesse público ou de flagrante ilegitimidade, e para evitar grave lesão à ordem, à saúde, à segurança e à economia públicas."

"Lei 8.038/90, Art. 25. (...).

§ 3º A suspensão de segurança vigorará enquanto pender o recurso, ficando sem efeito, se a decisão concessiva for mantida pelo Superior Tribunal de Justiça ou transitar em julgado."

"RISTF, Art. 297. (...)

§ 3º A suspensão de segurança vigorará enquanto pender o recurso, ficando sem efeito, se a decisão concessiva for mantida pelo Supremo Tribunal Federal ou transitar em julgado."

"RISTJ, Art. 271. (...).

§ 3º A suspensão vigorará enquanto pender o recurso, ficando sem efeito se a decisão concessiva for mantida pelo Superior Tribunal de Justiça ou transitar em julgado."

Súmula 625-STF

Controvérsia sobre matéria de direito **não impede** concessão de mandado de segurança.

- **Status:** Válida.
- **Nota do autor:** Cuidado para não confundir: a) controvérsia sobre matéria de direito **não impede** concessão de mandado de segurança; b) controvérsia sobre matéria de fato **impede** concessão de mandado de segurança. Isso porque não há dilação probatória em sede de mandado de segurança.

- **Dispositivos relacionados:**

"CF, Art. 5º (...)

LXIX – conceder-se-á mandado de segurança para proteger direito líquido e certo, não amparado por *habeas corpus* ou *habeas data*, quando o responsável pela ilegalidade ou abuso de poder for autoridade pública ou agente de pessoa jurídica no exercício de atribuições do Poder Público;"

"LMS, Art. 1º Conceder-se-á mandado de segurança para proteger direito líquido e certo, não amparado por *habeas corpus* ou *habeas data*, sempre que, ilegalmente ou com abuso de poder, qualquer pessoa física ou jurídica sofrer violação ou houver justo receio de sofrê-la por parte de autoridade, seja de que categoria for e sejam quais forem as funções que exerça."

Súmula 624-STF

Não compete ao Supremo Tribunal Federal conhecer originariamente de mandado de segurança contra atos de outros tribunais.

- **Status:** Válida.
- **Nota do autor:** Mandado de segurança contra ato do STJ é julgado pelo próprio STJ.

Súmula 623-STF

Não gera, por si só, a competência originária do STF para conhecer do mandado de segurança, com base no art. 102, I, "n", da Constituição, dirigir-se o pedido contra deliberação administrativa do tribunal de origem, da qual haja participado a maioria ou a totalidade de seus membros.

• **Status:** Válida.

• **Dispositivos relacionados:**

"CF, Art. 102. Compete ao Supremo Tribunal Federal, precipuamente, a guarda da Constituição, cabendo-lhe:

I – processar e julgar, originariamente:

n) a ação em que todos os membros da magistratura sejam direta ou indiretamente interessados, e aquela em que mais da metade dos membros do tribunal de origem estejam impedidos ou sejam direta ou indiretamente interessados;"

Súmula 622-STF

~~Não cabe agravo regimental contra decisão do relator que concede ou indefere liminar em mandado de segurança.~~

• **Status:** Superada.

• **Nota do autor:** Cabe agravo contra decisão do relator que concede ou indefere liminar em mandado de segurança.

• **Dispositivos relacionados:**

"LMS, Art. 16 (...).

Parágrafo único. Da decisão do relator que conceder ou denegar a medida liminar caberá agravo ao órgão competente do tribunal que integre."

Súmula 597-STF

~~Não cabem embargos infringentes de acórdão que, em mandado de segurança decidiu, por maioria de votos, a apelação.~~

• **Status:** Superada pelo CPC/2015, que extinguiu os embargos infringentes.

• **Nota do autor:** De qualquer modo, vale lembrar que a Lei nº 12.016/2009 também inadmitia os embargos infringentes no mandado de segurança.

• **Dispositivos relacionados:**

> "LMS, Art. 25. Não cabem, no processo de mandado de segurança, a interposição de embargos infringentes e a condenação ao pagamento dos honorários advocatícios, sem prejuízo da aplicação de sanções no caso de litigância de má-fé."

Súmula 512-STF

Não cabe condenação em honorários de advogado na ação de mandado de segurança.

• **Status:** Válida.

• **Dispositivos relacionados:**

> "Art. 25. Não cabem, no processo de mandado de segurança, a interposição de embargos infringentes e a condenação ao pagamento dos honorários advocatícios, sem prejuízo da aplicação de sanções no caso de litigância de má-fé."

Súmula 511-STF

~~Compete à Justiça Federal, em ambas as instâncias, processar e julgar as causas entre autarquias federais e entidades públicas locais, inclusive mandados de segurança, ressalvada a ação fiscal, nos termos da Constituição Federal de 1967, art. 119, § 3º.~~

• **Status:** Superada.

Súmula 510-STF

Praticado o ato por autoridade, no exercício de competência delegada, **contra ela** cabe o mandado de segurança ou a medida judicial.

• **Status:** Válida.

Súmula 506-STF

~~O agravo a que se refere o art. 4º da Lei nº 4.348/64, cabe, somente, do despacho do Presidente do Supremo Tribunal Federal que defere a suspensão da liminar, em mandado de segurança; não do que a denega.~~

- **Status:** Cancelada pelo Pleno do STF no SS 1945/AL, DJU 01/08/2003.

Súmula 474-STF

Não há direito líquido e certo, amparado pelo mandado de segurança, quando se escuda em lei cujos efeitos foram anulados por outra, declarada constitucional pelo Supremo Tribunal Federal.

- **Status:** Válida.

Súmula 430-STF

Pedido de reconsideração na via administrativa **não** interrompe o prazo para o mandado de segurança.

- **Status:** Válida.

Súmula 429-STF

A existência de recurso administrativo com efeito suspensivo **não** impede o uso do mandado de segurança **contra omissão da autoridade**.

- **Status:** Válida.
- **Dispositivos relacionados:**

"CF, Art. 5º (...)

LXIX – conceder-se-á mandado de segurança para proteger direito líquido e certo, não amparado por *habeas corpus* ou *habeas data*, quando o responsável pela ilegalidade ou abuso de poder for autoridade pública ou agente de pessoa jurídica no exercício de atribuições do Poder Público;"

"LMS, Art. 1º Conceder-se-á mandado de segurança para proteger direito líquido e certo, não amparado por *habeas corpus* ou *habeas data*, sempre que, ilegalmente ou com abuso de poder, qualquer pessoa física ou jurídica sofrer violação ou houver justo receio de sofrê-la por parte de autoridade, seja de que categoria for e sejam quais forem as funções que exerça."

"LMS, Art. 5º Não se concederá mandado de segurança quando se tratar de ato do qual caiba recurso administrativo com efeito suspensivo, independentemente de caução."

Súmula 405-STF

Denegado o mandado de segurança pela sentença, ou no julgamento do agravo, dela interposto, **fica sem efeito a liminar concedida, retroagindo os efeitos da decisão contrária**.

- **Status:** Válida.

Súmula 392-STF

O prazo para recorrer de acórdão concessivo de segurança **conta-se da publicação oficial de suas conclusões**, e não da anterior ciência à autoridade para cumprimento da decisão.

- **Status:** Válida.

Súmula 330-STF

O Supremo Tribunal Federal **não** é competente para conhecer de mandado de segurança contra atos dos tribunais de justiça dos estados.

- **Status:** Válida.
- **Nota do autor:** Perceba que se aplica a mesma lógica da Súmula 624 do STF. Mandado de segurança contra ato do TJ é julgado pelo próprio TJ.

Súmula 304-STF

Decisão denegatória de mandado de segurança, não fazendo coisa julgada contra o impetrante, não impede o uso da ação própria.

- **Status:** Válida.
- **Nota do autor:** Caso a sentença ou o acórdão denegue o mandado de segurança, **decidindo o mérito**, haverá coisa julgada, o que impedirá que o requerente pleiteie novamente em ação própria.

- **Precedentes relacionados:**

> "A sentença denegatória do mandado de segurança apreciou o mérito da ação, julgando extinto o processo com resolução do mérito, nos termos do art. 269, I, do CPC, ao entender 'inequívoca a legitimação passiva do sócio-gerente pela responsabilidade da obrigação tributária por substituição, na dicção do artigo 135, *caput*, do Código Tributário Nacional, não tendo a impetrante demonstrado que não houve infração à lei durante o período em que era sócia com poderes de gerência'. Discutido o mérito da ação pela via mandamental, operou-se a coisa julgada." (STJ, 1ª Turma, AgRg no REsp 1.198.803/DF, Rel. Min. Arnaldo Esteves Lima, julgado em 06/10/2011)

- **Dispositivos relacionados:**

> "LMS, Art. 19. A sentença ou o acórdão que denegar mandado de segurança, sem decidir o mérito, não impedirá que o requerente, por ação própria, pleiteie os seus direitos e os respectivos efeitos patrimoniais."

Súmula 299-STF

O recurso ordinário e o extraordinário interpostos no mesmo processo de mandado de segurança, ou de *habeas corpus*, serão julgados conjuntamente pelo Tribunal Pleno.

- **Status:** Válida.

Súmula 294-STF

~~São inadmissíveis embargos infringentes contra decisão do STF em mandado de segurança.~~

- **Status:** Superada pelo CPC/2015, que extinguiu os embargos infringentes.

Súmula 272-STF

Não se admite como ordinário recurso extraordinário de decisão denegatória de mandado de segurança.

- **Status:** Válida.

- **Nota do autor:** Da denegação de mandado de segurança por um tribunal superior (STJ, TST, TSE, STM) cabe **recurso ordinário constitucional** - ROC (art. 102, II, "a"; da CF), e não recurso extraordinário. Se o recorrente interpuser recurso extraordinário isso configura erro grosseiro, o que não permitirá a aplicação do princípio da fungibilidade recursal.

- **Dispositivos relacionados:**

> "CF, Art. 102. Compete ao Supremo Tribunal Federal, precipuamente, a guarda da Constituição, cabendo-lhe:
>
> II – julgar, em recurso ordinário:
>
> *a)* o *habeas corpus*, o mandado de segurança, o *habeas data* e o mandado de injunção decididos em única instância pelos Tribunais Superiores, se denegatória a decisão;"

Súmula 271-STF

Concessão de mandado de segurança não produz efeitos patrimoniais em relação a período pretérito, os quais devem ser reclamados administrativamente ou pela via judicial própria.

- **Status:** Válida.

• **Nota do autor:** No julgamento do EREsp 1.164.514/AM, em 2015, o STJ entendeu de forma contrária, afastando a aplicação dessa súmula. Aliás, esse entendimento do STJ contraria inclusive o art. 14, § 4º da Lei do Mandado de Segurança.

• **Precedentes relacionados:**

> "Em mandado de segurança impetrado contra redução do valor de vantagem integrante de proventos ou de remuneração de servidor público, os efeitos financeiros da concessão da ordem retroagem à data do ato impugnado. (...) o STJ firmou a orientação de que, nas hipóteses em que o servidor público deixa de auferir seus vencimentos ou parte deles em razão de ato ilegal ou abusivo do Poder Público, os efeitos financeiros da concessão de ordem mandamental devem retroagir à data do ato impugnado, violador do direito líquido e certo do impetrante. Isso porque os efeitos patrimoniais são mera consequência da anulação do ato impugnado que reduz o valor de vantagem nos proventos ou remuneração do impetrante (...)". (STJ, Corte Especial, EREsp 1.164.514-AM, Rel. Min. Napoleão Nunes Maia Filho, julgado em 16/12/2015, DJe 25/2/2016; Informativo n. 578)

• **Dispositivos relacionados:**

> "LMS, Art. 14 (...)
>
> § 4º O pagamento de vencimentos e vantagens pecuniárias assegurados em sentença concessiva de mandado de segurança a servidor público da administração direta ou autárquica federal estadual e municipal somente será efetuado relativamente às prestações que se vencerem a contar da data do ajuizamento da inicial."

Súmula 270-STF

Não cabe mandado de segurança para impugnar enquadramento da Lei nº 3.780, de 12 de julho de 1960, que envolva exame de prova ou de situação funcional complexa.

• **Status:** Válida.

• **Nota do autor:** Em outras palavras, não cabe mandado de segurança para impugnar enquadramento legal que envolva exame de prova ou situação funcional complexa. Isso porque não há dilação probatória em sede de mandado de segurança. Além disso, vale lembrar, que a lógica da súmula 270 do STF pode ser aplicada não só para a Lei 3.780/1960, mas para outros casos também.

• **Dispositivos relacionados:**

"CF, Art. 5º (...)

LXIX – conceder-se-á mandado de segurança para proteger direito líquido e certo, não amparado por *habeas corpus* ou *habeas data*, quando o responsável pela ilegalidade ou abuso de poder for autoridade pública ou agente de pessoa jurídica no exercício de atribuições do Poder Público;"

"LMS, Art. 1º Conceder-se-á mandado de segurança para proteger direito líquido e certo, não amparado por *habeas corpus* ou *habeas data*, sempre que, ilegalmente ou com abuso de poder, qualquer pessoa física ou jurídica sofrer violação ou houver justo receio de sofrê-la por parte de autoridade, seja de que categoria for e sejam quais forem as funções que exerça."

Súmula 269-STF

O mandado de segurança **não** é substitutivo de ação de cobrança.

• **Status:** Válida.

Súmula 268-STF

Não cabe mandado de segurança contra decisão judicial com trânsito em julgado.

• **Status:** Válida.

• **Precedentes relacionados:**

"O mandado de segurança contra decisão judicial deve ser impetrado, via de regra, antes do trânsito em julgado da decisão impugnada, sob pena de utilização da ação mandamental como ação rescisória, a teor do que dispõe a Súmula n. 268/STF. No caso concreto, a despeito de a parte, na ação de execução, insurgir-se contra o ato de designação da praça para alienação do bem imóvel, as razões do mandado de segurança refletem o desígnio de reforma da decisão proferida no processo de conhecimento do qual se originou o título executivo, fato que recomenda seja aplicada a Súmula n. 268/STF." (STJ, 4ª Turma, AgRg no RMS 33.595/SP, Rel. Min. Antonio Carlos Ferreira, julgado em 13/08/2013).

• **Dispositivos relacionados:**

"LMS, Art. 5º **Não** se concederá mandado de segurança quando se tratar:

I – de ato do qual caiba recurso administrativo com efeito suspensivo, independentemente de caução;

II – de decisão judicial da qual caiba recurso com efeito suspensivo;

III – **de decisão judicial transitada em julgado**."

Súmula 267-STF

Não cabe mandado de segurança contra ato judicial passível de recurso ou correição.

- **Status:** Válida.

- **Nota do autor:** Segundo o STJ, cabe mandado de segurança contra ato judicial passível de recurso quando se verificar, no caso concreto, uma situação teratológica, abusiva, que possa gerar dano irreparável e desde que o recurso previsto não tenha ou não possa obter efeito suspensivo.

- **Precedentes relacionados:**

"Segundo orientação do Superior Tribunal de Justiça, em situações teratológicas, abusivas, que possam gerar dano irreparável, o recurso previsto não tenha ou não possa obter efeito suspensivo, admite-se que a parte se utilize do mandado de segurança contra ato judicial." (STJ, Corte Especial, AgRg no MS 18.995/DF, Rel. Min. Arnaldo Esteves Lima, julgado em 16/09/2013, DJe 23/09/2013)

- **Dispositivos relacionados:**

"LMS, Art. 5º **Não se concederá mandado de segurança quando se tratar**:

I – de ato do qual caiba recurso administrativo com efeito suspensivo, independentemente de caução;

II – **de decisão judicial da qual caiba recurso com efeito suspensivo**;

III – de decisão judicial transitada em julgado."

Súmula 266-STF

Não cabe mandado de segurança contra lei em tese.

- **Status:** Válida.

• **Nota do autor:** Não cabe mandado de segurança contra lei em tese, porque o instrumento processual adequado para isso são as ações do controle de constitucionalidade. Obs.: Tanto o STF como o STJ entendem cabível o mandado de segurança contra lei de efeitos concretos.

• **Precedentes relacionados:**

"É cabível o mandado de segurança impetrado contra os efeitos concretos de ato normativos." (STJ, 2ª Turma, AgRg no REsp 1.309.578/AM, Rel. Min. Mauro Campbell Marques, julgado em 18/11/2014)

"Se o ato normativo consubstancia ato administrativo, assim de efeitos concretos, cabe contra ele o mandado de segurança." (STF, 2ª Turma, RMS 24266/DF, Rel. Min. Carlos Velloso, julgado em 07/10/2003)

• **Dispositivos relacionados:**

"CF, Art. 5º (...)

LXIX – conceder-se-á mandado de segurança para proteger direito líquido e certo, não amparado por *habeas corpus* ou *habeas data*, quando o responsável pela ilegalidade ou abuso de poder for autoridade pública ou agente de pessoa jurídica no exercício de atribuições do Poder Público;"

"LMS, Art. 1º Conceder-se-á mandado de segurança para proteger direito líquido e certo, não amparado por *habeas corpus* ou *habeas data*, sempre que, ilegalmente ou com abuso de poder, qualquer pessoa física ou jurídica sofrer violação ou houver justo receio de sofrê-la por parte de autoridade, seja de que categoria for e sejam quais forem as funções que exerça."

Súmula 248-STF

É competente, originariamente, o Supremo Tribunal Federal, para mandado de segurança contra ato do Tribunal de Contas da União.

• **Status:** Válida.

• **Dispositivos relacionados:**

"CF, Art. 102. Compete ao Supremo Tribunal Federal, precipuamente, a guarda da Constituição, cabendo-lhe:

I – processar e julgar, originariamente:

d) o *habeas corpus*, sendo paciente qualquer das pessoas referidas nas alíneas anteriores; o mandado de segurança e o *habeas data* contra atos do Presidente da República, das Mesas da Câmara dos Deputados e do Senado Federal, do Tribunal de Contas da União, do Procurador-Geral da República e do próprio Supremo Tribunal Federal;"

Súmula 101-STF

O mandado de segurança **não** substitui a ação popular.

- **Status:** Válida.

Súmula 628-STJ

A teoria da encampação é aplicada no mandado de segurança quando presentes, **cumulativamente**, os seguintes requisitos: a) **existência de vínculo hierárquico entre a autoridade que prestou informações e a que ordenou a prática do ato impugnado**; b) **manifestação a respeito do mérito nas informações prestadas**; e c) **ausência de modificação de competência estabelecida na Constituição Federal**.

- **Status:** Válida.

Súmula 460-STJ

É incabível o mandado de segurança para convalidar a compensação tributária realizada pelo contribuinte.

- **Status:** Válida.
- **Nota do autor:** Não cabe mandado de segurança para convalidar a compensação tributária, considerando que para a convalidação da compensação tributária exige-se dilação probatória, o que não se admite no MS.

Súmula 376-STJ

Compete à turma recursal processar e julgar o mandado de segurança contra ato de juizado especial.

- **Status:** Válida.
- **Nota do autor:** Mandado de segurança contra ato da Turma Recursal é julgado pela própria Turma Recursal. Cuidado para não confundir: a) **mandado de segurança contra ato da Turma Recursal:** competência da própria Turma Recursal; b) ***habeas corpus* contra ato da Turma Recursal:** competência do Tribunal de Justiça ou do TRF respectivo.

Súmula 333-STJ

Cabe mandado de segurança contra ato praticado em licitação promovida por sociedade de economia mista ou empresa pública.

- **Status:** Válida.

- **Nota do autor:** A expressão "atos" trazida pela súmula se refere aos "atos administrativos", e não aos "atos de gestão". Com relação aos "atos de gestão" não cabe mandado de segurança, conforme o dispositivo legal acima transcrito.

- **Dispositivos relacionados:**

> "LMS, Art. 1º. (...)
>
> § 2º Não cabe mandado de segurança contra os atos de gestão comercial praticados pelos administradores de empresas públicas, de sociedade de economia mista e de concessionárias de serviço público."

Súmula 217-STJ

~~Não cabe agravo de decisão que indefere o pedido de suspensão da execução da liminar, ou da sentença em mandado de segurança.~~

- **Status:** Cancelada pelo STJ no julgamento do AgRg SS 1.204/AM, DJU 10/11/2003.

- **Nota do autor:** Cabe agravo, no prazo de 5 dias, da decisão que concede ou nega a suspensão.

- **Dispositivos relacionados:**

> "Lei 8.437/1992, Art. 4º (...)
>
> § 3º Do despacho que conceder ou negar a suspensão, caberá agravo, no prazo de cinco dias, que será levado a julgamento na sessão seguinte a sua interposição."

Súmula 213-STJ

O mandado de segurança **constitui** ação adequada para a declaração do direito à compensação tributária.

- **Status:** Válida.

Súmula 212-STJ

A compensação de créditos tributários **não pode ser deferida em ação cautelar ou por medida liminar cautelar ou antecipatória.**

• **Status:** Válida.

• **Dispositivos relacionados:**

> "LMS, Art. 7º (...)
>
> § 2º **Não será concedida medida liminar que tenha por objeto a compensação de créditos tributários**, a entrega de mercadorias e bens provenientes do exterior, a reclassificação ou equiparação de servidores públicos e a concessão de aumento ou a extensão de vantagens ou pagamento de qualquer natureza."

Súmula 202-STJ

A impetração de segurança por terceiro, contra ato judicial, **não** se condiciona à interposição de recurso.

• **Status:** Válida.

• **Nota do autor:** De acordo com o STJ, essa súmula não se aplica caso o impetrante já tenha ciência do processo e postulado no feito.

• **Precedentes relacionados:**

> "Afasta-se a incidência da Súmula n. 202/STJ na hipótese em que a impetrante tenha tido ciência do processo e já postulado no feito, inclusive requerendo a reconsideração da decisão impugnada no *writ*. É entendimento do STJ que o enunciado da Súmula n. 202 socorre tão somente aquele que não teve condições de tomar ciência da decisão que lhe prejudicou, ficando impossibilitado de se utilizar do recurso cabível. 4. Incabível o mandado de segurança quando não evidenciado o caráter abusivo ou teratológico do ato judicial impugnado." (STJ, 3ª Turma, RMS 42.593/RJ, Rel. Min. João Otávio de Noronha, julgado em 08/10/2013).

Súmula 177-STJ

O Superior Tribunal de Justiça é incompetente para processar e julgar, originariamente, mandado de segurança contra ato de órgão colegiado presidido por Ministro de Estado.

• **Status:** Válida.

Súmula 169-STJ

~~São inadmissíveis embargos infringentes no processo de mandado de segurança.~~

• **Status:** Superada pelo CPC/2015, que extinguiu os embargos infringentes.

• **Nota do autor:** De qualquer modo, vale lembrar que a Lei 12.016/2009 também inadmitia os embargos infringentes no mandado de segurança.

• **Dispositivos relacionados:**

> "LMS, Art. 25. Não cabem, no processo de mandado de segurança, a interposição de embargos infringentes e a condenação ao pagamento dos honorários advocatícios, sem prejuízo da aplicação de sanções no caso de litigância de má-fé."

Súmula 105-STJ

Na ação de mandado de segurança não se admite condenação em honorários advocatícios.

• **Status:** Válida.

• **Dispositivos relacionados:**

> "Art. 25. Não cabem, no processo de mandado de segurança, a interposição de embargos infringentes e a condenação ao pagamento dos honorários advocatícios, sem prejuízo da aplicação de sanções no caso de litigância de má-fé."

Súmula 41-STJ

O Superior Tribunal de Justiça **não** tem competência para processar e julgar, originariamente, mandado de segurança contra ato de outros tribunais ou dos respectivos órgãos.

• **Status:** Válida.

• **Nota do autor:** Mandado de segurança contra ato do TJ é julgado pelo próprio TJ.

26.1. Questões relacionadas

(Consulplan – Juiz de Direito – TJ-MG/2018) Em se tratando de mandado de segurança coletivo, é correto afirmar que

a) o mandado de segurança coletivo induz litispendência para as ações individuais.

b) a impetração de mandado de segurança coletivo por entidade de classe em favor dos associados depende da autorização destes.

c) a entidade de classe não tem legitimação para o mandado de segurança coletivo quando a pretensão veiculada interesse apenas a uma parte da respectiva categoria.

d) configura particularidade procedimental do mandado de segurança coletivo, a necessidade de oitiva prévia da pessoa jurídica de direito público para o deferimento da medida liminar.

Resposta correta: letra "d".

(Vunesp – Procurador – Fapesp/2018) Considerando as súmulas do Superior Tribunal de Justiça, assinale a alternativa correta.

a) É cabível o habeas data independentemente de ter havido recusa de informações por parte da autoridade administrativa.

b) Não cabe a interposição de mandado de segurança contra ato de juizado especial.

c) Cabe mandado de segurança contra ato praticado em licitação promovida por sociedade de economia mista ou empresa pública.

d) Os atos do Presidente do Tribunal que disponham sobre processamento e pagamento de precatório tem caráter jurisdicional.

e) A fixação do horário bancário para atendimento ao público é da competência dos Estados.

Resposta correta: letra "c".

(TRF 4ª Região – Juiz Federal Substituto – TRF 4ª Região/2016) Dadas as assertivas abaixo, assinale a alternativa correta.

I. Para fins de mandado de segurança, considerar-se-á federal a autoridade coatora se as consequências de ordem patrimonial do ato contra o qual se requer o mandado houverem de ser suportadas pela União ou por entidade por ela controlada, mesmo que se trate de sociedade de economia mista.

II. O pedido de mandado de segurança poderá ser renovado dentro do prazo decadencial, salvo se a decisão denegatória houver apreciado o mérito.

III. O mandado de segurança coletivo não induz litispendência para as ações individuais, mas os efeitos da coisa julgada não beneficiarão o impetrante a título individual se não requerer a desistência de seu mandado de segurança no prazo de 30 (trinta) dias a contar da ciência comprovada da impetração da segurança coletiva.

IV. Segundo a orientação do Supremo Tribunal Federal, a previsão estatutária genérica para representação dos associados em juízo é suficiente para que a associação impetre mandado de segurança coletivo, prescindindo de autorização específica.

a) Estão corretas apenas as assertivas I e II.

b) Estão corretas apenas as assertivas II e IV.

c) Estão corretas apenas as assertivas I, II e III.

d) Estão corretas apenas as assertivas II, III e IV.

e) Estão corretas todas as assertivas.

Resposta correta: letra "e".

(TRT 4ª Região – Juiz do Trabalho – TRT 4ª Região/2016) Considere as assertivas abaixo sobre tutelas constitucionais das liberdades.

I – A entidade de classe tem legitimação para o mandado de segurança ainda quando a pretensão veiculada interesse apenas a uma parte da respectiva categoria.

II – Sobrevindo norma regulamentadora, quando em curso mandado de injunção, prestar-se-á a via eleita para sanar a lacuna normativa do período pretérito à edição da lei regulamentadora.

III – É cabível a utilização de habeas data para a obtenção de vista de processo administrativo, na medida em que tal ação constitucional visa a assegurar o conhecimento de informações relativas à pessoa do impetrante.

Quais são corretas?

a) Apenas I

b) Apenas II

c) Apenas III

d) Apenas II e III

e) I, II e III

Resposta correta: letra "a".

27. RECLAMAÇÃO

Súmula 734-STF

Não cabe reclamação quando já houver transitado em julgado o ato judicial que se alega tenha desrespeitado decisão do Supremo Tribunal Federal.

• **Status:** Válida.

• **Nota do autor:** Se o ato judicial que desrespeitou a decisão do STF já houver transitado em julgado não mais caberá reclamação.

Súmula 368-STF

Não há embargos infringentes no processo de reclamação.

• **Status:** Válida, mas vale lembrar que esse teor não tem mais qualquer relevância, considerando que o CPC/2015 extinguiu os embargos infringentes.

27.1. Questões relacionadas

(FCC – Juiz do Trabalho – TST/2017) De acordo com as regras do Código de Processo Civil sobre o cabimento da reclamação, a Lei nº 13.256/2016 prevê que

a) não é cabível a propositura de reclamação para assegurar a observância obrigatória de súmula vinculante do Supremo Tribunal Federal, mesmo que antes do trânsito em julgado da decisão judicial objeto da reclamação.

b) é cabível a propositura de reclamação para assegurar a observância obrigatória de julgamento proferido em sede de recurso extraordinário com repercussão geral, mesmo que depois do trânsito em julgado da decisão judicial objeto da reclamação, caso não tenham sido exauridas as instâncias ordinárias.

c) não é cabível a propositura de reclamação para assegurar a observância obrigatória de julgamento proferido em sede de recurso especial repetitivo ou recurso extraordinário repetitivo, mesmo que antes do trânsito em julgado da decisão judicial objeto da reclamação, caso já tenham sido exauridas as instâncias ordinárias.

d) é cabível a propositura de reclamação para assegurar a observância obrigatória de julgamento proferido em sede de incidente de assunção de competência, desde que antes do trânsito em julgado da decisão judicial objeto da reclamação.

e) é cabível a propositura de reclamação para assegurar a observância obrigatória de julgamento proferido em sede de incidente de resolução de demandas repetitivas, mesmo que depois do trânsito em julgado da decisão judicial objeto da reclamação.

Resposta correta: letra "d".

28. ARBITRAGEM

Súmula 485-STJ

A Lei de Arbitragem **aplica-se** aos contratos que contenham cláusula arbitral, ainda que celebrados antes da sua edição.

• **Status:** Válida

28.1. Questões relacionadas

(Vunesp – Procurador Legislativo – Câmara de Altinópolis – SP/2017) Identifique nas alternativas a que representa corretamente o entendimento sumulado do Superior Tribunal de Justiça.

a) O Código de Defesa do Consumidor é aplicável às entidades abertas de previdência complementar, não incidindo nos contratos previdenciários celebrados com entidades fechadas.

b) A configuração do crime de corrupção de menores, previsto no art. 244-B do ECA, depende da prova de efetiva corrupção de menores, em atenção ao princípio da presunção de inocência.

c) A lei de arbitragem não se aplica aos contratos que, muito embora possuam cláusula arbitral, foram celebrados antes de sua edição, por respeito ao princípio da segurança jurídica.

d) É ilegítima a penhora da sede do estabelecimento comercial, por representar pena com caráter de confisco.

e) Em ação de execução fiscal, torna-se imprescindível instruir a petição inicial com o demonstrativo de cálculo do débito, sob pena de indeferimento.

Resposta correta: letra "a".

29. JUIZADOS ESPECIAIS

Súmula 376 STJ

Compete à turma recursal processar e julgar o mandado de segurança contra ato de juizado especial.

• **Status:** Válida.

• **Nota do autor:** Mandado de segurança contra ato da Turma Recursal é julgado pela própria Turma Recursal. Cuidado para não confundir: a) **mandado de segurança contra ato da Turma Recursal:** competência da própria Turma Recursal; b) ***habeas corpus*** **contra ato da Turma Recursal:** competência do Tribunal de Justiça ou do TRF respectivo.

Súmula 17-TNU

Não há renúncia tácita no Juizado Especial Federal, para fins de competência.

• **Status:** Válida.

29.1. Questões relacionadas

(Vunesp – Procurador – IPSM/2018) Quanto ao mandado de segurança e os procedimentos do Juizado Especial da Fazenda Pública, assinale a alternativa correta.

a) Incabível mandado de segurança para apreciação de turma recursal.

b) Mandado de segurança pode ser o substituto do incabível agravo de instrumento.

c) Contra decisão da turma recursal que contrariar lei federal é cabível mandado de segurança.

d) Mandado de segurança pode ser o meio adequado para discutir a competência das turmas recursais.

e) Compete à turma recursal processar e julgar o mandado de segurança contra ato de juizado especial.

Resposta correta: letra "e".

(Cespe – Analista Judiciário – Judiciária – STJ/2018) À luz da legislação e da jurisprudência dos tribunais superiores, julgue o item que se segue, acerca do Poder Judiciário e do controle de constitucionalidade.

Compete ao Superior Tribunal de Justiça processar e julgar recurso ordinário aviado para impugnar decisão denegatória em mandado de segurança proferida em única instância por turma recursal de juizado especial.

Resposta: errado.

(Vunesp – Juiz de Direito – TJ-SP/2017) No tocante aos juizados especiais criminais, é correto afirmar que:

a) cabe recurso especial, mas não extraordinário, contra decisão proferida por turma recursal.

b) cabe revisão criminal de decisão do juizado especial e, por expressa disposição legal, compete à turma recursal julgá-la.

c) compete ao Supremo Tribunal Federal o julgamento de habeas corpus contra decisão de turma recursal.

d) compete à turma recursal processar e julgar o mandado de segurança contra ato de juizado especial.

Resposta correta: letra "d".

(TRF 4ª Região – Juiz Federal – TRF 4ª Região/2016) Dadas as assertivas abaixo, assinale a alternativa correta.

Acerca dos Juizados Especiais Federais:

I. Compete ao Tribunal Regional Federal decidir os conflitos de competência entre juizado especial federal e juízo federal da mesma seção judiciária.

II. Compete à turma recursal processar e julgar o mandado de segurança contra ato de juizado especial, substitutivo de recurso.

III. O princípio da reserva de plenário não se aplica no âmbito dos juizados de pequenas causas e dos juizados especiais em geral.

a) Estão corretas apenas as assertivas I e II.

b) Estão corretas apenas as assertivas II e III.

c) Estão corretas todas as assertivas.

d) Está incorreta apenas a assertiva II.

e) Estão incorretas apenas as assertivas II e III.

Resposta correta: letra "c".

30. PRECATÓRIOS

Súmula vinculante 17-STF

Durante o período previsto no ~~parágrafo 1º~~ do artigo 100 da Constituição, não incidem juros de mora sobre os precatórios que nele sejam pagos.

- **Status:** Válida.
- **Nota do autor:** O parágrafo 1º é o atual parágrafo 5º do art. 100 da Constituição Federal (alteração promovida pela EC 62/2009).
- **Dispositivos relacionados:**

> "CF, Art. 100. Os pagamentos devidos pelas Fazendas Públicas Federal, Estaduais, Distrital e Municipais, em virtude de sentença judiciária, far-se-ão exclusivamente na ordem cronológica de apresentação dos precatórios e à conta dos créditos respectivos, proibida a designação de casos ou de pessoas nas dotações orçamentárias e nos créditos adicionais abertos para este fim.
>
> § 5º É obrigatória a inclusão, no orçamento das entidades de direito público, de verba necessária ao pagamento de seus débitos, oriundos de sentenças transitadas em julgado, constantes de precatórios judiciários apresentados até 1º de julho, fazendo-se o pagamento até o final do exercício seguinte, quando terão seus valores atualizados monetariamente. (Redação dada pela EC 62/2009)"

Súmula 733-STF

Não cabe recurso extraordinário contra decisão proferida no processamento de precatórios.

- **Status:** Válida.
- **Dispositivos relacionados:**

> "CF, Art. 100. Os pagamentos devidos pelas Fazendas Públicas Federal, Estaduais, Distrital e Municipais, em virtude de sentença judiciária, far-se-ão exclusivamente na ordem cronológica de apresentação dos precatórios e à conta dos créditos respectivos, proibida a designação de casos ou de pessoas nas dotações orçamentárias e nos créditos adicionais abertos para este fim.

Súmula 655-STF

A exceção prevista no art. 100, *caput*, da Constituição, em favor dos créditos de natureza alimentícia, **não dispensa a expedição de precatório, limitando-se a isentá-los da observância da ordem cronológica dos precatórios decorrentes de condenações de outra natureza.**

- **Status:** Válida.
- **Nota do autor:** O art. 100, *caput* é o atual § 1º da Constituição Federal, com alteração promovida pela EC nº 62/2009.
- **Dispositivos relacionados:**

"CF, Art. 100. Os pagamentos devidos pelas Fazendas Públicas Federal, Estaduais, Distrital e Municipais, em virtude de sentença judiciária, far-se-ão exclusivamente na ordem cronológica de apresentação dos precatórios e à conta dos créditos respectivos, proibida a designação de casos ou de pessoas nas dotações orçamentárias e nos créditos adicionais abertos para este fim.

§ 1º Os débitos de natureza alimentícia compreendem aqueles decorrentes de salários, vencimentos, proventos, pensões e suas complementações, benefícios previdenciários e indenizações por morte ou por invalidez, fundadas em responsabilidade civil, em virtude de sentença judicial transitada em julgado, e serão pagos com preferência sobre todos os demais débitos, exceto sobre aqueles referidos no § 2º deste artigo."

Súmula 311-STJ

Os atos do presidente do tribunal que disponham sobre processamento e pagamento de precatório **não têm caráter jurisdicional.**

- **Status:** Válida.
- **Nota do autor:** Na verdade, a decisão sobre o processamento e pagamento de precatório, embora proferia pelo Poder Judiciário, tem natureza administrativa. É por este motivo inclusive que não cabe recurso extraordinário contra decisão proferida no processamento de precatórios (Súmula 733-STF). O recurso extraordinário só pode ser utilizado para impugnar decisões de natureza jurisdicional, e não decisões de cunho administrativo.
- **Dispositivos relacionados:**

"CF, Art. 100. Os pagamentos devidos pelas Fazendas Públicas Federal, Estaduais, Distrital e Municipais, em virtude de sentença judiciária, far-se-ão exclusivamente na ordem cronológica de apresentação dos precatórios e à conta dos créditos respectivos, proibida a designação de casos ou de pessoas nas dotações orçamentárias e nos créditos adicionais abertos para este fim.

§ 6º As dotações orçamentárias e os créditos abertos serão consignados diretamente ao Poder Judiciário, cabendo ao Presidente do Tribunal que proferir a decisão exequenda determinar o pagamento integral e autorizar, a requerimento do credor e exclusivamente para os casos de preterimento de seu direito de precedência ou de não alocação orçamentária do valor necessário à satisfação do seu débito, o sequestro da quantia respectiva. (Redação dada pela EC 62/2009).

§ 7º O Presidente do Tribunal competente que, por ato comissivo ou omissivo, retardar ou tentar frustrar a liquidação regular de precatórios incorrerá em crime de responsabilidade e responderá, também, perante o Conselho Nacional de Justiça. (Incluído pela EC 62/2009)."

Súmula 144-STJ

Os créditos de natureza alimentícia gozam de preferência, desvinculados os precatórios da ordem cronológica dos créditos de natureza diversa.

- **Status:** Válida.
- **Dispositivos relacionados:**

"CF, Art. 100. Os pagamentos devidos pelas Fazendas Públicas Federal, Estaduais, Distrital e Municipais, em virtude de sentença judiciária, far-se-ão exclusivamente na ordem cronológica de apresentação dos precatórios e à conta dos créditos respectivos, proibida a designação de casos ou de pessoas nas dotações orçamentárias e nos créditos adicionais abertos para este fim.

§ 1º Os débitos de natureza alimentícia compreendem aqueles decorrentes de salários, vencimentos, proventos, pensões e suas complementações, benefícios previdenciários e indenizações por morte ou por invalidez, fundadas em responsabilidade civil, em virtude de sentença judicial transitada em julgado, e serão pagos com preferência sobre todos os demais débitos, exceto sobre aqueles referidos no § 2º deste artigo. (Redação dada pela EC 62/2009)

§ 2º Os débitos de natureza alimentícia cujos titulares, originários ou por sucessão hereditária, tenham 60 anos de idade, ou sejam portadores de doença grave, ou pessoas com deficiência, assim definidos na forma da lei, serão pagos com preferência sobre todos os demais débitos, até o valor equivalente ao triplo fixado em lei para os fins do disposto no § 3º deste artigo, admitido o fracionamento para essa finalidade, sendo que o restante será pago na ordem cronológica de apresentação do precatório. (Redação dada pela EC 62/2009)"

30.1. Questões relacionadas

(IDECAN – Procurador Previdenciário – IPC-ES/2018) Os pagamentos devidos pelas Fazendas Públicas Federal, Estaduais, Distrital e Municipais, em virtude de sentença judiciária, far-se-ão exclusivamente na ordem cronológica de apresentação dos precatórios e à conta dos créditos respectivos, proibida a designação de casos ou de pessoas nas dotações orçamentárias e nos créditos adicionais abertos para este fim. Nesse cenário, analise os itens abaixo:

I. É obrigatória a inclusão, no orçamento das entidades de direito público, de verba necessária ao pagamento de seus débitos, oriundos de sentenças transitadas em julgado, constantes de precatórios judiciários apresentados até 1º de julho, fazendo-se o pagamento até o final do exercício seguinte, quando terão seus valores atualizados monetariamente.

II. Segundo o Supremo Tribunal Federal, durante o prazo orçamentário-constitucional para a apresentação e pagamento do precatório, também incidem juros de mora.

III. A União, os Estados, o Distrito Federal e os Municípios aferirão mensalmente, em base anual, o comprometimento de suas respectivas receitas correntes líquidas com o pagamento de precatórios e obrigações de pequeno valor.

Está(ão) **correto(s) o(s) item(ns):**

a) Todos estão corretos.

b) Apenas I e II.

c) Apenas I e III.

d) Apenas II e III.

Resposta correta: letra "c".

(Cespe – Procurador do Município – PGM – Manaus – AM/2018) Conforme a disciplina constitucional dos precatórios e a jurisprudência dos tribunais superiores, julgue o item subsequente.

Não incidem juros de mora no período compreendido entre a data da realização dos cálculos de liquidação e a da expedição do precatório.

Resposta: errado.

(Vunesp – Procurador Autárquico – PauliPrev – SP/2018) Assinale a alternativa correta, de acordo com as súmulas do Supremo Tribunal Federal e do Superior Tribunal de Justiça.

a) Não compete ao Supremo Tribunal Federal conceder medida cautelar para dar efeito suspensivo a recurso extraordinário que ainda não foi processado no juízo de origem.

b) Inadmissível o recurso especial interposto antes da publicação do acórdão dos embargos de declaração, sem posterior ratificação.

c) Cabe recurso extraordinário contra decisão proferida no processamento de precatórios.

d) O Ministério Público não tem legitimidade para pleitear, em ação civil pública, a indenização decorrente no DPVAT em benefício do segurado.

e) Não cabe recurso extraordinário contra acórdão que defere medida liminar.

Resposta correta: letra "c".

(Cespe – Analista Judiciário – Área Administrativa – TRF 1ª Região) A respeito do Poder Judiciário e das funções essenciais à justiça, julgue o item que se segue.

Os pagamentos devidos pelas fazendas públicas dos entes federados, em virtude de sentença judiciária, deverão ser efetuados exclusivamente na ordem cronológica de apresentação dos precatórios; são de natureza administrativa as decisões dos tribunais proferidas no cumprimento dos precatórios judiciais.

Resposta: certo.

(TRF 4ª Região – Juiz Federal – TRF 4ª Região/2016) Assinale a alternativa INCORRETA.

a) Segundo o Supremo Tribunal Federal, é incabível o fracionamento do valor de precatório em execução de sentença com o objetivo de efetuar o pagamento das custas processuais por meio de requisição de pequeno valor.

b) Segundo o Supremo Tribunal Federal, o valor devido entre a data da impetração do mandado de segurança e a implementação da ordem concessiva está sujeito ao regime do precatório ou da requisição de pequeno valor.

c) O Presidente de Tribunal, no processamento dos precatórios judiciais, exerce função de natureza eminentemente administrativa, por isso suas decisões não se tornam suscetíveis de serem impugnadas por recursos de natureza jurisdicional.

d) Os débitos de natureza alimentícia que compreendem aqueles decorrentes de salários, vencimentos, proventos, pensões e suas complementações, benefícios previdenciários e indenizações por morte ou por invalidez, fundados em responsabilidade civil, em virtude de sentença judicial transitada em julgado, serão sempre pagos, independentemente da condição subjetiva do titular do crédito, com preferência sobre todos os demais débitos.

e) É obrigatória a inclusão no orçamento das entidades de direito público de verba necessária ao pagamento de seus débitos, oriundos de sentenças transitadas em julgado, constantes de precatórios judiciários apresentados até 1º de julho, fazendo-se o pagamento até o final do exercício seguinte, quando terão seus valores atualizados monetariamente.

Resposta correta: letra "d".

(UECE-CEV – Procurador Autárquico – DER-CE/2016) Quanto ao regime de precatórios, assinale a afirmação correta.

a) O regime de precatórios aplica-se também aos pagamentos de obrigações definidas em leis como de pequeno valor que as Fazendas referidas devam fazer em virtude de sentença judicial transitada em julgado.

b) É facultativa a inclusão, no orçamento das entidades de direito público, de verba necessária ao pagamento de seus débitos, oriundos de sentenças transitadas em julgado, constantes de precatórios judiciários apresentados até 1º de julho, fazendo-se o pagamento até o final do exercício seguinte, quando terão seus valores atualizados monetariamente.

c) As dotações orçamentárias e os créditos abertos serão consignados diretamente ao Poder Judiciário, cabendo ao Juiz de primeira instância que proferir a decisão exequenda determinar o pagamento integral e autorizar, a requerimento do credor e exclusivamente para os casos de preterimento de seu direito de precedência ou de não alocação orçamentária do valor necessário à satisfação do seu débito, o sequestro da quantia respectiva.

d) O Presidente do Tribunal competente que, por ato comissivo ou omissivo, retardar ou tentar frustrar a liquidação regular de precatórios incorrerá em crime de responsabilidade e responderá, também, perante o Conselho Nacional de Justiça.

Resposta correta: letra "d".

(Itame – Procurador Municipal – Prefeitura de Inhumas – GO/2015) De acordo com o regime constitucional dos precatórios judiciais, marque a alternativa correta:

a) Determina a Constituição Federal que os pagamentos devidos pelas Fazendas Públicas, em virtude de sentença judiciária, far-se-ão na ordem cronológica de apresentação dos precatórios. Conforme a disciplina constitucional da matéria, o precatório pode ser expedido e pago com fundamento em decisão proferida liminarmente, ainda que não tenha ocorrido o trânsito em julgado da sentença definitiva de mérito.

b) Os pagamentos devidos pelas Fazendas Públicas Federal, Estaduais, Distrital e Municipais, em virtude de sentença judiciária, far-se-ão exclusivamente na ordem cronológica de apresentação de precatórios e à conta dos créditos respectivos.

c) As dotações orçamentárias e os créditos abertos serão consignados, diretamente ao chefe do Poder Executivo, cabendo ao Presidente do Tribunal que proferir a decisão exequenda determinar o pagamento integral e autorizar, a requerimento do credor e exclusivamente para os casos de preterimento de seu direito de precedência ou de não alocação orçamentária do valor necessário à satisfação do seu débito, o sequestro da quantia respectiva.

d) É obrigatória a inclusão no orçamento das entidades de direito público, de verba necessária ao pagamento de seus débitos, oriundos de sentenças transitadas em julgado, constantes de precatórios judiciários apresentados até 1° de julho, fazendo-se o pagamento até o final do mesmo exercício, quando terão seus valores atualizados.

Resposta correta: letra "b".

31. OUTROS TEMAS

Súmula 500-STF

~~Não cabe a ação cominatória para compelir-se o réu a cumprir obrigação de dar.~~

• **Status:** Superada.

• **Nota do autor:** entende-se por ação cominatória aquela cuja finalidade seja obrigar alguém a fazer ou deixar de fazer alguma coisa. O procedimento da chamada ação cominatória estava previsto expressamente no CPC de 1939, não existindo mais desde o CPC de 1973.

TUTELA DOS DIREITOS DIFUSOS E COLETIVOS

1. MANDADO DE SEGURANÇA COLETIVO

Súmula 630-STF

A entidade de classe tem legitimação para o mandado de segurança ainda quando a pretensão veiculada interesse apenas a uma parte da respectiva categoria.

- **Status:** Válida.
- **Dispositivos relacionados:**

"LMS, Art. 21. (...).

Parágrafo único. Os direitos protegidos pelo mandado de segurança coletivo podem ser:

I – coletivos, assim entendidos, para efeito desta Lei, os transindividuais, de natureza indivisível, de que seja titular grupo ou categoria de pessoas ligadas entre si ou com a parte contrária por uma relação jurídica básica;

II – individuais homogêneos, assim entendidos, para efeito desta Lei, os decorrentes de origem comum e da atividade ou situação específica da totalidade ou de parte dos associados ou membros do impetrante."

Súmula 629-STF

A impetração de mandado de segurança coletivo por entidade de classe em favor dos associados **independe da autorização destes**.

- **Status:** Válida.
- **Dispositivos relacionados:**

"LMS, Art. 21. O mandado de segurança coletivo pode ser impetrado por partido político com representação no Congresso Nacional, na defesa de seus interesses legítimos relativos a seus integrantes ou à finalidade partidária, ou por organização sindical, entidade de classe ou associação legalmente constituída e em funcionamento há, pelo menos, 1 (um) ano, em defesa de direitos líquidos e certos da totalidade, ou de parte, dos seus membros ou associados, na forma dos seus estatutos e desde que pertinentes às suas finalidades, dispensada, para tanto, autorização especial."

1.1. Questões relacionadas

(Consulplan – Juiz de Direito – TJ-MG/2018) Em se tratando de mandado de segurança coletivo, é correto afirmar que

a) o mandado de segurança coletivo induz litispendência para as ações individuais.

b) a impetração de mandado de segurança coletivo por entidade de classe em favor dos associados depende da autorização destes.

c) a entidade de classe não tem legitimação para o mandado de segurança coletivo quando a pretensão veiculada interesse apenas a uma parte da respectiva categoria.

d) configura particularidade procedimental do mandado de segurança coletivo, a necessidade de oitiva prévia da pessoa jurídica de direito público para o deferimento da medida liminar.

Resposta correta: letra "d".

(TRT 4ª Região – Juiz do Trabalho – TRT 4ª Região/2016) Considere as assertivas abaixo sobre tutelas constitucionais das liberdades.

I – A entidade de classe tem legitimação para o mandado de segurança ainda quando a pretensão veiculada interesse apenas a uma parte da respectiva categoria.

II – Sobrevindo norma regulamentadora, quando em curso mandado de injunção, prestar-se-á a via eleita para sanar a lacuna normativa do período pretérito à edição da lei regulamentadora.

III – É cabível a utilização de habeas data para a obtenção de vista de processo administrativo, na medida em que tal ação constitucional visa a assegurar o conhecimento de informações relativas à pessoa do impetrante.

Quais são corretas?

a) Apenas I

b) Apenas II

c) Apenas III

d) Apenas II e III

e) I, II e III

Resposta correta: letra "a".

2. AÇÃO POPULAR

Súmula 365-STF

Pessoa jurídica **não** tem legitimidade para propor ação popular.

• **Status:** Válida.

• **Nota do autor:** Apenas o cidadão em sentido estrito, ou seja, somente o eleitor pode propor a ação popular.

• **Dispositivos relacionados:**

"CF, Art. 5º (...)

LXXIII – qualquer cidadão é parte legítima para propor ação popular que vise a anular ato lesivo ao patrimônio público ou de entidade de que o Estado participe, à moralidade administrativa, ao meio ambiente e ao patrimônio histórico e cultural, ficando o autor, salvo comprovada má-fé, isento de custas judiciais e do ônus da sucumbência;"

"Lei 4.717/65, Art. 1º Qualquer cidadão será parte legítima para pleitear a anulação ou a declaração de nulidade de atos lesivos ao patrimônio da União, do Distrito Federal, dos Estados, dos Municípios, de entidades autárquicas, de sociedades de economia mista (Constituição, art. 141, § 38), de sociedades mútuas de seguro nas quais a União represente os segurados ausentes, de empresas públicas, de serviços sociais autônomos, de instituições ou fundações para cuja criação ou custeio o tesouro público haja concorrido ou concorra com mais de cinquenta por cento do patrimônio ou da receita ânua, de empresas incorporadas ao patrimônio da União, do Distrito Federal, dos Estados e dos Municípios, e de quaisquer pessoas jurídicas ou entidades subvencionadas pelos cofres públicos."

Súmula 101-STF

O mandado de segurança não substitui a ação popular.

• **Status:** Válida.

• **Dispositivos relacionados:**

"CF, Art. 5º (...)

LXXIII – qualquer cidadão é parte legítima para propor ação popular que vise a anular ato lesivo ao patrimônio público ou de entidade de que o Estado participe, à moralidade administrativa, ao meio ambiente e ao patrimônio histórico e cultural, ficando o autor, salvo comprovada má-fé, isento de custas judiciais e do ônus da sucumbência;"

"Lei 4.717/65, Art. 1º Qualquer cidadão será parte legítima para pleitear a anulação ou a declaração de nulidade de atos lesivos ao patrimônio da União, do Distrito Federal, dos Estados, dos Municípios, de entidades autárquicas, de sociedades de economia mista (Constituição, art. 141, § 38), de sociedades mútuas de seguro nas quais a União represente os segurados ausentes, de empresas públicas, de serviços sociais autônomos, de instituições ou fundações para cuja criação ou custeio o tesouro público haja concorrido ou concorra com mais de cinquenta por cento do patrimônio ou da receita ânua, de empresas incorporadas ao patrimônio da União, do Distrito Federal, dos Estados e dos Municípios, e de quaisquer pessoas jurídicas ou entidades subvencionadas pelos cofres públicos."

2.1. Questões relacionadas

(Cespe – Analista de Gestão – TCE-PE/2017) Acerca dos princípios fundamentais e dos direitos e deveres individuais e coletivos, julgue o item a seguir.

Se determinado dirigente de autarquia estadual editar ato administrativo lesivo ao patrimônio público, qualquer cidadão ou pessoa jurídica poderá propor ação popular para anular o referido ato, sem custas judiciais.

Resposta: errado.

(Cespe – Analista de Gestão Educacional – SEDF/2017) Julgue o item subsequente, relativo à improcedência liminar do pedido e ao cumprimento de sentença.

Situação hipotética: Um ente do poder público federal firmou contrato de concessão de serviço de transporte de passageiro interestadual com uma empresa privada em desobediência às regras que exigem concorrência pública. **Assertiva:** Nesse caso, segundo interpretação do Superior Tribunal Federal, uma pessoa jurídica de direito privado que atue no ramo e que demonstre ter interesse em explorar tal serviço terá legitimidade ativa para propor ação popular com o fim de obter a declaração de nulidade do referido contrato de concessão.

Resposta: errado.

(Vunesp – Procurador Jurídico – Câmara de Mogi das Cruzes – SP/2017) São meios específicos de controle judicial da Administração: o mandado de segurança, a ação popular, o habeas corpus, o habeas data e o mandado de injunção. Com relação ao mandado de segurança, assinale a alternativa correta.

a) O mandado de segurança substitui a ação popular

b) Compete ao Supremo Tribunal Federal conhecer originariamente de mandado de segurança contra atos de outros tribunais.

c) Cabe mandado de segurança contra ato judicial passível de recurso ou correição.

d) O mandado de segurança é substitutivo de ação de cobrança.

e) A impetração de mandado de segurança coletivo por entidade de classe em favor dos associados independe da autorização destes.

Resposta correta: letra "e".

(FAU – Procurador Municipal – Prefeitura de Chopinzinho – PR/2016) "Qualquer cidadão será parte legítima para pleitear a anulação ou a declaração de nulidade de atos lesivos ao patrimônio da União, do Distrito Federal, dos Estados, dos Municípios, de entidades autárquicas, de sociedades de economia mista, de sociedades mútuas de seguro nas quais a União represente os segurados ausentes, de empresas públicas, de serviços sociais autônomos, de instituições ou fundações para cuja criação ou custeio o tesouro público haja concorrido ou concorra com mais de cinquenta por cento do patrimônio ou da receita ânua, de empresas incorporadas ao patrimônio da União, do Distrito Federal, dos Estados e dos Municípios, e de quaisquer pessoas jurídicas ou entidades subvencionadas pelos cofres públicos".

Esse trecho refere-se especificadamente a seguinte medida:

a) Mandado de Injunção.

b) Mandado de Segurança Individual.

c) Ação Popular.

d) Ação Civil Pública.

e) Mandado de Segurança Coletivo.

Resposta correta: letra "c".

3. AÇÃO CIVIL PÚBLICA

Súmula 643-STF

O Ministério Público **tem** legitimidade para promover ação civil pública cujo fundamento seja a ilegalidade de reajuste de mensalidades escolares.

- **Status:** Válida.

- **Dispositivos relacionados:**

"CF, Art. 127. O Ministério Público é instituição permanente, essencial à função jurisdicional do Estado, incumbindo-lhe a defesa da ordem jurídica, do regime democrático e dos interesses sociais e individuais indisponíveis."

"CF, Art. 129. São funções institucionais do Ministério Público:

III – promover o inquérito civil e a ação civil pública, para a proteção do patrimônio público e social, do meio ambiente e de outros interesses difusos e coletivos;"

"Lei 7.347/85, Art. 1º Regem-se pelas disposições desta Lei, sem prejuízo da ação popular, as ações de responsabilidade por danos morais e patrimoniais causados:

I – ao meio-ambiente;

II – ao consumidor;

III – a bens e direitos de valor artístico, estético, histórico, turístico e paisagístico;

IV – a qualquer outro interesse difuso ou coletivo;

V – por infração da ordem econômica;

VI – à ordem urbanística;

VII – à honra e à dignidade de grupos raciais, étnicos ou religiosos;

VIII – ao patrimônio público e social."

Súmula 601-STJ

O Ministério Público **tem** legitimidade ativa para atuar na defesa de direitos **difusos, coletivos** e **individuais homogêneos dos consumidores, ainda que decorrentes da prestação de serviço público.**

- **Status:** Válida.
- **Dispositivos relacionados:**

"CF, Art. 127. O Ministério Público é instituição permanente, essencial à função jurisdicional do Estado, incumbindo-lhe a defesa da ordem jurídica, do regime democrático e dos interesses sociais e individuais indisponíveis."

"CF, Art. 129. São funções institucionais do Ministério Público:

III – promover o inquérito civil e a ação civil pública, para a proteção do patrimônio público e social, do meio ambiente e de outros interesses difusos e coletivos;"

"Lei 7.347/85, Art. 1º Regem-se pelas disposições desta Lei, sem prejuízo da ação popular, as ações de responsabilidade por danos morais e patrimoniais causados:

I – ao meio-ambiente;

II – ao consumidor;

III – a bens e direitos de valor artístico, estético, histórico, turístico e paisagístico;

IV – a qualquer outro interesse difuso ou coletivo;

V – por infração da ordem econômica;

VI – à ordem urbanística;

VII – à honra e à dignidade de grupos raciais, étnicos ou religiosos;

VIII – ao patrimônio público e social."

"CDC, Art. 81. A defesa dos interesses e direitos dos consumidores e das vítimas poderá ser exercida em juízo individualmente, ou a título coletivo.

Parágrafo único. A defesa coletiva será exercida quando se tratar de:

I – interesses ou direitos difusos, assim entendidos, para efeitos deste código, os transindividuais, de natureza indivisível, de que sejam titulares pessoas indeterminadas e ligadas por circunstâncias de fato;

II – interesses ou direitos coletivos, assim entendidos, para efeitos deste código, os transindividuais, de natureza indivisível de que seja titular grupo, categoria ou classe de pessoas ligadas entre si ou com a parte contrária por uma relação jurídica base;

III – interesses ou direitos individuais homogêneos, assim entendidos os decorrentes de origem comum."

"CDC, Art. 82. Para os fins do art. 81, parágrafo único, são legitimados concorrentemente:

I – o Ministério Público;"

"CDC, Art. 91. Os legitimados de que trata o art. 82 poderão propor, em nome próprio e no interesse das vítimas ou seus sucessores, ação civil coletiva de responsabilidade pelos danos individualmente sofridos, de acordo com o disposto nos artigos seguintes."

Súmula 489-STJ

Reconhecida a continência, devem ser reunidas **na Justiça Federal** as ações civis públicas propostas nesta e na Justiça Estadual.

• **Status:** Válida.

• **Nota do autor:** As ações devem ser reunidas para julgamento na Justiça Federal, mesmo não sendo este o juízo prevento.

Súmula 470-STJ

~~O Ministério Público não tem legitimidade para pleitear, em ação civil pública, a indenização decorrente do DPVAT em benefício do segurado.~~

• **Status:** Cancelada pela 2ª Seção do STJ, em sessão de 27 de maio de 2015, ao julgar o REsp 858.056-GO.

• **Nota do autor:** O Ministério Público **tem** legitimidade para ajuizar ação civil pública em defesa dos direitos individuais homogêneos dos beneficiários do seguro DPVAT.

• Precedentes relacionados:

"O Ministério Público **tem** legitimidade para ajuizar ação civil pública em defesa dos **direitos individuais homogêneos** dos beneficiários do seguro DPVAT. Isso porque o STF, ao julgar o RE 631.111-GO (Tribunal Pleno, DJe 30/10/2014), submetido ao rito do art. 543-B do CPC, **firmou o entendimento de que Órgão Ministerial tem legitimidade para ajuizar ação civil pública em defesa dos direitos individuais homogêneos dos beneficiários do seguro DPVAT, dado o interesse social qualificado presente na tutela jurisdicional das vítimas de acidente de trânsito beneficiárias pelo DPVAT, bem como as relevantes funções institucionais do MP**. Consequentemente, é imperioso o cancelamento da súmula 470 do STJ, a qual veicula entendimento superado por orientação jurisprudencial do STF firmada em recurso extraordinário submetido ao rito do art. 543-B do CPC (sistemática da repercussão geral)." (STJ, 2ª Seção, REsp 858.056-GO, Rel. Min. Marco Buzzi, julgado em 27/5/2015, DJe 5/6/2015. Info 563)

• Dispositivos relacionados:

"CF, Art. 127. O Ministério Público é instituição permanente, essencial à função jurisdicional do Estado, incumbindo-lhe a defesa da ordem jurídica, do regime democrático e dos interesses sociais e individuais indisponíveis."

"CF, Art. 129. São funções institucionais do Ministério Público:

III – promover o inquérito civil e a ação civil pública, para a proteção do patrimônio público e social, do meio ambiente e de outros interesses difusos e coletivos;"

"Lei 7.347/85, Art. 1º Regem-se pelas disposições desta Lei, sem prejuízo da ação popular, as ações de responsabilidade por danos morais e patrimoniais causados:

I – ao meio-ambiente;

II – ao consumidor;

III – a bens e direitos de valor artístico, estético, histórico, turístico e paisagístico;

IV – a qualquer outro interesse difuso ou coletivo;

V – por infração da ordem econômica;

VI – à ordem urbanística;

VII – à honra e à dignidade de grupos raciais, étnicos ou religiosos;

VIII – ao patrimônio público e social."

Súmula 329-STJ

O Ministério Público **tem** legitimidade para propor ação civil pública em defesa do patrimônio público.

- **Status:** Válida.
- **Dispositivos relacionados:**

"CF, Art. 127. O Ministério Público é instituição permanente, essencial à função jurisdicional do Estado, incumbindo-lhe a defesa da ordem jurídica, do regime democrático e dos interesses sociais e individuais indisponíveis."

"CF, Art. 129. São funções institucionais do Ministério Público:

III – promover o inquérito civil e a ação civil pública, para a proteção do patrimônio público e social, do meio ambiente e de outros interesses difusos e coletivos;"

"Lei 7.347/85, Art. 1º Regem-se pelas disposições desta Lei, sem prejuízo da ação popular, as ações de responsabilidade por danos morais e patrimoniais causados:

I – ao meio-ambiente;

II – ao consumidor;

III – a bens e direitos de valor artístico, estético, histórico, turístico e paisagístico;

IV – a qualquer outro interesse difuso ou coletivo;

V – por infração da ordem econômica;

VI – à ordem urbanística;

VII – à honra e à dignidade de grupos raciais, étnicos ou religiosos;

VIII – ao patrimônio público e social."

Súmula 183-STJ

~~Compete ao juiz estadual, nas comarcas que não sejam sede de Vara da Justiça Federal, processar e julgar ação civil pública, ainda que a União figure no processo.~~

- **Status:** Cancelada pelo STJ no julgamento do ED no CC 27.676/BA, DJU 24/11/2000.
- **Precedentes relacionados:**

"A 1ª Seção decidiu cancelar a Súmula 183, ao entendimento de que compete à Justiça Federal suscitante processar e julgar ação civil pública, no caso de responsabilidade por danos ao meio ambiente proposta pelo IBAMA, mesmo em local onde não exista vara da Justiça Federal, *ex vi* do art. 109, I, da CF, e art. 93 da Lei n.º 8.078/90." (STJ, 1ª Seção, EDcl no CC 27.676-BA, Rel. Min. José Delgado, julgado em 8/11/2000. Informativo n. 77)

3.1. Questões relacionadas

(MPE-PR – Promotor de Justiça – MPE-PR/2019) Analise as assertivas abaixo e assinale a alternativa incorreta:

a) Nos contratos bancários é vedado ao julgador conhecer, de ofício, da abusividade das cláusulas.

b) O Código de Defesa do Consumidor é aplicável aos empreendimentos habitacionais promovidos pelas sociedades cooperativas.

c) O Código de Defesa do Consumidor é aplicável às entidades abertas de previdência complementar, não incidindo nos contratos previdenciários celebrados com entidades fechadas.

d) Cabe ao mantenedor do Cadastro de Proteção ao Crédito a notificação do devedor antes de proceder à inscrição.

e) O Ministério Público tem legitimidade ativa para atuar na defesa de direitos difusos coletivos e individuais homogêneos dos consumidores, exceto os decorrentes da prestação de serviço público.

Resposta correta: letra "e".

(MPE-BA – Promotor de Justiça – MPE-BA/2018) Quanto ao regime jurídico (*lato sensu*) do Ministério Público, marque a alternativa incorreta:

a) É desnecessária a intervenção do Ministério Público nas execuções fiscais.

b) O Ministério Público não tem legitimidade para pleitear, em ação civil pública, a indenização decorrente do DPVAT (seguro de danos pessoais causados por veículos automotores de vias terrestres) em benefício do segurado.

c) A participação de membro do Ministério Público na fase investigatória criminal não acarreta o seu impedimento ou suspeição para o oferecimento da denúncia.

d) O Ministério Público tem legitimidade para promover ação civil pública cujo fundamento seja a ilegalidade de reajuste de mensalidades escolares.

e) O Ministério Público tem legitimidade para recorrer na ação de acidente do trabalho, ainda que o segurado esteja assistido por advogado.

Resposta correta: letra "b".

(Vunesp – Defensor Público – DPE-RO/2017) De acordo com os entendimentos sumulados no STJ e STF, assinale a alternativa correta.

a) O mandado de segurança individual pode ser utilizado como sucedâneo de ação popular.

b) Se a pretensão veiculada interessar apenas a uma parte da respectiva categoria, a entidade de classe não terá legitimidade para impetrar mandado de segurança.

c) O Ministério Público tem legitimidade para promover ação civil pública cujo fundamento seja a ilegalidade de reajuste de mensalidades escolares.

d) A impetração de mandado de segurança coletivo por entidade de classe em favor dos associados somente pode ser feita com expressa autorização destes.

e) O Ministério Público tem legitimidade exclusiva para propor ação civil pública em defesa do patrimônio público.

Resposta correta: letra "c".

(FAPEC – Promotor de Justiça – MPE-MS/2015) Conforme o entendimento jurisprudencial consolidado, é incorreto afirmar que:

a) Compete à justiça estadual julgar as causas em que for parte o Banco do Brasil S.A.

b) A competência para processar e julgar as ações conexas de interesse de menor é, em princípio, do foro do domicílio do detentor de sua guarda.

c) Compete à Justiça Federal processar e julgar os pedidos de retificação de dados cadastrais da Justiça Eleitoral.

d) O foro do domicílio ou da residência do alimentando é competente para a ação de investigação de paternidade, quando cumulada com a de alimentos.

e) Reconhecida a continência, devem ser reunidas na Justiça Federal as ações civis públicas propostas nesta e na Justiça Estadual.

Resposta correta: letra "c".

ESTATUTO DA CRIANÇA E DO ADOLESCENTE

1. DIREITOS FUNDAMENTAIS

Súmula 594-STJ

O Ministério Público **tem** legitimidade ativa para ajuizar ação de alimentos em proveito de criança ou adolescente, **independentemente** do exercício do poder familiar dos pais, ou do fato de o menor se encontrar nas situações de risco descritas no art. 98 do ECA, ou de quaisquer outros questionamentos acerca da existência ou eficiência da Defensoria Pública na comarca.

- **Status:** Válida.

- **Precedentes relacionados:**

"O Ministério Público tem legitimidade ativa para ajuizar ação de alimentos em proveito de criança ou adolescente, independentemente do exercício do poder familiar dos pais, ou de o infante se encontrar nas situações de risco descritas no art. 98 do Estatuto da Criança e do Adolescente (ECA), ou de quaisquer outros questionamentos acerca da existência ou eficiência da Defensoria Pública na comarca." (STJ, 2ª Seção REsp 1.265.821-BA e REsp 1.327.471-MT, Rel. Min. Luís Felipe Salomão, julgados em 14/5/2014) (Informativo n. 541).

- **Dispositivos relacionados:**

"CF, Art. 127. O Ministério Público é instituição permanente, essencial à função jurisdicional do Estado, incumbindo-lhe a defesa da ordem jurídica, do regime democrático e dos interesses sociais e individuais indisponíveis."

"ECA, Art. 98. As medidas de proteção à criança e ao adolescente são aplicáveis sempre que os direitos reconhecidos nesta Lei forem ameaçados ou violados:

I – por ação ou omissão da sociedade ou do Estado;

> II – por falta, omissão ou abuso dos pais ou responsável;
>
> III – em razão de sua conduta."
>
> "ECA, Art. 201. Compete ao Ministério Público:
>
> III – promover e acompanhar as ações de alimentos e os procedimentos de suspensão e destituição do pátrio poder familiar, nomeação e remoção de tutores, curadores e guardiães, bem como oficiar em todos os demais procedimentos da competência da Justiça da Infância e da Juventude;"

1.1. Questões relacionadas

(Cespe – Juiz de Direito – TJ-BA/2019) À luz do ECA e da jurisprudência do STJ, assinale a opção correta, quanto à defesa dos interesses individuais, coletivos e difusos, às atribuições do MP, ao instituto da remissão e a garantias e aspectos processuais.

a) Ao exibir quadro que possa criar situações humilhantes a crianças e adolescentes, uma emissora de televisão poderá sofrer penalidades administrativas, mas não será responsabilizada por dano moral coletivo, visto ser inviável a individualização das vítimas da conduta.

b) A legitimidade ativa do MP para ajuizar ação de alimentos em prol de criança ou adolescente tem caráter subsidiário, ou seja, surge somente quando ausente a atuação da DP no local.

c) A competência para processar e julgar ação civil pública ajuizada contra um estado federado na busca da defesa de crianças e adolescentes é, em regra, absoluta das varas da fazenda pública, por previsão constitucional.

d) Na oitiva de apresentação, o representante do MP pode conceder, sem a presença da defesa técnica, a remissão ao ato infracional. Contudo, na audiência ou no procedimento de homologação por sentença da remissão, para evitar nulidade absoluta, é obrigatória a presença de defensor.

e) Antes de iniciado o processo para apuração de ato infracional, o MP poderá conceder a remissão como forma de exclusão do processo, podendo incluir qualquer medida socioeducativa, sendo a única exceção a internação.

Resposta correta: letra "d".

2. APURAÇÃO DOS ATOS INFRACIONAIS E MEDIDAS SOCIOEDUCATIVAS

Súmula 605-STJ

A superveniência da maioridade penal **não** interfere na apuração de ato infracional nem na aplicabilidade de medida socioeducativa em curso, inclusive na liberdade assistida, enquanto não atingida a idade de 21 anos.

- **Status:** Válida.
- **Dispositivos relacionados:**

"ECA, Art. 2º (...)

Parágrafo único. Nos casos expressos em lei, aplica-se excepcionalmente este Estatuto às pessoas entre dezoito e vinte e um anos de idade."

"ECA, Art. 103. Considera-se ato infracional a conduta descrita como crime ou contravenção penal."

"ECA, Art. 104. São penalmente inimputáveis os menores de dezoito anos, sujeitos às medidas previstas nesta Lei.

Parágrafo único. Para os efeitos desta Lei, deve ser considerada a idade do adolescente à data do fato."

"ECA, Art. 118. A liberdade assistida será adotada sempre que se afigurar a medida mais adequada para o fim de acompanhar, auxiliar e orientar o adolescente.

§ 1º A autoridade designará pessoa capacitada para acompanhar o caso, a qual poderá ser recomendada por entidade ou programa de atendimento.

§ 2º A liberdade assistida será fixada pelo prazo mínimo de seis meses, podendo a qualquer tempo ser prorrogada, revogada ou substituída por outra medida, ouvido o orientador, o Ministério Público e o defensor."

Súmula 492-STJ

O ato infracional análogo ao tráfico de drogas, por si só, **não** conduz obrigatoriamente à imposição de medida socioeducativa de internação do adolescente.

- **Status:** Válida.
- **Dispositivos relacionados:**

"ECA, Art. 122. A medida de internação só poderá ser aplicada quando:

I – tratar-se de ato infracional cometido mediante grave ameaça ou violência a pessoa;

II – por reiteração no cometimento de outras infrações graves;

III – por descumprimento reiterado e injustificável da medida anteriormente imposta.

§ 1º O prazo de internação na hipótese do inciso III deste artigo não poderá ser superior a três meses, devendo ser decretada judicialmente após o devido processo legal.

§ 2º Em nenhuma hipótese será aplicada a internação, havendo outra medida adequada.

"ECA, Art. 121. A internação constitui medida privativa da liberdade, sujeita aos princípios de brevidade, excepcionalidade e respeito à condição peculiar de pessoa em desenvolvimento.

§ 1º Será permitida a realização de atividades externas, a critério da equipe técnica da entidade, salvo expressa determinação judicial em contrário.

§ 2º A medida não comporta prazo determinado, devendo sua manutenção ser reavaliada, mediante decisão fundamentada, no máximo a cada seis meses.

§ 3º Em nenhuma hipótese o período máximo de internação excederá a três anos.

§ 4º Atingido o limite estabelecido no parágrafo anterior, o adolescente deverá ser liberado, colocado em regime de semiliberdade ou de liberdade assistida.

§ 5º A liberação será compulsória aos vinte e um anos de idade.

§ 6º Em qualquer hipótese a desinternação será precedida de autorização judicial, ouvido o Ministério Público.

§ 7º A determinação judicial mencionada no § 1º poderá ser revista a qualquer tempo pela autoridade judiciária."

"ECA, Art. 108. A internação, antes da sentença, pode ser determinada pelo prazo máximo de quarenta e cinco dias.

Parágrafo único. A decisão deverá ser fundamentada e basear-se em indícios suficientes de autoria e materialidade, demonstrada a necessidade imperiosa da medida."

Súmula 338-STJ

A prescrição penal **é** aplicável nas medidas socioeducativas.

- **Status:** Válida.
- **Precedentes relacionados:**

"Nos termos do enunciado n. 338 da Súmula do STJ, 'a prescrição penal é aplicável nas medidas socioeducativas'. **Diante disso, a jurisprudência desta Corte firmou o entendimento de que, uma vez aplicada medida socioeducativa sem termo final, deve ser considerado o período máximo de 3 anos de duração da medida de internação, previsto no art. 121, § 3º, do ECA, para o cálculo do prazo prescricional da pretensão socioeducativa**. Aplicando-se, por analogia, o prazo do art. 109, IV, do CP, que é de oito anos, reduzido pela metade, nos termos do art. 115, do mesmo diploma legal, o prazo prescricional consolida-se em 4 anos." (STJ, 5ª Turma, HC 340.073/SP, Rel. Min. Reynaldo Soares da Fonseca, julgado em 04/02/2016)

- **Dispositivos relacionados:**

"ECA, Art. 121. A internação constitui medida privativa da liberdade, sujeita aos princípios de brevidade, excepcionalidade e respeito à condição peculiar de pessoa em desenvolvimento.

§ 3º Em nenhuma hipótese o período máximo de internação excederá a três anos."

"CP, Art. 109. A prescrição, antes de transitar em julgado a sentença final, salvo o disposto no § 1º do art. 110 deste Código, regula-se pelo máximo da pena privativa de liberdade cominada ao crime, verificando-se:

I – em vinte anos, se o máximo da pena é superior a doze;

II – em dezesseis anos, se o máximo da pena é superior a oito anos e não excede a doze;

III – em doze anos, se o máximo da pena é superior a quatro anos e não excede a oito;

IV – em oito anos, se o máximo da pena é superior a dois anos e não excede a quatro;

V – em quatro anos, se o máximo da pena é igual a um ano ou, sendo superior, não excede a dois;

VI – em três anos, se o máximo da pena é inferior a um ano.

"CP, Art. 115. São reduzidos de metade os prazos de prescrição quando o criminoso era, ao tempo do crime, menor de vinte e um anos, ou, na data da sentença, maior de setenta anos."

Súmula 342-STJ

No procedimento para aplicação de medida socioeducativa, **é nula** a desistência de outras provas em face da confissão do adolescente.

- **Status:** Válida.

- **Dispositivos relacionados:**

"ECA, Art. 110. Nenhum adolescente será privado de sua liberdade sem o devido processo legal."

"ECA, Art. 111. São asseguradas ao adolescente, entre outras, as seguintes garantias:

I – pleno e formal conhecimento da atribuição de ato infracional, mediante citação ou meio equivalente;

II – igualdade na relação processual, podendo confrontar-se com vítimas e testemunhas e produzir todas as provas necessárias à sua defesa;

III – defesa técnica por advogado;

IV – assistência judiciária gratuita e integral aos necessitados, na forma da lei;

V – direito de ser ouvido pessoalmente pela autoridade competente;

VI – direito de solicitar a presença de seus pais ou responsável em qualquer fase do procedimento."

Súmula 265-STJ

É necessária a oitiva do menor infrator antes de decretar-se a regressão da medida socioeducativa.

- **Status:** Válida.
- **Dispositivos relacionados:**

"ECA, Art. 122. A medida de internação só poderá ser aplicada quando:

I – tratar-se de ato infracional cometido mediante grave ameaça ou violência a pessoa;

II – por reiteração no cometimento de outras infrações graves;

III – por descumprimento reiterado e injustificável da medida anteriormente imposta.

§ 1º O prazo de internação na hipótese do inciso III deste artigo não poderá ser superior a três meses, devendo ser decretada judicialmente após o devido processo legal.

§ 2º Em nenhuma hipótese será aplicada a internação, havendo outra medida adequada."

Súmula 108-STJ

A aplicação de medidas socioeducativas ao adolescente, pela prática de ato infracional, **é da competência exclusiva do juiz**.

- **Status:** Válida.
- **Dispositivos relacionados:**

"ECA, Art. 112. Verificada a prática de ato infracional, a autoridade competente poderá aplicar ao adolescente as seguintes medidas:

I – advertência;

II – obrigação de reparar o dano;

III – prestação de serviços à comunidade;

IV – liberdade assistida;

V – inserção em regime de semiliberdade;

VI – internação em estabelecimento educacional;

VII – qualquer uma das previstas no art. 101, I a VI.

§ 1º A medida aplicada ao adolescente levará em conta a sua capacidade de cumpri-la, as circunstâncias e a gravidade da infração.

§ 2º Em hipótese alguma e sob pretexto algum, será admitida a prestação de trabalho forçado.

§ 3º Os adolescentes portadores de doença ou deficiência mental receberão tratamento individual e especializado, em local adequado às suas condições."

"ECA, Art. 146. A autoridade a que se refere esta Lei é o Juiz da Infância e da Juventude, ou o juiz que exerce essa função, na forma da lei de organização judiciária local."

"ECA, Art. 148. A Justiça da Infância e da Juventude é competente para:

I – conhecer de representações promovidas pelo Ministério Público, para apuração de ato infracional atribuído a adolescente, aplicando as medidas cabíveis;"

2.1. Questões relacionadas

(Cespe – Juiz de Direito – TJ-BA/2019) No que tange a atos infracionais e medidas socioeducativas, assinale a opção correta, com base no ECA e na jurisprudência do STJ.

a) A superveniência da maioridade penal interfere na apuração de ato infracional cometido antes dos dezoito anos completos e na aplicabilidade de medida socioeducativa em curso.

b) É ilegal a determinação de cumprimento da medida socioeducativa de liberdade assistida antes do trânsito em julgado da sentença condenatória.

c) O ato infracional análogo ao tráfico de drogas autoriza, por si só, a imposição de medida socioeducativa de internação do adolescente em razão da gravidade da conduta delitiva.

d) Por ser uma consequência natural do processo de ressocialização, a progressão da medida socioeducativa prescinde do juízo de convencimento do magistrado, que fica vinculado ao relatório multidisciplinar individual do adolescente.

e) É possível a aplicação de medida socioeducativa de liberdade assistida no caso de ato infracional análogo a furto qualificado, porém essa medida deve atender à atualidade, observando-se a necessidade e a adequação.

Resposta correta: letra "e".

(MPE-MS – Promotor de Justiça – MPE-MS/2018) Sobre o direito da infância e juventude (ECA – Estatuto da Criança e do Adolescente – Lei 8.069/90), assinale a alternativa incorreta.

a) A superveniência da maioridade penal não interfere na apuração de ato infracional, nem na aplicabilidade de medida socioeducativa em curso, inclusive na liberdade assistida, enquanto não atingida a idade de 21 anos.

b) Se os pais ou responsável não forem localizados para a audiência de apresentação de apuração de ato infracional, por representação do Ministério Público, a autoridade judiciária dará curador especial ao adolescente, não havendo que se falar assim em prejuízo à defesa.

c) É possível cumular a remissão com a aplicação de quaisquer das medidas socioeducativas previstas em lei, exceto a colocação de medida de internação.

d) Para aplicação das medidas previstas no art. 101, I a VII do ECA, o Conselho Tutelar não precisa da intervenção do Poder Judiciário, que somente será necessária nas hipóteses de "inclusão em programa de acolhimento familiar" (inciso VIII) e "colocação em família substituta" (inciso IX).

e) Seguindo a jurisprudência do STF, o STJ firmou entendimento que o ECA não estipulou número mínimo de atos infracionais graves para justificar a internação do adolescente infrator, por reiteração no cometimento de outras infrações graves (art. 122, inciso II, do ECA), devendo o magistrado levar em consideração as peculiaridades de cada caso concreto.

Resposta correta: letra "a".

(Vunesp – Defensor Público – DPE-RO/2017) Segundo entendimento sumulado do Superior Tribunal de Justiça, é correto afirmar que

a) o crime consistente na corrupção de menor de 18 (dezoito) anos, com ele praticando infração penal ou induzindo-o a praticá-la, previsto no Estatuto da Criança e do Adolescente, depende da prova da efetiva corrupção do menor, por se tratar de delito material.

b) no procedimento para aplicação de medida socioeducativa, a confissão do adolescente torna dispensável a realização de exames periciais relativos aos instrumentos do crime.

c) nos casos de novo flagrante por ato infracional, é facultada a oitiva do menor infrator para a decretação da regressão da medida socioeducativa.

d) a prescrição penal é aplicável nas medidas socioeducativas.

e) a aplicação de medidas socioeducativas ao adolescente, pela prática de ato infracional, exceção feita a de prestação de serviços à comunidade, é da competência exclusiva do juiz.

Resposta correta: letra "d".

(Vunesp – Juiz de Direito – TJM-SP/2016) Sobre as medidas protetivas e socioeducativas conferidas aos menores, é correto afirmar que

a) a internação possui prazo determinado de duração, jamais podendo ser fixada por período inferior a 06 (seis) meses.

b) os atos infracionais, passíveis de medidas protetivas ou socioeducativas, são aqueles cujas condutas típicas estão expressamente previstas no Estatuto da Criança e do Adolescente – ECA.

c) a internação pode ser aplicada a menor de 12 anos, excepcionalmente, na hipótese de ato infracional cometido mediante violência e grave ameaça, em reiteração.

d) segundo a jurisprudência do Superior Tribunal de Justiça, a prática de ato infracional análogo ao tráfico de entorpecentes, por si só, não autoriza a aplicação da medida socioeducativa da internação.

e) a prescrição penal não é aplicável às medidas socioeducativas, pois, ao contrário dos adultos, aos menores não se atribui pena.

Resposta correta: letra "d".

(FMP – Defensor Público – DPE-PA/2015) Sobre o processo e a aplicação das medidas socioeducativas, segundo o entendimento pacificado dos tribunais superiores, é CORRETO afirmar que:

a) a regressão da medida socioeducativa prescinde da oitiva do adolescente infrator.

b) o ato infracional análogo ao tráfico de drogas conduz obrigatoriamente à imposição de medida socioeducativa de internação do adolescente.

c) a prescrição penal não é aplicável às medidas socioeducativas.

d) é possível o acompanhamento socioeducativo de maiores de 21 anos, quando o ato infracional for cometido antes de o adolescente completar dezoito anos.

e) é nula a desistência de outras provas em face da confissão do adolescente infrator.

Resposta correta: letra "e".

3. COMPETÊNCIA PARA AS AÇÕES CONEXAS DE INTERESSE DE CRIANÇAS E ADOLESCENTES

Súmula 383-STJ

A competência para processar e julgar as ações conexas de interesse de menor é, em princípio, do foro do domicílio do detentor de sua guarda.

- **Status:** Válida.

3.1. Questões relacionadas

(MPE-BA – Promotor de Justiça – MPE-BA/2018) É incorreto afirmar, quanto à disciplina jurídica do Estatuto da Criança e do Adolescente:

a) É desnecessária a oitiva do menor infrator antes de se decretar a regressão da medida socioeducativa, tendo em vista o caráter pedagógico desta modalidade de sanção.

b) A competência para processar e julgar as ações conexas de interesse de menor é, em princípio, do foro do domicílio do detentor de sua guarda.

c) A aplicação de medidas socioeducativas ao adolescente, pela prática de ato infracional, é da competência exclusiva do juiz.

d) O ato infracional análogo ao tráfico de drogas, por si só, não conduz obrigatoriamente à imposição de medida socioeducativa de internação do adolescente.

e) No procedimento para aplicação de medida socioeducativa, é nula a desistência de outras provas em face da confissão do adolescente.

Resposta correta: letra "a".

(FCC – Promotor de Justiça – MPE-PA/2014) Em relação ao Estatuto da Criança e do Adolescente – Lei nº 8.069/1990, considere as afirmações abaixo.

I. A aplicação de medidas socioeducativas ao adolescente, pela prática de ato infracional, é da competência exclusiva do juiz.

II. A prescrição penal não é aplicável nas medidas socioeducativas.

III. A competência para processar e julgar as ações conexas de interesse de menor é, em princípio, do foro do domicílio do detentor de sua guarda.

IV. O ato infracional análogo ao tráfico de drogas, por si só, não conduz obrigatoriamente à imposição de medida socioeducativa de internação do adolescente.

Está correto o que se afirma APENAS em

a) I e IV.

b) I, III e IV.

c) II, III e IV.

d) I e II.

e) II e IV.

Resposta correta: letra "b".

DIREITOS DAS PESSOAS COM DEFICIÊNCIA

1. CONCURSO PÚBLICO

Súmula 552-STJ

O portador de surdez unilateral **não** se qualifica como pessoa com deficiência para o fim de disputar as vagas reservadas em concursos públicos.

- **Status:** Válida.
- **Nota do autor:** Cuidado para não confundir: a) portador de visão monocular: tem direito de concorrer às vagas reservadas aos deficientes (Súmula 377-STJ); b) portador de surdez unilateral: não tem direito de concorrer às vagas reservadas aos deficientes (súmula 522-STJ).
- **Dispositivos relacionados:**

> "Art. 37. A administração pública direta e indireta de qualquer dos Poderes da União, dos Estados, do Distrito Federal e dos Municípios obedecerá aos princípios de legalidade, impessoalidade, moralidade, publicidade e eficiência e, também, ao seguinte:
>
> VIII – a lei reservará percentual dos cargos e empregos públicos para as pessoas portadoras de deficiência e definirá os critérios de sua admissão;"
>
> "Lei nº 8.112/90, Art. 5º (...)
>
> § 2º Às pessoas portadoras de deficiência é assegurado o direito de se inscrever em concurso público para provimento de cargo cujas atribuições sejam compatíveis com a deficiência de que são portadoras; para tais pessoas serão reservadas até 20% (vinte por cento) das vagas oferecidas no concurso."
>
> "Lei nº 7.853/89, Art. 8º Constitui crime punível com reclusão de 2 (dois) a 5 (cinco) anos e multa: (Redação dada pela Lei nº 13.146, de 2015)
>
> II – obstar inscrição em concurso público ou acesso de alguém a qualquer cargo ou emprego público, em razão de sua deficiência; (Redação dada pela Lei nº 13.146, de 2015)"

Súmula 377-STJ

O portador de visão monocular **tem** direito de concorrer, em concurso público, às vagas reservadas aos deficientes.

- **Status:** Válida.
- **Nota do autor:** Cuidado para não confundir: a) portador de visão monocular: tem direito de concorrer às vagas reservadas aos deficientes (Súmula 377-STJ); b) portador de surdez unilateral: não tem direito de concorrer às vagas reservadas aos deficientes (súmula 522-STJ). No mesmo sentido é o entendimento da AGU. Confira:

> "Súmula 45-AGU: Os benefícios inerentes à Política Nacional para a Integração da Pessoa Portadora de Deficiência devem ser estendidos ao portador de visão monocular, que possui direito de concorrer, em concurso público, à vaga reservada aos deficientes."

- **Dispositivos relacionados:**

> "Art. 37. A administração pública direta e indireta de qualquer dos Poderes da União, dos Estados, do Distrito Federal e dos Municípios obedecerá aos princípios de legalidade, impessoalidade, moralidade, publicidade e eficiência e, também, ao seguinte:
>
> VIII – a lei reservará percentual dos cargos e empregos públicos para as pessoas portadoras de deficiência e definirá os critérios de sua admissão;"
>
> "Lei nº 8.112/90, Art. 5º (...)
>
> § 2º Às pessoas portadoras de deficiência é assegurado o direito de se inscrever em concurso público para provimento de cargo cujas atribuições sejam compatíveis com a deficiência de que são portadoras; para tais pessoas serão reservadas até 20% (vinte por cento) das vagas oferecidas no concurso."
>
> "Lei nº 7.853/89, Art. 8º Constitui crime punível com reclusão de 2 (dois) a 5 (cinco) anos e multa: (Redação dada pela Lei nº 13.146, de 2015)
>
> II – obstar inscrição em concurso público ou acesso de alguém a qualquer cargo ou emprego público, em razão de sua deficiência; (Redação dada pela Lei nº 13.146, de 2015)"

2. QUESTÕES RELACIONADAS

1. (FGV – Oficial de Justiça Avaliador – TJ-AL/2018) A Constituição da República de 1988 dispõe que a lei reservará percentual dos cargos e empregos públicos para as pessoas portadoras de deficiência e definirá os critérios para sua admissão. De acordo com a jurisprudência do Superior Tribunal de Justiça, as pessoas com deficiência têm direito a um mínimo das vagas ofertadas em concurso público e:

a) caso o candidato seja portador de visão monocular, não tem direito de concorrer, em concurso público, às vagas reservadas aos deficientes;

b) caso o candidato seja portador de surdez unilateral, se qualifica como pessoa com deficiência para o fim de disputar as vagas reservadas em concursos públicos;

c) é vedado ao Legislador fixar limite máximo das vagas a serem oferecidas em reserva às pessoas com deficiência, pois o administrador público que publica o edital do concurso público deve ter liberdade de aferir a quantidade;

d) caso a aplicação do percentual mínimo resulte em número fracionado, este deverá ser elevado até o primeiro número inteiro subsequente, desde que respeitado o limite máximo do percentual legal das vagas oferecidas no certame;

e) é vedado ao Legislador e ao Judiciário fixar limite mínimo das vagas a serem oferecidas em reserva às pessoas com deficiência, em respeito à discricionariedade do administrador público que publica o edital do concurso.

Resposta correta: letra "d".

2. (MPE-SC – Promotor de Justiça – MPE-SC/2018) Em atenção ao Direito das Pessoas com Deficiência, é correto afirmar:

a) Em caso de desistência ou abandono de ação civil pública para a defesa de direitos individuais homogêneos das pessoas com deficiência proposta pela Defensoria Pública, caberá obrigatoriamente ao Ministério Público assumir a titularidade da ação.

b) O Ministério Público intervirá obrigatoriamente nas ações civis públicas ou coletivas, e facultativamente nas individuais, em que se discutem interesses relacionados à deficiência das pessoas.

c) De acordo com o STJ, o portador de surdez unilateral não se qualifica como pessoa com deficiência para o fim de disputar vagas reservadas em concursos públicos.

d) Nos concursos públicos, o candidato com deficiência deverá apresentar laudo médico atestando a espécie e o grau de deficiência, comprovando a compatibilidade da deficiência com as atribuições do cargo pretendido até a conclusão do certame.

e) De acordo com a Lei 10.216/01, a internação psiquiátrica involuntária deverá, no prazo de 24 (vinte e quatro) horas, ser comunicada ao Ministério Público Estadual pelo responsável técnico do estabelecimento no qual tenha ocorrido, devendo esse mesmo procedimento ser adotado da respectiva alta.

Resposta correta: letra "c".

(UEM – Advogado – UEM/2018) Marque a alternativa incorreta.

a) O candidato aprovado fora do número de vagas previsto no edital possui mera expectativa de direito à nomeação, que se convola em direito subjetivo caso haja preterição em virtude de contratações precárias e comprovação da existência de cargos vagos.

b) Não ocorre preterição na ordem classificatória quando a convocação para próxima fase ou a nomeação de candidatos com posição inferior se dá por força de cumprimento de ordem judicial.

c) A surdez unilateral autoriza o candidato a concorrer às vagas reservadas às pessoas com deficiência.

d) O candidato sub judice não possui direito subjetivo à nomeação e à posse, mas à reserva da respectiva vaga até que ocorra o trânsito em julgado da decisão que o beneficiou.

e) É legítimo estabelecer no edital de concurso público critério de regionalização.

Resposta correta: letra "c".

DIREITO AMBIENTAL

1. RESPONSABILIDADE CIVIL AMBIENTAL

Súmula 629-STJ

Quanto ao dano ambiental, **é admitida a condenação do réu à obrigação de fazer ou à de não fazer cumulada com a de indenizar.**

- **Status:** Válida.
- **Precedentes relacionados:**

"Na hipótese de ação civil pública proposta em razão de dano ambiental, é possível que a sentença condenatória imponha ao responsável, cumulativamente, as obrigações de recompor o meio ambiente degradado e de pagar quantia em dinheiro a título de compensação por dano moral coletivo." (STJ, 2ª Turma, REsp 1328753-MG, Rel. Min. Herman Benjamin, julgado em 28/5/2013) (Informativo n. 526).

- **Dispositivos relacionados:**

"CF, Art. 225. Todos têm direito ao meio ambiente ecologicamente equilibrado, bem de uso comum do povo e essencial à sadia qualidade de vida, impondo-se ao Poder Público e à coletividade o dever de defendê-lo e preservá-lo para os presentes e futuras gerações.

§ 3º As condutas e atividades consideradas lesivas ao meio ambiente sujeitarão os infratores, pessoas físicas ou jurídicas, a sanções penais e administrativas, independentemente da obrigação de reparar os danos causados."

"LACP, Art. 1º Regem-se pelas disposições desta Lei, sem prejuízo da ação popular, as ações de responsabilidade por danos morais e patrimoniais causados:

I – ao meio-ambiente;"

"LACP, Art. 3º A ação civil poderá ter por objeto a condenação em dinheiro ou o cumprimento de obrigação de fazer ou não fazer."

Súmula 623-STJ

As obrigações ambientais **possuem natureza *propter rem*, sendo admissível cobrá-las do proprietário ou possuidor atual e/ou dos anteriores**, à escolha do credor.

- **Status:** Válida.

- **Dispositivos relacionados:**

"CF, Art. 225. Todos têm direito ao meio ambiente ecologicamente equilibrado, bem de uso comum do povo e essencial à sadia qualidade de vida, impondo-se ao Poder Público e à coletividade o dever de defendê-lo e preservá-lo para as presentes e futuras gerações.

§ 3º As condutas e atividades consideradas lesivas ao meio ambiente sujeitarão os infratores, pessoas físicas ou jurídicas, a sanções penais e administrativas, independentemente da obrigação de reparar os danos causados."

"Lei nº 6.398/81 (PNMA), Art. 3º Para os fins previstos nesta Lei, entende-se por:

IV – poluidor, a pessoa física ou jurídica, de direito público ou privado, responsável, direta ou indiretamente, por atividade causadora de degradação ambiental;

"Lei nº 12.651/12 (Código Florestal), Art. 2º As florestas existentes no território nacional e as demais formas de vegetação nativa, reconhecidas de utilidade às terras que revestem, são bens de interesse comum a todos os habitantes do País, exercendo-se os direitos de propriedade com as limitações que a legislação em geral e especialmente esta Lei estabelecem.

§ 1º Na utilização e exploração da vegetação, as ações ou omissões contrárias às disposições desta Lei são consideradas uso irregular da propriedade, aplicando-se o procedimento sumário previsto no inciso II do art. 275 da Lei nº 5.869, de 11 de janeiro de 1973 – Código de Processo Civil, sem prejuízo da responsabilidade civil, nos termos do § 1º do art. 14 da Lei nº 6.938/1981, e das sanções administrativas, civis e penais.

§ 2º As obrigações previstas nesta Lei têm natureza real e são transmitidas ao sucessor, de qualquer natureza, no caso de transferência de domínio ou posse do imóvel rural."

Súmula 618-STJ

A inversão do ônus da prova **aplica-se** às ações de degradação ambiental.

- **Status:** Válida.

- **Dispositivos relacionados:**

"CF, Art. 225. Todos têm direito ao meio ambiente ecologicamente equilibrado, bem de uso comum do povo e essencial à sadia qualidade de vida, impondo-se ao Poder Público e à coletividade o dever de defendê-lo e preservá-lo para as presentes e futuras gerações.

§ 3º As condutas e atividades consideradas lesivas ao meio ambiente sujeitarão os infratores, pessoas físicas ou jurídicas, a sanções penais e administrativas, independentemente da obrigação de reparar os danos causados."

"Lei nº 6.398/81, Art. 3º Para os fins previstos nesta Lei, entende-se por:

I – meio ambiente, o conjunto de condições, leis, influências e interações de ordem física, química e biológica, que permite, abriga e rege a vida em todas as suas formas;

II – degradação da qualidade ambiental, a alteração adversa das características do meio ambiente;

III – poluição, a degradação da qualidade ambiental resultante de atividades que direta ou indiretamente:

a) prejudiquem a saúde, a segurança e o bem-estar da população;

b) criem condições adversas às atividades sociais e econômicas;

c) afetem desfavoravelmente a biota;

d) afetem as condições estéticas ou sanitárias do meio ambiente;

e) lancem matérias ou energia em desacordo com os padrões ambientais estabelecidos;

IV – poluidor, a pessoa física ou jurídica, de direito público ou privado, responsável, direta ou indiretamente, por atividade causadora de degradação ambiental;"

Súmula 613-STJ

Não se admite a aplicação da teoria do fato consumado em tema de Direito Ambiental.

- **Status:** Válida.

- **Dispositivos relacionados:**

"CF, Art. 225. Todos têm direito ao meio ambiente ecologicamente equilibrado, bem de uso comum do povo e essencial à sadia qualidade de vida, impondo-se ao Poder Público e à coletividade o dever de defendê-lo e preservá-lo para as presentes e futuras gerações.

§ 3º As condutas e atividades consideradas lesivas ao meio ambiente sujeitarão os infratores, pessoas físicas ou jurídicas, a sanções penais e administrativas, independentemente da obrigação de reparar os danos causados."

"Lei nº 6.398/81 (PNMA), Art. 3º Para os fins previstos nesta Lei, entende-se por:

IV – poluidor, a pessoa física ou jurídica, de direito público ou privado, responsável, direta ou indiretamente, por atividade causadora de degradação ambiental;

"Lei nº 12.651/12 (Código Florestal), Art. 2º As florestas existentes no território nacional e as demais formas de vegetação nativa, reconhecidas de utilidade às terras que revestem, são bens de interesse comum a todos os habitantes do País, exercendo-se os direitos de propriedade com as limitações que a legislação em geral e especialmente esta Lei estabelecem.

§ 1º Na utilização e exploração da vegetação, as ações ou omissões contrárias às disposições desta Lei são consideradas uso irregular da propriedade, aplicando-se o procedimento sumário previsto no inciso II do art. 275 da Lei nº 5.869, de 11 de janeiro de 1973 – Código de Processo Civil, sem prejuízo da responsabilidade civil, nos termos do § 1º do art. 14 da Lei nº 6.938/1981, e das sanções administrativas, civis e penais.

§ 2º As obrigações previstas nesta Lei têm natureza real e são transmitidas ao sucessor, de qualquer natureza, no caso de transferência de domínio ou posse do imóvel rural."

2. RESPONSABILIDADE ADMINISTRATIVA AMBIENTAL

Súmula 467-STJ

Prescreve em **cinco anos**, contados do término do processo administrativo, a pretensão da Administração Pública de promover a execução da multa por infração ambiental.

- **Status:** Válida.

- **Dispositivos relacionados:**

"Lei nº 9.605/98, Art. 70. Considera-se infração administrativa ambiental toda ação ou omissão que viole as regras jurídicas de uso, gozo, promoção, proteção e recuperação do meio ambiente.

§ 1º São autoridades competentes para lavrar auto de infração ambiental e instaurar processo administrativo os funcionários de órgãos ambientais integrantes do Sistema Nacional de Meio Ambiente – SISNAMA, designados para as atividades de fiscalização, bem como os agentes das Capitanias dos Portos, do Ministério da Marinha."

"Lei nº 9.605/98, Art. 72. As infrações administrativas são punidas com as seguintes sanções, observado o disposto no art. 6º:

I – advertência;

II – multa simples;

III – multa diária;

IV – apreensão dos animais, produtos e subprodutos da fauna e flora, instrumentos, petrechos, equipamentos ou veículos de qualquer natureza utilizados na infração;

V – destruição ou inutilização do produto;

VI – suspensão de venda e fabricação do produto;

VII – embargo de obra ou atividade;

VIII – demolição de obra;

IX – suspensão parcial ou total de atividades;

X – (vetado);

XI – restritiva de direitos."

"Lei 9.605/98, Art. 73. Os valores arrecadados em pagamento de multas por infração ambiental serão revertidos ao Fundo Nacional do Meio Ambiente, criado pela Lei nº 7.797, de 10 de julho de 1989, Fundo Naval, criado pelo Decreto nº 20.923, de 8 de janeiro de 1932, fundos estaduais ou municipais de meio ambiente, ou correlatos, conforme dispuser o órgão arrecadador."

3. RESPONSABILIDADE PENAL AMBIENTAL

Súmula 91-STJ

~~Compete a Justiça Federal processar e julgar os crimes praticados contra a fauna.~~

- **Status:** Cancelada.
- **Nota do autor:** Compete à **Justiça Estadual** processar e julgar os crimes contra o meio ambiente.

4. QUESTÕES RELACIONADAS

(FUNDATEC – Procurador – AL-RS/2018) No que tange à responsabilidade civil em razão de dano ambiental, assinale a alternativa correta.

a) As condutas e atividades consideradas lesivas ao meio ambiente sujeitarão tão só as pessoas jurídicas da obrigação civil de recuperar e ou indenizar os danos causados.

b) De acordo com o princípio da reparação *in natura*, não é possível, em ação civil pública ambiental, a cumulação de pedidos de condenação a obrigação de fazer e de condenação a pagamento pelo dano material causado ao meio ambiente.

c) A responsabilidade civil ambiental é considerada objetiva, exigindo do poluidor o objetivo de causar o dano para que seja responsabilizado pelo prejuízo ambiental.

d) Não é indenizável o dano extrapatrimonial sofrido pela coletividade em razão da degradação do meio ambiente.

e) São imprescritíveis as ações de pretensão de cessação dos danos ambientais por infrações de caráter continuado ao meio ambiente.

Resposta correta: letra "e".

(IBFC – Juiz Federal – TRF 2ª Região/2018) No âmbito do Direito Ambiental, é correto afirmar que:

a) o princípio da segurança jurídica impede a demolição de edificação em área de preservação permanente.

b) a licença ambiental, por si só, afasta a responsabilidade pela reparação do dano causado em área de preservação permanente devido à edificação na região.

c) é admitida a teoria do fato consumado em caso de residências familiares em área de proteção ambiental.

d) não se admite a aplicação da teoria do fato consumado.

e) a estabilidade das relações sociais não autoriza o retomo da situação fática ao status quo ante, em havendo construções em área de preservação permanente.

Resposta correta: letra "d".

(FMP – Procurador do Estado – PGE-AC/2017) Analise as assertivas abaixo envolvendo a tutela do meio ambiente no Direito Brasileiro.

I – Um dos fundamentos constitucionais da tutela ambiental inibitória consiste no chamado princípio da inafastabilidade do controle jurisdicional ou princípio do direito da ação, pois através dela é possível evitar danos ambientais muitas vezes irreversíveis.

II – A inversão do ônus da prova nas ações civis públicas ambientais é um dos corolários do princípio da precaução, o qual incide somente na lesividade ambiental derivada do uso e manipulação de produtos químicos.

III – Segundo remansosa jurisprudência do Superior Tribunal de Justiça, as ações civis públicas para reparação dos danos ao meio ambiente são imprescritíveis.

IV – Não há direito adquirido para o empreendedor dar continuidade ao seu projeto envolvendo práticas vedadas pelo legislador e que causem danos ao meio ambiente, ainda que fundado em ato autorizatório emitido pelo órgão ambiental competente.

Quais estão corretas?

a) Apenas a I, a II e a III.

b) Apenas a I.

c) Nenhuma está correta.

d) Apenas a I, a III e a IV.

e) Apenas a I, a II e a IV.

Resposta correta: letra "d".

(Vunesp – Juiz de Direito – TJ-RJ/2016) As queimadas frequentemente são utilizadas, sem autorização, para desmatamento de mata nativa, e representam a negação da modernidade da agricultura e pecuária brasileiras, confrontando-se com os fundamentos mais elementares do Direito Ambiental. Quem queima, ao fazê-lo, afeta, degrada ou destrói o meio ambiente, o que lhe impõe alguns deveres. Quanto à possibilidade de cumulação no pedido de obrigação de fazer, de não fazer (reparar a área afetada) e de pagar quantia certa (indenização), a jurisprudência do STJ tem se firmado no sentido de permitir

a) a cumulação de obrigações de fazer, de não fazer e de indenizar, que têm natureza de obrigação de eficácia real.

b) a cumulação de obrigações de fazer, de não fazer e de indenizar, na busca da proteção mitigada.

c) a cumulação de obrigações de fazer, de não fazer e indenizar, que têm natureza conglobante.

d) a cumulação de obrigações de fazer, de não fazer e de indenizar, que têm natureza propter rem, na busca da proteção integral do meio ambiente.

e) a cumulação de obrigações de fazer, de não fazer e de indenizar, que têm natureza conglobante, na busca da proteção integral do meio ambiente.

Resposta correta: letra "d".

(MPE-SC – Promotor de Justiça – MPE-SC/2014) Analise o enunciado da Questão abaixo e assinale se ele é Certo ou Errado.

As obrigações decorrentes da legislação ambiental possuem natureza "propter rem".

Resposta: certo.

(Vunesp – Juiz de Direito – TJ-MG/2012) Analise as afirmativas a seguir.

A manutenção da área destinada à reserva legal é obrigação propter rem

PORQUE

o adquirente possui legitimidade passiva ad causam em ação civil pública proposta em razão de dano ambiental, ainda que este não seja o autor do dano.

Assinale a alternativa correta.

a) A primeira afirmativa é falsa e a segunda é verdadeira.

b) A segunda afirmativa é falsa e a primeira é verdadeira.

c) As duas afirmativas são verdadeiras e a segunda justifica a primeira

d) As duas afirmativas são verdadeiras, mas a segunda não justifica a primeira.

Resposta correta: letra "d".

DIREITO PENAL

1. PARTE GERAL

1.1. Direito penal no tempo

Súmula 611-STF

Transitada em julgado a sentença condenatória, **compete ao juízo das execuções à aplicação de lei mais benigna.**

- **Status:** Válida.
- **Dispositivos relacionados:**

"LEP, Art. 66. Compete ao juiz da execução: I – aplicar aos casos julgados lei posterior que de qualquer modo favorecer o condenado."

1.1.1. Questões relacionadas

(FCC – Analista Judiciário – Área Judiciária – TRF 5ª Região/2017) Sobre a aplicação da lei penal, é correto afirmar que:

a) o Código Penal adotou o princípio da territorialidade, em relação à aplicação da lei penal no espaço. Tal princípio é absoluto, não admitindo qualquer exceção.

b) transitada em julgado a sentença condenatória, compete ao Juízo do Conhecimento a aplicação da lei mais benigna.

c) a lei aplicável para os crimes permanentes será aquela vigente quando se iniciou a conduta criminosa do agente.

d) quando a abolitio criminis se verificar depois do trânsito em julgado da sentença penal condenatória, extinguir-se-ão todos os efeitos penais e extrapenais da condenação.

e) a lei excepcional ou temporária, embora decorrido o período de sua duração ou cessadas as circunstâncias que a determinaram, aplica-se ao fato praticado durante a sua vigência.

Resposta correta: letra "e".

(MPE-RS – Promotor de Justiça – MPE-RS/2017) Assinale a alternativa INCORRETA.

a) A carta rogatória para citação de réu que se encontra em lugar sabido, no estrangeiro, suspende o curso do prazo de prescrição até seu cumprimento.

b) A arguição de suspeição de jurado formulada por advogado exige procuração com poderes especiais.

c) A arguição de suspeição do juiz formulada por defensor público prescinde de procuração.

d) Transitada em julgado a sentença condenatória, compete ao juízo das execuções a aplicação de lei mais benigna.

e) Não cabe habeas corpus contra decisão condenatória a pena de multa.

Resposta correta: letra "c".

(Cespe – Juiz de Direito – TJ-DFT/2016) Transitada em julgado a sentença penal condenatória, no caso de ser editada lei de natureza penal mais benéfica, competirá ao juiz da vara de execução penal

a) devolver a carta de guia ao juízo de origem, a fim de que o juiz do processo de conhecimento aplique a pena mais benéfica ou remeta o feito diretamente ao tribunal local ou ao tribunal superior que porventura tenha aplicado, em grau de recurso, a condenação que até então vinha sendo executada.

b) aplicá-la em benefício do condenado, independentemente de a condenação ter sido estabelecida pelo juízo singular, pelo tribunal ou pelos tribunais superiores.

c) aplicá-la em benefício do condenado, salvo se a condenação tiver sido estabelecida pelo STF em ação penal originária, hipótese em que competirá aos ministros modificar seus julgados e ao juiz, remeter carta de guia ao ministro relator.

d) aplicá-la em benefício do condenado, salvo se a condenação tiver sido aplicada pelo STJ, hipótese em que deverá remeter a carta de guia ao ministro relator.

e) intimar o réu e seu defensor para lhes dar conhecimento da lei, a fim de que eles, se desejarem, ajuízem ação de revisão criminal, medida apta a desconstituir o título penal até então executado, dado o princípio da segurança das relações judiciais, conforme o qual a coisa julgada faz lei entre as partes.

Resposta correta: letra "b".

(Vunesp – Advogado – SAEG/2015) Sobre a aplicação da lei penal, assinale a alternativa correta.

a) A nova lei penal mais grave não se aplica, em nenhum caso, ao crime continuado ou permanente.

b) Mesmo após o trânsito em julgado de sentença condenatória, a aplicação da lei penal mais benigna compete ao juiz que prolatou a sentença condenatória.

c) Aos crimes praticados a bordo de aeronaves estrangeiras de propriedade privada em voo no espaço aéreo brasileiro, aplica-se a lei do país de origem.

d) Crime contra a fé pública da União praticado no exterior ficará sujeito apenas à lei do país em que o crime se consumou.

e) As imunidades diplomáticas não se aplicam aos empregados particulares dos diplomatas, ainda que oriundos do Estado representado.

Resposta correta: letra "e".

1.2. CRIME IMPOSSÍVEL (TENTATIVA INIDÔNEA OU INADEQUADA)

Súmula 145-STF

Não há crime, quando a preparação do flagrante pela polícia torna impossível a sua consumação.

- **Status:** Válida.
- **Nota do autor:** Em outras palavras, o flagrante preparado configura crime impossível. O flagrante preparado é também conhecido como delito putativo por obra do agente provocador, delito de laboratório ou de experiência. O instituto do crime impossível, que é uma causa de exclusão da tipicidade da tentativa, está previsto no art. 17 do CP.

- **Dispositivos relacionados:**

> "CP, Art. 17. Não se pune a tentativa quando, por ineficácia absoluta do meio ou por absoluta impropriedade do objeto, é impossível consumar-se o crime."

Súmula 567-STJ

Sistema de vigilância realizado por monitoramento eletrônico ou por existência de segurança no interior de estabelecimento comercial, **por si só, não torna impossível a configuração do crime de furto.**

- **Status:** Válida.

- **Precedentes relacionados:**

> "A existência de sistema de vigilância em estabelecimento comercial não constitui óbice para a tipificação do crime de furto." (STF, 1ª Turma, HC 111278/MG, Rel. orig. Min. Marco Aurélio, red. p/ o ac. Min. Luiz Roberto Barroso, julgado em 10/4/2018, Informativo n. 897).

• **Dispositivos relacionados:**

> "CP, Art. 17. Não se pune a tentativa quando, por ineficácia absoluta do meio ou por absoluta impropriedade do objeto, é impossível consumar-se o crime."

1.2.1. Questões relacionadas

(NC-UFPR – Titular de Serviços de Notas e de Registros – Remoção – TJ-PR/2019) Sobre a prisão em flagrante, assinale a alternativa correta.

a) No caso em que o agente é perseguido, logo após o fato, pela autoridade, pelo ofendido ou por qualquer pessoa, em circunstâncias que façam presumir ser autor da infração, a situação de flagrância durará pelo prazo de 24 horas, depois do qual não será mais possível a prisão em flagrante.

b) Não há crime quando a preparação do flagrante pela polícia torna impossível a sua consumação.

c) A falta de testemunhas da infração impedirá a autuação da prisão em flagrante.

d) A comunicação da prisão ao juiz competente, ao Ministério Público e à família do preso, ou à pessoa por ele indicada, deve ser feita em até 24 horas.

e) Se for o caso de liberdade provisória, ao receber o auto da prisão em flagrante, o juiz a relaxará.

Resposta correta: letra "b".

(Vunesp – Juiz de Direito – TJ-RS/2018) Assinale a proposição que reflete entendimento sumulado pelo Supremo Tribunal Federal.

a) Se a cártula foi pré-datada, ainda que tenha havido fraude, não se configura o crime de emissão de cheque sem fundos (súmula 246).

b) É unicamente do Ministério Público, mediante representação, a legitimidade para a ação penal por crime contra a honra de servidor público em razão do exercício de suas funções (súmula 714).

c) A medida de segurança pode ser aplicada em segunda instância, ainda que só o réu tenha recorrido (súmula 525).

d) Não se tipifica crime contra a ordem tributária (Lei no 8.137/90) antes do lançamento definitivo do tributo (súmula vinculante 24).

e) Não há crime quando a preparação do flagrante pela polícia torna impossível a sua consumação (súmula 145).

Resposta correta: letra "e".

(FCC – Auditor-Fiscal da Receita Estadual – SEFAZ-SC/2018) À luz do que dispõe o Ordenamento Penal brasileiro,

a) o agente que desiste de forma voluntária de prosseguir na execução do crime, ou impede que o resultado se produza, terá sua pena reduzida de um a dois terços.

b) o arrependimento posterior, nos crimes cometidos sem violência ou grave ameaça à pessoa, deve ocorrer até o oferecimento da denúncia ou da queixa.

c) não há crime, quando a preparação do flagrante pela polícia torna impossível a sua consumação.

d) crime impossível é aquele em que o agente, embora tenha praticado todos os atos executórios à sua disposição, não consegue consumar o crime por circunstâncias alheias à sua vontade.

e) diz-se crime culposo, quando o agente assumiu o risco de produzi-lo.

Resposta correta: letra "c".

(UEG – Delegado de Polícia Civil – PC-GO/2018) Sobre o crime de furto, previsto no artigo 155 do Código Penal, tem-se o seguinte:

a) A lei penal admite, em certas hipóteses, ação penal pública condicionada à representação para o crime de furto.

b) O Superior Tribunal de Justiça admite a aplicação, no furto qualificado pelo concurso de agentes, da majorante do roubo.

c) O Superior Tribunal de Justiça entende que a existência de sistema de vigilância realizado por monitoramento eletrônico torna impossível a configuração do crime de furto.

d) A expressão "pequeno valor", requisito para o reconhecimento do furto privilegiado, equivale, na jurisprudência, a "valor insignificante".

e) A jurisprudência do Superior Tribunal de Justiça não admite o reconhecimento do privilégio nas hipóteses de furto qualificado.

Resposta correta: letra "a".

(MPE-MS – Promotor de Justiça – MPE-MS/2018) Analise as proposições a seguir.

I. Segundo o Superior Tribunal de Justiça, é possível a consumação do furto em estabelecimento comercial, ainda que possua vigilância mediante câmara de vídeo em circuito interno ou realizada por seguranças.

II. Réu primário e sem antecedentes, preso em flagrante por crime de furto simples, não poderá ser beneficiado com a suspensão condicional do processo, uma vez que não se trata de crime de menor potencial ofensivo.

III. No caso de crime de furto qualificado, tratando-se de réu primário, se o objeto subtraído for de pequeno valor e a qualificadora for de ordem objetiva, será permitido o reconhecimento de furto privilegiado.

IV. O Supremo Tribunal Federal aplica a teoria da amotio quanto à consumação do furto, segundo a qual o furto se consuma no momento em que a coisa subtraída passa para o poder do agente, mesmo que em curto lapso temporal, não importando o deslocamento ou posse mansa e pacífica.

Assinale a alternativa correta.

a) Somente os itens I, III e IV estão corretos.

b) Somente os itens II e III estão corretos.

c) Somente os itens II e IV estão corretos.

d) Somente os itens I e IV estão corretos.

e) Todos os itens estão corretos.

Resposta correta: letra "a".

(FAPEMS – Delegado de Polícia Civil – PC-MS/2017) Considerando as teses sumuladas pelo Superior Tribunal de Justiça quanto aos crimes contra o patrimônio e contra a propriedade intelectual, assinale a alternativa correta.

a) Admite-se a adoção do princípio da adequação social para tornar atípica a conduta de expor à venda CDs e DVDs piratas, embora comprovada a materialidade da infração.

b) À configuração do delito de violação de direito autoral com provação de sua materialidade, é suficiente a perícia realizada por amostragem do produto apreendido, nos aspectos externos do material, sendo dispensável a identificação dos titulares dos direitos violados.

c) O aumento de pena no crime de roubo circunstanciado não exige fundamentação concreta, sendo suficiente para a exasperação a mera indicação do número de majorantes.

d) A existência de sistema de vigilância eletrônica no interior de estabelecimento comercial já é suficiente para tornar impossível a consumação do crime de furto.

e) A consumação do crime de roubo não ocorre só com a inversão da posse, do bem subtraído mediante violência ou grave ameaça, sendo imprescindível a posse mansa e pacífica.

Resposta correta: letra "b".

(MPE-RS – Promotor de Justiça – MPE-RS/2017) Assinale a alternativa INCORRETA.

a) Alfredo e Ricardo disputam o único salva-vidas durante o naufrágio de um barco, provocado dolosamente por Alfredo. Ricardo, desconhecendo que Alfredo foi o causador do naufrágio, para alcançar a posse exclusiva do salva-vidas, termina por matá-lo. Neste caso, Ricardo teria atuado justificadamente, em estado de necessidade defensivo. E, se houvesse uma terceira pessoa na embarcação, também inocente na provocação do naufrágio, que com ele disputasse o mesmo salva-vidas, se a matasse para salvar a própria vida, Ricardo teria feito em estado de necessidade agressivo, excludente da ilicitude.

b) Consuma-se o crime de roubo com a inversão da posse do bem mediante emprego de violência ou grave ameaça, ainda que por breve tempo e em seguida a perseguição imediata ao agente e recuperação da coisa roubada, prescindível a posse mansa e pacífica ou desvigiada. No roubo circunstanciado, é admissível o regime fechado para o cumprimento inicial da pena, pois sua fixação não está atrelada, de modo absoluto, ao quantum da pena de reclusão.

c) Configura crime de estupro a conduta de agente que aborda a vítima de forma violenta e sorrateira, com a manifesta intenção de satisfazer a lascívia, ao dizer-lhe querer "transar" com ela e pela ação de impingir-lhe, à força, beijos no rosto e no corpo, após derrubá-la ao solo e mantê-la subjugada mediante imobilização pela pressão do joelho sobre seu abdômen. Também é crime contra a dignidade sexual, na modalidade de estupro de vulnerável, se o sujeito, mesmo sem contato físico, contempla lascivamente, mediante pagamento, menor de 14 anos desnuda em motel.

d) A suspensão do processo não é aplicável às infrações penais em concurso material, concurso formal ou continuidade delitiva, quando a pena mínima cominada, pelo somatório ou incidência da majorante, ultrapassar a um ano. Ao crime de lesão corporal resultante de violência doméstica contra mulher não se aplica a suspensão do processo.

e) O sistema de vigilância por monitoramento eletrônico no interior de estabelecimento comercial, por si só, não torna impossível o cometimento do furto.

Resposta correta: letra "a".

1.3. Princípio da insignificância

Súmula 606-STJ

Não se aplica o princípio da insignificância aos casos de transmissão clandestina de sinal de internet via radiofrequência, **que caracteriza o fato típico, previsto no art. 183 da Lei n. 9.472/1997 (Lei de Telecomunicações).**

- **Status:** Válida.
- **Dispositivos relacionados:**

"Lei 9.472/1997, Art. 183. Desenvolver clandestinamente atividades de telecomunicação:

Pena – detenção de dois a quatro anos, aumentada da metade se houver dano a terceiro, e multa de dez mil reais.

Parágrafo único. Incorre na mesma pena quem, direta ou indiretamente, concorrer para o crime."

"Lei 9.472/1997, Art. 184. (...)

Parágrafo único. Considera-se clandestina a atividade desenvolvida sem a competente concessão, permissão ou autorização de serviço, de uso de radiofrequência e de exploração de satélite."

Súmula 599-STJ

O princípio da insignificância **é inaplicável aos crimes contra a administração pública.**

- **Status:** Válida.

1.3.1. Questões relacionadas

(Cespe – Analista Judiciário – Judiciária – STJ/2018) Tendo como referência a jurisprudência sumulada dos tribunais superiores, julgue o item a seguir, acerca de crimes, penas, imputabilidade penal, aplicação da lei penal e institutos.

É possível a aplicação do princípio da insignificância nos crimes contra a administração pública, desde que o prejuízo seja em valor inferior a um salário mínimo.

Resposta: errado.

(TRF 3ª Região – Juiz Federal – TRF 3ª Região/2018) De acordo com a jurisprudência sumulada do Superior Tribunal de Justiça:

a) O princípio da insignificância é aplicável aos crimes cometidos contra a Administração Pública.

b) Não é possível o agravamento da pena-base nos delitos praticados contra a Administração Pública com fundamento no elevado prejuízo causado aos cofres públicos.

c) A elementar do crime de peculato não se comunica aos coautores e partícipes estranhos ao serviço público.

d) A notificação do funcionário público, nos termos do art. 514 do Código de Processo Penal, não é necessária quando a ação penal for precedida de inquérito policial.

Resposta correta: letra "d".

(Consulplan – Titular de Serviços de Notas e de Registros – Remoção – TJ-MG/2018) De acordo com a Jurisprudência sumulada do Superior Tribunal de Justiça, assinale a alternativa INCORRETA.

a) O princípio da insignificância é inaplicável aos crimes contra a administração pública.

b) O crime de extorsão consuma-se independentemente da obtenção da vantagem indevida.

c) O mandado de segurança não se presta para atribuir efeito suspensivo a recurso criminal interposto pelo Ministério Público.

d) Compete ao juízo do local da falsificação do cheque processar e julgar crime de estelionato nessa modalidade, sendo irrelevante o local da obtenção da vantagem ilícita.

Resposta correta: letra "d".

(Cespe – Promotor de Justiça – MPE-RR/2017) (Adaptada) De acordo com o entendimento do STF a respeito de assuntos afetos ao direito penal, assinale a opção correta.

a) No latrocínio — roubo seguido de morte —, responderá apenas pelo roubo o autor que não estiver fisicamente no ambiente em que ocorrer a morte, por não provocá-la diretamente e por sua participação ser considerada de menor importância.

b) É hediondo o tráfico privilegiado de drogas, ainda que sujeito à redução de pena, conforme disposições da Lei Antidrogas, razão por que seu autor tem de atender a requisitos mais severos para o livramento condicional, não lhe sendo permitida a progressão de regime.

c) O inadimplemento da pena de multa imposta ao sentenciado impede a sua progressão de regime, salvo se ele comprovar absoluta impossibilidade econômica.

d) À prática clandestina de atividade de telecomunicação consistente em manutenção de rádio comunitária não se aplica o princípio da insignificância.

Resposta correta: letra "d".

1.4. Concurso de crimes

1.4.1. Crime continuado

Súmula 711-STF

A lei penal mais grave **aplica-se** ao crime continuado ou ao crime permanente, **se a sua vigência é anterior à cessação da continuidade ou da permanência.**

- **Status:** Válida.
- **Nota do autor:** Os exemplos clássicos de crime permanente são o sequestro ou cárcere privado, previsto no art. 148 do CP, e a extorsão mediante sequestro (art. 159 do CP).
- **Dispositivos relacionados:**

"CF, Art. 5º (...)

XL – a lei penal não retroagirá, salvo para beneficiar o réu;"

"CP, Art. 2º Ninguém pode ser punido por fato que lei posterior deixa de considerar crime, cessando em virtude dela a execução e os efeitos penais da sentença condenatória.

Parágrafo único. A lei posterior, que de qualquer modo favorecer o agente, aplica-se aos fatos anteriores, ainda que decididos por sentença condenatória transitada em julgado."

"CP, Art. 71. Quando o agente, mediante mais de uma ação ou omissão, pratica dois ou mais crimes da mesma espécie e, pelas condições de tempo, lugar, maneira de execução e outras semelhantes, devem os subseqüentes ser havidos como continuação do primeiro, aplica-se-lhe a pena de um só dos crimes, se idênticas, ou a mais grave, se diversas, aumentada, em qualquer caso, de um sexto a dois terços.

Parágrafo único. Nos crimes dolosos, contra vítimas diferentes, cometidos com violência ou grave ameaça à pessoa, poderá o juiz, considerando a culpabilidade, os antecedentes, a conduta social e a personalidade do agente, bem como os motivos e as circunstâncias, aumentar a pena de um só dos crimes, se idênticas, ou a mais grave, se diversas, até o triplo, observadas as regras do parágrafo único do art. 70 e do art. 75 deste Código."

"CP, Art. 148. Privar alguém de sua liberdade, mediante sequestro ou cárcere privado:

Pena – reclusão, de um a três anos."

"CP, Art. 159. Sequestrar pessoa com o fim de obter, para si ou para outrem, qualquer vantagem, como condição ou preço do resgate:

Pena – reclusão, de oito a quinze anos."

Súmula 605-STF

~~Não se admite continuidade delitiva nos crimes contra a vida.~~

• **Status:** Superada.

• **Nota do autor:** Após a reforma da Parte Geral do Código Penal em 1984, pela Lei 7.209, passou-se a admitir, expressamente, a continuidade delitiva nos crimes contra a vida (parágrafo único do art. 71 do CP).

• **Dispositivos relacionados:**

"CP, Art. 71. Quando o agente, mediante mais de uma ação ou omissão, pratica dois ou mais crimes da mesma espécie e, pelas condições de tempo, lugar, maneira de execução e outras semelhantes, devem os subseqüentes ser havidos como continuação do primeiro, aplica-se-lhe a pena de um só dos crimes, se idênticas, ou a mais grave, se diversas, aumentada, em qualquer caso, de um sexto a dois terços. (Redação dada pela Lei nº 7.209/1984)

Parágrafo único. **Nos crimes dolosos, contra vítimas diferentes**, cometidos com violência ou grave ameaça à pessoa, **poderá o juiz, considerando a culpabilidade, os antecedentes, a conduta social e a personalidade do agente, bem como os motivos e as circunstâncias, aumentar a pena de um só dos crimes, se idênticas, ou a mais grave, se diversas, até o triplo, observadas as regras do parágrafo único do art. 70 e do art. 75 deste Código**. (Redação dada pela Lei nº 7.209/1984)"

Súmula 497-STF

Quando se tratar de crime continuado, **a prescrição regula-se pela pena imposta na sentença, não se computando o acréscimo decorrente da continuação.**

• **Status:** Válida.

1.4.2. Questões relacionadas

(FUNDEP – Promotor de Justiça – MPE-MG/2018) Assinale a alternativa INCORRETA:

a) A lei penal mais grave aplica-se ao crime continuado ou ao crime permanente, se sua vigência é anterior à cessação da continuidade ou da permanência.

b) O Direito Penal brasileiro adotou a teoria limitada da culpabilidade, que trata o erro sobre os pressupostos fáticos de uma justificante como erro de proibição indireto.

c) A desistência voluntária e o arrependimento eficaz são incompatíveis com os crimes culposos, sendo, contudo, admitidos na culpa imprópria.

d) O agente que dispara um tiro contra outrem, mas que, arrependido, leva a vítima para o hospital, vindo ela a falecer em decorrência de uma infecção hospitalar, responde por homicídio consumado.

Resposta correta: letra "b".

(NUCEPE – Delegado de Polícia Civil – PC-PI/2018) (Adaptada) Com relação ao Direito Penal e as Súmulas do STJ e STF, é CORRETO afirmar, no entendimento sumulado que:

a) Há crime, mesmo quando ocorre a preparação do flagrante pela polícia, havendo então a prova de que ocorreu a consumação.

b) O crime de extorsão consuma-se quando se prova a obtenção da vantagem indevida.

c) Há crime de latrocínio, quando o homicídio se consuma e tenha o agente subtraído bens da vítima.

d) Não se admite continuidade delitiva nos crime contra a vida.

e) A sentença concessiva do perdão judicial é declaratória da extinção da punibilidade, subsistindo ainda efeito condenatório.

Resposta correta: letra "d".

(Cespe – Analista Judiciário – Judiciária – STJ/2018) Tendo como referência a jurisprudência sumulada dos tribunais superiores, julgue o item a seguir, acerca de crimes, penas, imputabilidade penal, aplicação da lei penal e institutos.

Tratando-se de crimes continuados, a prescrição é regulada pela pena imposta na sentença, não se computando o acréscimo decorrente da continuação.

Resposta: certo.

(Cespe – Delegado de Polícia Civil – PC-MT/2017) A respeito de crimes de mesma espécie, nas mesmas condições de tempo, lugar e forma de execução, com vínculo subjetivo entre os eventos, assinale a opção correta considerando a jurisprudência dos tribunais superiores.

a) A lei penal mais grave aplicar-se-á ao crime continuado ou ao crime permanente, se a sua vigência for posterior à cessação da continuidade delitiva ou da permanência.

b) Admite-se a continuidade delitiva entre os crimes de roubo e de latrocínio.

c) A continuidade delitiva pode ser reconhecida quando se tratar de delitos de mesma espécie ocorridos em comarcas limítrofes ou próximas.

d) Nos crimes dolosos contra vítimas diferentes cometidos com violência ou grave ameaça à pessoa, o aumento da pena pelo crime continuado encontra fundamento na gravidade do delito.

e) O prazo prescricional será regulado pela pena imposta na sentença, com o acréscimo decorrente da continuidade delitiva.

Resposta correta: letra "c".

(Cespe – Analista Judiciário – Judiciária – TRE-PI/2016) No que se refere ao instituto da prescrição, assinale a opção correta.

a) O Supremo Tribunal Federal entende ser admissível a extinção da punibilidade em virtude da prescrição da pretensão punitiva com base na previsão da pena que hipoteticamente seria aplicada, ou seja, da pena em perspectiva.

b) Não se considera, para fins de aferição da prescrição executória, a redução da pena decorrente da concessão de indulto.

c) Na hipótese de crime continuado, a prescrição regula-se pela pena imposta na sentença, computando-se o acréscimo decorrente da continuação.

d) O recebimento de denúncia por magistrado absolutamente incompetente não interrompe a prescrição penal.

e) Anulada a ação penal após a fixação de pena em segundo grau de jurisdição, a prescrição regula-se pela pena concretizada no título anulado.

Resposta correta: letra "d".

(MPE-SC – Promotor de Justiça – MPE-SC/2016) No tocante ao princípio da extra-atividade da lei penal, em se tratando de crimes continuados ou permanentes, aplica-se a legislação mais grave se a sua vigência é anterior à cessação da continuidade ou da permanência.

Resposta: certo.

(Vunesp – Juiz de Direito – TJ-SP/2015) À luz da jurisprudência do Supremo Tribunal Federal, assinale a alternativa correta.

a) Não há crime de latrocínio, quando o homicídio se consuma, mas o agente não realiza a subtração de bens da vítima.

b) Admite-se a suspensão condicional do processo por crime continuado, se a soma da pena mínima da infração mais grave com o aumento mínimo de um sexto for superior a um ano.

c) A opinião do julgador sobre a gravidade em abstrato do crime constitui motivação idônea para a imposição de regime mais severo do que o permitido segundo a pena aplicada.

d) A lei penal mais grave aplica-se ao crime continuado ou ao crime permanente, se sua vigência é anterior à cessação da continuidade ou da permanência.

Resposta correta: letra "d".

(FCC – Juiz de Direito – TJ-AL/2015) Em matéria de crime continuado, é correto afirmar que

a) é admissível apenas se idênticos os crimes, segundo expressa previsão legal.

b) é admissível a suspensão condicional do processo, se a soma da pena mínima da infração mais grave com o aumento mínimo de um sexto for superior a um ano.

c) aplica-se a lei penal mais grave, se a sua vigência é anterior à cessação da continuidade.

d) a pena pode ser aumentada até o triplo nos crimes dolosos, contra a mesma vítima, cometidos com violência ou grave ameaça à pessoa.

e) a prescrição regula-se pela pena imposta na sentença, computando-se o acréscimo decorrente da continuação.

Resposta correta: letra "c".

(Vunesp – Juiz de direito – TJ-SP/2014) Assinale a opção falsa. O C. Supremo Tribunal Federal, recentemente, assentou, por meio de Súmula, o seguinte entendimento:

a) A lei penal mais grave só se aplica ao crime continuado ou ao crime permanente, se a sua vigência é anterior ao início da continuidade ou da permanência.

b) É concorrente a legitimidade do ofendido, mediante queixa, e do Ministério Público, condicionada à representação do ofendido, para a ação penal por crime contra a honra de servidor público em razão do exercício de suas funções.

c) Não se admite a suspensão condicional do processo por crime continuado, se a soma da pena mínima da infração mais grave com o aumento mínimo de um sexto for superior a um ano.

d) O art. 309 do Código de Trânsito Brasileiro, que reclama decorra do fato perigo de dano, derrogou o art. 32 da Lei das Contravenções Penais no tocante à direção sem habilitação em vias terrestres.

Alternativa correta: letra "a".

(Cespe – Analista Judiciário – TJ-SE/2014) Julgue os itens subsecutivos, acerca de crime e aplicação de penas.

Na hipótese de crime continuado ou permanente, deve ser aplicada a lei penal mais grave se esta tiver entrado em vigor antes da cessação da continuidade ou da permanência.

Resposta: certo.

1.5. Aplicação da pena

Súmula 636-STJ

A folha de antecedentes criminais **é documento suficiente** a comprovar **os maus antecedentes e a reincidência**.

- **Status:** Válida (DJe 27/06/2019).
- **Dispositivos relacionados:**

"CP, Art. 59. O juiz, atendendo à culpabilidade, aos antecedentes, à conduta social, à personalidade do agente, aos motivos, às circunstâncias e consequências do crime, bem como ao comportamento da vítima, estabelecerá, conforme seja necessário e suficiente para reprovação e prevenção do crime:

I – as penas aplicáveis dentre as cominadas;

II – a quantidade de pena aplicável, dentro dos limites previstos;

III – o regime inicial de cumprimento da pena privativa de liberdade;

IV – a substituição da pena privativa da liberdade aplicada, por outra espécie de pena, se cabível."

"CP, Art. 61. São circunstâncias que sempre agravam a pena, quando não constituem ou qualificam o crime:

I – a reincidência;"

"CP, Art. 63. Verifica-se a reincidência quando o agente comete novo crime, depois de transitar em julgado a sentença que, no País ou no estrangeiro, o tenha condenado por crime anterior."

"Dec.-Lei 3.688/1941, Art. 7º Verifica-se a reincidência quando o agente pratica uma contravenção depois de passar em julgado a sentença que o tenha condenado, no Brasil ou no estrangeiro, por qualquer crime, ou, no Brasil, por motivo de contravenção."

- **Precedentes relacionados:**

"A jurisprudência desta Corte tem posicionamento firme no sentido de considerar a folha de antecedentes criminais documento hábil e suficiente para comprovar os antecedentes maculados, dispensando a apresentação de certidão cartorária". (STJ, 5ª Turma, HC 456.211/SP, Rel. Min. Reynaldo Soares da Fonseca, julgado em 11/09/2018)

"É assente neste Sodalício o posicionamento de que a folha de antecedentes criminais **é** documento hábil e suficiente à comprovação da existência de maus antecedentes e reincidência, não sendo, pois, imprescindível a apresentação de certidão cartorária." (STJ, 6ª Turma, AgRg no REsp 1716998/RN, Rel. Min. Maria Thereza de Assis Moura, julgado em 08/05/2018).

"Não há que se falar na necessidade de certidão explicativa de antecedentes criminais. A jurisprudência deste Superior Tribunal de Justiça é firme no sentido de que a folha de antecedentes criminais é documento válido e suficiente para comprovar os maus antecedentes e a reincidência, motivo pelo qual não há que se falar em constrangimento ilegal na aferição negativa desse elemento." (STJ, 5ª Turma, HC 396.780/SP, Rel. Min. Felix Fischer, julgado em 03/08/2017).

"No que se refere ao pleito de afastamento da agravante da reincidência, é firme a jurisprudência desta Corte de Justiça 'no sentido de que a folha de antecedentes criminais é documento hábil e suficiente a comprovar os maus antecedentes e a reincidência, não sendo, pois, obrigatória a apresentação de certidão cartorária (STJ, 5ª Turma, HC 175.538/SP, Rel. Min. Marco Aurélio Bellizze, DJe 18/04/2013)'." (STJ, 5ª Turma, HC 315.449/SP, Rel. Min. Ribeiro Dantas, julgado em 15/12/2016).

Súmula 631-STJ

O indulto **extingue** os **efeitos primários da condenação** (pretensão executória), mas não atinge os **efeitos secundários, penais ou extrapenais.**

- **Status:** Válida.
- **Dispositivos relacionados:**

"CP, Art. 91. São efeitos da condenação:

I – tornar certa a obrigação de indenizar o dano causado pelo crime;

II – a perda em favor da União, ressalvado o direito do lesado ou de terceiro de boa-fé:

a) dos instrumentos do crime, desde que consistam em coisas cujo fabrico, alienação, uso, porte ou detenção constitua fato ilícito;

b) do produto do crime ou de qualquer bem ou valor que constitua proveito auferido pelo agente com a prática do fato criminoso.

§ 1º Poderá ser decretada a perda de bens ou valores equivalentes ao produto ou proveito do crime quando estes não forem encontrados ou quando se localizarem no exterior. (Incluído pela Lei nº 12.694, de 2012)

§ 2º Na hipótese do § 1º, as medidas assecuratórias previstas na legislação processual poderão abranger bens ou valores equivalentes do investigado ou acusado para posterior decretação de perda. (Incluído pela Lei nº 12.694, de 2012)"

"CP, Art. 92. São também efeitos da condenação:

I – a perda de cargo, função pública ou mandato eletivo:

a) quando aplicada pena privativa de liberdade por tempo igual ou superior a um ano, nos crimes praticados com abuso de poder ou violação de dever para com a Administração Pública;

b) quando for aplicada pena privativa de liberdade por tempo superior a 4 (quatro) anos nos demais casos.

II – a incapacidade para o exercício do poder familiar, da tutela ou da curatela nos crimes dolosos sujeitos à pena de reclusão cometidos contra outrem igualmente titular do mesmo poder familiar, contra filho, filha ou outro descendente ou contra tutelado ou curatelado; (Redação dada pela Lei nº 13.715, de 2018)

III – a inabilitação para dirigir veículo, quando utilizado como meio para a prática de crime doloso.

Parágrafo único. Os efeitos de que trata este artigo não são automáticos, devendo ser motivadamente declarados na sentença."

"CP, Art. 107. Extingue-se a punibilidade:

I – pela morte do agente;

II – pela anistia, graça ou indulto;

III – pela retroatividade de lei que não mais considera o fato como criminoso;

IV – pela prescrição, decadência ou perempção;

V – pela renúncia do direito de queixa ou pelo perdão aceito, nos crimes de ação privada;

VI – pela retratação do agente, nos casos em que a lei a admite;

VII – (Revogado pela Lei nº 11.106, de 2005);

VIII – (Revogado pela Lei nº 11.106, de 2005);

IX – pelo perdão judicial, nos casos previstos em lei."

Súmula 630-STJ

A incidência da atenuante da confissão espontânea no crime de tráfico ilícito de entorpecentes **exige o reconhecimento da traficância pelo acusado, não bastando a mera admissão da posse ou propriedade para uso próprio**.

- **Status:** Válida.
- **Dispositivos relacionados:**

"CP, Art. 65. São circunstâncias que sempre atenuam a pena: (...) III – ter o agente: (...) d) confessado espontaneamente, perante a autoridade, a autoria do crime;"

Súmula 545-STJ

Quando a confissão for utilizada para a formação do convencimento do julgador, o réu **fará** jus à atenuante prevista no artigo 65, III, "d", do Código Penal.

- **Status:** Válida.
- **Nota do autor:** Tem prevalecido que o entendimento dessa súmula se aplica não apenas para os casos de confissão integral, mas também para os casos de confissão parcial, confissão qualificada e confissão posteriormente retratada.
- **Dispositivos relacionados:**

"CP, Art. 65. São circunstâncias que sempre atenuam a pena: (...) III – ter o agente: (...) *d)* confessado espontaneamente, perante a autoridade, a autoria do crime;"

Súmula 444-STJ

É vedada a utilização de inquéritos policiais e ações penais em curso para agravar a pena-base.

- **Status:** Válida.
- **Dispositivos relacionados:**

"CF, Art. 5º (...)

LVII – ninguém será considerado culpado até o trânsito em julgado de sentença penal condenatória;"

Súmula 241-STJ

A reincidência penal **não pode ser considerada como circunstância agravante e, simultaneamente, como circunstância judicial**.

- **Status:** Válida.
- **Nota do autor:** O fundamento jurídico para a existência da súmula em comento é o princípio da vedação do *bis in idem* (*non bis in idem*).
- **Dispositivos relacionados:**

"CP, Art. 61. São circunstâncias que sempre agravam a pena, quando não constituem ou qualificam o crime:
I – a reincidência;"
"CP, Art. 63. Verifica-se a reincidência quando o agente comete novo crime, depois de transitar em julgado a sentença que, no País ou no estrangeiro, o tenha condenado por crime anterior."
"CP, Art. 64. Para efeito de reincidência:
I – não prevalece a condenação anterior, se entre a data do cumprimento ou extinção da pena e a infração posterior tiver decorrido período de tempo superior a 5 (cinco) anos, computado o período de prova da suspensão ou do livramento condicional, se não ocorrer revogação;"
II – não se consideram os crimes militares próprios e políticos."
"LCP, Art. 7º Verifica-se a reincidência quando o agente pratica uma contravenção depois de passar em julgado a sentença que o tenha condenado, no Brasil ou no estrangeiro, por qualquer crime, ou, no Brasil, por motivo de contravenção."

Súmula 231-STJ

A incidência da **circunstância atenuante não pode conduzir à redução da pena abaixo do mínimo legal**.

- **Status:** Válida.
- **Dispositivos relacionados:**

"CP, Art. 65. São circunstâncias que sempre atenuam a pena:
(...)
III – ter o agente:
(...)
d) confessado espontaneamente, perante a autoridade, a autoria do crime;"

Súmula 171-STJ

Cominadas **cumulativamente**, em lei especial, penas privativa de liberdade e pecuniária, **é defeso** a substituição da prisão por multa.

- **Status:** Válida.
- **Nota do autor:** Em outras palavras, se na lei especial, o tipo penal prever pena privativa de liberdade cumulada com multa (ex: reclusão de 10 a 15 anos e multa), neste caso, o juiz não poderá substituir a pena privativa de liberdade por multa. O fundamento jurídico para a existência da súmula em comento é o princípio da vedação da proteção deficiente ou insuficiente.

1.5.1. Questões relacionadas

(Cespe – Juiz de Direito – TJ-BA/2019) À luz da jurisprudência do STJ a respeito das circunstâncias judiciais e legais que devem ser consideradas quando da aplicação da pena, assinale a opção correta.

a) A confissão qualificada, na qual o réu alega em seu favor causa descriminante ou exculpante, não afasta a incidência da atenuante de confissão espontânea.

b) A confissão espontânea em delegacia de polícia pode servir como circunstância atenuante, desde que o réu não se retrate sobre essa declaração em juízo.

c) Uma condenação transitada em julgado de fato posterior ao narrado na denúncia, embora não sirva para fins de reincidência, pode servir para valorar negativamente a personalidade e a conduta social do agente.

d) A reincidência penal pode ser utilizada simultaneamente como circunstância agravante e como circunstância judicial.

e) A múltipla reincidência não afasta a necessidade de integral compensação entre a atenuante da confissão espontânea e a agravante da reincidência, haja vista a igual preponderância entre as referidas circunstâncias legais.

Resposta correta: letra "a".

(MPE-PR – Promotor de Justiça substituto – MPE-PR/2019) Considerando o entendimento sumulado dos Tribunais Superiores, analise as assertivas abaixo e assinale a alternativa

I – Fixada a pena-base no mínimo legal, é vedado o estabelecimento de regime prisional mais gravoso do que o cabível em razão da sanção imposta, com base apenas na gravidade abstrata do delito.

II – O aumento na terceira fase de aplicação da pena no crime de roubo circunstanciado exige fundamentação concreta, não sendo suficiente para a sua exasperação a mera indicação do número de majorantes.

III – É vedada a utilização de inquéritos policiais e ações penais em curso para agravar a pena-base.

IV – É admissível a adoção do regime prisional semiaberto aos reincidentes condenados a pena igual ou inferior a quatro anos se favoráveis as circunstâncias judiciais.

a) Todas as alternativas estão corretas.

b) Apenas as alternativas I e II estão corretas.

c) Apenas a alternativa II está incorreta.

d) Apenas as alternativas III e IV estão corretas.

e) Apenas a alternativa IV está incorreta.

Resposta correta: letra "a".

(NUCEPE – Delegado de Polícia Civil – PC-PI/2018) Em relação ao processo em geral, marque a alternativa CORRETA, quanto aos enunciados de súmula de jurisprudência.

a) É permitida a utilização de inquéritos policiais e ações penais em curso para agravar a pena.

b) Admite-se a progressão de regime de cumprimento da pena ou a aplicação imediata de regime menos severo nela determinada, antes do trânsito da sentença condenatória.

c) Fixada a pena-base no mínimo legal, é permitido o estabelecimento de regime prisional mais gravoso do que o cabível em razão da sanção imposta, com base apenas na gravidade da pena em concreto do delito, no entendimento do STJ.

d) Pronunciado o réu, fica superada a alegação do constrangimento ilegal da prisão por excesso do prazo de 80 (oitenta) dias, para conclusão da instrução, segundo o STJ.

e) É anulável a decisão que determina o desaforamento de processo da competência do júri sem audiência da defesa.

Resposta correta: letra "b".

(Vunesp – Juiz de Direito – TJ-SP/2017) Na aplicação da pena,

a) é vedada a utilização de inquéritos policiais e ações penais em curso para agravar a pena-base, configurando-se, porém, a má antecedência se o acusado ostentar condenação por crime anterior, transitada em julgado após o novo fato.

b) a incidência de circunstância atenuante não pode conduzir à redução da pena abaixo do mínimo legal, a não ser que utilizada a confissão para a formação do convencimento do julgador, hipótese em que o réu fará jus à diminuição, ainda que aquém do piso.

c) o desconhecimento da lei constitui circunstância atenuante, podendo ainda a pena ser atenuada em razão de fato relevante, embora não previsto em lei, desde que necessariamente anterior ao crime.

d) a reincidência não pode ser considerada como circunstância agravante e, simultaneamente, como circunstância judicial, não prevalecendo a condenação anterior, contudo, se entre a data do trânsito em julgado para a acusação da condenação anterior e a infração posterior tiver decorrido período de tempo superior a 5 (cinco) anos.

Resposta correta: letra "a".

(Consulplan – Analista Judiciário – Área Judiciária – TRF-2ª Região/2017) Sobre aplicação da pena, assinale a alternativa INCORRETA.

a) O desconhecimento da lei é uma causa atenuante.

b) A incidência da circunstância atenuante não pode conduzir à redução da pena abaixo do mínimo legal.

c) É circunstância que sempre atenua a pena ter o agente cometido o crime em estado de embriaguez preordenada.

d) No concurso de agravantes e atenuantes, a pena deve aproximar-se do limite indicado pelas circunstâncias preponderantes, entendendo-se como tais as que resultam dos motivos determinantes do crime, da personalidade do agente e da reincidência.

Resposta correta: letra "c".

(MPE-SP – Promotor de Justiça – MPE-SP/2017) A confissão judicial do réu implica em

a) compensação com eventual circunstância agravante.

b) diminuição de sua pena final.

c) compensação com eventual majorante.

d) redução máxima da pena em face da presença de causa especial de diminuição de pena.

e) redução de sua pena base.

Resposta correta: letra "a".

(Vunesp – Procurador Legislativo – Câmara de Altinópolis – SP/2017) Acerca da aplicação da pena, assinale a alternativa que representa entendimento do Superior Tribunal de Justiça.

a) Fixada a pena-base no mínimo legal, é permitido o estabelecimento de regime prisional mais gravoso do que o cabível em razão da sanção imposta com base apenas na gravidade abstrata do delito.

b) No crime de roubo circunstanciado, basta a mera indicação do número de majorantes para que se aplique o aumento de pena na terceira fase da dosimetria.

c) Como condição especial ao regime aberto, admite-se a fixação de pena substitutiva.

d) É admissível a adoção do regime prisional semiaberto aos reincidentes condenados a pena igual ou inferior a 4 anos se favoráveis as circunstâncias judiciais.

e) A incidência de circunstância atenuante pode conduzir à redução da pena abaixo do mínimo legal.

Resposta correta: letra "d".

(MPE-PR – Promotor de Justiça Substituto – MPE-PR/2016) Considerando o entendimento sumulado dos Tribunais Superiores, analise as assertivas abaixo e indique a alternativa:

I – A opinião do julgador sobre a gravidade em abstrato do crime não constitui motivação idônea para a imposição de regime mais severo do que o permitido segundo a pena aplicada.

II – Cominadas cumulativamente, em lei especial, penas privativas de liberdade e pecuniária, é defeso a substituição da prisão por multa.

III – É admissível a adoção do regime prisional semiaberto aos reincidentes condenados a pena igual ou inferior a quatro anos se favoráveis as circunstâncias judiciais.

IV – Fixada a pena-base no mínimo legal, é vedado o estabelecimento de regime prisional mais gravoso do que o cabível em razão da sanção imposta, com base apenas na gravidade abstrata do delito.

a) Todas as assertivas estão corretas;

b) Apenas as assertivas I e III estão incorretas;

c) Apenas as assertivas I, II e IV estão corretas;

d) Apenas a assertiva II está incorreta;

e) Apenas as assertivas I e III estão corretas.

Resposta correta: letra "a".

(FAURGS – Juiz de Direito Substituto – TJ-RS/2016) Sobre aplicação e execução de penas, considere as afirmações abaixo.

I – Consoante o entendimento consolidado do Superior Tribunal de Justiça, a reincidência penal pode ser considerada como circunstância agravante e, simultaneamente, como circunstância judicial.

II – De acordo com a jurisprudência recente do Superior Tribunal de Justiça, a inexistência de casa de albergado na localidade da execução da pena não gera o reconhecimento de direito ao benefício da prisão domiciliar quando o apenado estiver cumprindo a reprimenda em local compatível com as regras do regime aberto.

III – A jurisprudência do Supremo Tribunal Federal consolidou entendimento segundo o qual a hediondez ou a gravidade abstrata do delito não obriga, por si só, o regime prisional mais gravoso, pois o juízo, em atenção aos princípios constitucionais da individualização da pena e da obrigatoriedade de fundamentação das decisões judiciais, deve motivar o regime imposto, observando a singularidade do caso concreto.
Quais estão corretas?

a) Apenas I.

b) Apenas II.

c) Apenas III.

d) Apenas I e II.

e) Apenas II e III.

Resposta correta: letra "e".

(FGV – Analista Judiciário – Oficial de Justiça e Avaliador – TJ-PI/2015) Em determinado processo por furto qualificado pelo rompimento de obstáculo, o réu confessou a subtração do bem, porém, negou o arrombamento. Em caso de condenação, no que pertine à aplicação da pena, a confissão parcial dos fatos:

a) impõe a incidência da atenuante genérica da confissão espontânea;

b) configura a confissão qualificada, impedindo a incidência da atenuante genérica;

c) afasta a incidência da atenuante genérica da confissão espontânea;

d) impõe compensação com a qualificadora não admitida pelo réu;

e) configura a confissão qualificada, impondo a incidência da atenuante genérica.

Resposta correta: letra "a".

(FCC – Juiz de Direito – TJ-SC/2015) Sobre a utilização de inquéritos policiais ou as ações penais em curso como fundamento para aumentar a pena, é correto afirmar:

a) É cabível na segunda fase e terceira fase de individualização da pena, mas não pode intervir sobre a fixação da pena-base.

b) Embora não esteja expressamente prevista como circunstância agravante, pode ser considerada agravante genérica com especial permissão de emprego no processo individualizador da pena.

c) Integra espectro compreendido no chamado princípio do livre convencimento do juiz que pode utilizá-la como causa geral de aumento de pena.

d) É considerada circunstância agravante expressamente prevista no art. 61 do Código Penal.

e) Não é reconhecida pela jurisprudência do Superior Tribunal de Justiça que editou, inclusive, súmula sobre o tema.

Resposta correta: letra "e".

(FCC – Defensor Público – DPE-MA/2015) Quanto à aplicação da pena, é correto afirmar que

a) No concurso de agravantes e atenuantes entende-se por circunstâncias preponderantes as que resultam dos motivos determinantes do crime, da personalidade do agente e da primariedade.

b) A reincidência penal pode ser considerada como circunstância agravante e, simultaneamente, como circunstância judicial.

c) A incidência da circunstância atenuante pode conduzir à redução da pena abaixo do mínimo legal.

d) Na hipótese de concorrerem causas de aumento ou diminuição de pena previstas na Parte Especial do Código Penal, o juiz pode fazer um só aumento ou uma única redução, o que se aplica à Parte Geral, igualmente.

e) Na hipótese de concorrerem causas de aumento ou diminuição de pena previstas na Parte Especial do Código Penal, o juiz pode fazer um só aumento ou uma única redução sendo inaplicável esta regra à Parte Geral.

Resposta correta: letra "e".

(FGV – Analista Judiciário – Escrivão Judicial – TJ-PI/2015) No caso de concurso entre a atenuante da confissão espontânea e a agravante de violência contra a mulher, é correto afirmar que:

a) a atenuante da confissão espontânea deve ser considerada como circunstância preponderante, por envolver a personalidade do agente;

b) a atenuante da confissão espontânea não deve ser considerada como circunstância preponderante, por envolver a personalidade do agente;

c) a agravante da violência contra a mulher deve ser considerada como circunstância preponderante, por envolver a personalidade do agente;

d) a agravante da violência contra a mulher não deve ser considerada como circunstância preponderante, por envolver a personalidade do agente;

e) a agravante da violência contra a mulher e a atenuante da confissão espontânea se compensam, por serem igualmente preponderantes.

Resposta correta: letra "e".

(IBFC – Papiloscopista Policial de 3ª Classe – PC-RJ/2014) A respeito das penas, assinale a alternativa que NÃO corresponde ao entendimento sumulado pelo Superior Tribunal de Justiça:

a) Para efeitos penais, o reconhecimento da menoridade do réu independe de prova por documento hábil.

b) É admissível a adoção do regime prisional semiaberto aos reincidentes condenados a pena igual ou inferior a quatro anos, se favoráveis as circunstâncias judiciais.

c) A reincidência penal não pode ser considerada como circunstância agravante e, simultaneamente, como circunstância judicial.

d) A incidência da circunstância atenuante não pode conduzir à redução da pena abaixo do mínimo legal.

e) Cominadas cumulativamente, em lei especial, pena privativa de liberdade e pena pecuniária, é defeso a substituição da prisão por multa.

Resposta correta: letra "a".

(TRT 14ª Região – Juiz do Trabalho – TRT 14ª Região/2013) Analise as proposições abaixo e após marque a alternativa correta:

I. O crime de extorsão consuma-se independentemente da obtenção da vantagem indevida.

II. A incidência da circunstância atenuante não pode conduzir à redução da pena abaixo do mínimo legal.

III. Em determinados casos, pode não existir a punibilidade do agente, ou este pode beneficiar-se de uma das causas de extinção de punibilidade, no entanto, o delito praticado persiste.

a) Apenas o item I é falso.

b) Apenas o item II é falso.

c) Apenas o item III é falso.

d) Todos os itens são verdadeiros.

e) Todos os itens são falsos.

Resposta correta: letra "d".

1.6. Fixação do regime de cumprimento de pena

Súmula 719-STF

A imposição do regime de cumprimento mais severo do que a pena aplicada permitir **exige motivação idônea.**

- **Status:** Válida.

Súmula 718-STF

A opinião do julgador sobre a gravidade em abstrato do crime **não constitui motivação idônea para a imposição de regime mais severo do que o permitido segundo a pena aplicada.**

- **Status:** Válida.
- **Nota do autor:** Em outras palavras, para que o magistrado imponha regime mais severo, ele precisa fundamentar isso segundo a gravidade concreta do crime, nunca pela sua gravidade abstrata.

Súmula 440-STJ

Fixada a pena-base no mínimo legal, **é vedado o estabelecimento de regime prisional mais gravoso do que o cabível em razão da sanção imposta, com base apenas na gravidade abstrata do delito.**

- **Status:** Válida.

Súmula 269-STJ

É admissível a adoção do regime prisional semiaberto aos reincidentes condenados a pena igual ou inferior a quatro anos **se favoráveis as circunstâncias judiciais.**

- **Status:** Válida.

1.6.1. Questões relacionadas

(MPE-PR – Promotor de Justiça – MPE-PR/2019) Considerando o entendimento sumulado dos Tribunais Superiores, analise as assertivas abaixo e assinale a alternativa

I – Fixada a pena-base no mínimo legal, é vedado o estabelecimento de regime prisional mais gravoso do que o cabível em razão da sanção imposta, com base apenas na gravidade abstrata do delito.

II – O aumento na terceira fase de aplicação da pena no crime de roubo circunstanciado exige fundamentação concreta, não sendo suficiente para a sua exasperação a mera indicação do número de majorantes.

III – É vedada a utilização de inquéritos policiais e ações penais em curso para agravar a pena-base.

IV – É admissível a adoção do regime prisional semiaberto aos reincidentes condenados a pena igual ou inferior a quatro anos se favoráveis as circunstâncias judiciais.

a) Todas as alternativas estão corretas.
b) Apenas as alternativas I e II estão corretas.
c) Apenas a alternativa II está incorreta.
d) Apenas as alternativas III e IV estão corretas.
e) Apenas a alternativa IV está incorreta.

Resposta correta: letra "a".

(NUCEP – Delegado de Polícia Civil – PC-PI/2018) Em relação ao processo em geral, marque a alternativa CORRETA, quanto aos enunciados de súmula de jurisprudência.

a) É permitida a utilização de inquéritos policiais e ações penais em curso para agravar a pena.
b) Admite-se a progressão de regime de cumprimento da pena ou a aplicação imediata de regime menos severo nela determinada, antes do trânsito da sentença condenatória.
c) Fixada a pena-base no mínimo legal, é permitido o estabelecimento de regime prisional mais gravoso do que o cabível em razão da sanção imposta, com base apenas na gravidade da pena em concreto do delito, no entendimento do STJ.
d) Pronunciado o réu, fica superada a alegação do constrangimento ilegal da prisão por excesso do prazo de 80 (oitenta) dias, para conclusão da instrução, segundo o STJ.
e) É anulável a decisão que determina o desaforamento de processo da competência do júri sem audiência da defesa.

Resposta correta: letra "b".

(FAPEMS – Delegado de Polícia – PC-MS/2017) Considerando as teses sumuladas pelo Supremo Tribunal Federal atinentes às regras de fixação e progressão de regime de execução da pena, assinale a alternativa correta.

a) Não impede a progressão de regime de execução de pena, fixada em sentença não transitada em julgado, o fato de o réu se encontrar em prisão especial.
b) A pena unificada para atender ao limite de trinta anos de cumprimento é considerada para a concessão de regime mais favorável de execução penal.
c) A opinião do julgador sobre a gravidade em abstrato do crime constitui motivação idônea para a imposição de regime mais severo do que o permitido segundo a pena aplicada.
d) A imposição do regime de cumprimento mais severo do que a pena aplicada permitir não exige motivação idônea por parte do magistrado.
e) Não se admite a progressão de regime de cumprimento de pena antes do trânsito em julgado da sentença condenatória.

Resposta correta: letra "a".

(MPE-PR – Promotor de Justiça – MPE-PR/2016) Considerando o entendimento sumulado dos Tribunais Superiores, analise as assertivas abaixo e indique a alternativa:

I – A opinião do julgador sobre a gravidade em abstrato do crime não constitui motivação idônea para a imposição de regime mais severo do que o permitido segundo a pena aplicada.

II – Cominadas cumulativamente, em lei especial, penas privativas de liberdade e pecuniária, é defeso a substituição da prisão por multa.

III – É admissível a adoção do regime prisional semiaberto aos reincidentes condenados a pena igual ou inferior a quatro anos se favoráveis as circunstâncias judiciais.

IV – Fixada a pena-base no mínimo legal, é vedado o estabelecimento de regime prisional mais gravoso do que o cabível em razão da sanção imposta, com base apenas na gravidade abstrata do delito.

a) Todas as assertivas estão corretas;

b) Apenas as assertivas I e III estão incorretas;

c) Apenas as assertivas I, II e IV estão corretas;

d) Apenas a assertiva II está incorreta;

e) Apenas as assertivas I e III estão corretas.

Resposta correta: letra "a".

(MPE-GO – Promotor de Justiça – MPE-GO/2016) O Juiz ao condenar o agente delituoso pela prática de um crime de roubo simples (art. 157, "caput", do CP), fixou a pena no mínimo legal de 04 (quatro) anos de reclusão, após análise das circunstâncias judiciais que foram todas favoráveis ao acusado, se tratando de réu primário, possuindo endereço certo e trabalho lícito. Ao fixar o regime prisional, o Magistrado determinou o cumprimento da pena em regime inicial fechado, fundamentando sua decisão na gravidade do crime de roubo, cometido com violência ou grave ameaça à pessoa, o que demonstra a periculosidade do agente. A defesa recorreu da sentença, somente se opondo quanto ao regime prisional estabelecido na sentença penal condenatória, requerendo a fixação do regime aberto. Os autos foram enviados com vista ao Ministério Público para ofertar suas Contrarrazões. O órgão de primeiro grau deverá se manifestar, posicionando-se, no sentido de que:

a) Veda-se o estabelecimento de regime prisional mais gravoso do que o cabível em razão da sanção imposta, com base apenas na gravidade abstrata do delito, nos termos do entendimento sumulado tanto pelo STJ quanto pelo STF.

b) É permitido o estabelecimento de regime prisional mais gravoso, com base na gravidade do delito, notoriamente quando atinge bens individuais indisponíveis e que são cometidos mediante violência ou grave ameaça à pessoa, nos termos do entendimento sumulado tanto pelo STJ quanto pelo STF.

c) Veda-se o estabelecimento de regime prisional mais gravoso do que o cabível em razão da sanção imposta, com base apenas na gravidade abstrata do delito, nos termos do entendimento sumulado pelo STF e majoritário no STJ, embora, neste último caso, não sumulado.

d) É permitido o estabelecimento de regime prisional mais gravoso, com base na gravidade do delito, notoriamente quando atinge bens individuais indisponíveis e que são cometidos mediante violência ou grave ameaça à pessoa, nos termos do entendimento sumulado pelo STJ e majoritário no STF, embora, neste último caso, não sumulado.

Resposta correta: letra "a".

(PGR – Procurador da República – PGR/2015) Em tema de sanções penais assinale a alternativa incorreta, consoante jurisprudência sumulada do STF:

a) Admite-se a progressão de regime de cumprimento de pena ou a aplicação imediata de regime menos severo nela determinada, antes do trânsito em julgado da sentença condenatória;

b) Impede a progressão de regime de execução da pena, fixada em sentença não transitada em julgado, o fato de o réu se encontrar em prisão especial;

c) A opinião do julgador sobre a gravidade em abstrato do crime não constitui motivação idônea para a imposição de regime mais severo do que o permitido segundo a pena aplicada;

d) A imposição de regime de cumprimento mais severo do que a pena aplicada permitir exige motivação idônea.

Resposta correta: letra "b".

(Vunesp – Juiz de Direito – TJ-SP/2015) À luz da jurisprudência do Supremo Tribunal Federal, assinale a alternativa correta.

a) Não há crime de latrocínio, quando o homicídio se consuma, mas o agente não realiza a subtração de bens da vítima.

b) Admite-se a suspensão condicional do processo por crime continuado, se a soma da pena mínima da infração mais grave com o aumento mínimo de um sexto for superior a um ano.

c) A opinião do julgador sobre a gravidade em abstrato do crime constitui motivação idônea para a imposição de regime mais severo do que o permitido segundo a pena aplicada.

d) A lei penal mais grave aplica-se ao crime continuado ou ao crime permanente, se sua vigência é anterior à cessação da continuidade ou da permanência.

Resposta correta: letra "d".

(Cespe – Defensor Público Federal – DPU/2015) No que tange ao entendimento sumulado do STJ a respeito das espécies, da cominação e da aplicação de penas e do regime de execução de penas em espécie, julgue o item subsecutivo.

A gravidade abstrata do delito justifica o estabelecimento de regime prisional mais gravoso do que o cabível em razão da sanção imposta, independentemente de a pena-base ter sido fixada no mínimo legal.

Resposta: Errado.

(Cespe – Defensor Público Federal – DPU/2015) No que tange ao entendimento sumulado do STJ a respeito das espécies, da cominação e da aplicação de penas e do regime de execução de penas em espécie, julgue o item subsecutivo.

Se as circunstâncias judiciais forem favoráveis, o reincidente condenado à pena de quatro anos poderá ser submetido ao regime prisional semiaberto.

Resposta: Certo.

(MPE-MT – Promotor de Justiça – MPE-MT/2012) Consoante entendimento do Superior Tribunal de Justiça, analise as assertivas abaixo.

I – Não se admite a adoção do regime prisional semiaberto aos reincidentes condenados à pena igual ou inferior a quatro anos ainda que favoráveis as circunstâncias judiciais.

II – Não é cabível a suspensão condicional do processo na desclassificação do crime e na procedência parcial da pretensão punitiva.

III – A frequência a curso de ensino formal é causa de remição de parte do tempo de execução de pena sob regime fechado ou semiaberto.

IV – É admissível a extinção da punibilidade pela prescrição da pretensão punitiva com fundamento em pena hipotética, independentemente da existência ou sorte do processo penal.

V – A falta grave interrompe o prazo para obtenção de livramento condicional.

Está correto o que se afirma em:

a) I e II, apenas.
b) II e III, apenas.
c) I e IV, apenas.
d) V, apenas.
e) III, apenas.

Resposta correta: letra "e".

1.7. Pena de multa

Súmula 521-STJ

A legitimidade para a execução fiscal de multa pendente de pagamento imposta em sentença condenatória **é exclusiva da Procuradoria da Fazenda Pública.**

• **Status:** Superada pelo novo entendimento do STF na ADI 3150/DF (julgada em 12 e 13/12/2018) e AP 470/MG (julgado em 12 e 13/12/2018).

• **Nota do autor:** Pela Súmula 521 do STJ, o Ministério Público não tinha legitimidade para a execução fiscal de multa pendente de pagamento imposta em sentença condenatória. Essa legitimidade, segundo o STJ, era **exclusiva da Procuradoria da Fazenda Pública** (PFN ou PGE). No entanto, esse entendimento foi superado pelo STF, no julgamento da ADI 3150/DF e da AP 470/MG, em 12 e 13/12/2018 (Informativo 848). O STF fixou o entendimento no sentido de que o MP **tem** legitimidade para propor a cobrança de multa decorrente de sentença penal condenatória transitada em julgado, com a possibilidade subsidiária de cobrança pela Fazenda Pública. Isso porque, a Lei 9.268/1996, ao considerar a multa penal como dívida de valor, não retirou dela o caráter de sanção criminal.

- **Precedentes relacionados:**

"O Plenário, por maioria, julgou parcialmente procedente o pedido formulado em ação direta de inconstitucionalidade ajuizada em face do art. 51 do Código Penal (1) e, em conclusão de julgamento e por maioria, resolveu questão de ordem em ação penal **no sentido de assentar a legitimidade do Ministério Público para propor a cobrança de multa decorrente de sentença penal condenatória transitada em julgado, com a possibilidade subsidiária de cobrança pela Fazenda Pública (Informativo 848)**. O colegiado assentou que a Lei 9.268/1996, ao considerar a multa penal como dívida de valor, não retirou dela o caráter de sanção criminal que lhe é inerente, por força do art. 5º, XLVI, *c*, da Constituição Federal (2). **Como consequência, a legitimação prioritária para a execução da multa penal é do MP, perante a vara de execuções penais. Entretanto, caso o titular da ação penal, devidamente intimado, não proponha a execução da multa no prazo de noventa dias, o juiz da execução criminal deverá dar ciência do feito ao órgão competente da Fazenda Pública (federal ou estadual, conforme o caso) para a respectiva cobrança na própria vara de execução fiscal, com a observância do rito da Lei 6.830/1980**. (STF, Plenário, ADI 3150/DF, Rel. para acórdão Min. Roberto Barroso, julgado em 12 e 13/12/2018, Informativo n. 927; STF, Plenário, AP 470/MG, Rel. Min. Roberto Barroso, julgado em 12 e 13/12/2018, Informativo n. 927).

1.7.1. Questões relacionadas

(NC-UFPR – Procurador Legislativo – Câmara de Quitandinha – PR/2018) (Adaptada) Em relação à execução fiscal, assinale a alternativa INCORRETA.

a) A exceção de pré-executividade é admissível na execução fiscal relativamente às matérias conhecíveis de ofício que não demandem dilação probatória.

b) O Ministério Público tem legitimidade para propor a cobrança de multa decorrente de sentença penal condenatória transitada em julgado, com a possibilidade subsidiária de cobrança pela Fazenda Pública.

c) O prazo prescricional para ajuizamento da execução fiscal que visa a cobrança de multa de natureza administrativa é de cinco anos, contado do momento em que se torna exigível o crédito.

d) A desistência da execução fiscal após o oferecimento dos embargos exime o exequente dos encargos da sucumbência.

e) O termo inicial para oposição de embargos à execução fiscal é a data da efetiva intimação da penhora, e não a da juntada aos autos do mandado cumprido.

Resposta correta: letra "d".

1.8. Medida de segurança

Súmula 525-STF

A medida de segurança **não** será aplicada em segunda instância, quando só o réu tenha recorrido.

• **Status:** Válida.

• **Precedentes relacionados:**

"Exame de sanidade mental determinada de ofício em recurso exclusivo do réu, que a não requereu. Inadmissibilidade. Coisa julgada sobre aplicação da pena. Decisão, ademais, viciada por disposição *ultra petita* e *reformatio in peius*. *Habeas corpus* concedido. Aplicação da Súmula 525 do Supremo. Votos vencidos. Não é lícito aplicar medida de segurança em grau de recurso, quando só o réu tenha recorrido sem requerê-la." (STF, HC 111.769, julgado em 26/06/2012).

Súmula 520-STF

Não exige a lei que, para requerer o exame a que se refere o art. 777 do Código de Processo Penal, tenha o sentenciado cumprido mais de metade do prazo da medida de segurança imposta.

• **Status:** Válida, mas é necessário fazer uma atualização no dispositivo legal.

• **Nota do autor:** Onde se lê art. 777 do CPP, leia-se arts. 175 e 176 da Lei 7.210/1984 (Lei de Execução Penal - LEP).

• **Dispositivos relacionados:**

"LEP, Art. 175. A cessação da periculosidade será averiguada no fim do prazo mínimo de duração da medida de segurança, pelo exame das condições pessoais do agente, observando-se o seguinte: (...)"

"LEP, Art. 176. Em qualquer tempo, ainda no decorrer do prazo mínimo de duração da medida de segurança, poderá o Juiz da execução, diante de requerimento fundamentado do Ministério Público ou do interessado, seu procurador ou defensor, ordenar o exame para que se verifique a cessação da periculosidade, procedendo-se nos termos do artigo anterior."

Súmula 422-STF

A absolvição criminal **não** prejudica a medida de segurança, quando couber, ainda que importe privação da liberdade.

- **Status:** Válida.
- **Nota do autor:** A imposição de medida de segurança é feita através da sentença absolutória imprópria.

Súmula 527-STJ

O tempo de duração da medida de segurança **não deve ultrapassar o limite máximo da pena abstratamente cominada ao delito praticado.**

- **Status:** Válida.
- **Nota do autor:** O Código Penal não prevê prazo máximo para a medida de segurança. A fim de evitar eventual sancionamento perpétuo, o STJ editou a súmula 527, que estabelece que o prazo máximo da medida de segurança deve levar em conta o limite máximo de pena cominado em abstrato para o delito praticado. No entanto, vale lembrar que o STF tem entendimento diverso. Para o STF, aplica-se o limite máximo de 30 anos, por analogia ao art. 75 do CP.

- **Precedentes relacionados:**

> "Esta Corte já firmou entendimento no sentido de que o prazo máximo de duração da medida de segurança é o previsto no art. 75 do CP, ou seja, trinta anos" (STF, 1ª Turma, HC 107432, Rel. Min. Ricardo Lewandowski, julgado em 24/05/2011).

- **Dispositivos relacionados:**

> "CF, art. 5º (...)
>
> XLVII – não haverá penas:
>
> a) de morte, salvo em caso de guerra declarada, nos termos do art. 84, XIX;
>
> b) de caráter perpétuo;
>
> c) de trabalhos forçados;
>
> d) de banimento;
>
> e) cruéis;"
>
> "CP, Art. 75. O tempo de cumprimento das penas privativas de liberdade não pode ser superior a trinta anos."
>
> "CP, Art. 97. (...).
>
> § 1º A internação, ou tratamento ambulatorial, **será por tempo indeterminado**, perdurando enquanto não for averiguada, mediante perícia médica, a cessação de periculosidade. O prazo mínimo deverá ser de 1 (um) a 3 (três) anos."

1.8.1. Questões relacionadas

(Vunesp – Juiz de Direito – TJ-RS/2018) Assinale a proposição que reflete entendimento sumulado pelo Supremo Tribunal Federal.

a) Se a cártula foi pré-datada, ainda que tenha havido fraude, não se configura o crime de emissão de cheque sem fundos (súmula 246).

b) É unicamente do Ministério Público, mediante representação, a legitimidade para a ação penal por crime contra a honra de servidor público em razão do exercício de suas funções (súmula 714).

c) A medida de segurança pode ser aplicada em segunda instância, ainda que só o réu tenha recorrido (súmula 525).

d) Não se tipifica crime contra a ordem tributária (Lei no 8.137/90) antes do lançamento definitivo do tributo (súmula vinculante 24).

e) Não há crime quando a preparação do flagrante pela polícia torna impossível a sua consumação (súmula 145).

Resposta correta: letra "e".

(Vunesp – Defensor Público – DPE-RO/2017) Qual dos enunciados a seguir reflete entendimento já sumulado pelo STJ?

a) Para obtenção dos benefícios de saída temporária e trabalho externo, não se considera o tempo de cumprimento da pena no regime fechado por se tratar de benefícios próprios do regime semiaberto.

b) O tempo de duração da medida de segurança pode ultrapassar o limite máximo da pena abstratamente cominada ao delito praticado se as causas relacionadas à inimputabilidade penal persistirem.

c) Para o reconhecimento da prática de falta disciplinar no âmbito da execução penal, é prescindível a instauração de procedimento administrativo pelo diretor do estabelecimento prisional.

d) O reconhecimento de falta grave decorrente do cometimento de fato definido como crime doloso no cumprimento da pena prescinde do trânsito em julgado de sentença penal condenatória no processo penal instaurado para apuração do fato.

e) O benefício de saída temporária no âmbito da execução penal é ato jurisdicional suscetível de delegação à autoridade administrativa do estabelecimento prisional.

Resposta correta: letra "d".

(FCC – Defensor Público – DPE-PR/2017) Sobre as medidas de segurança e sua execução, é correto afirmar que

a) não é possível a realização de exame de cessação de periculosidade no curso do prazo mínimo de duração da medida de segurança.

b) as condições da liberação condicional são as mesmas da desinternação condicional.

c) é prescindível a característica hospitalar do estabelecimento em que se executa a medida de segurança detentiva.

d) a execução das medidas de segurança independe de trânsito em julgado da sentença absolutória imprópria.

e) não há prazo legal para que seja retomado o tratamento ambulatorial caso o liberado condicional apresente fato indicativo de persistência da chamada periculosidade.

Resposta correta: letra "b".

(FAPEC – Promotor de Justiça – MPE-MS/2015) Em relação ao instituto da medida de segurança, é correto afirmar que:

a) Para sua aplicação, é considerada a totalidade dos pressupostos jurídico-penais utilizados para a aplicação de uma pena.

b) Não pode ser executada por prazo superior a trinta anos.

c) Por não se configurar espécie de sanção penal, a medida de segurança não se submete às causas extintivas da punibilidade.

d) A desinternação do agente submetido à medida de segurança será sempre definitiva, extinguindo-se a medida de segurança, sendo precedida de laudo que ateste a cessação da periculosidade.

e) É aplicada por tempo indeterminado, especificando-se na sentença o prazo mínimo de sua duração, proibindo-se a realização do exame de cessação da periculosidade antes do decurso do prazo mínimo de internação.

Resposta correta: letra "b".

(Vunesp – Juiz de Direito – TJ-SP/2015) Segundo a jurisprudência consolidada do Superior Tribunal de Justiça, assinale a alternativa correta.

a) O tempo de duração da medida de segurança pode ultrapassar o máximo da pena abstratamente cominada ao delito praticado.

b) A conduta de atribuir-se falsa identidade perante autoridade policial é atípica, ainda que em situação de alegada autodefesa.

c) É inadmissível a extinção da punibilidade pela prescrição da pretensão punitiva com fundamento em pena hipotética, independentemente da existência ou sorte do processo penal.

d) É admissível aplicar, no furto qualificado, pelo concurso de agentes, a majorante de roubo.

Resposta correta: letra "c".

(TJ-DFT – Juiz de Direito – TJ-DFT/2012) Julgue os itens a seguir:

I – A absolvição criminal não prejudica a medida de segurança, quando couber, desde que não importe privação de liberdade.

II – Proferida sentença que declare a prescrição da pretensão punitiva, o Juiz Criminal fixará medida de segurança na hipótese de verificar a insanidade mental do acusado.

III – O Juiz pode deferir a progressão de regime de cumprimento da pena ou a aplicação imediata de regime menos severo nela determinada, mesmo antes do trânsito em julgado da sentença penal condenatória.

IV – O fato de o réu se encontrar em prisão especial não impede que o Juiz conceda a progressão de regime de execução da pena fixada em sentença não transitada em julgado.

De acordo com o Código Penal Brasileiro e o entendimento pacificado pelos Tribunais Superiores, estão corretos apenas os itens:

a) I e II.
b) I e IV.
c) II e III.
d) III e IV.

Resposta correta: letra "d".

(Cespe – Delegado de Polícia Civil – PC-AL/2012) Com relação às causas extintivas da punibilidade, julgue o item a seguir.

Tratando-se de sentença na qual é imposta medida de segurança ao acusado inimputável, o tempo de seu cumprimento, independentemente da cessação da periculosidade, não poderá ultrapassar o limite máximo da pena abstratamente aplicada ao crime.

Resposta: certo.

(TJ-DFT – Juiz de Direito – TJ-DFT/2011) Da Execução das medidas de segurança e cessação da periculosidade, anotamos:

a) Para cumprimento de medida de segurança mediante internação em Hospital de Custódia e Tratamento Psiquiátrico ou submetido a tratamento ambulatorial, é bastante que assim conste da sentença que a impõe;
b) Na execução da medida de segurança o condenado será submetido a exame criminológico que indicará os elementos necessários a uma adequada individualização da execução
c) Em qualquer tempo de duração da medida de segurança, independente de provocação do representante do Ministério Público, do interessado, do seu procurador ou defensor, o juiz pode ordenar o exame para verificação da cessação da periculosidade;
d) Uma vez cessada a periculosidade, ainda que não transitada em julgado a sentença que a proferiu, o juiz expedirá ordem para a desinternação ou a liberação.

Resposta correta: letra "b".

1.9. Suspensão condicional da pena (*sursis*)

Súmula 499-STF

Não obsta a concessão do sursis condenação anterior a pena de multa.

- **Status:** Válida.
- **Dispositivos relacionados:**

"CP, Art. 77. A execução da pena privativa de liberdade, não superior a dois anos, poderá ser suspensa, por dois a quatro anos, desde que:

I – o condenado não seja reincidente em crime doloso;

II – a culpabilidade, os antecedentes, a conduta social e personalidade do agente, bem como os motivos e as circunstâncias autorizem a concessão do benefício;

III – não seja indicada ou cabível a substituição prevista no art. 44 deste Código.

§ 1º **A condenação anterior a pena de multa não impede a concessão do benefício**."

1.9.1. Questões relacionadas

(FAURGS – Psicólogo Judiciário – TJ-RS/2016) Sobre a suspensão condicional da pena, prevista pelo Código Penal, assinale a alternativa correta.

a) A execução da pena privativa de liberdade, não superior a 2 (dois) anos, poderá ser suspensa, por 2 (dois) a 4 (quatro) anos, desde que, dentre outras condições, o condenado não seja reincidente em crime doloso.

b) A condenação anterior à pena de multa impede a concessão do benefício da suspensão condicional da pena.

c) A suspensão condicional da pena se estende às penas restritivas de direitos e à multa.

d) A suspensão condicional da pena será obrigatoriamente revogada se, no curso do prazo, o beneficiário for condenado em sentença recorrível por crime culposo.

e) A suspensão condicional da pena será obrigatoriamente revogada se, no curso do prazo, o beneficiário frustrar, por insolvência, a execução de pena de multa ou não efetuar, ainda que por motivo justificado, a reparação do dano.

Resposta correta: letra "a".

(FCC – Juiz de Direito – TJ-PI/2015) A pena de multa,

a) obsta a suspensão condicional da pena, ainda que a única aplicada em condenação anterior.

b) não pode substituir pena privativa de liberdade inferior a um ano, se reincidente o condenado.

c) deve receber o mesmo acréscimo imposto à pena privativa de liberdade no caso de concurso formal perfeito de infrações.

d) não pode substituir isoladamente pena privativa de liberdade, nos casos de violência doméstica e familiar contra a mulher, apenas se condenado o agente pelo crime de lesão corporal.

e) prescreve em três anos se aplicada cumulativamente com pena privativa de liberdade de dez meses de reclusão.

Resposta correta: letra "e".

(Cespe – Analista Judiciário – Área Judiciária – TRE-MS/2013) Com referência às espécies e à cominação das penas, bem como à sua aplicação e à sua suspensão condicional, assinale a opção correta.

a) A condenação anterior, no estrangeiro, por crime doloso, por sentença penal condenatória transitada, depende de homologação no Brasil para obstar a concessão de sursis.

b) As penas de reclusão e de detenção têm em comum o regime de cumprimento inicial fechado, sendo vedada a imposição de regime mais gravoso em razão da gravidade abstrata do delito.

c) Aos crimes hediondos, por expressa disposição legal, é obrigatória a fixação do regime inicial fechado para cumprimento da reprimenda, independentemente da pena aplicada, sendo vedada a substituição da pena privativa de liberdade por restritiva de direitos.

d) O condenado por crime contra a administração pública, terá a progressão de regime prisional condicionada à reparação do dano que tiver causado, ou à devolução do produto do ilícito praticado, com os acréscimos legais.

e) A condenação anterior à pena de multa obsta a concessão de sursis e repercute no regime inicial de cumprimento da reprimenda e na substituição da pena privativa de liberdade por restritiva de direitos.

Resposta correta: letra "d".

1.10. Livramento condicional

Súmula 715-STF

A pena unificada para atender ao limite de trinta anos de cumprimento, determinado pelo art. 75 do Código Penal, **não** é considerada para a concessão de outros benefícios, como o livramento condicional ou regime mais favorável de execução.

- **Status:** Válida.

- **Dispositivos relacionados:**

"CP, Art. 75. O tempo de cumprimento das penas privativas de liberdade não pode ser superior a 30 (trinta) anos."

Súmula 617-STJ

A ausência de suspensão ou revogação do livramento condicional antes do término do período de prova **enseja** a extinção da punibilidade, **pelo integral cumprimento da pena**.

- **Status:** Válida.

- **Dispositivos relacionados:**

"CP, Art. 90. Se até o seu término o livramento não é revogado, considera-se extinta a pena privativa de liberdade."

Súmula 441-STJ

A falta grave **não interrompe** o prazo para obtenção do livramento condicional.

- **Status:** Válida.

- **Dispositivos relacionados:**

"CP, Art. 83. O juiz poderá conceder livramento condicional ao condenado a pena privativa de liberdade **igual ou superior a dois anos**, desde que:

I – **cumprida mais de 1/3** da pena se o condenado não for reincidente em crime doloso e tiver bons antecedentes;

II – **cumprida mais da metade** se o condenado for reincidente em crime doloso;

III – comprovado **comportamento satisfatório durante a execução da pena**, **bom desempenho no trabalho que lhe foi atribuído** e **aptidão para prover à própria subsistência mediante trabalho honesto**;

IV – **tenha reparado**, salvo efetiva impossibilidade de fazê-lo, **o dano causado pela infração**;

V – **cumpridos mais de 2/3 da pena**, nos casos de condenação por crime hediondo, prática de tortura, tráfico ilícito de entorpecentes e drogas afins, tráfico de pessoas e terrorismo, se o apenado não for reincidente específico em crimes dessa natureza. (Incluído pela Lei nº 13.344, de 2016)

Parágrafo único. Para o condenado por crime doloso, cometido com violência ou grave ameaça à pessoa, **a concessão do livramento ficará também subordinada à constatação de condições pessoais que façam presumir que o liberado não voltará a delinquir**."

1.10.1. Questões relacionadas

(MPE-PR – Promotor de Justiça – MPE-PR/2019) Conforme o entendimento sumulado pelos tribunais superiores, analise as assertivas abaixo e assinale a alternativa correta:

I – Admite-se a progressão de regime de cumprimento da pena ou a aplicação imediata de regime menos severo nela determinada, antes do trânsito em julgado da sentença condenatória.

II – O reconhecimento de falta grave decorrente do cometimento de fato definido como crime doloso no cumprimento de pena exige prévio procedimento administrativo disciplinar e trânsito em julgado de sentença penal condenatória no processo penal instaurado para apuração do fato.

III – A prática de falta grave interrompe a contagem do prazo para a obtenção de livramento condicional e progressão de regime de cumprimento de pena, o qual se reinicia a partir do cometimento dessa infração.

IV – A prática de falta grave interrompe o prazo para o fim de comutação de pena ou indulto.

V – A pena unificada para atender ao limite de trinta anos de cumprimento, determinado pelo art. 75 do Código Penal, não é considerada para a concessão de outros benefícios, como o livramento condicional ou regime mais favorável de execução.

a) Somente as assertivas I e II estão corretas.

b) Somente as assertivas II e III estão corretas.

c) Somente as assertivas III e IV estão corretas.

d) Somente as assertivas I e IV estão corretas.

e) Somente as assertivas I e V estão corretas.

Resposta correta: letra "e".

(Cespe – Juiz de Direito – TJ-PR/2019) De acordo com o STJ, a prática de falta grave pelo condenado durante o cumprimento da pena

a) não interrompe a contagem do prazo para obtenção de livramento condicional.

b) não interrompe a contagem do prazo para a progressão de regime de cumprimento de pena.

c) interrompe a contagem do prazo para obtenção de comutação de pena.

d) interrompe a contagem do prazo para obtenção de indulto e saída temporária.

Resposta correta: letra "a".

(FGV – Analista do Ministério Público – Área Jurídica – MPE-AL/2018) Enquanto cumpria pena em livramento condicional, Jaqueline vem a ser condenada, novamente, pela prática de crime, sendo aplicada pena privativa de liberdade, havendo trânsito em julgado. O crime, porém, que justificou a segunda condenação era por fato anterior àquele que impôs a condenação da pena que cumpria em livramento condicional, exatamente por isso não sendo reconhecida a reincidência. Considerando apenas as informações narradas, sobre a nova condenação assinale a afirmativa correta.

a) Não é prevista, por ser por fato anterior, como causa de revogação do livramento condicional.

b) É causa de revogação obrigatória, podendo o período em livramento condicional ser considerado como pena cumprida.

c) É causa de revogação facultativa, podendo o período em livramento condicional ser considerado como pena cumprida, mesmo em caso de revogação.

d) É causa de revogação obrigatória, não sendo considerado como pena cumprida o período em livramento condicional.

e) É causa de revogação facultativa e, em caso de revogação, o período em livramento condicional não poderá ser considerado como pena cumprida.

Resposta correta: letra "b".

(FCC – Defensor Público – DPE-RS/2018) Sobre a prática de falta grave e considerando a atual jurisprudência do Superior Tribunal de Justiça, analise as assertivas abaixo.

I. A prática de falta grave interrompe o prazo para obtenção de livramento condicional.

II. Para o reconhecimento de falta grave decorrente do cometimento de fato definido como crime doloso no cumprimento da pena, é necessária a ocorrência do trânsito em julgado de sentença penal condenatória no processo penal instaurado para apuração do fato.

III. A prática de falta grave interrompe a contagem do prazo para a progressão de regime de cumprimento de pena, o qual se reinicia a partir do cometimento dessa infração.

Está correto o que consta APENAS de

a) I.

b) III.

c) II.

d) II e III.

e) I e II.

Resposta correta: letra "b".

(FAPEMS – Delegado de Polícia Civil – PC-MS/2017) Conforme a Lei n° 7.210, de 11 de julho de 1984, que institui a Lei de Execução Penal, e entendimento dos Tribunais Superiores, a respeito da execução penal, é correto afirmar que

a) de acordo com o entendimento sumulado do Superior Tribunal de Justiça, a falta grave interrompe o prazo para a obtenção de livramento condicional.

b) a remição é instituto que se aplica a presos em regime fechado ou semiaberto, não havendo autorização legal para ser concedida aos condenados em regime aberto.

c) nas duas espécies de autorizações de saída, previstas na Lei de Execução Penal vigente, é medida obrigatória a vigilância direta do preso, podendo o juiz determinar a fiscalização por meio de monitoramento eletrônico.

d) o regime disciplinar diferenciado, conforme previsão na Lei de Execução Penal vigente, será aplicado por prévio e fundamentado despacho do juiz competente, e dependerá de requerimento circunstanciado elaborado pelo diretor do estabelecimento prisional, delegado de polícia ou Ministério Público.

e) a pena unificada para atender ao limite de trinta anos de cumprimento, determinado pelo artigo 75 do Código Penal vigente, não é considerada para a concessão do livramento condicional ou regime mais favorável de execução.

Resposta correta: letra "e".

(FMP – Juiz de Direito – TJ-MT/2014) De acordo com entendimento sumulado do Supremo Tribunal Federal, assinale a afirmativa correta.

a) A pena unificada para atender ao limite de trinta anos de cumprimento, determinado pelo art. 75 do Código Penal, é considerada, para concessão de outros benefícios, como livramento condicional ou regime mais favorável de execução.

b) A lei penal mais grave aplica-se ao crime continuado ou ao crime permanente, se sua vigência é anterior à cessação da continuidade ou da permanência.

c) Impede a progressão de regime de execução de pena, fixada em sentença não transitada em julgado, o fato de o réu se encontrar em prisão especial.

d) A imposição do regime de cumprimento mais severo do que a pena aplicada permitir não exige motivação idônea

e) Admite-se a suspensão condicional do processo por crime continuado, se a soma da pena mínima da infração mais grave com o aumento mínimo de um sexto for superior a um ano

Resposta correta: letra "b".

(FUNDEP – Defensor Público – DPE-MG/2014) Após ter cumprido a metade da pena por crime não hediondo, um indivíduo reincidente obteve livramento condicional pelo período de cinco anos. Faltando dois anos para a reaquisição integral da liberdade, ele foi denunciado pela suposta prática de homicídio que teria sido praticado durante o período de prova do livramento condicional.

Nesse caso,

a) haverá a revogação obrigatória e imediata do livramento condicional.

b) haverá a revogação facultativa do livramento condicional.

c) ao final do livramento condicional em gozo, não ocorrendo decisão definitiva no novo processo, haverá extinção da pena pelo cumprimento.

d) ao final do livramento condicional em gozo, não havendo decisão definitiva, deverá o livramento condicional ser prorrogado até o trânsito em julgado no novo processo.

Resposta correta: letra "d".

(TJ-PR – Assessor Jurídico – TJ-PR/2013) Sobre a fixação da pena e execução penal, assinale a alternativa INCORRETA.

a) A pena unificada para atender ao limite de trinta anos de cumprimento, determinado pelo art. 75 do Código Penal, é considerada para a concessão de outros benefícios, como o livramento condicional ou regime mais favorável de execução.

b) Admite-se a progressão de regime de cumprimento da pena ou a aplicação imediata de regime menos severo nela determinada, antes do trânsito em julgado da sentença condenatória.

c) A opinião do julgador sobre a gravidade em abstrato do crime não constitui motivação idônea para a imposição de regime mais severo do que o permitido segundo a pena aplicada.

d) A imposição do regime de cumprimento mais severo do que a pena aplicada permitir exige motivação idônea.

Resposta correta: letra "a".

(FUJB – Promotor de Justiça – MPE-RJ/2012) Levando em conta as regras pertinentes à aplicação e execução as penas, é INCORRETO afirmar que:

a) no concurso formal perfeito de crimes é observado o sistema de exasperação da pena;

b) o condenado que for punido por falta grave perderá todo o tempo até então remido, começando nova contagem do período de remição a partir da data da infração disciplinar;

c) as causas de aumento de pena podem elevar a pena além do máximo abstratamente cominado ao crime;

d) a superveniência de condenação definitiva por outro crime durante o cumprimento de pena restritiva de direitos pode ser causa de sua conversão;

e) a pena unificada para atender ao limite de trinta anos de cumprimento, determinado pelo art. 75 do Código Penal, não é considerada para a concessão de outros benefícios, como o livramento condicional ou regime mais favorável de execução.

Resposta correta: letra "b".

1.11. Prescrição

Súmula 607-STF

~~Na ação penal regida pela Lei nº 4.611/65, a denúncia, como substitutivo da Portaria, não interrompe a prescrição.~~

- **Status:** Superada.
- **Questões relacionadas:**

Súmula 604-STF

~~A prescrição pela pena em concreto é somente da pretensão executória da pena privativa de liberdade.~~

- **Status:** Superada.
- **Questões relacionadas:**

Súmula 592-STF

Nos crimes falimentares, **aplicam-se** as causas interruptivas da prescrição, previstas no Código Penal.

- **Status:** Válida.
- **Dispositivos relacionados:**

> "LF, Art. 182. A prescrição dos crimes previstos nesta Lei reger-se-á pelas disposições do Decreto-Lei nº 2.848, de 7 de dezembro de 1940 – Código Penal, começando a correr do dia da decretação da falência, da concessão da recuperação judicial ou da homologação do plano de recuperação extrajudicial.
>
> Parágrafo único. A decretação da falência do devedor interrompe a prescrição cuja contagem tenha iniciado com a concessão da recuperação judicial ou com a homologação do plano de recuperação extrajudicial."

Súmula 497-STF

Quando se tratar de crime continuado, **a prescrição regula-se pela pena imposta na sentença, não se computando o acréscimo decorrente da continuação.**

- **Status:** Válida.

Súmula 147-STF

~~A prescrição de crime falimentar começa a correr da data em que deveria estar encerrada a falência, ou do trânsito em julgado da sentença que a encerrar ou que julgar cumprida a concordata.~~

- **Status:** Superada.

- **Dispositivos relacionados:**

> "LF, Art. 182. A prescrição dos crimes previstos nesta Lei reger-se-á pelas disposições do Decreto-Lei nº 2.848, de 7 de dezembro de 1940 – Código Penal, começando a correr do dia da decretação da falência, da concessão da recuperação judicial ou da homologação do plano de recuperação extrajudicial.
>
> Parágrafo único. A decretação da falência do devedor interrompe a prescrição cuja contagem tenha iniciado com a concessão da recuperação judicial ou com a homologação do plano de recuperação extrajudicial."

Súmula 146-STF

A prescrição da ação penal regula-se pela **pena concretizada na sentença,** quando não há recurso da acusação.

- **Status:** Válida.

Súmula 438-STJ

É inadmissível a extinção da punibilidade pela prescrição da pretensão punitiva com fundamento em pena hipotética, independentemente da existência ou sorte do processo penal.

• **Status:** Válida.

• **Nota do autor:** Em outras palavras, a súmula veda a chamada prescrição virtual ou em perspectiva. Tanto o STF como o STJ não admitem a prescrição virtual por dois fundamentos: a) não há previsão legal que admita a prescrição virtual; b) a admissão da prescrição virtual viola o princípio da presunção de inocência (ou da não culpabilidade).

• **Precedentes relacionados:**

"Inexiste norma legal que, interpretada e aplicada, viabilize assentar a prescrição da pretensão punitiva considerada possível sentença condenatória." (STF, 1ª Tuma, Inq 3574 AgR, Rel. Min. Marco Aurélio, julgado em 02/06/2015).

• **Dispositivos relacionados:**

"CF, Art. 5º (...)
LVII – ninguém será considerado culpado até o trânsito em julgado de sentença penal condenatória;"

Súmula 220-STJ

A reincidência não influi no prazo da prescrição da pretensão punitiva.

• **Status:** Válida.

• **Nota do autor:** Cuidado para não confundir: a) a reincidência não influi no prazo da prescrição da pretensão punitiva, com base na Súmula 220 do STJ; b) a reincidência influi no prazo da prescrição da pretensão executória, com base no art. 110 do Código Penal.

• **Dispositivos relacionados:**

"CP, Art. 110. A prescrição depois de transitar em julgado a sentença condenatória regula-se pela pena aplicada e verifica-se nos prazos fixados no artigo anterior, os quais se aumentam de um terço, se o condenado é reincidente."

Súmula 191-STJ

A pronúncia **é** causa interruptiva da prescrição, ainda que o Tribunal do Júri venha a desclassificar o crime.

- **Status:** Válida.
- **Dispositivos relacionados:**

"CP, Art. 117. **O curso da prescrição interrompe-se**:

I – pelo recebimento da denúncia ou da queixa;

II – **pela pronúncia**;

III – pela decisão confirmatória da pronúncia;

IV – pela publicação da sentença ou acórdão condenatórios recorríveis;

V – pelo início ou continuação do cumprimento da pena;

VI – pela reincidência."

1.11.1. Questões relacionadas

(Cespe – Juiz de Direito – TJ-BA/2019) Com relação a aspectos diversos pertinentes aos prazos prescricionais previstos no CP, assinale a opção correta.

a) Tais prazos serão reduzidos pela metade nas situações em que, ao tempo do crime, o agente fosse menor de vinte e um anos de idade ou, na data do trânsito em julgado da sentença condenatória, fosse maior de setenta anos de idade.

b) Em se tratando de criminoso reincidente, são aumentados em um terço os prazos da prescrição da pretensão punitiva.

c) A prescrição é regulada pela pena total imposta nos casos de crimes continuados, sendo computado o acréscimo decorrente da continuação.

d) A prescrição da pena de multa ocorrerá em dois anos, quando for a única pena cominada, ou no mesmo prazo de prescrição da pena privativa de liberdade, se tiver sido cominada alternativamente.

e) Na hipótese de evasão do condenado, a prescrição da pretensão executória é regulada pelo total da pena privativa de liberdade imposta.

Resposta correta: letra "d".

(Cespe – Analista Judiciário – Judiciária – STJ/2018) Tendo como referência a jurisprudência sumulada dos tribunais superiores, julgue o item a seguir, acerca de crimes, penas, imputabilidade penal, aplicação da lei penal e institutos.

Tratando-se de crimes continuados, a prescrição é regulada pela pena imposta na sentença, não se computando o acréscimo decorrente da continuação.

Resposta: certo.

(Vunesp – Juiz de Direito – TJ-SP/2018) Quanto à prescrição, é correto afirmar que

a) a decisão de pronúncia é causa interruptiva da prescrição, salvo se o Tribunal do Júri venha a desclassificar o crime.

b) em se tratando de continuação delitiva comum ou concurso formal perfeito de crimes, a prescrição regula-se pela pena imposta na sentença, computando-se o acréscimo decorrente do sistema da exasperação penal.

c) em se tratando de "posse de droga para consumo pessoal", previsto no artigo 28, da Lei n° 11.343/2006, os lapsos prescricionais tanto da pretensão punitiva quanto da executória são de 2 (dois) anos, reduzidos da metade se o agente, ao tempo do crime, era menor de 21 (vinte e um) anos, ou, na data da sentença, maior de 70 (setenta) anos.

d) depois de transitada em julgado a sentença condenatória para a acusação ou improvido seu recurso, a prescrição retroativa ou superveniente regula-se pela pena aplicada e verifica-se nos prazos fixados em lei, os quais são aumentados de 1/3 (um terço), em caso de reincidência.

Resposta correta: letra "c".

(FGV – Analista Legislativo – Processo Legislativo – AL-RO/2018) Funcionário público de 30 anos é denunciado pela suposta prática do crime de falsidade ideológica de documento particular (Art. 299 do CP. Pena: 1 a 3 anos de reclusão e multa) por fatos que teriam ocorrido em 02 de janeiro de 2011.

A denúncia foi recebida em 03 de março de 2015, e, após regular instrução, foi o agente condenado em sentença publicada em 03 de março de 2018, sendo aplicada pena mínima de 01 ano de reclusão e 10 dias-multa. O Ministério Público não apresentou recurso, enquanto a defesa buscou, em recurso, a absolvição.

Considerando as informações narradas, no dia 20 de setembro de 2018, data marcada para sessão de julgamento do recurso, em caso de não ser dado provimento, o advogado

a) poderá buscar o reconhecimento da prescrição da pretensão punitiva pela pena em concreto entre a data do fato e data do recebimento da denúncia, não afastando, porém, a condenação para efeitos de eventual reincidência futura.

b) poderá buscar o reconhecimento da prescrição da pretensão punitiva pela pena em concreto entre o recebimento da denúncia e publicação da sentença, não gerando tal reconhecimento efeitos para fins de eventual reincidência futura.

c) poderá buscar o reconhecimento da prescrição da pretensão punitiva pela pena em concreto entre a data do fato e recebimento da denúncia, não gerando tal reconhecimento efeitos para eventual reincidência futura.

d) não poderá buscar o reconhecimento da prescrição da pretensão punitiva e nem a prescrição da pretensão executória.

e) não poderá buscar o reconhecimento da prescrição da pretensão punitiva, mas poderá buscar a extinção da punibilidade pela prescrição da pretensão executória, gerando a condenação efeitos para eventual reincidência futura.

Resposta correta: letra "d".

(IESES – Titular de Serviços de Notas e de Registros – Provimento -TJ-RO/2017) Acerca das infrações penais previstas na Legislação extravagante, assinale a assertiva correta:

a) Os crimes contra as patentes previstos na Lei que regula direitos e obrigações relativos à propriedade industrial (Lei 9.279/96) caracterizam-se ainda que a violação não atinja todas as reivindicações da patente ou se restrinja à utilização de meios equivalentes ao objeto da patente.

b) Não há previsão expressa de crime culposo na Lei 8.137/90, a qual define crimes contra a ordem tributária, econômica e contra as relações de consumo, e dá outras providências.

c) Constitui Contravenção Penal a representação por ato de improbidade contra agente público ou terceiro beneficiário, quando o autor da denúncia o sabe inocente, conforme previsão constante na Lei de Improbidade Administrativa (Lei 8.429/92).

d) Conforme disposto na Lei 11.101/05, que regula a recuperação judicial, a extrajudicial e a falência do empresário e da sociedade empresária, a decretação da falência do devedor suspende a prescrição cuja contagem tenha iniciado com a concessão da recuperação judicial ou com a homologação do plano de recuperação extrajudicial.

Resposta correta: letra "a".

(FGV – Procurador Legislativo – ALERJ/2017) O Código Penal, em seu artigo 107, prevê uma relação de causas de extinção de punibilidade, dentre as quais se destaca a prescrição. A doutrina tradicionalmente define prescrição como a perda pelo Estado do direito de aplicar sanção penal adequada ou de executá-la em razão do decurso do tempo.

Sobre o tema, de acordo com as previsões do Código Penal e a jurisprudência majoritária do Superior Tribunal de Justiça, é correto afirmar que:

a) o oferecimento da denúncia é causa interruptiva da prescrição;

b) o maior de 60 anos terá o prazo prescricional computado pela metade;

c) o início do cumprimento da pena interrompe o prazo da prescrição da pretensão punitiva;

d) a pronúncia é causa interruptiva da prescrição, ainda que o Tribunal do Júri venha a desclassificar o crime em sessão plenária;

e) a prescrição pela pena aplicada, depois do trânsito em julgado para a acusação, independentemente da data do crime, não poderá ter por base período anterior ao recebimento da denúncia.

Resposta correta: letra "d".

(Cespe – Juiz de Direito – TJ-DFDT/2016) (Adaptada) De acordo com as súmulas em vigência do STF, assinale a opção correta.

a) Não se admite-se continuidade delitiva nos crimes contra a vida.

b) Os crimes falimentares, por serem tipificados em lei especial, não se sujeitam às causas interruptivas da prescrição previstas no CP.

c) A definição dos crimes de responsabilidade e o estabelecimento das respectivas normas de processo e julgamento são da competência legislativa concorrente da União e das unidades da Federação.

d) Ainda que o agente não subtraia bens da vítima, configura-se o crime de latrocínio quando o homicídio se consuma.

Resposta correta: letra "d".

(MPE-GO – Promotor de Justiça – MPE-GO/2016) A prescrição da pretensão punitiva com fundamento em pena hipotética, independentemente da existência ou sorte do processo penal é:

a) Inadmissível conforme entendimento sumulado do STF.
b) Admissível conforme entendimento majoritário do STJ, embora não sumulado.
c) Inadmissível conforme entendimento sumulado do STJ.
d) Admissível conforme entendimento majoritário do STF, embora não sumulado.

Resposta correta: letra "c".

(MPE-PR – Juiz de Direito – MPE-PR/2016) Considerando o entendimento sumulado dos Tribunais Superiores, analise as assertivas abaixo e indique a alternativa:

I – A pronúncia é causa interruptiva da prescrição, ainda que o Tribunal do Júri venha a desclassificar o crime.

II – A sentença concessiva do perdão judicial é declaratória da extinção da punibilidade, não subsistindo qualquer efeito condenatório.

III – A reincidência interrompe o prazo da prescrição da pretensão punitiva.

IV – É inadmissível a extinção da punibilidade pela prescrição da pretensão punitiva com fundamento em pena hipotética, independentemente da existência ou sorte do processo penal.

a) Todas as assertivas estão corretas;
b) Apenas as assertivas I e III estão incorretas;
c) Apenas as assertivas I, II e IV estão corretas;
d) Apenas as assertivas II, III e IV estão incorretas;
e) Apenas as assertivas III e IV estão corretas.

Resposta correta: letra "c".

(Cespe – Juiz de Direito – TJ-PB/2015) Com base na jurisprudência do STJ e nas disposições legais acerca de causas extintivas da punibilidade, assinale a opção correta.

a) É admissível a extinção da punibilidade em razão da prescrição da pretensão punitiva com fundamento em pena hipotética.

b) A sentença concessiva do perdão judicial obsta o cumprimento de pena privativa de liberdade, mas não extingue a punibilidade do réu.

c) Mantém-se a punibilidade do condenado mesmo que haja indulto, visto que este benefício não alcança eventual pena de multa imposta concomitantemente à pena privativa de liberdade.

d) Conforme o CP, a decadência, a perempção e o livramento condicional são causas de extinção da punibilidade.

e) A reincidência não influi no prazo da prescrição da pretensão punitiva, mas impõe a majoração do lapso prescricional no que se refere à prescrição executória.

Resposta correta: letra "e".

(MPE-RS – Promotor de Justiça – MPE-RS/2014) Quanto à aplicação das regras e disposições decorrentes do concurso de crimes, assinale a alternativa INCORRETA.

a) Quando se tratar de crime continuado, a prescrição regula-se pela pena imposta na sentença, não se computando o acréscimo decorrente da continuação.

b) No concurso de crimes culposos, a substituição por pena restritiva de direitos é possível, qualquer que seja a pena aplicada.

c) No concurso material de crimes, a prescrição incide sobre a soma das penas cominadas.

d) O benefício da suspensão condicional do processo não é aplicável em relação às infrações penais cometidas em concurso material, concurso formal ou continuidade delitiva, quando a pena mínima cominada, seja pelo somatório, seja pela incidência da majorante, ultrapassar o limite de um ano.

e) Na continuidade delitiva de que trata o caput do art.71 do Código Penal, o melhor critério adotado para a fixação do aumento de pena (dosagem da exasperação) é o que considera o número de crimes praticados.

Resposta correta: letra "c".

1.12. Perdão judicial

Súmula 18-STJ

A sentença concessiva do perdão judicial **é declaratória da extinção da punibilidade, não subsistindo qualquer efeito condenatório.**

- **Status:** Válida.
- **Dispositivos relacionados:**

"CP, Art. 107. Extingue-se a punibilidade: (...) IX – pelo perdão judicial, nos casos previstos em lei."

"CP, Art. 120. A sentença que conceder perdão judicial não será considerada para efeitos de reincidência."

1.12.1. Questões relacionadas

(FCC – Procurador do Estado – PGE-TO/2018) A extinção da punibilidade pode ser compreendida como sendo a perda do direito do Estado de impor sanção penal ao autor de fato típico e ilícito. É possível, assim, encontrar hipóteses de extinção da punibilidade no Código Penal, bem como nas legislações extravagantes. Acerca do tema, é correto afirmar:

a) Na hipótese de abolitio criminis (abolição do crime) permanece a reincidência como efeito secundário da infração penal.

b) As causas de extinção de punibilidade sempre se comunicam aos coautores e partícipes, em razão de se tratar de matéria de ordem pública.

c) A sentença que conceder perdão judicial não será considerada para efeitos de reincidência.

d) A anistia, graça ou indulto não são hipóteses de extinção da punibilidade, por serem atos concedidos pelo chefe do Poder Executivo, e não pelo Judiciário.

e) Nos crimes conexos, a extinção da punibilidade de um deles impede, quanto aos outros, a agravação da pena resultante da conexão.

Resposta correta: letra "c".

(MPE-PR – Promotor de Justiça – MPE-PR/2016) Considerando o entendimento sumulado dos Tribunais Superiores, analise as assertivas abaixo e indique a alternativa:

I – A pronúncia é causa interruptiva da prescrição, ainda que o Tribunal do Júri venha a desclassificar o crime.

II – A sentença concessiva do perdão judicial é declaratória da extinção da punibilidade, não subsistindo qualquer efeito condenatório.

III – A reincidência interrompe o prazo da prescrição da pretensão punitiva.

IV – É inadmissível a extinção da punibilidade pela prescrição da pretensão punitiva com fundamento em pena hipotética, independentemente da existência ou sorte do processo penal.

a) Todas as assertivas estão corretas;

b) Apenas as assertivas I e III estão incorretas;

c) Apenas as assertivas I, II e IV estão corretas;

d) Apenas as assertivas II, III e IV estão incorretas;

e) Apenas as assertivas III e IV estão corretas.

Resposta correta: letra "c".

(TRE-AM – Analista Judiciário – TRE-AM/2014) Sobre as causas extintivas da punibilidade, pode-se afirmar que:

a) A sentença concessiva do perdão judicial é declaratória da extinção da punibilidade, não subsistindo qualquer efeito condenatório.

b) Nos crimes conexos, a extinção da punibilidade de um deles impede, quanto aos outros, a agravação da pena resultante da conexão.

c) A sentença que conceder perdão judicial deverá ser considerada para efeitos de reincidência.

d) A prescrição, antes de transitar em julgado a sentença final, começa a correr, no caso de tentativa, da data em que o fato se tornou conhecido.

Resposta correta: letra "a".

(UEG – Delegado de Polícia Civil – PC-GO/2013) Sobre as causas extintivas da punibilidade, tem-se que

a) a sentença concessiva do perdão judicial é declaratória da extinção da punibilidade, não subsistindo qualquer efeito condenatório.

b) a renúncia e a desistência são causas de extinção da punibilidade, diferenciando-se apenas quanto ao momento de seu exercício, já que a primeira ocorre depois do ajuizamento da ação penal, enquanto a segunda opera-se antes.

c) a perempção opera-se quando o autor na ação penal privada subsidiária da pública deixa de promover o andamento do feito por mais de 30 (trinta) dias.

d) a anistia é ato discricionário do presidente da república que tem por objeto crimes cuja sentença tenha transitado em julgado acarretando a extinção da pena imposta.

Resposta correta: letra "a".

2. PARTE ESPECIAL

2.1. Crimes contra a pessoa

2.1.1. Crimes contra a vida

Súmula 605-STF

~~Não se admite continuidade delitiva nos crimes contra a vida.~~

- **Status:** Superada.

- **Nota do autor:** Após a reforma da Parte Geral do Código Penal em 1984, pela Lei 7.209, passou-se a admitir, expressamente, a continuidade delitiva nos crimes contra a vida (parágrafo único do art. 71 do CP).

- **Dispositivos relacionados:**

"CP, Art. 71. Quando o agente, mediante mais de uma ação ou omissão, pratica dois ou mais crimes da mesma espécie e, pelas condições de tempo, lugar, maneira de execução e outras semelhantes, devem os subseqüentes ser havidos como continuação do primeiro, aplica-se-lhe a pena de um só dos crimes, se idênticas, ou a mais grave, se diversas, aumentada, em qualquer caso, de um sexto a dois terços. (Redação dada pela Lei nº 7.209/1984)

Parágrafo único. **Nos crimes dolosos, contra vítimas diferentes**, cometidos com violência ou grave ameaça à pessoa, **poderá o juiz, considerando a culpabilidade, os antecedentes, a conduta social e a personalidade do agente, bem como os motivos e as circunstâncias, aumentar a pena de um só dos crimes, se idênticas, ou a mais grave, se diversas, até o triplo, observadas as regras do parágrafo único do art. 70 e do art. 75 deste Código**. (Redação dada pela Lei nº 7.209/1984)"

Súmula 497-STF

Quando se tratar de crime continuado, **a prescrição regula-se pela pena imposta na sentença, não se computando o acréscimo decorrente da continuação.**

- **Status:** Válida.

2.1.2. Crimes contra a honra

Súmula 714-STF

É concorrente a legitimidade do ofendido, mediante queixa, e do Ministério Público, condicionada à representação do ofendido, para a ação penal por crime contra a honra de servidor público em razão do exercício de suas funções.

- **Status:** Válida.

Súmula 396-STF

~~Para a ação penal por ofensa à honra, sendo admissível a exceção da verdade quanto ao desempenho de função pública, prevalece a competência especial por prerrogativa de função, ainda que já tenha cessado o exercício funcional do ofendido.~~

- **Status:** Superada.

2.1.3. Questões relacionadas

(NC-UFPR – Titular de Serviços de Notas e de Registros – Provimento – TJ-PR/2019) Em relação ao tema da ação processual penal, considere as seguintes afirmativas:

1. Seja qual for o crime, quando praticado em detrimento do patrimônio ou interesse da União, Estado e Município, a ação penal será pública.

2. A representação pode ser retratada até o recebimento da denúncia.

3. Por se tratar de procedimento preparatório ao exercício da ação penal, o inquérito policial não pode ser dispensado pelo membro do Ministério Público.

4. No caso de crime praticado contra a honra de servidor público em razão do exercício de suas funções, é concorrente a legitimidade do ofendido, mediante queixa, e do Ministério Público, condicionada à representação do ofendido.

Assinale a alternativa correta.

a) Somente a afirmativa 3 é verdadeira.

b) Somente as afirmativas 1 e 4 são verdadeiras.

c) Somente as afirmativas 2 e 3 são verdadeiras.

d) Somente as afirmativas 1, 2 e 4 são verdadeiras.

e) As afirmativas 1, 2, 3 e 4 são verdadeiras.

Resposta correta: letra "b".

(NUCEPE – Delegado de Polícia Civil – PC-PI/2018) (Adaptada) Com relação ao Direito Penal e as Súmulas do STJ e STF, é CORRETO afirmar, no entendimento sumulado que:

a) Há crime, mesmo quando ocorre a preparação do flagrante pela polícia, havendo então a prova de que ocorreu a consumação.

b) O crime de extorsão consuma-se quando se prova a obtenção da vantagem indevida.

c) Há crime de latrocínio, quando o homicídio se consuma e tenha o agente subtraído bens da vítima.

d) Não se admite continuidade delitiva nos crime contra a vida.

e) A sentença concessiva do perdão judicial é declaratória da extinção da punibilidade, subsistindo ainda efeito condenatório.

Resposta correta: letra "d".

(Cespe – Analista Judiciário – Oficial de Justiça Avaliador Federal – STJ/2018) Considerando a doutrina e a jurisprudência dos tribunais superiores acerca dos crimes em espécie, julgue o seguinte item.

Situação hipotética: Um servidor público, no exercício de suas funções, foi vítima de injúria e difamação. Assertiva: Nessa situação, será concorrente a legitimidade do servidor ofendido, mediante queixa, e do Ministério Público, condicionada à representação do ofendido, para a ação penal correspondente.

Resposta: certo.

(Vunesp – Juiz de Direito – TJ-SP/2017) A legitimidade para a propositura de ação penal por crime contra a honra de servidor público em razão do exercício de suas funções é

a) exclusiva do Ministério Público, condicionada à representação do ofendido.

b) concorrente do ofendido, mediante queixa, e do Ministério Público, condicionada à representação do ofendido.

c) concorrente do ofendido, mediante representação, e do Ministério Público, mediante ação pública incondicionada.

d) exclusiva do ofendido, mediante queixa.

Resposta correta: letra "b".

(Cespe – Delegado de Polícia Civil – PC-PE/2016) Acerca da ação penal, suas características, espécies e condições, assinale a opção correta.

a) A perempção incide tanto na ação penal privada exclusiva quanto na ação penal privada subsidiária da ação penal pública.

b) Os prazos prescricionais e decadenciais incidem de igual forma tanto na ação penal pública condicionada à representação do ofendido quanto na ação penal pública condicionada à representação do ministro da Justiça.

c) De regra, não há necessidade de a queixa-crime ser proposta por advogado dotado de poderes específicos para tal fim, em homenagem ao princípio do devido processo legal.

d) Tanto na ação pública condicionada à representação quanto na ação penal privada, se o ofendido tiver menos de vinte e um anos de idade e mais de dezoito anos de idade, o direito de queixa ou de representação poderá ser exercido por ele ou por seu representante legal.

e) É concorrente a legitimidade do ofendido, mediante queixa, e do MP, condicionada à representação do ofendido, para a ação penal por crime contra a honra de servidor público em razão do exercício de suas funções.

Resposta correta: letra "e".

(FMP – Defensor Público – DPE-PA/2015) Assinale a alternativa CORRETA.

a) Em razão de preceito constitucional, o Ministério Público é o único legitimado a ajuizar ação civil ex delicto em favor do titular do direito à reparação do dano, desde que ele seja pobre e requeira tal providência.

b) O despacho de arquivamento do inquérito policial e a sentença absolutória que decidir que o fato imputado não constitui crime são situações que impedem a propositura da ação civil ex delicto.

c) De acordo com a jurisprudência consolidada do Supremo Tribunal Federal, nos crimes praticados contra funcionários públicos em razão do exercício da função, a legitimidade para o exercício da ação penal é concorrente para o ofendido, mediante queixa, e para o Ministério Público, condicionada à representação do ofendido.

d) A ação penal privada personalíssima depende de queixa do contraente enganado e somente poderá ser intentada depois de proferida a sentença que, por motivo de erro ou impedimento, anule o casamento.

e) No processo penal atinente aos crimes previstos na Lei n° 8.078/1990, poderão propor ação penal privada subsidiária, entre outros legitimados, as associações legalmente constituídas há pelo menos um ano, e que incluam, entre seus fins institucionais, a defesa dos interesses e direitos protegidos por aquela lei, dispensada a autorização assemblear.

Resposta correta: letra "e".

(MPE-SC – Promotor de Justiça – MPE-SC/2014) Analise o enunciado da questão abaixo e assinale se ele é Certo ou Errado.

Conforme Súmula do Supremo Tribunal Federal, é concorrente a legitimidade do ofendido, mediante queixa, e do Ministério Público, condicionada à representação do ofendido, para a ação penal por crime contra a honra de servidor público em razão do exercício de suas funções.

Resposta: certo.

2.2. Crimes contra o patrimônio

2.2.1. Furto

Súmula 567-STJ

Sistema de vigilância realizado por monitoramento eletrônico ou por existência de segurança no interior de estabelecimento comercial, **por si só, não torna impossível a configuração do crime de furto**.

- **Status:** Válida.

- **Precedentes relacionados:**

"A existência de sistema de vigilância em estabelecimento comercial não constitui óbice para a tipificação do crime de furto." (STF, 1ª Turma, HC 111278/MG, Rel. orig. Min. Marco Aurélio, red. p/ o ac. Min. Luiz Roberto Barroso, julgado em 10/4/2018, Informativo n. 897).

- **Dispositivos relacionados:**

"CP, Art. 17. Não se pune a tentativa quando, por ineficácia absoluta do meio ou por absoluta impropriedade do objeto, é impossível consumar-se o crime."

Súmula 511-STJ

É possível o reconhecimento do privilégio previsto no § 2º do art. 155 do CP, nos casos de crime de furto qualificado, **se estiverem presentes a primariedade do agente, o pequeno valor da coisa e a qualificadora for de ordem objetiva**.

- **Status:** Válida.
- **Nota do autor:** Em outras palavras, é possível o chamado furto privilegiado-qualificado ("furto híbrido"), desde que estejam presentes: a) a primariedade do agente; b) o pequeno valor da coisa furtada; e c) a qualificadora for de ordem objetiva.

Súmula 442-STJ

É inadmissível aplicar, no furto qualificado, pelo concurso de agentes, a majorante do roubo.

- **Status:** Válida.

2.2.2. Roubo

Súmula 610-STF

Há crime de latrocínio, **quando o homicídio se consuma**, ainda que não se realize o agente a subtração de bens da vítima.

- **Status:** Válida.

Súmula 582-STJ

Consuma-se o crime de roubo com a inversão da posse do bem mediante emprego de violência ou grave ameaça, ainda que por breve tempo e em seguida à perseguição imediata ao agente e recuperação da coisa roubada, sendo **prescindível** a posse mansa e pacífica ou desvigiada.

- **Status:** Válida.
- **Nota do autor:** Trata-se da adoção da teoria da *amotio* ou *appreehensio* para a consumação do crime de roubo.

Súmula 443-STJ

O aumento, na terceira fase de aplicação da pena no crime de roubo circunstanciado, **exige fundamentação concreta, não sendo suficiente para a sua exasperação a mera indicação do número de majorantes**.

- **Status:** Válida.
- **Precedentes relacionados:**

> "(...) Concurso de majorantes e adoção de tabela de graduação de percentual para disciplinar a aplicação das causas de aumento de pena. Impropriedade, pois há de se dar ênfase à efetiva fundamentação da causa especial de aumento da pena, dentro dos limites previstos, com base em dados concretos. (...)" (STF, 2ª Turma, RHC 116676/MG, Rel. Min. Ricardo Lewandowski, julgado em 20/08/2013)

Súmula 174-STJ

~~No crime de roubo, a intimidação feita com arma de brinquedo autoriza o aumento da pena.~~

• **Status:** Cancelada pela 3ª Seção do STJ, no julgamento do REsp 213.054-SP, em 24/10/2001.

• **Nota do autor:** No crime de roubo, a intimidação feita com arma de brinquedo **não autoriza** o aumento da pena. Com a inclusão do § 2º-A ao art. 157 do CP, pela Lei nº 13.654/2018, apenas a **arma de fogo** autoriza a majoração, na segunda fase da dosimetria, como causa especial de aumento de pena no roubo.

• **Dispositivos relacionados:**

"CP, Art. 157. (...)

§ 2º-A. A pena aumenta-se de dois terços:

I – se a violência ou ameaça é exercida com emprego de arma de fogo;"

2.2.3. Extorsão

Súmula 96-STJ

O crime de extorsão **consuma-se independentemente da obtenção da vantagem indevida**.

• **Status:** Válida.

• **Nota do autor:** A extorsão (art. 158 do CP) consuma-se independentemente da obtenção da vantagem indevida, por se tratar de **crime formal**. A obtenção da vantagem configura mero exaurimento.

• **Dispositivos relacionados:**

"CP, Art. 158. Constranger alguém, mediante violência ou grave ameaça, e com o intuito de obter para si ou para outrem indevida vantagem econômica, a fazer, tolerar que se faça ou deixar de fazer alguma coisa:

Pena – reclusão, de quatro a dez anos, e multa."

2.2.4. Estelionato

Súmula 246-STF

Comprovado não ter havido fraude, **não** se configura o crime de emissão de cheque sem fundos.

• **Status:** Válida.

Súmula 554-STF

O pagamento de cheque emitido sem provisão de fundos, após o recebimento da denúncia, **não** obsta ao prosseguimento da ação penal.

- **Status:** Válida.

- **Nota do autor:** Assim, o pagamento de cheque emitido sem provisão de fundos, **antes** o recebimento da denúncia, **obsta** (impede) o prosseguimento da ação penal. Trata-se de regra mais favorável que o arrependimento posterior (art. 16 do CP), que é uma causa geral de diminuição de pena.

- **Dispositivos relacionados:**

"CP, Art. 16. Nos crimes cometidos sem violência ou grave ameaça à pessoa, reparado o dano ou restituída a coisa, até o recebimento da denúncia ou da queixa, por ato voluntário do agente, a pena será reduzida de um a dois terços."

"CP, Art. 171. Obter, para si ou para outrem, vantagem ilícita, em prejuízo alheio, induzindo ou mantendo alguém em erro, mediante artifício, ardil, ou qualquer outro meio fraudulento: (...)

§ 2º Nas mesmas penas incorre quem:

VI – emite cheque, sem suficiente provisão de fundos em poder do sacado, ou lhe frustra o pagamento."

Súmula 17-STJ

Quando o falso se exaure no estelionato, **sem mais potencialidade lesiva, é por este absorvido**.

- **Status:** Válida.

- **Nota do autor:** Em outras palavras, o estelionato absorverá o crime de falsidade.

Súmula 24-STJ

Aplica-se ao crime de estelionato, em que figure como vítima entidade autárquica da previdência social, a qualificadora do § 3º, do art. 171 do Código Penal.

- **Status:** Válida.

- **Nota do autor:** Trata-se do crime de estelionato contra o INSS, cuja competência é da Justiça Federal.

• **Dispositivos relacionados:**

"CP, Art. 171. Obter, para si ou para outrem, vantagem ilícita, em prejuízo alheio, induzindo ou mantendo alguém em erro, mediante artifício, ardil, ou qualquer outro meio fraudulento: (...)

§ 3º A pena aumenta-se de um terço, se o crime é cometido em detrimento de entidade de direito público ou de instituto de economia popular, assistência social ou beneficência."

Súmula 73-STJ

A utilização de papel moeda grosseiramente falsificado **configura, em tese, o crime de estelionato, da competência da Justiça Estadual**.

• **Status:** Válida.

Súmula 521-STF

O foro competente para o processo e julgamento dos crimes de estelionato, sob a modalidade da emissão dolosa de cheque sem provisão de fundos, **é o do local onde se deu a recusa do pagamento pelo sacado**.

• **Status:** Válida.

• **Nota do autor:** Cuidado para não confundir: a) **estelionato na modalidade cheque sem provisão de fundos:** a competência é do juízo do local da recusa do pagamento pelo sacado, nos termos da Súmula 521 do STF; b) **estelionato cometido mediante falsificação de cheque:** a competência é do juízo do local da obtenção da vantagem ilícita, nos termos da Súmula 48 do STJ.

• **Precedentes relacionados:**

"Súmula 48-STJ. Compete ao juízo do local da obtenção da vantagem ilícita processar e julgar crime de estelionato cometido mediante falsificação de cheque."

Súmula 244-STJ

Compete ao foro do local da recusa processar e julgar o crime de estelionato mediante cheque sem provisão de fundos.

• **Status:** Válida.

• **Nota do autor:** Cuidado para não confundir: a) **estelionato na modalidade cheque sem provisão de fundos:** a competência é do juízo do local da recusa do pagamento pelo sacado, nos termos da Súmula 521 do STF; b) **estelionato cometido mediante falsificação de cheque:** a competência é do juízo do local da obtenção da vantagem ilícita, nos termos da Súmula 48 do STJ.

• **Precedentes relacionados:**

"Súmula 48-STJ. Compete ao juízo do local da obtenção da vantagem ilícita processar e julgar crime de estelionato cometido mediante falsificação de cheque."

Súmula 48-STJ

Compete ao juízo do local da obtenção da vantagem ilícita processar e julgar crime de estelionato cometido mediante falsificação de cheque.

• **Status:** Válida.

• **Nota do autor:** Cuidado para não confundir: a) **estelionato na modalidade cheque sem provisão de fundos:** a competência é do juízo do local da recusa do pagamento pelo sacado, nos termos da Súmula 521 do STF; b) **estelionato cometido mediante falsificação de cheque:** a competência é do juízo do local da obtenção da vantagem ilícita, nos termos da Súmula 48 do STJ.

• **Precedentes relacionados:**

"Súmula 521-STF. O foro competente para o processo e julgamento dos crimes de estelionato, sob a modalidade da emissão dolosa de cheque sem provisão de fundos, é o do local onde se deu a recusa do pagamento pelo sacado."

2.2.5. Questões relacionadas

(TJ-BA – Juiz de Direito – TJ-BA/2019) Com relação aos crimes contra o patrimônio, julgue os itens que se seguem, com base no entendimento jurisprudencial.

I. A existência de sistema de vigilância por monitoramento, por impossibilitar a consumação do delito de furto, é suficiente para tornar impossível a configuração desse tipo de crime.

II. A presença de circunstância qualificadora de natureza objetiva ou subjetiva no delito de furto não afasta a possibilidade de reconhecimento do privilégio, se estiverem presentes a primariedade do agente e o pequeno valor da res furtiva.

III. Constatada a utilização de arma de fogo desmuniciada na perpetração de delito de roubo, não se aplica a circunstância majorante relacionada ao emprego de arma de fogo.

IV. No delito de estelionato na modalidade fraude mediante o pagamento em cheque, a realização do pagamento do valor relativo ao título até o recebimento da denúncia impede o prosseguimento da ação penal.

Estão certos apenas os itens

a) I e II.

b) I e III.

c) III e IV.

d) I, II e IV.

e) II, III e IV.

Resposta correta: letra "c".

(MPE-MS – Promotor de Justiça – MPE-MS/2018) Analise as proposições a seguir.

I. Segundo o Superior Tribunal de Justiça, é possível a consumação do furto em estabelecimento comercial, ainda que possua vigilância mediante câmara de vídeo em circuito interno ou realizada por seguranças.

II. Réu primário e sem antecedentes, preso em flagrante por crime de furto simples, não poderá ser beneficiado com a suspensão condicional do processo, uma vez que não se trata de crime de menor potencial ofensivo.

III. No caso de crime de furto qualificado, tratando-se de réu primário, se o objeto subtraído for de pequeno valor e a qualificadora for de ordem objetiva, será permitido o reconhecimento de furto privilegiado.

IV. O Supremo Tribunal Federal aplica a teoria da amotio quanto à consumação do furto, segundo a qual o furto se consuma no momento em que a coisa subtraída passa para o poder do agente, mesmo que em curto lapso temporal, não importando o deslocamento ou posse mansa e pacífica.

Assinale a alternativa correta.

a) Somente os itens I, III e IV estão corretos.

b) Somente os itens II e III estão corretos.

c) Somente os itens II e IV estão corretos.

d) Somente os itens I e IV estão corretos.

e) Todos os itens estão corretos.

Resposta correta: letra "a".

(UEG – Delegado de Polícia Civil – PC-GO/2018) Sobre o crime de furto, previsto no artigo 155 do Código Penal, tem-se o seguinte:

a) A lei penal admite, em certas hipóteses, ação penal pública condicionada à representação para o crime de furto.

b) O Superior Tribunal de Justiça admite a aplicação, no furto qualificado pelo concurso de agentes, da majorante do roubo.

c) O Superior Tribunal de Justiça entende que a existência de sistema de vigilância realizado por monitoramento eletrônico torna impossível a configuração do crime de furto.

d) A expressão "pequeno valor", requisito para o reconhecimento do furto privilegiado, equivale, na jurisprudência, a "valor insignificante".

e) A jurisprudência do Superior Tribunal de Justiça não admite o reconhecimento do privilégio nas hipóteses de furto qualificado.

Resposta correta: letra "a".

(Cespe – Juiz de Direito – TJ-CE/2018) Um homem, maior de idade e capaz, conduzia em seu veículo três comparsas armados com revólveres: eles pretendiam praticar um roubo. Avistaram um caminhão de cargas estacionado em um posto de gasolina e, aproveitando-se da distração do motorista, os três comparsas abordaram-no com violência e subtraíram parte da carga de computadores e notebooks. Os quatro foram presos logo em seguida e os bens foram restituídos à vítima. Em julgamento, o homem que transportava os comparsas confessou a conduta e informou que o seu papel na empreitada criminosa era somente aguardar os comparsas e propiciar a fuga. Foi informado nos autos que o réu respondia a processo por crime de roubo, o que foi considerado como antecedente. Na sentença, ele foi condenado a nove anos e quatro meses de reclusão. Ao analisar a dosimetria da pena, o juiz considerou que a culpabilidade estava comprovada nos autos, tendo afirmado que "a conduta do réu é altamente reprovável, sua personalidade é voltada para o crime; os motivos e as circunstâncias do crime não o favoreceram; as consequências do crime revelaram-se graves e as vítimas em nada contribuíram para o seu cometimento". Como a situação econômica do réu lhe era desfavorável, ele foi assistido pela defensoria pública.

Acerca dos fundamentos da sentença proferida na situação hipotética apresentada, assinale a opção correta, considerando a jurisprudência dos tribunais superiores.

a) O fato de o réu estar respondendo a processo por crime de roubo enseja o agravamento da pena-base.

b) A pena imposta ao réu deve ser reduzida com fundamento na participação de menor importância, dado que ele não estava armado e não participou diretamente da ação de subtração.

c) As razões apresentadas pelo juiz para analisar a dosimetria da pena são todas inidôneas para fundamentar acréscimos na pena-base.

d) A confissão do réu é uma circunstância atenuante que implica a redução da pena para menos do mínimo legal previsto para o caso em tela.

e) Em caso de crime de roubo circunstanciado, a indicação do número de majorantes basta para o aumento da pena na segunda fase da dosimetria.

Resposta correta: letra "c".

(UEG – Delegado de Polícia Civil – PC-GO/2018) Sobre a jurisprudência do Superior Tribunal de Justiça, verifica-se o seguinte:

a) O crime de extorsão consuma-se com a obtenção da vantagem indevida.

b) Compete à justiça comum federal processar e julgar crime em que o indígena figure como autor ou vítima.

c) Admite-se a extinção da punibilidade pela prescrição virtual ou em perspectiva.

d) A competência para processar e julgar o crime de uso de documento falso é firmada em razão da qualificação do respectivo órgão expedidor.

e) Havendo conexão entre um crime federal e um crime estadual, prevalece a competência da justiça federal.

Resposta correta: letra "e".

(Vunesp – Juiz de Direito – TJ-SP/2018) Quanto ao crime de estelionato, assinale a alternativa correta.

a) O estelionato na modalidade fraude para recebimento de indenização do seguro, crime de atividade formal, prescinde, para a consumação, da obtenção da vantagem ilícita em prejuízo alheio.

b) A pena aumenta-se de 1/3 (um terço), se o crime é cometido em detrimento de entidade de direito público ou instituto de economia popular, assistência social ou beneficência, excluindo-se entidades autárquicas da Previdência Social que são regidas por lei própria.

c) O pagamento de cheque emitido sem provisão de fundos, antes do recebimento da denúncia, não obsta a propositura da ação penal.

d) Configura crime de estelionato na modalidade fraude no pagamento por meio de cheque sem previsão de fundos a cártula emitida para pagamento de dívida preexistente.

Resposta correta: letra "a".

(Vunesp – Defensor Público – DPE-RO/2017) Assinale a assertiva que espelha entendimento já sumulado pelo Superior Tribunal de Justiça.

a) Compete ao foro do local da emissão do cheque processar e julgar o crime de estelionato mediante cheque sem provisão de fundos.

b) A pronúncia é causa suspensiva da prescrição, ainda que o Tribunal do Júri venha a desclassificar o crime.

c) Compete à Justiça Federal processar e julgar Prefeito Municipal por desvio de verba sujeita a prestação de contas perante órgão federal.

d) A competência para processar e julgar o crime de uso de documento falso é firmada em razão da qualificação do órgão expedidor do documento em questão.

e) A participação de membro do Ministério Público na fase investigatória criminal acarreta o seu impedimento ou suspeição para o oferecimento da denúncia.

Resposta correta: letra "c".

(IBEG – Procurador Municipal – Prefeitura de Teixeira de Freitas – BA/2016) Qual dos enunciados abaixo não corresponde a entendimento jurisprudencial consagrado em Súmulas de Tribunais Superiores:

a) "é inadmissível aplicar, no furto qualificado, pelo concurso de agentes, a majorante do roubo."

b) "o crime de extorsão consuma-se independentemente da obtenção da vantagem indevida".

c) "no crime de roubo, a intimidação feita com arma de brinquedo autoriza o aumento da pena"

d) "há crime de latrocínio, quando o homicídio se consuma, ainda que não realize o agente a subtração dos bens da vítima".

e) "Quando o falso se exaure no estelionato, sem mais potencialidade lesiva, é por este absorvido"

Resposta correta: letra "c".

(MPE-SC – Promotor de Justiça – MPE-SC/2016) Em relação à dosimetria, segundo consta no entendimento da Súmula 443 do Superior Tribunal de Justiça, o aumento na terceira fase de aplicação da pena no crime de roubo circunstanciado não exige fundamentação efetiva, sendo suficiente para sua exasperação a indicação da quantidade de majorantes.

Resposta: errado.

(TJ-DFT – Juiz de Direito – TJ-DFT/2015) No que se refere aos crimes contra o patrimônio, assinale a opção correta à luz da jurisprudência do STJ e do STF.

a) Caso haja concurso de agentes em crime de furto qualificado, deve ser aplicada, por analogia, a causa de aumento de pena referente ao crime de roubo.

b) No crime de roubo, para que seja aplicado o aumento de pena por emprego de arma de fogo, é imprescindível que tenham sido realizadas a apreensão e a perícia no artefato utilizado no crime.

c) Se o agente for primário, a coisa for de valor reduzido e a qualificadora incidente for de ordem objetiva, será permitido o reconhecimento de furto privilegiado nos casos de crime de furto qualificado.

d) O crime de uso de documento falso será absorvido pelo crime de estelionato sempre que ambos forem praticados no mesmo contexto, ainda que o dano provocado ao patrimônio da vítima também alcance outros bens jurídicos.

e) Pode ocorrer o reconhecimento da insignificância da conduta em furto praticado com o rompimento de obstáculo.

Resposta correta: letra "c".

(FAPEC – Promotor de Justiça – MPE-MS/2015) Analise as proposições abaixo:

I – O crime de roubo próprio, previsto no art. 157, caput, do Código Penal, consuma-se com a subtração da coisa sem grave ameaça ou violência, vindo o agente a empregá-las posteriormente contra a vítima, com o fim de assegurar a impunidade do crime ou a detenção da coisa para si ou terceira pessoa.

II – O emprego de "gazuas", "mixas", ou qualquer outro instrumento sem a forma de chave, mesmo que apto a abrir fechadura, não qualifica o delito de furto.

III – A incidência da majorante do emprego de arma de fogo no roubo não prescinde da apreensão e da perícia para verificação de seu potencial lesivo.

IV – Responde por tentativa de latrocínio tentado o agente que não consegue subtrair a coisa alheia móvel, mas elimina a vida da vítima.

Assinale a alternativa correta:

a) Todas as proposições estão corretas.

b) Todas as proposições estão incorretas.

c) Somente a proposição II está correta.

d) Somente a assertiva III está incorreta.

e) Somente as assertivas I e III estão corretas.

Resposta correta: letra "b".

(TRT 6ª Região – Juiz do Trabalho – TRT 6ª Região/2015) Segundo entendimento sumulado dos Tribunais Superiores,

a) não se aplica ao crime de estelionato, em que figure como vítima entidade autárquica da Previdência Social, a qualificadora de o delito ser cometido em detrimento de entidade de direito público ou de instituto de economia popular, assistência social ou beneficência.

b) o pagamento do cheque emitido sem provisão de fundos, após o recebimento da denúncia, obsta o prosseguimento da ação penal.

c) configura-se o crime de estelionato na modalidade de emissão de cheque sem fundos ainda que não demonstrada fraude.

d) a utilização de papel-moeda grosseiramente falsificado não configura, nem mesmo em tese, o crime de estelionato.

e) quando o falso se exaure no estelionato, sem mais potencialidade lesiva, é por este absorvido.

Resposta correta: letra "c".

(IESES – Analista Judiciário – Área Judiciária – TRE-MA/2015) Quanto aos crimes contra a fé pública, é correto afirmar:

a) A conduta descrita no crime de falsidade ideológica é omitir, em documento público ou particular, declaração que dele devia constar, ou nele inserir ou fazer inserir declaração falsa ou diversa da que devia ser escrita com o fim de prejudicar direito, criar obrigação ou alterar a verdade sobre qualquer fato.

b) Pratica o crime de moeda falsa o agente que falsificar, fabricando ou alterando moeda metálica ou papel-moeda de curso legal no país ou no estrangeiro, porém, a utilização de papel-moeda grosseiramente falsificado configura, em tese, o crime de estelionato, da competência da Justiça Estadual.

c) O crime de falso reconhecimento de firma ou letra possui pena de detenção, de 1 (um) a 5 (cinco) anos ou multa.

d) O crime de adulteração de sinal identificador de veículo automotor, possui como conduta adulterar, remarcar ou retirar número de chassi ou qualquer sinal identificador de veículo automotor.

Resposta correta: letra "b".

(PGR – Procurador da República – PGR/2015) Tratando-se de moeda falsa, assinale a alternativa incorreta:

a) A utilização de papel-moeda grosseiramente falsificado configura, em tese, o crime de estelionato;

b) Fabricar petrechos para falsificação de moeda é crime mais grave do que fabricar papel- moeda falso;

c) A emissão de título ao portador sem permissão legal constitui infração de menor potencial ofensivo;

d) Ambas as Turmas do Supremo Tribunal Federal já consolidaram o entendimento de que é inaplicável o princípio da insignificância aos crimes de moeda falsa, em que objeto de tutela da norma a fé pública e a credibilidade do sistema financeiro, não sendo determinante para a tipicidade o valor posto em circulação.

Resposta correta: letra "b".

(IBFC – Papiloscopista Policial de 3ª Classe – PC-RJ/2014) Acerca do crime de furto privilegiado, assinale a alternativa que corresponde ao entendimento sumulado pelo Superior Tribunal de Justiça:

a) É possível o reconhecimento do privilégio previsto no § 2º do art. 155 do Código Penal apenas nos casos de crime de furto simples, se estiverem presentes a primariedade do agente e o pequeno valor da coisa.

b) É possível o reconhecimento do privilégio previsto no § 2º do art. 155 do Código Penal nos casos de crime de furto qualificado, se estiverem presentes a primariedade do agente, o pequeno valor da coisa e a qualificadora for de ordem objetiva.

c) É possível o reconhecimento do privilégio previsto no § 2º do art. 155 do Código Penal apenas nos casos de crime de furto simples, sendo a coisa de pequeno valor, independentemente da primariedade do agente.

d) É possível o reconhecimento do privilégio previsto no § 2º do art. 155 do Código Penal nos casos de crime de furto qualificado, se estiverem presentes a primariedade do agente, o pequeno valor da coisa e a qualificadora for de ordem subjetiva.

e) É possível o reconhecimento do privilégio previsto no § 2º do art. 155 do Código Penal nos casos de crime de furto qualificado, sendo a coisa de pequeno valor, independentemente da primariedade do agente e da característica da qualificadora.

Resposta correta: letra "b".

(IBFC – Titular de Serviços de Notas e de Registros – Provimento – TJ-PR/2014) Em relação às Súmulas do Superior Tribunal de Justiça, em matéria de direito processual penal, assinale a incorreta:

a) Intimada a defesa da expedição da carta precatória, torna-se se desnecessária intimação da data da audiência no juízo deprecado.

b) Encerrada a instrução criminal, fica superada a alegação de constrangimento por excesso de prazo.

c) A participação de membro do Ministério Público na fase investigatória criminal acarreta o seu impedimento ou suspeição para o oferecimento da denúncia.

d) Compete ao foro do local da recusa processar e julgar o crime de estelionato mediante cheque sem provisão de fundos.

Resposta correta: letra "c".

(MPE-GO – Promotor de Justiça – MPE-GO/2013) Sobre a competência em matéria processual penal é correto afirmar que:

a) compete ao juízo da infância e da juventude, em razão do princípio da proteção integral, o processamento e julgamento de réu, maior de 18 (dezoito) anos, que pratique crime de estupro de vulnerável (art. 217-A, do Código Penal).

b) no crime de peculato-desvio, compete ao foro do local para o qual foram destinados os recursos desviados, e não ao foro do local onde efetivamente ocorreu o desvio de recursos públicos, o processamento e julgamento da respectiva ação penal.

c) tanto pelo Supremo Tribunal Federal, como também pelo Superior Tribunal de Justiça, constitui jurisprudência sumulada que o foro competente para o processo e o julgamento dos crimes de estelionato, sob a modalidade da emissão dolosa de cheque sem provisão de fundos, é o do local onde o agente aufere a vantagem indevida.

d) nos processos por crime contra a honra, em que for querelante pessoa detentora de foro especial por prerrogativa de função, quando oposta e admitida a exceção da verdade, será esta última julgada pelo juízo especial, que teria competência para julgar a suposta vítima do crime contra honra (querelante).

Resposta correta: letra "d".

(NC-UFPR – Juiz de Direito – TJ-PR/2013) Assinale a alternativa correta:

a) No que se refere ao furto de coisa comum, é punível a subtração de coisa comum fungível, ainda que o valor não exceda a quota a que tem direito o agente.

b) É inadmissível aplicar, no furto qualificado, pelo concurso de agentes, a majorante do roubo.

c) O aumento na terceira fase de aplicação da pena no crime de roubo circunstanciado exige fundamentação concreta, sendo suficiente para a sua exasperação, entretanto, a mera indicação do número de majorantes.

d) É admissível a extinção da punibilidade pela prescrição da pretensão punitiva com fundamento em pena hipotética.

Resposta correta: letra "b".

(Cespe – Defensor Público – DPE-DF/2013) Julgue os seguintes itens, relativos aos crimes de porte ilegal de arma de fogo, roubo e falsificação. Conforme a mais recente jurisprudência do STF, o crime de roubo se consuma quando o agente, depois de cessada a violência ou a grave ameaça, tem a posse pacífica e desvigiada da coisa subtraída.

Resposta: errado.

(TJ-PR – Assessor Jurídico – TJ-PR/2013) Quanto a delitos em espécie, assinale a alternativa INCORRETA.

a) Quando o falso se exaure no estelionato, sem mais potencialidade lesiva, é por este absorvido.

b) Aplica-se ao crime de estelionato, em que figure como vítima entidade autárquica da previdência social, a qualificadora do § 3.º do art. 171 do Código Penal.

c) A utilização de papel moeda grosseiramente falsificado não configura, em tese, o crime de estelionato, da competência da Justiça Estadual.

d) O crime de extorsão consuma-se independentemente da obtenção da vantagem indevida.

Resposta correta: letra "c".

(MPE-SP – Promotor de Justiça – MPE-SP/2012) Considere:

I. No crime de extorsão mediante sequestro (art. 159, CP), a consumação do crime ocorre com o recebimento do preço do resgate.

II. O consentimento válido do ofendido exclui o delito de sequestro e cárcere privado (art. 148, CP).

III. O crime de extorsão (art. 158, CP) consuma-se independentemente da obtenção da vantagem indevida.

IV. O crime de sequestro e cárcere privado (art. 148, CP) consuma-se quando o sujeito passivo fica privado de sua liberdade de locomoção.

V. O delito de extorsão mediante sequestro (art. 159, CP) é delito continuado, prolongando-se no tempo o seu momento consumativo.

Está correto o que se afirma APENAS em

a) I e II.

b) II, IV e V.

c) I, III e V.

d) II, III e V.

e) II, III e IV.

Resposta correta: letra "e".

(NC-UFPR – Juiz de Direito – TJ-PR/2012) Levando-se em conta uma denúncia que imputa ao réu a prática dos crimes de falsidade documental e estelionato, como deve agir o Magistrado em caso de sentença condenatória?

a) Condenar o réu pela prática de ambos os crimes, em concurso material, somando-se a pena dos dois crimes.

b) Condenar o réu pelo crime de falso, eis que esse é o delito pelo qual se chegou ao estelionato, afastando a condenação por esse último.

c) Condenar o réu por ambos os crimes, em concurso material, aplicando somente a pena do crime mais grave, aumentando- se de até metade diante do concurso.

d) Condenar o réu apenas pelo crime de estelionato, pois quando o falso se exaure nesse delito sem mais potencialidade lesiva, é por ele absorvido e se aplica apenas a pena do estelionato, não havendo concurso material.

Resposta correta: letra "d".

(MPE-MT – Promotor de Justiça – MPE-MT/2012) Consoante entendimento do Superior Tribunal de Justiça, analise as assertivas abaixo.

I – Compete ao juízo do local da obtenção da vantagem ilícita processar e julgar crime de estelionato cometido mediante falsificação de cheque.

II – Compete à Justiça Estadual comum, na vigência da Constituição de 1988, o processo por contravenção penal, exceto se praticada em detrimento de bens, serviços ou interesse da União ou de suas entidades.

III – Compete ao foro do local da recusa processar e julgar o crime de estelionato mediante cheque sem provisão de fundos.

IV – Excluído do feito o ente federal, cuja presença levara o juiz estadual a declinar da competência, deve o juiz federal suscitar o conflito.

V – Compete à Justiça Comum estadual processar e julgar delito decorrente de acidente de trânsito envolvendo viatura de polícia militar, salvo se autor e vítima forem policiais militares em situação de atividade.

Está correto o que se afirma em:

a) I, III e V, apenas.

b) I e III, apenas.

c) I, II e III, apenas.

d) II, IV e V, apenas.

e) I, III, IV e V, apenas.

Resposta correta: letra "a".

(FCC – Juiz de Direito – TJ-PE/2011) De acordo com entendimento sumulado do Superior Tribunal de Justiça, o aumento na terceira fase de aplicação da pena no crime de roubo circunstanciado exige fundamentação concreta e não pode decorrer unicamente da indicação

a) da gravidade abstrata do delito.

b) da circunstância de o acusado responder a outras ações penais.

c) da reincidência do réu.

d) da consumação ou não do delito.

e) do número de majorantes.

Resposta correta: letra "e".

2.3. Crimes contra a propriedade imaterial

2.3.1. Violação de direito autoral

Súmula 574-STJ

Para a configuração do delito de violação de direito autoral e a comprovação de sua materialidade, **é suficiente a perícia realizada por amostragem do produto apreendido, nos aspectos externos do material**, e **é desnecessária a identificação dos titulares dos direitos autorais violados ou daqueles que os representem**.

- **Status:** Válida.

- **Dispositivos relacionados:**

"CP, Art. 184. Violar direitos de autor e os que lhe são conexos:

Pena – detenção, de três meses a um ano, ou multa.

(...)

§ 1º Se a violação consistir em reprodução total ou parcial, com intuito de lucro direto ou indireto, por qualquer meio ou processo, de obra intelectual, interpretação, execução ou fonograma, sem autorização expressa do autor, do artista intérprete ou executante, do produtor, conforme o caso, ou de quem os represente:

Pena – reclusão, de dois a quatro anos, e multa.

§ 2º Na mesma pena do § 1º incorre quem, com o intuito de lucro direto ou indireto, distribui, vende, expõe à venda, aluga, introduz no País, adquire, oculta, tem em depósito, original ou cópia de obra intelectual ou fonograma reproduzido com violação do direito de autor, do direito de artista intérprete ou executante ou do direito do produtor de fonograma, ou, ainda, aluga original ou cópia de obra intelectual ou fonograma, sem a expressa autorização dos titulares dos direitos ou de quem os represente."

Súmula 502-STJ

Presentes a materialidade e a autoria, **afigura-se típica**, em relação ao crime previsto no artigo 184, parágrafo 2º, do Código Penal, a conduta de expor à venda CDs e DVDs piratas.

- **Status:** Válida.
- **Nota do autor:** Em outras palavras, a conduta de expor à venda CDs e DVDs piratas configura sim o crime de violação de direito autoral, previsto no § 2º do art. 184 do CP.
- **Dispositivos relacionados:**

"CP, Art. 184. Violar direitos de autor e os que lhe são conexos:

Pena – detenção, de três meses a um ano, ou multa.

(...)

§ 1º Se a violação consistir em reprodução total ou parcial, com intuito de lucro direto ou indireto, por qualquer meio ou processo, de obra intelectual, interpretação, execução ou fonograma, sem autorização expressa do autor, do artista intérprete ou executante, do produtor, conforme o caso, ou de quem os represente:

Pena – reclusão, de dois a quatro anos, e multa.

§ 2º Na mesma pena do § 1º incorre quem, com o intuito de lucro direto ou indireto, distribui, vende, expõe à venda, aluga, introduz no País, adquire, oculta, tem em depósito, original ou cópia de obra intelectual ou fonograma reproduzido com violação do direito de autor, do direito de artista intérprete ou executante ou do direito do produtor de fonograma, ou, ainda, aluga original ou cópia de obra intelectual ou fonograma, sem a expressa autorização dos titulares dos direitos ou de quem os represente."

2.3.2. Questões relacionadas

(Cespe – Delegado de Polícia Civil – PC-MA/2018) Assinale a opção correta no que se refere aos crimes contra a propriedade imaterial.

a) A violação de direito autoral qualificada se configura com o dolo genérico.

b) O plágio de obras literárias, científicas ou artísticas é regido por lei própria, não sendo abrangido pelo tipo de violação de direito autoral nas suas formas simples ou qualificadas.

c) A materialidade do crime de violação de direito autoral pode ser provada mediante perícia por amostragem sobre os aspectos externos do material apreendido.

d) A absolvição do réu no crime de violação de direito autoral é possível com base na teoria da adequação social e no princípio da insignificância.

e) A violação de direitos autorais é crime processado mediante ação pública condicionada à representação, quando cometida na forma simples.

Resposta correta: letra "c".

(Vunesp – Advogado – CRBio 1º Região/2017) Em busca e apreensão realizada pela Autoridade Policial em uma copiadora, apreendeu-se quantidade significativa de cópias de obra intelectual (livro), expostas à venda, reproduzidas sem autorização do autor ou titular dos direitos autorais. Foi lavrado termo, assinado por 02 (duas) testemunhas, com descrição de todos os bens apreendidos. Subsequente à apreensão, parte do material foi submetida à perícia, por pessoa tecnicamente habilitada, sendo confeccionado o laudo, conclusivo quanto à violação de direito autoral. Oferecida a denúncia pelo Ministério Público em face do proprietário da copiadora, pelo crime previsto no art. 184, § 2° , do CP (apenado com reclusão de 2 a 4 anos), o Juiz a recebeu, tendo determinado a citação do acusado, para apresentar resposta à acusação, em 10 (dez) dias. A associação da qual o titular dos direitos autorais do livro indevidamente copiado é associado, após regular pedido, foi habilitada como assistente de acusação.

A respeito do caso hipotético, de acordo com o Código de Processo Penal e entendimento consolidado dos Tribunais Superiores, é correto afirmar que

a) a perícia realizada em parte do material apreendido, por amostragem, é suficiente para evidenciar a materialidade do crime de violação autoral.

b) a perícia realizada no material apreendido é imprestável para evidenciar a materialidade do crime de violação autoral, já que não realizada por perito oficial.

c) errou o Juiz da causa ao determinar a citação do acusado para apresentação de resposta à acusação, pois, conforme expressamente dispõe o Código de Processo Penal, o procedimento comum não se aplica ao processo de julgamento de crimes contra a propriedade imaterial.

d) nos crimes contra a propriedade imaterial, processáveis por ação penal privada, a busca e apreensão será realizada por dois peritos, nomeados pela Autoridade Policial.

e) errou o Juiz da causa ao habilitar a associação como assistente da acusação, pois somente a vítima, em nome próprio, pode exercer referido papel.

Resposta correta: letra "a".

(FAPEMS – Delegado de Polícia Civil – PC-MS/2017) Considerando as teses sumuladas pelo Superior Tribunal de Justiça quanto aos crimes contra o patrimônio e contra a propriedade intelectual, assinale a alternativa correta.

a) Admite-se a adoção do princípio da adequação social para tornar atípica a conduta de expor à venda CDs e DVDs piratas, embora comprovada a materialidade da infração.

b) À configuração do delito de violação de direito autoral com provação de sua materialidade, é suficiente a perícia realizada por amostragem do produto apreendido, nos aspectos externos do material, sendo dispensável a identificação dos titulares dos direitos violados.

c) O aumento de pena no crime de roubo circunstanciado não exige fundamentação concreta, sendo suficiente para a exasperação a mera indicação do número de majorantes.

d) A existência de sistema de vigilância eletrônica no interior de estabelecimento comercial já é suficiente para tornar impossível a consumação do crime de furto.

e) A consumação do crime de roubo não ocorre só com a inversão da posse, do bem subtraído mediante violência ou grave ameaça, sendo imprescindível a posse mansa e pacífica.

Resposta correta: letra "b".

(Cespe – Juiz de Direito – TJ-DFT/2016) Acerca da jurisprudência sumulada do STJ em matéria penal, assinale a opção correta.

a) O delito de corromper menor de dezoito anos, com ele praticando infração penal ou induzindo-o a praticá-la, é crime formal, cuja configuração independe da prova de efetiva corrupção do menor.

b) O reconhecimento do privilégio previsto para o furto simples nos casos de crime de furto qualificado é inadmissível, mesmo que o criminoso seja primário, a coisa furtada seja de pequeno valor e a qualificadora seja de ordem objetiva.

c) É admissível a fixação de pena substitutiva prevista no art. 44 do CP, como condição especial ao regime aberto, nos termos da súmula 493.

d) Por adequação social, nos termos da súmula 502, ainda que presentes a materialidade e a autoria, nos termos da, súmula 502, a conduta de expor à venda CDs e DVDs piratas, não tipifica o crime em relação ao direito autoral previsto no art. 184, § 2.º, do CP.

e) A causa de aumento de pena pelo concurso de agentes, prevista para o crime de roubo, é aplicável para o crime de furto qualificado.

Resposta correta: letra "a".

(IBFC – Papiloscopista Policial – PC-RJ/2014) Segundo o entendimento sumulado pelo Superior Tribunal de Justiça, aquele que expõe à venda CDs e DVDs piratas prática:

a) Crime de violação de direito autoral, previsto no art. 184, § 2º, do Código Penal.

b) Contravenção Penal de exercício irregular da profissão, prevista no artigo 47 da Lei de Contravenções Penais.

c) Crime de concorrência desleal, previsto no artigo 195, da Lei nº 9.279/96.

d) Crime contra as relações de consumo, previsto no artigo 7º da Lei nº 8.137/90.

e) Não pratica crime algum, pois a conduta caracteriza livre exercício de trabalho ou profissão.

Resposta correta: letra "a".

(Cespe – Titular de Serviços de Notas e de Registros – TJ-RR/2013) A respeito dos princípios aplicáveis ao direito penal, assinale a opção correta.

a) O princípio da irrelevância penal do fato diz respeito à teoria da pena, sendo causa de exclusão da punição concreta do fato.

b) De acordo com o entendimento pacificado no STJ e no STF, a venda de CDs e DVDs piratas é conduta atípica, devido à incidência do princípio da adequação social.

c) Dado o princípio da fragmentariedade, o direito penal só deve ser utilizado quando insuficientes as outras formas de controle social.

d) Decorre do princípio da ofensividade a vedação ao legislador de criminalizar condutas que causem potencial lesão a bem jurídico relevante.

e) De acordo com o entendimento do STF, para a incidência do princípio da insignificância, basta que a conduta do agente tenha mínima ofensividade.

Resposta correta: letra "a".

2.4. Crimes contra a dignidade sexual

2.4.1. Estupro

Súmula 608-STF

No crime de estupro praticado mediante violência real, a ação penal é pública incondicionada.

• **Status:** Válida em razão do julgamento pelo STF no HC 1.253.60/RJ, em 2018.

• **Nota do autor:** Segundo o STF, a Súmula 608 permanece válida, mesmo após o advento da Lei nº 12.015/2009, que deu nova redação aos crimes contra a dignidade sexual. Nesse sentido: STF, 1ª Turma, HC 125.360/RJ, Rel. Min. Marco Aurélio, Rel. p/ acórdão Min. Alexandre de Moraes, julgado em 27/02/2018. Inspirado por esse entendimento do STF, o legislador infraconstitucional editou a Lei 13.718, de 24 de setembro de 2018, que deu nova redação ao art. 225 do Código Penal para definir que os crimes previstos no Capítulo I e II do Título referente aos crimes contra a dignidade sexual passam a ser de ação penal pública incondicionada. A lei também revogou o parágrafo único do art. 225 do CP. Compare a redação:

Antes da Lei 13.718/2018	Depois da Lei 13.718/2018
"Art. 225. Nos crimes definidos nos Capítulos I e II deste Título, procede-se mediante ação penal pública condicionada à representação. Parágrafo único. Procede-se, entretanto, mediante ação penal pública incondicionada se a vítima é menor de 18 anos ou pessoa vulnerável."	"Art. 225. Nos crimes definidos nos Capítulos I e II deste Título, procede-se mediante ação penal pública incondicionada. Parágrafo único. (Revogado pela Lei nº 13.718, de 2018)."

• **Precedentes relacionados:**

"A ação penal nos crimes contra a liberdade sexual praticados mediante violência real, antes ou depois do advento da Lei 12.015/2009, tem natureza pública incondicionada. O Supremo Tribunal Federal, diante da constatação de que os delitos de estupro, em parcela significativa, são cometidos mediante violência, e procurando amparar, mais ainda, a honra das vítimas desses crimes, aderiu à posição de crime de ação pública incondicionada, que veio a ser cristalizada na Súmula 608, em pleno vigor. Para fins de caracterização de violência real em crimes de estupro, é dispensável a ocorrência de lesões corporais (...)." (STF, 1ª Turma, HC 125.360/RJ, Rel. Min. Marco Aurélio, Rel. p/ acórdão Min. Alexandre de Moraes, julgado em 27/02/2018)

Súmula 593-STJ

O crime de estupro de vulnerável **se configura com a conjunção carnal ou prática de ato libidinoso com menor de 14 anos**, sendo **irrelevante** eventual consentimento da vítima para a prática do ato, sua experiência sexual anterior ou existência de relacionamento amoroso com o agente.

• **Status:** Válida.

• **Nota do autor:** O crime de estupro de vulnerável está previsto no art. 217-A do CP.

• **Dispositivos relacionados:**

"CP, Art. 217-A. Ter conjunção carnal ou praticar outro ato libidinoso com menor de 14 anos:

Pena – reclusão, de oito a quinze anos."

2.4.2. Questões relacionadas

(Cespe – Promotor de Justiça – MPE-PI/2019) A respeito de crimes contra a dignidade sexual, assinale a opção correta.

a) Para a configuração do crime de estupro de vulnerável, é relevante, na avaliação da atipicidade da conduta, averiguar a existência de relacionamento amoroso entre a vítima e o agente.

b) O STJ pacificou o entendimento de que, com o advento do Estatuto da Pessoa com Deficiência, eventual consentimento da vítima afasta a tipicidade do estupro de vulnerável.

c) Em regra, o crime de importunação sexual pode ter como agente passivo pessoa vulnerável, dados a especificidade da conduta e seu caráter de crime não subsidiário.

d) Caracteriza o crime de assédio sexual a conduta de médico ginecologista que, durante atendimento, pratica ato libidinoso contra paciente, aproveitando-se do consentimento dado por ela para a realização de exame ginecológico.

e) Em se tratando de crime de estupro em que a vítima seja maior de dezoito anos de idade e plenamente capaz, a ação penal é pública incondicionada, ainda que não tenha ocorrido violência real na prática do crime.

Resposta correta: letra "e".

(FCC – Defensor Público – DPE-AP/2018) Conforme o ordenamento penal pátrio e o entendimento dos tribunais superiores:

a) Compete à Justiça Estadual do local do upload processar e julgar os crimes consistentes em disponibilizar ou adquirir material pornográfico envolvendo criança ou adolescente (arts. 241, 241-A e 241-B da Lei nº 8.069/1990) quando praticados por meio da rede mundial de computadores.

b) Para a configuração do crime de corrupção de menores, atual artigo 244-B do Estatuto da Criança e do Adolescente, se faz necessária a prova da efetiva corrupção do menor, uma vez que se trata de delito material, cujo bem jurídico tutelado pela norma visa, sobretudo, a impedir que o maior imputável induza ou facilite a inserção ou a manutenção do menor na esfera criminal.

c) Não configura o crime de corrupção de menores na hipótese em que o maior imputável pratica com o menor a infração penal ou induz a praticá-la, quando o adolescente possui outros antecedentes infracionais, pois, a cada nova prática criminosa em que o menor participa não ser pode falar de um aumento da degradação de sua personalidade.

d) Para a caracterização do crime de estupro de vulnerável previsto no art. 217-A, caput, do Código Penal, basta que o agente tenha conjunção carnal ou pratique qualquer ato libidinoso com pessoa menor de 14 anos. O consentimento da vítima, sua eventual experiência sexual anterior ou a existência de relacionamento amoroso entre o agente e a vítima não afastam a ocorrência do crime.

e) Ocorre erro de tipo no crime de corrupção de menores, não cabendo à defesa apresentar elementos probatórios capazes de sustentar a alegação de desconhecimento do acusado acerca da menoridade do coautor.

Resposta correta: letra "d".

(FCC – Promotor de Justiça – MPE-PB/2018) João e Maria, com 18 e 13 anos de idade, respectivamente, iniciaram relacionamento amoroso que culminou em relações sexuais consensuais. Inconformado com o fato, o pai de Maria procura a autoridade policial e solicita a instauração de inquérito policial contra João por entender que sua filha está sendo vítima de abuso sexual. No âmbito do direito penal,

a) João praticou o crime de satisfação de lascívia contra pessoa menor de 14 anos.

b) a existência de relacionamento amoroso entre o casal torna a conduta de João atípica.

c) o consentimento de Maria à conjunção carnal torna o crime de estupro impossível.

d) comprovado que Maria tinha experiência sexual anterior, João praticou o crime de estupro privilegiado.

e) João praticou o crime de estupro de vulnerável.

Resposta correta: letra "e".

2.5. Crimes contra a fé pública

2.5.1. Uso de documento falso

Súmula 546-STJ

A competência para processar e julgar o crime de uso de documento falso **é firmada em razão da entidade ou órgão ao qual foi apresentado o documento público**, não importando a qualificação do órgão expedidor.

- **Status:** Válida.
- **Nota do autor:** O crime de uso de documento falso está previsto no art. 304 do CP.
- **Dispositivos relacionados:**

"CP, Art. 304. Fazer uso de qualquer dos papéis falsificados ou alterados, a que se referem os arts. 297 a 302:

Pena – a cominada à falsificação ou à alteração."

2.5.2. Falsa identidade

Súmula 522-STJ

A conduta de atribuir-se falsa identidade perante autoridade policial **é típica**, ainda que em situação de alegada autodefesa.

- **Status:** Válida.
- **Nota do autor:** O crime de falsa identidade está previsto no art. 307 do CP.
- **Dispositivos relacionados:**

"CP, Art. 307. Atribuir-se ou atribuir a terceiro, falsa identidade, para obter vantagem, em proveito próprio ou alheio, ou para causar dano a outrem:

Pena – detenção, de três meses a um ano, ou multa, se o fato não constitui elemento de crime mais grave."

2.5.3. Questões relacionadas

(Fundatec – Procurador Legislativo – AL-RS/2018) Em relação à competência, é correto afirmar que:

a) A competência para processar e julgar o crime de uso de documento falso é firmada em razão da entidade ou órgão ao qual foi apresentado o documento público, não importando a qualificação do órgão expedidor.

b) A competência constitucional do Tribunal do Júri prevalece sobre o foro por prerrogativa de função estabelecido exclusivamente pela Constituição estadual, somente se o crime não for no exercício da função.

c) A competência para julgar, nos crimes comuns, juízes do trabalho no exercício da função é do Tribunal Regional do Trabalho ao qual o magistrado está subordinado, segundo alteração trazida pela Emenda Constitucional 45.

d) Segundo posição sumular, é absoluta a nulidade decorrente da inobservância da competência penal por prevenção.

e) Havendo conexão entre crimes eleitorais e crimes comuns, prevalecerá a competência eleitoral para os crimes eleitorais e a competência da justiça federal para os crimes comuns, ocorrendo, obrigatoriamente, a separação dos processos.

Resposta correta: letra "a".

(Fundatec – Delegado de Polícia – PC-RS/2018) Acerca do entendimento jurisprudencial dos Tribunais Superiores, assinale a alternativa correta.

a) A competência para processar e julgar o crime de uso de documento falso é firmada em razão da qualificação do órgão expedidor, não importando a entidade ou órgão ao qual foi apresentado o documento público.

b) Compete à Justiça Comum Federal processar e julgar crime de estelionato praticado mediante falsificação das guias de recolhimento das contribuições previdenciárias, independente de lesão à autarquia federal.

c) Só é lícito o uso de algemas em caso de fundado receio de fuga ou de perigo à integridade física própria ou alheia, por parte do preso ou de terceiros, justificada a excepcionalidade por escrito, sob pena de responsabilidade disciplinar, civil e penal do agente ou da autoridade e de nulidade a prisão ou do ato processual a que se refere, sem prejuízo da responsabilidade civil do Estado.

d) É subsidiária a legitimidade do ofendido, mediante queixa, e do Ministério Público, mediante representação do ofendido, para a ação penal por crime contra a honra de servidor público em razão do exercício de suas funções.

e) Compete à Justiça Federal processar e julgar os crimes consistentes em disponibilizar ou adquirir material pornográfico envolvendo criança ou adolescente (Arts. 241, 241-A e 241-B do ECA), quando praticados por meio da rede mundial de computadores.

Resposta correta: letra "e".

(TRF 5ª Região – Analista Judiciário – Área Judiciária – TRF 5ª Região/2017) Em relação à competência e processamento dos crimes de falsidade documental, tipificados no Capítulo III, do Código Penal, e, ainda, considerando o que dispõem as Súmulas do Supremo Tribunal Federal e Superior Tribunal de Justiça acerca do tema, é correto afirmar que:

a) Compete à Justiça Federal o processo e julgamento dos crimes de falsificação e uso de documento falso relativo a estabelecimento particular de ensino.

b) A competência para processar e julgar o crime de uso de documento falso é firmada em razão da entidade ou órgão ao qual foi apresentado o documento público, não importando a qualificação do órgão expedidor.

c) Compete à Justiça Estadual comum processar e julgar civil denunciado pelos crimes de falsificação e de uso de documento falso quando se tratar de falsificação da Caderneta de Inscrição e Registro – CIR ou de Carteira de Habilitação de Amador – CHA, ainda que expedidas pela Marinha do Brasil.

d) Compete à Justiça Federal processar e julgar o crime de falsa anotação na Carteira de Trabalho e Previdência Social, atribuído à empresa privada.

e) É possível a suspensão condicional do processo, prevista na Lei n° 9.099/1995 (Juizado Especial Criminal), para o crime de falsidade ideológica, ainda, que o agente seja funcionário público e cometa o crime prevalecendo-se do cargo.

Resposta correta: letra "b".

(Vunesp – Procurador Municipal – Prefeitura de Porto Ferreira – SP/2017) Qual alternativa a seguir reflete o exato entendimento de Súmula Jurisprudencial editada pelo STJ?

a) A conduta de atribuir-se falsa identidade perante autoridade policial é típica, ainda que em situação de alegada autodefesa.

b) A *abolitio criminis* temporária, prevista na Lei n° 10.826/2003, não se aplica ao crime de posse de arma de fogo de uso permitido com numeração, marca ou qualquer outro sinal de identificação raspado, independentemente da data do cometimento do crime.

c) É possível o reconhecimento do privilégio previsto no § 2° do art. 155 do CP nos casos de crime de furto qualificado, ainda que não for primário o agente, mas for de pequeno valor a coisa furtada e for a qualificadora de ordem objetiva.

d) A configuração do crime do art. 244-B do ECA depende da prova da efetiva corrupção do menor, por se tratar de delito material.

e) É possível a utilização de inquéritos policiais e ações penais em curso para agravar a pena-base, desde que haja fundamentação por parte do magistrado.

Resposta correta: letra "a".

(MPE-RS – Promotor de Justiça – MPE-RS/2016) Assinale a alternativa correta.

a) Não há crime de uso de documento falso na conduta do motorista que, somente depois de lhe ter sido exigida pelo agente, exibe Carteira Nacional de Habilitação falsa em barreira policial.

b) Pratica crime de excesso de exação, tal qual no fato recentemente apurado pelo Ministério Público em Porto Alegre, o Delegado de Polícia que exige vantagem indevida para a liberação de pessoas presas em flagrante.

c) Há crime de corrupção passiva na conduta de quem oferece dinheiro a servidor público para que este pratique ato de ofício contrário ao seu dever funcional.

d) O peculato desvio, em proveito de terceiro, pelo prefeito municipal, tem enquadramento específico como crime de responsabilidade, não se constituindo, o término do mandato, em causa extintiva da punibilidade, ou de readequação típica dos fatos.

e) É atípica a conduta de atribuir-se falsa identidade perante autoridade policial, ainda que em situação de alegada autodefesa.

Resposta correta: letra "d".

(Cespe – Auditor de Controle Externo – TCE-PA/2016) Julgue o próximo item, de acordo com a jurisprudência e a legislação brasileira em vigor.

A conduta de atribuir-se falsa identidade perante autoridade policial é típica, ainda que em situação de alegada autodefesa.

Resposta: certo.

(Cespe – Auditor Fiscal de Controle Externo – TCE-SC/2016) Em relação ao direito penal, julgue o item a seguir.

De acordo com o STJ, a conduta do agente que se atribui falsa identidade perante autoridade policial é típica, ainda que em situação de alegada autodefesa.

Resposta: certo.

2.6. Crimes contra a administração pública

2.6.1. Crimes contra a administração pública em geral

Súmula 599-STJ

O princípio da insignificância **é inaplicável aos crimes contra a administração pública.**

- **Status:** Válida.

2.6.2. Contrabando e descaminho

Súmula 560-STF

A extinção de punibilidade, pelo pagamento do tributo devido, estende-se ao crime de ~~contrabando e~~ descaminho.

- **Status:** Superada na parte riscada.
- **Nota do autor:** Atualmente, essa súmula deve ser lida da seguinte forma: A extinção de punibilidade, pelo pagamento do tributo devido, estende-se ao descaminho. O crime de descaminho está previsto no art. 334 do CP. Já o contrabando, está previsto no art. 334-A do CP.

- **Dispositivos relacionados:**

"CP, Art. 334. Iludir, no todo ou em parte, o pagamento de direito ou imposto devido pela entrada, pela saída ou pelo consumo de mercadoria:

Pena – reclusão, de um a quatro anos."

"CP, Art. 334-A. Importar ou exportar mercadoria proibida:

Pena – reclusão, de dois a cinco anos."

Súmula 151-STJ

A competência para o processo e julgamento por crime de contrabando ou descaminho **define-se pela prevenção do juízo federal do lugar da apreensão dos bens**.

- **Status:** Válida.
- **Nota do autor:** O crime de descaminho está previsto no art. 334 do CP.

- **Dispositivos relacionados:**

"CP, Art. 334. Iludir, no todo ou em parte, o pagamento de direito ou imposto devido pela entrada, pela saída ou pelo consumo de mercadoria:

Pena – reclusão, de um a quatro anos."

2.6.3. Questões relacionadas

(TRF 3ª Região – Juiz Federal – TRF 3ª Região) De acordo com a jurisprudência sumulada do Superior Tribunal de Justiça:

a) O princípio da insignificância é aplicável aos crimes cometidos contra a Administração Pública.

b) Não é possível o agravamento da pena-base nos delitos praticados contra a Administração Pública com fundamento no elevado prejuízo causado aos cofres públicos.

c) A elementar do crime de peculato não se comunica aos coautores e partícipes estranhos ao serviço público.

d) A notificação do funcionário público, nos termos do art. 514 do Código de Processo Penal, não é necessária quando a ação penal for precedida de inquérito policial.

Resposta correta: letra "d".

(Cespe – Analista Judiciário – Judiciária – STJ/2018) Tendo como referência a jurisprudência sumulada dos tribunais superiores, julgue o item a seguir, acerca de crimes, penas, imputabilidade penal, aplicação da lei penal e institutos.

É possível a aplicação do princípio da insignificância nos crimes contra a administração pública, desde que o prejuízo seja em valor inferior a um salário mínimo.

Resposta: errado.

(Cespe – Delegado de Polícia Civil – PC-MA/2018) Com relação aos crimes contra a administração pública, assinale a opção correta.

a) Ser membro de poder ou exercer cargo de elevada envergadura são circunstâncias irrelevantes para a formulação da pena-base dos crimes contra a administração pública.

b) A corrupção ativa não pode existir na ausência de corrupção passiva, pois tais condutas são tipicamente bilaterais.

c) O princípio da insignificância poderá ser aplicado aos crimes contra a administração pública quando o agente for primário e o prejuízo causado ao erário for inexpressivo.

d) A circunstância elementar do crime de peculato se comunica ao coautor ou partícipe, mesmo que estes não integrem o serviço público.

e) O crime de corrupção ativa é de natureza material e se consuma com a efetiva entrega da vantagem oferecida.

Resposta correta: letra "d".

3. LEGISLAÇÃO PENAL ESPECIAL

3.1. Lei das contravenções penais (Decreto-lei 3.688/41)

Súmula 720-STF

O art. 309 do Código de Trânsito Brasileiro, que reclama decorra do fato perigo de dano, **derrogou o art. 32 da Lei das Contravenções Penais no tocante à direção sem habilitação em vias terrestres.**

- **Status:** Válida.

- **Nota do autor:** Assim, permanece válida a contravenção de dirigir sem habilitação para as embarcações a motor em águas públicas (art. 32 da Lei das

Contravenções Penais – LCP). Já com relação à conduta de dirigir sem habilitação na via pública, houve revogação da contravenção pelo art. 309 do Código de Trânsito Brasileiro.

• **Dispositivos relacionados:**

> "LCP, Art. 32. Dirigir, sem a devida habilitação, ~~veículo~~ na via pública, ou embarcação a motor em aguas públicas:
>
> Pena – multa, de duzentos mil réis a dois contos de réis."
>
> "CTB, Art. 309. Dirigir veículo automotor, em via pública, sem a devida Permissão para Dirigir ou Habilitação ou, ainda, se cassado o direito de dirigir, gerando perigo de dano:
>
> Penas – detenção, de seis meses a um ano, ou multa."

Súmula 51-STJ

A punição do intermediador, no jogo do bicho, **independe da identificação do apostador ou do banqueiro**.

• **Status:** Válida.

• **Nota do autor:** A contravenção do jogo do bicho está prevista no art. 58 do Decreto-Lei nº 3.688/1941 (Lei das Contravenções Penais – LCP).

• **Dispositivos relacionados:**

> "LCP, Art. 58. Explorar ou realizar a loteria denominada jogo do bicho, ou praticar qualquer ato relativo à sua realização ou exploração:
>
> Pena – prisão simples, de quatro meses a um ano, e multa, de dois a vinte contos de réis."
>
> Parágrafo único. Incorre na pena de multa, de duzentos mil réis a dois contos de réis, aquele que participa da loteria, visando a obtenção de prêmio, para si ou para terceiro."

3.1.1. Questões relacionadas

(Vunesp – Juiz de Direito – TJ-SP/2017) Quanto aos crimes de trânsito, é correto afirmar que

a) não padece de inconstitucionalidade o tipo que incrimina o ato de afastar-se o condutor do veículo do local do acidente, para fugir à responsabilidade penal ou civil que lhe possa ser atribuída

b) o crime de dirigir veículo automotor, em via pública, sem a devida permissão para dirigir ou habilitação ou, ainda, se cassado o direito de dirigir, por reclamar que decorra do fato perigo de dano, derrogou, integralmente, a contravenção penal prevista no art. 32 do Decreto-lei n° 3.688/41, sob a rubrica de falta de habilitação para dirigir veículo.

c) o juiz, no curso da ação penal, havendo necessidade para garantia da ordem pública, poderá, de ofício, decretar, em decisão motivada, a suspensão da permissão ou da habilitação para dirigir veículo automotor, ou a proibição de sua obtenção, cabendo contra tal ato recurso em sentido estrito, sem efeito suspensivo.

d) constitui circunstância agravante, no crime de homicídio culposo na direção de veículo automotor, a ser considerada na segunda fase do cálculo da pena, o fato de o autor não possuir permissão para dirigir ou carteira de habilitação.

Resposta correta: letra "a".

(Vunesp – Juiz de Direito – TJ-SP/2014) Assinale a opção falsa. O C. Supremo Tribunal Federal, recentemente, assentou, por meio de Súmula, o seguinte entendimento:

a) A lei penal mais grave só se aplica ao crime continuado ou ao crime permanente, se a sua vigência é anterior ao início da continuidade ou da permanência.

b) É concorrente a legitimidade do ofendido, mediante queixa, e do Ministério Público, condicionada à representação do ofendido, para a ação penal por crime contra a honra de servidor público em razão do exercício de suas funções.

c) Não se admite a suspensão condicional do processo por crime continuado, se a soma da pena mínima da infração mais grave com o aumento mínimo de um sexto for superior a um ano.

d) O art. 309 do Código de Trânsito Brasileiro, que reclama decorra do fato perigo de dano, derrogou o art. 32 da Lei das Contravenções Penais no tocante à direção sem habilitação em vias terrestres.

Resposta correta: letra "a".

(MPE-MS – Promotor de Justiça – MPE-MS/2011) Assinale o enunciado que não corresponde a entendimento sumulado do Supremo Tribunal Federal ou do Superior Tribunal de Justiça:

a) O disposto no artigo 127 da Lei nº 7.210/1984 foi recebido pela ordem constitucional vigente, e não se lhe aplica o limite temporal previsto no caput do artigo 58 da LEP.

b) A decisão que determina a produção antecipada de provas com base no art. 366 do CPP deve ser concretamente fundamentada, não a justificando unicamente o mero decurso do tempo.

c) O crime de extorsão consuma-se independentemente da obtenção da vantagem indevida.

d) A lei penal mais grave aplica-se ao crime continuado ou ao crime permanente, se a sua vigência não é anterior à cessação da continuidade ou da permanência.

e) O art. 309 do Código de Trânsito Brasileiro, que reclama decorra do fato perigo de dano, derrogou o artigo 32 da Lei das Contravenções Penais no tocante à direção sem habilitação em vias terrestres.

Resposta correta: letra "d".

3.2. Crimes de responsabilidade dos prefeitos (Decreto-lei 201/67)

Súmula 703-STF

A extinção do mandato do Prefeito **não impede a instauração de processo pela prática dos crimes previstos no art. 1º do Decreto-lei nº 201/67.**

- **Status:** Válida.

- **Dispositivos relacionados:**

"DL 201/67, Art. 1º São crimes de responsabilidade dos Prefeitos Municipal, sujeitos ao julgamento do Poder Judiciário, independentemente do pronunciamento da Câmara dos Vereadores:

I – apropriar-se de bens ou rendas públicas, ou desviá-los em proveito próprio ou alheio;

II – utilizar-se, indevidamente, em proveito próprio ou alheio, de bens, rendas ou serviços públicos;

III – desviar, ou aplicar indevidamente, rendas ou verbas públicas;

IV – empregar subvenções, auxílios, empréstimos ou recursos de qualquer natureza, em desacordo com os planos ou programas a que se destinam;

V – ordenar ou efetuar despesas não autorizadas por lei, ou realizá-las em desacordo com as normas financeiras pertinentes;

VI – deixar de prestar contas anuais da administração financeira do Município a Câmara de Vereadores, ou ao órgão que a Constituição do Estado indicar, nos prazos e condições estabelecidos;

VII – Deixar de prestar contas, no devido tempo, ao órgão competente, da aplicação de recursos, empréstimos subvenções ou auxílios internos ou externos, recebidos a qualquer título;

VIII – Contrair empréstimo, emitir apólices, ou obrigar o Município por títulos de crédito, sem autorização da Câmara, ou em desacordo com a lei;

IX – Conceder empréstimo, auxílios ou subvenções sem autorização da Câmara, ou em desacordo com a lei;

X – Alienar ou onerar bens imóveis, ou rendas municipais, sem autorização da Câmara, ou em desacordo com a lei;

XI – Adquirir bens, ou realizar serviços e obras, sem concorrência ou coleta de preços, nos casos exigidos em lei;

XII – Antecipar ou inverter a ordem de pagamento a credores do Município, sem vantagem para o erário;

XIII – Nomear, admitir ou designar servidor, contra expressa disposição de lei;

XIV – Negar execução a lei federal, estadual ou municipal, ou deixar de cumprir ordem judicial, sem dar o motivo da recusa ou da impossibilidade, por escrito, à autoridade competente;

XV – Deixar de fornecer certidões de atos ou contratos municipais, dentro do prazo estabelecido em lei;

XVI – deixar de ordenar a redução do montante da dívida consolidada, nos prazos estabelecidos em lei, quando o montante ultrapassar o valor resultante da aplicação do limite máximo fixado pelo Senado Federal;

XVII – ordenar ou autorizar a abertura de crédito em desacordo com os limites estabelecidos pelo Senado Federal, sem fundamento na lei orçamentária ou na de crédito adicional ou com inobservância de prescrição legal; (Incluído pela Lei 10.028/00)

XVIII – deixar de promover ou de ordenar, na forma da lei, o cancelamento, a amortização ou a constituição de reserva para anular os efeitos de operação de crédito realizada com inobservância de limite, condição ou montante estabelecido em lei; (Incluído pela Lei 10.028/00)

XIX – deixar de promover ou de ordenar a liquidação integral de operação de crédito por antecipação de receita orçamentária, inclusive os respectivos juros e demais encargos, até o encerramento do exercício financeiro; (Incluído pela Lei 10.028/00)

XX – ordenar ou autorizar, em desacordo com a lei, a realização de operação de crédito com qualquer um dos demais entes da Federação, inclusive suas entidades da administração indireta, ainda que na forma de novação, refinanciamento ou postergação de dívida contraída anteriormente; (Incluído pela Lei 10.028/00)

XXI – captar recursos a título de antecipação de receita de tributo ou contribuição cujo fato gerador ainda não tenha ocorrido; (Incluído pela Lei 10.028/00)

XXII – ordenar ou autorizar a destinação de recursos provenientes da emissão de títulos para finalidade diversa da prevista na lei que a autorizou; (Incluído pela Lei 10.028/00)

XXIII – realizar ou receber transferência voluntária em desacordo com limite ou condição estabelecida em lei. (Incluído pela Lei 10.028/00)

§ 1º Os crimes definidos neste artigo são de ação pública, punidos os dos itens I e II, com a pena de reclusão, de dois a doze anos, e os demais, com a pena de detenção, de três meses a três anos.

§ 2º A condenação definitiva em qualquer dos crimes definidos neste artigo, acarreta a perda de cargo e a inabilitação, pelo prazo de cinco anos, para o exercício de cargo ou função pública, eletivo ou de nomeação, sem prejuízo da reparação civil do dano causado ao patrimônio público ou particular."

Súmula 301-STF

~~Por crime de responsabilidade, o procedimento penal contra Prefeito Municipal fica condicionado ao seu afastamento do cargo por impeachment, ou à cessação do exercício por outro motivo.~~

- **Status:** Superada.

- **Nota do autor:** Atualmente, o entendimento é o seguinte: Por crime de responsabilidade, o procedimento penal contra o Prefeito Municipal **não fica** condicionado ao seu afastamento do cargo por *impeachment*, ou à cessação do exercício por outro motivo.

Súmula 164-STJ

O Prefeito municipal, após a extinção do mandato, **continua sujeito a processo por crime previsto no art. 1º do Decreto-lei nº 201, de 27/02/67.**

- **Status:** Válida.

- **Dispositivos relacionados:**

"DL 201/67, Art. 1º São crimes de responsabilidade dos Prefeitos Municipal, sujeitos ao julgamento do Poder Judiciário, independentemente do pronunciamento da Câmara dos Vereadores:

I – apropriar-se de bens ou rendas públicas, ou desviá-los em proveito próprio ou alheio;

II – utilizar-se, indevidamente, em proveito próprio ou alheio, de bens, rendas ou serviços públicos;

III – desviar, ou aplicar indevidamente, rendas ou verbas públicas;

IV – empregar subvenções, auxílios, empréstimos ou recursos de qualquer natureza, em desacordo com os planos ou programas a que se destinam;

V – ordenar ou efetuar despesas não autorizadas por lei, ou realizá-las em desacordo com as normas financeiras pertinentes;

VI – deixar de prestar contas anuais da administração financeira do Município a Câmara de Vereadores, ou ao órgão que a Constituição do Estado indicar, nos prazos e condições estabelecidos;

VII – Deixar de prestar contas, no devido tempo, ao órgão competente, da aplicação de recursos, empréstimos subvenções ou auxílios internos ou externos, recebidos a qualquer título;

VIII – Contrair empréstimo, emitir apólices, ou obrigar o Município por títulos de crédito, sem autorização da Câmara, ou em desacordo com a lei;

IX – Conceder empréstimo, auxílios ou subvenções sem autorização da Câmara, ou em desacordo com a lei;

X – Alienar ou onerar bens imóveis, ou rendas municipais, sem autorização da Câmara, ou em desacordo com a lei;

XI – Adquirir bens, ou realizar serviços e obras, sem concorrência ou coleta de preços, nos casos exigidos em lei;

XII – Antecipar ou inverter a ordem de pagamento a credores do Município, sem vantagem para o erário;

XIII – Nomear, admitir ou designar servidor, contra expressa disposição de lei;

XIV – Negar execução a lei federal, estadual ou municipal, ou deixar de cumprir ordem judicial, sem dar o motivo da recusa ou da impossibilidade, por escrito, à autoridade competente;

XV – Deixar de fornecer certidões de atos ou contratos municipais, dentro do prazo estabelecido em lei;

XVI – deixar de ordenar a redução do montante da dívida consolidada, nos prazos estabelecidos em lei, quando o montante ultrapassar o valor resultante da aplicação do limite máximo fixado pelo Senado Federal;

XVII – ordenar ou autorizar a abertura de crédito em desacordo com os limites estabelecidos pelo Senado Federal, sem fundamento na lei orçamentária ou na de crédito adicional ou com inobservância de prescrição legal; (Incluído pela Lei 10.028/00)

XVIII – deixar de promover ou de ordenar, na forma da lei, o cancelamento, a amortização ou a constituição de reserva para anular os efeitos de operação de crédito realizada com inobservância de limite, condição ou montante estabelecido em lei; (Incluído pela Lei 10.028/00)

XIX – deixar de promover ou de ordenar a liquidação integral de operação de crédito por antecipação de receita orçamentária, inclusive os respectivos juros e demais encargos, até o encerramento do exercício financeiro; (Incluído pela Lei 10.028/00)

XX – ordenar ou autorizar, em desacordo com a lei, a realização de operação de crédito com qualquer um dos demais entes da Federação, inclusive suas entidades da administração indireta, ainda que na forma de novação, refinanciamento ou postergação de dívida contraída anteriormente; (Incluído pela Lei 10.028/00)

XXI – captar recursos a título de antecipação de receita de tributo ou contribuição cujo fato gerador ainda não tenha ocorrido; (Incluído pela Lei 10.028/00)

XXII – ordenar ou autorizar a destinação de recursos provenientes da emissão de títulos para finalidade diversa da prevista na lei que a autorizou; (Incluído pela Lei 10.028/00)

XXIII – realizar ou receber transferência voluntária em desacordo com limite ou condição estabelecida em lei. (Incluído pela Lei 10.028/00)"

§ 1º Os crimes definidos neste artigo são de ação pública, punidos os dos itens I e II, com a pena de reclusão, de dois a doze anos, e os demais, com a pena de detenção, de três meses a três anos.

> § 2º A condenação definitiva em qualquer dos crimes definidos neste artigo, acarreta a perda de cargo e a inabilitação, pelo prazo de cinco anos, para o exercício de cargo ou função pública, eletivo ou de nomeação, sem prejuízo da reparação civil do dano causado ao patrimônio público ou particular."

3.2.1. Questões relacionadas

(Vunesp – Procurador Municipal – Prefeitura de Sorocaba – SP/2018) Assinale a alternativa que contempla corretamente o texto de uma súmula do Supremo Tribunal Federal.

a) Não cabe recurso extraordinário contra decisão proferida no processamento de precatórios.

b) A competência do Tribunal de Justiça para julgar prefeitos restringe-se aos crimes de competência da Justiça comum estadual; nos demais casos, a competência originária caberá ao juiz de primeira instância.

c) A extinção do mandato do prefeito impede a instauração de processo pela prática dos crimes previstos no art. 1° do Dl. 201/67.

d) Não pode o magistrado deixar de encaminhar ao Supremo Tribunal Federal o agravo de instrumento interposto da decisão que não admite recurso extraordinário, exceto na causa instaurada no âmbito dos juizados especiais.

e) É cabível recurso extraordinário contra acórdão de Tribunal de Justiça que defere pedido de intervenção estadual em Município.

Resposta correta: letra "a".

(Vunesp – Procurador Municipal Prefeitura de Marília – SP/2018) Considere a seguinte situação hipotética.

Apura-se que o Prefeito de Antares poderia ter cometido crime de responsabilidade, pois há indícios de que ele haveria se utilizado, indevidamente, em proveito próprio, de bens e rendas públicos. No entanto, a apuração dos fatos deu-se em dezembro de 2016, ao final do mandato do Prefeito, que não havia sido reeleito. Mesmo assim, as investigações prosseguiram, e em dezembro de 2017, há provas suficientes para que o agora ex-Prefeito seja processado por crime de responsabilidade. Nesse caso, considerando o previsto no Decreto n°201/67 e nas Súmulas do Supremo Tribunal Federal, o ex-Prefeito

a) deve ser denunciado perante o Poder Judiciário, independentemente do pronunciamento da Câmara dos Vereadores, porque a extinção do mandato do prefeito não impede a instauração de processo pela prática do crime em questão.

b) não pode ser denunciado perante o Poder Judiciário, nem perante a Câmara dos Vereadores, porque a extinção do mandato do prefeito impede a instauração de processo pela prática do crime em questão, por extinção da punibilidade.

c) deve ser denunciado perante a Câmara de Vereadores, que realizará o julgamento do feito, independentemente de pronunciamento do Judiciário, porque a extinção do mandato do prefeito não impede a instauração de processo pela prática do crime em questão.

d) não pode ser denunciado perante o Poder Judiciário, mas pode ser submetido a julgamento perante a Câmara de Vereadores, mesmo após extinto o mandato, pois se trata de infração política e não criminal.

e) deve ser denunciado perante o Poder Judiciário, independentemente de pronunciamento da Câmara dos Vereadores, porque com a extinção do mandato, a conduta passa a ser regida pelos crimes comuns do Código Penal, caracterizando-se, assim, incidência do tipo penal do peculato.

Resposta correta: letra "a".

(TCE-PR – Analista de Controle – Área Jurídica – TCE-PR/2016) De acordo com o Decreto-lei n.º 201/1967 e a jurisprudência dos tribunais superiores, assinale a opção correta.

a) O prazo prescricional referente à pena de perda do cargo decorrente de condenação definitiva de prefeito por crime de responsabilidade previsto no Decreto-lei n.º 201/1967 é distinto do prazo prescricional previsto para a pena privativa de liberdade aplicada ao condenado pelo mesmo crime.

b) Para a configuração de crime de responsabilidade previsto no Decreto-lei n.º 201/1967, é imprescindível que o desvio de rendas públicas tenha ocorrido em proveito do próprio prefeito.

c) É imprescindível a autorização da respectiva câmara municipal para o julgamento, perante o Poder Judiciário, dos acusados da prática dos crimes de responsabilidade previstos no Decreto-lei n.º 201/1967.

d) O prefeito que emprega rendas públicas em proveito próprio para a realização de propagandas autopromocionais comete o crime de peculato-uso.

e) A extinção do mandato impede a condenação do prefeito pela prática de crimes de responsabilidade previstos no Decreto-lei n.º 201/1967.

Resposta correta: letra "a".

(MPE-SC – Promotor de Justiça – MPE-SC/2014) Analise o enunciado da Questão abaixo e assinale se ele é Certo ou Errado.

De acordo com a jurisprudência do Superior Tribunal de Justiça, extinto o mandato, o Prefeito Municipal não continua sujeito a processo por crime previsto no art. 1º do Decreto-lei n. 201, de 1967.

Resposta: errado.

3.3. Crimes contra a segurança nacional (Lei 7.170/83)

Súmula 558-STF

~~É constitucional o art. 27 do Decreto-Lei 898/69.~~

- **Status:** Superada.

• **Nota do autor:** O Decreto-Lei nº 898/69, que previa os crimes contra a segurança nacional, a ordem política e social, foi revogado pela Lei nº 6.620/1978, que posteriormente também foi revogada pela Lei nº 7.170/1983. Hoje, portanto, os crimes contra a segurança nacional, a ordem política e social, estão previstos na Lei nº 7.170/83. Vale lembrar que os crimes contra a segurança nacional são também chamados de crimes de lesa pátria.

3.4. Crimes do ECA (Lei nº 8.069/90)

Súmula 500-STJ

A configuração do crime do art. 244-B do ECA, independe da prova da efetiva corrupção do menor, por se tratar de delito formal.

• **Status:** Válida.

• **Nota do autor:** O art. 244-B do ECA trata do crime de corrupção de menores, que é um delito formal.

• **Dispositivos relacionados:**

> "ECA, Art. 244-B. Corromper ou facilitar a corrupção de menor de 18 anos, com ele praticando infração penal ou induzindo-o a praticá-la:
>
> Pena – reclusão, de um a quatro anos."

3.4.1. Questões relacionadas

(FCC – Promotor de Justiça – MPE-PB/2018) O Estatuto da Criança e do Adolescente (Lei nº 8.069/1990) considera crime a conduta de corromper ou facilitar a corrupção de menor de dezoito anos, com ele praticando infração penal ou induzindo-o a praticá-la. A respeito desse tipo penal e à luz do que dispõe os Tribunais Superiores,

a) sua configuração independe da prova da efetiva corrupção da criança ou do adolescente.

b) trata-se de modalidade de delito material.

c) qualifica o crime a efetiva corrupção da criança ou do adolescente.

d) o adolescente autor de ato infracional não pode ser vítima do delito, pois já corrompido.

e) o objeto jurídico tutelado é coibir a prática de delitos com pluralidade de agentes.

Resposta correta: letra "a".

(MPE-SP – Promotor de Justiça – MPE-SP/2017) A respeito do delito de corrupção de menores, tipificado no artigo 244-B do Estatuto da Criança e do Adolescente, é correto afirmar que se trata de crime

a) material, em ambas as modalidades, pois a consumação do delito ocorre com a efetiva prática da infração penal pelo adolescente em concurso com o agente capaz ou após ter sido por este instigado.

b) formal, em ambas as modalidades, pois a consumação do delito ocorre independentemente da prática da infração penal para a qual o adolescente foi convidado, mediante concurso, ou instigado, bastando a prova de que foi efetivamente corrompido pela conduta do agente maior.

c) formal, em ambas as modalidades, pois a consumação do delito se dá independentemente da prova de que o adolescente tenha sido corrompido pelo agente capaz, mostrando-se irrelevante, para a tipificação penal, o fato de o menor ter registro de passagens anteriores pela prática de atos infracionais.

d) material, na modalidade de praticar a infração penal com o adolescente, e formal, na modalidade de induzir o adolescente a praticá-la, pois, neste último caso, o crime se consuma independentemente do sucesso do induzimento.

e) material, em ambas as modalidades, pois a consumação do delito depende de prova de que o menor de 18 anos tenha sido efetivamente corrompido pelo agente capaz, não incidindo o tipo penal acaso demonstrado que o adolescente já havia sido corrompido, vez que reincidente na prática de atos infracionais.

Resposta correta: letra "c".

(Cespe – Juiz de Direito – TJ-DFT/2016) Acerca da jurisprudência sumulada do STJ em matéria penal, assinale a opção correta.

a) O delito de corromper menor de dezoito anos, com ele praticando infração penal ou induzindo-o a praticá-la, é crime formal, cuja configuração independe da prova de efetiva corrupção do menor.

b) O reconhecimento do privilégio previsto para o furto simples nos casos de crime de furto qualificado é inadmissível, mesmo que o criminoso seja primário, a coisa furtada seja de pequeno valor e a qualificadora seja de ordem objetiva.

c) É admissível a fixação de pena substitutiva prevista no art. 44 do CP, como condição especial ao regime aberto, nos termos da súmula 493.

d) Por adequação social, nos termos da súmula 502, ainda que presentes a materialidade e a autoria, nos termos da, súmula 502, a conduta de expor à venda CDs e DVDs piratas, não tipifica o crime em relação ao direito autoral previsto no art. 184, § 2.º, do CP.

e) A causa de aumento de pena pelo concurso de agentes, prevista para o crime de roubo, é aplicável para o crime de furto qualificado.

Resposta correta: letra "a".

(MPE-MS – Promotor de Justiça – MPE-MS/2015) Assinale a alternativa correta, referente ao Estatuto da Criança e do Adolescente (ECA – Lei 8.069/90):

a) A configuração do crime do art. 244-B do ECA (corromper ou facilitar a corrupção de menor de 18 (dezoito) anos, com ele praticando infração penal ou induzindo-o a praticá-la) independe da prova da efetiva corrupção do menor, por se tratar de delito formal.

b) Na medida de internação aplicada sob o fundamento do "descumprimento reiterado e injustificável da medida anteriormente imposta", o seu prazo poderá ser superior a três meses, desde que devidamente justificado na decisão judicial.

c) O Superior Tribunal de Justiça já firmou entendimento no sentido da impossibilidade de aplicação do princípio da bagatela às condutas regidas pelo Estatuto da Criança e do Adolescente, pois o referido diploma busca acima de tudo a proteção integral do adolescente infrator.

d) De acordo com o STJ, o ato infracional análogo ao tráfico de drogas (por ser equiparado a hediondo) conduz obrigatoriamente à imposição de medida socioeducativa de internação do adolescente.

e) Consoante pacífica jurisprudência do STJ, compete à Justiça Federal processar e julgar acusado da prática de conduta criminosa consistente na captação e armazenamento, em computadores de escolas municipais, de vídeos pornográficos oriundos da internet, envolvendo crianças e adolescentes.

Resposta correta: letra "a".

(Vunesp – Juiz de Direito – TJ-RJ/2014) De acordo com entendimento recentemente sumulado pelo STJ, o crime de corrupção de menores do art. 244-B da Lei n.º 8.069/90 (Estatuto da Criança e do Adolescente), é delito ________________ e, portanto, para sua configuração, _________da prova da efetiva corrupção do menor.

Completam, correta e respectivamente, as lacunas as expressões contidas em

a) formal ... depende.

b) material ... depende.

c) material ... independe.

d) formal ... independe.

Resposta correta: letra "d".

3.5. Crimes contra a ordem tributária (Lei nº 8.137/90)

Súmula vinculante 24-STF

Não se tipifica **crime material contra a ordem tributária**, previsto no artigo 1º, incisos I a IV, da Lei nº 8.137/90, **antes do lançamento definitivo do tributo.**

- **Status:** Válida.

• **Nota do autor:** Em outras palavras, nos casos de crimes materiais contra a ordem tributária, exige-se o **lançamento definitivo do tributo.** De acordo com o STF e o STJ a Súmula vinculante 24 não se aplica ao crime de descaminho (art. 334 do CP), considerando tratar-se de delito formal. Assim, para a configuração do crime de descaminho não se exige a constituição definitiva do crédito tributário pelo lançamento, bastando que o agente não efetue o pagamento do tributo devido pela entrada da mercadoria no país.

• **Precedentes relacionados:**

"Crime de descaminho. Crime formal. Desnecessidade da constituição definitiva do tributo para a consumação do delito e o início da persecução penal." (STF, 2ª Turma, HC 122325, Rel. Gilmar Mendes, julgado em 27/05/2014)

"(...) 1. O objeto jurídico tutelado no descaminho é a administração pública, considerada sob o ângulo da função administrativa que, vista pelo prisma econômico, resguarda o sistema de arrecadação de receitas; pelo prisma da concorrência leal, tutela a prática comercial isonômica; e, por fim, pelo ângulo da probidade e moralidade administrativas, garante, em seu aspecto subjetivo, o comportamento probo e ético das pessoas que se relacionam com a coisa pública. (...) 5. A descrição típica do descaminho exige a realização de engodo para supressão (no todo ou em parte) do pagamento de direito ou imposto devido no momento da entrada, saída ou consumo da mercadoria. Impõe, portanto, a ocorrência desse episódio, com o efetivo resultado ilusório, no transpasse das barreiras alfandegárias. (...) 6. A ausência do pagamento do imposto ou direito no momento do desembaraço aduaneiro, quando exigível, revela-se como o resultado necessário para consumação do crime. 7. A instauração de procedimento administrativo para constituição definitiva do crédito tributário no descaminho, nos casos em que isso é possível, não ocasiona nenhum reflexo na viabilidade de persecução penal." (STJ, 6ª Turma, REsp 1343463/BA, Rel. Min. Maria Thereza de Assis Moura, Rel. p/ acórdão Min. Rogerio Schietti Cruz, julgado em 20/03/2014, DJe 23/09/2014)

• **Dispositivos relacionados:**

"Lei 8.137/90, Art. 1º Constitui crime contra a ordem tributária, suprimir ou reduzir tributo ou contribuição social e qualquer acessório, mediante as seguintes condutas:

I – omitir informação, ou prestar declaração falsa às autoridades fazendárias;

II – fraudar a fiscalização tributária, inserindo elementos inexatos, ou omitindo operação de qualquer natureza, em documento ou livro exigido pela lei fiscal;

III – falsificar ou alterar nota fiscal, fatura, duplicata, nota de venda, ou qualquer outro documento relativo à operação tributável;

IV – elaborar, distribuir, fornecer, emitir ou utilizar documento que saiba ou deva saber falso ou inexato;"

Súmula 609-STF

É pública incondicionada a ação penal por crime de sonegação fiscal.

- **Status:** Válida.
- **Dispositivos relacionados:**

"Lei 8.137/90, Art. 15. Os crimes previstos nesta lei são de ação penal pública, aplicando-se-lhes o disposto no art. 100 do Decreto-Lei n° 2.848, de 7 de dezembro de 1940 – Código Penal."

3.5.1. Questões relacionadas

(Cespe – Analista Ministerial – MPE-PI/2018) Considerando a jurisprudência dos tribunais superiores no que se refere a ação penal pública e privada, a crimes contra a fé pública e a crimes contra a ordem tributária, julgue o item seguinte.

É indispensável o lançamento definitivo do tributo para a tipificação dos crimes materiais contra a ordem tributária.

Resposta: certo.

(Vunesp – Advogado – CRBio 1ª Região/2017) Assinale a alternativa que está de acordo com matéria tributária objeto de Súmula.

a) É constitucional a exigência de depósito ou arrolamento prévios de dinheiro ou bens para admissibilidade de recurso administrativo.

b) As condutas previstas no art. 1° , incisos I a IV, da Lei n° 8.137/90, tipificam crime material contra a ordem tributária, antes do lançamento definitivo do tributo.

c) É constitucional a adoção, no cálculo do valor de taxa, de um ou mais elementos da base de cálculo própria de determinado imposto, desde que não haja integral identidade entre uma base e outra.

d) É constitucional a incidência do Imposto sobre Serviços de Qualquer Natureza – ISS sobre operações de locação de bens móveis.

e) O ICMS incide sobre alienação de salvados de sinistro pelas seguradoras.

Resposta correta: letra "c".

(FCC – Juiz de Direito – TJ-RR/2015) Em relação às fases de execução do crime, pode-se assegurar que

a) não se tipifica crime formal contra a ordem tributária, previsto no art. 1°, incisos I e IV, da Lei n° 8.137/90, antes do lançamento definitivo do tributo, segundo entendimento sumulado.

b) a desistência voluntária também é conhecida como quase crime ou tentativa impossível.

c) não se admite tentativa de crime culposo.

d) há arrependimento eficaz quando o agente, por ato voluntário, nos crimes cometidos sem violência ou grave ameaça à pessoa, repara o dano ou restitui a coisa até o recebimento da denúncia ou da queixa.

e) há tentativa imperfeita quando, apesar de ter o agente realizado toda a fase de execução, o resultado não ocorre por circunstâncias alheias à sua vontade.

Resposta correta: letra "c".

(CETAP – Analista – MPC-PA/2015) Em relação as Súmulas Vinculantes em matéria tributária e correto afirmar:

a) Segundo a Súmula Vinculante n° 8, os prazos prescricionais e decadenciais das contribuições sociais são previstos na Lei 8.212/1991.

b) Segundo a Súmula Vinculante n° 21, e inconstitucional a exigência de depósito ou arrolamento prévios de dinheiro ou bens para admissibilidade de recurso administrativo.

c) Segundo a Súmula Vinculante n°24, não se tipifica crime contra a ordem tributária, previsto no art. 1°, incisos I a IV da Lei 8.137/1990, antes da propositura da ação de execução fiscal.

d) Segundo a Súmula Vinculante n° 29, e inconstitucional a adoção, no cálculo do valor da taxa, de um ou mais elementos da base de cálculo própria de determinado imposto.

e) Segundo a Súmula Vinculante n° 31, e constitucional a incidência do imposto sobre serviços de qualquer natureza – ISS sobre operações de locação de bens moveis

Resposta correta: letra "b".

3.6. Código de trânsito brasileiro (Lei nº 9.503/97)

Súmula 720-STF

O art. 309 do Código de Trânsito Brasileiro, **que reclama decorra do fato perigo de dano, derrogou o art. 32 da Lei das Contravenções Penais no tocante à direção sem habilitação em vias terrestres.**

- **Status:** Válida.

- **Nota do autor:** Assim, permanece válida a contravenção de dirigir sem habilitação para as embarcações a motor em águas públicas (art. 32 da Lei das

Contravenções Penais – LCP). Já com relação à conduta de dirigir sem habilitação na via pública, houve revogação da contravenção pelo art. 309 do Código de Trânsito Brasileiro.

• **Dispositivos relacionados:**

> "LCP, Art. 32. Dirigir, sem a devida habilitação, ~~veículo~~ na via pública, ou embarcação a motor em aguas públicas:
>
> Pena – multa, de duzentos mil réis a dois contos de réis."
>
> "CTB, Art. 309. Dirigir veículo automotor, em via pública, sem a devida Permissão para Dirigir ou Habilitação ou, ainda, se cassado o direito de dirigir, gerando perigo de dano:
>
> Penas – detenção, de seis meses a um ano, ou multa."

Súmula 575-STJ

Constitui crime a conduta de permitir, confiar ou entregar a direção de veículo automotor a pessoa que não seja habilitada, ou que se encontre em qualquer das situações previstas no art. 310 do CTB, **independentemente da ocorrência de lesão ou de perigo de dano concreto na condução do veículo.**

• **Status:** Válida.

• **Nota do autor:** O crime do art. 310 do CTB é de perigo abstrato, considerando que a situação de perigo é presumida pela própria lei.

• **Dispositivos relacionados:**

> "CTB, Art. 310. Permitir, confiar ou entregar a direção de veículo automotor a pessoa não habilitada, com habilitação cassada ou com o direito de dirigir suspenso, ou, ainda, a quem, por seu estado de saúde, física ou mental, ou por embriaguez, não esteja em condições de conduzi-lo com segurança:
>
> Penas – detenção, de seis meses a um ano, ou multa."

3.6.1. Questões relacionadas

(Cespe – Promotor de Justiça – MPE-PI/2019) Com relação a crimes de trânsito, julgue os itens a seguir.

I. De acordo com o STJ, a conduta de permitir a direção de veículo automotor a pessoa que não seja habilitada constitui crime somente na hipótese em que for constatado perigo de dano concreto na condução do veículo.

II. Aplica-se à lesão corporal culposa a transação penal, exceto se o agente estiver sob a influência de álcool ou outra substância psicoativa que determine dependência.

III. A remoção do veículo por seu condutor imediatamente após a ocorrência de acidente automobilístico configura o crime de fraude processual.

IV. Em caso de acidente de trânsito de que resulte vítima, ao condutor do veículo não se imporá a prisão em flagrante nem se exigirá fiança caso ele preste pronto e integral socorro à vítima.

Estão certos apenas os itens

a) I e II.

b) I e III.

c) II e IV.

d) I, III e IV.

e) II, III e IV.

Resposta correta: letra "c".

(MPDFT – Promotor de Justiça – MPDFT/2015) Quanto aos crimes previstos na Lei 9.503/97 (Código de Trânsito Brasileiro), assinale a opção CORRETA:

a) O crime de fraude processual no trânsito só se configura se o procedimento de investigação criminal ou o processo penal tiver se iniciado, por ocasião da inovação artificiosa do estado de lugar, de coisa ou de pessoa, tendente a induzir a erro ou policial, perito ou juiz.

b) O crime de homicídio culposo na direção de veículo automotor é agravado por circunstância legal, se o motorista não tiver carteira de habilitação.

c) O tipo penal de afastamento do condutor do veículo do local do acidente, para fugir à responsabilidade jurídica que lhe possa ser atribuída, viola o princípio de que ninguém é obrigado a produzir provas contra si mesmo, segundo o Superior Tribunal de Justiça.

d) A demonstração de que o motorista conduziu veículo automotor com capacidade psicomotora alterada em razão da influência de álcool só pode ser feita por meio de teste de alcoolemia ou da perícia médico-legal.

e) O crime de entregar a direção de veículo automotor a pessoa não habilitada, com habilitação cassada ou com o direito de dirigir suspenso, é de perigo abstrato, conforme entendimento do Superior Tribunal de Justiça.

Resposta correta: letra "e".

(Vunesp – Juiz de Direito – TJ-SP/2014) Assinale a opção falsa. O C. Supremo Tribunal Federal, recentemente, assentou, por meio de Súmula, o seguinte entendimento:

a) A lei penal mais grave só se aplica ao crime continuado ou ao crime permanente, se a sua vigência é anterior ao início da continuidade ou da permanência.

b) É concorrente a legitimidade do ofendido, mediante queixa, e do Ministério Público, condicionada à representação do ofendido, para a ação penal por crime contra a honra de servidor público em razão do exercício de suas funções.

c) Não se admite a suspensão condicional do processo por crime continuado, se a soma da pena mínima da infração mais grave com o aumento mínimo de um sexto for superior a um ano.

d) O art. 309 do Código de Trânsito Brasileiro, que reclama decorra do fato perigo de dano, derrogou o art. 32 da Lei das Contravenções Penais no tocante à direção sem habilitação em vias terrestres.

Resposta correta: letra "a".

3.7. Estatuto do desarmamento (Lei nº 10.826/03)

Súmula 513-STJ

A *abolitio criminis* temporária prevista na Lei nº 10.826/2003 **aplica-se** ao crime de posse de arma de fogo de uso permitido com numeração, marca ou qualquer outro sinal de identificação raspado, suprimido ou adulterado, **praticado somente até 23/10/2005**.

- **Status:** Válida.
- **Dispositivos relacionados:**

"Lei 10.826/03 (Estatuto do Desarmamento), Art. 30. Os possuidores e proprietários de arma de fogo de uso permitido ainda não registrada deverão solicitar seu registro até o dia 31 de dezembro de 2008, mediante apresentação de documento de identificação pessoal e comprovante de residência fixa, acompanhados de nota fiscal de compra ou comprovação da origem lícita da posse, pelos meios de prova admitidos em direito, ou declaração firmada na qual constem as características da arma e a sua condição de proprietário, ficando este dispensado do pagamento de taxas e do cumprimento das demais exigências constantes dos incisos I a III do *caput* do art. 4º desta Lei. (Redação dada pela Lei 11.706, de 2008)"

"Lei 10.826/03 (Estatuto do Desarmamento), Art. 16. Possuir, deter, portar, adquirir, fornecer, receber, ter em depósito, transportar, ceder, ainda que gratuitamente, emprestar, remeter, empregar, manter sob sua guarda ou ocultar arma de fogo, acessório ou munição de uso proibido ou restrito, sem autorização e em desacordo com determinação legal ou regulamentar:

Pena – reclusão, de três a seis anos, e multa.

Parágrafo único. **Nas mesmas penas incorre quem**:

I – suprimir ou alterar marca, numeração ou qualquer sinal de identificação de arma de fogo ou artefato;

II – modificar as características de arma de fogo, de forma a torná-la equivalente a arma de fogo de uso proibido ou restrito ou para fins de dificultar ou de qualquer modo induzir a erro autoridade policial, perito ou juiz;

III – possuir, deter, fabricar ou empregar artefato explosivo ou incendiário, sem autorização ou em desacordo com determinação legal ou regulamentar;

IV – **portar, possuir, adquirir, transportar ou fornecer arma de fogo com numeração, marca ou qualquer outro sinal de identificação raspado, suprimido ou adulterado**;

V – vender, entregar ou fornecer, ainda que gratuitamente, arma de fogo, acessório, munição ou explosivo a criança ou adolescente; e

VI – produzir, recarregar ou reciclar, sem autorização legal, ou adulterar, de qualquer forma, munição ou explosivo."

3.7.1. Questões relacionadas

(Vunesp – Procurador Municipal – Prefeitura de Porto Ferreira – SP/2017) Qual alternativa a seguir reflete o exato entendimento de Súmula Jurisprudencial editada pelo STJ?

a) A conduta de atribuir-se falsa identidade perante autoridade policial é típica, ainda que em situação de alegada autodefesa.

b) A abolitio criminis temporária, prevista na Lei nº 10.826/2003, não se aplica ao crime de posse de arma de fogo de uso permitido com numeração, marca ou qualquer outro sinal de identificação raspado, independentemente da data do cometimento do crime.

c) É possível o reconhecimento do privilégio previsto no § 2° do art. 155 do CP nos casos de crime de furto qualificado, ainda que não for primário o agente, mas for de pequeno valor a coisa furtada e for a qualificadora de ordem objetiva.

d) A configuração do crime do art. 244-B do ECA depende da prova da efetiva corrupção do menor, por se tratar de delito material.

e) É possível a utilização de inquéritos policiais e ações penais em curso para agravar a pena-base, desde que haja fundamentação por parte do magistrado.

Resposta correta: letra "a".

(FCC – Defensor Público – DPE-PB/2014) Segundo o Superior Tribunal de Justiça, tratando-se de arma de fogo de uso permitido, com numeração íntegra ou raspada, a chamada abolitio criminis temporária teve seu prazo temporal respectivamente findo em

a) 31 de dezembro de 2010 e 23 de junho de 2004.

b) 31 de dezembro de 2010 e 23 de junho de 2005.

c) 31 de dezembro de 2010 e 23 de junho de 2006.

d) 31 de dezembro de 2009 e 23 de outubro de 2005.

e) 31 de dezembro de 2009 e 23 de outubro de 2006.

Resposta correta: letra "d".

3.8. Lei Maria da Penha (Lei nº 11.340/06)

Súmula 600-STJ

Para a configuração da violência doméstica e familiar prevista no artigo 5º da Lei n. 11.340/2006 (Lei Maria da Penha) **não se exige a coabitação entre autor e vítima.**

- **Status:** Válida.
- **Dispositivos relacionados:**

"LMP, Art. 5º Para os efeitos desta lei, configura violência doméstica e familiar contra a mulher, qualquer ação ou omissão baseada no gênero, que lhe cause morte, lesão, sofrimento físico, sexual ou psicológico e dano moral ou patrimonial:

I – no âmbito da unidade doméstica, compreendida como o espaço de convívio permanente de pessoas, com ou sem vínculo familiar, inclusive as esporadicamente agregadas;

II – no âmbito da família, compreendida como a comunidade formada por indivíduos que são ou se consideram aparentados, unidos por laços naturais, por afinidade ou por vontade expressa;

III – em qualquer relação íntima de afeto, na qual o agressor conviva ou tenha convivido com a ofendida, independentemente de coabitação.

Parágrafo único. As relações pessoais enunciadas neste artigo independem de orientação sexual."

"LMP, Art. 6º A violência doméstica e familiar contra a mulher constitui uma das formas de violação dos direitos humanos."

Súmula 588-STJ

A prática de **crime ou contravenção penal** contra a mulher com violência ou grave ameaça no ambiente doméstico **impossibilita** a substituição da pena privativa de liberdade por restritiva de direitos.

- **Status:** Válida.
- **Dispositivos relacionados:**

"LMP, Art. 6º A violência doméstica e familiar contra a mulher constitui uma das formas de violação dos direitos humanos."

"LMP, Art. 17. É vedada a aplicação, nos casos de violência doméstica e familiar contra a mulher, de penas de cesta básica ou outras de prestação pecuniária, bem como a substituição de pena que implique o pagamento isolado de multa."

"CP, Art. 44. As penas restritivas de direitos são autônomas e substituem as privativas de liberdade, quando:

I – aplicada pena privativa de liberdade não superior a quatro anos e o crime não for cometido com violência ou grave ameaça à pessoa ou, qualquer que seja a pena aplicada, se o crime for culposo;

II – o réu não for reincidente em crime doloso;

III – a culpabilidade, os antecedentes, a conduta social e a personalidade do condenado, bem como os motivos e as circunstâncias indicarem que essa substituição seja suficiente.

§ 1º (Vetado).

§ 2º Na condenação igual ou inferior a um ano, a substituição pode ser feita por multa ou por uma pena restritiva de direitos; se superior a um ano, a pena privativa de liberdade pode ser substituída por uma pena restritiva de direitos e multa ou por duas restritivas de direitos.

§ 3º Se o condenado for reincidente, o juiz poderá aplicar a substituição, desde que, em face de condenação anterior, a medida seja socialmente recomendável e a reincidência não se tenha operado em virtude da prática do mesmo crime.

§ 4º A pena restritiva de direitos converte-se em privativa de liberdade quando ocorrer o descumprimento injustificado da restrição imposta. No cálculo da pena privativa de liberdade a executar será deduzido o tempo cumprido da pena restritiva de direitos, respeitado o saldo mínimo de trinta dias de detenção ou reclusão.

§ 5º Sobrevindo condenação a pena privativa de liberdade, por outro crime, o juiz da execução penal decidirá sobre a conversão, podendo deixar de aplicá-la se for possível ao condenado cumprir a pena substitutiva anterior."

Súmula 542-STJ

A ação penal relativa ao crime de lesão corporal resultante de violência doméstica contra a mulher **é pública incondicionada**.

- **Status:** Válida.

- **Dispositivos relacionados:**

"LMP, Art. 6º A violência doméstica e familiar contra a mulher constitui uma das formas de violação dos direitos humanos."

"LMP, Art. 41. Aos crimes praticados com violência doméstica e familiar contra a mulher, **independentemente da pena prevista**, **não se aplica a Lei 9.099, de 26 de setembro de 1995**."

"Lei 9.099/95, Art. 88. Além das hipóteses do Código Penal e da legislação especial, dependerá de representação a ação penal relativa aos crimes de lesões corporais leves e lesões culposas."

Súmula 536-STJ

A suspensão condicional do processo e a transação penal **não se aplicam na hipótese de delitos sujeitos ao rito da Lei Maria da Penha.**

- **Status:** Válida.
- **Dispositivos relacionados:**

"LMP, Art. 6º A violência doméstica e familiar contra a mulher constitui uma das formas de violação dos direitos humanos."

"LMP, Art. 41. Aos crimes praticados com violência doméstica e familiar contra a mulher, **independentemente da pena prevista, não se aplica a Lei 9.099, de 26 de setembro de 1995**."

"Lei 9.099/95, Art. 76. Havendo representação ou tratando-se de crime de ação penal pública incondicionada, não sendo caso de arquivamento, o Ministério Público poderá propor a aplicação imediata de pena restritiva de direitos ou multas, a ser especificada na proposta."

"Lei 9.099/95, Art. 89. Nos crimes em que a pena mínima cominada for igual ou inferior a um ano, abrangidas ou não por esta Lei, o Ministério Público, ao oferecer a denúncia, poderá propor a suspensão do processo, por dois a quatro anos, desde que o acusado não esteja sendo processado ou não tenha sido condenado por outro crime, presentes os demais requisitos que autorizariam a suspensão condicional da pena."

3.8.1. Questões relacionadas

(Instituto AOCP – Escrivão de Polícia – PC-ES/2019) No tocante à aplicação da Lei nº 11.340/06 (Lei Maria da Penha), para a configuração da violência doméstica e familiar prevista no art. 5º da referida Lei, assinale a alternativa correta.

a) Não se exige a coabitação entre autor e réu.

b) É imprescindível a relação matrimonial.

c) Não pode envolver relação patrimonial.

d) Não se aplica na relação de parentesco consanguíneo.

e) Não se aplica a casais divorciados.

Resposta correta: letra "a".

(Cespe – Juiz de Direito – TJ-PR/2019) No que tange a juizado especial criminal estadual, julgue os itens seguintes, quanto ao entendimento do STJ acerca de competência e suspensão condicional do processo.

I. Em se tratando de processo penal que tramita em juizado especial criminal, a proposta de suspensão condicional do processo antes do oferecimento da resposta à acusação não enseja a nulidade do processo.
II. A depender da gravidade do resultado decorrente de infração penal incursa na Lei Maria da Penha, os benefícios da suspensão condicional do processo têm aplicação imediata.
III. Para a concessão da suspensão condicional do processo, é necessário, além do preenchimento dos requisitos objetivos, o atendimento às exigências de ordem subjetiva do acusado.
Assinale a opção correta.

a) Apenas o item I está certo.

b) Apenas o item II está certo.

c) Apenas os itens I e III estão certos.

d) Apenas os itens II e III estão certos.

Resposta correta: letra "c".

(FCC – Promotor de Justiça – MPE-PB/2018) Conforme entendimento sumulado pelo Superior Tribunal de Justiça:

a) Para a configuração da violência doméstica e familiar, prevista na Lei Maria da Penha (Lei nº 11.340/2006), não se exige a coabitação entre autor e vítima.

b) A suspensão condicional do processo, prevista na Lei nº 9.099/1995, é aplicável na hipótese de delitos sujeitos ao rito da Lei Maria da Penha (Lei nº 11.340/2006).

c) É possível a aplicação de prestação de serviços a entidades públicas, bem como a limitação temporária de direitos ao autor de crime, com violência ou grave ameaça no ambiente doméstico, contra a mulher.

d) Permanece pública condicionada à representação a ação penal para o crime de lesão corporal leve, praticado contra a mulher no ambiente doméstico.

e) A transação penal, prevista na Lei dos Juizados Especiais Criminais, é aplicável na hipótese de delitos sujeitos ao rito da Lei Maria da Penha (Lei nº 11.340/2006).

Resposta correta: letra "a".

(FCC – Procurador do Estado – PGE-TO/2018) A Lei no 11.340/2006 (Lei Maria da Penha) criou mecanismos para coibir a violência doméstica e familiar contra a mulher e, ainda, alterou o Código de Processo Penal, o Código Penal e a Lei de Execução Penal, transformando-se em um dos principais instrumentos legais de proteção à mulher no Brasil. Considerando a legislação, bem como o entendimento sumulado pelo Superior Tribunal de Justiça,

a) configura violência doméstica e familiar contra a mulher qualquer ação ou omissão baseada no gênero que lhe cause morte, lesão, sofrimento físico, sexual ou psicológico e dano moral ou patrimonial, independentemente de sua orientação sexual.

b) a prática de crime ou contravenção penal contra a mulher com violência ou grave ameaça no ambiente doméstico possibilita a substituição da pena privativa de liberdade por restritiva de direitos.

c) é aplicável o princípio da insignificância nos crimes ou contravenções penais praticados contra a mulher no âmbito das relações domésticas.

d) para a configuração da violência doméstica e familiar prevista no artigo 5º da Lei Maria da Penha se exige a coabitação entre autor e vítima.

e) constatada a prática de violência doméstica e familiar contra a mulher, nos termos da referida lei, a autoridade policial poderá aplicar, de imediato, ao agressor a medida protetiva de afastamento do lar, domicílio ou local de convivência com a ofendida.

Resposta correta: letra "a".

(FCC – Defensor Público – DPE-AM/2018) A ação penal relativa ao crime de lesão corporal resultante de violência doméstica contra a mulher é

a) pública condicionada à representação quando a lesão corporal for de natureza leve ou culposa.

b) pública incondicionada, independentemente da natureza da lesão corporal.

c) pública incondicionada somente quando a lesão corporal for de natureza grave ou gravíssima.

d) pública incondicionada somente quando a lesão corporal for dolosa.

e) privada, independentemente da natureza da lesão corporal.

Resposta correta: letra "b".

(FGV – Analista Judiciário – Oficial de Justiça Avaliador – TJ-AL/2018) Carlos foi denunciado pela prática de crime de lesão corporal praticado em contexto de violência familiar, figurando como vítima seu irmão, Glauber (Art. 129, §9º, do Código Penal. Pena: 3 meses a 3 anos de detenção). A natureza da lesão seria leve e Glauber demonstrou interesse em representar em face do autor do fato.

Considerando que Carlos é primário e de bons antecedentes, sem qualquer outro envolvimento com o aparato policial ou judicial, é correto afirmar que:

a) não caberá aplicação de qualquer instituto despenalizador previsto na Lei nº 9.099/95, tendo em vista que o crime em questão foi introduzido pela Lei nº 11.340/06 (Lei Maria da Penha), que não admite aplicação desses institutos;

b) não caberá aplicação de qualquer instituto despenalizador previsto na Lei nº 9.099/95, tendo em vista que o crime imputado não é infração de menor potencial ofensivo;

c) caberá proposta apenas de transação penal e suspensão condicional do processo, mas não de composição civil dos danos, já que o crime não é de ação penal privada;

d) caberá proposta de composição civil dos danos, transação penal e suspensão condicional do processo;

e) caberá proposta de suspensão condicional do processo, mas não de transação penal ou composição civil dos danos.

Resposta correta: letra "e".

(Vunesp – Defensor Público – DPE-RO/2017) No que se refere à violência doméstica e familiar contra a mulher (Lei nº 11.340/06), assinale a alternativa correta.

a) A ação penal relativa ao crime de lesão corporal resultante de violência doméstica contra a mulher é pública condicionada.

b) Há previsão legal de ajuizamento de ação penal privada na Lei nº 11.340/06 (Lei Maria da Penha), dependendo do interesse jurídico discutido.

c) A ação penal relativa ao crime de lesão corporal resultante de violência doméstica contra a mulher é pública incondicionada.

d) Ao processo, ao julgamento e à execução das causas cíveis e criminais decorrentes da prática de violência doméstica e familiar contra a mulher não se aplicam as normas do Código de Processo Penal.

e) O Ministério Público poderá em todos os atos processuais, cíveis e criminais acompanhar a mulher em situação de violência doméstica e familiar atuando como seu curador.

Resposta correta: letra "c".

3.9. Lei de drogas (Lei nº 11.343/06)

Súmula 630-STJ

A incidência da atenuante da confissão espontânea no crime de tráfico ilícito de entorpecentes **exige o reconhecimento da traficância pelo acusado, não bastando a mera admissão da posse ou propriedade para uso próprio.**

- **Status:** Válida.

- **Dispositivos relacionados:**

"CP, Art. 65. São circunstâncias que sempre atenuam a pena: (...) III – ter o agente: (...) d) confessado espontaneamente, perante a autoridade, a autoria do crime;"

Súmula 607-STJ

A majorante do tráfico transnacional de drogas (art. 40, I, da Lei 11.343/2006) **configura-se com a prova da destinação internacional das drogas, ainda que não consumada a transposição de fronteiras.**

- **Status:** Válida.

• **Dispositivos relacionados:**

"Lei 11.343/06, Art. 40. As penas previstas nos arts. 33 a 37 desta Lei são aumentadas de um sexto a dois terços, se:

I – a natureza, a procedência da substância ou do produto apreendido e as circunstâncias do fato evidenciarem a transnacionalidade do delito;"

Súmula 587-STJ

Para a incidência da majorante prevista no art. 40, V, da Lei nº 11.343/2006, **é desnecessária** a efetiva transposição de fronteiras entre estados da Federação, **sendo suficiente a demonstração inequívoca da intenção de realizar o tráfico interestadual.**

• **Status:** Válida.

• **Dispositivos relacionados:**

"Lei 11.343/06, Art. 40. As penas previstas nos arts. 33 a 37 desta Lei são aumentadas de um sexto a dois terços, se:

V – caracterizado o tráfico entre Estados da Federação ou entre estes e o Distrito Federal;"

Súmula 512-STJ

~~A aplicação da causa de diminuição de pena prevista no art. 33, § 4º, da Lei nº 11.343/2006 não afasta a hediondez do crime de tráfico de drogas.~~

• **Status:** Cancelada.

• **Nota do autor:** O atual entendimento atual é o de que o tráfico ilícito de drogas, na sua forma privilegiada (art. 33, § 4º, da Lei nº 11.343/2006), não é crime equiparado a hediondo.

• **Precedentes relacionados:**

"O Plenário do STF firmou entendimento oposto à jurisprudência do STJ ao assentar que o denominado tráfico privilegiado de drogas (art. 33, § 4º, da Lei 11.343/06) não tem natureza hedionda. Apenas as modalidades de tráfico de entorpecentes definidas no art. 33, *caput* e § 1º, da Lei 11.343/06 seriam equiparadas aos crimes hediondos, enquanto referido delito na modalidade privilegiada apresentaria "contornos mais benignos, menos gravosos, notadamente porque são relevados o envolvimento ocasional do agente com o delito, a não reincidência, a ausência de maus antecedentes e a inexistência de vínculo com organização criminosa". Além disso, destacou que, apesar da vedação constitucional e legal da concessão de graça e anistia e de indulto ao tráfico de entorpecentes, "os Decretos Presidenciais ns. 6.706/2008 e 7.049/2009 beneficiaram os condenados pelo tráfico de entorpecentes privilegiado com o indulto, o que demonstra que os mencionados textos normativos se inclinaram na corrente doutrinária de que o tráfico privilegiado não é hediondo". Concluiu, em suma, em voto que foi seguido pela maioria do Tribunal Pleno, que a decisão do legislador fora no sentido de que o agente deveria receber tratamento distinto daqueles sobre os quais recairia o alto juízo de censura e de punição pelo tráfico de drogas e de que as circunstâncias legais do privilégio demonstrariam o menor juízo de reprovação e, em consequência, de punição dessas pessoas (Informativo 831). A Constituição Federal (art. 5º, XLIII) equiparou o delito de tráfico ilícito de drogas aos crimes hediondos, prevendo a insuscetibilidade de graça ou anistia e a inafiançabilidade, além de outras medidas previstas na Lei 8.072/1990. No entanto, nem toda transação ilícita com drogas deve necessariamente submeter-se ao regime dos crimes hediondos, como a conduta de quem oferece droga, eventualmente e sem objetivo de lucro, a pessoa de seu relacionamento, para juntos a consumirem (art. 33, § 3º, da Lei 11.343/06), bem como – conforme recentemente assentado pelo STF – a de quem, de forma episódica, pratica o denominado tráfico privilegiado de drogas (art. 33, § 4º). Cumpre consignar, nessa linha de raciocínio, que o artigo 44 da Lei de Drogas, ao estabelecer que os crimes previstos nos arts. 33, *caput* e § 1º, e 34 a 37 da Lei "são inafiançáveis e insuscetíveis de sursis, graça, indulto, anistia e liberdade provisória, vedada a conversão de suas penas em restritivas de direitos", conferiu ao tráfico privilegiado (art. 33, § 4º) tratamento especial ao que o legislador atribuiu ao *caput* e ao § 1º do art. 33, a reforçar a tese de que não se trata de delito hediondo. Saliente-se, outrossim, que o conceito de hediondez é de todo incompatível ao de privilégio, conforme há muito já vem decidindo o STJ, "mutatis mutandis", no que toca ao homicídio qualificado-privilegiado. É sabido que os julgamentos proferidos pelo STF em *habeas corpus*, ainda que por seu Órgão Pleno, não têm efeito vinculante nem eficácia *erga omnes*. No entanto, a fim de observar os princípios da segurança jurídica, da proteção da confiança e da isonomia, nos termos do artigo 927, § 4º, do CPC, bem como de evitar a prolação de decisões contraditórias nas instâncias ordinárias e também no âmbito deste Superior Tribunal de Justiça, é necessária a revisão do tema analisado por este Sodalício sob o rito dos recursos repetitivos, a fim de nos alinharmos à jurisprudência do Excelso Pretório. Dessarte, é o caso de revisão do entendimento consolidado por esta 3ª Seção no julgamento do Recurso Especial Representativo da Controvérsia n. 1.329.088/RS – Tema 600 (Rel. Min. Sebastião Reis Júnior, 3ª Seção, julgado em 13/3/2013, DJe 26/4/2013), com o consequente cancelamento do Enunciado 512 da Súmula deste Superior Tribunal de Justiça." (STJ, 3ª Seção, Pet 11.796-DF, Rel. Min. Maria Thereza de Assis Moura, Terceira Seção, por unanimidade, julgado em 23/11/2016).

• **Dispositivos relacionados:**

"Lei 11.343/06, Art. 33. (...)

§ 4º Nos delitos definidos no *caput* e no § 1º deste artigo, as penas poderão ser reduzidas de um sexto a dois terços, vedada a conversão em penas restritivas de direitos, desde que o agente seja primário, de bons antecedentes, não se dedique às atividades criminosas nem integre organização criminosa."

Súmula 501-STJ

É cabível a aplicação retroativa da Lei nº 11.343/2006, desde que o resultado da incidência das suas disposições, **na íntegra**, seja mais favorável ao réu do que o advindo da aplicação da Lei nº 6.368/1976, **sendo vedada a combinação de leis.**

• **Status:** Válida.

• **Nota do autor:** Essa súmula veda a combinação de leis, ou seja, a *lex tertia* (terceira lei). Não pode o juiz combinar leis para tentar extrair uma terceira lei mais favorável para o réu, sob pena de violação ao princípio da separação de poderes.

• **Dispositivos relacionados:**

"CF, Art. 2º São Poderes da União, independentes e harmônicos entre si, o Legislativo, o Executivo e o Judiciário."

3.9.1. Questões relacionadas

(MPE-PR – Promotor de Justiça – MPE-PR/2019) Considerando o entendimento sumulado dos Tribunais Superiores, analise as assertivas abaixo e assinale a alternativa:

I – A majorante do tráfico transnacional de drogas (art. 40, inciso I, da Lei n. 11.343/2006) configura-se com a prova da destinação internacional das drogas, ainda que não consumada a transposição de fronteiras.

II – Para a incidência da majorante prevista no art. 40, inciso V, da Lei n. 11.343/2006, é desnecessária a efetiva transposição de fronteiras entre estados da Federação, sendo suficiente a demonstração inequívoca da intenção de realizar o tráfico interestadual.

III – É cabível a aplicação retroativa da Lei n. 11.343/2006, desde que o resultado da incidência das suas disposições, na íntegra, seja mais favorável ao réu do que o advindo da aplicação da Lei n. 6.368/1976, sendo vedada a combinação de leis.

IV – A causa de aumento de pena prevista no art. 40, inciso III, da Lei n. 11.343/2006 tem natureza objetiva, devendo haver portanto comprovação de mercancia a menos de duzentos metros da respectiva entidade de ensino.

a) Todas as alternativas estão corretas.

b) Apenas a alternativa I está correta.

c) Apenas a alternativa II está incorreta.

d) Apenas a alternativa III está correta.

e) Apenas a alternativa IV está incorreta.

Resposta correta: letra "e".

(Cespe – Promotor de Justiça – MPE-PI/2019) Considerando o entendimento dos tribunais superiores acerca da Lei Antidrogas e da Lei Maria da Penha, julgue os itens a seguir.

I. A majorante do tráfico transnacional de drogas configura-se com a efetiva transposição de fronteiras entre dois ou mais países.

II. Para a incidência da majorante da interestadualidade, é desnecessária a efetiva transposição de fronteiras entre estados da Federação, sendo suficiente a demonstração inequívoca da intenção de realizar o tráfico interestadual de drogas.

III. A prática de crime mediante grave ameaça contra a mulher no ambiente doméstico impede a substituição da pena privativa de liberdade por restritiva de direitos, independentemente da condição de primariedade do réu.

IV. Haja vista a interpretação restritiva do direito penal, para a configuração da violência doméstica e familiar prevista na Lei Maria da Penha é necessária a comprovação da coabitação de autor e vítima.

Estão certos apenas os itens

a) I e II.

b) I e III.

c) II e III.

d) II e IV.

e) III e IV.

Resposta correta: letra "c".

(Cespe – Perito Criminal Federal – Polícia Federal/2018) Em cada item que segue, é apresentada uma situação hipotética, seguida de uma assertiva a ser julgada.

Em um aeroporto no Rio de Janeiro, enquanto estava na fila para check-in de um voo com destino a um país sul-americano, Fábio, maior e capaz, foi preso em flagrante delito por estar levando consigo três quilos de crack. Nessa situação, ainda que não esteja consumada a transposição de fronteiras, Fábio responderá por tráfico transnacional de drogas e a comprovação da destinação internacional da droga levará a um aumento da pena de um sexto a dois terços.

Resposta: certo.

(TRF 3ª Região – Juiz Federal – TRF 3ª Região/2018) Relativamente ao crime de tráfico transnacional de drogas (art. 33 da Lei nº 11.343/2006) e considerando a atual jurisprudência do Supremo Tribunal Federal e do Superior Tribunal de Justiça, é CORRETO afirmar que:

a) Não é possível a concessão de liberdade provisória por se tratar de crime equiparado a hediondo.

b) É vedada a conversão da pena privativa de liberdade em penas restritivas de direitos.

c) A fixação do regime inicial para cumprimento da pena privativa de liberdade deve observar apenas as regras previstas nos artigos 33 e 59 do Código Penal.

d) A aplicação da causa de diminuição de pena prevista no art. 33, § 4º, da Lei nº 11.343/2006 não afasta a hediondez do crime de tráfico de drogas.

Resposta correta: letra "c".

(FCC – Procurador do Estado – PGE-TO/2018) Está em conformidade com a Lei 11.343/2006, que instituiu o Sistema Nacional de Políticas Públicas sobre Drogas – SISNAD, e com o entendimento do Superior Tribunal de Justiça acerca do assunto:

a) Compete ao juiz estadual do local da apreensão da droga remetida do exterior pela via postal processar e julgar o crime de tráfico internacional.

b) É incabível a aplicação retroativa da Lei no 11.343/2006, ainda que o resultado da incidência das suas disposições seja mais favorável ao réu do que o advindo da aplicação da Lei no 6.368/1976, sendo possível, também, a combinação das referidas leis.

c) Para a incidência da majorante prevista no art. 40, V, da Lei no 11.343/2006, é desnecessária a efetiva transposição de fronteiras entre Estados da Federação, sendo suficiente a demonstração inequívoca da intenção de realizar o tráfico interestadual.

d) Em razão de alteração legislativa recente, quem adquirir, guardar, tiver em depósito, transportar ou trouxer consigo, para consumo pessoal, drogas sem autorização ou em desacordo com determinação legal ou regulamentar não terá praticado qualquer delito.

e) É dispensável a licença prévia da autoridade competente para produzir, extrair, fabricar, transformar, preparar, possuir, manter em depósito, importar, exportar, reexportar, remeter, transportar, expor, oferecer, vender, comprar, trocar, ceder ou adquirir, para fins medicinais, drogas ou matéria-prima destinada à sua preparação, observadas as demais exigências legais.

Resposta correta: letra "b".

(FCC – Promotor de Justiça – MPE-PB/2018) A Lei de Drogas (Lei nº 11.343/2006) estabelece que a pena prevista no artigo 33 será aumentada de um sexto a dois terços se caracterizado o tráfico entre Estados da Federação. De acordo com o entendimento sumulado do Superior Tribunal de Justiça,

a) é desnecessária a efetiva transposição de fronteiras, sendo suficiente a demonstração inequívoca da intenção do agente de realizar o tráfico interestadual.

b) a quantidade de droga apreendida, bem como a forma do seu acondicionamento, é essencial para a caracterização do tráfico interestadual.

c) o aumento da pena, no tráfico interestadual, exige a associação de quatro ou mais pessoas estruturalmente ordenadas.

d) por abranger pluralidade de entes federativos, a ação penal será da competência da Justiça Federal.

e) o aumento de dois terços da pena somente poderá ser aplicado quando o tráfico interestadual ocorrer entre Estados não fronteiriços.

Resposta correta: letra "a".

(MPR-PR – Promotor de Justiça – MPE-PR/2016) Consoante o artigo 40 da Lei de Drogas (Lei n. 11.343/2006):

"As penas previstas nos arts. 33 a 37 desta Lei são aumentadas de um sexto a dois terços, se:

(...)

III – a infração tiver sido cometida nas dependências ou imediações de estabelecimentos prisionais, de ensino ou hospitalares, de sedes de entidades estudantis, sociais, culturais, recreativas, esportivas, ou beneficentes, de locais de trabalho coletivo, de recintos onde se realizem espetáculos ou diversões de qualquer natureza, de serviços de tratamento de dependentes de drogas ou de reinserção social, de unidades militares ou policiais ou em transportes públicos;

(...)

V – caracterizado o tráfico entre Estados da Federação ou entre estes e o Distrito Federal;"

Sobre as causas de aumento de pena, previstas nos incisos III e V do artigo 40 da Lei n. 11.343/2006, assinale a alternativa correta, de acordo com a interpretação atual e assente no Superior Tribunal de Justiça:

I – Para incidência da causa de aumento de pena, prevista no artigo 40, III, da Lei n.11.343/2006, basta o agente transportar no bagageiro ou trazer a droga consigo, em veículo de transporte público, independentemente de comercialização.

II – É desnecessária a efetiva transposição de fronteiras entre estados da federação para incidência da majorante descrita no artigo 40, V, da Lei 11.343/2006.

III – É necessária a efetiva comercialização da droga, no interior do transporte público, para incidência do aumento de pena previsto no artigo 40, III, da Lei 11.343/2006.

IV – É necessária a efetiva transposição de fronteiras entre estados da federação para incidência da majorante descrita no artigo 40, V, da Lei 11.343/2006.

a) Somente as assertivas I e II são corretas;

b) Somente as assertivas I e III são corretas;

c) Somente as assertivas II e III são corretas;

d) Somente as assertivas II e IV são corretas;

e) As assertivas III e IV são corretas.

Resposta correta: letra "c".

(IBFC – Papiloscopista Policial de 3ª Classe – PC-RJ/2014) Suponha que um indivíduo primário, de bons antecedentes e não dedicado a atividades criminosas tenha praticado um tráfico ilícito de entorpecentes no mês de julho de 2006, quando estava em vigor a Lei nº 6.368/76, que previa a pena de reclusão de 3 (três) a 15 (quinze) anos para o referido delito. Na data de seu julgamento já vigora a Lei nº 11.343/06, que prevê, para o referido crime, pena de reclusão de 5 (cinco) a 15 (quinze) anos e uma causa de diminuição de 1/6 (um sexto) a 2/3 (dois terços) para o agente primário, de bons antecedentes, que não se dedique a atividades criminosas e que não integre organização criminosa. Levando em consideração a situação hipotética narrada e o entendimento sumulado pelo Superior Tribunal de Justiça, assinale a alternativa correta em relação à aplicação da lei penal neste caso:

a) É incabível a aplicação retroativa da Lei nº 11.343/06, mesmo que mais benéfica ao réu, pois o fato ocorreu quando estava em vigor a Lei nº 6.368/76.

b) É cabível a aplicação da pena prevista na Lei nº 6.368/76, com incidência da causa de diminuição prevista na Lei nº 11.343/06, pois o julgador deve alcançar o maior benefício para o réu.

c) É cabível a aplicação retroativa da Lei nº 11.343/06, desde que o resultado da incidência das suas disposições, na íntegra, seja mais favorável ao réu do que o advindo da aplicação da Lei nº 6.368/76, sendo vedada a combinação de leis penais.

d) É cabível a aplicação retroativa da Lei nº 11.343/06, desde que o réu não possua contra si inquéritos policiais e ações penais em curso, pois isso lhe retiraria a primariedade e os bons antecedentes.

e) É cabível a aplicação retroativa da Lei nº 11.343/06, ainda que mais prejudicial ao réu, pois a função do Direito Penal é conferir maior rigor punitivo naquelas infrações que a Constituição Federal considera equiparadas às hediondas.

Resposta correta: letra "c".

3.10. Lei de telecomunicações (Lei nº 9.472/97)

Súmula 606-STJ

Não se aplica o princípio da insignificância aos casos de transmissão clandestina de sinal de internet via radiofrequência, **que caracteriza o fato típico, previsto no art. 183 da Lei n. 9.472/1997 (Lei de Telecomunicações).**

- **Status:** Válida.
- **Dispositivos relacionados:**

> "Lei 9.472/97, Art. 183. Desenvolver clandestinamente atividades de telecomunicação:
>
> Pena – detenção de dois a quatro anos, aumentada da metade se houver dano a terceiro, e multa de dez mil reais.
>
> Parágrafo único. Incorre na mesma pena quem, direta ou indiretamente, concorrer para o crime."
>
> "Lei 9.472/97, Art. 184. (...)
>
> Parágrafo único. Considera-se clandestina a atividade desenvolvida sem a competente concessão, permissão ou autorização de serviço, de uso de radiofrequência e de exploração de satélite."

3.10.1. Questões relacionadas

(Cespe – Promotor de Justiça – MPE-RR/2017) (Adaptada) De acordo com o entendimento do STF a respeito de assuntos afetos ao direito penal, assinale a opção correta.

a) No latrocínio — roubo seguido de morte —, responderá apenas pelo roubo o autor que não estiver fisicamente no ambiente em que ocorrer a morte, por não provocá-la diretamente e por sua participação ser considerada de menor importância.

b) É hediondo o tráfico privilegiado de drogas, ainda que sujeito à redução de pena, conforme disposições da Lei Antidrogas, razão por que seu autor tem de atender a requisitos mais severos para o livramento condicional, não lhe sendo permitida a progressão de regime.

c) O inadimplemento injustificado da pena de multa imposta ao sentenciado não autoriza a regressão de regime, salvo se ele comprovar absoluta impossibilidade econômica.

d) À prática clandestina de atividade de telecomunicação consistente em manutenção de rádio comunitária não se aplica o princípio da insignificância.

Resposta correta: letra "d".

DIREITO PROCESSUAL PENAL

1. INVESTIGAÇÃO CRIMINAL E INQUÉRITO POLICIAL

Súmula vinculante 14-STF

É direito do defensor, no interesse do representado, ter acesso amplo aos elementos de prova que, **já documentados** em procedimento investigatório realizado por órgão com competência de polícia judiciária, digam respeito ao exercício do direito de defesa.

- **Status:** Válida.
- **Nota do autor:** O direito de acesso aos elementos informativos já documentados abrange não apenas os autos de prisão em flagrante e inquéritos policiais conduzidos pela Polícia Judiciária, mas também, toda e qualquer investigação criminal, como a conduzida pelo membro do Ministério Público através do PIC (procedimento investigatório criminal).

- **Dispositivos relacionados:**

"CF, Art. 5º (...)

XXXIII – todos têm direito a receber dos órgãos públicos informações de seu interesse particular, ou de interesse coletivo ou geral, que serão prestadas no prazo da lei, sob pena de responsabilidade, ressalvadas aquelas cujo sigilo seja imprescindível à segurança da sociedade e do Estado;

LIV – ninguém será privado da liberdade ou de seus bens sem o devido processo legal;

LV – aos litigantes, em processo judicial ou administrativo, e aos acusados em geral são assegurados o contraditório e ampla defesa, com os meios e recursos a ela inerentes;"

"Lei nº 8.906/1994, Art. 7º São direitos do advogado:

XIV – examinar, em qualquer instituição responsável por conduzir investigação, mesmo sem procuração, autos de flagrante e de investigações de qualquer natureza, findos ou em andamento, ainda que conclusos à autoridade, podendo copiar peças e tomar apontamentos, em meio físico ou digital; (Redação dada pela Lei nº 13.245, de 2016)"

Súmula 568-STF

~~A identificação criminal não constitui constrangimento ilegal, ainda que o indiciado já tenha sido identificado civilmente.~~

• **Status:** Superada pela Constituição Federal de 1988.

• **Nota do autor:** As "hipóteses previstas em lei" a que o dispositivo constitucional faz referência é a Lei nº 12.037/2009 (Lei da Identificação Criminal).

• **Dispositivos relacionados:**

"CF, Art. 5º (...)

LVIII – o civilmente identificado não será submetido a identificação criminal, salvo nas hipóteses previstas em lei;"

"Lei 12.037/09, Art. 1º O civilmente identificado não será submetido a identificação criminal, salvo nos casos previstos nesta Lei."

"Lei 12.037/09, Art. 3º Embora apresentado documento de identificação, poderá ocorrer identificação criminal quando:

I – o documento apresentar rasura ou tiver indício de falsificação;

II – o documento apresentado for insuficiente para identificar cabalmente o indiciado;

III – o indiciado portar documentos de identidade distintos, com informações conflitantes entre si;

IV – a identificação criminal for essencial às investigações policiais, segundo despacho da autoridade judiciária competente, que decidirá de ofício ou mediante representação da autoridade policial, do Ministério Público ou da defesa;

V – constar de registros policiais o uso de outros nomes ou diferentes qualificações;

VI – o estado de conservação ou a distância temporal ou da localidade da expedição do documento apresentado impossibilite a completa identificação dos caracteres essenciais.

Parágrafo único. As cópias dos documentos apresentados deverão ser juntadas aos autos do inquérito, ou outra forma de investigação, ainda que consideradas insuficientes para identificar o indiciado."

Súmula 524-STF

Arquivado o inquérito policial, por despacho do juiz, a requerimento do Promotor de Justiça, não pode a ação penal ser iniciada, sem novas provas.

• **Status:** Válida.

• **Nota do autor:** Embora a súmula fale em "despacho do juiz" o arquivamento do inquérito policial trata-se de verdadeira "decisão judicial". Vale lembrar que somente o juiz pode mandar arquivar os autos do inquérito policial, a requerimento do membro do Ministério Público.

• **Dispositivos relacionados:**

> "CPP, Art. 17. A autoridade policial não poderá mandar arquivar autos de inquérito."
>
> "CPP, Art. 18. Depois de ordenado o arquivamento do inquérito pela autoridade judiciária, por falta de base para a denúncia, a autoridade policial poderá proceder a novas pesquisas, se de outras provas tiver notícia."
>
> "CPP, Art. 28. Se o órgão do Ministério Público, ao invés de apresentar a denúncia, requerer o arquivamento do inquérito policial ou de quaisquer peças de informação, o juiz, no caso de considerar improcedentes as razões invocadas, fará remessa do inquérito ou peças de informação ao procurador-geral, e este oferecerá a denúncia, designará outro órgão do Ministério Público para oferecê-la, ou insistirá no pedido de arquivamento, ao qual só então estará o juiz obrigado a atender."

Súmula 234-STJ

A participação de membro do Ministério Público na fase investigatória criminal não acarreta o seu impedimento ou suspeição para o oferecimento da denúncia.

• **Status:** Válida.

1.1. Questões relacionadas

(DPE-RS – Defensor Público – DPE-RS/2018) Sobre a defesa no processo penal, considere:

I. Se o acusado, citado por edital, não comparecer, nem constituir advogado, deverá o juiz nomear-lhe defensor para viabilizar o imediato prosseguimento do processo-crime, resguardando, assim, o contraditório e o direito de mais ampla defesa.

II. É direito do defensor, no interesse do representado, ter acesso amplo aos elementos de prova que, já documentados em procedimento investigatório realizado por órgão com competência de polícia judiciária, digam respeito ao exercício do direito de defesa.

III. Configurado o abandono de causa pelo único defensor constituído que assistia ao réu, deve o juiz nomear-lhe para assistência o Defensor Público, independentemente de intimação pessoal do acusado.

Está correto o que consta de:

a) I, apenas.

b) I e II, apenas.

c) III, apenas.

d) I, II e III.

e) II, apenas.

Resposta correta: letra "e".

(FCC – Analista Legislativo – ALE-SE/2018) O Código de Processo Penal, bem como o entendimento sumulado do Supremo Tribunal Federal e do Superior Tribunal de Justiça, acerca do Inquérito Policial, dispõe:

a) Arquivado o inquérito policial, por despacho do juiz, a requerimento do promotor de justiça, é possível a ação penal ser reiniciada, ainda que sem novas provas, desde que não prescrito o crime.

b) É direito do defensor, no interesse do representado, ter acesso amplo aos elementos de prova que, já documentados em procedimento investigatório realizado por órgão com competência de polícia judiciária, digam respeito ao exercício do direito de defesa.

c) Para verificar a possibilidade de a infração ter sido praticada de determinado modo, a autoridade policial poderá proceder à reprodução simulada dos fatos, ainda que esta contrarie a moralidade ou a ordem pública, tendo em vista o princípio da obrigatoriedade.

d) O ofendido, ou seu representante legal, e o indiciado não possuem legitimidade para requerer diligências para a autoridade policial, tendo em vista o princípio da oficialidade.

e) Nos crimes de ação privada, a autoridade policial poderá proceder a inquérito, ainda que não haja requerimento de quem tenha qualidade para intentá-la, uma vez que tal exigência somente é necessária para a proposição da ação penal.

Resposta correta: letra "b".

(Vunesp – Delegado de Polícia Civil – PC-BA/2018) De acordo com a jurisprudência sumulada do Supremo Tribunal Federal,

a) a imunidade parlamentar estende-se ao corréu sem essa prerrogativa (Súmula 245).

b) para requerer revisão criminal, o condenado deve recolher-se à prisão (Súmula 393).

c) só é lícito o uso de algemas em casos de resistência e de fundado receio de fuga ou perigo à integridade física própria ou alheia, por parte do preso ou terceiros, sem, contudo, necessidade de a autoridade policial justificar a utilização por escrito (Súmula Vinculante 11).

d) é direito do defensor, no interesse do representado, ter acesso amplo aos elementos de prova que, já documentados em procedimento investigatório realizado por órgão com competência de polícia judiciária, digam respeito ao exercício do direito de defesa (Súmula Vinculante 14).

e) a homologação da transação penal prevista no art. 76 da Lei no 9.099/95 faz coisa julgada material e, descumpridas suas cláusulas, retorna-se à situação anterior, possibilitando ao Ministério Público a continuidade da persecução penal (Súmula Vinculante 35).

Resposta correta: letra "d".

(MPE-BA – Promotor de Justiça – MPE-BA/2018) Após análise das assertivas abaixo, assinale a alternativa correta:

I – A participação de membro do Ministério Público na fase investigatória criminal não acarreta o seu impedimento ou suspeição para o oferecimento da denúncia;

II – Considera-se impedido o juiz, cujo cônjuge ou parente consanguíneo ou afim, em linha reta ou colateral até o terceiro grau, inclusive, tenha atuado como defensor ou advogado, órgão do Ministério Público, autoridade policial, auxiliar da justiça ou perito;

III – Não se aplicam ao assistente de acusação os impedimentos previstos em lei para o juiz e para o órgão do Ministério Público.

a) Somente as assertivas II e III estão corretas.

b) Somente as assertivas I e II estão corretas.

c) Somente as assertivas I e III estão corretas.

d) Todas as assertivas estão corretas.

e) Todas as assertivas são falsas.

Resposta correta: letra "b".

(TRF 4ª Região – Juiz Federal – TRF 4ª Região/2016) Dadas as assertivas abaixo, assinale a alternativa correta.

De acordo com a jurisprudência do Supremo Tribunal Federal:

I. Se o pedido de arquivamento do inquérito formulado pelo Ministério Público se funda na extinção da punibilidade, o juiz há de proferir decisão a respeito, para declará-la ou para denegá-la, caso em que o julgado vinculará a acusação: há, então, julgamento definitivo.

II. Se o pedido de arquivamento traduz, na verdade, recusa de promover a ação penal, por entender que o fato, embora apurado, não constitui crime, o juiz há de decidir a respeito e, se acolher o fundamento do pedido, a decisão terá a mesma eficácia de coisa julgada da rejeição da denúncia por motivo idêntico, impedindo denúncia posterior com base na imputação que se reputou não criminosa.

III. Se o arquivamento é requerido por falta de base empírica para o oferecimento da denúncia, de cuja suficiência é o Ministério Público árbitro exclusivo, o juiz, conforme o art. 28 do Código de Processo Penal, pode submeter o caso ao chefe da instituição, o procurador-geral, que, no entanto, se insistir nele, fará o arquivamento irrecusável.

IV. Arquivado o inquérito policial, por despacho do juiz, a requerimento do promotor de justiça, não pode a ação penal ser iniciada sem novas provas.

a) Estão corretas apenas as assertivas I e III.

b) Estão corretas apenas as assertivas II e IV.

c) Estão corretas apenas as assertivas III e IV.

d) Estão corretas todas as assertivas.

e) Nenhuma assertiva está correta.

Resposta correta: letra "d".

(Vunesp – Analista de Promotoria – MPE-SP/2015) Em crime de ação penal pública, membro do Ministério Público, com fundamento no artigo 16 do Código de Processo Penal, formulou pedido de retorno do inquérito policial, para realização de diligências, imprescindíveis ao oferecimento da denúncia, concretizado, após, pelo mesmo Promotor de Justiça. Revela-se, assim:

a) a suspeição do Promotor de Justiça, porque, como sujeito e parte na relação processual, já teve contato com a prova, impondo-se, pela aplicação dos princípios da unidade e da indivisibilidade do Ministério Público, o oferecimento da denúncia por outro membro

b) uma situação regular, desde que declinada, na cota de oferecimento, pelo membro do Ministério Público, que não há motivo que ensejaria declaração de suspeição, ex officio, por contato direto com a prova, na primeira fase da persecução penal.

c) uma situação regular, desde que designado, pelo Procurador Geral de Justiça, o mesmo Promotor de Justiça que participou da fase investigatória criminal, para o oferecimento de denúncia, por inteligência do artigo 258 do Código de Processo Penal.

d) o impedimento do Promotor de Justiça que participou da fase investigatória criminal, ainda que esta tenha sido conduzida por autoridade policial, para oferecimento da denúncia, nos termos do artigo 258 do Código de Processo Penal, que estabelece como uma de suas hipóteses, a atuação nas duas fases da persecução penal.

e) uma situação regular, porque a participação de membro do Ministério Público, na fase investigatória criminal, não acarreta o seu impedimento ou suspeição para o oferecimento de denúncia.

Resposta correta: letra "e".

2. AÇÃO PENAL

Súmula 714-STF

É concorrente a legitimidade do ofendido, mediante queixa, e do Ministério Público, condicionada à representação do ofendido, para a ação penal por crime contra a honra de servidor público em razão do exercício de suas funções.

- **Status:** Válida.

Súmula 607-STF

~~Na ação penal regida pela Lei 4.611/65, a denúncia, como substitutivo da Portaria, não interrompe a prescrição.~~

- **Status:** Superada.

Súmula 601-STF

~~Os arts. 3º, II, e 55 da LC nº 40/81 (Lei Orgânica do Ministério Público) não revogaram a legislação anterior que atribui a iniciativa para a ação penal pública, no processo sumário, ao juiz ou à autoridade policial, mediante Portaria ou Auto de Prisão em Flagrante.~~

- **Status:** Superada.

Súmula 594-STF

Os direitos de queixa e de representação **podem ser exercidos, independentemente, pelo ofendido ou por seu representante legal**.

- **Status:** Válida.
- **Dispositivos relacionados:**

"CPP, Art. 24. Nos crimes de ação pública, esta será promovida por denúncia do Ministério Público, mas dependerá, quando a lei o exigir, de requisição do Ministro da Justiça, ou de representação do ofendido ou de quem tiver qualidade para representá-lo."

"CPP, Art. 30. Ao ofendido ou a quem tenha qualidade para representá-lo caberá intentar a ação privada."

"CP, Art. 100. A ação penal é pública, salvo quando a lei expressamente a declara privativa do ofendido.

§ 1º A ação pública é promovida pelo Ministério Público, dependendo, quando a lei o exige, de representação do ofendido ou de requisição do Ministro da Justiça.

§ 2º A ação de iniciativa privada é promovida mediante queixa do ofendido ou de quem tenha qualidade para representá-lo.

§ 3º A ação de iniciativa privada pode intentar-se nos crimes de ação pública, se o Ministério Público não oferece denúncia no prazo legal.

§ 4º No caso de morte do ofendido ou de ter sido declarado ausente por decisão judicial, o direito de oferecer queixa ou de prosseguir na ação passa ao cônjuge, ascendente, descendente ou irmão."

Súmula 396-STF

~~Para a ação penal por ofensa à honra, sendo admissível a exceção da verdade quanto ao desempenho de função pública, prevalece a competência especial por prerrogativa de função, ainda que já tenha cessado o exercício funcional do ofendido.~~

- **Status:** Superada.

Súmula 388-STF

~~O casamento da ofendida com quem não seja o ofensor faz cessar a qualidade do seu representante legal, e a ação penal só pode prosseguir por iniciativa da própria ofendida, observados os prazos legais de decadência e perempção.~~

- **Status:** Cancelada.

Súmula 542-STJ

A ação penal relativa ao crime de lesão corporal resultante de violência doméstica contra a mulher **é pública incondicionada**.

- **Status:** Válida.
- **Dispositivos relacionados:**

> "LMP, Art. 6º A violência doméstica e familiar contra a mulher constitui uma das formas de violação dos direitos humanos."
>
> "LMP, Art. 41. Aos crimes praticados com violência doméstica e familiar contra a mulher, **independentemente da pena prevista**, **não se aplica a Lei 9.099, de 26 de setembro de 1995**."
>
> "Lei 9.099/95, Art. 88. Além das hipóteses do Código Penal e da legislação especial, dependerá de representação a ação penal relativa aos crimes de lesões corporais leves e lesões culposas."

Súmula 234-STJ

A participação de membro do Ministério Público na fase investigatória criminal não acarreta o seu impedimento ou suspeição para o oferecimento da denúncia.

- **Status:** Válida.

2.1. Questões relacionadas

(FUNDATEC – Procurador Legislativo – ALE-RS/2018) Segundo súmula do Supremo Tribunal Federal, é correto afirmar que:

a) Por equiparação, a lei penal considera funcionário público quem exerce cargo, emprego ou função em entidade paraestatal, e quem trabalha para empresa prestadora de serviço contratada ou conveniada para a execução de qualquer atividade da Administração Pública.

b) É concorrente a legitimidade do ofendido, mediante queixa, e do Ministério Público, condicionada à representação do ofendido, para a ação penal por crime contra a honra de servidor público em razão do exercício de suas funções.

c) Nos crimes funcionais próprios, a exclusão da qualidade de funcionário público faz com que ocorra a desclassificação para crimes de outra natureza, enquanto que nos crimes funcionais impróprios a exclusão da qualidade de funcionário público torna o fato atípico.

d) No peculato culposo, a reparação integral do dano, antes da sentença penal irrecorrível, reduz pela metade a pena aplicada.

e) Para ser sujeito ativo no crime de emprego irregular de verbas ou rendas públicas, o funcionário público deve ter poder de dispor da verba ou renda pública e a consumação somente ocorre se ficar comprovado o prejuízo do erário.

Resposta correta: letra "b".

(MPE-BA – Promotor de Justiça – MPE-BA/2018) Após análise das assertivas abaixo, assinale a alternativa correta:

I – A participação de membro do Ministério Público na fase investigatória criminal não acarreta o seu impedimento ou suspeição para o oferecimento da denúncia;

II – Considera-se impedido o juiz, cujo cônjuge ou parente consanguíneo ou afim, em linha reta ou colateral até o terceiro grau, inclusive, tenha atuado como defensor ou advogado, órgão do Ministério Público, autoridade policial, auxiliar da justiça ou perito;

III – Não se aplicam ao assistente de acusação os impedimentos previstos em lei para o juiz e para o órgão do Ministério Público.

a) Somente as assertivas II e III estão corretas.

b) Somente as assertivas I e II estão corretas.

c) Somente as assertivas I e III estão corretas.

d) Todas as assertivas estão corretas.

e) Todas as assertivas são falsas.

Resposta correta: letra "b".

(Vunesp – Juiz de Direito – TJ-SP/2017) No tocante aos sujeitos do processo, é correto afirmar que

a) a audiência poderá ser adiada se, por motivo justificado, o defensor não puder comparecer, a ele incumbindo provar o impedimento até a abertura do ato; se não o fizer, deve o juiz nomear defensor substituto, ainda que provisoriamente ou só para o efeito do ato.

b) a participação de membro do Ministério Público na fase investigatória criminal acarreta o seu impedimento ou suspeição para o oferecimento da denúncia.

c) o assistente será admitido enquanto não passar em julgado a sentença e receberá a causa no estado em que se achar, podendo recorrer, inclusive extraordinariamente, de decisão concessiva de habeas corpus.

d) o juiz não poderá exercer a jurisdição no processo em que tiver funcionado como juiz de outra instância, pronunciando-se, de fato ou de direito, sobre a questão, mas não há nulidade no julgamento ulterior pelo Júri com a participação de jurado que funcionou em julgamento anterior do mesmo processo.

Resposta correta: letra "a".

(FAPEMS – Delegado de Polícia Civil – PC-MS/2017) Acerca da investigação criminal,

"[...] a autoridade policial não é parte no processo penal, não tem interesse que possa deduzir em juízo e a investigação criminal não guarda autonomia, ela existe orientada ao exercício futuro da ação. A constatação de comportamentos do indiciado prejudiciais à investigação deve ser compartilhada entre a autoridade policial e o Ministério Público (ou o querelante, conforme o caso), para que o autor da ação penal ajuíze seu real interesse em ver a prisão decretada." (PRADO, Geraldo. Medidas cautelares no processo penal: prisões e suas alternativas. São Paulo: Revista dos Tribunais, 2011, p. 67.)

"As funções de polícia judiciária e a apuração de infrações penais exercidas pelo delegado de polícia são de natureza jurídica, essenciais e exclusivas de Estado." (BRASIL. Lei n. 12.830. Dispõe sobre a investigação criminal conduzida pelo delegado de polícia. Art. 2º. 2013.)

Isso considerado, assinale a alternativa correta.

a) O indiciamento, privativo do delegado de polícia, dar-se-á por ato discricionário, mediante análise fática da ocorrência do fato, e deverá indicar a autoria, materialidade e suas circunstâncias.

b) O inquérito policial em curso poderá ser avocado ou redistribuído por superior hierárquico, independentemente de despacho fundamentado.

c) A participação de membro do Ministério Público na fase investigatória criminal acarreta o seu impedimento ou suspeição para o oferecimento da denúncia.

d) Da decisão do delegado de polícia que nega o pedido de abertura de inquérito policial formulado pelo ofendido ou seu representante legal, caberá mandado de segurança.

e) Durante a investigação criminal, cabe ao delegado de polícia a requisição de perícia, informações, documentos e dados que interessem à apuração dos fatos.

Resposta correta: letra "e".

(Vunesp – Defensor Público – DPE-RO/2017) No que se refere à violência doméstica e familiar contra a mulher (Lei nº 11.340/06), assinale a alternativa correta.

a) A ação penal relativa ao crime de lesão corporal resultante de violência doméstica contra a mulher é pública condicionada.

b) Há previsão legal de ajuizamento de ação penal privada na Lei nº 11.340/06 (Lei Maria da Penha), dependendo do interesse jurídico discutido.

c) A ação penal relativa ao crime de lesão corporal resultante de violência doméstica contra a mulher é pública incondicionada.

d) Ao processo, ao julgamento e à execução das causas cíveis e criminais decorrentes da prática de violência doméstica e familiar contra a mulher não se aplicam as normas do Código de Processo Penal.

e) O Ministério Público poderá em todos os atos processuais, cíveis e criminais acompanhar a mulher em situação de violência doméstica e familiar atuando como seu curador.

Resposta correta: letra "c".

(IESES – Titular de Serviços de Notas e de Registros – Provimento – TJ-PA/2016) Assinale a alternativa correta:

a) A jurisprudência amplamente majoritária considera que o arquivamento do inquérito policial promovido por Juízo absolutamente incompetente acarreta em coisa julgado formal.

b) Arquivado o inquérito policial por requerimento do Ministério Público, não é mais cabível a propositura de ação penal privada subsidiária da pública.

c) A Participação de membro do Ministério Público na fase investigatória criminal acarreta o seu impedimento ou suspeição para o oferecimento da denúncia.

d) Ocorre o arquivamento indireto do inquérito policial quando o membro do Ministério Público deixa de incluir um crime ou um réu na denúncia, sem fazer qualquer menção quanto ao seu arquivamento.

Resposta correta: letra "b".

3. COMPETÊNCIA

3.1. Competência da justiça federal

Súmula vinculante 36-STF

Compete à Justiça Federal comum processar e julgar civil denunciado pelos crimes de falsificação e de uso de documento falso quando se tratar de falsificação da Caderneta de Inscrição e Registro (CIR) ou de Carteira de Habilitação de Arrais Amador (CHA), ainda que expedidas pela Marinha do Brasil.

- **Status:** Válida.

Súmula 528-STJ

Compete ao **juiz federal do local da apreensão da droga** remetida do exterior pela via postal processar e julgar o crime de tráfico internacional.

- **Status:** Válida.

Súmula 208-STJ

Compete à Justiça Federal processar e julgar prefeito municipal por **desvio de verba sujeita a prestação de contas perante órgão federal.**

• **Status:** Válida.

• **Nota do autor:** Cuidado para não confundir: a) no caso de desvio de verba sujeita a prestação de contas perante órgão federal, a competência para processar e julgar o Prefeito será da Justiça Federal; b) no entanto, se a verba federal já foi transferida e incorporada ao patrimônio do Município, aí então o Prefeito será processado e julgado pela Justiça Estadual.

• **Precedentes relacionados:**

> "Súmula 209-STJ. Compete à Justiça Estadual processar e julgar prefeito por desvio de verba transferida e incorporada ao patrimônio municipal."

Súmula 200-STJ

O juízo federal competente para processar e julgar acusado de crime de uso de passaporte falso **é o do lugar onde o delito se consumou.**

• **Status:** Válida.

Súmula 165-STJ

Compete à Justiça Federal processar e julgar crime de falso testemunho cometido no processo trabalhista.

• **Status:** Válida.

• O crime de falso testemunho está previsto no art. 342 do CP.

• **Dispositivos relacionados:**

> "Art. 342. Fazer afirmação falsa, ou negar ou calar a verdade como testemunha, perito, contador, tradutor ou intérprete em processo judicial, ou administrativo, inquérito policial, ou em juízo arbitral:
>
> Pena – reclusão, de dois a quatro anos, e multa. (Redação dada pela Lei nº 12.850, de 2013)"

Súmula 147-STJ

Compete à Justiça Federal processar e julgar os crimes praticados contra funcionário público federal, quando relacionados com o exercício da função.

• **Status:** Válida.

- **Dispositivos relacionados:**

> "CF, Art. 109. Aos juízes federais compete processar e julgar:
>
> (...)
>
> IV – os crimes políticos e as infrações penais praticadas em detrimento de bens, serviços ou interesse da União ou de suas entidades autárquicas ou empresas públicas, excluídas as contravenções e ressalvada a competência da Justiça Militar e da Justiça Eleitoral."

Súmula 122-STJ

Compete à Justiça Federal o processo e julgamento unificado dos crimes conexos de competência federal e estadual, não se aplicando a regra do art. 78, II, "a", do Código de Processo Penal.

- **Status:** Válida.

- **Nota do autor:** Crimes conexos de competência da Justiça federal e estadual, são julgados pela primeira (Justiça Federal). Nesse caso de crimes conexos federais e estaduais, não se aplica o art. 78, II, "a", do CPP. Isso porque a competência da Justiça Federal é taxativa, prevista na CF e já a competência da Justiça Federal é residual.

- **Dispositivos relacionados:**

> "CPP, Art. 79. A conexão e a continência importarão unidade de processo e julgamento, salvo:
>
> I – no concurso entre a jurisdição comum e a militar;
>
> II – no concurso entre a jurisdição comum e a do juízo de menores."

Súmula 91-STJ

~~Compete a Justiça Federal processar e julgar os crimes praticados contra a fauna.~~

- **Status:** Cancelada.

- **Nota do autor:** Compete, em regra, à **Justiça Estadual** processar e julgar os crimes praticados contra a fauna.

3.1.1. Questões relacionadas

(Cespe – Juiz de Direito – TJ-PR/2019) A respeito de competência jurisdicional, é correto afirmar que

a) a competência penal por prerrogativa de função não prevalece sobre a regra de competência do local da infração.

b) competem à justiça federal o processamento e o julgamento unificado de crimes conexos de competência federal e estadual, salvo se os crimes afetos ao juízo estadual forem mais graves.

c) a competência constitucional do tribunal do júri é uma cláusula pétrea, razão pela qual é inadmitida a sua ampliação por lei ordinária.

d) o juízo de admissibilidade da exceção da verdade relacionada ao crime de calúnia em desfavor de autoridade pública com foro por prerrogativa de função é de competência das instâncias ordinárias.

Resposta correta: letra "d".

(FCC – Analista Judiciário – Área Judiciária – TRF 5ª Região/2017) Em relação à competência e processamento dos crimes de falsidade documental, tipificados no Capítulo III, do Código Penal, e, ainda, considerando o que dispõem as Súmulas do Supremo Tribunal Federal e Superior Tribunal de Justiça acerca do tema, é correto afirmar que:

a) Compete à Justiça Federal o processo e julgamento dos crimes de falsificação e uso de documento falso relativo a estabelecimento particular de ensino.

b) A competência para processar e julgar o crime de uso de documento falso é firmada em razão da entidade ou órgão ao qual foi apresentado o documento público, não importando a qualificação do órgão expedidor.

c) Compete à Justiça Estadual comum processar e julgar civil denunciado pelos crimes de falsificação e de uso de documento falso quando se tratar de falsificação da Caderneta de Inscrição e Registro - CIR ou de Carteira de Habilitação de Amador - CHA, ainda que expedidas pela Marinha do Brasil.

d) Compete à Justiça Federal processar e julgar o crime de falsa anotação na Carteira de Trabalho e Previdência Social, atribuído à empresa privada.

e) É possível a suspensão condicional do processo, prevista na Lei n° 9.099/1995 (Juizado Especial Criminal), para o crime de falsidade ideológica, ainda, que o agente seja funcionário público e cometa o crime prevalecendo-se do cargo.

Resposta correta: letra "b".

(Consulplan – Analista Judiciário – Área Judiciária – TRF 2ª Região/2017) Sobre o tema Competência Penal da Justiça Federal, assinale a alternativa INCORRETA.

a) Compete à Justiça Federal processar e julgar crime de falso testemunho cometido no processo trabalhista.

b) Compete à Justiça Federal processar e julgar os crimes praticados em detrimento das sociedades de economia mista.

c) Compete à Justiça Federal processar e julgar os crimes praticados contra funcionário público federal, quando relacionados com o exercício da função.

d) Compete à Justiça Estadual Comum, na vigência da Constituição de 1988, o processo por contravenção penal, ainda que praticada em detrimento de bens, serviços ou interesse da União ou de suas entidades.

Resposta correta: letra "b".

(MPE-SP – Promotor de Justiça – MPE-SP/2017) Assinale a alternativa correta.

a) A competência jurisdicional só será determinada pelo domicílio do réu quando desconhecido o lugar da infração.

b) Em homicídio praticado em coautoria, por pessoa com prerrogativa de função estabelecida pela Constituição Federal e outra sem foro privilegiado, a continência importa em unidade do processo e prorrogação da competência do Tribunal do Júri.

c) A Justiça Federal é competente para o processo e julgamento unificado dos crimes conexos de competência federal e estadual, ainda que a pena aplicada ao crime de competência estadual seja mais grave.

d) Na hipótese de crimes conexos, o juiz que decretar a prisão preventiva de um dos acusados fica, em face da prevenção, competente para a apreciação de todos os crimes, independentemente do número de infrações cometidas.

e) No caso de crime continuado, com diversos processos em andamento, o juiz prevento deverá avocar os demais, sendo nula qualquer sentença proferida por outro juízo, ainda que definitiva.

Resposta correta: letra "c".

(TRF 4ª Região – Juiz Federal – TRF 4ª Região/2016) Assinale a alternativa correta.

a) Caso os depoimentos colhidos em audiência sejam registrados por meio audiovisual, a respectiva transcrição deverá ser disponibilizada às partes, no prazo de cinco dias.

b) O trânsito em julgado da sentença homologatória da transação penal impede o Ministério Público de dar continuidade à persecutio criminis, ainda que o autor do fato haja descumprido as cláusulas do referido documento.

c) O processo e o julgamento do crime de lavagem ou ocultação de bens, direitos e valores dependem do prévio processo e julgamento das respectivas infrações penais antecedentes.

d) Da decisão do juiz singular que não receber a apelação, por considerá-la intempestiva, cabe a interposição de carta testemunhável.

e) Ao juiz federal com jurisdição sobre o local da apreensão da droga remetida do exterior pela via postal compete processar e julgar o crime de tráfico transnacional de substâncias entorpecentes.

Resposta correta: letra "e".

(CEFET-BA – Promotor de Justiça – MPE-BA/2015) Analise os itens a seguir, levando-se em consideração a jurisprudência sedimentada do Supremo Tribunal Federal e do Superior Tribunal de Justiça:

I – A competência do Tribunal de Justiça para julgar prefeitos restringe-se aos crimes de competência da Justiça Comum Estadual.

II – Nos crimes eleitorais, os prefeitos, no exercício do mandato, serão julgados pelos Tribunais Regionais Eleitorais de seus respectivos estados.

III – Compete à Justiça Federal processar e julgar prefeito municipal por desvio de verba sujeita a prestação de contas perante órgão federal.

Pode-se AFIRMAR:

a) Somente o item I é verdadeiro.

b) Somente o item II é verdadeiro.

c) Somente o item III é verdadeiro.

d) Somente os itens I e III são verdadeiros.

e) Todos os itens são corretos.

Resposta correta: letra "e".

(FCC – Juiz do Trabalho – TRT 23ª Região/2015) Mediante suborno, João, ouvido como testemunha em processo trabalhista, fez afirmação falsa. No caso,

a) João responderá pelo crime de falso testemunho, sem aumento de pena, cabível apenas quando o crime é cometido com o fim de obter prova destinada a produzir efeito em processo penal.

b) compete à Justiça Estadual processar e julgar o crime de falso testemunho verificado.

c) aquele que deu dinheiro a João para que prestasse depoimento falso não incidirá nas penas do crime de falso testemunho previsto no art. 342 do Código Penal.

d) João responderá pelo crime de falso testemunho, tal qual ocorreria se tivesse prestado o depoimento na condição de parte.

e) haverá extinção da punibilidade pela abolitio criminis se João se retratar após o trânsito em julgado da sentença no processo em que ocorreu o falso testemunho.

Resposta correta: letra "c".

3.2. Competência da justiça estadual

Súmula 522-STF

Salvo ocorrência de tráfico com o exterior, quando, então, a competência será da Justiça Federal, compete a justiça dos estados o processo e o julgamento dos crimes relativos a entorpecentes.

- **Status:** Válida.

Súmula 498-STF

Compete à Justiça dos Estados, em ambas as instâncias, o processo e o julgamento dos crimes contra a economia popular.

- **Status:** Válida.

Súmula 546-STJ

A competência para processar e julgar o crime de uso de documento falso é **firmada em razão da entidade ou órgão ao qual foi apresentado o documento público**, não importando a qualificação do órgão expedidor.

- **Status:** Válida.

Súmula 209-STJ

Compete à Justiça Estadual processar e julgar prefeito **por desvio de verba transferida e incorporada ao patrimônio municipal.**

- **Status:** Válida.
- **Nota do autor:** Cuidado para não confundir: a) no caso de desvio de verba sujeita a prestação de contas perante órgão federal, a competência para processar e julgar o Prefeito será da Justiça Federal; b) se a verba federal já foi transferida e incorporada ao patrimônio do Município, aí então o Prefeito será processado e julgado pela Justiça Estadual.
- **Precedentes relacionados:**

> "Súmula 208-STJ. Compete à Justiça Federal processar e julgar prefeito municipal por desvio de verba sujeita a prestação de contas perante órgão federal."

Súmula 172-STJ

Compete à justiça comum processar e julgar militar por crime de abuso de autoridade, ainda que praticado em serviço.

- **Status:** Válida.
- **Nota do autor:** Os crimes de abuso de autoridade estão previstos nos arts. 3º e 4º da Lei nº 4.898/65.

- **Dispositivos relacionados:**

"Lei nº 4.898/65, Art. 3º Constitui abuso de autoridade qualquer atentado:

a) à liberdade de locomoção;

b) à inviolabilidade do domicílio;

c) ao sigilo da correspondência;

d) à liberdade de consciência e de crença;

e) ao livre exercício do culto religioso;

f) à liberdade de associação;

g) aos direitos e garantias legais assegurados ao exercício do voto;

h) ao direito de reunião;

i) à incolumidade física do indivíduo;

j) aos direitos e garantias legais assegurados ao exercício profissional.

Art. 4º Constitui também abuso de autoridade:

a) ordenar ou executar medida privativa da liberdade individual, sem as formalidades legais ou com abuso de poder;

b) submeter pessoa sob sua guarda ou custódia a vexame ou a constrangimento não autorizado em lei;

c) deixar de comunicar, imediatamente, ao juiz competente a prisão ou detenção de qualquer pessoa;

d) deixar o Juiz de ordenar o relaxamento de prisão ou detenção ilegal que lhe seja comunicada;

e) levar à prisão e nela deter quem quer que se proponha a prestar fiança, permitida em lei;

f) cobrar o carcereiro ou agente de autoridade policial carceragem, custas, emolumentos ou qualquer outra despesa, desde que a cobrança não tenha apoio em lei, quer quanto à espécie quer quanto ao seu valor;

g) recusar o carcereiro ou agente de autoridade policial recibo de importância recebida a título de carceragem, custas, emolumentos ou de qualquer outra despesa;

h) o ato lesivo da honra ou do patrimônio de pessoa natural ou jurídica, quando praticado com abuso ou desvio de poder ou sem competência legal;

i) prolongar a execução de prisão temporária, de pena ou de medida de segurança, deixando de expedir em tempo oportuno ou de cumprir imediatamente ordem de liberdade."

Súmula 140-STJ

Compete à Justiça Comum Estadual processar e julgar crime em que o indígena figure como autor ou vítima.

- **Status:** Válida.

Súmula 107-STJ

Compete à Justiça Comum Estadual processar e julgar crime de estelionato praticado mediante falsificação das guias de recolhimento das contribuições previdenciárias, **quando não ocorrente lesão à autarquia federal.**

- **Status:** Válida.

Súmula 104-STJ

Compete à Justiça Estadual o processo e julgamento dos crimes de falsificação e uso de documento falso relativo a estabelecimento **particular** de ensino.

- **Status:** Válida.

Súmula 62-STJ

Compete à Justiça Estadual processar e julgar o **crime de falsa anotação na carteira de trabalho e previdência social**, atribuído à empresa privada.

- **Status:** Válida.

- **Nota do autor:** O crime de falsa anotação na carteira de trabalho e previdência social está previsto no art. 297, § 3º, do CP. Em 22/11/2014, no julgamento do CC 135.200/SP, o STJ entendeu que compete à **Justiça Federal** processar e julgar o **crime de omissão de anotação de vínculo empregatício na carteira de trabalho e previdência social - CTPS**, previsto no art. 297, § 4º, do CP. Por este motivo, entendemos que a tendência será a superação dessa súmula no futuro, uma vez que o raciocínio do julgamento do CC 135.200/SP pode também ser perfeitamente aplicado para o **crime de falsa anotação na carteira de trabalho e previdência social - CTPS**, previsto no art. 297, § 3º, do CP. No entanto, por enquanto, a súmula em comento permanece válida.

- **Precedentes relacionados:**

"**Compete à Justiça Federal – e não à Justiça Estadual – processar e julgar o crime caracterizado pela omissão de anotação de vínculo empregatício na CTPS (art. 297, § 4º, do CP)**. A Terceira Seção do STJ modificou o entendimento a respeito da matéria, posicionando-se no sentido de que, no delito tipificado no art. 297, § 4º, do CP – figura típica equiparada à falsificação de documento público-, o sujeito passivo é o Estado e, eventualmente, de forma secundária, o particular – terceiro prejudicado com a omissão das informações-, circunstância que atrai a competência da Justiça Federal, conforme o disposto no art. 109, IV, da CF (CC 127.706-RS, Terceira Seção, DJe 3/9/2014). Precedente citado:

AgRg no CC 131.442-RS, Terceira Seção, DJe 19/12/2014." (STJ, 3ª Seção, CC 135.200/SP, Rel. originário Min. Nefi Cordeiro, Rel. para acórdão Min. Sebastião Reis Júnior, julgado em 22/10/2014, DJe 2/2/2015; Informativo n. 554).

- **Dispositivos relacionados:**

"CP, Art. 297. Falsificar, no todo ou em parte, documento público, ou alterar documento público verdadeiro:

Pena – reclusão, de dois a seis anos, e multa.

§ 3º Nas mesmas penas incorre quem insere ou faz inserir:

I – na folha de pagamento ou em documento de informações que seja destinado a fazer prova perante a previdência social, pessoa que não possua a qualidade de segurado obrigatório;

II – na Carteira de Trabalho e Previdência Social do empregado ou em documento que deva produzir efeito perante a previdência social, declaração falsa ou diversa da que deveria ter sido escrita;

III – em documento contábil ou em qualquer outro documento relacionado com as obrigações da empresa perante a previdência social, declaração falsa ou diversa da que deveria ter constado."

Súmula 42-STJ

Compete à Justiça Comum Estadual processar e julgar as causas cíveis em que é parte sociedade de economia mista e os crimes praticados em seu detrimento.

- **Status:** Válida.
- **Dispositivos relacionados:**

"CF, Art. 109. Aos juízes federais compete processar e julgar:

I – as causas em que a União, entidade autárquica ou empresa pública federal forem interessadas na condição de autoras, rés, assistentes ou oponentes, exceto as de falência, as de acidentes de trabalho e as sujeitas à Justiça Eleitoral e à Justiça do Trabalho;"

Súmula 38-STJ

Compete à Justiça Estadual Comum, na vigência da Constituição de 1988, o processo por contravenção penal, ainda que praticada em detrimento de bens, serviços ou interesse da União ou de suas entidades.

- **Status:** Válida.

- **Nota do autor:** No caso de contravenção penal praticada por pessoa com foro por prerrogativa de função no Tribunal Regional Federal, a competência para julgar a contravenção será da Justiça Federal. Ex: se um juiz federal praticar uma contravenção penal, ele será processado e julgado pela Justiça Federal, tendo foro por prerrogativa de função do TRF respectivo.

- **Dispositivos relacionados:**

> "CF, Art. 109. Aos juízes federais compete processar e julgar:
>
> (...)
>
> IV – os crimes políticos e as infrações penais praticadas em detrimento de bens, serviços ou interesse da União ou de suas entidades autárquicas ou empresas públicas, **excluídas as contravenções** e ressalvada a competência da Justiça Militar e da Justiça Eleitoral."

3.2.1. Questões relacionadas

(Cespe – Investigador de Polícia – PC-MA/2018) Conforme a legislação penal e a jurisprudência do Superior Tribunal de Justiça, compete à justiça

a) federal processar e julgar os crimes de falsificação e uso de documento falso relativo a estabelecimento particular de ensino.

b) federal processar e julgar prefeito por desvio de verba transferida e incorporada ao patrimônio municipal.

c) comum estadual processar e julgar crime em que indígena figure como autor ou vítima.

d) federal processar e julgar contravenções praticadas em detrimento de bens, serviços ou interesse da União ou de suas entidades.

e) federal processar e julgar as causas cíveis em que seja parte sociedade de economia mista e os crimes praticados contra esse tipo de sociedade.

Resposta correta: letra "c".

(Vunesp – Analista do Ministério Público – MPE-SP/2018) Segundo a Constituição Federal, na hipótese de um crime de homicídio doloso cometido por militar estadual em que a vítima é um civil, a competência para processar e julgar o delito é

a) do Tribunal de Justiça Militar.

b) do Tribunal do Júri.

c) da justiça militar estadual.

d) do juiz criminal estadual.

e) do Tribunal de Justiça Estadual.

Resposta correta: letra "b".

(Cespe – Delegado de Polícia Federal – Polícia Federal/2018) Em cada item seguinte , é apresentada uma situação hipotética seguida de uma assertiva a ser julgada de acordo com o entendimento dos tribunais superiores acerca das atribuições da PF na persecução criminal e da competência para o processamento e o julgamento de ação penal.

O prefeito de determinado município desviou, em proveito próprio, verba federal transferida e incorporada ao patrimônio municipal. Instaurado o competente IP, os autos foram relatados e encaminhados, pela autoridade policial, à justiça estadual. Nessa situação, agiu corretamente a autoridade policial ao encaminhar os autos à justiça comum estadual, a quem compete o processamento e o julgamento de casos como o relatado.

Resposta: certo.

(Fundatec – Procurador Legislativo – ALE-RS/2018) Em relação à competência, é correto afirmar que:

a) A competência para processar e julgar o crime de uso de documento falso é firmada em razão da entidade ou órgão ao qual foi apresentado o documento público, não importando a qualificação do órgão expedidor.

b) A competência constitucional do Tribunal do Júri prevalece sobre o foro por prerrogativa de função estabelecido exclusivamente pela Constituição estadual, somente se o crime não for no exercício da função.

c) A competência para julgar, nos crimes comuns, juízes do trabalho no exercício da função é do Tribunal Regional do Trabalho ao qual o magistrado está subordinado, segundo alteração trazida pela Emenda Constitucional 45.

d) Segundo posição sumular, é absoluta a nulidade decorrente da inobservância da competência penal por prevenção.

e) Havendo conexão entre crimes eleitorais e crimes comuns, prevalecerá a competência eleitoral para os crimes eleitorais e a competência da justiça federal para os crimes comuns, ocorrendo, obrigatoriamente, a separação dos processos.

Resposta correta: letra "a".

(Fundatec – Delegado de Polícia Civil – PC-RS/2018) Acerca do entendimento jurisprudencial dos Tribunais Superiores, assinale a alternativa correta.

a) A competência para processar e julgar o crime de uso de documento falso é firmada em razão da qualificação do órgão expedidor, não importando a entidade ou órgão ao qual foi apresentado o documento público.

b) Compete à Justiça Comum Federal processar e julgar crime de estelionato praticado mediante falsificação das guias de recolhimento das contribuições previdenciárias, independente de lesão à autarquia federal.

c) Só é lícito o uso de algemas em caso de fundado receio de fuga ou de perigo à integridade física própria ou alheia, por parte do preso ou de terceiros, justificada a excepcionalidade por escrito, sob pena de responsabilidade disciplinar, civil e penal do agente ou da autoridade e de nulidade a prisão ou do ato processual a que se refere, sem prejuízo da responsabilidade civil do Estado.

d) É subsidiária a legitimidade do ofendido, mediante queixa, e do Ministério Público, mediante representação do ofendido, para a ação penal por crime contra a honra de servidor público em razão do exercício de suas funções.

e) Compete à Justiça Federal processar e julgar os crimes consistentes em disponibilizar ou adquirir material pornográfico envolvendo criança ou adolescente (Arts. 241, 241-A e 241-B do ECA), quando praticados por meio da rede mundial de computadores.

Resposta correta: letra "e".

(Vunesp – Assistente Jurídico – Prefeitura de São Bernardo do Campo – SP/2018) Com relação à Administração indireta, o Superior Tribunal de Justiça sumulou:

a) Cabe mandado de segurança contra ato praticado em licitação promovida por sociedade de economia mista ou empresa pública.

b) Compete à Justiça Comum Estadual processar e julgar ações de que participa a Fundação Habitacional do Exército, equiparada à entidade autárquica federal, supervisionada pelo Ministério do Exército.

c) As autarquias só têm foro na Justiça Comum Estadual, quando a União intervém como assistente ou opoente.

d) Compete à Justiça Federal processar e julgar as causas cíveis em que é parte sociedade de economia mista e os crimes praticados em seu detrimento.

e) As sociedades de economia mista só têm foro na Justiça Comum Estadual, quando a União intervém como assistente ou opoente.

Resposta correta: letra "a".

(IBADE – Delegado de Polícia Civil – PC-AC/2017) No que tange aos crimes previstos na Lei de Drogas e a Jurisprudência do Supremo Tribunal Federal, assinale a alternativa correta.

a) Compete à justiça dos Estados o processo e o julgamento dos crimes relativos a entorpecentes ocorridos com o exterior.

b) O exercício da função de 'mula', indispensável para o tráfico internacional, traduz, por si só, adesão, em caráter estável e permanente, à estrutura de organização criminosa.

c) Faz-se necessária a aferição do grau de pureza da droga para realização da dosimetria da pena.

d) Para a configuração da majorante da transnacionalidade prevista no art. 40 ,I, da Lei n° 11.343/2006, basta que existam elementos concretos aptos a demonstrar que o agente pretendia disseminar a droga no exterior, sendo indispensável ultrapassar as fronteiras que dividem as nações.

e) A condenação por tráfico de drogas e por associação para o tráfico de drogas prescinde da efetiva apreensão de entorpecentes na posse de um acusado específico, cuja responsabilidade pode ser definida racionalmente, a despeito de apreendida a droga na posse de terceiro, com base no contexto probatório, a autorizar o provimento condenatório.

Resposta correta: letra "e".

(TRT 21ª Região – Juiz do Trabalho – TRT 21ª Região/2015) Analise as assertivas abaixo, e assinale a alternativa correta, à luz da legislação pátria e jurisprudência sumulada pelo Superior Tribunal de Justiça (STJ):

I – Compete à Justiça Comum processar e julgar o crime de falsa anotação da Carteira de Trabalho por empresa privada.

II – O registro em Carteira de Trabalho e Previdência Social (CTPS) de remuneração abaixo da efetivamente paga ao empregado se equipara à falsificação de documento público, pois possibilita o pagamento a menor de férias, gratificação natalina, FGTS e INSS, dentre outras verbas.

III – A retenção da CTPS do trabalhador por seu empregador constitui ilícito penal, podendo gerar, ainda, ressarcimentos de ordem civil ao empregado.

IV – A retenção dolosa do salário do empregado é crime previsto na Constituição Federal, ficando o empregador sujeito a pena de reclusão de 2 (dois) a 5 (cinco) anos e multa.

V – Incorre em crime de apropriação indébita previdenciária aquele que deixar de repassar à previdência social as contribuições recolhidas dos contribuintes, no prazo e forma legal ou convencional, sendo extinta a punibilidade, no entanto, se o agente espontaneamente, declara, confessa e efetua o pagamento das contribuições, importâncias ou valores e presta as informações devidas à previdência social, na forma definida em lei ou regulamento, antes do início da ação fiscal.

a) apenas as assertivas I, II e IV estão corretas.

b) apenas as assertivas I, II, e V estão corretas.

c) apenas as assertivas III e IV estão corretas.

d) apenas as assertivas III e V estão corretas.

e) apenas as assertivas I, III, IV e V estão corretas.

Resposta correta: letra "b".

(Cespe – Analista Legislativo – Câmara dos Deputados/2014) Considerando os fundamentos de direito constitucional relacionados ao meio ambiente e aos povos indígenas, julgue os itens que se seguem.

De acordo com o STF, compete à justiça comum estadual processar e julgar crimes que, ocorridos em reserva indígena, não tenham qualquer vínculo com a etnicidade, o grupo e a comunidade indígena.

Resposta: certo.

(FCC – Defensor Público – DPE-RS/2014) Considere as seguintes assertivas sobre competência penal:

I. Salvo ocorrência de tráfico interestadual ou para o exterior, quando então a competência será da Justiça Federal, compete à Justiça dos Estados o processo e o julgamento dos crimes relativos a entorpecentes.

II. Compete à Justiça Federal, em ambas as instâncias, o processo e o julgamento dos crimes contra a economia popular.

III. A competência constitucional do Tribunal do Júri prevalece sobre o foro por prerrogativa de função estabelecido exclusivamente pela Constituição Estadual.

IV. A competência do Tribunal de Justiça para julgar prefeitos restringe-se aos crimes de competência da Justiça comum estadual, nos demais casos, a competência originária caberá ao respectivo tribunal de segundo grau.

V. Viola as garantias do Juiz natural, da ampla defesa e do devido processo legal a atração por continência ou conexão do processo do corréu ao foro por prerrogativa de função de um dos denunciados.

Correspondem a entendimentos sumulados pelo Supremo Tribunal Federal, APENAS

a) III e IV.

b) I, II e IV.

c) I, III e V.

d) III e V.

e) II, IV e V.

Resposta correta: letra "a".

(FCC – Defensor Público – DPE-RS/2014) Considere as seguintes assertivas sobre competência penal:

I. Salvo ocorrência de tráfico interestadual ou para o exterior, quando então a competência será da Justiça Federal, compete à Justiça dos Estados o processo e o julgamento dos crimes relativos a entorpecentes.

II. Compete à Justiça Federal, em ambas as instâncias, o processo e o julgamento dos crimes contra a economia popular.

III. A competência constitucional do Tribunal do Júri prevalece sobre o foro por prerrogativa de função estabelecido exclusivamente pela Constituição Estadual.

IV. A competência do Tribunal de Justiça para julgar prefeitos restringe-se aos crimes de competência da Justiça comum estadual, nos demais casos, a competência originária caberá ao respectivo tribunal de segundo grau.

V. Viola as garantias do Juiz natural, da ampla defesa e do devido processo legal a atração por continência ou conexão do processo do corréu ao foro por prerrogativa de função de um dos denunciados.

Correspondem a entendimentos sumulados pelo Supremo Tribunal Federal, APENAS

a) III e IV.

b) I, II e IV.

c) I, III e V.

d) III e V.

e) II, IV e V.

Resposta correta: letra "a".

3.3. Competência da justiça militar

Súmula vinculante 36-STF

Compete à Justiça Federal comum processar e julgar civil denunciado pelos crimes de falsificação e de uso de documento falso quando se tratar de falsificação da Caderneta de Inscrição e Registro (CIR) ou de carteira de Habilitação de Arrais-Amador (CHA), ainda que expedidas pela Marinha do Brasil.

• **Status:** Válida.

Súmula 452-STF

~~Oficiais e praças do Corpo de Bombeiros do Estado da Guanabara respondem perante a Justiça Comum por crime anterior à Lei 427/48.~~

• **Status:** Superada.

Súmula 172-STJ

Compete à Justiça Comum processar e julgar militar por crime de abuso de autoridade, ainda que praticado em serviço.

• **Status:** Válida.

• **Nota do autor:** Os crimes de abuso de autoridade estão previstos nos arts. 3º e 4º da Lei nº 4.898/65.

• **Dispositivos relacionados:**

"Lei nº 4.898/65, Art. 3º Constitui abuso de autoridade qualquer atentado:

a) à liberdade de locomoção;

b) à inviolabilidade do domicílio;

c) ao sigilo da correspondência;

d) à liberdade de consciência e de crença;

e) ao livre exercício do culto religioso;

f) à liberdade de associação;

g) aos direitos e garantias legais assegurados ao exercício do voto;

h) ao direito de reunião;

i) à incolumidade física do indivíduo;

j) aos direitos e garantias legais assegurados ao exercício profissional.

Art. 4º Constitui também abuso de autoridade:

a) ordenar ou executar medida privativa da liberdade individual, sem as formalidades legais ou com abuso de poder;

b) submeter pessoa sob sua guarda ou custódia a vexame ou a constrangimento não autorizado em lei;

c) deixar de comunicar, imediatamente, ao juiz competente a prisão ou detenção de qualquer pessoa;

d) deixar o Juiz de ordenar o relaxamento de prisão ou detenção ilegal que lhe seja comunicada;

e) levar à prisão e nela deter quem quer que se proponha a prestar fiança, permitida em lei;

f) cobrar o carcereiro ou agente de autoridade policial carceragem, custas, emolumentos ou qualquer outra despesa, desde que a cobrança não tenha apoio em lei, quer quanto à espécie quer quanto ao seu valor;

g) recusar o carcereiro ou agente de autoridade policial recibo de importância recebida a título de carceragem, custas, emolumentos ou de qualquer outra despesa;

h) o ato lesivo da honra ou do patrimônio de pessoa natural ou jurídica, quando praticado com abuso ou desvio de poder ou sem competência legal;

i) prolongar a execução de prisão temporária, de pena ou de medida de segurança, deixando de expedir em tempo oportuno ou de cumprir imediatamente ordem de liberdade."

Súmula 90-STJ

Compete à Justiça Estadual Militar processar e julgar o policial militar pela prática do crime militar, e **à Comum pela prática do crime comum simultâneo àquele**.

- **Status:** Válida.
- **Dispositivos relacionados:**

"CPP, Art. 79. A conexão e a continência importarão unidade de processo e julgamento, salvo:

I – no concurso entre a jurisdição comum e a militar;

II – no concurso entre a jurisdição comum e a do juízo de menores."

Súmula 78-STJ

Compete à Justiça Militar processar e julgar policial de corporação estadual, **ainda que o delito tenha sido praticado em outra unidade federativa.**

- **Status:** Válida.

Súmula 75-STJ

Compete à Justiça Comum Estadual processar e julgar o policial militar por crime de promover ou facilitar a fuga de preso de estabelecimento penal.

- **Status:** Válida.
- **Nota do autor:** O crime de em comento está previsto no art. 351 do CP.
- **Dispositivos relacionados:**

> "CP, Art. 351. Promover ou facilitar a fuga de pessoa legalmente presa ou submetida a medida de segurança detentiva:
>
> Pena – detenção, de seis meses a dois anos."

Súmula 53-STJ

Compete à Justiça Comum Estadual processar e julgar **civil acusado de prática de crime contra instituições militares estaduais.**

- **Status:** Válida.
- **Nota do autor:** Isso porque a Justiça Militar estadual não pode processar e julgar civis.
- **Dispositivos relacionados:**

> "CF, Art. 125. (...).
>
> § 4º Compete à Justiça Militar estadual processar e julgar os militares dos Estados, nos crimes militares definidos em lei e as ações judiciais contra atos disciplinares militares, ressalvada a competência do júri quando a vítima for civil, cabendo ao tribunal competente decidir sobre a perda do posto e da patente dos oficiais e da graduação das praças."

Súmula 47-STJ

~~Compete a Justiça Militar processar e julgar crime cometido por militar contra civil, com emprego de arma pertencente a corporação, mesmo não estando em serviço.~~

• **Status:** Superada.

Súmula 6-STJ

Compete à Justiça Comum Estadual processar e julgar delito decorrente de acidente de trânsito envolvendo viatura de Polícia Militar, **salvo se autor e vítima forem policiais militares em situação de atividade.**

• **Status:** Válida.

3.3.1. Questões relacionadas

(MPE-SC – Promotor de Justiça – MPE-SC/2016) Compete à Justiça Militar estadual processar e julgar os militares dos Estados, nos crimes militares definidos em lei e as ações judiciais contra atos disciplinares militares, ressalvada a competência do júri quando a vítima for civil, cabendo ao tribunal competente decidir sobre a perda do posto e da patente dos oficiais e da graduação dos praças.

Resposta: certo.

(PGR – Procurador da República – PGR/2015) No que tange a competência no processo penal, assinale a alternativa incorreta:

a) A Justiça Militar é competente para julgar crime de homicídio praticado por militar em serviço contra militar reformado.

b) O delito de deixar de comunicar óbito de pensionista militar e a ulterior apropriação indevida da pensão até então auferida e de competência da Justiça Federal, pois se trata de crime praticado contra a União.

c) Conforme entendimento do Supremo Tribunal Federal, a prática do crime previsto no art. 297, § 4º, do CP, viola interesse da União, sendo da Justiça Federal a competência para processar e julgar a respectiva ação penal, nos termos do art. 109, IV, da CF/88.

d) É de competência da Justiça Estadual o julgamento de contravenções penais mesmo que conexas com crimes de competência da Justiça Federal de primeiro grau.

Resposta correta: letra "b".

(MPE-MT – Promotor de Justiça – MPE-MT/2012) Consoante entendimento do Superior Tribunal de Justiça, analise as assertivas abaixo.

I – Compete ao juízo do local da obtenção da vantagem ilícita processar e julgar crime de estelionato cometido mediante falsificação de cheque.

II – Compete à Justiça Estadual comum, na vigência da Constituição de 1988, o processo por contravenção penal, exceto se praticada em detrimento de bens, serviços ou interesse da União ou de suas entidades.

III – Compete ao foro do local da recusa processar e julgar o crime de estelionato mediante cheque sem provisão de fundos.

IV – Excluído do feito o ente federal, cuja presença levara o juiz estadual a declinar da competência, deve o juiz federal suscitar o conflito.

V – Compete à Justiça Comum estadual processar e julgar delito decorrente de acidente de trânsito envolvendo viatura de polícia militar, salvo se autor e vítima forem policiais militares em situação de atividade.

Está correto o que se afirma em:

a) I, III e V, apenas.

b) I e III, apenas.

c) I, II e III, apenas.

d) II, IV e V, apenas.

e) I, III, IV e V, apenas.

Resposta correta: letra "a".

3.4. Foro por prerrogativa de função

Súmula vinculante 45-STF

A competência constitucional do Tribunal do Júri **prevalece sobre o foro por prerrogativa de função, estabelecido exclusivamente pela Constituição estadual.**

• **Status:** Válida.

• **Nota do autor:** O tribunal do júri é cláusula pétrea e está previsto no art. 5º, XXXVIII, da CF.

• **Dispositivos relacionados:**

"CF, Art. 5º (...)

XXXVIII – é reconhecida a instituição do júri, com a organização que lhe der a lei, assegurados:

a) a plenitude de defesa;

b) o sigilo das votações;

c) a soberania dos veredictos;

d) a competência para o julgamento dos crimes dolosos contra a vida."

Súmula 721-STF

A competência constitucional do Tribunal do Júri **prevalece** sobre o foro por prerrogativa de função, estabelecido **exclusivamente** pela Constituição estadual.

• **Status:** Válida, mas substituída pela súmula vinculante 45 do STF, com o mesmo teor.

• **Precedentes relacionados:**

> "Súmula vinculante 45-STF. A competência constitucional do Tribunal do Júri prevalece sobre o foro por prerrogativa de função, estabelecido exclusivamente pela Constituição estadual."

Súmula 704-STF

Não viola as garantias do juiz natural, da ampla defesa e do devido processo legal a atração por continência ou conexão do processo do corréu ao foro por prerrogativa de função de um dos denunciados.

• **Status:** Válida.

Súmula 702-STF

A competência do Tribunal de Justiça para julgar prefeitos **restringe-se aos crimes de competência da justiça comum estadual**; nos demais casos, **a competência originária caberá ao respectivo tribunal de segundo grau**.

• **Status:** Válida.

• **Nota do autor:** Com efeito: a) **crime estadual praticado por Prefeito:** julgado pelo Tribunal de Justiça; b) **crime eleitoral praticado por Prefeito:** julgado pelo TRE da respectiva região; c) **crime federal praticado pelo Prefeito:** julgado pelo TRF da respectiva região.

• **Dispositivos relacionados:**

> "CF, Art. 29. O Município reger-se-á por lei orgânica, votada em dois turnos, com o interstício mínimo de dez dias, e aprovada por 2/3 dos membros da Câmara Municipal, que a promulgará, atendidos os princípios estabelecidos nesta Constituição, na Constituição do respectivo Estado e os seguintes preceitos:
>
> (...)
>
> X – julgamento do Prefeito perante o Tribunal de Justiça;"

Súmula 451-STF

A competência especial por prerrogativa de função **não se estende ao crime cometido após a cessação definitiva do exercício funcional**.

• **Status:** Válida.

Súmula 398-STF

~~O Supremo Tribunal Federal não é competente para processar e julgar, originariamente, deputado ou senador acusado de crime.~~

- **Status:** Superada.

Súmula 394-STF

~~Cometido o crime durante o exercício funcional, prevalece a competência especial por prerrogativa de função, ainda que o inquérito ou a ação penal sejam iniciados após a cessação daquele exercício.~~

- **Status:** Cancelada.
- **Nota do autor:** De acordo com o STF, a garantia do foro por prerrogativa de função só tem lugar durante o tempo em que a pessoa está no exercício do cargo. Cessado o exercício do cargo, não subsiste o foro por prerrogativa de função.

3.4.1. Questões relacionadas

(Consulplan – Titular de Serviços de Notas e de Registros – Provimento – TJ-MG/2018) De acordo com a Jurisprudência sumulada do Supremo Tribunal Federal, assinale a alternativa correta.

a) É relativa a nulidade de julgamento pelo Júri, por falta de quesito obrigatório.

b) O efeito devolutivo da apelação contra decisões do Júri é amplo, não se restringindo aos fundamentos da sua interposição.

c) Não se admite a suspensão condicional do processo por crime continuado, se a soma da pena mínima da infração mais grave com o aumento mínimo de um sexto for superior a um ano.

d) A competência constitucional por prerrogativa de função estabelecida pela Constituição Estadual prevalece sobre a competência do Tribunal do Júri, tendo em vista o princípio federativo e a autonomia dos Estados.

Resposta correta: letra "c".

(Consulplan – Titular de Serviços de Notas e de Registros – Remoção – TJ-MG/2017) A respeito das nulidades e da competência nos julgamentos pelo Tribunal do Júri, assinale a alternativa INCORRETA:

a) É absoluta a nulidade do julgamento, pelo júri, por falta de quesito obrigatório.

b) É absoluta a nulidade do julgamento pelo júri, quando os quesitos da defesa não precedem aos das circunstâncias agravantes.

c) A competência para o processo e julgamento de latrocínio é do juiz singular e não do Tribunal do júri.

d) A competência constitucional do Tribunal do júri prevalece sobre o foro por prerrogativa de função estabelecido exclusivamente pela Constituição Estadual.

Resposta correta: letra "b".

(Cespe – Analista Judiciário – Oficial de Justiça Avaliador Federal – TRF 1ª Região/2017) José, vereador do município de Luziânia – GO, foi denunciado pela prática de crime doloso contra a vida praticado contra Antônio, policial rodoviário federal que, no momento do crime, se encontrava no exercício de suas funções em Brasília – DF.
Com referência a essa situação hipotética, julgue o item que se segue.

A competência para processar e julgar José é, em regra, do tribunal do júri federal situado em Brasília – DF, porém, caso exista previsão de foro por prerrogativa de função para vereadores, estabelecido exclusivamente na Constituição estadual, a competência será do TRF da 1.ª Região.

Resposta: errado.

(TRF 2ª Região – Juiz Federal – TRF 2ª Região/2017) Sobre a figura do foro por prerrogativa de função, leia as proposições e, ao final, assinale a opção correta:

I – Os juízes federais de 1º grau possuem foro por prerrogativa de função junto aos Tribunais (TRFs) em que exercem jurisdição, foro que abrange também os juízes do trabalho de 1º grau.

II – Na eventualidade de Procurador da República cometer crime comum durante o exercício funcional, prevalecerá a competência originária por prerrogativa de função ainda que o inquérito ou a ação penal sejam iniciados após a sua aposentação.

III -A jurisprudência do STF admite que a competência especial por prerrogativa de função, em relação a crimes comuns, seja aplicável tanto na fase de inquérito quanto na de instauração da ação penal, estendendo-se aos demais investigados originalmente sem prerrogativa de foro, quando seus atos sejam indivisíveis em relação aos atos praticados pelos detentores de foro.

a) Apenas a assertiva I é correta.

b) Apenas a assertiva II é correta.

c) Apenas a assertiva III é correta.

d) Apenas as assertivas I e III estão corretas.

e) Todas as assertivas estão corretas.

Resposta correta: letra "d".

(MPE-SC – Promotor de Justiça – MPE-SC/2016) A Súmula 704 do Supremo Tribunal Federal, dispõe que viola as garantias do juiz natural, da ampla defesa e do devido processo legal a atração por continência ou conexão do processo do corréu ao foro por prerrogativa de função de um dos denunciados. Já Súmula 705, da mesma corte, estabelece que a renúncia do réu ao direito de apelação, manifestada sem a assistência do defensor, não impede o conhecimento da apelação por este interposta.

Resposta: errado.

(MPE-GO – Promotor de Justiça – MPE-GO/2016) Sobre a competência penal, marque a alternativa correta:

a) A competência do Tribunal de Justiça para julgar prefeitos restringe-se aos crimes de competência da Justiça comum estadual; nos demais casos, a competência originária caberá ao respectivo tribunal de segundo grau.

b) A conexão e a continência importarão unidade de processo e julgamento, salvo no concurso entre a jurisdição comum e a especial.

c) Instaurados processos diferentes, não obstante a conexão ou continência, a autoridade de jurisdição prevalente deverá avocar os processos que corram perante os outros juízes, inclusive os que já estiverem com sentença definitiva.

d) A conexão e a continência não consubstanciam formas de alteração da competência, mas de fixação, sendo que sempre resultam na unidade de julgamentos.

Resposta correta: letra "a".

(MPE-PR – Promotor de Justiça – MPE-PR/2016) Assinale a alternativa incorreta:

a) Considera-se absoluta a competência em razão da matéria, a competência por prerrogativa de função e a competência funcional;

b) Considera-se relativa a competência territorial, a competência por prevenção a competência por distribuição e a competência por conexão ou continência;

c) A competência ratione personae prevalece sobre a competência ratione loci;

d) A competência pela prerrogativa de função prevalece sobre a competência do Tribunal do Júri, com exceção das hipóteses em que a prerrogativa de função é estabelecida exclusivamente pela Constituição Estadual;

e) A conexão entre crimes de competência da Justiça Federal e da Justiça Estadual importará na prevalência da competência da Justiça Federal, perante a qual se procederá ao julgamento do denunciado pela prática de crime de competência estadual, mesmo na hipótese de extinção da punibilidade pela morte do único corréu denunciado pela prática do crime de competência da Justiça Federal.

Resposta correta: letra "e".

(FGV – Analista Legislativo – Câmara Municipal de Caruaru – PE/2015) Determinado deputado estadual é apontado, em uma investigação, como o autor de crime doloso contra a vida. O seu advogado, ao tomar conhecimento de que o Ministério Público iria acusá-lo perante o tribunal do júri, elabora longo arrazoado, no qual sustenta, basicamente, que (I) a Constituição Estadual garantiu-lhe a prerrogativa de foro perante o Tribunal de Justiça; e que (II) como os deputados federais são sempre julgados perante o Supremo Tribunal, quaisquer que sejam os crimes que tenham praticado, também os Deputados Estaduais, por simetria, devem ser julgados pelo Tribunal de Justiça.

À luz da sistemática constitucional, assinale a afirmativa correta.

a) O foro por prerrogativa de função, previsto na Constituição Federal ou na Estadual, prevalece sobre qualquer outro, incluindo a competência do tribunal do júri.

b) A competência do tribunal do júri prevalece sobre o foro por prerrogativa de função, previsto exclusivamente na Constituição Estadual.

c) A competência do tribunal do júri prevalece sobre o foro por prerrogativa de função, previsto exclusivamente na Constituição Federal.

d) O foro por prerrogativa de função, previsto na Constituição Federal ou na Estadual, jamais prevalece sobre as competências específicas, como a do tribunal do júri.

e) Nas situações em que haja foro por prerrogativa de função, o tribunal competente, em se tratando de crime doloso contra a vida, deve ser organizado de forma semelhante ao júri popular.

Resposta correta: letra "b".

3.5. Conflito de competência

Súmula 555-STF

~~**É competente o Tribunal de Justiça** para julgar conflito de jurisdição entre Juiz de direito do estado e a Justiça Militar local.~~

• **Status:** Superada pelo CJ 6.155-2/SP (DJU 25/05/1979) e 6.195-SP (DJU 28/09/1979).

Súmula 428-STJ

Compete ao Tribunal Regional Federal decidir os conflitos de competência **entre juizado especial federal e juízo federal da mesma seção judiciária**.

• **Status:** Válida.

Súmula 348-STJ

~~Compete ao STJ decidir os conflitos de competência entre juizado especial federal e juízo federal, ainda que da mesma seção judiciária.~~

• **Status:** Cancelada.

• **Nota do autor:** A competência para o conflito de competência entre juizado especial federal e juízo federal da mesma seção judiciária é do Tribunal Regional Federal.

- **Precedentes relacionados:**

> "Súmula 428-STJ. Compete ao Tribunal Regional Federal decidir os conflitos de competência entre juizado especial federal e juízo federal da mesma seção judiciária."

Súmula 59-STJ

Não há conflito de competência **se já existe sentença com trânsito em julgado, proferida por um dos juízos conflitantes.**

- **Status:** Válida.

Súmula 22-STJ

~~Não há conflito de competência entre o Tribunal de Justiça e Tribunal de Alçada do mesmo estado-membro.~~

- **Status:** Superada.
- **Nota do autor:** Os Tribunais de Alçada foram extintos pela EC nº 45/2004.

Súmula 3-STJ

Compete ao Tribunal Regional Federal dirimir conflito de competência verificado, na respectiva região, **entre juiz federal e juiz estadual investido de jurisdição federal.**

- **Status:** Válida.

3.5.1. Questões relacionadas

(Vunesp – Procurador de Universidade Assistente – UNICAMP/2018) Assinale a alternativa que traz o conteúdo correto de uma das súmulas do STJ.

a) Compete ao Tribunal Regional Federal decidir os conflitos de competência entre juizado especial federal e juízo federal da mesma seção judiciária.

b) A competência para processar e julgar as demandas que têm por objeto obrigações decorrentes dos contratos de planos de previdência pública e privada firmados com a Fundação Rede Ferroviária de Seguridade Social – REFER é da Justiça Federal.

c) Nos casos de empréstimo compulsório sobre o consumo de energia elétrica, é competente a Justiça Federal para o julgamento de demanda proposta exclusivamente contra a Eletrobrás.

d) Compete à Justiça Estadual o processo e julgamento de demanda em que se discute a ausência de ou o obstáculo ao credenciamento de instituição particular de ensino superior no Ministério da Educação como condição de expedição de diploma de ensino a distância aos estudantes.

e) A avaliação da indenização devida ao proprietário do solo, em razão de alvará de pesquisa mineral, é processada no Juízo Federal da situação do imóvel.

Resposta correta: letra "a".

(IBFC – Juiz Federal – TRF 2ª Região/2018) Sobre a competência em processo penal assinale a alternativa correta:

a) Compete à Justiça Federal o processamento e o julgamento de ação penal que versa sobre crime praticado no exterior, que tenha sido transferida para a jurisdição brasileira por negativa de extradição.

b) O simples fato de o delito ser praticado pela internet é suficiente para fixar a competência da Justiça Federal, sendo desnecessário demonstrar a internacionalidade da conduta ou de seus resultados.

c) Compete ao Superior Tribunal de Justiça dirimir conflito de competência entre Tribunal Regional Federal e Turma Recursal de Juizado Especial Federal Criminal de uma mesma Região, independentemente da existência de subordinação administrativa.

d) Compete à Justiça Federal processar e julgar crimes de competência da Justiça Estadual, sempre que os delitos tenham sido descobertos em cumprimento de mandado de busca e apreensão expedido por juiz federal, sendo irrelevante, na hipótese, avaliar a existência de conexão entre as causas.

e) Compete à Justiça Comum Estadual processar e julgar crimes relativos ao desvio de verbas públicas repassadas pela União aos municípios, ainda que sujeitas à posterior prestação de contas perante órgão federal.

Resposta correta: letra "a".

(TRF 4ª Região – Juiz Federal – TRF 4ª Região/2016) Dadas as assertivas abaixo, assinale a alternativa correta.

Acerca dos Juizados Especiais Federais:

I. Compete ao Tribunal Regional Federal decidir os conflitos de competência entre juizado especial federal e juízo federal da mesma seção judiciária.

II. Compete à turma recursal processar e julgar o mandado de segurança contra ato de juizado especial, substitutivo de recurso.

III. O princípio da reserva de plenário não se aplica no âmbito dos juizados de pequenas causas e dos juizados especiais em geral.

a) Estão corretas apenas as assertivas I e II.

b) Estão corretas apenas as assertivas II e III.

c) Estão corretas todas as assertivas.

d) Está incorreta apenas a assertiva II.

e) Estão incorretas apenas as assertivas II e III.

Resposta correta: letra "c".

(Vunesp – Juiz de Direito – TJ-RJ/2016) Verificada a existência de decisões conflitantes versando sobre o mesmo bem jurídico, e ambas transitadas em julgado,

a) prevalece aquela que for mais favorável ao réu.

b) prevalecem ambas, até que alguma delas seja desconstituída por ação rescisória.

c) prevalece a que for mais favorável ao autor.

d) não prevalece nenhuma delas, até que uma seja desconstituída por ação rescisória.

e) prevalece aquela que por último transitou em julgado.

Resposta correta: letra "e".

4. PROVAS

Súmula 361-STF

No processo penal, **é nulo** o exame realizado por um só perito, considerando-se impedido o que tiver funcionando anteriormente na diligência de apreensão.

• **Status:** Válida, mas apenas no caso de perícias realizadas por peritos **não oficiais.**

• **Dispositivos relacionados:**

"CPP, Art. 159. O exame de corpo de delito e outras perícias serão realizados por perito oficial, portador de diploma de curso superior.

§ 1º Na falta de perito oficial, o exame será realizado por duas pessoas idôneas, portadoras de diploma de curso superior preferencialmente na área específica, dentre as que tiverem habilitação técnica relacionada com a natureza do exame."

Súmula 74-STJ

Para efeitos penais, o reconhecimento da menoridade do réu requer prova por documento hábil.

• **Status:** Válida.

• **Dispositivos relacionados:**

"CPP, Art. 155. O juiz formará sua convicção pela livre apreciação da prova produzida em contraditório judicial, não podendo fundamentar sua decisão exclusivamente nos elementos informativos colhidos na investigação, ressalvadas as provas cautelares, não repetíveis e antecipadas.

Parágrafo único. **Somente quanto ao estado das pessoas serão observadas as restrições estabelecidas na lei civil**."

4.1. Questões relacionadas

(Vunesp – Juiz de Direito – TJ-SP/2017) No que diz respeito ao exame de corpo de delito e às perícias em geral, é correto afirmar que

a) será facultada ao Ministério Público, ao assistente de acusação, ao ofendido, ao querelante e ao acusado a indicação de assistente técnico, vedada, porém, a formulação de quesitos.

b) é permitido às partes, durante o curso do processo, requerer a oitiva dos peritos para esclarecerem a prova, desde que o mandado de intimação e as questões a serem esclarecidas sejam encaminhados com antecedência mínima de 10 (dez) dias, podendo apresentar as respostas em laudo complementar.

c) é nulo o exame realizado por um só perito, considerando-se impedido o que tiver funcionado, anteriormente, na diligência de apreensão.

d) o assistente técnico atuará a partir de sua admissão pelo juiz, sempre antes da conclusão dos exames e elaboração do laudo pelo perito oficial, sendo as partes intimadas desta decisão.

Resposta correta: letra "b".

(Vunesp – Delegado de Polícia Civil – PC-CE/2015) Em matéria de prova, vige no processo penal o livre convencimento motivado. Todavia, o STJ fixou entendimento (súmula 74) estabelecendo que

a) para a decretação da extinção da punibilidade pela morte do acusado, é necessário que venha aos autos original ou cópia autenticada de certidão de óbito.

b) a prova de idade de acusado maior de 70 anos, a fim de obter o benefício da prescrição pela metade, faz-se apenas por documento oficial válido e original.

c) o reconhecimento da menoridade do acusado requer prova por documento hábil.

d) a renúncia ao direito de queixa deve ser feita por escrito e na presença de testemunhas numerárias.

e) a delação premiada só é válida se colhida na presença de órgão do Ministério Público e advogado constituído.

Resposta correta: letra "c".

5. ASSISTENTE DE ACUSAÇÃO

Súmula 448-STF

O prazo para o assistente recorrer, supletivamente, **começa a correr imediatamente após o transcurso do prazo do Ministério Público.**

- **Status:** Válida.
- **Nota do autor:** Cuidado para não confundir: a) caso o assistente já esteja habilitado nos autos, o prazo para a apelação será de 5 dias, com fundamento no art. 593 do CPP; b) caso o assistente ainda não esteja habilitado, aí sim o prazo da apelação será de 15 dias, com fundamento no art. 598 do CPP.
- **Dispositivos relacionados:**

> "CPP, Art. 593. Caberá apelação no prazo de cinco dias: (...)"
>
> "CPP, Art. 598. Nos crimes de competência do Tribunal do Júri, ou do juiz singular, se da sentença não for interposta apelação pelo Ministério Público no prazo legal, o ofendido ou qualquer das pessoas enumeradas no art. 31, ainda que não se tenha habilitado como assistente, poderá interpor apelação, que não terá, porém, efeito suspensivo.
>
> Parágrafo único. O prazo para interposição desse recurso será de quinze dias e correrá do dia em que terminar o do Ministério Público."

Súmula 210-STF

O assistente do Ministério Público **pode recorrer, inclusive extraordinariamente**, na ação penal, **nos casos dos arts. 584, § 1º e 598 do Código de Processo Penal**.

- **Status:** Válida.
- **Dispositivos relacionados:**

> "CPP, Art. 584. Os recursos terão efeito suspensivo nos casos de perda da fiança, de concessão de livramento condicional e dos ns. XV, XVII e XXIV do art. 581.
>
> § 1º Ao recurso interposto de sentença de impronúncia ou no caso do no VIII do art. 581, aplicar-se-á o disposto nos arts. 596 e 598.
>
> CPP, Art. 598. Nos crimes de competência do Tribunal do Júri, ou do juiz singular, se da sentença não for interposta apelação pelo Ministério Público no prazo legal, o ofendido ou qualquer das pessoas enumeradas no art. 31, ainda que não se tenha habilitado como assistente, poderá interpor apelação, que não terá, porém, efeito suspensivo.
>
> Parágrafo único. O prazo para interposição desse recurso será de quinze dias e correrá do dia em que terminar o do Ministério Público."

Súmula 208-STF

~~O assistente do Ministério Público não pode recorrer, extraordinariamente, de decisão concessiva de *habeas corpus*.~~

- **Status:** Superada.
- **Nota do autor:** Se o art. 311 do CPP admite que o assistente de acusação requeira a prisão preventiva do réu, da mesma forma deve-se admitir que ele possa recorrer da decisão concessiva de *habeas corpus* em favor do réu.

- **Dispositivos relacionados:**

> "CPP, Art. 311. Em qualquer fase da investigação policial ou do processo penal, caberá a prisão preventiva decretada pelo juiz, de ofício, se no curso da ação penal, ou a requerimento do Ministério Público, do querelante ou do assistente, ou por representação da autoridade policial."

5.1. Questões relacionadas

(Vunesp – Juiz de Direito – TJ-SP/2017) No tocante aos sujeitos do processo, é correto afirmar que

a) a audiência poderá ser adiada se, por motivo justificado, o defensor não puder comparecer, a ele incumbindo provar o impedimento até a abertura do ato; se não o fizer, deve o juiz nomear defensor substituto, ainda que provisoriamente ou só para o efeito do ato.

b) a participação de membro do Ministério Público na fase investigatória criminal acarreta o seu impedimento ou suspeição para o oferecimento da denúncia.

c) o assistente será admitido enquanto não passar em julgado a sentença e receberá a causa no estado em que se achar, podendo recorrer, inclusive extraordinariamente, de decisão concessiva de habeas corpus.

d) o juiz não poderá exercer a jurisdição no processo em que tiver funcionado como juiz de outra instância, pronunciando-se, de fato ou de direito, sobre a questão, mas não há nulidade no julgamento ulterior pelo Júri com a participação de jurado que funcionou em julgamento anterior do mesmo processo.

Resposta correta: letra "a".

(Consulplan – Titular de Serviços de Notas e de Registros – Provimento – TJ-MG/2017) A respeito da legitimidade do assistente do Ministério Público e do recurso em geral, no processo penal, assinale a alternativa correta:

a) O assistente do Ministério Público só poderá interpor recurso extraordinário nos casos de impronúncia e extinção da punibilidade, ou apelação supletiva, e desde que não se trate de decisão concessiva de habeas corpus.

b) Diz-se restrita a legitimidade recursal do assistente porque, mesmo nas hipóteses em que pode se insurgir, fica ele condicionado a que não tenha o Ministério Público recorrido da respectiva decisão, começando a correr o seu prazo na mesma data do órgão ministerial.

c) O recurso de apelação, nos processos afetos ao Tribunal do Júri, tem a devolutividade ampla, de modo que, por essa razão, mesmo as matérias não submetidas ao crivo da Corte Estadual, podem ser conhecidas pelos Tribunais Superiores.

d) A renúncia do réu ao direito de apelação, manifestada sem a assistência do defensor, não impede o conhecimento da apelação por este interposta, mas a desistência, ainda que sem a aquiescência do patrono, torna prejudicado o recurso aviado.

Resposta correta: letra "a".

(FCC – Analista Judiciário – Administrativa – TRE-AP/2015) Augusto é condenado a cumprir pena de 01 ano de reclusão pelo crime de falsidade ideológica. Habilitou-se durante o trâmite da ação penal um Assistente de Acusação. Inconformado com a condenação Augusto apresenta recurso de apelação para tentar reverter a sentença dentro do prazo de cinco dias. Assinado o termo de apelação Augusto terá prazo para arrazoar o recurso, previsto no Código de Processo Penal e, posteriormente, o Ministério Público terá direito ao mesmo prazo para contrarrazoar. Em seguida, o Assistente de Acusação poderá apresentar suas razões no prazo de:

a) 03 dias.

b) 48 horas.

c) 05 dias.

d) 08 dias.

e) 10 dias.

Resposta correta: letra "a".

(FCC – Juiz de Direito – TJ-CE/2014) Quanto à assistência da acusação, é correto afirmar que

a) do despacho que admitir, ou não, o assistente, não caberá impugnação por qualquer meio, segundo a doutrina e a jurisprudência.

b) pode propor meios de prova, dispensada a oitiva do Ministério Público acerca de sua realização.

c) o corréu pode intervir como assistente.

d) o assistente receberá a causa no estado em que se achar, mesmo após o trânsito em julgado.

e) o prazo para o assistente recorrer supletivamente começa a correr imediatamente após o transcurso do prazo do Ministério Público.

Resposta correta: letra "e".

6. PRISÃO

6.1. Prisão em flagrante

Súmula 145-STF

Não há crime, quando a preparação do flagrante pela polícia torna impossível a sua consumação.

- **Status:** Válida.

- **Nota do autor:** Em outras palavras, o flagrante preparado configura crime impossível. O flagrante preparado é também conhecido como delito putativo por obra do agente provocador, delito de laboratório ou de experiência. O instituto do crime impossível, que é uma causa de exclusão da tipicidade da tentativa, está previsto no art. 17 do CP.

- **Dispositivos relacionados:**

"CP, Art. 17. Não se pune a tentativa quando, por ineficácia absoluta do meio ou por absoluta impropriedade do objeto, é impossível consumar-se o crime."

Súmula 81-STJ

~~Não se concede fiança quando, em concurso material, a soma das penas mínimas cominadas for superior a dois anos de reclusão.~~

- **Status:** Superada.

- **Dispositivos relacionados:**

"CPP, Art. 323. Não será concedida fiança:

I – nos crimes de racismo;

II – nos crimes de tortura, tráfico ilícito de entorpecentes e drogas afins, terrorismo e nos definidos como crimes hediondos;

III – nos crimes cometidos por grupos armados, civis ou militares, contra a ordem constitucional e o Estado Democrático;

IV – revogado;

V – revogado.

CPP, Art. 324. Não será, igualmente, concedida fiança:

I – aos que, no mesmo processo, tiverem quebrado fiança anteriormente concedida ou infringido, sem motivo justo, qualquer das obrigações a que se referem os arts. 327 e 328 deste Código;

II – em caso de prisão civil ou militar;

III – revogado;

IV – quando presentes os motivos que autorizam a decretação da prisão preventiva (art. 312)."

6.1.1. Questões relacionadas

(NC-UFPR – Titular de Serviços de Notas e de Registros – Remoção – TJ-PR/2019) Sobre a prisão em flagrante, assinale a alternativa correta.

a) No caso em que o agente é perseguido, logo após o fato, pela autoridade, pelo ofendido ou por qualquer pessoa, em circunstâncias que façam presumir ser autor da infração, a situação de flagrância durará pelo prazo de 24 horas, depois do qual não será mais possível a prisão em flagrante.

b) Não há crime quando a preparação do flagrante pela polícia torna impossível a sua consumação.

c) A falta de testemunhas da infração impedirá a autuação da prisão em flagrante.

d) A comunicação da prisão ao juiz competente, ao Ministério Público e à família do preso, ou à pessoa por ele indicada, deve ser feita em até 24 horas.

e) Se for o caso de liberdade provisória, ao receber o auto da prisão em flagrante, o juiz a relaxará.

Resposta correta: letra "b".

(FCC – Auditor-Fiscal da Receita Estadual – SEFAZ-SC/2018) À luz do que dispõe o Ordenamento Penal brasileiro,

a) o agente que desiste de forma voluntária de prosseguir na execução do crime, ou impede que o resultado se produza, terá sua pena reduzida de um a dois terços.

b) o arrependimento posterior, nos crimes cometidos sem violência ou grave ameaça à pessoa, deve ocorrer até o oferecimento da denúncia ou da queixa.

c) não há crime, quando a preparação do flagrante pela polícia torna impossível a sua consumação.

d) crime impossível é aquele em que o agente, embora tenha praticado todos os atos executórios à sua disposição, não consegue consumar o crime por circunstâncias alheias à sua vontade.

e) diz-se crime culposo, quando o agente assumiu o risco de produzi-lo.

Resposta correta: letra "c".

(Vunesp – Juiz de Direito – TJ-RS/2018) Assinale a proposição que reflete entendimento sumulado pelo Supremo Tribunal Federal.

a) Se a cártula foi pré-datada, ainda que tenha havido fraude, não se configura o crime de emissão de cheque sem fundos (súmula 246).

b) É unicamente do Ministério Público, mediante representação, a legitimidade para a ação penal por crime contra a honra de servidor público em razão do exercício de suas funções (súmula 714).

c) A medida de segurança pode ser aplicada em segunda instância, ainda que só o réu tenha recorrido (súmula 525).

d) Não se tipifica crime contra a ordem tributária (Lei no 8.137/90) antes do lançamento definitivo do tributo (súmula vinculante 24).

e) Não há crime quando a preparação do flagrante pela polícia torna impossível a sua consumação (súmula 145).

Resposta correta: letra "e".

6.2. Prisão preventiva

Súmula 64-STJ

Não constitui constrangimento ilegal o excesso de prazo na instrução, **provocado pela defesa.**

- **Status:** Válida.

Súmula 52-STJ

Encerrada a instrução criminal, **fica superada a alegação de constrangimento por excesso de prazo.**

- **Status:** Válida.

Súmula 21-STJ

Pronunciado o réu, **fica superada a alegação do constrangimento ilegal da prisão por excesso de prazo na instrução.**

- **Status:** Válida.

- **Dispositivos relacionados:**

"CPP, Art. 413. O juiz, fundamentadamente, pronunciará o acusado, se convencido da materialidade do fato e da existência de indícios suficientes de autoria ou de participação."

6.2.1. Questões relacionadas

(Cespe – Defensor Público – DPE-PE/2018) Assinale a opção correta, acerca da duração razoável do processo e do excesso de prazo nas prisões cautelares e da autuação e da documentação da prisão e do interrogatório, conforme entendimento dos tribunais superiores.

a) O relaxamento da prisão preventiva por excesso de prazo impede a sua posterior decretação, mesmo diante de outros fundamentos explicitados na sentença.

b) Finalizada a instrução processual, a demora posterior e não justificada não configura constrangimento ilegal por excesso de prazo.

c) O excesso de prazo entre a prisão cautelar e a sentença de pronúncia não pode ser desconsiderado, mesmo que, após esse ato processual, nenhum constrangimento ilegal tenha sido verificado.

d) Diante da superveniência de sentença condenatória, estará prejudicada questão referente ao excesso de prazo da prisão cautelar.

e) O excesso de prazo para o oferecimento da denúncia configura hipótese de constrangimento ilegal, não sendo superado pelo recebimento da denúncia.

Resposta correta: letra "d".

(NUCEPE – Delegado de Polícia Civil – PC-PI/2018) Em relação ao processo em geral, marque a alternativa CORRETA, quanto aos enunciados de súmula de jurisprudência.

a) É permitida a utilização de inquéritos policiais e ações penais em curso para agravar a pena.

b) Admite-se a progressão de regime de cumprimento da pena ou a aplicação imediata de regime menos severo nela determinada, antes do trânsito da sentença condenatória.

c) Fixada a pena-base no mínimo legal, é permitido o estabelecimento de regime prisional mais gravoso do que o cabível em razão da sanção imposta, com base apenas na gravidade da pena em concreto do delito, no entendimento do STJ.

d) Pronunciado o réu, fica superada a alegação do constrangimento ilegal da prisão por excesso do prazo de 80 (oitenta) dias, para conclusão da instrução, segundo o STJ.

e) É anulável a decisão que determina o desaforamento de processo da competência do júri sem audiência da defesa.

Resposta correta: letra "b".

(MPE-GO – Promotor de Justiça – MPE-GO/2016) Em um processo afeto ao Tribunal do Júri, durante a instrução processual, tratando-se de réu preso a 220 (duzentos e vinte) dias, o defensor constituído demonstrou perante o Tribunal de Justiça, por meio de impetração de Habeas Corpus liberatório, que há evidente excesso de prazo, por culpa única e exclusiva do Estado. O Desembargador Relator negou a liminar e solicitou informações ao Juízo a quo. Este prestou informações, aonde demonstrou que foi prolatada Decisão de Pronúncia que manteve o acusado preso de forma fundamentada. Os autos vieram com vista ao Ministério Público de 2º Grau, que neste caso, de forma escorreita se manifestará no sentido de que:

a) O réu deverá ser liberado, pois a Decisão de Pronúncia não é definitiva, não interrompendo ou suspendendo a contagem do prazo para o término da instrução que já se excedeu.

b) O réu deverá permanecer preso, pois os 220 (duzentos e vinte) dias não constituem excesso de prazo para o término da instrução processual.

c) O réu deverá permanecer preso, pois com a Decisão de Pronúncia fica superada a alegação do constrangimento ilegal da prisão por excesso de prazo na instrução.

d) O réu deverá ser liberado, pois mesmo com a Pronúncia não fica superado o constrangimento ilegal da prisão por excesso de prazo, pois a instrução não se findou, faltando, ainda, a instrução plenária.

Resposta correta: letra "c".

6.3. Prisão decorrente da sentença condenatória recorrível

Súmula 347-STJ

O conhecimento de recurso de apelação do réu independe de sua prisão.

• **Status:** Válida.

• **Nota do autor:** Não mais se admite a prisão provisória como efeito automático da sentença penal condenatória recorrível. O art. 594 do CPP, que previa que o réu não podia apelar sem recolher-se à prisão, ou prestar fiança, salvo se for primário e de bons antecedentes, ou condenado por crime de que se livre solto, foi revogado em 2008 pela Lei 11.719/2008.

• **Dispositivos relacionados:**

"CF, Art. 5º (...)

LVII – ninguém será considerado culpado até o trânsito em julgado de sentença penal condenatória;"

Súmula 9-STJ

~~A exigência da prisão provisória para apelar não ofende a garantia constitucional da presunção de inocência.~~

• **Status:** Superada.

• **Nota do autor:** Não mais se admite a prisão provisória como efeito automático da sentença penal condenatória recorrível. O art. 393 do CPP, que previa como efeito da sentença condenatória recorrível, a decretação ou manutenção da prisão do réu, foi revogado em 2011, pela Lei nº 12.403.

- **Dispositivos relacionados:**

> "CF, Art. 5º (...)
>
> LVII – ninguém será considerado culpado até o trânsito em julgado de sentença penal condenatória;"

6.3.1. Questões relacionadas

(FCC – Analista Judiciário – Área Judiciária – TRE-PR/2017) Sobre os recursos em processo penal, de acordo com entendimento sumulado, é correto afirmar:

a) A renúncia do réu ao direito de apelação, manifestada sem a assistência do defensor, impede o conhecimento da apelação por este interposta.

b) Fica prejudicada a apelação entregue em cartório no prazo legal, embora despachada tardiamente.

c) O conhecimento de recurso de apelação do réu depende de sua prisão.

d) Sentença de primeira instância concessiva de habeas corpus, em caso de crime praticado em detrimento de bens, serviços ou interesses da União, não está sujeita a recurso ex officio.

e) É nulo o julgamento da apelação se, após a manifestação nos autos da renúncia do único defensor, o réu não foi previamente intimado para constituir outro.

Resposta correta: letra "e".

(FUNCAB – Delegado de Polícia Civil – PC-PA/2016) No que respeita aos princípios da presunção de inocência e da não autoincriminação, é correto afirmar que:

a) o direito ao silêncio pode ser utilizado em desfavor do réu.

b) segundo a atual jurisprudência do Supremo Tribunal Federal, a sentença condenatória tem eficácia tão logo confirmada em segundo grau de jurisdição, não importando em violação ao princípio da presunção de inocência.

c) a exigência do recolhimento do réu à prisão para apelar não ofende os princípios da não culpabilidade e da proporcionalidade.

d) é possível a invocação de investigações e ações penais em andamento como maus antecedentes na fase da aplicação da pena.

e) o princípio constitucional da não culpabilidade não é óbice ao lançamento do nome do réu no rol dos culpados antes do trânsito em julgado da sentença condenatória.

Resposta correta: letra "b".

6.4. Uso de algemas

Súmula vinculante 11-STF

Só é lícito o uso de algemas em casos de **resistência** e de **fundado receio de fuga** ou de **perigo à integridade física própria ou alheia**, por parte do preso ou de terceiros, **justificada a excepcionalidade por escrito**, sob pena de **responsabilidade disciplinar, civil e penal do agente ou da autoridade e de nulidade da prisão ou do ato processual a que se refere, sem prejuízo da" responsabilidade civil do estado.**

- **Status:** Válida.
- **Nota do autor:** O uso de algemas é previsto no art. 199 da Lei 7.210/84 (Lei de Execução Penal – LEP), que somente foi regulamentado em 2016, pelo Decreto federal 8.858/2016.

- **Dispositivos relacionados:**

"LEP, Art. 199. O emprego de algemas será disciplinado por Decreto federal."

"Decreto 8.858/2016, Art. 2º É permitido o emprego de algemas apenas em casos de resistência e de fundado receio de fuga ou de perigo à integridade física própria ou alheia, causado pelo preso ou por terceiros, justificada a sua excepcionalidade por escrito."

"Decreto 8.858/2016, Art. 3º É vedado emprego de algemas em mulheres presas em qualquer unidade do sistema penitenciário nacional durante o trabalho de parto, no trajeto da parturiente entre a unidade prisional e a unidade hospitalar e após o parto, durante o período em que se encontrar hospitalizada."

"CPP, Art. 292. (...)

Parágrafo único. É vedado o uso de algemas em mulheres grávidas durante os atos médico-hospitalares preparatórios para a realização do parto e durante o trabalho de parto, bem como em mulheres durante o período de puerpério imediato. (Redação dada pela Lei nº 13.434, de 2017)"

"CPP, Art. 474. (...)

§ 3º Não se permitirá o uso de algemas no acusado durante o período em que permanecer no plenário do júri, salvo se absolutamente necessário à ordem dos trabalhos, à segurança das testemunhas ou à garantia da integridade física dos presentes."

"CPP, Art. 478. Durante os debates as partes não poderão, sob pena de nulidade, fazer referências:

I – à decisão de pronúncia, às decisões posteriores que julgaram admissível a acusação ou à determinação do uso de algemas como argumento de autoridade que beneficiem ou prejudiquem o acusado;"

6.4.1. Questões relacionadas

(Vunesp – Delegado de Polícia Civil – PC-BA/2018) De acordo com a jurisprudência sumulada do Supremo Tribunal Federal,

a) a imunidade parlamentar estende-se ao corréu sem essa prerrogativa (Súmula 245).

b) para requerer revisão criminal, o condenado deve recolher-se à prisão (Súmula 393).

c) só é lícito o uso de algemas em casos de resistência e de fundado receio de fuga ou perigo à integridade física própria ou alheia, por parte do preso ou terceiros, sem, contudo, necessidade de a autoridade policial justificar a utilização por escrito (Súmula Vinculante 11).

d) é direito do defensor, no interesse do representado, ter acesso amplo aos elementos de prova que, já documentados em procedimento investigatório realizado por órgão com competência de polícia judiciária, digam respeito ao exercício do direito de defesa (Súmula Vinculante 14).

e) a homologação da transação penal prevista no art. 76 da Lei no 9.099/95 faz coisa julgada material e, descumpridas suas cláusulas, retorna-se à situação anterior, possibilitando ao Ministério Público a continuidade da persecução penal (Súmula Vinculante 35).

Resposta correta: letra "d".

(Cespe – Delegado de Polícia Civil – PC-SE/2018) Julgue o item seguinte, relativo aos direitos e deveres individuais e coletivos e às garantias constitucionais.

Em caso de perigo à integridade física do preso, admite-se o uso de algemas, desde que essa medida, de caráter excepcional, seja justificada por escrito.

Resposta: certo.

(IBADE – Agente Penitenciário SEJUDH-MT/2017) Como ensina Jorge Miranda, *"a dignidade humana confere unidade de sentido, de valor e de concordância prática ao sistema de direitos fundamentais. Este princípio funciona como fonte ética, fazendo da pessoa fundamento e fim da sociedade e do Estado"* (MIRANDA, Jorge. Manual de Direito Constitucional. 3.ed. Coimbra: Coimbra, 2000. t. IV, p. 180-181.)

Considerando a importância do princípio supra referido, assinale a alternativa correta.

a) Por força do princípio da dignidade humana o STF, por meio de súmula vinculante, restringiu o uso de algemas aos casos de resistência e de fundado receio de fuga ou de perigo à integridade física própria ou alheia, por parte do preso ou de terceiros, o que deverá ser feito excepcionalmente, com justificativa por escrito.

b) O princípio da dignidade humana rege a ordem tributária, mas não é relevante ao processo penal.

c) A dignidade humana, como todo direito fundamental, é relativa.

d) Excepcionalmente a tortura poderá ser empregada para se evitar a ocorrência de delitos graves, não sendo tal fato atentatório à dignidade humana.

e) A dignidade humana é uma qualidade inerente a todos os seres humanos não declarados judicialmente indignos.

Resposta correta: letra "a".

7. LIBERDADE PROVISÓRIA

Súmula 697-STF

~~A proibição de liberdade provisória nos processos por crimes hediondos não veda o relaxamento da prisão processual por excesso de prazo.~~

- **Status:** Superada.

- **Nota do autor:** Hodiernamente, admite-se a liberdade provisória para crimes hediondos e equiparados. O STF não admite a chamada prisão ex lege (prisão automática/prisão apenas por força de lei), sob pena de inconstitucionalidade. Para o STF é inconstitucional qualquer lei que vede, de forma abstrata e genérica, a liberdade provisória para determinados delitos (CAVALCANTE, 2019).

- **Dispositivos relacionados:**

"CF, Art. 5º (...)

XLIII – a lei considerará crimes inafiançáveis e insuscetíveis de graça ou anistia a prática da tortura , o tráfico ilícito de entorpecentes e drogas afins, o terrorismo e os definidos como crimes hediondos, por eles respondendo os mandantes, os executores e os que, podendo evitá-los, se omitirem;"

"Lei 8.072/90, Art. 2º Os crimes hediondos, a prática da tortura, o tráfico ilícito de entorpecentes e drogas afins e o terrorismo são insuscetíveis de:

I – anistia, graça e indulto;

II – fiança."

7.1. Questões relacionadas

(Cespe – Delegado de Polícia Federal – Polícia Federal/2018) Acerca de prisão, de liberdade provisória e de fiança, julgue o próximo item de acordo com o entendimento do STF e a atual sistemática do Código de Processo Penal.

A inafiançabilidade nos casos de crimes hediondos não impede a concessão judicial de liberdade provisória, impedindo apenas a concessão de fiança como instrumento de obtenção dessa liberdade.

Resposta: certo.

(Cespe – Juiz Federal – TRF 5ª Região/2015) Com relação aos direitos e garantias fundamentais, assinale a opção correta conforme o entendimento do STF.

a) Viola as garantias do livre exercício do trabalho, ofício ou profissão a exigência, pela fazenda pública, de prestação de fiança para a impressão de notas fiscais de contribuintes em débito com o fisco.

b) A proibição de liberdade provisória nos processos por crimes hediondos veda o relaxamento da prisão processual por excesso de prazo.

c) O direito a ampla defesa não engloba o acesso aos documentos em procedimento investigatório realizado por órgão com competência de polícia judiciária.

d) Deve ser resguardado o nome do servidor público na publicitação dos dados referentes a sua remuneração, porquanto tal divulgação viola a proteção constitucional à intimidade

e) No âmbito processual criminal, a garantia do juízo natural impede a redistribuição de processos na hipótese de criação de varas especializadas em razão da matéria

Resposta correta: letra "a".

8. CITAÇÕES E INTIMAÇÕES

8.1. Citação por edital e suspensão do processo e do prazo prescricional

Súmula 366-STF

Não é nula a citação por edital que indica o dispositivo da lei penal, embora não transcreva a denúncia ou queixa, ou não resuma os fatos em que se baseia.

- **Status:** Válida.

- **Dispositivos relacionados:**

"CPP, Art. 361. Se o réu não for encontrado, será citado por edital, com o prazo de quinze dias.

"CPP, Art. 365. O edital de citação indicará:

I – o nome do juiz que a determinar;

II – o nome do réu, ou, se não for conhecido, os seus sinais característicos, bem como sua residência e profissão, se constarem do processo;

III – o fim para que é feita a citação;

IV – o juízo e o dia, a hora e o lugar em que o réu deverá comparecer;

V – o prazo, que será contado do dia da publicação do edital na imprensa, se houver, ou da sua afixação."

Súmula 351-STF

É nula a citação por edital de réu preso na mesma unidade da federação em que o juiz exerce a sua jurisdição.

- **Status:** Válida.

Súmula 455-STJ

A decisão que determina a produção antecipada de provas com base no artigo 366 do CPP **deve ser concretamente fundamentada, não a justificando unicamente o mero decurso do tempo.**

- **Status:** Válida.
- **Dispositivos relacionados:**

> "CPP, Art. 366. Se o acusado, citado por edital, não comparecer, nem constituir advogado, ficarão suspensos o processo e o curso do prazo prescricional, podendo o juiz determinar a produção antecipada das provas consideradas urgentes e, se for o caso, decretar prisão preventiva, nos termos do disposto no art. 312."

Súmula 415-STJ

O período de suspensão do prazo prescricional é regulado pelo máximo da pena cominada.

- **Status:** Válida.

8.1.1. Questões relacionadas

(Cespe – Defensor Público – DPE-PE/2018) Tendo como referência as disposições legais do Código de Processo Penal sobre citações e intimações, assinale a opção correta.

a) Estando o réu no estrangeiro, em local sabido, a sua citação será feita por carta rogatória, não havendo necessidade de suspensão do prazo prescricional.

b) Ainda que citado por edital, em caso de posterior comparecimento do acusado, deverá ele ser citado pessoalmente, sob pena de nulidade.

c) No caso de citação por edital, se o acusado não comparecer e não constituir advogado, o processo poderá prosseguir seu curso normal, desde que para ele seja nomeado defensor público.

d) É válida a citação por edital que mencione o dispositivo da lei penal que fundamenta a imputação ao acusado, embora não transcreva o conteúdo da denúncia.

e) Estando completa a citação por hora certa, caso o acusado não apresente resposta escrita no prazo legal, o processo e o prazo prescricional serão suspensos.

Resposta correta: letra "d".

(FCC – Defensor Público – DPE-AM/2018) Considere o que se afirma em relação à produção antecipada de provas, determinada com base no art. 366 do Código de Processo Penal:

I. Exige concreta demonstração da urgência e necessidade da medida, não sendo motivo hábil a justificá-la o decurso do tempo, tampouco a presunção de possível perecimento.

II. A gravidade do delito e o decurso de tempo justificam a antecipação da prova oral, porquanto a sua urgência decorre da natureza da prova testemunhal, existindo direito público subjetivo da acusação à sua produção antecipada.

III. É restrita às provas consideradas urgentes, característica que deve estar concretamente comprovada em cada caso por fundamentos que justifiquem a excepcional antecipação.

IV. Possui natureza acautelatória e visa a resguardar a efetividade da prestação jurisdicional, diante da possibilidade de perecimento da prova em razão do decurso do tempo no qual o processo permanece suspenso.

Está correto o que se afirma APENAS em

a) III e IV.

b) II, III e IV.

c) I, II e III.

d) I, III e IV.

e) I e II.

Resposta correta: letra "d".

(FCC – Procurador Municipal – Prefeitura de Caruaru – PE/2018) A norma inserida no art. 366 do Código de Processo Penal possui natureza dúplice, não podendo ser cindida. Sobre o tema, é correto afirmar que

a) enquanto suspenso o processo, a conduta criminosa é imprescritível.

b) ao ser suspenso o processo, o mesmo deve ocorrer com o prazo decadencial.

c) o período de suspensão do prazo prescricional é regulado pelo máximo da pena cominada.

d) a suspensão do processo interrompe os prazos prescricional e decadencial.

e) a suspensão condicional do processo não pode ser cindida enquanto não citado o acusado.

Resposta correta: letra "c".

(IBFC – Juiz Federal – TRF 2ª Região/2018) Assinale a assertiva certa:

a) As medidas socioeducativas não são passíveis de prescrição penal, pois o menor inimputável não pratica crimes.

b) A frequência a curso de ensino formal ou não, é causa de remição de parte do tempo de execução penal em qualquer dos três regimes.

c) A prescrição da execução da pena de multa, após a reforma do Código Penal, observa sempre o prazo de dois anos.

d) O período de suspensão do prazo prescricional é regulado pelo máximo da pena cominada.

e) Não cabe o regime semiaberto aos reincidentes condenados a pena igual ou inferior a quatro anos, mesmo que favoráveis as circunstâncias judiciais.

Resposta correta: letra "d".

(Vunesp – Juiz de Direito – TJ-SP/2017) Em matéria de citações e intimações, é correto afirmar que

a) os prazos são contados da data da intimação, e não da juntada aos autos do mandado ou da carta precatória ou de ordem.

b) nula a citação por edital que apenas indica o dispositivo da lei penal, sem transcrever a denúncia ou queixa, ou resumir os fatos em que se baseia.

c) a citação do acusado por edital, se ele não comparecer ou constituir advogado, permite a produção antecipada de provas, sob o fundamento de decurso do tempo, e autoriza o decreto de prisão preventiva, se for o caso.

d) nulo o julgamento de recurso criminal, na segunda instância, sem prévia intimação ou publicação da pauta, inclusive em *habeas corpus*.

Resposta correta: letra "a".

8.2. Carta precatória

Súmula 155-STF

É **relativa** a nulidade do processo criminal por falta de intimação da expedição de precatória para inquirição de testemunha.

- **Status:** Válida.
- **Nota do autor:** de acordo com o STF, caso o réu esteja sendo assistido pela Defensoria Pública e no juízo deprecado **houver** sede da Defensoria estruturada, nessa situação, será sim obrigatória a intimação sobre a data da audiência, sob pena de nulidade.

- **Precedentes relacionados:**

"Jurisprudência consolidada do Supremo Tribunal Federal – e na mesma linha a do Superior Tribunal de Justiça –, no sentido de que, intimadas as partes da expedição da precatória, a elas cabe o respectivo acompanhamento, sendo desnecessária a intimação da data designada para a audiência no Juízo deprecado. 2. **Mitigação desse entendimento em relação à Defensoria Pública**. As condições da Defensoria são variadas em cada Estado da Federação. Por vezes, não estão adequadamente estruturadas, com centenas de assistidos para poucos defensores, e, em especial, sem condições de acompanhar a prática de atos em locais distantes da sede do Juízo. **Expedida precatória para localidade na qual existe Defensoria Pública estruturada, deve a instituição ser intimada da audiência designada para nela comparecer e defender o acusado necessitado.** Não se justifica, a nomeação de defensor dativo, quando há instituição criada e habilitada à defesa do hipossuficiente. Nulidade reconhecida." (STF, 1ª Turma, RHC 106394/MG, Rel. Min. Rosa Weber, julgado em 30/10/2012; Informativo n. 686)

"Intimada a defesa da expedição da carta precatória, torna-se desnecessária intimação da data da audiência no juízo deprecado." (Súmula 273-STJ).

Súmula 273-STJ

Intimada a defesa da **expedição da carta precatória**, torna-se **desnecessária** intimação da data da audiência no juízo deprecado.

- **Status:** Válida.
- **Precedente relacionado:**

"É relativa a nulidade do processo criminal por falta de intimação da expedição de precatória para inquirição de testemunha." (Súmula 155-STF)

8.2.1. Questões relacionadas

(Vunesp – Procurador Legislativo – Câmara de Campo Limpo Paulista – SP/2018) A jurisprudência do Supremo Tribunal Federal, no que concerne às nulidades, firmou o seguinte entendimento:

a) é relativa a nulidade do processo criminal por falta de intimação da expedição da precatória para inquirição de testemunha (Súmula).

b) é relativa a nulidade do julgamento, pelo júri, por falta de quesito obrigatório (Súmula 156).

c) não ofende o devido processo legal a decisão do Tribunal que acolhe, contra o réu, nulidade não arguida no recurso de acusação (Súmula 160).

d) é relativa a nulidade do julgamento pelo júri, quando os quesitos de defesa não precedem aos das circunstâncias agravantes (Súmula 162).

e) não é causa de nulidade o julgamento ulterior pelo júri com participação de jurado que funcionou em julgamento anterior ao mesmo processo (Súmula 206).

Resposta correta: letra "a".

(TRF 5ª Região – Analista Judiciário – Oficial de Justiça Avaliador Federal – TRF 5ª Região/2017) Em relação às citações e intimações disciplinadas no Código de Processo Penal, e, ainda, considerando o que dispõem as Súmulas do Supremo Tribunal Federal e Superior Tribunal de Justiça acerca do tema, é correto afirmar:

a) Intimada a defesa da expedição da carta precatória, torna-se desnecessária intimação da data da audiência no juízo deprecado.

b) Se o réu estiver preso, desnecessária sua citação, bastando a requisição ao diretor do estabelecimento prisional para sua apresentação em juízo, em dia e hora previamente marcados.

c) Se o réu não for encontrado, será citado por edital, com prazo de 10 dias.

d) Se o acusado, citado por edital, não comparecer, nem constituir advogado, ficarão suspensos o processo e o curso do prazo prescricional, sendo vedado ao juiz determinar a produção antecipada de provas, ainda que urgentes, em razão do princípio do contraditório.

e) É absoluta a nulidade do processo criminal por falta de intimação da expedição de precatória para inquirição de testemunha.

Resposta correta: letra "a".

(FCC – Analista Judiciário – Área Judiciária – TRE-SE/2015) Considere as seguintes assertivas:

I. No processo penal, contam-se os prazos da data de juntada aos autos do mandado ou da carta precatória ou de ordem e não da data da intimação.

II. Intimada a defesa da expedição da carta precatória, torna-se desnecessária intimação da data da audiência no juízo deprecado.

III. É nulo o julgamento da apelação se, após a manifestação nos autos da renúncia do único defensor, o réu não foi previamente intimado para constituir outro.

Está correto e é súmula editada pelo Supremo Tribunal Federal ou pelo Superior Tribunal de Justiça o indicado em

a) II e III, apenas.

b) I e II, apenas.

c) I e III, apenas.

d) I, II e III.

e) III, apenas.

Resposta correta: letra "a".

8.3. Contagem dos prazos

Súmula 710-STF

No processo penal, contam-se os prazos da data da intimação, e não da juntada aos autos do mandado ou da carta precatória ou de ordem.

- **Status:** Válida.

8.3.1. Questões relacionadas

(FGV – Oficial de Justiça e Avaliador – TJ-SC/2018) Como regra geral, a ciência da prática de um ato processual nos autos é dada à parte através de uma intimação. O Código de Processo Penal traz uma série de regras para assegurar a validade do ato de intimação, bem como disciplina sobre os prazos judiciais a partir desse ato.

Sobre o tema, de acordo com as previsões do Código de Processo Penal e a jurisprudência do Supremo Tribunal Federal, é correto afirmar que:

a) adiada a instrução criminal, ainda que as testemunhas e réu presentes tomem conhecimento da nova data designada, com assinatura nos autos, a validade do ato depende de nova intimação pessoal, nos termos previstos no Código de Processo Penal;

b) a intimação do membro do Ministério Público deverá ocorrer pessoalmente, o mesmo não ocorrendo em relação ao advogado constituído ou defensor público nomeado;

c) no processo penal, contam-se os prazos da data da intimação, e não da juntada aos autos do mandado de intimação ou da carta precatória ou de ordem;

d) no processo penal, o prazo judicial se inicia no mesmo dia da intimação, incluindo-se o dia de início e excluindo-se o termo final, assim como ocorre nos prazos penais;

e) não é possível intimação da decisão de pronúncia do réu solto por edital, ainda que ele se encontre em local incerto e não sabido.

Resposta correta: letra "c".

(Cespe – Técnico Judiciário – Área Administrativa – TRF 1ª Região/2017) Com relação a intimações e prazos, julgue o próximo item.

No processo penal, os prazos são contados a partir da data da intimação, e não da data de juntada do mandado ou da carta precatória ou de ordem aos autos.

Resposta: certo.

9. SENTENÇA PENAL

9.1. *Mutatio libelli*

Súmula 453-STF

Não se aplicam à segunda instância o art. 384 e parágrafo único do Código de Processo Penal, que possibilitam dar nova definição jurídica ao fato delituoso, em virtude de circunstância elementar não contida, explícita ou implicitamente, na denúncia ou queixa.

• **Status:** Válida.

• **Nota do autor:** Em outras palavras, veda-se a "mutatio libelli" na segunda instância. A súmula em comento fala em parágrafo único, porque na época em que ela foi editada, o art. 384 do CPP tinha apenas um parágrafo. Com a Lei nº

11.719/2008, foram incluídos cinco parágrafos, mas que em nada prejudica o entendimento da súmula em comento.

- **Dispositivos relacionados:**

"CPP, Art. 384. Encerrada a instrução probatória, se entender cabível nova definição jurídica do fato, em consequência de prova existente nos autos de elemento ou circunstância da infração penal não contida na acusação, o Ministério Público deverá aditar a denúncia ou queixa, no prazo de 5 (cinco) dias, se em virtude desta houver sido instaurado o processo em crime de ação pública, reduzindo-se a termo o aditamento, quando feito oralmente."

9.2. Questões relacionadas

(Vunesp – Juiz de Direito – TJ-SP/2018) Quanto à sentença penal, é correto afirmar que

a) havendo fundada dúvida sobre a existência de circunstâncias que excluam o crime ou isentem o réu de pena, o fundamento legal para a absolvição será o da inexistência de prova suficiente para a condenação.

b) encerrada a instrução probatória, se o juiz entender cabível nova definição jurídica do fato, em consequência de prova existente nos autos de elemento ou circunstância da infração penal não contida na acusação, prescindirá de abertura de vista ao Ministério Público para eventual aditamento da denúncia, se não resultar em aplicação de pena mais grave.

c) preservada sua competência e sem modificar a descrição do fato contida na denúncia ou queixa, poderá o juiz atribuir-lhe definição jurídica diversa, ainda que, em consequência, tenha de aplicar pena mais grave.

d) o amplo efeito devolutivo dos recursos possibilita à segunda instância dar nova definição jurídica ao fato delituoso em virtude de circunstância elementar não contida, explícita ou implicitamente, na denúncia ou queixa.

Resposta correta: letra "c".

(UFMT – Promotor de Justiça – MPE-MT/2014) Consoante entendimento do Supremo Tribunal Federal, analise as proposições abaixo.

I – Não se aplicam à segunda instância o art. 384 e parágrafo único do Código de Processo Penal (mutatio libelli), que possibilitam dar nova definição jurídica ao fato delituoso, em virtude de circunstância elementar não contida, explícita ou implicitamente, na denúncia ou queixa.

II – O recebimento do aditamento à denúncia que acrescenta fato novo é causa interruptiva da prescrição, mas somente em relação a esse fato novo.

III – A sentença que concede perdão judicial é condenatória, daí porque constitui título executivo judicial.

IV – A renúncia do réu ao direito de apelação, manifestada sem a assistência do defensor, impede o conhecimento da apelação por este interposta.

Está correto o que se afirma em :

a) I e IV, apenas.

b) I, III e IV, apenas.

c) II e III, apenas

d) I, II e III, apenas.

e) II e IV, apenas.

Resposta correta: letra "d".

10. PROCEDIMENTO

10.1. Tribunal do júri

Súmula vinculante 45-STF

A competência constitucional do Tribunal do Júri **prevalece sobre o foro por prerrogativa de função, estabelecido exclusivamente pela Constituição estadual.**

• **Status:** Válida.

• **Nota do autor:** O tribunal do júri é cláusula pétrea e está previsto no art. 5º, XXXVIII, da CF.

• **Dispositivos relacionados:**

"CF, Art. 5º (...)

XXXVIII – é reconhecida a instituição do júri, com a organização que lhe der a lei, assegurados:

a) a plenitude de defesa;

b) o sigilo das votações;

c) a soberania dos veredictos;

d) a competência para o julgamento dos crimes dolosos contra a vida."

Súmula 713-STF

O efeito devolutivo da apelação contra decisões do júri **é adstrito aos fundamentos da sua interposição.**

• **Status:** Válida.

• **Nota do autor:** Os fundamentos para a apelação no tribunal do júri estão previstos de forma taxativa nas alíneas "a" a "d" do inciso III do art. 593 do CPP.

• **Dispositivos relacionados:**

"CPP, Art. 593. Caberá apelação no prazo de cinco dias:

(...)

III – das decisões do Tribunal do Júri, quando:

a) ocorrer nulidade posterior à pronúncia;

b) for a sentença do juiz-presidente contrária à lei expressa ou à decisão dos jurados;

c) houver erro ou injustiça no tocante à aplicação da pena ou da medida de segurança;

d) for a decisão dos jurados manifestamente contrária à prova dos autos."

Súmula 712-STF

É nula a decisão que determina o desaforamento de processo da competência do Júri sem audiência da defesa.

• **Status:** Válida.

• **Nota do autor:** O desaforamento está previsto no art. 427 e ss. do CPP.

• **Dispositivos relacionados:**

"CPP, Art. 427. Se o interesse da ordem pública o reclamar ou houver dúvida sobre a imparcialidade do júri ou a segurança pessoal do acusado, o Tribunal, a requerimento do Ministério Público, do assistente, do querelante ou do acusado ou mediante representação do juiz competente, poderá determinar o desaforamento do julgamento para outra comarca da mesma região, onde não existam aqueles motivos, preferindo-se as mais próximas."

"CPP, Art. 428. O desaforamento também poderá ser determinado, em razão do comprovado excesso de serviço, ouvidos o juiz presidente e a parte contrária, se o julgamento não puder ser realizado no prazo de 6 (seis) meses, contado do trânsito em julgado da decisão de pronúncia."

Súmula 603-STF

A competência para o processo e julgamento de latrocínio **é do juiz singular, e não do Tribunal do Júri**.

- **Status:** Válida.
- **Dispositivos relacionados:**

> "CF, Art. 5º (...)
>
> XXXVIII – é reconhecida a instituição do júri, com a organização que lhe der a lei, assegurados:
>
> a) a plenitude de defesa;
>
> b) o sigilo das votações;
>
> c) a soberania dos veredictos;
>
> d) a competência para o julgamento dos crimes dolosos contra a vida."

Súmula 206-STF

É nulo o julgamento ulterior pelo júri com a participação de jurado que funcionou em julgamento anterior do mesmo processo.

- **Status:** Válida.

Súmula 162-STF

É absoluta a nulidade do julgamento pelo júri, quando os quesitos da defesa não precedem aos das circunstâncias agravantes.

- **Status:** Válida.

Súmula 156-STF

É absoluta a nulidade do julgamento, pelo júri, por falta de quesito obrigatório.

- **Status:** Válida.

10.1.1. Questões relacionadas

(Consulplan – Titular de Serviços de Notas e de Registros – Provimento – TJ-MG/2018) De acordo com a Jurisprudência sumulada do Supremo Tribunal Federal, assinale a alternativa correta.

a) É relativa a nulidade de julgamento pelo Júri, por falta de quesito obrigatório.

b) O efeito devolutivo da apelação contra decisões do Júri é amplo, não se restringindo aos fundamentos da sua interposição.

c) Não se admite a suspensão condicional do processo por crime continuado, se a soma da pena mínima da infração mais grave com o aumento mínimo de um sexto for superior a um ano.

d) A competência constitucional por prerrogativa de função estabelecida pela Constituição Estadual prevalece sobre a competência do Tribunal do Júri, tendo em vista o princípio federativo e a autonomia dos Estados.

Resposta correta: letra "c".

(Cespe – Procurador Municipal – PGM – Manaus – AM/2018) Julgue o item a seguir com base nas normas constitucionais que versam sobre as prerrogativas dos vereadores.

Os estados podem prever foro por prerrogativa de função aos vereadores, ressalvada a competência constitucional do tribunal do júri.

Resposta: certo.

(Cespe – Analista Judiciário – Judiciária – STJ/2018) Acerca da competência, das questões e dos processos incidentes e das provas, julgue o item a seguir.

De acordo com o Supremo Tribunal Federal, a competência para processar e julgar os crimes de latrocínio é do tribunal do júri, e não do juiz singular.

Resposta: certo.

(FCC – Defensor Público – DPE-RS/2018) Sobre o procedimento do Tribunal do Júri, considere:

I. Nos julgamentos perante o Tribunal do Júri, poderá o juiz presidente formular quesito sobre qualificadora ou causa de aumento de pena não prevista na sentença ou acórdão de pronúncia, desde que descrita previamente na denúncia oferecida pelo Ministério Público.

II. Nos julgamentos perante o Tribunal do Júri, ainda que a defesa tenha invocado em plenário somente a tese de negativa de autoria, respondidos pelos jurados, afirmativamente, os quesitos pertinentes à materialidade e à autoria do fato, será obrigatória a formulação do quesito previsto no art. 483, § 2° , do CPP ("O jurado absolve o acusado?"), para fins de preservação da soberania do tribunal popular, que poderá absolver o réu por clemência ou por argumentos diversos daqueles invocados pela defesa técnica.

III. Se os jurados, antes de responderem ao quesito previsto no art. 483, § 2° , do CPP ("O jurado absolve o acusado?"), desclassificarem a infração penal para crime não doloso contra a vida, caberá ao juiz presidente do Tribunal Popular encerrar a quesitação, pois o julgamento caberá ao juiz togado, e não mais ao conselho de sentença.

IV. Se o réu responde ao processo preso preventivamente, é desnecessária a motivação, nos termos da súmula vinculante n° 11 do STF, para a manutenção do uso de algemas durante a sessão de julgamento perante o Tribunal do Júri.

V. A competência constitucional do Tribunal do Júri não prevalece sobre o foro por prerrogativa de função, ainda que estabelecido este exclusivamente por Constituição Estadual.

Está correto o que consta APENAS de:

a) II e III.

b) I e III.

c) I, II e III.

d) II, IV e V.

e) IV e V.

Resposta correta: letra "a".

(Vunesp – Delegado de Polícia Civil – PC-SP/2018) Tício foi absolvido da acusação de prática do crime de homicídio qualificado. Inconformado com a decisão, o Ministério Público interpõe recurso de apelação por entender ser a decisão manifestamente contrária à prova dos autos. Dado provimento ao recurso e submetido a novo julgamento pelo Tribunal do Júri, Tício é agora condenado pela prática do crime de homicídio qualificado à pena de 12 anos de reclusão.

Com base em tais informações, afirma-se corretamente:

a) o efeito devolutivo da apelação contra decisões do Júri não é adstrito aos fundamentos da sua interposição.

b) não se cogita a possibilidade de interposição de recurso de apelação quando houver injustiça no tocante à aplicação da pena.

c) no caso das sentenças do júri, a apelação é recurso vinculado e não de fundamentação livre.

d) com base no princípio da ampla defesa, é possível que a defesa interponha recurso de apelação contra a sentença condenatória pelo mesmo fundamento (decisão contrária à prova dos autos).

e) não era dado ao Tribunal de Justiça prover o recurso interposto pelo Ministério Público, violando assim o direito fundamental da soberania dos vereditos do Tribunal do Júri.

Resposta correta: letra "c".

(FCC – Defensor Público – DPE-MA/2018) Sobre o procedimento previsto para o Tribunal do Júri, é correto afirmar:

a) Os dispositivos constitucionais da plenitude de defesa no Tribunal do Júri (art. 5° XXXVIII, a, CF) e da ampla defesa para os processos em geral (art. 5°, LV, CF) possuem o mesmo significado e conteúdo.

b) É possível, mediante lei complementar, suprimir competência atribuída constitucionalmente ao Tribunal do Júri.

c) Caso não se convença da materialidade do fato ou da existência de indícios suficientes de autoria ou de participação, o juiz, fundamentadamente, impronunciará o acusado, o que implicará em coisa julgada formal e material.

d) É nula a decisão que determina o desaforamento de processo de competência do Tribunal do Júri sem audiência da defesa.

e) Ao julgar revisão criminal em face de decisão proferida pelo Tribunal do Júri, o órgão julgador é impedido de realizar o juízo rescisório, pois incabível o reexame do mérito da causa em atenção à soberania dos vereditos.

Resposta correta: letra "d".

(Vunesp – Juiz de Direito – TJ-SP/2018) Reconheceu o artigo 5° , inciso XXXVIII, da Constituição Federal, a instituição do júri. Quanto a ela, é correto afirmar que

a) o efeito devolutivo da Apelação contra decisões do júri é adstrito aos fundamentos da interposição.

b) constatando o Juiz Presidente haver dúvidas sobre a imparcialidade do júri ou a segurança pessoal do acusado, de ofício ou a requerimento do Ministério Público, do assistente, do querelante ou do acusado, procederá de ofício o desaforamento, encaminhando os autos para julgamento em outra comarca da mesma região, comunicando imediatamente ao Presidente do Tribunal de Justiça.

c) são relativas as nulidades do julgamento pelo júri, quando os quesitos da defesa não precedem aos das circunstâncias agravantes, bem como a falta de quesito obrigatório.

d) não torna nulo o julgamento ulterior pelo júri a participação de jurado que funcionou em julgamento anterior do mesmo processo, embora cindido.

Resposta correta: letra "a".

(Vunesp – Juiz de Direito – TJ-SP/2017) Quanto aos recursos em matéria criminal, é correto afirmar que

a) o efeito devolutivo da apelação contra decisões do Júri não fica adstrito aos fundamentos da sua interposição.

b) a renúncia do réu ao direito de apelação, manifestada com ou sem a assistência do defensor, obsta o conhecimento da apelação por este interposta.

c) não constitui nulidade a falta de intimação do denunciado para oferecer contrarrazões ao recurso interposto da rejeição da denúncia, se nomeado defensor dativo para tanto.

d) o acórdão que provê o recurso contra a rejeição da denúncia vale, desde logo, pelo recebimento dela, a não ser que nula a decisão de primeiro grau.

Resposta correta: letra "d".

(Cespe – Analista Judiciário – Área Judiciária – TRE-PE/2017) Com relação à apelação criminal, assinale a opção correta.

a) O julgamento de apelação por órgão fracionário de tribunal composto majoritariamente por juízes de primeiro grau convocados viola o princípio constitucional do juiz natural.

b) O efeito devolutivo amplo permite ao tribunal competente, no julgamento de apelação exclusiva da defesa, agravar a situação do condenado.

c) Em razão da preclusão, a apresentação extemporânea das razões impede o conhecimento do recurso de apelação tempestivamente interposto.

d) O efeito devolutivo da apelação contra decisões do tribunal do júri é adstrito aos fundamentos nela presentes.

e) A renúncia ao direito de apelar manifestada pelo réu impede o conhecimento de eventual recurso de apelação já interposto pelo seu defensor.

Resposta correta: letra "d".

10.2. Crimes funcionais

Súmula 330-STJ

É desnecessária a resposta preliminar de que trata o art. 514 do CPP, na ação penal instruída por inquérito policial.

- **Status:** Válida.

- **Nota do autor:** Embora válida, há alguns precedentes do STF em sentido contrário ao da súmula em comento, como o proferido no HC 110.361, julgado em 2012. O STJ, por sua vez, continua aplicando normalmente o entendimento previsto nessa súmula.

- **Precedentes relacionados:**

"É **indispensável** a defesa prévia nas hipóteses do art. 514 do Código de Processo Penal, mesmo quando a denúncia é lastreada em inquérito policial (Informativo 457 do STF)" (STF, 2ª Turma, HC 110.361/SC, Rel. Min. Ricardo Lewandowski, julgado em 05/06/2012).

"Esta Corte Superior firmou jurisprudência no sentido da **desnecessidade** da resposta preliminar prevista no art. 514 do Código de Processo Penal, na hipótese de a ação penal ser instruída por inquérito policial (Súmula 330 do STJ)". (STJ, 5ª Turma, HC 173.864/SP, Rel. Min. Gurgel de Faria, julgado em 03/03/2015).

- **Dispositivos relacionados:**

"CPP, Art. 514. **Nos crimes afiançáveis**, estando a denúncia ou queixa em devida forma, o juiz mandará autuá-la e ordenará a notificação do acusado, para responder por escrito, dentro do prazo de 15 dias."

10.2.1. Questões relacionadas

(Vunesp – Procurador Legislativo – Câmara de Cotia – SP/2017) A, funcionário público do Município, foi flagrado por um repórter investigativo, no estacionamento da Prefeitura, praticando ato libidinoso em uma adolescente de 13 anos. Após a divulgação da matéria, A foi denunciado, pelo Ministério Público, por estupro de vulnerável. A denúncia foi precedida de inquérito policial. Recebida a denúncia pelo Juiz, determinou-se a citação de A, para fins de apresentação da resposta à acusação, em 10 dias. A defesa de A impetrou habeas corpus no Tribunal, alegando afronta ao rito especial dos crimes de responsabilidade dos funcionários públicos, dado que não houve oportunidade para se apresentar a resposta preliminar, prevista no artigo 514 do Código de Processo Penal.

Diante do caso hipotético, assinale a alternativa correta.

a) A defesa preliminar, prevista no artigo 514 do CPP, aplica-se ao caso hipotético, já que se trata de ação penal que apura crime praticado por funcionário público.

b) A defesa preliminar, prevista no artigo 514 do CPP, não se aplica ao caso hipotético, pois, muito embora se trate de ação penal que apura crime praticado por funcionário público, a denúncia foi precedida de inquérito policial, na esteira do entendimento sumulado nos Tribunais Superiores.

c) Acertou o Juiz ao não aplicar a regra do artigo 514 do CPP, já que o rito especial é previsto apenas para crimes próprios de funcionário público. Uma vez citado, o prazo para o acusado apresentar resposta à acusação é de 10 (dez) dias.

d) Acertou o Juiz ao não aplicar a regra do artigo 514 do CPP, já que o rito especial é previsto apenas para crimes próprios de funcionário público. Uma vez citado, o prazo para apresentar resposta à acusação é de 15 (quinze) dias.

e) Na defesa preliminar, prevista no artigo 514 do CPP, o acusado poderá juntar documentos e arrolar até 03 (três) testemunhas, a fim de evidenciar a inexistência do crime ou improcedência da acusação.

Resposta correta: letra "c".

(IESES – Titular de Serviços de Notas e de Registros – Provimento – TJ-MA/2016) No que diz respeito ao processo e ao julgamento dos crimes de responsabilidade dos funcionários públicos, responda corretamente o que entende a Jurisprudência pátria acerca da resposta preliminar de que trata o art. 514, do CPP:

a) O rito previsto para apuração de crimes de responsabilidade dos funcionários públicos é aplicável a todos os crimes contra a administração pública previstos tanto no Código Penal, bem como na legislação penal extravagante.

b) É desnecessária a resposta preliminar de que trata o artigo 514 do Código de Processo Penal, na ação penal instruída por inquérito policial.

c) O rito especial dos crimes de responsabilidade praticados por funcionários públicos se aplica a acusados que deixam de ocupar o cargo público antes do oferecimento da denúncia, tornando necessária a notificação para apresentação da defesa prévia regulada no artigo 514 do CPP.

d) A fase processual prevista no art. 514, do CPP, aplica-se ao acusado servidor público, bem como ao particular que concorre com a infração penal, e tem como finalidade resguardar os interesses da Administração Pública, no que diz respeito, especialmente, à segurança e ao decoro do serviço público.

Resposta correta: letra "b".

11. NULIDADES

Súmula 707-STF

Constitui nulidade a falta de intimação do denunciado para oferecer contrarrazões ao recurso interposto da rejeição da denúncia, **não a suprindo a nomeação de defensor dativo**.

• **Status:** Válida.

• **Nota do autor:** Vale lembrar que o recurso cabível da rejeição da denúncia ou da queixa é o recurso em sentido estrito (art. 581, I, do CPP).

• **Dispositivos relacionados:**

> "CPP, Art. 581. Caberá recurso, no sentido estrito, da decisão, despacho ou sentença:
>
> I – que não receber a denúncia ou a queixa;"

Súmula 706-STF

É relativa a nulidade decorrente de inobservância da competência penal por prevenção.

• **Status:** Válida.

• **Dispositivos relacionados:**

> "CPP, Art. 83. Verificar-se-á a competência por prevenção toda vez que, concorrendo dois ou mais juízes igualmente competentes ou com jurisdição cumulativa, um deles tiver antecedido aos outros na prática de algum ato do processo ou de medida a este relativa, ainda que anterior ao oferecimento da denúncia ou da queixa (arts. 70, § 3º, 71, 72, § 2º, e 78, II, *c*)."

Súmula 564-STF

~~A ausência de fundamentação do despacho de recebimento de denúncia por crime falimentar enseja nulidade processual, salvo se já houver sentença condenatória.~~

• **Status:** Superada.

Súmula 523-STF

No processo penal, a **falta da defesa constitui nulidade absoluta**, mas a **sua deficiência só o anulará se houver prova de prejuízo para o réu.**

• **Status:** Válida.

• **Nota do autor:** Vale lembrar a regra do *pas de nullité sans grief* (não há nulidade sem prejuízo), que está previsto no art. 563 do CPP, pela qual nenhum ato processual será declarado nulo se da nulidade não resultar prejuízo para a acusação ou para a defesa. A ausência/falta de defesa configura nulidade absoluta, porque, neste caso o prejuízo é presumido.

• **Dispositivos relacionados:**

> "CPP, Art. 563. Nenhum ato será declarado nulo, se da nulidade não resultar prejuízo para a acusação ou para a defesa."

Súmula 431-STF

É nulo o julgamento de recurso criminal, **na segunda instância**, sem prévia intimação, ou publicação da pauta, salvo em *habeas corpus*.

• **Status:** Válida.

Súmula 361-STF

No processo penal, **é nulo** o exame realizado por um só perito, considerando-se impedido o que tiver funcionando anteriormente na diligência de apreensão.

• **Status:** Válida, mas apenas no caso de perícias realizadas por peritos não oficiais.

• **Dispositivos relacionados:**

> "CPP, Art. 159. O exame de corpo de delito e outras perícias serão realizados por perito oficial, portador de diploma de curso superior.
>
> § 1º Na falta de perito oficial, o exame será realizado por duas pessoas idôneas, portadoras de diploma de curso superior preferencialmente na área específica, dentre as que tiverem habilitação técnica relacionada com a natureza do exame."

Súmula 160-STF

É nula a decisão do tribunal que acolhe, **contra o réu, nulidade não arguida no recurso da acusação, ressalvados os casos de recurso de ofício**.

• **Status:** Válida.

• **Nota do autor:** A súmula em comento reflete nada mais nada menos que a adoção do princípio da *non reformatio in pejus*, impedindo o agravamento da situação do réu. O fundamento para o princípio da *non reformatio in pejus* está no art. 617 do CPP. A própria súmula contém uma exceção, que são os casos de reexame necessário ("recurso de ofício"). Assim, nas hipóteses de recurso necessário, admite-se que haja o reconhecimento de nulidade, ainda que prejudicial ao réu. Vale lembrar, por fim, que as hipóteses de cabimento do reexame necessário no processo penal são as seguintes: a) sentença concessiva de *habeas corpus* (art. 574, I, do CPP); b) sentença de absolvição sumária com fundamento em causa que exclua o crime ou isente o réu de pena (art. 574, II, do CPP); c) sentença concessiva de reabilitação (art. 746 do CPP); d) sentença absolutória em processo por crime contra a economia popular ou contra a saúde pública (art. 7º da Lei 1.521/52); e) decisão de arquivamento de inquérito policial por crime contra a economia popular ou contra a saúde pública (art. 7º da Lei 1.521/52).

- **Dispositivos relacionados:**

"CPP, Art. 574. Os recursos serão voluntários, excetuando-se os seguintes casos, em que deverão ser interpostos, de ofício, pelo juiz:

I – da sentença que conceder *habeas corpus*;

II – da que absolver desde logo o réu com fundamento na existência de circunstância que exclua o crime ou isente o réu de pena, nos termos do art. 411."

"CPP, Art. 617. O tribunal, câmara ou turma atenderá nas suas decisões ao disposto nos arts. 383, 386 e 387, no que for aplicável, não podendo, porém, ser agravada a pena, quando somente o réu houver apelado da sentença."

"CPP, Art. 746. Da decisão que conceder a reabilitação haverá recurso de ofício."

"Lei 1.521/52, Art. 7º Os juízes recorrerão de ofício sempre que absolverem os acusados em processo por crime contra a economia popular ou contra a saúde pública, ou quando determinarem o arquivamento dos autos do respectivo inquérito policial."

11.1. Questões relacionadas

(FCC – Defensor Público – DPE-MA/2018) Acerca dos recursos no processo penal, é correto afirmar que

a) o prazo para o Ministério Público e Defensoria Pública oporem embargos infringentes será de 10 dias, a contar da intimação pessoal do respectivo profissional.

b) a Defensoria Pública e o Ministério Público possuem prazo em dobro para interpor recurso de apelação criminal, contado a partir da entrada do processo na respectiva repartição.

c) constitui nulidade a falta de intimação do denunciado para oferecer contrarrazões ao recurso interposto da rejeição da denúncia, não a suprindo a nomeação de defensor dativo.

d) da decisão que pronunciar o réu caberá apelação.

e) segundo entendimento dominante dos Tribunais Superiores, a apresentação tardia das razões implica em intempestividade do recurso, ainda que interposto dentro do prazo legal.

Resposta correta: letra "c".

(Vunesp – Juiz de Direito – TJ-SP/2018) Quanto aos recursos, assinale a alternativa correta.

a) A renúncia do réu ao direito de Apelação, manifestada em termo próprio na presença de 2 (duas) testemunhas, sem assistência do defensor, impede o conhecimento do recurso por este interposto.

b) No caso de concurso de pessoas, a decisão do recurso interposto por um dos réus, se fundado em motivos que não sejam de caráter exclusivamente pessoal, aproveitará aos outros, em extensão subjetiva do efeito devolutivo do recurso.

c) Não gera nulidade a decisão do tribunal que acolhe, contra o réu, nulidade não arguida no recurso da acusação, salvo os casos de recurso de ofício.

d) O acórdão que provê o recurso contra a rejeição da denúncia vale, desde logo, pelo seu recebimento, ainda que nula a decisão de primeiro grau.

Resposta correta: letra "b".

(FAPEMS – Delegado de Polícia Civil – PC-MS/2017) Considere que

"[...] há na nulidade duplo significado: um indicando o motivo que torna o ato imperfeito, outro que deriva da imperfeição jurídica do ato ou sua inviabilidade jurídica. A nulidade portanto, é, sob um aspecto, vício, sob outro, sanção." (MIRABETE, Júlio Fabbrini. Código de Processo Penal Interpretado. 9. ed. São Paulo: Saraiva, 2015, p. 629."

Sobre as nulidades no processo penal, assinale a alternativa correta.

a) A ausência de intimação do acusado e do seu defensor acerca da data da audiência realizada no juízo deprecado gera nulidade, mesmo que tenha havido intimação da expedição da carta precatória.

b) É absoluta a nulidade decorrente da inobservância da competência penal por prevenção.

c) A nulidade por falta de intimação do denunciado para oferecer contrarrazões ao recurso interposto da rejeição da denúncia pode ser suprida com a nomeação de defensor dativo.

d) A nulidade por ilegitimidade do representante é insanável.

e) Alegações genéricas de nulidade processual, desprovidas de demonstração da existência de prejuízo à parte, não podem dar ensejo à invalidação da ação penal.

Resposta correta: letra "e".

(MPE-RS – Promotor de Justiça – MPE-RS/2017) Assinale a alternativa INCORRETA.

a) No processo penal, a falta da defesa constitui nulidade absoluta, mas a sua deficiência só o anulará se houver prova de prejuízo para o réu.

b) A transação penal prevista no artigo 76 da Lei n. 9.099/1995, homologada e descumprida, não faz coisa julgada material e possibilita ao Ministério Público a continuidade da persecução penal.

c) No mandado de segurança impetrado pelo Ministério Público contra decisão proferida em processo penal, é obrigatória a citação do réu como litisconsorte passivo.

d) Não viola as garantias do juiz natural, da ampla defesa e do devido processo legal a atração por continência ou conexão do processo do corréu ao foro por prerrogativa de função de um dos denunciados.

e) É absoluta a nulidade decorrente da inobservância da competência penal por prevenção.

Resposta correta: letra "e".

(Cespe – Analista Judiciário – Oficial de Justiça Avaliador Federal- TRF 1ª Região/2017) Com relação a nulidades no processo penal, a recursos em geral e a execução penal, julgue o item a seguir.

A ausência de intimação da defesa técnica acerca da expedição de carta precatória para oitiva de testemunhas representa nulidade absoluta, que será declarada independentemente da demonstração de prejuízo à defesa.

Resposta: errado.

(MPE-GO – Promotor de Justiça – MPE-GO/2016) "Fenício" foi denunciado pela prática de furto simples e o Juiz rejeitou de plano a peça inaugural da persecutio criminis, entendendo, in casu, que se aplica o princípio da insignificância. Houve interposição de recurso pelo Ministério Público. O Juiz de primeiro grau nomeou defensor dativo ao recorrido para contrarrazoar o recurso. O réu não foi citado da ação penal interposta, devido ao fato de ter sido a Denúncia rejeitada. Diante do texto e do que dispõe o entendimento sumulado pelo STF:

a) Mesmo não tendo sido o réu intimado pessoalmente para oferecer Contrarrazões, havendo nomeação de advogado dativo que ofereça a peça apropriada, refutando os termos do recurso do Ministério Público, não há prejuízo ao recorrido e, portanto, não há nulidade absoluta ou relativa.

b) A nulidade existe, mas é relativa, somente se configurando se houver desídia do defensor dativo, se mostrando ineficiente na defesa do recorrido.

c) Constitui nulidade a falta de intimação do Denunciado para oferecer contrarrazões ao recurso interposto da rejeição da Denúncia, não a suprindo a nomeação de defensor dativo.

d) Constitui nulidade a falta de citação do Denunciado para apresentar defesa à Denúncia ofertada. Restará suprida tal nulidade com a nomeação de defensor dativo se a atuação do causídico no feito for sem desídia. Caso contrário, havendo desídia do defensor, a nulidade será absoluta e não relativa.

Resposta correta: letra "c".

(FCC – Promotor de Justiça – MPE-PE/2014) NÃO constitui entendimento sumulado do Supremo Tribunal Federal acerca do habeas corpus o seguinte enunciado:

a) Não cabe habeas corpus quando já extinta a pena privativa de liberdade.

b) Não compete ao Supremo Tribunal Federal conhecer de habeas corpus impetrado contra decisão do Relator que, em habeas corpus requerido a tribunal superior, indefere a liminar.

c) Não cabe habeas corpus contra decisão condenatória a pena de multa, ou relativo a processo em curso por infração penal a que a pena pecuniária seja a única cominada.

d) É nulo o julgamento de recurso criminal na segunda instância sem prévia intimação ou publicação da pauta, inclusive em habeas corpus.

e) O assistente do Ministério Público não pode recorrer extraordinariamente de decisão concessiva de habeas corpus.

Resposta correta: letra "d".

12. RECURSOS

12.1. Disposições gerais

Súmula 431-STF

É nulo o julgamento de recurso criminal, **na segunda instância**, sem prévia intimação, ou publicação da pauta, salvo em *habeas corpus.*

- **Status:** Válida.

Súmula 160-STF

É nula a decisão do tribunal que acolhe, **contra o réu, nulidade não arguida no recurso da acusação, ressalvados os casos de recurso de ofício.**

- **Status:** Válida.
- **Nota do autor:** A súmula em comento reflete nada mais nada menos que a adoção do princípio da *non reformatio in pejus*, impedindo o agravamento da situação do réu. O fundamento para o princípio da *non reformatio in pejus* está no art. 617 do CPP. A própria súmula contém uma exceção, que são os casos de reexame necessário ("recurso de ofício"). Assim, nas hipóteses de recurso necessário, admite-se que haja o reconhecimento de nulidade, ainda que prejudicial ao réu. Vale lembrar, por fim, que as hipóteses de cabimento do reexame necessário no processo penal são as seguintes: a) sentença concessiva de *habeas corpus* (art. 574, I, do CPP); b) sentença de absolvição sumária com fundamento em causa que exclua o crime ou isente o réu de pena (art. 574, II, do CPP); c) sentença concessiva de reabilitação (art. 746 do CPP); d) sentença absolutória em processo por crime

contra a economia popular ou contra a saúde pública (art. 7º da Lei 1.521/52); e) decisão de arquivamento de inquérito policial por crime contra a economia popular ou contra a saúde pública (art. 7º da Lei 1.521/52).

- **Dispositivos relacionados:**

"CPP, Art. 617. O tribunal, câmara ou turma atenderá nas suas decisões ao disposto nos arts. 383, 386 e 387, no que for aplicável, **não podendo, porém, ser agravada a pena, quando somente o réu houver apelado da sentença**."

"CPP, Art. 574. Os recursos serão voluntários, excetuando-se os seguintes casos, em que deverão ser interpostos, de ofício, pelo juiz:

I – da sentença que conceder *habeas corpus*;

II – da que absolver desde logo o réu com fundamento na existência de circunstância que exclua o crime ou isente o réu de pena, nos termos do art. 411."

"CPP, Art. 746. Da decisão que conceder a reabilitação haverá recurso de ofício."

"Lei 1.521/52, Art. 7º. Os juízes recorrerão de ofício sempre que absolverem os acusados em processo por crime contra a economia popular ou contra a saúde pública, ou quando determinarem o arquivamento dos autos do respectivo inquérito policial."

Súmula 604-STJ

O mandado de segurança **não** se presta para atribuir efeito suspensivo a recurso criminal interposto pelo Ministério Público.

- **Status:** Válida.

12.1.1. Questões relacionadas

(Consulplan – Titular de Serviços de Notas e de Registros – Remoção – TJ-MG/2018) De acordo com a Jurisprudência sumulada do Superior Tribunal de Justiça, assinale a alternativa INCORRETA.

a) O princípio da insignificância é inaplicável aos crimes contra a administração pública.

b) O crime de extorsão consuma-se independentemente da obtenção da vantagem indevida.

c) O mandado de segurança não se presta para atribuir efeito suspensivo a recurso criminal interposto pelo Ministério Público.

d) Compete ao juízo do local da falsificação do cheque processar e julgar crime de estelionato nessa modalidade, sendo irrelevante o local da obtenção da vantagem ilícita.

Resposta correta: letra "d".

(TRF 2ª Região – Juiz Federal – TRF 2ª Região/2018) Considere as seguintes assertivas e assinale a alternativa correta:

I – Em recurso ministerial, exclusivamente interposto para o agravamento da pena, não poderá o tribunal diminui-la por erro na sua dosimetria.

II – Tratando-se de denúncia recebida por juiz absolutamente incompetente, o reconhecimento da nulidade da decisão impedirá a interrupção do prazo prescricional.

III – salvo quando nula a decisão de primeiro grau, o acórdão que provê o recurso contra a rejeição da denúncia vale, desde logo, pelo recebimento dela.

a) Somente a assertiva III está correta.

b) Todas as assertivas estão erradas.

c) Estão corretas as assertivas II e III.

d) Estão corretas as assertivas I e II.

e) Todas as assertivas estão corretas.

Resposta correta: letra "c".

(Vunesp – Juiz de Direito – TJ-SP/2017) Em matéria de citações e intimações, é correto afirmar que

a) os prazos são contados da data da intimação, e não da juntada aos autos do mandado ou da carta precatória ou de ordem.

b) nula a citação por edital que apenas indica o dispositivo da lei penal, sem transcrever a denúncia ou queixa, ou resumir os fatos em que se baseia.

c) a citação do acusado por edital, se ele não comparecer ou constituir advogado, permite a produção antecipada de provas, sob o fundamento de decurso do tempo, e autoriza o decreto de prisão preventiva, se for o caso.

d) nulo o julgamento de recurso criminal, na segunda instância, sem prévia intimação ou publicação da pauta, inclusive em habeas corpus.

Resposta correta: letra "a".

(Fundep – Defensor Público – DPE-MG/2014) A respeito das nulidades, analise as afirmativas a seguir.

I. Segundo o código de processo penal, a falta ou a nulidade da citação, da intimação ou notificação estará sanada, desde que o interessado compareça, antes de o ato consumar-se, embora declare que o faz para o único fim de argui-la.

II. A simples referência à decisão de pronúncia ou às decisões posteriores que julgarem admissível a acusação, durante os debates no plenário do júri, acarreta a nulidade do julgamento.

III. De acordo com a jurisprudência dominante do Supremo Tribunal Federal, é nula a decisão do Tribunal que acolhe, contra o réu, nulidade não arguida no recurso da acusação ressalvados os casos de recurso de ofício.

IV. Segundo o código de processo penal, a incompetência do juízo anula somente os atos decisórios, devendo o processo, quando for declarada a nulidade, ser remetido ao juiz competente.
Estão CORRETAS as afirmativas

a) I, II e III apenas.

b) II e III apenas.

c) II e IV apenas.

d) I, III e IV apenas.

Resposta correta: letra "d".

12.2. Recurso em sentido estrito

Súmula 709-STF

Salvo quando nula a decisão de primeiro grau, **o acórdão que provê o recurso contra a rejeição da denúncia vale, desde logo, pelo recebimento dela.**

- **Status:** Válida.

- **Dispositivos relacionados:**

"CPP, Art. 581. Caberá recurso, no sentido estrito, da decisão, despacho ou sentença:
I – que não receber a denúncia ou a queixa;"

12.2.1. Questões relacionadas

(PGR – Procurador da República – PGR/2015) Em matéria de recursos no processo penal:

I – O recurso, mesmo intempestivo, tem o condão de impedir o trânsito em julgado da condenação penal, dependendo, para tanto, a confirmação da extemporaneidade da irresignação pelo tribunal recorrido.

II – Apreciando recurso exclusivamente da defesa, que pugna com base em inúmeros fundamentos a absolvição do réu, e induvidoso afirmar que há violação do princípio da reformatio in pejus pela circunstância de o tribunal, negando provimento a irresignação, manter a condenação imposta, porém por fundamentos diversos dos existentes na sentença.

III – "X", servidor público federal, foi condenado pelo juiz federal de primeiro grau em razão de ter cometido os delitos de corrupção passiva e lavagem de dinheiro a penas privativas de liberdade que, somadas, totalizaram 11 anos de reclusão em regime inicial fechado, além de multa. Intimados regularmente da sentença condenatória, o réu e seu advogado constituído, foi interposto o recurso de apelação pela defesa um dia após esgotado o prazo legal. Reconhecendo a intempestividade (fato em relação ao qual não há nenhuma dúvida), o juízo monocrático não admitiu o recurso. Inconformado com o ato, "X", por intermédio de seu defensor, interpôs tempestivos embargos de declaração ante a não admissão do apelo. Julgados improcedentes, interpôs novos e tempestivos embargos de declaração, sustentando que não foram enfrentados os temas suscitados nos primeiros embargos. Foram novamente improvidos, quando então o réu interpôs recurso em sentido estrito, pugnando o processamento da apelação. Neste caso, e correto o Procurador da República postular ao Juízo a imediata execução da pena, não sendo necessário esperar o julgamento do recurso em sentido estrito pelo Tribunal Regional Federal respectivo.

IV – Rejeitada denúncia apresentada em primeiro grau, e não sendo ela hipótese de nulidade, o acordão do Tribunal Regional Federal que da provimento ao recurso contra a rejeição vale, desde logo, pelo recebimento dela. Entretanto, admitido o recurso especial interposto regularmente pela defesa da decisão do tribunal, e indevido como regra o requerimento de imediata baixa dos autos para processamento da ação penal, devendo-se aguardar a solução a ser proferida pelo Superior Tribunal de Justiça.

Está correto dizer que:

a) Apenas a assertiva III está integralmente correta;

b) Apenas as assertivas I e II estão incorretas;

c) Todas as assertivas estão incorretas;

d) Nenhuma das alternativas.

Resposta correta: letra "a".

12.3. Apelação

Súmula 705-STF

A renúncia do réu ao direito de apelação, manifestada sem a assistência do defensor, **não impede o conhecimento da apelação por este interposta**.

- **Status:** Válida.

Súmula 699-STF

~~O prazo para interposição de agravo, em processo penal, é de 5 dias, de acordo com a Lei 8.038/90, não se aplicando o disposto a respeito nas alterações da Lei 8.950/94 ao Código de Processo Civil.~~

- **Status:** Superada.

Súmula 526-STF

~~Subsiste a competência do STF para conhecer e julgar a apelação, nos crimes da Lei de Segurança Nacional, se houve sentença antes da vigência do Ato Institucional nº 2.~~

- **Status:** Superada.

Súmula 347-STJ

O conhecimento de recurso de apelação do réu independe de sua prisão.

- **Status:** Válida.
- **Dispositivos relacionados:**

> "CF, Art. 5º (...)
>
> LVII – ninguém será considerado culpado até o trânsito em julgado de sentença penal condenatória;"

Súmula 267-STJ

~~A interposição de recurso, sem efeito suspensivo, contra decisão condenatória não obsta a expedição de mandado de prisão.~~

- **Status:** Superada.

12.3.1. Questões relacionadas

(NUCEPE – Delegado de Polícia Civil – PC-PI/2018) Em relação aos recursos e aos temas relativos ao processo penal, é INCORRETO afirmar:

a) Segundo entendimento jurisprudencial, a renúncia do réu ao direito de apelação, manifestada sem a assistência do defensor, não impede o conhecimento da apelação por este interposta.

b) Segundo o STF, a apelação despachada pelo juiz no prazo legal não fica prejudicada pela demora da juntada, por culpa do cartório.

c) Há jurisprudência do STF, no sentido de que o prazo do recurso ordinário, para o Supremo Tribunal Federal, em habeas corpus ou mandado de segurança, é de 8 (oito) dias.

d) Há entendimento jurisprudencial de que não fica prejudicada a apelação entregue em cartório no prazo legal, embora despachada tardiamente.

e) De acordo como o STF é nulo o julgamento da apelação, se, após a manifestação nos autos da renúncia do único defensor, o réu não foi previamente intimado para constituir outro.

Resposta correta: letra "c".

(FCC – Analista Judiciário – Área Judiciária – TRE-SP/2017) Sobre o recurso de apelação à luz do Código de Processo Penal,

a) a apelação de sentença condenatória, em regra, não terá efeito suspensivo.

b) é vedado ao apelante arrazoar o recurso de apelação na superior instância.

c) havendo assistente de acusação este arrazoará o recurso de apelação, no prazo de cinco dias após o Ministério Público.

d) quando cabível a apelação, se a parte pretender recorrer somente de parte da decisão, poderá usar o recurso em sentido estrito.

e) a renúncia do réu ao direito de apelação, manifestada sem a assistência do defensor, não impede o conhecimento da apelação por este interposta.

Resposta correta: letra "e".

(Vunesp – Promotor de Justiça – MPE-ES/2013) Encerrando a discussão sobre a renúncia ao direito de apelação, a matéria foi tratada por uma das súmulas do Supremo Tribunal Federal (Súmula n.º 705). Assinale a alternativa correta com relação ao tema.

a) A renúncia do réu ao direito de apelação, manifestada sem a assistência do defensor, não impede o conhecimento da apelação por este interposta.

b) A renúncia do réu ao direito de apelação, manifestada sem a assistência do defensor, impede o conhecimento da apelação por este interposta.

c) A apelação interposta por defensor dativo será conhecida ainda que dela discorde o réu. Todavia, a mesma hipótese processual não ocorre se se tratar de defensor constituído.

d) A apelação interposta pelo réu, seu procurador ou defensor será admitida desde que não haja colidência nas teses apresentadas pela defesa

e) Com fundamento na ampla defesa, concede-se legitimação especial ao réu para arrazoar pessoalmente recurso de apelação para suprir a omissão de seu advogado.

Resposta correta: letra "a".

12.4. Embargos infringentes e de nulidade

Súmula 355-STF

Em caso de embargos infringentes parciais, **é tardio o recurso extraordinário interposto após o julgamento dos embargos, quanto a parte da decisão embargada que não fora por eles abrangida.**

- **Status:** Válida.
- **Nota do autor:** Os embargos infringentes e de nulidade, no processo penal, estão previstos no parágrafo único do art. 609 do CPP.

• **Dispositivos relacionados:**

> "CPP, Art. 609. (...)
>
> Parágrafo único. Quando não for unânime a decisão de segunda instância, desfavorável ao réu, admitem-se embargos infringentes e de nulidade, que poderão ser opostos dentro de dez dias, a contar da publicação de acórdão, na forma do art. 613. Se o desacordo for parcial, os embargos serão restritos à matéria objeto de divergência."

12.4.1. Questões relacionadas

(MPE-PR – Promotor de Justiça – MPE-PR/2019) Sobre o recurso em sentido estrito, carta testemunhável e embargos de declaração, nos termos do Código de Processo Penal e Súmulas dos Supremo Tribunal Federal e Superior Tribunal de Justiça, analise as assertivas abaixo e assinale a alternativa incorreta:

a) Constitui nulidade a falta de intimação do denunciado para oferecer contrarrazões ao recurso interposto do indeferimento do decreto de prisão preventiva, não a suprindo a nomeação de defensor dativo.

b) Não há previsão legal de efeitos infringentes aos embargos de declaração interposto pelo réu ou seu defensor.

c) É cabível recurso em sentido estrito contra a decisão que reconhece a competência ou incompetência do juízo.

d) O juiz não pode modificar a decisão do recurso em sentido estrito interposto por simples petição contra retratação da decisão em recurso anteriormente interposto pela parte contrária.

e) O tribunal a que competir o julgamento da carta testemunhável, se desta tomar conhecimento, mandará processar o recurso, ou, se estiver suficientemente instruída, decidirá logo, o mérito do recurso não recebido.

Resposta correta: letra "c".

(MPE-GO – Promotor de Justiça – MPE-GO/2013) O mestre Pontes de Miranda, sobre os embargos infringentes, ensina que *"os melhores julgamentos, os mais completamente lastruídos e os mais proficientemente discutidos são os Julgamentos das Câmaras de embargos. (...) multa injustiça se tem afastado com os julgamentos em grau de embargos"* (trecho extraído do voto do Ministro Celso de Mello na ação penal 470/MG, conhecida como Julgamento do "mensalão"). Analise as proposições abaixo, todas relativas aos embargos infringentes e de nulidade, e assinale a alternativa correta:

I. nos termos do Código de Processo Penal, é pressuposto inarredável e absoluto para a interposição de embargos infringentes e de nulidade a existência de decisão pluránime exarada na segunda instância.

II. a decisão colegiada embargável pode resultar de recurso de apelação interposto pela acusação.

III. embora o meio impugnativo seja privativo da defesa, pode o Ministério Público opor embargos infringentes ou de nulidade em favor do acusado.

IV. é requisito para a interposição de embargos infringentes ou de nulidade que a decisão embargada seja desfavorável ao réu.

a) somente as alternativas I, III e IV estão corretas.

b) somente a alternativa III é incorreta.

c) somente as alternativas IV e III estão incorretas.

d) as alternativas I, II, III e IV são corretas.

Resposta correta: letra "d".

12.5. Recurso extraordinário

Súmula 602-STF

~~Nas causas criminais, o prazo de interposição de Recurso Extraordinário é de dez dias.~~

- ***Status:*** Superada.
- **Nota do autor:** Nas causas criminais, o prazo de interposição de recurso extraordinário é de **15 (quinze) dias.**

12.5.1. Questões relacionadas

(PGR – Procurador da República – PGR/2015) Ante as afirmativas abaixo:

I – É integralmente correto afirmar que, nos procedimentos sumário e ordinário, o juiz pode absolver sumariamente o réu se verificar: a existência de manifesta causa que exclui a ilicitude do fato; a existência de manifesta causa que exclua a culpabilidade, salvo a inimputabilidade; que não há provas do crime ou que o fato não constitui crime; e quando extinga a punibilidade do agente.

II – Julgada procedente ação penal por juiz federal de primeiro grau, condenando "Y" por crimes previstos na Lei n. 8.666, houve a interposição de embargos de declaração pela defesa. Dois dias depois da interposição do recurso, o réu foi diplomado deputado federal. Neste caso, e correto dizer que devera o juiz de primeiro grau julgar os embargos de declaração integrativos a sentença.

III – É integralmente correto dizer em contrarrazões do Ministério Público Federal em primeiro grau ao novo apelo da defesa que o Juízo de primeiro grau não está circunscrito ao reexame dos motivos da sentença anulada, detendo competência para reexaminar a causa a luz da nova instrução criminal, podendo, para manter a mesma pena da sentença penal anulada, substituir por outras as circunstâncias judiciais ou legais de exasperação a que a decisão anulada tenha relevado.

IV – Interposto recurso extraordinário pela defesa contra decisão proferida no âmbito dos Juizados Especiais em matéria penal, o juiz não admite a irresignação ante a ausência de requisito legal. Intimados regularmente advogado e réu, com início de prazo no dia 21.10.2014 (terça-feira), a defesa interpõe recurso de agravo no dia 31.10.2014 (dia útil), provando cabalmente no ato de interposição que no décimo dia do prazo (30.10.2014) era feriado na localidade do juízo ad quem. Neste caso, e correto afirmar que o recurso e tempestivo, devendo ser processado regularmente.

É correto afirmar que:

a) As assertivas I, II e III estão incorretas e a assertiva IV está correta.

b) As assertivas II e IV estão incorretas e as assertivas I e III estão corretas;

c) As assertivas I e IV estão incorretas e as assertivas II e III estão corretas;

d) Nenhuma das respostas acima está correta.

Resposta correta: letra "c".

13. REEXAME NECESSÁRIO ("RECURSO" DE OFÍCIO)

Súmula 160-STF

É nula a decisão do tribunal que acolhe, **contra o réu, nulidade não arguida no recurso da acusação, ressalvados os casos de recurso de ofício.**

• **Status:** Válida.

• **Nota do autor:** A súmula em comento reflete nada mais nada menos que a adoção do princípio da *non reformatio in pejus*, impedindo o agravamento da situação do réu. O fundamento para o princípio da *non reformatio in pejus* está no art. 617 do CPP. A própria súmula contém uma exceção, que são os casos de reexame necessário ("recurso de ofício"). Assim, nas hipóteses de recurso necessário, admite-se que haja o reconhecimento de nulidade, ainda que prejudicial ao réu. Vale lembrar, por fim, que as hipóteses de cabimento do reexame necessário no processo penal são as seguintes: a) sentença concessiva de *habeas corpus* (art. 574, I, do CPP); b) sentença de absolvição sumária com fundamento em causa que exclua o crime ou isente o réu de pena (art. 574, II, do CPP); c) sentença concessiva de reabilitação (art. 746 do CPP); d) sentença absolutória em processo por crime contra a economia popular ou contra a saúde pública (art. 7º da Lei 1.521/52); e) decisão de arquivamento de inquérito policial por crime contra a economia popular ou contra a saúde pública (art. 7º da Lei 1.521/52).

• **Dispositivos relacionados:**

"CPP, Art. 617. O tribunal, câmara ou turma atenderá nas suas decisões ao disposto nos arts. 383, 386 e 387, no que for aplicável, **não podendo, porém, ser agravada a pena, quando somente o réu houver apelado da sentença**."

"CPP, Art. 574. Os recursos serão voluntários, excetuando-se os seguintes casos, em que deverão ser interpostos, de ofício, pelo juiz:

I – da sentença que conceder *habeas corpus*;

II – da que absolver desde logo o réu com fundamento na existência de circunstância que exclua o crime ou isente o réu de pena, nos termos do art. 411."

"CPP, Art. 746. Da decisão que conceder a reabilitação haverá recurso de ofício."

"Lei 1.521/52, Art. 7º. Os juízes recorrerão de ofício sempre que absolverem os acusados em processo por crime contra a economia popular ou contra a saúde pública, ou quando determinarem o arquivamento dos autos do respectivo inquérito policial."

13.1. Questões relacionadas

(FCC – Defensor Público – DPE-AM/2018) Ao disciplinar os recursos em geral, estabelece o Código de Processo Penal que

a) a carta testemunhável somente terá efeito suspensivo quando o relator deferir o efeito ativo.

b) caberá recurso, em sentido estrito, da decisão que denegar a apelação interposta pela Defensoria Pública, quando tiver atuado somente na fase recursal.

c) o recurso, em sentido estrito, poderá ser interposto em 5 dias pelo Advogado constituído e em 10 dias pela Defensoria Pública e pelo Ministério Público.

d) o protesto por novo Júri é recurso exclusivo da defesa, salvo quando a pena for superior a 20 anos, hipótese em que deverá ser interposto, de ofício, pelo presidente do Tribunal do Júri.

e) serão voluntários, excetuando-se da sentença que conceder habeas corpus e da que absolver o réu na audiência de instrução preliminar, do procedimento do Tribunal do Júri, com fundamento na existência de circunstância que exclua o crime ou isente o réu de pena, quando deverão ser interpostos, de ofício, pelo juiz.

Resposta correta: letra "e".

(Vunesp – Juiz de Direito – TJ-SP/2018) Quanto aos recursos, assinale a alternativa correta.

a) A renúncia do réu ao direito de Apelação, manifestada em termo próprio na presença de 2 (duas) testemunhas, sem assistência do defensor, impede o conhecimento do recurso por este interposto.

b) No caso de concurso de pessoas, a decisão do recurso interposto por um dos réus, se fundado em motivos que não sejam de caráter exclusivamente pessoal, aproveitará aos outros, em extensão subjetiva do efeito devolutivo do recurso.

c) Não gera nulidade a decisão do tribunal que acolhe, contra o réu, nulidade não arguida no recurso da acusação, salvo os casos de recurso de ofício.

d) O acórdão que provê o recurso contra a rejeição da denúncia vale, desde logo, pelo seu recebimento, ainda que nula a decisão de primeiro grau.

Resposta correta: letra "b".

(Vunesp – Juiz de Direito – TJ-SP/2011) Analise as proposições seguintes.

I. É nula a decisão que determina o desaforamento de processo da competência do Júri sem audiência da defesa.

II. A deficiência da defesa no processo penal constitui nulidade absoluta.

III. É nula a decisão do Tribunal que acolhe, contra o réu, nulidade não arguida no recurso da acusação, exceto nos casos de recurso de ofício.

IV. A falta ou a nulidade da citação fica sanada quando o réu comparece antes de o ato consumar-se, mesmo que o faça, expressamente, para o único fim de arguir a falta ou a nulidade.

V. É absoluta a nulidade do processo penal por falta de intimação da expedição de carta precatória para inquirição de testemunha.

Assinale as proposições corretas, inclusive, se o caso, consoante jurisprudência sumulada dos Tribunais Superiores (STJ e STF).

a) I, III e V.

b) II, IV e V.

c) I, III e IV.

d) I, II e III.

e) I, IV e V.

Resposta correta: letra "c".

14. *HABEAS CORPUS*

Súmula 695-STF

Não cabe *habeas corpus* quando já extinta a pena privativa de liberdade.

- **Status:** Válida.

Súmula 694-STF

Não cabe *habeas corpus* contra a imposição da pena de exclusão de militar ou de perda de patente ou de função pública.

- **Status:** Válida.

Súmula 693-STF

Não cabe *habeas corpus* contra decisão condenatória a pena de multa, ou relativo a processo em curso por infração penal a que a pena pecuniária seja a única cominada.

- **Status:** Válida.

Súmula 692-STF

Não se conhece de *habeas corpus* contra omissão de relator de extradição, s**e fundado em fato ou direito estrangeiro cuja prova não constava dos autos, nem foi ele provocado a respeito.**

- **Status:** Válida.

Súmula 691-STF

Não compete ao Supremo Tribunal Federal conhecer de *habeas corpus* impetrado contra decisão do Relator que, em *habeas corpus* requerido a Tribunal Superior, indefere a liminar.

- **Status:** Válida.

- **Nota do autor:** A jurisprudência do STF é firme no sentido da impossibilidade de o Supremo dar seguimento ao habeas corpus impetrado contra decisão do relator que, em habeas corpus requerido a Tribunal Superior, indefere a liminar, nos termos da Súmula 691-STF. No entanto, excepcionalmente, o Supremo admite o afastamento da súmula 691 quando houver teratologia, flagrante ilegalidade ou abuso de poder que possam ser constatados *ictu oculi* (aquilo que é percebido pelos olhos).

- **Precedentes relacionados:**

> "A jurisprudência pacífica desta Suprema Corte, consolidada pela Súmula 691, é no sentido da impossibilidade de o Supremo Tribunal Federal dar seguimento ao writ impetrado contra decisão do relator que, em habeas corpus requerido a Tribunal Superior, indefere a liminar. II – Essa orientação somente pode ser superada em caso de teratologia, flagrante ilegalidade ou abuso de poder que possam ser constatados ictu oculi, o que não se verifica no caso sob exame; (...)." (STF, 2ª Turma, HC 143476-RJ. Rel. orig. Min. Gilmar Mendes, Rel. p/ o ac. Min. Ricardo Lewandowski, julgado em 6/6/2017) (Informativo n. 868).

• **Dispositivos relacionados:**

"CF, Art. 5º (...)

LXVIII – conceder-se-á *habeas corpus* sempre que alguém sofrer ou se achar ameaçado de sofrer violência ou coação em sua liberdade de locomoção, por ilegalidade ou abuso de poder;"

Súmula 690-STF

~~Compete originariamente ao STF o julgamento de *habeas corpus* contra decisão de turma recursal de juizados especiais criminais.~~

• **Status:** Superada.

• **Nota do autor:** A competência para julgar *habeas corpus* contra ato de Turma Recursal dos Juizados Especiais é do Tribunal de Justiça ou do Tribunal Regional Federal.

Súmula 431-STF

É nulo o julgamento de recurso criminal, **na segunda instância**, sem prévia intimação, ou publicação da pauta, salvo em *habeas corpus*.

• **Status:** Válida.

Súmula 395-STF

Não se conhece de recurso de *habeas corpus* cujo objeto seja resolver sobre o ônus das custas, por não estar mais em causa a liberdade de locomoção.

• **Status:** Válida.

14.1. Questões relacionadas

(Consulplan – Titular de Serviços de Notas e de Registros – Remoção – TJ-MG/2018) Em relação aos instrumentos constitucionais para a proteção dos direitos fundamentais, assinale a alternativa correta.

a) Pessoa jurídica não tem legitimidade para propor ação popular.

b) O mandado de segurança pode ser usado como sucedâneo de ação popular.

c) O habeas corpus é o meio adequado para impugnação de pronunciamento em processo administrativo que haja implicado a perda de cargo público.

d) É cabível habeas corpus contra decisão condenatória a pena de multa, ou relativo a processo em curso por infração penal a que a pena pecuniária seja a única cominada.

Resposta correta: letra "a".

(Cespe – Defensor Público – DPE-AC/2017) É cabível habeas corpus

a) contra decisão que condene, unicamente, a pena pecuniária.

b) contra decisão que tenha indeferido liminar em outro habeas corpus.

c) caso se busque o reconhecimento da decadência.

d) quando já extinta a pena privativa de liberdade.

e) contra decisão ofensiva à legislação federal nos fundamentos da condenação criminal com pena privativa de liberdade.

Resposta correta: letra "c".

(Vunesp – Advogado – CRBio 1º Região/2017) Considerando o disposto na Constituição Federal e nas súmulas do Supremo Tribunal Federal sobre o habeas corpus, assinale a alternativa correta.

a) É cabível o habeas corpus, ainda que extinta a pena privativa de liberdade, se o autor demonstrar interesse subjetivo no seu resultado.

b) Não cabe habeas corpus contra decisão condenatória a pena de multa, exceto no processo em curso por infração penal a que a pena pecuniária seja a única cominada.

c) Sentença de primeira instância concessiva de habeas corpus, em caso de crime praticado em detrimento de bens, serviços ou interesses da União, não está sujeita a recurso ex officio.

d) É cabível recurso de habeas corpus cujo objeto seja resolver sobre o ônus das custas, ainda que não esteja mais em causa a liberdade de locomoção.

e) O assistente do Ministério Público não pode recorrer, extraordinariamente, de decisão concessiva de habeas corpus.

Resposta correta: letra "e".

(FCC – Juiz de Direito – TJ-GO/2015) Em relação ao habeas corpus, é correto afirmar:

a) Se o habeas corpus for concedido em virtude de nulidade do processo, este não poderá ser renovado.

b) Juiz de primeiro grau nao tem competëncia para expedir de ofício ordem de habeas corpus.

c) Compete originariamente ao Supremo Tribunal Federal o julgamento de habeas corpus contra decisão de turma recursal de juizados especiais criminais.

d) De acordo com a jurisprudência mais recente dos Tribunais Superiores, não se concede, em hipótese alguma, ordem de habeas corpus, caso este tenha sido impetrado como substitutivo do recurso oponível ou da revisão criminal.

e) Não se conhece de habeas corpus contra omissão de relator de extradição, se fundado em fato ou direito estrangeiro cuja prova não constava dos autos, nem foi ele provocado a respeito.

Resposta correta: letra "e".

(Funiversa – Agente de Segurança Prisional – SEAP-GO/2015) Segundo a doutrina, a liberdade de locomoção é um dos direitos mais sagrados do ser humano, direito que não poderá sofrer quaisquer restrições e(ou) limitações, senão as previstas em lei. Assim, para assegurar tal direito, de maneira célere e eficaz, a Constituição Federal outorga a qualquer pessoa, nacional ou estrangeira, a garantia do habeas corpus. Na dicção da doutrina, a expressão habeas corpus significa "exiba o corpo ou apresente-se a pessoa que está sofrendo ilegalidade na sua liberdade de locomoção ao juiz". Para a doutrina, o habeas corpus é uma ação autônoma de impugnação, de natureza constitucional, vocacionada a tutela da liberdade de locomoção. (Renato Brasileiro de Lima. Curso de Processo Penal. Impetus, 2013). Com relação ao habeas corpus, assinale a alternativa correta.

a) Não se conhece habeas corpus contra omissão de relator de extradição, se fundado em fato ou direito estrangeiro cuja prova não constava dos autos, nem foi ele provocado a respeito.

b) O Ministério Público não possui legitimidade para impetrar ordem de habeas corpus, mas poderá requerer a absolvição do réu no processo criminal.

c) É pacífica a possibilidade de figurar como paciente de habeas corpus a pessoa jurídica, assim, por exemplo, se uma pessoa jurídica for acusada da prática de um crime contra o meio ambiente (Lei n.º 9.605/1998), cuidando-se de ação penal injustificada, sem respaldo algum, recebida a denúncia, caberá o remédio heroico para fins de trancamento da ação penal.

d) Caberá recurso ordinário constitucional ao Supremo Tribunal Federal da decisão denegatória de habeas corpus, proferida em única ou última instância pelos Tribunais Regionais Federais.

e) Como não há previsão em lei, a jurisprudência e a doutrina pátrias não admitem a concessão de medida liminar em habeas corpus.

Resposta correta: letra "a".

(Cespe – Defensor Público Federal – DPU/2015) Em relação a habeas corpus e revisão criminal, julgue o item a seguir.

Se a defesa de um indivíduo impetrar habeas corpus em tribunal regional federal para trancar ação penal contra ele proposta, e esse tribunal denegar a ordem por maioria de votos, a defesa deverá manejar embargos infringentes.

Resposta: errado.

(FCC – Promotor de Justiça – MPE-PE/2014) NÃO constitui entendimento sumulado do Supremo Tribunal Federal acerca do habeas corpus o seguinte enunciado:

a) Não cabe habeas corpus quando já extinta a pena privativa de liberdade.

b) Não compete ao Supremo Tribunal Federal conhecer de habeas corpus impetrado contra decisão do Relator que, em habeas corpus requerido a tribunal superior, indefere a liminar.

c) Não cabe habeas corpus contra decisão condenatória a pena de multa, ou relativo a processo em curso por infração penal a que a pena pecuniária seja a única cominada.

d) É nulo o julgamento de recurso criminal na segunda instância sem prévia intimação ou publicação da pauta, inclusive em habeas corpus.

e) O assistente do Ministério Público não pode recorrer extraordinariamente de decisão concessiva de habeas corpus.

Resposta correta: letra "d".

(FCC – Analista Judiciário – Oficial de Justiça Avaliador Federal – TRF 4ª Região/2014) Em relação ao habeas corpus,

a) cabe recurso de ofício da decisão de juiz de primeiro grau que concede habeas corpus.

b) compete ao Supremo Tribunal Federal conhecer de habeas corpus impetrado contra decisão de turma recursal de juizados especiais criminais.

c) a extinção da pena privativa de liberdade não impede o conhecimento do habeas corpus.

d) a condenação exclusiva a pena de multa não impede o conhecimento do habeas corpus.

e) cabe recurso especial, endereçado ao Superior Tribunal de Justiça, contra a decisão denegatória de habeas corpus proferida pelo Tribunal Regional Federal.

Resposta correta: letra "a".

(TJ-PR – Assessor Jurídico – TJ-PR/2013) Considerando as regras vigentes sobre ação penal, liberdade provisória e habeas corpus, assinale a alternativa INCORRETA.

a) A ação penal poderá iniciar-se antes de declarada a falência e extinguir-se-á quando reformada a sentença que a tiver decretado.

b) Não se conhece de habeas corpus contra omissão de relator de extradição, se fundado em fato ou direito estrangeiro cuja prova não constava dos autos, nem foi ele provocado a respeito.

c) Não cabe habeas corpus quando já extinta a pena privativa de liberdade.

d) Não cabe habeas corpus contra a imposição da pena de exclusão de militar ou de perda de patente ou de função pública.

Resposta correta: letra "a".

15. MANDADO DE SEGURANÇA NO PROCESSO PENAL

Súmula 701-STF

No mandado de segurança impetrado pelo Ministério Público contra decisão proferida em processo penal, **é obrigatória a citação do réu como litisconsorte passivo.**

- **Status:** Válida.

Súmula 604-STJ

O mandado de segurança **não** se presta para atribuir efeito suspensivo a recurso criminal interposto pelo Ministério Público.

- **Status:** Válida.

15.1. Questões relacionadas

(MPE-PR – Promotor de Justiça- MPE-PR/2019) Sobre recursos e ações impugnativas em geral, analise as assertivas abaixo e assinale a alternativa incorreta:

a) Deserção por falta de preparo é uma espécie de extinção anômala da via recursal prevista no Código de Processo Penal.

b) A iteratividade é uma espécie de efeito recursal e a extensividade pode ser um efeito da decisão do recurso.

c) O juízo de prelibação pode ser feito de ofício pelo juízo ad quem.

d) O Promotor de Justiça pode ser parte legítima passiva em "habeas corpus".

e) No mandado de segurança impetrado pelo Ministério Público contra decisão proferida em processo penal, é desnecessária a citação do réu como litisconsorte passivo.

Resposta correta: letra "e".

(MPE-BA – Promotor de Justiça – MPE-BA/2018) Assinale a alternativa correta:

a) Denegado ou concedido o mandado de segurança pelo juiz, impetrado contra delegado de polícia, cabe recurso em sentido estrito da parte interessada.

b) Denegado o mandado de segurança pelo Tribunal de Justiça ou pelo Tribunal Regional Federal, cabe recurso especial para o Superior Tribunal de Justiça.

c) Concedido o mandado de segurança pelo Superior Tribunal de Justiça, cabe recurso ordinário constitucional dirigido ao Supremo Tribunal Federal.

d) No mandado de segurança impetrado pelo Ministério Público contra decisão proferida em processo penal, é obrigatória a citação do réu como litisconsorte passivo.

e) Cabe habeas corpus contra órgão de execução do Ministério Público que não permite o acesso do advogado constituído pelo investigado, aos autos, ainda que o procedimento investigatório criminal tramite em segredo de justiça.

Resposta correta: letra "d".

(Consulplan – Titular de Serviços de Notas e de Registros – Remoção – TJ-MG/2018) De acordo com a Jurisprudência sumulada do Superior Tribunal de Justiça, assinale a alternativa INCORRETA.

a) O princípio da insignificância é inaplicável aos crimes contra a administração pública.

b) O crime de extorsão consuma-se independentemente da obtenção da vantagem indevida.

c) O mandado de segurança não se presta para atribuir efeito suspensivo a recurso criminal interposto pelo Ministério Público.

d) Compete ao juízo do local da falsificação do cheque processar e julgar crime de estelionato nessa modalidade, sendo irrelevante o local da obtenção da vantagem ilícita.

Resposta correta: letra "d".

16. REVISÃO CRIMINAL

Súmula 393-STF

Para requerer revisão criminal, o condenado não é obrigado a recolher-se à prisão.

- **Status:** Válida.
- **Nota do autor:** A revisão criminal é um meio de impugnação das decisões judicias transitadas em julgado e está prevista no art. 621 e ss. do CPP.
- **Dispositivos relacionados:**

> "CPP, Art. 621. A revisão dos processos findos será admitida:
>
> I – quando a sentença condenatória for contrária ao texto expresso da lei penal ou à evidência dos autos;
>
> II – quando a sentença condenatória se fundar em depoimentos, exames ou documentos comprovadamente falsos;
>
> III – quando, após a sentença, se descobrirem novas provas de inocência do condenado ou de circunstância que determine ou autorize diminuição especial da pena."

16.1. Questões relacionadas

(Vunesp – Delegado de Polícia Civil – PC-BA/2018) De acordo com a jurisprudência sumulada do Supremo Tribunal Federal,

a) a imunidade parlamentar estende-se ao corréu sem essa prerrogativa (Súmula 245).

b) para requerer revisão criminal, o condenado deve recolher-se à prisão (Súmula 393).

c) só é lícito o uso de algemas em casos de resistência e de fundado receio de fuga ou perigo à integridade física própria ou alheia, por parte do preso ou terceiros, sem, contudo, necessidade de a autoridade policial justificar a utilização por escrito (Súmula Vinculante 11).

d) é direito do defensor, no interesse do representado, ter acesso amplo aos elementos de prova que, já documentados em procedimento investigatório realizado por órgão com competência de polícia judiciária, digam respeito ao exercício do direito de defesa (Súmula Vinculante 14).

e) a homologação da transação penal prevista no art. 76 da Lei no 9.099/95 faz coisa julgada material e, descumpridas suas cláusulas, retorna-se à situação anterior, possibilitando ao Ministério Público a continuidade da persecução penal (Súmula Vinculante 35).

Resposta correta: letra "d".

(FCC – Defensor Público – DPE-ES/2016) Sobre a revisão criminal,

a) é vedada discussão sobre indenização por erro judiciário em sede de revisão criminal, devendo ser proposta ação própria em caso de revisão procedente.

b) é cabível a revisão criminal da sentença absolutória imprópria.

c) em virtude da soberania dos veredictos, é vedada a revisão criminal de sentença do Tribunal do Júri.

d) sem a falsidade da prova utilizada para condenar o réu ou de nova prova capaz de inocentá-lo não há possibilidade jurídica do pedido de revisão criminal.

e) ao contrário do habeas corpus, é necessária capacidade postulatória para a revisão criminal.

Resposta correta: letra "b".

17. JUIZADOS ESPECIAIS CRIMINAIS

17.1. Suspensão condicional do processo

Súmula 723-STF

Não se admite a suspensão condicional do processo por crime continuado, **se a soma da pena mínima da infração mais grave com o aumento mínimo de um sexto for superior a um ano.**

- **Status:** Válida.

- **Dispositivos relacionados:**

"Lei 9.099/95, Art. 89. Nos crimes em que a pena mínima cominada for igual ou inferior a um ano, abrangidas ou não por esta Lei, o Ministério Público, ao oferecer a denúncia, poderá propor a suspensão do processo, por dois a quatro anos, desde que o acusado não esteja sendo processado ou não tenha sido condenado por outro crime, presentes os demais requisitos que autorizariam a suspensão condicional da pena (art. 77 do Código Penal)."

Súmula 696-STF

Reunidos os pressupostos legais permissivos da suspensão condicional do processo, mas se recusando o Promotor de Justiça a propô-la, o Juiz, dissentindo, **remeterá a questão ao Procurador-Geral, aplicando-se por analogia o art. 28 do Código de Processo Penal.**

- **Status:** Válida.

- **Dispositivos relacionados:**

"Lei 9.099/95, Art. 89. Nos crimes em que a pena mínima cominada for igual ou inferior a um ano, abrangidas ou não por esta Lei, o Ministério Público, ao oferecer a denúncia, poderá propor a suspensão do processo, por dois a quatro anos, desde que o acusado não esteja sendo processado ou não tenha sido condenado por outro crime, presentes os demais requisitos que autorizariam a suspensão condicional da pena (art. 77 do Código Penal)."

"CPP, Art. 28. Se o órgão do Ministério Público, ao invés de apresentar a denúncia, requerer o arquivamento do inquérito policial ou de quaisquer peças de informação, o juiz, no caso de considerar improcedentes as razões invocadas, fará remessa do inquérito ou peças de informação ao procurador-geral, e este oferecerá a denúncia, designará outro órgão do Ministério Público para oferecê-la, ou insistirá no pedido de arquivamento, ao qual só então estará o juiz obrigado a atender."

Súmula 337-STJ

É cabível a suspensão condicional do processo **na desclassificação do crime e na procedência parcial da pretensão punitiva**.

- **Status:** Válida.
- **Nota do autor:** Em outras palavras: a) é cabível a suspensão condicional do processo no caso de desclassificação do crime; e b) é cabível a suspensão condicional do processo no caso de procedência parcial da pretensão punitiva.

- **Dispositivos relacionados:**

"Lei 9.099/95, Art. 89. Nos crimes em que a pena mínima cominada for igual ou inferior a um ano, abrangidas ou não por esta Lei, o Ministério Público, ao oferecer a denúncia, poderá propor a suspensão do processo, por dois a quatro anos, desde que o acusado não esteja sendo processado ou não tenha sido condenado por outro crime, presentes os demais requisitos que autorizariam a suspensão condicional da pena (art. 77 do Código Penal)."

Súmula 243-STJ

O benefício da suspensão do processo não é aplicável em relação às infrações penais cometidas em concurso material, concurso formal ou continuidade delitiva, **quando a pena mínima cominada, seja pelo somatório, seja pela incidência da majorante, ultrapassar o limite de um ano.**

- **Status:** Válida.

- **Dispositivos relacionados:**

> "Lei nº 9.099/95, Art. 89. Nos crimes em que a pena mínima cominada for igual ou inferior a um ano, abrangidas ou não por esta Lei, o Ministério Público, ao oferecer a denúncia, poderá propor a suspensão do processo, por dois a quatro anos, desde que o acusado não esteja sendo processado ou não tenha sido condenado por outro crime, presentes os demais requisitos que autorizariam a suspensão condicional da pena (art. 77 do Código Penal)."

17.1.1. Questões relacionadas

(NC-UFPR – Titular de Serviços de Notas e de Registros – Provimento – TJ-PR/2019) Sobre os institutos previstos na Lei nº 9.099/95, Lei dos Juizados Especiais, assinale a alternativa correta.

a) Segundo a jurisprudência do STF, admite-se a suspensão condicional do processo por crime continuado, mesmo quando a soma da pena mínima da infração mais grave com o aumento mínimo de um sexto for superior a um ano.

b) Os crimes cuja pena mínima cominada em abstrato seja igual ou inferior a um ano serão processados e julgados pelo procedimento sumaríssimo.

c) Segundo jurisprudência do STJ, o benefício da suspensão do processo é aplicável em relação às infrações penais cometidas em concurso material ou concurso formal, ainda que a pena mínima cominada, seja pelo somatório, seja pela incidência da majorante, ultrapasse o limite de um ano.

d) Aos crimes praticados com violência doméstica e familiar contra a mulher, independentemente da pena prevista, não se aplicam o procedimento previsto na Lei nº 9.099/95 e os benefícios da transação penal e da suspensão condicional do processo.

e) Os crimes cuja pena mínima cominada em abstrato seja igual ou inferior a dois anos serão processados e julgados pelo procedimento sumaríssimo.

Resposta correta: letra "d".

(TJ-BA – Juiz de Direito – TJ-BA/2019) Tendo como referência a Lei n.º 9.099/1995 – Lei dos Juizados Especiais Cíveis e Criminais –, assinale a opção correta, acerca da suspensão condicional do processo.

a) A existência de ações penais em curso contra o denunciado não impede a concessão da suspensão condicional do processo.

b) A causa de aumento de pena decorrente de crime continuado será desconsiderada para fins de concessão da suspensão condicional do processo.

c) Presentes os pressupostos legais para a suspensão condicional do processo, havendo recusa do promotor natural em propor o benefício, este poderá ser oferecido pelo juiz, de ofício.

d) Para a suspensão condicional do processo, além das condições legalmente obrigatórias, o juiz não poderá fixar quaisquer outras condições, pois todas estas serão consideradas ilegítimas.

e) Em caso de procedência parcial da pretensão punitiva, será cabível a aplicação da suspensão condicional do processo, cuja proposta será apresentada pelo MP.

Resposta correta: letra "e".

(MPE-PR – Promotor de Justiça – MPE-PR/2019) Sobre o posicionamento sumular firmado pelo Superior Tribunal de Justiça, quanto ao tema da suspensão condicional do processo, analise as assertivas abaixo e assinale a correta:

a) O benefício da suspensão do processo não é aplicável em relação às infrações penais cometidas em concurso material, concurso formal ou continuidade delitiva, quando a pena mínima cominada, seja pelo somatório, seja pela incidência da majorante, ultrapassar o limite de um (01) ano.

b) Nas hipóteses em que a condenação anterior não gera reincidência, é cabível a suspensão condicional do processo.

c) É possível a adequação das condições da suspensão do processo no juízo deprecado ou no juízo da execução, observadas as circunstâncias pessoais do beneficiário.

d) Na ação penal de iniciativa privada, cabe a suspensão condicional do processo, mediante proposta do Ministério Público.

e) O mero decurso do prazo da suspensão condicional do processo sem o cumprimento integral das condições impostas em juízo não redundará em extinção automática da punibilidade do agente.

Resposta correta: letra "a".

(Vunesp – Juiz de Direito – TJ-SP/2018) Quanto à Lei n° 9.099/95, é correto afirmar que

a) se em consequência da emendatio libelli estiverem reunidos os pressupostos legais permissivos da suspensão condicional do processo, mas se recusando o promotor de justiça a propô-la, desde que requerido pelo autor do fato, o juiz remeterá a questão ao Procurador Geral de Justiça, vedada a remessa de ofício.

b) não se admite a suspensão condicional do processo por crime continuado, se a soma da pena mínima da infração mais grave com o aumento mínimo de 1/6 (um sexto) for superior a 1 (um) ano.

c) compete originariamente ao Supremo Tribunal Federal o julgamento de habeas corpus contra decisão de Turma Recursal de Juizado Especial Criminal.

d) é inadmissível o oferecimento de proposta pelo Ministério Público, se o autor do fato tiver sido condenado definitivamente pela prática de crime unicamente à pena de multa.

Resposta correta: letra "b".

(Consulplan – Titular de Serviços de Notas e de Registros – Provimento – TJ-MG/2018) De acordo com a Jurisprudência sumulada do Supremo Tribunal Federal, assinale a alternativa correta.

a) É relativa a nulidade de julgamento pelo Júri, por falta de quesito obrigatório.

b) O efeito devolutivo da apelação contra decisões do Júri é amplo, não se restringindo aos fundamentos da sua interposição.

c) Não se admite a suspensão condicional do processo por crime continuado, se a soma da pena mínima da infração mais grave com o aumento mínimo de um sexto for superior a um ano.

d) A competência constitucional por prerrogativa de função estabelecida pela Constituição Estadual prevalece sobre a competência do Tribunal do Júri, tendo em vista o princípio federativo e a autonomia dos Estados.

Resposta correta: letra "c".

(FCC – Defensor Público – DPE-SC/2017) Sobre a suspensão condicional do processo, é correto afirmar:

a) É cabível a suspensão condicional do processo em caso de desclassificação pelo juiz que resulte em tipificação de crime cuja pena mínima cominada seja igual ou inferior a um ano.

b) Os Tribunais Superiores divergem quanto ao cabimento da suspensão condicional do processo nos crimes submetidos à Lei Maria da Penha.

c) As condições a que fica submetido o acusado estão expressamente previstas em lei, sendo vedada a imposição de outras sob pena de violação ao princípio da legalidade processual penal.

d) A revogação da suspensão condicional do processo só é possível em virtude de condenação definitiva por crime cometido durante o período de prova, sob pena de violação ao estado constitucional de inocência.

e) Conforme a jurisprudência do Superior Tribunal de Justiça, em caso de concurso de crimes, a pena deve ser considerada separadamente para fins de aplicação da suspensão condicional do processo, sendo vedada a soma das penas mínimas para tanto.

Resposta correta: letra "a".

(Vunesp – Juiz de Direito – TJ-SP/2015) À luz da jurisprudência do Supremo Tribunal Federal, assinale a alternativa correta.

a) Não há crime de latrocínio, quando o homicídio se consuma, mas o agente não realiza a subtração de bens da vítima.

b) Admite-se a suspensão condicional do processo por crime continuado, se a soma da pena mínima da infração mais grave com o aumento mínimo de um sexto for superior a um ano.

c) A opinião do julgador sobre a gravidade em abstrato do crime constitui motivação idônea para a imposição de regime mais severo do que o permitido segundo a pena aplicada.

d) A lei penal mais grave aplica-se ao crime continuado ou ao crime permanente, se sua vigência é anterior à cessação da continuidade ou da permanência.

Resposta correta: letra "d".

(FCC – Analista Judiciário – Área Judiciária – TRE-RR/2015) Sobre os Juizados Especiais Criminais, é INCORRETO:

a) É cabível recurso extraordinário contra decisão proferida por turma recursal de juizado especial criminal.

b) Reunidos os pressupostos legais permissivos da suspensão condicional do processo, mas recusando o Promotor de Justiça a propô-la, o Juiz, dissentindo, remeterá a questão ao Procurador-Geral, aplicando-se por analogia o art. 28 do Código de Processo Penal.

c) No procedimento Sumaríssimo, nos termos da Lei n o 9.099/1995, para o oferecimento da denúncia, que será elaborada com base no termo de ocorrência referido no art. 69 da referida lei, com dispensa do inquérito policial, prescindir-se-á do exame do corpo de delito quando a materialidade do crime estiver aferida por boletim médico ou prova equivalente.

d) Da sentença que homologa a transação penal, com acolhimento da proposta do Ministério Público aceita pelo autor da infração, ensejando a aplicação da pena restritiva de direitos ou multa, não caberá qualquer recurso.

e) Não se admite a suspensão condicional do processo por crime continuado, se a soma da pena mínima da infração mais grave com o aumento mínimo de um sexto for superior a um ano.

Resposta correta: letra "d".

17.2. Transação penal

Súmula vinculante 35-STF

A homologação da transação penal prevista no artigo 76 da Lei 9.099/1995 **não faz coisa julgada material** e, **descumpridas suas cláusulas, retoma-se a situação anterior, possibilitando-se ao Ministério Público a continuidade da persecução penal mediante oferecimento de denúncia ou requisição de inquérito policial.**

• **Status:** Válida.

• **Nota do autor:** A transação penal está prevista no art. 76 da Lei 9.099/95 e tem por fundamento constitucional o art. 98, I, da CF.

• **Dispositivos relacionados:**

"CF, Art. 98. A União, no Distrito Federal e nos Territórios, e os Estados criarão:

I – juizados especiais, providos por juízes togados, ou togados e leigos, competentes para a conciliação, o julgamento e a execução de causas cíveis de menor complexidade e infrações penais de menor potencial ofensivo, mediante os procedimentos oral e sumaríssimo, permitidos, nas hipóteses previstas em lei, a transação e o julgamento de recursos por turmas de juízes de primeiro grau;"

"Lei 9.099/95, Art. 76. Havendo representação ou tratando-se de crime de ação penal pública incondicionada, não sendo caso de arquivamento, o Ministério Público poderá propor a aplicação imediata de pena restritiva de direitos ou multas, a ser especificada na proposta."

17.2.1. Questões relacionadas

(FCC – Defensor Público – DPE-AM/2018) Praticada infração penal de menor potencial ofensivo, o Ministério Público apresenta proposta de transação penal ao autor dos fatos que não possui advogado constituído. Na presença do Defensor Público e, com a concordância de ambos, a proposta de aplicação imediata da pena de multa é homologada pelo Juiz, com redução de um terço. Após o trânsito em julgado, o autor da infração penal não cumpre o estabelecido na transação penal, apesar de regularmente intimado. Em face do descumprimento, o Ministério Público oferece denúncia contra o autor da infração penal perante o Juízo comum. A Defensoria Pública postula a rejeição da denúncia em face do trânsito em julgado da decisão que homologou a transação penal. Sobre o tema, é correto afirmar:

a) Falta justa causa para o exercício da ação penal, pois o Ministério Público, ao fazer a proposta de transação penal, dispôs da persecução penal em razão das condições pessoais do autor da infração e do menor potencial ofensivo da infração cometida.

b) A homologação da transação penal faz coisa julgada material e, descumpridas suas cláusulas, ao Ministério Público cabe executar a pena de multa.

c) A homologação da transação penal não faz coisa julgada material e, descumpridas suas cláusulas, retoma-se a situação anterior, possibilitando-se ao Ministério Público a continuidade da persecução penal mediante oferecimento de denúncia.

d) A homologação da transação penal tornou a denúncia manifestamente inepta, faltando justa causa para o Ministério Público dar continuidade à persecução penal mediante oferecimento de denúncia.

e) Falta justa causa para o exercício da ação penal em face da extinção da punibilidade do autor da infração penal.

Resposta correta: letra "c".

(Vunesp – Procurador Legislativo – Câmara de Campo Limpo Paulista – SP/2018) Dispõe a Súmula Vinculante 35 do STF: "a homologação da transação penal prevista no artigo 76 da Lei no 9.099/1995

a) faz coisa julgada material e, descumpridas suas cláusulas, cabe ao Juízo encaminhar os autos para execução, pela Fazenda, do quanto estabelecido em acordo."

b) faz coisa julgada formal e, descumpridas suas cláusulas, retoma-se a situação anterior, possibilitando--se ao Ministério Público a continuidade da persecução penal mediante oferecimento da denúncia."

c) não faz coisa julgada material e, descumpridas suas cláusulas, possibilita-se ao Ministério Público a representação pela prisão preventiva do autor dos fatos."

d) não faz coisa julgada formal e, descumpridas suas cláusulas, possibilita-se ao Ministério Público a continuidade da persecução penal mediante requisição de inquérito policial."

e) não faz coisa julgada material e, descumpridas suas cláusulas, retoma-se a situação anterior, possibilitando-se ao Ministério Público a continuidade da persecução penal mediante o oferecimento de denúncia ou requisição de inquérito policial."

Resposta correta: letra "e".

(TRF 1ª Região – Analista Judiciário – Área Judiciária – TRF 1ª Região/2017) Com relação aos juizados especiais criminais, às nulidades, aos recursos no processo penal e à execução penal, julgue o item a seguir.

Diferentemente da suspensão condicional do processo, a homologação da transação penal no âmbito dos juizados especiais criminais faz coisa julgada material, de forma que o descumprimento das cláusulas do acordo não permite a continuidade da persecução penal.

Resposta: errado.

18. EXECUÇÃO PENAL

18.1. Competência do juízo das execuções penais

Súmula 611-STF

Transitada em julgado a sentença condenatória, **compete ao juízo das execuções à aplicação de lei mais benigna.**

- **Status:** Válida.

• **Dispositivos relacionados:**

"LEP, Art. 66. Compete ao juiz da execução: I – aplicar aos casos julgados lei posterior que de qualquer modo favorecer o condenado."

Súmula 192-STJ

Compete ao juízo das execuções penais do Estado a execução das penas impostas a sentenciados pela Justiça Federal, Militar ou Eleitoral, **quando recolhidos a estabelecimentos sujeitos à administração estadual**.

• **Status:** Válida.

• **Nota do autor:** Cuidado para não confundir: a) **sentenciados recolhidos a estabelecimentos sujeitos a administração estadual:** competência do juízo da execução penal estadual; b) **sentenciados recolhidos a estabelecimentos sujeitos a administração federal:** competência do juízo da execução penal federal.

18.1.1. Questões relacionadas

(FCC – Analista Judiciário – Área Judiciária – TRF 5ª Região/2017) Sobre a aplicação da lei penal, é correto afirmar que

a) o Código Penal adotou o princípio da territorialidade, em relação à aplicação da lei penal no espaço. Tal princípio é absoluto, não admitindo qualquer exceção.

b) transitada em julgado a sentença condenatória, compete ao Juízo do Conhecimento a aplicação da lei mais benigna.

c) a lei aplicável para os crimes permanentes será aquela vigente quando se iniciou a conduta criminosa do agente.

d) quando a abolitio criminis se verificar depois do trânsito em julgado da sentença penal condenatória, extinguir-se-ão todos os efeitos penais e extrapenais da condenação.

e) a lei excepcional ou temporária, embora decorrido o período de sua duração ou cessadas as circunstâncias que a determinaram, aplica-se ao fato praticado durante a sua vigência.

Resposta correta: letra "e".

(Vunesp – Defensor Público – DPE-RO/2017) Assinale a alternativa correta sobre execução penal.

a) Compete ao juiz da execução diligenciar a obtenção de recursos materiais e humanos para melhor assistência ao preso ou internado, em harmonia com a direção do estabelecimento penal.

b) Não compete ao juiz da execução aplicar aos casos lei posterior que de qualquer modo favoreça o condenado por se tratar de situação ligada ao processo de conhecimento.

c) Compete ao juiz da execução compor e instalar o Conselho da Comunidade.

d) Compete ao Juízo das Execuções Penais do Estado a execução das penas impostas a sentenciados pela Justiça Federal, Militar ou Eleitoral, quando recolhidos a estabelecimentos sujeitos à administração federal.

e) Não se aplica a lei de execução penal ao condenado pela Justiça Eleitoral quando recolhido a estabelecimento sujeito à jurisdição ordinária.

Resposta correta: letra "c".

(Fapec – Promotor de Justiça – MPE-MS/2015) Analise as proposições abaixo:

I – É possível a remição de pena em virtude da frequência do condenado em curso de ensino fundamental, médio, inclusive profissionalizante, ou superior.

II – O cometimento de falta grave pelo condenado interrompe a contagem do prazo para a concessão do livramento condicional.

III – Compete ao Juízo das Execuções Penais do Estado a execução das penas impostas a sentenciados pela Justiça Federal, Militar ou Eleitoral, quando recolhidos a estabelecimentos sujeitos à administração estadual.

IV – É possível a progressão de regime de execução da pena fixada em sentença não transitada em julgado, mesmo na hipótese de o réu se encontrar em prisão especial.

Assinale a alternativa correta:

a) Somente a proposição IV está correta.

b) Somente as proposições I, II e IV estão corretas.

c) Somente as proposições II e III estão corretas.

d) Somente as proposições I e III estão corretas.

e) Somente as proposições I, III e IV estão corretas.

Resposta correta: letra "e".

18.2. Progressão de regime

Súmula vinculante 56-STF

A falta de estabelecimento penal adequado **não autoriza a manutenção do condenado em regime prisional mais gravoso, devendo-se observar, nesta hipótese, os parâmetros fixados no Recurso Extraordinário (RE) 641.320.**

• **Status:** Válida.

• **Nota do autor:** Não se admite a manutenção do condenado em regime prisional mais gravoso, porque isso configura **excesso de execução** (art. 185 da LEP). Os parâmetros fixados no RE 641.320 referidos na súmula em comento são os seguintes:

a) a falta de estabelecimento penal adequado não autoriza a manutenção do condenado em regime prisional mais gravoso do que o imposto na sentença; b) o juiz da execução penal pode avaliar os estabelecimentos que atualmente são destinados aos regimes semiaberto e aberto, para qualifica-los como adequados a tais regimes. De acordo com o STF, **são aceitáveis** estabelecimentos que não se qualifiquem como "colônia agrícola ou industrial" (regime semiaberto) ou "casa de albergado ou estabelecimento adequado" (regime aberto), desde que os presos dos regimes semiaberto e aberto não sejam alojados em conjunto com os presos do regime fechado; c) no caso de déficit de vagas, deverá determinar-se: (i) a saída antecipada de sentenciado do regime com falta de vagas; (ii) a liberdade eletronicamente monitorada ao sentenciado que sai antecipadamente ou é posto em prisão domiciliar por falta de vagas; (iii) o cumprimento de penas restritivas de direito e/ou estudo ao sentenciado que progride ao regime aberto; e (iv) até que sejam estruturadas as medidas alternativas propostas, poderá ser deferida a prisão domiciliar ao sentenciado.

- **Dispositivos relacionados:**

"LEP, Art. 185. Haverá excesso ou desvio de execução sempre que algum ato for praticado além dos limites fixados na sentença, em normas legais ou regulamentares."

Súmula vinculante 26-STF

Para efeito de progressão de regime no cumprimento de pena por crime hediondo, ou equiparado, o juízo da execução observará a **inconstitucionalidade** do art. 2º da Lei n. 8.072, de 25 de julho de 1990, **sem prejuízo** de avaliar se o condenado preenche, ou não, os requisitos objetivos e subjetivos do benefício, **podendo** determinar, para tal fim, **de modo fundamentado**, a realização de exame criminológico.

- **Status:** Válida.

Súmula 717-STF

Não impede a progressão de regime de execução da pena, fixada em sentença não transitada em julgado, o fato de o réu se encontrar em prisão especial.

- **Status:** Válida.

Súmula 716-STF

Admite-se a progressão de regime de cumprimento da pena ou a aplicação imediata de regime menos severo nela determinada, antes do trânsito em julgado da sentença condenatória.

- **Status:** Válida.

Súmula 715-STF

A pena unificada para atender ao limite de trinta anos de cumprimento, determinado pelo art. 75 do Código Penal, **não** é considerada para a concessão de outros benefícios, como o livramento condicional ou regime mais favorável de execução.

- **Status:** Válida.

- **Dispositivos relacionados:**

> "CP, Art. 75. O tempo de cumprimento das penas privativas de liberdade não pode ser superior a 30 (trinta) anos."

Súmula 698-STF

~~Não se estende aos demais crimes hediondos, a admissibilidade de progressão no regime de execução da pena aplicada ao crime de tortura.~~

- **Status:** Superada.

Súmula 493-STJ

É inadmissível a fixação de pena substitutiva (art. 44 do CP) como condição especial ao regime aberto.

- **Status:** Válida.

- **Nota do autor:** As condições especiais para a concessão de regime aberto estão previstas no art. 115 da Lei de Execução Penal.

- **Dispositivos relacionados:**

> "LEP, Art. 115. O juiz poderá estabelecer condições especiais para a concessão de regime aberto, sem prejuízo das seguintes condições gerais e obrigatórias:
>
> I – permanecer no local que for designado, durante o repouso e nos dias de folga;
>
> II – sair para o trabalho e retornar, nos horários fixados;
>
> III – não se ausentar da cidade onde reside, sem autorização judicial;
>
> IV – comparecer a juízo, para informar e justificar as suas atividades, quando for determinado."

Súmula 491-STJ

É inadmissível a chamada progressão *per saltum* de regime prisional.

- **Status:** Válida.

Súmula 471-STJ

Os condenados por crimes hediondos ou assemelhados **cometidos antes da vigência da Lei 11.464/2007, sujeitam-se ao disposto no artigo 112 da Lei 7.210/1984 (Lei de Execução Penal) para a progressão de regime prisional.**

- **Status:** Válida.

- **Dispositivos relacionados:**

"LEP, Art. 112. A pena privativa de liberdade será executada em forma progressiva, com a transferência para regime menos rigoroso, a ser determinada pelo juiz, quando o preso tiver cumprido ao menos 1/6 da pena no regime anterior e ostentar bom comportamento carcerário, comprovado pelo diretor do estabelecimento, respeitadas as normas que vedam a progressão."

"Lei 8.072/90, Art. 2º (...)

§ 2º A progressão de regime, no caso dos condenados aos crimes previstos neste artigo, dar-se-á após o cumprimento de 2/5 da pena, se o apenado for primário, e de 3/5, se reincidente. (Redação dada pela Lei nº 11.464, de 2007)"

Súmula 439-STJ

Admite-se o exame criminológico pelas peculiaridades do caso, **desde que em decisão motivada.**

- **Status:** Válida.

18.2.1. Questões relacionadas

(MPE-PR – Promotor de Justiça – MPE-PR/2019) Conforme o entendimento sumulado pelos tribunais superiores, analise as assertivas abaixo e assinale a alternativa correta:

I – Admite-se a progressão de regime de cumprimento da pena ou a aplicação imediata de regime menos severo nela determinada, antes do trânsito em julgado da sentença condenatória.

II – O reconhecimento de falta grave decorrente do cometimento de fato definido como crime doloso no cumprimento de pena exige prévio procedimento administrativo disciplinar e trânsito em julgado de sentença penal condenatória no processo penal instaurado para apuração do fato.

III – A prática de falta grave interrompe a contagem do prazo para a obtenção de livramento condicional e progressão de regime de cumprimento de pena, o qual se reinicia a partir do cometimento dessa infração.

IV – A prática de falta grave interrompe o prazo para o fim de comutação de pena ou indulto.

V – A pena unificada para atender ao limite de trinta anos de cumprimento, determinado pelo art. 75 do Código Penal, não é considerada para a concessão de outros benefícios, como o livramento condicional ou regime mais favorável de execução.

a) Somente as assertivas I e II estão corretas.

b) Somente as assertivas II e III estão corretas.

c) Somente as assertivas III e IV estão corretas.

d) Somente as assertivas I e IV estão corretas.

e) Somente as assertivas I e V estão corretas.

Resposta correta: letra "e".

(FCC – Defensor Público – DPE-AM/2018) Considerando inexistir vaga em estabelecimento prisional adequado ao cumprimento de pena em regime semiaberto, o juiz de execução penal determina que certo condenado, embora tendo direito à progressão de regime, seja mantido em regime fechado. O Defensor Público competente para atuar no caso pretende adotar medida diretamente perante o Supremo Tribunal Federal – STF, com vistas à cassação da referida decisão e determinação para que outra seja proferida em seu lugar, estabelecendo o cumprimento de medidas alternativas. Nessa hipótese, à luz da Constituição Federal e da jurisprudência do STF, a pretensão do Defensor Público é

a) inviável, por não ser cabível medida alguma diretamente perante o STF, ademais de, no mérito, a decisão do juiz de execução penal ser compatível com a cláusula da reserva do possível e o princípio da separação de poderes.

b) viável, sendo cabível ajuizar arguição de descumprimento de preceito fundamental, por ofensa aos princípios da legalidade e da individualização da pena, devendo-se observar, no estabelecimento de medidas alternativas, os parâmetros fixados em sede de repercussão geral pelo STF.

c) viável, sendo cabível impetrar habeas corpus, por se tratar de decisão que ilegalmente restringe a liberdade de locomoção do condenado, devendo-se observar, no estabelecimento de medidas alternativas, os parâmetros fixados em sede de súmula vinculante do STF.

d) inviável, por não ser cabível medida alguma diretamente perante o STF, embora, no mérito, a decisão do juiz de execução penal seja ofensiva aos princípios da legalidade e da individualização da pena.

e) viável, sendo cabível ajuizar reclamação, por ofensa a súmula vinculante do STF segundo a qual a falta de estabelecimento penal adequado não autoriza a manutenção do condenado em regime prisional mais gravoso, devendo-se observar, no estabelecimento de medidas alternativas, os parâmetros fixados em sede de repercussão geral por aquela Corte.

Resposta correta: letra "e".

(Vunesp – Juiz de Direito – TJ-MT/2018) O Supremo Tribunal Federal pacificou o entendimento de que, "para efeito de progressão de regime no cumprimento de pena por crime hediondo, ou equiparado, o juízo da execução observará a inconstitucionalidade do art. 2º da Lei no 8.072, de 25 de julho de 1990, sem prejuízo de avaliar se o condenado preenche, ou não, os requisitos objetivos e subjetivos do benefício, podendo determinar, para tal fim, de modo fundamentado, a realização de exame criminológico." Para chegar a essa decisão, o STF utilizou-se da interpretação denominada:

a) integração normativa.

b) conforme a constituição com redução de texto.

c) mutação constitucional.

d) clássica.

e) conforme a constituição sem redução de texto.

Resposta correta: letra "c".

(Cespe – Juiz de Direito – TJ-PR/2017) A respeito da execução penal e dos crimes hediondos, assinale a opção correta à luz da jurisprudência do STF e do STJ.

a) O crime de associação para o tráfico é hediondo, razão pela qual a progressão de regime para o condenado por esse crime só pode ser concedida depois de cumpridos dois terços da pena.

b) O condenado iniciará o cumprimento da pena obrigatoriamente no regime fechado e a pena privativa de liberdade não poderá em nenhuma hipótese ser substituída por pena restritiva de direito.

c) A progressão de regime será admitida somente mediante a realização de exame criminológico, que é imprescindível para os condenados por crime hediondo.

d) O inadimplemento da pena de multa aplicada cumulativamente ao condenado impede a progressão de regime, salvo quando provada a absoluta incapacidade econômica do condenado.

Resposta correta: letra "d".

(FAPEMS – Delegado de Polícia Civil – PC-MS/2017) Considerando as teses sumuladas pelo Supremo Tribunal Federal atinentes às regras de fixação e progressão de regime de execução da pena, assinale a alternativa correta.

a) Não impede a progressão de regime de execução de pena, fixada em sentença não transitada em julgado, o fato de o réu se encontrar em prisão especial.

b) A pena unificada para atender ao limite de trinta anos de cumprimento é considerada para a concessão de regime mais favorável de execução penal.

c) A opinião do julgador sobre a gravidade em abstrato do crime constitui motivação idônea para a imposição de regime mais severo do que o permitido segundo a pena aplicada.

d) A imposição do regime de cumprimento mais severo do que a pena aplicada permitir não exige motivação idônea por parte do magistrado.

e) Não se admite a .progressão de regime de cumprimento de pena antes do trânsito em julgado da sentença condenatória.

Resposta correta: letra "a".

(MPE-GO – Promotor de Justiça – MPE-GO/2016) O Juiz ao condenar o agente delituoso pela prática de um crime de roubo simples (art. 157, "caput", do CP), fixou a pena no mínimo legal de 04 (quatro) anos de reclusão, após análise das circunstâncias judiciais que foram todas favoráveis ao acusado, se tratando de réu primário, possuindo endereço certo e trabalho lícito. Ao fixar o regime prisional, o Magistrado determinou o cumprimento da pena em regime inicial fechado, fundamentando sua decisão na gravidade do crime de roubo, cometido com violência ou grave ameaça à pessoa, o que demonstra a periculosidade do agente. A defesa recorreu da sentença, somente se opondo quanto ao regime prisional estabelecido na sentença penal condenatória, requerendo a fixação do regime aberto. Os autos foram enviados com vista ao Ministério Público para ofertar suas Contrarrazões. O órgão de primeiro grau deverá se manifestar, posicionando-se, no sentido de que:

a) Veda-se o estabelecimento de regime prisional mais gravoso do que o cabível em razão da sanção imposta, com base apenas na gravidade abstrata do delito, nos termos do entendimento sumulado tanto pelo STJ quanto pelo STF.

b) É permitido o estabelecimento de regime prisional mais gravoso, com base na gravidade do delito, notoriamente quando atinge bens individuais indisponíveis e que são cometidos mediante violência ou grave ameaça à pessoa, nos termos do entendimento sumulado tanto pelo STJ quanto pelo STF.

c) Veda-se o estabelecimento de regime prisional mais gravoso do que o cabível em razão da sanção imposta, com base apenas na gravidade abstrata do delito, nos termos do entendimento sumulado pelo STF e majoritário no STJ, embora, neste último caso, não sumulado.

d) É permitido o estabelecimento de regime prisional mais gravoso, com base na gravidade do delito, notoriamente quando atinge bens individuais indisponíveis e que são cometidos mediante violência ou grave ameaça à pessoa, nos termos do entendimento sumulado pelo STJ e majoritário no STF, embora, neste último caso, não sumulado.

Resposta correta: letra "a".

(MPE-SC – Promotor de Justiça – MPE-SC/2016) A Súmula Vinculante 26 do Supremo Tribunal Federal, dispõe que para efeito de livramento condicional no cumprimento de pena por crime hediondo, ou equiparado, o juízo da execução observará a inconstitucionalidade do art. 2º da Lei n. 8.072/90 (Crimes Hediondos), sem prejuízo de avaliar se o condenado preenche, ou não, os requisitos objetivos e subjetivos do benefício, podendo determinar, para tal fim, de modo fundamentado, a realização de exame criminológico.

Resposta: errado.

(MPR-PR – Promotor de Justiça – MPE-PR/2016) Assinale a alternativa incorreta:

a) O tempo remido pelo trabalho ou pelo estudo do preso são descontados do total da pena, não integrando o lapso necessário à obtenção da progressão;

b) O juiz da execução pode, fundamentadamente, determinar a realização de exame criminológico para a avaliação do preenchimento dos requisitos exigidos do condenado para a progressão de seu regime;

c) Os crimes hediondos e assemelhados admitem a progressão de regime;

d) É vedada a progressão per saltum de regime prisional;

e) É vedada a fixação de pena substitutiva como condição especial ao regime aberto.

Resposta correta: letra "a".

(FGV – Analista do Ministério Público – MPE-RJ/2016) Mévio, primário, foi condenado por crime hediondo praticado em 2010. Após cumprir 2/5 da pena em regime fechado, o advogado do apenado pleiteou progressão de regime. O juiz em atuação junto à Vara de Execuções Penais, entendendo que o fato praticado foi muito grave e violento em concreto, determina realização de exame criminológico antes de conceder a progressão. A defesa apresenta agravo de execução. Ao se manifestar sobre o recurso, deverá o Ministério Público considerar que:

a) hoje não mais se admite que o juiz determine a realização de exame criminológico antes de avaliar a progressão;

b) a realização de exame criminológico é obrigatória para crimes hediondos;

c) o juiz pode exigir realização de exame criminológico com base nas circunstâncias do caso concreto;

d) o exame criminológico só poderia ser exigido pelo diretor do estabelecimento prisional, que tem contato direto com o apenado;

e) com o preenchimento do requisito objetivo, a obtenção da progressão do regime se torna direito subjetivo do apenado.

Resposta correta: letra "c".

(PGR – Procurador da República – PGR/2015) Em tema de sanções penais assinale a alternativa incorreta, consoante jurisprudência sumulada do STF:

a) Admite-se a progressão de regime de cumprimento de pena ou a aplicação imediata de regime menos severo nela determinada, antes do trânsito em julgado da sentença condenatória;

b) Impede a progressão de regime de execução da pena, fixada em sentença não transitada em julgado, o fato de o réu se encontrar em prisão especial;

c) A opinião do julgador sobre a gravidade em abstrato do crime não constitui motivação idônea para a imposição de regime mais severo do que o permitido segundo a pena aplicada;

d) A imposição de regime de cumprimento mais severo do que a pena aplicada permitir exige motivação idônea.

Resposta correta: letra "b".

(PGR – Procurador da República – PGR/2015) Em tema de sanções penais assinale a alternativa incorreta, consoante jurisprudência sumulada do STJ:

a) É admissível a adoção do regime prisional semiaberto aos reincidentes condenados a pena igual ou inferior a quatro anos se favoráveis as circunstâncias judiciais.

b) Fixada a pena-base no mínimo legal, e vedado o estabelecimento de regime prisional mais gravoso do que o cabível em razão da sanção imposta, com base apenas na gravidade abstrata do delito.

c) É inadmissível a fixação de pena substitutiva (art. 44 do CP) com condição especial ao regime aberto.

d) A falta grave interrompe o prazo para a obtenção de livramento condicional.

Resposta correta: letra "d".

(FMP – Juiz de Direito – TJ-MT/2014) De acordo com entendimento sumulado do Supremo Tribunal Federal, assinale a afirmativa correta.

a) A pena unificada para atender ao limite de trinta anos de cumprimento, determinado pelo art. 75 do Código Penal, é considerada, para concessão de outros benefícios, como livramento condicional ou regime mais favorável de execução.

b) A lei penal mais grave aplica-se ao crime continuado ou ao crime permanente, se sua vigência é anterior à cessação da continuidade ou da permanência.

c) Impede a progressão de regime de execução de pena, fixada em sentença não transitada em julgado, o fato de o réu se encontrar em prisão especial.

d) A imposição do regime de cumprimento mais severo do que a pena aplicada permitir não exige motivação idonea

e) Admite-se a suspensão condicional do processo por crime continuado, se a soma da pena mínima da infração mais grave com o aumento mínimo de um sexto for superior a um ano.

Resposta correta: letra "b".

(FMP – Juiz de Direito – TJ-MT/2014) De acordo com entendimento sumulado do Superior Tribunal de Justiça, assinale a afirmativa correta.

a) É admissível a fixação de pena substitutiva (art. 44 do CP) como condição ao regime aberto.

b) É admissível a chamada progressão per saltum de regime prisional.

c) Os condenados por crimes hediondos ou assemelhados, cometidos antes da vigência da Lei nº 11.464/2007, não se sujeitam a disposto no art. 112 da Lei nº 7.210/1984 (Lei de Execução Penal) para a progressão do regime prisional.

d) É cabível a suspensão condicional do processo na desclassificação do crime e na procedência parcial da pretensão punitiva.

e) Não se admite o exame criminológico pelas peculiaridades do caso, ainda que haja decisão fundamentada.

Resposta correta: letra "d".

18.3. REMIÇÃO

Súmula 562-STJ

É possível a remição de parte do tempo de execução da pena quando o condenado, em regime fechado ou semiaberto, desempenha atividade laborativa, ainda que extramuros.

- **Status:** Válida.
- **Nota do autor:** Atividade laborativa extramuros significa trabalho externo.
- **Dispositivos relacionados:**

> "LEP, Art. 126. O condenado que cumpre a pena em regime fechado ou semiaberto poderá remir, por trabalho ou por estudo, parte do tempo de execução da pena."

Súmula 341-STJ

A frequência a curso de ensino formal é causa de remição de parte do tempo de execução de pena sob regime fechado ou semiaberto.

- **Status:** Válida.
- **Dispositivos relacionados:**

> "LEP, Art. 126. O condenado que cumpre a pena em regime fechado ou semiaberto poderá remir, por trabalho ou por estudo, parte do tempo de execução da pena.
>
> § 1º A contagem de tempo referida no *caput* será feita à razão de:

I – Um dia de pena a cada doze horas de frequência escolar – atividade de ensino fundamental, médio, inclusive profissionalizante, ou superior, ou ainda de requalificação profissional – divididas, no mínimo, em três dias;

II – Um dia de pena a cada três dias de trabalho."

18.3.1. Questões relacionadas

(Vunesp – Defensor Público – DPE-RO/2017) Em relação a alguns dos benefícios previstos na Lei de Execução Penal, assinale a alternativa correta.

a) Os condenados que cumprem pena em regime fechado poderão obter permissão para saída temporária.

b) O condenado que cumpre a pena em regime semiaberto poderá remir, por estudo, parte do tempo de execução da pena.

c) O preso impossibilitado de prosseguir no trabalho, por acidente, não poderá continuar a beneficiar-se com a remição.

d) O tempo remido não poderá ser computado para a concessão de livramento condicional e indulto.

e) A autorização para saída temporária será concedida por ato motivado do Juiz da execução e dependerá, dentre outros requisitos, do cumprimento mínimo de 1/3 (um terço) da pena, se o condenado for primário, e 1/2 (metade), se reincidente.

Resposta correta: letra "b".

(FCC – Juiz de Direito – TJ-PE/2015) Em relação à remição, pode-se assegurar que

a) o juiz, em caso de falta grave, poderá revogar até 1/3 (um terço) do tempo remido, não recomeçando a contagem a partir da infração disciplinar.

b) admissível, pelo trabalho, apenas para condenado que cumpre pena em regime fechado

c) o condenado que usufrui de liberdade condicional poderá remir, pelo trabalho ou por estudo, parte do tempo do período de prova.

d) indevida nas hipóteses de prisão cautelar.

e) o tempo remido será computado como pena cumprida, para todos os efeitos

Resposta correta: letra "e".

18.4. Falta disciplinar

Súmula vinculante 9-STF

O disposto no artigo 127 da Lei nº 7.210/1984 (Lei de Execução Penal) **foi recebido pela ordem constitucional vigente**, e não se lhe aplica o limite temporal previsto no *caput* do artigo 58.

- **Status:** Válida.

- **Dispositivos relacionados:**

"LEP, Art. 127. Em caso de falta grave, o juiz poderá revogar até 1/3 do tempo remido, observado o disposto no art. 57, recomeçando a contagem a partir da data da infração disciplinar."

"LEP, Art. 58. O isolamento, a suspensão e a restrição de direitos não poderão exceder a trinta dias, ressalvada a hipótese do regime disciplinar diferenciado.

Parágrafo único. O isolamento será sempre comunicado ao Juiz da execução."

Súmula 534-STJ

A prática de falta grave **interrompe** a contagem do prazo para a progressão de regime de cumprimento de pena, o qual se reinicia a partir do cometimento dessa infração.

- **Status:** Válida.

Súmula 533-STJ

Para o reconhecimento da prática de falta disciplinar no âmbito da execução penal, **é imprescindível a instauração de procedimento administrativo pelo diretor do estabelecimento prisional, assegurado o direito de defesa, a ser realizado por advogado constituído ou defensor público nomeado**.

- **Status:** Válida.

- **Dispositivos relacionados:**

"LEP, Art. 59. Praticada a falta disciplinar, deverá ser instaurado o procedimento para sua apuração, conforme regulamento, assegurado o direito de defesa.

Parágrafo único. A decisão será motivada."

Súmula 526-STJ

O reconhecimento de falta grave decorrente do cometimento de fato definido como crime doloso no cumprimento da pena **prescinde** do trânsito em julgado de sentença penal condenatória no processo penal instaurado para apuração do fato.

- **Status:** Válida.

Súmula 441-STJ

A falta grave **não interrompe** o prazo para obtenção do livramento condicional.

- **Status:** Válida.

18.4.1. Questões relacionadas

(MPE-PR – Juiz de Direito – MPE-PR/2019) Conforme o entendimento sumulado pelos tribunais superiores, analise as assertivas abaixo e assinale a alternativa correta:

I – Admite-se a progressão de regime de cumprimento da pena ou a aplicação imediata de regime menos severo nela determinada, antes do trânsito em julgado da sentença condenatória.

II – O reconhecimento de falta grave decorrente do cometimento de fato definido como crime doloso no cumprimento de pena exige prévio procedimento administrativo disciplinar e trânsito em julgado de sentença penal condenatória no processo penal instaurado para apuração do fato.

III – A prática de falta grave interrompe a contagem do prazo para a obtenção de livramento condicional e progressão de regime de cumprimento de pena, o qual se reinicia a partir do cometimento dessa infração.

IV – A prática de falta grave interrompe o prazo para o fim de comutação de pena ou indulto.

V – A pena unificada para atender ao limite de trinta anos de cumprimento, determinado pelo art. 75 do Código Penal, não é considerada para a concessão de outros benefícios, como o livramento condicional ou regime mais favorável de execução.

a) Somente as assertivas I e II estão corretas.

b) Somente as assertivas II e III estão corretas.

c) Somente as assertivas III e IV estão corretas.

d) Somente as assertivas I e IV estão corretas.

e) Somente as assertivas I e V estão corretas.

Resposta correta: letra "e".

(Cespe – Juiz de Direito – TJ-PR/2019) De acordo com o STJ, a prática de falta grave pelo condenado durante o cumprimento da pena

a) não interrompe a contagem do prazo para obtenção de livramento condicional.

b) não interrompe a contagem do prazo para a progressão de regime de cumprimento de pena.

c) interrompe a contagem do prazo para obtenção de comutação de pena.

d) interrompe a contagem do prazo para obtenção de indulto e saída temporária.

Resposta correta: letra "a".

(Vunesp – Juiz de Direito – TJ-RS/2018) Em relação aos enunciados a seguir, assinale o que representa entendimento já sumulado pelo STJ.

a) O excesso de prazo na instrução, independentemente de quem o produz, gera constrangimento ilegal a ensejar o relaxamento da prisão.

b) É admissível a fixação de pena substitutiva (art. 44 do CP) como condição especial ao regime aberto.

c) Para obtenção dos benefícios de saída temporária e trabalho externo, considera-se o tempo de cumprimento da pena no regime fechado, salvo se houver falta grave.

d) A falta grave não interrompe o prazo para obtenção de livramento condicional.

e) É desnecessária a resposta preliminar de que trata o art. 514 do Código de Processo Penal.

Resposta correta: letra "d".

(FCC – Defensor Público – DPE-RS/2018) Sobre a prática de falta grave e considerando a atual jurisprudência do Superior Tribunal de Justiça, analise as assertivas abaixo.

I. A prática de falta grave interrompe o prazo para obtenção de livramento condicional.

II. Para o reconhecimento de falta grave decorrente do cometimento de fato definido como crime doloso no cumprimento da pena, é necessária a ocorrência do trânsito em julgado de sentença penal condenatória no processo penal instaurado para apuração do fato.

III. A prática de falta grave interrompe a contagem do prazo para a progressão de regime de cumprimento de pena, o qual se reinicia a partir do cometimento dessa infração.

Está correto o que consta APENAS de

a) I.

b) III.

c) II.

d) II e III.

e) I e II.

Resposta correta: letra "b".

(Vunesp – Juiz de Direito – TJ-SP/2018) Quanto à Lei de Execução Penal, assinale a alternativa correta.

a) A prática de falta grave não interrompe o prazo para fim de comutação de pena, apenas para indulto.

b) Para obtenção dos benefícios de saída temporária e trabalho externo, não se considera o tempo de cumprimento da pena no regime fechado, somente o no semiaberto.

c) Para o reconhecimento da prática de falta disciplinar no âmbito da execução penal, é imprescindível a instauração de procedimento administrativo pelo diretor do estabelecimento prisional, assegurado o direito de defesa, a ser realizado por advogado ou defensor público.

d) O reconhecimento de falta grave decorrente do cometimento de fato definido como crime doloso no cumprimento da pena não prescinde do trânsito em julgado de sentença penal condenatória no processo penal instaurado para apuração do fato.

Resposta correta: letra "c".

(Cespe – Juiz de Direito – TJ-DFT/2016) No tocante à jurisprudência sumulada pelo STJ quanto ao direito penal, assinale a opção correta.

a) A extinção da punibilidade pela prescrição da pretensão punitiva, com fundamento em pena hipotética, é admitida, independentemente da existência ou do resultado do processo penal.

b) Fixada a pena-base no mínimo legal, a decisão, fundamentada na gravidade abstrata do delito, poderá estabelecer ao sentenciado regime prisional mais gravoso do que o cabível em razão da sanção imposta.

c) A contagem do prazo para a progressão de regime de cumprimento de pena será interrompida pela prática de falta grave e se reiniciará a partir do cometimento dessa infração.

d) A falta grave interrompe o prazo para a obtenção de livramento condicional.

e) A prática de falta grave interrompe o prazo para o fim de comutação de pena ou indulto.

Resposta correta: letra "c".

(MPE-MS – Promotor de Justiça – MPE-MS/2011) Assinale o enunciado que não corresponde a entendimento sumulado do Supremo Tribunal Federal ou do Superior Tribunal de Justiça:

a) O disposto no artigo 127 da Lei nº 7.210/1984 foi recebido pela ordem constitucional vigente, e não se lhe aplica o limite temporal previsto no caput do artigo 58 da LEP.

b) A decisão que determina a produção antecipada de provas com base no art. 366 do CPP deve ser concretamente fundamentada, não a justificando unicamente o mero decurso do tempo.

c) O crime de extorsão consuma-se independentemente da obtenção da vantagem indevida.

d) A lei penal mais grave aplica-se ao crime continuado ou ao crime permanente, se a sua vigência não é anterior à cessação da continuidade ou da permanência.

e) O art. 309 do Código de Trânsito Brasileiro, que reclama decorra do fato perigo de dano, derrogou o artigo 32 da Lei das Contravenções Penais no tocante à direção sem habilitação em vias terrestres.

Resposta correta: letra "d".

18.5. Livramento condicional

Súmula 715-STF

A pena unificada para atender ao limite de trinta anos de cumprimento, determinado pelo art. 75 do Código Penal, **não** é considerada para a concessão de outros benefícios, como o livramento condicional ou regime mais favorável de execução.

- **Status:** Válida.
- **Dispositivos relacionados:**

"CP, Art. 75. O tempo de cumprimento das penas privativas de liberdade não pode ser superior a 30 (trinta) anos."

Súmula 617-STJ

A ausência de suspensão ou revogação do livramento condicional antes do término do período de prova **enseja** a extinção da punibilidade, **pelo integral cumprimento da pena.**

- **Status:** Válida.
- **Dispositivos relacionados:**

"CP, Art. 90. Se até o seu término o livramento não é revogado, considera-se extinta a pena privativa de liberdade."

Súmula 441-STJ

A falta grave **não interrompe** o prazo para obtenção do livramento condicional.

- **Status:** Válida.
- **Dispositivos relacionados:**

"CP, Art. 83. O juiz poderá conceder livramento condicional ao condenado a pena privativa de liberdade **igual ou superior a dois anos**, desde que:

I – **cumprida mais de 1/3** da pena se o condenado não for reincidente em crime doloso e tiver bons antecedentes;

II – **cumprida mais da metade** se o condenado for reincidente em crime doloso;

III – comprovado **comportamento satisfatório durante a execução da pena, bom desempenho no trabalho que lhe foi atribuído** e **aptidão para prover à própria subsistência mediante trabalho honesto**;

IV – **tenha reparado**, salvo efetiva impossibilidade de fazê-lo, **o dano causado pela infração**;

V – **cumpridos mais de 2/3 da pena**, nos casos de condenação por crime hediondo, prática de tortura, tráfico ilícito de entorpecentes e drogas afins, tráfico de pessoas e terrorismo, se o apenado não for reincidente específico em crimes dessa natureza. (Incluído pela Lei nº 13.344, de 2016)

Parágrafo único. Para o condenado por crime doloso, cometido com violência ou grave ameaça à pessoa, **a concessão do livramento ficará também subordinada à constatação de condições pessoais que façam presumir que o liberado não voltará a delinquir**."

18.5.1. Questões relacionadas

(Vunesp – Juiz de Direito – TJ-RS/2018) Em relação aos enunciados a seguir, assinale o que representa entendimento já sumulado pelo STJ.

a) O excesso de prazo na instrução, independentemente de quem o produz, gera constrangimento ilegal a ensejar o relaxamento da prisão.

b) É admissível a fixação de pena substitutiva (art. 44 do CP) como condição especial ao regime aberto.

c) Para obtenção dos benefícios de saída temporária e trabalho externo, considera-se o tempo de cumprimento da pena no regime fechado, salvo se houver falta grave.

d) A falta grave não interrompe o prazo para obtenção de livramento condicional.

e) É desnecessária a resposta preliminar de que trata o art. 514 do Código de Processo Penal.

Resposta correta: letra "d".

(FGV – Analista do Ministério Público – Área Jurídica – MPE-AL/2018) Enquanto cumpria pena em livramento condicional, Jaqueline vem a ser condenada, novamente, pela prática de crime, sendo aplicada pena privativa de liberdade, havendo trânsito em julgado. O crime, porém, que justificou a segunda condenação era por fato anterior àquele que impôs a condenação da pena que cumpria em livramento condicional, exatamente por isso não sendo reconhecida a reincidência. Considerando apenas as informações narradas, sobre a nova condenação assinale a afirmativa correta.

a) Não é prevista, por ser por fato anterior, como causa de revogação do livramento condicional.

b) É causa de revogação obrigatória, podendo o período em livramento condicional ser considerado como pena cumprida.

c) É causa de revogação facultativa, podendo o período em livramento condicional ser considerado como pena cumprida, mesmo em caso de revogação.

d) É causa de revogação obrigatória, não sendo considerado como pena cumprida o período em livramento condicional.

e) É causa de revogação facultativa e, em caso de revogação, o período em livramento condicional não poderá ser considerado como pena cumprida.

Resposta correta: letra "b".

(Cespe – Defensor Público – DPE-DF/2013) De acordo com a Lei de Execução Penal, julgue os itens subsequentes.

É pacificado, na jurisprudência do STJ, o entendimento de que o cometimento de falta disciplinar de natureza grave pelo condenado que cumpre pena privativa de liberdade interrompe o prazo para a obtenção do livramento condicional.

Resposta: errado.

(TJ-PR – Assessor Jurídico – TJ-PR/2013) Sobre a fixação da pena e execução penal, assinale a alternativa INCORRETA.

a) A pena unificada para atender ao limite de trinta anos de cumprimento, determinado pelo art. 75 do Código Penal, é considerada para a concessão de outros benefícios, como o livramento condicional ou regime mais favorável de execução.

b) Admite-se a progressão de regime de cumprimento da pena ou a aplicação imediata de regime menos severo nela determinada, antes do trânsito em julgado da sentença condenatória.

c) A opinião do julgador sobre a gravidade em abstrato do crime não constitui motivação idônea para a imposição de regime mais severo do que o permitido segundo a pena aplicada.

d) A imposição do regime de cumprimento mais severo do que a pena aplicada permitir exige motivação idônea.

Resposta correta: letra "a".

(MPE-RJ – Promotor de Justiça – MPE-RJ/2012) Levando em conta as regras pertinentes à aplicação e execução as penas, é INCORRETO afirmar que:

a) no concurso formal perfeito de crimes é observado o sistema de exasperação da pena;

b) o condenado que for punido por falta grave perderá todo o tempo até então remido, começando nova contagem do período de remição a partir da data da infração disciplinar;

c) as causas de aumento de pena podem elevar a pena além do máximo abstratamente cominado ao crime;

d) a superveniência de condenação definitiva por outro crime durante o cumprimento de pena restritiva de direitos pode ser causa de sua conversão;

e) a pena unificada para atender ao limite de trinta anos de cumprimento, determinado pelo art. 75 do Código Penal, não é considerada para a concessão de outros benefícios, como o livramento condicional ou regime mais favorável de execução.

Resposta correta: letra "b".

18.6. Autorização de saída

18.6.1. Saída temporária

Súmula 520-STJ

O benefício de saída temporária no âmbito da execução penal **é ato jurisdicional insuscetível de delegação à autoridade administrativa do estabelecimento prisional.**

- **Status:** Válida.

Súmula 40-STJ

Para obtenção dos benefícios de saída temporária e trabalho externo, **considera-se** o tempo de cumprimento da pena no regime fechado.

- **Status:** Válida.

18.6.2. Questões relacionadas

(Vunesp – Defensor Público – DPE-RO/2017) Qual dos enunciados a seguir reflete entendimento já sumulado pelo STJ?

a) Para obtenção dos benefícios de saída temporária e trabalho externo, não se considera o tempo de cumprimento da pena no regime fechado por se tratar de benefícios próprios do regime semiaberto.

b) O tempo de duração da medida de segurança pode ultrapassar o limite máximo da pena abstratamente cominada ao delito praticado se as causas relacionadas à inimputabilidade penal persistirem.

c) Para o reconhecimento da prática de falta disciplinar no âmbito da execução penal, é prescindível a instauração de procedimento administrativo pelo diretor do estabelecimento prisional.

d) O reconhecimento de falta grave decorrente do cometimento de fato definido como crime doloso no cumprimento da pena prescinde do trânsito em julgado de sentença penal condenatória no processo penal instaurado para apuração do fato.

e) O benefício de saída temporária no âmbito da execução penal é ato jurisdicional suscetível de delegação à autoridade administrativa do estabelecimento prisional.

Resposta correta: letra "d".

(Vunesp – Juiz de Direito – TJ-SP/2017) No tocante às penas privativas de liberdade, é correto afirmar que

a) o condenado por crime hediondo ou assemelhado, independentemente da data de cometimento da infração, só poderá obter a progressão de regime após o cumprimento de 2/5 (dois quintos) da pena, se primário, admitindo-se a determinação de exame criminológico, desde que em decisão motivada.

b) o benefício de saída temporária no âmbito da execução penal, cabível para os condenados que cumprem pena em regime fechado ou semiaberto, é ato jurisdicional insuscetível de delegação à autoridade administrativa do estabelecimento prisional.

c) o reconhecimento de falta grave decorrente do cometimento de fato definido como crime doloso no cumprimento da pena prescinde do trânsito em julgado da sentença penal condenatória no processo penal instaurado para apuração do fato e interrompe a contagem do prazo para a progressão de regime, o qual se reinicia a partir da decisão judicial que identificar a infração.

d) é admissível a adoção do regime prisional fechado aos reincidentes condenados a pena igual ou inferior a 4 (quatro) anos de reclusão, se desfavoráveis as circunstâncias judiciais, bem como vedado o estabelecimento de regime prisional mais gravoso do que o cabível em razão da sanção imposta, com base apenas na gravidade abstrata do delito, se fixada a pena-base no mínimo legal.

Resposta correta: letra "d".

(IESES – Titular de Serviços de Notas e de Registros – Provimento – TJ-PA/2016) Assinale a alternativa correta:

a) A falta grave interrompe o prazo para obtenção de livramento condicional.

b) A prática de falta grave não interrompe o prazo para fim de comutação de pena ou indulto.

c) O benefício de saída temporária no âmbito da execução penal é ato jurisdicional suscetível de delegação à autoridade administrativa do estabelecimento prisional.

d) O reconhecimento de falta grave decorrente do cometimento de fato definido como crime doloso no cumprimento da pena imprescinde do trânsito em julgado de sentença penal condenatória no processo penal instaurado para apuração do fato.

Resposta correta: letra "b".

18.7. Indulto e comutação de pena

Súmula 535-STJ

A prática de falta grave **não interrompe** o prazo para fim de comutação de pena ou indulto.

- **Status:** Válida.
- **Nota do autor:** Cuidado para não confundir: a) a falta grave interrompe o prazo para a progressão de regime; b) a falta grave não interrompe o prazo para o livramento condicional; c) a falta grave não interrompe o prazo para a comutação de pena ou indulto, salvo se previsto em sentido contrário no decreto concessivo.

18.7.1. Questões relacionadas

(MPDFT – Promotor de Justiça – MPDFT/2015) Sobre execução penal, examine os itens a seguir:

I. A prática de falta grave não interrompe o prazo para fim de comutação de pena ou indulto.

II. Para o reconhecimento da prática de falta disciplinar no âmbito da execução penal, deve ser assegurado o direito de defesa técnica por meio de advogado constituído ou defensor público nomeado.

III. A lei não fixa o prazo máximo de duração de medida de segurança, mas, segundo posição consolidada no Superior Tribunal de Justiça, não deve ultrapassar o prazo máximo de 30 anos.

IV. Para o reconhecimento de falta grave decorrente do cometimento de fato definido como crime doloso é indispensável o trânsito em julgado da sentença penal condenatória respectiva.

V. A concessão do benefício da saída temporária pode ser delegada ao diretor do estabelecimento prisional, no caso de datas especiais, como dia das mães e natal.

Estão CORRETOS os itens:

a) II e IV.

b) I e II.

c) I e V.

d) IV e V.

e) II e III.

Resposta correta: letra "b".

(FCC – Juiz de Direito – TJ-AL/2015) Com relação à Lei de Execução Penal (Lei n° 7.210/1984) e sua interpretação pelo Superior Tribunal de Justiça,

a) a saída temporária poderá ser concedida pelo diretor do estabelecimento penal sempre que preenchidos os requisitos objetivos e subjetivos previstos na lei.

b) a prática de falta grave interrompe a contagem do prazo para a progressão de regime, mas não interrompe o prazo para fins de indulto e comutação

c) o reconhecimento da prática de falta grave é imprescindível a instauração de procedimento administrativo, assegurado o direito de defesa, não constituindo a ausência de defesa técnica por advogado violação à ampla defesa, nos termos da Súmula Vinculante n° 5 do STF.

d) a medida de segurança não possui prazo determinado, não possuindo relevância o limite máximo cominado abstratamente para o delito praticado.

e) se a falta grave consistir no cometimento de fato definido como crime doloso, seu reconhecimento dependerá do trânsito em julgado da sentença penal condenatória no processo penal instaurado para a apuração do fato.

Resposta correta: letra "b".

18.8. Agravo em execução

Súmula 700-STF

É de **cinco dias** o prazo para interposição de agravo contra decisão do juiz da execução penal.

• **Status:** Válida.

• **Dispositivos relacionados:**

"LEP, Art. 197. Das decisões proferidas pelo juiz caberá recurso de agravo, sem efeito suspensivo."

18.8.1. Questões relacionadas

(MPE-BA – Promotor de Justiça – MPE-BA/2018) Assinale a alternativa correta:

a) O prazo para a interposição do agravo em execução é de 10 (dez) dias, a contar da ciência da decisão.

b) O Ministério Público não tem legitimidade para interpor recurso em favor do réu.

c) Não se admite a progressão de regime de cumprimento da pena ou a aplicação imediata de regime menos gravoso nela determinada, antes do trânsito em julgado da sentença condenatória.

d) Não há prazo para o ingresso da revisão criminal.

e) O juiz competente para processar o pedido de reabilitação é o da execução penal.

Resposta correta: letra "d".

(CS-UFG – Juiz Leigo – TJ-GO/2017) Segundo entendimento sumulado do Supremo Tribunal Federal, o prazo para interposição de agravo contra a decisão do juiz da execução penal é de

a) 2 dias.

b) 3 dias.

c) 5 dias.

d) 8 dias.

e) 10 dias.

Resposta correta: letra "c".

DIREITO TRIBUTÁRIO

1. LIMITAÇÕES CONSTITUCIONAIS AO PODER DE TRIBUTAR

1.1. Princípios tributários

Súmula vinculante 50-STF

Norma legal que altera o prazo de recolhimento da obrigação tributária **não** se sujeita ao princípio da anterioridade.

- **Status:** Válida.
- **Dispositivos relacionados:**

> "CF, Art. 150. Sem prejuízo de outras garantias asseguradas ao contribuinte, é vedado à União, aos Estados, ao Distrito Federal e aos Municípios:
>
> (...)
>
> III – cobrar tributos:
>
> (...)
>
> b) no mesmo exercício financeiro em que haja sido publicada a lei que os instituiu ou aumentou;
>
> c) antes de decorridos noventa dias da data em que haja sido publicada a lei que os instituiu ou aumentou, observado o disposto na alínea b;
>
> IV – utilizar tributo com efeito de confisco;"

Súmula 669-STF

Norma legal que altera o prazo de recolhimento da obrigação tributária **não** se sujeita ao princípio da anterioridade.

- **Status:** Válida.
- **Nota dor autor:** Embora a súmula em comento seja válida, ela foi substituída pela súmula vinculante 50 do STF, com o mesmo entendimento.

- **Precedentes relacionados:**

> "Súmula vinculante 50-STF. Norma legal que altera o prazo de recolhimento da obrigação tributária não se sujeita ao princípio da anterioridade."

- **Dispositivos relacionados:**

> "CF, Art. 150. Sem prejuízo de outras garantias asseguradas ao contribuinte, é vedado à União, aos Estados, ao Distrito Federal e aos Municípios:
>
> (...)
>
> III – cobrar tributos:
>
> (...)
>
> b) no mesmo exercício financeiro em que haja sido publicada a lei que os instituiu ou aumentou;
>
> c) antes de decorridos noventa dias da data em que haja sido publicada a lei que os instituiu ou aumentou, observado o disposto na alínea b;
>
> IV – utilizar tributo com efeito de confisco;"

Súmula 67-STF

~~É inconstitucional a cobrança do tributo que houver sido criado ou aumentado no mesmo exercício financeiro.~~

- **Status:** Superada.

Súmula 66-STF

~~É legítima a cobrança do tributo que houver sido aumentado após o orçamento, mas antes do início do respectivo exercício financeiro.~~

- **Status:** Superada.

1.2. Imunidades tributárias

1.2.1. Imunidade recíproca

Súmula 468-STF

~~Após a EC nº 5/61, em contrato firmado com a União, Estado, Município ou autarquia, é devido o imposto federal de selo pelo contratante não protegido pela imunidade, ainda que haja repercussão do ônus tributário sobre o patrimônio daquelas entidades.~~

- **Status:** Superada.

Súmula 336-STF

A imunidade da autarquia financiadora, quanto ao contrato de financiamento, **não se estende a compra e venda entre particulares, embora constantes os dois atos de um só instrumento.**

- **Status:** Válida.

- **Dispositivos relacionados:**

> "CF, Art. 150. Sem prejuízo de outras garantias asseguradas ao contribuinte, é vedado à União, aos Estados, ao Distrito Federal e aos Municípios:
>
> VI – instituir impostos sobre:
>
> a) patrimônio, renda ou serviços, uns dos outros;
>
> § 2º A vedação do inciso VI, "a", é extensiva às autarquias e às fundações instituídas e mantidas pelo Poder Público, no que se refere ao patrimônio, à renda e aos serviços, vinculados a suas finalidades essenciais ou às delas decorrentes."

Súmula 76-STF

~~As sociedades de economia mista não estão protegidas pela imunidade fiscal do art. 31, V, "a", Constituição Federal.~~

- **Status:** Superada.

Súmula 74-STF

~~O imóvel transcrito em nome de autarquia, embora objeto de promessa de venda a particulares, continua imune de impostos locais.~~

- **Status:** Superada.

- **Nota do autor:** Atualmente, prevalece o entendimento previsto na Súmula 583 do STF, que dispõe que o "Promitente comprador de imóvel residencial transcrito em nome de Autarquia é contribuinte do Imposto Predial Territorial Urbano." (Súmula 583-STF).

Súmula 73-STF

~~A imunidade das autarquias, implicitamente contida no art. 31, V, a, da Constituição Federal, abrange tributos estaduais e municipais.~~

• **Status:** Superada.

Súmula 75-STF

Sendo vendedora uma autarquia, **a sua imunidade fiscal não compreende o imposto de transmissão *inter vivos*, que é encargo do comprador.**

• **Status:** Válida.

• **Dispositivos relacionados:**

"CF, Art. 150. Sem prejuízo de outras garantias asseguradas ao contribuinte, é vedado à União, aos Estados, ao Distrito Federal e aos Municípios:

VI – instituir impostos sobre:

a) patrimônio, renda ou serviços, uns dos outros;

§ 2º A vedação do inciso VI, "a", é extensiva às autarquias e às fundações instituídas e mantidas pelo Poder Público, no que se refere ao patrimônio, à renda e aos serviços, vinculados a suas finalidades essenciais ou às delas decorrentes."

1.2.2. Imunidade dos partidos políticos, sindicatos de trabalhadores e entidades educacionais e assistenciais sem fins lucrativos

Súmula vinculante 52-STF

Ainda quando alugado a terceiros, permanece imune ao IPTU, o imóvel pertencente a qualquer das entidades referidas pelo art. 150, VI, "c", da Constituição Federal, **desde que o valor dos aluguéis seja aplicado nas atividades para as quais tais entidades foram constituídas.**

• **Status:** Válida.

• **Nota do autor:** Vale lembrar que, em que pese a súmula vinculante 52 se referir à imunidade dos partidos políticos, sindicatos de trabalhadores e entidades educacionais e assistenciais sem fins lucrativos (art. 150, VI, "c"), o mesmo entendimento se aplica à imunidade religiosa (art. 150, VI, "b"). Ex: se uma determinada Igreja possui um imóvel, mas o aluga para terceiro, esse bem estará imune ao IPTU se o valor dos aluguéis forem aplicados para as atividades religiosas.

• **Dispositivos relacionados:**

"CF, Art. 150. Sem prejuízo de outras garantias asseguradas ao contribuinte, é vedado à União, aos Estados, ao Distrito Federal e aos Municípios:

VI – instituir impostos sobre:

c) patrimônio, renda ou serviços dos partidos políticos, inclusive suas fundações, das entidades sindicais dos trabalhadores, das instituições de educação e de assistência social, sem fins lucrativos, atendidos os requisitos da lei;"

Súmula 730-STF

A imunidade tributária conferida a instituições de assistência social sem fins lucrativos pelo art. 150, VI, c, da Constituição, **somente alcança as entidades fechadas de previdência social privada se não houver contribuição dos beneficiários.**

- **Status:** Válida.
- **Dispositivos relacionados:**

"CF, Art. 150. Sem prejuízo de outras garantias asseguradas ao contribuinte, é vedado à União, aos Estados, ao Distrito Federal e aos Municípios:

VI – instituir impostos sobre:

c) patrimônio, renda ou serviços dos partidos políticos, inclusive suas fundações, das entidades sindicais dos trabalhadores, das instituições de educação e de assistência social, sem fins lucrativos, atendidos os requisitos da lei;"

Súmula 724-STF

~~Ainda quando alugado a terceiros, permanece imune ao IPTU, o imóvel pertencente a qualquer das entidades referidas pelo art. 150, VI, "c", da Constituição, desde que o valor dos aluguéis seja aplicado nas atividades essenciais de tais entidades.~~

- **Status:** Superada pela súmula vinculante 52, que é mais ampla.
- **Precedentes relacionados:**

"Súmula vinculante 52-STF. Ainda quando alugado a terceiros, permanece imune ao IPTU, o imóvel pertencente a qualquer das entidades referidas pelo art. 150, VI, "c", da Constituição Federal, desde que o valor dos aluguéis seja aplicado nas atividades para as quais tais entidades foram constituídas."

- **Dispositivos relacionados:**

"CF, Art. 150. Sem prejuízo de outras garantias asseguradas ao contribuinte, é vedado à União, aos Estados, ao Distrito Federal e aos Municípios:

VI – instituir impostos sobre:

c) patrimônio, renda ou serviços dos partidos políticos, inclusive suas fundações, das entidades sindicais dos trabalhadores, das instituições de educação e de assistência social, sem fins lucrativos, atendidos os requisitos da lei;"

Súmula 612-STJ

O certificado de entidade beneficente de assistência social (CEBAS), no prazo de sua validade, **possui natureza declaratória para fins tributários, retroagindo seus efeitos à data em que demonstrado o cumprimento dos requisitos estabelecidos por lei complementar para a fruição da imunidade.**

- **Status:** Válida.
- **Dispositivos relacionados:**

"CF, Art. 150. Sem prejuízo de outras garantias asseguradas ao contribuinte, é vedado à União, aos Estados, ao Distrito Federal e aos Municípios:

VI – instituir impostos sobre:

c) patrimônio, renda ou serviços dos Partidos Políticos, inclusive suas fundações, das Entidades Sindicais dos trabalhadores, das Instituições de Educação e de Assistência Social, sem fins lucrativos, atendidos os requisitos da lei;"

Súmula 352-STJ

A obtenção ou a renovação do Certificado de Entidade Beneficente de Assistência Social (CEBAS) **não** exime a entidade do cumprimento dos requisitos legais supervenientes.

- **Status:** Válida.
- **Dispositivos relacionados:**

"CF, Art. 150. Sem prejuízo de outras garantias asseguradas ao contribuinte, é vedado à União, aos Estados, ao Distrito Federal e aos Municípios:

VI – instituir impostos sobre:

c) patrimônio, renda ou serviços dos partidos políticos, inclusive suas fundações, das entidades sindicais dos trabalhadores, das instituições de educação e de assistência social, sem fins lucrativos, atendidos os requisitos da lei;"

1.2.3. Imunidade cultural

Súmula 657-STF

A imunidade prevista no art. 150, VI, d, da Constituição Federal, **abrange os filmes e papéis fotográficos necessários à publicação de jornais e periódicos.**

- **Status:** Válida.

- **Dispositivos relacionados:**

> "CF, Art. 150. Sem prejuízo de outras garantias asseguradas ao contribuinte, é vedado à União, aos Estados, ao Distrito Federal e aos Municípios:
>
> VI – instituir impostos sobre:
>
> d) livros, jornais, periódicos e o papel destinado a sua impressão."

Súmula 591-STF

A imunidade ou a isenção tributária do comprador **não se estende ao produtor, contribuinte do imposto sobre produtos industrializados.**

- **Status:** Válida.

1.3. Questões relacionadas

(Consulplan – Juiz de Direito – TJ-MG/2018) Assinale a alternativa que retrata a jurisprudência consolidada nos Tribunais Superiores.

a) O serviço de iluminação pública pode ser remunerado mediante taxa.

b) Norma legal que altera o prazo de recolhimento de obrigação tributária não se sujeita ao princípio da anterioridade.

c) É constitucional a incidência do Imposto Sobre Serviços de Qualquer Natureza (ISSQN) sobre operações de locação de bens móveis.

d) No tocante à base de cálculo, o ISSQN incide apenas sobre a taxa de agenciamento quando o serviço prestado por sociedade empresária de trabalho temporário for de intermediação, não podendo englobar os valores dos salários e encargos sociais dos trabalhadores por ela contratados, independentemente do fornecimento de mão de obra.

Resposta correta: letra "b".

(Cespe – Analista Judiciário – Judiciária/2018) À luz da jurisprudência majoritária e atual dos tribunais superiores e da doutrina acerca dos princípios constitucionais tributários, do indébito tributário, do crédito tributário e do poder de tributar, julgue o item seguinte.

De acordo com o Supremo Tribunal Federal, a norma legal que altera o prazo de recolhimento da obrigação tributária deve observar o princípio da anterioridade que for aplicável ao respectivo tributo.

Resposta: errado.

(Vunesp – Prefeitura de São Bernardo do Campo – SP – Procurador/2018) Assinale a alternativa que está em consonância com o teor de súmula das Cortes Superiores em matéria tributária.

a) Decisão que declara indevida a cobrança do imposto em determinado exercício faz coisa julgada em relação aos posteriores.

b) Isenções tributárias concedidas, ainda que sob condição onerosa, podem ser livremente suprimidas.

c) A imunidade ou a isenção tributária do comprador se estende ao produtor, contribuinte do imposto sobre produtos industrializados.

d) É inadmissível a apreensão de mercadorias como meio coercitivo para pagamento de tributos.

e) Não incide o imposto de renda sobre o resultado das aplicações financeiras realizadas pelas cooperativas.

Resposta correta: letra "d".

(FAUEL – Procurador Municipal – Prefeitura de Paranavaí – PR/2018) Assinale a alternativa INCORRETA, a respeito da administração tributária.

a) Sujeitam-se à fiscalização tributária as pessoas naturais ou jurídicas, contribuintes ou não, inclusive as que gozem de imunidade tributária ou de isenção de caráter pessoal.

b) É inadmissível a interdição de estabelecimento e a apreensão de mercadorias como meio coercitivo para cobrança de tributo.

c) A autoridade administrativa que proceder ou presidir a quaisquer diligências de fiscalização lavrará os termos necessários para que se documente o início do procedimento, na forma da legislação aplicável, que fixará prazo máximo para a conclusão daquelas.

d) A certidão negativa expedida com dolo ou fraude, que contenha erro contra a Fazenda Pública, responsabiliza pessoalmente o funcionário que a expedir, pelo crédito tributário e juros de mora acrescidos.

e) Estão sujeitos à fiscalização tributária ou previdenciária quaisquer livros comerciais, podendo ser examinados em sua integralidade, ainda que não diga respeito aos pontos objeto da investigação.

Resposta correta: letra "e".

(Consulplan – Titular de Serviços de Notas e de Registros – Remoção – TJ-MG/2017) À luz do entendimento sumulado pelo Supremo Tribunal Federal, assinale a alternativa INCORRETA:

a) Na entrada de mercadoria importada do exterior, é legítima a cobrança do ICMS por ocasião do desembaraço aduaneiro.

b) A norma legal que altera o prazo de recolhimento da obrigação tributária se sujeita ao princípio da anterioridade.

c) É inconstitucional a incidência do Imposto sobre Serviços de Qualquer Natureza sobre operações de locação de bens móveis.

d) É inconstitucional a exigência de depósito prévio como requisito de admissibilidade de ação judicial na qual se pretenda discutir a exigibilidade de crédito tributário.

Resposta correta: letra "b".

(Vunesp – Procurador Municipal – Prefeitura de Marília – SP/2017) A Associação dos Familiares e Amigos dos Vulneráveis de Marília, instituição de assistência social sem fins lucrativos, possui dois imóveis na área urbana municipal. Em um deles funciona sua sede, onde são desenvolvidas as atividades da associação. O outro encontra-se alugado para terceiro, para fins comerciais. Sobre esse segundo imóvel,

a) incide IPTU, porquanto apenas o imóvel utilizado diretamente no desempenho das atividades assistenciais é alcançado pela imunidade subjetiva prevista na Constituição Federal.

b) incide IPTU, assim como sobre o primeiro imóvel, já que a imunidade constitucional para entidades assistenciais não abrange imposto sobre patrimônio.

c) incide IPTU, assim como sobre o primeiro imóvel, porque a imunidade constitucional para entidades é subjetiva e abrange aquelas que tenham finalidade de educação, além de partidos políticos, inclusive suas fundações, e entidades sindicais.

d) não incide IPTU, pois, ainda quando alugado a terceiros, imóvel pertencente a instituição de assistência social permanece imune ao IPTU, desde que o valor dos aluguéis seja aplicado nas atividades essenciais da entidade proprietária.

e) não incide IPTU, pois, ainda quando alugado a terceiros e independentemente da destinação do valor dos aluguéis, imóvel pertencente a instituição de assistência social permanece imune ao IPTU, já que a imunidade constitucional é, nessa hipótese, subjetiva.

Resposta correta: letra "d".

(IBADE – Agente Penitenciário – SEJUDH – MT/2017) No contexto do Poder de Polícia, assinale a opção correta.

a) Somente pode atuar preventivamente para limitar o exercício da liberdade em prol do interesse público.

b) Ofende o princípio da livre concorrência lei municipal que im pede a instalação de estabelecimentos comerciais do mesmo ramo em determinada área.

c) A polícia administrativa tem por objeto investigar crimes, ao passo que a polícia judiciária tem como objeto fiscalizar o descumprimento de normas administrativas.

d) É admissível a interdição de estabelecimento como meio coercitivo para cobrança de tributos.

e) Só pode se manifestar por atos vinculados, não dando margem à competência discricionária.

Resposta correta: letra "d".

(TRF 4ª Região – Juiz Federal – TRF 4ª Região/2016) Dadas as assertivas abaixo, assinale a alternativa correta.

I. Segundo entendimento sumulado do Supremo Tribunal Federal, norma legal que altera o prazo de recolhimento da obrigação tributária não se sujeita ao princípio da anterioridade.

II. Segundo entendimento sumulado do Superior Tribunal de Justiça, na repetição do indébito tributário, a correção monetária incide a partir do pagamento indevido, e os juros moratórios, somente após o trânsito em julgado da sentença.

III. Segundo entendimento do Superior Tribunal de Justiça, o Imposto de Renda Pessoa Jurídica e a Contribuição Social sobre o Lucro Líquido não incidem sobre o lucro inflacionário.

IV. Segundo entendimento sumulado do Superior Tribunal de Justiça, não incide o imposto sobre operações financeiras nos depósitos judiciais.

a) Está correta apenas a assertiva III.

b) Estão corretas apenas as assertivas I e IV.

c) Estão corretas apenas as assertivas II e IV.

d) Estão corretas apenas as assertivas I, II e III.

e) Estão corretas todas as assertivas.

Resposta correta: letra "e".

(TRF 3ª Região – Juiz Federal – TRF 3ª Região/2016) Com relação a jurisprudência dominante, assinale a alternativa correta:

a) STF: isenções tributárias, como favor fiscal que são, podem ser livremente suprimidas mesmo se concedidas sob condição onerosa.

b) STJ: na execução fiscal é necessária a instrução da petição inicial com o demonstrativo do cálculo do débito, para assegurar a ampla defesa do contribuinte.

c) STJ: no caso de sucessão empresarial, a responsabilidade da sucessora abrange os tributos e as multas moratórias devidas pela sucedida referentes aos fatos geradores ocorridos até a sucessão, mas não as multas punitivas dado o caráter pessoal delas.

d) STF: a norma legal que altera o prazo de recolhimento da obrigação tributária não se sujeita ao princípio da anterioridade.

Resposta correta: letra "d".

(Vunesp – Procurador Municipal – Prefeitura de Várzea Paulista – SP/2016) O imóvel pertencente a partido político

a) permanece imune ao IPTU, mesmo quando alugado a terceiros, independentemente da destinação que se dê aos aluguéis recebidos.

b) não permanece imune ao IPTU, sendo indiferente se a destinação dos aluguéis recebidos se dá em prol das atividades partidárias ou não.

c) não permanece imune ao IPTU se houver um comodato do imóvel para uma fundação sem fins lucrativos, mesmo que ela tenha sido instituída pelo próprio partido.

d) permanece imune ao IPTU, mesmo quando alugado a terceiros, desde que o valor dos aluguéis seja aplicado nas atividades essenciais da entidade.

e) permanece imune ao IPTU desde que o locatário seja pessoa jurídica sem fins lucrativos e, portanto, não exerça atividade econômica.

Resposta correta: letra "d".

(FCC – Procurador Municipal – Prefeitura de Campinas – SP/2016) À luz da Constituição da República e da jurisprudência do Supremo Tribunal Federal, está imune à incidência do Imposto sobre a Propriedade Predial e Territorial Urbana – IPTU o imóvel pertencente a

I. entidade de assistência social sem fins lucrativos, que atenda aos requisitos estabelecidos em lei, ainda que o imóvel seja alugado a terceiros, desde que o valor dos aluguéis seja aplicado nas atividades essenciais para as quais a entidade foi constituída.

II. partido político ou fundação a este vinculada, salvo se o imóvel for alugado a terceiros.

III. instituição de ensino superior pública, ainda que o imóvel seja alugado a terceiros, desde que o valor dos aluguéis seja aplicado nas atividades essenciais para as quais a entidade foi constituída.

IV. entidade sindical, desde que de trabalhadores e na medida em que o uso do imóvel esteja relacionado às finalidades essenciais da entidade ou, se alugado, desde que o valor dos aluguéis seja aplicado nas atividades essenciais para as quais a entidade foi constituída.

Está correto o que se afirma APENAS em

a) III e IV.

b) I, III e IV.

c) II e IV.

d) I, II e III.

e) I e II.

Resposta correta: letra "b".

(Vunesp – Juiz de Direito – TJ-RJ/2016) Com base em súmula do Supremo Tribunal Federal, é correto afirmar que

a) se mostra constitucional a exigência de depósito ou arrolamento prévio de dinheiro ou bens para admissibilidade de recurso administrativo.

b) é constitucional a incidência do Imposto sobre Serviços de Qualquer Natureza – ISS sobre operações de locação de bens móveis, haja vista expressa previsão em lei específica.

c) é inconstitucional a adoção, no cálculo do valor de taxa, de um ou mais elementos da base de cálculo própria de terminado imposto, ainda que não haja integral identidade entre uma base e outra.

d) falsificar ou alterar nota fiscal, fatura, duplicata, nota de venda, ou qualquer outro documento relativo à operação tributável tipifica crime material contra a ordem tributária, mesmo antes do lançamento definitivo do tributo.

e) norma legal que altera o prazo de recolhimento de obrigação tributária não se sujeita ao princípio da anterioridade.

Resposta correta: letra "e".

(Consulplan – Titular de Serviços de Notas e de Registro – Remoção – TJ-MG/2015) Quanto à imunidade tributária e à isenção tributária, é correto afirmar que

a) é vedado à União, aos Estados, ao Distrito Federal e aos Municípios utilizar tributo com efeito de confisco; todavia, os entes estatais estão autorizados pela Constituição Federal a estabelecerem limitações ao tráfego de pessoas ou bens, por meio de tributos interestaduais ou intermunicipais, inclusive por meio da cobrança de pedágio pela utilização de vias conservadas pelo Poder Público.

b) a imunidade referente à vedação de a União, os Estados, o Distrito Federal e os Municípios instituírem impostos sobre livros, jornais, periódicos e o papel destinado a sua impressão abrange os filmes e papéis fotográficos necessários à publicação de jornais e periódicos.

c) a imunidade ou a isenção tributária do comprador se estende ao produtor, contribuinte do imposto sobre produtos industrializados.

d) sendo vendedora uma autarquia, sua imunidade fiscal compreende o imposto de transmissão "inter vivos", que é encargo do comprador.

Resposta correta: letra "b".

(FUNDEP – A Auditor/Conselheiro Substituto do Tribunal de Contas – TCE-MG/2015) Sobre as imunidades tributárias e consoante posicionamento atual e predominante no Supremo Tribunal Federal, assinale a alternativa INCORRETA.

a) A imunidade tributária conferida a instituições de assistência social sem fins lucrativos pelo art. 150, VI, c, da Constituição Federal, somente alcança as entidades fechadas de previdência social privada se não houver contribuição dos beneficiários

b) Ainda quando alugado a terceiros, permanece imune ao IPTU o imóvel pertencente a qualquer das entidades referidas pelo art. 150, VI, c, da Constituição Federal, desde que o valor dos aluguéis seja aplicado nas atividades essenciais de tais entidades

c) A imunidade prevista no art. 150, VI, d, da Constituição Federal, abrange os filmes e papéis fotográficos necessários à publicação de jornais e periódicos.

d) A imunidade tributária recíproca prevista no art. 150, VI, a, da Constituição Federal, afasta a responsabilidade tributária por sucessão, na hipótese em que o sujeito passivo era contribuinte regular do tributo devido.

e) A imunidade prevista no artigo 150, VI, d, da Constituição Federal, abarca álbuns de figurinhas destinados ao público infanto-juvenil.

Resposta correta: letra "b".

(ESAF – Auditor Fiscal da Receita Federal – Receita Federal/2014) O entendimento do Supremo Tribunal Federal, no que toca à imunidade de que gozam as entidades beneficentes de assistência social, é no sentido de que:

a) entendem-se por serviços assistenciais as atividades continuadas que visem à melhoria de vida da população e cujas ações, voltadas para as necessidades básicas, observem os objetivos, os princípios e as diretrizes estabelecidos em lei.

b) o estabelecimento, como uma das condições de fruição de tal benefício por parte das entidades filantrópicas, da exigência de que possuam o certificado de Entidade Beneficente de Assistência Social – CEBAS, contraria o regime estabelecido na Constituição Federal.

c) a jurisprudência do STF é no sentido de afirmar a existência de direito adquirido ao regime jurídico da imunidade das entidades filantrópicas.

d) a exigência de renovação periódica do CEBAS, por parte das entidades filantrópicas, a cada três anos, ofende o disposto na Constituição Federal.

e) tratando-se de imunidade – que decorre, em função de sua natureza mesma, do próprio texto constitucional –, revela-se evidente a absoluta impossibilidade jurídica de, mediante deliberação de índole legislativa, restringir a eficácia do preceito.

Resposta correta: letra "a".

2. COMPETÊNCIA TRIBUTÁRIA

Súmula 503-STF

A dúvida, suscitada por particular, sobre o direito de tributar, manifestado por dois estados, **não configura** litígio da competência originária do Supremo Tribunal Federal.

- **Status:** Válida.

Súmula 69-STF

A Constituição Estadual **não pode** estabelecer limite para o aumento de tributos municipais.

- **Status:** Válida.

2.1. Questões relacionadas

(NC-UFPR – Titular de Serviços de Notas e de Registros – Provimento – TJ-PR/2019) Sobre a Competência Tributária atribuída aos entes federativos pela Constituição da República Federativa do Brasil, identifique como verdadeiras (V) ou falsas (F) as seguintes afirmativas:

( ) Os seguintes impostos foram inseridos na Competência Municipal: ISS (Imposto sobre Serviços), ITBI (Imposto sobre Transmissão de Bens Imóveis), IPTU (Imposto sobre Propriedade Predial e Territorial Urbana) e ITCMD (Imposto sobre Transmissão Causa Mortis e Doações).

( ) Os seguintes impostos foram inseridos na Competência Estadual: ICMS (Imposto sobre Circulação de Mercadorias e Serviços), ITCMD (Imposto sobre Transmissão Causa Mortis e Doações) e IPVA (Imposto sobre Propriedade de Veículos Automotores).

( ) Competência Tributária é o Poder Tributário já repartido pela Constituição da República Federativa entre os entes políticos da Federação.

( ) Os seguintes impostos foram inseridos na Competência Estadual: ICMS (Imposto sobre Circulação de Mercadorias e Serviços), IPI (Imposto sobre Produtos Industrializados), IOF (Imposto sobre Operações Financeiras), ITR (Imposto Territorial Rural), IPTU (Imposto sobre Propriedade Predial e Territorial Urbana) e ITCMD (Imposto sobre Transmissão Causa Mortis e Doações).

( ) Os seguintes impostos foram inseridos na Competência Distrital (Distrito Federal): ICMS (Imposto sobre Circulação de Mercadorias e Serviços), IPVA (Imposto sobre Propriedade de Veículos Automotores), ITCMD (Imposto sobre Transmissão Causa Mortis e Doações), IPTU (Imposto sobre Propriedade Predial e Territorial Urbana), ITBI (Imposto sobre Transmissão de Bens Imóveis) e ISS (Imposto sobre Serviços).

( ) Os seguintes impostos foram inseridos na Competência Federal: IPI (Imposto sobre Produtos Industrializados), IR (Imposto de Renda), ITR (Imposto Territorial Rural, II (Imposto de Importação), IE (Imposto de Exportação), IOF (Imposto sobre Operações Financeiras) e ITBI (Imposto sobre Transmissão de Bens Imóveis).

( ) Os seguintes impostos foram inseridos na Competência Municipal: IPTU (Imposto sobre Propriedade Predial e Territorial Urbana), ITBI (Imposto sobre Transmissão de Bens Imóveis) e ISS (Imposto sobre Serviços).

Assinale a alternativa que apresenta a sequência correta, de cima para baixo.

a) V – F – V – V – F – V – F.

b) F – V – V – F – V – F – V.

c) F – V – F – V – F – V – V.

d) V – V – F – F – V – V – V.

e) V – F – V – V – V – F – F.

Resposta correta: letra "b".

(IESES – Titular de Serviços de Notas e de Registros – Provimento – TJ-PA/2016) A União, os Estados, o Distrito Federal e os Municípios, são pessoas jurídicas de direito público que possuem competência tributária, ou seja, uma parcela do poder tributário. Mas a Constituição Federal brasileira, ao mesmo tempo em que outorga a cada uma dessas entidades a competência para criarem impostos, limita-lhes o poder de tributar, através de seus artigos 150 a 152. Sendo assim, o poder de tributar destes entes não é absoluto. Dentro deste quadro de outorgas de competências e de limitações ao poder tributante a Carta Constitucional atribuiu a cada um desses entes determinadas competências tributárias. Identifique, nos termos do artigo nº 153 da Constituição Federal quais são os impostos de competência da União.

a) Importação de produtos estrangeiros; exportação, para o exterior, de produtos nacionais ou nacionalizados; renda e proventos de qualquer natureza; produtos industrializados; operações de crédito, câmbio e seguro, ou relativas a títulos ou valores mobiliários; propriedade territorial rural; grandes fortunas, nos termos de lei complementar.

b) Importação de produtos estrangeiros; exportação, para o exterior, de produtos nacionais ou nacionalizados; renda e proventos de qualquer natureza; produtos industrializados; operações de crédito, câmbio e seguro, ou relativas a títulos ou valores mobiliários; propriedade territorial rural; grandes fortunas, nos termos de lei complementar; operações relativas à circulação de mercadorias e sobre prestações de serviços de transporte interestadual e intermunicipal e de comunicação, ainda que as operações e as prestações se iniciem no exterior.

c) Importação de produtos estrangeiros; exportação, para o exterior, de produtos nacionais ou nacionalizados; renda e proventos de qualquer natureza; produtos industrializados; operações de crédito, câmbio e seguro, ou relativas a títulos ou valores mobiliários; propriedade territorial rural; propriedade predial e territorial urbana; grandes fortunas, nos termos de lei complementar.

d) Importação de produtos estrangeiros; exportação, para o exterior, de produtos nacionais ou nacionalizados; renda e proventos de qualquer natureza; produtos industrializados; operações de crédito, câmbio e seguro, ou relativas a títulos ou valores mobiliários; transmissão causa mortis e doação, de quaisquer bens ou direitos; grandes fortunas, nos termos de lei complementar.

Resposta correta: letra "b".

(Cespe – Auditor Fiscal da Receita Estadual – SEFAZ-RS/2019) Com relação à competência tributária dos entes federados, assinale a opção correta.

a) O Distrito Federal e os municípios têm competência para instituir contribuições para o custeio de serviços de iluminação pública.

b) Os estados federados e o Distrito Federal têm competência residual para legislar sobre empréstimos compulsórios.

c) Os municípios, os estados federados, o Distrito Federal e a União têm competência concorrente para instituir contribuições sociais interventivas e de interesse das categorias profissionais.

d) À União competem originariamente os impostos sobre doações de bens imóveis quando o donatário vier a ser beneficiado com os direitos reais em dois ou mais estados.

e) Aos municípios e ao Distrito Federal competem os impostos incidentes sobre operações relativas à circulação de mercadorias com a mudança de titularidade.

Resposta correta: letra "a".

(Serctam – Procurador Municipal – Prefeitura de Quixadá – CE/2016) Segundo os princípios constitucionais tributários, marque a opção correta:

a) Norma legal que altera o prazo de recolhimento da obrigação tributária se sujeita ao princípio da anterioridade.

b) Viola a garantia constitucional de acesso à jurisdição a taxa judiciária calculada sem limite sobre o valor da causa.

c) Decisão que declara devida a cobrança do imposto em determinado exercício não faz coisa julgada em relação aos posteriores.

d) A Constituição Estadual pode estabelecer limite para o aumento de tributos municipais.

e) É constitucional a exigência de depósito prévio como requisito de admissibilidade de ação judicial na qual se pretenda discutir a exigibilidade de crédito tributário.

Resposta correta: letra "b".

3. SANÇÕES POLÍTICAS

Súmula 547-STF

Não é lícito à autoridade proibir que o contribuinte em débito adquira estampilhas, despache mercadorias nas alfândegas e exerça suas atividades profissionais.

- **Status:** Válida.

Súmula 323-STF

É inadmissível a apreensão de mercadorias como meio coercitivo para pagamento de tributos.

- **Status:** Válida.
- **Nota do autor:** De acordo com o STJ (REsp 1.728.921/SC, julgado em 16/10/2018), a "retenção" de mercadoria importada até o pagamento dos direitos *antidumping* não viola o enunciado da Súmula n. 323/STF. Isso porque, o pagamento dos direitos *antidumping* é requisito do processo de importação. A retenção de mercadorias e a exigência do recolhimento de tributos e multa ou prestação de garantia integram a operação de desembaraço aduaneiro.
- **Precedentes relacionados:**

"Preliminarmente, destaca-se que o termo *dumping* origina-se do verbo to *dump*, que significa jogar, desfazer, esvaziar-se. Consiste na prática de medidas com o fim de possibilitar que mercadorias ou produtos possam ser oferecidos em um mercado estrangeiro a preço inferior ao vigente no mercado interno. O remédio adotado para essa prática comercial desleal é chamado de **direito *antidumping***, ou seja, é o procedimento que agrega ao valor do produto importado uma quantia igual ou inferior àquela margem de preço diferenciado. Com efeito, o pagamento dos direitos *antidumping* representa condição para a importação dos produtos. O importador fica sujeito à sua exigência de ofício, além de multa e juros moratórios, se não cumprir a determinação, cuja imposição deve ser formalizada em auto de infração. Por essas razões, **resta inaplicável o enunciado da Súmula n. 323 do Supremo Tribunal Federal, que rejeita a apreensão de mercadorias como meio coercitivo para pagamento de tributos, porquanto não se pode confundir a 'apreensão' com a 'retenção' de mercadorias e consequente exigência de recolhimento de tributos e multa ou prestação de garantia, procedimento que integra a operação de importação**. Outrossim, a quitação dos direitos *antidumping* é requisito para perfectibilização do processo de importação, sem o qual não pode ser autorizado o despacho aduaneiro. Não há como liberar pura e simplesmente as mercadorias à míngua de qualquer garantia. Nessa linha, existe precedente da 2ª Turma desta Corte (REsp 1.668.909-SC, Rel. Ministro Herman Benjamin, julgado em 20/6/2017, DJe 30/6/2017)." (STJ, 1ª Turma, REsp 1.728.921-SC, Rel. Min. Regina Helena Costa, por unanimidade, julgado em 16/10/2018, DJe 24/10/2018, Informativo n. 636)

Súmula 127-STJ

É ilegal condicionar a renovação da licença de veículo ao pagamento de multa, da qual o infrator não foi notificado.

- **Status:** Válida.

Súmula 70-STF

É inadmissível a interdição de estabelecimento como meio coercitivo para cobrança de tributo.

- **Status:** Válida.

3.1. Questões relacionadas

(Quadrix – Advogado – CRA-PR/2019) Conforme a CF e a jurisprudência do STF, julgue os item a seguir acerca dos princípios gerais da atividade econômica.

É inconstitucional, por atentar contra o livre exercício de atividade econômica ou profissional, a conduta do Fisco de apreender mercadorias como meio coercitivo para pagamento de débitos tributários.

Resposta: certo.

(Vunesp – Procurador Municipal – Prefeitura de São Bernardo do Campo – SP/2018) Assinale a alternativa que está em consonância com o teor de súmula das Cortes Superiores em matéria tributária.

a) Decisão que declara indevida a cobrança do imposto em determinado exercício faz coisa julgada em relação aos posteriores.

b) Isenções tributárias concedidas, ainda que sob condição onerosa, podem ser livremente suprimidas.

c) A imunidade ou a isenção tributária do comprador se estende ao produtor, contribuinte do imposto sobre produtos industrializados.

d) É inadmissível a apreensão de mercadorias como meio coercitivo para pagamento de tributos.

e) Não incide o imposto de renda sobre o resultado das aplicações financeiras realizadas pelas cooperativas.

Resposta correta: letra "d".

(Fauel – Procurador Municipal – Prefeitura de Paranavaí – PR/2018) Assinale a alternativa INCORRETA, a respeito da administração tributária.

a) Sujeitam-se à fiscalização tributária as pessoas naturais ou jurídicas, contribuintes ou não, inclusive as que gozem de imunidade tributária ou de isenção de caráter pessoal.

b) É inadmissível a interdição de estabelecimento e a apreensão de mercadorias como meio coercitivo para cobrança de tributo.

c) A autoridade administrativa que proceder ou presidir a quaisquer diligências de fiscalização lavrará os termos necessários para que se documente o início do procedimento, na forma da legislação aplicável, que fixará prazo máximo para a conclusão daquelas.

d) A certidão negativa expedida com dolo ou fraude, que contenha erro contra a Fazenda Pública, responsabiliza pessoalmente o funcionário que a expedir, pelo crédito tributário e juros de mora acrescidos.

e) Estão sujeitos à fiscalização tributária ou previdenciária quaisquer livros comerciais, podendo ser examinados em sua integralidade, ainda que não diga respeito aos pontos objeto da investigação.

Resposta correta: letra "e".

(Vunesp – Juiz de Direito – TJ-SP/2018) Com relação à competência tributária e aos princípios e limitações constitucionais ao poder de tributar, é correto afirmar:

a) a Constituição prevê a progressividade não só para o Imposto de Renda mas também para o Imposto Territorial Rural e para o Imposto sobre a Propriedade Territorial Urbana, e, com relação a estes, acrescentou previsão de confisco na hipótese de não cumprimento da função social da propriedade.

b) o Supremo Tribunal Federal tem adotado entendimento no sentido de que, embora o confisco seja conceito jurídico indeterminado, o princípio da vedação do confisco deve ser utilizado para limitar o percentual de multa imposta ao contribuinte.

c) a competência tributária, nela compreendidas a competência legislativa para instituir e majorar tributos e a competência para fiscalizá-los e arrecadá-los, é indelegável, não recebidas pela atual Constituição as normas que dispunham em sentido contrário.

d) o princípio da anterioridade, tal como previsto no texto constitucional vigente, impede que qualquer imposto seja cobrado no mesmo exercício em que haja sido publicada a lei que o instituiu ou aumentou e antes de decorridos noventa dias da data daquela publicação.

Resposta correta: letra "b".

4. ESPÉCIES DE TRIBUTOS

4.1. Impostos de competência da União

4.1.1. Imposto de importação

Súmula 582-STF

~~É constitucional a Resolução nº 640/69, do Conselho de Política Aduaneira, que reduziu a alíquota do imposto de importação para a soda cáustica, destinada a zonas de difícil distribuição e abastecimento.~~

- **Status:** Superada.

Súmula 535-STF

~~Na importação, a granel, de combustíveis líquidos é admissível a diferença de peso, para mais, até 4%, motivada pelas variações previstas no Decreto-lei nº 1.028/1939, art. 1º.~~

- **Status:** Superada.

Súmula 534-STF

~~O imposto de importação sobre o extrato alcoólico de malte, como matéria-prima para fabricação de whisky, incide à base de 60%, desde que desembarcado antes do Decreto-Lei nº 398/1968.~~

- **Status:** Superada.

Súmula 469-STF

~~A multa de cem por cento, para o caso de mercadoria importada irregularmente, é calculada à base do custo de câmbio da categoria correspondente.~~

- **Status:** Superada.

Súmula 244-STF

~~A importação de máquinas de costura está isenta do imposto de consumo.~~

- **Status:** Superada.

Súmula 89-STF

~~Estão isentas do imposto de importação frutas importadas da Argentina, do Chile, da Espanha e de Portugal, enquanto vigentes os respectivos acordos comerciais.~~

- **Status:** Superada.

Súmula 85-STF

~~Não estão sujeitos ao imposto de consumo os bens de uso pessoal e doméstico trazidos, como bagagem, do exterior.~~

- **Status:** Superada.

Súmula 84-STF

~~Não estão isentos do imposto de consumo os produtos importados pelas cooperativas.~~

- **Status:** Superada.

Súmula 83-STF

~~Os ágios de importação incluem-se no valor dos artigos importados para incidência do imposto de consumo.~~

- **Status:** Superada.

Súmula 100-STJ

~~É devido o adicional ao frete para renovação da marinha mercante na importação sob o regime de benefícios fiscais a exportação (BEFIEX).~~

- **Status:** Superada.

4.1.2. Imposto de renda

Súmula 587-STF

Incide Imposto de Renda sobre o **pagamento de serviços técnicos contratados no exterior e prestados no Brasil.**

- **Status:** Válida.

Súmula 586-STF

Incide Imposto de Renda sobre os **juros remetidos para o exterior, com base em contrato de mútuo.**

• **Status:** Válida.

Súmula 585-STF

~~Não incide o imposto de renda sobre a remessa de divisas para pagamento de serviços prestados no exterior, por empresa que não opera no Brasil.~~

• **Status:** Superada.

Súmula 584-STF

Ao Imposto de Renda calculado sobre os rendimentos do ano-base, **aplica-se a lei vigente no exercício financeiro em que deve ser apresentada a declaração.**

• **Status:** Válida.

• **Nota do autor:** Afasta-se a aplicação da Súmula 584 do STF quando o Imposto de Renda tiver conotação extrafiscal. Em outras palavras, não se aplica o entendimento da súmula em comento quando o tributo tiver caráter extrafiscal.

• **Precedentes relacionados:**

"No RE 183.130, de relatoria para o acórdão do Ministro Teori Zavascki, o Plenário desta Corte assentou que a utilização do Imposto de Renda com conotação extrafiscal afasta a incidência da Súmula 584 do STF." (STF, Plenário, RE 592.396/SP, Rel. Min. Edson Fachin, julgado em 03/12/2015)

"Não é legítima a aplicação retroativa do art. 1º, I, da Lei 7.988/89 que majorou a alíquota incidente sobre o lucro proveniente de operações incentivadas ocorridas no passado, ainda que no mesmo exercício. Relativamente a elas, a legislação havia conferido tratamento fiscal destacado e mais favorável, justamente para incrementar a sua exportação. A evidente função extrafiscal da tributação das referidas operações afasta a aplicação, em relação a elas, da Súmula 584/STF." (STF, Plenário, RE 183.130/PR, Rel. Min. Carlos Velloso, rel. p/ acórdão Min. Teori Zavascki, julgado em 25/09/2014)

• **Dispositivos relacionados:**

"Lei 7.988/89, Art. 1º A partir do exercício financeiro de 1990, correspondente ao período-base de 1989:

I – passará a ser 18% (dezoito por cento) a alíquota aplicável ao lucro decorrente de exportações incentivadas, de que trata o art. 1º do Decreto-Lei nº 2.413, de 10 de fevereiro de 1988;"

"Súmula 584-STF. Ao Imposto de Renda calculado sobre os rendimentos do ano-base, aplica-se a lei vigente no exercício financeiro em que deve ser apresentada a declaração."

Súmula 94-STF

~~É competente a autoridade alfandegária para o desconto, na fonte, do imposto de renda correspondente às comissões dos despachantes aduaneiros.~~

- **Status:** Superada.

Súmula 93-STF

Não está isenta do Imposto de Renda a atividade profissional do arquiteto.

- **Status:** Válida.

Súmula 627-STJ

O contribuinte **faz** jus à concessão ou à manutenção da isenção do imposto de renda, **não se lhe exigindo a demonstração da contemporaneidade dos sintomas da doença nem da recidiva da enfermidade.**

- **Status:** Válida.

Súmula 598-STJ

É desnecessária a apresentação de laudo médico oficial para o reconhecimento judicial da isenção do imposto de renda, **desde que o magistrado entenda suficientemente demonstrada a doença grave por outros meios de prova.**

- **Status:** Válida.

Súmula 590-STJ

Constitui acréscimo patrimonial a atrair a incidência do Imposto de Renda, em caso de liquidação de entidade de previdência privada, a quantia que couber a cada participante, por rateio do patrimônio, superior ao valor das respectivas contribuições à entidade em liquidação, devidamente atualizadas e corrigidas.

- **Status:** Válida.

Súmula 556-STJ

É indevida a incidência de Imposto de Renda sobre o **valor da complementação de aposentadoria pago por entidade de previdência privada** e em relação ao **resgate de contribuições recolhidas para referidas entidades patrocinadoras no período de 1º/1/1989 a 31/12/1995**, em razão da isenção concedida pelo art. 6º, VII, "b", da Lei nº 7.713/1988, na redação anterior à que lhe foi dada pela Lei nº 9.250/1995.

- **Status:** Válida.

- **Dispositivos relacionados:**

> "Lei 7.713/88, Art. 6º Ficam isentos do imposto de renda os seguinte rendimentos percebidos por pessoas físicas:
> VII – os seguros recebidos de entidades de previdência privada decorrentes de morte ou invalidez permanente do participante."

Súmula 498-STJ

Não incide imposto de renda sobre a **indenização por danos morais**.

- **Status:** Válida.

Súmula 463-STJ

Incide Imposto de Renda sobre os **valores percebidos a título de indenização por horas extraordinárias trabalhadas, ainda que decorrentes de acordo coletivo**.

- **Status:** Válida.

Súmula 447-STJ

Os Estados e o Distrito Federal **são** partes legítimas na ação de restituição de Imposto retido na fonte proposta por seus servidores.

- **Status:** Válida.

Súmula 386-STJ

São isentas de Imposto de Renda as **indenizações de férias proporcionais e o respectivo adicional**.

- **Status:** Válida.

Súmula 262-STJ

Incide o Imposto de Renda sobre o **resultado das aplicações financeiras realizadas pelas cooperativas.**

- **Status:** Válida.

Súmula 215-STJ

A **indenização recebida pela adesão a programa de incentivo à demissão voluntária não** está sujeita à incidência do Imposto de Renda.

- **Status:** Válida.

Súmula 184-STJ

~~A microempresa de representação comercial é isenta do imposto de renda.~~

- **Status:** Superada.

Súmula 125-STJ

O **pagamento de férias não gozadas por necessidade do serviço não está sujeito à incidência do Imposto de Renda**.

- **Status:** Válida.

Súmula 136-STJ

O **pagamento de licença-prêmio não gozada por necessidade do serviço não está sujeito ao Imposto de Renda**.

- **Status:** Válida.

4.1.3. IPI

Súmula 591-STF

A imunidade ou a isenção tributária do comprador **não** se estende ao produtor, contribuinte do Imposto sobre Produtos Industrializados.

- **Status:** Válida.

Súmula 495-STJ

A **aquisição de bens integrantes do ativo permanente da empresa não gera direito a creditamento de IPI**.

- **Status:** Válida.

Súmula 494-STJ

O benefício fiscal do ressarcimento do crédito presumido do IPI relativo às exportações **incide mesmo quando as matérias-primas ou os insumos sejam adquiridos de pessoa física ou jurídica não contribuinte do PIS/PASEP.**

- **Status:** Válida.

Súmula 411-STJ

É devida a correção monetária ao creditamento do IPI quando há oposição ao seu aproveitamento decorrente de resistência ilegítima do Fisco.

- **Status:** Válida.

- **Precedentes relacionados:**

> "Ocorrendo resistência ilegítima do Fisco caracterizada pela mora no ressarcimento de créditos escriturais de PIS e Cofins (em dinheiro ou mediante compensação), é de se reconhecer-lhes a correção monetária. Incidência, por analogia, do recurso representativo da controvérsia REsp. 1.035.847 – RS, Primeira Seção, Rel. Min. Luiz Fux, julgado em 24.6.2009, e do enunciado n. 411, da Súmula do STJ: 'É devida a correção monetária ao creditamento do IPI quando há oposição ao seu aproveitamento decorrente de resistência ilegítima do Fisco'." (STJ, 2ª Turma, AgRg no AgRg no REsp 1466507/RS, Rel. Min. Mauro Campbell Marques, julgado em 19/05/2015)

4.1.4. IOF

Súmula 664-STF

É inconstitucional o inciso V do art. 1º da Lei 8.033/90, que instituiu a incidência do imposto nas operações de crédito, câmbio e seguros – IOF sobre saques efetuados em caderneta de poupança.

- **Status:** Válida.

- **Dispositivos relacionados:**

> "Lei 8.033/90, Art. 1º São instituídas as seguintes incidências do imposto sobre operações de crédito, câmbio e seguro, ou relativas a títulos ou valores mobiliários:
>
> I – transmissão ou resgate de títulos a valores mobiliários, públicos e privados, inclusive de aplicações de curto prazo, tais como letras de câmbio, depósitos

a prazo com ou sem emissão de certificado, letras imobiliárias, debêntures e cédulas hipotecárias;

II – transmissão de ouro definido pela legislação como ativo financeiro; (Execução suspensa pela RSF nº 52, de 1999)

III – transmissão ou resgate de título representativo de ouro; (Execução suspensa pela RSF nº 52, de 1999)

IV – transmissão de ações de companhias abertas e das consequentes bonificações emitidas;

V – saques efetuados em cadernetas de poupança. (Execução suspensa pela RSF nº 28, de 2007)"

Súmula 185-STJ

Nos depósitos judiciais, **não incide** o Imposto sobre Operações Financeiras.

- **Status:** Válida.

4.1.5. ITR

Súmula 139-STJ

Cabe à Procuradoria da Fazenda Nacional propor execução fiscal para cobrança de crédito relativo ao ITR.

- **Status:** Válida.

4.1.6. Questões relacionadas

(Ieses – Titular de Serviços de Notas e de Registros – Provimento – TJ-CE/2018) Em relação à matéria tributária sumulada pelos tribunais superiores, assinale a alternativa que representa entendimento sumular já superado, entendendo-se para tanto, o entendimento firmado em súmula cancelada

a) É inconstitucional a incidência do Imposto sobre Serviços de Qualquer Natureza – ISS sobre operações de locação de bens móveis.

b) As sociedades civis de prestação de serviços profissionais são isentas da Cofins, irrelevante o regime tributário adotado.

c) Constitui acréscimo patrimonial a atrair a incidência do Imposto de Renda, em caso de liquidação de entidade de previdência privada, a quantia que couber a cada participante, por rateio do patrimônio, superior ao valor das respectivas contribuições à entidade em liquidação, devidamente atualizadas e corrigidas.

d) É constitucional a adoção, no cálculo do valor de taxa, de um ou mais elementos da base de cálculo própria de determinado imposto, desde que não haja integral identidade entre uma base e outra.

Resposta correta: letra "b".

(Vunesp – Procurador Municipal – Prefeitura de São Bernardo do Campo – SP/2018) Assinale a alternativa que está em consonância com o teor de súmula das Cortes Superiores em matéria tributária.

a) Decisão que declara indevida a cobrança do imposto em determinado exercício faz coisa julgada em relação aos posteriores.

b) Isenções tributárias concedidas, ainda que sob condição onerosa, podem ser livremente suprimidas.

c) A imunidade ou a isenção tributária do comprador se estende ao produtor, contribuinte do imposto sobre produtos industrializados.

d) É inadmissível a apreensão de mercadorias como meio coercitivo para pagamento de tributos.

e) Não incide o imposto de renda sobre o resultado das aplicações financeiras realizadas pelas cooperativas.

Resposta correta: letra "d".

(PGR – Procurador da República – PGR/2017) Na disciplina específica do imposto sobre produtos industrializados – IPI:

a) a aquisição de bens integrantes do ativo permanente da empresa não gera direito a creditamento de IPI;

b) é devida a correção monetária ao creditamento do IPI quando há oposição ao seu aproveitamento decorrente de resistência legítima do Fisco;

c) o "contribuinte de fato" (v.g. distribuidora de bebida) detém legitimidade ativa ad causam para pleitear a restituição do indébito relativo ao IPI recolhido pelo "contribuinte de direito" (fabricante de bebida), por integrar a relação jurídica tributária pertinente;

d) a aquisição de matéria-prima e/ou insumo não tributados, isentos ou sujeitos à alíquota zero, utilizados na industrialização de produto tributado pelo IPI, enseja direito ao creditamento do tributo pago na saída do estabelecimento industrial.

Resposta correta: letra "a".

(PGR – Procurador da República – PGR/2017) Sobre o imposto de renda é correto afirmar que:

a) Os Estados e o Distrito Federal não são partes legítimas na ação de restituição de imposto de renda retido na fonte proposta por seus servidores.

b) Não incide imposto de renda sobre os valores percebidos a título de indenização por horas extraordinárias trabalhadas, ainda que decorrentes de acordo coletivo.

c) Não incide imposto de renda sobre a indenização por danos morais.

d) É devida a incidência de imposto de renda sobre o valor da complementação de aposentadoria pago por entidade de previdência privada e em relação ao resgate de contribuições recolhidas para referidas entidades patrocinadoras no período de 1º/1/1989 a 31/12/1995, em razão da isenção concedida pelo art. 6º, VII, b, da Lei n. 7.713/1988, na redação anterior à que lhe foi dada pela Lei n. 9.250/1995.

Resposta correta: letra "c".

(FGV – Procurador Legislativo – ALE-RJ/2017) Joana foi contratada pela empresa XYZ Prestadora de Serviços de Limpeza Ltda. em 25.03.2015. Ultrapassado o período de um ano, Joana pleiteou férias, que foram gozadas no período de 01.04.2016 a 30.04.2016. Na ocasião, Joana recebeu o valor correspondente às suas férias e o respectivo terço constitucional, descontado o imposto de renda sobre o montante total recebido. No caso concreto, considerando a atual jurisprudência do STJ, firmada por sua Primeira Seção em sede de julgamento de recurso repetitivo (REsp nº 1.459.779-MA), a inclusão do terço constitucional de férias gozadas na base de cálculo adotada pela empregadora para fins de retenção do imposto de renda está:

a) incorreta, pois, ao contrário das férias gozadas, o respectivo terço constitucional consiste em verba de natureza indenizatória destinada a compensar o trabalhador pelo dano imaterial sofrido em decorrência do exercício normal de sua profissão durante o período aquisitivo, não sofrendo a incidência do imposto de renda;

b) incorreta, pois, uma vez que o terço constitucional de férias gozadas não se sujeita à incidência de contribuição previdenciária sobre a folha de salários, em razão da não incorporação dessa verba para fins de aposentadoria, também não se submete à incidência do imposto de renda;

c) correta, pois o terço constitucional sobre as férias gozadas configura aquisição de disponibilidade econômica, eis que se trata de efetivo acréscimo patrimonial ao trabalhador, fato gerador do imposto de renda;

d) incorreta, pois o terço constitucional de férias gozadas não possui natureza salarial, não tem caráter retributivo e não constitui ganho habitual;

e) correta, pois, assim como o terço constitucional sobre as férias não gozadas, o terço constitucional sobre as férias gozadas representa acréscimo patrimonial sujeito à incidência do imposto de renda.

Resposta correta: letra "c".

(FGV – Advogado – COMPESA/2016) José ajuizou ação trabalhista contra a sociedade empresária Gama, sua antiga empregadora, visando à cobrança de salários atrasados, horas-extras trabalhadas, 13º salário, e, ainda, licença-prêmio não gozada por necessidade do serviço.

O juiz deu provimento aos pedidos e José recebeu todas as verbas com o desconto do Imposto sobre Renda Pessoa Física – IRPF.

Sobre a hipótese descrita, assinale a afirmativa correta.

a) Está correta a retenção do IRPF, uma vez que todas as verbas são produto do trabalho de José.

b) Está incorreta a retenção do IRPF no que se refere às verbas de horas-extras e do 13º salário, por serem verbas de caráter indenizatório.

c) Está incorreta a retenção do IRPF no que se refere às verbas de horas-extras e de licença-prêmio não gozadas por necessidade do serviço, por serem verbas de caráter indenizatório.

d) Está incorreta a retenção do IRPF apenas no que se refere à verba de licença-prêmio não gozadas por necessidade do serviço, por ter caráter indenizatório.

e) Está incorreta a retenção do IRPF apenas no que se refere à verba de horas-extras, por ter caráter indenizatório.

Resposta correta: letra "d".

(Consulplan – Titular de Serviços de Notas e de Registros – Remoção – TJ-MG/2016) Avalie as afirmações a seguir, considerando posicionamentos sumulados pelo Superior Tribunal de Justiça:

I. Apresenta-se legítima a recusa pelo órgão fazendário de expedição de certidão negativa ou positiva com efeito de negativa, quando declarado e não pago o débito tributário respectivo pelo contribuinte.

II. A entrega de declaração pelo contribuinte reconhecendo débito fiscal constitui o crédito tributário, dispensada qualquer outra providência por parte do fisco.

III. É legítima a exigência de depósito prévio para admissibilidade de recurso administrativo tributário.

IV. Incide imposto de renda sobre a indenização por danos morais.

É correto apenas o que se afirma em

a) I e II.

b) II e III.

c) III e IV.

d) I e IV.

Resposta correta: letra "a".

(Copese – Procurador Municipal – Prefeitura de Palmas – TO/2016) Em relação ao entendimento do Supremo Tribunal Federal e do Superior Tribunal de Justiça acerca de questões tributárias, indique a alternativa INCORRETA.

a) É inconstitucional a exigência de depósito prévio como requisito de admissibilidade de ação judicial na qual se pretenda discutir a exigibilidade de crédito tributário.

b) É constitucional a adoção, no cálculo de valor de taxa, de um ou mais elementos da base de cálculo própria de determinado imposto, desde que não haja integral identidade entre uma base e outra.

c) O serviço de iluminação pública não pode ser remunerado mediante taxa.

d) Os Estados e o Distrito Federal não são partes legítimas na ação de restituição de imposto de renda retido na fonte proposta por seus servidores.

Resposta correta: letra "d".

(Consulplan – Titular de Serviços de Notas e de Registro – Remoção – TJ-MG/2015) Sobre o entendimento do STF, STJ e TJMG quanto aos tributos, é INCORRETO afirmar que

a) é inconstitucional a exigência de depósito prévio como requisito de admissibilidade de ação judicial na qual se pretenda discutir a exigibilidade de crédito tributário, bem como é inconstitucional a exigência de depósito ou arrolamento prévio de dinheiro ou bens para admissibilidade de recurso administrativo.

b) são inconstitucionais as taxas que têm por base os serviços limpeza pública, iluminação pública e de conservação de calçamento, por se tratar de serviços indivisíveis e inespecíficos.

c) não incide imposto de renda sobre os valores percebidos a título de indenização por horas extraordinárias trabalhadas, ainda que decorrentes de acordo coletivo.

d) não incide imposto de renda sobre a indenização por danos morais.

Resposta correta: letra "c".

(Funcab – Auditor Fiscal – Administração Tributária – SEMGE-BA/2014) Sobre impostos de competência da União, assinale a alternativa correta.

a) A indenização recebida pela adesão a programa de incentivo à demissão voluntária está sujeita à incidência do imposto de renda.

b) Nos depósitos judiciais, incide o imposto sobre operações financeiras.

c) O pagamento de férias não gozadas por necessidade do serviço não está sujeito à incidência do imposto de renda.

d) O pagamento de licença-prêmio não gozada por necessidade do serviço está sujeito ao imposto de renda.

e) Não incide imposto de renda sobre os valores percebidos a título de indenização por horas extraordinárias trabalhadas.

Resposta correta: letra "c".

(Ieses – Titular de Serviços de Notas e de Registros – Provimento – TJ-RO/2012) Com base nas súmulas do STF e do STJ assinale a alternativa ERRADA:

a) O serviço de iluminação pública não pode ser remunerado mediante taxa.

b) Não são isentas de imposto de renda as indenizações de férias proporcionais e o respectivo adicional.

c) Presume-se dissolvida irregularmente a empresa que deixar de funcionar no seu domicílio fiscal, sem comunicação aos órgãos competentes, legitimando o redirecionamento da execução fiscal para o sócio-gerente.

d) O inadimplemento da obrigação tributária pela sociedade não gera, por si só, a responsabilidade solidária do sócio-gerente.

Resposta correta: letra "b".

(Vunesp – Titular de Serviços de Notas e de Registros – Remoção – TJ-SP Prova: VUNESP – 2011 – TJ-SP/2011) Assinale a alternativa correta.

a) Autarquia federal não está sujeita ao pagamento de taxa de coleta de lixo instituída pelo Município.

b) À União é defeso cobrar IOF nas operações financeiras realizadas pelo Município.

c) Valorização decorrente de obra pública municipal, de imóvel pertencente ao Estado de São Paulo, não pode ser fato gerador de contribuição de melhoria cobrada pelo município.

d) A imunidade ou a isenção tributária do comprador se estende ao produtor, contribuinte do imposto sobre produtos industrializados.

Resposta correta: letra "b".

4.2. Impostos de competência dos estados e do Distrito Federal

4.2.1. ITCMD

Súmula 590-STF

Calcula-se o imposto de transmissão *causa mortis* **sobre o saldo credor da promessa de compra e venda de imóvel, no momento da abertura da sucessão do promitente vendedor.**

- **Status:** Válida.

Súmula 435-STF

~~O imposto de transmissão *causa mortis* pela transferência de ações é devido ao Estado em que tem sede a companhia.~~

- **Status:** Superada.

Súmula 331-STF

É legítima a incidência do imposto de transmissão *causa mortis* no **inventário por morte presumida.**

- **Status:** Válida.

Súmula 113-STF

~~O imposto de transmissão *causa mortis* é calculado sobre o valor dos bens na data da avaliação.~~

- **Status:** Superada.

Súmula 115-STF

Sobre os **honorários do advogado contratado pelo inventariante**, com a homologação do juiz, **não incide** o imposto de transmissão *causa mortis*.

- **Status:** Válida.

Súmula 114-STF

O imposto de transmissão *causa mortis* **não é exigível antes da homologação do cálculo.**

- **Status:** Válida.

Súmula 113-STF

~~O imposto de transmissão *causa mortis* é calculado sobre o valor dos bens na data da avaliação.~~

- **Status:** Superada.

Súmula 112-STF

O imposto de transmissão *causa mortis* é devido pela **alíquota vigente ao tempo da abertura da sucessão.**

- **Status:** Válida.

4.2.2. ICMS

Súmula vinculante 48-STF

Na **entrada de mercadoria importada do exterior, é legítima** a cobrança do ICMS por ocasião do desembaraço aduaneiro.

- **Status:** Válida.

Súmula vinculante 32-STF

O ICMS **não incide** sobre **alienação de salvados de sinistro pelas seguradoras.**

- **Status:** Válida.

Súmula 662-STF

É legítima a incidência do ICMS na **comercialização de exemplares de obras cinematográficas, gravados em fitas de videocassete.**

- **Status:** Válida.
- **Nota do autor:** Cuidado para não confundir: a) **venda de videoteipe produzido para uma determinada pessoa:** incide ISS (prestação de um serviço); b) **venda videoteipe produzidas para as pessoas em geral:** incide ICMS (comercialização de mercadoria).

Súmula 661-STF

Na **entrada de mercadoria importada do exterior, é legitima** a cobrança do ICMS por ocasião do desembaraço aduaneiro.

- **Status:** Válida, mas foi editada súmula vinculante nº 48 com a mesma regra.

- **Precedente relacionado:**

"Súmula vinculante 48-STF. Na entrada de mercadoria importada do exterior, é legítima a cobrança do ICMS por ocasião do desembaraço aduaneiro."

Súmula 660-STF

~~Não incide ICMS na importação de bens por pessoa física ou jurídica que não seja contribuinte do imposto.~~

- **Status:** Superada.
- **Nota do autor:** O ICMS incide sobre a importação.

Súmula 615-STF

~~O princípio constitucional da anualidade (§ 29 do art. 153 da CF) não se aplica à revogação de isenção do ICM.~~

- **Status:** Superada.

Súmula 579-STF

~~A cal virgem e a hidratada estão sujeitas ao imposto de circulação de mercadorias.~~

- **Status:** Superada.

Súmula 578-STF

~~Não podem os Estados, a título de ressarcimento de despesas, reduzir a parcela de 20% do produto da arrecadação do imposto de circulação de mercadorias, atribuída aos Municípios pelo art. 23, § 8º, da Constituição Federal.~~

- **Status:** Superada.

Súmula 577-STF

~~Na importação de mercadorias do exterior, o fato gerador do imposto de circulação de mercadorias ocorre no momento de sua entrada no estabelecimento do importador.~~

- **Status:** Superada.

Súmula 576-STF

~~É lícita a cobrança do imposto de circulação de mercadorias sobre produtos importados sob o regime da alíquota "zero".~~

- **Status:** Superada.

Súmula 572-STF

~~No cálculo do imposto de circulação de mercadorias devido na saída de mercadorias para o exterior, não se incluem fretes pagos a terceiros, seguros e despesas de embarque.~~

- **Status:** Superada.

Súmula 570-STF

~~O imposto de circulação de mercadorias não incide sobre a importação de bens de capital.~~

- **Status:** Superada.

Súmula 571-STF

~~O comprador de café ao IBC, ainda que sem expedição de nota fiscal, habilita-se, quando da comercialização do produto, ao crédito do ICM que incidiu sobre a operação anterior.~~

- **Status:** Superada.

Súmula 569-STF

~~É inconstitucional a discriminação de alíquotas do imposto de circulação de mercadorias nas operações interestaduais, em razão de o destinatário ser, ou não, contribuinte.~~

- **Status:** Superada.

Súmula 577-STF

~~Na importação de mercadorias do exterior, o fato gerador do imposto de circulação de mercadorias ocorre no momento de sua entrada no estabelecimento do importador.~~

- **Status:** Superada.

Súmula 574-STF

Sem lei estadual que a estabeleça, é ilegítima a cobrança do imposto de circulação de mercadorias sobre o **fornecimento de alimentação e bebidas em restaurante ou estabelecimento similar.**

- **Status:** Válida.

Súmula 573-STF

Não constitui fato gerador do ICMS a **saída física de máquinas, utensílios e implementos a título de comodato.**

- **Status:** Válida.

Súmula 536-STF

~~São objetivamente imunes ao imposto sobre circulação de mercadorias os produtos industrializados, em geral, destinados à exportação, além de outros, com a mesma destinação, cuja isenção a lei determinar.~~

- **Status:** Superada.

Súmula 509-STJ

É lícito ao comerciante de **boa-fé** aproveitar os créditos de ICMS decorrentes de nota fiscal posteriormente declarada inidônea, **quando demonstrada a veracidade da compra e venda.**

- **Status:** Válida.
- **Nota do autor:** Em outras palavras, a nota fiscal declarada inidônea autoriza sim o aproveitamento dos créditos de ICMS, mas desde que o comerciante esteja de boa-fé e demonstre a veracidade da compra e venda.

- **Precedentes relacionados:**

> "A jurisprudência do Superior Tribunal de Justiça pacificou-se no sentido de que o adquirente de boa-fé não pode ser responsabilizado pela inidoneidade de notas fiscais emitidas pela empresa vendedora. Nesse caso, é possível o aproveitamento de crédito de ICMS relativo às referidas notas fiscais. Todavia, para tanto, é necessário que o contribuinte demonstre, pelos registros contábeis, que a operação de compra e venda efetivamente se realizou, incumbindo-lhe, portanto, o ônus da prova." (STJ, 1ª Turma, EDcl nos EDcl no REsp 623.335/PR, Rel. Min. Denise Arruda, julgado em 11/03/2008)

Súmula 457-STJ

Os **descontos incondicionais nas operações mercantis não** se incluem na base de cálculo do ICMS.

- **Status:** Válida.

Súmula 433-STJ

O produto semielaborado, para fins de incidência de ICMS, é aquele que preenche cumulativamente os três requisitos do art. 1º da Lei Complementar nº 65/1991.

- **Status:** Válida.
- **Dispositivos relacionados:**

> "LC 65/91, Art. 1º É compreendido no campo de incidência do imposto sobre operações relativas à circulação de mercadorias e sobre prestação de serviço de transporte interestadual e intermunicipal, e de comunicação (ICMS) o produto industrializado semielaborado destinado ao exterior:
>
> I – que resulte de matéria-prima de origem animal, vegetal ou mineral sujeita ao imposto quando exportada *in natura*.
>
> II – cuja matéria-prima de origem animal, vegetal ou mineral não tenha sofrido qualquer processo que implique modificação da natureza química originária.
>
> III – cujo custo da matéria-prima de origem animal, vegetal ou mineral represente mais de sessenta por cento do custo do correspondente produto, apurado segundo o nível tecnológico disponível no País."

Súmula 432-STJ

As empresas de construção civil **não** estão obrigadas a pagar ICMS sobre **mercadorias adquiridas como insumos em operações interestaduais**.

- **Status:** Válida.

Súmula 431-STJ

É ilegal a cobrança de ICMS **com base no valor da mercadoria submetido ao regime de pauta fiscal**.

- **Status:** Válida.

Súmula 395-STJ

O ICMS **incide** sobre o **valor da venda a prazo constante da nota fiscal**.

- **Status:** Válida.

Súmula 391-STJ

O ICMS **incide** sobre o **valor da tarifa de energia elétrica correspondente à demanda de potência efetivamente utilizada.**

- **Status:** Válida.

Súmula 350-STJ

O ICMS **não incide** sobre o **serviço de habilitação de telefone celular**.

- **Status:** Válida.
- **Nota do autor:** Cuidado para não confundir: a) é legítima a cobrança de tarifa básica pelo uso dos serviços de telefonia fixa; b) não incide ICMS sobre o serviço de habilitação de telefone celular.
- **Precedentes relacionados:**

> "Súmula 356-STJ. É legítima a cobrança da tarifa básica pelo uso dos serviços de telefonia fixa."

Súmula 334-STJ

O ICMS **não incide** no **serviço dos provedores de acesso à Internet**.

- **Status:** Válida.

Súmula 237-STJ

Nas operações com cartão de crédito, os encargos relativos ao financiamento **não** são considerados no cálculo do ICMS.

- **Status:** Válida.

Súmula 198-STJ

Na **importação de veículo por pessoa física, destinado a uso próprio, incide** o ICMS.

- **Status:** Válida.

Súmula 166-STJ

Não constitui fato gerador do ICMS o **simples deslocamento de mercadoria de um para outro estabelecimento do mesmo contribuinte.**

- **Status:** Válida.

Súmula 163-STJ

O **fornecimento de mercadorias com a simultânea prestação de serviços em bares, restaurantes e estabelecimentos similares constitui** fato gerador do ICMS a incidir sobre o **valor total da operação.**

- **Status:** Válida.

Súmula 155-STJ

O ICMS **incide** na **importação de aeronave, por pessoa física, para uso próprio.**

- **Status:** Válida.

Súmula 152-STJ

~~Na venda pelo segurador, de bens salvados de sinistros, incide o ICMS.~~

- **Status:** Cancelada.

- **Precedentes relacionados:**

> "A 1ª Seção decidiu pelo cancelamento da Súmula n. 152, ao entendimento de que, **na venda pelo segurador de bens salvados de sinistros, não mais incide o ICMS**, uma vez que a venda dos bens sub-rogados com a respectiva transferência das receitas aos segurados via abatimento do prêmio constitui uma das fases do contrato de seguro, isenta de ICMS." (STJ, 1ª Seção, REsp 73.552-RJ, Rel. Min. Castro Meira, julgado em 13/6/2007. Informativo n. 323)

Súmula 135-STJ

O ICMS **não incide** na **gravação e distribuição de filmes e videoteipes.**

- **Status:** Válida.

Súmula 129-STJ

O exportador adquire o direito de transferência de crédito do ICMS **quando realiza a exportação do produto**, e não ao estocar a matéria-prima.

- **Status:** Válida.

Súmula 95-STJ

A redução da alíquota do Imposto sobre Produtos Industrializados ou do Imposto de Importação **não** implica redução do ICMS.

• **Status:** Válida.

Súmula 87-STJ

~~A isenção do ICMS relativa a rações balanceadas para animais abrange o concentrado e o suplemento.~~

• **Status:** Superada.

Súmula 94-STJ

~~A parcela relativa ao ICMS inclui-se na base de cálculo do FINSOCIAL.~~

• **Status:** Cancelada.

Súmula 71-STJ

~~O bacalhau importado de país signatário do GATT é isento do ICMS.~~

• **Status:** Superada.

Súmula 68-STJ

~~A parcela relativa ao ICMS inclui-se na base de cálculo do PIS.~~

• **Status:** Cancelada.

Súmula 49-STJ

~~Na exportação de café em grão, não se inclui na base de cálculo do ICM a quota de contribuição, a que se refere o art. 2º do Decreto-Lei nº 2.295, de 21/11/86.~~

• **Status:** Superada.

4.2.3. IPVA

Súmula 585-STJ

A responsabilidade solidária do ex-proprietário, prevista no art. 134 do Código de Trânsito Brasileiro – CTB, **não abrange o IPVA incidente sobre o veículo automotor, no que se refere ao período posterior à sua alienação**.

• **Status:** Válida.

• **Dispositivos relacionados:**

> "CTB, Art. 134. No caso de transferência de propriedade, o proprietário antigo deverá encaminhar ao órgão executivo de trânsito do Estado dentro de um prazo de trinta dias, cópia autenticada do comprovante de transferência de propriedade,

devidamente assinado e datado, **sob pena de ter que se responsabilizar solidariamente pelas penalidades impostas e suas reincidências até a data da comunicação**.

Parágrafo único. O comprovante de transferência de propriedade de que trata o *caput* pode ser substituído por documento eletrônico, na forma regulamentada pelo Contran."

4.2.4. Questões relacionadas

(MPE-PR – Promotor de Justiça – MPE-PR/2019) Sobre o ICMS, é correto afirmar:

a) O ICMS incide sobre alienação de salvados de sinistro pelas seguradoras.

b) O ICMS incide sobre a tarifa de assinatura básica mensal cobrada pelas prestadoras de serviço de telefonia, independentemente da franquia de minutos conferida ou não ao usuário.

c) O fornecimento de água potável por empresas concessionárias desse serviço público é tributável por meio do ICMS.

d) A aquisição de produtos intermediários, sujeitos ao regime de crédito físico, aplicados no processo produtivo que não integram fisicamente o produto final gera direito ao crédito de ICMS, em razão do princípio da não cumulatividade.

e) A aplicação de correção monetária aos créditos escriturais do ICMS registrados tardiamente independe de lei autorizadora ou de prova quanto ao obstáculo injustamente posto pelas autoridades fiscais à pretensão do contribuinte, em razão da força normativa dos princípios da não cumulatividade e da isonomia.

Resposta correta: letra "b".

(Fepese – Procurador do Estado – PGE-SC/2018) Assinale a alternativa correta a respeito do Imposto sobre Operações Relativas à Circulação de Mercadorias e sobre Prestações de Serviços de Transporte Interestadual e Intermunicipal e de Comunicação (ICMS).

a) Incide o ICMS sobre a alienação de salvados de sinistro pelas seguradoras.

b) Empresas do ramo da construção civil estão obrigadas a pagar ICMS sobre mercadorias adquiridas como insumos em operações interestaduais.

c) É legítima a cobrança de ICMS com base no valor da mercadoria submetido ao regime de pauta fiscal.

d) Os descontos incondicionais em operações mercantis não se incluem na base de cálculo do ICMS.

e) O deslocamento de bens ou mercadorias entre estabelecimentos de uma mesma empresa constitui fato gerador do ICMS.

Resposta correta: letra "d".

(Consulplan – Titular de Serviços de Notas e de Registros – Remoção – TJ-MG/2018) Em relação aos impostos em espécie, assinale a alternativa correta.

a) O fato gerador do imposto sobre transmissão causa mortis ocorre no momento do óbito.

b) Não é legítima a incidência do imposto sobre transmissão causa mortis no inventário por morte presumida.

c) O locatário, o arrendante e o comodatário de bens imóveis são também sujeitos passivos tributários, na qualidade de contribuintes, do IPTU.

d) A previsão de que o Imposto sobre a Propriedade Territorial Rural (ITR) não incidirá sobre pequenas glebas rurais (art. 153, §4, II, da CF) é regra de isenção.

Resposta correta: letra "a".

(Fepese – Procurador do Estado – PGE-SC/2018) Assinale a alternativa correta a respeito do Imposto sobre Operações Relativas à Circulação de Mercadorias e sobre Prestações de Serviços de Transporte Interestadual e Intermunicipal e de Comunicação (ICMS).

a) Incide o ICMS sobre a alienação de salvados de sinistro pelas seguradoras.

b) Empresas do ramo da construção civil estão obrigadas a pagar ICMS sobre mercadorias adquiridas como insumos em operações interestaduais.

c) É legítima a cobrança de ICMS com base no valor da mercadoria submetido ao regime de pauta fiscal.

d) Os descontos incondicionais em operações mercantis não se incluem na base de cálculo do ICMS.

e) O deslocamento de bens ou mercadorias entre estabelecimentos de uma mesma empresa constitui fato gerador do ICMS.

Resposta correta: letra "d".

(Vunesp – Juiz de Direito – TJ-SP/2018) Com relação ao ICMS incidente sobre a demanda de energia elétrica, é correto afirmar que, de acordo com o entendimento consolidado do STJ,

a) o imposto incide também sobre o valor da demanda contratada mas não utilizada.

b) a concessionária de energia elétrica tem legitimidade para propor ação declaratória cumulada com repetição do indébito fundada em excesso da base de cálculo do imposto.

c) o imposto incide apenas sobre o valor correspondente à demanda efetivamente utilizada.

d) o consumidor final não tem legitimidade para propor ação declaratória cumulada com repetição do indébito fundada em alegado excesso da base de cálculo do imposto.

Resposta correta: letra "c".

(FCC – Defensor Público – DPE-RS/2018) Quanto ao entendimento jurisprudencial do Superior Tribunal de Justiça e do Supremo Tribunal Federal sobre o imposto incidente sobre a circulação de mercadorias e serviços (ICMS), analise as assertivas abaixo:

I. Constitui fato gerador do ICMS o deslocamento de mercadorias de um para outro estabelecimento do mesmo contribuinte.

II. O ICMS incide no serviço dos provedores de acesso à internet.

III. O ICMS não incide sobre o serviço de habilitação de telefone celular.

IV. O ICMS não incide sobre o fornecimento de água tratada por concessionária de serviço público.

V. É devida a cobrança de ICMS nas operações ou prestações de serviço de transporte terrestre interestadual e intermunicipal de passageiros e de cargas.

Está correto o que consta APENAS de:

a) II, III e IV.

b) I, IV e V.

c) III, IV e V.

d) I, II e III.

e) II e V.

Resposta correta: letra "c".

(FCC – Auditor-Fiscal da Receita Estadual – SEFAZ-GO/2018) Conforme a Lei n° 11.651, de 1991, que institui o Código Tributário do Estado de Goiás, o ICMS incide sobre

a) o fornecimento de alimentação, bebidas e outras mercadorias, exceto em bares, restaurantes e estabelecimentos de diversão noturna.

b) o fornecimento de mercadorias com prestação de serviços compreendidos na competência tributária dos municípios, pelo valor total das mercadorias e serviços, salvo na hipótese em que a Lei Complementar n° 87, de 1996, expressamente os sujeitar apenas à incidência do ISS.

c) prestações de serviços de transporte internacional, interestadual, intermunicipal, e intramunicipal por qualquer via, de pessoas, bens, mercadorias ou valores.

d) a entrada, no território goiano, de mercadoria oriunda de outro Estado, adquirida por não contribuinte.

e) a entrada, no território goiano, decorrente de operação interestadual, de petróleo e combustíveis gasosos dele derivados, quando destinados à comercialização ou à industrialização.

Resposta correta: letra "d".

(Consulplan – Titular de Serviços de Notas e de Registros – Remoção – TJ-MG/2017) À luz do entendimento sumulado pelo Supremo Tribunal Federal, assinale a alternativa INCORRETA:

a) Na entrada de mercadoria importada do exterior, é legítima a cobrança do ICMS por ocasião do desembaraço aduaneiro.

b) A norma legal que altera o prazo de recolhimento da obrigação tributária se sujeita ao princípio da anterioridade.

c) É inconstitucional a incidência do Imposto sobre Serviços de Qualquer Natureza sobre operações de locação de bens móveis.

d) É inconstitucional a exigência de depósito prévio como requisito de admissibilidade de ação judicial na qual se pretenda discutir a exigibilidade de crédito tributário.

Resposta correta: letra "b".

(Cespe – Procurador Municipal – Prefeitura de Belo Horizonte – MG/2017) Depois de ter sido regularmente contratada pelo município de Belo Horizonte – MG para o fornecimento de equipamentos médicos de fabricação estrangeira a hospitais municipais, a empresa Alfa, importadora de bens e mercadorias, tornou-se, nos termos do contrato administrativo celebrado com o município, a responsável pela importação e pelo pagamento de todos os tributos exigíveis por ocasião do desembaraço aduaneiro. Tendo os equipamentos ficado retidos na aduana em razão do não recolhimento do ICMS incidente sobre as mercadorias, a Alfa alegou que o imposto deveria ser recolhido pelo município de Belo Horizonte, destinatário final dos produtos. Entendeu a empresa que o ICMS não faz parte do desembaraço aduaneiro, visto que o fato gerador ainda não teria ocorrido e não decorreria do ato de importação, ou seja, o referido imposto somente seria devido no momento da entrada dos bens no estabelecimento do destinatário final.

Considerando as regras de direito tributário, assinale a opção correta, a respeito dessa situação hipotética.

a) É devida a retenção aduaneira, pois o ICMS não poderia ser cobrado de quem não é contribuinte habitual do imposto.

b) Na entrada de mercadoria importada do exterior, é legítima a cobrança do ICMS por ocasião do desembaraço aduaneiro.

c) Como os bens não serão comercializados, o ICMS não é devido, pois inexiste o fato gerador do tributo.

d) O ICMS não é devido, dada a imunidade tributária. Nesse caso, somente pode ser exigido o imposto sobre a importação, sendo vedada a bitributação.

Resposta correta: letra "b".

(FAURGS – Juiz de Direito – TJ-RS/2016) Sobre o ITCD, assinale a alternativa correta.

a) Havendo bens móveis e imóveis, o ITCD é devido ao Estado de residência do de cujus, apurando-se o imposto pela alíquota vigente por ocasião da data de avaliação dos bens.

b) Havendo bens móveis e imóveis, o ITCD é devido ao Estado da situação dos bens, apurando-se o imposto pela alíquota vigente por ocasião da abertura da sucessão.

c) Havendo apenas bens imóveis, o ITCD é devido ao Estado em que se localizam, apurando-se o imposto pela alíquota vigente por ocasião da avaliação dos bens.

d) Havendo apenas bens móveis, o ITCD é devido ao Estado em que o inventário será processado, apurando-se o imposto pela alíquota vigente por ocasião da abertura da sucessão.

e) Havendo bens móveis e imóveis, o ITCD é devido ao Estado em que o inventário será processado, apurando-se o imposto pela alíquota vigente por ocasião da avaliação dos bens.

Resposta correta: letra "d".

(FGV – Auditor Fiscal Tributário da Receita Municipal – Prefeitura de Cuiabá – MT/2016) Em relação à incidência do Imposto sobre Circulação de Mercadorias e Serviços (ICMS) sobre operações interestaduais de exportação e importação, analise as afirmativas a seguir.

I. Cabe ao Senado Federal, por meio de Resolução, estabelecer as alíquotas do ICMS aplicáveis às operações e prestações, interestaduais e de exportação.

II. Nas operações interestaduais que destinam bens a consumidor final, será aplicada a alíquota interna do Estado, quando o destinatário for contribuinte do ICMS.

III. Incide ICMS sobre a entrada de bens importados por pessoa física, qualquer que seja sua finalidade.

Assinale:

a) se somente a afirmativa II estiver correta.

b) se somente as afirmativas I e III estiverem corretas.

c) se somente as afirmativas I e II estiverem corretas.

d) se somente as afirmativas II e III estiverem corretas.

e) se todas as afirmativas estiverem corretas.

Resposta correta: letra "b".

(Fundatec – Procurador do Estado – PGE-RS/2015) Quanto ao entendimento jurisprudencial em matéria tributária, assinale a alternativa INCORRETA.

a) Nota fiscal declarada inidônea não autoriza o aproveitamento dos créditos de ICMS, mesmo que o comerciante esteja de boa-fé e demonstre a veracidade da compra e venda.

b) A reunião de execuções fiscais contra o mesmo devedor constitui faculdade do Juiz.

c) Os descontos incondicionais nas operações mercantis não se incluem na base de cálculo do ICMS.

d) O ICMS incide sobre o valor da venda a prazo constante da nota fiscal.

e) Em execução fiscal, a prescrição ocorrida antes da propositura da ação pode ser decretada de ofício.

Resposta correta: letra "a".

(Fundatec – Procurador do Estado – PGE-RS/2015) Quanto ao ITCD, analise as assertivas abaixo, considerando o entendimento jurisprudencial:

I. Pode ser progressivo.

II. Sua alíquota máxima, fixada pelo Senado Federal, é de 8%.

III. É cobrado, no Estado do Rio Grande do Sul, com base nas alíquotas de 3% e 4%, aplicáveis, respectivamente, para a sucessão causa mortis e para as doações.

IV. Calcula-se sobre o saldo credor da promessa de compra e venda de imóvel, no momento da abertura da sucessão do promitente vendedor.

Após a análise, pode-se dizer que:

a) Estão corretas apenas as assertivas I e II.

b) Estão corretas apenas as assertivas I e III.

c) Estão corretas apenas as assertivas II e III.

d) Estão corretas apenas as assertivas I, II e IV.

e) Todas as assertivas estão corretas.

Resposta correta: letra "d".

(Consulplan – Titular de Serviços de Notas e de Registro – Provimento – TJ-MG/2015) Com relação ao entendimento sumulado no STF a respeito do ITCMD e da multa pelo retardamento do inventário, é correto afirmar que

a) o imposto de transmissão causa mortis é devido pela alíquota vigente ao tempo da abertura da sucessão e pode ser exigível antes da homologação do cálculo.

b) sobre os honorários do advogado contratado pelo inventariante, com a homologação do juiz, incide o imposto de transmissão causa mortis.

c) não é legítima a incidência do imposto de transmissão causa mortis no inventário por morte presumida e não é inconstitucional a multa instituída pelo estado-membro, como sanção pelo retardamento do início ou da ultimação do inventário.

d) o imposto de transmissão "causa mortis" é calculado sobre o valor dos bens na data da avaliação, mas calcula-se o ITCMD sobre o saldo credor da promessa de compra e venda de imóvel no momento da abertura da sucessão do promitente vendedor.

Resposta correta: letra "d".

(Fundatec – Auditor Fiscal da Receita Estadual – SEFAZ-RS/2014) Em relação à hipótese de incidência do ICMS, assinale a alternativa correta.

a) O Imposto não incide sobre o fornecimento de alimentação em restaurantes e estabelecimentos similares.

b) O Imposto incide sobre o fornecimento de bebidas em bares.

c) O Imposto não incide sobre as mercadorias importadas do exterior.

d) O Imposto não incide sobre as prestações de serviço de transporte hidroviário de passageiros.

e) O Imposto incide sobre as prestações gratuitas de serviços de comunicação, por qualquer meio.

Resposta correta: letra "b".

(FCC – Assessor Jurídico – TCE-PI/2014) Em 24 de fevereiro de 2011, foi publicada a Súmula Vinculante no 32, relativamente ao Imposto sobre a Circulação de Mercadorias e Serviços – ICMS, com o seguinte teor: "O ICMS não incide sobre alienação de salvados de sinistro pelas seguradoras". Seu enunciado.

a) não produz efeitos sobre o Legislativo estadual, não constituindo óbice jurídico à aprovação de novo diploma legal que autorize a cobrança de ICMS sobre empresa seguradora em face da venda de bens salvados de sinistros.

b) não produz efeitos sobre o Tribunal de Justiça do Estado, não constituindo óbice jurídico a que novos julgamentos reconheçam a constitucionalidade da cobrança de ICMS sobre empresa seguradora em face da venda de bens salvados de sinistros.

c) produz efeitos sobre o Governo estadual, constituindo óbice jurídico a que o Governador sancione novo diploma legal que autorize a cobrança de ICMS sobre empresa seguradora em face da venda de bens salvados de sinistros.

d) enseja o cabimento de reclamação em face de julgamento superveniente do STF em sede de ação direta de inconstitucionalidade que reconheça, por maioria de seis votos, a constitucionalidade de preceito normativo constante de lei estadual que autoriza a cobrança de ICMS sobre empresa seguradora em face da venda de bens salvados de sinistros.

e) é automaticamente cancelado no caso de julgamento superveniente do STF em sede de ação direta de inconstitucionalidade que reconheça, por maioria de seis votos, a constitucionalidade de preceito normativo constante de lei estadual que autoriza a cobrança de ICMS sobre empresa seguradora em face da venda de bens salvados de sinistros.

Resposta correta: letra "a".

(Cespe – Procurador do Estado – PG-DF/2013) Julgue os seguintes itens, a respeito do IPTU, do ICMS e de isenção tributária.

Conforme jurisprudência do STJ, admite-se, no processo administrativo, a fixação da base de cálculo do ICMS no valor da mercadoria submetido ao regime de pauta fiscal.

Resposta: errado.

(UEPA – Fiscal de Receitas Estaduais – SEAD-PA/2013) Considerando o imposto sobre transmissão causa mortis e doação, de quaisquer bens ou direitos, assinale a alternativa CORRETA.

a) O imposto sobre a transmissão causa mortis de bens será devido ao Estado onde situado o bem móvel.

b) O imposto sobre a transmissão causa mortis de bens imóveis será devido ao Estado onde se processar o inventário ou tiver domicílio o doador.

c) No imposto sobre a transmissão causa mortis, se o doador tiver domicílio no exterior ou o inventário for processado no exterior, lei complementar regulamentará o ente federativo a quem competirá sua cobrança.

d) As alíquotas máximas do imposto sobre a transmissão causa mortis serão fixadas pelo Congresso Nacional.

e) A morte presumida não faz gerar o imposto sobre a transmissão causa mortis de bens imóveis.

Resposta correta: letra "e".

(FUMARC – Titular de Serviços de Notas e de Registros – Remoção – TJ-MG/2012) Segundo entendimento do Superior Tribunal de Justiça, é correto afirmar que

a) é cabível o Mandado de Segurança para convalidar a compensação tributária realizada pelo contribuinte.

b) a entrega de declaração pelo contribuinte reconhecendo débito fiscal constitui o crédito tributário, dispensada qualquer outra providência por parte do fisco.

c) os descontos incondicionais nas operações mercantis se incluem na base de cálculo do ICMS.

d) é legal a cobrança de ICMS com base no valor da mercadoria submetido ao regime de pauta fiscal.

Resposta correta: letra "b".

(UEPA – Procurador do Estado – PGE-PA/2012) Analise as afirmativas a seguir:

I – Na Súmula 395, o STJ considerou que o ICMS incide sobre o valor da venda a prazo constante da nota fiscal

II – A Súmula 391 do STJ define que o ICMS incide sobre o valor da tarifa de energia elétrica correspondente à demanda de potência efetivamente utilizada.

III – Na Súmula 350, o STJ consolidou o entendimento de que o ICMS não incide sobre o serviço de habilitação de telefone celular.

IV – A teor da Súmula 334 do STJ, o ICMS não incide no serviço dos provedores de acesso à Internet.

De acordo com as afirmativas apresentadas, assinale a alternativa CORRETA:

a) todas as proposições estão corretas

b) apenas uma das proposições está correta

c) apenas duas proposições estão corretas

d) apenas três proposições estão corretas

e) todas as proposições estão incorretas.

Resposta correta: letra "a".

(FMP – Procurador do Estado – PGE-AC/2012) Considerando a situação hipotética que segue, assinale a alternativa correta.

Empresa atacadista do ramo de cosméticos costuma conceder a seus clientes descontos incondicionais nas vendas que realiza a clientes varejistas. Em tais operações mercantis, sempre inclui base de cálculo do ICMS o valor dos aludidos descontos. Segundo o advogado da empresa, tais descontos incondicionais não integram a base de cálculo do ICMS. Diante disso, a empresa pretende propor ação judicial que lhe assegure para o futuro a não inclusão na base de cálculo do ICMS do valor dos descontos incondicionais. Nessa situação, assinale a assertiva correta.

a) É cabível ação declaratória, visto que, segundo o entendimento do STJ, os descontos incondicionais nas operações mercantis não se incluem na base de cálculo do ICMS.

b) É cabível ação anulatória de débito fiscal, visto que, segundo o entendimento do STJ, os descontos incondicionais nas operações mercantis não se incluem na base de cálculo do ICMS.

c) É cabível ação de consignação em pagamento, visto que, segundo o entendimento do STJ, os descontos incondicionais nas operações mercantis não se incluem na base de cálculo do ICMS.

d) Descabe qualquer ação judicial, visto que, segundo o STJ, é legítima a inclusão dos descontos incondicionais nas operações mercantis na base de cálculo do ICMS.

Resposta correta: letra "a".

(UEPA – Procurador do Estado – PGE-PA/2012) Analise as afirmativas a seguir:

I – Na Súmula 457, o STJ considerou que os descontos incondicionais nas operações mercantis não se incluem na base de cálculo do ICMS.

II – A Súmula 433 do STJ afirma que o produto semielaborado, para fins de incidência de ICMS, é aquele que preenche ao menos dois dos três requisitos do art. 1º da Lei Complementar n. 65/1991.

III – Na Súmula 432, o STJ consolidou o entendimento de que as empresas de construção civil não estão obrigadas a pagar ICMS sobre mercadorias adquiridas como insumos em operações interestaduais.

IV – A teor da Súmula 431 do STJ, é legal a cobrança de ICMS com base no valor da mercadoria submetido ao regime de pauta fiscal.

De acordo com as afirmativas apresentadas, estão CORRETAS:

A) somente I, II e III

B) somente III e IV

C) somente II, III e IV

D) somente I, II e IV

E) somente I e III

Resposta correta: letra "e".

(FUMARC – Titular de Serviços de Notas e de Registros – Provimento – TJ-MG/2012) Considerando as súmulas vinculantes editadas pelo Supremo Tribunal Federal, é correto afirmar, EXCETO que

a) o ICMS não incide sobre alienação de salvados de sinistro pelas seguradoras.

b) é inconstitucional a incidência do Imposto sobre Serviços de Qualquer Natureza – ISS sobre operações de locação de bens móveis.

c) é inconstitucional a exigência de depósito prévio como requisito de admissibilidade de ação judicial na qual se pretenda discutir a exigibilidade de crédito tributário.

d) a taxa cobrada exclusivamente em razão dos serviços públicos de coleta, remoção e tratamento ou destinação de lixo ou resíduos provenientes de imóveis viola o artigo 145, II, da Constituição Federal.

Resposta correta: letra "d".

(ESAF – Auditor Fiscal da Receita Federal – Receita Federal/2012) Assinale, entre as hipóteses abaixo, a única que constitui hipótese de incidência do ICMS – imposto sobre operações relativas à circulação de mercadorias e sobre prestações de serviços de transporte interestadual e intermunicipal e de comunicação.

a) Fornecimento de alimentação e bebidas em restaurante ou estabelecimento similar, sem a previsão na respectiva lei estadual.

b) Saída física de máquinas, utensílios e implementos a título de comodato.

c) Comercialização de exemplares de obras cinematográficas, gravados em fitas de videocassete.

d) Alienação de salvados de sinistro pelas seguradoras.

e) Operações de industrialização por encomenda de embalagens, destinadas à utilização direta em processo subsequente de industrialização.

Resposta correta: letra "c".

4.3. Impostos de competência dos municípios

4.3.1. IPTU

Súmula vinculante 52-STF

Ainda quando alugado a terceiros, permanece imune ao IPTU o imóvel pertencente a qualquer das entidades referidas pelo art. 150, VI, "c", da CF, **desde que o valor dos aluguéis seja aplicado nas atividades para as quais tais entidades foram constituídas.**

- **Status:** Válida.

- **Nota do autor:** Vale lembrar que, em que pese a súmula vinculante 52 se referir à imunidade dos partidos políticos, sindicatos de trabalhadores e entidades educacionais e assistenciais sem fins lucrativos (art. 150, VI, "c"), o mesmo entendimento se aplica à imunidade religiosa (art. 150, VI, "b"). Ex: se uma determinada Igreja possui um imóvel, mas o aluga para terceiro, esse bem estará imune ao IPTU se o valor dos aluguéis forem aplicados para as atividades religiosas.

- **Dispositivos relacionados:**

"CF, Art. 150. Sem prejuízo de outras garantias asseguradas ao contribuinte, é vedado à União, aos Estados, ao Distrito Federal e aos Municípios:

VI – instituir impostos sobre:

c) patrimônio, renda ou serviços dos partidos políticos, inclusive suas fundações, das entidades sindicais dos trabalhadores, das instituições de educação e de assistência social, sem fins lucrativos, atendidos os requisitos da lei;"

"CF, Art. 156. Compete aos Municípios instituir impostos sobre:

I – propriedade predial e territorial urbana;"

Súmula 668-STF

É inconstitucional a lei municipal que tenha estabelecido, **antes da Emenda Constitucional 29/2000**, alíquotas progressivas para o IPTU, **salvo se destinada a assegurar o cumprimento da função social da propriedade urbana.**

- **Status:** Válida.

- **Dispositivos relacionados:**

"CF, Art. 156. Compete aos Municípios instituir impostos sobre:

I – propriedade predial e territorial urbana;"

"CF, Art. 182. (...).

(...)

§ 2º A propriedade urbana cumpre sua função social **quando atende às exigências fundamentais de ordenação da cidade expressas no plano diretor**."

(...)

§ 4º **É facultado ao Poder Público municipal**, **mediante lei específica para área incluída no plano diretor**, exigir, nos termos da lei federal, do proprietário do solo urbano **não edificado, subutilizado ou não utilizado**, que promova seu **adequado aproveitamento**, sob pena, **sucessivamente**, de:

I – parcelamento ou edificação compulsórios;

II – imposto sobre a propriedade predial e territorial urbana progressivo no tempo;

III – desapropriação com pagamento **mediante títulos da dívida pública de emissão previamente aprovada pelo Senado Federal, com prazo de resgate de até dez anos**, em parcelas anuais, iguais e sucessivas, assegurados o valor real da indenização e os juros legais."

Súmula 589-STF

É inconstitucional a fixação de adicional progressivo do IPTU em função do número de imóveis do contribuinte.

- **Status:** Válida.
- **Dispositivos relacionados:**

"CF, Art. 156. Compete aos Municípios instituir impostos sobre:
I – propriedade predial e territorial urbana;"

Súmula 583-STF

Promitente comprador de imóvel residencial transcrito em nome de Autarquia é contribuinte do IPTU.

- **Status:** Válida.
- **Dispositivos relacionados:**

"CF, Art. 156. Compete aos Municípios instituir impostos sobre:
I – propriedade predial e territorial urbana;"

Súmula 539-STF

É constitucional a lei do município que reduz o Imposto Predial Urbano sobre **imóvel ocupado pela residência do proprietário, que não possua outro**.

- **Status:** Válida.
- **Dispositivos relacionados:**

"CF, Art. 156. Compete aos Municípios instituir impostos sobre:
I – propriedade predial e territorial urbana;"

Súmula 626-STJ

A incidência do IPTU sobre imóvel situado em área considerada pela lei local como urbanizável ou de expansão urbana **não está condicionada à existência dos melhoramentos elencados no art. 32, § 1º, do CTN.**

- **Status:** Válida.
- **Dispositivos relacionados:**

"CTN, Art. 32. O imposto, de competência dos Municípios, sobre a propriedade predial e territorial urbana tem como fato gerador a propriedade, o domínio útil ou a posse de bem imóvel por natureza ou por acessão física, como definido na lei civil, localizado na zona urbana do Município.

§ 1º Para os efeitos deste imposto, entende-se como zona urbana a definida em lei municipal; observado o requisito mínimo da existência de melhoramentos indicados em pelo menos 2 (dois) dos incisos seguintes, construídos ou mantidos pelo Poder Público:

I – meio-fio ou calçamento, com canalização de águas pluviais;

II – abastecimento de água;

III – sistema de esgotos sanitários;

IV – rede de iluminação pública, com ou sem posteamento para distribuição domiciliar;

V – escola primária ou posto de saúde a uma distância máxima de 3 (três) quilômetros do imóvel considerado.

§ 2º A lei municipal pode considerar urbanas as áreas urbanizáveis, ou de expansão urbana, constantes de loteamentos aprovados pelos órgãos competentes, destinados à habitação, à indústria ou ao comércio, mesmo que localizados fora das zonas definidas nos termos do parágrafo anterior."

Súmula 614-STJ

O locatário **não possui** legitimidade ativa para discutir a relação jurídico-tributária de IPTU e de taxas referentes ao imóvel alugado nem para repetir indébito desses tributos.

- **Status:** Válida.
- **Dispositivos relacionados:**

"CF, Art. 156. Compete aos Municípios instituir impostos sobre:

I – propriedade predial e territorial urbana;"

Súmula 399-STJ

Cabe à legislação municipal estabelecer o sujeito passivo do IPTU.

- **Status:** Válida.
- **Dispositivos relacionados:**

> "CF, Art. 156. Compete aos Municípios instituir impostos sobre:
> I – propriedade predial e territorial urbana;"

Súmula 397-STJ

O contribuinte do IPTU é notificado do lançamento pelo envio do carnê ao seu endereço.

- **Status:** Válida.
- **Dispositivos relacionados:**

> "CF, Art. 156. Compete aos Municípios instituir impostos sobre:
> I – propriedade predial e territorial urbana;"

Súmula 160-STJ

É defeso, ao município, atualizar o IPTU, mediante Decreto, **em percentual superior ao índice oficial de correção monetária**.

- **Status:** Válida.
- **Dispositivos relacionados:**

> "CF, Art. 156. Compete aos Municípios instituir impostos sobre:
> I – propriedade predial e territorial urbana;"

4.3.2. ITBI

Súmula 656-STF

É inconstitucional a lei que estabelece alíquotas progressivas para o imposto de transmissão *inter vivos* de bens imóveis – ITBI com base no valor venal do imóvel.

- **Status:** Válida.

Súmula 470-STF

O imposto de transmissão *inter vivos* **não incide sobre a construção, ou parte dela, realizada, inequivocamente, pelo promitente comprador**, mas sobre o **valor do que tiver sido construído antes da promessa de venda.**

- **Status:** Válida.

Súmula 110-STF

O imposto de transmissão *inter vivos* **não incide sobre a construção, ou parte dela, realizada pelo adquirente**, mas sobre **o que tiver sido construído ao tempo da alienação do terreno**.

- **Status:** Válida.

Súmula 75-STF

Sendo vendedora uma Autarquia, a sua imunidade fiscal **não** compreende o imposto de transmissão inter vivos, **que é encargo do comprador**.

- **Status:** Válida.

4.3.3. ISS

Súmula vinculante 31-STF

É inconstitucional a incidência do Imposto sobre Serviços de Qualquer Natureza – ISS sobre **operações de locação de bens móveis.**

- **Status:** Válida.

Súmula 663-STF

Os §§ 1º e 3º do art. 9º do Decreto-Lei nº 406/68 foram recebidos pela Constituição.

- **Status:** Válida.
- **Nota do autor:** O Decreto-Lei nº 406/1968 estabelece normas gerais de direito financeiro, aplicáveis ao ICMS e ISS.

- **Dispositivos relacionados:**

"DL 406/68, Art. 9º A base de cálculo do imposto é o preço do serviço.

§ 1º Quando se tratar de prestação de serviços sob a forma de trabalho pessoal do próprio contribuinte, o imposto será calculado, por meio de alíquotas fixas ou variáveis, em função da natureza do serviço ou de outros fatores pertinentes, nestes não compreendida a importância paga a título de remuneração do próprio trabalho.

§ 3º Quando os serviços a que se referem os itens 1, 4, 8, 25, 52, 88, 89, 90, 91 e 92 da lista anexa forem prestados por sociedades, estas ficarão sujeitas ao imposto na forma do § 1º, calculado em relação a cada profissional habilitado, sócio, empregado ou não, que preste serviços em nome da sociedade, embora assumindo responsabilidade pessoal, nos termos da lei aplicável."

Súmula 588-STF

O ISS **não** incide sobre os **depósitos**, as **comissões** e **taxas de desconto**, **cobrados pelos estabelecimentos bancários.**

- **Status:** Válida.

Súmula 524-STJ

No tocante à base de cálculo, **o ISSQN incide apenas sobre a taxa de agenciamento quando o serviço prestado por sociedade empresária de trabalho temporário for de intermediação**, devendo, entretanto, englobar também os valores dos salários e encargos sociais dos trabalhadores por ela contratados nas hipóteses de fornecimento de mão de obra.

- **Status:** Válida.

Súmula 424-STJ

É legítima a incidência de ISS sobre os serviços bancários congêneres da lista anexa ao Decreto-Lei nº 406/1968 e à LC n. 56/1987.

- **Status:** Válida.

Súmula 274-STJ

O ISS **incide** sobre o **valor dos serviços de assistência médica**, **incluindo-se** neles as refeições, os medicamentos e as diárias hospitalares.

- **Status:** Válida.

Súmula 167-STJ

O fornecimento de concreto, por empreitada, para construção civil, preparado no trajeto até a obra em betoneiras acopladas a caminhões, **é prestação de serviço**, sujeitando-se apenas à incidência do **ISS**.

- **Status:** Válida.

Súmula 156-STJ

A **prestação de serviço de composição gráfica, personalizada e sob encomenda, ainda que envolva fornecimento de mercadorias**, está sujeita, apenas, ao **ISS**.

- **Status:** Válida.

Súmula 138-STJ

O ISS **incide** na **operação de arrendamento mercantil de coisas móveis**.

- **Status:** Válida.

4.3.4. Questões relacionadas

(FAUEL – Procurador Municipal – Prefeitura de Paranavaí – PR/2018) Acerca do IPTU (Imposto sobre a Propriedade Predial e Territorial Urbana), assinale a alternativa INCORRETA.

a) É defeso, ao Município, atualizar o IPTU, mediante decreto, em percentual superior ao índice oficial de correção monetária.

b) É inconstitucional a cobrança do IPTU em alíquotas diferenciadas em razão da destinação dos imóveis.

c) A base do cálculo do imposto é o valor venal do imóvel. Na determinação da base de cálculo, não se considera o valor dos bens móveis mantidos, em caráter permanente ou temporário, no imóvel, para efeito de sua utilização, exploração, aformoseamento ou comodidade.

d) Ainda quando alugado a terceiros, permanece imune ao IPTU o imóvel pertencente a qualquer das entidades referidas pelo art. 150, VI, "c", da Constituição Federal, desde que o valor dos aluguéis seja aplicado nas atividades para as quais tais entidades foram constituídas.

e) É inconstitucional a fixação de adicional progressivo do IPTU em função do número de imóveis do contribuinte.

Resposta correta: letra "b".

(IBGP – Procurador Municipal – Prefeitura de Santa Luzia – MG/2018) De acordo com a Constituição da República, assinale a alternativa CORRETA:

a) É legítimo o estado condicionar o repasse do ICMS ao município ao ingresso desse tributo no erário estadual.

b) O inadimplemento dos encargos trabalhistas dos empregados do contratado não transfere automaticamente ao poder público contratante a responsabilidade pelo seu pagamento, seja em caráter solidário ou subsidiário.

c) É constitucional a fixação de adicional progressivo do imposto predial e territorial urbano em função do número de imóveis do contribuinte.

d) A União, os Estados-Membros, o Distrito Federal e os Municípios são competentes, concorrentemente para atuar sobre o domínio econômico, possuindo, diante da inexistência de Lei federal sobre a matéria, competência legislativa plena.

Resposta correta: letra "b".

(IADES – Advogado – CFM/2018) Acerca do Imposto sobre Serviços de Qualquer Natureza (ISSQN ou ISS), assinale a alternativa correta.

a) A incidência do ISS sobre operações de locação de bens móveis é constitucional.

b) Segundo jurisprudência do Supremo Tribunal Federal, inocorre o fato gerador da cobrança do ISS em contrato de arrendamento mercantil.

c) Para o financiamento dos fundos municipais, poderá ser criado adicional de até cinco pontos percentuais na alíquota do ISS ou do imposto que vier a substituí-lo, sobre serviços supérfluos.

d) O ISS não incide sobre o valor dos serviços de assistência médica.

e) No tocante à base de cálculo, o ISS incide apenas sobre a taxa de agenciamento quando o serviço prestado por sociedade empresária de trabalho temporário for de intermediação, devendo, entretanto, englobar também os valores dos salários e encargos sociais dos trabalhadores por ela contratados nas hipóteses de fornecimento de mão de obra.

Resposta correta: letra "b".

(MPE-PR – Promotor de Justiça – MPE-PR/2017) Segundo o entendimento do Supremo Tribunal Federal, assinale a alternativa incorreta:

a) É inconstitucional a exigência de depósito prévio como requisito de admissibilidade de ação judicial na qual se pretenda discutir a exigibilidade do crédito tributário.

b) Quando alugado a terceiros, não permanece imune ao IPTU o imóvel pertencente a partidos políticos, a entidades sindicais dos trabalhadores, a instituições de educação e de assistência social, sem fins lucrativos, independente da destinação conferida ao valor dos aluguéis.

c) Norma legal que altera o prazo de recolhimento da obrigação tributária não se sujeita ao princípio da anterioridade.

d) A imunidade tributária subjetiva, prevista no artigo 150, inciso VI, alínea "c", da Constituição Federal, a impedir a instituição de impostos sobre patrimônio, renda ou serviços das entidades sindicais dos trabalhadores, das instituições de educação e de assistência social, sem fins lucrativo aplica-se a seus beneficiários na posição de contribuinte de direito, mas não na de simples contribuinte de fato.

e) A imunidade tributária constante do art. 150, VI, "d" (livros, jornais, periódicos e o papel destinado à sua impressão), da Constituição Federal, alcança o livro digital (e-book)

Resposta correta: letra "b".

(Consulplan – Titular de Serviços de Notas e de Registros – Provimento – TJ-MG/2017) À luz do entendimento sumulado pelo Supremo Tribunal Federal, assinale a alternativa INCORRETA:

a) É ilegítima a incidência da contribuição previdenciária sobre o 13º salário.

b) O serviço de iluminação pública não pode ser remunerado mediante taxa.

c) Viola a garantia constitucional de acesso à jurisdição a taxa judiciária calculada sem limite sobre o valor da causa.

d) Ainda quando alugado a terceiros, permanece imune ao IPTU o imóvel pertencente a qualquer das entidades referidas pelo art. 150, VI, "c", da Constituição Federal, desde que o valor dos aluguéis seja aplicado nas atividades para as quais tais entidades foram constituídas.

Resposta correta: letra "a".

(IBFC – Analista Judiciário – TJ-PE/2017) Com base na Lei Complementar 116/2003, analise as afirmativas abaixo e assinale a alternativa correta:

I. O Imposto Sobre Serviços de Qualquer Natureza, de competência dos Municípios e do Distrito Federal, tem como fato gerador a prestação de serviços constantes da lista anexa a esta Lei, ainda que esses não se constituam como atividade preponderante do prestador.

II. O imposto não incide sobre as exportações de serviços para o exterior do País.

III. O imposto não incide sobre a prestação de serviços em relação de emprego, dos trabalhadores avulsos, dos diretores e membros de conselho consultivo ou de conselho fiscal de sociedades e autarquias, bem como dos sócios-gerentes e dos gerentes-delegados.

IV. O imposto não incide sobre o valor intermediado no mercado de títulos e valores imobiliários, o valor dos depósitos bancários, o principal, juros e acréscimos moratórios relativos a operações de crédito realizadas por instituições financeiras.

Estão corretas as afirmativas:

a) I, II e III, apenas.

b) II, III e IV, apenas.

c) I e II, apenas.

d) II e III, apenas.

e) I e IV, apenas.

Resposta correta: letra "c".

(FGV – Procurador Municipal – Prefeitura de Paulínia – SP/2016) O Município X enviou para os proprietários de imóveis localizados na zona urbana o carnê do Imposto sobre Propriedade Predial e Territorial Urbana (IPTU).

Sobre a hipótese, assinale a afirmativa correta.

a) O lançamento do crédito ocorreu por declaração, e o envio do carnê ao endereço do contribuinte configura a notificação presumida do lançamento do tributo, passível de ser ilidida pelo contribuinte, a quem cabe comprovar seu não recebimento.

b) O lançamento do crédito ocorreu de ofício, e o envio do carnê ao endereço do contribuinte configura a notificação presumida do lançamento do tributo, passível de ser ilidida pelo contribuinte, a quem cabe comprovar seu não recebimento.

c) O lançamento do crédito ocorreu de ofício, e o envio do carnê ao endereço do contribuinte somente configura a notificação do lançamento do tributo se o Fisco comprovar a remessa e o recebimento do carnê de cobrança no endereço do contribuinte, sob pena de nulidade da CDA.

d) O lançamento do crédito ocorreu por declaração, e o envio do carnê ao endereço do contribuinte somente configura a notificação do lançamento do tributo se o Fisco comprovar a remessa e o recebimento do carnê de cobrança no endereço do contribuinte, sob pena de nulidade da CDA.

e) O lançamento do crédito ocorreu por homologação, e o envio do carnê ao endereço do contribuinte somente configura a notificação do lançamento do tributo se o Fisco comprovar a remessa e o recebimento do carnê de cobrança no endereço do contribuinte, sob pena de nulidade da CDA.

Resposta correta: letra "b".

(FGV – Advogado – COMPESA/2016) Sobre a constituição do crédito tributário, analise as afirmativas a seguir.

I. A entrega da declaração de rendimentos, seja mediante DCTF, GFIP e GIA pelo próprio contribuinte reconhecendo o débito fiscal, constitui o crédito tributário, dispensada qualquer outra providência por parte do fisco.

II. O envio do carnê de cobrança do IPTU ao endereço do contribuinte constitui o crédito tributário.

III. A revisão do lançamento só pode ser iniciada se não extinto pela decadência o direito de a Fazenda Pública lançar.

Está correto o que se afirma em:

a) I, apenas.

b) I e II, apenas.

c) I e III, apenas.

d) II e III, apenas.

e) I, II e III.

Resposta correta: letra "e".

(FEPESE – Procurador Municipal – Prefeitura de Criciúma – SC/2016) Analise os itens abaixo sobre os tributos municipais.

1. É inconstitucional a incidência do Imposto sobre Serviços de Qualquer Natureza – ISS sobre operações de locação de bens móveis.

2. Quando alugado para terceiro, incidirá o Imposto Predial e Territorial Urbano sobre bem imóvel pertencente a partido político.

3. O Imposto de Transmissão "Inter Vivos" de Bens Imóveis poderá ter alíquotas progressivas com base no valor venal do imóvel.

4. É inconstitucional a fixação de adicional progressivo do imposto predial e territorial urbano em função do número de imóveis do contribuinte.

Assinale a alternativa que indica todos os itens corretos.

a) Estão corretos apenas os itens 1 e 3.

b) Estão corretos apenas os itens 1 e 4.

c) Estão corretos apenas os itens 2 e 3.

d) Estão corretos apenas os itens 1, 2 e 4.

e) Estão corretos apenas os itens 2, 3 e 4.

Resposta correta: letra "b".

(FCC – Analista Judiciário – TRT – 3ª Região/2015) Empresa especializada no serviço de locação de bens móveis foi autuada pelo fisco municipal pelo não recolhimento do Imposto sobre Serviços de Qualquer Natureza – ISS e pelo fisco federal pelo não recolhimento da COFINS. Sobre estas autuações é correto afirmar que

a) estão corretas, pois são devidos o ISS e a COFINS nas operações de locação de bens móveis.

b) somente está correta a autuação pelo não recolhimento da ISS, uma vez que só cabe COFINS nas operações de locação de móveis quando as partes são pessoas jurídicas.

c) incide COFINS sobre receitas provenientes das operações de locação de bens móveis, segundo entendimento do STJ.

d) é constitucional a incidência do ISS sobre operações de locação de bens móveis, segundo entendimento do STF.

e) sobre a operação de locação de bem móvel não pode incidir nenhum tributo, por não ser fato gerador dos tributos atualmente instituídos por lei.

Resposta correta: letra "c".

(FGV – Fiscal de Tributos – Prefeitura de Niterói – RJ/2015) Um pequeno empresário cultiva, de forma organizada e comercial, inclusive com empregados, hortaliças para venda, em sua propriedade, que está localizada em área de um Município. A rua onde fica a propriedade consta da definição de lei municipal, tem meio-fio, conta com abastecimento de água e sistema de esgotos sanitários, tendo ainda iluminação pública. De acordo com a hipótese apresentada, sobre a propriedade em questão:

a) não haverá incidência de nenhum imposto, por conta de imunidade prevista na Constituição Federal;

b) haverá incidência do IPTU, pois a propriedade está inserida em área da zona urbana municipal; contando com quatro dos melhoramentos construídos ou mantidos pelo Poder Público, indicados no CTN;

c) haverá a incidência do ITR, pois o IPTU não incidirá sobre o imóvel urbano que, comprovadamente, seja utilizado em exploração extrativa vegetal, agrícola, pecuária ou agroindustrial;

d) haverá incidência do IPTU, pois basta a lei municipal estabelecer que determinada área pertence à zona urbana para ensejar a cobrança do imposto municipal;

e) haverá a incidência do ITR, pois o imposto federal tem sua receita repartida com o Município.

Resposta correta: letra "c".

(IDECAN – Procurador Legislativo – Câmara Municipal de Serra – ES/2014) O Código Tributário Nacional (CTN) estabelece o IPTU como o imposto, de competência dos Municípios, sobre a propriedade predial e territorial urbana que tem como fato gerador a propriedade, o domínio útil ou a posse de bem imóvel ou natureza ou por acessão física, como definido na lei civil, localizado na zona urbana do Município. O referido código exige como requisito mínimo a existência de, pelo menos, dois melhoramentos elencados na norma para que se entenda a área como zona urbana. Assinale a alternativa que apresenta um melhoramento NÃO previsto no CTN.

a) Sistema de esgotos sanitários.

b) Meio-fio ou calçamento, com canalização de águas pluviais.

c) Rede de iluminação pública, com ou sem posteamento para distribuição domiciliar.

d) Escola primária a uma distância máxima de cinco quilômetros do imóvel considerado.

Resposta correta: letra "d".

(TJ-RS – Titular de Serviços de Notas e de Registros – Remoção – TJ-RS/2013) Assinale a alternativa correta.

a) O Imposto sobre a Transmissão inter vivos a qualquer título, por ato oneroso, de bens imóveis – ITBI não incide sobre enfiteuse, servidão e usufruto.

b) A base de cálculo do Imposto sobre a Transmissão inter vivos a qualquer título, por ato oneroso, de bens imóveis – ITBI é o valor venal dos bens imóveis transmitidos.

c) O Imposto sobre a Transmissão inter vivos a qualquer título, por ato oneroso, de bens imóveis – ITBI incide sobre anticrese, hipoteca e penhor.

d) O Imposto sobre a Transmissão inter vivos a qualquer título, por ato oneroso, de bens imóveis – ITBI pode ser exigido em razão de promessa de compra e venda.

Resposta correta: letra "b".

(CETRO – Titular de Serviços de Notas e de Registros – Remoção – TJ-RJ/2012) Sobre os Impostos Municipais, analise as assertivas abaixo.

I. A lista dos impostos municipais na Constituição da República é exaustiva.

II. É inconstitucional a lei municipal que tenha estabelecido, antes da Emenda Constitucional 29/2000, alíquotas progressivas para o IPTU, salvo se destinada a assegurar o cumprimento da função social da propriedade urbana.

III. É inconstitucional a fixação de adicional progressivo do IPTU em função do número de imóveis do contribuinte. É correto o que se afirma em

a) I, apenas.

b) II, apenas.

c) III, apenas.

d) I, II e III.

e) II e III, apenas.

Resposta correta: letra "d".

(NC-UFPR – Juiz de Direito – TJ-PR/2012) Considere as seguintes afirmativas sobre a jurisprudência do Superior Tribunal de Justiça e do Supremo Tribunal Federal em matéria tributária:

1. É inconstitucional a fixação de adicional progressivo do imposto predial e territorial urbano em função do número de imóveis do contribuinte.

2. É ilegítima a incidência do imposto de transmissão causa mortis no inventário por morte presumida.

3. Promitente comprador de imóvel residencial transcrito em nome de autarquia é contribuinte do Imposto Predial Territorial Urbano.

4. É inconstitucional a adoção no cálculo do valor de taxa de um ou mais elementos da base de cálculo própria de determinado imposto, desde que não haja integral identidade entre uma base e outra.

Assinale a alternativa correta.

a) Somente a afirmativa 4 é verdadeira.

b) Somente as afirmativas 2 e 4 são verdadeiras.

c) Somente as afirmativas 1 e 3 são verdadeiras.

d) Somente as afirmativas 1, 2 e 3 são verdadeiras.

Resposta correta: letra "c".

(PGE-PA – Procurador do Estado – PGE-PA/2011) Em se tratando de progressividade, assinale a alternativa INCORRETA:

a) É constitucional a lei que estabelece alíquotas progressivas para o imposto de transmissão inter vivos de bens imóveis – ITBI com base no valor venal do imóvel.

b) É inconstitucional a lei municipal que tenha estabelecido, antes da EC 29/2000, alíquotas progressivas para o IPTU, salvo se destinada a assegurar o cumprimento da função social da propriedade urbana.

c) É constitucional a lei municipal que tenha previsto alíquotas diversas para imóveis residenciais e comerciais, uma vez editada após a EC 29/2000.

d) A progressividade no IPTU pode cumprir funções distintas, tanto para assegurar o cumprimento da função social da propriedade, quanto para observar o princípio da isonomia.

e) Não há tributo progressivo quando as alíquotas são diferenciadas segundo critérios que não levam em consideração a capacidade contributiva.

Resposta correta: letra "a".

4.4. TAXAS

Súmula vinculante 41-STF

O serviço de iluminação pública **não** pode ser remunerado mediante taxa.

• **Status:** Válida.

• **Nota do autor:** Esse serviço público não pode ser remunerado mediante taxa, porque o serviço de iluminação pública não é específico e divisível, ou seja, não se pode mensurar o quanto cada indivíduo se beneficia pela iluminação pública. Na verdade, o serviço de iluminação pública é remunerado mediante **contribuição** (COSIP), nos termos do art. 149-A da CF.

• **Dispositivos relacionados:**

"CF, Art. 149-A. Os Municípios e o Distrito Federal poderão instituir contribuição, na forma das respectivas leis, para o custeio do serviço de iluminação pública, observado o disposto no art. 150, I e III.

Parágrafo único. É facultada a cobrança da contribuição a que se refere o *caput*, na fatura de consumo de energia elétrica."

Súmula vinculante 29-STF

É constitucional a adoção, no cálculo do valor de taxa, **de um ou mais elementos da base de cálculo própria de determinado imposto**, desde que não haja **integral** identidade entre uma base e outra.

• **Status:** Válida.

• **Dispositivos relacionados:**

"CF, Art. 145. A União, os Estados, o Distrito Federal e os Municípios poderão instituir os seguintes tributos:

II – taxas, em razão do exercício do poder de polícia ou pela utilização, efetiva ou potencial, de serviços públicos específicos e divisíveis, prestados ao contribuinte ou postos a sua disposição;".

Súmula vinculante 19-STF

A taxa cobrada exclusivamente em razão dos serviços públicos de coleta, remoção e tratamento ou destinação de lixo ou resíduos provenientes de imóveis, **não viola o art. 145, II, da CF.**

- **Status:** Válida.
- **Nota do autor:** em outras palavras, é constitucional a taxa de lixo.

- **Dispositivos relacionados:**

> "CF, Art. 145. A União, os Estados, o Distrito Federal e os Municípios poderão instituir os seguintes tributos:
> II – taxas, em razão do exercício do poder de polícia ou pela utilização, efetiva ou potencial, de serviços públicos específicos e divisíveis, prestados ao contribuinte ou postos a sua disposição;".

Súmula vinculante 12-STF

A cobrança de taxa de matrícula nas universidades públicas **viola o disposto no art. 206, inciso IV, da Constituição Federal.**

- **Status:** Válida.

- **Dispositivos relacionados:**

> "CF, Art. 206. O ensino será ministrado com base nos seguintes princípios: (...)
> IV – gratuidade do ensino público em estabelecimentos oficiais;"

Súmula 670-STF

O serviço de iluminação pública **não pode** ser remunerado mediante **taxa**.

- **Status:** Válida, mas foi substituída pela súmula vinculante 41 do STF, com o mesmo teor.

- **Nota do autor:** O serviço de iluminação pública pode ser remunerado mediante **contribuição** cuja competência para a instituição é conferida aos Municípios e ao Distrito Federal, nos termos do art. 149-A da CF, incluído pela Emenda Constitucional nº 39/2002.

Precedentes relacionados:

"Súmula vinculante 41-STF. O serviço de iluminação pública não pode ser remunerado mediante taxa."

- **Dispositivos relacionados:**

"CF, Art. 149-A Os Municípios e o Distrito Federal poderão instituir contribuição, na forma das respectivas leis, para o custeio do serviço de iluminação pública, observado o disposto no art. 150, I e III. (Incluído pela Emenda Constitucional nº 39, de 2002)

Parágrafo único. É facultada a cobrança da contribuição a que se refere o caput, na fatura de consumo de energia elétrica. (Incluído pela Emenda Constitucional nº 39, de 2002)"

Súmula 667-STF

Viola a garantia constitucional de acesso à jurisdição a taxa judiciária calculada sem limite sobre o valor da causa.

- **Status:** Válida.

Súmula 665-STF

É constitucional a **Taxa de Fiscalização dos Mercados de Títulos e Valores Mobiliários**, instituída pela Lei nº 7.940/89.

- **Status:** Válida.

- **Nota do autor:** São contribuintes da chamada taxa de fiscalização dos Mercados de Títulos e Valores Mobiliários: **(i)** as pessoas naturais e jurídicas que integram o sistema de distribuição de valores mobiliários; **(ii)** as companhias abertas; **(iii)** os fundos e sociedades de investimentos; **(iv)** os administradores de carteira e depósitos de valores mobiliários; **(v)** os auditores independentes; **(vi)** os consultores e analistas de valores mobiliários; **(vii)** as sociedades beneficiárias de recursos oriundos de incentivos fiscais obrigadas a registro na Comissão de Valores Mobiliários - CVM. Por outro lado, são isentos do pagamento da taxa em comento, os analistas de valores mobiliários não sujeitos a registro na Comissão de Valores Mobiliários - CVM.

Súmula 595-STF

É inconstitucional a Taxa Municipal de Conservação de Estradas de Rodagem cuja base de cálculo seja idêntica à do Imposto Territorial Rural.

• **Status:** Válida.

• **Nota do autor:** A vedação contida na súmula em comento se justifica para evitar a bitributação.

Súmula 551-STF

~~É inconstitucional a taxa de urbanização da Lei 2.320/1961, instituída pelo Município de Porto Alegre, porque seu fato gerador é o mesmo da transmissão imobiliária.~~

• **Status:** Superada.

Súmula 550-STF

~~A isenção concedida pelo art. 2º da Lei nº 1.815/1953, às empresas de navegação aérea não compreende a taxa de melhoramento de portos, instituída pela Lei nº 3.421/1958.~~

• **Status:** Superada.

Súmula 549-STF

~~A Taxa de Bombeiros do Estado de Pernambuco é constitucional, revogada a Súmula nº 274.~~

• **Status:** Superada.

Súmula 545-STF

Preços de serviços públicos e taxas não se confundem, porque estas, diferentemente daqueles, são compulsórias ~~e têm sua cobrança condicionada à prévia autorização orçamentária, em relação à lei que as instituiu~~.

• **Status:** Superada apenas na parte riscada.

• **Nota do autor:** Continua válido o entendimento no sentido de que os preços de serviços públicos e taxas não se confundem, porque estas, diferentemente daqueles, são compulsórias.

Súmula 438-STF

~~É ilegítima a cobrança, em 1962, da Taxa de Educação e Saúde, de Santa Catarina, adicional do imposto de vendas e consignações.~~

• **Status:** Superada.

Súmula 437-STF

~~Está isenta da taxa de despacho aduaneiro a importação de equipamento para a indústria automobilística, segundo plano aprovado, no prazo legal, pelo órgão competente.~~

- **Status:** Superada.

Súmula 348-STF

~~É constitucional a criação de taxa de construção, conservação e melhoramento de estradas.~~

- **Status:** Superada.

Súmula 324-STF

~~A imunidade do art. 31, V, da Constituição Federal, não compreende as taxas.~~

- **Status:** Superada.

Súmula 309-STF

~~A taxa de despacho aduaneiro, sendo adicional do imposto de importação, não está compreendida na isenção do imposto de consumo para automóvel usado trazido do exterior pelo proprietário.~~

- **Status:** Superada.

Súmula 308-STF

~~A taxa de despacho aduaneiro, sendo adicional do imposto de importação, não incide sobre borracha importada com isenção daquele imposto.~~

- **Status:** Superada.

Súmula 306-STF

~~As taxas de recuperação econômica e de assistência hospitalar de Minas Gerais são legítimas, quando incidem sobre matéria tributável pelo Estado.~~

- **Status:** Superada.

Súmula 302-STF

~~Está isenta da taxa de previdência social a importação de petróleo bruto.~~

- **Status:** Superada.

Súmula 274-STF

~~É inconstitucional a taxa de serviço contra fogo cobrada pelo Estado de Pernambuco.~~

- **Status:** Superada.

Súmula 144-STF

~~É inconstitucional a incidência da taxa de recuperação econômica de Minas Gerais sobre contrato sujeito ao imposto federal do selo.~~

- **Status:** Superada.

Súmula 141-STF

~~Não incide a taxa de previdência social sobre combustíveis.~~

- **Status:** Superada.

Súmula 140-STF

~~Na importação de lubrificantes é devida a taxa de previdência social.~~

- **Status:** Superada.

Súmula 138-STF

~~É inconstitucional a taxa contra fogo, do estado de Minas Gerais, incidente sobre prêmio de seguro contra fogo.~~

- **Status:** Superada.

Súmula 137-STF

~~A taxa de fiscalização da exportação incide sobre a bonificação cambial concedida ao exportador.~~

- **Status:** Superada.

Súmula 136-STF

~~É constitucional a taxa de estatística da Bahia.~~

- **Status:** Superada.

Súmula 135-STF

~~É inconstitucional a taxa de eletrificação de Pernambuco.~~

- **Status:** Superada.

Súmula 134-STF

~~A isenção fiscal para a importação de frutas da Argentina compreende a taxa de despacho aduaneiro e a taxa de previdência social.~~

- **Status:** Superada.

Súmula 133-STF

~~Não é devida a taxa de despacho aduaneiro na importação de fertilizantes e inseticidas.~~

- **Status:** Superada.

Súmula 132-STF

~~Não é devida a taxa de previdência social na importação de amianto bruto ou em fibra.~~

- **Status:** Superada.

Súmula 131-STF

~~Não é devida a taxa de previdência social na importação de amianto bruto ou em fibra.~~

- **Status:** Superada.

Súmula 130-STF

~~A taxa de despacho aduaneiro (art. 66 da Lei 3.244, de 14.8.57) continua a ser exigível após o Decreto Legislativo 14, de 25.8.60, que aprovou alterações introduzidas no Acordo Geral sobre Tarifas Aduaneiras e Comércio (GATT).~~

- **Status:** Superada.

Súmula 129-STF

~~Na conformidade da legislação local, é legítima a cobrança de taxa de calçamento.~~

- **Status:** Superada.

Súmula 128-STF

~~É indevida a taxa de assistência médica e hospitalar das instituições de previdência social.~~

- **Status:** Superada.

Súmula 127-STF

~~É indevida a taxa de armazenagem, posteriormente aos primeiros trinta dias, quando não exigível o imposto de consumo, cuja cobrança tenha motivado a retenção da mercadoria.~~

- **Status:** Superada.

Súmula 126-STF

~~É inconstitucional a chamada taxa de aguardente, do Instituto do Açúcar e do Álcool.~~

- **Status:** Superada.

Súmula 82-STF

~~São inconstitucionais o imposto de cessão e a taxa sobre inscrição de promessa de venda de imóvel, substitutivos do imposto de transmissão, por incidirem sobre ato que não transfere o domínio.~~

- **Status:** Superada.

Súmula 157-STJ

~~É ilegítima a cobrança de taxa, pelo município, na renovação de licença para localização de estabelecimento comercial ou industrial.~~

- **Status:** Cancelada.
- **Nota do autor:** É **legítima** a cobrança de taxa, pelo Município, na renovação de licença para localização de estabelecimento comercial ou industrial.

- **Precedentes relacionados:**

> "A 1ª Seção decidiu cancelar a Súmula n. 157, entendendo que, dentro de um contexto mais abrangente e sem limitações, é melhor seguir a orientação do STF, que admite a taxa de renovação anual de licença para localização, instalação e funcionamento de estabelecimentos comerciais e similares como legal, desde que haja órgão administrativo que execute o poder de polícia do município e que a base de cálculo não seja vedada, para no exame de cada lei de per si saber se a taxa cobrada deriva ou não do legal exercício do poder de polícia garantido constitucionalmente. No mérito, afastada a referida Súmula, a Seção, por maioria, negou provimento ao recurso." (STJ, 1ª Seção, REsp 261.571-SP, Rel. Min. Eliana Calmon, julgado em 24/4/2002; Informativo n. 131)

Súmula 124-STJ

~~A taxa de melhoramento dos portos tem base de cálculo diversa do Imposto de Importação, sendo legítima a sua cobrança sobre a importação de mercadorias de países signatários do GATT, da ALALC ou ALADI.~~

- **Status:** Superada.

4.4.1. Questões relacionadas

(Ieses – Titular de Serviços de Notas e de Registros – Provimento – TJ-CE/2018) Em relação à matéria tributária sumulada pelos tribunais superiores, assinale a alternativa que representa entendimento sumular já superado, entendendo-se para tanto, o entendimento firmado em súmula cancelada

a) É inconstitucional a incidência do Imposto sobre Serviços de Qualquer Natureza – ISS sobre operações de locação de bens móveis.

b) As sociedades civis de prestação de serviços profissionais são isentas da Cofins, irrelevante o regime tributário adotado.

c) Constitui acréscimo patrimonial a atrair a incidência do Imposto de Renda, em caso de liquidação de entidade de previdência privada, a quantia que couber a cada participante, por rateio do patrimônio, superior ao valor das respectivas contribuições à entidade em liquidação, devidamente atualizadas e corrigidas.

d) É constitucional a adoção, no cálculo do valor de taxa, de um ou mais elementos da base de cálculo própria de determinado imposto, desde que não haja integral identidade entre uma base e outra.

Resposta correta: letra "b".

(Vunesp – Procurador Legislativo – Câmara de Itaquaquecetuba – SP/2018) O financiamento de atividades exercidas pela Administração Pública para determinados usuários pode se dar por meio de Taxa de Serviços ou de Polícia. A respeito do tema, assinale a alternativa que representa o entendimento atual dos Tribunais Superiores.

a) A taxa cobrada exclusivamente em razão dos serviços públicos de coleta, remoção e tratamento de lixo ou resíduos provenientes de imóveis é inconstitucional.

b) A cobrança de taxa de matrícula nas universidades públicas viola o direito constitucional da gratuidade do ensino público em estabelecimentos oficiais.

c) É inconstitucional a adoção, no cálculo do valor de taxa, de um ou mais elementos da base de cálculo própria de determinado imposto.

d) Não viola a garantia constitucional de acesso à jurisdição a taxa judiciária calculada sem limite sobre o valor da causa.

e) O serviço de iluminação pública pode ser remunerado por taxa em razão de ser serviço público, específico e divisível.

Resposta correta: letra "b".

(Orhion – Procurador Municipal – Prefeitura de Jaguariúna – SP/2018) Considerando as Súmulas do Supremo Tribunal Federal, em matéria tributária, analise os Enunciados a seguir:

I – A taxa cobrada exclusivamente em razão dos serviços públicos de coleta, remoção e tratamento ou destinação de lixo ou resíduos provenientes de imóveis, não viola o artigo 145, II, da Constituição Federal.

II – É inconstitucional a adoção, no cálculo do valor de taxa, de um ou mais elementos da base de cálculo própria de determinado imposto, desde que não haja integral identidade entre uma base e outra.

III – É constitucional a incidência do Imposto sobre Serviços de Qualquer Natureza – ISS sobre operações de locação de bens móveis.

IV – Norma legal que altera o prazo de recolhimento da obrigação tributária não se sujeita ao princípio da anterioridade.

V – Ainda quando alugado a terceiros, permanece imune ao IPTU o imóvel pertencente a qualquer das entidades referidas pelo art. 150, VI, "c", da Constituição Federal, desde que o valor dos aluguéis seja aplicado nas atividades para as quais tais entidades foram constituídas.

Assinale a alternativa CORRETA:

a) Apenas as afirmativas I e III estão corretas.

b) Apenas as afirmativas II e IV estão corretas.

c) Apenas as afirmativas I, II e III estão corretas.

d) Apenas as afirmativas I, IV e V estão corretas.

Resposta correta: letra "d".

(Consulplan – Titular de Serviços de Notas e de Registros – Provimento – TJ-MG/2017) Relativamente às taxas, assinale a alternativa correta:

a) A Constituição Federal menciona quais as taxas que são de competência das entidades tributantes, obedecendo-se ao critério de repartição de atribuição administrativa para a prestação do serviço.

b) A taxa de serviço público específico e divisível possui, como fato gerador, a utilização efetiva ou potencial desse mesmo serviço, podendo ainda ser instituída para repartir os custos de serviço estatal efetivamente existente ou para angariar recursos para a sua implantação.

c) O serviço de iluminação pública pode ser remunerado mediante taxa.

d) A taxa cobrada exclusivamente em razão dos serviços públicos de coleta, remoção e tratamento ou destinação de lixo ou resíduos provenientes de imóveis, não viola o art. 145, II, da Constituição Federal.

Resposta correta: letra "d".

(IMA – Procurador Municipal – Prefeitura de Penalva – MA/2017) Acerca da obrigação tributária, é CORRETO afirmar que:

a) É constitucional a adoção, no cálculo do valor de taxa, de um ou mais elementos da base de cálculo própria de determinado imposto, desde que haja integral identidade entre uma base e outra.

b) A obrigação acessória, pelo simples fato da sua inobservância, converte-se em obrigação principal relativamente à penalidade pecuniária.

c) As taxas poderão ter base de cálculo própria de impostos, nos casos previstos em lei.

d) A obrigação principal decorre da legislação tributária e tem por objeto as prestações, positivas ou negativas, nela previstas no interesse da arrecadação ou da fiscalização dos tributos.

Resposta correta: letra "b".

(Consulplan – Titular de Serviços de Notas e de Registros – Provimento – TJ-MG/2017) Dado que o fato gerador significa um evento e a base de cálculo, a grandeza que o dimensiona numericamente, considerando-se os impostos e as taxas, é correto afirmar:

a) A base de cálculo dos impostos deve ser a grandeza que dimensiona a manifestação de riqueza, sendo também totalmente idônea para regular a taxa, que guarda relação com a contraprestação estatal.

b) É constitucional a adoção, no cálculo do valor de taxa, de um ou mais elementos da base de cálculo própria de determinado imposto, desde que não haja integral identidade entre uma base e outra.

c) Não viola a garantia constitucional de acesso à jurisdição a taxa judiciária calculada sem limite sobre o valor da causa.

d) O Supremo Tribunal Federal entendeu pela inconstitucionalidade da taxa de fiscalização dos mercados de títulos e valores mobiliários, cobrada pela Comissão de Valores Mobiliários, cujos montantes, em moeda corrente, são determinados em faixas que variam de acordo com o patrimônio líquido da sociedade ou fundo de investimento sujeito à fiscalização.

Resposta correta: letra "b".

(COPESE – Procurador Municipal – Prefeitura de Palmas – TO/2016) Em relação ao entendimento do Supremo Tribunal Federal e do Superior Tribunal de Justiça acerca de questões tributárias, indique a alternativa INCORRETA.

a) É inconstitucional a exigência de depósito prévio como requisito de admissibilidade de ação judicial na qual se pretenda discutir a exigibilidade de crédito tributário.

b) É constitucional a adoção, no cálculo de valor de taxa, de um ou mais elementos da base de cálculo própria de determinado imposto, desde que não haja integral identidade entre uma base e outra.

c) O serviço de iluminação pública não pode ser remunerado mediante taxa.

d) Os Estados e o Distrito Federal não são partes legítimas na ação de restituição de imposto de renda retido na fonte proposta por seus servidores.

Resposta correta: letra "d".

(FGV – Agente de Fiscalização – TCM-SP/2015) A Câmara dos Vereadores de determinado Município recém-criado constituiu comissão com o objetivo de oferecer sugestões a respeito das taxas que poderiam ser criadas à luz das competências municipais. Entre as proposições a seguir, todas formuladas pela referida comissão, a única que se mostra compatível com a Constituição da República é:

a) o serviço de energia elétrica, de competência municipal, é remunerado mediante taxa;

b) não há relação de proporcionalidade necessária entre a taxa e o custo do serviço;

c) o serviço público de tratamento ou destinação de lixo não pode ser remunerado mediante taxa;

d) taxas e preços públicos têm sua cobrança condicionada à prévia autorização orçamentária;

e) o serviço de iluminação pública não pode ser remunerado mediante taxa.

Resposta correta: letra "e".

(TRT 23ª Região – Juiz do Trabalho – TRT 23ª Região/2015) A Súmula Vinculante no 12, devidamente publicada no diário oficial, estabelece que "a cobrança de taxa de matricula nas Universidades públicas viola o disposto no art. 206, IV, da Constituição Federal", dispositivo este que prevê, como princípio, a gratuidade do ensino público em estabelecimentos oficiais. Na hipótese de haver demanda judicial em curso, relativa à cobrança de taxa de matrícula por Universidade pública,

a) tanto em primeira como em segunda instância, magistrado e órgão fracionário de Tribunal competente para o julgamento em grau recursal estarão obrigados, desde logo, a decidir o caso em conformidade com o entendimento pela inconstitucionalidade da cobrança, cabendo reclamação direta ao Supremo Tribunal Federal apenas em face da decisão de segunda instância, caso assim não o faça.

b) tanto em primeira como em segunda instância, magistrado e órgão fracionário de Tribunal competente para o julgamento em grau recursal deverão, desde logo, extinguir o processo, sem resolução de mérito, diante da impossibilidade jurídica do pedido, caso se trate de ação movida pela Universidade em face de aluno inadimplente.

c) o magistrado de primeira instância estará obrigado, desde logo, a decidir o caso em conformidade com o entendimento pela inconstitucionalidade da cobrança, devendo o órgão fracionário do Tribunal competente para o julgamento em grau recursal aguardar pronunciamento prévio do Plenário ou Órgão Especial respectivo sobre a matéria.

d) tanto em primeira como em segunda instância, magistrado e órgão fracionário de Tribunal competente para o julgamento em grau recursal estarão obrigados, desde logo, a decidir o caso em conformidade com o entendimento pela inconstitucionalidade da cobrança, cabendo reclamação direta ao Supremo Tribunal Federal, em face de qualquer uma, caso assim não o façam.

e) o magistrado de primeira instância e o órgão competente para julgamento em grau recursal, caso entendam pela inaplicabilidade da Súmula Vinculante ao caso, estarão legitimados a propor, perante o Supremo Tribunal Federal, sua revisão ou cancelamento.

Resposta correta: letra "d".

(CETRO – Procurador – CREF 4ª Região/2013) Sobre as espécies de tributo, assinale a alternativa correta.

a) É constitucional a taxa cobrada exclusivamente em razão dos serviços públicos de coleta, remoção, tratamento ou destinação de lixo ou resíduos provenientes de imóveis.

b) O serviço de iluminação pública pode ser remunerado mediante taxa.

c) Não viola a garantia constitucional de acesso à jurisdição a taxa judiciária calculada sem limite sobre o valor da causa.

d) A cobrança a título de água e esgoto é considerada tributo.

e) É inconstitucional a adoção, no cálculo do valor da taxa, de um ou mais elementos da base de cálculo própria de determinado imposto, ainda que não haja integral identidade entre uma base e outra.

Resposta correta: letra "a".

(Cespe – Auditor de Controle Externo – TCE-ES/2012) No que se refere a finanças públicas, sistema tributário nacional e impostos em espécie, julgue os itens subsecutivos.

Considera-se constitucional a cobrança da taxa municipal de conservação de estradas de rodagem, ainda que a base de cálculo utilizada seja idêntica à do imposto territorial rural (ITR).

Resposta: errado.

4.5. CONTRIBUIÇÕES

Súmula vinculante 40-STF

A contribuição confederativa de que trata o artigo 8º, IV, da Constituição Federal, **só é exigível dos filiados ao sindicato respectivo**.

- **Status:** Válida.
- **Dispositivos relacionados:**

"CF, Art. 8º É livre a associação profissional ou sindical, observado o seguinte:

IV – a assembléia geral fixará a contribuição que, em se tratando de categoria profissional, será descontada em folha, para custeio do sistema confederativo da representação sindical respectiva, independentemente da contribuição prevista em lei;"

Súmula 732-STF

É constitucional a cobrança da contribuição do salário-educação, seja sob a Carta de 1969, seja sob a Constituição Federal de 1988, e no regime da Lei 9.424/96.

- **Status:** Válida.

Súmula 666-STF

A contribuição confederativa de que trata o art. 8º, IV, da Constituição, só é exigível dos filiados ao sindicato respectivo.

- **Status:** Válida, mas substituída pela súmula vinculante 40 do STF.

- **Precedentes relacionados:**

> "Súmula vinculante 40-STF. A contribuição confederativa de que trata o artigo 8º, IV, da Constituição Federal, só é exigível dos filiados ao sindicato respectivo."

- **Dispositivos relacionados:**

> "CF, Art. 8º É livre a associação profissional ou sindical, observado o seguinte:
> IV – a assembléia geral fixará a contribuição que, em se tratando de categoria profissional, será descontada em folha, para custeio do sistema confederativo da representação sindical respectiva, independentemente da contribuição prevista em lei;"

Súmula 659-STF

É legítima a cobrança da COFINS, do PIS e do Finsocial sobre as **operações relativas à energia elétrica, serviços de telecomunicações, derivados de petróleo, combustíveis e minerais do País**.

- **Status:** Válida.

Súmula 658-STF

~~São constitucionais os arts. 7º da Lei 7.787/89 e 1º da Lei 7.894/89 e da Lei 8.147/90, que majoraram a alíquota do FINSOCIAL, quando devida a contribuição por empresas dedicadas exclusivamente à prestação de serviços.~~

- **Status:** Superada.

Súmula 584-STJ

As Sociedades Corretoras de Seguros, que não se confundem com as Sociedades de Valores Mobiliários ou com os Agentes Autônomos de Seguro Privado, **estão fora do rol de entidades constantes do art. 22, § 1º, da Lei nº 8.212/1991, não se sujeitando à majoração da alíquota da COFINS, prevista no art. 18 da** Lei nº **10.684/2003**.

- **Status:** Válida.
- **Dispositivos relacionados:**

> "Lei 10.684/2003, Art. 18. Fica elevada para 4% a alíquota da Contribuição para o Financiamento da Seguridade Social – COFINS devida pelas pessoas jurídicas referidas nos §§ 6º e 8º do art. 3º da Lei nº 9.718, de 27 de novembro de 1998."

Súmula 516-STJ

A Contribuição de Intervenção no Domínio Econômico para o INCRA (Decreto-lei nº 1.110/1970), devida por empregadores rurais e urbanos, não foi extinta pelas Leis nº 7.787/1989, 8.212/1991 e 8.213/1991, não podendo ser compensada com a contribuição ao INSS.

- **Status:** Válida.

Súmula 508-STJ

A isenção da COFINS concedida pelo artigo 6º, II, da LC 70/91 às sociedades civis de prestação de serviços profissionais foi revogada pelo artigo 56 da Lei nº 9.430/96.

- **Status:** Válida.
- **Dispositivos relacionados:**

> "Lei 9.430/96, Art. 56. **As sociedades civis de prestação de serviços de profissão legalmente regulamentada passam a contribuir para a seguridade social com base na receita bruta da prestação de serviços**, observadas as normas da Lei Complementar nº 70, de 30 de dezembro de 1991.
>
> Parágrafo único. Para efeito da incidência da contribuição de que trata este artigo, serão consideradas as receitas auferidas a partir do mês de abril de 1997."

Súmula 499-STJ

As empresas prestadoras de serviços **estão** sujeitas às contribuições ao SESC e SENAC, **salvo se integradas noutro serviço social.**

- **Status:** Válida.

Súmula 468-STJ

A base de cálculo do PIS, até a edição da MP nº 1.212/1995, **era o faturamento ocorrido no sexto mês anterior ao do fato gerador.**

- **Status:** Válida.

Súmula 458-STJ

A contribuição previdenciária **incide** sobre a **comissão paga ao corretor de seguros, independentemente da existência de contrato de trabalho.**

- **Status:** Válida.

Súmula 423-STJ

A contribuição para financiamento da Seguridade Social (COFINS) **incide** sobre as **receitas provenientes das operações de locação de bens móveis.**

- **Status:** Válida.

Súmula 396-STJ

A Confederação Nacional da Agricultura **tem** legitimidade ativa para a cobrança da contribuição sindical rural.

- **Status:** Válida.

Súmula 351-STJ

A alíquota de contribuição para o Seguro de Acidente do Trabalho (SAT) é aferida **pelo grau de risco desenvolvido em cada empresa, individualizada pelo seu CNPJ**, ou **pelo grau de risco da atividade preponderante quando houver apenas um registro.**

- **Status:** Válida.

Súmula 276-STJ

~~As sociedades civis de prestação de serviços profissionais são isentas da COFINS, irrelevante o regime tributário adotado.~~

• **Status:** Cancelada pelo AR 3.761/PR em 20/11/2008.

• **Precedentes relacionados:**

"Súmula 508 do STJ. A isenção da COFINS, concedida pelo art. 6º, II, da LC 70/1991 às sociedades civis de prestação de serviços profissionais, foi revogada pelo art. 56 da Lei 9.430/1996."

Súmula 77-STJ

A Caixa Econômica Federal é parte **ilegítima** para figurar no polo passivo das ações relativas às contribuições para o fundo PIS/PASEP.

• **Status:** Válida.

Súmula 84-TNU

Comprovada a situação de desemprego por **mais de 3 anos**, o trabalhador **tem** direito ao saque dos valores depositados em sua **conta individual do PIS**.

• **Status:** Válida.

4.5.1. Questões relacionadas

(Vunesp – Procurador Municipal – Prefeitura de Andradina – SP/2017) Nos termos da Súmula Vinculante 31, é inconstitucional a

a) incidência do Imposto sobre Serviços de Qualquer Natureza – ISS sobre operações de locação de bens móveis.

b) não incidência do ICMS sobre alienação de salvados de sinistro pelas seguradoras

c) a contribuição confederativa de que trata o art. 8º , IV, da CF, exigível somente dos filiados ao sindicato respectivo.

d) cobrança do serviço de iluminação pública que não seja realizada por meio de taxa.

e) lei que sujeita a exame psicotécnico a habilitação de candidato a cargo público.

Resposta correta: letra "a".

(ESAF – Procurador da Fazenda Nacional – PGFN/2015) Sobre os direitos sociais coletivos dos trabalhadores, assinale a opção correta.

a) É livre a criação de sindicatos, condicionados ao registro no órgão competente, cabendo aos trabalhadores ou empregadores interessados estabelecer a base territorial respectiva, não inferior à área de um município.

b) Para a Súmula Vinculante n. 40, do Supremo Tribunal Federal, a contribuição assistencial só é exigível dos filiados ao sindicato.

c) Cabe aos trabalhadores, diante do princípio da liberdade e autonomia sindical, artigo 8º, caput, da Constituição da República Federativa do Brasil de 1988, decidir pela participação dos sindicatos nas negociações coletivas de trabalho.

d) Nas empresas com mais de 200 empregados, é assegurada a eleição de um representante destes com a finalidade exclusiva de promover-lhes o entendimento direto com os empregadores, sendo vedada a dispensa do representante eleito, a partir do registro da candidatura e, se eleito, ainda que suplente, até um ano após o término do mandato.

e) A Constituição da República Federativa do Brasil de 1988 confere, como direito fundamental coletivo, o exercício do direito de greve, sendo vedada regulamentação por lei ordinária.

Resposta correta: letra "a".

(Cespe – Procurador do Ministério Público – Tribunal de Contas da União/2015) Em relação ao custeio da seguridade social, assinale a opção correta.

a) A responsabilidade tributária pelo recolhimento da contribuição previdenciária de segurado empregado, trabalhador avulso e empregado doméstico será tanto dos segurados quanto das empresas, dos empregadores e de equiparados.

b) A contribuição dos segurados especiais para a previdência social é feita com base no salário de contribuição.

c) Conforme entendimento do STJ, a alíquota de contribuição para o Seguro Acidente do Trabalho, a cargo do empregador, é aferida apenas pelo grau de risco na atividade preponderante, ainda que a pessoa jurídica empregadora possua mais de um estabelecimento empresarial.

d) Não incide contribuição previdenciária sobre o adicional noturno pago pelo empregador.

e) De acordo com o STF, é legítima a cobrança da COFINS, do PIS e do FINSOCIAL sobre as operações relativas à energia elétrica, serviços de telecomunicações, derivados de petróleo, combustíveis e minerais do país.

Resposta correta: letra "e".

(FCC – Analista Judiciário – TRT 3ª Região/2015) Empresa especializada no serviço de locação de bens móveis foi autuada pelo fisco municipal pelo não recolhimento do Imposto sobre Serviços de Qualquer Natureza – ISS e pelo fisco federal pelo não recolhimento da COFINS. Sobre estas autuações é correto afirmar que

a) estão corretas, pois são devidos o ISS e a COFINS nas operações de locação de bens móveis.

b) somente está correta a autuação pelo não recolhimento da ISS, uma vez que só cabe COFINS nas operações de locação de móveis quando as partes são pessoas jurídicas.

c) incide COFINS sobre receitas provenientes das operações de locação de bens móveis, segundo entendimento do STJ.

d) é constitucional a incidência do ISS sobre operações de locação de bens móveis, segundo entendimento do STF.

e) sobre a operação de locação de bem móvel não pode incidir nenhum tributo, por não ser fato gerador dos tributos atualmente instituídos por lei.

Resposta correta: letra "c".

(Cespe – Juiz de Direito – TJ-PA/2012) "Com característica ora de imposto, ora de taxa, as contribuições ditas paraestatais, ou sociais, ou de previdência, constituem para a doutrina jurídica, nacional e estrangeira, um ponto de indetermináveis controvérsias" (Hugo de Brito Machado. Curso de Direito Tributário. 26ª ed., p. 405)

Considerando o fragmento de texto acima como referência inicial, assinale a opção correta.

a) As contribuições de seguridade social não têm função parafiscal, ao contrário das contribuições econômicas.

b) A Contribuição para Financiamento da Seguridade Social (COFINS) não incide sobre as receitas provenientes das operações de locação de bens móveis.

c) A alíquota de contribuição para o seguro de acidente do trabalho (SAT) é aferida pelo grau de risco desenvolvido em cada empresa, individualizada pela inscrição no Cadastro Nacional da Pessoa Jurídica (CNPJ), ou pelo grau de risco da atividade preponderante, quando houver apenas um registro.

d) É facultado ao legislador alterar a destinação das contribuições de intervenção no domínio econômico.

e) A função das contribuições sociais, de acordo com a CF, é suprir de recursos financeiros o Tesouro Nacional.

Resposta correta: letra "c".

4.6. Empréstimos compulsórios

Súmula 418-STF

~~O empréstimo compulsório não é tributo, e sua arrecadação não está sujeita à exigência constitucional da prévia autorização orçamentária.~~

• **Status:** Superada.

• **Nota do autor:** O empréstimo compulsório é sim espécie de tributo, podendo ser criado pela União, mediante lei complementar para: a) atender despesas extraordinárias decorrentes de calamidades públicas, guerra externa ou sua iminência; e b) no caso de investimento público de caráter urgente e de relevante interesse social, respeitado o princípio da anterioridade.

• **Dispositivos relacionados:**

"CF, Art. 148. A União, mediante lei complementar, poderá instituir empréstimos compulsórios:

I – para atender a despesas extraordinárias, decorrentes de calamidade pública, de guerra externa ou sua iminência;

II – no caso de investimento público de caráter urgente e de relevante interesse nacional, observado o disposto no art. 150, III, *b*.

Parágrafo único. A aplicação dos recursos provenientes de empréstimo compulsório será vinculada à despesa que fundamentou sua instituição."

4.6.1. Questões relacionadas

(FCC – Procurador Legislativo – Câmara Legislativa do DF/2018) De acordo com a Constituição Federal, não está sujeita ao princípio constitucional da anterioridade nonagesimal (noventena), a fixação da base de cálculo dos seguintes tributos de competência do Distrito Federal:

a) ISSQN e ICMS.

b) taxa pela prestação de serviços e taxa pelo exercício do poder de polícia.

c) IPVA e IPTU.

d) ITCD e ITBI.

e) contribuição de melhoria e empréstimo compulsório.

Resposta correta: letra "c".

(TRF 3ª Região – Juiz Federal – TRF 3ª Região/2016) Só podem ser instituídos por meio de lei complementar:

a) o empréstimo compulsório e o imposto extraordinário.

b) a contribuição de intervenção no domínio econômico e o empréstimo compulsório.

c) o imposto sobre grandes fortunas e as contribuições de interesse de categorias profissionais ou econômicas.

d) o empréstimo compulsório e o imposto residual.

Resposta correta: letra "d".

(Ieses – Titular de Serviços de Notas e de Registros – Provimento – TJ-PA/2016) O artigo nº 148 da Constituição Federal outorgou competência para a criação de Empréstimos Compulsórios que poderão ser exigidos em situações excepcionais. Indique de quem é a competência e quais são as situações excepcionais que autorizam a administração instituir e exigir o sobredito empréstimo, nos termos do Artigo nº 15 do Código Tributário Nacional.

a) A competência para instituir empréstimo compulsório poderá ser exercida pelos municípios e pelos estados membros ante a ocorrência de calamidade pública que exija auxílio federal impossível de atender com os recursos orçamentários disponíveis.

b) A competência para instituir empréstimo compulsório é exclusiva da União e o mesmo poderá ser instituído ante guerra externa, ou sua iminência; calamidade pública que exija auxílio federal impossível de atender com os recursos orçamentários disponíveis; conjuntura que exija a absorção temporária de poder aquisitivo.

c) A competência para instituir empréstimo compulsório não é exclusiva da União e o mesmo poderá ser instituído ante guerra externa, ou sua iminência; calamidade pública que exija auxílio federal impossível de atender com os recursos orçamentários disponíveis; conjuntura que exija a absorção temporária de poder aquisitivo.

d) A competência para instituir empréstimo compulsório é concorrente entre a União, os Estados, o Distrito Federal e os Municípios da e o mesmo poderá ser instituído ante guerra externa, ou sua iminência; calamidade pública; conjuntura que exija a absorção temporária de poder aquisitivo.

Resposta correta: letra "b".

5. OBRIGAÇÃO TRIBUTÁRIA

5.1. Responsabilidade tributária

Súmula 554-STJ

Na hipótese de sucessão empresarial, a responsabilidade da sucessora **abrange não apenas os tributos devidos pela sucedida, mas também as multas moratórias ou punitivas, referentes a fatos geradores ocorridos até a data da sucessão**.

- **Status:** Válida.

Súmula 435-STJ

Presume-se dissolvida irregularmente a empresa que deixar de funcionar no seu domicílio fiscal, sem comunicação aos órgãos competentes, **legitimando o redirecionamento da execução fiscal para o sócio-gerente**.

- **Status:** Válida.

- **Nota do autor:** Segundo o STJ, no caso de dissolução irregular da pessoa jurídica, o redirecionamento da execução fiscal para o sócio-gerente, pode ser aplicado tanto no caso de dívidas tributárias quanto não-tributárias.

- **Precedentes relacionados:**

"Redirecionamento de execução fiscal de dívida ativa não-tributária em virtude de dissolução irregular de pessoa jurídica. Possibilidade. (...) 2. Consoante a Súmula n.

435/STJ: 'Presume-se dissolvida irregularmente a empresa que deixar de funcionar no seu domicílio fiscal, sem comunicação aos órgãos competentes, legitimando o redirecionamento da execução fiscal para o sócio-gerente'. (...) 4. Não há como compreender que o mesmo fato jurídico 'dissolução irregular' seja considerado ilícito suficiente ao redirecionamento da execução fiscal de débito tributário e não o seja para a execução fiscal de débito não-tributário. 'Ubi eadem ratio ibi eadem legis dispositio'." (STJ. 1ª Seção. REsp 1.371.128-RS, Rel. Min Mauro Campbell Marques, julgado em 10/9/2014) (recurso repetitivo) (Info 547).

- **Dispositivos relacionados:**

"CTN, Art. 135. São pessoalmente responsáveis pelos créditos correspondentes a obrigações tributárias resultantes de atos praticados com excesso de poderes ou infração de lei, contrato social ou estatutos:

I – as pessoas referidas no artigo anterior;

II – os mandatários, prepostos e empregados;

III – **os diretores, gerentes ou representantes de pessoas jurídicas de direito privado**."

Súmula 430-STJ

O inadimplemento da obrigação tributária pela sociedade **não gera, por si só, a responsabilidade solidária do sócio-gerente**.

- **Status:** Válida.

5.2. Denúncia espontânea

Súmula 360-STJ

O benefício da denúncia espontânea **não se aplica aos tributos sujeitos a lançamento por homologação, regularmente declarados, mas pagos a destempo**.

- **Status:** Válida.

5.3. Questões relacionadas

(Cespe – Juiz de Direito – TJ-PR/2019) A empresa X adquiriu todo o fundo de comércio da empresa Y e passou a explorar o negócio sob outra razão social. Após a venda do fundo, Y encerrou regularmente suas atividades, sem que tenha havido falência ou recuperação judicial.

De acordo com a jurisprudência majoritária do STJ, em relação a tributos e multas devidos pela empresa Y e referentes a fatos geradores ocorridos até a data da sucessão, a empresa X responderá

a) apenas pelos tributos devidos, e não pelas multas moratórias ou punitivas.

b) pelos tributos devidos e pelas multas moratórias, mas não pelas multas punitivas.

c) pelos tributos devidos e pelas multas moratórias ou punitivas.

d) apenas pelas multas moratórias ou punitivas, e não pelos tributos devidos.

Resposta correta: letra "c".

(IADES – Procurador Legislativo – ALE-GO/2019) No que se refere à responsabilidade tributária, assinale a alternativa correta.

a) A responsabilidade tributária importa na responsabilidade do espólio pelas obrigações tributárias já ocorridas e as futuras do de cujus até a data de abertura da sucessão.

b) Não haverá sucessão de responsabilidade tributária na aquisição de unidade produtiva, realizada em processo de falência, seja quem for o adquirente.

c) A substituição tributária caracteriza hipótese de sujeição passiva indireta, definida em lei, na qual a responsabilidade tributária é atribuída a um terceiro que não praticou o fato tributável.

d) O inadimplemento da obrigação tributária pela sociedade empresária gera, por si só, a responsabilidade do sócio-gerente.

e) A denúncia espontânea caracteriza-se como mecanismo indutor de cumprimento da legislação tributária e, por essa razão, pode ser apresentada a qualquer momento, a fim de excluir a responsabilidade pessoal do agente que cometeu infração da legislação tributária.

Resposta correta: letra "c".

(Fepese – Procurador do Estado – PGE-SC/2018) Assinale a alternativa correta a respeito das normas gerais de direto tributário e sua interpretação.

a) Na falta de eleição pelo sujeito passivo, o domicílio tributário das pessoas naturais será, inicialmente, o centro habitual de suas atividades.

b) A lei pode atribuir de maneira expressa a responsabilidade pelo crédito tributário a terceira pessoa, vinculada ou desvinculada do fato gerador da respectiva obrigação.

c) É vedado à autoridade administrativa recusar o domicílio fiscal eleito pelo sujeito passivo, ainda que dificulte a fiscalização do tributo.

d) A capacidade tributária passiva dimana da ocorrência do fato gerador, mas depende da capacidade civil das pessoas naturais.

e) Em situações de sucessão empresarial, a responsabilidade da sucessora abrange não somente os tributos devidos pela sucedida, mas igualmente as multas moratórias ou punitivas referentes a fatos geradores ocorridos até a data da sucessão.

Resposta correta: letra "e".

(Consulplan – Titular de Serviços de Notas e de Registros – Remoção – TJ-MG/2018) Relativamente ao crédito tributário, assinale a alternativa INCORRETA.

a) A concessão de isenções tributárias heterônomas é autorizada pelo art. 151, III, da Constituição Federal, de modo a preservar o pacto federativo.

b) Declarado e não pago o débito tributário pelo contribuinte, é legítima a recusa de expedição de certidão negativa ou positiva com efeito de negativa.

c) O benefício da denúncia espontânea não se aplica aos tributos sujeitos a lançamento por homologação regularmente declarados, mas pagos a destempo.

d) A entrega de declaração pelo contribuinte reconhecendo débito fiscal constitui o crédito tributário, dispensada qualquer outra providência por parte do fisco.

Resposta correta: letra "a".

(Fepese – Procurador do Estado – PGE-SC/2018) Sobre o lançamento tributário e o crédito dele decorrente, é correto afirmar:

a) O benefício da denúncia espontânea aplica-se aos tributos sujeitos a lançamento por homologação regularmente declarados, embora pagos a destempo.

b) Sendo declarado e não pago o débito tributário pelo contribuinte, é ilegal a recusa de expedição de certidão negativa ou positiva com efeito de negativa.

c) Em relação aos tributos sujeitos ao lançamento por homologação, se não houver declaração do débito, o prazo decadencial quinquenal para o Fisco constituir o crédito tributário conta-se exclusivamente do primeiro dia do exercício seguinte àquele em que o lançamento poderia ter sido efetuado.

d) A entrega de declaração pelo contribuinte, reconhecendo débito fiscal, não exime o Fisco de adotar as providências necessárias para a constituição do crédito tributário.

e) A atividade de lançamento é obrigatória, muito embora discricionária, sob pena de responsabilidade funcional.

Resposta correta: letra "c".

(PGR – Procurador da República – PGR/2017) Sobre a responsabilidade tributária é incorreto afirmar que:

a) o inadimplemento da obrigação tributária pela sociedade gera, por si só, a responsabilidade solidária do sócio-gerente;

b) na hipótese de sucessão empresarial, a responsabilidade da sucessora abrange não apenas os tributos devidos pela sucedida, mas também as multas moratórias ou punitivas referentes a fatos geradores ocorridos até a data da sucessão;

c) a lei poderá atribuir a sujeito passivo de obrigação tributária a condição de responsável pelo pagamento de imposto ou contribuição, cujo fato gerador deva ocorrer posteriormente, assegurada a imediata e preferencial restituição da quantia paga, caso não se realize o fato gerador presumido;

d) a lei pode atribuir de modo expresso a responsabilidade pelo crédito tributário a terceira pessoa, vinculada ao fato gerador da respectiva obrigação, excluindo a responsabilidade do contribuinte ou atribuindo-a a este em caráter supletivo do cumprimento total ou parcial da referida obrigação.

Resposta correta: letra "a".

(PGR – Procurador da República – PGR/2017) Sobre a execução fiscal, assinale a alternativa incorreta:

a) Em ações de execução fiscal, é desnecessária a instrução da petição inicial com o demonstrativo de cálculo do débito, por tratar-se de requisito não previsto no art. 6º da Lei n. 6.830/1980.

b) Em ações de execução fiscal, a petição inicial não pode ser indeferida sob o argumento da falta de indicação do CPF e/ou RG ou CNPJ da parte executada.

c) Não se presume dissolvida irregularmente a empresa que deixar de funcionar no seu domicílio fiscal, sem comunicação aos órgãos competentes, não sendo possível o redirecionamento da execução fiscal para o sócio-gerente.

d) A reunião de execuções fiscais contra o mesmo devedor constitui faculdade do Juiz.

Resposta correta: letra "c".

(CETRO – Procurador – CREF 4ª Região/2013) Sobre a denúncia espontânea, assinale a alternativa correta.

a) Cabe denúncia espontânea quando se tratar de tributo declarado e não pago.

b) Segundo o Superior Tribunal de Justiça (STJ), a denúncia espontânea se aplica ao descumprimento de obrigações puramente formais ou acessórias.

c) Segundo o Superior Tribunal de Justiça (STJ), pagamento parcelado viabiliza exclusão das multas pela denúncia espontânea.

d) Não se considera espontânea a denúncia apresentada após o início de qualquer procedimento administrativo ou medida de fiscalização, relacionados com a infração.

e) O benefício da denúncia espontânea se aplica aos tributos sujeitos a lançamento por homologação regularmente declarados, mas pagos a destempo.

Resposta correta: letra "d".

6. CRÉDITO TRIBUTÁRIO

6.1. Constituição do crédito tributário

Súmula 622-STJ

A notificação do auto de infração **faz cessar a contagem da decadência para a constituição do crédito tributário**; exaurida a instância administrativa com o decurso do prazo para a impugnação ou com a notificação de seu julgamento definitivo e esgotado o prazo concedido pela Administração para o pagamento voluntário, **inicia-se o prazo prescricional para a cobrança judicial.**

- **Status:** Válida.

Súmula 555-STJ

Quando não houver declaração do débito, o prazo decadencial quinquenal para o Fisco constituir o crédito tributário conta-se exclusivamente na forma do art. 173, I, do CTN, nos casos em que a legislação atribui ao sujeito passivo o dever de antecipar o pagamento sem prévio exame da autoridade administrativa.

- **Status:** Válida.
- **Dispositivos relacionados:**

> "CTN, Art. 173. **O direito de a Fazenda Pública constituir o crédito tributário extingue-se após 5 (cinco) anos, contados**:
>
> I – **do primeiro dia do exercício seguinte àquele em que o lançamento poderia ter sido efetuado**;
>
> II – da data em que se tornar definitiva a decisão que houver anulado, por vício formal, o lançamento anteriormente efetuado.
>
> Parágrafo único. O direito a que se refere este artigo extingue-se definitivamente com o decurso do prazo nele previsto, contado da data em que tenha sido iniciada a constituição do crédito tributário pela notificação, ao sujeito passivo, de qualquer medida preparatória indispensável ao lançamento."

Súmula 436-STJ

A entrega de declaração pelo contribuinte reconhecendo débito fiscal **constitui o crédito tributário, dispensada qualquer outra providência por parte do fisco.**

- **Status:** Válida.

6.2. Suspensão do crédito tributário

6.2.1. Depósito do montante integral

Súmula vinculante 28-STF

É inconstitucional a exigência de depósito prévio como requisito de admissibilidade de ação judicial na qual se pretenda discutir a exigibilidade de crédito tributário.

- **Status:** Válida.

Súmula 112-STJ

O depósito somente suspende a exigibilidade do crédito tributário **se for integral e em dinheiro.**

- **Status:** Válida.

6.3. Extinção do crédito tributário

6.3.1. Compensação

Súmula 625-STJ

O pedido administrativo de compensação ou de restituição **não** interrompe o prazo prescricional para a ação de repetição de indébito tributário de que trata o art. 168 do CTN nem o da execução de título judicial contra a Fazenda Pública.

- **Status:** Válida.

- **Dispositivos relacionados:**

"CTN, Art. 168. O direito de pleitear a restituição extingue-se com o decurso do prazo de cinco anos, contados:

I – nas hipótese dos incisos I e II do artigo 165, da data da extinção do crédito tributário; II – na hipótese do inciso III do artigo 165, da data em que se tornar definitiva a decisão administrativa ou passar em julgado a decisão judicial que tenha reformado, anulado, revogado ou rescindido a decisão condenatória."

"CTN, Art. 169. Prescreve em dois anos a ação anulatória da decisão administrativa que denegar a restituição.

Parágrafo único. O prazo de prescrição é interrompido pelo início da ação judicial, recomeçando o seu curso, por metade, a partir da data da intimação validamente feita ao representante judicial da Fazenda Pública interessada."

Súmula 464-STJ

A regra de imputação de pagamentos estabelecida no art. 354 do Código Civil **não se aplica às hipóteses de compensação tributária**.

- **Status:** Válida.

- **Dispositivos relacionados:**

"CTN, Art. 163. Existindo simultaneamente dois ou mais débitos vencidos do mesmo sujeito passivo para com a mesma pessoa jurídica de direito público, relativos ao mesmo ou a diferentes tributos ou provenientes de penalidade pecuniária ou juros de mora, a autoridade administrativa competente para receber o pagamento determinará a respectiva imputação, obedecidas as seguintes regras, na ordem em que enumeradas:

I – em primeiro lugar, aos débitos por obrigação própria, e em segundo lugar aos decorrentes de responsabilidade tributária;

II – primeiramente, às contribuições de melhoria, depois às taxas e por fim aos impostos;

III – na ordem crescente dos prazos de prescrição;

IV – na ordem decrescente dos montantes."

"CC, Art. 354. Havendo capital e juros, o pagamento imputar-se-á primeiro nos juros vencidos, e depois no capital, salvo estipulação em contrário, ou se o credor passar a quitação por conta do capital."

Súmula 461-STJ

O contribuinte pode optar por receber, por meio de precatório ou por compensação, o indébito tributário certificado por sentença declaratória transitada em julgado.

- **Status:** Válida.
- **Nota do autor:** Trata-se de uma faculdade do contribuinte, e não da Fazenda Pública.

Súmula 460-STJ

É incabível o mandado de segurança para convalidar a compensação tributária realizada pelo contribuinte.

- **Status:** Válida.
- **Nota do autor:** Não cabe mandado de segurança para convalidar a compensação tributária, considerando que para a convalidação da compensação tributária exige-se dilação probatória, o que não se admite no MS.

Súmula 213-STJ

O mandado de segurança **constitui** ação adequada para a declaração do direito à compensação tributária.

- **Status:** Válida.

Súmula 212-STJ

A compensação de créditos tributários não pode ser deferida em ação cautelar ou por medida liminar cautelar ou antecipatória.

- **Status:** Válida.

- **Dispositivos relacionados:**

> "LMS, Art. 7º (...).
> § 2º **Não será concedida medida liminar que tenha por objeto a compensação de créditos tributários**, a entrega de mercadorias e bens provenientes do exterior, a reclassificação ou equiparação de servidores públicos e a concessão de aumento ou a extensão de vantagens ou pagamento de qualquer natureza."

6.3.2. Prescrição e decadência

Súmula vinculante 8-STF

São inconstitucionais o parágrafo único do artigo 5º do Decreto-lei nº 1.569/1977 e os artigos 45 e 46 da Lei nº 8.212/1991, que tratam de prescrição e decadência de crédito tributário.

- **Status:** Válida.
- **Nota do autor:** Diante da edição desta súmula vinculante, o Congresso Nacional editou a Lei Complementar nº 128, de 19/12/2008, que revogou os arts. 45 e 46 da Lei nº 8.212/1991.

Súmula 622-STJ

A notificação do auto de infração **faz cessar a contagem da decadência para a constituição do crédito tributário**; exaurida a instância administrativa com o decurso do prazo para a impugnação ou com a notificação de seu julgamento definitivo e esgotado o prazo concedido pela Administração para o pagamento voluntário, **inicia-se o prazo prescricional para a cobrança judicial**.

- **Status:** Válida.

Súmula 467-STJ

Prescreve em **cinco anos**, contados do término do processo administrativo, a pretensão da Administração Pública de promover a execução da multa por infração ambiental.

- **Status:** Válida.

Súmula 106-STJ

Proposta a ação no prazo fixado para o seu exercício, a demora na citação, por motivos inerentes ao mecanismo da justiça, **não** justifica o acolhimento da arguição de prescrição ou decadência.

• **Status:** Válida.

• **Nota do autor:** Desde que a ação seja proposta dentro do prazo, a demora na citação por culpa da própria Justiça, não enseja o acolhimento da arguição de prescrição ou decadência.

6.4. Exclusão do crédito tributário

6.4.1. Isenção

Súmula 581-STF

A exigência de transporte em navio de bandeira brasileira, para efeito de isenção tributária, legitimou-se com o advento do Decreto-lei nº 666, de 02/07/69.

• **Status:** Válida.

Súmula 471-STF

~~As empresas aeroviárias não estão isentas do imposto de indústrias e profissões.~~

• **Status:** Superada.

Súmula 544-STF

Isenções tributárias **concedidas sob condição onerosa**, **não** podem ser livremente suprimidas.

• **Status:** Válida.

Súmula 543-STF

~~A Lei nº 2.975, de 27-11-1965, revogou, apenas, as isenções de caráter geral, relativas ao imposto único sobre combustíveis, não as especiais, por outras leis concedidas.~~

• **Status:** Superada.

Súmula 436-STF

~~É válida a Lei 4.093/59, do Paraná, que revogou a isenção concedida às cooperativas por lei anterior.~~

• **Status:** Superada.

Súmula 91-STF

~~A incidência do imposto único não isenta o comerciante de combustíveis do imposto de indústrias e profissões.~~

• **Status:** Superada.

Súmula 81-STF

~~As cooperativas não gozam de isenção de impostos locais, com fundamento na Constituição e nas leis federais.~~

- **Status:** Superada.

Súmula 79-STF

~~O Banco do Brasil não tem isenção de tributos locais.~~

- **Status:** Superada.

Súmula 78-STF

~~Estão isentas de impostos locais as empresas de energia elétrica, no que respeita às suas atividades específicas.~~

- **Status:** Superada.

Súmula 77-STF

~~Está isenta de impostos federais a aquisição de bens pela Rede Ferroviária Federal.~~

- **Status:** Superada.

6.5. Garantias e privilégios dos créditos tributários

6.5.1. Preferências

Súmula 563-STF

O concurso de preferência a que se refere o parágrafo único do art. 187 do Código Tributário Nacional **é compatível** com o disposto no art. 9º, inciso I, da Constituição Federal.

- **Status:** Válida.
- **Nota do autor:** Onde se lê art. 9º, I, da Constituição Federal (1969) leia-se art. 19, II, da Constituição Federal de 1988.

- **Precedentes relacionados:**

"A vedação estabelecida pelo artigo 19, III, da Constituição (correspondente àquele do artigo 9º, I, da EC n. 1/69) não atinge as preferências estabelecidas por lei em favor da União" (STF, 2ª Turma, AI 608769 AgR, Rel. Min. Eros Grau, julgado em 18/12/2006).

• **Dispositivos relacionados:**

"CF, Art. 19. É vedado à União, aos Estados, ao Distrito Federal e aos Municípios:

I – estabelecer cultos religiosos ou igrejas, subvencioná-los, embaraçar-lhes o funcionamento ou manter com eles ou seus representantes relações de dependência ou aliança, ressalvada, na forma da lei, a colaboração de interesse público;

II – recusar fé aos documentos públicos;

III – criar distinções entre brasileiros ou preferências entre si."

"CTN, Art. 187. A cobrança judicial do crédito tributário não é sujeita a concurso de credores ou habilitação em falência, recuperação judicial, concordata, inventário ou arrolamento.

Parágrafo único. O concurso de preferência somente se verifica entre pessoas jurídicas de direito público, na seguinte ordem:

I – União;

II – Estados, Distrito Federal e Territórios, conjuntamente e pró rata;

III – Municípios, conjuntamente e *pro rata*."

6.6. Questões relacionadas

(FUNRIO – Procurador Legislativo – ALE-RR) Considerando o posicionamento do Superior Tribunal de Justiça sobre o tema decadência, é possível afirmar que

a) os tributos sujeitos a lançamento por homologação não estão sujeitos à decadência, considerando que representam um autolançamento.

b) nos casos de dolo, fraude ou simulação, a contagem do prazo decadencial se iniciará da identificação de tais eventos.

c) nos casos em que o contribuinte deixa de honrar o parcelamento a que aderiu, haverá a interrupção do prazo decadencial.

d) nos casos sujeitos a lançamento por homologação em que não houver declaração do débito, o prazo decadencial quinquenal para o Fisco constituir o crédito tributário conta-se exclusivamente na forma do Art. 173, Inciso I, do CTN.

Resposta correta: letra "d".

(IBGP – Analista Jurídico – PBH Ativos S.A./2018) Sobre as certidões de regularidade fiscal e/ou as suspensões da exigibilidade do crédito tributário, assinale a alternativa INCORRETA:

a) A mera propositura de ação anulatória pela Fazenda Municipal, conforme entendimento do Superior Tribunal de Justiça, não lhe confere o direito de obter certidão positiva com efeito de negativa.

b) Declarado e não pago o débito tributário pelo contribuinte, é legítima a recusa de expedição de certidão negativa ou positiva com efeito de negativa.

c) O contribuinte pode, após o vencimento da sua obrigação e antes da execução, garantir o juízo de forma antecipada, para o fim de obter certidão positiva com efeito de negativa.

d) O depósito somente suspende a exigibilidade do crédito tributário se for integral e em dinheiro.

Resposta correta: letra "a".

(FEPESE – Procurador do Estado – PGE-SC/2018) Assinale a alternativa correta acerca do processo tributário.

a) É lícita a exigência de depósito prévio como requisito de admissibilidade de ação judicial na qual se pretenda discutir a exigibilidade de crédito tributário.

b) O mandado de segurança não constitui via processual adequada para a declaração do direito à compensação tributária.

c) É admitida a impetração de mandado de segurança para convalidação de compensação tributária realizada pelo contribuinte.

d) Em ações de execução fiscal, é obrigatória a instrução da petição inicial com o demonstrativo de cálculo do débito, por se tratar de requisito previsto em lei.

e) O contribuinte pode escolher por receber, por meio de precatório ou de compensação, o indébito tributário certificado por sentença declaratória transitada em julgado.

Resposta correta: letra "e".

(IBFC – Juiz Federal – TRF 2ª Região/2018) Em matéria de prescrição da pretensão da Administração Pública em promover a execução de multa por infração administrativa no Direito Ambiental, assinale a alternativa correta:

a) o prazo é de cinco anos, a contar da notificação no processo administrativo.

b) o prazo é de três anos, iniciando-se do término do processo administrativo.

c) o prazo é de três anos, a contar da notificação no processo judicial.

d) o prazo é de três anos, contados da portaria de instauração do processo administrativo.

e) o prazo é de cinco anos, contados do encerramento do processo administrativo.

Resposta correta: letra "e".

(FEPESE – Procurador do Estado – PGE-SC/2018) Assinale a alternativa correta sobre a disciplina legal das isenções tributárias.

a) Interpreta-se literalmente a legislação tributária que disponha sobre a outorga de isenção.

b) As isenções tributárias concedidas sob condição onerosa poderão ser livremente suprimidas.

c) Nas hipóteses de solidariedade tributária, a isenção de crédito sempre exonera todos os coobrigados, mesmo que outorgada pessoalmente a apenas um deles.

d) Tal como a remissão e a anistia, a isenção é forma de extinção do crédito tributário.

e) Como disciplina geral, a isenção outorgada aos impostos será extensiva às taxas e às contribuições de melhoria.

Resposta correta: letra "b".

(Cespe – Juiz de Direito – TJ-PR/2017) A empresa XY, considerando-se detentora de créditos de ICMS resultantes de tributos pagos indevidamente, propôs mandado de segurança para convalidar compensação efetivada por ela, requerendo que o Poder Judiciário declarasse extintos os créditos tributários discriminados em sua contabilidade. Acerca dessa situação hipotética, assinale a opção correta.

a) O mandado de segurança não é cabível para convalidar a compensação realizada pela empresa XY.

b) O mandado de segurança não é ação adequada para a declaração do direito à compensação, o que obsta a pretensão da empresa XY.

c) A declaração de extinção dos créditos tributários discriminados em contabilidade pretendida pela empresa XY é possível, por ser o mandado de segurança ação adequada para declaração do direito à compensação.

d) A pretensão da empresa XY pode ser deferida em tutela liminar, desde que esteja amparada exclusivamente em provas documentais.

Resposta correta: letra "a".

(Consulplan – Titular de Serviços de Notas e de Registros – Remoção – TJ-MG/2017) À luz do entendimento sumulado pelo Superior Tribunal de Justiça em matéria tributária, assinale a alternativa INCORRETA:

a) A decretação da indisponibilidade de bens e direitos, na forma do art. 185-A do CTN, pressupõe o exaurimento das diligências na busca por bens penhoráveis, o qual fica caracterizado quando infrutíferos o pedido de constrição sobre ativos financeiros e a expedição de ofícios aos registros públicos do domicílio do executado, ao Denatran ou Detran.

b) Em ações de execução fiscal, a petição inicial não pode ser indeferida sob o argumento da falta de indicação do CPF e/ou RG ou CNPJ da parte executada.

c) Quando não houver declaração do débito, o prazo decadencial quinquenal para o Fisco constituir o crédito tributário conta-se exclusivamente na forma do art. 173, I, do CTN, nos casos em que a legislação atribui ao sujeito passivo o dever de antecipar o pagamento sem prévio exame da autoridade administrativa.

d) A petição inicial da ação de execução fiscal deve ser instruída com o demonstrativo do cálculo do débito.

Resposta correta: letra "d".

(PGR – Procurador da República – PGR/2017) Em relação ao lançamento por homologação efetivado mediante declaração e confissão de tributos, é incorreto afirmar que:

a) Declarado e não pago o débito tributário pelo contribuinte, é legítima a recusa de expedição de certidão negativa ou positiva com efeito de negativa.

b) A entrega de declaração pelo contribuinte reconhecendo débito fiscal constitui o crédito tributário, dispensada qualquer outra providência por parte do fisco.

c) Quando houver declaração do débito, o prazo decadencial quinquenal para o Fisco constituir o crédito tributário conta-se exclusivamente na forma do art. 173, I, do CTN (do primeiro dia do exercício seguinte àquele em que o lançamento poderia ter sido efetuado), nos casos em que a legislação atribui ao sujeito passivo o dever de antecipar o pagamento sem prévio exame da autoridade administrativa.

d) A decadência, consoante a letra do art. 156, V, do CTN, é forma de extinção do crédito tributário. Sendo assim, uma vez extinto o direito, não pode ser reavivado por qualquer sistemática de lançamento ou autolançamento, seja ela via documento de confissão de dívida, declaração de débitos, parcelamento ou de outra espécie qualquer (DCTF, GIA, DCOMP, GFIP, etc.).

Resposta correta: letra "c".

(FAUEL – Advogado – CISMEPAR-PR/2016) Em conformidade com entendimento sumulado do Superior Tribunal de Justiça, acerca da constituição do crédito tributário, é correto dizer que:

a) A constituição do crédito tributário, na hipótese de tributos sujeitos a lançamento por homologação ocorre mediante procedimento a ser realizado pelo fisco.

b) Tratando-se de débito declarado e não pago, sujeito, portanto, a autolançamento, imprescindível se faz a homologação formal e a notificação do sujeito passivo para que se constitua o crédito tributário.

c) A entrega de declaração pelo contribuinte reconhecendo débito fiscal constitui o crédito tributário, dispensada qualquer outra providência por parte do fisco.

d) O lançamento, feito pela autoridade fiscal, é instituto indispensável e sempre presente nos fenômenos tributários e que, ademais, é o único modo para efetivar a constituição do crédito tributário.

Resposta correta: letra "c".

(FGV – Procurador Municipal – Prefeitura de Paulínia – SP/2016) Sobre a compensação de créditos tributários, analise as afirmativas a seguir.

I. Poderá ser deferida em ação cautelar ou por medida liminar cautelar ou antecipatória.

II. Cabe mandado de segurança para a homologação de compensação efetuada pelo contribuinte.

III. O contribuinte pode optar por receber, por meio de precatório ou por compensação, o indébito tributário certificado por sentença declaratória transitada em julgado.

Está correto o que se afirma em:

a) II, apenas.

b) III, apenas.

c) I e II, apenas.

d) II e III, apenas.

e) I, II e III.

Resposta correta: letra "b".

(FCC – Procurador do Estado – PGE-MT/2016) Sobre o processo civil tributário, considere:

I. O Estado é parte legítima para figurar no polo passivo das ações propostas por servidores públicos estaduais que visam ao reconhecimento do direito à isenção ou à repetição do indébito relativo ao imposto de renda retido na fonte.

II. O contribuinte pode optar por receber, por meio de precatório ou por compensação, o indébito tributário certificado por sentença declaratória transitada em julgado.

III. O consumidor tem legitimidade para propor ação declaratória cumulada com repetição de indébito que busca afastar, no tocante ao fornecimento de energia elétrica, a incidência do ICMS sobre a demanda contratada e não utilizada.

IV. O depósito prévio previsto no art. 38, da LEF – Lei de Execução Fiscal, constitui condição de procedibilidade da ação anulatória de débito fiscal.

Está correto o que se afirma APENAS em

a) I, II e IV.

b) III e IV.

c) I e IV.

d) II e III.

e) I, II e III.

Resposta correta: letra "e".

(Cespe – Procurador Municipal – Prefeitura de Salvador – BA/2015) No que se refere à constituição do crédito tributário e à sua impugnação administrativa, assinale a opção correta de acordo com o CTRMS/2006.

a) Embora não caiba recurso de despacho denegatório de seguimento de impugnação oposta intempestivamente, admite a lei amplo juízo de reconsideração, oposto à mesma autoridade prolatora da decisão, e respeitado o prazo legal de cinco dias, contados da data da intimação.

b) Dada a presunção de certeza e liquidez do crédito tributário, este necessariamente tornar-se-á nulo em consequência de incorreções, omissões, erros e inexatidões do ato de sua constituição.

c) A propositura de ação judicial por sujeito passivo suspenderá a tramitação do processo administrativo de impugnação do crédito tributário.

d) A fiscalização tributária, presidida necessariamente por auditor fiscal, inicia-se pelo primeiro ato de ofício praticado para apurar uma obrigação ou infração tributária, devendo o sujeito passivo ser cientificado preferencialmente pela via postal, sendo vedada a intimação eletrônica.

e) A notificação de lançamento, a notificação fiscal de lançamento, o auto de infração e a declaração do sujeito passivo são formas de constituição do crédito tributário; não ocorrendo o devido pagamento, esse crédito será enviado para inscrição em dívida ativa do município.

Resposta correta: letra "e".

(FAUEL – Advogado – FMSFI/2015) Os direitos fundamentais são bens e vantagens prescritos na Constituição Federal e que são, por sua vez, garantidos por instrumentos que asseguram o seu exercício; é a partir dessa visão que se define o conceito de "direitos e garantias fundamentais". Uma das garantias constitucionais aos direitos fundamentais é o respeito ao devido processo legal; assinale a alternativa correta a respeito do tema, considerando o posicionamento consolidado do Supremo Tribunal Federal:

a) O Supremo Tribunal Federal consolidou entendimento, via súmula vinculante, de que é constitucional a cobrança de depósito prévio como requisito de admissibilidade de ação judicial em que se pretenda discutir a exigibilidade de crédito tributário.

b) O Supremo Tribunal Federal consolidou entendimento, via súmula vinculante, de que é inconstitucional a cobrança de depósito prévio como requisito de admissibilidade de ação judicial em que se pretenda discutir a exigibilidade de crédito tributário; todavia, o mesmo posicionamento não se deu em relação aos recursos administrativos, para os quais é constitucional a exigência de depósito ou arrolamento de bens.

c) O Supremo Tribunal Federal consolidou entendimento, via súmula vinculante, de não ser garantido o contraditório e ampla defesa no âmbito do Tribunal de Contas da União, ainda que da decisão possa ocorrer anulação ou revogação do ato administrativo que beneficie o interessado, por se tratar de uma atividade referente ao exercício do poder de polícia.

d) O Supremo Tribunal Federal consolidou entendimento, via súmula vinculante, de que não ofende a Constituição a falta de defesa técnica, por advogado, no processo administrativo disciplinar.

Resposta correta: letra "d".

(Cespe – Procurador do Ministério Público – TCU/2015) Assinale a opção correta com referência a STN, natureza jurídica, obrigação tributária, sujeito passivo e extinção do crédito tributário.

a) Conforme a classificação adotada pelo STF quanto à natureza das espécies tributárias que integram o STN, as contribuições para o Sistema S são, em regra, consideradas contribuições no interesse de categorias profissionais.

b) A simples falta de comunicação de mudança de domicílio fiscal às autoridades competentes não deflagra a responsabilidade tributária do sócio-gerente nem o redirecionamento da execução fiscal.

c) Não cabe mandado de segurança para convalidar compensação tributária realizada pelo contribuinte.

d) A denúncia espontânea exclui a responsabilidade do agente por infrações, desde que apresentada antes do início da ação penal, em relação às infrações conceituadas em lei como crimes.

e) Na compensação tributária, aplica-se a regra de imputação de pagamentos estabelecida no Código Civil quando os dispositivos do CTN não derem solução concreta ao caso.

Resposta correta: letra "c".

7. REPETIÇÃO DO INDÉBITO TRIBUTÁRIO

Súmula 546-STF

Cabe a restituição do tributo pago indevidamente, quando reconhecido por decisão, que o contribuinte *de jure* não recuperou do contribuinte *de facto* o *quantum* respectivo.

- **Status:** Válida.

Súmula 239-STF

Decisão que declara indevida a cobrança do imposto em determinado exercício **não faz coisa julgada em relação aos posteriores.**

- **Status:** Válida.

Súmula 625-STJ

O pedido administrativo de compensação ou de restituição **não** interrompe o prazo prescricional para a ação de repetição de indébito tributário de que trata o art. 168 do CTN nem o da execução de título judicial contra a Fazenda Pública.

- **Status:** Válida.

- **Dispositivos relacionados:**

"CTN, Art. 168. O direito de pleitear a restituição extingue-se com o decurso do prazo de cinco anos, contados:

I – nas hipótese dos incisos I e II do artigo 165, da data da extinção do crédito tributário; II – na hipótese do inciso III do artigo 165, da data em que se tornar definitiva a decisão administrativa ou passar em julgado a decisão judicial que tenha reformado, anulado, revogado ou rescindido a decisão condenatória."

"CTN, Art. 169. Prescreve em dois anos a ação anulatória da decisão administrativa que denegar a restituição.

Parágrafo único. O prazo de prescrição é interrompido pelo início da ação judicial, recomeçando o seu curso, por metade, a partir da data da intimação validamente feita ao representante judicial da Fazenda Pública interessada."

Súmula 523-STJ

A taxa de juros de mora, incidente na repetição de indébito de tributos estaduais, deve corresponder à utilizada para cobrança do tributo pago em atraso, sendo legítima a incidência da taxa Selic, em ambas as hipóteses, quando prevista na legislação local, vedada sua cumulação com quaisquer outros índices.

- **Status:** Válida.

Súmula 188-STJ

Os juros moratórios, na repetição do indébito tributário, **são devidos a partir do transito em julgado da sentença.**

- **Status:** Válida.

Súmula 162-STJ

Na repetição de indébito tributário, a correção monetária incide **a partir do pagamento indevido.**

- **Status:** Válida.

Súmula 71-STF

~~Embora pago indevidamente, não cabe restituição de tributo indireto.~~

- **Status:** Superada.

Súmula 35-TNU

A Taxa Selic, composta por juros de mora e correção monetária, **incide** nas repetições de indébito tributário.

- **Status:** Válida.

7.1. Questões relacionadas

(Consulplan – Titular de Serviços de Notas e de Registros – Provimento – TJ-MG/2018) Sobre os tributos, assinale a afirmativa correta.

a) Um ato ilícito pode estar descrito na hipótese de incidência de um imposto ou contribuição.

b) O sujeito passivo da obrigação tributária é a pessoa jurídica de direito público, titular da competência para exigir o seu cumprimento.

c) O fato de a pessoa jurídica gozar de imunidade tributária não afasta a necessidade de cumprimento por ela das obrigações acessórias definidas por lei.

d) Cabe a restituição do tributo pago indevidamente, quando reconhecido por decisão, que o contribuinte de fato (de facto) não recuperou do contribuinte de direito (de jure) o quantum respectivo.

Resposta correta: letra "c".

(Cespe – Procurador do Estado – PGE-PE/2018) Em relação aos créditos de natureza tributária, a inscrição em dívida ativa

a) interrompe o prazo de prescrição da ação para a cobrança do crédito.

b) suspende o prazo de prescrição da ação para a cobrança do crédito.

c) interrompe o prazo prescricional para o lançamento do crédito.

d) suspende o prazo prescricional para o lançamento do crédito.

e) não interrompe nem suspende o prazo prescricional da ação para a cobrança do crédito.

Resposta correta: letra "e".

(Consulplan – Titular de Serviços de Notas e de Registros – Provimento – TJ-MG/2017) À luz do entendimento sumulado pelo Superior Tribunal de Justiça em matéria tributária, assinale a alternativa INCORRETA:

a) Na hipótese de sucessão empresarial, a responsabilidade da sucessora abrange os tributos devidos pela sucedida, excluídas as multas moratórias ou punitivas referentes a fatos geradores ocorridos até a data da sucessão.

b) A taxa de juros de mora incidente na repetição de indébito de tributos estaduais deve corresponder à utilizada para cobrança do tributo pago em atraso, sendo legítima a incidência da taxa Selic, em ambas as hipóteses, quando prevista na legislação local, vedada sua cumulação com quaisquer outros índices.

c) É lícito ao comerciante de boa-fé aproveitar os créditos de ICMS decorrentes de nota fiscal posteriormente declarada inidônea, quando demonstrada a veracidade da compra e venda.

d) Os créditos das autarquias federais preferem aos créditos da Fazenda estadual, desde que coexistam penhoras sobre o mesmo bem.

Resposta correta: letra "a".

(Cespe – Delegado de Polícia Civil – PC-Procurador do Estado/2016) A repetição do indébito tributário refere-se à possibilidade de o contribuinte requerer às autoridades fazendárias a devolução de valores pagos indevidamente a título de tributo. A respeito desse assunto, assinale a opção correta.

a) Os juros moratórios na repetição do indébito tributário são devidos a partir da data do fato gerador.

b) Prescreve em dois anos a ação anulatória da decisão administrativa que denegar a restituição.

c) Na repetição do indébito tributário, a correção monetária incide desde a data do fato gerador.

d) O direito do sujeito passivo à restituição total ou parcial do tributo depende necessariamente de prévio protesto.

e) O direito de pleitear a restituição extingue-se após dois anos do pagamento espontâneo do tributo.

Resposta correta: letra "b".

(NC-UFPR – Procurador Municipal – Prefeitura de Curitiba – PR/2015) O sujeito passivo da obrigação tributária tem direito, independentemente de prévio protesto, à restituição total ou parcial do tributo, em caso de pagamento indevido ou maior do que o devido.

Sobre o instituto da repetição de indébito em matéria tributária, assinale a alternativa correta.

a) Nos tributos sujeitos a lançamento por homologação, o prazo prescricional para a ação de repetição de indébito é de 5 (cinco) anos a partir do pagamento antecipado, independentemente da data do ajuizamento.

b) É válida a lei municipal que institui a modalidade de extinção do crédito tributário referente ao ITBI mediante dação em pagamento de bens móveis.

c) A taxa de juros de mora incidente na repetição de indébito de tributos municipais deve corresponder à utilizada para cobrança do tributo pago em atraso, sendo legítima a incidência da taxa Selic, em ambas as hipóteses, quando prevista na legislação local, vedada sua cumulação com quaisquer outros índices.

d) Nos tributos indiretos, carece ao contribuinte de fato, em qualquer hipótese, legitimidade ativa para a ação de repetição de indébito, haja vista que não integra a relação jurídica tributária.

e) Fracassada a tentativa administrativa de restituição de tributo pago indevidamente, terá o contribuinte o prazo de 5 (cinco) anos para ingressar com a ação judicial de repetição de indébito.

Resposta correta: letra "c".

8. ADMINISTRAÇÃO TRIBUTÁRIA

8.1. Fiscalização

Súmula 439-STF

Estão sujeitos à fiscalização tributária ou previdenciária **quaisquer livros comerciais, limitado o exame aos pontos objeto da investigação.**

- **Status:** Válida.

8.2. Certidões negativas

Súmula 446-STJ

Declarado e não pago o débito tributário pelo contribuinte, **é legítima** a recusa de expedição de certidão negativa ou positiva com efeito de negativa.

- **Status:** Válida.

8.3. Questões relacionadas

(FAUEL – Procurador Municipal – Prefeitura de Paranavaí – PR/2018) Assinale a alternativa INCORRETA, a respeito da administração tributária.

a) Sujeitam-se à fiscalização tributária as pessoas naturais ou jurídicas, contribuintes ou não, inclusive as que gozem de imunidade tributária ou de isenção de caráter pessoal.

b) É inadmissível a interdição de estabelecimento e a apreensão de mercadorias como meio coercitivo para cobrança de tributo.

c) A autoridade administrativa que proceder ou presidir a quaisquer diligências de fiscalização lavrará os termos necessários para que se documente o início do procedimento, na forma da legislação aplicável, que fixará prazo máximo para a conclusão daquelas.

d) A certidão negativa expedida com dolo ou fraude, que contenha erro contra a Fazenda Pública, responsabiliza pessoalmente o funcionário que a expedir, pelo crédito tributário e juros de mora acrescidos.

e) Estão sujeitos à fiscalização tributária ou previdenciária quaisquer livros comerciais, podendo ser examinados em sua integralidade, ainda que não diga respeito aos pontos objeto da investigação.

Resposta correta: letra "e".

(Vunesp – Analista Tributário – Prefeitura de São Bernardo do Campo – SP/2018) A atividade de fiscalização tributária é bastante complexa e se trata de atividade administrativa vinculada, voltada à identificação dos sujeitos passivos, dos fatos tributáveis e dos aspectos quantitativos da obrigação tributária. A respeito da fiscalização tributária, com base no Código Tributário Nacional, é correto afirmar que

a) não têm aplicação quaisquer disposições legais excludentes ou limitativas do direito de examinar mercadorias, livros, arquivos, documentos, papéis e efeitos comerciais ou fiscais, dos comerciantes industriais ou produtores, ou da obrigação destes de exibi-los.

b) é obrigatória a prestação de informações à fiscalização tributária mesmo quanto a fatos sobre os quais o informante esteja legalmente obrigado a observar segredo em razão de cargo, ofício, função, ministério, atividade ou profissão.

c) mediante solicitação, ainda que verbal, os bancos são obrigados a prestar à autoridade administrativa todas as informações de que disponham com relação aos bens, negócios ou atividades de terceiros.

d) a formalização do início do procedimento fiscal mediante lavratura de termo é providência administrativa facultativa, podendo a fiscalização iniciar ação fiscal a qualquer momento, diante de flagrante de crime.

e) não se aplicam às entidades que gozem de imunidade tributária ou de isenção de caráter pessoal as regras relativas à fiscalização tributária previstas no Código Tributário Nacional, aplicando-se a elas regras específicas contidas no Marco Regulatório das Organizações da Sociedade Civil.

Resposta correta: letra "a".

(Consulplan – Titular de Serviços de Notas e de Registros – Remoção – TJ-MG/2016) Avalie as afirmações a seguir, considerando posicionamentos sumulados pelo Superior Tribunal de Justiça:

I. Apresenta-se legítima a recusa pelo órgão fazendário de expedição de certidão negativa ou positiva com efeito de negativa, quando declarado e não pago o débito tributário respectivo pelo contribuinte.

II. A entrega de declaração pelo contribuinte reconhecendo débito fiscal constitui o crédito tributário, dispensada qualquer outra providência por parte do fisco.

III. É legítima a exigência de depósito prévio para admissibilidade de recurso administrativo tributário.

IV. Incide imposto de renda sobre a indenização por danos morais.

É correto apenas o que se afirma em

a) I e II.

b) II e III.

c) III e IV.

d) I e IV.

Resposta correta: letra "a".

9. EXECUÇÃO FISCAL

9.1. Competência

Súmula 515-STJ

A reunião de execuções fiscais contra o mesmo devedor **constitui faculdade do juiz.**

- **Status:** Válida.

Súmula 349-STJ

Compete à Justiça Federal ~~ou aos juízes com competência delegada~~ o julgamento das execuções fiscais de contribuições devidas pelo empregador ao FGTS.

- **Status:** Válida, mas apenas em parte. Isso porque após a Lei nº 13.043/2014, não mais se admite a competência delegada nas execuções fiscais propostas pela Fazenda Pública federal.

Súmula 66-STJ

Compete à **Justiça Federal** processar e julgar execução fiscal promovida por Conselho de Fiscalização Profissional.

- **Status:** Válida.

Súmula 58-STJ

Proposta a execução fiscal, a posterior mudança de domicílio do executado **não desloca a competência já fixada**.

- **Status:** Válida.

9.2. Ministério Público

Súmula 189-STJ

É desnecessária a intervenção do Ministério Público nas execuções fiscais.

- **Status:** Válida.

9.3. Prazos processuais

Súmula 507-STF

~~A ampliação dos prazos a que se refere o art. 32 do Código de Processo Civil, aplica-se aos executivos fiscais.~~

- **Status:** Superada.

9.4. Despesas processuais e honorários advocatícios

Súmula 519-STF

~~Aplica-se aos executivos fiscais o princípio da sucumbência a que se refere o art. 64 do Código de Processo Civil.~~

- **Status:** Superada.

Súmula 400-STJ

O encargo de 20%, previsto no Decreto-Lei nº 1.025/1969, **é exigível** na execução fiscal proposta contra a massa falida.

- **Status:** Válida.

Súmula 190-STJ

Na execução fiscal, **processada perante a Justiça Estadual**, cumpre à Fazenda Pública antecipar, o numerário destinado ao custeio das despesas com o transporte dos oficiais de justiça.

- **Status:** Válida.

9.5. Autuação e redirecionamento da execução fiscal

Súmula 435-STJ

Presume-se dissolvida irregularmente a empresa que deixar de funcionar no seu domicílio fiscal, sem comunicação aos órgãos competentes, legitimando o redirecionamento da execução fiscal para o sócio-gerente.

- **Status:** Válida.

- **Nota do autor:** Segundo o STJ, no caso de dissolução irregular da pessoa jurídica, o redirecionamento da execução fiscal para o sócio-gerente, pode ser aplicado tanto no caso de dívidas tributárias quanto não-tributárias.

- **Precedentes relacionados:**

> "Redirecionamento de execução fiscal de dívida ativa não-tributária em virtude de dissolução irregular de pessoa jurídica. Possibilidade. (...) 2. Consoante a Súmula n. 435/STJ: 'Presume-se dissolvida irregularmente a empresa que deixar de funcionar no seu domicílio fiscal, sem comunicação aos órgãos competentes, legitimando o redirecionamento da execução fiscal para o sócio-gerente'. (...) 4. Não há como compreender que o mesmo fato jurídico 'dissolução irregular' seja considerado ilícito suficiente ao redirecionamento da execução fiscal de débito tributário e não o seja para a execução fiscal de débito não-tributário. 'Ubi eadem ratio ibi eadem legis dispositio'." (STJ. 1ª Seção. REsp 1.371.128-RS, Rel. Min Mauro Campbell Marques, julgado em 10/9/2014) (recurso repetitivo) (Info 547).

- **Dispositivos relacionados:**

> "CTN, Art. 135. São pessoalmente responsáveis pelos créditos correspondentes a obrigações tributárias resultantes de atos praticados com excesso de poderes ou infração de lei, contrato social ou estatutos:

> I – as pessoas referidas no artigo anterior;
>
> II – os mandatários, prepostos e empregados;
>
> III – **os diretores, gerentes ou representantes de pessoas jurídicas de direito privado**."

Súmula 430-STJ

O inadimplemento da obrigação tributária pela sociedade **não gera, por si só, a responsabilidade solidária do sócio-gerente.**

- **Status:** Válida.

Súmula 251-STJ

A meação só responde pelo ato ilícito **quando o credor, na execução fiscal, provar que o enriquecimento dele resultante aproveitou ao casal.**

- **Status:** Válida.

Súmula 139-STJ

Cabe à Procuradoria da Fazenda Nacional propor execução fiscal para cobrança de crédito relativo ao ITR.

- **Status:** Válida.

9.6. Petição inicial

Súmula 559-STJ

Em ações de execução fiscal, **é desnecessária a instrução da petição inicial com o demonstrativo de cálculo do débito**, por tratar-se de requisito não previsto no art. 6º da Lei nº 6.830/1980.

- **Status:** Válida.
- **Nota do autor:** Vale lembra a regra do art. 6º da Lei nº 6.830/1980 (Lei de Execução Fiscal - LEF), que não exige como requisito da petição inicial a apresentação do demonstrativo de cálculo de débito tributário da parte executada. Trata-se de aplicação do princípio da especialidade. Aliás, a própria Certidão de Dívida Ativa - CDA que fundamenta a execução fiscal já demonstra o débito tributário. Vale lembrar, ainda, que a CDA é título executivo, gozando de presunção de liquidez e certeza.

• **Dispositivos relacionados:**

"LEF, Art. 6º A petição inicial indicará apenas:

I – o juiz a quem é dirigida;

II – o pedido; e

III – o requerimento para a citação."

Súmula 558-STJ

Em ações de execução fiscal, a petição inicial **não pode ser indeferida sob o argumento da falta de indicação do CPF e/ou RG ou CNPJ da parte executada**.

• **Status:** Válida.

• **Nota do autor:** O art. 6º da Lei nº 6.830/1980 (Lei de Execução Fiscal - LEF), que não exige como requisito da petição inicial a indicação do CPF e/ou RG ou CNPJ da parte executada. Trata-se de aplicação do princípio da especialidade.

• **Dispositivos relacionados:**

"LEF, Art. 6º A petição inicial indicará apenas:

I – o juiz a quem é dirigida;

II – o pedido; e

III – o requerimento para a citação."

9.7. Despacho inicial

Súmula 409-STJ

Em execução fiscal, a prescrição **pode** ser decretada de ofício (art. 219, § 5º, do CPC).

• **Status:** Válida.

• **Dispositivos relacionados:**

"CPC/15, Art. 481. Haverá resolução de mérito quando o juiz: (...) II – decidir, de ofício ou a requerimento, sobre a ocorrência de decadência ou prescrição;"

9.8. Citação

Súmula 414-STJ

A citação por edital na execução fiscal **é cabível quando frustradas as demais modalidades.**

- **Status:** Válida.

- **Nota do autor:** Vale lembra que a ordem de prioridade da citação na execução fiscal é a seguinte: 1º) citação por correio; 2º) citação por Oficial de Justiça; 3º) apenas quando frustradas a citação por correio e a citação por oficial de justiça é que poderá ser realizada a citação por edital.

9.9. Penhora

Súmula 560-STJ

A decretação da indisponibilidade de bens e direitos, na forma do art. 185-A do CTN, **pressupõe o exaurimento das diligências na busca por bens penhoráveis**, o qual fica caracterizado **quando infrutíferos o pedido de constrição sobre ativos financeiros e a expedição de ofícios aos registros públicos do domicílio do executado, ao Denatran ou Detran.**

- **Status:** Válida.

- **Dispositivos relacionados:**

> "CTN, Art. 185-A. Na hipótese de o devedor tributário, devidamente citado, não pagar nem apresentar bens à penhora no prazo legal e não forem encontrados bens penhoráveis, o juiz determinará a indisponibilidade de seus bens e direitos, comunicando a decisão, preferencialmente por meio eletrônico, aos órgãos e entidades que promovem registros de transferência de bens, especialmente ao registro público de imóveis e às autoridades supervisoras do mercado bancário e do mercado de capitais, a fim de que, no âmbito de suas atribuições, façam cumprir a ordem judicial."

Súmula 497-STJ

Os créditos das Autarquias federais **preferem** aos créditos da Fazenda estadual, **desde que coexistam penhoras sobre o mesmo bem.**

- **Status:** Válida.

- **Dispositivos relacionados:**

"CTN, Art. 187. (...).

Parágrafo único. O concurso de preferência somente se verifica entre pessoas jurídicas de direito público, na seguinte ordem:

I – União;

II – Estados, Distrito Federal e Territórios, conjuntamente e *pro rata*;

III – Municípios, conjuntamente e *pro rata*."

"LEF, Art. 29. A cobrança judicial da Dívida Ativa da Fazenda Pública não é sujeita a concurso de credores ou habilitação em falência, concordata, liquidação, inventário ou arrolamento

Parágrafo único. O concurso de preferência somente se verifica entre pessoas jurídicas de direito público, na seguinte ordem:

I – União e suas autarquias;

II – Estados, Distrito Federal e Territórios e suas autarquias, conjuntamente e pro rata;

III – Municípios e suas autarquias, conjuntamente e *pro rata*."

Súmula 406-STJ

A Fazenda Pública **pode** recusar a substituição do bem penhorado por precatório.

- **Status:** Válida.

Súmula 314-STJ

Em execução fiscal, não localizados bens penhoráveis, **suspende-se o processo por um ano, findo o qual se inicia o prazo da prescrição quinquenal intercorrente**.

- **Status:** Válida.

9.10. Leilão

Súmula 128-STJ

Na execução fiscal, **haverá segundo leilão, se no primeiro não houver lanço superior à avaliação.**

- **Status:** Válida.

Súmula 121-STJ

Na execução fiscal o devedor **deverá ser intimado, pessoalmente, do dia e hora da realização do leilão.**

- **Status:** Válida.

9.11. Embargos

Súmula 394-STJ

É admissível, em embargos à execução fiscal, compensar os valores de Imposto de Renda retidos indevidamente na fonte com os valores restituídos apurados na declaração anual.

- **Status:** Válida.

Súmula 153-STJ

A desistência da execução fiscal, **após o oferecimento dos embargos, não exime o exequente dos encargos da sucumbência.**

- **Status:** Válida.
- **Nota do autor:** Em outras palavras, a desistência da execução fiscal, **antes** do oferecimento dos embargos, **exime** o exequente dos encargos da sucumbência.

9.12. Exceção de pré-executividade

Súmula 393-STJ

A exceção de pré-executividade **é admissível** na execução fiscal **relativamente às matérias conhecíveis de ofício que não demandem dilação probatória.**

- **Status:** Válida.

9.13. Substituição da Certidão de Dívida Ativa (CDA)

Súmula 392-STJ

A Fazenda Pública **pode** substituir a certidão de dívida ativa (CDA) **até a prolação da sentença de embargos**, quando se tratar de **correção de erro material ou formal, vedada a modificação do sujeito passivo da execução.**

- **Status:** Válida.

9.14. Recursos

Súmula 278-STF

~~São cabíveis embargos em ação executiva fiscal contra decisão reformatória da de primeira instância, ainda que unânime.~~

- **Status:** Superada.

Súmula 277-STF

~~São cabíveis embargos, em favor da Fazenda Pública, em ação executiva fiscal, não sendo unânime a decisão.~~

- **Status:** Superada.

Súmula 276-STF

~~Não cabe recurso de revista em ação executiva fiscal.~~

- **Status:** Superada.

9.15. Arquivamento e extinção das ações de pequeno valor

Súmula 583-STJ

O arquivamento provisório previsto no art. 20 da Lei nº 10.522/2002, dirigido aos débitos inscritos como dívida ativa da União pela Procuradoria-Geral da Fazenda Nacional ou por ela cobrados, **não se aplica às execuções fiscais movidas pelos Conselhos de Fiscalização Profissional ou pelas Autarquias Federais**.

- **Status:** Válida.
- **Nota do autor:** O art. 20 da Lei nº 10.522/2002, que permite que os valores inferiores a R$ 10.000,00 (dez mil reais) não sejam cobrados, podendo ser arquivados.

- **Dispositivos relacionados:**

> "Lei 10.522/2002, Art. 20. Serão arquivados, sem baixa na distribuição, mediante requerimento do Procurador da Fazenda Nacional, os autos das execuções fiscais de débitos inscritos como Dívida Ativa da União pela Procuradoria-Geral da Fazenda Nacional ou por ela cobrados, de valor consolidado igual ou inferior a R$ 10.000,00 (dez mil reais)."

Súmula 452-STJ

A extinção das ações de pequeno valor **é faculdade da Administração**, vedada a atuação judicial de ofício.

- **Status:** Válida.

9.16. Questões relacionadas

(IADES – Procurador Legislativo – ALE-GO/2019) De acordo com a Lei nº 6.830/1980, a Lei de Execução Fiscal, e o devido processo subjacente dessa lei, segundo a orientação jurisprudencial prevalecente,

a) não se admite a exceção de pré-executividade pelo devedor.

b) há incompatibilidade da citação por edital do devedor, quando frustradas as demais modalidades de citação.

c) é exigida a intervenção do Ministério Público na relação processual, dado o caráter indisponível dos tributos.

d) não importará em ônus sucumbenciais para a Fazenda Pública caso haja a desistência da execução fiscal, mesmo após o oferecimento dos embargos.

e) deverá o devedor ser intimado, pessoalmente, do dia e da hora de realização do leilão do bem penhorado.

Resposta correta: letra "e".

(IADES – Procurador Legislativo – ALE-GO/2019) No que se refere à responsabilidade tributária, assinale a alternativa correta.

a) A responsabilidade tributária importa na responsabilidade do espólio pelas obrigações tributárias já ocorridas e as futuras do de cujus até a data de abertura da sucessão.

b) Não haverá sucessão de responsabilidade tributária na aquisição de unidade produtiva, realizada em processo de falência, seja quem for o adquirente.

c) A substituição tributária caracteriza hipótese de sujeição passiva indireta, definida em lei, na qual a responsabilidade tributária é atribuída a um terceiro que não praticou o fato tributável.

d) O inadimplemento da obrigação tributária pela sociedade empresária gera, por si só, a responsabilidade do sócio-gerente.

e) A denúncia espontânea caracteriza-se como mecanismo indutor de cumprimento da legislação tributária e, por essa razão, pode ser apresentada a qualquer momento, a fim de excluir a responsabilidade pessoal do agente que cometeu infração da legislação tributária.

Resposta correta: letra "c".

(FCC – Auditor Fiscal da Receita Estadual – SEFAZ-SC/2018) Em relação à competência, é correto afirmar:

a) Quando houver continência e a ação continente tiver sido proposta anteriormente, no processo relativo à ação contida será proferida sentença com resolução de mérito, caso contrário, as ações serão necessariamente reunidas.

b) Independentemente de sua natureza, prorrogar-se-á se o réu não alegar a incompetência em preliminar de contestação.

c) Caso a alegação de incompetência absoluta seja acolhida, o processo será sempre extinto sem resolução do mérito; se for acolhida a alegação de incompetência relativa, os autos serão remetidos ao juízo competente.

d) Proposta a execução fiscal, a posterior mudança de domicílio do executado não desloca a competência já fixada.

e) A competência determinada em razão da matéria, da pessoa ou da função é derrogável por convenção das partes.

Resposta correta: letra "d".

(Vunesp – Procurador Municipal – Prefeitura de São Bernardo do Campo – SP/2018) Com relação às Súmulas do Superior Tribunal de Justiça, assinale a alternativa que representa o entendimento sumulado por tal Corte.

a) É de competência da Justiça Federal autorizar o levantamento de valores relativos a PIS/PASEP e FGTS em decorrência de falecimento do titular da conta.

b) Compete à Justiça Estadual processar e julgar execução fiscal promovida por conselho de fiscalização profissional.

c) Para propositura de ação acidentária, é necessário o exaurimento da via administrativa.

d) É incabível ação monitória contra a Fazenda Pública.

e) Compete à Justiça Estadual processar e julgar litígios decorrentes de acidente de trabalho.

Resposta correta: letra "e".

(MPE-BA – Promotor de Justiça – MPE-BA/2018) Quanto ao regime juridico (lato sensu) do Ministério Público, marque a alternativa incorreta:

a) É desnecessária a intervenção do Ministério Público nas execuções fiscais.

b) O Ministério Público não tem legitimidade para pleitear, em ação civil pública, a indenização decorrente do DPVAT (seguro de danos pessoais causados por veículos automotores de vias terrestres) em benefício do segurado.

c) A participação de membro do Ministério Público na fase investigatória criminal não acarreta o seu impedimento ou suspeição para o oferecimento da denúncia.

d) O Ministério Público tem legitimidade para promover ação civil pública cujo fundamento seja a ilegalidade de reajuste de mensalidades escolares.

e) O Ministério Público tem legitimidade para recorrer na ação de acidente do trabalho, ainda que o segurado esteja assistido por advogado.

Resposta correta: letra "b".

(FEPESE – Procurador do Estado – PGE-SC/2018) Assinale a alternativa correta sobre a execução fiscal.

a) Não é admitida a citação por edital em execução fiscal, ainda que frustradas as demais modalidades.

b) Em execução fiscal, a prescrição ocorrida antes da propositura da ação pode ser decretada de ofício.

c) Em execução fiscal, quando não localizados bens penhoráveis, suspende-se o processo por seis meses, findo o qual se inicia a contagem do prazo da prescrição quinquenal intercorrente.

d) A exceção de pré-executividade não é cabível em execução fiscal, nem mesmo em relação às matérias conhecíveis de ofício e que não demandam dilação probatória.

e) Em ações de execução fiscal, a petição inicial poderá ser indeferida de plano sob o argumento de ausência de indicação do CPF e/ou RG ou CNPJ da parte executada.

Resposta correta: letra "b".

(Vunesp – Procurador Municipal – Prefeitura de Sorocaba – SP/2018) Considere o caso hipotético a seguir.

O Município ajuizou uma ação de execução fiscal, no valor de R$ 95.400,00 (equivalente a 100 salários-mínimos). O devedor/executado ajuizou embargos à execução, que foram julgados procedentes. O fundamento da decisão que acolheu os embargos foi o entendimento de que teria ocorrido a prescrição da pretensão executória, visto que o processo ficou mais de sete anos parado após sua suspensão em razão da não localização de bens penhoráveis, com base na Súmula n° 314 do STJ ("Em execução fiscal, não localizados bens penhoráveis, suspende-se o processo por um ano, findo o qual se inicia o prazo da prescrição quinquenal intercorrente.").

Considerando que os fatos que serviram de fundamento à sentença são verdadeiros e incontroversos, é correto afirmar que, no caso relatado,

a) não é aplicável a remessa necessária, tendo em vista o valor da causa, bem como em razão de a decisão estar fundada em súmula do STJ.

b) é cabível a remessa necessária para toda causa de valor superior a 200 salários-mínimos; o simples fato de a decisão estar fundada em súmula do STJ não seria óbice à remessa necessária.

c) é cabível a remessa para toda causa de valor superior a 50 salários-mínimos; entretanto, no presente caso não será possível em razão de a decisão estar fundada em súmula do STJ.

d) apesar de o valor da causa, em tese, permitir a remessa necessária, no presente caso esta não seria aplicável, em razão de a decisão estar fundada em súmula do STJ.

e) é cabível a remessa para toda causa de valor superior a 500 salários-mínimos; somente se a decisão estivesse fundada em súmula vinculante, não seria aplicável a remessa necessária.

Resposta correta: letra "d".

(FGV – Técnico Tributário – SEFIN-RO/2018) Analise as hipóteses a seguir, e assinale (V) para a verdadeira e (F) para a falsa.

( ) Constitui dívida ativa tributária todo crédito da Fazenda Pública que tiver sido inscrito em repartição administrativa competente, esgotado o prazo em lei para pagamento.

( ) Certidão da Dívida Ativa é o título que habilita o Fisco a ingressar com a execução fiscal, contemplando valor líquido e certo, incabível sua alteração após iniciado o processo executivo.

( ) A Fazenda Pública pode substituir a certidão de dívida ativa até a decisão de 1ª instância, quando se tratar de correção de erro material ou formal, vedada a modificação do sujeito passivo da execução.

Na sequência em que aparecem, as afirmativas são, respectivamente,

a) F – F – V.

b) V – V – F.

c) F – V – F.

d) V – F – V.

e) V – F – F.

Resposta correta: letra "a".

(FEPESE – Procurador do Estado – PGE-SC/2018) Identifique abaixo as afirmativas verdadeiras (V) e as falsas (F) em relação à ação de execução fiscal, prevista na Lei 6830/80.

( ) A certidão de dívida ativa é o documento que atesta a liquidez, a certeza e a exigibilidade do crédito, tributário ou não, devido à Fazenda Pública.

( ) É possível a Fazenda Pública substituir a certidão de dívida ativa até a prolação da sentença de embargos, quando se tratar de correção de erro material ou formal, modificando, inclusive, o sujeito passivo da execução.

( ) Nos termos da lei que rege as execuções fiscais, a oposição de embargos à execução depende da garantia do juízo, o que não foi alterado pelo novo Código de Processo Civil.

( ) A descrição do fato é elemento essencial da certidão de dívida ativa. Se houver menção apenas genérica no tocante à origem do débito, sem a descrição do fato constitutivo da obrigação, a certidão será nula por violação do princípio da ampla defesa.

( ) O juízo a respeito da higidez da certidão de dívida ativa constitui matéria de ordem pública, razão pela qual sobre ela não se opera a preclusão, devendo, inclusive, ser conhecida de ofício.

Assinale a alternativa que indica a sequência correta, de cima para baixo.

a) V – V – V – V – V.

b) V – F – V – V – V.

c) V – F – F – F – F.

d) F – V – F – F – F.

e) F – F – F – V – V.

Resposta correta: letra "b".

(PGR – Procurador da República – PGR/2017) Sobre a execução fiscal, assinale a alternativa incorreta:

a) Em ações de execução fiscal, é desnecessária a instrução da petição inicial com o demonstrativo de cálculo do débito, por tratar-se de requisito não previsto no art. 6º da Lei n. 6.830/1980.

b) Em ações de execução fiscal, a petição inicial não pode ser indeferida sob o argumento da falta de indicação do CPF e/ou RG ou CNPJ da parte executada.

c) Não se presume dissolvida irregularmente a empresa que deixar de funcionar no seu domicílio fiscal, sem comunicação aos órgãos competentes, não sendo possível o redirecionamento da execução fiscal para o sócio-gerente.

d) A reunião de execuções fiscais contra o mesmo devedor constitui faculdade do Juiz.

Resposta correta: letra "c".

(PGR – Procurador da República – PGR/2017) Sobre a responsabilidade tributária é incorreto afirmar que:

a) o inadimplemento da obrigação tributária pela sociedade gera, por si só, a responsabilidade solidária do sócio-gerente;

b) na hipótese de sucessão empresarial, a responsabilidade da sucessora abrange não apenas os tributos devidos pela sucedida, mas também as multas moratórias ou punitivas referentes a fatos geradores ocorridos até a data da sucessão;

c) a lei poderá atribuir a sujeito passivo de obrigação tributária a condição de responsável pelo pagamento de imposto ou contribuição, cujo fato gerador deva ocorrer posteriormente, assegurada a imediata e preferencial restituição da quantia paga, caso não se realize o fato gerador presumido;

d) a lei pode atribuir de modo expresso a responsabilidade pelo crédito tributário a terceira pessoa, vinculada ao fato gerador da respectiva obrigação, excluindo a responsabilidade do contribuinte ou atribuindo-a a este em caráter supletivo do cumprimento total ou parcial da referida obrigação.

Resposta correta: letra "a".

(Consulplan – Titular de Serviços de Notas e de Registros – Remoção – TJ-MG/2017) À luz do entendimento sumulado pelo Superior Tribunal de Justiça em matéria tributária, assinale a alternativa INCORRETA:

a) A decretação da indisponibilidade de bens e direitos, na forma do art. 185-A do CTN, pressupõe o exaurimento das diligências na busca por bens penhoráveis, o qual fica caracterizado quando infrutíferos o pedido de constrição sobre ativos financeiros e a expedição de ofícios aos registros públicos do domicílio do executado, ao Denatran ou Detran.

b) Em ações de execução fiscal, a petição inicial não pode ser indeferida sob o argumento da falta de indicação do CPF e/ou RG ou CNPJ da parte executada.

c) Quando não houver declaração do débito, o prazo decadencial quinquenal para o Fisco constituir o crédito tributário conta-se exclusivamente na forma do art. 173, I, do CTN, nos casos em que a legislação atribui ao sujeito passivo o dever de antecipar o pagamento sem prévio exame da autoridade administrativa.

d) A petição inicial da ação de execução fiscal deve ser instruída com o demonstrativo do cálculo do débito.

Resposta correta: letra "d".

(PGR – Procurador da República – PGR/2017) A decretação da indisponibilidade de bens e direitos, na forma do art. 185-a do CTN:

a) não poderá ser comunicada por meio eletrônico aos órgãos e entidades que promovem registros de transferência de bens, especialmente ao registro público de imóveis e às autoridades supervisoras do mercado bancário e do mercado de capitais, a fim de que, no âmbito de suas atribuições, façam cumprir a ordem judicial.

b) é ilimitada e poderá ultrapassar o valor total do crédito tributário exigível, devendo o juiz determinar o imediato depósito dos bens ou valores que excederem o valor total do crédito tributário exigível.

c) não constitui garantia ou privilégio atribuído ao crédito tributário.

d) pressupõe o exaurimento das diligências na busca por bens penhoráveis, o qual fica caracterizado quando infrutíferos o pedido de constrição sobre ativos financeiros e a expedição de ofícios aos registros públicos do domicílio do executado, ao Denatran ou Detran.

Resposta correta: letra "d".

(TRF 4ª Região – Juiz de Direito – TRF 4ª Região/2016) Assinale a alternativa INCORRETA. Acerca da execução fiscal:

a) Os embargos à execução fiscal não terão efeito suspensivo, salvo se estiver garantida integralmente a execução e presentes os pressupostos para a concessão da antecipação da tutela provisória.

b) Segundo a orientação do Superior Tribunal de Justiça, a citação por edital, na execução fiscal, somente é cabível quando não exitosas as outras modalidades de citação ali previstas: a citação por correio e a citação por oficial de justiça.

c) O despacho do juiz que defere o processamento da execução fiscal importa, a um só tempo, em ordem para citação, penhora, arresto, registro da penhora ou do arresto, avaliação dos bens penhorados ou arrestados e, caso não suspensa a execução, leilão.

d) Segundo a orientação do Superior Tribunal de Justiça, a ação anulatória em que se discute o crédito tributário implica litispendência em relação aos embargos do devedor caso a matéria de defesa tratada nestes últimos seja a mesma.

e) Na execução por carta, é possível a duplicidade de embargos, cabendo, porém, ao juízo deprecado o julgamento dos embargos que versarem sobre vícios ou irregularidades praticados no próprio juízo deprecado.

Resposta correta: letra "c".

(Vunesp – Procurador Municipal – Prefeitura de Várzea Paulista – SP/2016) De acordo com o posicionamento sumulado do Superior Tribunal de Justiça, é correto afirmar que

a) os preços de serviços públicos e as taxas se confundem na medida em que ambos são compulsórios e têm sua cobrança condicionada à prévia autorização orçamentária.

b) os Estados podem, a título de ressarcimento de despesas, reduzir a parcela de 20% do produto da arrecadação do Imposto de Circulação de Mercadorias, atribuída aos Municípios.

c) a Fazenda Pública não pode recusar a substituição do bem penhorado por precatório.

d) os atos do presidente do tribunal que disponham sobre processamento e pagamento de precatório não têm caráter jurisdicional.

e) os créditos de natureza alimentícia gozam de preferência, vinculados os precatórios de ordem cronológica dos créditos de natureza diversa.

Resposta correta: letra "d".

(Cespe – Delegado de Polícia Civil – PC-PE/2016) A respeito da execução fiscal, assinale a opção correta.

a) É admissível, nos embargos à execução fiscal, compensar os valores do imposto de renda retidos indevidamente na fonte com os valores restituídos apurados na declaração anual.

b) A penhora não poderá recair, em nenhuma hipótese, sobre estabelecimento comercial, industrial ou agrícola.

c) A dívida ativa regularmente inscrita goza de presunção absoluta de certeza e liquidez.

d) A produção de provas pela fazenda pública depende de requerimento na petição inicial.

e) Os embargos do devedor na fase de execução fiscal prescindem de garantia à execução.

Resposta correta: letra "a".

(FUNDATEC – Procurador do Estado – PGE-RS/2015) Quanto ao entendimento jurisprudencial em matéria tributária, assinale a alternativa INCORRETA.

a) Nota fiscal declarada inidônea não autoriza o aproveitamento dos créditos de ICMS, mesmo que o comerciante esteja de boa-fé e demonstre a veracidade da compra e venda.

b) A reunião de execuções fiscais contra o mesmo devedor constitui faculdade do Juiz.

c) Os descontos incondicionais nas operações mercantis não se incluem na base de cálculo do ICMS.

d) O ICMS incide sobre o valor da venda a prazo constante da nota fiscal.

e) Em execução fiscal, a prescrição ocorrida antes da propositura da ação pode ser decretada de ofício.

Resposta correta: letra "a".

(TRT 2ª Região – Juiz do Trabalho – TRT 2ª Região/2015) À luz da legislação vigente e da jurisprudência consolidada dos Tribunais Superiores, analise as seguintes proposições:

I – A empresa individual de responsabilidade limitada será constituída por uma única pessoa titular da totalidade do capital social, devidamente integralizado, que não será inferior a 100 (cem) vezes o maior salário-mínimo vigente no País. O nome empresarial deverá ser formado pela inclusão da expressão "EIRELI" após a firma ou a denominação social da empresa individual de responsabilidade limitada.

II – Na sociedade limitada, a responsabilidade de cada sócio é restrita ao valor de suas quotas, não respondendo solidariamente pela integralização do capital social.

III – Na sociedade em comandita simples tomam parte sócios de duas categorias: os comanditados, pessoas físicas, responsáveis solidária e ilimitadamente pelas obrigações sociais; e os comanditários, obrigados somente pelo valor de sua quota.

IV – Celebram contrato de sociedade cooperativa as pessoas que reciprocamente se obrigam a contribuir com bens ou serviços para o exercício de uma atividade econômica, de proveito comum, sem objetivo de lucro, observados os princípios da dupla qualidade e o da retribuição pessoal diferenciada.

V – Presume-se dissolvida irregularmente a empresa que deixar de funcionar no seu domicílio fiscal, sem comunicação aos órgãos competentes, legitimando o redirecionamento da execução fiscal para o sócio-gerente.

a) Todas as proposições estão corretas.

b) Somente a proposição V está incorreta.

c) Somente a proposição II está incorreta.

d) Somente as proposições I e III estão incorretas.

e) Somente as proposições III e IV estão incorretas.

Resposta correta: letra "c".

(FMP – Procurador do Estado – PGE-AC/2014) Analise as assertivas abaixo.

I – O CTN (Código Tributário Nacional) determina que a norma prevendo isenção seja interpretada de modo a abranger o maior número de situações fáticas possível, afastando a interpretação literal.

II – Considerando que a obrigação tributária principal nasce contra o sujeito passivo indicado em lei, nos termos do CTN (Código Tributário Nacional), a pessoa jurídica de direito privado que resultar de fusão não pode ser responsabilizada pelos tributos devidos até a data do ato pelas pessoas jurídicas fusionadas.

III – Segundo o entendimento do Superior Tribunal de Justiça, os créditos das autarquias federais preferem aos créditos da Fazenda estadual, desde que coexistam penhoras sobre o mesmo bem.

IV – Nos termos do CTN (Código Tributário Nacional) presume-se fraudulenta a alienação ou oneração de bens ou rendas, ou seu começo, por sujeito passivo em débito para com a Fazenda Pública, por crédito tributário regularmente inscrito em dívida ativa, salvo se o devedor reservar bens ou rendas suficientes ao pagamento total da dívida inscrita.

Assinale a afirmativa correta.

a) Apenas as assertivas I e II estão corretas

b) Apenas as assertivas II e III estão corretas.

c) Apenas as assertivas I e IV estão corretas.

d) Apenas as assertivas III e IV estão corretas.

Resposta correta: letra "d".

(FUNCAB – Auditor Fiscal – SEFAZ-BA/2014) Sobre cobrança judicial da dívida ativa, assinale a alternativa correta.

a) Proposta a execução fiscal, a posterior mudança de domicílio do executado desloca a competência já fixada.

b) Em execução fiscal, a prescrição ocorrida antes da propositura da ação não pode ser decretada de ofício.

c) A execução de pré-executividade é admissível na execução fiscal relativamente às matérias conhecíveis de ofício que não demandem dilação probatória.

d) Na execução fiscal, o devedor deverá ser intimado, por edital, do dia e hora da realização do leilão.

e) É necessária a intervenção do Ministério Público nas execuções fiscais.

Resposta correta: letra "c".

(CETRO – Procurador – CREF 4ª Região/2013) Sobre a execução fiscal e de acordo com o entendimento do Superior Tribunal de Justiça (STJ), assinale a alternativa incorreta.

a) Presume-se dissolvida irregularmente a empresa que deixar de funcionar no seu domicílio fiscal, sem comunicação aos órgãos competentes, legitimando o redirecionamento da execução fiscal para o sócio-gerente.

b) A exceção de pré-executividade é admissível na execução fiscal relativamente às matérias conhecíveis de ofício que não demandem dilação probatória.

c) Permite-se à Fazenda Pública substituir o sujeito passivo da execução, por intermédio de substituição de Certidão de Dívida Ativa (CDA) até a prolação da sentença de embargos.

d) Na execução fiscal, processada perante a Justiça Estadual, cumpre à Fazenda Pública antecipar o numerário destinado ao custeio das despesas com o transporte dos oficiais de justiça.

e) É desnecessária a intervenção do Ministério Público nas execuções fiscais.

Resposta correta: letra "a".

(CETRO – Procurador – CREF 4ª Região/2013) Sobre a cobrança judicial da Dívida Ativa da Fazenda Pública, assinale a alternativa correta.

a) A Dívida Ativa da Fazenda Pública não compreende a não tributária.

b) Até a citação do executado, a Certidão de Dívida poderá ser emendada ou substituída, assegurada ao executado a devolução do prazo para embargos.

c) A produção de provas pela Fazenda Pública depende de requerimento na petição inicial.

d) A citação por edital na execução fiscal é cabível ainda que não frustradas as demais modalidades.

e) Em execução fiscal, não localizados bens penhoráveis, suspende-se o processo por um ano, findo o qual se inicia o prazo da prescrição quinquenal intercorrente.

Resposta correta: letra "e".

(OFFICIUM – Juiz de Direito – TJ-RS/2012) Com relação ao direcionamento da execução fiscal, assinale a assertiva incorreta.

a) O sócio que não exerce a gerência da sociedade pode ser responsabilizado pelos débitos fiscais até a sua saída da empresa, com a baixa na Junta Comercial.

b) A falência da empresa, constituindo-se em modo regular de extinção da sociedade, não autoriza o redirecionamento da execução fiscal contra o sócio-gerente da pessoa jurídica devedora do Fisco.

c) Presume-se dissolvida irregularmente a empresa que deixar de funcionar em seu domicílio fiscal sem comunicação aos órgãos competentes, legitimando o redirecionamento da execução fiscal para seu sócio-gerente.

d) A meação do cônjuge somente responde pelo ilícito fiscal quando o credor, na execução fiscal, provar que o enriquecimento dele resultante aproveitou ao casal.

e) Mesmo não constando o nome do sócio na certidão de dívida ativa (CDA), pode a execução fiscal ser contra ele direcionada, no caso de dissolução irregular da sociedade.

Resposta correta: letra "a".

10. OUTROS TEMAS

10.1. Programa de recuperação fiscal (REFIS)

Súmula 437-STJ

A suspensão da exigibilidade do crédito tributário superior a R$ 500.000,00 (quinhentos mil reais) para opção pelo REFIS, **pressupõe a homologação expressa do comitê gestor e a constituição de garantia por meio do arrolamento de bens.**

- **Status:** Válida.

Súmula 355-STJ

É válida a notificação do ato de exclusão do programa de recuperação fiscal do REFIS pelo Diário Oficial ou pela Internet.

- **Status:** Válida.

10.2. Simples nacional

Súmula 448-STJ

A opção pelo Simples de estabelecimentos dedicados às atividades de creche, pré-escola e ensino fundamental **é admitida somente a partir de 24/10/2000**, data de vigência da Lei n. 10.034/2000.

- **Status:** Válida.

Súmula 425-STJ

A retenção da contribuição para a seguridade social pelo tomador do serviço **não se aplica às empresas optantes pelo Simples**.

- **Status:** Válida.

10.3. Acordo geral de tarifas e comércio (GATT)

Súmula 575-STF

À mercadoria importada de país signatário do GATT, ou membro da ALALC, **estende-se** a isenção do Imposto Sobre Circulação de Mercadorias – ICMS concedida a similar nacional.

- **Status:** Válida.

Súmula 71-STJ

~~O bacalhau importado de país signatário do GATT é isento do ICMS.~~

- **Status:** Superada.

Súmula 20-STJ

A mercadoria importada de país signatário do GATT **é isenta do ICM, quando contemplado com esse favor o similar nacional**.

- **Status:** Válida.

10.4. Liberação alfandegária

Súmula 262-STF

Não cabe medida possessória liminar para liberação alfandegária de automóvel.

- **Status:** Válida.

Súmula 50-STJ

~~O adicional de tarifa portuária incide apenas nas operações realizadas com mercadorias importadas ou exportadas, objeto do comércio de navegação de longo curso.~~

- **Status:** Superada.

10.5. Benefício relativo ao regime de "drawback"

Súmula 569-STJ

Na importação, **é indevida** a exigência de nova certidão negativa de débito no desembaraço aduaneiro, **se já apresentada a comprovação da quitação de tributos federais quando da concessão do benefício relativo ao regime de *drawback*.**

- **Status:** Válida.

10.6. Legislação aduaneira

Súmula 559-STF

~~O Decreto-Lei 730, de 5.8.69, revogou a exigência de homologação, pelo Ministro da Fazenda, das Resoluções do Conselho de Política Aduaneira.~~

- **Status:** Superada.

Súmula 553-STF

~~O Adicional ao Frete para Renovação da Marinha Mercante (AFRMM) é contribuição parafiscal, não sendo abrangido pela imunidade prevista na letra "d", inciso III, do art. 19, da Constituição Federal.~~

- **Status:** Superada.

Súmula 404-STF

~~Não contrariam a Constituição, os arts 3º, 22 e 27 da Lei 3.244/57, que definem as atribuições do Conselho de Política Aduaneira quanto à tarifa flexível.~~

- **Status:** Superada.

Súmula 88-STF

~~É válida a majoração da tarifa alfandegária, resultante da Lei 3.244, de 14/08/57, que modificou o Acordo Geral sobre Tarifas Aduaneiras e Comércio (GATT), aprovado pela Lei 313, de 30/07/48.~~

- **Status:** Superada.

10.7. Questões relacionadas

(NUCEPE – Delegado de Polícia Civil – PC-PI/2018) Considerando o previsto no Código Tributário Nacional sobre constituição do crédito tributário e sobre a suspensão da exigibilidade do crédito tributário, assinale a alternativa CORRETA.

a) A suspensão da exigibilidade do crédito tributário tem como natural e automática consequência a dispensa do cumprimento das obrigações acessórias dependentes da obrigação principal cujo crédito esteja suspenso.

b) A concessão da moratória em caráter individual não gera direito adquirido e será revogada de ofício, sempre que se apure que o beneficiado não satisfazia ou deixou de satisfazer as condições ou não cumprira ou deixou de cumprir os requisitos para a concessão do favor, cobrando-se o crédito acrescido de juros de mora, sendo vedada a imposição de penalidade.

c) O lançamento regularmente notificado ao sujeito passivo só pode ser alterado em virtude de impugnação formulada pelo próprio sujeito passivo.

d) Salvo disposição de lei em contrário, quando o valor tributário esteja expresso em moeda estrangeira, no lançamento far-se-á sua conversão em moeda nacional ao câmbio do dia da realização do lançamento.

e) O lançamento, atividade vinculada e obrigatória, sob pena de responsabilidade funcional, é o procedimento administrativo tendente a verificar a ocorrência do fato gerador da obrigação correspondente, determinar a matéria tributável, calcular o montante do tributo devido, identificar o sujeito passivo e, sendo caso, propor a aplicação da penalidade cabível.

Resposta correta: letra "e".

(DPU – Defensor Público Federal – DPU/2017) A respeito das normas gerais de direito tributário, julgue o seguinte item.

A efetividade de medida liminar para suspender a exigibilidade de créditos tributários está condicionada ao exaurimento das instâncias administrativas para a anulação dos autos de infração pertinentes, visto que, nessa situação, não cabe ao Poder Judiciário analisar o mérito administrativo.

Resposta: errado.

(TRF 3ª Região – Juiz Federal – TRF 3ª Região/2016) Dadas as assertivas abaixo, assinale a alternativa incorreta.

a) O STJ tem entendimento no sentido de que, quanto ao pedido administrativo de restituição e demais processos administrativos tributários, não tem aplicação a Lei nº 9.784/99, razão pela qual deve ser aplicado o prazo de 360 (trezentos e sessenta) dias para que seja proferida decisão administrativa, a contar do protocolo dos respectivos pedidos.

b) O STJ tem entendimento no sentido de que, uma vez que a legislação do Programa de Recuperação Fiscal – Refis (Lei nº 9.964/00) tem previsão específica no sentido de que a notificação da exclusão do devedor ocorrerá por meio do Diário Oficial e da Internet, não tem aplicação, no caso, a disposição contida no art. 26, § 3º da Lei nº 9.784/99 ("A intimação pode ser efetuada por ciência no processo, por via postal com aviso de recebimento, por telegrama ou outro meio que assegure a certeza da ciência do interessado.").

c) O STJ tem entendimento no sentido de que a regra contida no art. 54 da Lei 9.784/99, que impede a Administração de anular atos administrativos dos quais decorram efeitos favoráveis para os destinatários, quando já ultrapassado o prazo de 5 (cinco) anos, não pode ser imposta ao Poder Legislativo, que, por meio de lei nova, altera o regime jurídico dos servidores.

d) O STJ tem entendimento no sentido de que, no tocante à incidência da decadência prevista no art. 54 da Lei nº 9.784/1999, não cabe à Administração proceder à revisão do ato de aposentadoria de servidor público federal quando transcorrido, entre a data da aposentação e a da decisão do TCU que julgou no sentido de sua ilegalidade, lapso temporal superior a 5 (cinco) anos.

Resposta correta: letra "d".

(Vunesp – Juiz de Direito – TJ-SP/2011) O juiz Nerivaldo Branquinho, ao examinar mandado de segurança impetrado por Exportadora e Importadora Ltda. contra o Sr. Delegado Regional Tributário de Xiririca da Serra, que objetiva a isenção de ICMS sobre filé de merluza importado da Argentina, sob o fundamento de o Brasil ser signatário de tratado internacional, julga corretamente quando

a) decide que a mercadoria importada do país signatário do BATE é isenta de ICMS quando contemplado com esse favor o similar nacional.

b) decide que a merluza importada do país signatário do BRD paga ICM.

c) decide que à mercadoria importada do país signatário do GATT, ou membro do ALALC, estende-se a isenção do Imposto de Circulação de Mercadorias concedida a similar nacional.

d) denega a segurança porque a merluza é um produto importado.

e) denega a segurança porque o direito do impetrante não é albergado pelo GATT.

Resposta correta: letra "c".

(Cespe – Analista de Comércio Exterior – Correios/2011) Com relação aos regimes aduaneiros especiais brasileiros, julgue os itens a seguir.

O drawback é um regime aduaneiro especial por meio do qual um exportador pode importar insumos, com suspensão de tributos aduaneiros, para compor produtos a serem exportados.

Resposta: certo.

11. DEMAIS SÚMULAS SUPERADAS

Súmula 541-STF

~~O imposto sobre vendas e consignações não incide sobre a venda ocasional de veículos e equipamentos usados, que não se insere na atividade profissional do vendedor, e não é realizada com o fim de lucro, sem caráter, pois, de comercialidade.~~

- **Status:** Superada.

Súmula 540-STF

~~No preço da mercadoria sujeita ao imposto de vendas e consignações, não se incluem as despesas de frete e carreto.~~

- **Status:** Superada.

Súmula 548-STF

~~É inconstitucional o Decreto-Lei nº 643/47, artigo 4º, do Paraná, na parte que exige selo proporcional sobre atos e instrumentos regulados por lei federal.~~

- **Status:** Superada.

Súmula 538-STF

~~A avaliação judicial para o efeito do cálculo das benfeitorias dedutíveis do imposto sobre lucro imobiliário independe do limite a que se refere a Lei nº 3.470/1958, art. 8º, parágrafo único.~~

- **Status:** Superada.

Súmula 537-STF

~~É inconstitucional a exigência de imposto estadual do selo, quando feita nos atos e instrumentos tributados ou regulados por lei federal, ressalvado o disposto no art. 15, § 5º, da Constituição Federal de 1946.~~

- **Status:** Superada.

Súmula 533-STF

~~Nas operações denominadas "crediários", com emissão de vales ou certificados para compras e nas quais, pelo financiamento, se cobram, em separado, juros, selos e outras despesas, incluir-se-á tudo no custo da mercadoria e sobre esse preço global calcular-se-á o imposto de vendas e consignações.~~

- **Status:** Superada.

Súmula 532-STF

~~É constitucional a Lei nº 5.043/66, que concedeu remissão das dívidas fiscais oriundas da falta de oportuno pagamento de selo nos contratos particulares com a Caixa Econômica e outras entidades autárquicas.~~

- **Status:** Superada.

Súmula 350-STF

~~O imposto de indústrias e profissões não é exigível de empregado, por falta de autonomia na sua atividade profissional.~~

- **Status:** Superada.

Súmula 334-STF

~~É legítima a cobrança, ao empreiteiro, do imposto de vendas e consignações, sobre o valor dos materiais empregados, quando a empreitada não for apenas de lavor.~~

- **Status:** Superada.

Súmula 333-STF

~~Está sujeita ao imposto de vendas e consignações a venda realizada por invernista não qualificado como pequeno produtor.~~

- **Status:** Superada.

Súmula 332-STF

~~É **legítima** a incidência do imposto de vendas e consignações sobre a parcela do preço correspondente aos ágios cambiais.~~

- **Status:** Superada.

Súmula 329-STF

~~O imposto de transmissão *inter vivos* não incide sobre a transferência de ações de sociedade imobiliária.~~

- **Status:** Superada.

Súmula 328-STF

~~É legítima a incidência do imposto de transmissão *inter vivos* sobre a doação de imóvel.~~

- **Status:** Superada.

Súmula 326-STF

~~É legítima a incidência do imposto de transmissão *inter vivos* sobre a transferência do domínio útil.~~

- **Status:** Superada.

Súmula 318-STF

~~É legítima a cobrança, em 1962, pela municipalidade de São Paulo, do imposto de indústrias e profissões, consoante as leis 5.917 e 5.919, de 1961 (aumento anterior à vigência do orçamento e incidência do tributo sobre o movimento econômico do contribuinte).~~

- **Status:** Superada.

Súmula 303-STF

~~Não é devido o imposto federal de selo em contrato firmado com autarquia anteriormente à vigência da Emenda Constitucional nº 5, de 21.11.61.~~

- **Status:** Superada.

Súmula 148-STF

~~É legítimo o aumento de tarifas portuárias por ato do Ministro da Viação e Obras Públicas.~~

- **Status:** Superada.

Súmula 143-STF

~~Na forma da lei estadual, é devido o imposto de vendas e consignações na exportação de café pelo Estado da Guanabara, embora proveniente de outro Estado.~~

- **Status:** Superada.

Súmula 142-STF

~~Na forma da lei estadual, é devido o imposto de vendas e consignações na exportação de café pelo Estado da Guanabara, embora proveniente de outro Estado.~~

- **Status:** Superada.

Súmula 139-STF

~~É indevida a cobrança do imposto de transação a que se refere a Lei 899, de 1957, art. 58, IV, letra "e", do antigo Distrito Federal.~~

- **Status:** Superada.

Súmula 125-STF

~~Não é devido o imposto de vendas e consignações sobre a parcela do imposto de consumo que onera a primeira venda realizada pelo produtor.~~

- **Status:** Superada.

Súmula 124-STF

~~É inconstitucional o adicional do imposto de vendas e consignações cobrado pelo Estado do Espírito Santo sobre cafés da cota de expurgo entregues ao Instituto Brasileiro do Café.~~

- **Status:** Superada.

Súmula 119-STF

~~É devido o imposto de vendas e consignações sobre a venda de cafés ao Instituto Brasileiro do Café, embora o lote, originariamente, se destinasse à exportação.~~

- **Status:** Superada.

Súmula 118-STF

~~Estão sujeitas ao imposto de vendas e consignações as transações sobre minerais, que ainda não estão compreendidos na legislação federal sobre o imposto único.~~

- **Status:** Superada.

Súmula 117-STF

~~A lei estadual pode fazer variar a alíquota do imposto de vendas e consignações em razão da espécie do produto.~~

- **Status:** Superada.

Súmula 116-STF

~~Em desquite ou inventário, é legítima a cobrança do chamado imposto de reposição, quando houver desigualdade nos valores partilhados.~~

- **Status:** Superada.

Súmula 111-STF

~~É legítima a incidência do imposto de transmissão *inter vivos* sobre a restituição, ao antigo proprietário, de imóvel que deixou de servir à finalidade da sua desapropriação.~~

- **Status:** Superada.

Súmula 108-STF

~~É legítima a incidência do imposto de transmissão *inter vivos* sobre o valor do imóvel ao tempo da alienação e não da promessa, na conformidade da legislação local.~~

- **Status:** Superada.

Súmula 107-STF

~~É inconstitucional o imposto de selo de 3%, ad valorem, do Paraná, quanto aos produtos remetidos para fora do Estado.~~

- **Status:** Superada.

Súmula 106-STF

~~É legítima a cobrança de selo sobre registro de automóveis, na conformidade da legislação estadual.~~

- **Status:** Superada.

Súmula 104-STF

~~Não é devido o imposto federal do selo na simples reavaliação de ativo anterior à vigência da Lei 3.519, de 30.12.58.~~

- **Status:** Superada.

Súmula 103-STF

~~É devido o imposto federal do selo na simples reavaliação de ativo, realizada posteriormente à vigência da Lei 3.519, de 30.12.58.~~

- **Status:** Superada.

Súmula 102-STF

~~É devido o imposto federal do selo pela incorporação de reservas, em reavaliação de ativo, ainda que realizada antes da vigência da Lei 3.519, de 30.12.58.~~

- **Status:** Superada.

Súmula 100-STF

~~Não é devido o imposto de lucro imobiliário, quando a alienação de imóvel, adquirido por usucapião, tiver sido anterior à vigência da Lei 3.470, de 28.11.58.~~

- **Status:** Superada.

Súmula 99-STF

~~Não é devido o imposto de lucro imobiliário, quando a alienação de imóvel adquirido por herança, ou a título gratuito, tiver sido anterior à vigência da Lei 3.470, de 28.11.58.~~

- **Status:** Superada.

Súmula 98-STF

~~Sendo o imóvel alienado na vigência da Lei 3.470, de 28/11/58, ainda que adquirido por herança, usucapião ou a título gratuito, é devido o imposto de lucro imobiliário.~~

- **Status:** Superada.

Súmula 97-STF

~~É devida a alíquota anterior do imposto de lucro imobiliário, quando a promessa de venda houver sido celebrada antes da vigência da lei que a tiver elevado.~~

- **Status:** Superada.

Súmula 96-STF

~~O imposto de lucro imobiliário incide sobre a venda de imóvel da meação do cônjuge sobrevivente, ainda que aberta a sucessão antes da vigência da L. 3.470, de 28.11.58.~~

- **Status:** Superada.

Súmula 95-STF

~~Para cálculo do imposto de lucro extraordinário, incluem-se no capital as reservas do ano-base, apuradas em balanço.~~

- **Status:** Superada.

Súmula 92-STF

~~É constitucional o art. 100, II, da Lei 4.563, de 20/02/57, do Município de Recife, que faz variar o imposto de licença em função do aumento do capital do contribuinte.~~

- **Status:** Superada.

Súmula 90-STF

~~É legítima a lei local que faça incidir o imposto de indústrias e profissões com base no movimento econômico do contribuinte.~~

- **Status:** Superada.

Súmula 87-STF

~~Somente no que não colidirem com a Lei 3.244, de 14/8/57, são aplicáveis acordos tarifários anteriores.~~

- **Status:** Superada.

Súmula 86-STF

~~Não está sujeito ao imposto de consumo automóvel usado, trazido do exterior pelo proprietário.~~

- **Status:** Superada.

Súmula 68-STF

~~É legítima a cobrança, pelos Municípios, no exercício de 1961, de tributo estadual, regularmente criado ou aumentado, e que lhes foi transferido pela emenda constitucional nº 5, de 21/11/61.~~

- **Status:** Superada.

DIREITO PREVIDENCIÁRIO

1. INSTITUTOS DE CLASSE

Súmula 465-STF

O regime de manutenção de salário, aplicável ao IAPM e ao IAPETC, **exclui** a indenização tarifada na Lei de Acidentes do Trabalho, mas não o benefício previdenciário.

- **Status:** Válida.

2. CUSTEIO DA SEGURIDADE SOCIAL

2.1. Salário de contribuição

Súmula 456-STJ

É incabível a correção monetária dos salários de contribuição considerados no cálculo do salário de benefício de auxílio-doença, aposentadoria por invalidez, pensão ou auxílio-reclusão concedidos antes da vigência da CF/1988.

- **Status:** Válida.

Súmula 310-STJ

O auxílio-creche **não integra** o salário de contribuição.

- **Status:** Válida.

Súmula 83-TNU

A partir da entrada em vigor da Lei nº 8.870/94, o décimo terceiro salário **não integra** o salário de contribuição para fins de cálculo do salário de benefício.

- **Status:** Válida.

Súmula 67-TNU

O auxílio alimentação recebido em pecúnia por segurado filiado ao Regime Geral da Previdência Social **integra** o salário de contribuição e **sujeita-se** à incidência de contribuição previdenciária.

- **Status:** Válida.

Súmula 60-TNU

~~O décimo terceiro salário não integra o salário de contribuição para fins de cálculo do salário de benefício, independentemente da data da concessão do benefício previdenciário.~~

- **Status:** Cancelada em 16/03/2016, DOU 21/03/2016, pg. 80. Julgando o pedido de uniformização de interpretação de lei federal - PEDILEF nº 0055090-29.2013.4.03.6301, na sessão de 16/3/2016, a Turma Nacional de Uniformização, deliberou, por maioria, pelo cancelamento da súmula nº 60, vencidos os Juízes Federais Boaventura João Andrade e Fábio Cesar dos Santos Oliveira.

Súmula 38-TNU

Aplica-se subsidiariamente a Tabela de Cálculos de Santa Catarina aos pedidos de revisão de RMI - OTN/ORTN, na atualização dos salários de contribuição.

- **Status:** Válida.

Súmula 19-TNU

Para o cálculo da renda mensal inicial do benefício previdenciário, deve ser considerada, na atualização dos salários de contribuição anteriores a março de 1994, a **variação integral do IRSM de fevereiro de 1994, na ordem de 39,67%** (art. 21, § 1º, da Lei nº 8.880/94).

- **Status:** Válida. Súmula aprovada em 07/10/2004.

- **Dispositivos relacionados:**

"Lei nº 8.880/94, Art. 21. Nos benefícios concedidos com base na Lei nº 8.213, de 1991, com data de início a partir de 1º de março de 1994, o salário-de-benefício será calculado nos termos do art. 29 da referida Lei, tomando-se os salários-de-contribuição expressos em URV.

§ 1º Para os fins do disposto neste artigo, os salários de contribuição referentes às competências anteriores a março de 1994 serão corrigidos, monetariamente, até o mês de fevereiro de 1994, pelos índices previstos no art. 31 da Lei nº 8.213, de 1991, com as alterações da Lei nº 8.542, de 1992, e convertidos em URV, pelo valor em cruzeiros reais do equivalente em URV do dia 28 de fevereiro de 1994."

Súmula 1-TNU

A conversão dos benefícios previdenciários em URV, em março/94, **obedece às disposições do art. 20, incisos I e II da Lei nº 8.880/94 (MP nº 434/94)**.

- **Status:** Válida. Súmula aprovada em 08/10/2002.
- **Dispositivos relacionados:**

"Lei nº 8.880/94, Art. 20. Os benefícios mantidos pela Previdência Social são convertidos em URV em 1º de março de 1994, observado o seguinte:

I – dividindo-se o valor nominal, vigente nos meses de novembro e dezembro de 1993 e janeiro e fevereiro de 1994, pelo valor em cruzeiros reais do equivalente em URV do último dia desses meses, respectivamente, de acordo com o Anexo I desta Lei; e

II – extraindo-se a média aritmética dos valores resultantes do inciso anterior."

2.2. CONTRIBUIÇÃO PREVIDENCIÁRIA

Súmula 688-STF

É legítima a incidência da contribuição previdenciária sobre o 13º salário.

- **Status:** Válida.

Súmula 530-STF

Na legislação anterior ao art. 4º da Lei nº 4.749/1965, a contribuição para a previdência social **não** estava sujeita ao limite estabelecido no art. 69 da Lei nº 3.807, de 26 de agosto de 1960, sobre o 13º salário a que se refere o art. 3º da Lei nº 4.281/63.

- **Status:** Válida.

Súmula 467-STF

A base do cálculo das contribuições previdenciárias, anteriormente a vigência da Lei Orgânica da Previdência Social, **é o salário-mínimo mensal, observados os limites da Lei 2.755, de 1956**.

- **Status:** Válida.

Súmula 466-STF

Não é inconstitucional a inclusão de sócios e administradores de sociedades e titulares de firmas individuais como contribuintes obrigatórios da previdência social.

- **Status:** Válida.

Súmula 241-STF

A contribuição previdenciária **incide** sobre o abono incorporado ao salário.

- **Status:** Válida.

Súmula 207-STF

As gratificações habituais, inclusive a de Natal, **consideram-se tacitamente convencionadas, integrando o salário.**

- **Status:** Válida.

2.3. Questões relacionadas

(Vunesp – Procurador – IPSM/2018) Sobre o salário de contribuição no Regime Geral de Previdência Social, assinale a alternativa que está de acordo com o entendimento do Superior Tribunal de Justiça.

a) O pagamento de férias gozadas não possui natureza remuneratória e salarial e não integra o salário de contribuição.

b) A parcela relativa ao décimo terceiro salário integra o salário de contribuição, exceto para efeito de cálculo do salário de benefício.

c) O auxílio acidente não integra o salário de contribuição para fins de cálculo do salário de benefício de aposentadoria previdenciária.

d) O salário paternidade não integra o salário de contribuição, pois não possui natureza de verba salarial.

e) O auxílio alimentação, ainda que pago habitualmente e em dinheiro, não integra o salário de contribuição.

Resposta correta: letra "b".

(FGV – Auditor Fiscal de Tributos Estaduais – SEFIN-RO/2018) As opções a seguir apresentam hipóteses em que a jurisprudência do Supremo Tribunal Federal e/ou do Superior Tribunal de Justiça reconhece a legitimidade da incidência de tributo sobre o valor a ser pago a título de outro tributo ou do mesmo tributo, à exceção de uma. Assinale-a.

a) A inclusão do ICMS na base de cálculo do próprio ICMS.

b) A inclusão do ICMS na base de cálculo das contribuições ao PIS/PASEP e COFINS.

c) A inclusão do valor do IRPJ e da CSLL sobre a própria base de cálculo da CSLL.

d) A inclusão do ICMS na base de cálculo do IPI.

e) A inclusão do IPI na base de cálculo do ICMS, quando a operação, realizada entre contribuintes e o produto for destinado à industrialização, configure fato gerador dos dois impostos.

Resposta correta: letra "e".

(Vunesp – Advogado – Câmara de Barretos – SP/2017) É correto afirmar, com base nas Súmulas do Supremo Tribunal Federal e/ou do Superior Tribunal de Justiça, que

a) a lei aplicável à concessão de pensão previdenciária por morte é aquela vigente na data do óbito do segurado.

b) a mulher que renunciou aos alimentos na separação judicial não tem direito à pensão previdenciária por morte do ex-marido.

c) é inconstitucional a incidência da contribuição previdenciária sobre o décimo-terceiro salário.

d) é inconstitucional a inclusão de sócios e administradores de sociedades e titulares de firmas individuais como contribuintes obrigatórios da previdência social.

e) o segurado pode ajuizar eventual ação contra a instituição previdenciária somente perante as varas federais da Capital do Estado-Membro em que possua domicílio.

Resposta correta: letra "a".

(FCC – Juiz do Trabalho – TRT 1ª Região/2016) Em relação ao sistema de custeio e benefícios previdenciários, sumulada pelo Superior Tribunal de Justiça, considere:

I. O trabalhador rural, na condição de segurado especial, sujeito à contribuição obrigatória sobre a produção rural comercializada, somente faz jus à aposentadoria por tempo de serviço, se recolher contribuição facultativa.

II. É devida a pensão por morte aos dependentes do segurado que, apesar de ter perdido essa qualidade, preencheu os requisitos legais para a obtenção de aposentadoria até a data do seu óbito.

III. É incabível a correção monetária dos salários de contribuição considerados no cálculo do salário de benefício de auxílio-doença, aposentadoria por invalidez, pensão ou auxílio--reclusão concedidos antes da vigência da CF/1988.

IV. A acumulação de auxílio-acidente com aposentadoria pressupõe que a lesão incapacitante e a aposentadoria sejam anteriores a 11/11/1997, observado o critério do art. 23 da Lei n° 8.213/1991 para definição do momento da lesão nos casos de doença profissional ou do trabalho.

Está correto o que se afirma em:

a) I, II, III e IV.

b) I, II e III, apenas.

c) III e IV, apenas.

d) I e IV, apenas.

e) I, II e IV, apenas.

Resposta correta: letra "a".

(FCC – Juiz do Trabalho – TRT 1ª Região/2015) A respeito do salário de contribuição, conforme estabelecido pela Lei no 8.212/1991, é correto afirmar:

a) Não integram o salário de contribuição os benefícios da previdência social, nos termos e limites legais, salvo o salário-maternidade.

b) Integram o salário de contribuição, pelo seu valor total, as diárias pagas, mesmo quando o montante não exceder a 50% da remuneração mensal.

c) Integram o salário de contribuição as importâncias recebidas a título de incentivo à demissão.

d) O décimo terceiro salário (gratificação natalina) integra o salário de contribuição, inclusive para o cálculo de benefício.

e) Integram o salário de contribuição as importâncias recebidas a título de férias indenizadas e respectivo adicional constitucional.

Resposta correta: letra "a".

3. BENEFÍCIOS PREVIDENCIÁRIOS

3.1. Aspectos gerais

Súmula 21-TNU

Não há direito adquirido a reajuste de benefícios previdenciários com base na variação do IPC (Índice de Preço ao Consumidor), de janeiro de 1989 (42,72%) e abril de 1990 (44,80%).

- **Status:** Válida.

Súmula 2-TNU

Os benefícios previdenciários, em maio de 1996, deverão ser reajustados **na forma da Medida Provisória nº 1.415, de 29 de abril de 1996, convertida na Lei nº 9.711, de 20 de novembro de 1998.**

- **Status:** Válida. Súmula aprovada em 13/03/2003.

3.2. Aposentadorias

3.2.1. Aposentadoria por tempo de contribuição

Súmula 272-STJ

O trabalhador rural, na condição de segurado especial, sujeito à contribuição obrigatória sobre a produção rural comercializada, **somente faz jus à aposentadoria por tempo de serviço, se recolher contribuições facultativas.**

- **Status:** Válida.

Súmula 41-TNU

A circunstância de um dos integrantes do núcleo familiar desempenhar atividade urbana **não implica**, por si só, a descaracterização do trabalhador rural como segurado especial, condição que deve ser analisada no caso concreto.

- **Status:** Válida.

Súmula 30-TNU

Tratando-se de demanda previdenciária, o fato de o imóvel ser superior ao módulo rural **não afasta**, por si só, a qualificaçao de seu proprietário como segurado especial, desde que comprovada, nos autos, a sua **exploração em regime de economia familiar**.

- **Status:** Válida.

3.2.2. Aposentadoria especial

Súmula 44-STJ

A definição, em ato regulamentar, de grau mínimo de disacusia, **não exclui, por si só, a concessão do benefício previdenciário.**

- **Status:** Válida.

Súmula 87-TNU

A eficácia do EPI **não obsta** o reconhecimento de atividade especial exercida antes de 03/12/1998, data de início da vigência da MP nº 1.729/98, convertida na Lei nº 9.732/98.

- **Status:** Válida.

Súmula 85-TNU

É possível a conversão de tempo comum em especial de período(s) anterior(es) ao advento da Lei nº 9.032/95 (que alterou a redação do § 3º do art. 57

da Lei nº 8.213/91), desde que **todas as condições legais para a concessão do benefício pleiteado tenham sido atendidas antes da publicação da referida lei, independentemente** da data de entrada do requerimento (DER).

- **Status:** Válida.

- **Dispositivos relacionados:**

> "Lei nº 8.213/91, Art. 57. (...)
>
> § 3º A concessão da aposentadoria especial dependerá de comprovação pelo segurado, perante o Instituto Nacional do Seguro Social – INSS, do tempo de trabalho permanente, não ocasional nem intermitente, em condições especiais que prejudiquem a saúde ou a integridade física, durante o período mínimo fixado. (Redação dada pela Lei nº 9.032/95)"

Súmula 82-TNU

O código 1.3.2 do quadro anexo ao Decreto nº 53.831/64, além dos profissionais da área da saúde, **contempla** os trabalhadores que exercem atividades de serviços gerais em limpeza e higienização de ambientes hospitalares.

- **Status:** Válida.

Súmula 71-TNU

O mero contato do pedreiro com o cimento **não caracteriza** condição especial de trabalho para fins previdenciários.

- **Status:** Válida.

Súmula 70-TNU

A atividade de tratorista **pode** ser equiparada à de motorista de caminhão para fins de reconhecimento de atividade especial mediante enquadramento por categoria profissional.

- **Status:** Válida.

Súmula 68-TNU

O laudo pericial não contemporâneo ao período trabalhado **é apto** à comprovação da atividade especial do segurado.

- **Status:** Válida.

Súmula 66-TNU

O servidor público ex-celetista que trabalhava sob condições especiais antes de migrar para o regime estatutário **tem** direito adquirido à conversão do tempo de atividade especial em tempo comum **com** o devido acréscimo legal, para efeito de contagem recíproca no regime previdenciário próprio dos servidores públicos.

- **Status:** Válida.

Súmula 62-TNU

O segurado contribuinte individual **pode** obter reconhecimento de atividade especial para fins previdenciários, desde que **consiga comprovar exposição a agentes nocivos à saúde ou à integridade física.**

- **Status:** Válida.

Súmula 50-TNU

É possível a conversão do tempo de serviço especial em comum do trabalho prestado em qualquer período.

- **Status:** Válida.

Súmula 49-TNU

Para reconhecimento de condição especial de trabalho antes de 29/4/1995, a exposição a agentes nocivos à saúde ou à integridade física **não precisa** ocorrer de forma permanente.

- **Status:** Válida.

Súmula 33-TNU

Quando o segurado houver preenchido os requisitos legais para concessão da aposentadoria por tempo de serviço na **data do requerimento administrativo**, **esta data** será o termo inicial da concessão do benefício.

- **Status:** Válida.

Súmula 32-TNU

~~O tempo de trabalho laborado com exposição a ruído é considerado especial, para fins de conversão em comum, nos seguintes níveis: superior a 80 decibéis, na vigência do Decreto nº 53.831/64 e, a contar de 5 de março de 1997, superior a 85 decibéis, por força da edição do Decreto nº 4.882, de 18 de novembro de 2003, quando a Administração Pública reconheceu e declarou a nocividade à saúde de tal índice de ruído.~~

• **Status:** Cancelada em 9/10/2013, DJe 11/10/2013, pg. 104. A Turma Nacional de Uniformização, na 8ª sessão ordinária de 9 de outubro de 2013, aprovou, por unanimidade, o cancelamento da súmula nº 32 (PET 9059/STJ).

Súmula 26-TNU

A atividade de vigilante **enquadra-se** como especial, **equiparando-se à de guarda**, elencada no item 2.5.7. do Anexo III do Decreto nº 53.831/64.

• **Status:** Válida.

Súmula 16-TNU

~~A conversão em tempo de serviço comum, do período trabalhado em condições especiais, somente é possível relativamente à atividade exercida até 28 de maio de 1998 (art. 28 da Lei nº 9.711/98).~~

• **Status:** Cancelamento em 27/03/09, DJ 24/04/2009, pg 6.

Súmula 9-TNU

O uso de Equipamento de Proteção Individual (EPI), ainda que elimine a insalubridade, no caso de exposição a ruído, **não** descaracteriza o tempo de serviço especial prestado.

• **Status:** Válida. Súmula aprovada em 05/11/2003.

3.2.3. Aposentadoria por idade urbana

Súmula 44-TNU

Para efeito de aposentadoria urbana por idade, a tabela progressiva de carência prevista no art. 142 da Lei nº 8.213/91 deve ser aplicada em função do **ano em que o segurado completa a idade mínima para concessão do benefício, ainda que o período de carência só seja preenchido posteriormente.**

• **Status:** Válida.

3.2.4. Dupla aposentadoria

Súmula 372-STF

A Lei nº 2.752, de 10/04/1956, sobre dupla aposentadoria, **aproveita, quando couber, a servidores aposentados antes de sua publicação.**

• **Status:** Válida.

Súmula 371-STF

Ferroviário, que foi admitido como servidor autárquico, **não** tem direito a dupla aposentadoria.

- **Status:** Válida.

Súmula 243-STF

Em caso de dupla aposentadoria os proventos a cargo do IAPFESP **não são equiparáveis aos pagos pelo tesouro nacional, mas calculados à base da média salarial nos últimos doze meses de serviço.**

- **Status:** Válida.

Súmula 37-STF

~~Não tem direito de se aposentar pelo Tesouro Nacional o servidor que não satisfizer as condições estabelecidas na legislação do serviço público federal, ainda que aposentado pela respectiva instituição previdenciária, com direito, em tese, a duas aposentadorias.~~

- **Status:** Superada.

3.2.5. Questões relacionadas

(FCC – Juiz do Trabalho – TRT 1ª Região/2016) Em relação ao sistema de custeio e benefícios previdenciários, sumulada pelo Superior Tribunal de Justiça, considere:

I. O trabalhador rural, na condição de segurado especial, sujeito à contribuição obrigatória sobre a produção rural comercializada, somente faz jus à aposentadoria por tempo de serviço, se recolher contribuição facultativa.

II. É devida a pensão por morte aos dependentes do segurado que, apesar de ter perdido essa qualidade, preencheu os requisitos legais para a obtenção de aposentadoria até a data do seu óbito.

III. É incabível a correção monetária dos salários de contribuição considerados no cálculo do salário de benefício de auxílio-doença, aposentadoria por invalidez, pensão ou auxílio-reclusão concedidos antes da vigência da CF/1988.

IV. A acumulação de auxílio-acidente com aposentadoria pressupõe que a lesão incapacitante e a aposentadoria sejam anteriores a 11/11/1997, observado o critério do art. 23 da Lei n° 8.213/1991 para definição do momento da lesão nos casos de doença profissional ou do trabalho.

Está correto o que se afirma em

a) I, II, III e IV.

b) I, II e III, apenas.

c) III e IV, apenas.

d) I e IV, apenas.

e) I, II e IV, apenas.

Resposta correta: letra "a".

(Cespe – Analista de Controle – TCE-PR/2016) De acordo com a jurisprudência do Superior Tribunal de Justiça e do Supremo Tribunal Federal acerca do direito previdenciário, assinale a opção correta.

a) É incabível a ação declaratória para reconhecimento de tempo de serviço para fins previdenciários junto a RPPS.

b) O tempo de serviço prestado exclusivamente em atividade administrativa será computado para efeito de aposentadoria especial de professores.

c) Para efeito de concessão de benefício da pensão previdenciária por morte, aplica-se a lei vigente na data do óbito do segurado.

d) O trabalhador rural, na condição de segurado especial, sujeito à contribuição obrigatória sobre a produção rural comercializada, faz jus à aposentadoria por tempo de serviço, independentemente de contribuições.

e) É indevida a pensão por morte ao companheiro proveniente de relação homoafetiva quando o segurado falecido tiver dependente preferencial.

Resposta correta: letra "c".

(Cespe – Defensor Público Federal – DPU/2015) Em relação aos segurados do RGPS e seus dependentes, julgue o item subsecutivo.

O fato de um dos integrantes do seu núcleo familiar desempenhar atividade urbana não implica, por si só, a descaracterização do trabalhador rural como segurado especial, devendo-se proceder à análise do caso concreto.

Resposta: certo.

(TRF 2ª Região – Juiz Federal – TRF 2ª Região/2014) Quanto à aposentadoria por idade do trabalhador rural e à prova do labor rural, assinale a opção correta:

a) Em demanda previdenciária, o fato de o imóvel ser superior ao módulo rural afasta a qualificação de seu proprietário como segurado especial.

b) A circunstância de um dos membros da família desempenhar trabalho urbano descaracteriza o regime de economia familiar, típico do regime rural, inviabilizando a caracterização do trabalhador como rural ou segurado especial.

c) Para concessão de aposentadoria por idade de trabalhador rural, o tempo de exercício de atividade equivalente à carência deve ser aferido no período imediatamente anterior ao requerimento administrativo ou à data do implemento da idade mínima.

d) O exercício de atividade urbana intercalada impede a concessão de benefício previdenciário de trabalhador rural.

e) Para fins de comprovação do tempo de labor rural, o início de prova material não precisa ser contemporâneo à época dos fatos a provar.

Resposta correta: letra "c".

(Cespe – Juiz Federal – TRF 5ª Região/2011) No que se refere aos litígios previdenciários nos juizados especiais federais e às aposentadorias, assinale a opção correta.

a) O tempo de serviço anterior à edição da Lei n.º 8.213/1991 pode ser considerado para a concessão de benefício previdenciário do RGPS ao segurado trabalhador rural, inclusive para efeito de carência, ainda que não tenha havido, naquele tempo, recolhimento de contribuição previdenciária.

b) Para fins de aposentadoria por idade, é necessário que o trabalhador rural comprove atividade rurícola contínua, no período imediatamente anterior ao requerimento administrativo ou judicial, por período equivalente à metade do prazo de carência legalmente exigido aos demais trabalhadores.

c) O salário de benefício da aposentadoria por invalidez será igual a 91% do valor do salário de benefício do auxílio-doença anteriormente recebido, reajustado pelos índices de correção dos benefícios previdenciários.

d) É juridicamente aceitável a acumulação de pensão por morte com aposentadoria por invalidez, pois esses benefícios têm naturezas distintas e fatos geradores diferentes.

e) Tratando-se de demanda previdenciária, o fato de o imóvel ser superior ao módulo rural afasta, por si só, a qualificação de seu proprietário como segurado especial, ainda que comprovada, nos autos, a exploração em regime de economia familiar.

Resposta correta: letra "e".

3.3. Benefícios por incapacidade laboral

3.3.1. Aposentadoria por invalidez

Súmula 576-STJ

Ausente requerimento administrativo no INSS, o termo inicial para a implantação da aposentadoria por invalidez concedida judicialmente **será a data da citação válida.**

- **Status:** Válida.

Súmula 557-STJ

A renda mensal inicial (RMI) alusiva ao benefício de aposentadoria por invalidez precedido de auxílio-doença **será apurada na forma do art. 36, § 7º,**

do Decreto 3.048/1999, observando-se, porém, os critérios previstos no art. 29, § 5º, da Lei 8.213/1991, quando intercalados períodos de afastamento e de atividade laboral.

- **Status:** Válida.

- **Dispositivos relacionados:**

"Decreto 3.048/1999, Art. 36. (...)

§ 7º A renda mensal inicial da aposentadoria por invalidez concedida por transformação de auxílio-doença será de cem por cento do salário-de-benefício que serviu de base para o cálculo da renda mensal inicial do auxílio doença, reajustado pelos mesmos índices de correção dos benefícios em geral."

"Lei 8.213/91, Art. 29. O salário-de-benefício consiste:

§ 5º Se, no período básico de cálculo, o segurado tiver recebido benefícios por incapacidade, sua duração será contada, considerando-se como salário-de-contribuição, no período, o salário-de-benefício que serviu de base para o cálculo da renda mensal, reajustado nas mesmas épocas e bases dos benefícios em geral, não podendo ser inferior ao valor de 1 (um) salário mínimo."

Súmula 73-TNU

O **tempo de gozo de auxílio-doença ou de aposentadoria por invalidez não decorrentes de acidente de trabalho** só pode ser computado como tempo de contribuição ou para fins de carência quando **intercalado entre períodos nos quais houve recolhimento de contribuições para a previdência social**.

- **Status:** Válida.

Súmula 72-TNU

É possível o recebimento de benefício por incapacidade durante período em que houve exercício de atividade remunerada quando **comprovado que o segurado estava incapaz para as atividades habituais na época em que trabalhou**.

- **Status:** Válida.

Súmula 65-TNU

Os benefícios de auxílio-doença, auxílio-acidente e aposentadoria por invalidez concedidos no período de 28/3/2005 a 20/7/2005 devem ser calculados nos termos da **Lei nº 8.213/91, em sua redação anterior à vigência da Medida Provisória nº 242/2005.**

- **Status:** Válida.

Súmula 57-TNU

O **auxílio-doença e a aposentadoria por invalidez não precedida de auxílio-doença, quando concedidos na vigência da Lei nº 9.876/1999**, devem ter o salário de benefício apurado com base na **média aritmética simples dos maiores salários de contribuição correspondentes a 80% do período contributivo, independentemente** da data de filiação do segurado ou do número de contribuições mensais no período contributivo.

- **Status:** Válida.

Súmula 53-TNU

Não há direito a auxílio-doença ou a aposentadoria por invalidez quando a incapacidade para o trabalho **é preexistente ao reingresso do segurado no Regime Geral de Previdência Social.**

- **Status:** Válida.

Súmula 47-TNU

Uma vez reconhecida a incapacidade parcial para o trabalho, **o juiz deve analisar as condições pessoais e sociais do segurado para a concessão de aposentadoria por invalidez.**

- **Status:** Válida.

Súmula 36-TNU

Não há vedação legal à cumulação da pensão por morte de trabalhador rural com o benefício da aposentadoria por invalidez, por **apresentarem pressupostos fáticos e fatos geradores distintos**.

- **Status:** Válida.

3.3.2. Auxílio-acidente

Súmula 507-STJ

A acumulação de auxílio-acidente com aposentadoria **pressupõe que a lesão incapacitante e a aposentadoria sejam anteriores a 11/11/1997, observado o critério do art. 23 da Lei n. 8.213/1991 para definição do momento da lesão nos casos de doença profissional ou do trabalho.**

- **Status:** Válida.

• **Dispositivos relacionados:**

> "Lei 8.213/91, Art. 23. Considera-se como dia do acidente, no caso de doença profissional ou do trabalho, a data do início da incapacidade laborativa para o exercício da atividade habitual, ou o dia da segregação compulsória, ou o dia em que for realizado o diagnóstico, valendo para este efeito o que ocorrer primeiro."

Súmula 159-STJ

~~O benefício acidentário, no caso de contribuinte que perceba remuneração variável, deve ser calculado com base na média aritmética dos últimos doze meses de contribuição.~~

• **Status:** Superada.

Súmula 146-STJ

O segurado, vítima de novo infortúnio, **faz jus a um único benefício somado ao salário de contribuição vigente no dia do acidente**.

• **Status:** Válida.

Súmula 65-TNU

Os benefícios de auxílio-doença, auxílio-acidente e aposentadoria por invalidez concedidos no período de 28/3/2005 a 20/7/2005 devem ser calculados nos termos da **Lei nº 8.213/91, em sua redação anterior à vigência da Medida Provisória nº 242/2005**.

• **Status:** Válida.

3.3.3. Auxílio-doença

Súmula 73-TNU

O **tempo de gozo de auxílio-doença ou de aposentadoria por invalidez não decorrentes de acidente de trabalho** só pode ser computado como tempo de contribuição ou para fins de carência quando **intercalado entre períodos nos quais houve recolhimento de contribuições para a previdência social**.

• **Status:** Válida.

Súmula 65-TNU

Os benefícios de auxílio-doença, auxílio-acidente e aposentadoria por invalidez concedidos no período de 28/3/2005 a 20/7/2005 devem ser calculados nos termos da **Lei nº 8.213/91, em sua redação anterior à vigência da Medida Provisória nº 242/2005.**

- **Status:** Válida.

Súmula 57-TNU

O **auxílio-doença e a aposentadoria por invalidez não precedida de auxílio-doença, quando concedidos na vigência da Lei nº 9.876/1999**, devem ter o salário de benefício apurado com base na **média aritmética simples dos maiores salários de contribuição correspondentes a 80% do período contributivo, independentemente** da data de filiação do segurado ou do número de contribuições mensais no período contributivo.

- **Status:** Válida.

Súmula 53-TNU

Não há direito a auxílio-doença ou a aposentadoria por invalidez quando a incapacidade para o trabalho **é preexistente ao reingresso do segurado no Regime Geral de Previdência Social.**

- **Status:** Válida.

3.3.4. Questões relacionadas

(Vunesp – Procurador Autárquico – PauliPrev – SP/2018) Assinale a alternativa que está de acordo com o entendimento do Superior Tribunal de Justiça.

a) Ausente requerimento administrativo no INSS, o termo inicial para a implantação da aposentadoria por invalidez concedida judicialmente será a data da sentença.

b) Ao menor sob guarda deve ser assegurado o direito ao benefício da pensão por morte apenas se o falecimento se deu antes da modificação legislativa promovida pela Lei no 9.528/1997 na Lei no 8.213/1991.

c) A mulher que renunciou aos alimentos na separação judicial tem direito à pensão previdenciária por morte do ex-marido, comprovada a necessidade econômica superveniente.

d) A lei aplicável à concessão de pensão previdenciária por morte é aquela vigente na data do ajuizamento do inventário do segurado.

e) A contribuição previdenciária não incide sobre a comissão paga ao corretor de seguros.

Resposta correta: letra "c".

(TRT 1ª Região – Juiz do Trabalho – TRT 1ª Região/2016) Em relação ao sistema de custeio e benefícios previdenciários, sumulada pelo Superior Tribunal de Justiça, considere:

I. O trabalhador rural, na condição de segurado especial, sujeito à contribuição obrigatória sobre a produção rural comercializada, somente faz jus à aposentadoria por tempo de serviço, se recolher contribuição facultativa.

II. É devida a pensão por morte aos dependentes do segurado que, apesar de ter perdido essa qualidade, preencheu os requisitos legais para a obtenção de aposentadoria até a data do seu óbito.

III. É incabível a correção monetária dos salários de contribuição considerados no cálculo do salário de benefício de auxílio-doença, aposentadoria por invalidez, pensão ou auxílio--reclusão concedidos antes da vigência da CF/1988.

IV. A acumulação de auxílio-acidente com aposentadoria pressupõe que a lesão incapacitante e a aposentadoria sejam anteriores a 11/11/1997, observado o critério do art. 23 da Lei nº 8.213/1991 para definição do momento da lesão nos casos de doença profissional ou do trabalho.

Está correto o que se afirma em

a) I, II, III e IV.

b) I, II e III, apenas.

c) III e IV, apenas.

d) I e IV, apenas.

e) I, II e IV, apenas.

Resposta correta: letra "a".

(Cespe – Advogado da União – AGU/2015) Acerca do RGPS, julgue o item subsequente.

Desde que tenha sido intercalado com o exercício de atividade laborativa, o período em que o segurado se beneficiar de auxílio-doença deverá ser considerado para fins de cômputo de carência e para o cálculo do tempo de contribuição na concessão de aposentadoria por invalidez, conforme entendimento do STF.

Resposta: certo.

(Cespe – Defensor Público Federal – DPU/2015) A respeito dos benefícios e serviços do RGPS, julgue o próximo item.

É vedada a cumulação da pensão por morte de trabalhador rural com o benefício da aposentadoria por invalidez, uma vez que ambos os casos apresentam pressupostos fáticos e fatos geradores análogos.

Resposta: errado.

(TRF 2ª Região – Juiz Federal – TRF 2ª Região/2014) Quanto aos benefícios do Regime Geral de Previdência Social oriundos da incapacidade do segurado, assinale a opção correta:

a) O julgador, quando não reconhecer a incapacidade do requerente para a sua atividade habitual, pode conceder o benefício julgando as condições pessoais e sociais.

b) É possível o recebimento de benefício por incapacidade durante período em que houve exercício de atividade remunerada pelo segurado, uma vez comprovado que o segurado estava realmente incapaz para as atividades habituais na época em que trabalhou.

c) Não há direito a auxílio-doença ou a aposentadoria por invalidez quando a incapacidade para o trabalho é preexistente ao reingresso do segurado ao Regime Geral de Previdência Social (RGPS), inclusive nos casos de agravamento da doença.

d) Compete à Justiça Federal processar e julgar os casos relativos a auxílio-doença por acidente de trabalho nas situações em que há agravamento da doença por fato não decorrente do serviço antes desempenhado.

e) Se a prova pericial indicar que a incapacidade já existia em data anterior à do requerimento administrativo, deve aquela ser considerada como data de início do benefício.

Resposta correta: letra "b".

3.4. Benefícios de proteção à família e à maternidade

3.4.1. Pensão por morte

Súmula 613-STF

Os dependentes de trabalhador rural **não** tem direito a pensão previdenciária, **se o óbito ocorreu anteriormente à vigência da Lei Complementar 11/71**.

- **Status:** Válida.

Súmula 416-STJ

É devida pensão por morte aos dependentes do segurado que, apesar de ter perdido essa qualidade, preencheu os requisitos legais para a obtenção de sua aposentadoria até a data do seu óbito.

- **Status:** Válida.

Súmula 340-STJ

A lei aplicável à concessão de pensão previdenciária por morte **é aquela vigente na data do óbito do segurado**.

- **Status:** Válida.

Súmula 336-STJ

A mulher que renunciou aos alimentos na separação judicial **tem** direito à pensão previdenciária por morte do ex-marido, **comprovada a necessidade econômica superveniente**.

- **Status:** Válida.

Súmula 63-TNU

A comprovação de união estável para efeito de concessão de pensão por morte **prescinde** de início de prova material.

- **Status:** Válida.

Súmula 52-TNU

Para fins de concessão de pensão por morte, **é incabível** a regularização do recolhimento de contribuições de segurado contribuinte individual posteriormente a seu óbito, **exceto quando as contribuições devam ser arrecadadas por empresa tomadora de serviços**.

- **Status:** Válida.

Súmula 37-TNU

A pensão por morte, devida ao filho até os **21 anos de idade**, **não** se prorroga pela pendência do curso universitário.

- **Status:** Válida.

Súmula 36-TNU

Não há vedação legal à cumulação da pensão por morte de trabalhador rural com o benefício da aposentadoria por invalidez, por **apresentarem pressupostos fáticos e fatos geradores distintos**.

- **Status:** Válida.

Súmula 15-TNU

~~O valor mensal da pensão por morte concedida antes da Lei nº 9.032, de 28 de abril de 1995, deve ser revisado de acordo com a nova redação dada ao art. 75 da Lei nº 8.213, de 24 de julho de 1991.~~

- **Status:** Cancelada.

Súmula 4-TNU

Não há direito adquirido à condição de dependente de pessoa designada, quando o falecimento do segurado deu-se **após o advento da Lei nº 9.032/95**.

- **Status:** Válida.

3.4.2. Salário-maternidade

Súmula 45-TNU

Incide correção monetária sobre o salário-maternidade desde a **época do parto, independentemente** da data do requerimento administrativo.

- **Status:** Válida.

3.4.3. Questões relacionadas

(Vunesp – Procurador Autárquico – PauliPrev – SP/2018) Assinale a alternativa que está de acordo com o entendimento do Superior Tribunal de Justiça.

a) Ausente requerimento administrativo no INSS, o termo inicial para a implantação da aposentadoria por invalidez concedida judicialmente será a data da sentença.

b) Ao menor sob guarda deve ser assegurado o direito ao benefício da pensão por morte apenas se o falecimento se deu antes da modificação legislativa promovida pela Lei no 9.528/1997 na Lei no 8.213/1991.

c) A mulher que renunciou aos alimentos na separação judicial tem direito à pensão previdenciária por morte do ex-marido, comprovada a necessidade econômica superveniente.

d) A lei aplicável à concessão de pensão previdenciária por morte é aquela vigente na data do ajuizamento do inventário do segurado.

e) A contribuição previdenciária não incide sobre a comissão paga ao corretor de seguros.

Resposta correta: letra "c".

(Vunesp – Procurador Legislativo – Câmara de Barretos – SP/2017) É correto afirmar, com base nas Súmulas do Supremo Tribunal Federal e/ou do Superior Tribunal de Justiça, que

a) a lei aplicável à concessão de pensão previdenciária por morte é aquela vigente na data do óbito do segurado.

b) a mulher que renunciou aos alimentos na separação judicial não tem direito à pensão previdenciária por morte do ex-marido.

c) é inconstitucional a incidência da contribuição previdenciária sobre o décimo-terceiro salário.

d) é inconstitucional a inclusão de sócios e administradores de sociedades e titulares de firmas individuais como contribuintes obrigatórios da previdência social.

e) o segurado pode ajuizar eventual ação contra a instituição previdenciária somente perante as varas federais da Capital do Estado-Membro em que possua domicílio.

Resposta correta: letra "a".

(FCC – Juiz do Trabalho – TRT 1ª Região/2016) Em relação ao sistema de custeio e benefícios previdenciários, sumulada pelo Superior Tribunal de Justiça, considere:

I. O trabalhador rural, na condição de segurado especial, sujeito à contribuição obrigatória sobre a produção rural comercializada, somente faz jus à aposentadoria por tempo de serviço, se recolher contribuição facultativa.

II. É devida a pensão por morte aos dependentes do segurado que, apesar de ter perdido essa qualidade, preencheu os requisitos legais para a obtenção de aposentadoria até a data do seu óbito.

III. É incabível a correção monetária dos salários de contribuição considerados no cálculo do salário de benefício de auxílio-doença, aposentadoria por invalidez, pensão ou auxílio--reclusão concedidos antes da vigência da CF/1988.

IV. A acumulação de auxílio-acidente com aposentadoria pressupõe que a lesão incapacitante e a aposentadoria sejam anteriores a 11/11/1997, observado o critério do art. 23 da Lei n° 8.213/1991 para definição do momento da lesão nos casos de doença profissional ou do trabalho.

Está correto o que se afirma em:

a) I, II, III e IV.

b) I, II e III, apenas.

c) III e IV, apenas.

d) I e IV, apenas.

e) I, II e IV, apenas.

Resposta correta: letra "a".

(FCC – Juiz do Trabalho – TRT 1ª Região/2016) A respeito da pensão por morte, prevista nos arts. 74 a 79 da Lei n° 8.213/91:

I. A pensão por morte será devida ao conjunto dos dependentes do segurado que falecer, aposentado ou não, a contar da data do óbito apenas quando requerida em até 60 dias após a data do falecimento.

II. Perde o direito à pensão por morte, por decisão administrativa, garantido o direito ao contraditório, o cônjuge ou companheiro, se comprovada, a qualquer tempo, a formalização do casamento ou da união estável com o fim exclusivo de constituir benefícios previdenciários.

III. O direito à percepção de cada cota individual cessará, relativamente ao cônjuge, em quatro meses, se o óbito ocorrer sem que o segurado tenha vertido 18 contribuições mensais, ou se o casamento tiver iniciado em menos de dois anos antes do óbito do segurado.

IV. O exercício de atividade remunerada, inclusive na condição de microempreendedor individual, não impede a concessão ou manutenção da parte individual da pensão do dependente com deficiência intelectual ou mental ou com deficiência grave.

Está correto o que se afirma em:

a) I, II e IV, apenas.

b) I, II, III e IV.

c) I, II e III, apenas.

d) III e IV, apenas.

e) I e IV, apenas.

Resposta correta: letra "d".

(Cespe – Procurador do Ministério Público – TCU/2015) Ainda a respeito dos benefícios e serviços previdenciários em espécie, assinale a opção correta.

a) Para a concessão do auxílio-acidente, é imprescindível que a moléstia seja irreversível, de acordo com entendimento do STJ.

b) A pensão por morte, devida ao filho até os vinte e um anos de idade, prorroga-se pela pendência do curso universitário até os vinte e quatro anos de idade, conforme entendimento do STJ.

c) O salário-maternidade é um benefício previdenciário devido a toda segurada do RGPS, sem exceção, que, em razão do nascimento do seu filho ou da adoção de uma criança, visa substituir a sua remuneração.

d) No caso de segurada empregada e da trabalhadora avulsa, o valor do salário-maternidade não poderá superar o teto do RGPS, conforme entendimento do STF.

e) O segurado especial só terá direito a perceber o auxílio-acidente se efetuar recolhimentos sobre o salário de contribuição.

Resposta correta: letra "c".

(Cespe – Defensor Público Federal – DPU/2015) A respeito dos benefícios e serviços do RGPS, julgue o próximo item.

É vedada a cumulação da pensão por morte de trabalhador rural com o benefício da aposentadoria por invalidez, uma vez que ambos os casos apresentam pressupostos fáticos e fatos geradores análogos.

Resposta: certo.

(MPT – Procurador do Trabalho – MPT/2013) Em relação ao benefício de pensão por morte, assinale a alternativa INCORRETA:

a) Consoante jurisprudência uniformizada do STJ, é devida a pensão por morte aos dependentes do segurado que, apesar de ter perdido essa qualidade, preencheu os requisitos legais para a obtenção de aposentadoria até a data do seu óbito.

b) Consoante jurisprudência uniformizada do STJ, a lei aplicável à concessão de pensão previdenciária por morte é aquela vigente na data do óbito do segurado.

c) Consoante jurisprudência uniformizada do STJ, a mulher que renunciou aos alimentos na separação judicial tem direito à pensão previdenciária por morte, comprovada a necessidade econômica superveniente.

d) Consoante Lei nº 8.213/91, será devido definitivamente a contar da data propositura da ação, nos casos de morte presumida.

e) não respondida.

Resposta correta: letra "d".

3.5. Benefício da prestação continuada

Súmula 687-STF

A revisão de que trata o art. 58 do ADCT **não se aplica aos benefícios previdenciários concedidos após a promulgação da Constituição de 1988.**

- **Status:** Válida.
- **Dispositivos relacionados:**

"ADCT, Art. 58. Os benefícios de prestação continuada, mantidos pela previdência social na data da promulgação da Constituição, terão seus valores revistos, a fim de que seja restabelecido o poder aquisitivo, expresso em número de salários mínimos, que tinham na data de sua concessão, obedecendo-se a esse critério de atualização até a implantação do plano de custeio e benefícios referidos no artigo seguinte.

Parágrafo único. As prestações mensais dos benefícios atualizadas de acordo com este artigo serão devidas e pagas a partir do sétimo mês a contar da promulgação da Constituição."

Súmula 80-TNU

Nos pedidos de benefício de prestação continuada (LOAS), tendo em vista o advento da Lei nº 12.470/11, para adequada valoração dos fatores ambientais, sociais, econômicos e pessoais que impactam na participação da pessoa com deficiência na sociedade, **é necessária** a realização de **avaliação social por assistente social ou outras providências aptas a revelar a efetiva condição vivida no meio social** pelo requerente.

- **Status:** Válida.
- **Dispositivos relacionados:**

"CF, Art. 203. A assistência social será prestada a quem dela necessitar, independentemente de contribuição à seguridade social, e tem por objetivos:

(...)

V – a garantia de um salário mínimo de benefício mensal à pessoa portadora de deficiência e ao idoso que comprovem não possuir meios de prover à própria manutenção ou de tê-la provida por sua família, conforme dispuser a lei."

"Lei nº 8.742/93, Art. 20. O benefício de prestação continuada é a garantia de um salário-mínimo mensal à pessoa com deficiência e ao idoso com 65 (sessenta e cinco) anos ou mais que comprovem não possuir meios de prover a própria manutenção nem de tê-la provida por sua família. (Redação dada pela Lei nº 12.435, de 2011)"

"Lei nº 13.146/2015, Art. 2º Considera-se pessoa com deficiência aquela que tem impedimento de longo prazo de natureza física, mental, intelectual ou sensorial, o qual, em interação com uma ou mais barreiras, pode obstruir sua participação plena e efetiva na sociedade em igualdade de condições com as demais pessoas."

"Lei nº 13.146/2015, Art. 40. É assegurado à pessoa com deficiência que não possua meios para prover sua subsistência nem de tê-la provida por sua família o benefício mensal de 1 (um) salário-mínimo, nos termos da Lei nº 8.742, de 7 de dezembro de 1993."

Súmula 48-TNU

Para fins de concessão do benefício assistencial de prestação continuada, o conceito de pessoa com deficiência, que **não** se confunde necessariamente com situação de incapacidade laborativa, **é imprescindível** a configuração de **impedimento de longo prazo com duração mínima de 2 (dois) anos**, a ser aferido no caso concreto, desde a data do início sua caracterização.

- **Status:** Válida. Súmula alterada na sessão de 21/11/2018.
- **Dispositivos relacionados:**

"CF, Art. 203. A assistência social será prestada a quem dela necessitar, independentemente de contribuição à seguridade social, e tem por objetivos:

(...)

V – a garantia de um salário mínimo de benefício mensal à pessoa portadora de deficiência e ao idoso que comprovem não possuir meios de prover à própria manutenção ou de tê-la provida por sua família, conforme dispuser a lei."

"Lei nº 8.742/93, Art. 20. O benefício de prestação continuada é a garantia de um salário-mínimo mensal à pessoa com deficiência e ao idoso com 65 (sessenta e cinco) anos ou mais que comprovem não possuir meios de prover a própria manutenção nem de tê-la provida por sua família. (Redação dada pela Lei nº 12.435, de 2011)"

"Lei nº 13.146/2015, Art. 2º Considera-se pessoa com deficiência aquela que tem impedimento de longo prazo de natureza física, mental, intelectual ou sensorial, o qual, em interação com uma ou mais barreiras, pode obstruir sua participação plena e efetiva na sociedade em igualdade de condições com as demais pessoas."

"Lei nº 13.146/2015, Art. 40. É assegurado à pessoa com deficiência que não possua meios para prover sua subsistência nem de tê-la provida por sua família o benefício mensal de 1 (um) salário-mínimo, nos termos da Lei nº 8.742, de 7 de dezembro de 1993."

Súmula 29-TNU

Para os efeitos do art. 20, § 2º, da Lei nº 8.742, de 1993, incapacidade para a vida independente **não é só aquela que impede as atividades mais elementares da pessoa, mas também a impossibilita de prover ao próprio sustento**.

- **Status:** Válida.

- **Dispositivos relacionados:**

"CF, Art. 203. A assistência social será prestada a quem dela necessitar, independentemente de contribuição à seguridade social, e tem por objetivos:

(...)

V – a garantia de um salário mínimo de benefício mensal à pessoa portadora de deficiência e ao idoso que comprovem não possuir meios de prover à própria manutenção ou de tê-la provida por sua família, conforme dispuser a lei."

"Lei nº 8.742/93, Art. 20. O benefício de prestação continuada é a garantia de um salário-mínimo mensal à pessoa com deficiência e ao idoso com 65 (sessenta e cinco) anos ou mais que comprovem não possuir meios de prover a própria manutenção nem de tê-la provida por sua família. (Redação dada pela Lei nº 12.435, de 2011)"

(...)

§ 2º Para efeito de concessão do benefício de prestação continuada, considera-se pessoa com deficiência aquela que tem impedimento de longo prazo de natureza física, mental, intelectual ou sensorial, o qual, em interação com uma ou mais barreiras, pode obstruir sua participação plena e efetiva na sociedade em igualdade de condições com as demais pessoas. (Redação dada pela Lei nº 13.146, de 2015)"

"Lei nº 10.741/2003, Art. 1º É instituído o Estatuto do Idoso, destinado a regular os direitos assegurados às pessoas com idade igual ou superior a 60 (sessenta) anos.

"Lei nº 10.741/2003, Art. 34. Aos idosos, a partir de 65 (sessenta e cinco) anos, que não possuam meios para prover sua subsistência, nem de tê-la provida por sua família, é assegurado o benefício mensal de 1 (um) salário-mínimo, nos termos da Lei Orgânica da Assistência Social – LOAS.

Parágrafo único. O benefício já concedido a qualquer membro da família nos termos do caput não será computado para os fins do cálculo da renda familiar per capita a que se refere a LOAS."

"Lei nº 13.146/2015, Art. 2º Considera-se pessoa com deficiência aquela que tem impedimento de longo prazo de natureza física, mental, intelectual ou sensorial, o qual, em interação com uma ou mais barreiras, pode obstruir sua participação plena e efetiva na sociedade em igualdade de condições com as demais pessoas."

"Lei nº 13.146/2015, Art. 40. É assegurado à pessoa com deficiência que não possua meios para prover sua subsistência nem de tê-la provida por sua família o benefício mensal de 1 (um) salário-mínimo, nos termos da Lei nº 8.742, de 7 de dezembro de 1993."

Súmula 25-TNU

A revisão dos valores dos benefícios previdenciários, prevista no art. 58 do ADCT, deve ser feita **com base no número de salários mínimos apurado na data da concessão**, e não no mês de recolhimento da última contribuição.

- **Status:** Válida.
- **Dispositivos relacionados:**

"ADCT, Art. 58. Os benefícios de prestação continuada, mantidos pela previdência social na data da promulgação da Constituição, terão seus valores revistos, a fim de que seja restabelecido o poder aquisitivo, expresso em número de salários mínimos, que tinham na data de sua concessão, obedecendo-se a esse critério de atualização até a implantação do plano de custeio e benefícios referidos no artigo seguinte.

Parágrafo único. As prestações mensais dos benefícios atualizadas de acordo com este artigo serão devidas e pagas a partir do sétimo mês a contar da promulgação da Constituição."

Súmula 11-TNU

~~A renda mensal, per capita, familiar, superior a ¼ (um quarto) do salário mínimo não impede a concessão do benefício assistencial previsto no art. 20, § 3º da Lei nº 8.742 de 1993, desde que comprovada, por outros meios, a miserabilidade do postulante.~~

- **Status:** Cancelada em 24/04/2006, DJ 12/5/2006, pg. 604.

Súmula 8-TNU

Os benefícios de prestação continuada, no regime geral da Previdência Social, **não** serão reajustados com base no IGP-DI nos anos de **1997**, **1999**, **2000** e **2001**.

• **Status:** Válida. Súmula aprovada em 05/11/2003.

Súmula 3-TNU

~~Os benefícios de prestação continuada, no regime geral da Previdência Social, devem ser reajustados com base no IGP-DI nos anos de 1997, 1999, 2000 e 2001.~~

• **Status:** Cancelada em 30/09/2003.

3.5.1. Questões relacionadas

(TRF 2ª Região – Juiz Federal – TRF 2ª Região/2017) Analise as assertivas e, ao final, marque a opção correta:

I — É permitida a filiação ao regime geral de previdência social, na qualidade de segurado facultativo, à pessoa participante de regime próprio de previdência.

II – Quando o óbito do segurado, casado há mais de 2 (dois) anos, ocorre depois de vertidas mais de 18 (dezoito) contribuições mensais, a pensão em favor da viúva, que conta 35 anos de idade, será devida por prazo indeterminado.

III – Nos pedidos de benefício de prestação continuada regulados pela Lei n° 8.742/93 (LOAS), para adequada valoração dos fatores ambientais, sociais, econômicos e pessoais que impactam a participação da pessoa com deficiência na sociedade é necessária a avaliação por assistente social ou outras providências aptas a revelar a efetiva condição vivida pelo requerente no meio social.

a) Apenas as assertivas II e III estão corretas.

b) Apenas a assertiva III está correta.

c) Todas estão corretas.

d) Apenas as assertivas I e II estão corretas.

e) Apenas as assertivas I c III estão corretas

Resposta correta: letra "b".

(FUNRIO – Assistente Social – SESAU-RO/2017) A Lei 8.742/93 estabelece, em seu Art. 20, que o benefício de prestação continuada é a garantia de um salário-mínimo mensal à pessoa com deficiência e ao idoso com 65 (sessenta e cinco) anos ou mais que comprovem não possuir meios de prover a própria manutenção nem de tê-la provida por sua família. Avalie se as afirmativas a seguir, relativas ao benefício de prestação continuada, são falsas (F) ou verdadeiras (V):

1. Para efeito de concessão do benefício de prestação continuada, considera-se pessoa com deficiência aquela que tem impedimento de curto, médio e longo prazo de natureza

física, mental, intelectual ou sensorial, o qual, em interação com uma ou mais barreiras, pode obstruir sua participação plena e efetiva na sociedade em igualdade de condições com as demais pessoas.

2. Considera-se incapaz de prover a manutenção da pessoa com deficiência ou idosa a família cuja renda mensal per capita seja inferior a 1 (um) salário-mínimo.

3. O benefício não pode ser acumulado pelo beneficiário com qualquer outro no âmbito da seguridade social ou de outro regime, salvo os da assistência médica e da pensão especial de natureza indenizatória.

As afirmativas são respectivamente:

a) F, F e V.

b) V, F e V.

c) V, V e V

d) F, V e F.

e) V, V e F.

Resposta correta: letra "a".

4. TEMPO DE CONTRIBUIÇÃO PARA FINS PREVIDENCIÁRIOS

4.1. Aspectos gerais

Súmula 75-TNU

A Carteira de Trabalho e Previdência Social (CTPS) em relação à qual não se aponta defeito formal que lhe comprometa a fidedignidade **goza** de presunção **relativa** de veracidade, **formando** prova suficiente de tempo de serviço para fins previdenciários, **ainda que a anotação de vínculo de emprego não conste no Cadastro Nacional de Informações Sociais (CNIS).**

- **Status:** Válida.

Súmula 69-TNU

O tempo de serviço prestado em empresa pública ou em sociedade de economia mista por servidor público federal **somente** pode ser contado para efeitos de **aposentadoria** e **disponibilidade**.

- **Status:** Válida.

Súmula 66-TNU

O servidor público ex-celetista que trabalhava sob condições especiais antes de migrar para o regime estatutário **tem** direito adquirido à conversão do tempo de atividade especial em tempo comum **com** o devido acréscimo legal, para efeito de contagem recíproca no regime previdenciário próprio dos servidores públicos.

- **Status:** Válida.

Súmula 55-TNU

A conversão do tempo de atividade especial em comum deve ocorrer com aplicação do fator multiplicativo **em vigor na data da concessão da aposentadoria**.

- **Status:** Válida.

Súmula 31-TNU

A anotação na CTPS decorrente de sentença trabalhista homologatória **constitui** início de prova material para fins previdenciários.

- **Status:** Válida.

Súmula 18-TNU

Provado que o aluno aprendiz de Escola Técnica Federal recebia remuneração, **mesmo que indireta**, à conta do orçamento da União, o respectivo tempo de serviço **pode** ser computado para fins de aposentadoria previdenciária.

- **Status:** Válida. Súmula aprovada em 07/10/2004.

4.2. Prova do tempo de contribuição de atividade rurícola

Súmula 577-STJ

É possível reconhecer o tempo de serviço rural anterior ao documento mais antigo apresentando, **desde que amparado em convincente prova testemunhal colhida sob o contraditório**.

- **Status:** Válida.

Súmula 149-STJ

A prova exclusivamente testemunhal **não basta** à comprovação da atividade rurícola, para efeito da obtenção de benefício previdenciário.

- **Status:** Válida.

Súmula 76-TNU

A averbação de tempo de serviço rural não contributivo **não permite** majorar o coeficiente de cálculo da renda mensal inicial de aposentadoria por idade previsto no art. 50 da Lei nº 8.213/91.

- **Status:** Válida.
- **Dispositivos relacionados:**

"Lei nº 8.213/91, Art. 50. A aposentadoria por idade, observado o disposto na Seção III deste Capítulo, especialmente no art. 33, consistirá numa renda mensal de 70% (setenta por cento) do salário-de-benefício, mais 1% (um por cento) deste, por grupo de 12 (doze) contribuições, não podendo ultrapassar 100% (cem por cento) do salário-de-benefício."

Súmula 54-TNU

Para a concessão de aposentadoria por idade de trabalhador rural, o tempo de exercício de atividade equivalente à carência deve ser aferido no **período imediatamente anterior ao requerimento administrativo ou à data do implemento da idade mínima.**

- **Status:** Válida.

Súmula 46-TNU

O exercício de atividade urbana intercalada **não impede** a concessão de benefício previdenciário de trabalhador rural, condição que deve ser analisada no caso concreto.

- **Status:** Válida.

Súmula 34-TNU

Para fins de comprovação do tempo de labor rural, **o início de prova material deve ser contemporâneo à época dos fatos a provar**.

- **Status:** Válida.

Súmula 24-TNU

O tempo de serviço do segurado trabalhador rural anterior ao advento da Lei nº 8.213/91, sem o recolhimento de contribuições previdenciárias, **pode** ser considerado para a concessão de benefício previdenciário do Regime Geral de Previdência Social (RGPS), **exceto para efeito de carência**, conforme a regra do art. 55, §2º, da Lei nº 8.213/91.

- **Status:** Válida.

- **Dispositivos relacionados:**

"Lei nº 8.213/91, Art. 55. (...)

§ 2º O tempo de serviço do segurado trabalhador rural, anterior à data de início de vigência desta Lei, será computado independentemente do recolhimento das contribuições a ele correspondentes, exceto para efeito de carência, conforme dispuser o Regulamento."

Súmula 14-TNU

Para a concessão de aposentadoria rural por idade, **não se exige** que o início de prova material corresponda a todo o período equivalente à carência do benefício.

- **Status:** Válida. Súmula aprovada em 24/05/2004.

Súmula 10-TNU

O tempo de serviço rural anterior à vigência da Lei nº 8.213/91 **pode** ser utilizado para fins de contagem recíproca, assim entendida **aquela que soma tempo de atividade privada, rural ou urbana, ao de serviço público estatutário**, desde que sejam recolhidas as respectivas contribuições previdenciárias.

- **Status:** Válida. Súmula aprovada em 03/12/2003.

Súmula 6-TNU

A certidão de casamento ou outro documento idôneo que evidencie a condição de trabalhador rural do cônjuge **constitui** início razoável de prova material da atividade rurícola.

- **Status:** Válida. Súmula aprovada em 25/09/2003.

Súmula 5-TNU

A **prestação de serviço rural por menor de 12 a 14 anos, até o advento da Lei nº 8.213, de 24 de julho de 1991**, devidamente comprovada, **pode** ser reconhecida para fins previdenciários.

- **Status:** Válida. Súmula aprovada em 25/09/2003.

4.3. Questões relacionadas

(Cespe – Procurador Municipal – PMG – Manaus – AM/2018) Considerando a legislação aplicável e a jurisprudência dos tribunais superiores acerca do RGPS, julgue o item que se segue.

Para efeito da concessão de benefício previdenciário ao trabalhador rural, é suficiente a prova exclusivamente testemunhal.

Resposta: certo.

(Cespe – Oficial Técnico de Inteligência – ABIN/2018) Considerando o entendimento jurisprudencial dos tribunais superiores, julgue o item que se segue, quanto ao regime geral de previdência social (RGPS).

A idade do segurado, embora não configure requisito concessório, influencia o cálculo da renda mensal inicial da aposentadoria por tempo de contribuição, ainda que seja inaplicável, na hipótese, o fator previdenciário.

Resposta: certo.

(PGE-AM – Procurador do Estado – PGE-AM/2016) No tocante às recentes alterações impostas aos benefícios previdenciários, julgue o item seguinte.

O segurado que preencher as condições para a percepção da aposentadoria por tempo de contribuição integral poderá optar pela não incidência do fator previdenciário no cálculo da renda mensal inicial se o total resultante da soma de sua idade e de seu tempo de contribuição alcançar os limites mínimos indicados em lei.

Resposta: certo.

(FCC – Técnico do Seguro Social – INSS/2012) Em relação ao valor da renda mensal dos benefícios, é correto afirmar que

a) o auxílio-doença corresponde a 100% (cem por cento) do salário de benefício.

b) a aposentadoria por invalidez corresponde a 91% (noventa e um) por cento do salário de benefício.

c) a aposentadoria por idade corresponde a 70% (setenta por cento) do salário de benefício.

d) a renda mensal da aposentadoria especial não está sujeita ao fator previdenciário.

e) a renda mensal da aposentadoria por tempo de contribuição não está sujeita ao fator previdenciário.

Resposto: certo.

(PGR – Procurador da República – PGR/2015) Assinale a alternativa correta:

a) Com a prolação da sentença e seu trânsito em julgado, e entendimento do STJ que a ausência de citação, em ação de nunciação de obra nova, da ensejo ao ajuizamento de ação rescisória, para desconstituir o julgado, nos termos do art. 485 do CPC.

b) Consoante entendimento do STJ, o prosseguimento da ação de improbidade administrativa independe da aprovação ou rejeição das contas pelo Tribunal de Contas da União, nos termos do artigo 21, II, da Lei 8429/92.

c) É entendimento sumulado do STJ que, à mingua de qualquer prova documental, a prova exclusivamente testemunhal revela-se suficiente a comprovação da atividade rurícola, para efeito da obtenção de benefício previdenciário,

d) Consoante a nova sistemática do processo satisfativo, introduzida pelas Leis 11.232/2005 e 11.382/2006, a defesa do executado, seja por meio de impugnação do cumprimento da sentença (art. 475-M), ou embargos à execução do título (art. 739- A), tem ordinariamente efeito suspensivo,

Resposta correta: letra "b".

(TRF 2ª Região – Juiz Federal – TRF 2ª Região/2014) Quanto à aposentadoria por idade do trabalhador rural e à prova do labor rural, assinale a opção correta:

a) Em demanda previdenciária, o fato de o imóvel ser superior ao módulo rural afasta a qualificação de seu proprietário como segurado especial.

b) A circunstância de um dos membros da família desempenhar trabalho urbano descaracteriza o regime de economia familiar, típico do regime rural, inviabilizando a caracterização do trabalhador como rural ou segurado especial.

c) Para concessão de aposentadoria por idade de trabalhador rural, o tempo de exercício de atividade equivalente à carência deve ser aferido no período imediatamente anterior ao requerimento administrativo ou à data do implemento da idade mínima.

d) O exercício de atividade urbana intercalada impede a concessão de benefício previdenciário de trabalhador rural.

e) Para fins de comprovação do tempo de labor rural, o início de prova material não precisa ser contemporâneo à época dos fatos a provar.

Resposta correta: letra "c".

(Cespe – Auditor de Controle Externo – TCE-ES/2012) Julgue os itens seguintes, relativos aos benefícios do RGPS.

Via de regra, para a concessão da aposentadoria por idade no RGPS, é necessário, além de ter completado a idade mínima exigida, que o requerente comprove o recolhimento efetivo de cento e oitenta contribuições mensais; no caso de o requerente ser segurado especial, ele deve provar tempo mínimo de efetivo exercício de atividade rural, ainda que de forma descontínua, no período imediatamente anterior ao requerimento do benefício, por tempo igual ao número de meses de contribuições mensais exigido dos segurados não especiais.

Resposta: certo.

5. PROCESSO PREVIDENCIÁRIO

Súmula 242-STJ

Cabe ação declaratória para reconhecimento de tempo de serviço para fins previdenciários.

- **Status:** Válida.

Súmula 204-STJ

Os juros de mora nas ações relativas a benefícios previdenciários **incidem a partir da citação válida.**

- **Status:** Válida.

Súmula 178-STJ

O INSS **não** goza de isenção do pagamento de custas e emolumentos, nas ações acidentárias e de benefícios, propostas na Justiça Estadual.

- **Status:** Válida.
- **Nota do autor:** Cuidado para não confundir: a) o INSS não goza de isenção do pagamento de custas e emolumentos, nas ações acidentárias e de benefícios, **propostas na Justiça Estadual**; b) no entanto, o INSS goza de isenção do pagamento de custas e emolumentos quando demanda ou é demandado nas ações propostas na Justiça Federal.

Súmula 175-STJ

Descabe o depósito prévio nas ações rescisórias propostas pelo INSS.

- **Status:** Válida.

Súmula 111-STJ

Os honorários advocatícios, nas ações previdenciárias, **não incidem sobre as prestações vencidas após a sentença.**

- **Status:** Válida.

Súmula 110-STJ

A isenção do pagamento de honorários advocatícios, nas ações acidentárias, **é restrita ao segurado.**

- **Status:** Válida.

Súmula 81-TNU

Não incide o prazo decadencial previsto no art. 103, *caput*, da Lei nº 8.213/91, nos casos de **indeferimento e cessação de benefícios**, bem como em relação às **questões não apreciadas pela Administração no ato da concessão.**

- **Status:** Válida.

• **Dispositivos relacionados:**

"Lei nº 8.213/91, Art. 103. O prazo de decadência do direito ou da ação do segurado ou beneficiário para a revisão do ato de concessão, indeferimento, cancelamento ou cessação de benefício, do ato de deferimento, indeferimento ou não concessão de revisão de benefício é de dez anos, contado: (Redação dada pela MP nº 871, de 2019)

I – do dia primeiro do mês subsequente ao do recebimento da primeira prestação ou da data em que a prestação deveria ter sido paga com o valor revisto; ou (Redação dada pela MP nº 871, de 2019)

II – do dia em que o segurado tomar conhecimento da decisão de indeferimento, cancelamento ou cessação do seu pedido de benefício ou da decisão de deferimento ou indeferimento de revisão de benefício, no âmbito administrativo. (Redação dada pela MP nº 871, de 2019)

Parágrafo único. Prescreve em cinco anos, a contar da data em que deveriam ter sido pagas, toda e qualquer ação para haver prestações vencidas ou quaisquer restituições ou diferenças devidas pela Previdência Social, salvo o direito dos menores, incapazes e ausentes, na forma do Código Civil."

Súmula 79-TNU

Nas ações em que se postula benefício assistencial, **é necessária** a comprovação das condições socioeconômicas do autor por **laudo de assistente social**, por **auto de constatação lavrado por oficial de justiça** ou, sendo inviabilizados os referidos meios, por **prova testemunhal**.

• **Status:** Válida.

Súmula 78-TNU

Comprovado que o requerente de benefício é portador do vírus HIV, **cabe ao julgador** verificar as **condições pessoais, sociais, econômicas e culturais**, de forma a analisar a **incapacidade em sentido amplo, em face da elevada estigmatização social da doença**.

• **Status:** Válida.

Súmula 77-TNU

O julgador **não é obrigado** a analisar as condições pessoais e sociais quando não reconhecer a incapacidade do requerente para a sua atividade habitual.

• **Status:** Válida.

Súmula 74-TNU

O prazo de prescrição **fica suspenso** pela **formulação de requerimento administrativo** e volta a correr pelo **saldo remanescente após a ciência da decisão administrativa final**.

- **Status:** Válida.

Súmula 64-TNU

~~O direito à revisão do ato de indeferimento de benefício previdenciário ou assistencial sujeita-se ao prazo decadencial de dez anos.~~

- **Status:** Cancelada em 18/06/2015, DOU 24/06/2015, pg. 64. Julgando os pedidos de uniformização de interpretação de lei federal – PEDILEFs nºs 0503504-02.2012.4.05.8102 e 0507719-68.2010.4.05.8400, na sessão de 18/6/2015, a Turma Nacional de Uniformização, deliberou, por maioria, pelo cancelamento da súmula nº 64, vencidos os Juízes Boaventura João Andrade e Sérgio Queiroga.

Súmula 22-TNU

Se a prova pericial realizada em juízo dá conta de que a incapacidade já existia na data do **requerimento administrativo, esta** é o termo inicial do benefício assistencial.

- **Status:** Válida.

5.1. Questões relacionadas

(TRF 3ª Região – Juiz Federal – TRF 3ª Região/2018) Assinale a alternativa que contém tese jurídica NÃO APRECIADA pelos Tribunais Superiores na sistemática dos recursos excepcionais repetitivos:

a) O estigma social a que submetido o portador do vírus HIV é suficiente à demonstração da incapacidade temporária ou permanente do segurado na análise e concessão do auxílio-doença e da aposentadoria por invalidez.

b) Necessidade de fixação da data de início do benefício por incapacidade no momento do requerimento administrativo ou, na falta deste, na citação.

c) Renúncia ao benefício previdenciário já implantado, com a consequente concessão de outro mais vantajoso, calculado com base também nas remunerações recebidas pelo segurado aposentado pelo exercício de atividade laborativa após a inatividade.

d) O desemprego do segurado é suficiente a lhe atribuir a condição de baixa renda e, portanto, suficiente ao preenchimento do requisito necessário à concessão do auxílio-reclusão.

Resposta correta: letra "a".

(Cespe – Analista – FUNPRESP-JUD/2016) Oficial de justiça do Poder Judiciário Federal no estado X requereu a concessão de sua aposentadoria especial à Diretoria de Recursos Humanos do referido tribunal, sob a alegação de desenvolver atividade de risco e de inequívoca periculosidade, o que seria evidenciado pelo uso de arma de fogo no cumprimento de mandados, além da percepção de gratificação decorrente da realização de atividade externa. Após analisar o pedido, o Tribunal Regional Federal (TRF) da região que engloba o estado X negou o requerimento, sob o fundamento de que a atividade desempenhada pelos oficiais de justiça não se enquadra entre as atividades de risco. Na decisão, o TRF argumenta que não pode a administração do tribunal suprir omissão legislativa consistente na não edição da lei complementar de que trata o art. 40, § 4.º, da CF. Além disso, o requerente não havia apresentado provas suficientes de que cumprira tempo suficiente de serviço em condições perigosas apto à contagem diferenciada para a aposentadoria. Diante da decisão administrativa de rejeição do pedido de aposentadoria, o servidor informou que ingressaria com ação judicial requerendo a concessão da aposentadoria especial, em virtude da omissão legislativa inconstitucional, e a contagem diferenciada do tempo de serviço prestado sob a alegada periculosidade.

Considerando a situação hipotética descrita anteriormente e o entendimento do STF acerca do tema, julgue o item a seguir.

De acordo com o STF, não cabe ao juiz do caso realizar a contagem diferenciada do tempo de serviço prestado em condições especiais para fins de concessão da aposentadoria de que trata o § 4.º do art. 40 da CF.

Resposta: certo.

6. DÉBITOS PREVIDENCIÁRIOS

Súmula 148-STJ

Os débitos relativos a benefício previdenciário, vencidos e cobrados em juízo após a vigência da Lei 6.899/1981, **devem ser corrigidos monetariamente na forma prevista nesse diploma legal**.

- **Status:** Válida.

Súmula 65-STJ

O cancelamento, previsto no art. 29 do Decreto-lei 2.303, de 21/11/86, **não alcança** os débitos previdenciários.

- **Status:** Válida.

7. PREVIDÊNCIA PRIVADA

Súmula 427-STJ

A ação de cobrança de diferenças de valores de complementação de aposentadoria **prescreve em 5 (cinco) anos contados da data do pagamento.**

• **Status:** Válida.

Súmula 291-STJ

A ação de cobrança de parcelas de complementação de aposentadoria pela previdência privada **prescreve em 5 (cinco) anos**.

• **Status:** Válida.

Súmula 290-STJ

Nos planos de previdência privada, **não cabe** ao beneficiário a devolução da contribuição efetuada pelo patrocinador.

• **Status:** Válida.

Súmula 289-STJ

A restituição das parcelas pagas a plano de previdência privada **deve ser objeto de correção plena, por índice que recomponha a efetiva desvalorização da moeda**.

• **Status:** Válida.

7.1. Questões relacionadas

(Vunesp – Procurador Municipal – Prefeitura de Várzea Paulista – SP/2016) De acordo com o posicionamento sumulado do Superior Tribunal de Justiça, a ação de cobrança de diferenças de valores de complementação de aposentadoria, contados da data do pagamento, prescreve em

a) 2 anos.

b) 5 anos.

c) 10 anos.

d) 15 anos.

e) 30 anos.

Resposta correta: letra "b".

(TRT 21ª Região – Juiz do Trabalho – TRT 21ª Região/2015) Analise as assertivas abaixo e, considerando o entendimento jurisprudencial sumulado e a legislação em vigor, assinale a alternativa correta:

I – A prescrição do direito de reclamar a concessão de férias é contada do término do prazo do período aquisitivo, ou, se for o caso, do término do contrato de trabalho.

II – A ação trabalhista, ainda que arquivada, interrompe a prescrição em relação a todos os direitos decorrentes da relação empregatícia.

III – A pretensão à complementação de aposentadoria jamais recebida prescreve em 2 (dois) anos contados da cessação do contrato de trabalho, ao passo que a pretensão a diferenças de complementação de aposentadoria sujeita-se à prescrição parcial e quinquenal, salvo se o pretenso direito decorrer de verbas não recebidas no curso da relação de emprego e já alcançadas pela prescrição, à época da propositura da ação.

IV – A transmutação do regime jurídico de celetista para estatutário implica extinção do contrato de trabalho, fluindo o prazo da prescrição bienal a partir da mudança de regime.

V – Nas ações que objetivam corrigir desvio funcional ou que tratam de pedido de reenquadramento, a prescrição é parcial e só alcança as diferenças salariais vencidas no período de 5 (cinco) anos que precedeu o ajuizamento.

a) apenas a assertiva I está correta;

b) apenas as assertivas II, III e IV estão corretas;

c) apenas as assertivas I, IV e V estão corretas;

d) apenas as assertivas III e IV estão corretas;

e) apenas as assertivas IV e V estão corretas.

Resposta correta: letra "d".

DIREITO DO TRABALHO

1. CARTEIRA DE TRABALHO E PREVIDÊNCIA SOCIAL

Súmula 225-STF

Não é absoluto o valor probatório das anotações da carteira profissional.

- **Status:** Válida.

1.1. Questões relacionadas

(Instituto AOCP – Advogado – CASAN/2016) Sobre as provas no processo do trabalho, assinale a alternativa correta.

a) É absoluto o valor probatório das anotações da carteira profissional.

b) O depoimento das partes e testemunhas que não souberem falar a língua nacional será feito por meio de intérprete nomeado pelo juiz, e as despesas correrão por conta do juízo.

c) O documento em cópia oferecido para prova não poderá ser declarado autêntico pelo próprio advogado.

d) Cada uma das partes poderá indicar mais de 3 testemunhas, e quando se tratar de inquérito, esse número poderá ser elevado a 6.

e) A testemunha que for parente até o terceiro grau civil, amigo íntimo ou inimigo de qualquer das partes, não prestará compromisso, e seu depoimento valerá como simples informação.

Resposta correta: letra "e".

(Instituto AOCP – Advogado – EBSERH/2015) Quanto às provas no processo do trabalho, assinale a alternativa correta.

a) É absoluto o valor probatório das anotações da carteira profissional.

b) O ônus de provar o término do contrato de trabalho, quando negados a prestação de serviço e o despedimento, é do empregador, pois o princípio da continuidade da relação de emprego constitui presunção favorável ao empregado.

c) A testemunha que move reclamatória trabalhista contra o mesmo empregador é considerada suspeita.

d) Não existe limite de testemunhas a serem arroladas a cada uma das partes na reclamatória trabalhista.

e) Se a testemunha for funcionário público civil ou militar, não é necessário requisitar ao chefe da repartição para comparecer à audiência marcada.

Resposta correta: letra "b".

2. ACIDENTE DE TRABALHO

Súmula 529-STF

~~Subsiste a responsabilidade do empregador pela indenização decorrente de acidente do trabalho, quando o segurador, por haver entrado em liquidação, ou por outro motivo, não se encontrar em condições financeiras, de efetuar, na forma da lei, o pagamento que o seguro obrigatório visava garantir.~~

- **Status:** Superada.

Súmula 464-STF

No cálculo da indenização por acidente do trabalho **inclui-se**, quando devido, o repouso semanal remunerado.

- **Status:** Válida.

Súmula 434-STF

~~A controvérsia entre seguradores indicados pelo empregador na ação de acidente do trabalho não suspende o pagamento devido ao acidentado.~~

- **Status:** Superada.

Súmula 337-STF

~~A controvérsia entre o empregador e o segurador não suspende o pagamento devido ao empregado por acidente do trabalho.~~

- **Status:** Superada.

Súmula 314-STF

Na composição do dano por acidente do trabalho, ou de transporte, **não é contrário à lei** tomar para base da indenização o salário do tempo da perícia ou da sentença.

- **Status:** Válida.

Súmula 311-STF

~~No típico acidente do trabalho, a existência de ação judicial não exclui a multa pelo retardamento da liquidação.~~

- **Status:** Superada.

Súmula 240-STF

~~O depósito para recorrer, em ação de acidente do trabalho, é exigível do segurador sub-rogado, ainda que autarquia.~~

- **Status:** Superada.

Súmula 238-STF

~~Em caso de acidente do trabalho, a multa pelo retardamento da liquidação é exigível do segurador sub-rogado, ainda que autarquia.~~

- **Status:** Superada.

Súmula 236-STF

~~Em ação de acidente do trabalho, a autarquia seguradora não tem isenção de custas.~~

- **Status:** Superada.

Súmula 232-STF

~~Em caso de acidente do trabalho, são devidas diárias até doze meses, as quais não se confundem com a indenização acidentária nem com o auxílio-enfermidade.~~

- **Status:** Superada.

Súmula 230-STF

A prescrição da ação de acidente do trabalho **conta-se do exame pericial que comprovar a enfermidade ou verificar a natureza da incapacidade**.

- **Status:** Válida.

Súmula 198-STF

As ausências motivadas por acidente do trabalho **não** são descontáveis do período aquisitivo das férias.

- **Status:** Válida.

Súmula 35-STF

Em caso de acidente do trabalho ou de transporte, ~~a concubina~~ tem direito de ser indenizada pela morte do ~~amásio~~, se entre eles não havia impedimento para o matrimônio.

• **Status:** Válida, desde que lida à luz da Constituição de 1988 e do Código Civil de 2002.

• **Nota do autor:** Nesse passo, atualmente, a súmula deve ser lida da seguinte forma: "Em caso de acidente do trabalho ou de transporte, a companheira(o) tem direito de ser indenizada pela morte do companheiro(a), se entre eles não havia impedimento para o matrimônio."

• **Dispositivos relacionados:**

"CC/02, Art. 1.727. As relações não eventuais entre o homem e a mulher, impedidos de casar, constituem concubinato."

2.1. Questões relacionadas

(TRT 8ª Região – Juiz do Trabalho – TRT 8ª Região/2015) Conforme a jurisprudência sumulada do Supremo Tribunal Federal, é INCORRETO afirmar que:

a) A prescrição da ação de acidente do trabalho conta-se do exame pericial que comprovar a enfermidade ou verificar a natureza da incapacidade.

b) É de decadência o prazo de trinta dias para instauração do inquérito judicial, a contar da suspensão, por falta grave, de empregado estável.

c) Salvo quando contrariarem a Constituição, não cabe recurso para o Supremo Tribunal Federal, de quaisquer decisões da Justiça do Trabalho, inclusive dos presidentes de seus tribunais.

d) Não subsiste a responsabilidade do empregador pela indenização decorrente de acidente do trabalho, quando o segurador, por haver entrado em liquidação, ou por outro motivo, não se encontrar em condições financeiras, de efetuar, na forma da lei, o pagamento que o seguro obrigatório visava garantir.

e) Não se conhece do recurso de revista, nem dos embargos de divergência, do processo trabalhista, quando houver jurisprudência firme do Tribunal Superior do Trabalho no mesmo sentido da decisão impugnada, salvo se houver colisão com a jurisprudência do Supremo Tribunal Federal.

Resposta correta: letra "d".

(TRT 15ª Região – Juiz do Trabalho – TRT 15ª Região/2013) No que tange à prescrição, é correto afirmar:

a) é entendimento sumulado do STF que a prescrição da ação de acidente do trabalho conta-se do exame pericial que comprovar a enfermidade ou verificar a natureza da incapacidade;

b) prescrição é a perda do direito, atendendo a um pressuposto de interesse social em torno da segurança jurídica do devedor;

c) a prescrição do direito ao recebimento da remuneração das férias, com o correspondente acréscimo de 1/3, conta-se a partir do término do período de 12 (doze) em que as férias foram adquiridas;

d) a prescrição trabalhista está prevista na Constituição Federal como um direito do empregador;

e) nos expressos termos da Constituição, corre o prazo prescricional de 02 (dois) anos durante o curso da relação de emprego, no que se refere a alterações essenciais das condições de trabalho.

Resposta correta: letra "a".

3. ATIVIDADES INSALUBRES OU PERIGOSAS

Súmula 460-STF

Para efeito do adicional de insalubridade, a perícia judicial, em reclamação trabalhista, **não** dispensa o enquadramento da atividade entre as insalubres, que é ato da competência do **Ministro do Trabalho e Previdência Social**.

- **Status:** Válida.

Súmula 307-STF

~~É devido o adicional de serviço insalubre, calculado à base do salário mínimo da região, ainda que a remuneração contratual seja superior ao salário mínimo acrescido da taxa de insalubridade.~~

- **Status:** Superada.

Súmula 212-STF

Tem direito ao **adicional de serviço perigoso** o empregado de posto de revenda de combustível líquido.

- **Status:** Válida.
- **Nota do autor:** Cuidado para não confundir com o adicional de periculosidade com o adicional de insalubridade.

Súmula 194-STF

É competente o **Ministro do Trabalho** para a especificação das atividades insalubres.

- **Status:** Válida.

3.1. Questões relacionadas

(FCC – Procurador Municipal – Prefeitura de Campinas – SP/2016) Arthemys trabalha para Prefeitura do Município de Jundiaí, contratado pelo regime da Consolidação das Leis do Trabalho – CLT, exercendo as funções de motorista junto à Secretaria Municipal de Saúde, sendo responsável pelo abastecimento do veículo da frota diretamente em bomba de gasolina instalada na garagem da Secretaria. O abastecimento ocorre todos os dias de trabalho, de segunda a sábado, pelo menos quatro vezes ao dia. Após a realização de prova pericial, verificou-se que o trabalhador está sujeito a risco acentuado em virtude de exposição permanente a inflamáveis e explosivos. Nessa situação hipotética, com fulcro na legislação trabalhista, Arthemys faz jus a adicional de

a) insalubridade, no importe de 30% sobre o piso normativo da categoria ou o seu salário básico.

b) insalubridade, no importe de 40% sobre o salário mínimo regional.

c) penosidade, no importe de 30% sobre o seu salário contratual.

d) periculosidade, no importe de 30% sobre o salário sem os acréscimos resultantes de gratificações ou prêmios.

e) periculosidade, no importe de 25% sobre toda a sua remuneração.

Resposta correta: letra "d".

(Cespe – Advogado – Correios/2011) Julgue os itens seguintes, acerca de segurança e higiene do trabalho.
Trabalhador de posto de gasolina que mantém contato direto com as bombas de combustíveis tem direito ao adicional de insalubridade.

Resposta: errado.

4. TRABALHO NOTURNO

Súmula 402-STF

Vigia noturno **tem** direito a salário adicional.

- **Status:** Válida.

Súmula 313-STF

Provada a identidade entre o trabalho diurno e o noturno, **é devido o adicional, quanto a este, sem a limitação do art. 73, § 3º, da CLT, independentemente da natureza da atividade do empregador.**

- **Status:** Válida.
- **Dispositivos relacionados:**

> "CLT, Art. 73. Salvo nos casos de revezamento semanal ou quinzenal, o trabalho noturno terá remuneração superior a do diurno e, para esse efeito, sua remuneração terá um acréscimo de 20% (vinte por cento), pelo menos, sobre a hora diurna.
>
> (...)
>
> § 3º O acréscimo, a que se refere o presente artigo, em se tratando de empresas que não mantêm, pela natureza de suas atividades, trabalho noturno habitual, será feito, tendo em vista os quantitativos pagos por trabalhos diurnos de natureza semelhante. Em relação às empresas cujo trabalho noturno decorra da natureza de suas atividades, o aumento será calculado sobre o salário mínimo geral vigente na região, não sendo devido quando exceder desse limite, já acrescido da percentagem."

Súmula 214-STF

A duração legal da hora de serviço noturno (52 minutos e 30 segundos) **constitui vantagem suplementar, que não dispensa o salário adicional.**

- **Status:** Válida.

Súmula 213-STF

É devido o adicional de serviço noturno, ainda que sujeito o empregado ao regime de revezamento.

- **Status:** Válida.

4.1. Questões relacionadas

(COPESE-UFT – Analista de Recursos Humanos – Câmara de Palmas – TO/2018) Considerando as normas do Direito Laboral, em especial quanto ao trabalho noturno, assinale a alternativa INCORRETA.

a) O acréscimo referente ao adicional noturno, em se tratando de empresas que não mantêm, pela natureza de suas atividades, trabalho noturno habitual, será feito, tendo em vista os quantitativos pagos por trabalhos diurnos de natureza semelhante.

b) A transferência do empregado para o período diurno de trabalho implica a perda do direito ao adicional noturno.

c) Salvo nos casos de revezamento semanal ou quinzenal, o trabalho noturno terá remuneração superior a do diurno e, para esse efeito, sua remuneração terá um acréscimo de 30 % (trinta por cento), pelo menos, sobre a hora diurna.

d) Considera-se noturno, para os efeitos da lei, o trabalho executado entre as 22 (vinte e duas) horas de um dia e as 5 (cinco) horas do dia seguinte.

Resposta correta: letra "c".

(Instituto AOCP – Analista Judiciário – Área Administrativa – TRT 1ª Região/2018) Henrique foi contratado pela Loja de Conveniência Aki Tem Tudo, que funciona 24 horas, para exercer a função de atendente no horário das 21h de um dia às 6h do outro, com 1 hora de intervalo para repouso e alimentação. Diante dessa realidade contratual, é correto afirmar que

a) Henrique terá direito ao pagamento do adicional noturno de 20% sobre o valor da hora normal, devendo ser considerada a hora reduzida de 52 minutos e 30 segundos, além de horas extras noturnas. É devido o adicional respectivo e a computação da hora reduzida das 22h até as 5h. O adicional noturno integrará a base de cálculo das horas extras prestadas em período noturno, vez que laboradas em condições de maior desgaste físico e mental. O adicional noturno, porque pago com habitualidade, integra o salário do empregado para todos os efeitos.

b) Será devido a Henrique o pagamento do adicional noturno de 20% sobre o valor da hora normal, devendo ser considerada a hora reduzida de 52 minutos e 30 segundos, além de horas extras noturnas. É devido o adicional respectivo e a computação da hora reduzida das 22h até as 5h. O adicional noturno integrará a base de cálculo das horas extras prestadas em período noturno, vez que laboradas em condições de maior desgaste físico e mental. Adicional noturno e adicional horas extras, porque pagos com habitualidade, integram o salário do empregado para todos os efeitos.

c) Henrique terá direito ao pagamento do adicional noturno de 20% sobre o valor da hora normal, devendo ser considerada a hora reduzida de 52 minutos e 30 segundos. É devido o adicional respectivo e a computação da hora reduzida das 22h até as 6h. É devida uma hora extra normal, sem considerar, para o cálculo respectivo, o adicional noturno. Adicional noturno e adicional horas extras, porque pagos com habitualidade, integram o salário do empregado para todos os efeitos.

d) Será devido a Henrique o pagamento do adicional noturno de 20% sobre o valor da hora normal, devendo ser considerada a hora reduzida de 52 minutos e 30 segundos, além de horas extras noturnas. É devido o adicional respectivo e a computação da hora reduzida das 22h até as 6h. O adicional noturno integrará a base de cálculo das horas extras prestadas em período noturno, vez que laboradas em condições de maior desgaste físico e mental. Adicional noturno e adicional horas extras, porque pagos com habitualidade, integram o salário do empregado para todos os efeitos.

e) Henrique terá direito ao pagamento do adicional noturno, de 20% sobre o valor da hora normal, devendo ser considerada a hora reduzida de 52 minutos e 30 segundos, além de horas extras noturnas. É devido o adicional respectivo e a computação da hora reduzida das 22h até as 6h. O adicional noturno não integrará a base de cálculo das horas extras. Adicional noturno e adicional horas extras, porque pagos com habitualidade, integram o salário do empregado para todos os efeitos.

Resposta correta: letra "a".

(Instituto AOCP – Técnico Judiciário – Área Administrativa – TRT 1ª Região/2018) Maria foi contratada pela empresa Confeitaria Doces Artesanais para trabalhar como atendente, com jornada das 12h às 21h e com uma hora de intervalo para repouso e alimentação. Ocorre que, durante todo o contrato de trabalho, o qual perdurou um ano, o empregador requisitou à empregada que ela laborasse no estabelecimento das 12h às 23h, com uma hora de intervalo, pois não tinha interesse em contratar novo empregado, com a justificativa de serem muito altos os débitos trabalhistas. Nesse período em que Maria laborou para a empresa, somente recebeu o valor de um salário mínimo, conforme pactuado no contrato. Nesse sentido, é correto afirmar que Maria tem direito ao

a) recebimento somente do adicional de horas extras no importe de, pelo menos, 50% (cinquenta por cento) superior à da hora normal.

b) recebimento do adicional de horas extras no importe de, pelo menos, 25% (vinte e cinco por cento) superior à da hora normal e pagamento do adicional noturno com acréscimo de, pelo menos, 20 % (vinte por cento) sobre a hora diurna, computando a hora noturna como 50 minutos e 30 segundos.

c) recebimento do adicional de horas extras no importe de, pelo menos, 50% (cinquenta por cento) superior à da hora normal e pagamento do adicional noturno com acréscimo de, pelo menos, 20% (vinte por cento) sobre a hora diurna, computando a hora noturna como 52 minutos e 30 segundos.

d) recebimento do adicional de horas extras no importe de, pelo menos, 50% (cinquenta por cento) superior à da hora normal e pagamento do adicional noturno com acréscimo de, pelo menos, 25% (vinte e cinco por cento) sobre a hora diurna, computando a hora noturna como 52 minutos e 30 segundos.

e) recebimento do adicional de horas extras no importe de, pelo menos, 50% (cinquenta por cento) superior à da hora normal e pagamento do adicional noturno com acréscimo de, pelo menos, 25% (vinte e cinco por cento) sobre a hora diurna, computando a hora noturna como 50 minutos e 30 segundos.

Resposta correta: letra "c".

(NC-UFPR – Advogado – Câmara de Quitandinha – PR – Advogado/2018) Sobre o trabalho noturno, é INCORRETO afirmar:

a) Terá remuneração superior à do diurno, e, para esse efeito, sua remuneração terá um acréscimo de 20% (vinte por cento), pelo menos, sobre a hora diurna.

b) A hora do trabalho noturno será computada como de 52 minutos e 30 segundos.

c) Considera-se noturno o trabalho executado entre as 22 horas de um dia e as 5 horas do dia seguinte.

d) A transferência para o período diurno de trabalho não implica a perda do direito ao adicional noturno.

e) É devido o adicional de serviço noturno, ainda que sujeito o empregado ao regime de revezamento.

Resposta correta: letra "d".

(FGV – Analista Administrativo – Analista de Recursos Humanos – PROCEMPA/2014) Um empregado atua como vigia noturno há quatro anos, trabalhando de 2ª a 6ª feira, das 22h às 05h. Diante desse quadro e à luz da legislação em vigor, assinale a afirmativa correta.

a) O empregado faz jus a 30% de adicional noturno e à hora computada como tendo 58 minutos.

b) O empregado não tem direito a qualquer vantagem adicional, pois não se justifica tratamento diferenciado entre empregados que atuam pela manhã e à noite.

c) O empregado deve receber o adicional noturno na ordem de 50% e a hora noturna será computada, por ficção legal, como tendo 30 minutos.

d) O empregado tem direito ao adicional noturno de 20% e à hora noturna considerada como tendo 52 minutos e 30 segundos.

e) O empregado tem direito ao adicional noturno ou à hora reduzida, devendo escolher uma das vantagens, que não podem ser acumuladas.

Resposta correta: letra "d".

(Cespe – Analista Judiciário – Área Administrativa – TRT 17ª Região/2013) Julgue os itens a seguir, relativos aos direitos trabalhistas.

O vigia noturno que cumpra jornada de trabalho entre 19 h de um dia e 7 h do dia seguinte faz jus ao adicional noturno somente até às 5 h da manhã.

Resposta: errado.

5. DURAÇÃO DO TRABALHO

Súmula 675-STF

Os intervalos fixados para descanso e alimentação durante a jornada de seis horas **não descaracterizam** o sistema de turnos ininterruptos de revezamento para o efeito do art. 7º, XIV, da Constituição.

- **Status:** Válida.
- **Dispositivos relacionados:**

"CF, Art. 7º São direitos dos trabalhadores urbanos e rurais, além de outros que visem à melhoria de sua condição social:

XIV – jornada de seis horas para o trabalho realizado em turnos ininterruptos de revezamento, salvo negociação coletiva;"

5.1. Questões relacionadas

(TRT 15ª Região – Juiz do Trabalho – TRT 15ª Região/2011) A respeito do trabalho em regime de revezamento, assinale a alternativa incorreta:

a) faz jus à jornada especial de 6 (seis) horas diárias o trabalhador que exerce suas atividades em sistema de alternância de horários, ainda que em dois turnos de trabalho, que compreendam, no todo ou em parte, o horário diurno e o noturno;

b) a interrupção do trabalho destinada a repouso e alimentação, dentro de cada turno, ou o intervalo para repouso semanal, não descaracteriza o turno de revezamento com jornada de 6 (seis) horas previsto no art. 7ª , XIV, da CF/1988;

c) estabelecida jornada superior a 6 (seis) horas e limitada a 8(oito) horas por meio de regular negociação coletiva, os empregados submetidos a turnos ininterruptos de revezamento não têm direito ao pagamento da 7ª e 8ª horas como extras;

d) no regime de revezamento, as horas trabalhadas em seguida ao repouso semanal de 24 (vinte e quatro) horas, com prejuízo do intervalo mínimo de 11 (onze) horas consecutivas para descanso entre jornadas, devem ser remuneradas como extraordinárias, inclusive com o respectivo adicional;

e) o trabalho em regime de turnos ininterruptos de revezamento é incompatível com o cômputo reduzido da hora noturna.

Resposta correta: letra "e".

6. REPOUSO SEMANAL REMUNERADO

Súmula 162-STF

~~No cálculo da indenização por despedida injusta inclui-se, quando devido, o repouso semanal remunerado.~~

- **Status:** Superada.

Súmula 201-STF

~~O vendedor pracista, remunerado mediante comissão, não tem direito ao repouso semanal remunerado.~~

- **Status:** Superada.

7. ESTABILIDADE

Súmula 676-STF

A garantia da estabilidade provisória prevista no art. 10, II, "a", do ADCT, **também se aplica ao suplente do cargo de direção de comissões internas de prevenção de acidentes (CIPA).**

- **Status:** Válida.

- **Dispositivos relacionados:**

"ADCT, Art. 10. Até que seja promulgada a lei complementar a que se refere o art. 7º, I, da Constituição:

I – fica limitada a proteção nele referida ao aumento, para quatro vezes, da porcentagem prevista no art. 6º, *caput* e § 1º, da Lei nº 5.107, de 13 de setembro de 1966;

II – fica vedada a dispensa arbitrária ou sem justa causa:

a) do empregado eleito para cargo de direção de comissões internas de prevenção de acidentes, desde o registro de sua candidatura até um ano após o final de seu mandato;

b) da empregada gestante, desde a confirmação da gravidez até cinco meses após o parto."

Súmula 221-STF

A transferência de estabelecimento, ou a sua extinção parcial, por motivo que não seja de força maior, **não** justifica a transferência de empregado estável.

- **Status:** Válida.

Súmula 195-STF

~~Contrato de trabalho para obra certa, ou de prazo determinado, transforma-se em contrato de prazo indeterminado, quando prorrogado por mais de quatro anos.~~

- **Status:** Superada.

7.1. Questões relacionadas

(Vunesp – Procurador Municipal – Prefeitura de Andradina – SP/2017) A estabilidade provisória do empregado dirigente da Comissão Interna de Prevenção de Acidentes (CIPA)

a) não subsiste no caso de extinção do estabelecimento do empregador, mas o empregado tem direito a uma indenização compensatória.

b) incorpora-se ao patrimônio pessoal do empregado, podendo ser reclamada mesmo na hipótese de extinção do estabelecimento.

c) não beneficia o suplente, conforme jurisprudência sumulada do Tribunal Superior do Trabalho.

d) não beneficia a figura do presidente, o qual pode ser despedido sem justa causa pelo empregador, salvo a condição de estável por outro fundamento.

e) não se aplica aos órgãos da Administração Pública, pois estes não estão sujeitos às mesmas normas de medicina e segurança do trabalho.

Resposta correta: letra "d".

(TRT 24ª Região – Juiz do Trabalho – TRT 24ª Região/2012) Acerca das garantias provisórias de emprego, responda qual a alternativa CORRETA.

a) São pressupostos para a concessão da estabilidade o afastamento superior a 15 dias e a consequente percepção do auxílio-doença acidentário, salvo se constatada, após a despedida, doença profissional que guarde relação de causalidade com a execução do contrato de emprego.

b) Os exercentes dos cargos de diretoria, gerência ou outros de confiança imediata do empregador gozavam de estabilidade decenal conforme disciplina do artigo 499 da CLT.

c) O suplente da CIPA não goza da garantia de emprego prevista no art. 10, II, "a", do ADCT.

d) A estabilidade provisória do cipeiro não constitui vantagem pessoal, mas garantia para as atividades dos membros da CIPA, que somente tem razão de ser quando em atividade a empresa. Extinto o estabelecimento, não se verifica a despedida arbitrária, sendo impossível a reintegração e devida apenas a indenização do período estabilitário.

e) A estabilidade da gestante não é assegurada empregada doméstica.

Resposta correta: letra "a".

(Cesgranrio – Advogado – Petrobrás/2011) O artigo 165 da CLT estabelece que os titulares da representação dos empregados nas Comissões Internas de Prevenção de Acidentes (Cipa) não poderão sofrer despedida arbitrária. O artigo 10, inciso II, alínea "a", do Ato das Disposições Constitucionais Transitórias (ADCT), afirma que fica vedada a dispensa arbitrária ou sem justa causa do empregado eleito para cargo de direção de comissões internas de prevenção de acidentes, desde o registro de sua candidatura até um ano após o final de seu mandato.

Com base nos textos legais mencionados e nas posições do TST sobre a estabilidade do representante da Cipa, a(o)

a) estabilidade é provisória não apenas aos titulares da representação dos empregados na Cipa, estendendo-se aos membros suplentes e aos representantes indicados pelo empregador.

b) estabilidade é provisória não apenas aos titulares da representação dos empregados na Cipa, estendendo-se aos representantes indicados pelo empregador.

c) estabilidade provisória é conferida não apenas aos titulares da representação dos empregados na Cipa, estendendo-se aos membros suplentes, mesmo antes da Constituição Federal de 1988, conforme o enunciado da Súmula nº 339, item I, do TST.

d) estabilidade provisória constitui vantagem pessoal e garantia para as atividades dos membros da Cipa, que somente se justificam quando a empresa está em atividade, pois, se o estabelecimento for extinto, caracteriza-se a despedida, sendo possíveis a reintegração e a indenização devida em relação ao período estabilitário, conforme o denunciado da Súmula nº 339, item II, do TST.

e) suplente da Cipa goza da garantia de emprego prevista no art. 10, inciso II, alínea "a", do ADCT a partir da promulgação da Constituição Federal de 1988, nos termos do enunciado da Súmula nº 339, item I, do TST

Resposta correta: letra "e".

(MPT – Procurador do Trabalho – MPT/2009) Assinale a alternativa CORRETA, relativa às normas constitucionais que versam sobre a matéria sindical e sua atual interpretação pelo Supremo Tribunal Federal.

a) O sindicato é parte legítima para, na forma da lei, denunciar irregularidades ou ilegalidades perante o Tribunal de Contas da União.

b) A liquidação de ação coletiva não pode ocorrer por substituição processual sindical.

c) O preceito constitucional que reconheceu o direito de greve ao servidor público civil constitui norma de eficácia meramente limitada, razão pela qual, para atuar plenamente, depende da edição de lei exigida pela Constituição.

d) A garantia da estabilidade provisória prevista no Ato das Disposições Constitucionais Transitórias, não se aplica ao suplente do cargo de direção de Comissões Internas de Prevenção de Acidentes (CIPA).

e) Não respondida.

Resposta correta: letra "a".

8. HABITUALIDADE

Súmula 459-STF

No cálculo da indenização por despedida injusta, incluem-se os adicionais, ou gratificações, que, pela habitualidade, se tenham incorporado ao salário.

- **Status:** Válida.

Súmula 209-STF

O salário-produção, como outras modalidades de salário-prêmio, **é devido, desde que verificada a condição a que estiver subordinado**, e **não** pode ser suprimido unilateralmente pelo empregador, **quando pago com habitualidade.**

- **Status:** Válida.

9. SALÁRIO

Súmula vinculante 4-STF

Salvo os casos previstos na Constituição, o salário mínimo **não** pode ser usado como indexador de base de cálculo de vantagem de servidor público ou de empregado, nem ser substituído por decisão judicial.

- **Status:** Válida.

Súmula 531-STF

É inconstitucional o Decreto 51.668, de 17/01/1963, que estabeleceu salário profissional para trabalhadores de transportes marítimos, fluviais e lacustres.

- **Status:** Válida.

Súmula 461-STF

É duplo, e não triplo, o pagamento do salário nos dias destinados a descanso.

- **Status:** Válida.

Súmula 207-STF

As gratificações habituais, inclusive a de Natal, **consideram-se tacitamente convencionadas, integrando o salário.**

- **Status:** Válida.

Súmula 205-STF

~~Tem direito a salário integral o menor não sujeito a aprendizagem metódica.~~

- **Status:** Superada.

Súmula 204-STF

~~Tem direito o trabalhador substituto, ou de reserva, ao salário mínimo no dia em que fica à disposição do empregador sem ser aproveitado na função específica; se aproveitado, recebe o salário contratual.~~

- **Status:** Superada.

Súmula 202-STF

Na equiparação de salário, em caso de trabalho igual, **toma-se em conta o tempo de serviço na função**, e não no emprego.

- **Status:** Válida.

Súmula 199-STF

O salário das férias do empregado horista **corresponde à média do período aquisitivo, não** podendo ser inferior ao mínimo.

- **Status:** Válida.

Súmula 203-STF

~~Não está sujeita à vacância de 60 dias a vigência de novos níveis de salário mínimo.~~

- **Status:** Superada.

9.1. Questões relacionadas

(Vunesp – Analista Técnico Legislativo – Câmara de Valinhos – SP/2017) Assinale a alternativa que corretamente discorre sobre previsão de Súmula Vinculante emitida pelo Supremo Tribunal Federal.

a) Salvo nos casos previstos na Constituição, o salário mínimo não pode ser usado como indexador de base de cálculo de vantagem de servidor público ou de empregado, nem ser substituído por decisão judicial.

b) A taxa cobrada exclusivamente em razão dos serviços públicos de coleta, remoção e tratamento ou destinação de lixo ou resíduos provenientes de imóveis viola a Constituição Federal.

c) É constitucional a exigência de depósito ou arrolamento prévios de dinheiro ou bens para admissibilidade de recurso administrativo.

d) O Município não é competente para fixar o horário de funcionamento de estabelecimento comercial.

e) Não ofende o princípio da livre concorrência lei municipal que impede a instalação de estabelecimentos comerciais do mesmo ramo em determinada área.

Resposta correta: letra "a".

(FCC – Juiz do Trabalho – TST/2017) Na esteira das Súmulas Vinculantes do Supremo Tribunal Federal, é INCORRETO afirmar:

a) A competência da Justiça do Trabalho prevista no art. 114, VIII, da Constituição Federal alcança a execução de ofício das contribuições previdenciárias relativas ao objeto da condenação constante das sentenças que proferir e acordos por ela homologados.

b) Salvo nos casos previstos na Constituição, o salário mínimo não pode ser usado como indexador de base de cálculo de vantagem de servidor público ou de empregado, nem ser substituído por decisão judicial.

c) A Justiça do Trabalho é competente para processar e julgar ação possessória ajuizada em decorrência do exercício do direito de greve pelos trabalhadores da iniciativa privada.

d) É inconstitucional toda modalidade de provimento que propicie ao servidor investir-se, sem prévia aprovação em concurso público destinado ao seu provimento, em cargo que não integra a carreira na qual anteriormente investido.

e) Ofende o princípio da livre concorrência lei estadual que impede a instalação de estabelecimentos comerciais do mesmo ramo em determinada área.

Resposta correta: letra "e".

(FCC – Técnico Judiciário – Área Administrativa – TRT 23ª Região/2016) Sobre as normas constitucionais que versam sobre os servidores públicos,

a) o servidor público estável poderá perder o cargo, dentre outras hipóteses, mediante procedimento de avaliação periódica de desempenho, na forma de lei complementar, assegurada a ampla defesa.

b) o servidor público será exonerado do serviço público, mediante pagamento de indenização proporcional ao tempo de serviço prestado, paga em parcela única, se seu cargo for extinto.

c) a realização de avaliação especial de desempenho é condição facultativa para aquisição da estabilidade por servidores públicos nomeados para cargo de provimento efetivo.

d) os servidores nomeados para cargo de provimento efetivo em virtude de concurso público, vinculados à Administração Municipal, são estáveis após dois anos de efetivo exercício, nos termos da lei, computando-se como de efetivo exercício o período de licença-gestante.

e) o salário mínimo deve sempre ser usado como indexador de base de cálculo de vantagem de servidor público.

Resposta correta: letra "a".

(FCC – Analista Judiciário – Área Judiciária – TRT 19ª Região/2014) Atenção: Para responder à questão a seguir, considere as disposições da Constituição Federal.

O STF editou a súmula vinculante n. 4 com o seguinte teor: "Salvo nos casos previstos na Constituição, o salário mínimo não pode ser usado como indexador de base de cálculo de vantagem de servidor público ou de empregado, nem ser substituído por decisão judicial."

Ao julgar demanda em grau recursal, um Tribunal Regional do Trabalho proferiu acórdão que contrariou o enunciado da súmula vinculante acima referida. Neste caso, se presentes os requisitos legais, o acórdão poderá ser objeto de

a) reclamação constitucional, perante o Supremo Tribunal Federal, bem como de recurso ao Tribunal competente.

b) reclamação constitucional, perante o Supremo Tribunal Federal, bem como de pedido de providências junto ao Conselho Nacional de Justiça, para que esses órgãos cassem a decisão judicial contrária à súmula.

c) reclamação constitucional, perante o Tribunal Superior do Trabalho, bem como de recurso ao Tribunal competente.

d) reclamação constitucional, perante o Tribunal Regional do Trabalho, cujo acórdão poderá ser objeto, se for o caso, de recurso extraordinário ao Supremo Tribunal Federal.

e) pedido de providências ao Conselho Nacional de Justiça e de recurso ao Tribunal competente, para que esses órgãos cassem a decisão judicial contrária à súmula.

Resposta correta: letra "a".

(TRT – Juiz do Trabalho – TRT 8ª Região/2014) Em relação às Súmulas Vinculantes do Supremo Tribunal Federal em matéria que afeta o ramo trabalhista, assinale a alternativa INCORRETA:

a) Salvo nos casos previstos na Constituição, o salário mínimo não pode ser usado como indexador de base de cálculo de vantagem de servidor público ou de empregado, nem ser substituído por decisão judicial.

b) A Justiça do Trabalho é competente para processar e julgar ação possessória ajuizada em decorrência do exercício do direito de greve pelos trabalhadores da iniciativa privada.

c) É ilícita a prisão civil de depositário infiel, qualquer que seja a modalidade do depósito.

d) Durante o período previsto no § 1º do artigo 100 da Constituição, incidem juros de mora sobre os precatórios que nele sejam pagos.

e) Aplicam-se ao servidor público, no que couber, as regras do regime geral da previdência social sobre aposentadoria especial de que trata o artigo 40, § 4º, inciso III da Constituição Federal, até a edição de lei complementar específica.

Resposta correta: letra "d".

(CETRO – Procurador – CREF 4ª Região/2013) Em relação aos entendimentos dos tribunais superiores sobre os servidores públicos, assinale a alternativa incorreta.

a) Salvo nos casos previstos na Constituição, o salário mínimo não pode ser usado como indexador de base de cálculo de vantagem de servidor público ou de empregado, nem ser substituído por decisão judicial.

b) O cálculo de gratificações e outras vantagens do servidor público não incide sobre o abono utilizado para se atingir o salário mínimo.

c) Não viola a Constituição o estabelecimento de remuneração inferior ao salário mínimo para as praças prestadoras de serviço militar inicial.

d) O pagamento de licença-prêmio não gozada por necessidade do serviço está sujeito ao imposto de renda.

e) A exigência de concurso público para admissão de pessoal se estende a toda a Administração indireta, nela compreendidas as autarquias, as fundações instituídas e mantidas pelo Poder Público, as sociedades de economia mista, as empresas públicas e, ainda, as demais entidades controladas direta ou indiretamente pela União, mesmo que visem a objetivos estritamente econômicos, em regime de competitividade com a iniciativa privada.

Resposta correta: letra "d".

10. INDENIZAÇÃO DEVIDA AO EMPREGADO

Súmula 529-STF

~~Subsiste a responsabilidade do empregador pela indenização decorrente de acidente do trabalho, quando o segurador, por haver entrado em liquidação, ou por outro motivo, não se encontrar em condições financeiras, de efetuar, na forma da lei, o pagamento que o seguro obrigatório visava garantir.~~

- **Status:** Superada.

Súmula 463-STF

Para efeito de indenização e estabilidade, **conta-se** o tempo em que o empregado esteve afastado, em serviço militar obrigatório, **mesmo anteriormente à Lei 4.072, de 01/06/62.**

- **Status:** Válida.

Súmula 229-STF

~~A indenização acidentária não exclui a do direito comum, em caso de dolo ou culpa grave do empregador.~~

- **Status:** Superada.

Súmula 227-STF

A ~~concordata~~ do empregador não impede a execução de crédito nem a reclamação de empregado na Justiça do Trabalho.

- **Status:** Válida.
- **Nota do autor:** Por "concordata" leia-se "recuperação judicial".

Súmula 224-STF

~~Os juros da mora, nas reclamações trabalhistas, são contados desde a notificação inicial.~~

- **Status:** Superada.

Súmula 220-STF

A indenização devida a empregado estável, que não é readmitido ao cessar sua aposentadoria, **deve ser paga em dobro.**

- **Status:** Válida.

Súmula 219-STF

Para a indenização devida a empregado que tinha direito a ser readmitido, e não foi, **levam-se em conta as vantagens advindas à sua categoria no período do afastamento.**

- **Status:** Válida.

Súmula 217-STF

~~Tem direito de retornar ao emprego, ou ser indenizado em caso de recusa do empregador, o aposentado que recupera a capacidade de trabalho dentro de 5 anos, a contar da aposentadoria, que se torna definitiva após esse prazo.~~

- **Status:** Superada.

Súmula 200-STF

~~Não é inconstitucional a Lei 1.530, de 26.12.51, que manda incluir na indenização por despedida injusta parcela correspondente a férias proporcionais.~~

- **Status:** Superada.

10.1. Questões relacionadas

(Vunesp – Procurador Municipal – Prefeitura de Sorocaba – SP/2018) Na contagem do tempo de serviço, para efeito de indenização e estabilidade, serão computados os períodos de afastamento por motivo de

a) doença por mais de 15 (quinze) dias e prestação do serviço militar.

b) greve dos trabalhadores e acidente do trabalho.

c) acidente do trabalho e prestação do serviço militar.

d) doença e suspensão disciplinar.

e) greve dos trabalhadores e serviço militar.

Resposta correta: letra "c".

(FGV – Analista Judiciário – Área Judiciária – TRT 12ª Região/2017) Matheus foi empregado da sociedade empresária Itaiópolis Gaxetas Ltda. por vinte e cinco anos. Após ter seu contrato de trabalho rescindido sem o pagamento das verbas trabalhistas, Matheus ajuizou reclamação trabalhista em face da empregadora.

Antes do julgamento da reclamação trabalhista, Matheus tomou conhecimento do processamento da recuperação judicial do empregador, sendo certo que tal ato processual:

a) atingirá a reclamação trabalhista, promovendo sua extinção de pleno direito e atração para o juízo recuperacional, onde deverá ser ajuizada, diante da unidade desse juízo;

b) não atingirá nem a reclamação nem a execução trabalhista, que continuarão sendo processadas na Justiça do Trabalho até o trânsito em julgado;

c) atingirá a reclamação trabalhista, promovendo sua suspensão pelo prazo de 180 (cento e oitenta) dias contados da publicação do processamento da recuperação judicial, prazo esse que é improrrogável;

d) atingirá a reclamação trabalhista, promovendo sua suspensão até que o administrador judicial seja intimado para assumir a representação do empregador no processo;

e) não atingirá a reclamação, prosseguindo essa na Justiça do Trabalho até a apuração do crédito, que será inscrito no quadro geral de credores da recuperação judicial pelo valor determinado na sentença trabalhista.

Resposta correta: letra "e".

(MPT – Procurador do Trabalho – MPT/2017) Se a empresa reclamada estiver sob o regime da Lei de Recuperação Judicial e Falência (Lei n. 11.101/2005), quanto à regra de competência, é CORRETO afirmar que:

a) O regime de recuperação judicial não interfere na execução que se processa na Justiça do Trabalho, ante a preferência de que goza o crédito trabalhista.

b) Consoante entendimento do Supremo Tribunal Federal, a execução prossegue na Justiça do Trabalho, até final pagamento, somente quando a penhora tenha sido efetivada antes do deferimento judicial do processamento da recuperação judicial.

c) São processadas e julgadas na Justiça do Trabalho as ações de natureza trabalhista até a apuração do crédito, cujo montante, determinado em sentença ou aferido em liquidação, será inscrito no quadro geral de credores perante o juízo da recuperação.

d) Retiram-se os atos executórios do juízo trabalhista somente no caso de vir a ser decretada a falência da reclamada.

e) Não respondida.

Resposta correta: letra "e".

11. ORGANIZAÇÕES SINDICAIS

Súmula 677-STF

Até que lei venha a dispor a respeito, incumbe ao **Ministério do Trabalho** proceder ao registro das entidades sindicais e zelar pela observância do princípio da unicidade.

• **Status:** Válida.

Súmula 197-STF

O empregado com representação sindical **só pode ser despedido mediante inquérito em que se apure falta grave.**

• **Status:** Válida.

11.1. Questões relacionadas

(TRT 21ª Região – Juiz do Trabalho – TRT 21ª Região/2015) A respeito da liberdade sindical consagrada pelo legislador constituinte, indique o item incorreto, considerando o disposto em texto constitucional e a jurisprudência dominante sobre o tema:

a) Até que lei venha dispor a respeito, compete ao Ministério do Trabalho proceder ao registro das entidades sindicais e zelar pela observância do princípio da unicidade sindical.

b) Ao dispor sobre a participação obrigatória das entidades representativas dos trabalhadores na negociação coletiva trabalhista, a Constituição Federal enfatizou a importância do sindicato como ator social na efetivação do Estado democrático de direito.

c) A liberdade sindical consagrada pelo legislador constituinte é absoluta, na medida em que assegura a livre associação e atuação do trabalhador aposentado, sem limitar a sua filiação ao sindicato representativo de sua categoria na respectiva base territorial.

d) Com a ratificação da Convenção nº 151 da Organização Internacional do Trabalho, a jurisprudência da Seção de Dissídios Coletivos do Tribunal Superior do Trabalho (TST) considerou viável a negociação coletiva trabalhista na esfera pública regida pela Consolidação das Leis do Trabalho, ainda que limitada.

e) Há entendimento consolidado no TST de que a estabilidade a que alude o Art. 543, § 3º, da Consolidação das Leis do Trabalho se limita a 7 (sete) dirigentes sindicais e igual número de suplentes.

Resposta correta: letra "c".

(MPT – Procurador do Trabalho – MPT/2009) Segundo a jurisprudência sumulada do Supremo Tribunal Federal:

I – Até que lei venha a dispor a respeito, incumbe ao Ministério do Trabalho proceder ao registro das entidades sindicais e zelar pela observância do princípio da unicidade.

II – Não cabe recurso extraordinário contra decisão proferida no processamento de precatórios.

III – É ilegítima a incidência da contribuição previdenciária sobre o 13º salário.

IV – O limite de idade para a inscrição em concurso público viola a Constituição da República.

De acordo com as assertivas acima, pode-se afirmar que:

a) apenas as alternativas I, III e IV estão corretas;

b) apenas as alternativas II, III e IV estão incorretas;

c) apenas as alternativas I e II estão corretas;

d) todas as alternativas estão corretas;

e) não respondida.

Resposta correta: letra "c".

12. FALTA GRAVE

Súmula 403-STF

É de decadência o prazo de 30 (trinta) dias para instauração do inquérito judicial, a contar da suspensão, por falta grave, de empregado estável.

- **Status:** Válida.

Súmula 316-STF

A simples adesão à greve **não** constitui falta grave.

- **Status:** Válida.

Súmula 215-STF

Conta-se a favor de empregado readmitido o tempo de serviço anterior, **salvo se houver sido despedido por falta grave ou tiver recebido a indenização legal.**

- **Status:** Válida.

12.1. Questões relacionadas

(TRT 4ª Região – Juiz do Trabalho – TRT 4ª Região/2016) Assinale a assertiva correta sobre inquérito para apuração de falta grave.

a) No inquérito para apuração de falta grave, poderá o empregador apresentar reclamação oral, a qual será reduzida a termo pelo serventuário da justiça.

b) Segundo a jurisprudência, o prazo decadencial, para o ajuizamento do inquérito para apuração de falta grave, é de 30 (trinta) dias, contado a partir da suspensão do empregado estável.

c) Constitui requisito legal para o ajuizamento do inquérito para apuração de falta grave a suspensão do empregado, a fim de viabilizar a investigação do fato que embasa a justa causa alegada e permitir ao empregado a ampla defesa e o contraditório plenos.

d) A sentença que acolhe a pretensão deduzida no inquérito para apuração de falta grave extingue o contrato de trabalho na data do trânsito em julgado da decisão, uma vez sujeita a recurso.

e) Constitui faculdade do empregado, na ação que julga improcedente o inquérito para apuração de falta grave, retornar às suas atividades, podendo optar, em razão do desgaste havido no processo, pelo pagamento de uma indenização relativa ao período de estabilidade.

Resposta correta: letra "b".

(Vunesp – Advogado – SAEG/2015) Assinale a alternativa correta.

a) É de 30 (trinta) dias o prazo decadencial para ajuizamento de inquérito para apuração de falta grave contados da ciência inequívoca do ato omissivo ou comissivo praticado pelo empregado detentor de estabilidade.

b) O ajuizamento de inquérito para apuração de falta grave em face de empregado que incorre em abandono de emprego deve observar o prazo decadencial, contado após o trintídio de ausência do serviço.

c) Estão excluídas do procedimento sumaríssimo, na Justiça do Trabalho, as demandas em que é parte a Administração Pública Direta e Indireta.

d) No procedimento sumaríssimo do processo do trabalho, as testemunhas, até o máximo de 2 (duas) para cada parte, comparecerão à audiência de instrução e julgamento independentemente de intimação.

e) No procedimento sumaríssimo do processo do trabalho, a ação deve ser julgada no prazo máximo de 15 (quinze) dias, contado do seu ajuizamento, salvo nos casos de demandas em que figura, como parte, ente da Administração Pública Direta, cuja solução final deve ocorrer em 30 (trinta) dias.

Resposta correta: letra "d".

(TRT 15ª Região – Juiz do Trabalho – TRT 15ª Região/2013) A greve constituiu o meio de luta dos trabalhadores para a conquista de direitos, partindo do pressuposto de que a união faz a força, até porque, como diria o poeta, "um mais um é sempre mais que dois" (Beto Guedes). Como fruto da concepção democrática, a greve foi reconhecida pelo Direito e, considerando os padrões jurídicos brasileiros atuais, a seu respeito é incorreto dizer:

a) o STF tem entendimento firmado no sentido de que a simples adesão à greve não constitui falta grave;

b) as relações obrigacionais, durante o período da greve, serão regidas por acordo, convenção, laudo arbitral ou decisão da Justiça do Trabalho;

c) é vedada, durante a greve, a rescisão dos contratos de trabalho dos trabalhadores em greve, exceto na hipótese de inexecução de serviços cuja paralisação resulte em prejuízo irreparável pela deterioração irreversível "de bens, máquinas e equipamentos;

d) na Constituição de 1937, a greve foi declarada recurso antissocial nocivo ao trabalho e ao capital e incompatível com os superiores interesses da produção nacional;

e) na "lei" de segurança nacional, 1967, foi considerado crime contra a segurança nacional, a ordem política e social, a promoção de greve, que implicasse a paralisação de serviços públicos ou atividades essenciais e que tivesse como propósito coagir qualquer dos Poderes da República.

Resposta correta: letra "c".

(Fepese – Advogado – JUCESP/2013) Assinale a alternativa correta, de acordo com a Consolidação das Leis Trabalhistas.

a) Não se admite contrato individual de trabalho tácito e verbal.

b) É de 6 meses o prazo do contrato de experiência.

c) O contrato de trabalho por prazo determinado não poderá ser celebrado por prazo superior a 6 meses.

d) É vedado ao empregador exigir do candidato à vaga de emprego comprovação de experiência prévia por tempo superior a 6 meses.

e) No tempo de serviço do empregado, quando readmitido, serão computados os períodos, ainda que não contínuos, em que tiver trabalhado anteriormente na empresa, salvo se houver sido despedido por falta grave, recebido indenização legal ou se aposentado espontaneamente.

Resposta correta: letra "e".

(Cespe – Professor de Direito – IFB/2011) Julgue o item a seguir, relativo ao direito do trabalho.

A simples participação pacífica de um empregado em greve declarada ilegal por tribunal regional do trabalho constitui falta grave, justificando a despedida desse empregado.

Resposta: errado.

13. PRESCRIÇÃO

Súmula 349-STF

A prescrição atinge somente as prestações de mais de dois anos, reclamadas com fundamento em decisão normativa da Justiça do Trabalho, ou em convenção coletiva de trabalho, **quando não estiver em causa a própria validade de tais atos**.

- **Status:** Válida.

Súmula 327-STF

O direito trabalhista admite a prescrição intercorrente.

- **Status:** Válida.

• **Nota do autor:** A súmula 114 do TST que inadmitia a prescrição intercorrente do direito do trabalho foi superada com a reforma trabalhista. Atualmente, de acordo com o art. 11-A da CLT, incluído pela Lei nº 13.467/2017, admite-se a prescrição intercorrente no processo do trabalho, sendo este prazo de dois anos.

• **Dispositivos relacionados:**

"CLT, Art. 11-A. Ocorre a prescrição intercorrente no processo do trabalho no prazo de dois anos. (Incluído pela Lei nº 13.467, de 2017)

§ 1º A fluência do prazo prescricional intercorrente inicia-se quando o exequente deixa de cumprir determinação judicial no curso da execução.

§ 2º A declaração da prescrição intercorrente pode ser requerida ou declarada de ofício em qualquer grau de jurisdição."

13.1. Questões relacionadas

(Cespe – Procurador do Estado – PGE-PE/2018) No processo do trabalho, a prescrição intercorrente ocorrerá no prazo de

a) um ano.

b) dois anos.

c) três anos.

d) quatro anos.

e) cinco anos.

Resposta correta: letra "b".

(Cesgranrio – Advogado Júnior – Petrobrás/2018) Nos termos da Consolidação das Leis do Trabalho, ocorre a prescrição intercorrente no processo do trabalho no prazo de

a) 1 ano.

b) 2 anos.

c) 3 anos.

d) 4 anos.

e) 5 anos.

Resposta correta: letra "b".

(COSEAC – Procurador Municipal – Prefeitura de Maricá – RJ/2018) De acordo com a Consolidação das Leis do Trabalho, com as modificações oriundas da Lei n. 13.467, de 2017, ocorrerá a prescrição intercorrente da execução trabalhista, contado a partir de quando o exequente deixar de cumprir determinação judicial no curso do processo, no prazo de:

a) cinco anos.

b) um ano.

c) dois anos.

d) três anos

e) quatro anos.

Resposta correta: letra "c".

(FCC – Procurador do Estado – PGE-AP/2018) A prescrição ocorre em razão da inércia do titular do direito não exercido e do decurso do tempo. No campo do Direito do Trabalho, nos termos da legislação vigente e entendimento sumulado do Tribunal Superior do Trabalho,

a) no caso de pretensão que envolva pedido de prestações sucessivas decorrente de alteração ou descumprimento do pactuado, a prescrição é parcial e quinquenal, exceto quando o direito à parcela esteja assegurado por lei.

b) ocorre a prescrição intercorrente no processo do trabalho no prazo de cinco anos, cuja fluência se inicia quando o exequente deixa de cumprir determinação judicial no curso da execução.

c) as regras sobre prescrição previstas na Consolidação das Leis do Trabalho se aplicam às ações que tenham por objeto anotações para fins de prova junto à Previdência Social.

d) observado o prazo de dois anos após a extinção contratual para propositura de ação, prescrevem os créditos trabalhistas relativos aos cinco anos anteriores à data da extinção do contrato.

e) respeitado o biênio subsequente à cessação contratual, a prescrição da ação trabalhista concerne às pretensões imediatamente anteriores a cinco anos, contados da data do ajuizamento da reclamação.

Resposta correta: letra "e".

(Cesgranrio – Analista – Recursos Humanos – IBGE/2013) A prescrição trabalhista é conceituada como a perda do direito de ação ocasionada pelo transcurso do tempo, em razão de seu titular não o ter exercido.

Em relação a esse tema, considere as afirmativas a seguir:

I – A prescrição trabalhista é sempre de 2 anos a partir do término do contrato de trabalho, atingindo as parcelas relativas aos 5 anos anteriores, ou de 5 anos durante a vigência do contrato de trabalho.

II – A prescrição implica a decadência trabalhista, já que na prescrição o direito sequer chegou a "nascer" e na decadência o direito existe, mas não pode ser exigido.

III – O prazo para o empregador apresentar reclamação por escrito à Junta ou ao Juízo de Direito para abertura de inquérito judicial para apurar falta grave cometida por empregado estável é de 60 dias, contados da data da suspensão do empregado.

É correto o que se afirma em:

a) I, apenas.

b) I e II, apenas.

c) I e III, apenas.

d) II e III, apenas.

e) I, II e III.

Resposta correta: letra "a".

14. TRABALHADOR RURAL

Súmula 612-STF

~~Ao trabalhador rural não se aplicam, por analogia, os benefícios previstos na Lei nº 6.367, de 19/10/76.~~

- **Status:** Superada.

Súmula 196-STF

Ainda que exerça atividade rural, o empregado de empresa industrial ou comercial é classificado de acordo com a categoria do empregador.

- **Status:** Válida.

15. SETOR ARTÍSTICO

Súmula 312-STF

~~Músico integrante de orquestra da empresa, com atuação permanente e vínculo de subordinação, está sujeito a legislação geral do trabalho, e não à especial dos artistas.~~

- **Status:** Superada.

16. SERVIDORES PÚBLICOS

Súmula vinculante 37-STF

Não cabe ao Poder Judiciário, **que não tem função legislativa**, aumentar vencimentos de servidores públicos sob fundamento de isonomia.

- **Status:** Válida.
- **Dispositivos relacionados:**

"CF, Art. 37. (...)

X – a remuneração dos servidores públicos e o subsídio de que trata o § 4º do art. 39 somente poderão ser fixados ou alterados por lei específica, observada a iniciativa privativa em cada caso, assegurada revisão geral anual, sempre na mesma data e sem distinção de índices;"

Súmula 679-STF

A fixação de vencimentos dos servidores públicos **não** pode ser objeto de convenção coletiva.

- **Status:** Válida.

Súmula 678-STF

São inconstitucionais os incisos I e III do art. 7º da Lei nº 8.162/91, que afastam, para efeito de anuênio e de licença-prêmio, a contagem do tempo de serviço regido pela CLT dos servidores que passaram a submeter-se ao Regime Jurídico Único.

- **Status:** Válida.

- **Dispositivos relacionados:**

"Lei 8.162/91. Art. 7º São considerados extintos, a partir de 12 de dezembro de 1990, os contratos individuais de trabalho dos servidores que passaram ao regime jurídico instituído pela Lei nº 8.112, de 1990, ficando-lhe assegurada a contagem de tempo anterior de serviço público federal para todos os fins, exceto:

I – ~~anuênio;~~ (Execução do inciso suspensa pela Resolução do Senado Federal nº 35/1999)

II – (Revogado pela Lei nº 8.911/1994);

III – ~~licença-prêmio por assiduidade.~~ (Execução do inciso suspensa pela Resolução do Senado Federal nº 35/1999)

Parágrafo único. No caso do inciso III, o tempo anterior de serviço será contado para efeito da aplicação do disposto no art. 5º."

16.1. Questões relacionadas

(Cespe – Defensor Público – DPE-PE/2018) Com referência às disposições constitucionais aplicáveis aos agentes públicos, julgue os seguintes itens, com base no entendimento do Supremo Tribunal Federal.

I. Não viola o princípio do concurso público a denominada cláusula de barreira que, constante do edital, seleciona apenas os concorrentes mais bem classificados nas fases iniciais, limitando o número de candidatos para as fases subsequentes do certame.

II. Os empregados das sociedades de economia mista estão submetidos ao teto remuneratório previsto na Constituição Federal de 1988, ainda que essas entidades não recebam recursos da União, dos estados, do Distrito Federal nem dos municípios para o pagamento de pessoal.

III. O Poder Judiciário não tem competência para aumentar vencimentos de servidores públicos com fundamento em isonomia.

IV. A aposentadoria compulsória por idade para os servidores públicos, prevista na Constituição Federal de 1988, não atinge os ocupantes de cargos exclusivamente em comissão.

Estão certos apenas os itens

a) I e II.

b) II e IV.

c) III e IV

d) I, II e III.

e) I, III e IV.

Resposta correta: letra "e".

(UEM – Advogado – UEM/2018) Marque a alternativa incorreta.

a) Não cabe ao Poder Judiciário, que não tem função legislativa, aumentar vencimentos de servidores públicos sob o fundamento de isonomia.

b) É inconstitucional a vinculação do reajuste de vencimentos de servidores estaduais ou municipais a índices federais de correção monetária

c) É constitucional toda modalidade de provimento que propicie ao servidor investir-se, sem prévia aprovação em concurso público destinado ao seu provimento, em cargo que não integra a carreira na qual anteriormente investido.

d) Só por lei se pode sujeitar a exame psicotécnico a habilitação de candidato a cargo público.

e) A Justiça comum é competente para processar e julgar causas em que se discuta a validade de vínculo entre o poder público e servidores temporários.

Resposta correta: letra "c".

(FGV – Analista Judiciário – Oficial de Justiça Avaliador – TJ-AL/2018) Em matéria de remuneração de servidores públicos, a Constituição da República de 1988 e a jurisprudência do Supremo Tribunal Federal asseguram que:

a) os vencimentos dos cargos do Poder Legislativo e do Poder Judiciário devem ser iguais ou superiores aos pagos pelo Poder Executivo;

b) a vinculação ou equiparação de quaisquer espécies remuneratórias é permitida, para o efeito de remuneração de pessoal do serviço público;

c) os acréscimos pecuniários percebidos por servidor público serão computados e acumulados, para fins de concessão de acréscimos ulteriores;

d) não cabe ao Poder Legislativo interferir, de qualquer forma, na fixação ou alteração do subsídio de membros do Poder Judiciário, garantida a revisão geral anual;

e) não cabe ao Poder Judiciário, que não tem função legislativa, aumentar vencimentos de servidores públicos, sob o fundamento de isonomia.

Resposta correta: letra "e".

(IDECAN – Procurador Previdenciário – IPC-ES/2018) A administração pública direta e indireta de qualquer dos Poderes da União, dos Estados, do Distrito Federal e dos Municípios obedecerá aos princípios de legalidade, impessoalidade, moralidade, publicidade e eficiência. Nesse cenário, analise os itens abaixo:

I. Viola a Constituição Federal a nomeação de cônjuge, companheiro ou parente em linha reta, colateral ou por afinidade, até o terceiro grau, inclusive, da autoridade nomeante ou de servidor da mesma pessoa jurídica investido em cargo de direção, chefia ou assessoramento, para o exercício de cargo em comissão ou de confiança ou, ainda, de função gratificada na administração pública direta e indireta em qualquer dos Poderes da União, dos Estados, do Distrito Federal e dos Municípios, compreendido o ajuste mediante designações recíprocas.

II. O direito ao auxílio-alimentação se estende aos servidores inativos.

III. Não cabe ao Poder Judiciário, que não tem função legislativa, aumentar vencimentos de servidores públicos sob o fundamento de isonomia.

Está(ão) correto(s) o(s) item(ns):

a) Apenas I.

b) Apenas I e II.

c) Apenas I e III.

d) Apenas III.

Resposta correta: letra "c".

(FCC – Técnico Judiciário – Área Administrativa – TRE-SP/2017) Considere o teor da Súmula Vinculante n° 37, do Supremo Tribunal Federal, publicada em 24/10/2014: *"Não cabe ao Poder Judiciário, que não tem função legislativa, aumentar vencimentos de servidores públicos sob o fundamento de isonomia."*

Diante disso, e à luz do que dispõe a Constituição Federal relativamente às súmulas vinculantes, eventual decisão judicial de primeira instância que aumentasse vencimento de servidor público, sob o fundamento de isonomia, poderia ser objeto, perante o Supremo Tribunal Federal, de

a) ação direta de inconstitucionalidade.

b) ação declaratória de constitucionalidade.

c) reclamação.

d) recurso ordinário.

e) arguição de descumprimento de preceito fundamental.

Resposta correta: letra "c".

(PGE-MS – Procurador do Estado – PGE-MS/2014) Seguem as assertivas abaixo para apreciação:

I – A fixação de vencimentos dos servidores públicos não pode ser objeto de convenção coletiva.

II – O diploma ou habilitação legal para o exercício do cargo deve ser exigido na posse e não na inscrição para o concurso público.

III – Só por lei se pode sujeitar a exame psicotécnico a habilitação de candidato a cargo público, entendendo-se constitucionais previsões feitas estritamente em edital, por constituir "ato normativo de segundo grau", conforme a doutrina.

IV – Do titular do cargo de procurador de autarquia não se exige a apresentação de instrumento de mandato para representá-la em juízo nas hipóteses em que a pessoa jurídica de direito público representada figurar no polo passivo, mas precisará de procuração quando a entidade representada for autora de demanda judicial.

a) Estão corretas apenas as assertivas I e II.

b) Estão corretas apenas as assertivas I, II e IV.

c) Estão incorretas apenas as assertivas I e IV.

d) Estão incorretas apenas as assertivas II e III.

e) Todas as assertivas estão corretas.

Resposta correta: letra "a".

17. SEGURO-DESEMPREGO

Súmula 27-TNU

A ausência de registro em órgão do Ministério do Trabalho **não impede** a comprovação do desemprego por outros meios admitidos em Direito.

• **Status:** Válida.

17.1. Questões relacionadas

(Cespe – Defensor Público Federal – DPU/2015) Acerca da carência, dos períodos de graça e da condição de segurado, julgue o item a seguir.

A lei prevê que o período de graça do segurado obrigatório seja acrescido de doze meses no caso de ele estar desempregado, exigindo-se, em todo caso, conforme entendimento do STJ e da Turma Nacional de Uniformização (TNU), que essa situação seja comprovada por registro no órgão próprio do MTE.

Resposta: errado.

18. FUNDO DE GARANTIA POR TEMPO DE SERVIÇO – FGTS

Súmula vinculante 1-STF

Ofende a garantia constitucional do ato jurídico perfeito a decisão que, sem ponderar as circunstâncias do caso concreto, desconsidera a validez e a eficácia de acordo constante do termo de adesão instituído pela lei Complementar nº 110/2001.

- **Status:** Válida.

Súmula 593-STF

Incide o percentual do fundo de garantia do tempo de serviço (FGTS) sobre a parcela da remuneração correspondente a horas extraordinárias de trabalho.

- **Status:** Válida.

Súmula 578-STJ

Os empregados que laboram no cultivo da cana-de-açúcar para empresa agroindustrial ligada ao setor sucroalcooleiro **detêm a qualidade de rurícola, ensejando a isenção do FGTS desde a edição da Lei Complementar 11/1971 até a promulgação da Constituição Federal de 1988**.

- **Status:** Válida.

Súmula 571-STJ

A taxa progressiva de juros **não se aplica às contas vinculadas ao FGTS de trabalhadores qualificados como avulsos**.

- **Status:** Válida.

Súmula 514-STJ

A Caixa Econômica Federal **é** responsável pelo fornecimento dos extratos das contas individualizadas vinculadas ao FGTS dos trabalhadores participantes do Fundo de Garantia do Tempo de Serviço, **inclusive para fins de exibição em juízo, independentemente do período em discussão**.

- **Status:** Válida.

Súmula 466-STJ

O titular da conta vinculada ao FGTS **tem** o direito de sacar o saldo respectivo **quando declarado nulo seu contrato de trabalho por ausência de prévia aprovação em concurso público**.

- **Status:** Válida.

Súmula 459-STJ

A Taxa Referencial (TR) é o índice aplicável, a título de correção monetária, aos débitos com o FGTS recolhidos pelo empregador, mas não repassados ao fundo.

- **Status:** Válida.

Súmula 445-STJ

As diferenças de correção monetária resultantes de expurgos inflacionários sobre os saldos de FGTS têm como termo inicial **a data em que deveriam ter sido creditadas.**

- **Status:** Válida.

Súmula 398-STJ

A prescrição da ação para pleitear os juros progressivos sobre os saldos de conta vinculada do FGTS **não atinge o fundo de direito, limitando-se às parcelas vencidas.**

- **Status:** Válida.

Súmula 353-STJ

As disposições do Código Tributário Nacional **não** se aplicam às **contribuições para o FGTS.**

- **Status:** Válida.

Súmula 252-STJ

Os saldos das contas do FGTS, pela legislação infraconstitucional, são corrigidos em 42,72% (IPC) quanto às perdas de janeiro de 1989 e 44,80% (IPC) quanto às de abril de 1990, acolhidos pelo STJ os índices de 18,02% (LBC) quanto as perdas de junho de 1987, de 5,38% (BTN) para maio de 1990 e 7,00% (TR) para fevereiro de 1991, de acordo com o entendimento do STF (RE 226.855-7-RS).

- **Status:** Válida.

Súmula 249-STJ

A Caixa Econômica Federal **tem** legitimidade passiva para integrar processo em que se discute correção monetária do FGTS.

- **Status:** Válida.

Súmula 210-STJ

A ação de cobrança das contribuições para o FGTS **prescreve em trinta anos**.

• **Status:** Há polêmica se esta súmula foi ou não superada.

• **Nota do autor:** Em 2014, no julgamento do ARE 709.212/DF o Plenário do STF decidiu ser inconstitucional esse prazo. Nesse julgado, o STF entendeu que a ação de cobrança das contribuições para o FGTS prescrevem em cinco anos. No entanto, a questão ainda não é pacífica.

• **Precedentes relacionados:**

"Fundo de Garantia por Tempo de Serviço (FGTS). Cobrança de valores não pagos. Prazo prescricional. Prescrição quinquenal. Art. 7º, XXIX, da Constituição. Superação de entendimento anterior sobre prescrição trintenária. Inconstitucionalidade dos arts. 23, § 5º, da Lei 8.036/1990 e 55 do Regulamento do FGTS aprovado pelo Decreto 99.684/1990. Segurança jurídica. Necessidade de modulação dos efeitos da decisão. Art. 27 da Lei 9.868/1999. Declaração de inconstitucionalidade com efeitos *ex nunc*." (STF, Plenário, ARE 709212, Rel. Min. Gilmar Mendes, julgado em 13/11/2014)

• **Dispositivos relacionados:**

"CF, Art. 7º São direitos dos trabalhadores urbanos e rurais, além de outros que visem à melhoria de sua condição social:

XXIX – ação, quanto aos créditos resultantes das relações de trabalho, com prazo prescricional de cinco anos para os trabalhadores urbanos e rurais, até o limite de dois anos após a extinção do contrato de trabalho;"

Súmula 154-STJ

Os optantes pelo FGTS, nos termos da Lei nº 5.958, de 1973, **têm direito à taxa progressiva dos juros, na forma do art. 4º da Lei 5.107, de 1966**.

• **Status:** Válida.

Súmula 82-STJ

Compete à Justiça Federal, excluídas as reclamações trabalhistas, processar e julgar os feitos relativos à movimentação do FGTS.

• **Status:** Válida.

Súmula 56-TNU

O prazo de 30 (trinta) anos para prescrição da pretensão à cobrança de juros progressivos sobre saldo de conta vinculada ao FGTS tem início **na data em que deixou de ser feito o crédito** e incide **sobre cada prestação mensal.**

- **Status:** Válida.

Súmula 40-TNU

Nenhuma diferença é devida a título de correção monetária dos depósitos do FGTS relativos ao mês de **fevereiro de 1989.**

- **Status:** Válida.

Súmula 12-TNU

Os juros moratórios **são** devidos pelo gestor do FGTS e incidem a partir da **citação** nas ações em que se reclamam diferenças de correção monetária, **tenha havido ou não levantamento do saldo, parcial ou integralmente.**

- **Status:** Válida. Súmula aprovada em 14/04/2004.

18.1. Questões relacionadas

(Consulplan – Procurador Legislativo – Câmara de Belo Horizonte – MG/2018) Segundo o doutrinador Sérgio Pinto Martins, o FGTS *"é um depósito bancário destinado a formar uma poupança para o trabalhador, que poderá ser sacada nas hipóteses previstas na lei, principalmente quando é dispensado sem justa causa. Outrossim, servem os depósitos como forma de financiamento para aquisição de moradia pelo Sistema Financiamento da Habitação"*. (MARTINS, Sérgio Pinto. Direito do Trabalho. 24. ed. São Paulo: Atlas, 2008. p. 435.)

Sobre o FGTS, assinale a alternativa INCORRETA.

a) Cabe à Caixa Econômica Federal o papel de agente operador do Fundo que manterá as contas vinculadas do Fundo.

b) Cabe ao Ministério da Ação Social o papel de agente operador do Fundo que manterá as contas vinculadas do Fundo.

c) A gestão da aplicação do FGTS será efetuada pelo Ministério da Ação Social, cabendo à Caixa Econômica Federal (CEF) o papel de agente operador.

d) O FGTS será regido por normas e diretrizes estabelecidas por um Conselho Curador, composto por representação de trabalhadores, empregadores e órgãos e entidades governamentais, na forma estabelecida pelo Poder Executivo.

Resposta correta: letra "b".

(Vunesp – Procurador Legislativo – Câmara de Sumaré – SP/2017) Considerando os enunciados a seguir listados, assinale o que corresponde corretamente ao entendimento sumulado pelo Superior Tribunal de Justiça.

a) A taxa progressiva de juros se aplica às contas vinculadas ao FGTS de trabalhadores qualificados como avulsos.

b) O portador de surdez unilateral não se qualifica como pessoa com deficiência para o fim de disputar as vagas reservadas em concursos públicos.

c) É inválida a penhora de bem de família pertencente a fiador de contrato de locação.

d) Na ação de exibição de documentos é cabível a aplicação de multa cominatória.

e) A recuperação judicial do devedor principal obsta o prosseguimento das ações e execuções ajuizadas contra terceiros devedores solidários ou coobrigados em geral, por garantia cambial, real ou fidejussória.

Resposta correta: letra "b".

(Idecan – Administrador – AGU/2014) Considerando o dispositivo constitucional previsto no art. 5º, inciso XXXVI ("a lei não prejudicará o direito adquirido, o ato jurídico perfeito e a coisa julgada"), assinale, dentre as opções a seguir, a que NÃO possui relação direta com a temática do princípio apresentado anteriormente.

a) Decisão que declara indevida a cobrança do imposto em determinado exercício não faz coisa julgada em relação aos posteriores. (Súmula 239, do STF)

b) A garantia da irretroatividade da lei, prevista no art. 5º, XXXVI, da CRFB, não é invocável pela entidade estatal que a tenha editado. (Súmula 654, do STF)

c) A impetração de mandado de segurança coletivo por entidade de classe em favor dos associados independe da autorização destes. (Súmula 629, do STF)

d) Arquivado o inquérito policial, por despacho do juiz, a requerimento do Promotor de Justiça, não pode a ação penal ser iniciada, sem novas provas. (Súmula 524, do STF)

e) Não cabe ação rescisória por ofensa a literal disposição de lei, quando a decisão rescindenda se tiver baseado em texto legal de interpretação controvertida nos tribunais. (Súmula 343, do STF)

Alternativa correta: letra "c".

(Cespe – Analista Judiciário – Área Judiciária – TRT 10ª Região/2013) Julgue os próximos itens, relativos ao Fundo de Garantia do Tempo de Serviço (FGTS).

É devido o depósito do FGTS na conta vinculada do trabalhador cujo contrato de trabalho seja declarado nulo por ele não ser aprovado em concurso público, quando mantido o direito ao salário.

Resposta: certo.

DIREITO PROCESSUAL DO TRABALHO

1. PRINCÍPIOS DO PROCESSO DO TRABALHO

1.1. IDENTIDADE FÍSICA DO JUIZ

Súmula 222-STF

~~O princípio da identidade física do juiz não é aplicável às Juntas de Conciliação e Julgamento da Justiça do Trabalho.~~

- **Status:** Superada.

2. COMPETÊNCIA

Súmula vinculante 53-STF

A competência da Justiça do Trabalho prevista no art. 114, VIII, da CF, **alcança** a execução de ofício das contribuições previdenciárias relativas ao objeto da condenação constante das sentenças que proferir e acordos por ela homologados.

- **Status:** Válida.

- **Dispositivos relacionados:**

> "CF, Art. 114. Compete à Justiça do Trabalho processar e julgar:
> VIII a execução, de ofício, das contribuições sociais previstas no art. 195, I, a , e II, e seus acréscimos legais, decorrentes das sentenças que proferir;"

Súmula vinculante 23-STF

A **Justiça do Trabalho** é competente para processar e julgar **ação possessória ajuizada em decorrência do exercício do direito de greve pelos trabalhadores da iniciativa privada**.

- **Status:** Válida.

Súmula vinculante 22-STF

A **Justiça do Trabalho** é competente para processar e julgar as **ações de indenização por danos morais e patrimoniais decorrentes de acidente de trabalho propostas por empregado contra empregador, inclusive** aquelas que ainda não possuíam sentença de mérito em primeiro grau quando da promulgação da Emenda Constitucional 45/04.

- **Status:** Válida.

Súmula 736-STF

Compete à Justiça do Trabalho julgar as **ações que tenham como causa de pedir o descumprimento de normas trabalhistas relativos à segurança, higiene e saúde dos trabalhadores.**

- **Status:** Válida.

Súmula 501-STF

Compete a justiça ordinária estadual o processo e o julgamento, em ambas as instâncias, das causas de acidente do trabalho, ainda que promovidas contra a união, suas autarquias, empresas públicas ou sociedades de economia mista.

- **Status:** Válida.
- **Precedentes relacionados:**

> "Súmula vinculante 22 do STF. A Justiça do Trabalho é competente para processar e julgar as ações de indenização por danos morais e patrimoniais decorrentes de acidente de trabalho propostas por empregado contra empregador, INCLUSIVE aquelas que ainda não possuíam sentença de mérito em primeiro grau quando da promulgação da Emenda Constitucional nº 45/04."

Súmula 433-STF

É competente o **Tribunal Regional do Trabalho** para julgar mandado de segurança contra ato de seu presidente em execução de sentença trabalhista.

- **Status:** Válida.
- **Dispositivos relacionados:**

> "CF, Art. 114. Compete à Justiça do Trabalho processar e julgar:
>
> IV – os mandados de segurança, *habeas corpus* e *habeas data*, quando o ato questionado envolver matéria sujeita à sua jurisdição;"

Súmula 235-STF

É competente para a ação de acidente do trabalho a **justiça cível comum**, inclusive em segunda instância, ainda que seja parte autarquia seguradora.

- **Status:** Válida.

- **Precedentes relacionados:**

> "Súmula vinculante 22 do STF. A Justiça do Trabalho é competente para processar e julgar as ações de indenização por danos morais e patrimoniais decorrentes de acidente de trabalho propostas por empregado contra empregador, INCLUSIVE aquelas que ainda não possuíam sentença de mérito em primeiro grau quando da promulgação da Emenda Constitucional nº 45/04."

Súmula 367-STJ

A competência estabelecida pela EC nº 45/2004 não alcança os processos já sentenciados.

- **Status:** Válida.

Súmula 236-STJ

Não compete ao Superior Tribunal de Justiça dirimir conflitos de competência entre juízes trabalhistas vinculados a Tribunais Regionais do Trabalho diversos.

- **Status:** Válida.
- **Nota do autor:** Na verdade, compete ao **Tribunal Superior do Trabalho – TST** dirimir conflitos de competência entre juízes trabalhistas vinculados a Tribunais Regionais do Trabalho diversos.

Súmula 225-STJ

Compete ao **Tribunal Regional do Trabalho** apreciar recurso contra sentença proferida por órgão de primeiro grau da Justiça Trabalhista, ainda que para declarar-lhe a nulidade em virtude de incompetência.

- **Status:** Válida.

Súmula 180-STJ

Na lide trabalhista, compete ao **Tribunal Regional do Trabalho** dirimir conflito de competência verificado, na respectiva região, entre juiz estadual ~~e junta de conciliação e julgamento.~~

- **Status:** Superada apenas na parte riscada.
- **Nota do autor:** Onde se lê "junta de conciliação e julgamento" leia-se "juiz do trabalho".

Súmula 97-STJ

Compete à Justiça do Trabalho processar e julgar reclamação de servidor público relativamente a vantagens trabalhistas **anteriores a instituição do regime jurídico único.**

- **Status:** Válida.

Súmula 57-STJ

~~Compete a Justiça Comum Estadual processar e julgar ação de cumprimento fundada em acordo ou convenção coletiva não homologados pela Justiça do Trabalho.~~

- **Status:** Superada.

Súmula 15-STJ

Compete à Justiça Estadual processar e julgar os litígios decorrentes de acidente do trabalho.

- **Status:** Válida, mas apenas em parte. É que essa súmula tem aplicabilidade apenas nos casos em que a ação é proposta contra o INSS onde se pleiteia benefício decorrente de acidente de trabalho.

- **Precedentes relacionados:**

> "Súmula vinculante 22 do STF. A Justiça do Trabalho é competente para processar e julgar as ações de indenização por danos morais e patrimoniais decorrentes de acidente de trabalho propostas por empregado contra empregador, INCLUSIVE aquelas que ainda não possuíam sentença de mérito em primeiro grau quando da promulgação da Emenda Constitucional nº 45/04."

Súmula 10-STJ

~~Instalada a junta de conciliação e julgamento~~, cessa a competência do juiz de direito em matéria trabalhista, inclusive para a execução das sentenças por ele proferidas.

- **Status:** Válida.

• **Nota do autor:** Vale lembrar, no entanto, que não existe mais a juntas de conciliação e julgamento.

2.1. Questões relacionadas

(FCC – Analista Judiciário – Oficial de Justiça Avaliador Federal – TRT 2ª Região/2018) Caio sofreu acidente do trabalho em julho de 2003, razão pela qual ajuizou ação de indenização por danos morais e patrimoniais contra sua empregadora, perante a Justiça comum, que possuía competência para processar e julgar a ação na época. Ocorre que, com a Emenda Constitucional (EC) 45, de 8/12/2004, a referida ação foi enviada para a Justiça do Trabalho, ainda na fase de instrução probatória, com laudo médico pericial que concluiu que Caio sofreu sequelas graves que o tornaram incapaz para a mesma função que exercia. Nessa situação hipotética, é correto afirmar que

a) a ação deve ser devolvida para a Justiça comum, uma vez que a competência da Justiça do Trabalho ampliada pela EC 45/2004 prevê que receberá as ações iniciadas na Justiça comum, mas que já tenham, obrigatoriamente, sentença de mérito em primeiro grau.

b) a ação deve ser devolvida para a Justiça comum, tendo em vista que já havia sido ajuizada antes da EC 45/2004, independentemente de ter sido proferida sentença de mérito em primeiro grau.

c) a ação deve ser devolvida para a Justiça comum, uma vez que a competência da Justiça do Trabalho, ampliada pela EC 45/2004 apenas abrange o pedido de indenização por danos morais e materiais fundados em morte do empregado e não acidente do trabalho que causou sequelas.

d) a ação deve permanecer na Justiça do Trabalho, mas o laudo médico deve ser refeito por um perito nomeado pelo Juiz do Trabalho, uma vez que o laudo elaborado por perito nomeado pelo Juiz de Direito não atende a todos os critérios exigidos para a correta elaboração de laudo médico numa ação trabalhista.

e) a ação deve permanecer na Justiça do Trabalho, que passou a ser competente para processar e julgar as ações de indenização por danos morais e patrimoniais decorrentes de acidente de trabalho, mesmo não havendo sido proferida sentença de mérito em primeiro grau.

Resposta correta: letra "e".

(FCC – Analista Judiciário – Área Judiciária – TRT 2ª Região/2018) No tocante à competência da Justiça do Trabalho, considere:

I. É competente a Justiça do Trabalho para processar e julgar ações possessórias, incluindo o interdito proibitório, ainda que essas ações sejam decorrentes do exercício de greve dos trabalhadores da iniciativa privada.

II. A Justiça do Trabalho é competente para julgar mandando de segurança e habeas corpus quando o ato questionado envolver matéria de sua jurisdição, o que não ocorre com o habeas data envolvendo a mesma matéria, cuja competência é da Justiça comum.

III. Segundo entendimento sumulado do Tribunal Superior do Trabalho, é competente a Justiça do Trabalho para processar e julgar ações de indenização por dano moral e material, decorrentes da relação de trabalho, inclusive as oriundas de acidente de trabalho e doenças a ele equiparadas, ainda que propostas pelos dependentes ou sucessores do trabalhador falecido.

Está correto o que se afirma APENAS em

a) I e III

b) I e II.

c) II e III.

d) III.

e) I.

Resposta correta: letra "a".

(UEM – Advogado – UEM/2018) Marque a alternativa incorreta.

a) Inexiste direito à incorporação de vantagens decorrentes do exercício de cargo em comissão ou função de confiança na administração pública indireta.

b) As autarquias possuem autonomia administrativa, financeira e personalidade jurídica própria, distinta da entidade política à qual estão vinculadas, razão pela qual seus dirigentes têm legitimidade passiva para figurar como autoridades coatoras em Mandados de Segurança.

c) Compete à justiça federal decidir sobre a existência de interesse jurídico que justifique a presença, no processo, da União, suas autarquias ou empresas públicas.

d) Compete à Justiça ordinária estadual o processo e o julgamento, em ambas as instâncias, das causas de acidente do trabalho, ainda que promovidas contra a União, suas autarquias, empresas públicas ou sociedades de economia mista.

e) A abertura de novo concurso, enquanto vigente a validade do certame anterior, não confere direito líquido e certo a eventuais candidatos cuja classificação seja alcançada pela divulgação das novas vagas.

Resposta correta: letra "e".

(FCC – Juiz do Trabalho – TST/2017) Na esteira das Súmulas Vinculantes do Supremo Tribunal Federal, é INCORRETO afirmar:

a) A competência da Justiça do Trabalho prevista no art. 114, VIII, da Constituição Federal alcança a execução de ofício das contribuições previdenciárias relativas ao objeto da condenação constante das sentenças que proferir e acordos por ela homologados.

b) Salvo nos casos previstos na Constituição, o salário mínimo não pode ser usado como indexador de base de cálculo de vantagem de servidor público ou de empregado, nem ser substituído por decisão judicial.

c) A Justiça do Trabalho é competente para processar e julgar ação possessória ajuizada em decorrência do exercício do direito de greve pelos trabalhadores da iniciativa privada.

d) É inconstitucional toda modalidade de provimento que propicie ao servidor investir-se, sem prévia aprovação em concurso público destinado ao seu provimento, em cargo que não integra a carreira na qual anteriormente investido.

e) Ofende o princípio da livre concorrência lei estadual que impede a instalação de estabelecimentos comerciais do mesmo ramo em determinada área.

Resposta correta: letra "e".

(FCC – Analista Judiciário – Área Judiciária – TST/2017) Conforme jurisprudência sumulada vinculante do Supremo Tribunal Federal, a Justiça do Trabalho é competente para processar e julgar

a) as ações de indenização por danos morais e patrimoniais decorrentes de acidente de trabalho propostas por empregado em face do empregador, desde que o acidente tenha ocorrido após a promulgação da Emenda Constitucional n° 45/04.

b) ação possessória ajuizada em decorrência do exercício do direito de greve pelos trabalhadores da iniciativa privada, desde que seja proposta em face do sindicato dos trabalhadores da categoria em greve.

c) as ações de indenização por danos morais e patrimoniais decorrentes de acidente de trabalho propostas por empregado em face do empregador, com exceção daquelas já ajuizadas perante a Justiça Comum e que ainda não possuíam sentença de mérito em primeiro grau quando da promulgação da Emenda Constitucional n° 45/04.

d) ação de indenização por danos causados ajuizada em decorrência do exercício do direito de greve pelos trabalhadores da iniciativa privada.

e) as ações de indenização por danos morais e patrimoniais decorrentes de acidente de trabalho propostas por empregado em face do empregador, inclusive aquelas que ainda não possuíam sentença de mérito em primeiro grau quando da promulgação da Emenda Constitucional n° 45/04.

Resposta correta: letra "e".

(TRT 4ª Região – Juiz do Trabalho – TRT 4ª Região/2016) Considere as assertivas abaixo sobre competência em casos de acidente de trabalho.

I – Compete à Justiça do Trabalho julgar as ações que tenham como causa de pedir o descumprimento de normas trabalhistas relativas à segurança, higiene e saúde dos trabalhadores.

II – A ação indenizatória proposta pelos sucessores do trabalhador vítima de acidente de trabalho fatal é de competência da Justiça Estadual, já que se trata de questão de direito civil.

III – A ação indenizatória proposta por servidor público estatutário em razão de acidente de trabalho será de competência da Justiça do Trabalho.

Quais são corretas?

a) Apenas I

b) Apenas II

c) Apenas III

d) Apenas I e II

e) I, II e III

Resposta correta: letra "a".

(TRT 2ª Região – Juiz do Trabalho – TRT 2ª Região/2016) Em relação à competência da Justiça do Trabalho, segundo a Constituição da República, a atual jurisprudência do Supremo Tribunal Federal e as Súmulas da Jurisprudência Uniforme do Tribunal Superior do Trabalho, para as ações que atualmente venham a ser ajuizadas, analise as seguintes proposições:

I – A Justiça do Trabalho é competente para processar e julgar ação possessória ajuizada em decorrência do exercício do direito de greve pelos trabalhadores da iniciativa privada.

II – A Justiça do Trabalho é competente para processar e julgar ação ajuizada por empregado em face de empregador relativa ao cadastramento no Programa de Integração Social.

III – A Justiça do Trabalho é competente para processar e julgar as ações que tenham como causa de pedir o descumprimento de normas trabalhistas relativas à segurança, higiene e saúde dos trabalhadores.

IV – A Justiça do Trabalho é competente para processar e julgar ação sobre representação sindical, entre sindicatos, entre sindicatos e trabalhadores, e entre sindicatos e empregadores.

V – A Justiça do Trabalho não é competente para processar e julgar as ações ajuizadas contra entidades privadas de previdência buscando-se o complemento de aposentadoria.

Responda:

a) Somente as proposições I, II e III estão corretas

b) Somente as proposições I, II e V estão corretas

c) Somente as proposições II, III e IV estão corretas

d) Somente as proposições II, III e V estão corretas.

e) Todas as proposições estão corretas.

Resposta correta: letra "e".

(FCC – Juiz do Trabalho – TRT 5ª Região/2015) Em 11 de dezembro de 2009, foi editada a Súmula Vinculante no 23, com o seguinte verbete: A Justiça do Trabalho é competente para processar e julgar ação possessória ajuizada em decorrência do exercício do direito de greve pelos trabalhadores da iniciativa privada. Esse enunciado

a) não surte efeitos sobre o Legislativo estadual, não constituindo impedimento jurídico à aprovação de novo diploma que altere a legislação de organização judiciária para reconhecer a competência da primeira instância da Justiça Estadual para processar e julgar as ações possessórias ajuizadas em face do exercício do direito de greve pelos trabalhadores da iniciativa privada.

b) surte efeitos sobre o Poder Executivo, constituindo óbice jurídico a que o Presidente da República sancione novo diploma legal que, alterando a legislação processual, negue competência à Justiça do Trabalho para processar e julgar ação possessória ajuizada em decorrência do exercício do direito de greve pelos trabalhadores da iniciativa privada.

c) enseja o cabimento de reclamação em face da rejeição congressual a veto presidencial contrário a projeto de lei que reconheça a incompetência da Justiça do Trabalho para processar e julgar ação possessória ajuizada em decorrência do exercício do direito de greve pelos trabalhadores da iniciativa privada.

d) tem cessados os seus efeitos logo após a publicação de julgado posterior do STF, proferido em sede de ação direta de inconstitucionalidade, que declare, por maioria de seis votos, a inconstitucionalidade material de preceito constante de lei federal que reconheça competência à Justiça do Trabalho para processar e julgar ação possessória ajuizada em decorrência do exercício do direito de greve pelos trabalhadores da iniciativa privada.

e) não surte efeitos sobre os órgãos da Justiça do Trabalho, não gerando impedimento jurídico a que julgamentos futuros reconheçam a competência da Justiça Comum para processar e julgar ação possessória ajuizada em decorrência do exercício do direito de greve pelos trabalhadores da iniciativa privada.

Resposta correta: letra "a".

(TRT 3ª Região – Juiz do Trabalho – TRT 3ª Região/2013) Em relação ao processo do trabalho, leia as afirmações abaixo e, em seguida, assinale a alternativa correta:

I. No processo de conhecimento, as custas devem ser pagas pelo vencido, sempre após o trânsito em julgado da decisão.

II. Nas lides trabalhistas, compete ao Tribunal Regional do Trabalho dirimir conflito de competência verificado, na respectiva região, entre Juiz Estadual e Vara do Trabalho.

III. Compete à Justiça do Trabalho julgar ação de reparação de danos morais, proposta pela empregada contra o seu empregador, decorrentes de assédio sexual praticado contra empregada doméstica em seu ambiente de trabalho, ainda que por parte de familiar que nesse não residia, mas que praticou o ilícito somente porque a ele teve livre acesso.

IV. É admissível reconvenção na ação declaratória.

a) Somente as afirmativas II, III e IV estão corretas.

b) Somente as afirmativas II e III estão corretas.

c) Somente as afirmativas I e II estão corretas.

d) Somente as afirmativas II e IV estão corretas.

e) Todas as afirmativas estão corretas.

Resposta correta: letra "a".

(TRT 8ª Região – Juiz do Trabalho – TRT 8ª Região/2012) A competência para julgar mandado de segurança, impetrado em razão de ato praticado pelo Presidente do Tribunal Regional do Trabalho, quando dividido em turmas, SERÁ:

a) do Pleno do Tribunal Regional do Trabalho, sendo que, o prazo para ajuizamento do mandado é de 120 dias, contados a partir da ciência do interessado do ato impugnado.

b) de uma das Turmas do Tribunal Superior do Trabalho, sendo que, o prazo para ajuizamento do mandado é de 120 dias, contados a partir da ciência do interessado do ato impugnado.

c) do Pleno do Tribunal Superior do Trabalho, sendo que, o prazo para ajuizamento do mandado é de 120 dias, contados da prática do ato impugnado.

d) da Seção Especializada do Tribunal Regional do Trabalho, sendo que, o prazo para ajuizamento do mandado é de 120 dias, contados a partir da ciência do interessado do ato impugnado.

e) de uma das Seções Especializadas do Tribunal Superior do Trabalho, sendo que, o prazo para ajuizamento do mandado é de 120 dias, contados da prática do ato impugnado.

Resposta correta: letra "a".

(TRT 8ª Região – Juiz do Trabalho – TRT 8ª Região/2014) Conforme a jurisprudência sumulada do STF, em matéria de execução trabalhista, é INCORRETO afirmar que:

a) É competente o Tribunal Regional do Trabalho para julgar mandado de segurança contra ato de seu presidente em execução de sentença trabalhista.

b) É provisória a execução na pendência de recurso extraordinário, ou de agravo destinado a fazê-lo admitir.

c) O processo da execução trabalhista não exclui a remição pelo executado.

d) A sentença proferida contra autarquias não está sujeita a reexame necessário, salvo quando sucumbente em execução de dívida ativa.

e) Não enseja embargos de terceiro à penhora a promessa de compra e venda não inscrita no registro de imóveis.

Resposta correta: letra "b".

3. AÇÃO ACIDENTÁRIA

Súmula 552-STF

~~Com a regulamentação do art. 15 da Lei nº 5.316/67, pelo Decreto 71.037/72, tornou-se exequível a exigência da exaustão da via administrativa antes do início da ação de acidente do trabalho.~~

- **Status:** Superada.

Súmula 89-STJ

A ação acidentária **prescinde** do exaurimento da via administrativa.

- **Status:** Válida.

4. HONORÁRIOS ADVOCATÍCIOS

Súmula 633-STF

É incabível a condenação em verba honorária nos recursos extraordinários interpostos em processo trabalhista, exceto nas hipóteses previstas na Lei nº 5.584/70.

- **Status:** Válida.

Súmula 234-STF

São devidos honorários de advogado em ação de acidente do trabalho julgada procedente.

- **Status:** Válida.

4.1. Questões relacionadas

(FCC – Técnico Judiciário – Área Administrativa – TRT 15ª Região/2018) Osmar, advogado, pretende ingressar com reclamação trabalhista em causa própria contra sua empregadora a Construtora MG Ltda., pleiteando horas extras e danos morais que entende devidos. No tocante aos honorários advocatícios,

a) no caso de sucesso da demanda, serão devidos honorários de sucumbência a Osmar, fixados entre o mínimo de 5% e o máximo de 15% sobre o valor que resultar a liquidação da sentença.

b) mesmo que seja julgada totalmente procedente a demanda, não serão devidos honorários de sucumbência a Osmar, uma vez que está atuando em causa própria, já sendo beneficiário da condenação.

c) somente no caso de procedência total da demanda, fará jus Osmar a honorários de sucumbência.

d) no caso de sucesso da demanda, serão devidos honorários de sucumbência a Osmar, fixados entre o mínimo de 10% e o máximo de 20% sobre o valor que resultar a liquidação da sentença.

e) não são devidos honorários de sucumbência nas ações trabalhistas, exceto se Osmar estivesse assistido por advogado de seu sindicato de classe, quando este teria este direito.

Resposta correta: letra "a".

5. ISENÇÃO DE CUSTAS

Súmula 223-STF

Concedida isenção de custas ao empregado, **por elas não responde o sindicato que o representa em juízo.**

- **Status:** Válida.

6. EXECUÇÃO TRABALHISTA

Súmula 458-STF

O processo da execução trabalhista **não exclui** a remição pelo executado.

- **Status:** Válida.

7. RECURSOS

Súmula 505-STF

Salvo quando contrariarem a Constituição, não cabe recurso para o Supremo Tribunal Federal, de quaisquer decisões da Justiça do Trabalho, inclusive dos presidentes de seus tribunais.

- **Status:** Válida.

Súmula 457-STF

O Tribunal Superior do Trabalho, conhecendo da revista, **julgará a causa, aplicando o direito à espécie**.

- **Status:** Válida.

Súmula 401-STF

~~Não se conhece do recurso de revista, nem dos embargos de divergência, do processo trabalhista, quando houver jurisprudência firme do Tribunal Superior do Trabalho no mesmo sentido da decisão impugnada, salvo se houver colisão com a jurisprudência do Supremo Tribunal Federal.~~

- **Status:** Superada.

- **Precedentes relacionados:**

> "Súmula 333 do TST. Não ensejam recurso de revista decisões superadas por iterativa, notória e atual jurisprudência do Tribunal Superior do Trabalho."

Súmula 315-STF

Indispensável o traslado das razões da revista, para julgamento, pelo Tribunal Superior do Trabalho, do agravo para sua admissão.

- **Status:** Válida.

Súmula 226-STJ

O Ministério Público **tem** legitimidade para recorrer na ação de acidente do trabalho, **ainda que o segurado esteja assistido por advogado.**

- **Status:** Válida.

7.1. Questões relacionadas

(MPE-BA – Promotor de Justiça – MPE-BA/2018) Quanto ao regime jurídico (lato sensu) do Ministério Público, marque a alternativa incorreta:

a) É desnecessária a intervenção do Ministério Público nas execuções fiscais.

b) O Ministério Público não tem legitimidade para pleitear, em ação civil pública, a indenização decorrente do DPVAT (seguro de danos pessoais causados por veículos automotores de vias terrestres) em benefício do segurado.

c) A participação de membro do Ministério Público na fase investigatória criminal não acarreta o seu impedimento ou suspeição para o oferecimento da denúncia.

d) O Ministério Público tem legitimidade para promover ação civil pública cujo fundamento seja a ilegalidade de reajuste de mensalidades escolares.

e) O Ministério Público tem legitimidade para recorrer na ação de acidente do trabalho, ainda que o segurado esteja assistido por advogado.

Resposta correta: letra "b".

(FCC – Analista Judiciário – Oficial de Justiça Avaliador Federal – TRT 11ª Região/2017) No tocante ao Recurso de Revista, considere:

I. Cabe Recurso de Revista para Turma do Tribunal Superior do Trabalho das decisões proferidas em grau de recurso ordinário, em dissídio individual, pelos Tribunais Regionais do Trabalho, quando contrariarem súmula vinculante do Supremo Tribunal Federal.

II. Cabe Recurso de Revista para Turma do Tribunal Superior do Trabalho das decisões proferidas em grau de recurso ordinário, em dissídio individual, pelos Tribunais Regionais do Trabalho, quando proferidas com violação literal de disposição de lei federal.

III. O Recurso de Revista, dotado de efeito devolutivo e suspensivo será interposto perante o Presidente do Tribunal Regional do Trabalho, que, por decisão fundamentada, poderá recebê-lo ou denegá-lo.

IV. Sob pena de não conhecimento, é ônus da parte indicar o trecho da decisão recorrida que consubstancia o prequestionamento da controvérsia objeto do Recurso de Revista.

De acordo com a Consolidação das Leis do Trabalho, está correto o que se afirma APENAS em

a) II, III e IV.

b) I e III.

c) I, II e IV.

d) III e IV.

e) I e II.

Resposta correta: letra "a".

(Fepese – Advogado – CIASC/2017) Considerando as disposições da CLT sobre o sistema de recursos do Processo Trabalhista, assinale a alternativa correta.

a) Sob pena de não conhecimento, é ônus da parte indicar o trecho da decisão recorrida que consubstancia o prequestionamento da controvérsia objeto do recurso de revista.

b) Cabe recurso de revista das decisões definitivas ou terminativas dos Tribunais Regionais, em processos de sua competência originária, no prazo de 08 dias, quer nos dissídios individuais, quer nos dissídios coletivos.

c) O recurso de revista, dotado de efeito devolutivo e suspensivo, será interposto perante o Presidente do Tribunal Regional do Trabalho, que, por decisão fundamentada, poderá recebê-lo ou denegá-lo.

d) A divergência apta a ensejar a interposição de recurso de revista não precisa ser atual, bastando a mera indicação do precedente, ainda que ultrapassado por súmula do Tribunal Superior do Trabalho ou superado por iterativa e notória jurisprudência.

e) Das decisões proferidas pelos Tribunais Regionais do Trabalho ou por suas Turmas, em execução de sentença, não caberá Recurso de Revista, ainda que ocorra ofensa direta e literal de norma da Constituição Federal.

Resposta correta: letra "a".

(UEPA – Procurador do Estado – PGE-PA/2015) Quanto às disposições legais acerca de recurso na Justiça do Trabalho, analise as afirmativas abaixo.

I. Não cabe mandado de segurança contra o ato judicial passível de recurso ou correição.

II. As decisões interlocutórias na Justiça do Trabalho são irrecorríveis mesmo quando terminativas do feito.

III. Salvo quando contrariarem a Constituição, não cabe recurso para o Supremo Tribunal Federal de quaisquer decisões da Justiça do Trabalho, inclusive dos presidentes dos seus Tribunais.

IV. A juntada de documentos na fase recursal só se justifica quando provado o justo impedimento para sua oportuna apresentação e se referir a fato anterior à sentença.

A alternativa que contém todas as afirmativas corretas é:

a) II e III

b) I e III

c) II e IV

d) I e IV

e) III e IV

Resposta correta: letra "b".

(TRT 2ª Região – Juiz do Trabalho – TRT 2ª Região/2016) Assinale a assertiva INCORRETA:

a) A divergência apta a ensejar o recurso de revista deve ser atual, não se considerando como tal a ultrapassada por súmula do Tribunal Superior do Trabalho ou do Supremo Tribunal Federal, ou superada por iterativa e notória jurisprudência do Tribunal Superior do Trabalho.

b) Quando o recurso fundar-se em dissenso de julgados, incumbe ao recorrente o ônus de produzir prova da divergência jurisprudencial, mediante certidão, cópia ou citação do repositório de jurisprudência, oficial ou credenciado, inclusive em mídia eletrônica, em que houver sido publicada a decisão divergente, ou ainda pela reprodução de julgado disponível na internet, com indicação da respectiva fonte, mencionando, em qualquer caso, as circunstâncias que identifiquem ou assemelhem os casos confrontados.

c) Nas causas sujeitas ao procedimento sumaríssimo, somente será admitido recurso de revista por violação à lei federal, por divergência jurisprudencial e por ofensa à Constituição Federal.

d) Nas execuções fiscais cabe recurso de revista por violação à lei federal, por divergência jurisprudencial e por ofensa à Constituição Federal.

e) Quando o recurso tempestivo contiver defeito formal que não se repute grave, o Tribunal Superior do Trabalho poderá desconsiderar o vício ou mandar saná-lo, julgando o mérito.

Resposta correta: letra "c".

(TRT 8ª Região – Juiz do Trabalho – TRT 8ª Região/2015) Conforme a jurisprudência sumulada do Supremo Tribunal Federal, é INCORRETO afirmar que:

a) A prescrição da ação de acidente do trabalho conta-se do exame pericial que comprovar a enfermidade ou verificar a natureza da incapacidade.

b) É de decadência o prazo de trinta dias para instauração do inquérito judicial, a contar da suspensão, por falta grave, de empregado estável.

c) Salvo quando contrariarem a Constituição, não cabe recurso para o Supremo Tribunal Federal, de quaisquer decisões da Justiça do Trabalho, inclusive dos presidentes de seus tribunais.

d) Não subsiste a responsabilidade do empregador pela indenização decorrente de acidente do trabalho, quando o segurador, por haver entrado em liquidação, ou por outro motivo, não se encontrar em condições financeiras, de efetuar, na forma da lei, o pagamento que o seguro obrigatório visava garantir.

e) Não se conhece do recurso de revista, nem dos embargos de divergência, do processo trabalhista, quando houver jurisprudência firme do Tribunal Superior do Trabalho no mesmo sentido da decisão impugnada, salvo se houver colisão com a jurisprudência do Supremo Tribunal Federal.

Resposta correta: letra "c".

8. AÇÃO RESCISÓRIA

Súmula 338-STF

~~Não cabe ação rescisória no âmbito da Justiça do Trabalho.~~

- **Status:** Superada.
- **Nota do autor:** Cabe sim a ação rescisória no âmbito da Justiça do Trabalho.

8.1. Questões relacionadas

(FCC – Juiz do Trabalho – TST/2017) Em consonância com as regras da CLT e as Súmulas e Orientações Jurisprudenciais do TST sobre a ação rescisória no processo do trabalho, é correto afirmar:

a) Há capacidade postulatória das partes para propor ação rescisória na Justiça do Trabalho sem a necessidade de representação por advogado.

b) Não cabe o requerimento de tutela provisória em sede de ação rescisória.

c) Não há exigência de depósito prévio à propositura de ação rescisória na Justiça do Trabalho.

d) Cabe ação rescisória contra julgamento que deixa de apreciar requerimento expressamente formulado pela parte, mesmo se não houver a interposição de embargos de declaração.

e) Há submissão da ação rescisória a prazo decadencial, contado a partir do dia seguinte ao trânsito em julgado da última decisão, necessariamente de mérito, do processo.

Resposta correta: letra "d".

(FCC – Analista Judiciário – Oficial de Justiça Avaliador Federal – TRT 24ª Região/2017) Alguns procedimentos e ações especiais são amplamente aplicados na Justiça do Trabalho. Sobre a ação rescisória e o mandado de segurança no processo do trabalho à luz das súmulas do Tribunal Superior do Trabalho:

a) A ação rescisória tem como um de seus fundamentos a violação literal de disposição de lei, razão pela qual não é necessário que haja a expressa indicação, na petição inicial da ação rescisória, do dispositivo legal violado.

b) Na hipótese de colusão das partes, o prazo decadencial da ação rescisória somente começa a fluir para o Ministério Público, que não interveio no processo principal, a partir do momento em que tem ciência da fraude.

c) A sentença normativa proferida ou transitada em julgado posteriormente à sentença rescindenda é considerado documento novo apto a viabilizar a desconstituição de julgado em ação rescisória.

d) O prosseguimento da execução quanto aos tópicos e valores não especificados no agravo de petição fere direito líquido e certo passível de ajuizamento de mandado de segurança, uma vez que o agravo de petição deve delimitar justificadamente a matéria e os valores objeto de discordância.

e) O jus postulandi conferido às partes pela Consolidação das Leis do Trabalho limita-se às Varas do Trabalho e aos Tribunais Regionais do Trabalho, alcançando inclusive a ação rescisória e o mandado de segurança.

Resposta correta: letra "b".

DIREITO ELEITORAL

1. JUSTIÇA ELEITORAL

Súmula 68-TSE

A União é parte legítima para requerer a execução de astreintes, fixada por descumprimento de ordem judicial no âmbito da Justiça Eleitoral.

- **Status:** Válida.

Súmula 34-TSE

Não compete ao Tribunal Superior Eleitoral processar e julgar mandado de segurança contra ato de membro de TRE.

- **Status:** Válida.

Súmula 33-TSE

Somente é cabível ação rescisória de decisões do TSE **que versem sobre a incidência de causa de inelegibilidade**.

- **Status:** Válida.

1.1. Questões relacionadas

(Cespe – Juiz de Direito – TJ-BA/2019) Com base na lei e na jurisprudência do TSE acerca dos processos judiciais e dos recursos eleitorais, assinale a opção correta.

a) Em razão do princípio da inalterabilidade das decisões judiciais, o juízo de retratação realizado pelos juízes eleitorais, quando do recebimento de recursos, exige pedido expresso da parte recorrente.

b) A partir das eleições municipais de 2016, nas ações de investigação judicial eleitoral, é facultativo o litisconsórcio passivo entre o responsável pela prática de abuso de poder político e o candidato beneficiado pelo ato ilegal.

c) Para que uma ação que vise apurar abuso de poder seja julgada procedente, é necessário comprovar que o evento, além de afetar o equilíbrio na disputa eleitoral, pode alterar o resultado das eleições.

d) A União é parte legítima para requerer a execução de multa por descumprimento de ordem judicial no âmbito da justiça eleitoral.

e) Em processo de cassação de mandato de governador e de vice-governador, há interesse jurídico dos respectivos deputados estaduais para ingressar na demanda, autonomamente, como terceiros prejudicados.

Resposta correta: letra "d".

(Vunesp – Procurador Municipal – Prefeitura de Várzea Paulista – SP/2016) Assinale a alternativa que corretamente discorre sobre o teor de súmula do Tribunal Superior Eleitoral.

a) Nas ações que visem à cassação de registro, diploma ou mandato, há litisconsórcio passivo necessário entre o titular e o respectivo vice da chapa majoritária.

b) Não é necessário o esgotamento das instâncias ordinárias para a interposição de recurso especial eleitoral.

c) Cabe recurso especial eleitoral por violação à legislação municipal ou estadual, ao Regimento Interno dos Tribunais Eleitorais ou às normas partidárias.

d) O descumprimento de resposta a consulta ou de ato normativo do Tribunal Superior Eleitoral deve ser arguido em reclamação.

e) Estados e Municípios são parte legítima para requerer a execução de astreintes fixada por descumprimento de ordem judicial no âmbito da Justiça Eleitoral.

Resposta correta: letra "a".

(IESES – Analista Judiciário – Administrativa – TRE-MA/2015) Sobre as competências do Tribunal Superior Eleitoral assinale a alternativa correta:

a) Compete ao Tribunal Superior Eleitoral processar e julgar originariamente as ações diretas de inconstitucionalidade de leis ou atos normativos relacionados ao direito eleitoral.

b) Compete ao Tribunal Superior Eleitoral processar e julgar originariamente os conflitos de jurisdição entre Tribunais Regionais e juízes eleitorais de Estados diferentes.

c) Compete ao Tribunal Superior Eleitoral processar e julgar originariamente o registro e a cassação de registro de partidos políticos, dos seus diretórios nacionais e estaduais e de candidatos à Presidência e vice-presidência da República, governador e vice-governador de Estado.

d) Compete ao Tribunal Superior Eleitoral processar e julgar originariamente as impugnações a apuração do resultado geral, proclamação dos eleitos e expedição de diploma na eleição de Presidente e Vice-Presidente da República, do governador e vice-governador de Estado.

Resposta correta: letra "b".

2. CONTAS DE CAMPANHA ELEITORAL

Súmula 57-TSE

A apresentação das contas de campanha é suficiente para a obtenção da quitação eleitoral, nos termos da nova redação conferida ao art. 11, § 7º, da Lei 9.504/97, pela Lei 12.034/2009.

- **Status:** Válida.

• **Dispositivos relacionados:**

> "Lei 9.504/97, Art. 11. (...)
>
> § 7º A certidão de quitação eleitoral abrangerá exclusivamente a plenitude do gozo dos direitos políticos, o regular exercício do voto, o atendimento a convocações da Justiça Eleitoral para auxiliar os trabalhos relativos ao pleito, a inexistência de multas aplicadas, em caráter definitivo, pela Justiça Eleitoral e não remitidas, e a apresentação de contas de campanha eleitoral. (Incluído pela Lei nº 12.034, de 2009)"

Súmula 42-TSE

A decisão que julga não prestadas as contas de campanha **impede** o candidato de obter a certidão de quitação eleitoral durante o curso do mandato ao qual concorreu, persistindo esses efeitos, após esse período, **até a efetiva apresentação das contas.**

• **Status:** Válida.

Súmula 21-TSE

~~O prazo para ajuizamento da representação contra doação de campanha acima do limite legal é de 180 dias, contados da data da diplomação.~~

• **Status:** Cancelada pelo TSE na Decisão 250/2016, julgada em 24/06/2016.

Súmula 16-TSE

~~A falta de abertura de conta bancária específica não é fundamento suficiente para a rejeição de contas de campanha eleitoral, desde que, por outros meios, se possa demonstrar sua regularidade.~~

• **Status:** Cancelada pelo TSE na Decisão 250/2016, julgada em 24/06/2016.

Súmula 1-TSE

~~Proposta a ação para desconstituir a decisão que rejeitou as contas, anteriormente à impugnação, fica suspensa a inelegibilidade (Lei Complementar 64/90, art. 1º, I, "g").~~

• **Status:** Cancelada pelo TSE na Decisão 250/2016, julgada em 24/06/2016.

2.1. Questões relacionadas

(Vunesp – Procurador Legislativo – Câmara Municipal de Sertãozinho – SP/2014) Assinale a alternativa correta

a) Os candidatos deverão encaminhar à Justiça Eleitoral o conjunto das prestações de contas até o 15º dia posterior à realização das eleições, sob pena de desaprovação.

b) Eventual débito de campanha não quitado até a data da apresentação da prestação de contas não pode ser assumido pelo partido político ao qual está filiado o candidato, implicando, necessariamente, na desaprovação das contas prestadas

c) A inobservância do prazo para encaminhamento das prestações de contas impede a diplomação do candidato eleito, enquanto perdurar.

d) A Justiça Eleitoral notificará o candidato que não apresentou as contas de campanha para que as preste em setenta e duas horas e, perdurada a omissão, as contas serão desaprovadas, sem, contudo, implicar em restrição de direitos políticos do interessado.

e) Havendo sobra de recursos financeiros ao final da campanha, esta deverá ser declarada na prestação de contas e, após o seu julgamento, poderá ser levantada pelo candidato para sua conta pessoal.

Resposta correta: letra "c".

(Vunesp – Juiz de Direito – TJ-MG/2012) É correto afirmar que a prestação de contas de campanha integra o conceito de "quitação eleitoral", para fins de registro de candidatura, nas seguintes condições, à luz da mais recente jurisprudência do Tribunal Superior Eleitoral (p. ex., Agravo Regimental em Recurso Especial Eleitoral n.º 339.082):

a) não basta que o candidato tenha apresentado a prestação de contas de campanha eleitoral anterior, sendo exigida a sua aprovação pela Justiça Eleitoral.

b) nem mesmo a aprovação das contas pela Justiça Eleitoral, com ressalvas, permite a obtenção do registro da candidatura.

c) basta que o candidato tenha apresentado a prestação de contas de campanha eleitoral anterior, independentemente de sua aprovação pela Justiça Eleitoral.

d) não basta que o candidato tenha apresentado a prestação de contas de campanha eleitoral anterior, sendo exigida a sua aprovação pela Justiça Eleitoral, mas o indeferimento fica condicionado à impugnação ao pedido do registro, a ser formulada por quem de direito

Resposta correta: letra "c".

3. CRIMES ELEITORAIS E PROCESSO PENAL ELEITORAL

Súmula 62-TSE

Os limites do pedido são demarcados pelos **fatos imputados na inicial, dos quais a parte se defende, e não pela capitulação legal atribuída pelo autor**.

- **Status:** Válida.

Súmula 61-TSE

O prazo concernente à hipótese de inelegibilidade prevista no art. 1º, I, "e", da LC nº 64/90 **projeta-se por 8 (oito) anos após o cumprimento da pena, seja ela privativa de liberdade, restritiva de direito ou multa.**

- **Status:** Válida.

- **Dispositivos relacionados:**

"Art. 1º São inelegíveis:

I – para qualquer cargo:

(...)

e) os que forem condenados, em decisão transitada em julgado ou proferida por órgão judicial colegiado, desde a condenação até o transcurso do prazo de 8 (oito) anos após o cumprimento da pena, pelos crimes: (Redação dada pela Lei Complementar nº 135, de 2010)

1. contra a economia popular, a fé pública, a administração pública e o patrimônio público;
2. contra o patrimônio privado, o sistema financeiro, o mercado de capitais e os previstos na lei que regula a falência;
3. contra o meio ambiente e a saúde pública;
4. eleitorais, para os quais a lei comine pena privativa de liberdade;
5. de abuso de autoridade, nos casos em que houver condenação à perda do cargo ou à inabilitação para o exercício de função pública;
6. de lavagem ou ocultação de bens, direitos e valores;
7. de tráfico de entorpecentes e drogas afins, racismo, tortura, terrorismo e hediondos;
8. de redução à condição análoga à de escravo;
9. contra a vida e a dignidade sexual; e
10. praticados por organização criminosa, quadrilha ou bando;"

Súmula 60-TSE

O prazo da causa de inelegibilidade prevista no art. 1º, I, "e", da LC nº 64/90 **deve ser contado a partir da data em que ocorrida a prescrição da pretensão executória** e não do momento da sua declaração judicial.

- **Status:** Válida.

• **Dispositivos relacionados:**

"Art. 1º São inelegíveis:

I – para qualquer cargo:

(...)

e) os que forem condenados, em decisão transitada em julgado ou proferida por órgão judicial colegiado, desde a condenação até o transcurso do prazo de 8 (oito) anos após o cumprimento da pena, pelos crimes: (Redação dada pela Lei Complementar nº 135, de 2010)

1. contra a economia popular, a fé pública, a administração pública e o patrimônio público;

2. contra o patrimônio privado, o sistema financeiro, o mercado de capitais e os previstos na lei que regula a falência;

3. contra o meio ambiente e a saúde pública;

4. eleitorais, para os quais a lei comine pena privativa de liberdade;

5. de abuso de autoridade, nos casos em que houver condenação à perda do cargo ou à inabilitação para o exercício de função pública;

6. de lavagem ou ocultação de bens, direitos e valores;

7. de tráfico de entorpecentes e drogas afins, racismo, tortura, terrorismo e hediondos;

8. de redução à condição análoga à de escravo;

9. contra a vida e a dignidade sexual; e

10. praticados por organização criminosa, quadrilha ou bando;"

Súmula 59-TSE

O reconhecimento da prescrição da pretensão executória pela Justiça Comum **não afasta** a inelegibilidade prevista no art. 1º, I, "e", da LC nº 64/90, porquanto **não extingue** os efeitos secundários da condenação.

• **Status:** Válida.

• **Dispositivos relacionados:**

"Art. 1º São inelegíveis:

I – para qualquer cargo:

(...)

e) os que forem condenados, em decisão transitada em julgado ou proferida por órgão judicial colegiado, desde a condenação até o transcurso do prazo de

8 (oito) anos após o cumprimento da pena, pelos crimes: (Redação dada pela Lei Complementar nº 135, de 2010)

1. contra a economia popular, a fé pública, a administração pública e o patrimônio público;

2. contra o patrimônio privado, o sistema financeiro, o mercado de capitais e os previstos na lei que regula a falência;

3. contra o meio ambiente e a saúde pública;

4. eleitorais, para os quais a lei comine pena privativa de liberdade;

5. de abuso de autoridade, nos casos em que houver condenação à perda do cargo ou à inabilitação para o exercício de função pública;

6. de lavagem ou ocultação de bens, direitos e valores;

7. de tráfico de entorpecentes e drogas afins, racismo, tortura, terrorismo e hediondos;

8. de redução à condição análoga à de escravo;

9. contra a vida e a dignidade sexual; e

10. praticados por organização criminosa, quadrilha ou bando;"

Súmula 58-TSE

Não compete à Justiça Eleitoral, em processo de registro de candidatura, verificar a prescrição da pretensão punitiva ou executória do candidato e declarar a extinção da pena imposta pela Justiça Comum.

- **Status:** Válida.

3.1. Questões relacionadas

(MPE-PR – Promotor de Justiça – MPE-PR/2019) Tendo em conta o entendimento sumulado do Tribunal Superior Eleitoral, assinale a alternativa incorreta:

a) A perda do mandato em razão da desfiliação partidária não se aplica aos candidatos eleitos pelo sistema proporcional.

b) Contra acórdão que discute, simultaneamente, condições de elegibilidade e de inelegibilidade, é cabível o recurso ordinário.

c) Não compete à Justiça Eleitoral, em processo de registro de candidatura, verificar a prescrição da pretensão punitiva ou executória do candidato e declarar a extinção da pena imposta pela Justiça Comum.

d) A Carteira Nacional de Habilitação gera a presunção da escolaridade necessária ao deferimento do registro de candidatura.

e) Em registro de candidatura, não cabe examinar o acerto ou desacerto da decisão que examinou, em processo específico, a filiação partidária do eleitor.

Resposta correta: letra "a".

(MPE-SP – Promotor de Justiça – MPE-SP/2017) O reconhecimento da prescrição da pretensão executória, pela Justiça Comum, do réu condenado definitivamente por tráfico de entorpecentes, implica, em relação a sua elegibilidade:

a) a cessação da inelegibilidade após o trânsito em julgado da decisão que reconheceu a extinção da pretensão executória estatal.

b) a imediata cessação da causa de inelegibilidade.

c) o fim da sua inelegibilidade após o decurso de oito anos contados da data em que ocorreu a extinção da pretensão executória estatal.

d) o fim da sua inelegibilidade oito anos após a data da decisão da Justiça Comum que extinguiu a pretensão executória estatal.

e) a cessação da inelegibilidade assim que a Justiça Eleitoral receber a comunicação da decisão proferida pela Justiça Comum.

Resposta correta: letra "c".

(FCC – Analista Judiciário – Área Judiciária – TRE-PR/2017) Nicanor, assistindo a uma palestra sobre Direito Eleitoral, soube de um caso concreto, relatado pelo conferencista, no qual um candidato tornou-se inelegível em razão de sentença condenatória transitada em julgado pela prática de um dos crimes constantes do rol do art. 1° , I, "e", da LC n° 64/1990, qual seja, o de racismo. Nesses casos, à vista das Súmulas do Tribunal Superior Eleitoral, a inelegibilidade

a) é afastada pelo reconhecimento da prescrição da pretensão executória pela Justiça Comum, porquanto ficam extintos os efeitos secundários da condenação, apenas se se tratar de condenação com pena privativa de liberdade inferior a oito anos.

b) é afastada pelo reconhecimento da prescrição da pretensão executória pela Justiça Comum, porquanto ficam extintos os efeitos secundários da condenação, já que não há cumprimento da pena.

c) não é afastada pelo reconhecimento da prescrição da pretensão executória pela Justiça Comum, porquanto este não extingue os efeitos secundários da condenação, devendo o prazo da mencionada causa de inelegibilidade ser contado do momento da declaração judicial da prescrição da pretensão executória.

d) não é afastada pelo reconhecimento da prescrição da pretensão executória pela Justiça Comum, porquanto este não extingue os efeitos secundários da condenação, devendo o prazo da causa de inelegibilidade ser contado a partir da data em que ocorrida a prescrição da pretensão executória.

e) não é afastada pelo reconhecimento da prescrição da pretensão executória pela Justiça Comum, porquanto este não extingue os efeitos secundários da condenação, devendo o prazo da mencionada causa de inelegibilidade ser contado do momento da sua condenação com trânsito em julgado.

Resposta correta: letra "d".

4. DESINCOMPATIBILIZAÇÃO E AFASTAMENTOS

Súmula 54-TSE

A desincompatibilização de servidor público que possui cargo em comissão é de **três meses antes do pleito e pressupõe a exoneração do cargo comissionado,** e não apenas seu afastamento de fato.

- **Status:** Válida.

4.1. Questões relacionadas

(Vunesp – Procurador Municipal – Prefeitura de Bauru – SP/2018) Assinale a alternativa que corretamente reproduz o entendimento sumulado pelo Tribunal Superior Eleitoral.

a) É inadmissível o recurso especial eleitoral quando a questão suscitada não foi debatida na decisão recorrida e não foi objeto de embargos de declaração.

b) A perda do mandato em razão da desfiliação partidária não se aplica aos candidatos eleitos pelo sistema proporcional.

c) A Carteira Nacional de Habilitação não gera a presunção da escolaridade necessária ao deferimento do registro de candidatura.

d) A desincompatibilização de servidor público que possui cargo em comissão é de três meses antes do pleito, bastando apenas seu afastamento de fato.

e) Em registro de candidatura, é cabível examinar o acerto ou desacerto da decisão que examinou, em processo específico, a filiação partidária do eleitor.

Resposta correta: letra "a".

5. DIPLOMAÇÃO

Súmula 66-TSE

A incidência do § 2º do art. 26-C da LC 64/90, **não acarreta o imediato indeferimento do registro ou o cancelamento do diploma**, sendo necessário o exame da presença de todos os requisitos essenciais à configuração da inelegibilidade, observados os princípios do contraditório e da ampla defesa.

- **Status:** Válida.

- **Dispositivos relacionados:**

> "LC, 64/90, Art. 26-C. O órgão colegiado do tribunal ao qual couber a apreciação do recurso contra as decisões colegiadas a que se referem as alíneas 'd', 'e', 'h', 'j', 'l' e 'n' do inciso I do art. 1º poderá, em caráter cautelar, suspender a

inelegibilidade sempre que existir plausibilidade da pretensão recursal e desde que a providência tenha sido expressamente requerida, sob pena de preclusão, por ocasião da interposição do recurso.

§ 2º Mantida a condenação de que derivou a inelegibilidade ou revogada a suspensão liminar mencionada no *caput*, serão desconstituídos o registro ou o diploma eventualmente concedidos ao recorrente."

Súmula 40-TSE

O partido político **não é** litisconsorte passivo necessário em ações que visem à cassação de diploma.

- **Status:** Válida.

5.1. Questões relacionadas

(Cespe – Analista Judiciário – Área Judiciária – TRE-BA/2017) Considerando que tenha sido ajuizada ação de impugnação do registro de candidatura de senador, assinale a opção correta.

a) O julgamento deverá ocorrer até a diplomação do candidato, se eleito.

b) A competência para o julgamento da ação é do tribunal regional eleitoral (TRE).

c) O autor da referida ação pode ser o Ministério Público eleitoral, partido político ou coligação, qualquer candidato ou cidadão.

d) O partido político do candidato figurará como litisconsorte passivo na ação.

e) Os suplentes figurarão como litisconsortes passivos na ação.

Resposta correta: letra "b".

(PGR – Procurador da República – PGR/2017) Na representação por condutas vedadas a agentes públicos no processo eleitoral:

a) é possível ajuizar a ação apenas contra o candidato beneficiado, sem incluir o agente público responsável pela conduta, pois, segundo a jurisprudência do TSE, não se trata de hipótese em que se verifica litisconsórcio passivo necessário entre o agente público responsável pelo ilícito e o candidato beneficiado;

b) podem integrar o polo passivo o candidato e o agente público responsável pela conduta vedada, mas não o partido político ao qual está filiado o primeiro;

c) o partido político ao qual está filiado o candidato pode integrar a relação processual, e, no caso de condenação, sofrer as sanções de multa e suspensão das quotas do fundo partidário, que pode chegar ao prazo de um ano;

d) devem integrar a relação processual o candidato e o agente público, facultando-se ao autor da ação propô-la também em face do partido ao qual o candidato estiver filiado, caso em que este último, em caso de condenação, sofrerá sanção de multa, sem repercussão sobre as quotas do fundo partidário, salvo no que se refere à partilha correspondente ao valor da multa por ele paga.

Resposta correta: letra "d".

6. FILIAÇÃO PARTIDÁRIA

Súmula 67-TSE

A perda do mandato em razão da desfiliação partidária **não se aplica aos candidatos eleitos pelo sistema majoritário.**

- **Status:** Válida.

Súmula 20-TSE

A prova de filiação partidária daquele cujo nome não constou da lista de filiados de que trata o art. 19 da Lei nº 9.096/95, **pode** ser realizada por outros elementos de convicção, **salvo quando se tratar de documentos produzidos uni lateralmente, destituídos de fé pública**.

- **Status:** Válida.

- **Dispositivos relacionados:**

"Lei 9.096/95, Art. 19. Na segunda semana dos meses de abril e outubro de cada ano, o partido, por seus órgãos de direção municipais, regionais ou nacional, deverá remeter, aos juízes eleitorais, para arquivamento, publicação e cumprimento dos prazos de filiação partidária para efeito de candidatura a cargos eletivos, a relação dos nomes de todos os seus filiados, da qual constará a data de filiação, o número dos títulos eleitorais e das seções em que estão inscritos.

§ 1º Se a relação não é remetida nos prazos mencionados neste artigo, permanece inalterada a filiação de todos os eleitores, constante da relação remetida anteriormente.

§ 2º Os prejudicados por desídia ou má-fé poderão requerer, diretamente à Justiça Eleitoral, a observância do que prescreve o *caput* deste artigo.

§ 3º Os órgãos de direção nacional dos partidos políticos terão pleno acesso às informações de seus filiados constantes do cadastro eleitoral. (Incluído pela Lei nº 12.034, de 2009)"

Súmula 14-TSE

~~A duplicidade de que cuida o parágrafo único do artigo 22 da Lei 9.096/95, somente fica caracterizada, caso a nova filiação houver ocorrido após a remessa das listas previstas no parágrafo único do artigo 58 da referida lei.~~

- **Status:** Cancelada pela Resolução TSE nº 21.885/2004.

Súmula 2-TSE

Assinada e recebida a ficha de filiação partidária até o termo final do prazo fixado em lei, considera-se satisfeita a correspondente condição de elegibilidade, ainda que não tenha fluído, até a mesma data, o tríduo legal de impugnação.

- **Status:** Válida.

6.1. Questões relacionadas

(MPE-PR – Promotor de Justiça 0 MPE-PR/2019) Tendo em conta o entendimento sumulado do Tribunal Superior Eleitoral, assinale a alternativa incorreta:

a) A perda do mandato em razão da desfiliação partidária não se aplica aos candidatos eleitos pelo sistema proporcional.

b) Contra acórdão que discute, simultaneamente, condições de elegibilidade e de inelegibilidade, é cabível o recurso ordinário.

c) Não compete à Justiça Eleitoral, em processo de registro de candidatura, verificar a prescrição da pretensão punitiva ou executória do candidato e declarar a extinção da pena imposta pela Justiça Comum.

d) A Carteira Nacional de Habilitação gera a presunção da escolaridade necessária ao deferimento do registro de candidatura.

e) Em registro de candidatura, não cabe examinar o acerto ou desacerto da decisão que examinou, em processo específico, a filiação partidária do eleitor.

Resposta correta: letra "a".

(Vunesp – Procurador Municipal – Prefeitura de Bauru – SP/2018) Assinale a alternativa que corretamente reproduz o entendimento sumulado pelo Tribunal Superior Eleitoral.

a) É inadmissível o recurso especial eleitoral quando a questão suscitada não foi debatida na decisão recorrida e não foi objeto de embargos de declaração.

b) A perda do mandato em razão da desfiliação partidária não se aplica aos candidatos eleitos pelo sistema proporcional.

c) A Carteira Nacional de Habilitação não gera a presunção da escolaridade necessária ao deferimento do registro de candidatura.

d) A desincompatibilização de servidor público que possui cargo em comissão é de três meses antes do pleito, bastando apenas seu afastamento de fato.

e) Em registro de candidatura, é cabível examinar o acerto ou desacerto da decisão que examinou, em processo específico, a filiação partidária do eleitor.

Resposta correta: letra "a".

(Vunesp – Procurador do Estado – PGE-SP/2018) No julgamento da ADI n° 5.081/DF, o Supremo Tribunal Federal fixou a seguinte tese: [...] por unanimidade de votos, em conhecer da ação e julgar procedente o pedido formulado para declarar a inconstitucionalidade, quanto à Resolução n° 22.610/2007, do Tribunal Superior Eleitoral, do termo "ou o vice", constante do art. 10; da expressão "e, após 16 (dezesseis) de outubro corrente, quanto a eleitos pelo sistema majoritário", constante do art. 13, e para "conferir interpretação conforme a Constituição ao termo "suplente", constante do art. 10, com a finalidade de excluir do seu alcance os cargos do sistema majoritário. Fixada a tese com o seguinte teor: "A perda do mandato em razão da mudança de partido não se aplica aos candidatos eleitos pelo sistema majoritário, sob pena de violação da soberania popular e das escolhas feitas pelo eleitor", nos termos do voto do Relator.

Considerando as regras constitucionais do sistema eleitoral brasileiro e os fundamentos utilizados para construir a jurisprudência aqui reproduzida, assinale a alternativa correta.

a) Dentre as causas expressas de perda do mandato de Deputados Federais ou Estaduais estão as hipóteses de ser investido no cargo de Ministro de Estado, Governador de Território, Secretário de Estado, do Distrito Federal, de Território, de Prefeitura de Capital ou chefe de missão diplomática temporária.

b) A interpretação conforme é uma regra hermenêutica que visa consagrar a força normativa da constituição ao retirar do ordenamento jurídico normas infraconstitucionais que sejam incompatíveis com a ordem jurídica, de modo a dar prevalência a soluções que favoreçam a integração social e a unidade política.

c) O sistema eleitoral brasileiro adota o sistema majoritário para eleição do Prefeito e do Vice-Prefeito. No caso dos Municípios com mais de 200 mil eleitores, se nenhum candidato alcançar maioria absoluta na primeira votação, far-se-á nova eleição em até vinte dias após a proclamação do resultado, concorrendo os dois candidatos mais votados e considerando-se eleito aquele que obtiver a maioria dos votos válidos.

d) O sistema proporcional adotado para a eleição dos senadores caracteriza-se pela ênfase nos votos obtidos pelos partidos, motivo pelo qual a Corte fixou entendimento de que a fidelidade partidária é essencial nesse caso.

e) A soberania popular é exercida por meio da participação direta na organização político-administrativa quando se permite que os Estados possam se incorporar entre si, subdividir-se ou desmembrar-se para se anexarem a outros, ou formarem novos Estados ou Territórios Federais, mediante aprovação da população diretamente interessada, por plebiscito ou referendo.

Resposta correta: letra "c".

(PGR – Procurador da República – PGR/2017) João da Silva requereu registro de sua candidatura a vereador, pelo partido X, para as eleições municipais de 2016, em Porto Feliz. O registro foi indeferido porque, no entendimento da Justiça Eleitoral, ele não provou estar filiado ao partido seis meses antes do pleito. João recorre e alega que sua filiação ocorreu em março do ano da eleição, mas o partido não enviou a lista de filiados à Justiça Eleitoral em abril, fazendo-o apenas no mês de maio, por desídia. Nesse caso:

a) se o partido não enviou a lista em abril do ano da eleição, fazendo-o apenas em maio, devem ser consideradas todas as filiações listadas nessa remessa tardia, razão por que o registro do candidato deve ser deferido, pois o direito do filiado não pode ser prejudicado pela desídia do partido.

b) João da Silva poderá comprovar a filiação partidária e concorrer no pleito, desde que demonstre que requereu à Justiça Eleitoral, oportunamente, a intimação do partido para proceder à remessa da lista com a inclusão de seu nome, caso em que a inserção nos cadastros do sistema do TSE poderá ser processada após abril de 2016.

c) não há como se deferir o registro de candidatura, pois as listas de filiados devem ser enviadas pelos partidos em abril e novembro de cada ano, razão por que a lista enviada em maio não pode ser considerada, prevalecendo a lista do ano anterior.

d) João da Silva, segundo a jurisprudência do TSE, pode comprovar a filiação com documentos produzidos pelo próprio partido político, tais como, fichas de filiação, atas de reunião ou declaração do presidente da agremiação atestando que ele filiou-se em março daquele ano.

Resposta correta: letra "b".

(Cespe – Analista Judiciário – Administrativa – TRE-PI/2016) Assinale a opção correta a respeito dos partidos políticos.

a) A perda do mandato em razão de mudança de partido não se aplica aos candidatos eleitos pelo sistema majoritário, sob pena de violação da soberania popular e das escolhas feitas pelo eleitor.

b) Constitui afronta ao princípio da autonomia partidária e da legalidade a exigência de que a agremiação partidária proceda à abertura de conta bancária se não houver qualquer arrecadação de recurso financeiro do fundo partidário.

c) O TSE não possui competência para cancelar o registro civil do partido político, mas apenas para cancelar o registro do estatuto partidário.

d) O partido político pode utilizar os recursos do fundo partidário para efetuar o pagamento de multas eleitorais.

e) Devido a sua autonomia, as agremiações podem deixar de promover e difundir a participação política feminina em sua propaganda partidária.

Resposta correta: letra "a".

7. INELEGIBILIDADES E CONDIÇÕES DE ELEGIBILIDADE

Súmula vinculante 18-STF

A dissolução da sociedade ou do vínculo conjugal, no curso do mandato, **não afasta a inelegibilidade prevista no § 7º do artigo 14 da Constituição Federal.**

- **Status:** Válida.
- **Nota do autor:** o art. 14, § 7º, da CF, traz a chamada inelegibilidade reflexa ou indireta. Segundo o STF, a súmula vinculante 18 do STF não se aplica para os casos em que a extinção do vínculo conjugal ocorreu pela morte de um dos cônjuges.

- **Precedentes relacionados:**

"O que orientou a edição da súmula vinculante 18 e os recentes precedentes do STF foi a preocupação de inibir que a dissolução fraudulenta ou simulada de sociedade conjugal seja utilizada como mecanismo de burla à norma da inelegibilidade reflexa prevista no § 7º do art. 14 da Constituição. Portanto, não atrai a aplicação do entendimento constante da referida súmula a extinção do vínculo conjugal pela morte de um dos cônjuges." (STF, Plenário, RE 758.461/PB, Rel. Min. Teori Zavascki, julgado em 22/05/2014, sob o rito da repercussão geral; Informativo n. 747)

- **Dispositivos relacionados:**

"CF, Art. 14 (...)

§ 7º São inelegíveis, no território de jurisdição do titular, o cônjuge e os parentes consanguíneos ou afins, **até o segundo grau** ou por adoção, do Presidente da República, de Governador de Estado ou Território, do Distrito Federal, de Prefeito ou de quem os haja substituído dentro dos seis meses anteriores ao pleito, salvo se já titular de mandato eletivo e candidato à reeleição."

Súmula 70-TSE

O encerramento do prazo de inelegibilidade antes do dia da eleição **constitui fato superveniente que afasta a inelegibilidade**, nos termos do art. 11, § 10, da Lei 9.504/97.

- **Status:** Válida.

• **Dispositivos relacionados:**

"Lei 9.504/97, Art. 11. (...)

(...)

§ 10. As condições de elegibilidade e as causas de inelegibilidade devem ser aferidas no momento da formalização do pedido de registro da candidatura, ressalvadas as alterações, fáticas ou jurídicas, supervenientes ao registro que afastem a inelegibilidade."

Súmula 69-TSE

Os prazos de inelegibilidade previstos nas alíneas "j" e "h" do inciso I do art. 1º da LC 64/90, têm termo inicial **no dia do primeiro turno da eleição**, e termo final **no dia de igual número no oitavo ano seguinte.**

• **Status:** Válida.

• **Dispositivos relacionados:**

"LC 64/90, Art. 1º São inelegíveis:

I – para qualquer cargo:

h) os detentores de cargo na administração pública direta, indireta ou fundacional, que beneficiarem a si ou a terceiros, pelo abuso do poder econômico ou político, que forem condenados em decisão transitada em julgado ou proferida por órgão judicial colegiado, para a eleição na qual concorrem ou tenham sido diplomados, bem como para as que se realizarem nos 8 (oito) anos seguintes; (Redação dada pela LC nº 135, de 2010)

j) os que forem condenados, em decisão transitada em julgado ou proferida por órgão colegiado da Justiça Eleitoral, por corrupção eleitoral, por captação ilícita de sufrágio, por doação, captação ou gastos ilícitos de recursos de campanha ou por conduta vedada aos agentes públicos em campanhas eleitorais que impliquem cassação do registro ou do diploma, pelo prazo de 8 (oito) anos a contar da eleição; (Incluído pela LC nº 135, de 2010)"

Súmula 64-TSE

Contra acórdão que discute, simultaneamente, condições de elegibilidade e de inelegibilidade, é **cabível o recurso ordinário**.

• **Status:** Válida.

Súmula 61-TSE

O prazo concernente à hipótese de inelegibilidade prevista no art. 1º, I, "e", da LC 64/90 **projeta-se por oito anos após o cumprimento da pena, seja ela privativa de liberdade, restritiva de direito ou multa.**

- **Status:** Válida.
- **Dispositivos relacionados:**

"LC 64/90, Art. 1º São inelegíveis:

I – para qualquer cargo:

e) os que forem condenados, em decisão transitada em julgado ou proferida por órgão judicial colegiado, desde a condenação até o transcurso do prazo de 8 (oito) anos após o cumprimento da pena, pelos crimes:

1. contra a economia popular, a fé pública, a administração pública e o patrimônio público;
2. contra o patrimônio privado, o sistema financeiro, o mercado de capitais e os previstos na lei que regula a falência;
3. contra o meio ambiente e a saúde pública;
4. eleitorais, para os quais a lei comine pena privativa de liberdade;
5. de abuso de autoridade, nos casos em que houver condenação à perda do cargo ou à inabilitação para o exercício de função pública;
6. de lavagem ou ocultação de bens, direitos e valores;
7. de tráfico de entorpecentes e drogas afins, racismo, tortura, terrorismo e hediondos;
8. de redução à condição análoga à de escravo;
9. contra a vida e a dignidade sexual; e
10. praticados por organização criminosa, quadrilha ou bando;"

Súmula 60-TSE

O prazo da causa de inelegibilidade prevista no art. 1º, I, "e", da LC 64/90, **deve ser contado a partir da data em que ocorrida a prescrição da pretensão executória**, e não do momento da sua declaração judicial.

- **Status:** Válida.
- **Dispositivos relacionados:**

"LC 64/90, Art. 1º São inelegíveis:

I – para qualquer cargo:

e) os que forem condenados, em decisão transitada em julgado ou proferida por órgão judicial colegiado, desde a condenação até o transcurso do prazo de 8 (oito) anos após o cumprimento da pena, pelos crimes:

1. contra a economia popular, a fé pública, a administração pública e o patrimônio público;

2. contra o patrimônio privado, o sistema financeiro, o mercado de capitais e os previstos na lei que regula a falência;

3. contra o meio ambiente e a saúde pública;

4. eleitorais, para os quais a lei comine pena privativa de liberdade;

5. de abuso de autoridade, nos casos em que houver condenação à perda do cargo ou à inabilitação para o exercício de função pública;

6. de lavagem ou ocultação de bens, direitos e valores;

7. de tráfico de entorpecentes e drogas afins, racismo, tortura, terrorismo e hediondos;

8. de redução à condição análoga à de escravo;

9. contra a vida e a dignidade sexual; e

10. praticados por organização criminosa, quadrilha ou bando;"

Súmula 59-TSE

O reconhecimento da prescrição da pretensão executória pela Justiça Comum **não afasta a inelegibilidade prevista no art. 1º, I, "e", da LC 64/90, porquanto não extingue os efeitos secundários da condenação**.

- **Status:** Válida.

- **Dispositivos relacionados:**

"LC 64/90, Art. 1º São inelegíveis:

I – para qualquer cargo:

e) os que forem condenados, em decisão transitada em julgado ou proferida por órgão judicial colegiado, desde a condenação até o transcurso do prazo de 8 (oito) anos após o cumprimento da pena, pelos crimes:

1. contra a economia popular, a fé pública, a administração pública e o patrimônio público;

2. contra o patrimônio privado, o sistema financeiro, o mercado de capitais e os previstos na lei que regula a falência;

3. contra o meio ambiente e a saúde pública;

4. eleitorais, para os quais a lei comine pena privativa de liberdade;

5. de abuso de autoridade, nos casos em que houver condenação à perda do cargo ou à inabilitação para o exercício de função pública;

6. de lavagem ou ocultação de bens, direitos e valores;

7. de tráfico de entorpecentes e drogas afins, racismo, tortura, terrorismo e hediondos;

8. de redução à condição análoga à de escravo;

9. contra a vida e a dignidade sexual; e

10. praticados por organização criminosa, quadrilha ou bando;"

Súmula 47-TSE

A inelegibilidade superveniente que autoriza a interposição de recurso contra expedição de diploma, fundado no art. 262 do Código Eleitoral, **é aquela de índole constitucional** ou, **se infraconstitucional, superveniente ao registro de candidatura, e que surge até a data do pleito.**

- **Status:** Válida.
- **Dispositivos relacionados:**

"CE, Art. 262. O recurso contra expedição de diploma (RCED) caberá somente nos casos de inelegibilidade superveniente ou de natureza constitucional e de falta de condição de elegibilidade. (Redação dada pela Lei nº 12.891, de 2013)"

Súmula 43-TSE

As alterações fáticas ou jurídicas supervenientes ao registro que beneficiem o candidato, nos termos da parte final do art. 11, § 10, da Lei 9.504/97, **também devem ser admitidas para as condições de elegibilidade**.

- **Status:** Válida.
- **Dispositivos relacionados:**

"Lei 9.504/97, Art. 11 (...)

§ 10. As condições de elegibilidade e as causas de inelegibilidade devem ser aferidas no momento da formalização do pedido de registro da candidatura, ressalvadas as alterações, fáticas ou jurídicas, supervenientes ao registro que afastem a inelegibilidade. (Incluído pela Lei nº 12.034, de 2009)"

Súmula 41-TSE

Não cabe à Justiça Eleitoral decidir sobre o acerto ou desacerto das decisões proferidas por outros Órgãos do Judiciário ou dos Tribunais de Contas **que configurem causa de inelegibilidade.**

- **Status:** Válida.

Súmula 36-TSE

Cabe recurso ordinário de acórdão de TRE que decida sobre **inelegibilidade, expedição ou anulação de diploma** ou **perda de mandato eletivo nas eleições federais ou estaduais** (art. 121, § 4º, incisos III e IV, da Constituição Federal).

- **Status:** Válida.
- **Dispositivos relacionados:**

> "CF, Art. 121 (...)
>
> § 4º Das decisões dos Tribunais Regionais Eleitorais somente caberá recurso quando:
>
> I – forem proferidas contra disposição expressa desta Constituição ou de lei;
>
> II – ocorrer divergência na interpretação de lei entre dois ou mais tribunais eleitorais;
>
> III – versarem sobre inelegibilidade ou expedição de diplomas nas eleições federais ou estaduais;
>
> IV – anularem diplomas ou decretarem a perda de mandatos eletivos federais ou estaduais;
>
> V – denegarem *habeas corpus*, mandado de segurança, *habeas data* ou mandado de injunção."

Súmula 19-TSE

O prazo de inelegibilidade decorrente da condenação por abuso do poder econômico ou político, **tem início no dia da eleição em que este se verificou**, e **finda no dia de igual número no oitavo ano seguinte** (art. 22, XIV, da LC 64/90).

- **Status:** Válida.
- **Dispositivos relacionados:**

> "LC 64/90, Art. 22. Qualquer partido político, coligação, candidato ou Ministério Público Eleitoral poderá representar à Justiça Eleitoral, diretamente ao Corregedor-Geral ou Regional, relatando fatos e indicando provas, indícios e

circunstâncias e pedir abertura de investigação judicial para apurar uso indevido, desvio ou abuso do poder econômico ou do poder de autoridade, ou utilização indevida de veículos ou meios de comunicação social, em benefício de candidato ou de partido político, obedecido o seguinte rito:

(...)

XIV – julgada procedente a representação, ainda que após a proclamação dos eleitos, o Tribunal declarará a inelegibilidade do representado e de quantos hajam contribuído para a prática do ato, cominando-lhes sanção de inelegibilidade para as eleições a se realizarem nos 8 (oito) anos subsequentes à eleição em que se verificou, além da cassação do registro ou diploma do candidato diretamente beneficiado pela interferência do poder econômico ou pelo desvio ou abuso do poder de autoridade ou dos meios de comunicação, determinando a remessa dos autos ao Ministério Público Eleitoral, para instauração de processo disciplinar, se for o caso, e de ação penal, ordenando quaisquer outras providências que a espécie comportar; (Redação dada pela Lei Complementar nº 135, de 2010)"

Súmula 15-TSE

O exercício de mandato eletivo **não é** circunstância capaz, por si só, de comprovar a condição de alfabetizado do candidato.

- **Status:** Válida.

Súmula 13-TSE

Não é autoaplicável o § 9º do art. 14 da Constituição, com a redação dada pela Emenda Constitucional de Revisão 4/94.

- **Status:** Válida.

- **Nota do autor:** O § 9º do art. 14 da Constituição Federal, trata da inelegibilidade legal.

- **Dispositivos relacionados:**

"Art. 14, CF (...)

§ 9º Lei complementar estabelecerá outros casos de inelegibilidade e os prazos de sua cessação, a fim de proteger a probidade administrativa, a moralidade para exercício de mandato considerada vida pregressa do candidato, e a normalidade e legitimidade das eleições contra a influência do poder econômico ou o abuso do exercício de função, cargo ou emprego na administração direta ou indireta. (Redação dada pela Emenda Constitucional de Revisão nº 4, de 1994)"

Súmula 12-TSE

São inelegíveis, **no município desmembrado**, **e ainda não instalado**, o cônjuge e os parentes consanguíneos ou afins, até o segundo grau ou por adoção, **do prefeito do município-mãe, ou de quem o tenha substituído, dentro dos seis meses anteriores ao pleito, salvo se já titular de mandato eletivo.**

- **Status:** Válida.

Súmula 9-TSE

A suspensão de direitos políticos decorrente de condenação criminal transitada em julgado cessa com o cumprimento ou a extinção da pena, **independendo** de reabilitação ou de prova de reparação dos danos.

- **Status:** Válida.

Súmula 8-TSE

~~O vice-prefeito é inelegível para o mesmo cargo.~~

- **Status:** Cancelada pela Resolução TSE nº 20.920/2001.

Súmula 7-TSE

~~É inelegível para o cargo de prefeito a irmã da concubina do atual titular do mandato.~~

- **Status:** Cancelada pela Resolução TSE nº 20.920/2001.

Súmula 6-TSE

São inelegíveis para o cargo de Chefe do Executivo, o cônjuge e os parentes, indicados no § 7º do art. 14 da Constituição Federal, do titular do mandato, **salvo se este**, **reelegível**, tenha **falecido**, **renunciado** ou **se afastado definitivamente do cargo até seis meses antes do pleito**.

- **Status:** Válida.
- **Dispositivos relacionados:**

> "CF, Art. 14 (...).
>
> § 7º São inelegíveis, no território de jurisdição do titular, o cônjuge e os parentes consanguíneos ou afins, até o segundo grau ou por adoção, do Presidente da República, de Governador de Estado ou Território, do Distrito Federal, de Prefeito ou de quem os haja substituído dentro dos seis meses anteriores ao pleito, salvo se já titular de mandato eletivo e candidato à reeleição."

Súmula 5-TSE

Serventuário de cartório, celetista, não se inclui na exigência do art. 1º, II, "l", da LC 64/90.

- **Status:** Válida.
- **Dispositivos relacionados:**

> "LC 64/90, Art. 1º São inelegíveis:
>
> II – para Presidente e Vice-Presidente da República:
>
> l) os que, servidores públicos, estatutários ou não, dos órgãos ou entidades da Administração direta ou indireta da União, dos Estados, do Distrito Federal, dos Municípios e dos Territórios, inclusive das fundações mantidas pelo Poder Público, não se afastarem até três meses anteriores ao pleito, garantido o direito à percepção dos seus vencimentos integrais;"

7.1. Questões relacionadas

(Cespe – Juiz de Direito – TJ-BA/2019) Com base na legislação e na jurisprudência do TSE sobre inelegibilidade e alistamento eleitoral, assinale a opção correta.

a) Ante a impossibilidade de interpretação extensiva das regras de inelegibilidade, as relações estáveis homoafetivas não são situações configuradoras de hipóteses de inelegibilidade reflexa.

b) O procedimento de revisão do eleitorado foi inaugurado no Brasil com o recadastramento biométrico promovido pela justiça eleitoral, o qual tem como objetivo conferir maior segurança à identificação do eleitor.

c) Deferido o pedido de registro de candidatura, haverá preclusão quanto à possibilidade de arguir eventual ausência de domicílio eleitoral do candidato na circunscrição.

d) O prazo de inelegibilidade dos que forem condenados por corrupção eleitoral em decisão transitada em julgado tem como termo final o oitavo ano seguinte ao fato ilícito praticado.

e) O encerramento do prazo de inelegibilidade antes do dia da eleição afasta inelegibilidade que for constatada no momento da formalização do pedido de registro de candidatura.

Resposta correta: letra "e".

(MPE-PR – Promotor de Justiça – MPE-PR/2019) Tendo em conta o entendimento sumulado do Tribunal Superior Eleitoral, assinale a alternativa incorreta:

a) A perda do mandato em razão da desfiliação partidária não se aplica aos candidatos eleitos pelo sistema proporcional.

b) Contra acórdão que discute, simultaneamente, condições de elegibilidade e de inelegibilidade, é cabível o recurso ordinário.

c) Não compete à Justiça Eleitoral, em processo de registro de candidatura, verificar a prescrição da pretensão punitiva ou executória do candidato e declarar a extinção da pena imposta pela Justiça Comum.

d) A Carteira Nacional de Habilitação gera a presunção da escolaridade necessária ao deferimento do registro de candidatura.

e) Em registro de candidatura, não cabe examinar o acerto ou desacerto da decisão que examinou, em processo específico, a filiação partidária do eleitor.

Resposta correta: letra "a".

(Vunesp – Procurador Legislativo – Câmara de Itaquaquecetuba – SP/2018) Assinale, dentre as alternativas a seguir, aquela que represente fiel entendimento objeto de Súmula Vinculante pelo Supremo Tribunal Federal.

a) É constitucional a lei ou ato normativo estadual ou distrital que disponha sobre sistemas de consórcios e sorteios, inclusive bingos e loterias.

b) Não se conhece de recurso de revista ou de embargos infringentes se a decisão recorrida resolver determinado item do pedido por diversos fundamentos e a jurisprudência não abranger a todos.

c) A competência constitucional do Tribunal do Júri não prevalece sobre o foro por prerrogativa de função estabelecido exclusivamente pela constituição estadual.

d) A dissolução da sociedade ou do vínculo conjugal, no curso do mandato, afasta a regra de inelegibilidade prevista no § 7° do artigo 14 da Constituição Federal.

e) Não cabe ao Poder Judiciário, que não tem função legislativa, aumentar vencimentos de servidores públicos sob o fundamento de isonomia.

Resposta correta: letra "e".

(FMP – Promotor de Justiça – MPE-RO/2017) Assinale a alternativa CORRETA. Conforme jurisprudência do Tribunal Superior Eleitoral:

a) as circunstâncias fáticas e jurídicas supervenientes ao registro de candidatura que afastem a inelegibilidade, somente podem ser conhecidas nas instâncias ordinárias, até a data da diplomação, última fase do processo eleitoral, já que em algum momento as relações jurídicas devem se estabilizar, sob pena de eterna litigância ao longo do mandato.

b) as circunstâncias fáticas e jurídicas supervenientes ao registro de candidatura que afastem a inelegibilidade, podem ser conhecidas em qualquer grau de jurisdição, inclusive nas instâncias extraordinárias, até a data da diplomação, última fase do processo eleitoral, já que em algum momento as relações jurídicas devem se estabilizar, sob pena de eterna litigância ao longo do mandato.

c) as circunstâncias fáticas e jurídicas supervenientes ao registro de candidatura que afastem a inelegibilidade, podem ser conhecidas em qualquer grau de jurisdição, inclusive nas instâncias extraordinárias, até a data da eleição, já que em algum momento as relações jurídicas devem se estabilizar, sob pena de eterna litigância ao longo do mandato.

d) as circunstâncias fáticas e jurídicas supervenientes ao registro de candidatura que afastem a inelegibilidade, podem ser conhecidas em qualquer grau de jurisdição, inclusive nas instâncias extraordinárias, até a data final para prestação de contas, última fase do processo eleitoral, já que em algum momento as relações jurídicas devem se estabilizar, sob pena de eterna litigância ao longo do mandato.

e) todas alternativas anteriores estão incorretas.

Resposta correta: letra "b".

(FCC – Analista Judiciário – Área Judiciária – TRE-PR/2017) Jadson, candidato ao Governo de determinado Estado, foi condenado por decisão proferida por órgão colegiado da Justiça Eleitoral, por captação ilícita de sufrágio, com a cassação do seu registro de candidato. Jadson ficará inelegível por

a) 8 anos apenas após o trânsito em julgado da decisão condenatória, independentemente da data da eleição, e termo final no dia de igual número no oitavo ano seguinte.

b) 5 anos a contar da eleição, tendo esse prazo termo inicial no dia do primeiro turno da eleição e termo final no dia de igual número no oitavo ano seguinte.

c) 8 anos a contar da eleição, tendo esse prazo termo inicial no dia do primeiro turno da eleição e termo final no dia de igual número no oitavo ano seguinte.

d) 8 anos a contar da eleição, tendo esse prazo termo inicial no dia da data da posse e termo final no dia de igual número no oitavo ano seguinte.

e) 5 anos a contar da eleição, tendo esse prazo termo inicial no dia da data da posse e termo final no dia de igual número no oitavo ano seguinte.

Resposta correta: letra "c".

(Vunesp – Procurador Municipal – Câmara de Altinópolis – SP/2017) Suponha que Maria Antonieta, brasileira nata, maior de 21 anos, é casada com João da Silva, Prefeito do Município X, eleito para o cargo no ano de 2014. Partindo da regra atual da Constituição Federal e do entendimento sumulado pelo Supremo Tribunal Federal sobre inelegibilidades, caso Maria Antonieta dissolva o vínculo conjugal no ano de 2018, ano em que João da Silva se candidatará à reeleição, e decida, por sua vez, se candidatar ao cargo de Vereadora no Município X, no pleito eleitoral do mesmo ano, será considerada

a) elegível, uma vez que a dissolução do vínculo conjugal, ainda que no curso do mandato, afasta a regra de inelegibilidade.

b) elegível, desde que a dissolução do vínculo conjugal ocorra até 3 meses antes do pleito eleitoral.

c) elegível, desde que a dissolução do vínculo conjugal ocorra até 6 meses antes do pleito eleitoral.

d) inelegível, ainda que já seja Vereadora do Município X e esteja concorrendo à reeleição, pois a dissolução do vínculo pode ter se dado de forma fictícia.

e) inelegível, pois a dissolução do vínculo conjugal ocorrida no curso do mandato não afasta a inelegibilidade.

Resposta correta: letra "e".

(IBADE – Delegado de Polícia Civil – PC-AC/2017) Maristela era casada com o prefeito Alcides Ferreira do município X, falecido em um acidente de avião em setembro de 2015, no curso de seu segundo mandato. O vice-prefeito de Alcides Ferreira assumiu o cargo. Nas eleições de 2016, Maristela concorreu à prefeitura do Município X e ganhou a eleição. Considerando o entendimento jurisprudencial do STF, Maristela:

a) não poderia ser elegível, tendo em vista tratar-se de hipótese de inelegibilidade reflexiva prevista no artigo 14, § 7°, CRFB/88.

b) não poderia ser elegível, considerando o teor da súmula vinculante n° 18 do STF.

c) poderia ser elegível, vez que a inelegibilidade prevista no § 7° do artigo 14 da CRFB/88 não se aplica aos casos de extinção do vínculo conjugal pela morte de um dos cônjuges.

d) poderia ser elegível, uma vez que a CRFB/88 não impede que o cônjuge concorra às eleições na mesma circunscrição por motivo de casamento, parentesco ou afinidade.

e) não poderia ser elegível, tendo em vista que a CRFB/88 exige o prazo de 5 (cinco) anos, após o término de mandato, para que o cônjuge concorra às eleições na mesma circunscrição do marido ou ex-marido.

Resposta correta: letra "c".

(MPE-SP – Promotor de Justiça – MPE-SP/2017) O reconhecimento da prescrição da pretensão executória, pela Justiça Comum, do réu condenado definitivamente por tráfico de entorpecentes, implica, em relação a sua elegibilidade:

a) a cessação da inelegibilidade após o trânsito em julgado da decisão que reconheceu a extinção da pretensão executória estatal.

b) a imediata cessação da causa de inelegibilidade.

c) o fim da sua inelegibilidade após o decurso de oito anos contados da data em que ocorreu a extinção da pretensão executória estatal.

d) o fim da sua inelegibilidade oito anos após a data da decisão da Justiça Comum que extinguiu a pretensão executória estatal.

e) a cessação da inelegibilidade assim que a Justiça Eleitoral receber a comunicação da decisão proferida pela Justiça Comum.

Resposta correta: letra "c".

(Consulplan – Analista Judiciário – Área Administrativa – TRE-RJ/217) "Nos termos da Lei Complementar nº 64, de 18 de maio de 1990, e suas alterações posteriores, são inelegíveis para qualquer cargo ____________________." Assinale a alternativa que NÃO complementa corretamente a afirmativa anterior.

a) os que tenham contra sua pessoa representação julgada procedente pela Justiça Eleitoral, em decisão transitada em julgado ou proferida por órgão colegiado, em processo de apuração de abuso do poder econômico ou político, para a eleição na qual concorreram, desde que tenham sido diplomados, bem como para as que se realizarem nos oito anos seguintes

b) os que, em estabelecimentos de crédito, financiamento ou seguro, que tenham sido ou estejam sendo objeto de processo de liquidação judicial ou extrajudicial, hajam exercido, nos doze meses anteriores à respectiva decretação, cargo ou função de direção, administração ou representação, enquanto não forem exonerados de qualquer responsabilidade

c) os detentores de cargo na administração pública direta, indireta ou fundacional, que beneficiarem a si ou a terceiros, pelo abuso do poder econômico ou político, que forem condenados em decisão transitada em julgado ou proferida por órgão judicial colegiado, para a eleição na qual concorrem ou tenham sido diplomados, bem como para as que se realizarem nos oito anos seguintes

d) o Governador e o Vice-Governador de Estado e do Distrito Federal e o Prefeito e o Vice-Prefeito que perderem seus cargos eletivos por infringência a dispositivo da Constituição Estadual, da Lei Orgânica do Distrito Federal ou da Lei Orgânica do Município, para as eleições que se realizarem durante o período remanescente e nos oito anos subsequentes ao término do mandato para o qual tenham sido eleitos

Resposta correta: letra "a".

(MPE-PR – Promotor de Justiça – MPE-PR/2017) Assinale a única assertiva incorreta, de acordo com o entendimento assente no Tribunal Superior Eleitoral:

a) A conversão da pena privativa de liberdade em pena restritiva de direitos afasta a incidência da causa de inelegibilidade decorrente da condenação criminal.

b) O reconhecimento da prescrição da pretensão executória pela Justiça Comum não afasta a inelegibilidade prevista no artigo 1º, I, e, da LC nº 64/90, porquanto não extingue os efeitos secundários da condenação.

c) O prazo da causa de inelegibilidade prevista no artigo 1º, I, e, da LC nº 64/90 deve ser contado a partir da data em que ocorrida a prescrição da pretensão executória e não do momento da sua declaração judicial.

d) O prazo concernente à hipótese de inelegibilidade prevista no art.1º, I, e, da LC nº 64/90 projeta-se por oito anos após o cumprimento da pena, seja ela privativa de liberdade, restritiva de direito ou multa.

e) O indulto presidencial não equivale à reabilitação para afastar a inelegibilidade decorrente de condenação criminal, sendo mantidos os efeitos secundários da condenação.

Resposta correta: letra "a".

(TRF 4ª Região – Juiz Federal – TRF 4ª Região/2016) Assinale a alternativa INCORRETA.

a) O cidadão que exerce dois mandatos consecutivos como Prefeito de determinado Município fica inelegível para o cargo de mesma natureza em qualquer outro Município da Federação, para o período subsequente.

b) Para concorrerem a outros cargos, o Presidente da República, o Governador de Estado, o Governador do Distrito Federal e os Prefeitos devem renunciar aos respectivos mandatos até 6 (seis) meses antes dos pleitos respectivos.

c) A vedação ao nepotismo não exige a edição de lei formal para coibi-lo, na medida em que tal proibição decorre diretamente dos princípios constitucionais contidos no art. 37, caput da Constituição Federal.

d) A dissolução da sociedade ou do vínculo conjugal, no curso do mandato, não afasta a inelegibilidade do ex-cônjuge.

e) O plebiscito e o referendo são formas de consulta popular, sendo determinados, exclusivamente, pelo Congresso Nacional, visando à manifestação do povo sobre determinado tema específico já aprovado em lei, a qual só entrará em vigor se for ratificada pela vontade majoritária dos eleitores.

Resposta correta: letra "e".

(MPE-BA – Promotor de Justiça – MPE-BA/2015) Acerca das condições de elegibilidade, marque a alternativa CORRETA:

a) Nem todo inalistável é inelegível, mas todo inelegível é inalistável.

b) A dissolução da sociedade ou do vínculo conjugal, no curso do mandato, não afasta a inelegibilidade prevista no § 7º do artigo 14 da Constituição Federal (artigo 14. A soberania popular será exercida pelo sufrágio universal e pelo voto direto e secreto, com valor igual para todos, e, nos termos da lei, mediante: (...). § 7º São inelegíveis, no território de jurisdição do titular, o cônjuge e os parentes consanguíneos ou afins, até o segundo grau ou por adoção, do Presidente da República, de Governador de Estado ou Território, do Distrito Federal, de Prefeito ou de quem os haja substituído dentro dos seis meses anteriores ao pleito, salvo se já titular de mandato eletivo e candidato à reeleição).

c) A prática de ato de improbidade administrativa é causa de perda dos direitos políticos.

d) Todos os que tiverem feito alistamento eleitoral serão elegíveis.

e) A condenação criminal transitada em julgado, enquanto durarem seus efeitos, gera a perda dos direitos políticos.

Resposta correta: letra "b".

(FCC – Analista Judiciário – Judiciária – TRE-AP/2015) As condições de elegibilidade e as causas de inelegibilidade devem ser aferidas, ressalvadas as alterações, fáticas ou jurídicas, supervenientes que afastem a inelegibilidade,

a) até o início da propaganda eleitoral gratuita no rádio e na televisão.

b) no momento da escolha dos candidatos pela convenção partidária.

c) até o dia 7 de julho do ano da eleição.

d) até o dia 15 de julho de ano da eleição.

e) no momento da formalização do pedido de registro da candidatura.

Resposta correta: letra "e".

(Vunesp – Juiz de Direito – TJ-SP/2014) Assinale a opção correta, a respeito da inelegibilidade.

a) A dissolução do vínculo conjugal, no curso do mandato, não afasta a inelegibilidade do cônjuge, que não seja titular de mandato eletivo do Presidente da República, de Governador de Estado ou de Prefeito, no território de jurisdição do titular do mandato, salvo se já titular de mandato eletivo e candidato à reeleição.

b) São inelegíveis, no território de jurisdição do titular, os parentes consanguíneos ou afins, até o segundo grau ou por adoção, do Presidente da República, de Governador de Estado ou de Prefeito, mesmo que seja titular de mandato eletivo e candidato à reeleição.

c) A dissolução do vínculo conjugal, no curso do mandato, afasta a inelegibilidade do cônjuge, que não seja titular de mandato eletivo do Presidente da República, de Governador de Estado ou de Prefeito, no território de jurisdição do titular do mandato.

d) São inelegíveis, no território de jurisdição do titular, os parentes consanguíneos ou afins, até o segundo grau ou por adoção, de quem haja substituído, dentro de seis meses anteriores ao pleito, o Presidente da República, o Governador de Estado ou o Prefeito, mesmo que seja titular de mandato eletivo e candidato à reeleição.

Resposta correta: letra "a".

(FGV – Juiz de Direito – TJ-AM/2013) Com relação aos direitos políticos e aos partidos políticos, assinale a afirmativa incorreta.

a) O prefeito municipal, eleito por duas vezes consecutivas em um determinado Município, pode candidatar-se, na eleição seguinte, ao cargo de Prefeito de outro Município, Governador do Estado ou à Presidência da República, desde que respeitado o prazo de desincompatibilização de seis meses.

b) A dissolução da sociedade ou do vínculo conjugal, no curso do mandato, não afasta a inelegibilidade prevista no Art. 14, § 7°, da Constituição Federal de 1988.

c) O princípio da anterioridade eleitoral, que veda a aplicação de lei que alterar o processo eleitoral que ocorra até um ano após a data da vigência, é considerado cláusula pétrea, aplicando-se inclusive às emendas constitucionais.

d) Dentre as inovações da Lei Complementar n. 135/2010 (Lei da Ficha Limpa), está a inelegibilidade dos membros do Executivo e do Legislativo que renunciarem aos seus mandatos após o oferecimento de representação ou petição capaz de autorizar a abertura de processo por infringência a dispositivo da Constituição ou da Lei Orgânica (Distrital ou Municipal).

e) No modelo adotado pela Constituição Federal de 1988, o voto se caracteriza por ser direto, igual para todos, periódico, livre e personalíssimo, sendo vedado aos menores de 16 anos e aos conscritos, durante o período do serviço militar obrigatório.

Resposta correta: letra "a".

(TJ-DFT – Juiz de Direito – TJ-DFT/2012) De acordo com a Lei nº 9.504/97 (Lei das Eleições), com as alterações promovidas pelas Leis nºs 11.300/06 e 12.034/09, é correto afirmar:

a) As condições de elegibilidade e as causas de inelegibilidade devem ser aferidas no momento da formalização do pedido de registro da candidatura, ressalvadas as alterações, fáticas ou jurídicas, supervenientes ao registro que afastem a inelegibilidade;

b) Nas eleições majoritárias, a substituição de candidato que for declarado inelegível, renunciar ou falecer após o termo final do prazo do registro ou, ainda, tiver seu registro indeferido ou cancelado, deverá ser implementada no prazo de até 60 (sessenta) dias antes do pleito;

c) Qualquer cidadão pode representar, com esteio no art. 30-A, à Justiça Eleitoral, no prazo de 15 (quinze) dias da diplomação, relatando fatos e indicando provas, e pedir a abertura de investigação judicial para apurar condutas em desacordo com as normas relativas à arrecadação e gastos de recursos;

d) A representação relativa às condutas descritas no art. 41-A só podem ser ajuizadas no lapso temporal compreendido entre o registro da candidatura e o dia da eleição.

Resposta correta: letra "a".

8. PROPAGANDA ELEITORAL

Súmula 48-TSE

A retirada da propaganda irregular, quando realizada em bem particular, **não é capaz de elidir a multa prevista no art. 37, § 1º, da Lei 9.504/97.**

- **Status:** Válida.

- **Dispositivos relacionados:**

"Lei nº 9.504/97, Art. 37 (...)

§ 1º A veiculação de propaganda em desacordo com o disposto no *caput* deste artigo sujeita o responsável, após a notificação e comprovação, à restauração do bem e, caso não cumprida no prazo, a multa no valor de R$ 2.000,00 (dois mil reais) a R$ 8.000,00 (oito mil reais)."

Súmula 17-TSE

~~Não é admissível a presunção de que o candidato, por ser beneficiário de propaganda eleitoral irregular, tenha prévio conhecimento de sua veiculação.~~

- **Status:** Cancelada pelo TSE em 2002.

8.1. Questões relacionadas

(MPE-PR – Promotor de Justiça – MPE-PR/2017) Assinale a alternativa correta:

a) Porquanto investido do poder de polícia, o juiz eleitoral tem legitimidade para, de ofício, instaurar procedimento com a finalidade de impor multa pela veiculação de propaganda eleitoral em desacordo com a Lei nº 9.504/97.

b) Nos processos de registro de candidatura, o juiz eleitoral pode conhecer de ofício da existência de causas de inelegibilidade ou da ausência de condição de elegibilidade, desde que resguardados o contraditório e a ampla defesa.

c) A retirada da propaganda irregular, quando realizada em bem particular, é capaz de elidir a multa prevista no art. 37, §1º, da Lei nº 9.504/97.

d) O militar, enquanto em serviço ativo, é inelegível, porém pode filiar-se a partido político.

e) O juiz de direito, que ingressou na carreira da magistratura após o ano de 2005, pode dedicar-se à atividade político-partidária.

Resposta correta: letra "b".

9. REGISTRO DE CANDIDATO

Súmula 55-TSE

A Carteira Nacional de Habilitação **gera** a presunção da escolaridade necessária ao deferimento do registro de candidatura.

- **Status:** Válida.

Súmula 53-TSE

O filiado a partido político, ainda que não seja candidato, possui legitimidade e interesse, para impugnar pedido de registro de coligação partidária da qual é integrante, em razão de eventuais irregularidades havidas em convenção.

- **Status:** Válida.

Súmula 52-TSE

Em registro de candidatura, **não cabe** examinar o acerto ou desacerto da decisão que examinou, em processo específico, a filiação partidária do eleitor.

- **Status:** Válida.

Súmula 51-TSE

O processo de registro de candidatura **não é** o meio adequado para se afastarem os eventuais vícios apurados no processo de prestação de contas de campanha ou partidárias.

- **Status:** Válida.

Súmula 49-TSE

O prazo de 5 dias, previsto no art. 3º da LC 64/90, para o Ministério Público impugnar o registro, **inicia-se com a publicação do edital, caso em que é excepcionada a regra que determina a sua intimação pessoal**.

- **Status:** Válida.
- **Dispositivos relacionados:**

> "LC 64/90, Art. 3º Caberá a qualquer candidato, a partido político, coligação ou ao Ministério Público, no prazo de 5 (cinco) dias, contados da publicação do pedido de registro do candidato, impugná-lo em petição fundamentada."

Súmula 45-TSE

Nos processos de registro de candidatura, o Juiz Eleitoral, **pode conhecer de ofício**, da existência de causas de inelegibilidade ou da ausência de condição de elegibilidade, **desde que resguardados o contraditório e a ampla defesa**.

- **Status:** Válida.

Súmula 39-TSE

Não há formação de litisconsórcio necessário em processos de registro de candidatura.

- **Status:** Válida.

Súmula 38-TSE

Nas ações que visem à cassação de registro, diploma ou mandato, **há litisconsórcio passivo necessário**, entre o titular e o respectivo vice da chapa majoritária.

- **Status:** Válida.

Súmula 37-TSE

Compete originariamente ao TSE processar e julgar recurso contra expedição de diploma (RCED) **envolvendo eleições federais ou estaduais**.

- **Status:** Válida.

Súmula 11-TSE

No processo de registro de candidatos, o partido que não o impugnou **não tem** legitimidade para recorrer da sentença que o deferiu, **salvo se se cuidar de matéria constitucional**.

- **Status:** Válida.

Súmula 10-TSE

No processo de registro de candidatos, quando a sentença for entregue em cartório antes de três dias contados da conclusão ao juiz, o prazo para o recurso ordinário, **salvo intimação pessoal anterior, só se conta do termo final daquele tríduo**.

- **Status:** Válida.

Súmula 4-TSE

Não havendo preferência entre candidatos que pretendam o registro da mesma variação nominal, defere-se o do que primeiro o tenha requerido.

- **Status:** Válida.

Súmula 3-TSE

No processo de registro de candidatos, não tendo o juiz aberto prazo para o suprimento de defeito da instrução do pedido, pode o documento, cuja falta houver motivado o indeferimento, ser juntado com o recurso ordinário.

- **Status:** Válida.

9.1. Questões relacionadas

(MPE-PR – Promotor de Justiça – MPE-PR/2019) Tendo em conta o entendimento sumulado do Tribunal Superior Eleitoral, assinale a alternativa incorreta:

a) A perda do mandato em razão da desfiliação partidária não se aplica aos candidatos eleitos pelo sistema proporcional.

b) Contra acórdão que discute, simultaneamente, condições de elegibilidade e de inelegibilidade, é cabível o recurso ordinário.

c) Não compete à Justiça Eleitoral, em processo de registro de candidatura, verificar a prescrição da pretensão punitiva ou executória do candidato e declarar a extinção da pena imposta pela Justiça Comum.

d) A Carteira Nacional de Habilitação gera a presunção da escolaridade necessária ao deferimento do registro de candidatura.

e) Em registro de candidatura, não cabe examinar o acerto ou desacerto da decisão que examinou, em processo específico, a filiação partidária do eleitor.

Resposta correta: letra "a".

(FCC – Procurador Legislativo – Câmara Legislativa do DF/2018) A respeito do processo de registro de candidatura, é correto afirmar que

a) a Carteira Nacional de Habilitação não gera presunção da escolaridade necessária ao deferimento do registro de candidatura.

b) pode ser examinado o acerto ou desacerto da decisão que examinou, em processo específico, a filiação partidária do eleitor.

c) a comprovação do cumprimento regular do parcelamento do pagamento de multa eleitoral pelo candidato após o pedido de registro, mas antes do respectivo julgamento, afasta a ausência de quitação eleitoral.

d) o partido que não impugnou o registro de candidato tem legitimidade para recorrer da sentença que o deferiu, mesmo se não se cuidar de matéria constitucional.

e) é obrigatória a formação de litisconsorte passivo necessário entre o candidato cujo registro foi impugnado e o partido a que pertence.

Resposta correta: letra "c".

(Vunesp – Juiz de Direito – TJ-MT/2018) Assinale a alternativa correta sobre a Justiça Eleitoral.

a) É dispensável o esgotamento das instâncias ordinárias para a interposição de recurso especial eleitoral.

b) Conquanto investido de poder de polícia, não tem legitimidade o juiz eleitoral para, de ofício, instaurar procedimento com a finalidade de impor multa pela veiculação de propaganda eleitoral em desacordo com a Lei.

c) Se conhece de recurso especial eleitoral por dissídio jurisprudencial, mesmo que a decisão recorrida esteja em conformidade com a jurisprudência do Tribunal Superior Eleitoral.

d) Nas ações que visem à cassação de registro, diploma ou mandato, não cabe litisconsórcio passivo necessário entre o titular e o respectivo vice da chapa majoritária.

e) Nos processos de registro de candidatura, o Juiz Eleitoral não pode conhecer de ofício da existência de causas de inelegibilidade ou da ausência de condição de elegibilidade, mesmo que resguardados o contraditório e a ampla defesa.

Resposta correta: letra "b".

(Cespe – Promotor de Justiça – MPE-RR/2017) A ação de impugnação ao pedido de registro de candidatura

a) deverá ser proposta no prazo de cinco dias, contados a partir da publicação do pedido de registro do candidato, sendo mantida a prerrogativa do MP à intimação pessoal.

b) perderá o objeto se não for julgada até a diplomação do candidato eleito.

c) gera litisconsórcio passivo necessário entre o pré-candidato e o partido pelo qual este pretende concorrer.

d) será ajuizada no TRE quando a impugnação se referir a candidatura de deputado federal.

Resposta correta: letra "d".

(FCC – Técnico Judiciário – Área Administrativa – TRE-PR/2017) Na aula de Direito Eleitoral, Janete sustenta, com razão, que é entendimento sumulado do Tribunal Superior Eleitoral que, nos processos de registro de candidatura, o juiz eleitoral

a) pode conhecer de ofício apenas da ausência de condição de elegibilidade, desde que resguardados o contraditório e a ampla defesa.

b) pode conhecer de ofício apenas da existência de causas de inelegibilidade, desde que resguardados o contraditório e a ampla defesa.

c) pode conhecer de ofício da existência de causas de inelegibilidade ou da ausência de condição de elegibilidade, desde que resguardados o contraditório e a ampla defesa.

d) não pode conhecer de ofício da existência de causas de inelegibilidade ou da ausência de condição de elegibilidade.

e) pode conhecer de ofício e indeferir de imediato o registro requerido apenas quando houver ausência de condição de elegibilidade, sem necessidade de assegurar o contraditório e a ampla defesa.

Resposta correta: letra "c".

(Cespe – Analista Judiciário – Área Judiciária – TRE-TO/2017) De acordo com a legislação vigente no país, o TSE

a) não tem competência originária para julgar recurso contra expedição de diploma envolvendo eleições estaduais.

b) não tem competência originária para julgar recurso contra expedição de diploma envolvendo eleições federais.

c) é competente para decidir sobre o acerto das decisões dos tribunais de contas que configurem causa de inelegibilidade.

d) não tem competência penal originária.

e) é competente para processar e julgar mandado de segurança contra ato de membro de tribunal regional eleitoral.

Resposta correta: letra "d".

(Vunesp – Juiz de Direito – TJ-MS/2015) Nos pedidos de registro de candidatos a eleições municipais, o Juiz Eleitoral apresentará a sentença em cartório

a) (7) sete dias após a conclusão dos autos, passando a correr da publicação no Diário Oficial da União o prazo de (24) vinte e quatro horas para interposição de recurso para o Tribunal Regional Eleitoral.

b) (3) três dias após a conclusão dos autos, passando a correr deste momento o prazo de (3) três dias para interposição de recurso para o Tribunal Regional Eleitoral.

c) (7) sete dias após a conclusão dos autos, passando a correr da publicação no Diário Oficial da União o prazo de (7) sete dias para interposição de recurso para o Tribunal Superior Eleitoral.

d) (3) três dias após a conclusão dos autos, passando a correr deste momento o prazo de (7) sete dias para interposição de recurso para o Tribunal Regional Eleitoral.

e) (7) sete dias após a conclusão dos autos, passando a correr da publicação no Diário Oficial da União o prazo de (2) dois dias para interposição de recurso para o Tribunal Superior Eleitoral.

Resposta correta: letra "b".

(MPE-MA – Promotor de Justiça – MPE-MA/2014) Considerando as seguintes assertivas:

I. Da decisão do Tribunal Superior Eleitoral que indeferir, por inelegibilidade, registro de candidatura ao cargo de Presidente da República cabe recurso ordinário ao Supremo Tribunal Federal;

II. Da decisão de Tribunal Regional Eleitoral que indeferir, por inelegibilidade, registro de candidatura ao cargo de Governador cabe recurso ordinário ao Tribunal Superior Eleitoral;

III. Nas eleições municipais, da decisão de Tribunal Regional Eleitoral que violar a Constituição caberá recurso extraordinário ao Supremo Tribunal Federal;

IV. Caberá recurso ordinário ao Tribunal Superior Eleitoral das decisões de Tribunal Regional Eleitoral que decretarem a perda de mandatos eletivos federais, estaduais ou municipais;

V. No processo de registro de candidatos, o partido que não o impugnou não tem legitimidade para recorrer da sentença que o deferiu, salvo se se cuidar de matéria constitucional.

a) Nenhuma está correta;

b) Estão corretas apenas as assertivas I e IV;

c) Somente está correta a assertiva III;

d) Estão corretas apenas as assertivas II e V;

e) Somente está correta a assertiva V.

Resposta correta: letra "d".

(IBFC – Técnico Judiciário – Área Administrativa – TRE-AM/2014) Com relação às Súmulas do Tribunal Superior Eleitoral, assinale a alternativa CORRETA:

a) Não havendo preferência entre candidatos que pretendam o registro da mesma variação nominal, defere-se o registro do mais idoso.

b) Não havendo preferência entre candidatos que pretendam o registro da mesma variação nominal, a preferência será definida através de sorteio.

c) A suspensão de direitos políticos decorrente de condenação criminal transitada em julgado cessa com o cumprimento ou a extinção da pena, independendo de reabilitação ou de prova de reparação dos danos.

d) A suspensão de direitos políticos decorrente de condenação criminal transitada em julgado cessa com o cumprimento ou a extinção da pena, após reabilitação ou prova de reparação de danos.

Resposta correta: letra "c".

10. MULTA ELEITORAL

Súmula 63-TSE

A execução fiscal de multa eleitoral só pode atingir os sócios, **se preenchidos os requisitos para a desconsideração da personalidade jurídica**, previstos no art. 50 do Código Civil, tendo em vista a natureza não tributária da dívida, observados, ainda, o contraditório e a ampla defesa.

- **Status:** Válida.
- **Dispositivos relacionados:**

"CC, Art. 50. Em caso de abuso da personalidade jurídica, caracterizado pelo desvio de finalidade, ou pela confusão patrimonial, pode o juiz decidir, a requerimento da parte, ou do Ministério Público quando lhe couber intervir no processo, que os efeitos de certas e determinadas relações de obrigações sejam estendidos aos bens particulares dos administradores ou sócios da pessoa jurídica."

Súmula 56-TSE

A multa eleitoral constitui dívida ativa de natureza não tributária, submetendo-se ao prazo prescricional de 10 anos, nos moldes do art. 205 do Código Civil.

- **Status:** Válida.
- **Dispositivos relacionados:**

"CC, Art. 205. A prescrição ocorre em 10 anos, quando a lei não lhe haja fixado prazo menor."

Súmula 50-TSE

O pagamento da multa eleitoral pelo candidato ou a comprovação do cumprimento regular de seu parcelamento após o pedido de registro, mas antes do julgamento respectivo, **afasta a ausência de quitação eleitoral**.

- **Status:** Válida.
- **Dispositivos relacionados:**

"Código Eleitoral, Art. 7º O eleitor que deixar de votar e não se justificar perante o juiz eleitoral até 30 (trinta) dias após a realização da eleição, incorrerá na multa de 3 (três) a 10 (dez) por cento sobre o salário-mínimo da região, imposta pelo juiz eleitoral e cobrada na forma prevista no art. 367.

§ 1º Sem a prova de que votou na última eleição, pagou a respectiva multa ou de que se justificou devidamente, não poderá o eleitor:

I – inscrever-se em concurso ou prova para cargo ou função pública, investir-se ou empossar-se neles;

II – receber vencimentos, remuneração, salário ou proventos de função ou emprego público, autárquico ou para estatal, bem como fundações governamentais, empresas, institutos e sociedades de qualquer natureza, mantidas ou subvencionadas pelo governo ou que exerçam serviço público delegado, correspondentes ao segundo mês subsequente ao da eleição;

III – participar de concorrência pública ou administrativa da União, dos Estados, dos Territórios, do Distrito Federal ou dos Municípios, ou das respectivas autarquias;

IV – obter empréstimos nas autarquias, sociedades de economia mista, caixas econômicas federais ou estaduais, nos institutos e caixas de previdência social, bem como em qualquer estabelecimento de crédito mantido pelo governo, ou de cuja administração este participe, e com essas entidades celebrar contratos;

V – obter passaporte ou carteira de identidade;

VI – renovar matrícula em estabelecimento de ensino oficial ou fiscalizado pelo governo;

VII – praticar qualquer ato para o qual se exija quitação do serviço militar ou imposto de renda.

§ 2º Os brasileiros natos ou naturalizados, maiores de 18 anos, salvo os excetuados nos arts. 5º e 6º, nº 1, sem prova de estarem alistados não poderão praticar os atos relacionados no parágrafo anterior.

§ 3º Realizado o alistamento eleitoral pelo processo eletrônico de dados, será cancelada a inscrição do eleitor que não votar em 3 (três) eleições consecutivas, não pagar a multa ou não se justificar no prazo de 6 (seis) meses, a contar da data da última eleição a que deveria ter comparecido.

§ 4º O disposto no inciso V do § 1º não se aplica ao eleitor no exterior que requeira novo passaporte para identificação e retorno ao Brasil. (Incluído pela Lei nº 13.165, de 2015)"

Súmula 18-TSE

Conquanto investido de poder de polícia, **não tem** legitimidade o juiz eleitoral para, de ofício, instaurar procedimento com a finalidade de impor multa pela veiculação de propaganda eleitoral em desacordo com a Lei nº 9.504/97.

- **Status:** Válida.

• **Dispositivos relacionados:**

"Lei nº 9.504/97, Art. 41. A propaganda exercida nos termos da legislação eleitoral não poderá ser objeto de multa nem cerceada sob alegação do exercício do poder de polícia ou de violação de postura municipal, casos em que se deve proceder na forma prevista no art. 40. (Redação dada pela Lei nº 12.034, de 2009)

§ 1º O poder de polícia sobre a propaganda eleitoral será exercido pelos juízes eleitorais e pelos juízes designados pelos Tribunais Regionais Eleitorais. (Incluído pela Lei nº 12.034, de 2009)

§ 2º O poder de polícia se restringe às providências necessárias para inibir práticas ilegais, vedada a censura prévia sobre o teor dos programas a serem exibidos na televisão, no rádio ou na *internet*. (Incluído pela Lei nº 12.034, de 2009)"

10.1. Questões relacionadas

(Vunesp – Juiz de Direito – TJ-MT/2018) Assinale a alternativa correta sobre a Justiça Eleitoral.

a) É dispensável o esgotamento das instâncias ordinárias para a interposição de recurso especial eleitoral.

b) Conquanto investido de poder de polícia, não tem legitimidade o juiz eleitoral para, de ofício, instaurar procedimento com a finalidade de impor multa pela veiculação de propaganda eleitoral em desacordo com a Lei.

c) Se conhece de recurso especial eleitoral por dissídio jurisprudencial, mesmo que a decisão recorrida esteja em conformidade com a jurisprudência do Tribunal Superior Eleitoral.

d) Nas ações que visem à cassação de registro, diploma ou mandato, não cabe litisconsórcio passivo necessário entre o titular e o respectivo vice da chapa majoritária.

e) Nos processos de registro de candidatura, o Juiz Eleitoral não pode conhecer de ofício da existência de causas de inelegibilidade ou da ausência de condição de elegibilidade, mesmo que resguardados o contraditório e a ampla defesa.

Resposta correta: letra "b".

11. AÇÕES ELEITORAIS

Súmula 46-TSE

É ilícita a prova colhida por meio da quebra do sigilo fiscal sem prévia e fundamentada autorização judicial, podendo o Ministério Público Eleitoral acessar diretamente, **apenas a relação dos doadores que excederam os limites legais,**

para os fins da representação cabível, em que poderá requerer, judicialmente e de forma individualizada, o acesso aos dados relativos aos rendimentos do doador.

- **Status:** Válida.

Súmula 44-TSE

O disposto no art. 26-C da LC 64/90 **não afasta** o poder geral de cautela conferido ao magistrado pelo Código de Processo Civil.

- **Status:** Válida.
- **Dispositivos relacionados:**

> "LC nº 64/90, Art. 26-C. O órgão colegiado do tribunal ao qual couber a apreciação do recurso contra as decisões colegiadas a que se referem as alíneas *d, e, h, j, l* e *n* do inciso I do art. 1º poderá, em caráter cautelar, suspender a inelegibilidade sempre que existir plausibilidade da pretensão recursal e desde que a providência tenha sido expressamente requerida, sob pena de preclusão, por ocasião da interposição do recurso."

11.1. Questões relacionadas

(MPE-PR – Promotor de Justiça – MPE-PR/2017) Assinale a alternativa correta:

a) Porquanto investido do poder de polícia, o juiz eleitoral tem legitimidade para, de ofício, instaurar procedimento com a finalidade de impor multa pela veiculação de propaganda eleitoral em desacordo com a Lei nº 9.504/97.

b) Nos processos de registro de candidatura, o juiz eleitoral pode conhecer de ofício da existência de causas de inelegibilidade ou da ausência de condição de elegibilidade, desde que resguardados o contraditório e a ampla defesa.

c) A retirada da propaganda irregular, quando realizada em bem particular, é capaz de elidir a multa prevista no art. 37, §1º, da Lei nº 9.504/97.

d) O militar, enquanto em serviço ativo, é inelegível, porém pode filiar-se a partido político.

e) O juiz de direito, que ingressou na carreira da magistratura após o ano de 2005, pode dedicar-se à atividade político-partidária.

Resposta correta: letra "b".

(NC-UFPR – Juiz de Direito – TJ-PR/2012) O poder geral de polícia em período eleitoral é exercido:

a) pelos juízes eleitorais de primeiro grau e pelos juízes designados pela Presidência dos TREs mediante portaria.

b) pelos membros do Ministério Público eleitoral e pela Polícia Federal nos locais em que houver.

c) pelos partidos políticos e pelos candidatos já com registros deferidos pelos TREs.

d) pelos funcionários eleitorais responsáveis pela fiscalização da propaganda eleitoral e do abuso do poder econômico.

Resposta correta: letra "a".

12. RECURSOS

12.1. Recursos em geral

Súmula 65-TSE

Considera-se tempestivo o recurso interposto antes da publicação da decisão recorrida.

- **Status:** Válida.

12.2. Recurso ordinário

Súmula 64-TSE

Contra acórdão que discute, simultaneamente, condições de elegibilidade e de inelegibilidade, **é cabível o recurso ordinário.**

- **Status:** Válida.

Súmula 36-TSE

Cabe recurso ordinário de acórdão de TRE que decida sobre **inelegibilidade, expedição ou anulação de diploma** ou **perda de mandato eletivo nas eleições federais ou estaduais** (art. 121, § 4º, incisos III e IV, da Constituição Federal).

- **Status:** Válida.
- **Dispositivos relacionados:**

"CF, Art. 121 (...)

§ 4º Das decisões dos Tribunais Regionais Eleitorais somente caberá recurso quando:

I – forem proferidas contra disposição expressa desta Constituição ou de lei;

II – ocorrer divergência na interpretação de lei entre dois ou mais tribunais eleitorais;

III – versarem sobre inelegibilidade ou expedição de diplomas nas eleições federais ou estaduais;

IV – anularem diplomas ou decretarem a perda de mandatos eletivos federais ou estaduais;

V – denegarem *habeas corpus*, mandado de segurança, *habeas data* ou mandado de injunção."

12.3. Recurso especial eleitoral

Súmula 72-TSE

É inadmissível o recurso especial eleitoral quando a questão suscitada não foi debatida na decisão recorrida e não foi objeto de embargos de declaração.

- **Status:** Válida.

Súmula 71-TSE

Na hipótese de negativa de seguimento ao recurso especial e da consequente interposição de agravo, **a parte deverá apresentar contrarrazões tanto ao agravo quanto ao recurso especial, dentro do mesmo tríduo legal**.

- **Status:** Válida.

Súmula 32-TSE

É inadmissível recurso especial eleitoral por violação **à legislação municipal ou estadual, ao Regimento Interno dos Tribunais Eleitorais** ou **às normas partidárias**.

- **Status:** Válida.

Súmula 31-TSE

Não cabe recurso especial eleitoral contra **acórdão que decide sobre pedido de medida liminar**.

- **Status:** Válida.

Súmula 30-TSE

Não se conhece de recurso especial eleitoral por dissídio jurisprudencial, quando a decisão recorrida estiver em conformidade com a **jurisprudência do TSE**.

- **Status:** Válida.

Súmula 29-TSE

A divergência entre julgados do mesmo Tribunal **não se presta** a configurar dissídio jurisprudencial apto a fundamentar recurso especial eleitoral.

- **Status:** Válida.

Súmula 28-TSE

A divergência jurisprudencial que fundamenta o recurso especial interposto com base na alínea "b" do inciso I do art. 276 do Código Eleitoral, somente estará demonstrada, **mediante a realização de cotejo analítico e a existência de similitude fática entre os acórdãos paradigma e o aresto recorrido.**

- **Status:** Válida.

- **Dispositivos relacionados:**

"CE, Art. 276. As decisões dos Tribunais Regionais são terminativas, SALVO os casos seguintes em que cabe recurso para o Tribunal Superior:

I – especial:

a) quando forem proferidas contra expressa disposição de lei;

b) quando ocorrer divergência na interpretação de lei entre dois ou mais tribunais eleitorais."

Súmula 27-TSE

É inadmissível recurso cuja deficiência de fundamentação impossibilite a compreensão da controvérsia.

- **Status:** Válida.

Súmula 26-TSE

É inadmissível o recurso que deixa de impugnar especificamente fundamento da decisão recorrida que é, por si só, suficiente para a manutenção desta.

- **Status:** Válida.

Súmula 25-TSE

É indispensável o esgotamento das instâncias ordinárias para a interposição de recurso especial eleitoral.

- **Status:** Válida.

Súmula 24-TSE

Não cabe recurso especial eleitoral para simples reexame do conjunto fático-probatório.

- **Status:** Válida.

12.4. Recurso extraordinário

Súmula 728-STF

É de **3 dias** o prazo para a interposição de recurso extraordinário contra decisão do TSE, contado, quando for o caso, a partir da publicação do acórdão, na própria sessão de julgamento, nos termos do art. 12 da Lei nº 6.055/74, que não foi revogado pela Lei 8.950/94.

- **Status:** Válida.

- **Dispositivos relacionados:**

> "Lei nº 6.055/74, Art. 12. O prazo para interposição de recurso extraordinário contra decisão do Tribunal Superior Eleitoral para o Supremo Tribunal Federal, será de 3 (três) dias.
>
> Parágrafo único. O recurso extraordinário será processado na forma prevista nos artigos 278 e 279 do Código Eleitoral."

12.5. Questões relacionadas

(MPE-PR – Promotor de Justiça – MPE-PR/2019) Tendo em conta o entendimento sumulado do Tribunal Superior Eleitoral, assinale a alternativa incorreta:

a) A perda do mandato em razão da desfiliação partidária não se aplica aos candidatos eleitos pelo sistema proporcional.

b) Contra acórdão que discute, simultaneamente, condições de elegibilidade e de inelegibilidade, é cabível o recurso ordinário.

c) Não compete à Justiça Eleitoral, em processo de registro de candidatura, verificar a prescrição da pretensão punitiva ou executória do candidato e declarar a extinção da pena imposta pela Justiça Comum.

d) A Carteira Nacional de Habilitação gera a presunção da escolaridade necessária ao deferimento do registro de candidatura.

e) Em registro de candidatura, não cabe examinar o acerto ou desacerto da decisão que examinou, em processo específico, a filiação partidária do eleitor.

Resposta correta: letra "a".

(Vunesp – Procurador Municipal – Prefeitura de Bauru – SP/2018) Assinale a alternativa que corretamente reproduz o entendimento sumulado pelo Tribunal Superior Eleitoral.

a) É inadmissível o recurso especial eleitoral quando a questão suscitada não foi debatida na decisão recorrida e não foi objeto de embargos de declaração.

b) A perda do mandato em razão da desfiliação partidária não se aplica aos candidatos eleitos pelo sistema proporcional.

c) A Carteira Nacional de Habilitação não gera a presunção da escolaridade necessária ao deferimento do registro de candidatura.

d) A desincompatibilização de servidor público que possui cargo em comissão é de três meses antes do pleito, bastando apenas seu afastamento de fato.

e) Em registro de candidatura, é cabível examinar o acerto ou desacerto da decisão que examinou, em processo específico, a filiação partidária do eleitor.

Resposta correta: letra "a".

(Vunesp – Juiz de Direito – TJ-MT/2018) Assinale a alternativa correta sobre a Justiça Eleitoral.

a) É dispensável o esgotamento das instâncias ordinárias para a interposição de recurso especial eleitoral.

b) Conquanto investido de poder de polícia, não tem legitimidade o juiz eleitoral para, de ofício, instaurar procedimento com a finalidade de impor multa pela veiculação de propaganda eleitoral em desacordo com a Lei.

c) Se conhece de recurso especial eleitoral por dissídio jurisprudencial, mesmo que a decisão recorrida esteja em conformidade com a jurisprudência do Tribunal Superior Eleitoral.

d) Nas ações que visem à cassação de registro, diploma ou mandato, não cabe litisconsórcio passivo necessário entre o titular e o respectivo vice da chapa majoritária.

e) Nos processos de registro de candidatura, o Juiz Eleitoral não pode conhecer de ofício da existência de causas de inelegibilidade ou da ausência de condição de elegibilidade, mesmo que resguardados o contraditório e a ampla defesa.

Resposta correta: letra "b".

(FUNRIO – Procurador Legislativo – ALE-RR/2018) De acordo com o entendimento sumulado do TSE, assinale a alternativa CORRETA.

a) O exercício de mandato eletivo, por si só, é circunstância capaz de comprovar a condição de alfabetizado do candidato.

b) Cabe recurso especial eleitoral para simples reexame do conjunto fático-probatório.

c) Só é admissível recurso especial eleitoral por violação à legislação municipal ou estadual, ao regimento interno dos tribunais eleitorais ou às normas partidárias.

d) A suspensão de direitos políticos decorrente de condenação criminal transitada em julgado cessa com o cumprimento ou a extinção da pena, independendo de reabilitação ou de prova de reparação dos danos.

Resposta correta: letra "d".

(FCC – Procurador Legislativo – Câmara Legislativa do DF/2018) Das decisões dos Tribunais Regionais cabe recurso especial para o Tribunal Superior Eleitoral quando

a) houver negativa de vigência de normas partidárias.
b) o acórdão decidir sobre pedido de medida liminar.
c) houver violação do Regimento Interno do Tribunal Regional Eleitoral.
d) o acórdão violar legislação municipal ou estadual.
e) forem proferidas contra expressa disposição de lei federal.

Resposta correta: letra "e".

(Vunesp – Procurador Municipal – Prefeitura de Várzea Paulista – SP/2016) Assinale a alternativa que corretamente discorre sobre o teor de súmula do Tribunal Superior Eleitoral.

a) Nas ações que visem à cassação de registro, diploma ou mandato, há litisconsórcio passivo necessário entre o titular e o respectivo vice da chapa majoritária.
b) Não é necessário o esgotamento das instâncias ordinárias para a interposição de recurso especial eleitoral.
c) Cabe recurso especial eleitoral por violação à legislação municipal ou estadual, ao Regimento Interno dos Tribunais Eleitorais ou às normas partidárias.
d) O descumprimento de resposta a consulta ou de ato normativo do Tribunal Superior Eleitoral deve ser arguido em reclamação.
e) Estados e Municípios são parte legítima para requerer a execução de astreintes fixada por descumprimento de ordem judicial no âmbito da Justiça Eleitoral.

Resposta correta: letra "a".

(FCC – Analista Judiciário – Administrativa – TRE-AP/2015) Quando o Tribunal Regional determinar a realização de novas eleições, o prazo para interposição de recurso ordinário contra a decisão que versar sobre a expedição de diploma nas eleições estaduais, feita a apuração das eleições renovadas, contar-se-á

a) da publicação do despacho que designar data para a sessão da diplomação.
b) da sessão da diplomação.
c) do despacho que designar data para a sessão da diplomação.
d) da intimação das partes do despacho que designar data para a sessão da diplomação.
e) da sessão em que for proclamado o resultado das eleições suplementares.

Resposta correta: letra "e".

(FCC – Técnico Judiciário – Administrativa – TRE-AP/2015) O prazo para interposição de recurso especial contra decisão de Tribunal Regional Eleitoral proferida contra expressa disposição da lei, de recurso ordinário contra decisão de Tribunal Regional Eleitoral que versar sobre expedição de diplomas nas eleições estaduais, e de recurso de agravo de instrumento contra a decisão do Presidente de Tribunal Regional Eleitoral que denegar o recurso especial é de

a) 5 dias.

b) 3 dias.

c) 3 dias, 5 dias e 5 dias, respectivamente.

d) 5 dias, 3 dias e 5 dias, respectivamente.

e) 5 dias, 5 dias e 3 dias, respectivamente.

Resposta correta: letra "b".

(FCC – Analista Judiciário – Área Judiciária – TRE-AP/2011) Interposto recurso especial contra decisão do Tribunal Regional Eleitoral, foi o mesmo denegado pelo Presidente. Dessa decisão,

a) caberá apenas pedido de reconsideração no prazo de cinco dias.

b) caberá agravo regimental para o Plenário do Tribunal Regional Eleitoral, no prazo de três dias.

c) não caberá recurso.

d) caberá agravo de instrumento para o Tribunal Superior Eleitoral, no prazo de três dias.

e) caberá agravo regimental para o Plenário do Tribunal Regional Eleitoral, no prazo de cinco dias.

Resposta correta: letra "d".

13. RECLAMAÇÃO

Súmula 35-TSE

Não é cabível reclamação para arguir o descumprimento de resposta a consulta ou de ato normativo do TSE.

- **Status:** Válida.

13.1. Questões relacionadas

(Vunesp – Procurador Municipal – Prefeitura de Várzea Paulista – SP/2016) Assinale a alternativa que corretamente discorre sobre o teor de súmula do Tribunal Superior Eleitoral.

a) Nas ações que visem à cassação de registro, diploma ou mandato, há litisconsórcio passivo necessário entre o titular e o respectivo vice da chapa majoritária.

b) Não é necessário o esgotamento das instâncias ordinárias para a interposição de recurso especial eleitoral.

c) Cabe recurso especial eleitoral por violação à legislação municipal ou estadual, ao Regimento Interno dos Tribunais Eleitorais ou às normas partidárias.

d) O descumprimento de resposta a consulta ou de ato normativo do Tribunal Superior Eleitoral deve ser arguido em reclamação.

e) Estados e Municípios são parte legítima para requerer a execução de astreintes fixada por descumprimento de ordem judicial no âmbito da Justiça Eleitoral.

Resposta correta: letra "a".

14. MANDADO DE SEGURANÇA EM MATÉRIA ELEITORAL

Súmula 23-TSE

Não cabe mandado de segurança contra decisão judicial transitada em julgado.

- **Status:** Válida.

Súmula 22-TSE

Não cabe mandado de segurança contra decisão judicial recorrível, **salvo situações de teratologia ou manifestamente ilegais.**

- **Status:** Válida.

14.1. Questões relacionadas

(FGV – Consultor Legislativo – ALE-RO/2018) Assinale a afirmativa correta sobre o mandado de segurança:

a) não cabe mandado de segurança contra atos praticados pelos administradores de empresas públicas e de sociedade de economia mista.

b) admite-se excepcionalmente a produção de prova testemunhal no mandado de segurança, mas não a pericial.

c) a sentença que conceder o mandado de segurança pode ser executada provisoriamente, à escolha do impetrante.

d) da sentença do mandado de segurança não cabe duplo grau obrigatório de jurisdição, mas somente apelação.

e) não cabe mandado de segurança em face de decisão judicial transitada em julgado.

Resposta correta: letra "e".

(MPDFT – Promotor de Justiça – MPDFT/2015) A respeito do mandado de segurança, assinale a alternativa INCORRETA:

a) Decisão denegatória de mandado de segurança, não fazendo coisa julgada contra o impetrante, não impede o uso da ação própria.

b) É competente, originariamente, o Supremo Tribunal Federal para mandado de segurança contra ato do Tribunal de Contas da União.

c) Não cabe mandado de segurança contra decisão judicial com trânsito em julgado.

d) O Superior Tribunal de Justiça é competente para processar e julgar, originariamente, mandado de segurança contra de órgão colegiado presidido por Ministro de Estado.

e) Não há direito líquido e certo, amparado por mandado de segurança, quando se escuda em lei cujos efeitos foram anulados por outra, declarada constitucional pelo Supremo Tribunal Federal.

Resposta correta: letra "d".

DIREITO INTERNACIONAL

1. DIREITO INTERNACIONAL PÚBLICO

1.1. Condição jurídica do estrangeiro

1.1.1. Expulsão

Súmula 1-STF

É vedada a expulsão de estrangeiro casado com brasileira, ou que tenha filho brasileiro, dependente da economia paterna.

- **Status:** Válida.

- **Nota do autor:** Cuidado para não confundir: a) é vedada a expulsão de estrangeiro casado com brasileira, ou que tenha filho brasileiro dependente de economia paterna, com fundamento na súmula 1 do STF; b) não é vedada a extradição de estrangeiro casado com brasileira ou que tenha filho brasileiro, com fundamento na súmula 421 do STF.

- **Precedentes relacionados:**

> "Súmula 421-STF. Não impede a extradição a circunstância de ser o extraditado casado com brasileira ou ter filho brasileiro."

1.1.2. Extradição

Súmula 692-STF

Não se conhece de *habeas corpus* contra omissão de relator de extradição, **se fundado em fato ou direito estrangeiro cuja prova não constava dos autos, nem foi ele provocado a respeito.**

- **Status:** Válida.

Súmula 421-STF

Não impede a **extradição** a circunstância de ser o extraditado casado com brasileira ou ter filho brasileiro.

• **Status:** Válida.

• **Nota do autor:** Cuidado para não confundir: a) é vedada a expulsão de estrangeiro casado com brasileira, ou que tenha filho brasileiro dependente de economia paterna, com fundamento na súmula 1 do STF; b) não é vedada a extradição de estrangeiro casado com brasileira ou que tenha filho brasileiro, com fundamento na súmula 421 do STF.

• **Precedentes relacionados:**

> "Súmula 1-STF. É vedada a expulsão de estrangeiro casado com brasileira, ou que tenha filho brasileiro, dependente da economia paterna."

Súmula 367-STF

~~Concede-se liberdade ao extraditando que não for retirado do país no prazo do art. 16 do Decreto-Lei. 394/1938.~~

• **Status:** Superada.

Súmula 2-STF

~~Concede-se liberdade vigiada ao extraditando que estiver preso por prazo superior a 60 dias.~~

• **Status:** Superada.

1.1.3. Outras súmulas superadas sobre a condição jurídica do estrangeiro

Súmula 406-STF

~~O estudante ou professor bolsista e o servidor público em missão de estudo satisfazem a condição da mudança de residência para o efeito de trazer automóvel do exterior, atendidos os demais requisitos legais.~~

• **Status:** Superada.

Súmula 64-STF

~~É permitido trazer do estrangeiro, como bagagem, objetos de uso pessoal e doméstico, desde que, por sua quantidade e natureza, não induzam finalidade comercial.~~

- **Status:** Superada.

Súmula 63-STF

~~É indispensável, para trazida de automóvel, a prova do licenciamento há mais de seis meses no país de origem.~~

- **Status:** Superada.

Súmula 62-STF

~~Não basta a simples estada no estrangeiro por mais de seis meses, para dar direito à trazida de automóvel com fundamento em transferência de residência.~~

- **Status:** Superada.

Súmula 61-STF

~~Brasileiro domiciliado no estrangeiro, que se transfere definitivamente para o Brasil, pode trazer automóvel licenciado em seu nome há mais de seis meses.~~

- **Status:** Superada.

Súmula 60-STF

~~Não pode o estrangeiro trazer automóvel, quando não comprovada a transferência definitiva de sua residência para o Brasil.~~

- **Status:** Superada.

Súmula 59-STF

~~Imigrante pode trazer, sem licença prévia, automóvel que lhe pertença, desde mais de seis meses antes do seu embarque para o Brasil.~~

- **Status:** Superada.

1.1.4. Questões relacionadas

(Consulplan – Titular de Serviços de Notas e de Registros – TJ-MG/2018) Em relação aos direitos de nacionalidade, assinale a alternativa INCORRETA.

a) Não será concedida extradição de estrangeiro por crime político ou de opinião.

b) Não impede a extradição a circunstância de ser o extraditando casado com brasileira ou ter filho brasileiro.

c) O brasileiro naturalizado poderá ser extraditado em caso de crime comum praticado antes da naturalização ou, na forma da lei, de comprovado envolvimento em tráfico ilícito de entorpecentes e drogas afins.

d) A Constituição considera brasileiros natos todos os nascidos no Brasil, ainda que de pais estrangeiros, bem como os nascidos no estrangeiro, de pai e mãe brasileiros, desde que ambos estejam a serviço do Brasil.

Resposta correta: letra "b".

(Cetro – Titular de Serviços de Notas e de Registros – TJ-RJ/2017) No que se refere ao instituto da extradição afeita ao Processo Penal, assinale a alternativa correta.

a) Uma vez que o extraditando seja casado com brasileira ou tenha filho brasileiro, afastada está a extradição, não importando o crime cometido no estrangeiro.

b) O STF pode autorizar a extradição independentemente de o ordenamento jurídico do Estado estrangeiro conceder ao extraditado garantias relacionadas ao devido processo legal.

c) A prisão cautelar, para efeitos extraditórios, é instituto não recepcionado pelo texto constitucional de 1988.

d) A vedação constitucional de extradição de estrangeiro por crime político ou de opinião não se estende a autor de atos delituosos de natureza terrorista.

e) Ao STF cabe, constitucionalmente, interpretar cláusula de Tratado de Extradição vinculada ao cometimento de crime no país de origem, vinculando-a, posteriormente, à decisão política de extraditar ou não do Presidente da República.

Resposta correta: letra "d".

(Cespe – Defensor Público – DPU/2017) A respeito do instituto da extradição, julgue o item subsequente de acordo com o entendimento do STF.

A existência de vínculos conjugais e(ou) familiares do extraditando estrangeiro com pessoas de nacionalidade brasileira não se qualifica como causa obstativa da extradição.

Resposta: certo.

(FCC – Juiz Substituto – TJ-GO/2015) Em relação ao *habeas corpus*, é correto afirmar:

a) Se o habeas corpus for concedido em virtude de nulidade do processo, este não poderá ser renovado.

b) Juiz de primeiro grau não tem competência para expedir de ofício ordem de habeas corpus.

c) Compete originariamente ao Supremo Tribunal Federal o julgamento de habeas corpus contra decisão de turma recursal de juizados especiais criminais.

d) De acordo com a jurisprudência mais recente dos Tribunais Superiores, não se concede, em hipótese alguma, ordem de habeas corpus, caso este tenha sido impetrado como substitutivo do recurso oponível ou da revisão criminal.

e) Não se conhece de habeas corpus contra omissão de relator de extradição, se fundado em fato ou direito estrangeiro cuja prova não constava dos autos, nem foi ele provocado a respeito.

Resposta correta: letra "e".

1.2. Comércio internacional

Súmula 575-STF

À mercadoria importada de país signatário do GATT, ou membro da ALALC, **estende-se** a isenção do Imposto Sobre Circulação de Mercadorias - ICMS concedida a similar nacional.

- **Status:** Válida.

Súmula 130-STF

~~A taxa de despacho aduaneiro (art. 66 da Lei 3.244, de 14.8.57) continua a ser exigível após o Decreto Legislativo 14, de 25.8.60, que aprovou alterações introduzidas no Acordo Geral sobre Tarifas Aduaneiras e Comércio (GATT).~~

- **Status:** Superada.

Súmula 88-STF

~~É válida a majoração da tarifa alfandegária, resultante da Lei 3.244, de 14/08/57, que modificou o Acordo Geral sobre Tarifas Aduaneiras e Comércio (GATT), aprovado pela Lei 313, de 30/07/48.~~

- **Status:** Superada.

Súmula 124-STJ

~~A taxa de melhoramento dos portos tem base de cálculo diversa do Imposto de Importação, sendo legítima a sua cobrança sobre a importação de mercadorias de países signatários do GATT, da ALALC ou ALADI.~~

- **Status:** Superada.

Súmula 71-STJ

~~O bacalhau importado de país signatário do GATT é isento do ICMS.~~

- **Status:** Superada.

Súmula 20-STJ

A mercadoria importada de país signatário do GATT **é isenta do ICM, quando contemplado com esse favor o similar nacional.**

- **Status:** Válida.

1.3. Questões relacionadas

(FGV – Técnico Tributário – SEFIN-RO/2018) Na entrega de mercadoria importada do exterior, considera-se ocorrido o fato gerador do Imposto Sobre Circulação de Mercadorias e Prestação de Serviços (ICMS), o momento em que se dá

a) o desembaraço aduaneiro.

b) a entrada da mercadoria no estabelecimento do destinatário.

c) a saída da mercadoria do exterior.

d) a aquisição da mercadoria, ainda que a mercadoria não seja entregue corretamente.

e) a entrega da declaração de importação pelo estabelecimento adquirente.

Resposta correta: letra "a".

(Vunesp – Juiz de Direito – TJ-SP/2011) O juiz Nerivaldo Branquinho, ao examinar mandado de segurança impetrado por Exportadora e Importadora Ltda. contra o Sr. Delegado Regional Tributário de Xiririca da Serra, que objetiva a isenção de ICMS sobre filé de merluza importado da Argentina, sob o fundamento de o Brasil ser signatário de tratado internacional, julga corretamente quando

a) decide que a mercadoria importada do país signatário do BATE é isenta de ICMS quando contemplado com esse favor o similar nacional.

b) decide que a merluza importada do país signatário do BRD paga ICM.

c) decide que à mercadoria importada do país signatário do GATT, ou membro do ALALC, estende-se a isenção do Imposto de Circulação de Mercadorias concedida a similar nacional.

d) denega a segurança porque a merluza é um produto importado.

e) denega a segurança porque o direito do impetrante não é albergado pelo GATT.

Resposta correta: letra "c".

2. DIREITO INTERNACIONAL PRIVADO

2.1. Homologação de sentença estrangeira

Súmula 420-STF

Não se homologa sentença proferida no estrangeiro sem prova do trânsito em julgado.

- **Status:** Válida.

Súmula 381-STF

Não se homologa sentença de divórcio obtida por procuração, em país de que os cônjuges não eram nacionais.

- **Status:** Válida.

2.2. Questões relacionadas

(FUNDATEC – Analista Técnico – DPE-SC/2018) No caso dos cônjuges manterem domicílio na mesma cidade em que conviviam maritalmente e não havendo filho incapaz, será competente para a ação de divórcio o local do:

a) Domicílio da mulher.

b) Domicílio do marido.

c) Último domicílio do casal.

d) Casamento.

e) Onde estão situados os bens imóveis a serem partilhados.

Resposta correta: letra "c".

(TRT 4ª Região – Analista Judiciário – Oficial de Justiça – TRT 24ª Região/2017) Sobre a Lei de Introdução às normas do Direito Brasileiro, NÃO é requisito essencial para a sentença proferida no estrangeiro ser executada no Brasil

a) a homologação pelo Supremo Tribunal Federal.

b) a tradução por intérprete autorizado.

c) o trânsito em julgado para as partes.

d) a citação regular das partes ou verificação legal da ocorrência da revelia.

e) a prolação por juiz competente.

Resposta correta: letra "a".

DIREITO FINANCEIRO

1. RECEITA PÚBLICA

Súmula 578-STF

~~Não podem os Estados, a título de ressarcimento de despesas, reduzir a parcela de 20% do produto da arrecadação do imposto de circulação de mercadorias, atribuída aos Municípios pelo art. 23, § 8º, da Constituição Federal.~~

• **Status:** Superada.

Súmula 545-STF

Preços de serviços públicos e taxas não se confundem, porque estas, diferentemente daqueles, são compulsórias ~~e têm sua cobrança condicionada à prévia autorização orçamentária, em relação à lei que as instituiu.~~

• **Status:** Superada apenas na parte riscada.

• **Nota do autor:** Continua válido o entendimento no sentido de que os preços de serviços públicos e taxas não se confundem, porque estas, diferentemente daqueles, são compulsórias.

Súmula 66-STF

~~É legítima a cobrança do tributo que houver sido aumentado após o orçamento, mas antes do início do respectivo exercício financeiro.~~

• **Status:** Superada.

Súmula 452-STJ

A extinção das ações de pequeno valor **é faculdade da Administração**, vedada a atuação judicial de ofício.

• **Status:** Válida.

Súmula 447-STJ

Os Estados e o Distrito Federal **são** partes legítimas na ação de restituição de Imposto retido na fonte proposta por seus servidores.

• **Status:** Válida.

1.1. Questões relacionadas

(FUMARC – Advogado Jr. – CEMIG-MG/2018) A limitação ao poder de tributar consistente na denominada imunidade tributária recíproca impede que um ente da Federação institua imposto sobre a renda obtida por empresa pública criada por outro ente da Federação?

a) Não, a referida imunidade se aplica apenas à Administração Pública direta.

b) Não, se tal pessoa se destina à prestação de serviço público mediante contraprestação ou pagamento de preços ou tarifas pelo usuário.

c) Sim, a referida imunidade se aplica a toda a Administração Pública direta e indireta.

d) Sim, desde que tal limitação esteja regulamentada em lei.

Resposta correta: letra "b".

(PGR – Procurador da República – PGR/2017) Sobre o imposto de renda é correto afirmar que:

a) Os Estados e o Distrito Federal não são partes legítimas na ação de restituição de imposto de renda retido na fonte proposta por seus servidores.

b) Não incide imposto de renda sobre os valores percebidos a título de indenização por horas extraordinárias trabalhadas, ainda que decorrentes de acordo coletivo.

c) Não incide imposto de renda sobre a indenização por danos morais.

d) É devida a incidência de imposto de renda sobre o valor da complementação de aposentadoria pago por entidade de previdência privada e em relação ao resgate de contribuições recolhidas para referidas entidades patrocinadoras no período de 1º/1/1989 a 31/12/1995, em razão da isenção concedida pelo art. 6º, VII, b, da Lei n. 7.713/1988, na redação anterior à que lhe foi dada pela Lei n. 9.250/1995.

Resposta correta: letra "c".

2. DESPESAS PÚBLICAS

2.1. Precatórios

Súmula vinculante 17-STF

Durante o período previsto no § 1º do art. 100 da Constituição, **não incidem** juros de mora sobre os precatórios que nele sejam pagos.

• **Status:** Válida.

• **Nota do autor:** O § 1º é o atual § 5º do art. 100 da Constituição Federal (alteração promovida pela EC nº 62/2009).

• **Dispositivos relacionados:**

"CF, Art. 100. Os pagamentos devidos pelas Fazendas Públicas Federal, Estaduais, Distrital e Municipais, em virtude de sentença judiciária, far-se-ão exclusivamente na ordem cronológica de apresentação dos precatórios e à conta dos créditos respectivos, proibida a designação de casos ou de pessoas nas dotações orçamentárias e nos créditos adicionais abertos para este fim.

§ 5º É obrigatória a inclusão, no orçamento das entidades de direito público, de verba necessária ao pagamento de seus débitos, oriundos de sentenças transitadas em julgado, constantes de precatórios judiciários apresentados até 1º de julho, fazendo-se o pagamento até o final do exercício seguinte, quando terão seus valores atualizados monetariamente. (Redação dada pela EC 62/2009)"

Súmula 733-STF

Não cabe recurso extraordinário contra decisão proferida no processamento de precatórios.

• **Status:** Válida.

• **Dispositivos relacionados:**

"CF, Art. 100. Os pagamentos devidos pelas Fazendas Públicas Federal, Estaduais, Distrital e Municipais, em virtude de sentença judiciária, far-se-ão exclusivamente na ordem cronológica de apresentação dos precatórios e à conta dos créditos respectivos, proibida a designação de casos ou de pessoas nas dotações orçamentárias e nos créditos adicionais abertos para este fim.

Súmula 655-STF

A exceção prevista no art. 100, *caput*, da Constituição, em favor dos créditos de natureza alimentícia, **não dispensa a expedição de precatório, limitando-se a isentá-los da observância da ordem cronológica dos precatórios decorrentes de condenações de outra natureza.**

• **Status:** Válida.

• **Nota do autor:** O art. 100, *caput* é o atual § 1º da Constituição Federal, com alteração promovida pela EC nº 62/2009.

• **Dispositivos relacionados:**

"CF, Art. 100. Os pagamentos devidos pelas Fazendas Públicas Federal, Estaduais, Distrital e Municipais, em virtude de sentença judiciária, far-se-ão exclusivamente na ordem cronológica de apresentação dos precatórios e à conta dos créditos respectivos, proibida a designação de casos ou de pessoas nas dotações orçamentárias e nos créditos adicionais abertos para este fim.

§ 1º Os débitos de natureza alimentícia compreendem aqueles decorrentes de salários, vencimentos, proventos, pensões e suas complementações, benefícios previdenciários e indenizações por morte ou por invalidez, fundadas em responsabilidade civil, em virtude de sentença judicial transitada em julgado, e serão pagos com preferência sobre todos os demais débitos, exceto sobre aqueles referidos no § 2º deste artigo."

Súmula 311-STJ

Os atos do presidente do tribunal que disponham sobre processamento e pagamento de precatório **não têm caráter jurisdicional**.

• **Status:** Válida.

• **Nota do autor:** Na verdade, a decisão sobre o processamento e pagamento de precatório, embora proferia pelo Poder Judiciário, tem natureza administrativa. É por este motivo inclusive que não cabe recurso extraordinário contra decisão proferida no processamento de precatórios (Súmula 733-STF). O recurso extraordinário só pode ser utilizado para impugnar decisões de natureza jurisdicional, e não decisões de cunho administrativo.

• **Dispositivos relacionados:**

"CF, Art. 100. Os pagamentos devidos pelas Fazendas Públicas Federal, Estaduais, Distrital e Municipais, em virtude de sentença judiciária, far-se-ão exclusivamente na ordem cronológica de apresentação dos precatórios e à conta dos créditos respectivos, proibida a designação de casos ou de pessoas nas dotações orçamentárias e nos créditos adicionais abertos para este fim.

§ 6º As dotações orçamentárias e os créditos abertos serão consignados diretamente ao Poder Judiciário, cabendo ao Presidente do Tribunal que proferir a decisão exequenda determinar o pagamento integral e autorizar, a requerimento do credor e exclusivamente para os casos de preterimento de seu direito de precedência ou de não alocação orçamentária do valor necessário à satisfação do seu débito, o sequestro da quantia respectiva. (Redação dada pela EC 62/2009).

> § 7º O Presidente do Tribunal competente que, por ato comissivo ou omissivo, retardar ou tentar frustrar a liquidação regular de precatórios incorrerá em crime de responsabilidade e responderá, também, perante o Conselho Nacional de Justiça. (Incluído pela EC 62/2009)."

Súmula 144-STJ

Os créditos de natureza alimentícia gozam de preferência, desvinculados os precatórios da ordem cronológica dos créditos de natureza diversa.

- **Status:** Válida.
- **Dispositivos relacionados:**

> "CF, Art. 100. Os pagamentos devidos pelas Fazendas Públicas Federal, Estaduais, Distrital e Municipais, em virtude de sentença judiciária, far-se-ão exclusivamente na ordem cronológica de apresentação dos precatórios e à conta dos créditos respectivos, proibida a designação de casos ou de pessoas nas dotações orçamentárias e nos créditos adicionais abertos para este fim.
>
> § 1º Os débitos de natureza alimentícia compreendem aqueles decorrentes de salários, vencimentos, proventos, pensões e suas complementações, benefícios previdenciários e indenizações por morte ou por invalidez, fundadas em responsabilidade civil, em virtude de sentença judicial transitada em julgado, e serão pagos com preferência sobre todos os demais débitos, exceto sobre aqueles referidos no § 2º deste artigo. (Redação dada pela EC 62/2009)
>
> § 2º Os débitos de natureza alimentícia cujos titulares, originários ou por sucessão hereditária, tenham 60 anos de idade, ou sejam portadores de doença grave, ou pessoas com deficiência, assim definidos na forma da lei, serão pagos com preferência sobre todos os demais débitos, até o valor equivalente ao triplo fixado em lei para os fins do disposto no § 3º deste artigo, admitido o fracionamento para essa finalidade, sendo que o restante será pago na ordem cronológica de apresentação do precatório. (Redação dada pela EC 62/2009)"

2.2. Princípio da intranscendência subjetivas das sanções

Súmula 615-STJ

Não pode ocorrer ou permanecer a inscrição do Município em cadastros restritivos fundada em irregularidades na gestão anterior quando, na gestão sucessora, **são tomadas as providências cabíveis à reparação dos danos eventualmente cometidos.**

• **Status:** Válida.

• **Nota do autor:** Referida súmula consagra a aplicação da teoria da intranscendência das sanções no Direito Financeiro. Vale lembra, ainda, que a Advocacia Geral da União corrobora com este entendimento. Confira:

> "Súmula 46-AGU. Será liberada da restrição decorrente da inscrição do município no SIAFI ou CADIN, a prefeitura administrada pelo prefeito que sucedeu o administrador faltoso, quando tomadas todas as providências objetivando o ressarcimento ao erário."

2.3. Questões relacionadas

(Vunesp – Procurador do Município – Prefeitura de Sorocaba-SP/2018) Assinale a alternativa que contempla corretamente o texto de uma súmula do Supremo Tribunal Federal.

a) Não cabe recurso extraordinário contra decisão proferida no processamento de precatórios.

b) A competência do Tribunal de Justiça para julgar prefeitos restringe-se aos crimes de competência da Justiça comum estadual; nos demais casos, a competência originária caberá ao juiz de primeira instância.

c) A extinção do mandato do prefeito impede a instauração de processo pela prática dos crimes previstos no art. 1° do Dl. 201/67.

d) Não pode o magistrado deixar de encaminhar ao Supremo Tribunal Federal o agravo de instrumento interposto da decisão que não admite recurso extraordinário, exceto na causa instaurada no âmbito dos juizados especiais.

e) É cabível recurso extraordinário contra acórdão de Tribunal de Justiça que defere pedido de intervenção estadual em Município.

Resposta correta: letra "a".

(Vunesp – Agente Administrativo – IPM-SP/2018) Referente ao Direito Administrativo, assinale a alternativa correta.

a) Ainda que na gestão sucessora sejam tomadas todas as medidas cabíveis, pode ocorrer ou permanecer a inscrição do município em cadastros restritivos fundada em irregularidades na gestão anterior, tendo em vista o princípio da impessoalidade do serviço público.

b) As fundações públicas regidas pelo direito público são entidades pertencentes à administração direta e que se submetem ao regime integralmente público, valendo-se de todas as prerrogativas da Administração Pública.

c) É da natureza da empresa pública ter capital misto, parte público e parte privado, devendo a maioria do capital votante estar concentrada nas mãos do poder público.

d) Considerando a atuação do Poder Público com supremacia em face do particular contratado, pode-se indicar a verticalidade como característica inerente aos contratos administrativos.

e) Destaca-se, dentre outras características, que todo contrato administrativo é de adesão, real, comutativo e aleatório.

Resposta correta: letra "d".

(Vunesp – Procurador Jurídico – Câmara de Altinópolis-SP/2017) Assinale a alternativa cujo texto se encontra em consonância com Súmula do Superior Tribunal de Justiça ou do Supremo Tribunal Federal.

a) Os atos do presidente do tribunal que disponham sobre o processamento e pagamento de precatório não têm caráter jurisdicional.

b) A Fazenda Pública não pode recusar a substituição do bem penhorado por precatório.

c) Cabe recurso extraordinário contra decisão proferida no processamento de precatórios.

d) O Tribunal de Contas, no exercício de suas atribuições, não pode apreciar a constitucionalidade das leis e dos atos do poder público.

e) É competente, originalmente, o Superior Tribunal de Justiça para mandado de segurança contra ato do Tribunal de Contas da União.

Resposta correta: letra "a".

(TRF 4ª Região – Juiz Federal – TRF 4ª Região/2016) Dadas as assertivas abaixo, assinale a alternativa correta.

I. O Supremo Tribunal Federal, por ausência de previsão constitucional, não dispõe de competência originária para processar e julgar ação popular promovida contra qualquer órgão ou autoridade da República, mesmo que o ato hostilizado tenha emanado do próprio Presidente da República, ou das Mesas da Câmara dos Deputados ou do Senado Federal, ou ainda de qualquer dos Tribunais Superiores da União.

II. A Súmula Vinculante, a qual só pode ser formada no âmbito do Supremo Tribunal Federal, não vincula, entretanto, o Poder Legislativo quando este exerce atividade jurisdicional stricto sensu.

III. Compete ao Supremo Tribunal Federal o controle jurisdicional dos atos de Comissão Parlamentar de Inquérito que envolvam ilegalidade ou ofensa a direitos individuais, na medida em que a Comissão Parlamentar de Inquérito procede como se fosse a Câmara dos Deputados, o Senado Federal ou o Congresso Nacional como um todo.

IV. Não cabe recurso extraordinário contra decisão proferida no processamento de precatórios.

a) Estão corretas apenas as assertivas I, II e III.

b) Estão corretas apenas as assertivas I, II e IV.

c) Estão corretas apenas as assertivas I, III e IV.

d) Estão corretas apenas as assertivas II, III e IV.

e) Estão corretas todas as assertivas.

Resposta correta: letra "e".

(TRT 8ª Região – Juiz do Trabalho – TRT 8ª Região/2014) Em relação às Súmulas Vinculantes do Supremo Tribunal Federal em matéria que afeta o ramo trabalhista, assinale a alternativa INCORRETA:

a) Salvo nos casos previstos na Constituição, o salário mínimo não pode ser usado como indexador de base de cálculo de vantagem de servidor público ou de empregado, nem ser substituído por decisão judicial.

b) A Justiça do Trabalho é competente para processar e julgar ação possessória ajuizada em decorrência do exercício do direito de greve pelos trabalhadores da iniciativa privada.

c) É ilícita a prisão civil de depositário infiel, qualquer que seja a modalidade do depósito.

d) Durante o período previsto no § 1º do artigo 100 da Constituição, incidem juros de mora sobre os precatórios que nele sejam pagos.

e) Aplicam-se ao servidor público, no que couber, as regras do regime geral da previdência social sobre aposentadoria especial de que trata o artigo 40, § 4º, inciso III da Constituição Federal, até a edição de lei complementar específica.

Resposta correta: letra "d".

3. CONTROLE DA ATIVIDADE FINANCEIRA DO ESTADO

3.1. Tribunal de contas

Súmula vinculante 3-STF

Nos processos perante o Tribunal de Contas da União asseguram-se o contraditório e a ampla defesa quando da decisão puder resultar anulação ou revogação de ato administrativo que beneficie o interessado, **excetuada a apreciação da legalidade do ato de concessão inicial de aposentadoria, reforma e pensão**.

- **Status:** Válida.

Súmula 653-STF

No Tribunal de Contas Estadual, composto por **sete** Conselheiros, **quatro devem ser escolhidos pela Assembléia Legislativa e três pelo Chefe do Poder Executivo estadual**, cabendo a este indicar **um dentre auditores** e **outro dentre membros do Ministério Público**, e **um terceiro a sua livre escolha.**

- **Status:** Válida.

• **Nota do autor:** Cuidado para não confundir: a) o Tribunal de Contas da União conta com nove Ministros; b) os Tribunais de Contas dos Estados contam com sete Conselheiros.

• **Dispositivos relacionados:**

> "CF, Art. 73. O Tribunal de Contas da União, integrado por **nove Ministros**, tem sede no Distrito Federal, quadro próprio de pessoal e jurisdição em todo o território nacional, exercendo, no que couber, as atribuições previstas no art. 96."

Súmula 347-STF

O Tribunal de Contas, no exercício de suas atribuições, **pode** apreciar a constitucionalidade das leis e dos atos do poder público.

• **Status:** Válida.

Súmula 42-STF

~~É legítima a equiparação de juízes do Tribunal de Contas, em direitos e garantias, aos membros do Poder Judiciário.~~

• **Status:** Superada.

• **Dispositivos relacionados:**

> "CF, Art. 73. (...)
>
> § 3º Os Ministros do Tribunal de Contas da União terão as mesmas garantias, prerrogativas, impedimentos, vencimentos e vantagens dos Ministros do Superior Tribunal de Justiça, aplicando-se-lhes, quanto à aposentadoria e pensão, as normas constantes do art. 40. (Redação dada pela Emenda Constitucional nº 20, de 1998)"

Súmula 7-STF

~~Sem prejuízo de recurso para o Congresso, não é exequível o contrato administrativo a que o Tribunal de Contas houver negado registro.~~

• **Status:** Superada.

Súmula 6-STF

A revogação ou anulação, pelo Poder Executivo, de aposentadoria, ou qualquer outro ato aprovado pelo Tribunal de Contas, **não produz efeitos antes de aprovada por aquele tribunal**, ressalvada a competência revisora do Judiciário.

- **Status:** Válida.
- **Precedentes judiciais:**

> "(...) a anulação unilateral pela Administração sem o conhecimento do Tribunal de Contas está em desacordo com a Súmula 6 do STF" (STF, 1ª Turma, AI 805.165 AgR, Min Luiz Fux, julgado em 06/12/2011).

3.2. Questões relacionadas

(FEPESE – Procurador do Estado – PGE-SC/2018) No que diz respeito ao Tribunal de Contas do Estado, observada a Constituição Estadual, é correto afirmar:

a) O Tribunal de Contas do Estado será integrado por nove Conselheiros, sendo que todos serão indicados pela Assembleia Legislativa.

b) O Tribunal de Contas do Estado será integrado por sete Conselheiros, sendo que todos serão indicados pelo Governador do Estado.

c) O Tribunal de Contas do Estado será integrado por sete Conselheiros, sendo que quatro serão indicados pela Assembleia Legislativa e três pelo Governador do Estado.

d) O Tribunal de Contas do Estado será integrado por nove Conselheiros, sendo que quatro serão indicados pela Assembleia Legislativa e cinco pelo Governador do Estado.

e) Os Conselheiros do Tribunal de Contas serão nomeados dentre os brasileiros que tenham mais de vinte e um anos de idade, idoneidade moral, reputação ilibada e notórios conhecimentos jurídicos, contábeis, econômicos e financeiros ou de administração pública.

Resposta correta: letra "c".

(MPE-PR – Promotor Substituto – MPE-PR/2017) Assinale a alternativa incorreta:

a) O direito de defesa é assegurado pela Constituição da República como pretensão à tutela jurídica, e nele estão contidos os direitos de informação (que obriga o órgão julgador a informar à parte contrária os atos praticados no processo e sobre os elementos dele constantes), de manifestação (que assegura ao defendente a possibilidade de manifestar-se oralmente ou por escrito sobre os elementos fáticos e jurídicos constantes do processo) e de ver seus argumentos considerados (que se resume no dever de o julgador deles tomar conhecimento).

b) O Supremo Tribunal Federal entende que a realização do direito de defesa por parte do advogado, dativo ou não, envolve a apresentação de trabalho idôneo para a finalidade, devendo ser considerada nula a defesa que não arroste os elementos básicos da acusação.

c) Nos processos perante o Tribunal de Contas da União asseguram-se o contraditório e a ampla defesa quando da decisão puder resultar anulação ou revogação de ato administrativo que beneficie o interessado, excetuada a apreciação da legalidade do ato de concessão inicial de aposentadoria, reforma e pensão.

d) A falta de defesa técnica por advogado no processo administrativo disciplinar não ofende a Constituição.

e) É inconstitucional a exigência de depósito ou arrolamento prévios de dinheiro ou bens para admissibilidade de recurso administrativo.

Resposta correta: letra "a".

(Vunesp – Promotor de Justiça – MPE-SP/2017) Assinale a alternativa correta.

a) A autoridade competente para a prática de um ato administrativo tem sempre, em razão de seu poder hierárquico, a possibilidade de delegação e avocação

b) Nos atos discricionários, o Poder Judiciário não pode, em hipótese alguma, apreciar o mérito do ato, assim considerada a análise da conveniência ou oportunidade.

c) O ato administrativo, praticado por autoridade incompetente, investido irregularmente no cargo, não produz qualquer efeito.

d) A revogação dos atos administrativos é sempre possível, não havendo limites para tanto, uma vez que cabe à Administração apreciar as razões de oportunidade e conveniência.

e) No caso de ato vinculado, praticado por autoridade incompetente, a convalidação é obrigatória pela autoridade competente se estiverem presentes os requisitos para a prática do ato.

Resposta correta: letra "e".

(MPT – Procurador do Trabalho – MPT/2015) Examine o conteúdo das seguintes assertivas referentes às Súmulas Vinculantes do STF:

1) Nos processos perante o Tribunal de Contas da União asseguram-se o contraditório e a ampla defesa quando da decisão puder resultar anulação ou revogação do ato administrativo que beneficie o interessado, excetuada a apreciação da legalidade do ato de concessão inicial de aposentadoria, reforma e pensão.

2) A norma do art. 192, § 3º, da Constituição, revogada pela Emenda Constitucional n. 40/2003, que limitava a taxa de juros reais a 12% ao ano, tinha sua aplicação condicionada à edição de lei ordinária.

3) A Justiça do Trabalho é competente para processar e julgar ação possessória ajuizada em decorrência do exercício do direito de greve pelos trabalhadores da iniciativa privada.

4) É direito do defensor, no interesse do representado, ter acesso amplo aos elementos de prova que, já documentados em procedimento investigatório realizado por órgão com competência de polícia judiciária, digam respeito ao exercício do direito de defesa.

Marque a resposta CORRETA:

a) as assertivas 1, 2 e 4 estão corretas;

b) as assertivas 2, 3 e 4 estão corretas;

c) as assertivas 1, 3 e 4 estão corretas;

d) todas as assertivas estão corretas.

e) Não respondida.

Resposta correta: letra "c".

DIREITO MILITAR

1. DIREITO CONSTITUCIONAL MILITAR

Súmula 674-STF

A anistia prevista no art. 8º do ADCT **não alcança os militares expulsos com base em legislação disciplinar ordinária, ainda que em razão de atos praticados por motivação política.**

- **Status:** Válida.
- **Dispositivos relacionados:**

"ADCT, Art. 8º É concedida anistia aos que, no período de 18 de setembro de 1946 até a data da promulgação da Constituição, foram atingidos, em decorrência de motivação exclusivamente política, por atos de exceção, institucionais ou complementares, aos que foram abrangidos pelo Decreto Legislativo nº 18, de 15 de dezembro de 1961, e aos atingidos pelo Decreto-Lei nº 864, de 12 de setembro de 1969, asseguradas as promoções, na inatividade, ao cargo, emprego, posto ou graduação a que teriam direito se estivessem em serviço ativo, obedecidos os prazos de permanência em atividade previstos nas leis e regulamentos vigentes, respeitadas as características e peculiaridades das carreiras dos servidores públicos civis e militares e observados os respectivos regimes jurídicos."

Súmula 673-STF

O art. 125, § 4º, da Constituição, **não impede** a perda da graduação de militar mediante procedimento administrativo.

- **Status:** Válida.
- **Dispositivos relacionados:**

"CF, Art. 125. (...).

§ 4º Compete à Justiça Militar estadual processar e julgar os militares dos Estados, nos crimes militares definidos em lei e as ações judiciais contra atos disciplinares militares, ressalvada a competência do júri quando a vítima for civil, cabendo ao tribunal competente decidir sobre a perda do posto e da patente dos oficiais e da graduação das praças."

Súmula 9-STF

~~Para o acesso de auditores ao Superior Tribunal Militar, só concorrem os de segunda entrância.~~

• **Status:** Superada.

• **Nota do autor:** O art. art. 123 da CF prevê a composição do Superior Tribunal Militar.

• **Dispositivos relacionados:**

"CF, Art. 123. O Superior Tribunal Militar compor-se-á de quinze Ministros vitalícios, nomeados pelo Presidente da República, depois de aprovada a indicação pelo Senado Federal, sendo três dentre oficiais-generais da Marinha, quatro dentre oficiais-generais do Exército, três dentre oficiais-generais da Aeronáutica, todos da ativa e do posto mais elevado da carreira, e cinco dentre civis.

Parágrafo único. Os Ministros civis serão escolhidos pelo Presidente da República dentre brasileiros maiores de trinta e cinco anos, sendo:

I – três dentre advogados de notório saber jurídico e conduta ilibada, com mais de dez anos de efetiva atividade profissional;

II – dois, por escolha paritária, dentre juízes auditores e membros do Ministério Público da Justiça Militar."

1.1. Questões relacionadas

(Vunesp – Juiz de Direito – TJM-SP/2016) Assinale a alternativa correta no que diz respeito à competência constitucional da Justiça Militar estadual, de acordo com a jurisprudência consolidada do Tribunal de Justiça Militar de São Paulo.

a) O crime militar de homicídio praticado por um policial militar que por imprudência, durante uma abordagem policial, efetua disparo de arma de fogo atingindo de modo fatal um civil, deverá ser processado e julgado pelo Tribunal do Júri.

b) O crime militar de homicídio praticado por um policial militar da ativa contra outro policial militar da ativa deverá ser processado e julgado pelo Tribunal do Júri.

c) O crime militar de concussão praticado por policiais militares que exigem dinheiro de um civil em razão de atos funcionais deverá ser processado e julgado pelo juiz de direito do juízo militar, de maneira singular.

d) A competência constitucional do Tribunal de Justiça Militar para decidir sobre a perda do posto e da patente dos oficiais e da graduação das praças não impede a perda da graduação de militar mediante procedimento administrativo.

e) O crime militar de lesão corporal dolosa praticado por um policial militar contra um civil durante uma abordagem policial deverá ser processado e julgado pelo Conselho de Justiça, sob a presidência do juiz de direito.

Resposta correta: letra "d".

(Cespe – Procurador do Estado – PGE-BA/2014) Em relação ao Ato das Disposições Constitucionais Transitórias (ADCT), julgue o item seguinte.

O ADCT concedeu anistia àqueles que foram atingidos por atos de exceção, institucionais ou complementares, em decorrência de motivação exclusivamente política.

Resposta: certo.

2. DIREITO ADMINISTRATIVO MILITAR

Súmula vinculante 6-STF

Não viola a Constituição da República o estabelecimento de remuneração inferior ao salário mínimo para os praças prestadores de serviço militar inicial.

- **Status:** Válida.

Súmula 441-STF

~~O militar, que passa à inatividade com proventos integrais, não tem direito às cotas trigésimas a que se refere o Código de Vencimentos e Vantagens dos Militares.~~

- **Status:** Superada.

Súmula 407-STF

Não tem direito ao terço de campanha o militar que não participou de operações de guerra, embora servisse na "zona de guerra".

- **Status:** Válida.

Súmula 385-STF

~~Oficial das Forças Armadas só pode ser reformado, em tempo de paz, por decisão de tribunal militar permanente, ressalvada a situação especial dos atingidos pelo art. 177 da Constituição de 1937.~~

• **Status:** Superada.

Súmula 57-STF

Militar inativo **não tem** direito ao uso do uniforme fora dos casos previstos em lei ou regulamento.

• **Status:** Válida.

Súmula 56-STF

~~Militar reformado não está sujeito à pena disciplinar.~~

• **Status:** Superada.

• **Nota do autor:** Militar reformado **está** sujeito à pena disciplinar.

Súmula 55-STF

Militar da reserva **está** sujeito à pena disciplinar.

• **Status:** Válida.

• **Nota do autor:** Cuidado para não confundir: a) **militar da reserva remunerada:** está sujeito à pena disciplinar; b) **militar da reserva não remunerada:** não está sujeito à pena disciplinar.

Súmula 54-STF

~~A reserva ativa do magistério militar não confere vantagens vinculadas à efetiva passagem para a inatividade.~~

• **Status:** Superada.

Súmula 53-STF

~~A promoção de professor militar, vinculada à sua reforma, pode ser feita, quando couber, a posto inexistente no quadro.~~

• **Status:** Superada.

Súmula 51-STF

~~Militar não tem direito a mais de duas promoções na passagem para a inatividade, ainda que por motivos diversos.~~

• **Status:** Superada.

Súmula 45-STF

~~A estabilidade dos substitutos do Ministério Público Militar não confere direito aos vencimentos da atividade fora dos períodos de exercício.~~

• **Status:** Superada.

Súmula 10-STF

Tempo de serviço militar **conta-se** para efeito de disponibilidade e aposentadoria do servidor público estadual.

- **Status:** Válida.

Súmula 346-STJ

É vedada aos militares temporários, para aquisição de estabilidade, a contagem em dobro de férias e licenças não gozadas.

- **Status:** Válida.

Súmula 58-TNU

Não é devido o reajuste na indenização de campo por força da alteração trazida pelo Decreto nº 5.554/2005.

- **Status:** Válida.

Súmula 13-TNU

O reajuste concedido pelas Leis nºs 8.622/93 e 8.627/93 (28,86%) **constituiu** revisão geral dos vencimentos e, por isso, **é devido** também aos militares que não o receberam em sua integralidade, **compensado** o índice então concedido, sendo limite temporal desse reajuste o **advento da MP nº 2.131 de 28/12/2000**.

- **Status:** Válida. Súmula aprovada em 10/05/2004.

2.1. Questões relacionadas

(Vunesp – Juiz de Direito – TJM-SP/2016) Acompanhe o caso hipotético. Um Capitão da Polícia Militar do Estado de São Paulo, inativo e com 65 (sessenta e cinco) anos de idade comete uma transgressão disciplinar. Considerando o teor da Súmula 56 do Supremo Tribunal Federal: "Militar reformado não está sujeito à pena disciplinar", é correto afirmar que:

a) os policiais militares ativos e inativos (reserva e agregados) poderão ser submetidos ao Regulamento Disciplinar, porém o Capitão, em razão de sua idade, encontra-se reformado, portanto, aplicando-se a Súmula, não poderá ser submetido à Procedimento Disciplinar.

b) os policiais militares inativos, no Estado de São Paulo, somente serão submetidos a Procedimento Disciplinar na hipótese de cometimento, quando ainda na ativa, de transgressão disciplinar.

c) o Regulamento Disciplinar da Polícia Militar do Estado de São Paulo determina a sua aplicação aos militares inativos (reformados e agregados) do Estado, porém, em razão do Capitão encontrar-se na reserva, poderá ser submetido a Procedimento Disciplinar.

d) a invocação da Súmula 56 do STF revela-se indevida para os inativos, pois o Regulamento Disciplinar determina a sua aplicação aos militares do Estado do serviço ativo, da reserva remunerada, aos reformados e aos agregados.

e) o Regulamento Disciplinar da Polícia Militar do Estado de São Paulo determina a sua aplicação aos militares do Estado do serviço ativo, da reserva remunerada, aos reformados, excetuando-se apenas os agregados.

Resposta correta: letra "d".

(CETRO – Procurador – CREF 4ª Região/2013) Em relação aos entendimentos dos tribunais superiores sobre os servidores públicos, assinale a alternativa incorreta.

a) Salvo nos casos previstos na Constituição, o salário mínimo não pode ser usado como indexador de base de cálculo de vantagem de servidor público ou de empregado, nem ser substituído por decisão judicial.

b) O cálculo de gratificações e outras vantagens do servidor público não incide sobre o abono utilizado para se atingir o salário mínimo.

c) Não viola a Constituição o estabelecimento de remuneração inferior ao salário mínimo para as praças prestadoras de serviço militar inicial.

d) O pagamento de licença-prêmio não gozada por necessidade do serviço está sujeito ao imposto de renda.

e) A exigência de concurso público para admissão de pessoal se estende a toda a Administração indireta, nela compreendidas as autarquias, as fundações instituídas e mantidas pelo Poder Público, as sociedades de economia mista, as empresas públicas e, ainda, as demais entidades controladas direta ou indiretamente pela União, mesmo que visem a objetivos estritamente econômicos, em regime de competitividade com a iniciativa privada.

Resposta correta: letra "d".

3. DIREITO PENAL MILITAR

Súmula 298-STF

~~O legislador ordinário só pode sujeitar civis à Justiça Militar, em tempo de paz, nos crimes contra a segurança externa do país ou as instituições militares.~~

- **Status:** Superada.

Súmula 297-STF

~~Oficiais e praças das milícias dos Estados, no exercício de função policial civil, não são considerados militares para efeitos penais, sendo competente a Justiça comum para julgar os crimes cometidos por ou contra eles.~~

- **Status:** Superada.

Súmula 16-STM

A suspensão condicional da pena (*sursis*) não é espécie de pena; portanto, o transcurso do período de prova, estabelecido em audiência admonitória, não atende ao requisito objetivo exigível para a declaração de extinção da punibilidade pelo indulto.

- **Status:** Válida.
- **Dispositivos relacionados:**

> "CPM, Art. 84. A execução da pena privativa da liberdade, não superior a 2 (dois) anos, pode ser suspensa, por 2 (dois) anos a 6 (seis) anos, desde que:
>
> I – o sentenciado não haja sofrido no País ou no estrangeiro, condenação irrecorrível por outro crime a pena privativa da liberdade, salvo o disposto no 1º do art. 71;
>
> II – os seus antecedentes e personalidade, os motivos e as circunstâncias do crime, bem como sua conduta posterior, autorizem a presunção de que não tornará a delinquir.
>
> Parágrafo único. A suspensão não se estende às penas de reforma, suspensão do exercício do posto, graduação ou função ou à pena acessória, nem exclui a aplicação de medida de segurança não detentiva."

Súmula 14-STM

Tendo em vista a **especialidade da legislação militar**, a Lei nº 11.343, de 23 de agosto de 2006, que instituiu o Sistema Nacional de Políticas Públicas sobre Drogas, **não** se aplica à Justiça Militar da União.

- **Status:** Válida.

Súmula 7-STM

O crime de insubmissão, capitulado no art. 183 do CPM, caracteriza-se quando provado de maneira inconteste o **conhecimento pelo conscrito da data e local de sua apresentação para incorporação**, através de documento hábil constante dos autos. A confissão do indigitado insubmisso **deverá** ser considerada no quadro do conjunto probatório.

- **Status:** Válida.
- **Dispositivos relacionados:**

> "CPM, Art. 183. Deixar de apresentar-se o convocado à incorporação, dentro do prazo que lhe foi marcado, ou, apresentando-se, ausentar-se antes do ato oficial de incorporação:
>
> Pena – impedimento, de três meses a um ano."

Súmula 6-STM

~~O insubmisso, classificado no Grupo B.1 ou B.2 em inspeção de saúde e considerado "incapaz definitivamente" nos termos da regulamentação da Lei do Serviço Militar, fica isento do processo, *ex vi* do art. 464 do CPPM.~~

- **Status:** Cancelada (DJ 1 Nº 77, de 24/04/95).
- **Dispositivos relacionados:**

"CPPM, Art. 464. O insubmisso que se apresentar ou for capturado terá o direito ao quartel por menagem e será submetido à inspeção de saúde. Se incapaz, ficará isento do processo e da inclusão. (Redação dada pela Lei nº 8.236, de 20.9.1991)

§ 1º A ata de inspeção de saúde será, pelo comandante da unidade, ou autoridade competente, remetida, com urgência, à auditoria a que tiverem sido distribuídos os autos, para que, em caso de incapacidade para o serviço militar, sejam arquivados, após pronunciar-se o Ministério Público Militar.

§ 2º Incluído o insubmisso, o comandante da unidade, ou autoridade correspondente, providenciará, com urgência, a remessa à auditoria de cópia do ato de inclusão. O Juiz-Auditor determinará sua juntada aos autos e deles dará vista, por cinco dias, ao procurador, que poderá requerer o arquivamento, ou o que for de direito, ou oferecer denúncia, se nenhuma formalidade tiver sido omitida ou após o cumprimento das diligências requeridas.

§ 3º O insubmisso que não for julgado no prazo de sessenta dias, a contar do dia de sua apresentação voluntária ou captura, sem que para isso tenha dado causa, será posto em liberdade."

Súmula 4-STM

~~O crime de insubmissão, capitulado no art. 183 do CPM, tipifica-se quando provado, de maneira inconteste, o conhecimento, pelo conscrito, da data e local de sua apresentação, para incorporação, seja através de documentos ou anotação hábil constante dos autos, seja através de sua própria confissão.~~

- **Status:** Cancelada (DJ 1 Nº 77, de 24/04/95).
- **Dispositivos relacionados:**

"CPM, Art. 183. Deixar de apresentar-se o convocado à incorporação, dentro do prazo que lhe foi marcado, ou, apresentando-se, ausentar-se antes do ato oficial de incorporação:

Pena – impedimento, de três meses a um ano."

Súmula 3-STM

Não constituem excludentes de culpabilidade, nos crimes de deserção e insubmissão, alegações de ordem particular ou familiar desacompanhadas de provas.

- **Status:** Válida.
- **Dispositivos relacionados:**

"CPM, Art. 187. Ausentar-se o militar, sem licença, da unidade em que serve, ou do lugar em que deve permanecer, por mais de oito dias:

Pena – detenção, de seis meses a dois anos; se oficial, a pena é agravada."

"CPM, Art. 183. Deixar de apresentar-se o convocado à incorporação, dentro do prazo que lhe foi marcado, ou, apresentando-se, ausentar-se antes do ato oficial de incorporação:

Pena – impedimento, de três meses a um ano."

"CPM, Art. 36. É isento de pena quem, ao praticar o crime, supõe, por erro plenamente escusável, a inexistência de circunstância de fato que o constitui ou a existência de situação de fato que tornaria a ação legítima."

Súmula 1-STM

~~Desclassifica-se para o art. 187, do CPM, a deserção especial prevista no art. 190, do mesmo diploma legal, quando o infrator se apresenta ou é capturado depois de decorridos mais de 10 (dez) dias da prática do ato delituoso, não se configurando afronta ao art. 437, alínea "a", do Código de Processo Penal Militar.~~

- **Status:** Cancelada (DJ 1 Nº 77, de 24/04/95).
- **Dispositivos relacionados:**

"CPM, Art. 187. Ausentar-se o militar, sem licença, da unidade em que serve, ou do lugar em que deve permanecer, por mais de oito dias:

Pena – detenção, de seis meses a dois anos; se oficial, a pena é agravada."

"CPPM, Art. 437. O Conselho de Justiça poderá:

a) dar ao fato definição jurídica diversa da que constar na denúncia, ainda que, em consequência, tenha de aplicar pena mais grave, desde que aquela definição haja sido formulada pelo Ministério Público em alegações escritas e a outra parte tenha tido a oportunidade de respondê-la;

Condenação e reconhecimento de agravante não arguida

b) proferir sentença condenatória por fato articulado na denúncia, não obstante haver o Ministério Público opinado pela absolvição, bem como reconhecer agravante objetiva, ainda que nenhuma tenha sido arguida."

3.1. Questões relacionadas

(MPE-SC – Promotor de Justiça – MPE-SC/2016) Compete à Justiça Militar estadual processar e julgar os militares dos Estados, nos crimes militares definidos em lei e as ações judiciais contra atos disciplinares militares, ressalvada a competência do júri quando a vítima for civil, cabendo ao tribunal competente decidir sobre a perda do posto e da patente dos oficiais e da graduação dos praças.

Resposta: Certo.

(Vunesp – Oficial de Justiça – TJM-SP/2011) Sobre os crimes militares em tempo de paz, assinale a alternativa correta.

a) O militar só pode praticar crimes militares no interior de quartéis ou em serviço.

b) O civil só pode praticar crimes militares no interior de quartéis.

c) O militar não pode praticar crimes militares contra civis.

d) O civil pode praticar crimes militares em lugar sob administração militar.

e) O militar da reserva, ou reformado, ou civil não pode praticar crimes militares contra as instituições militares.

Resposta correta: letra "d".

4. DIREITO PROCESSUAL PENAL MILITAR

Súmula 364-STF

~~Enquanto o Estado da Guanabara não tiver Tribunal Militar de segunda instância, o Tribunal de Justiça é competente para julgar os recursos das decisões da auditoria da Polícia Militar.~~

- **Status:** Superada.

Súmula 52-STF

~~Oficiais e praças do Corpo de Bombeiros do Estado da Guanabara respondem perante a Justiça Comum por crime anterior à Lei 427/48.~~

- **Status:** Superada.

Súmula 172-STJ

Compete à Justiça Estadual processar e julgar militar por crime de abuso de autoridade, ainda que praticado em serviço.

- **Status:** Válida.

• **Nota do autor:** Os crimes de abuso de autoridade estão previstos nos arts. 3º e 4º da Lei nº 4.898/65.

• **Dispositivos relacionados:**

"Lei nº 4.898/65, Art. 3º Constitui abuso de autoridade qualquer atentado:

a) à liberdade de locomoção;

b) à inviolabilidade do domicílio;

c) ao sigilo da correspondência;

d) à liberdade de consciência e de crença;

e) ao livre exercício do culto religioso;

f) à liberdade de associação;

g) aos direitos e garantias legais assegurados ao exercício do voto;

h) ao direito de reunião;

i) à incolumidade física do indivíduo;

j) aos direitos e garantias legais assegurados ao exercício profissional.

Art. 4º Constitui também abuso de autoridade:

a) ordenar ou executar medida privativa da liberdade individual, sem as formalidades legais ou com abuso de poder;

b) submeter pessoa sob sua guarda ou custódia a vexame ou a constrangimento não autorizado em lei;

c) deixar de comunicar, imediatamente, ao juiz competente a prisão ou detenção de qualquer pessoa;

d) deixar o Juiz de ordenar o relaxamento de prisão ou detenção ilegal que lhe seja comunicada;

e) levar à prisão e nela deter quem quer que se proponha a prestar fiança, permitida em lei;

f) cobrar o carcereiro ou agente de autoridade policial carceragem, custas, emolumentos ou qualquer outra despesa, desde que a cobrança não tenha apoio em lei, quer quanto à espécie quer quanto ao seu valor;

g) recusar o carcereiro ou agente de autoridade policial recibo de importância recebida a título de carceragem, custas, emolumentos ou de qualquer outra despesa;

h) o ato lesivo da honra ou do patrimônio de pessoa natural ou jurídica, quando praticado com abuso ou desvio de poder ou sem competência legal;

i) prolongar a execução de prisão temporária, de pena ou de medida de segurança, deixando de expedir em tempo oportuno ou de cumprir imediatamente ordem de liberdade."

Súmula 90-STJ

Compete à **Justiça Estadual Militar processar e julgar o policial militar pela prática do crime militar**, e à **Comum pela prática do crime comum simultâneo àquele.**

- **Status:** Válida.
- **Nota do autor:** No caso de crime militar conexo com crime comum praticado por militar, haverá cisão de julgamento: o crime militar será julgado pela Justiça Militar Estadual e o crime comum será julgado pela Justiça Estadual.

Súmula 78-STJ

Compete à Justiça Militar processar e julgar policial de corporação estadual, ainda que o delito tenha sido praticado em outra unidade federativa.

- **Status:** Válida.

Súmula 75-STJ

Compete à Justiça Comum Estadual processar e julgar o policial militar por crime de promover ou facilitar a fuga de preso de estabelecimento penal.

- **Status:** Válida.

Súmula 53-STJ

Compete à Justiça Comum Estadual processar e julgar civil acusado de prática de **crime contra instituições militares estaduais.**

- **Status:** Válida.
- **Nota do autor:** Isso porque a Justiça Militar estadual não pode processar e julgar civis.
- **Dispositivos relacionados:**

> "CF, Art. 125. (...).
>
> § 4º Compete à Justiça Militar estadual processar e julgar os militares dos Estados, nos crimes militares definidos em lei e as ações judiciais contra atos disciplinares militares, ressalvada a competência do júri quando a vítima for civil, cabendo ao tribunal competente decidir sobre a perda do posto e da patente dos oficiais e da graduação das praças."

Súmula 47-STJ

~~Compete a Justiça Militar processar e julgar crime cometido por militar contra civil, com emprego de arma pertencente a corporação, mesmo não estando em serviço.~~

- **Status:** Superada.

Súmula 6-STJ

Compete à Justiça Comum Estadual processar e julgar delito decorrente de acidente de trânsito envolvendo viatura de Polícia Militar, **salvo se autor e vítima forem policiais militares em situação de atividade**.

- **Status:** Válida.

Súmula 15-STM

~~A alteração do art. 400 do CPP, trazida pela Lei nº 11.719, de 20 de junho de 2008, que passou a considerar o interrogatório como último ato da instrução criminal, não se aplica à Justiça Militar da União."~~

- **Status:** Cancelada (DJe Nº 88, de 17/05/2016).

- **Nota do autor:** Referida súmula foi cancelada pelo STM a fim de acompanhar a mudança de entendimento do STF quando do julgamento do HC nº 127.900/AM, em 03/03/2016. Atualmente, o entendimento do STF e do STM é no sentido de que após a alteração do art. 400 do CPP, trazida pela Lei nº 11.719/2008, passou-se a considerar o interrogatório como o último ato da instrução inclusive nos casos submetidos à competência da Justiça Militar. O julgado está transcrito abaixo.

- **Precedentes relacionados:**

"Interrogatório. Realização ao final da instrução (art. 400, CPP). Obrigatoriedade. Aplicação às ações penais em trâmite na Justiça Militar dessa alteração introduzida pela Lei nº 11.719/08, em detrimento do art. 302 do Decreto-Lei nº 1.002/69. Precedentes. Adequação do sistema acusatório democrático aos preceitos constitucionais da Carta de República de 1988. Máxima efetividade dos princípios do contraditório e da ampla defesa (art. 5º, inciso LV). (...) a norma inscrita no art. 400 do Código de Processo Penal comum aplica-se, a partir da publicação da ata do presente julgamento, aos processos penais militares, aos processos penais eleitorais e a todos os procedimentos penais regidos por legislação especial incidindo somente naquelas ações penais cuja instrução não se tenha encerrado." (STF, Plenário, HC 127.900/AM, Rel. Min. Dias Toffoli, julgado em 03/03/2016).

• **Dispositivos relacionados:**

"CPP, Art. 400. Na audiência de instrução e julgamento, a ser realizada no prazo máximo de 60 (sessenta) dias, proceder-se-á à tomada de declarações do ofendido, à inquirição das testemunhas arroladas pela acusação e pela defesa, nesta ordem, ressalvado o disposto no art. 222 deste Código, bem como aos esclarecimentos dos peritos, às acareações e ao reconhecimento de pessoas e coisas, interrogando-se, em seguida, o acusado. (Redação dada pela Lei nº 11.719, de 2008)."

"CPPM, Art. 302. O acusado será qualificado e interrogado num só ato, no lugar, dia e hora designados pelo juiz, após o recebimento da denúncia; e, se presente à instrução criminal ou preso, antes de ouvidas as testemunhas."

Súmula 13-STM

A declaração de extinção de punibilidade em IPI, IPD e IPM **deve ser objeto de Decisão, que, também, determinará o arquivamento dos autos.**

• **Status:** Válida.

• **Dispositivos relacionados:**

"CPPM, Art. 25. O arquivamento de inquérito não obsta a instauração de outro, se novas provas aparecerem em relação ao fato, ao indiciado ou a terceira pessoa, ressalvados o caso julgado e os casos de extinção da punibilidade.

§ 1º Verificando a hipótese contida neste artigo, o juiz remeterá os autos ao Ministério Público, para os fins do disposto no art. 10, letra 'c'.

§ 2º O Ministério Público poderá requerer o arquivamento dos autos, se entender inadequada a instauração do inquérito."

Súmula 12-STM

A **praça sem estabilidade não pode** ser denunciada por deserção sem ter **readquirido o *status* de militar**, condição de procedibilidade para a *persecutio criminis*, através da reinclusão. Para a **praça estável**, a condição de procedibilidade é a **reversão ao serviço ativo.**

• **Status:** Válida.

• **Dispositivos relacionados:**

"CPM, Art. 187. Ausentar-se o militar, sem licença, da unidade em que serve, ou do lugar em que deve permanecer, por mais de oito dias:

Pena – detenção, de seis meses a dois anos; se oficial, a pena é agravada."

Súmula 11-STM

O recolhimento à prisão, como condição para apelar (art. 527 do CPPM), aplica-se ao réu foragido e, tratando-se de revel, só é aplicável se a sentença houver negado o direito de apelar em liberdade.

• **Status:** Polêmica.

• **Nota do autor:** O art. 527 do CPPM tem redação muito semelhante à reação do revogado art. 594 do CPP. Previa o art. 594 do CPP que o réu não poderia apelar sem recolher-se à prisão, salvo se primário e de bons antecedentes, reconhecidas tais circunstâncias na sentença condenatória. Ao nosso ver, tendo em vista o princípio da presunção da inocência ou da não culpabilidade, o art. 527 do CPPM não foi recepcionado pela Constituição Federal de 1988. Além disso, entendemos que o art. 527 do CPPM é inconvencional, na medida em que viola o Pacto de São José da Costa Rica (PSJCR), que possui natureza jurídica de norma supralegal.

• **Dispositivos relacionados:**

"CF, Art. 5º (...)

LVII – ninguém será considerado culpado até o trânsito em julgado de sentença penal condenatória;"

"PJSCR, Art. 8º (...)

2. Toda pessoa acusada de delito tem direito a que se presuma sua inocência enquanto não se comprove legalmente sua culpa. Durante o processo, toda pessoa tem direito, em plena igualdade, às seguintes garantias mínimas: (...)."

"CPPM, Art. 527. O réu não poderá apelar sem recolher-se à prisão, salvo se primário e de bons antecedentes, reconhecidas tais circunstâncias na sentença condenatória."

Súmula 10-STM

~~Não se concede liberdade provisória a preso por deserção antes de decorrido o prazo previsto no art. 453 do CPPM.~~

• **Status:** Cancelada (DJe Nº 103, de 13/06/2018).

• **Dispositivos relacionados:**

"CPM, Art. 187. Ausentar-se o militar, sem licença, da unidade em que serve, ou do lugar em que deve permanecer, por mais de oito dias:

Pena – detenção, de seis meses a dois anos; se oficial, a pena é agravada."

"CPPM, Art. 453. O desertor que não for julgado dentro de sessenta dias, a contar do dia de sua apresentação voluntária ou captura, será posto em liberdade, salvo se tiver dado causa ao retardamento do processo."

Súmula 9-STM

A Lei nº 9.099, de 26/09/95, que dispõe sobre os Juízos Especiais Cíveis e Criminais e dá outras providências, **não se aplica** à Justiça Militar da União.

- **Status:** Válida.
- **Dispositivos relacionados:**

"Lei 9.099/95, Art. 90-A. As disposições desta Lei não se aplicam no âmbito da Justiça Militar. (artigo incluído pela Lei nº 9.839, de 27/9/1999)"

Súmula 8-STM

O desertor sem estabilidade e o insubmisso que, por apresentação voluntária ou em razão de captura, forem julgados em inspeção de saúde, para fins de reinclusão ou incorporação, **incapazes para o Serviço Militar**, **podem** ser isentos do processo, **após** o pronunciamento do representante do Ministério Público.

- **Status:** Válida.
- **Dispositivos relacionados:**

"CPM, Art. 187. Ausentar-se o militar, sem licença, da unidade em que serve, ou do lugar em que deve permanecer, por mais de oito dias:

Pena – detenção, de seis meses a dois anos; se oficial, a pena é agravada."

Súmula 5-STM

A desclassificação de crime capitulado na denúncia **pode** ser operada pelo Tribunal ou pelos Conselhos de Justiça, **mesmo sem manifestação neste sentido do Ministério Público Militar nas alegações finais**, desde quando importe em **benefício para o réu e conste da matéria fática.**

- **Status:** Válida.

• **Dispositivos relacionados:**

"CPPM, Art. 437. O Conselho de Justiça poderá:

a) dar ao fato definição jurídica diversa da que constar na denúncia, ainda que, em consequência, tenha de aplicar pena mais grave, desde que aquela definição haja sido formulada pelo Ministério Público em alegações escritas e a outra parte tenha tido a oportunidade de respondê-la;

b) proferir sentença condenatória por fato articulado na denúncia, não obstante haver o Ministério Público opinado pela absolvição, bem como reconhecer agravante objetiva, ainda que nenhuma tenha sido arguida."

Súmula 2-STM

~~Não constitui nulidade processual a omissão ou ineficiência no cumprimento da diligência para localização e retorno do militar ausente à sua Unidade, medida prevista no art. 456, § 2º, do Código de Processo Penal Militar.~~

• **Status:** Cancelada (DJ 1 Nº 77, de 24/04/95).

• **Dispositivos relacionados:**

"CPPM, Art. 456. Vinte e quatro horas depois de iniciada a contagem dos dias de ausência de uma praça, o comandante da respectiva subunidade, ou autoridade competente, encaminhará parte de ausência ao comandante ou chefe da respectiva organização, que mandará inventariar o material permanente da Fazenda Nacional, deixado ou extraviado pelo ausente, com a assistência de duas testemunhas idôneas.

§ 1º Quando a ausência se verificar em subunidade isolada ou em destacamento, o respectivo comandante, oficial ou não providenciará o inventário, assinando-o com duas testemunhas idôneas.

§ 2º Decorrido o prazo para se configurar a deserção, o comandante da subunidade, ou autoridade correspondente, encaminhará ao comandante, ou chefe competente, uma parte acompanhada do inventário."

4.1. Questões relacionadas

(MPE-SC – Promotor de Justiça – MPE-SC/2016) Compete à Justiça Militar estadual processar e julgar os militares dos Estados, nos crimes militares definidos em lei e as ações judiciais contra atos disciplinares militares, ressalvada a competência do júri quando a vítima for civil, cabendo ao tribunal competente decidir sobre a perda do posto e da patente dos oficiais e da graduação dos praças.

Resposta: Certo.

(PGR – Procurador da República – PGR/2015) No que tange a competência no processo penal, assinale a alternativa incorreta:

a) A Justiça Militar é competente para julgar crime de homicídio praticado por militar em serviço contra militar reformado.

b) O delito de deixar de comunicar óbito de pensionista militar e a ulterior apropriação indevida da pensão até então auferida e de competência da Justiça Federal, pois se trata de crime praticado contra a União.

c) Conforme entendimento do Supremo Tribunal Federal, a prática do crime previsto no art. 297, § 4°, do CP, viola interesse da União, sendo da Justiça Federal a competência para processar e julgar a respectiva ação penal, nos termos do art. 109, IV, da CF/88.

d) É de competência da Justiça Estadual o julgamento de contravenções penais mesmo que conexas com crimes de competência da Justiça Federal de primeiro grau.

Resposta correta: letra "b".

(FGV – Técnico Superior Jurídico – DPE-RJ/2014) No dia 13 de janeiro de 2014, abalado pelo término do seu relacionamento amoroso, Oficial da Polícia Militar do Estado do Rio de Janeiro, Capitão Hermes, logo após deixar o serviço no seu Batalhão, dirigiu-se à residência que costuma dividir com sua ex- esposa e também Oficial da Polícia Militar do Estado do Rio de Janeiro, Capitã Perséfone, encontrando-a de saída para assumir missão junto à Unidade Especial da Polícia Militar, na qual estava lotada. Na residência, após discussão acalorada, Capitão Hermes despejou produto químico no rosto da Capitã Perséfone, que, ao aspirar o vapor emanado, teve lesões graves nas vias respiratórias, importando em imediata perda da fala, sendo, logo em seguida, amparada por vizinhos, que a levaram ao Hospital Central da Polícia Militar. Aturdido com a discussão, Capitão Hermes, ainda no interior da residência, reuniu todas as roupas de sua ex-esposa, no quarto que o casal dividia, ateando fogo, que foi controlado por vizinhos e Bombeiros Militares. O fato foi registrado pelos vizinhos na Delegacia de Polícia Civil do bairro, além de haver comunicação pelo nosocômio à Delegacia de Polícia Judiciária Militar, havendo a respectiva instauração de Inquérito Policial e Inquérito Policial Militar.

Considerando os dados fornecidos, pode-se afirmar que será competente para processo e julgamento.

a) a Auditoria da Justiça Militar Estadual, para os dois delitos.

b) o Juizado da Violência Doméstica e Familiar contra a Mulher, para os dois delitos.

c) a Auditoria da Justiça Militar Estadual, para processar e julgar o delito de incêndio, e o Juizado da Violência Doméstica e Familiar contra a Mulher, para o delito de lesão grave.

d) a Auditoria da Justiça Militar Estadual, para processar e julgar o delito de lesão grave, e o Juizado da Violência Doméstica e Familiar contra a Mulher, para o delito de incêndio.

e) a Vara Criminal comum, para processar e julgar o delito de incêndio, e o Juizado da Violência Doméstica e Familiar contra a Mulher, para o delito de lesão grave.

Resposta correta: letra "e".

EDITORA
JusPODIVM
www.editorajuspodivm.com.br

Pré-impressão, impressão e acabamento

GRÁFICA
SANTUÁRIO

grafica@editorasantuario.com.br
www.graficasantuario.com.br
Aparecida-SP